UN COURS EN MIRACLES

VERSION INTÉGRALE

PRÉFACE

TEXTE

LIVRE D'EXERCICES POUR ÉTUDIANTS

MANUEL POUR ENSEIGNANTS

CLARIFICATION DES TERMES

ÉDITIONS DU ROSEAU

Traduit de l'anglais par
Denis Ouellet
en collaboration avec Franchita Cattani

Les Foundation for Inner Peace et Foundation for *A Course in Miracles* ainsi que les traducteurs du présent ouvrage tiennent à exprimer toute leur gratitude à Madame Jacqueline Meyrieux pour son travail et son dévouement.

Titre original : *A Course in Miracles*
           publié en 1975 par :
           The Foundation for Inner Peace
           P.O. Box 598
           Mill Valley, CA 94942, USA
           www.acim.org
ISBN 2-89466-104-5
Dépôt légal :   Bibliothèque nationale du Québec, 2005
                Bibliothèque nationale du Canada, 2005
Distribution :   Diffusion Raffin
                29, rue Royal
                Le Gardeur (Québec)
                J5Z 4Z3
                Courriel : diffusionraffin@qc.aira.com
Site Internet : http://www.roseau.ca
Imprimé au Canada

La *Foundation for Inner Peace* a adopté le principe voulant qu'une traduction d'*Un cours en miracles* doit être aussi près que possible de l'original anglais. Les traducteurs d'*Un cours en miracles* ont deux défis à relever. Ils doivent d'abord maîtriser le Cours en anglais, leur langue seconde. Ensuite il leur faut transposer leur compréhension dans leur langue première, processus chargé de tous les problèmes qui viennent de jeter un pont entre deux cultures. Ils doivent surmonter ces deux défis sans perdre la signification et les subtilités du système de pensée du Cours. Nous avons adopté des critères rigoureux dans la sélection et la supervision des traducteurs. En effet, il nous a souvent fallu des années pour choisir une équipe de traducteurs compétents ; équipe normalement constituée d'un traducteur principal, de plusieurs lecteurs et d'un réviseur. Certaines traductions se sont échelonnées sur plus de dix ans, avec un changement d'équipe en cours de route et plusieurs révisions de façon à saisir l'esprit et la signification d'*Un cours en miracles* dans la langue cible.

Pour atteindre ces hauts critères, nous avons adopté les lignes directrices suivantes :

1) Notre première règle est : «Rester fidèle au sens précis de chaque phrase dans *Un cours en miracles*.» Comme le dit le Cours :

> «...un bon traducteur, bien qu'il doive changer la forme de ce qu'il traduit, ne change jamais la signification. De fait, son seul but est de changer la forme de façon à conserver la signification originale» (Texte, p. 123).

Par conséquent, chaque fois qu'il y a à choisir entre préserver la signification du texte anglais et une traduction plus littéraire ou poétique, le premier parti est toujours préféré. De grandes portions d'*Un cours en miracles* (dont tout le Livre d'exercices, à partir de la leçon 99) sont écrites en pentamètres iambiques, le vers de Shakespeare. Presque toujours, il a fallu ne tenir aucun compte de la forme poétique afin de préserver la signification.

2) Notre deuxième règle renforce la première : «Ne pas essayer d'améliorer le Cours.» Habituellement, les traducteurs ont deux types de tentations. Lorsque l'anglais semble maladroit ou ambigu,

ils sont tentés de «faire mieux que l'anglais» en améliorant le texte ou en le «clarifiant» en ajoutant des mots ou des paraphrases qui n'apparaissent pas dans l'original.

Pour contrer une telle tentation, nous avons insisté sur l'importance de conserver l'ambiguïté originale dans la traduction.

Un autre problème concerne l'utilisation de certains mots-clés. De nombreux traducteurs ont essayé d'utiliser des synonymes pour rendre le Cours plus «coloré». Nous avons fortement conseillé aux traducteurs de résister à cette tentation parce que les étudiants doivent adopter certains mots-clés comme fondement du système de pensée du Cours. Avec le temps, les étudiants s'aperçoivent qu'ils font leur le vocabulaire du Cours. Par conséquent, nous avons demandé aux traducteurs de respecter le choix de mots du Cours même si un tel vocabulaire peut sembler étrange au début pour le lecteur. Ces mots doivent rester les mêmes d'un bout à l'autre de la traduction, tout comme ils restent les mêmes dans l'original anglais.

3) Notre troisième règle semble contredire la seconde : «Quand la signification le demande, changer la phrase anglaise afin d'obtenir une traduction plus fluide.» L'anglais ne suit pas toujours les règles strictes de la bonne grammaire. Les traducteurs sont autorisés à corriger les imperfections grammaticales afin de préserver la signification dans la traduction.

Un autre cas exigeant une révision par un traducteur concerne le genre. Dans au moins une langue, «Saint-Esprit» est féminin. Dans un cas comme celui-là, nous avons conseillé au traducteur d'utiliser des pronoms de genre féminin même si, en anglais, seul le masculin est utilisé.

4) Notre quatrième règle concerne les références bibliques dans le Cours, qui en compte plus de 800. La plupart d'entre elles ne sont pas indiquées par des guillemets et le lecteur qui n'est pas familier avec la Bible pourrait facilement ne pas les voir. Toutes ces références sont tirées de la Bible King James en anglais. Nous avons demandé aux traducteurs de citer la Bible qui, dans la culture de la langue cible, a la même importance que la Bible King James dans le monde anglophone.

Dans *Un cours en miracles*, certaines références bibliques sont des citations libres des versets de la Bible. Les traducteurs ont été tentés de corriger le Cours en rendant la pleine citation biblique dans la langue cible. Nous n'avons pas permis de tels changements. Si *Un cours en miracles* cite librement un passage biblique, le traducteur devrait faire de même.

5) Notre cinquième règle est : «Recourir rarement aux notes.» Les notes se rangent dans trois catégories d'explications :

a) les jeux de mots qui se perdent dans la traduction ;
b) les expressions idiomatiques américaines ;
c) les citations bibliques dont la signification dépend de la version anglaise de la Bible King James, mais qui ne peuvent pas être traduites adéquatement dans la langue cible.

Dans tous les cas, nous avons suivi le principe voulant que nous fassions le moins de changements possible par rapport à l'anglais.

6) Notre sixième et dernière règle concerne la traduction d'un mot très important : «Expiation». (En anglais, *Atonement*.) Presque sans exception, ce mot a constitué un réel défi pour les traducteurs, et il a posé des problèmes à bien des étudiants anglophones d'*Un cours en miracles*. Ce terme biblique est un concept central dans la tradition judéo-chrétienne, où il exprime le plan de Dieu pour sauver ses enfants, qui sont pécheurs et pleins de culpabilité, par leur propre souffrance et leur propre sacrifice, de même que par la mort expiatrice de Jésus sur la croix.

Comme beaucoup d'autres mots qu'*Un cours en miracles* emprunte à la tradition biblique, le mot «Expiation» reçoit une signification totalement différente de celle que lui donne la tradition judéo-chrétienne. Dans le Cours, «Expiation» réfère *à la correction de la croyance en la réalité du péché et de la culpabilité*. Ce changement de signification d'un mot courant est un exemple du processus pédagogique du Cours qui, par l'utilisation de tels mots «déclencheurs», fait remonter à l'esprit du lecteur des aspects refoulés du système de pensée de l'ego. De cette façon, ce qui est refoulé peut être regardé et enfin pardonné. Pour être efficace, le processus de correction demande de reconnaître nos croyances et concepts erronés, et non de les refouler. Par conséquent, utiliser un mot plus «inoffensif» pour traduire *Atonement*, comme «réconciliation» ou «rédemption», aurait pour effet de saper ce processus de correction de nos pensées erronées, en ne leur permettant pas d'apparaître dans nos esprits. En utilisant le mot traditionnel pour *Atonement* dans toutes les traductions, avec sa connotation habituelle qui est de défaire la culpabilité par le sacrifice, les étudiants d'*Un cours en miracles* ont ainsi la possibilité de pardonner véritablement le système de pensée de l'ego en eux-mêmes.

Nous espérons que cette traduction d'*Un cours en miracles* est aussi fidèle que possible à la fois à la lettre et à l'esprit de l'original anglais afin que le monde entier puisse profiter de cet important document spirituel. Nous sommes reconnaissants de ce que des étudiants de partout dans le monde puissent se joindre à nous dans le voyage de retour à Dieu.

Foundation for Inner Peace

NOTES

Pour faciliter la lecture, nous avons cru préférable de ne pas insérer d'appels de note dans le texte. Plutôt, les notes sont rassemblées en fin d'ouvrage avec renvois aux passages auxquels elles se rapportent.

NOTE DES TRADUCTEURS

Pour d'autres explications sur la traduction française, voir la Note des traducteurs à la fin de l'ouvrage.

RÉFÉRENCES BIBLIQUES

Pour les citations bibliques, nous avons consulté en premier lieu la Bible Segond, édition 1910 ; et en deuxième lieu la Bible de Jérusalem, édition 1984. Lorsque ni l'une ni l'autre de ces bibles n'était assez proche de l'anglais, nous avons eu recours à la Bible Tob, édition 1972/75.

PRÉFACE

Cette préface fut écrite en 1977, en réponse à de nombreuses demandes de brève introduction à *Un cours en miracles*. Helen Schucman écrivit elle-même les deux premières parties : *D'où il vient* et *Ce qu'il est*. La dernière partie, *Ce qu'il dit*, fut écrite suivant le processus de dictée intérieure décrit dans la préface.

D'où il vient

À l'origine d'*Un cours en miracles*, il y a deux personnes prenant la décision soudaine de se joindre dans un but commun. Ils s'appelaient Helen Schucman et William Thetford et ils étaient professeurs de psychologie médicale au *College of Physicians and Surgeons* de l'Université Columbia dans la ville de New York. Peu importe qui ils étaient, sauf que l'histoire montre qu'avec Dieu toutes choses sont possibles. Ils n'avaient pas d'intérêt pour la spiritualité. Leur relation était difficile et souvent tendue, et ils se préoccupaient surtout d'être acceptés et reconnus sur les plans personnel et professionnel. En général, ils avaient beaucoup investi dans les valeurs de ce monde. Leurs vies ne s'accordaient guère avec ce que le Cours préconise. Helen, celle à qui le Cours fut dicté, se décrit elle-même :

Psychologue, éducatrice, conformiste en théorie et athée en croyance, je travaillais dans un milieu universitaire fort prestigieux. Et puis quelque chose arriva qui déclencha une série d'événements que je n'aurais jamais pu prévoir. Le chef de mon département m'annonça à l'improviste qu'il était fatigué des sentiments de colère et d'agressivité que nos attitudes reflétaient, et il conclut qu'il devait y avoir « une autre voie ». Comme si j'avais attendu ce signal, je consentis à l'aider à la trouver. Apparemment, le Cours est cette autre voie.

Bien que leur intention fût sérieuse, ils eurent beaucoup de difficulté à se lancer dans cette entreprise commune. Mais ils avaient offert au Saint-Esprit le « petit désir » qui, comme le Cours allait le souligner maintes et maintes fois, suffit pour Lui permettre d'utiliser toute situation à Ses propres fins en la dotant de Sa puissance.

Le récit d'Helen continue ainsi :

L'écriture proprement dite fut précédée de trois mois assez surprenants pendant lesquels Bill m'avait suggéré de mettre par écrit les rêves hautement symboliques et les descriptions des étranges images qui me venaient. Bien que je fusse plus habituée à l'inattendu au bout de ces trois mois, je fus malgré tout très surprise lorsque j'écrivis : « Ceci est un cours en miracles. » Ce fut mon premier contact avec la Voix. Elle ne produisait aucun son mais elle semblait me donner une sorte de dictée intérieure rapide que je pris dans un carnet de sténographie. L'écriture ne fut jamais automatique. Elle pouvait être interrompue à n'importe quel moment et reprise plus tard. Cela me mettait fort mal à l'aise mais il ne me vint jamais sérieusement à l'esprit d'arrêter. On aurait dit qu'il s'agissait d'une mission particulière que j'avais, je ne sais où ni comment, accepté de remplir. Toute l'entreprise reposait sur une véritable collaboration entre Bill et moi, et beaucoup de son importance, j'en suis sûre, réside en cela. J'écrivais ce que la Voix « disait », en faisait lecture à Bill le lendemain, et il le tapait à la machine sous ma dictée. Je suppose qu'il avait aussi sa propre mission particulière. Sans ses encouragements et son soutien, je n'aurais jamais été capable d'accomplir la mienne. Le processus tout entier prit à peu près sept ans. Le Texte vint en premier, puis le Livre d'exercices pour étudiants et enfin le Manuel pour enseignants. Seuls quelques changements mineurs ont été apportés. Les titres des chapitres et les sous-titres ont été insérés dans le Texte, et certaines des références plus personnelles qui vinrent au commencement ont été omises. À part cela, le texte est essentiellement inchangé.

Les noms des personnes qui ont collaboré à la transcription du Cours n'apparaissent pas sur la couverture parce que le Cours peut et devrait se suffire à lui-même. Il n'a pas été conçu pour servir de fondement à une nouvelle secte. Son seul but est de fournir une voie dans laquelle certaines personnes pourront trouver leur propre Enseignant intérieur.

Ce qu'il est

Comme le suggère son titre, le Cours est structuré tout au long comme un outil d'enseignement. Il consiste en trois livres : un

Texte de 718 pages, un Livre d'exercices pour étudiants de 506 pages et un Manuel pour enseignants de 94 pages. Les étudiants peuvent choisir l'ordre dans lequel ils se servent des livres, et la façon dont ils les étudient, en fonction de leurs préférences et de leurs besoins particuliers.

Le programme d'études, ou curriculum, que propose le Cours a été soigneusement conçu et il est expliqué étape par étape tant au niveau théorique que pratique. Il met l'accent sur l'application plutôt que sur la théorie, et sur l'expérience plutôt que sur la théologie. Il est dit explicitement qu'« une théologie universelle est impossible, mais une expérience universelle est non seulement possible mais nécessaire » (Manuel, p. 79). Bien que la langue soit chrétienne, le Cours traite de thèmes spirituels universels. Il souligne qu'il n'est qu'une version du curriculum universel. Il y en a beaucoup d'autres, et celle-ci n'en diffère que par la forme. À la fin toutes mènent à Dieu.

Le Texte est en grande partie théorique ; y sont présentés les concepts sur lesquels repose le système de pensée du Cours. Ses idées servent de fondement pour les leçons du Livre d'exercices. Sans la mise en application que fournit le Livre d'exercices, le Texte resterait essentiellement une série d'abstractions qui ne suffiraient guère à amener le renversement de pensée que vise le Cours.

Le Livre d'exercices comprend 365 leçons, soit une pour chaque jour de l'année. Toutefois, il n'est pas nécessaire de poursuivre les leçons à ce rythme et quelqu'un peut très bien vouloir s'attarder plus d'une journée sur une leçon qui lui plaît particulièrement. Les instructions recommandent seulement de ne pas tenter de faire plus d'une leçon par jour. L'aspect pratique du Livre d'exercices est mis en évidence dans son introduction, qui met l'accent sur l'expérience acquise par la pratique plutôt que sur un engagement préalable envers un but spirituel :

> Certaines des idées que présente le livre d'exercices te paraîtront difficiles à croire ; d'autres te sembleront tout à fait surprenantes. Cela n'a aucune importance. Il t'est simplement demandé d'appliquer les idées de la manière indiquée. Il ne t'est pas demandé de les juger. Il t'est seulement demandé de les utiliser. C'est leur utilisation qui leur donnera une signification pour toi et te montrera qu'elles sont vraies.

Souviens-toi seulement de ceci : tu n'as pas besoin de croire les idées, tu n'as pas besoin de les accepter, tu n'as pas même besoin de leur faire bon accueil. Il se peut qu'à certaines d'entre elles, tu résistes activement. Rien de tout cela n'a d'importance, et leur efficacité n'en est pas diminuée. Mais ne te permets pas de faire des exceptions dans l'application des idées que contient le livre d'exercices ; et quelles que soient tes réactions à ces idées, utilise-les. Rien d'autre que cela n'est requis (Livre d'exercices, p. 2).

Enfin le Manuel pour enseignants, qui est écrit sous forme de questions et réponses, fournit des réponses à quelques-unes des questions les plus susceptibles d'être posées par un étudiant. Il contient aussi une clarification de certains des termes que le Cours utilise, le Texte servant de cadre théorique à ces explications.

Le Cours ne prétend pas être définitif, pas plus que le Livre d'exercices n'est destiné à compléter l'apprentissage de l'étudiant. À la fin, le lecteur est laissé entre les mains de son propre Enseignant intérieur, Qui dirigera tout enseignement ultérieur comme Il le jugera bon. Quoique le Cours couvre une vaste sphère, la vérité ne peut pas être limitée à une forme finie, ainsi qu'il est dit clairement dans l'énoncé à la fin du Livre d'exercices :

Ce cours est un commencement et non une fin (...) Il ne t'est plus assigné de leçons précises, car il n'en est plus besoin. Désormais, n'écoute que la Voix pour Dieu (...) Il dirigera tes efforts en te disant exactement quoi faire, comment diriger ton esprit et quand venir à Lui en silence, demander Sa sûre direction et Sa Parole certaine (Livre d'exercices, p. 505).

Ce qu'il dit

Rien de réel ne peut être menacé.
Rien d'irréel n'existe.
En cela réside la paix de Dieu.

Ainsi commence *Un cours en miracles*. Il fait une distinction fondamentale entre le réel et l'irréel ; entre la connaissance et la perception. La connaissance est vérité, sous une seule loi, la loi de l'amour ou de Dieu. La vérité est inaltérable, éternelle et non ambiguë. Elle peut ne pas être reconnue mais elle ne peut pas être changée. Elle s'applique à tout ce que Dieu a créé, et seul ce qu'Il a créé est réel. Elle est au-delà de l'apprentissage parce qu'elle est au-delà du temps et des processus. Elle n'a pas d'opposé; pas de commencement ni de fin. Elle est, tout simplement.

Le monde de la perception, par contre, est le monde du temps, du changement, des commencements et des fins. Il est basé sur l'interprétation et non sur des faits. C'est le monde de la naissance et de la mort, fondé sur la croyance dans le manque, la perte, la séparation et la mort. Il s'apprend plutôt qu'il n'est donné; il est sélectif dans ses perceptions, instable dans son fonctionnement et inexact dans ses interprétations.

De la connaissance et de la perception respectivement surgissent deux systèmes de pensée distincts qui sont à tous égards l'opposé l'un de l'autre. Dans le champ de la connaissance, aucune idée n'existe à part de Dieu, car Dieu et Sa Création partagent une même Volonté. Toutefois, le monde de la perception est fait par la croyance en des opposés et en des volontés séparées qui sont en conflit perpétuel les unes avec les autres ainsi qu'avec Dieu. Ce que la perception voit et entend paraît être réel parce qu'elle ne laisse monter à la conscience que ce qui est conforme aux souhaits de celui qui perçoit. Cela mène à un monde d'illusions, un monde qui a constamment besoin de défenses précisément *parce qu'*il n'est pas réel.

Quand tu es pris dans le monde de la perception, tu es pris dans un rêve. Tu ne peux pas t'échapper sans aide parce que tout ce que tes sens te montrent ne fait que témoigner de la réalité du rêve. Dieu a fourni la Réponse, la seule Issue, la véritable Aide. C'est la fonction de Sa Voix, Son Saint-Esprit, d'agir comme Médiateur entre les deux mondes. Il peut le faire parce que, alors que d'une part Il connaît la vérité, d'autre part Il sait aussi reconnaître nos illusions, mais sans y croire. Le but du Saint-Esprit est de nous aider à échapper du monde du rêve en nous enseignant comment renverser notre façon de penser et désapprendre nos erreurs. Le pardon est le grand outil d'apprentissage au moyen duquel le Saint-Esprit nous aide à opérer ce renversement. Toutefois, le Cours a sa propre définition de ce qu'est réellement le pardon, tout comme il a sa propre façon de définir le monde.

Le monde que nous voyons ne fait que refléter notre propre cadre de référence intérieur — les idées dominantes, les souhaits et les émotions dans nos esprits. « La projection fait la perception » (Texte, p. 266, 477). Nous regardons d'abord au-dedans, et nous décidons quel genre de monde nous voulons voir, puis nous projetons ce monde à l'extérieur, faisant de lui la vérité *telle que nous la voyons*. Ce qui le rend vrai, ce sont les interprétations que nous donnons de ce que nous voyons. Si nous utilisons la perception pour justifier nos propres erreurs — notre colère, nos impulsions à attaquer, notre manque d'amour sous n'importe quelle forme —, nous verrons un monde de mal, de destruction, de malice, d'envie et de désespoir. Nous devons apprendre à pardonner tout cela, non pas parce que nous sommes « bons » et « charitables » mais parce que ce que nous voyons n'est pas vrai. Nous avons distordu le monde par nos défenses tordues, et nous voyons donc ce qui n'est pas là. Comme nous apprenons à reconnaître nos erreurs de perception, nous apprenons aussi à regarder plus loin ou à « pardonner ». En même temps nous nous pardonnons à nous-mêmes en regardant passé nos concepts de soi distordus vers le Soi que Dieu a créé nous et en nous.

Le péché est défini comme un « manque d'amour » (Texte, p. 12). Puisque l'amour est la seule chose qui soit, aux yeux du Saint-Esprit le péché est une erreur à corriger plutôt qu'un mal à punir. Notre sentiment d'insuffisance, de faiblesse et d'incomplétude vient de notre énorme investissement dans le « principe de manque » qui gouverne le monde entier des illusions. De ce point de vue, nous recherchons en autrui ce que nous ressentons comme un manque en nous-mêmes. Nous « aimons » autrui pour obtenir nous-mêmes quelque chose. C'est cela, en fait, qui passe pour de l'amour dans le monde du rêve. Il n'y a pas de plus grande erreur, car l'amour est incapable de demander quoi que ce soit.

Seuls les esprits peuvent réellement se joindre, et l'homme ne saurait séparer ce que Dieu a joint (Texte, p. 382). Toutefois, c'est uniquement au niveau de l'Esprit du Christ que l'union véritable est possible, et n'a, de fait, jamais été perdue. Le « petit moi » cherche à se grandir par l'approbation extérieure, les possessions extérieures et l'« amour » extérieur. Le Soi que Dieu a créé n'a besoin de rien. Il est à jamais complet, en sécurité, aimé et aimant. Il cherche à partager plutôt qu'à obtenir; à étendre plutôt qu'à projeter. Il n'a pas de besoins et il veut se joindre aux autres dans la conscience mutuelle de leur abondance.

Les relations particulières du monde sont destructrices, égoïstes et puérilement égocentriques. Pourtant, confiées au Saint-Esprit, ces relations peuvent devenir ce qu'il y a de plus saint sur terre — les miracles qui indiquent la voie du retour au

Ciel. Le monde utilise ses relations particulières comme une arme ultime d'exclusion et une démonstration de séparation. Le Saint-Esprit les transforme en de parfaites leçons de pardon et d'éveil du rêve. Chacune est une occasion de laisser les perceptions être guéries et les erreurs être corrigées. Chacune constitue une autre chance de se pardonner à soi-même en pardonnant à l'autre. Et chacune devient encore une autre invitation au Saint-Esprit et au souvenir de Dieu.

La perception est une fonction du corps et elle représente donc une limite à la conscience. La perception voit par les yeux du corps et entend par les oreilles du corps. Elle évoque les réponses limitées que donne le corps. Dans une large mesure, le corps semble avoir sa propre motivation et être indépendant, or il ne fait que répondre aux intentions de l'esprit. Si l'esprit veut l'utiliser pour l'attaque sous quelque forme que ce soit, il devient la proie de la maladie, de l'âge et du dépérissement. Si l'esprit accepte plutôt le but que le Saint-Esprit a pour lui, il devient un moyen utile de communication avec les autres, invulnérable aussi longtemps qu'il en est besoin, et qui sera doucement mis de côté quand son utilité aura cessé. De lui-même il est neutre, comme le sont toutes choses dans le monde de la perception. Qu'il soit utilisé pour les buts de l'ego ou du Saint-Esprit, cela dépend entièrement de ce que veut l'esprit.

L'opposé de voir par les yeux du corps, c'est la vision du Christ qui reflète la force plutôt que la faiblesse, l'unité plutôt que la séparation et l'amour plutôt que la peur. L'opposé d'entendre par les oreilles du corps, c'est la communication par la Voix pour Dieu, le Saint-Esprit, qui demeure en chacun de nous. Sa Voix semble distante et difficile à entendre parce que l'ego, qui parle pour le petit soi séparé, semble parler beaucoup plus fort. En fait c'est l'inverse. Le Saint-Esprit parle avec une indubitable clarté et un attrait irrésistible. Nul ne pourrait être sourd à Ses messages de délivrance et d'espoir qui ne choisit pas de s'identifier au corps, pas plus qu'il ne pourrait manquer d'accepter joyeusement la vision du Christ en heureux échange de la misérable image qu'il a de lui-même.

La vision du Christ est le don du Saint-Esprit, l'alternative de Dieu à l'illusion de séparation et à la croyance en la réalité du péché, de la culpabilité et de la mort. C'est la seule correction pour toutes les erreurs de perception, la réconciliation de tous les opposés apparents sur lesquels ce monde est fondé. Sa douce lumière montre toutes choses d'un autre point de vue, qui reflète le système de pensée surgi de la connaissance et rend le retour à Dieu non seulement possible mais inévitable. Ce qui était considéré comme une injustice faite à quelqu'un par quelqu'un d'autre devient maintenant un appel à l'aide et à l'union. Le péché, la maladie et l'attaque sont vus comme des malperceptions qui appellent un remède par la douceur et l'amour. Les défenses sont déposées parce qu'il n'en est pas besoin là où il n'y a pas d'attaque. Les besoins de nos frères deviennent les nôtres parce qu'ils font le voyage avec nous en allant vers Dieu. Sans nous ils perdraient leur chemin. Sans eux nous ne pourrions jamais trouver le nôtre.

Le pardon est inconnu au Ciel, où un tel besoin serait inconcevable. Dans ce monde, toutefois, le pardon est une correction nécessaire pour toutes les erreurs que nous avons faites. Offrir le pardon est la seule façon pour nous de l'avoir, car cela reflète la loi du Ciel voulant que donner et recevoir sont la même chose. Le Ciel est l'état naturel de tous les Fils de Dieu tels qu'Il les a créés. Telle est leur réalité à jamais. Elle n'a pas changé parce qu'elle a été oubliée.

Le pardon est le moyen par lequel nous nous souviendrons. Par le pardon, la façon de penser du monde est renversée. Le monde pardonné devient la porte du Ciel, parce que sa miséricorde nous permet enfin de nous pardonner. Ne tenant personne prisonnier de la culpabilité, nous devenons libres. Reconnaissant le Christ en tous nos frères, nous reconnaissons Sa Présence en nous-mêmes. Oubliant toutes nos malperceptions, et sans rien du passé qui puisse nous retenir, nous pouvons nous souvenir de Dieu. Au-delà de cela, l'apprentissage ne peut aller. Quand nous sommes prêts, Dieu Lui-même fait le dernier pas de notre retour vers Lui.

UN COURS EN MIRACLES

TEXTE

TABLE DES MATIÈRES

Chapitre 29   LE RÉVEIL

Chapitre 30   LE NOUVEAU COMMENCEMENT

Chapitre 31   LA VISION FINALE

INTRODUCTION

1. Ceci est un cours en miracles. ²C'est un cours obligatoire. ³Seul le moment où tu le suis relève de ta volonté. ⁴Une volonté libre ne signifie pas que tu peux établir le curriculum. ⁵Cela signifie seulement que tu peux choisir ce que tu veux suivre à un moment donné. ⁶Le cours ne vise pas à enseigner la signification de l'amour, car cela est au-delà de ce qui peut s'enseigner. ⁷Toutefois, il vise à enlever les blocages qui empêchent de prendre conscience de la présence de l'amour, qui est ton héritage naturel. ⁸L'opposé de l'amour est la peur, mais ce qui embrasse tout ne peut avoir d'opposé.

2. Ce cours peut donc se résumer très simplement de cette façon :

> ²Rien de réel ne peut être menacé.
> ³Rien d'irréel n'existe.

⁴En cela réside la paix de Dieu.

Chapitre 1

LA SIGNIFICATION DES MIRACLES

I. Principes des miracles

1. Il n'y a pas d'ordre de difficulté dans les miracles. ²Aucun n'est « plus dur » ni « plus gros » qu'un autre. ³Ils sont tous les mêmes. ⁴Toutes les expressions d'amour sont maximales.

2. Les miracles comme tels n'ont pas d'importance. ²La seule chose qui importe, c'est leur Source, qui est bien au-delà de toute évaluation.

3. Les miracles, en tant qu'expressions d'amour, se produisent naturellement. ²Le vrai miracle est l'amour qui les inspire. ³En ce sens tout ce qui vient de l'amour est un miracle.

4. Tous les miracles signifient la vie, et Dieu est le Donneur de vie. ²Sa Voix te dirigera très concrètement. ³Elle te dira tout ce que tu as besoin de savoir.

5. Les miracles sont des habitudes et devraient être involontaires. ²Ils ne devraient pas être sous un contrôle conscient. ³Des miracles choisis consciemment peuvent être mal dirigés.

6. Les miracles sont naturels. ²C'est lorsqu'ils ne se produisent pas que quelque chose ne va pas.

7. Chacun a droit aux miracles, mais une purification est d'abord nécessaire.

8. Les miracles sont guérisseurs parce qu'ils suppléent un manque ; ils sont accomplis par ceux qui temporairement ont plus pour ceux qui temporairement ont moins.

9. Les miracles sont une sorte d'échange. ²Comme toutes les expressions d'amour, qui sont toujours miraculeuses dans le vrai sens, l'échange renverse les lois physiques. ³Ils apportent plus d'amour à la fois au donneur *et* au receveur.

10. Utiliser les miracles comme des spectacles pour induire la croyance, c'est mal comprendre leur but.

11. La prière est le véhicule des miracles. ²C'est un moyen de communication du créé avec le Créateur. ³C'est par la prière que l'amour est reçu, et c'est par les miracles que l'amour est exprimé.

12. Les miracles sont des pensées. ²Les pensées peuvent représenter le niveau inférieur ou corporel de l'expérience, ou le niveau

supérieur ou spirituel de l'expérience. ³L'un fait le physique et l'autre crée le spirituel.

13.   Les miracles sont à la fois des commencements et des fins ; ainsi ils altèrent l'ordre temporel. ²Ce sont toujours des affirmations de renaissance, qui semblent revenir en arrière mais en réalité vont en avant. ³Ils défont le passé dans le présent et ainsi libèrent le futur.

14.   Les miracles rendent témoignage de la vérité. ²Ils sont convaincants parce qu'ils viennent de la conviction. ³Sans conviction ils dégénèrent en magie, laquelle est sans esprit et donc destructrice ; ou plutôt, c'est l'utilisation non créatrice de l'esprit.

15.   Chaque jour devrait être consacré aux miracles. ²Le but du temps est de te permettre d'apprendre comment utiliser le temps de façon constructive. ³C'est donc un mécanisme d'enseignement ainsi qu'un moyen de parvenir à une fin. ⁴Le temps cessera lorsqu'il ne sera plus d'aucune utilité pour faciliter l'apprentissage.

16.   Les miracles sont des mécanismes d'enseignement servant à démontrer qu'il y a autant de bonheur à donner qu'à recevoir. ²Ils augmentent la force du donneur et fournissent des forces au receveur simultanément.

17.   Les miracles transcendent le corps. ²Ce sont des passages soudains dans l'invisibilité, loin du niveau corporel. ³C'est pourquoi ils guérissent.

18.   Un miracle est un service. ²C'est le service maximal que tu puisses rendre à autrui. ³C'est une façon d'aimer ton prochain comme toi-même. ⁴Tu reconnais simultanément ta propre valeur et celle de ton prochain.

19.   Les miracles rendent les esprits un en Dieu. ²Ils dépendent de la coopération parce que la Filialité est la somme de tout ce que Dieu a créé. ³Par conséquent, les miracles reflètent les lois de l'éternité et non celles du temps.

20.   Les miracles réveillent à nouveau la conscience que le pur-esprit, et non le corps, est l'autel de la vérité. ²C'est cette re-connaissance qui mène au pouvoir guérisseur du miracle.

21.   Les miracles sont des signes naturels de pardon. ²Par les miracles, tu acceptes le pardon de Dieu en l'étendant à autrui.

22.   Les miracles ne sont associés à la peur qu'à cause de la croyance que les ténèbres peuvent cacher. ²Tu crois que ce que tes yeux physiques ne peuvent pas voir n'existe pas. ³Cela mène au déni de la vue spirituelle.

23. Les miracles réarrangent la perception et placent tous les niveaux en vraie perspective. ²Cela guérit parce que la maladie vient de confondre les niveaux.

24. Les miracles te permettent de guérir les malades et de ressusciter les morts parce que tu as toi-même fait la maladie et la mort et tu peux donc les abolir toutes les deux. ²*Tu* es un miracle, capable de créer à l'image de ton Créateur. ³Tout le reste est ton propre cauchemar et n'existe pas. ⁴Seules les créations de lumière sont réelles.

25. Les miracles font partie d'un enchaînement de pardon qui, une fois complété, est l'Expiation. ²L'Expiation opère tout le temps et dans toutes les dimensions du temps.

26. Les miracles représentent la délivrance de la peur. ²« Expier » signifie « défaire ». ³Le défaire de la peur est une part essentielle de la valeur d'Expiation des miracles.

27. Un miracle est une bénédiction universelle de Dieu par moi à tous mes frères. ²C'est le privilège des pardonnés de pardonner.

28. Les miracles sont un moyen de gagner la délivrance de la peur. ²La révélation induit un état dans lequel la peur a déjà été abolie. ³Ainsi les miracles sont un moyen et la révélation est une fin.

29. Les miracles louent Dieu par toi. ²Ils Le louent en honorant Ses créations et en affirmant leur perfection. ³Ils guérissent parce qu'ils nient l'identification au corps et affirment l'identification au pur-esprit.

30. En reconnaissant le pur-esprit, les miracles ajustent les niveaux de perception et les montrent dans leur juste alignement. ²Cela place le pur-esprit au centre, où il peut communiquer directement.

31. Les miracles devraient inspirer de la gratitude et non de la révérence. ²Tu devrais remercier Dieu de ce que tu es réellement. ³Les enfants de Dieu sont saints et le miracle honore leur sainteté, qui peut être cachée mais jamais perdue.

32. J'inspire tous les miracles, qui en fait sont des intercessions. ²Ils intercèdent pour ta sainteté et rendent saintes tes perceptions. ³En te plaçant au-delà des lois physiques, ils t'élèvent dans la sphère de l'ordre céleste. ⁴Dans cet ordre tu *es* parfait.

33. Les miracles t'honorent parce que tu es digne d'amour. ²Ils dissipent les illusions à ton sujet et perçoivent la lumière en toi. ³Ainsi ils expient tes erreurs en te libérant de tes cauchemars. ⁴En délivrant ton esprit de l'emprisonnement de tes illusions, ils rétablissent ta santé d'esprit.

34.   Les miracles ramènent l'esprit à sa plénitude. ²En expiant le manque, ils établissent une protection parfaite. ³La force du pur-esprit ne laisse place à aucune intrusion.

35.   Les miracles sont des expressions d'amour, mais il se peut qu'ils n'aient pas toujours d'effets observables.

36.   Les miracles sont des exemples de justesse de pensée, qui alignent tes perceptions sur la vérité telle que Dieu l'a créée.

37.   Le miracle est une correction introduite par moi dans la pensée fausse. ²Il agit comme un catalyseur, morcelant la perception erronée et la réorganisant correctement. ³Cela te place sous le principe de l'Expiation, où la perception est guérie. ⁴Jusqu'à ce que cela se produise, la connaissance de l'Ordre divin est impossible.

38.   Le Saint-Esprit est le mécanisme des miracles. ²Il reconnaît à la fois les créations de Dieu et tes illusions. ³Il sépare le vrai du faux par Son aptitude à percevoir totalement plutôt que sélectivement.

39.   Le miracle dissout l'erreur parce que le Saint-Esprit identifie l'erreur comme fausse ou irréelle. ²Cela revient à dire qu'en percevant la lumière, les ténèbres disparaissent automatiquement.

40.   Le miracle reconnaît chacun comme ton frère et le mien. ²C'est une façon de percevoir la marque universelle de Dieu.

41.   L'entièreté est le contenu perceptuel des miracles. ²Ainsi ils corrigent, ou expient, la perception erronée du manque.

42.   Une contribution majeure des miracles est qu'ils ont la force de te libérer de ton faux sentiment d'isolement, de privation et de manque.

43.   Les miracles viennent d'un état d'esprit miraculeux, ou un état dans lequel l'esprit est prêt pour les miracles.

44.   Le miracle est l'expression d'une conscience intérieure du Christ et l'acceptation de Son Expiation.

45.   Un miracle n'est jamais perdu. ²Il peut toucher de nombreuses personnes que tu n'as même pas rencontrées et produire des changements insoupçonnés dans des situations dont tu n'es même pas conscient.

46.   Le Saint-Esprit est le plus haut moyen de communication. ²Les miracles n'impliquent pas ce type de communication, parce que ce sont des mécanismes *temporaires* de communication. ³Quand tu retournes à ta forme originelle de communication avec Dieu par révélation directe, il n'est plus besoin de miracles.

47.   Le miracle est un mécanisme d'apprentissage qui amoindrit le besoin de temps. ²Il établit un intervalle de temps hors du temps, non soumis aux lois habituelles du temps. ³En ce sens il est intemporel.

48. Le miracle est le seul mécanisme dont tu disposes immédiatement pour contrôler le temps. ²Seule la révélation le transcende, n'ayant absolument rien à voir avec le temps.

49. Le miracle ne fait pas de distinction de degré parmi les malperceptions. ²C'est un mécanisme de correction de la perception, efficace tout à fait à part à la fois du degré et de la direction de l'erreur. ³Cela est sa véritable non-discrimination.

50. Le miracle compare ce que tu as fait avec la création, accepte pour vrai ce qui est en accord avec elle et rejette comme faux ce qui ne l'est pas.

II. Révélation, temps et miracles

1. La révélation induit une suspension complète mais temporaire du doute et de la peur. ²Elle reflète la forme originelle de communication entre Dieu et Ses créations, qui implique le sentiment de création extrêmement personnel parfois recherché dans les relations physiques. ³L'intimité physique ne peut l'atteindre. ⁴Toutefois, les miracles sont authentiquement interpersonnels, et il en résulte une véritable intimité avec autrui. ⁵La révélation t'unit directement à Dieu. ⁶Les miracles t'unissent directement à ton frère. ⁷Ni l'un ni l'autre n'émane de la conscience mais c'est là que l'expérience des deux est faite. ⁸La conscience est l'état qui induit l'action, bien qu'elle ne l'inspire pas. ⁹Tu es libre de croire ce que tu choisis de croire, et ce que tu fais témoigne de ce que tu crois.

2. La révélation est intensément personnelle et ne saurait être traduite de façon signifiante. ²C'est pourquoi toute tentative pour la décrire en mots est impossible. ³La révélation n'induit que l'expérience. ⁴Les miracles, par contre, induisent l'action. ⁵Ils sont plus utiles maintenant à cause de leur nature interpersonnelle. ⁶Dans cette phase d'apprentissage, il est important de faire des miracles parce que la délivrance de la peur ne peut pas t'être imposée. ⁷La révélation est littéralement ineffable parce que c'est l'expérience d'un amour ineffable.

3. La révérence devrait être réservée pour la révélation, à quoi elle s'applique parfaitement et correctement. ²Elle ne convient pas aux miracles parce que l'état de révérence est adoratif, ce qui suppose qu'un être d'un ordre inférieur se tient devant son Créateur. ³Tu es une création parfaite et tu ne devrais faire l'expérience de la révérence qu'en la Présence du Créateur de la perfection. ⁴Le

miracle est donc un signe d'amour entre égaux. [5]Des égaux ne devraient pas ressentir de la révérence les uns pour les autres parce que la révérence suppose l'inégalité. [6]Par conséquent, c'est une réaction inappropriée envers moi. [7]Un frère aîné a droit au respect pour sa plus grande expérience et à l'obéissance pour sa plus grande sagesse. [8]Il a aussi droit à l'amour parce que c'est un frère et au dévouement s'il est dévoué. [9]C'est seulement mon dévouement qui me donne droit au tien. [10]Il n'y a rien en moi que tu ne puisses atteindre. [11]Je n'ai rien qui ne vienne de Dieu. [12]La différence entre nous maintenant, c'est que je n'ai rien d'autre. [13]Cela me laisse dans un état qui n'est en toi que potentiel.

4.   «Nul ne vient au Père que par moi» ne signifie pas que je sois en aucune façon séparé ou différent de toi, excepté dans le temps, et le temps n'existe pas réellement. [2]Cet énoncé est plus significatif si on l'applique à un axe vertical plutôt qu'horizontal. [3]Tu te tiens au-dessous de moi et je me tiens au-dessous de Dieu. [4]Dans le processus «d'ascension», je suis plus haut parce que sans moi la distance entre Dieu et l'homme serait trop grande pour que tu puisses l'embrasser. [5]Je comble la distance comme ton frère aîné d'une part, et de l'autre comme un Fils de Dieu. [6]Mon dévouement pour mes frères m'a mis en charge de la Filialité, que je rends complète parce que je la partage. [7]Cela peut paraître contredire l'énoncé : «Moi et le Père Nous sommes un», mais il y a deux parties à cet énoncé en re-connaissance du fait que le Père est plus grand.

5.   Les révélations sont indirectement inspirées par moi parce que je suis proche du Saint-Esprit tout en étant attentif au moment où mes frères sont prêts pour la révélation. [2]Je peux ainsi leur apporter d'en haut plus qu'ils ne peuvent attirer vers eux-mêmes d'en haut. [3]Le Saint-Esprit est le Médiateur de la communication supérieure à inférieure, gardant ouvert pour la révélation le canal direct de Dieu à toi. [4]La révélation n'est pas réciproque. [5]Elle va de Dieu à toi, mais point de toi à Dieu.

6.   Le miracle minimise le besoin de temps. [2]Sur le plan longitudinal ou horizontal, la re-connaissance de l'égalité de tous les membres de la Filialité semble comporter un temps presque interminable. [3]Toutefois, le miracle entraîne un passage soudain de la perception horizontale à la verticale. [4]Cela introduit un intervalle d'où le donneur et le receveur émergent tous deux plus loin dans le temps qu'il n'en aurait été autrement. [5]Le miracle a ainsi la propriété unique d'abolir le temps dans la mesure où il rend

non nécessaire l'intervalle de temps qu'il couvre. [6]Il n'y a aucune relation entre le temps que prend un miracle et le temps qu'il couvre. [7]Le miracle se substitue à un apprentissage qui aurait pu prendre des milliers d'années. [8]Il le fait par la re-connaissance sous-jacente de la parfaite égalité du donneur et du receveur, sur laquelle le miracle repose. [9]Le miracle raccourcit le temps en le comprimant, éliminant ainsi certains intervalles à l'intérieur. [10]Il le fait, toutefois, à l'intérieur du plus vaste déroulement temporel.

III. Expiation et miracles

1. Je suis en charge du processus d'Expiation, que j'ai entrepris de commencer. [2]Lorsque tu offres un miracle à l'un de mes frères, c'est *à toi-même* et à moi que tu le fais. [3]La raison pour laquelle tu viens avant moi, c'est que je n'ai pas besoin de miracles pour ma propre Expiation, mais je me tiens à la fin au cas où tu échoue- rais temporairement. [4]Mon rôle dans l'Expiation est d'annuler toutes les erreurs que tu ne pourrais corriger autrement. [5]Quand tu auras été ramené à la re-connaissance de ton état originel, tu feras toi-même naturellement partie de l'Expiation. [6]Comme tu partages mon indésir d'accepter l'erreur en toi-même et en autrui, tu dois te joindre à la grande croisade pour la corriger : écoute ma voix, apprends à défaire l'erreur et agis de manière à la corriger. [7]Le pouvoir de faire des miracles t'appartient. [8]Je te fournirai les occasions de les faire, mais tu dois être prêt et désireux. [9]Les faire te convaincra de ton aptitude, parce que la conviction vient par l'accomplissement. [10]L'aptitude est le potentiel, l'accomplisse- ment est son expression, et l'Expiation, qui est la profession na- turelle des enfants de Dieu, est le but.

2. « Le ciel et la terre passeront » signifie qu'ils ne continueront pas d'exister comme états séparés. [2]Ma parole, qui est la résur- rection et la vie, ne passera point parce que la vie est éternelle. [3]Tu es l'œuvre de Dieu, et Son œuvre est entièrement digne d'amour et entièrement aimante. [4]C'est ce qu'un homme doit penser de lui-même en son cœur, parce que c'est ce qu'il est.

3. Les pardonnés sont l'instrument de l'Expiation. [2]Étant remplis du pur-esprit, ils pardonnent en retour. [3]Ceux qui sont délivrés doivent se joindre pour délivrer leurs frères, car tel est le plan de l'Expiation. [4]Les miracles sont la manière dont les esprits qui

servent le Saint-Esprit s'unissent à moi pour le salut ou la délivrance de toutes les créations de Dieu.

4.   Je suis le seul qui peut faire des miracles sans discrimination, parce que je suis l'Expiation. ²Tu as un rôle dans l'Expiation que je te dicterai. ³Demande-moi quels miracles tu devrais accomplir. ⁴Cela t'épargne un effort inutile parce que tu agiras sous communication directe. ⁵La nature impersonnelle du miracle est un ingrédient essentiel, parce qu'elle me permet d'en diriger l'application ; et les miracles, guidés par moi, conduisent à l'expérience hautement personnelle de la révélation. ⁶Un guide ne contrôle pas mais il dirige, te laissant libre de le suivre. ⁷« Ne nous induis pas en tentation » signifie : « Reconnais tes erreurs et choisis de les abandonner en te laissant guider par moi. »

5.   L'erreur ne peut pas réellement menacer la vérité, qui sait toujours y résister. ²De fait, seule l'erreur est vulnérable. ³Tu es libre d'établir ton royaume où bon te semble, mais le choix juste est inévitable si tu te souviens de ceci :

> ⁴*Le pur-esprit est à jamais en état de grâce.*
> ⁵*Ta réalité n'est que pur-esprit.*
> ⁶*Donc tu es à jamais en état de grâce.*

⁷L'Expiation défait toutes les erreurs à cet égard et c'est ainsi qu'elle arrache la source de la peur. ⁸Chaque fois que tu le ressens comme une menace quand Dieu te rassure, c'est toujours parce que tu défends une loyauté mal placée ou mal dirigée. ⁹Quand tu projettes cela sur les autres, tu les emprisonnes, mais seulement dans la mesure où tu renforces des erreurs qu'ils ont déjà faites. ¹⁰Cela les rend vulnérables aux distorsions des autres, puisque leur propre perception d'eux-mêmes est distordue. ¹¹Le faiseur de miracles ne peut que les bénir, ce qui défait leurs distorsions et les libère de prison.

6.   Tu réagis à ce que tu perçois, et comme tu perçois, ainsi tu te conduiras. ²La Règle d'Or te demande de faire pour les autres ce que tu voudrais qu'ils fassent pour toi. ³Cela signifie que la perception des deux doit être exacte. ⁴La Règle d'Or est la règle à suivre pour une conduite appropriée. ⁵Tu ne peux pas te conduire de manière appropriée si tu ne perçois pas correctement. ⁶Puisque toi et ton prochain êtes membres égaux d'une même famille, comme tu perçois les deux, ainsi tu feras pour les deux.

[7]C'est à partir de la perception de ta propre sainteté que tu devrais regarder la sainteté des autres.

7. Les miracles émanent d'un esprit qui est prêt pour eux. [2]Étant uni, cet esprit va vers tous et chacun sans même que le faiseur de miracles en ait lui-même conscience. [3]La nature impersonnelle des miracles est due au fait que l'Expiation elle-même est une, unissant toutes les créations à leur Créateur. [4]Étant l'expression de ce que tu es véritablement, le miracle place l'esprit en état de grâce. [5]Alors l'esprit accueille naturellement l'Hôte du dedans et l'étranger du dehors. [6]Quand tu fais entrer l'étranger, il devient ton frère.

8. Que le miracle puisse avoir sur tes frères des effets que tu ne reconnais peut-être pas ne te concerne pas. [2]Le miracle te bénira toujours, *toi*. [3]Les miracles qu'on ne te demande pas d'accomplir n'ont pas perdu leur valeur. [4]Ce sont toujours des expressions de ton propre état de grâce, mais c'est moi qui devrais contrôler l'aspect actif du miracle parce que j'ai pleine conscience du plan entier. [5]La nature impersonnelle de l'esprit de miracle assure ta grâce, mais je suis seul en position de connaître où ils peuvent être offerts.

9. Les miracles sont sélectifs seulement en ce sens qu'ils sont dirigés vers ceux qui peuvent les utiliser pour eux-mêmes. [2]Puisque cela rend inévitable qu'ils les étendent à autrui, une solide chaîne d'Expiation est soudée. [3]Toutefois, ce caractère sélectif ne tient pas compte de l'immensité du miracle lui-même, parce que le concept de taille existe sur un plan qui est lui-même irréel. [4]Puisque le miracle vise à rétablir la conscience de la réalité, il ne serait pas utile s'il était soumis aux mêmes lois qui gouvernent l'erreur qu'il vise à corriger.

IV. L'évasion hors des ténèbres

1. L'évasion hors des ténèbres comporte deux phases : Premièrement, reconnaître que les ténèbres ne peuvent cacher. [2]Cette étape entraîne généralement de la peur. [3]Deuxièmement, reconnaître qu'il n'y a rien que tu veuilles cacher même si tu le pouvais. [4]Cette étape apporte l'évasion hors de la peur. [5]Quand tu seras devenu désireux de ne rien cacher, non seulement désireras-tu entrer en communion mais tu comprendras aussi la paix et la joie.

2.   La sainteté ne peut jamais être réellement cachée dans les ténèbres, mais tu peux te tromper toi-même à ce sujet. [2]Cette tromperie te remplit de peur parce que tu te rends compte dans ton cœur que *c'est* une tromperie, et tu déploies d'énormes efforts pour en établir la réalité. [3]Le miracle place la réalité où elle doit être. [4]La réalité n'appartient qu'au pur-esprit, et le miracle ne reconnaît que la vérité. [5]Ainsi il dissipe les illusions à ton sujet et te met en communion avec toi-même et Dieu. [6]Le miracle se joint à l'Expiation en mettant l'esprit au service du Saint-Esprit. [7]Cela établit la juste fonction de l'esprit tout en corrigeant ses erreurs, qui ne sont que des manques d'amour. [8]Ton esprit peut être possédé par des illusions, mais le pur-esprit est libre éternellement. [9]Si un esprit perçoit sans amour, il perçoit une coquille vide et n'a pas conscience du pur-esprit au-dedans. [10]Mais l'Expiation ramène le pur-esprit à sa juste place. [11]L'esprit qui sert le pur-esprit *est* invulnérable.

3.   Les ténèbres sont un manque de lumière comme le péché est un manque d'amour. [2]Elles n'ont pas de propriétés uniques. [3]C'est un exemple de la croyance dans le «manque», d'où seule l'erreur peut procéder. [4]La vérité est toujours abondante. [5]Ceux qui perçoivent et reconnaissent qu'ils ont tout n'ont aucune sorte de besoin. [6]Le but de l'Expiation est de tout te rendre; ou plutôt, de le rendre à ta conscience. [7]Comme à chacun, tout t'a été donné quand tu as été créé.

4.   Le vide engendré par la peur doit être remplacé par le pardon. [2]C'est ce que la Bible veut dire par : «De mort, il n'y en a pas», et c'est pourquoi j'ai pu démontrer que la mort n'existe pas. [3]Je suis venu accomplir la loi en la réinterprétant. [4]La loi elle-même, si elle est bien comprise, n'offre que protection. [5]Ce sont ceux qui n'ont pas encore changé d'esprit qui y ont introduit le concept du «feu de l'enfer». [6]Je t'assure que je témoignerai pour quiconque me le permettra et dans la mesure où il le permettra. [7]Ton témoignage démontre ta croyance et ainsi la renforce. [8]Ceux qui témoignent pour moi expriment, par leurs miracles, qu'ils ont abandonné leur croyance en la privation en faveur de l'abondance dont ils ont appris qu'elle leur appartenait.

V. Entièreté et pur-esprit

1.   Le miracle ressemble beaucoup au corps en ceci qu'ils sont tous deux des aides à l'apprentissage servant à faciliter un état dans lequel ils ne sont plus nécessaires. [2]Lorsqu'est atteint l'état originel de communication directe du pur-esprit, ni le corps ni le miracle ne servent plus aucun but. [3]Tant que tu crois que tu es dans un corps, toutefois, tu peux choisir entre des canaux d'expression qui sont soit sans amour, soit miraculeux. [4]Tu peux faire une coquille vide, mais tu ne peux pas ne rien exprimer du tout. [5]Tu peux attendre, retarder, te paralyser ou réduire ta créativité à presque rien. [6]Mais tu ne peux pas l'abolir. [7]Tu peux détruire ton moyen de communication mais point ton potentiel. [8]Tu ne t'es pas créé toi-même.

2.   Pour qui a l'esprit de miracle, la décision fondamentale est de ne pas attendre plus qu'il n'est nécessaire que le temps vienne. [2]Le temps peut gaspiller autant qu'être gaspillé. [3]Par conséquent, le faiseur de miracles accepte avec joie le facteur de contrôle du temps. [4]Il reconnaît que toute compression du temps rapproche chacun de l'ultime délivrance du temps, dans laquelle le Fils et le Père ne font qu'un. [5]Égalité ne veut pas dire égalité *maintenant*. [6]Quand chacun aura reconnu qu'il a tout, les contributions individuelles à la Filialité ne seront plus nécessaires.

3.   Quand l'Expiation aura été complétée, tous les talents seront partagés par tous les Fils de Dieu. [2]Dieu n'est pas partial. [3]Tous Ses enfants ont Son Amour total, et tous Ses dons sont librement et pareillement donnés à tous. [4]« Si vous ne devenez comme les petits enfants » signifie qu'à moins de reconnaître pleinement ta complète dépendance de Dieu, tu ne peux pas connaître la puissance réelle du Fils dans sa relation véritable avec le Père. [5]La particularité des Fils de Dieu ne découle pas de l'exclusion mais de l'inclusion. [6]Tous mes frères sont particuliers. [7]S'ils se croient privés de quelque chose, leur perception se distord. [8]Quand cela se produit, c'est la famille entière de Dieu, ou la Filialité, dont les relations se détériorent.

4.   À la fin chaque membre de la famille de Dieu doit retourner. [2]Le miracle l'appelle à retourner parce qu'il le bénit et l'honore même s'il est absent dans le pur-esprit. [3]« On ne se moque pas de Dieu » n'est pas une mise en garde mais un encouragement. [4]On se *moquerait* de Dieu si l'une de Ses créations manquait de sainteté. [5]La création est entière et la marque de l'entièreté est la sainteté. [6]Les

miracles sont des affirmations de la Filialité, qui est un état de complétude et d'abondance.

5.   Ce qui est vrai est éternel et ne peut changer ni être changé. [2]Le pur-esprit est donc inaltérable parce qu'il est déjà parfait, mais l'esprit peut décider ce qu'il choisit de servir. [3]La seule limite imposée à son choix est qu'il ne peut servir deux maîtres. [4]S'il choisit de le faire, l'esprit peut devenir le moyen par lequel le pur-esprit crée dans le sens de sa propre création. [5]S'il ne choisit pas librement de le faire, il conserve son potentiel créateur mais se soumet à un contrôle tyrannique plutôt qu'à celui de l'Autorité. [6]Le résultat est qu'il emprisonne, parce que tels sont les diktats des tyrans. [7]Changer d'esprit signifie le mettre à la disposition de la *véritable* Autorité.

6.   Le miracle est signe que l'esprit a choisi d'être conduit par moi au service du Christ. [2]L'abondance du Christ est le résultat naturel d'avoir choisi de Le suivre. [3]Toutes les racines superficielles doivent être arrachées parce qu'elles ne sont pas assez profondes pour te soutenir. [4]L'illusion voulant qu'on puisse enfouir plus profondément des racines superficielles, et faire ainsi qu'elles tiennent, est l'une des distorsions sur lesquelles repose l'inverse de la Règle d'Or. [5]À mesure que ces fausses fondations sont abandonnées, l'équilibre est ressenti temporairement comme étant instable. [6]Toutefois, il n'y a rien de moins stable qu'une orientation sens dessus dessous. [7]Et rien de ce qui la maintient sens dessus dessous ne peut contribuer à accroître la stabilité.

VI. L'illusion de besoins

1.   Toi qui veux la paix, tu ne peux la trouver que par le pardon complet. [2]Nul n'apprend quoi que ce soit à moins de vouloir l'apprendre et de croire d'une certaine façon qu'il en a besoin. [3]Alors que le manque n'existe pas dans la création de Dieu, il est très apparent dans ce que tu as fait. [4]De fait, c'est la différence essentielle entre les deux. [5]Le manque implique que tu te trouverais mieux dans un état en quelque sorte différent de celui dans lequel tu es. [6]Jusqu'à la «séparation», qui est la signification de la «chute», rien ne manquait. [7]Il n'y avait pas du tout de besoins. [8]Les besoins ne surgissent que lorsque tu te prives toi-même. [9]Tu agis conformément à l'ordre particulier de besoins que tu établis. [10]Cela, en retour, dépend de ta perception de ce que tu es.

2. Le sentiment d'être séparé de Dieu est le seul manque que tu aies réellement besoin de corriger. [2]Ce sentiment de séparation n'aurait jamais surgi si tu n'avais pas distordu ta perception de la vérité, percevant ainsi un manque en toi. [3]Si l'idée d'un ordre de besoins a surgi, c'est parce que, ayant fait cette erreur fondamentale, tu t'étais déjà fragmenté en niveaux avec des besoins différents. [4]En t'intégrant toi-même, tu deviens un; en conséquence, tes besoins deviennent un. [5]Des besoins unifiés conduisent à une action unifiée, parce que cela produit un manque de conflit.

3. L'idée d'ordres de besoins, qui suit de l'erreur originelle qu'on puisse être séparé de Dieu, demande correction à son propre niveau avant que l'erreur de même percevoir des niveaux ne puisse être corrigée. [2]Tu ne peux pas te conduire de façon efficace tant que tu fonctionnes à différents niveaux. [3]Toutefois, tant que tu le fais, la correction doit être introduite verticalement, de bas en haut. [4]Cela parce que tu penses vivre dans l'espace, où des concepts comme le « haut » et le « bas » ont une signification. [5]En fin de compte, l'espace est aussi in-signifiant que le temps. [6]Tous deux ne sont que des croyances.

4. Le but réel de ce monde est de l'utiliser pour corriger ton incroyance. [2]Tu ne peux jamais contrôler toi-même les effets de la peur, parce que c'est toi qui as fait la peur et tu crois en ce que tu as fait. [3]Dans l'attitude, donc, sinon dans le contenu, tu ressembles à ton Créateur, Qui a une foi parfaite en Ses créations *parce qu'*Il les a créées. [4]La croyance produit l'acceptation de l'existence. [5]C'est pourquoi tu peux croire ce que personne d'autre ne pense vrai. [6]C'est vrai pour toi parce que c'est toi qui l'as fait.

5. Tous les aspects de la peur sont faux parce qu'ils n'existent pas au niveau créateur et par conséquent n'existent pas du tout. [2]Dans la mesure où tu es désireux de soumettre tes croyances à ce test, dans cette mesure tes perceptions sont corrigées. [3]En faisant le tri du faux et du vrai, le miracle procède de cette façon :

[4]L'amour parfait bannit la crainte.
[5]Si la peur existe,
Alors il n'y a pas d'amour parfait.

[6]Mais :

[7]Seul existe l'amour parfait.
[8]S'il y a peur,
Elle produit un état qui n'existe pas.

⁹Crois cela et tu seras libre. ¹⁰Dieu seul peut établir cette solution, et cette foi *est* Son don.

VII. Distorsions des impulsions miraculeuses

1.   Tes perceptions distordues produisent une dense couverture sur les impulsions miraculeuses, ce qui fait qu'il est difficile pour elles d'atteindre ta propre conscience. ²La confusion des impulsions miraculeuses avec les impulsions physiques est une distorsion perceptuelle majeure. ³Les impulsions physiques sont des impulsions miraculeuses mal dirigées. ⁴Tout plaisir réel vient de faire la Volonté de Dieu. ⁵C'est parce que *ne pas* la faire est un déni de Soi. ⁶Du déni de Soi résultent les illusions, tandis que la correction de l'erreur en délivre. ⁷Ne va pas te tromper jusqu'à croire que tu peux, avec quoi que ce soit d'extérieur, avoir une relation paisible avec Dieu ou avec tes frères.

2.   Enfant de Dieu, tu fus créé pour créer le bien, le beau et le saint. ²N'oublie pas cela. ³Il faudra encore, pendant un court moment, que l'Amour de Dieu s'exprime par un corps à un autre, parce que la vision est encore si faible. ⁴Tu peux le mieux utiliser ton corps afin qu'il t'aide à élargir ta perception, de sorte que tu puisses atteindre à la vision réelle, dont est incapable l'œil physique. ⁵Apprendre à faire cela, c'est la seule véritable utilité du corps.

3.   Le fantasme est une forme distordue de la vision. ²Les fantasmes de toutes sortes sont des distorsions parce qu'ils comportent toujours de distordre la perception en irréalité. ³Les actions qui découlent des distorsions sont littéralement les réactions de ceux qui ne savent ce qu'ils font. ⁴Le fantasme est une tentative pour contrôler la réalité conformément à de faux besoins. ⁵Distords la réalité de quelque façon que ce soit et tu perçois de manière destructrice. ⁶Les fantasmes sont un moyen de faire de fausses associations et de tenter d'en tirer du plaisir. ⁷Mais bien que tu puisses percevoir de fausses associations, tu ne pourras jamais les rendre réelles, sauf pour toi. ⁸Tu crois en ce que tu fais. ⁹Si tu offres des miracles, tu croiras tout aussi fort en eux. ¹⁰Alors la force de ta conviction soutiendra la croyance de celui qui reçoit le miracle. ¹¹Les fantasmes ne sont plus du tout nécessaires quand la nature pleinement satisfaisante de la réalité devient apparente à la fois au donneur et au receveur. ¹²La réalité « se perd » par l'usurpation, qui produit la tyrannie. ¹³Aussi longtemps qu'il

reste un seul « esclave » sur la face de la terre, ta délivrance n'est pas complète. [14]La restauration complète de la Filialité est le seul but de ceux qui ont l'esprit de miracle.

4. Ceci est un cours d'entraînement de l'esprit. [2]Tout apprentissage comporte de l'attention et de l'étude à un certain niveau. [3]Certaines parties dans la suite de ce cours reposent trop lourdement sur ces premières sections pour ne pas en exiger une étude sérieuse. [4]Tu en auras aussi besoin comme préparation. [5]Sans cela, il se pourrait que tu deviennes beaucoup trop apeuré de ce qui doit venir pour en faire un usage constructif. [6]Toutefois, en étudiant ces premières sections, tu commenceras à voir quelques-unes des implications qui seront développées par la suite.

5. Un fondement solide est nécessaire à cause de la confusion que j'ai déjà signalée et qui est souvent faite entre peur et révérence. [2]J'ai dit que la révérence était inappropriée par rapport aux Fils de Dieu, parce que tu ne devrais pas éprouver de la révérence en présence de tes égaux. [3]Toutefois, il a aussi été souligné que la révérence était appropriée en Présence de ton Créateur. [4]J'ai pris soin de clarifier mon rôle dans l'Expiation sans l'exagérer ni le minimiser. [5]J'essaie aussi de faire de même avec le tien. [6]J'ai insisté sur le fait que la révérence n'était pas une réaction appropriée envers moi à cause de notre égalité inhérente. [7]Toutefois, quelques-unes des étapes dans la suite de ce cours comportent une approche plus directe de Dieu Lui-même. [8]Il ne serait pas sage d'aborder ces étapes sans une préparation soigneuse, sinon la révérence se confondra avec la peur et l'expérience sera plus traumatisante que béatifique. [9]La guérison est de Dieu à la fin. [10]Les moyens te seront expliqués avec soin. [11]La révélation peut à l'occasion te révéler la fin, mais pour l'atteindre les moyens sont nécessaires.

Chapitre 2

LA SÉPARATION ET L'EXPIATION

I. Les origines de la séparation

1. S'étendre est un aspect fondamental de Dieu qu'Il a donné à Son Fils. [2]Dans la création, Dieu S'étendit Lui-même à Ses créations et les imprégna de la même Volonté aimante de créer. [3]Tu n'as pas seulement été pleinement créé mais tu as aussi été créé parfait. [4]Il n'y a aucun vide en toi. [5]À cause de ta ressemblance avec ton Créateur, tu es créateur. [6]Aucun enfant de Dieu ne peut perdre cette aptitude parce qu'elle est inhérente à ce qu'il est, mais il peut en user de manière inappropriée en projetant. [7]Il y a projection, ou usage inapproprié de l'extension, lorsque tu crois qu'il existe en toi un vide ou un manque et que tu peux le combler avec tes propres idées au lieu de la vérité. [8]Ce processus comprend les étapes suivantes :

[9]Premièrement, tu crois que ce que Dieu a créé peut être changé par ton propre esprit.

[10]Deuxièmement, tu crois que ce qui est parfait peut être rendu imparfait ou en manque.

[11]Troisièmement, tu crois que tu peux distordre les créations de Dieu, y compris toi.

[12]Quatrièmement, tu crois que tu peux te créer toi-même et qu'il t'appartient de diriger ta propre création.

2. Ces distorsions connexes représentent une image de ce qui s'est en fait passé durant la séparation, ou le «détour dans la peur». [2]Rien de cela n'existait avant la séparation ni n'existe maintenant, de fait. [3]Tout ce que Dieu a créé est comme Lui. [4]L'extension, telle qu'entreprise par Dieu, est semblable au rayonnement intérieur que les enfants du Père héritent de Lui. [5]Sa source réelle est interne. [6]Cela est aussi vrai du Fils que du Père. [7]En ce sens la création inclut à la fois la création du Fils par Dieu et les créations du Fils quand son esprit est guéri. [8]Cela requiert que Dieu dote Son Fils d'une libre volonté, parce que toute création aimante est donnée librement en une seule ligne continue dont tous les aspects sont du même ordre.

3. Le jardin d'Éden, ou la condition d'avant la séparation, était un état d'esprit dans lequel il n'y avait aucun besoin. [2]Quand Adam

prêta l'oreille aux « mensonges du serpent », tout ce qu'il entendit était faux. [3]Tu n'es pas obligé de continuer à croire ce qui n'est pas vrai à moins que tu ne choisisses de le faire. [4]Tout cela peut littéralement disparaître en un clin d'œil parce qu'il s'agit simplement d'une malperception. [5]Ce qui se voit en rêve semble très réel. [6]Or la Bible dit qu'un profond sommeil tomba sur Adam, mais nulle part il n'est fait mention de son réveil. [7]Le monde n'a pas encore fait l'expérience d'une renaissance ou d'un réveil global. [8]Une telle renaissance est impossible tant que tu continues à projeter ou à malcréer. [9]Toutefois, il reste encore en toi le potentiel d'étendre, comme Dieu étendit Son Pur-Esprit à toi. [10]En réalité c'est ton seul choix, car ta libre volonté t'a été donnée pour ta joie dans la création du parfait.

4.   En définitive, toute peur peut se réduire à cette malperception fondamentale selon laquelle tu es capable d'usurper la puissance de Dieu. [2]Bien sûr, tu ne peux pas et tu n'as jamais été capable de le faire. [3]Voilà la base réelle de ton évasion de la peur. [4]L'évasion est amenée par ton acceptation de l'Expiation, qui te permet de te rendre compte que tes erreurs ne se sont jamais réellement produites. [5]C'est seulement après que le profond sommeil fut tombé sur Adam qu'il put faire des cauchemars. [6]Si une lumière est allumée soudainement pendant que quelqu'un fait un rêve apeurant, il se peut tout d'abord qu'il interprète la lumière comme faisant partie de son rêve et qu'il en ait peur. [7]Au réveil, toutefois, la lumière est correctement perçue comme étant sa délivrance du rêve, auquel plus aucune réalité n'est alors accordée. [8]Cette délivrance ne dépend pas des illusions. [9]La connaissance qui illumine ne te rend pas seulement libre, elle te montre aussi clairement que tu *es* libre.

5.   Quels que soient les mensonges auxquels tu peux croire, le miracle ne s'en soucie pas, qui peut tous les guérir avec la même facilité. [2]Il ne fait pas de distinction entre les malperceptions. [3]Son seul souci est de distinguer entre la vérité d'une part et l'erreur d'autre part. [4]Certains miracles peuvent sembler être plus immenses que d'autres. [5]Mais souviens-toi du premier principe de ce cours : il n'y a pas d'ordre de difficulté dans les miracles. [6]En réalité tu es parfaitement inaffecté par toutes les expressions du manque d'amour. [7]Celles-ci peuvent être de toi comme d'autrui, de toi envers autrui ou d'autrui envers toi. [8]La paix est un attribut *en* toi. [9]Tu ne peux pas la trouver au-dehors. [10]La maladie est une forme de quête extérieure. [11]La santé est la paix intérieure. [12]Elle

te permet de rester inébranlé face au manque d'amour venant du dehors et capable, par ton acceptation des miracles, de corriger les conditions qui procèdent du manque d'amour en autrui.

II. L'Expiation comme défense

1.   Tu peux faire tout ce que je demande. [2]Je t'ai demandé de faire des miracles et j'ai expliqué que les miracles étaient naturels, correctifs, guérissants et universels. [3]Il n'est rien qu'ils ne puissent faire, mais ils ne peuvent être accomplis dans un esprit de doute ou de peur. [4]Quand tu as peur de quoi que ce soit, tu reconnais à cette chose le pouvoir de te blesser. [5]Souviens-toi que là où est ton cœur, là aussi est ton trésor. [6]Tu crois en ce que tu estimes. [7]Quand tu as peur, tu estimes mal. [8]Alors ton intelligence, inévitablement, estimera mal, et en dotant toutes tes pensées d'un pouvoir égal, détruira inévitablement ta paix. [9]C'est pourquoi la Bible parle de « la paix de Dieu qui surpasse toute intelligence ». [10]Cette paix est totalement incapable d'être ébranlée par quelque erreur que ce soit. [11]Elle nie à tout ce qui n'est pas de Dieu la capacité de t'affecter. [12]Voilà le bon usage du déni. [13]Il n'est pas utilisé pour cacher quoi que ce soit mais pour corriger l'erreur. [14]Il porte toute erreur à la lumière et, puisqu'erreur et ténèbres sont la même chose, il corrige l'erreur automatiquement.

2.   Le véritable déni est un puissant mécanisme de protection. [2]Tu peux et tu devrais nier toute croyance voulant que l'erreur peut te blesser. [3]Ce genre de déni n'est pas une dissimulation mais une correction. [4]Ton esprit juste en dépend. [5]Le déni de l'erreur est une solide défense de la vérité, mais du déni de la vérité résulte la malcréation, les projections de l'ego. [6]Au service de l'esprit juste, le déni de l'erreur libère l'esprit et rétablit la liberté de la volonté. [7]Quand la volonté est vraiment libre, elle ne peut malcréer parce qu'elle ne reconnaît que la vérité.

3.   Tu peux défendre la vérité aussi bien que l'erreur. [2]Les moyens sont plus faciles à comprendre une fois que la valeur du but est fermement établie. [3]La question est de savoir *à quoi ils servent*. [4]Chacun défend son trésor et fait cela automatiquement. [5]Les vraies questions sont : Quel est ton trésor, et à quel point t'est-il précieux ? [6]Quand tu auras appris à considérer ces questions et à les rapporter à toutes tes actions, tu auras peu de difficulté à clarifier les moyens. [7]Les moyens sont disponibles à ta demande.

⁸Tu peux toutefois gagner du temps si tu ne prolonges pas indûment cette étape. ⁹Elle sera réduite incommensurablement si le point de mire est le bon.

4.   L'Expiation est la seule défense qui ne peut pas être utilisée de manière destructrice, parce que ce n'est pas un mécanisme que tu as fait. ²Le *principe* de l'Expiation était en vigueur bien avant que l'Expiation n'ait commencé. ³Le principe était l'amour et l'Expiation était un *acte* d'amour. ⁴Les actes n'étaient pas nécessaires avant la séparation, parce que la croyance en l'espace et le temps n'existait pas. ⁵Ce n'est qu'après la séparation que l'Expiation et les conditions nécessaires à son accomplissement ont été planifiées. ⁶Il fallait alors une défense si formidable qu'elle ne pouvait pas être mal utilisée, bien qu'elle puisse être refusée. ⁷Toutefois, le refus ne pouvait pas la changer en arme pour l'attaque, caractéristique inhérente aux autres défenses. ⁸L'Expiation devient ainsi la seule défense qui ne soit pas un glaive à deux tranchants. ⁹Elle peut seulement guérir.

5.   L'Expiation fut intégrée dans la croyance espace-temps pour mettre une limite au besoin de cette même croyance, et pour finalement compléter l'apprentissage. ²L'Expiation est l'ultime leçon. ³L'apprentissage lui-même est temporaire, comme les salles de classe où il a lieu. ⁴L'aptitude à apprendre n'a aucune valeur quand le changement n'est plus nécessaire. ⁵Ceux qui sont éternellement créateurs n'ont rien à apprendre. ⁶Tu peux apprendre à améliorer tes perceptions, et tu peux sans cesse devenir un meilleur apprenant. ⁷Cela te mettra en accord de plus en plus étroit avec la Filialité ; mais la Filialité est elle-même une création parfaite et la perfection n'est pas une question de degré. ⁸C'est seulement tant qu'il y a croyance dans les différences qu'apprendre est signifiant.

6.   L'évolution est un processus dans lequel tu sembles passer d'un degré à l'autre. ²Tu corriges tes faux pas précédents en allant de l'avant. ³En fait, ce processus est incompréhensible en fonction du temps, puisque tu retournes lorsque tu avances. ⁴L'Expiation est le mécanisme par lequel tu peux te libérer du passé en avançant. ⁵Elle défait tes erreurs passées, t'évitant ainsi d'avoir constamment à revenir sur tes pas sans approcher de ton retour. ⁶En ce sens l'Expiation fait gagner du temps mais, comme le miracle qu'elle sert, elle ne l'abolit pas. ⁷Tant qu'il y a besoin d'Expiation, il y a besoin de temps. ⁸Mais l'Expiation en tant que plan complété a un rapport unique avec le temps. ⁹Jusqu'à ce que l'Expiation soit

complète, ses différentes phases se dérouleront dans le temps, mais l'Expiation tout entière se tient à la fin du temps. [10]Alors le pont du retour est construit.

7.   L'Expiation est un engagement total. [2]Tu penses peut-être encore que cela est associé à une perte; c'est une erreur que font tous les Fils séparés de Dieu d'une façon ou d'une autre. [3]Il est difficile de croire que la meilleure défense soit celle qui ne peut attaquer. [4]C'est ce que signifie : « Les doux hériteront la terre. » [5]Ils en prendront littéralement possession, à cause de leur force. [6]Une défense à double sens est faible intrinsèquement, précisément parce qu'elle a deux tranchants et qu'elle peut se retourner contre toi à l'improviste. [7]Cette possibilité ne peut pas être contrôlée, sauf par les miracles. [8]Le miracle tourne la défense de l'Expiation à ta réelle protection, et alors que tu te sens de plus en plus sécurisé, te connaissant toi-même à la fois comme frère et comme Fils, tu assumes ton talent naturel qui est de protéger les autres.

III. L'autel de Dieu

1.   L'Expiation ne peut être acceptée en toi qu'en libérant la lumière intérieure. [2]Depuis la séparation, les défenses ont été utilisées presque uniquement pour défendre *contre* l'Expiation, et ainsi maintenir la séparation. [3]En général cela est vu comme un besoin de protéger le corps. [4]Les nombreux fantasmes corporels auxquels se livrent les esprits viennent de la croyance distordue que le corps peut être utilisé comme moyen d'atteindre à l'« expiation ». [5]Percevoir le corps comme un temple n'est qu'une première étape dans la correction de cette distorsion, parce qu'elle n'en change qu'une partie. [6]Elle *reconnaît* que l'Expiation au sens physique est impossible. [7]Toutefois, l'étape suivante consiste à se rendre compte qu'un temple n'est pas du tout une structure. [8]Sa véritable sainteté réside dans l'autel intérieur autour duquel la structure est bâtie. [9]L'importance accordée aux belles structures est un signe de la peur de l'Expiation, et l'indésir d'atteindre l'autel même. [10]L'œil physique ne peut pas voir la réelle beauté du temple. [11]Par contre, la vue spirituelle ne peut pas du tout voir la structure parce que c'est une vision parfaite. [12]Toutefois, elle peut voir l'autel d'une manière parfaitement claire.

2.   Pour être parfaitement efficace, l'Expiation a sa place au centre de l'autel intérieur, où elle défait la séparation et rétablit l'entièreté de l'esprit. ²Avant la séparation, l'esprit était invulnérable à la peur, parce que la peur n'existait pas. ³La séparation et la peur sont toutes deux des malcréations qui doivent être défaites pour la restauration du temple et pour l'ouverture de l'autel afin d'y recevoir l'Expiation. ⁴Cela guérit la séparation en plaçant en toi la seule défense efficace contre toute pensée de séparation, te rendant parfaitement invulnérable.

3.   L'acceptation de l'Expiation par chacun n'est qu'une affaire de temps. ²Cela peut paraître contredire la libre volonté parce que la décision finale est inévitable, mais il n'en est rien. ³Tu peux temporiser et tu es capable d'une énorme procrastination, mais tu ne peux pas quitter entièrement ton Créateur, Qui a fixé des limites à ton aptitude à malcréer. ⁴Une volonté emprisonnée engendre une situation qui, à l'extrême, devient tout à fait intolérable. ⁵La tolérance à la douleur peut être grande, mais elle n'est pas sans limite. ⁶Tôt ou tard chacun finit par reconnaître, même très vaguement, qu'il *doit* y avoir une meilleure voie. ⁷En s'affirmant, cette re-connaissance devient un tournant. ⁸À la fin, cela réveille à nouveau la vision spirituelle, tout en diminuant l'investissement en la vue physique. ⁹Cet investissement alternant dans les deux niveaux de perception est ressenti habituellement comme un conflit, qui peut devenir très aigu. ¹⁰Mais l'issue est aussi certaine que Dieu.

4.   La vision spirituelle ne peut pas voir l'erreur, littéralement, et ne cherche à voir que l'Expiation. ²Toutes les solutions que recherche l'œil physique se dissolvent. ³La vision spirituelle regarde à l'intérieur et reconnaît immédiatement que l'autel a été profané et qu'il a besoin d'être réparé et protégé. ⁴Parfaitement consciente de la défense juste, elle passe outre toutes les autres et regarde passé l'erreur vers la vérité. ⁵À cause de la force de sa vision, elle met l'esprit à son service. ⁶Cela rétablit le pouvoir de l'esprit et le rend de plus en plus incapable de tolérer le retard, car il se rend compte que celui-ci ne fait qu'ajouter une douleur inutile. ⁷En conséquence, l'esprit devient de plus en plus sensible à ce qu'il aurait considéré autrefois comme l'intrusion de très légers malaises.

5.   Les enfants de Dieu ont droit au parfait bien-être qui provient d'une confiance parfaite. ²Tant qu'ils n'ont pas accompli cela, ils se gaspillent eux-mêmes et gaspillent leurs véritables pouvoirs créateurs en de vaines tentatives pour arriver à un plus grand

bien-être par des moyens inappropriés. [3]Mais les vrais moyens leur sont déjà fournis, qui ne comportent absolument aucun effort de leur part. [4]L'Expiation est le seul don digne d'être offert à l'autel de Dieu, à cause de la valeur de l'autel même. [5]Il fut créé parfait et il est entièrement digne de recevoir la perfection. [6]Dieu et Ses créations sont complètement interdépendants. [7]Il dépend d'elles *parce qu'*Il les a créées parfaites. [8]Il leur a donné Sa paix pour qu'elles ne puissent pas être ébranlées et ne puissent pas être trompées. [9]Chaque fois que tu as peur, tu *es* trompé, et ton esprit ne peut pas servir le Saint-Esprit. [10]Cela t'affame en te niant ton pain quotidien. [11]Dieu est seul sans Ses Fils et ils sont seuls sans Lui. [12]Ils doivent apprendre à regarder le monde comme un moyen de guérir la séparation. [13]L'Expiation est la garantie qu'ils finiront par y parvenir.

IV. La guérison comme délivrance de la peur

1. Mettons maintenant l'accent sur la guérison. [2]Le miracle est le moyen, l'Expiation est le principe et la guérison est le résultat. [3]Parler du « miracle de la guérison », c'est combiner de façon inappropriée deux ordres de réalité. [4]La guérison n'est pas un miracle. [5]L'Expiation, ou l'ultime miracle, est un remède, et toute guérison est un résultat. [6]Le genre d'erreur auquel s'applique l'Expiation n'importe pas. [7]Essentiellement, toute guérison est délivrance de la peur. [8]Pour entreprendre cela tu ne peux pas toi-même avoir peur. [9]Tu ne comprends pas la guérison à cause de ta propre peur.

2. Une étape majeure dans le plan de l'Expiation est de défaire l'erreur à tous les niveaux. [2]La maladie — ou la « non-justesse d'esprit » — est le résultat d'une confusion de niveaux, parce qu'elle entraîne toujours la croyance que ce qui ne va pas à un niveau peut en affecter un autre défavorablement. [3]Nous avons parlé des miracles comme du moyen de corriger la confusion de niveaux, car toutes les erreurs doivent être corrigées au niveau où elles se produisent. [4]Seul l'esprit est capable d'erreur. [5]Le corps ne peut agir faussement qu'en réaction à une pensée fausse. [6]Le corps ne peut pas créer ; et c'est la croyance qu'il le peut, une erreur fondamentale, qui produit tous les symptômes physiques. [7]La maladie physique représente une croyance en la magie. [8]Toute la distorsion qui a fait la magie repose sur la croyance qu'il y a

dans la matière une faculté créatrice que l'esprit ne peut contrôler. [9]Cette erreur peut prendre deux formes : il est possible de croire que l'esprit peut malcréer dans le corps ou bien que le corps peut malcréer dans l'esprit. [10]Lorsqu'il est bien compris que l'esprit, seul niveau de création, ne peut pas créer au-delà de lui-même, ni l'un ni l'autre type de confusion n'a plus besoin de se produire.

3. Seul l'esprit peut créer parce que le pur-esprit a déjà été créé, et le corps est un mécanisme d'apprentissage pour l'esprit. [2]Les mécanismes d'apprentissage ne sont pas en eux-mêmes des leçons. [3]Leur but est simplement de faciliter l'apprentissage. [4]Le pire que puisse faire l'usage erroné d'un mécanisme d'apprentissage, c'est de manquer de faciliter l'apprentissage. [5]Il n'a pas en soi le pouvoir d'introduire des erreurs d'apprentissage proprement dites. [6]Lorsqu'il est bien compris, le corps a ceci de commun avec l'Expiation qu'il est invulnérable à toute application à deux tranchants. [7]Ce n'est pas parce que le corps est un miracle, mais parce qu'en lui-même il ne prête pas à la mésinterprétation. [8]Le corps fait simplement partie de ton expérience dans le monde physique. [9]Ses aptitudes peuvent être et sont fréquemment surestimées. [10]Toutefois, il est presque impossible de nier son existence en ce monde. [11]Ceux qui le font se livrent à une forme de déni particulièrement indigne. [12]Ici, le terme «indigne» suggère simplement qu'il n'est pas nécessaire de protéger l'esprit en niant ce qui n'est pas de l'esprit. [13]Si l'on nie cet aspect regrettable du pouvoir de l'esprit, on nie aussi le pouvoir lui-même.

4. Tous les moyens matériels que tu acceptes comme remèdes contre les maladies du corps sont des réaffirmations de principes magiques. [2]C'est le premier pas dans la croyance que le corps fait sa propre maladie. [3]C'est un deuxième faux pas que de tenter de le guérir par des agents non créateurs. [4]Toutefois, il ne s'ensuit pas qu'il est mal d'utiliser ces agents à des fins correctives. [5]Parfois la maladie a une prise suffisamment forte sur l'esprit pour rendre une personne temporairement inaccessible à l'Expiation. [6]Dans ce cas il peut être sage d'utiliser une approche de l'esprit et du corps qui représente un compromis, en donnant croyance temporairement à l'action guérissante de quelque chose d'extérieur. [7]Ceci parce que la dernière chose qui puisse aider ceux qui ne sont pas dans l'esprit juste, ou les malades, est une augmentation de la peur. [8]Ils sont déjà dans un état affaibli par la peur. [9]S'ils étaient prématurément exposés à un miracle, ils pourraient être saisis de panique. [10]C'est ce qui risque d'arriver lorsqu'une

perception sens dessus dessous a induit la croyance que les miracles sont effrayants.

5.   Ce n'est pas dans la manière dont elle s'exprime que réside la valeur de l'Expiation. ²En fait, si elle est utilisée véritablement, elle s'exprimera inévitablement de la façon qui pourra le plus aider le receveur. ³Cela signifie qu'un miracle, pour atteindre sa pleine efficacité, doit être exprimé dans un langage que le bénéficiaire peut comprendre sans peur. ⁴Cela ne signifie pas nécessairement que ce soit le plus haut niveau de communication dont il est capable. ⁵Cela signifie toutefois que c'est le plus haut niveau de communication dont il est capable *maintenant*. ⁶Le seul but du miracle est d'élever le niveau de communication et non de l'abaisser en augmentant la peur.

V. La fonction du faiseur de miracles

1.   Avant que les faiseurs de miracles soient prêts à entreprendre leur fonction dans ce monde, il est essentiel qu'ils comprennent pleinement la peur de la délivrance. ²Autrement ils pourraient entretenir sans le savoir la croyance que la délivrance est un emprisonnement, croyance déjà largement répandue. ³Cette malperception vient à son tour de la croyance voulant que le nuisible puisse se limiter au corps. ⁴Cela à cause de la peur sous-jacente que l'esprit puisse se blesser. ⁵Aucune de ces erreurs n'est signifiante, parce que les malcréations de l'esprit n'existent pas réellement. ⁶Reconnaître cela est un bien meilleur mécanisme de protection qu'aucune forme de confusion de niveaux, parce qu'elle introduit la correction au niveau de l'erreur. ⁷Il est essentiel de se souvenir que seul l'esprit peut créer, et que la place de la correction est au niveau de la pensée. ⁸Pour étayer un précédent énoncé, le pur-esprit est déjà parfait et ne requiert donc pas de correction. ⁹Le corps n'existe pas, sauf comme mécanisme d'apprentissage pour l'esprit. ¹⁰De lui-même, ce mécanisme d'apprentissage n'est pas sujet à l'erreur, parce qu'il ne peut créer. ¹¹Il est évident, donc, qu'induire l'esprit à abandonner ses malcréations est la seule application de l'aptitude créatrice qui soit vraiment signifiante.

2.   La magie est l'usage sans esprit ou malcréateur de l'esprit. ²Les médications physiques sont des formes de «sortilèges», mais tu ne devrais pas tenter d'utiliser l'esprit pour guérir si tu as peur

de le faire. ³Le fait même que tu as peur rend ton esprit vulnérable à la malcréation. ⁴Par conséquent, il est probable que tu comprennes mal toute guérison qui pourrait survenir ; et parce que l'égocentrisme et la peur vont généralement de pair, tu serais peut-être incapable d'accepter la Source réelle de la guérison. ⁵Dans ces conditions, c'est plus sûr pour toi de te fier temporairement à des mécanismes de guérison physiques, parce que tu ne peux pas les malpercevoir comme étant tes propres créations. ⁶Aussi longtemps que persiste ton sentiment de vulnérabilité, tu ne devrais pas tenter de faire des miracles.

3. J'ai déjà dit que les miracles étaient des expressions de l'esprit de miracle ; or esprit de miracle signifie justesse d'esprit. ²Ceux qui ont l'esprit juste n'exaltent ni ne déprécient ni l'esprit du faiseur de miracles ni l'esprit de celui qui reçoit le miracle. ³Toutefois, en tant que correction, le miracle n'a pas besoin d'attendre la justesse d'esprit du receveur. ⁴En fait, son but est de le ramener *à* son esprit juste. ⁵Il est essentiel, toutefois, que le faiseur de miracles soit dans l'esprit juste, ne serait-ce que très brièvement, sinon il sera incapable de rétablir la justesse d'esprit en autrui.

4. Le guérisseur qui se fie à sa propre capacité d'être prêt met en péril sa compréhension. ²Tu es en parfaite sécurité aussi longtemps que tu ne te soucies pas du tout d'être prêt mais continues d'avoir confiance en moi qui le suis. ³Si ton inclination à faire des miracles ne fonctionne pas correctement, c'est toujours parce que la peur a fait intrusion dans ta justesse d'esprit et l'a tournée sens dessus dessous. ⁴Toute forme de non-justesse d'esprit résulte de ton refus d'accepter l'Expiation pour toi-même. ⁵Si tu l'acceptes, par contre, tu es en position de reconnaître que ceux qui ont besoin de guérison sont simplement ceux qui ne se sont pas rendu compte que la justesse d'esprit *est* la guérison.

5. *La seule responsabilité du faiseur de miracles est d'accepter l'Expiation pour lui-même.* ²Cela signifie que tu reconnais que l'esprit est le seul niveau créateur et que ses erreurs sont guéries par l'Expiation. ³Une fois que tu acceptes cela, ton esprit peut seulement guérir. ⁴En niant à ton esprit tout potentiel destructeur et en rétablissant ses pouvoirs purement constructifs, tu te mets en position de défaire la confusion de niveaux en autrui. ⁵Alors le message que tu leur envoies, c'est le fait véridique que leurs esprits sont pareillement constructifs et que leurs malcréations ne peuvent les blesser. ⁶En affirmant cela, tu libères l'esprit de ce

qu'il surévalue ses propres mécanismes d'apprentissage et tu ramènes l'esprit à sa véritable position d'apprenant.

6.   Il faut insister de nouveau sur le fait que le corps n'apprend pas plus qu'il ne crée. [2]En tant que mécanisme d'apprentissage, il suit simplement l'apprenant, mais s'il est doté faussement de sa propre initiative, il devient un sérieux obstacle à l'apprentissage même qu'il devrait faciliter. [3]Seul l'esprit est capable d'illumination. [4]Le pur-esprit est déjà illuminé et le corps en soi est trop dense. [5]L'esprit peut toutefois apporter son illumination au corps en reconnaissant que celui-ci n'est pas l'apprenant et qu'il n'est donc pas possible de l'amener à apprendre. [6]Toutefois, le corps peut facilement être aligné sur un esprit qui a appris à regarder par-delà le corps vers la lumière.

7.   Un apprentissage correctif commence toujours par l'éveil du pur-esprit et l'abandon de la croyance en la vue physique. [2]Cela entraîne souvent de la peur, parce que tu as peur de ce que la vue spirituelle va te montrer. [3]J'ai dit plus tôt que le Saint-Esprit ne peut pas voir l'erreur et qu'Il est capable seulement de regarder au-delà vers la défense de l'Expiation. [4]Il n'y a pas de doute que cela peut produire un malaise, or le malaise n'est pas le résultat final de la perception. [5]Quand il est permis au Saint-Esprit de poser Son regard sur la profanation de l'autel, Il regarde aussi immédiatement vers l'Expiation. [6]Rien de ce qu'Il perçoit ne peut induire la peur. [7]Tout ce qui résulte de la conscience spirituelle est simplement canalisé vers la correction. [8]Le malaise n'est suscité que pour amener à la conscience le besoin de correction.

8.   Finalement, c'est de l'indésir d'accepter sans équivoque la nécessité de la guérison que vient la peur de la guérison. [2]Ce que l'œil du corps voit ne corrige pas, pas plus que l'erreur ne peut être corrigée par un quelconque mécanisme observable physiquement. [3]Aussi longtemps que tu croiras en ce que ta vue physique te dit, tes tentatives de correction seront mal dirigées. [4]La vraie vision est obscurcie, parce que tu ne peux pas supporter de voir ton propre autel profané. [5]Mais puisque l'autel a été profané, ton état devient doublement dangereux à moins qu'il ne *soit* perçu.

9.   La guérison est une aptitude qui s'est développée après la séparation, avant quoi elle n'était pas nécessaire. [2]Comme tous les aspects de la croyance dans l'espace et le temps, elle est temporaire. [3]Toutefois, aussi longtemps que le temps persiste, il est besoin de la guérison comme moyen de protection. [4]Car la guérison repose sur la charité et la charité est une façon de percevoir la perfection

d'autrui même si tu ne peux pas la percevoir en toi-même. [5]La plupart des concepts plus élevés dont tu es capable maintenant dépendent du temps. [6]La charité est en fait un reflet plus faible d'un amour qui embrasse tout, beaucoup plus puissant, et qui va bien au-delà de n'importe quelle forme de charité que tu es présentement capable de concevoir. [7]Dans le sens limité où elle peut être atteinte maintenant, la charité est essentielle à la justesse d'esprit.

10.   La charité est une façon de regarder quelqu'un d'autre comme s'il avait déjà dépassé de beaucoup ce qu'il a effectivement accompli dans le temps. [2]Puisque sa propre pensée est erronée, il ne peut pas voir l'Expiation pour lui-même, sinon il n'aurait pas besoin de charité. [3]La charité qui lui est accordée reconnaît à la fois qu'il a besoin d'aide et qu'il l'acceptera. [4]Ces deux perceptions impliquent clairement qu'elles dépendent du temps, ce qui montre bien que la charité se situe encore dans les limites de ce monde. [5]J'ai dit plus tôt que seule la révélation transcende le temps. [6]Le miracle, comme expression de charité, ne peut que l'abréger. [7]Il faut comprendre, toutefois, que chaque fois que tu offres un miracle à un autre, tu abrèges votre souffrance à tous les deux. [8]Cette correction s'exerce à la fois rétroactivement et progressivement.

A. Principes particuliers des faiseurs de miracles

11.   (1) Le miracle abolit le besoin de préoccupations d'ordre inférieur. [2]Comme c'est un intervalle de temps hors du temps, les considérations ordinaires de temps et d'espace ne s'appliquent pas. [3]Quand tu fais un miracle, j'arrange à la fois l'espace et le temps pour qu'ils s'y ajustent.

12.   (2) Il est essentiel de faire clairement la distinction entre ce qui est créé et ce qui est fait. [2]Toutes les formes de guérison reposent sur cette correction fondamentale dans la perception des niveaux.

13.   (3) Ne confonds jamais justesse d'esprit et fausseté d'esprit. [2]Répondre à toute forme d'erreur par n'importe quoi, sauf un désir de guérir, est une expression de cette confusion.

14.   (4) Le miracle est toujours un déni de cette erreur et une affirmation de la vérité. [2]Seule la justesse d'esprit peut corriger d'une façon qui ait quelque effet réel. [3]D'une manière pragmatique, ce qui n'a pas d'effet réel n'a pas d'existence réelle. [4]Son effet, donc, est le vide. [5]Étant sans contenu substantiel, il se prête à la projection.

15.   (5) Le miracle a un pouvoir d'ajustement des niveaux qui induit la juste perception pour la guérison. [2]Tant que cela ne s'est pas produit, il n'est pas possible de comprendre la guérison. [3]Le pardon est un geste vide à moins qu'il n'entraîne la correction. [4]Sans elle il ne fait essentiellement que juger, plutôt que de guérir.

16.   (6) Le pardon accordé dans un esprit de miracle n'est *que* correction. [2]Il ne contient absolument aucun élément de jugement. [3]La phrase : « Père, pardonne-leur car ils ne savent ce qu'ils font » n'évalue aucunement *ce* qu'ils font. [4]C'est un appel à Dieu pour qu'Il guérisse leurs esprits. [5]Il n'est pas fait mention des conséquences de l'erreur. [6]Cela n'importe pas.

17.   (7) L'injonction : « Soyez du même esprit » signifie que l'esprit est prêt pour la révélation. [2]Ma requête : « Faites ceci en mémoire de moi » est un appel à la coopération des faiseurs de miracles. [3]Les deux énoncés ne sont pas dans le même ordre de réalité. [4]Seul le second comporte une conscience du temps, puisque se souvenir rappelle le passé dans le présent. [5]Le temps est sous ma direction, mais l'intemporel appartient à Dieu. [6]Dans le temps nous existons les uns pour et avec les autres. [7]Dans l'intemporel nous coexistons avec Dieu.

18.   (8) Tu peux faire beaucoup pour ta propre guérison et pour celle d'autrui si, dans une situation qui demande de l'aide, tu y penses ainsi :

> [2]*Je ne suis ici que pour aider véritablement.*
> [3]*Je suis ici pour représenter Celui Qui m'a envoyé.*
> [4]*Je n'ai à m'inquiéter ni de ce que je dirai ni de ce que*
>   *je ferai, car Celui Qui m'a envoyé va me diriger.*
> [5]*Je suis content d'être là où Il souhaite que je sois,*
>   *connaissant qu'Il y va avec moi.*
> [6]*Je serai guéri en Le laissant m'enseigner à guérir.*

VI. Peur et conflit

1.   Avoir peur semble être involontaire; quelque chose dont le contrôle t'échappe. [2]Or j'ai déjà dit que seuls les actes constructifs devraient être involontaires. [3]Mon contrôle peut prendre en charge tout ce qui n'a pas d'importance, et je peux en te guidant diriger tout ce qui en a, si tel est ton choix. [4]La peur ne peut pas être contrôlée par moi, mais elle peut être contrôlée par toi. [5]La

peur m'empêche de te donner mon contrôle. ⁶La présence de la peur montre que tu as élevé des pensées de corps au niveau de l'esprit. ⁷Cela les soustrait à mon contrôle et t'en fait sentir personnellement responsable. ⁸Cela est une confusion évidente de niveaux.

2.   Je n'encourage pas la confusion de niveaux, mais tu dois choisir de la corriger. ²Tu n'excuserais pas une conduite insane de ta part en disant que tu n'y pouvais rien. ³Pourquoi excuserais-tu une façon de penser insane? ⁴Il y a là une confusion que tu ferais bien de regarder clairement. ⁵Peut-être crois-tu être responsable de ce que tu fais mais point de ce que tu penses. ⁶La vérité, c'est que tu es responsable de ce que tu penses, parce que c'est seulement à ce niveau que tu peux choisir. ⁷Ce que tu fais vient de ce que tu penses. ⁸Tu ne peux pas te séparer de la vérité en «donnant» l'autonomie au comportement. ⁹Cela est contrôlé par moi automatiquement dès l'instant que tu me laisses guider ce que tu penses. ¹⁰Chaque fois que tu as peur, c'est le signe certain que tu as permis à ton esprit de malcréer et que tu ne m'as pas permis de le guider.

3.   Il est futile de croire que de contrôler les conséquences de la pensée fausse puisse mener à la guérison. ²Quand tu as peur, tu as fait le mauvais choix. ³Voilà pourquoi tu t'en sens responsable. ⁴Ce n'est pas de conduite mais d'esprit qu'il te faut changer, et ça *c'est* affaire de désir. ⁵Tu n'as pas besoin d'être guidé, sauf au niveau de l'esprit. ⁶La correction n'a sa place qu'au niveau où le changement est possible. ⁷Le changement ne signifie rien au niveau du symptôme, où il ne peut pas opérer.

4.   La correction de la peur *est* ta responsabilité. ²Quand tu demandes à être délivré de la peur, tu donnes à entendre que ce ne l'est pas. ³Plutôt, tu devrais demander de l'aide dans les conditions qui ont amené la peur. ⁴Ces conditions entraînent toujours un désir d'être séparé. ⁵À ce niveau, tu *peux* faire quelque chose. ⁶Tu es bien trop tolérant à l'égard des vagabondages de l'esprit et tu excuses passivement ses malcréations. ⁷Le résultat particulier n'a pas d'importance, mais l'erreur fondamentale en a. ⁸La correction est toujours la même. ⁹Avant de choisir de faire quoi que ce soit, demande-moi si ton choix est en accord avec le mien. ¹⁰Si tu es certain qu'il l'est, il n'y aura aucune peur.

5.   La peur est toujours un signe de tension et elle surgit chaque fois que ce que tu veux est en conflit avec ce que tu fais. ²Cette situation se présente de deux façons: premièrement, tu peux choisir

de faire des choses qui sont en conflit, soit simultanément, soit successivement. ³Cela produit une conduite conflictuelle qui t'est intolérable parce que la partie de ton esprit qui veut faire autre chose est outragée. ⁴Deuxièmement, tu peux te conduire comme tu penses devoir le faire, mais sans le vouloir entièrement. ⁵Cela produit une conduite cohérente mais entraîne une grande tension. ⁶Dans les deux cas, l'esprit et la conduite sont en désaccord et il en résulte une situation dans laquelle tu fais ce que tu ne veux pas entièrement faire. ⁷Cela fait naître un sentiment de contrainte qui produit généralement de la rage et il est vraisemblable que la projection s'ensuive. ⁸Chaque fois qu'il y a peur, c'est que tu ne t'es pas décidé. ⁹Ton esprit est donc divisé et ta conduite, inévitablement, devient erratique. ¹⁰Se corriger au niveau de la conduite peut faire passer l'erreur du premier au second type, mais cela n'oblitérera pas la peur.

6.   Il est possible d'atteindre un état dans lequel tu amènes ton esprit sous ma direction sans effort conscient, mais cela suppose un désir que tu n'as pas encore développé. ²Le Saint-Esprit ne peut pas demander plus que ce que tu es désireux de faire. ³La force de faire vient de ta décision indivisée. ⁴Faire la Volonté de Dieu n'implique aucun effort dès lors que tu reconnais que c'est aussi la tienne. ⁵La leçon est tout à fait simple ici, mais il est particulièrement facile de passer par-dessus. ⁶Je vais donc la répéter en te priant instamment d'écouter. ⁷Seul ton esprit peut produire la peur. ⁸Il le fait chaque fois qu'il est divisé sur ce qu'il veut, ce qui inévitablement devient source de tension parce qu'il y a désaccord entre vouloir et faire. ⁹Cela ne peut être corrigé qu'en acceptant un but unifié.

7.   Pour défaire l'erreur, la première étape correctrice consiste à connaître d'abord que le conflit est une expression de la peur. ²Dis-toi que tu as dû, d'une façon ou d'une autre, choisir de ne pas aimer, sinon la peur n'aurait pas pu surgir. ³Alors le processus de correction tout entier devient rien de plus qu'une série d'étapes pragmatiques dans le processus plus vaste d'acceptation de l'Expiation comme remède. ⁴Ces étapes peuvent se résumer de la façon suivante :

⁵Connais d'abord que cela est la peur.

⁶La peur surgit du manque d'amour.

⁷Le seul remède au manque d'amour est l'amour parfait.

⁸L'amour parfait est l'Expiation.

8. J'ai insisté sur le fait que le miracle, ou l'expression de l'Expiation, est toujours un signe de respect *des* dignes *aux* dignes. [2]La re-connaissance de cette dignité est rétablie par l'Expiation. [3]Alors il est évident que quand tu as peur, tu t'es placé dans une position où tu as besoin de l'Expiation. [4]Tu as fait quelque chose qui est sans amour, ayant choisi sans amour. [5]Telle est précisément la situation pour laquelle l'Expiation fut offerte. [6]C'est le besoin du remède qui en inspira l'établissement. [7]Aussi longtemps que tu ne reconnais que le besoin du remède, tu continues à avoir peur. [8]Toutefois, dès l'instant que tu acceptes le remède, tu as aboli la peur. [9]C'est ainsi que la véritable guérison se produit.

9. Tout le monde ressent de la peur. [2]Il suffirait pourtant d'un tout petit peu de justesse de pensée pour comprendre pourquoi la peur se produit. [3]Rares sont ceux qui apprécient la puissance réelle de l'esprit, et nul n'en reste pleinement conscient tout le temps. [4]Toutefois, si tu espères t'épargner la peur, il y a certaines choses dont tu dois te rendre compte, et pleinement compte. [5]L'esprit est très puissant et jamais il ne perd sa force créatrice. [6]Il ne dort jamais. [7]Il crée à chaque instant. [8]Il est difficile de reconnaître que pensée et croyance combinées font lever une vague si puissante qu'elle peut littéralement transporter des montagnes. [9]À première vue, il paraît arrogant de te croire doté d'un tel pouvoir, mais ce n'est pas la vraie raison pourquoi tu n'y crois pas. [10]Tu préfères croire que tes pensées ne peuvent pas exercer une influence réelle parce qu'en fait tu en as peur. [11]Cela apaise peut-être le sentiment de culpabilité, mais au prix de percevoir l'esprit comme impuissant. [12]Si tu crois que ce que tu penses est sans effet, peut-être cesses-tu d'en avoir peur, mais il est peu probable que tu le respectes. [13]Il n'y *a* pas de vaines pensées. [14]Toute pensée produit une forme à un certain niveau.

VII. Cause et effet

1. Tu te plains peut-être encore de la peur, mais tu persistes néanmoins à te rendre apeuré. [2]J'ai déjà signalé que tu ne peux pas me demander de te délivrer de la peur. [3]Je connais qu'elle n'existe pas mais tu ne le connais pas, toi. [4]Si j'intervenais entre tes pensées et leurs résultats, je toucherais à une loi fondamentale de cause et effet, la loi la plus fondamentale qui soit. [5]Je ne t'aiderais guère si je dépréciais le pouvoir de ta propre pensée.

⁶Cela serait en opposition directe avec le but de ce cours. ⁷Cela t'aidera beaucoup plus de te rappeler que tu ne surveilles pas assez attentivement tes pensées. ⁸Peut-être as-tu l'impression qu'à ce stade il faudrait un miracle pour te permettre de le faire, et c'est parfaitement vrai. ⁹Tu n'as pas l'habitude de penser dans un esprit de miracle, mais tu peux être entraîné à penser de cette façon. ¹⁰Tous les faiseurs de miracles ont besoin de ce type d'entraînement.

2. Je ne peux pas te laisser ne pas surveiller ton esprit, sinon tu ne seras pas capable de m'aider. ²Faire des miracles entraîne que tu te rends pleinement compte du pouvoir de la pensée afin d'éviter la malcréation. ³Autrement un miracle sera nécessaire pour redresser l'esprit lui-même, processus circulaire qui n'encouragerait guère la compression du temps à laquelle le miracle est destiné. ⁴Le faiseur de miracles doit éprouver un respect sincère pour cause et effet véritables comme condition nécessaire pour que le miracle se produise.

3. Les miracles et la peur viennent tous deux des pensées. ²Si tu n'étais pas libre de choisir l'un, tu ne serais pas libre non plus de choisir l'autre. ³En choisissant le miracle tu *as* rejeté la peur, ne serait-ce que temporairement. ⁴Tu as eu peur de chacun et de tout. ⁵Tu as peur de Dieu, de moi et de toi-même. ⁶Tu Nous as malperçus ou malcréés, et tu crois en ce que tu as fait. ⁷Tu n'aurais pas fait cela si tu n'avais pas peur de tes propres pensées. ⁸Les apeurés *doivent* malcréer parce qu'ils malperçoivent la création. ⁹Quand tu malcrées, tu souffres. ¹⁰Le principe de cause et effet devient maintenant un véritable accélérateur, quoique seulement temporairement. ¹¹De fait, « Cause » est un terme qui appartient en propre à Dieu, et Son « Effet » est Son Fils. ¹²Cela entraîne une série de relations de Cause et Effet qui sont totalement différentes de celles que tu introduis dans la malcréation. ¹³Le conflit fondamental en ce monde est donc entre création et malcréation. ¹⁴Toute peur est implicite dans celle-ci et tout amour dans celle-là. ¹⁵C'est donc un conflit entre l'amour et la peur.

4. J'ai déjà dit que tu crois ne pas pouvoir contrôler la peur parce que c'est toi-même qui l'a faite, et ta croyance en elle semble faire qu'elle échappe à ton contrôle. ²Or toute tentative pour résoudre l'erreur en tentant de maîtriser la peur est inutile. ³Le fait même de supposer que la peur a besoin d'être maîtrisée confirme son pouvoir. ⁴La véritable solution repose entièrement sur la maîtrise par l'amour. ⁵Dans l'intérim, toutefois, le sentiment de conflit est

inévitable, puisque tu t'es placé dans une position où tu crois dans le pouvoir de ce qui n'existe pas.

5. Rien et tout ne peuvent coexister. ²Croire en l'un, c'est nier l'autre. ³La peur n'est vraiment rien et l'amour est tout. ⁴Chaque fois que la lumière pénètre dans les ténèbres, les ténèbres sont abolies. ⁵Ce que tu crois est vrai pour toi. ⁶En ce sens la séparation *s'est* produite, et c'est faire un usage inapproprié du déni que de le nier. ⁷Toutefois, se concentrer sur l'erreur n'est qu'une erreur de plus. ⁸La démarche correctrice initiale consiste à reconnaître temporairement qu'il y a un problème, mais seulement comme indication d'un besoin de correction immédiate. ⁹Cela établit un état d'esprit dans lequel l'Expiation peut être acceptée sans délai. ¹⁰Il faudrait souligner, toutefois, qu'il n'y a en définitive aucun compromis possible entre tout et rien. ¹¹Le temps est essentiellement un mécanisme permettant d'abandonner tout compromis à cet égard. ¹²Il semble seulement qu'il soit aboli par degrés, parce que le temps lui-même comporte des intervalles qui n'existent pas. ¹³C'est un mécanisme de correction rendu nécessaire par la malcréation. ¹⁴L'énoncé : « Car Dieu a tant aimé le monde qu'il a donné son Fils unique, afin que quiconque croit en lui ne périsse point, mais qu'il ait la vie éternelle » n'a besoin que d'une légère correction pour devenir signifiant dans ce contexte : « Il l'a donné *à* Son Fils unique. »

6. Il faudrait bien noter que Dieu a *un* seul Fils. ²Si toutes Ses créations sont Ses Fils, chacune doit être partie intégrante de la Filialité tout entière. ³La Filialité en son Unité transcende la somme de ses parties. ⁴Toutefois, cela est obscurci aussi longtemps que n'importe laquelle de ses parties manque. ⁵C'est pourquoi le conflit ne peut pas être résolu de manière définitive tant que toutes les parties de la Filialité ne sont pas retournées. ⁶C'est alors seulement que la signification de l'entièreté en son sens véritable pourra être comprise. ⁷N'importe quelle partie de la Filialité peut croire en l'erreur ou en l'incomplétude si tel est son choix. ⁸Ce faisant, toutefois, elle croit en l'existence du néant. ⁹La correction de cette erreur est l'Expiation.

7. J'ai déjà brièvement parlé d'être prêt, mais cela aiderait peut-être d'apporter ici quelques précisions supplémentaires. ²Être prêt n'est que le préalable de l'accomplissement. ³Il ne faudrait pas confondre les deux. ⁴Aussitôt que survient un état dans lequel l'esprit est prêt, il y a généralement un désir d'accomplissement jusqu'à un certain degré, mais il n'est certainement pas

nécessairement indivisé. [5]Cet état n'implique pas plus qu'un potentiel de changement d'esprit. [6]La confiance ne peut pas se développer pleinement jusqu'à ce que la maîtrise ait été accomplie. [7]Nous avons déjà tenté de corriger l'erreur fondamentale voulant que la peur peut être maîtrisée, et nous avons souligné que la seule maîtrise véritable est par l'amour. [8]Être prêt n'est que le commencement de la confiance. [9]Tu penses peut-être qu'un temps extrêmement long est nécessaire entre l'être-prêt et la maîtrise, mais laisse-moi te rappeler que le temps et l'espace sont sous mon contrôle.

VIII. La signification du Jugement dernier

1. Une des façons dont tu peux corriger la confusion magie-miracle est de te rappeler que tu ne t'es pas créé toi-même. [2]Tu as tendance à l'oublier lorsque tu deviens égocentrique, et cela te place dans une position où il est pratiquement inévitable de croire en la magie. [3]Ta volonté de créer te fut donnée par ton Créateur, Qui exprimait la même Volonté dans Sa création. [4]Puisque l'aptitude créatrice réside dans l'esprit, tout ce que tu crées est nécessairement affaire de volonté. [5]Il s'ensuit aussi que tout ce que tu fais seul est réel à tes propres yeux, mais point dans l'Esprit de Dieu. [6]Cette distinction fondamentale conduit directement à la signification réelle du Jugement dernier.
2. Le Jugement dernier est l'une des idées les plus menaçantes dans ta pensée. [2]C'est parce que tu ne le comprends pas. [3]Le jugement n'est pas un attribut de Dieu. [4]Il n'a été introduit qu'après la séparation, lorsqu'il est devenu l'un des nombreux mécanismes d'apprentissage destinés à être intégrés dans le plan global. [5]Tout comme la séparation s'est produite sur des millions d'années, le Jugement dernier s'étendra sur une période aussi longue, et peut-être même plus longue. [6]La durée peut toutefois en être grandement réduite par les miracles, qui sont un mécanisme pour réduire le temps mais non pour l'abolir. [7]Si un nombre suffisant développe un véritable esprit de miracle, ce processus de réduction peut être quasiment incommensurable. [8]Il est essentiel, toutefois, que tu te libères rapidement de la peur, parce que tu dois émerger du conflit si tu veux apporter la paix à d'autres esprits.
3. Le Jugement dernier est généralement considéré comme une procédure entreprise par Dieu. [2]En fait, il sera entrepris par mes

frères avec mon aide. ³C'est une guérison finale plutôt que l'infliction d'une punition, aussi méritée que la punition puisse te paraître. ⁴La punition est un concept totalement opposé à la justesse d'esprit, et le but du Jugement dernier est de te rendre ta justesse d'esprit. ⁵Le Jugement dernier pourrait être appelé un processus de juste évaluation. ⁶Cela signifie simplement que chacun en viendra finalement à comprendre ce qui est digne et ce qui ne l'est pas. ⁷Après cela, l'aptitude à choisir peut être dirigée de façon rationnelle. ⁸Jusqu'à ce que cette distinction soit faite, toutefois, les oscillations entre volonté libre et emprisonnée ne peuvent que continuer.

4. Le premier pas vers la liberté comporte un tri du faux et du vrai. ²C'est un processus de séparation au sens constructif, qui reflète la véritable signification de l'apocalypse. ³À la fin chacun regardera ses propres créations et choisira de ne préserver que ce qui est bon, exactement comme Dieu Lui-même regarda ce qu'Il avait créé et connut que c'était bon. ⁴À ce stade, l'esprit peut commencer à regarder ses propres créations avec amour, parce qu'elles sont dignes. ⁵En même temps, l'esprit désavouera inévitablement ses malcréations qui, sans croyance, n'existeront plus.

5. L'expression «Jugement dernier» est effrayante non seulement parce qu'elle a été projetée sur Dieu mais aussi à cause de l'association de «dernier» avec la mort. ²Voilà un exemple remarquable de perception sens dessus dessous. ³Si l'on examine objectivement la signification du Jugement dernier, il devient tout à fait apparent que c'est réellement la porte qui s'ouvre sur la vie. ⁴Nul ne vit vraiment qui vit dans la peur. ⁵Ton propre dernier jugement ne peut pas porter sur toi-même, parce que tu n'es pas ta propre création. ⁶Tu peux toutefois l'appliquer de façon signifiante et à tout moment à tout ce que tu as fait et ne garder dans ta mémoire que ce qui est créatif et bon. ⁷C'est ce que ta justesse d'esprit ne peut manquer de te dicter. ⁸Le seul but du temps, c'est de te «donner du temps» pour accomplir ce jugement. ⁹C'est ton propre jugement parfait sur tes propres créations parfaites. ¹⁰Quand tout ce que tu retiens est digne d'amour, il n'y a pas de raison pour que la peur reste avec toi. ¹¹Voilà ton rôle dans l'Expiation.

Chapitre 3

LA PERCEPTION INNOCENTE

I. Expiation sans sacrifice

1. Il faut d'abord qu'un autre point soit parfaitement clair avant que toute trace de peur encore associée aux miracles puisse disparaître. [2]Ce n'est pas la crucifixion qui a établi l'Expiation; c'est la résurrection. [3]Nombreux sont les chrétiens sincères qui ont mal compris cela. [4]Nul ne saurait commettre cette erreur qui est libre de la croyance dans le manque. [5]Si la crucifixion est vue d'un point de vue sens dessus dessous, il apparaît en effet que Dieu aurait permis et même encouragé un de Ses Fils à souffrir parce qu'il était bon. [6]Cette interprétation particulièrement regrettable, qui a surgi de la projection, a conduit de nombreuses personnes à éprouver une peur atroce de Dieu. [7]De tels concepts antireligieux entrent dans plusieurs religions. [8]Or le vrai chrétien devrait s'arrêter et se demander : «Comment cela se pourrait-il?» [9]Est-il vraisemblable que Dieu Lui-même soit capable du type de pensée qui, ainsi que Ses Propres paroles l'ont clairement énoncé, est indigne de Son Fils?

2. Comme toujours, la meilleure défense n'est pas d'attaquer la position d'un autre mais plutôt de protéger la vérité. [2]Il n'est pas sage d'accepter un concept quelconque s'il faut renverser tout un cadre de référence pour le justifier. [3]Cette procédure est douloureuse dans ses applications mineures et franchement tragique sur une plus grande échelle. [4]La persécution aboutit souvent à une tentative pour «justifier» cette terrible malperception voulant que Dieu Lui-même ait persécuté Son Propre Fils au nom du salut. [5]Les mots mêmes sont in-signifiants. [6]Il a été particulièrement difficile de vaincre cela parce que, bien que l'erreur elle-même ne soit pas plus dure à corriger qu'une autre, beaucoup ont été indésireux de l'abandonner vu sa très grande valeur en tant que défense. [7]Sous une forme atténuée, un parent dit : «Cela me fait plus mal qu'à toi» et croit être disculpé d'avoir battu un enfant. [8]Peux-tu croire que notre Père pense réellement de cette façon? [9]Il est tellement essentiel que toute pensée de ce genre soit dissipée qu'il faut nous assurer que rien de tel ne reste dans ton esprit. [10]Je n'ai pas été «puni» parce que *tu* étais mauvais. [11]La

leçon entièrement bénigne qu'enseigne l'Expiation est perdue si elle est contaminée par ce genre de distorsion sous quelque forme que ce soit.

3. L'énoncé : «À moi la vengeance, dit le Seigneur» est une mal-perception par laquelle on assigne à Dieu ses propres «vieux péchés». [2]Les «vieux péchés» n'ont rien à voir avec Dieu. [3]Il ne les a pas créés et Il ne les maintient pas. [4]Dieu ne croit pas au châtiment. [5]Son Esprit ne crée pas de cette façon. [6]Il ne te reproche pas tes «mauvaises» actions. [7]Est-il vraisemblable qu'Il me les reproche à moi? [8]Sois bien sûr de reconnaître à quel point cette supposition est absolument impossible et comment elle émane entièrement de la projection. [9]Ce genre d'erreur est responsable d'une multitude d'erreurs connexes, y compris la croyance que Dieu a rejeté Adam et l'a chassé du jardin d'Éden. [10]C'est aussi pourquoi tu peux croire de temps en temps que je te fourvoie. [11]J'ai fait tous mes efforts pour utiliser des mots presque impossibles à distordre, mais il est toujours possible de déformer les symboles si tu le souhaites.

4. Le sacrifice est une notion totalement inconnue de Dieu. [2]Elle provient uniquement de la peur, et les gens qui ont peur peuvent être méchants. [3]Faire des sacrifices de n'importe quelle sorte, c'est violer l'injonction que je t'ai faite d'être miséricordieux comme ton Père au Ciel est miséricordieux. [4]De nombreux chrétiens ont eu de la difficulté à se rendre compte que cela s'applique à eux. [5]Les bons enseignants ne terrorisent jamais leurs étudiants. [6]Terroriser, c'est attaquer, et cela a pour résultat le rejet de ce qu'offre l'enseignant. [7]Le résultat est l'échec de l'apprentissage.

5. J'ai été correctement désigné comme «l'agneau de Dieu qui ôte les péchés du monde», mais ceux qui représentent l'agneau taché de sang ne comprennent pas la signification du symbole. [2]Lorsqu'il est bien compris, c'est un symbole très simple qui parle de mon innocence. [3]Le lion et l'agneau couchés côte à côte symbolisent la force et l'innocence non pas en conflit mais vivant en paix naturellement. [4]«Heureux ceux qui ont le cœur pur car ils verront Dieu» est une autre façon de dire la même chose. [5]Un esprit pur connaît la vérité et là est sa force. [6]Il ne confond pas la destruction avec l'innocence parce qu'il associe l'innocence à la force et non à la faiblesse.

6. L'innocence est incapable de sacrifier quoi que ce soit parce que l'esprit innocent a tout et s'efforce uniquement de protéger son entièreté. [2]Il ne peut projeter. [3]Il ne peut qu'honorer les autres

esprits, parce que l'honneur est l'accueil naturel que font aux autres qui sont comme eux ceux qui sont vraiment aimés. [4]L'agneau « ôte les péchés du monde » en ce sens que l'état d'innocence, ou de grâce, est un état dans lequel la signification de l'Expiation est parfaitement apparente. [5]L'Expiation est entièrement non ambiguë. [6]Elle est parfaitement claire parce qu'elle existe dans la lumière. [7]Seules les tentatives pour l'envelopper de ténèbres l'ont rendue inaccessible à ceux qui ne choisissent pas de voir.

7.   L'Expiation ne rayonne que la vérité. [2]C'est donc la quintessence de la non-nuisance, et elle ne verse que des bénédictions. [3]Elle ne pourrait faire cela si elle provenait de toute autre chose que la parfaite innocence. [4]L'innocence est sagesse parce qu'elle n'a pas conscience du mal, et le mal n'existe pas. [5]Toutefois, elle est parfaitement consciente de tout ce qui est vrai. [6]La résurrection a démontré que rien ne peut détruire la vérité. [7]Le bien peut résister à toute forme de mal, comme la lumière abolit les formes de ténèbres. [8]L'Expiation est donc la leçon parfaite. [9]C'est la démonstration finale que toutes les autres leçons que j'ai enseignées sont vraies. [10]Si tu peux accepter cette seule généralisation maintenant, il n'y aura pas besoin d'apprendre de nombreuses leçons moins importantes. [11]Tu es délivré de toutes les erreurs si tu crois cela.

8.   L'innocence de Dieu est l'état véritable de l'esprit de Son Fils. [2]Dans cet état ton esprit connaît Dieu, car Dieu n'est pas symbolique : Il est un Fait. [3]Connaissant Son Fils tel qu'il est, tu te rends compte que l'Expiation, et non le sacrifice, est le seul don qui convienne à l'autel de Dieu, où rien d'autre que la perfection n'a sa place. [4]Ce que les innocents comprennent, c'est la vérité. [5]C'est pourquoi leurs autels sont véritablement radieux.

II. Les miracles comme perception vraie

1.   J'ai dit que les concepts de base dont parle ce cours ne sont pas affaire de degrés. [2]Certains concepts fondamentaux ne peuvent pas être compris en tant qu'opposés. [3]Il est impossible de concevoir la lumière et les ténèbres ou tout et rien comme des possibilités conjointes. [4]Ils sont tout vrais ou tout faux. [5]Il est essentiel que tu te rendes compte que ta pensée continuera d'être erratique jusqu'à ce que tu t'engages fermement envers l'un ou l'autre. [6]Toutefois, un engagement ferme envers les ténèbres ou le néant est impossible. [7]Nul n'a jamais vécu qui n'ait fait l'expérience de

quelque lumière et de *quelque* chose. [8]Nul, donc, n'est capable de nier totalement la vérité, même s'il pense qu'il le peut.

2.   L'innocence n'est pas un attribut partiel. [2]Elle n'est pas réelle *jusqu'à* ce qu'elle soit totale. [3]Ceux qui sont partiellement innocents peuvent être assez sots par moments. [4]Ce n'est que lorsque leur innocence devient un point de vue d'application universelle qu'elle devient sagesse. [5]Une perception innocente ou vraie signifie que jamais tu ne malperçois et que tu vois toujours véritablement. [6]Plus simplement, cela signifie que tu ne vois jamais ce qui n'existe pas et vois toujours ce qui existe.

3.   Quand tu manques de confiance en ce que quelqu'un va faire, tu témoignes de ta croyance qu'il n'est pas dans son esprit juste. [2]Voilà un cadre de références qui n'est guère basé sur le miracle. [3]Cela a aussi l'effet désastreux de nier le pouvoir du miracle. [4]Le miracle perçoit toute chose telle qu'elle est. [5]Si rien que la vérité existe, la vue de l'esprit juste ne peut rien voir d'autre que la perfection. [6]J'ai dit que seul ce que Dieu crée ou ce que tu crées avec la même Volonté a quelque existence réelle. [7]Cela, donc, est tout ce que les innocents peuvent voir. [8]Ils ne souffrent pas d'une perception distordue.

4.   Tu as peur de la Volonté de Dieu parce que tu as utilisé ton propre esprit, qu'Il a créé à l'image du Sien, pour malcréer. [2]L'esprit ne peut malcréer que lorsqu'il croit qu'il n'est pas libre. [3]Un esprit « emprisonné » n'est pas libre parce qu'il est possédé, ou retenu, par lui-même. [4]Par conséquent il est limité, et la volonté n'est pas libre de s'affirmer. [5]Être un, c'est être d'un même esprit ou d'une même volonté. [6]Quand la Volonté de la Filialité et Celle du Père ne font qu'un, leur accord parfait est le Ciel.

5.   Rien ne saurait prévaloir contre un Fils de Dieu qui remet son esprit entre les Mains de son Père. [2]Ce faisant, l'esprit s'éveille de son sommeil et se souvient de son Créateur. [3]Tout sentiment de séparation disparaît. [4]Le Fils de Dieu fait partie de la Sainte Trinité, mais la Trinité Elle-même est une. [5]Il n'y a aucune confusion entre Ses Niveaux parce qu'Ils sont d'un seul Esprit et d'une seule Volonté. [6]Ce but indivisé crée une intégration parfaite et établit la paix de Dieu. [7]Or seuls ceux qui sont véritablement innocents peuvent percevoir cette vision. [8]Parce qu'ils ont le cœur pur, les innocents défendent la perception vraie au lieu de se défendre contre elle. [9]Parce qu'ils comprennent la leçon de l'Expiation, ils sont sans le souhait d'attaquer et donc ils voient véritablement. [10]C'est ce que la Bible veut dire par : «Lorsqu'il

paraîtra (ou sera perçu), nous serons semblables à lui, car nous le verrons tel qu'il est. »

6.   La façon de corriger les distorsions, c'est de leur retirer ta foi pour l'investir seulement dans ce qui est vrai. ²Tu ne peux pas rendre le faux vrai. ³Si tu es désireux d'accepter ce qui est vrai dans tout ce que tu perçois, tu le laisses être vrai pour toi. ⁴La Vérité vainc toute erreur, et ceux qui vivent dans l'erreur et le vide ne peuvent jamais trouver de réconfort durable. ⁵Si tu perçois véritablement, tu annules simultanément les malperceptions en toi-même et en autrui. ⁶Parce que tu vois les autres tels qu'ils sont, tu leur offres ton acceptation de leur vérité pour qu'ils puissent eux-mêmes l'accepter. ⁷Telle est la guérison que le miracle induit.

III. Perception versus connaissance

1.   Nous avons insisté sur la perception et nous avons très peu parlé jusqu'à présent de la connaissance. ²C'est que la perception doit être redressée avant que tu puisses connaître quoi que ce soit. ³Connaître, c'est être certain. ⁴L'incertitude signifie que tu ne connais pas. ⁵La connaissance est pouvoir parce qu'elle est certaine, et la certitude est force. ⁶La perception est temporaire. ⁷En tant qu'attribut de la croyance en l'espace et le temps, elle est sujette soit à la peur ou à l'amour. ⁸Les malperceptions produisent la peur et les perceptions vraies encouragent l'amour, mais aucune n'apporte de certitude parce que toute perception varie. ⁹Voilà pourquoi ce n'est pas la connaissance. ¹⁰La perception vraie est la base de la connaissance, mais connaître est l'affirmation de la vérité et par-delà toute perception.

2.   Toutes tes difficultés viennent du fait que tu ne te reconnais pas toi-même, ni ton frère ni Dieu. ²Reconnaître signifie « connaître de nouveau » et cela implique que tu as connu jadis. ³Tu peux voir de multiples façons parce que la perception comporte une interprétation, ce qui signifie qu'elle n'est ni entière ni constante. ⁴Le miracle, qui est une façon de percevoir, n'est pas la connaissance. ⁵C'est la réponse juste à une question, mais tu ne poses pas de question quand tu connais. ⁶Pour défaire les illusions, la première étape est de les mettre en question. ⁷Le miracle, ou la réponse juste, les corrige. ⁸Puisque les perceptions changent, il est évident qu'elles dépendent du temps. ⁹Comment tu perçois à n'importe quel moment détermine ce que tu fais, et les actions doivent se

produire dans le temps. [10]La connaissance est intemporelle, parce que la certitude ne peut être mise en question. [11]Tu connais quand tu as cessé de poser des questions.

3. L'esprit interrogateur se perçoit dans le temps et cherche donc des réponses futures. [2]L'esprit fermé croit que le futur et le présent seront pareils. [3]Cela établit un état qui en apparence est stable et qui habituellement est une tentative pour contrebalancer la peur sous-jacente que le futur sera pire que le présent. [4]Cette peur inhibe la tendance même à poser des questions.

4. La vraie vision est la perception naturelle de la vue spirituelle, mais c'est encore une correction plutôt qu'un fait. [2]La vue spirituelle est symbolique ; ce n'est donc pas un mécanisme pour connaître. [3]C'est toutefois un moyen de perception juste, ce qui la fait entrer dans le domaine du miracle proprement dit. [4]Une « vision de Dieu » serait un miracle plutôt qu'une révélation. [5]Le simple fait qu'elle implique la perception retire l'expérience du champ de la connaissance. [6]C'est pourquoi les visions, si saintes qu'elles soient, ne durent pas.

5. La Bible te dit de te connaître toi-même, ou d'être certain. [2]La certitude est toujours de Dieu. [3]Quand tu aimes quelqu'un, tu l'as perçu tel qu'il est et cela te permet de le connaître. [4]Tant que tu ne l'as pas d'abord perçu tel qu'il est, tu ne peux pas le connaître. [5]Aussi longtemps que tu poses des questions à son sujet, tu laisses entendre clairement que tu ne connais pas Dieu. [6]La certitude ne requiert pas l'action. [7]Quand tu dis que tu te bases sur la connaissance pour agir, en fait tu confonds connaissance et perception. [8]La connaissance procure la force nécessaire à la pensée créatrice mais non à l'action juste. [9]La perception, les miracles et l'action sont étroitement reliés. [10]La connaissance est le résultat de la révélation, et elle n'induit que la pensée. [11]Même sous sa forme la plus spiritualisée, la perception implique le corps. [12]La connaissance vient de l'autel au-dedans et elle est intemporelle parce qu'elle est certaine. [13]Percevoir la vérité, ce n'est pas la même chose que la connaître.

6. La perception juste est d'abord nécessaire afin que Dieu puisse communiquer directement avec Ses autels, qu'Il a établis en Ses Fils. [2]Là Il peut communiquer Sa certitude, et Sa connaissance apportera la paix sans aucune question. [3]Dieu n'est pas un étranger pour Ses Fils et Ses Fils ne sont pas des étrangers les uns pour les autres. [4]La connaissance a précédé à la fois la perception et le temps et c'est elle qui à la fin les remplacera. [5]Voilà la signification réelle

de « l'alpha et l'oméga, le commencement et la fin » et : « Avant qu'Abraham fût, je suis. » [6]La perception peut et doit être stabilisée, mais la connaissance *est* stable. [7]« Crains Dieu et observe Ses commandements » devient : « Connais Dieu et accepte Sa certitude. »

7.   Si tu attaques l'erreur en autrui, c'est toi-même que tu blesseras. [2]Tu ne peux pas connaître ton frère quand tu l'attaques. [3]C'est toujours un étranger qui est attaqué. [4]Tu fais de lui un étranger en le malpercevant, et ainsi tu ne peux pas le connaître. [5]C'est parce que tu as fait de lui un étranger que tu as peur de lui. [6]Perçois-le correctement afin de pouvoir le connaître. [7]Il n'y a pas d'étrangers dans la création de Dieu. [8]Pour créer comme Il a créé, tu ne peux créer que ce que tu connais et donc acceptes pour tien. [9]Dieu connaît Ses enfants avec une parfaite certitude. [10]Il les a créés en les connaissant. [11]Il les reconnaît parfaitement. [12]Quand ils ne se reconnaissent pas les uns les autres, ils ne Le reconnaissent pas.

IV. L'erreur et l'ego

1.   Les aptitudes que tu possèdes maintenant ne sont que des ombres de ta force réelle. [2]Toutes tes fonctions présentes sont divisées et peuvent être mises en doute et remises en question. [3]C'est que tu n'es pas certain de la façon dont tu vas les utiliser et tu es donc incapable de connaissance. [4]Tu es aussi incapable de connaissance parce que tu peux encore percevoir sans amour. [5]La perception n'existait pas avant que la séparation n'introduise des degrés, des aspects et des intervalles. [6]Le pur-esprit n'a pas de niveaux, et tout conflit découle du concept de niveaux. [7]Seuls les Niveaux de la Trinité sont capables d'unité. [8]Les niveaux créés par la séparation ne peuvent qu'être en conflit. [9]C'est qu'ils ne signifient rien les uns pour les autres.

2.   La conscience, le niveau de la perception, fut la première division introduite dans l'esprit après la séparation, faisant de l'esprit un percepteur plutôt qu'un créateur. [2]La conscience est correctement identifiée comme étant le domaine de l'ego. [3]L'ego est une tentative de l'esprit faux pour te percevoir toi-même tel que tu souhaites être plutôt que tel que tu es. [4]Or tu ne peux te connaître que tel que tu es, parce que c'est tout ce dont tu peux être sûr. [5]Tout le reste peut *être* mis en question.

3.   L'ego est l'aspect interrogateur du soi de l'après-séparation, qui a été fait plutôt que créé. [2]Il est capable de poser des questions

mais non de percevoir des réponses signifiantes, parce que celles-ci impliqueraient la connaissance et ne peuvent être perçues. ³L'esprit est donc confus, parce que seule l'Unité d'esprit peut être sans confusion. ⁴Un esprit séparé ou divisé *doit* être confus. ⁵Il est nécessairement incertain de ce qu'il est. ⁶Il doit être en conflit parce qu'il est en désaccord avec lui-même. ⁷Cela rend ses aspects étrangers les uns aux autres, et c'est l'essence même de cette condition propice à la peur dans laquelle l'attaque est toujours possible. ⁸Tu as tout lieu d'avoir peur tel que tu te perçois toi-même. ⁹C'est pourquoi tu ne peux pas échapper de la peur jusqu'à ce que tu te rendes compte que tu ne t'es pas et ne pouvais pas te créer toi-même. ¹⁰Tu ne peux jamais rendre vraies tes mal-perceptions, et ta création est au-delà de ta propre erreur. ¹¹C'est pourquoi il faudra que tu finisses par choisir de guérir la séparation.

4. Il ne faut pas confondre la justesse d'esprit avec l'esprit connaissant, parce qu'elle ne peut s'appliquer qu'à la perception juste. ²Tu peux être de l'esprit juste ou de l'esprit faux, et même là il peut y avoir des degrés, ce qui démontre clairement que la connaissance n'y entre pas. ³Employée correctement, l'expression «justesse d'esprit» sert à désigner la correction de la «fausseté d'esprit», et elle s'applique à l'état d'esprit qui induit la perception exacte. ⁴C'est un esprit de miracle parce qu'il guérit la mal-perception, ce qui est certes un miracle vu la façon dont tu te perçois toi-même.

5. La perception comporte toujours quelque mauvais usage de l'esprit, parce qu'elle amène l'esprit dans des zones d'incertitude. ²L'esprit est très actif. ³Quand il choisit d'être séparé, il choisit de percevoir. ⁴Jusque-là, sa seule volonté est de connaître. ⁵Après, il ne peut que faire des choix ambigus, et la seule voie qui mène hors de l'ambiguïté est la perception claire. ⁶L'esprit ne retourne à la fonction qui lui est propre que lorsqu'il a pour volonté de connaître. ⁷Cela le met au service du pur-esprit, où la perception est changée. ⁸L'esprit choisit de se diviser quand il choisit de faire ses propres niveaux. ⁹Mais il ne pourrait pas se séparer entièrement du pur-esprit, parce que c'est du pur-esprit qu'il tire tout son pouvoir de faire ou de créer. ¹⁰Même dans la malcréation, l'esprit affirme sa Source, sinon il cesserait d'être tout simplement. ¹¹Cela est impossible, parce que l'esprit appartient au pur-esprit que Dieu a créé et qui est donc éternel.

6. L'aptitude à percevoir a rendu le corps possible, parce que tu dois percevoir *quelque chose* et *avec* quelque chose. ²Voilà pourquoi

la perception comporte un échange ou une traduction, dont la connaissance n'a pas besoin. [3]La fonction interprétative de la perception, une forme distordue de la création, te permet alors de penser que tu es ton corps, interprétation par laquelle tu tentes d'échapper du conflit que tu as induit. [4]Le pur-esprit, qui connaît, ne saurait se concilier avec cette perte de pouvoir, parce qu'il est incapable de ténèbres. [5]Cela rend le pur-esprit presque inaccessible à l'esprit et entièrement inaccessible au corps. [6]Par la suite, le pur-esprit est perçu comme une menace, parce que la lumière abolit les ténèbres en te montrant simplement qu'elles ne sont pas là. [7]C'est ainsi que la vérité vaincra toujours l'erreur. [8]Cela ne peut pas être un processus actif de correction parce que, comme je l'ai déjà souligné, la connaissance ne fait rien. [9]Elle peut être perçue comme un agresseur, mais elle ne peut pas attaquer. [10]Ce que tu perçois comme une attaque de sa part, c'est ta propre vague re-connaissance de ce que tu peux toujours te souvenir de la connaissance, puisqu'elle n'a jamais été détruite.

7.   Dieu et Ses créations restent en toute sûreté et connaissent donc qu'il n'existe aucune malcréation. [2]La vérité ne peut pas s'occuper des erreurs que tu veux, toi. [3]J'étais un homme qui se souvenait du pur-esprit et de sa connaissance. [4]En tant qu'homme, je n'ai pas tenté de contrebalancer l'erreur par la connaissance, mais de corriger l'erreur de bas en haut. [5]J'ai démontré à la fois l'impuissance du corps et la puissance de l'esprit. [6]En unissant ma volonté à Celle de mon Créateur, je me suis naturellement souvenu du pur-esprit et de son but réel. [7]Je ne peux pas unir pour toi ta volonté à Celle de Dieu, mais je peux effacer toutes les malperceptions de ton esprit si tu me laisses le guider. [8]Seules tes malperceptions te barrent la route. [9]Sans elles ton choix est certain. [10]Une perception saine induit un choix sain. [11]Je ne peux pas choisir pour toi, mais je peux t'aider à faire toi-même le juste choix. [12]« Il y a beaucoup d'appelés mais peu d'élus » devrait être : « Tous sont appelés mais peu choisissent d'écouter. » [13]Par conséquent, ils ne font pas le juste choix. [14]Les « élus » sont simplement ceux qui font le juste choix plus tôt. [15]Les esprits justes peuvent faire cela maintenant et ils trouveront du repos pour leurs âmes. [16]Dieu te connaît seulement dans la paix, et cela *est* ta réalité.

V. Au-delà de la perception

1. J'ai dit que les aptitudes que tu possèdes ne sont que des ombres de ta force réelle, et que la perception, dont la nature est de juger, n'a été introduite qu'après la séparation. [2]Personne n'a plus été sûr de rien depuis. [3]J'ai aussi clairement fait comprendre que la résurrection était le moyen permettant le retour à la connaissance, ce qui fut accompli par l'union de ma volonté avec Celle du Père. [4]Nous pouvons maintenant établir une distinction qui clarifiera certaines de nos affirmations subséquentes.

2. Depuis la séparation, les mots « créer » et « faire » ont été confondus. [2]Quand tu fais quelque chose, c'est parce que tu ressens un manque ou un besoin concret. [3]Tout ce qui est fait dans un but concret n'est pas vraiment généralisable. [4]Quand tu fais quelque chose pour combler un manque perçu, tu laisses entendre que tu crois en la séparation. [5]L'ego a inventé dans ce but de nombreux systèmes de pensée ingénieux. [6]Aucun d'entre eux n'est créateur. [7]L'inventivité est un effort gaspillé même sous sa forme la plus ingénieuse. [8]La nature très concrète de l'invention n'est pas digne de la créativité abstraite des créations de Dieu.

3. Comme nous l'avons déjà observé, la connaissance ne conduit pas à l'action. [2]La confusion entre ta création réelle et ce que tu as fait de toi-même est si profonde qu'il t'est devenu littéralement impossible de connaître quoi que ce soit. [3]La connaissance est toujours stable, et il est bien évident que tu ne l'es pas. [4]Néanmoins, tu es parfaitement stable tel que Dieu t'a créé. [5]En ce sens, lorsque ta conduite est instable, tu es en désaccord avec l'idée que Dieu a de ta création. [6]Tu peux faire cela si tel est ton choix, mais tu ne voudrais sûrement pas le faire si tu étais dans ton esprit juste.

4. La question fondamentale que tu te poses continuellement ne peut pas correctement s'adresser à toi. [2]Tu ne cesses de demander ce que tu es. [3]Cela implique non seulement que tu connais la réponse mais aussi que c'est à toi qu'il appartient de la fournir. [4]Or tu ne peux pas te percevoir correctement. [5]Tu n'as pas d'image à percevoir. [6]Le mot « image » est toujours relié à la perception et il ne fait pas partie de la connaissance. [7]Les images sont symboliques, elles représentent quelque chose d'autre. [8]L'idée de « changer ton image » reconnaît le pouvoir de la perception, mais cela implique aussi qu'il n'y a rien de stable à connaître.

5. Connaître n'est pas susceptible d'interprétations. [2]Tu peux essayer d'« interpréter » la signification mais cela est toujours

sujet à l'erreur parce que cela porte sur la *perception* de la signification. ³De telles incongruités sont le résultat de tentatives pour te voir à la fois comme séparé et inséparé. ⁴Il est impossible de faire une confusion aussi fondamentale sans accroître encore davantage ta confusion générale. ⁵Ton esprit est peut-être devenu très ingénieux mais, comme il arrive toujours lorsque méthode et contenu sont séparés, il est utilisé dans une vaine tentative pour trouver l'issue d'une voie sans issue. ⁶L'ingéniosité est totalement divorcée de la connaissance, parce que la connaissance ne requiert pas d'ingéniosité. ⁷L'ingéniosité n'est *pas* la vérité qui te rendra libre, mais tu es libre du besoin d'en user quand tu es désireux d'en lâcher prise.

6. La prière est une façon de demander quelque chose. ²C'est le véhicule des miracles. ³Mais la seule prière qui ait une signification est la prière pour le pardon, parce que ceux qui ont été pardonnés ont tout. ⁴Une fois le pardon accepté, la prière au sens habituel n'a plus aucune signification. ⁵La prière pour le pardon, ce n'est rien de plus qu'une requête pour être à même de reconnaître ce que tu as déjà. ⁶En choisissant la perception au lieu de la connaissance, tu t'es placé dans une position où tu ne pourrais ressembler à ton Père qu'en percevant miraculeusement. ⁷Tu as perdu la connaissance d'être toi-même un miracle de Dieu. ⁸La création est ta Source et ta seule fonction réelle.

7. L'énoncé : « Dieu créa l'homme à son image et à sa ressemblance » a besoin d'être réinterprété. ²Par « image », on peut entendre « pensée », et par « ressemblance », « de même qualité ». ³Dieu a bel et bien créé le pur-esprit dans Sa Propre Pensée et d'une qualité pareille à la Sienne. ⁴Il n'y *a* rien d'autre. ⁵La perception, par contre, est impossible sans la croyance en « plus » et « moins ». ⁶À chaque niveau elle comporte une sélection. ⁷La perception est un processus continuel d'acceptation et de rejet, d'organisation et de réorganisation, de passage et de changement. ⁸L'évaluation est une partie essentielle de la perception, parce que les jugements sont nécessaires pour sélectionner.

8. Qu'advient-il des perceptions s'il n'y a pas de jugements et rien que parfaite égalité ? ²La perception devient impossible. ³La vérité peut seulement être connue. ⁴Tout en elle est également vrai et connaître n'importe quelle de ses parties, c'est la connaître tout entière. ⁵Seule la perception comporte une conscience partielle. ⁶La connaissance transcende les lois qui gouvernent la perception, parce qu'une connaissance partielle est impossible. ⁷Elle est une

et entière et n'a pas de parties séparées. [8]Toi qui réellement ne fais qu'un avec elle, tu as seulement besoin de te connaître toi-même pour que ta connaissance soit complète. [9]Connaître le miracle de Dieu, c'est connaître Dieu.

9. Le pardon est la guérison de la perception de séparation. [2]Une perception correcte de ton frère est nécessaire, parce que les esprits ont choisi de se voir eux-mêmes séparés. [3]Le pur-esprit connaît Dieu complètement. [4]Tel est son pouvoir miraculeux. [5]Le fait que chacun possède ce pouvoir complètement est une condition tout à fait étrangère à la pensée du monde. [6]Le monde croit que si quiconque a tout, il ne reste plus rien. [7]Mais les miracles de Dieu sont aussi totaux que Ses Pensées, parce qu'ils *sont* Ses Pensées.

10. Aussi longtemps que dure la perception, la prière aura une place. [2]Puisque la perception repose sur le manque, ceux qui perçoivent n'ont pas totalement accepté l'Expiation et ne se sont pas totalement donnés à la vérité. [3]La perception est basée sur un état séparé, de sorte que quiconque perçoit a besoin de guérison. [4]C'est la communion, et non la prière, qui est l'état naturel de ceux qui connaissent. [5]Dieu et Son miracle sont inséparables. [6]Qu'elles sont belles, en effet, les Pensées de Dieu qui vivent dans Sa lumière ! [7]Ta valeur est au-delà de la perception parce qu'elle est au-delà du doute. [8]Ne te perçois pas sous des lumières différentes. [9]Connais-toi dans la Seule Lumière où le miracle qui est toi est parfaitement clair.

VI. Le jugement et le problème de l'autorité

1. Nous avons déjà parlé du Jugement dernier, mais pas suffisamment en détail. [2]Après le Jugement dernier, il n'y en aura plus. [3]Le jugement est symbolique parce qu'au-delà de la perception il n'y a pas de jugement. [4]Quand la Bible dit : «Ne jugez point, afin que vous ne soyez point jugés», cela signifie que si tu juges la réalité d'autrui, tu ne pourras pas éviter de juger la tienne.

2. C'est le choix de juger plutôt que de connaître qui est la cause qui te fait perdre la paix. [2]Le jugement est le processus sur lequel repose la perception mais non la connaissance. [3]J'ai parlé de cela plus tôt quand j'ai mentionné, concernant le caractère sélectif de la perception, que l'évaluation en était l'évident préalable.

⁴Le jugement comporte toujours un rejet. ⁵Il ne souligne jamais uniquement les aspects positifs de ce qui est jugé, que ce soit en toi ou en autrui. ⁶Ce qui a été perçu et rejeté, ou jugé et trouvé insuffisant, reste dans ton esprit parce que tu l'as perçu. ⁷L'une des illusions dont tu souffres est de croire que ce que tu as jugé et rejeté n'a aucun effet. ⁸Cela ne peut pas être vrai à moins de croire aussi que ce que tu as jugé et rejeté n'existe pas. ⁹De toute évidence, ce n'est pas ce que tu crois, sinon tu ne l'aurais pas jugé et rejeté. ¹⁰Peu importe en définitive que ton jugement soit juste ou faux. ¹¹Dans les deux cas tu places ta croyance dans l'irréel. ¹²Cela est inévitable quel que soit le type de jugement, parce que le jugement implique la croyance que tu peux faire une sélection *parmi* la réalité.

3. Tu n'as aucune idée de l'immense délivrance et de la paix profonde qui viennent d'une rencontre totalement dépourvue de jugement avec toi-même et avec tes frères. ²Quand tu reconnais ce que tu es et ce que sont tes frères, tu te rends compte que de les juger de quelque façon que ce soit n'a aucune signification. ³En fait, ce qu'ils signifient est perdu pour toi précisément *parce que* tu les juges. ⁴Toute incertitude vient du fait que tu te crois contraint de juger. ⁵Tu n'as pas besoin du jugement pour organiser ta vie, et tu n'en as certainement pas besoin pour t'organiser toi-même. ⁶En présence de la connaissance, tout jugement est automatiquement suspendu, et c'est ce processus qui permet à la re-connaissance de remplacer la perception.

4. Tu as très peur de tout ce que tu as perçu mais as refusé d'accepter. ²Tu crois que, parce que tu as refusé de l'accepter, tu en as perdu le contrôle. ³C'est pourquoi tu le vois dans tes cauchemars ou sous d'agréables déguisements dans ce qui semble être tes rêves plus heureux. ⁴Rien de ce que tu as refusé d'accepter ne peut être amené à la conscience. ⁵Ce n'est pas dangereux en soi mais tu en as fait quelque chose qui te paraît dangereux.

5. Quand tu es fatigué, c'est parce que tu t'es jugé capable d'être fatigué. ²Quand tu ris de quelqu'un, c'est parce que tu l'as jugé indigne. ³Quand tu ris de toi-même, il faut que tu ries aussi des autres, ne serait-ce que parce que tu ne peux pas supporter l'idée d'être plus indigne qu'ils le sont. ⁴Tout cela te fatigue parce que c'est essentiellement décourageant. ⁵Tu n'es pas réellement capable d'être fatigué, mais tu es parfaitement capable de te lasser. ⁶L'effort qu'exige le jugement incessant est pratiquement intolérable. ⁷Il est curieux qu'une aptitude aussi débilitante soit

tellement chérie. [8]Or si tu souhaites être l'auteur de la réalité, tu persisteras à t'accrocher au jugement. [9]Tu considéreras aussi le jugement avec frayeur, croyant qu'un jour il sera utilisé contre toi. [10]Cette croyance ne peut exister que dans la mesure où tu crois à l'efficacité du jugement comme arme de défense pour ta propre autorité.

6. Dieu n'offre que miséricorde. [2]Tes paroles ne devraient refléter que la miséricorde, car c'est ce que tu as reçu et c'est ce que tu devrais donner. [3]La justice est un expédient temporaire, ou une tentative pour t'enseigner la signification de la miséricorde. [4]Elle juge uniquement parce que tu es capable d'injustice.

7. J'ai parlé de symptômes différents, et à ce niveau les variations sont presque infinies. [2]Toutefois, il y a une seule cause pour elles toutes : le problème de l'autorité. [3]*C'est* «la racine de tous les maux». [4]Chaque symptôme que fait l'ego comporte une contradiction interne, parce que l'esprit est divisé entre l'ego et le Saint-Esprit, si bien que tout ce que fait l'ego est incomplet et contradictoire. [5]Cette position intenable est le résultat du problème de l'autorité, qui, parce qu'il accepte comme prémisse la seule pensée inconcevable, ne peut produire que des idées qui sont inconcevables.

8. Le problème de l'autorité est en fait une question de titre d'auteur. [2]Quand tu as un problème avec l'autorité, c'est toujours parce que tu crois que tu es l'auteur de toi-même et que tu projettes sur les autres ton propre délire. [3]Alors tu perçois la situation comme si les autres se battaient littéralement avec toi pour être ton auteur. [4]C'est l'erreur fondamentale que font tous ceux qui croient avoir usurpé le pouvoir de Dieu. [5]Cette croyance leur fait très peur mais Dieu n'en est guère troublé. [6]Il a toutefois très hâte de la défaire, non pour punir Ses enfants mais seulement parce qu'Il connaît qu'elle les rend malheureux. [7]Aux créations de Dieu est donné leur véritable titre d'Auteur, mais tu préfères être anonyme lorsque tu choisis de te séparer de ton Auteur. [8]Étant incertain de ton véritable titre d'Auteur, tu crois que ta création était anonyme. [9]Cela te laisse dans une position où il semble signifiant de croire que tu t'es créé toi-même. [10]Cette dispute pour le titre d'auteur a laissé une telle incertitude dans ton esprit qu'il pourrait même douter que tu existes réellement.

9. Seuls ceux qui remettent tout souhait de rejeter peuvent connaître qu'il est impossible qu'eux-mêmes soient rejetés. [2]Tu n'as pas usurpé le pouvoir de Dieu, mais tu l'*as* perdu. [3]Heureusement,

perdre une chose ne signifie pas qu'elle ait disparu. [4]Cela signifie simplement que tu ne te rappelles pas où elle est. [5]Son existence ne dépend pas de ton aptitude à l'identifier ou même à la situer. [6]Il est possible de regarder la réalité sans porter de jugement, en connaissant simplement qu'elle est là.

10.   La paix est l'héritage naturel du pur-esprit. [2]Chacun est libre de refuser d'accepter son héritage, mais il n'est pas libre d'établir quel est son héritage. [3]Le problème sur lequel chacun doit se décider, c'est la question fondamentale du titre d'auteur. [4]Toute peur provient finalement, et parfois par des chemins très tortueux, du déni du titre d'Auteur. [5]L'offense n'est jamais faite à Dieu, mais seulement à ceux qui Le nient. [6]Nier Son titre d'Auteur, c'est te nier à toi-même la raison de ta paix, si bien que tu ne te vois toi-même que par segments. [7]Cette étrange perception, *c'est* le problème de l'autorité.

11.   Il n'en est pas un qui ne se sente emprisonné d'une façon ou d'une autre. [2]Si cela est le résultat de sa propre libre volonté, il doit considérer sa volonté comme n'étant pas libre, sinon la circularité du raisonnement dans cette position serait très apparente. [3]Une volonté libre doit conduire à la liberté. [4]Le jugement emprisonne toujours parce qu'il sépare des segments de la réalité à l'échelle instable des souhaits. [5]Les souhaits ne sont pas des faits. [6]Souhaiter, cela implique que vouloir ne suffit pas. [7]Or pas un dans son juste esprit ne croit que ce qu'il souhaite est aussi réel que ce qu'il veut. [8]Au lieu de : « Cherchez premièrement Son Royaume », dis : « *Voulez* premièrement Son Royaume », et tu auras dit : « Je connais ce que je suis et j'accepte mon propre héritage. »

VII. Création versus image de soi

1.   Chaque système de pensée doit avoir un point de départ. [2]Il commence soit par un faire, soit par un créer, différence dont nous avons déjà parlé. [3]Leur ressemblance réside dans leur pouvoir en tant que fondements. [4]Leur différence réside dans ce qui repose sur eux. [5]Les deux sont des pierres angulaires pour les systèmes de croyance sur lesquels chacun règle sa vie. [6]C'est une erreur de croire qu'un système de pensée fondé sur le mensonge est faible. [7]Rien de ce qui est fait par un enfant de Dieu n'est sans pouvoir. [8]Il est essentiel que tu t'en rendes compte, sinon tu seras incapable d'échapper de la prison que tu as faite.

2. Tu ne peux pas résoudre le problème de l'autorité en dépréciant le pouvoir de ton esprit. [2]En faisant cela tu te trompes toi-même, et cela te blessera parce que tu comprends réellement la force de ton esprit. [3]Tu te rends compte aussi que tu ne peux pas l'affaiblir, pas plus que tu ne peux affaiblir Dieu. [4]Le « diable » est un concept effrayant parce qu'il semble être extrêmement puissant et extrêmement actif. [5]Il est perçu comme une force en lutte avec Dieu, se battant contre Lui pour la possession de Ses créations. [6]Le diable trompe par des mensonges et bâtit des royaumes où tout est en opposition directe avec Dieu. [7]Pourtant il attire les hommes plutôt que de les rebuter, et ceux-ci sont désireux de lui « vendre » leur âme en échange de dons qui n'ont aucune valeur réelle. [8]Cela n'a absolument aucun sens.

3. Nous avons déjà parlé de la chute, ou la séparation, mais il faut comprendre clairement ce que cela signifie. [2]La séparation est un système de pensée assez réel dans le temps, mais point dans l'éternité. [3]Toutes les croyances sont réelles pour le croyant. [4]Le fruit d'un seul arbre était « défendu » dans le jardin symbolique. [5]Mais Dieu n'aurait pas pu le défendre, sinon le fruit n'aurait pas pu *être* mangé. [6]Si Dieu connaît Ses enfants, et je t'assure qu'Il les connaît, les aurait-Il mis dans une position où leur propre destruction était possible ? [7]« L'arbre défendu » était appelé « l'arbre de la connaissance ». [8]Or Dieu a créé la connaissance et l'a donnée librement à Ses créations. [9]Ce symbolisme a reçu plusieurs interprétations, mais tu peux être sûr qu'est dans l'erreur toute interprétation qui considère Dieu ou Ses créations capables de détruire Leur Propre but.

4. Manger le fruit de l'arbre de la connaissance est un symbole exprimant l'usurpation de l'aptitude à s'auto-créer. [2]C'est le seul sens dans lequel Dieu et Ses créations ne sont pas co-créateurs. [3]La croyance qu'ils le sont est contenue implicitement dans le « concept de soi », ou la tendance du soi à se faire une image de lui-même. [4]Les images sont perçues, et non connues. [5]La connaissance ne peut pas tromper mais la perception, si. [6]Tu peux te percevoir comme te créant toi-même mais tu ne peux pas faire plus que le croire. [7]Tu ne peux pas faire que ce soit vrai. [8]Et, comme je l'ai dit plus tôt, quand tu percevras enfin correctement tu ne pourras que te réjouir de ne pas pouvoir le faire. [9]D'ici là, toutefois, la croyance que tu le peux est la première pierre de ton système de pensée, et toutes tes défenses sont utilisées pour attaquer les idées qui pourraient la porter à la lumière. [10]Tu crois encore que

tu es une image que tu as faite toi-même. [11]Ton esprit et le Saint-Esprit sont divisés sur ce point, et il n'y a pas de solution tant que tu crois la seule chose qui soit littéralement inconcevable. [12]C'est pourquoi tu ne peux pas créer et tu es rempli de peur au sujet de ce que tu fais.

5. L'esprit peut rendre la croyance en la séparation très réelle et très apeurante, et c'est cette croyance qui *est* le « diable ». [2]Elle est puissante, active, destructrice et nettement en opposition avec Dieu, parce qu'elle nie littéralement Sa Paternité. [3]Considère ta vie et vois ce que le diable a fait. [4]Mais rends-toi compte que ce faire va sûrement se dissoudre à la lumière de la vérité, parce que son fondement est un mensonge. [5]Ta création par Dieu est le seul Fondement qui ne peut être ébranlé, parce que la lumière est en lui. [6]Ton point de départ est la vérité, et tu dois retourner à ton Commencement. [7]Bien des choses ont été vues depuis, mais rien ne s'est réellement passé. [8]Ton Soi est encore en paix, bien que ton esprit soit en conflit. [9]Tu n'as pas encore remonté assez loin et c'est pourquoi tu t'apeures à ce point. [10]À mesure que tu t'approches du Commencement, tu sens sur toi la peur de la destruction de ton système de pensée comme si c'était la peur de la mort. [11]De mort, il n'y en a pas, mais il y *a* croyance en la mort.

6. Le sarment qui ne porte pas de fruit sera coupé et séchera. [2]Réjouis-toi ! [3]La lumière luira du véritable Fondement de la vie et ton propre système de pensée se trouvera corrigé. [4]Il ne peut pas tenir autrement. [5]Toi qui as peur du salut, tu choisis la mort. [6]La vie et la mort, la lumière et les ténèbres, la connaissance et la perception, sont inconciliables. [7]Croire qu'ils peuvent être réconciliés, c'est croire que Dieu et Son Fils ne peuvent *pas* l'être. [8]Seule l'unité de la connaissance est libre de conflit. [9]Ton Royaume n'est pas de ce monde parce qu'il t'a été donné d'au-delà de ce monde. [10]Il n'y a que dans ce monde où l'idée d'un problème de l'autorité soit signifiante. [11]Ce monde, ce n'est pas par la mort qu'on le quitte mais par la vérité, et la vérité peut être connue de tous ceux pour qui le Royaume a été créé, et qu'il attend.

Chapitre 4

LES ILLUSIONS DE L'EGO

Introduction

1. La Bible dit que tu devrais aller avec un frère deux fois plus loin qu'il le demande. ²Elle ne suggère certainement pas que tu le retardes dans son voyage. ³Ton dévouement pour un frère ne peut pas te retarder non plus. ⁴Il ne peut conduire qu'à un progrès mutuel. ⁵Un dévouement authentique a pour résultat l'inspiration ; correctement compris, ce mot est l'opposé de fatigue. ⁶Être fatigué, c'est être dés-inspiré, mais être inspiré, c'est être dans le pur-esprit. ⁷Être égocentrique, c'est être dés-inspiré, alors qu'être centré sur Soi, au sens juste, c'est être inspiré ou dans le pur-esprit. ⁸Ceux qui sont vraiment inspirés sont illuminés et ils ne peuvent demeurer dans les ténèbres.

2. Ce que tu dis peut venir du pur-esprit ou de l'ego, à ton choix. ²Si ce que tu dis vient du pur-esprit, tu as choisi d'« être calme et de connaître que je suis Dieu ». ³Ces mots sont inspirés parce qu'ils reflètent la connaissance. ⁴Si ce que tu dis vient de l'ego, tu désavoues la connaissance au lieu de l'affirmer, et ainsi tu te dés-inspires. ⁵Ne t'embarque pas dans d'inutiles voyages, parce qu'ils sont certes vains. ⁶L'ego les souhaite peut-être, mais le pur-esprit ne peut pas s'y embarquer parce qu'il est à jamais indésireux de quitter son Fondement.

3. Le voyage à la croix devrait être le dernier « voyage inutile ». ²Ne t'y attarde pas, mais écarte-le comme chose accomplie. ³Si tu peux l'accepter comme étant ton propre dernier voyage inutile, tu es libre aussi de te joindre à ma résurrection. ⁴Jusqu'à ce que tu le fasses, ta vie est certes gaspillée. ⁵Elle reproduit simplement la séparation, la perte de pouvoir, les futiles tentatives de l'ego pour faire réparation, et finalement la crucifixion du corps, ou la mort. ⁶De telles répétitions sont interminables jusqu'à ce qu'elles soient volontairement abandonnées. ⁷Ne fais pas l'erreur pathétique de te « cramponner à la bonne vieille croix ». ⁸Le seul message de la crucifixion, c'est que tu peux vaincre la croix. ⁹D'ici là, tu es libre de te crucifier toi-même aussi souvent que tu choisis de le faire. ¹⁰Ce n'est pas cet évangile que j'avais l'intention de

t'offrir. [11]Nous avons un autre voyage à entreprendre, et ces leçons t'aideront à t'y préparer si tu les lis attentivement.

I. Juste enseignement et juste apprentissage

1.   Un bon enseignant clarifie ses propres idées et les renforce en les enseignant. [2]Enseignant et élève sont pareils dans le processus d'apprentissage. [3]Ils sont dans le même ordre d'apprentissage, et à moins de partager leurs leçons, la conviction manquera. [4]Un bon enseignant doit croire aux idées qu'il enseigne, mais il doit aussi satisfaire à une autre condition : il doit croire aux étudiants à qui il offre ces idées.

2.   Nombreux sont ceux qui montent la garde auprès de leurs idées parce qu'ils veulent protéger leurs systèmes de pensée tels qu'ils sont, et parce qu'apprendre signifie changer. [2]Le changement est toujours apeurant pour les séparés, parce qu'ils ne peuvent concevoir que c'est un pas menant à la guérison de la séparation. [3]Ils le perçoivent toujours comme un pas vers une plus grande séparation, parce que la séparation a été leur première expérience de changement. [4]Tu crois que si tu ne laisses entrer aucun changement dans ton ego, tu trouveras la paix. [5]Cette profonde confusion n'est possible que si tu maintiens que le même système de pensée peut reposer sur deux fondements. [6]Rien de l'ego ne peut atteindre le pur-esprit, et rien du pur-esprit ne peut atteindre l'ego. [7]Le pur-esprit ne peut ni renforcer l'ego ni réduire le conflit en lui. [8]L'ego *est* une contradiction. [9]Ton soi et le Soi de Dieu *sont* en opposition. [10]Ils sont opposés par leur source, par leur direction et par leur résultat. [11]Ils sont fondamentalement inconciliables, parce que le pur-esprit ne peut pas percevoir et l'ego ne peut pas connaître. [12]Ils ne sont donc pas en communication et jamais ils ne peuvent être en communication. [13]Néanmoins, l'ego peut apprendre, même si son faiseur peut être mal guidé. [14]Toutefois, il ne peut pas faire le totalement sans vie de ce qui a reçu la vie.

3.   Le pur-esprit n'a pas besoin d'être enseigné, mais l'ego doit l'être. [2]En définitive, l'enseignement est perçu comme effrayant parce qu'il conduit à l'abandon, et non à la destruction, de l'ego à la lumière du pur-esprit. [3]C'est ce changement que l'ego doit craindre, parce qu'il ne partage pas ma charité. [4]Ma leçon était comme la tienne, et c'est parce que je l'ai apprise que je peux l'enseigner.

[5]Je n'attaquerai jamais ton ego, mais j'essaie de t'enseigner comment son système de pensée a surgi. [6]Quand je te rappelle ta vraie création, ton ego ne peut répondre que par la peur.

4.   Enseigner et apprendre sont maintenant tes plus grandes forces, parce qu'elles te permettent de changer d'esprit et d'aider les autres à faire de même. [2]Refuser de changer d'esprit ne prouvera pas que la séparation ne s'est pas produite. [3]Le rêveur qui doute de la réalité de son rêve tout en continuant de rêver ne guérit pas vraiment son esprit divisé. [4]Tu rêves d'un ego séparé et tu crois en un monde qui repose sur lui. [5]Cela est très réel pour toi. [6]Tu ne peux pas défaire cela en ne changeant pas d'esprit là-dessus. [7]Si tu es désireux de renoncer au rôle de gardien de ton système de pensée et de m'en ouvrir l'accès, je le corrigerai avec beaucoup de douceur et te ramènerai à Dieu.

5.   Tout bon enseignant espère donner à ses étudiants tellement de ce qu'il a lui-même appris qu'un jour ils n'auront plus besoin de lui. [2]Voilà le seul but véritable de l'enseignant. [3]Il est impossible d'en convaincre l'ego, parce que cela va à l'encontre de toutes ses propres lois. [4]Mais rappelle-toi que les lois sont montées pour protéger la continuité du système dans lequel croit le législateur. [5]Il est naturel que l'ego essaie de se protéger une fois que tu l'as fait, mais il n'est pas naturel pour toi de vouloir obéir à ses lois à moins que *tu* y croies. [6]À cause de la nature de son origine, l'ego ne peut pas faire ce choix. [7]À cause de la nature de la tienne, tu le peux.

6.   Les ego peuvent se heurter en toute circonstance, mais le pur-esprit ne peut pas du tout heurter. [2]Si tu perçois un enseignant comme étant simplement « un plus gros ego », tu auras peur, parce que grossir un ego reviendrait à augmenter l'anxiété au sujet de la séparation. [3]J'enseignerai avec toi et je vivrai avec toi si tu veux penser avec moi, mais mon but sera toujours de t'absoudre finalement du besoin d'avoir un enseignant. [4]C'est l'opposé du but visé par l'enseignant axé sur l'ego. [5]Il se préoccupe de l'effet que son ego a sur les autres ego, et il interprète donc leur interaction comme un moyen de préservation de l'ego. [6]Je ne serais pas capable de me dévouer à l'enseignement si je croyais cela, et tu ne seras pas un enseignant dévoué aussi longtemps que tu le croiras. [7]Je suis constamment perçu comme un enseignant qu'il faut soit exalter soit rejeter, mais je n'accepte pour moi-même ni l'une ni l'autre de ces perceptions.

7. Ta valeur n'est pas établie en enseignant ni en apprenant. ²Ta valeur est établie par Dieu. ³Aussi longtemps que tu contestes cela, tout ce que tu fais te fera peur, en particulier toute situation qui se prête à la croyance en la supériorité et l'infériorité. ⁴Les enseignants doivent être patients et répéter leurs leçons jusqu'à ce qu'elles soient apprises. ⁵Je suis prêt à le faire, parce que je n'ai pas le droit de fixer pour toi les limites de ton apprentissage. ⁶Encore une fois — aucune de tes actions, rien de ce que tu penses, souhaites ou fais n'est nécessaire pour établir ta valeur. ⁷Ce point n'est pas discutable sauf dans le délire. ⁸Ton ego n'est jamais en jeu parce que Dieu ne l'a pas créé. ⁹Ton pur-esprit n'est jamais en jeu parce qu'Il l'a créé. ¹⁰Toute confusion sur ce point est délirante, et aucune forme de dévouement n'est possible tant que dure ce délire.

8. L'ego essaie d'exploiter toute situation pour en tirer des formes de louange à son égard pour vaincre ses doutes. ²Il continuera à douter tant que tu croiras en son existence. ³Toi qui l'as fait, tu ne peux pas avoir confiance en lui, parce que tu te rends compte dans ton esprit juste qu'il n'est pas réel. ⁴La seule solution saine n'est pas d'essayer de changer la réalité, ce qui est certes une tentative effrayante, mais de l'accepter telle qu'elle est. ⁵Tu fais partie de la réalité, qui reste inchangée au-delà de la portée de ton ego, mais qui est facilement à la portée du pur-esprit. ⁶Quand tu as peur, sois calme et connais que Dieu est réel, et que tu es Son Fils bien-aimé qui a toute Sa faveur. ⁷Ne laisse pas ton ego contester cela, parce que l'ego ne peut pas connaître ce qui est bien au-delà de sa portée comme tu l'es.

9. Dieu n'est pas l'auteur de la peur. ²C'est toi. ³Tu as choisi de créer autrement que Lui; par conséquent, tu as fait la peur pour toi-même. ⁴Tu n'es pas en paix parce que tu ne remplis pas ta fonction. ⁵Dieu t'a donné une fonction très élevée que tu n'assumes pas. ⁶Ton ego a choisi d'avoir peur au lieu de l'assumer. ⁷Quand tu te réveilleras, tu n'arriveras pas à comprendre cela, parce que c'est littéralement incroyable. *⁸Ne crois pas l'incroyable maintenant.* ⁹Toute tentative pour augmenter sa crédibilité ne fait que retarder l'inévitable. ¹⁰Le mot « inévitable » effraie l'ego mais réjouit le pur-esprit. ¹¹Dieu est inévitable, et tu ne peux pas plus L'éviter qu'Il ne peut t'éviter.

10. La joie du pur-esprit effraie l'ego, parce qu'après en avoir fait l'expérience, tu lui retireras toute protection et tu n'auras plus aucun investissement dans la peur. ²Ton investissement est grand

maintenant parce que la peur est un témoin de la séparation et ton ego se réjouit quand tu en témoignes. ³Laisse-le derrière toi! ⁴Ne l'écoute pas et ne le préserve pas. ⁵Écoute seulement Dieu, Qui est aussi incapable de tromperie que l'est le pur-esprit qu'Il a créé. ⁶Délivre-toi et délivre les autres. ⁷Ne leur présente pas une image fausse et indigne de toi, et n'accepte pas toi-même une telle image d'eux.

11. L'ego t'a bâti une piteuse demeure qui n'offre aucun abri, parce qu'il ne peut bâtir autrement. ²N'essaie pas de faire tenir cette maison délabrée. ³Sa faiblesse est ta force. ⁴Dieu seul pouvait faire une demeure qui est digne de Ses créations, qui ont choisi de la laisser vide par leur propre dépossession. ⁵Or Sa demeure tiendra toujours, prête pour toi quand tu choisiras d'y entrer. ⁶De cela tu peux être entièrement certain. ⁷Dieu est aussi incapable de créer le périssable que l'ego de faire l'éternel.

12. De par ton ego tu ne peux rien faire pour te sauver ou pour sauver les autres, mais de par ton pur-esprit tu peux tout faire pour ton salut et pour le leur. ²L'humilité est une leçon pour l'ego et non pour le pur-esprit. ³Le pur-esprit est au-delà de l'humilité, parce qu'il reconnaît son rayonnement et répand partout sa lumière avec joie. ⁴Les doux hériteront la terre parce que leur ego est humble, et cela leur donne une perception plus vraie. ⁵Au Royaume des Cieux a droit le pur-esprit, dont la beauté et la dignité sont bien au-delà du doute, au-delà de la perception, et restent à jamais la marque de l'Amour de Dieu pour Ses créations, qui sont entièrement dignes de Lui et de Lui seul. ⁶Rien d'autre n'est suffisamment digne d'être un don pour une création de Dieu Lui-même.

13. Je me substituerai à ton ego si tu le souhaites, mais jamais à ton pur-esprit. ²Un père peut laisser un enfant en toute sécurité avec un frère aîné qui s'est montré responsable, mais cela n'entraîne aucune confusion quant à l'origine de l'enfant. ³Le frère peut protéger le corps de l'enfant ainsi que son ego, mais il ne se confond pas lui-même avec le père parce qu'il fait cela. ⁴Tu peux me confier ton corps et ton ego seulement parce que cela te permet de ne pas t'en préoccuper et me laisse, moi, t'enseigner qu'ils n'ont pas d'importance. ⁵Je ne pourrais pas comprendre l'importance qu'ils ont pour toi si je n'avais pas moi-même jadis été tenté de croire en eux. ⁶Entreprenons d'apprendre ensemble cette leçon afin d'en être libres ensemble. ⁷J'ai besoin d'enseignants dévoués qui partagent mon but de guérir l'esprit. ⁸Le pur-esprit est bien

au-delà du besoin de ta protection ou de la mienne. [9]Souviens-toi de ceci :

[10]*En ce monde tu n'as pas besoin de tribulations parce que j'ai vaincu le monde.* [11]*C'est pourquoi tu devrais prendre courage.*

II. L'ego et la fausse autonomie

1.   Il est raisonnable de demander comment l'esprit a jamais pu faire l'ego. [2]De fait, c'est la meilleure question que tu puisses poser. [3]Rien ne sert, toutefois, de répondre par rapport au passé parce que le passé n'a pas d'importance, et l'histoire n'existerait pas si les mêmes erreurs n'étaient pas répétées dans le présent. [4]La pensée abstraite s'applique à la connaissance parce que la connaissance est complètement impersonnelle, et les exemples importent peu pour sa compréhension. [5]La perception, toutefois, est toujours spécifique, et par conséquent tout à fait concrète.

2.   Chacun se fait un ego, ou un soi, qui est sujet à d'énormes variations à cause de son instabilité. [2]Il fait aussi un ego pour tous les autres qu'il perçoit, qui est tout aussi variable. [3]Leur interaction est un processus qui les altère tous les deux, parce qu'ils n'ont pas été faits par ou avec l'Inaltérable. [4]Il est important de se rendre compte que cette altération peut se produire, et de fait se produit tout aussi facilement quand l'interaction a lieu dans l'esprit que lorsqu'elle comporte une proximité physique. [5]Le fait de penser à un autre ego change la perception relative d'une manière aussi effective que l'interaction physique. [6]Il ne saurait y avoir meilleur exemple pour montrer que l'ego est une simple idée et non un fait.

3.   Ton propre état d'esprit est un bon exemple de la façon dont l'ego a été fait. [2]Quand tu as jeté la connaissance, c'est comme si tu ne l'avais jamais eue. [3]Cela est tellement apparent qu'il suffit de le reconnaître pour voir que cela arrive. [4]Si cela se produit dans le présent, pourquoi est-il surprenant que cela se soit produit dans le passé? [5]La surprise est une réaction raisonnable à l'inhabituel, bien qu'elle ne le soit guère à quelque chose qui se produit avec une telle persistance. [6]Mais n'oublie pas que l'esprit n'a pas besoin d'opérer de cette façon, même si c'est ainsi qu'il opère maintenant.

4. Pense à l'amour des animaux pour leurs petits et au besoin qu'ils ont de les protéger. ²C'est qu'ils les considèrent comme une partie d'eux-mêmes. ³Nul ne rejette quelque chose qu'il considère comme une partie de soi. ⁴Tu réagis à ton ego beaucoup comme Dieu réagit à Ses créations : avec amour, protection et charité. ⁵Tes réactions envers le soi que tu as fait ne sont pas surprenantes. ⁶De fait, elles ressemblent à maints égards à celles que tu auras un jour envers tes créations réelles, qui sont aussi intemporelles que toi. ⁷La question n'est pas de savoir comment tu réagis à l'ego, mais qu'est-ce que tu crois être. ⁸Croire est une fonction de l'ego ; or tant que ton origine est affaire de croyance, tu la considères du point de vue de l'ego. ⁹Quand l'enseignement ne sera plus nécessaire, tu connaîtras simplement Dieu. ¹⁰Croire qu'il y a une autre façon de percevoir, voilà l'idée la plus élevée dont soit capable la pensée de l'ego. ¹¹C'est qu'elle contient un soupçon de re-connaissance de ce que l'ego n'est pas le Soi.

5. Le sapement du système de pensée de l'ego doit être perçu comme douloureux, bien que ce ne soit pas vrai du tout. ²Les bébés hurlent de rage si on leur enlève un couteau ou une paire de ciseaux, malgré qu'ils puissent très bien se blesser si on ne le fait pas. ³En ce sens tu es encore un bébé. ⁴Tu n'as aucun sens de réelle auto-préservation, et il se peut très bien que tu décides que tu as besoin précisément de ce qui te blesserait le plus. ⁵Or, que tu le reconnaisses ou non maintenant, tu as consenti à coopérer dans l'effort pour devenir à la fois incapable de nuire et capable d'aider, deux attributs qui doivent aller de pair. ⁶Même à cet égard tes attitudes sont nécessairement conflictuelles, parce que toutes les attitudes sont basées sur l'ego. ⁷Cela ne durera pas. ⁸Sois patient un moment et souviens-toi que l'issue est aussi certaine que Dieu.

6. Seuls ceux qui ont un réel et durable sentiment d'abondance peuvent être véritablement charitables. ²Cela est évident quand tu considères ce que cela comporte. ³Pour l'ego, donner quoi que ce soit implique qu'il faudra que tu t'en passes. ⁴Quand tu associes donner à sacrifier, tu donnes uniquement parce que tu crois que d'une manière ou d'une autre tu y gagnes au change et peux donc te passer de la chose que tu donnes. ⁵« Donner pour obtenir » est une loi inéluctable de l'ego, qui s'évalue toujours par rapport à d'autres ego. ⁶Par conséquent il est continuellement préoccupé par la croyance dans le manque qui l'a engendré. ⁷Toute sa perception de la réalité des autres ego n'est qu'une tentative pour se convaincre lui-même qu'*il* est réel. ⁸L'« estime de soi » comme l'ego

l'entend signifie simplement que l'ego s'est illusionné au point d'accepter sa réalité, ce qui le rend temporairement moins vorace. [9]Cette « estime de soi » est toujours vulnérable au stress, terme qui réfère à toute menace perçue contre l'existence de l'ego.

7.   L'ego vit littéralement de comparaisons. [2]L'égalité est au-delà de sa portée, et la charité devient impossible. [3]Ce que l'ego donne ne vient jamais de l'abondance, parce qu'il a été fait pour en être un substitut. [4]C'est pourquoi le concept d'« obtention » a surgi dans le système de pensée de l'ego. [5]Les appétits sont des mécanismes d'« obtention » représentant le besoin qu'a l'ego d'être confirmé. [6]Cela est aussi vrai des appétits du corps que des prétendus « besoins supérieurs de l'ego ». [7]Les appétits du corps n'ont pas une origine physique. [8]L'ego considère le corps comme sa demeure et tente de se satisfaire par le corps. [9]Mais l'idée que cela est possible est une décision de l'esprit, lequel est devenu complètement confus sur ce qui est réellement possible.

8.   L'ego croit qu'il est complètement seul avec lui-même, ce qui est simplement une autre façon de décrire comment il pense avoir commencé. [2]C'est un état tellement effrayant qu'il ne peut que se tourner vers d'autres ego et tenter de s'unir à eux dans un faible effort d'identification, ou les attaquer dans une aussi faible démonstration de force. [3]Il n'est pas libre, toutefois, de mettre en question la prémisse, parce que la prémisse est son fondement. [4]L'ego est la croyance de l'esprit d'être complètement seul avec lui-même. [5]Les incessantes tentatives de l'ego pour se faire reconnaître par le pur-esprit et ainsi établir sa propre existence sont inutiles. [6]Le pur-esprit en sa connaissance est inconscient de l'ego. [7]Il ne l'attaque pas; il ne peut simplement pas le concevoir. [8]Bien que l'ego soit pareillement inconscient du pur-esprit, il se perçoit lui-même comme étant rejeté par quelque chose de plus grand que lui. [9]C'est pourquoi l'estime de soi comme l'ego l'entend doit être délirante. [10]Les créations de Dieu ne créent pas des mythes, même si l'effort créateur peut se tourner vers la mythologie. [11]Il ne peut le faire, toutefois, qu'à une seule condition : ce qu'il fait cesse alors d'être créateur. [12]Les mythes sont entièrement perceptuels, et ils sont si ambigus dans leurs formes, et si typiquement bon-et-mauvais par nature, que le plus bienveillant d'entre eux n'est pas sans avoir des connotations effrayantes.

9.   Mythes et magie sont étroitement associés, puisque les mythes se rapportent généralement aux origines de l'ego, et la magie aux pouvoirs que l'ego s'attribue. [2]Les systèmes mythologiques

comportent généralement quelque récit de «la création», qu'ils associent à leur forme particulière de magie. [3]La prétendue «lutte pour la survie» n'est que la lutte de l'ego pour se préserver lui-même, et c'est son interprétation de son propre commencement. [4]D'habitude ce commencement est associé à la naissance physique, parce qu'il est difficile de soutenir que l'ego existait avant ce point dans le temps. [5]Ceux qui sont plus «religieusement» axés sur l'ego croient peut-être que l'âme existait avant et qu'elle continuera d'exister après un laps temporaire dans la vie de l'ego. [6]Certains croient même que l'âme sera punie à cause de ce laps. [7]Toutefois, le salut ne s'applique pas au pur-esprit, qui n'est pas en danger et n'a pas besoin d'être sauvé.

10.　Le salut n'est rien de plus que la «justesse d'esprit», qui n'est pas l'Unité d'esprit du Saint-Esprit mais qui doit d'abord être atteinte pour que l'Unité d'esprit soit rétablie. [2]La justesse d'esprit mène automatiquement à l'étape suivante, parce que la perception juste est uniformément sans attaque et la fausseté d'esprit est donc oblitérée. [3]L'ego ne peut pas survivre sans jugement; en conséquence, il est mis de côté. [4]L'esprit n'a plus alors qu'une direction dans laquelle aller. [5]Cette direction lui vient toujours automatiquement, parce qu'elle ne peut être dictée que par le système de pensée auquel il adhère.

11.　On ne saurait trop insister sur le fait que la correction de la perception n'est qu'un expédient temporaire. [2]Elle est nécessaire uniquement parce que la malperception bloque la connaissance, tandis que la perception exacte est un tremplin vers elle. [3]Toute la valeur de la perception juste réside dans l'inévitable prise de conscience que *toute* perception est non nécessaire. [4]Cela enlève le blocage entièrement. [5]Tu te demandes peut-être comment cela est possible tant que tu sembles vivre dans ce monde. [6]C'est une question raisonnable. [7]Prends soin toutefois de la comprendre vraiment. [8]Qui est ce «toi» qui vis dans ce monde? [9]Le pur-esprit est immortel, et l'immortalité est un état constant. [10]Il est aussi vrai maintenant qu'il l'a toujours été et le sera toujours, parce qu'il n'implique aucun changement. [11]Ce n'est pas un continuum et il n'est pas possible non plus de le comprendre en le comparant à un opposé. [12]La connaissance ne comporte jamais de comparaisons. [13]C'est la principale différence par rapport à tout le reste que l'esprit peut saisir.

III. L'amour sans conflit

1. Il est difficile de comprendre ce que signifie réellement : « Le Royaume des Cieux est en toi. » ²C'est parce que ce n'est pas compréhensible pour l'ego, qui l'interprète comme si quelque chose d'extérieur était à l'intérieur, et cela ne signifie rien. ³Le mot « en » n'est pas nécessaire. ⁴Le Royaume des Cieux *est* toi. ⁵Qu'est-ce d'autre *que* toi que le Créateur a créé, et qu'est-ce d'autre *que* toi qui est Son Royaume ? ⁶Voilà tout le message de l'Expiation ; un message qui dans sa totalité transcende la somme de ses parties. ⁷Toi aussi, tu as un Royaume que ton pur-esprit a créé. ⁸Il n'a pas cessé de créer à cause des illusions de l'ego. ⁹Tes créations ne sont pas plus sans père que tu ne l'es. ¹⁰Ton ego et ton pur-esprit ne seront jamais co-créateurs, mais ton pur-esprit et ton Créateur le seront toujours. ¹¹Aie confiance en ce que tes créations sont autant en sécurité que tu l'es.

    ¹²*Le Royaume est parfaitement uni et parfaitement protégé, et l'ego ne prévaudra point contre lui.* ¹³*Amen.*

2. Cela est écrit sous forme de prière parce qu'elle est utile dans les moments de tentation. ²C'est une déclaration d'indépendance. ³Tu verras qu'elle t'aidera beaucoup si tu la comprends pleinement. ⁴La raison pour laquelle tu as besoin de mon aide, c'est que tu as nié ton propre Guide et tu as donc besoin d'être guidé. ⁵Mon rôle est de séparer le vrai du faux, de sorte que la vérité puisse briser les barrières que l'ego a montées et puisse luire dans ton esprit. ⁶Contre nos forces unifiées l'ego ne saurait prévaloir.

3. Il est sûrement apparent maintenant pourquoi l'ego considère le pur-esprit comme son « ennemi ». ²L'ego a surgi de la séparation, et la continuation de son existence dépend de la continuation de ta croyance dans la séparation. ³L'ego doit t'offrir une sorte de récompense pour maintenir cette croyance. ⁴Tout ce qu'il peut offrir est un sentiment d'existence temporaire, qui commence avec son propre commencement et finit avec sa propre fin. ⁵Il te dit que cette vie est ton existence parce que c'est la sienne. ⁶Contre ce sentiment d'existence temporaire le pur-esprit t'offre la connaissance de la permanence et de l'être inébranlable. ⁷Nul qui a fait l'expérience de cette révélation ne peut plus jamais pleinement croire à l'ego par la suite. ⁸Comment sa maigre offrande pourrait-elle prévaloir contre le don glorieux de Dieu ?

4. Toi qui t'identifies à ton ego, tu ne peux pas croire que Dieu t'aime. ²Tu n'aimes pas ce que tu as fait, et ce que tu as fait ne t'aime pas. ³Étant fait du déni du Père, l'ego n'a aucune allégeance envers son faiseur. ⁴À cause de ta haine contre le soi que tu as fait, tu ne peux pas concevoir la relation réelle qui existe entre Dieu et Ses créations. ⁵Tu projettes sur l'ego la décision de te séparer, et cela est en conflit avec l'amour que tu ressens pour l'ego parce que tu l'as fait. ⁶Il n'est pas d'amour en ce monde sans cette ambivalence, et puisqu'aucun ego n'a fait l'expérience d'un amour sans ambivalence, le concept dépasse son entendement. ⁷L'amour entrera immédiatement dans tout esprit qui le veut véritablement, mais il faut qu'il le veuille véritablement. ⁸Cela signifie qu'il le veut sans ambivalence, et cette sorte de vouloir est entièrement dépourvue de la «soif d'obtenir» de l'ego.

5. Il est une sorte d'expérience si différente de tout ce que l'ego peut offrir que tu ne voudras plus jamais ni la couvrir ni la cacher. ²Il est nécessaire de répéter que ta croyance en les ténèbres et la cacherie est la raison pour laquelle la lumière ne peut pas entrer. ³La Bible fait de nombreuses références aux dons incommensurables qui sont pour toi, mais que tu dois demander. ⁴Cela n'est pas une condition comme l'ego pose des conditions. ⁵C'est la condition glorieuse de ce que tu es.

6. Nulle force, sinon ta propre volonté, n'est assez grande ni assez digne pour te guider. ²En cela tu es aussi libre que Dieu, et tu dois le rester à jamais. ³Demandons au Père en mon nom que tu gardes à l'esprit Son Amour pour toi et le tien pour Lui. ⁴Il n'a jamais manqué de répondre à cette requête, parce que tu demandes seulement ce qui était déjà Sa volonté. ⁵Ceux qui appellent véritablement obtiennent toujours une réponse. ⁶Tu n'auras pas d'autres dieux devant Lui parce qu'il n'y en *a* pas.

7. Il ne t'est jamais réellement venu à l'esprit d'abandonner chaque idée que tu aies jamais eue qui s'oppose à la connaissance. ²Tu retiens des milliers de petites bribes de peur qui empêchent le Saint d'entrer. ³La lumière ne peut pas pénétrer les murs que tu as faits pour la bloquer, et elle est à jamais indésireuse de détruire ce que tu as fait. ⁴Personne ne peut voir à travers un mur, mais je peux le contourner. ⁵Surveille ton esprit pour déceler les bribes de peur, sinon tu seras incapable de me demander de le faire. ⁶Je peux t'aider uniquement comme notre Père nous a créés. ⁷Je vais t'aimer et t'honorer et continuer de respecter complètement ce que tu as fait, mais je ne le soutiendrai pas à moins que ce ne

soit vrai. [8]Je ne t'abandonnerai jamais, pas plus que Dieu ne le fera, mais je dois attendre aussi longtemps que tu choisis de t'abandonner toi-même. [9]Parce que j'attends avec amour et non avec impatience, tu me demanderas sûrement véritablement. [10]Je viendrai en réponse à un seul appel sans équivoque.

8.   Surveille attentivement et vois ce que tu demandes réellement. [2]Sois très honnête avec toi-même sur ce point, car nous ne devons rien nous cacher l'un à l'autre. [3]Si tu essaies réellement de faire cela, tu as fait le premier pas pour préparer ton esprit afin que le Saint puisse y entrer. [4]Nous nous préparerons ensemble pour cela, car une fois qu'Il est venu, tu es prêt à m'aider à rendre d'autres esprits prêts pour Lui. [5]Combien de temps Lui nieras-tu Son Royaume ?

9.   Dans ton propre esprit, quoique niée par l'ego, se trouve la déclaration de ta délivrance. [2]*Dieu t'a tout donné.* [3]Ce seul fait signifie que l'ego n'existe pas, et cela lui fait terriblement peur. [4]Dans le langage de l'ego, « avoir » et « être » sont différents, mais ils sont identiques pour le Saint-Esprit. [5]Le Saint-Esprit connaît qu'à la fois tu *as* tout et tu *es* tout. [6]Toute distinction à cet égard n'a de signification que si l'idée d'« obtenir », qui implique un manque, a déjà été acceptée. [7]C'est pourquoi nous ne faisons aucune distinction entre *avoir* le Royaume de Dieu et *être* le Royaume de Dieu.

10.   L'être calme du Royaume de Dieu, qui est parfaitement conscient dans ton esprit sain, est cruellement banni de la partie de l'esprit que gouverne l'ego. [2]L'ego est désespéré parce qu'il s'oppose à des forces littéralement invincibles, que tu sois endormi ou éveillé. [3]Considère toute la vigilance que tu as été désireux d'exercer pour protéger ton ego, et le peu que tu as mis pour protéger ton esprit juste. [4]Qui, sauf les insanes, entreprendrait de croire ce qui n'est pas vrai, puis de protéger cette croyance au prix de la vérité ?

IV. Cela n'a pas besoin d'être

1.   Si tu ne peux pas entendre la Voix pour Dieu, c'est parce que tu ne choisis pas d'écouter. [2]Que tu écoutes en fait la voix de ton ego, cela est démontré par tes attitudes, tes sentiments et ta conduite. [3]Pourtant c'est ce que tu veux. [4]C'est pour garder cela que tu te bats, et c'est pour sauver cela que tu es vigilant. [5]Tu as l'esprit plein de combines pour sauver la face de ton ego, et tu ne

cherches pas la face du Christ. [6]C'est certes un sombre miroir dans lequel l'ego cherche à voir sa propre face. [7]Comment peut-il maintenir le truc de son existence autrement que par des miroirs? [8]Mais c'est à toi de décider où tu regardes pour te trouver.

2. J'ai dit que tu ne pouvais pas changer d'esprit en changeant de conduite, mais j'ai dit aussi, et maintes fois, que tu *peux* changer d'esprit. [2]Quand ton humeur te dit que tu as mal choisi, et c'est ainsi chaque fois que tu n'es pas joyeux, alors *connais que cela n'a pas besoin d'être*. [3]Dans chaque cas tu as pensé faussement au sujet d'un frère que Dieu a créé et tu perçois les images que ton ego fait dans un miroir assombri. [4]Pense honnêtement à ce que tu as pensé que Dieu n'aurait pas pensé, et à ce que tu n'as pas pensé que Dieu voudrait que tu penses. [5]Cherche sincèrement ce que tu as fait et n'as pas fait en conséquence, puis change d'esprit pour penser avec Celui de Dieu. [6]Cela peut sembler difficile à faire, mais c'est bien plus facile que d'essayer de penser contre lui. [7]Ton esprit est un avec Celui de Dieu. [8]Nier cela et penser autrement a maintenu la cohésion de ton ego, mais cela a littéralement divisé ton esprit. [9]En frère qui t'aime, je me préoccupe beaucoup de ton esprit, et je t'enjoins de suivre mon exemple quand tu te regardes toi-même et regardes ton frère, et vois en tous les deux les glorieuses créations d'un Père glorieux.

3. Quand tu es triste, *connais que cela n'a pas besoin d'être*. [2]La dépression vient du sentiment d'être privé de quelque chose que tu veux et que tu n'as pas. [3]Souviens-toi que tu n'es privé de rien si ce n'est par ta propre décision, puis prends une autre décision.

4. Quand tu es anxieux, rends-toi compte que l'anxiété vient du caractère capricieux de l'ego, et *connais que cela n'a pas besoin d'être*. [2]Tu peux être aussi vigilant contre les diktats de l'ego que pour eux.

5. Quand tu te sens coupable, souviens-toi que l'ego a bel et bien violé les lois de Dieu, mais pas *toi*. [2]Les « péchés » de l'ego, laisse-les-moi. [3]C'est à cela que sert l'Expiation. [4]Mais l'Expiation ne peut pas te délivrer jusqu'à ce que tu changes d'esprit à propos de ceux que ton ego a blessés. [5]Tant que tu te sens coupable, c'est ton ego qui commande, parce que seul l'ego peut éprouver de la culpabilité. [6]*Cela n'a pas besoin d'être.*

6. Surveille ton esprit pour déceler les tentations de l'ego, et ne le laisse pas te tromper. [2]Il ne t'offre rien. [3]Quand tu auras abandonné cette dés-inspiration volontaire, tu verras comme ton esprit peut se concentrer, s'élever au-dessus de la fatigue et guérir. [4]Or ta

vigilance n'est pas assez grande à l'encontre des demandes de l'ego pour t'en désengager. *5Cela n'a pas besoin d'être.*

7.   L'habitude se prend facilement de t'engager dans la voie vers Dieu et Ses créations si tu refuses activement de laisser ton esprit s'égarer. ²Le problème n'est pas la concentration; c'est la croyance que personne, y compris toi, ne vaut un effort constant. ³Range-toi avec constance de mon côté contre cette tromperie, et ne permets pas que cette piteuse croyance te fasse reculer. ⁴Les découragés ne sont d'aucune utilité ni à eux-mêmes ni à moi, mais seul l'ego peut *être* découragé.

8.   As-tu déjà réellement pensé au nombre d'occasions que tu as eues de te réjouir, et au nombre de celles que tu as refusées? ²Il n'y a pas de limite au pouvoir d'un Fils de Dieu, mais il peut limiter l'expression de son pouvoir autant qu'il choisit de le faire. ³Ton esprit et le mien peuvent s'unir et dissiper ton ego, libérant la force de Dieu dans tout ce que tu penses et fais. ⁴Ne te contente pas de moins que cela et refuse d'accepter toute autre chose pour but. ⁵Surveille ton esprit attentivement pour déceler toute croyance qui entrave son accomplissement, puis écarte-toi d'elle. ⁶Juge de ton succès en cela par tes propres sentiments, car cela est le seul bon usage du jugement. ⁷Le jugement, comme toute autre défense, peut être utilisé pour attaquer ou pour protéger; pour blesser ou pour guérir. ⁸L'ego *devrait* être porté au jugement et là trouvé insuffisant. ⁹Sans ton allégeance, ta protection et ton amour, l'ego ne peut exister. ¹⁰Qu'il soit jugé véritablement et tu dois lui retirer allégeance, protection et amour.

9.   Tu es un miroir de la vérité, dans lequel Dieu Lui-même luit d'une lumière parfaite. ²Au sombre miroir de l'ego, tu as seulement besoin de dire : « Je ne regarderai pas, parce que je sais que ces images ne sont pas vraies. » ³Puis laisse le Saint luire sur toi en paix, en connaissant que cela et cela seul doit être. ⁴Son Esprit luisait sur toi en ta création et a donné l'être à ton esprit. ⁵Son Esprit luit encore sur toi et doit luire à travers toi. ⁶Ton ego ne peut pas L'empêcher de luire sur toi, mais il peut t'empêcher de Le laisser luire à travers toi.

10.   Le premier Avènement du Christ n'est qu'un autre nom de la création, car le Christ est le Fils de Dieu. ²Le second Avènement du Christ ne signifie rien de plus que la fin du règne de l'ego et la guérison de l'esprit. ³J'ai été créé pareil à toi dans le premier, et je t'ai appelé à te joindre à moi dans le second. ⁴Je suis en charge du second Avènement, et mon jugement, qui n'est utilisé

que pour la protection, ne peut pas être faux parce qu'il n'attaque jamais. ⁵Le tien peut être si distordu que tu crois que j'ai fait erreur en te choisissant. ⁶Je t'assure que cela est une erreur de ton ego. ⁷Ne fais pas celle de le prendre pour de l'humilité. ⁸Ton ego essaie de te convaincre qu'il est réel et que je ne le suis pas, parce que si je suis réel, je ne le suis pas plus que toi. ⁹Cette connaissance, et je t'assure que *c'est* la connaissance, signifie que le Christ est entré dans ton esprit et l'a guéri.

11. Je n'attaque pas ton ego. ²Je travaille avec la partie supérieure de ton esprit, qui est la demeure du Saint-Esprit, que tu sois endormi ou éveillé, tout comme l'ego travaille avec la partie inférieure de ton esprit, qui est sa demeure. ³Je suis ta vigilance en cela, parce que ta confusion est trop grande pour que tu reconnaisses ton propre espoir. ⁴Je ne fais pas erreur. ⁵Ton esprit choisira de se joindre au mien, et ensemble nous sommes invincibles. ⁶Toi et ton frère finirez par vous assembler en mon nom, et votre santé d'esprit sera rétablie. ⁷J'ai ressuscité les morts en connaissant que la vie est un attribut éternel de tout ce que le Dieu vivant a créé. ⁸Pourquoi crois-tu qu'il m'est plus difficile d'inspirer les dés-inspirés ou de stabiliser les instables? ⁹Je ne crois pas qu'il y ait un ordre de difficulté dans les miracles; toi, si. ¹⁰J'ai appelé et tu répondras. ¹¹Je comprends que les miracles sont naturels, parce que ce sont des expressions d'amour. ¹²Que je t'appelle, cela est aussi naturel que ta réponse, et aussi inévitable.

V. L'illusion ego-corps

1. Toutes choses concourent au bien. ²Il n'y a pas d'exception sauf dans le jugement de l'ego. ³L'ego exerce une vigilance maximale sur ce qu'il admet dans la conscience, et ce n'est pas de cette façon qu'un esprit équilibré maintient sa cohésion. ⁴L'ego devient encore plus déséquilibré parce qu'il soustrait à ta conscience sa motivation première, et qu'il fait prédominer le contrôle plutôt que la santé d'esprit. ⁵L'ego a toutes les raisons de faire cela, conformément au système de pensée qui l'a engendré et qu'il sert. ⁶Un jugement sain, inévitablement, jugerait et rejetterait l'ego, et l'ego doit donc l'oblitérer dans l'intérêt de sa propre préservation.

2. Une source principale de l'état déséquilibré de l'ego est son manque de discrimination entre le corps et les Pensées de Dieu. ²Les Pensées de Dieu sont inacceptables pour l'ego, parce qu'elles

indiquent clairement l'inexistence de l'ego même. [3]C'est pourquoi l'ego soit les distord soit refuse de les accepter. [4]Il ne peut pas, toutefois, les faire cesser d'être. [5]Par conséquent, il essaie de dissimuler non seulement les impulsions «inacceptables» du corps mais aussi les Pensées de Dieu, parce que les deux représentent une menace pour lui. [6]Se souciant principalement de sa propre préservation face à la menace, l'ego les perçoit comme étant les mêmes. [7]En les percevant comme les mêmes, l'ego tente de se sauver d'être balayé, ce qu'il serait sûrement en présence de la connaissance.

3.   Tout système de pensée qui confond Dieu et le corps doit être insane. [2]Or cette confusion est essentielle pour l'ego, qui ne juge qu'en fonction de la menace ou de la non-menace contre lui. [3]Dans un sens, sa peur de Dieu est au moins logique, puisque la seule idée de Lui dissipe l'ego. [4]Mais la peur du corps, avec lequel l'ego s'identifie si étroitement, n'a absolument aucun sens.

4.   Le corps est la demeure de l'ego de par son propre choix. [2]C'est la seule identification avec laquelle l'ego se sent en sécurité, puisque la vulnérabilité du corps est son meilleur argument pour montrer que tu ne peux pas être de Dieu. [3]Voilà la croyance que l'ego parraine ardemment. [4]Et pourtant l'ego hait le corps, parce qu'il ne peut l'accepter comme une assez bonne demeure pour lui. [5]C'est là que l'esprit devient vraiment tout étourdi. [6]L'ego lui ayant dit qu'il fait vraiment partie du corps et que le corps est son protecteur, voilà qu'il dit aussi à l'esprit que le corps ne peut pas le protéger. [7]Alors l'esprit demande : «Où puis-je obtenir protection?», à quoi l'ego répond : «Tourne-toi vers moi.» [8]Mais l'esprit, non sans raison, rappelle à l'ego qu'il a lui-même insisté sur son identification avec le corps, de sorte que rien ne sert de se tourner vers *lui* pour être protégé. [9]À cela l'ego n'a pas de vraie réponse parce qu'il n'y en a pas, mais il a une solution typique. [10]Il oblitère la question du champ de la conscience. [11]Une fois sortie de la conscience, la question peut provoquer, et de fait provoque un malaise, mais elle ne peut pas trouver de réponse parce qu'elle ne peut pas être posée.

5.   Voilà la question qui *doit* être posée : «Où puis-je obtenir protection?» [2]«Cherchez, et vous trouverez» ne signifie pas que tu doives chercher aveuglément et désespérément quelque chose que tu ne reconnaîtrais pas. [3]Une recherche signifiante est une recherche entreprise consciemment, consciemment organisée et consciemment dirigée. [4]Il faut que le but soit formulé clairement

et gardé à l'esprit. [5]Apprendre et vouloir apprendre sont inséparables. [6]Tu apprends le mieux quand tu crois que ce que tu essaies d'apprendre a de la valeur pour toi. [7]Toutefois, ce n'est pas tout ce que tu veux apprendre qui ait une valeur durable. [8]De fait, il se peut que bien des choses que tu veux apprendre aient été choisies *parce que* leur valeur ne durera pas.

6.   L'ego trouve avantageux de ne pas s'engager envers quoi que ce soit qui est éternel, parce que l'éternel doit venir de Dieu. [2]L'éternalité est la seule fonction que l'ego ait essayé de développer, mais en échouant systématiquement. [3]L'ego transige sur la question de l'éternel, de même qu'il transige sur tous les points qui touchent de près ou de loin à la vraie question. [4]En s'occupant de questions digressives, il espère cacher la vraie question et la garder hors de l'esprit. [5]L'affairement caractéristique de l'ego à tout ce qui est non essentiel sert précisément à cela. [6]Ces préoccupations de problèmes ainsi montés qu'ils sont impossibles à résoudre sont des mécanismes favoris de l'ego pour freiner le progrès de l'apprentissage. [7]Or la seule question que ne posent jamais ceux qui suivent ces tactiques de diversion est la suivante : « Pour quoi ? » [8]C'est la question que *tu* dois apprendre à poser à propos de tout. [9]Quel est le but ? [10]Quel qu'il soit, il dirigera automatiquement tes efforts. [11]Quand tu décides du but, donc, tu décides de tes efforts futurs ; et cette décision restera effective à moins que tu ne changes d'esprit.

VI. Les récompenses de Dieu

1.   L'ego ne reconnaît pas la vraie source de la « menace », et si tu t'associes toi-même à l'ego, tu ne comprends pas la situation telle qu'elle est. [2]Seule ton allégeance donne à l'ego quelque pouvoir sur toi. [3]J'ai parlé de l'ego comme s'il s'agissait d'une chose séparée, agissant d'elle-même. [4]Cela était nécessaire pour te persuader que tu ne peux pas l'écarter légèrement, et que tu dois te rendre compte à quel point ta pensée est dirigée par l'ego. [5]Toutefois, nous ne pouvons pas sans risque en rester là, sinon tu pourrais te considérer comme étant nécessairement en conflit aussi longtemps que tu es ici, ou aussi longtemps que tu crois être ici. [6]L'ego n'est rien de plus qu'une partie de ce que tu crois à propos de toi. [7]Ton autre vie a continué sans interruption et elle

a été comme elle restera toujours totalement inaffectée par tes tentatives pour la dissocier.

2. En apprenant à échapper des illusions, ta dette envers ton frère est une chose que tu ne dois jamais oublier. ²C'est la même dette que tu as envers moi. ³Chaque fois que tu agis égoïstement envers autrui, tu jettes la gracieuseté de ta dette et la sainte perception qu'elle produirait. ⁴Le terme « saint » peut s'employer ici parce qu'en apprenant combien tu es redevable à la Filialité tout entière, dans laquelle je suis inclus, tu viens aussi près de la connaissance que la perception le permet. ⁵Le fossé est alors si mince que la connaissance peut facilement le franchir et l'oblitérer à jamais.

3. Tu n'as encore que très peu de confiance en moi, mais elle augmentera lorsque tu te tourneras de plus en plus souvent vers moi plutôt que vers ton ego pour être guidé. ²Les résultats te convaincront de plus en plus que ce choix est le seul choix sain que tu puisses faire. ³Nul n'a besoin d'être davantage convaincu, qui apprend par l'expérience qu'un choix apporte la paix et la joie tandis qu'un autre apporte le chaos et le désastre. ⁴Apprendre par les récompenses est plus efficace qu'apprendre par la douleur, parce que la douleur est une illusion de l'ego et ne peut jamais induire plus qu'un effet temporaire. ⁵Les récompenses de Dieu, par contre, sont reconnues immédiatement pour éternelles. ⁶Puisque c'est toi et non l'ego qui les reconnaît, la re-connaissance même établit que toi et ton ego ne pouvez pas être identiques. ⁷Tu crois peut-être avoir déjà accepté cette différence, mais tu es encore loin d'en être convaincu. ⁸Le fait que tu crois devoir échapper de l'ego le montre bien ; mais tu ne peux pas échapper de l'ego en l'humiliant ni en le contrôlant ni en le punissant.

4. L'ego et le pur-esprit ne se connaissent pas. ²L'esprit séparé ne peut maintenir la séparation qu'en dissociant. ³Ayant fait cela, il nie toutes les impulsions véritablement naturelles, non pas parce que l'ego est une chose séparée mais parce que tu veux croire que *tu* l'es. ⁴L'ego est un mécanisme visant à maintenir cette croyance, mais c'est encore ta seule décision d'utiliser le mécanisme qui lui permet de durer.

5. Comment peux-tu enseigner à quelqu'un la valeur d'une chose qu'il a délibérément jetée ? ²Il a dû la jeter parce qu'il ne l'estimait pas. ³Tu peux seulement lui montrer combien il est misérable sans elle, puis l'amener lentement de plus en plus près afin qu'il apprenne combien sa misère diminue à mesure qu'il

s'en approche. ⁴Cela lui enseigne à associer sa misère avec son absence, et l'opposé de la misère avec sa présence. ⁵Petit à petit elle devient désirable tandis qu'il change d'esprit sur sa valeur. ⁶Je t'enseigne à associer la misère avec l'ego et la joie avec le pur-esprit. ⁷Tu t'es enseigné l'opposé. ⁸Tu es encore libre de choisir, mais peux-tu vraiment vouloir les récompenses de l'ego en présence des récompenses de Dieu?

6. Ma confiance en toi est plus grande que la tienne en moi pour le moment, mais il n'en sera pas toujours ainsi. ²Ta mission est très simple. ³Il t'est demandé de vivre de façon à démontrer que tu n'es pas un ego, et je ne me trompe pas en choisissant les canaux de Dieu. ⁴Le Saint partage ma confiance et Il accepte mes décisions d'Expiation parce que ma volonté n'est jamais en désaccord avec la Sienne. ⁵J'ai dit plus tôt que je suis en charge de l'Expiation. ⁶C'est seulement parce que j'y ai complété mon rôle en tant qu'homme et que je peux maintenant le compléter par autrui. ⁷Les canaux que j'ai choisis ne peuvent faillir, parce que je leur prêterai ma force tant que la leur est insuffisante.

7. J'irai chez le Saint avec toi, et par ma perception Il pourra jeter un pont sur le petit fossé. ²Ta gratitude envers ton frère est le seul don que je veux. ³Je l'apporterai à Dieu pour toi, connaissant que connaître ton frère, *c'est* connaître Dieu. ⁴Si tu as de la gratitude envers ton frère, tu as de la gratitude envers Dieu pour ce qu'Il a créé. ⁵C'est par ta gratitude que tu en viens à connaître ton frère, et un seul moment de vraie re-connaissance fait que chacun devient ton frère parce que chacun est de ton Père. ⁶L'amour ne conquiert pas toutes choses, mais il rectifie toutes choses. ⁷Parce que tu es le Royaume de Dieu, je peux te reconduire à tes propres créations. ⁸Tu ne les reconnais pas maintenant, mais ce qui a été dissocié est toujours là.

8. Quand tu t'approches d'un frère, tu t'approches de moi; et quand tu t'éloignes de lui, tu m'éloignes de toi. ²Le salut est une entreprise qui repose sur la collaboration. ³Il ne peut pas être entrepris avec succès par ceux qui se désengagent de la Filialité, parce qu'ils se désengagent de moi. ⁴Dieu ne viendra à toi que lorsque tu Le donneras à tes frères. ⁵Apprends d'abord d'eux et tu seras prêt à entendre Dieu. ⁶C'est parce que la fonction de l'amour est une.

VII. Création et communication

1. Bien que le contenu de l'une ou l'autre des illusions de l'ego n'ait pas d'importance, il est clair que sa correction aide davantage dans un contexte précis. ²Les illusions de l'ego sont très concrètes, bien que l'esprit soit naturellement abstrait. ³Une partie de l'esprit devient concrète, toutefois, lorsqu'il se divise. ⁴La partie concrète croit en l'ego, parce que l'ego dépend du concret. ⁵L'ego est la partie de l'esprit qui croit que ton existence est définie par la séparation.

2. Toute chose que l'ego perçoit est un tout séparé, sans les relations qui impliquent l'être. ²Ainsi l'ego est contre la communication, sauf dans la mesure où elle est utilisée pour établir plutôt que pour abolir l'état de séparation. ³Le système de communication de l'ego est basé sur son propre système de pensée, comme l'est tout ce qu'il dicte. ⁴C'est son besoin de se protéger qui contrôle sa communication, et il interrompt la communication quand il se sent menacé. ⁵Cette interruption est une réaction à une ou à plusieurs personnes en particulier. ⁶Ce qu'il y a de concret dans la pensée de l'ego débouche alors sur une généralisation spécieuse qui n'est pas du tout abstraite. ⁷Il ne fait que répondre de certaines façons concrètes à tout ce qu'il perçoit comme relié.

3. Par contraste, le pur-esprit réagit de la même façon à tout ce qu'il connaît pour vrai, et il ne répond pas du tout à n'importe quoi d'autre. ²Il ne tente pas non plus d'établir ce qui est vrai. ³Il connaît que ce qui est vrai, c'est tout ce que Dieu a créé. ⁴Il est en communication complète et directe avec chaque aspect de la création, parce qu'il est en communication complète et directe avec son Créateur. ⁵Cette communication est la Volonté de Dieu. ⁶Création et communication sont synonymes. ⁷Dieu a créé chaque esprit en lui communiquant Son Esprit, l'établissant ainsi à jamais comme canal pour la réception de Son Esprit et de Sa Volonté. ⁸Puisque seuls des êtres d'un même ordre peuvent communiquer véritablement, Ses créations communiquent naturellement avec Lui et comme Lui. ⁹Cette communication est parfaitement abstraite, puisque sa qualité est universelle dans son application et n'est sujette à aucun jugement, aucune exception ni aucune altération. ¹⁰Dieu t'a créé par cela et pour cela. ¹¹L'esprit peut distordre sa fonction, mais il ne peut pas se doter lui-même de fonctions qui ne lui ont pas été données. ¹²C'est pourquoi l'esprit

ne peut pas perdre totalement l'aptitude à communiquer, quoiqu'il puisse refuser de l'utiliser au profit de l'être.

4.   L'existence, comme l'être, repose sur la communication. ²L'existence, toutefois, spécifie comment, sur quoi et avec qui la communication est jugée digne d'être entreprise. ³L'être est complètement dépourvu de ces distinctions. ⁴C'est un état dans lequel l'esprit est en communication avec tout ce qui est réel. ⁵Dans la mesure où tu permets que cet état soit tronqué, tu limites le sentiment de ta propre réalité, qui ne devient total qu'en reconnaissant toute la réalité dans le contexte glorieux de sa relation réelle avec toi. ⁶C'est cela, ta réalité. ⁷Ne la profane pas et ne recule pas devant elle. ⁸C'est ta vraie demeure, ton vrai temple et ton vrai Soi.

5.   Dieu, Qui englobe tout être, a créé des êtres qui ont tout individuellement, mais qui veulent le partager pour augmenter leur joie. ²Rien de réel ne peut être augmenté, sauf en partageant. ³C'est pourquoi Dieu t'a créé. ⁴L'Abstraction divine se fait une joie de partager. ⁵C'est ce que signifie la création. ⁶« Comment », « quoi » et « à qui », cela est sans rapport, parce que la création réelle donne tout, puisqu'elle peut créer uniquement à l'image d'elle-même. ⁷Souviens-toi que dans le Royaume il n'y a aucune différence entre *avoir* et *être*, comme c'est le cas dans l'existence. ⁸Dans l'état d'être, l'esprit donne tout toujours.

6.   La Bible affirme maintes fois que tu devrais louer Dieu. ²Cela ne signifie guère que tu devrais Lui dire combien Il est merveilleux. ³Il n'a pas d'ego avec lequel accepter une telle louange, ni de perception avec laquelle en juger. ⁴Mais à moins que tu ne joues ton rôle dans la création, Sa joie n'est pas complète, parce que la tienne est incomplète. ⁵Et cela Il le connaît. ⁶Il le connaît en Son Propre Être et son expérience de l'expérience de Son Fils. ⁷Le flot constant de Son Amour est bloqué quand ses canaux sont fermés, et Il est seul quand les esprits qu'Il a créés ne communiquent pas pleinement avec Lui.

7.   Dieu a gardé ton Royaume pour toi, mais Il ne peut partager Sa joie avec toi tant que tu ne la connais pas avec ton esprit tout entier. ²La révélation ne suffit pas parce que c'est une communication qui vient uniquement *de* Dieu. ³Dieu n'a pas besoin que la révélation Lui soit rendue, ce qui serait nettement impossible, mais Il veut qu'elle soit portée aux autres. ⁴Cela ne peut se faire avec la révélation proprement dite ; son contenu est inexprimable, parce qu'il est intensément personnel à l'esprit qui le reçoit. ⁵Il

peut, toutefois, être rendu de cet esprit à d'autres esprits, par les attitudes qu'apporte la connaissance venant de la révélation.

8.   Dieu est loué chaque fois qu'un esprit apprend à être entièrement capable d'aider. [2]Cela est impossible sans être entièrement incapable de nuire, parce que les deux croyances doivent coexister. [3]Ceux qui aident véritablement sont invulnérables, parce qu'ils ne protègent pas leur ego et ainsi rien ne peut les blesser. [4]L'aide qu'ils apportent à autrui, c'est la louange qu'ils font à Dieu, et Il leur rendra leur louange parce qu'ils sont comme Lui, et ils peuvent se réjouir ensemble. [5]Dieu va vers eux et à travers eux, et il y a dans tout le Royaume une grande joie. [6]Chaque esprit qui est changé ajoute à cette joie par son désir individuel de la partager. [7]Ceux qui aident véritablement sont les faiseurs de miracles de Dieu, que je dirigerai jusqu'à ce que nous soyons tous unis dans la joie du Royaume. [8]Je te dirigerai partout où tu peux véritablement aider, et vers tous ceux qui peuvent être guidés par moi à travers toi.

Chapitre 5

GUÉRISON ET ENTIÈRETÉ

Introduction

1. Guérir, c'est rendre heureux. [2]Je t'ai dit de penser au nombre d'occasions que tu as eues de te réjouir, et au nombre de celles que tu as refusées. [3]Ce qui revient à dire que tu as refusé de te guérir. [4]La lumière qui t'appartient, c'est la lumière de la joie. [5]Le rayonnement n'est pas associé au chagrin. [6]La joie appelle un désir intégrant de la partager et favorise l'impulsion naturelle de l'esprit à répondre en ne faisant qu'un. [7]Ceux qui essaient de guérir sans être eux-mêmes entièrement joyeux appellent en même temps toutes sortes de réponses, privant ainsi les autres de la joie de répondre de tout cœur.

2. Pour être de tout cœur, tu dois être heureux. [2]Si la peur et l'amour ne peuvent coexister, et s'il est impossible d'être entièrement apeuré et de rester vivant, le seul état entier possible est celui de l'amour. [3]Il n'y a pas de différence entre l'amour et la joie. [4]Par conséquent, le seul état entier possible est l'état entièrement joyeux. [5]Guérir ou rendre joyeux, c'est donc la même chose qu'intégrer ou rendre un. [6]C'est pourquoi peu importe à quelle partie ou par quelle partie de la Filialité la guérison est offerte. [7]Chaque partie en bénéficie et en bénéficie également.

3. Tu es béni par chaque pensée bienfaisante de n'importe lequel de tes frères où qu'il soit. [2]Tu devrais vouloir les bénir en retour, par gratitude. [3]Tu n'as pas besoin de les connaître individuellement, ni eux de te connaître. [4]La lumière est si forte qu'elle rayonne de par la Filialité, rendant grâce au Père de faire rayonner Sa joie sur elle. [5]Seuls les saints enfants de Dieu sont des canaux dignes de Sa belle joie, parce qu'eux seuls sont assez beaux pour la garder en la partageant. [6]Il est impossible pour un enfant de Dieu d'aimer son prochain, sauf comme lui-même. [7]C'est pourquoi la prière du guérisseur est :

[8]Que je connaisse ce frère comme je me connais moi-même.

I. L'invitation au Saint-Esprit

1. La guérison est une pensée par laquelle deux esprits perçoivent leur unité et deviennent joyeux. [2]Cette joie appelle chaque partie de la Filialité à se réjouir avec eux et laisse Dieu passer en eux et à travers eux. [3]Seul l'esprit guéri peut faire l'expérience de la révélation avec un effet durable, parce que la révélation est une expérience de pure joie. [4]Si tu ne choisis pas d'être entièrement joyeux, ton esprit ne peut pas avoir ce qu'il ne choisit pas d'être. [5]Souviens-toi que le pur-esprit ne fait aucune différence entre *avoir* et *être*. [6]La partie supérieure de l'esprit pense selon les lois auxquelles obéit le pur-esprit; par conséquent, elle honore uniquement les lois de Dieu. [7]Pour le pur-esprit, obtenir est in-signifiant et donner est tout. [8]Ayant tout, le pur-esprit garde tout en le donnant; ainsi il crée comme le Père a créé. [9]Bien que cette façon de penser soit totalement étrangère à avoir des choses, même pour la partie inférieure de l'esprit elle est tout à fait compréhensible en relation avec les idées. [10]Si tu partages un bien matériel, tu en partages la propriété. [11]Si tu partages une idée, toutefois, tu ne la diminues pas. [12]Elle est encore toute à toi bien qu'elle ait toute été donnée. [13]De plus, si celui à qui tu la donnes l'accepte pour sienne, il la renforce dans ton esprit et ainsi l'augmente. [14]Si tu peux accepter le concept que le monde est un monde d'idées, alors toute la croyance en la fausse association que fait l'ego entre donner et perdre disparaît.

2. Commençons notre processus de réveil par ces quelques simples concepts :

    [2]*Les pensées augmentent en étant données.*
    [3]*Plus nombreux ceux qui croient en elles, plus elles prennent de la force.*
    [4]*Tout est une idée.*
    [5]*Comment, donc, donner et perdre peuvent-ils être associés ?*

3. Voilà l'invitation au Saint-Esprit. [2]J'ai déjà dit que je pouvais m'élever et faire descendre le Saint-Esprit jusqu'à toi, mais je ne peux le faire venir que sur ta propre invitation. [3]Le Saint-Esprit est dans ton esprit juste, comme Il était dans le mien. [4]La Bible dit : « Ayez en vous le même esprit qui était en Jésus-Christ », et elle l'utilise comme une bénédiction. [5]C'est la bénédiction de

l'esprit de miracle. [6]Elle te demande de penser comme je pensais, et de te joindre à moi dans la pensée du Christ.

4.   Le Saint-Esprit est la seule partie de la Sainte Trinité qui ait une fonction symbolique. [2]On L'appelle le Guérisseur, le Consolateur et le Guide. [3]Il est aussi décrit comme quelque chose de « séparé », à part du Père et du Fils. [4]J'ai dit moi-même : « Si je m'en vais, je vous enverrai un autre Consolateur, afin qu'il demeure avec vous. » [5]Sa fonction symbolique rend le Saint-Esprit difficile à comprendre, parce que le symbolisme prête à différentes interprétations. [6]Comme homme et aussi comme une des créations de Dieu, ma justesse de pensée, qui venait du Saint-Esprit ou de l'Inspiration universelle, m'a appris d'abord et avant tout que cette Inspiration est pour tous. [7]Je ne pourrais pas L'avoir moi-même sans connaître cela. [8]« Connaître » est le mot propre dans ce contexte, parce que le Saint-Esprit est si proche de la connaissance qu'Il l'appelle ; ou mieux, qu'Il lui permet de venir. [9]J'ai parlé plus tôt de la perception supérieure, ou « vraie », qui est si proche de la vérité que Dieu Lui-même peut franchir le mince fossé. [10]La connaissance est toujours prête à s'étendre partout, mais elle ne peut pas s'opposer. [11]Par conséquent, tu peux lui faire obstacle, quoique tu ne puisses jamais la perdre.

5.   Le Saint-Esprit est l'Esprit du Christ qui est conscient de la connaissance qui se trouve au-delà de la perception. [2]Il a reçu l'être avec la séparation, comme protection, inspirant en même temps le principe de l'Expiation. [3]Avant cela il n'y avait pas besoin de guérison, car nul n'était inconsolé. [4]La Voix du Saint-Esprit est l'Appel à l'Expiation, ou à la restauration de l'intégrité de l'esprit. [5]L'Expiation étant complétée et la Filialité tout entière guérie, il n'y aura plus d'Appel au retour. [6]Mais ce que Dieu crée est éternel. [7]Le Saint-Esprit restera avec les Fils de Dieu, pour bénir leurs créations et les garder dans la lumière de la joie.

6.   Dieu a honoré même les malcréations de Ses enfants, parce qu'ils les avaient faites. [2]Mais Il a aussi béni Ses enfants en les dotant d'une façon de penser capable d'élever leurs perceptions si haut qu'ils pourraient presque remonter jusqu'à Lui. [3]Le Saint-Esprit est l'Esprit de l'Expiation. [4]Il représente un état d'esprit suffisamment proche de l'Unité d'esprit pour qu'un transfert vers elle soit enfin possible. [5]La perception n'est pas la connaissance, mais elle peut être transférée à la connaissance, ou passer en elle. [6]Peut-être même cela aiderait-il plus ici d'utiliser transférée dans le sens littéral de « trans-portée », puisque le dernier pas est fait par Dieu.

7.   Le Saint-Esprit, l'Inspiration partagée de toute la Filialité, induit une sorte de perception dont plusieurs éléments sont pareils à ceux dans le Royaume même des Cieux :

[2]Premièrement, son universalité est parfaitement claire, et nul qui l'atteint ne pourrait croire un seul instant que de la partager comporte quoi que ce soit d'autre qu'un gain.

[3]Deuxièmement, elle est incapable d'attaquer et elle est donc véritablement ouverte. [4]Cela signifie que, bien qu'elle n'engendre pas la connaissance, elle ne lui fait pas du tout obstacle.

[5]Finalement, elle indique la voie au-delà de la guérison qu'elle apporte, et elle conduit l'esprit au-delà de sa propre intégration vers les sentiers de la création. [6]C'est à ce point que s'opère un changement quantitatif suffisant pour produire un réel changement qualitatif.

II. La Voix pour Dieu

1.   Guérir n'est pas créer; c'est réparer. [2]Le Saint-Esprit favorise la guérison en regardant par-delà vers ce qu'étaient les enfants de Dieu avant qu'il y ait besoin de guérison, et ce qu'ils seront une fois guéris. [3]Cette altération du déroulement temporel devrait être assez familière, parce qu'elle ressemble beaucoup au changement dans la perception du temps que le miracle introduit. [4]Le Saint-Esprit est la motivation de l'esprit de miracle; la décision de guérir la séparation en en lâchant prise. [5]Ta volonté est encore en toi parce que Dieu l'a placée dans ton esprit; et bien que tu puisses la garder endormie, tu ne peux pas l'oblitérer. [6]Dieu Lui-même garde ta volonté vivante en la transmettant de Son Esprit au tien aussi longtemps qu'il y a le temps. [7]Le miracle lui-même est un reflet de cette union de Volonté entre Père et Fils.

2.   Le Saint-Esprit est le pur esprit de la joie. [2]Il est l'Appel au retour dont Dieu a béni l'esprit de Ses Fils séparés. [3]Cela est la vocation de l'esprit. [4]L'esprit n'avait pas d'appel jusqu'à la séparation, parce qu'avant cela il n'avait que l'être, et il n'aurait pas compris l'Appel à la justesse de pensée. [5]Le Saint-Esprit est la Réponse de Dieu à la séparation; le moyen par lequel l'Expiation guérit jusqu'à ce que l'esprit entier retourne créer.

3.   Le principe de l'Expiation et la séparation ont commencé en même temps. [2]Quand l'ego a été fait, Dieu a placé dans l'esprit l'Appel à la joie. [3]Cet Appel est si fort que l'ego se dissout toujours

quand Il résonne. [4]C'est pourquoi tu dois choisir d'entendre l'une des deux voix en toi. [5]L'une, tu l'as faite toi-même, et celle-là n'est pas de Dieu. [6]Mais l'autre t'est donnée par Dieu, Qui te demande seulement de l'écouter. [7]Le Saint-Esprit est en toi, dans un sens très littéral. [8]C'est Sa Voix qui t'appelle à revenir là où tu étais auparavant et seras de nouveau. [9]Il est possible même en ce monde de n'entendre que cette Voix et aucune autre. [10]Cela demande un effort et un grand désir d'apprendre. [11]C'est la dernière leçon que j'ai apprise, et les Fils de Dieu sont aussi égaux comme apprenants qu'ils le sont comme Fils.

4. Tu *es* le Royaume des Cieux, mais tu as laissé la croyance dans les ténèbres entrer dans ton esprit, et tu as donc besoin d'une nouvelle lumière. [2]Le Saint-Esprit est le rayonnement que tu dois laisser bannir l'idée de ténèbres. [3]À Lui est la gloire devant laquelle la dissociation disparaît, et le Royaume des Cieux s'ouvre à lui-même. [4]Avant la séparation, tu n'avais pas besoin d'être guidé. [5]Tu connaissais comme tu connaîtras de nouveau, mais comme maintenant tu ne connais pas.

5. Dieu ne guide pas, parce qu'Il ne peut partager que la connaissance parfaite. [2]Guider, c'est évaluer, parce que cela implique qu'il y a une voie juste et une voie fausse, l'une à choisir et l'autre à éviter. [3]En choisissant l'une, tu abandonnes l'autre. [4]Choisir le Saint-Esprit, c'est choisir Dieu. [5]Dieu n'est pas en toi au sens littéral; c'est toi qui fais partie de Lui. [6]Quand tu as choisi de Le quitter, Il t'a donné une Voix qui parlerait pour Lui parce qu'Il ne pouvait plus partager Sa connaissance avec toi sans entrave. [7]La communication directe était rompue parce que tu avais fait une autre voix.

6. Le Saint-Esprit t'appelle à la fois à te souvenir et à oublier. [2]Tu as choisi d'être dans un état d'opposition où les opposés sont possibles. [3]Le résultat, c'est que tu dois faire des choix. [4]Dans l'état de sainteté la volonté est libre, de sorte que sa puissance créatrice est illimitée et choisir est in-signifiant. [5]La liberté de choisir est le même pouvoir que la liberté de créer, mais l'application en est différente. [6]Choisir dépend d'un esprit divisé. [7]Le Saint-Esprit représente l'un des choix. [8]Dieu n'a pas laissé Ses enfants inconsolés, même s'ils ont choisi de Le quitter. [9]La voix qu'ils ont mise dans leur esprit n'était pas la Voix pour Sa Volonté, pour laquelle parle le Saint-Esprit.

7. La Voix du Saint-Esprit ne commande pas, parce qu'Elle est incapable d'arrogance. [2]Elle n'exige pas, parce qu'Elle ne cherche

pas à contrôler. ³Elle ne vainc pas, parce qu'Elle n'attaque pas. ⁴Elle ne fait que rappeler. ⁵Elle est irrésistible uniquement à cause de *ce* qu'Elle te rappelle. ⁶Elle rappelle à ton esprit l'autre voie, toujours quiète même parmi le tumulte que tu peux faire. ⁷La Voix pour Dieu est toujours quiète, parce qu'Elle parle de paix. ⁸La paix est plus forte que la guerre parce qu'elle guérit. ⁹La guerre est division et non augmentation. ¹⁰Personne ne gagne à la dissension. ¹¹Que servirait-il à l'homme de gagner tout le monde, s'il perdait son âme ? ¹²Si tu écoutes la voix fausse, tu *as perdu* ton âme de vue. ¹³Tu ne peux pas la perdre, mais tu peux ne pas la connaître. ¹⁴Elle est donc « perdue » pour toi jusqu'à ce que tu fasses le choix juste.

8.   Le Saint-Esprit est ton Guide pour choisir. ²Il est dans la partie de ton esprit qui parle toujours pour le choix juste, parce qu'Il parle pour Dieu. ³Il est ta communication restante avec Dieu, que tu peux interrompre mais point détruire. ⁴Le Saint-Esprit est la voie par laquelle la Volonté de Dieu est faite sur la terre comme au Ciel. ⁵Et le Ciel et la terre sont en toi, parce que tous deux ont leur appel dans ton esprit. ⁶La Voix pour Dieu vient de tes propres autels à Lui. ⁷Ces autels ne sont pas des choses : ce sont des dévotions. ⁸Or tu as maintenant d'autres dévotions. ⁹Ta dévotion divisée t'a donné les deux voix, et tu dois choisir l'autel où tu veux servir. ¹⁰L'appel auquel tu réponds maintenant est une évaluation parce que c'est une décision. ¹¹La décision est très simple. ¹²Tu choisis celui des deux appels qui a le plus de valeur pour toi.

9.   Mon esprit sera toujours pareil au tien, parce que nous avons été créés égaux. ²C'est ma seule décision qui m'a donné tout pouvoir dans le Ciel et sur la terre. ³Mon seul don pour toi est de t'aider à prendre la même décision. ⁴Cette décision, c'est le choix de la partager, parce que la décision même *est* la décision de partager. ⁵Elle est prise en donnant, et c'est donc le seul choix qui ressemble à la véritable création. ⁶Je suis ton modèle de décision. ⁷En décidant de choisir Dieu, je t'ai montré que cette décision peut être prise, et que tu peux la prendre.

10.   Je t'ai assuré que l'Esprit qui a décidé pour moi est aussi en toi, et que tu peux le laisser te changer comme il m'a changé. ²Cet Esprit est sans équivoque, parce qu'il n'entend qu'une seule Voix et ne répond que d'une seule façon. ³Tu es la lumière du monde avec moi. ⁴Le repos ne vient pas du sommeil mais de l'éveil. ⁵Le Saint-Esprit est l'Appel à s'éveiller et à se réjouir. ⁶Le monde est très fatigué, parce qu'il est l'idée de lassitude. ⁷Nous

avons la joyeuse tâche de l'éveiller à l'Appel pour Dieu. [8]Chacun répondra à l'Appel du Saint-Esprit, sinon la Filialité ne peut pas être une. [9]Quelle meilleure vocation pourrait-il y avoir pour n'importe quelle partie du Royaume que de le ramener à la parfaite intégration qui peut le rendre entier ? [10]N'entends que cela par le Saint-Esprit en toi, et enseigne à tes frères à écouter comme je t'enseigne.

11. Quand tu es tenté par la voix fausse, fais appel à moi pour te rappeler comment guérir en partageant ma décision et en la renforçant. [2]Comme nous partageons ce but, nous augmentons son pouvoir d'attirer la Filialité tout entière, et de la ramener à l'unité dans laquelle elle fut créée. [3]Rappelle-toi que «joug» signifie «joindre» et que «fardeau» signifie «message». [4]Reformulons : «Mon joug est doux, et mon fardeau léger», de cette façon : «Joignons-nous les uns aux autres, car mon message est lumière.»

12. Je t'ai enjoint de te conduire comme je me suis conduit, mais pour cela il faut que nous répondions au même Esprit. [2]Cet Esprit est le Saint-Esprit, Dont la Volonté est pour Dieu toujours. [3]Il t'enseigne comment me garder comme modèle de ta pensée, avec pour résultat que tu te conduis comme moi. [4]Le pouvoir de ta motivation jointe à la mienne est au-delà de la croyance, mais point au-delà de l'accomplissement. [5]Ce que nous pouvons accomplir ensemble n'a pas de limites, parce que l'Appel pour Dieu est l'appel à l'illimité. [6]Enfant de Dieu, mon message est pour toi, pour que tu l'entendes et le donnes en répondant au Saint-Esprit en toi.

III. Le Guide vers le salut

1. La façon de reconnaître ton frère est de reconnaître le Saint-Esprit en lui. [2]J'ai déjà dit que le Saint-Esprit est le Pont pour le transfert de la perception à la connaissance, de sorte que nous pouvons utiliser ces termes comme s'ils étaient reliés, parce qu'ils le sont dans Son Esprit. [3]Cette relation doit être dans Son Esprit parce que, si elle ne l'était pas, la séparation entre les deux façons de penser ne serait pas susceptible de guérison. [4]Il fait partie de la Sainte Trinité, parce que Son Esprit est en partie le tien et en partie aussi Celui de Dieu. [5]Cela demande clarification, non dans les termes mais dans l'expérience.

2. Le Saint-Esprit est l'idée de guérison. [2]Étant pensée, l'idée gagne à être partagée. [3]Étant l'Appel *pour* Dieu, c'est aussi l'idée

de Dieu. [4]Puisque tu fais partie de Dieu, c'est aussi l'idée de toi-même, ainsi que de toutes Ses créations. [5]L'idée du Saint-Esprit a les mêmes propriétés que les autres idées parce qu'elle obéit aux lois de l'univers dont elle fait partie. [6]Elle est renforcée en étant donnée. [7]Elle augmente en toi quand tu la donnes à ton frère. [8]Ton frère n'a pas à être conscient du Saint-Esprit en lui-même ou en toi pour que ce miracle se produise. [9]Peut-être comme toi a-t-il dissocié l'Appel pour Dieu. [10]Cette dissociation est guérie en vous deux quand tu prends conscience de l'Appel pour Dieu en lui, et reconnais ainsi Son être.

3. Il y a deux façons diamétralement opposées de voir ton frère. [2]Les deux doivent être dans ton esprit parce que tu es celui qui perçois. [3]Elles doivent aussi être dans le sien parce que c'est lui que tu perçois. [4]Vois-le par le Saint-Esprit dans son esprit, et tu Le reconnaîtras dans le tien. [5]Ce que tu reconnais en ton frère, tu le reconnais en toi ; et ce que tu partages, tu le renforces.

4. La Voix du Saint-Esprit est faible en toi. [2]C'est pourquoi tu dois La partager. [3]Sa force doit d'abord être augmentée avant que tu puisses L'entendre. [4]Il est impossible de L'entendre en toi-même tant qu'Elle est si faible dans ton esprit. [5]Elle n'est pas faible en Elle-même, mais Elle est limitée par ton indésir de L'entendre. [6]Si tu fais l'erreur de chercher le Saint-Esprit en toi seul, tes pensées t'effraieront parce que, en adoptant le point de vue de l'ego, tu entreprends un voyage qui est étranger à l'ego avec l'ego comme guide. [7]Cela ne peut pas manquer de produire la peur.

5. Les retards sont de l'ego, parce que le temps est son concept. [2]Ni le temps ni les retards n'ont de signification dans l'éternité. [3]J'ai dit plus tôt que le Saint-Esprit était la Réponse de Dieu à l'ego. [4]Tout ce que le Saint-Esprit te rappelle est en opposition directe avec les notions de l'ego, parce que les perceptions vraies et fausses sont elles-mêmes opposées. [5]Le Saint-Esprit a pour tâche de défaire ce que l'ego a fait. [6]Il le défait au niveau même où opère l'ego, sinon l'esprit serait incapable de comprendre le changement.

6. J'ai souligné à maintes reprises qu'un niveau de l'esprit n'est pas compréhensible à un autre. [2]Il en va ainsi de l'ego et du Saint-Esprit ; du temps et de l'éternité. [3]L'éternité est une idée de Dieu, ainsi le Saint-Esprit la comprend-Il parfaitement. [4]Le temps est une croyance de l'ego, ainsi la partie inférieure de l'esprit, qui est le domaine de l'ego, l'accepte-t-elle sans poser de questions. [5]Le seul aspect du temps qui soit éternel est *maintenant*.

7.   Le Saint-Esprit est le Médiateur entre les interprétations de l'ego et la connaissance du pur-esprit. [2]Son aptitude à user des symboles Lui permet de travailler avec les croyances de l'ego dans son propre langage. [3]Son aptitude à regarder au-delà des symboles jusque dans l'éternité Lui permet de comprendre les lois de Dieu, pour lesquelles Il parle. [4]Il peut donc accomplir la fonction qui consiste à réinterpréter ce que l'ego fait, non pas en détruisant mais en comprenant. [5]La compréhension est lumière, et la lumière conduit à la connaissance. [6]Le Saint-Esprit est en lumière parce qu'Il est en toi qui es lumière, mais toi tu ne connais pas cela. [7]C'est donc la tâche du Saint-Esprit de te réinterpréter au nom de Dieu.

8.   Tu ne peux pas te comprendre seul. [2]C'est que tu ne signifies rien à part de ta juste place dans la Filialité, et la juste place de la Filialité est Dieu. [3]C'est cela ta vie, ton éternité et ton Soi. [4]C'est cela que le Saint-Esprit te rappelle. [5]C'est cela que le Saint-Esprit voit. [6]Cette vision effraie l'ego parce qu'elle est si calme. [7]La paix est le plus grand ennemi de l'ego parce que, selon son interprétation de la réalité, la guerre est la garantie de sa survie. [8]L'ego devient fort dans la dissension. [9]Si tu crois qu'il y a dissension, tu réagiras avec méchanceté, parce que l'idée de danger est entrée dans ton esprit. [10]L'idée elle-même est un appel à l'ego. [11]Le Saint-Esprit est aussi vigilant que l'ego face à l'appel du danger, lui opposant Sa Force tout comme l'ego lui fait accueil. [12]Pour aller à l'encontre de cet accueil, le Saint-Esprit accueille la paix. [13]L'éternité et la paix sont aussi étroitement reliées que le sont le temps et la guerre.

9.   La perception tire une signification des relations. [2]Celles que tu acceptes sont les fondements de tes croyances. [3]La séparation n'est qu'un autre terme pour un esprit divisé. [4]L'ego est le symbole de la séparation, tout comme le Saint-Esprit est le symbole de la paix. [5]Ce que tu perçois en autrui, tu le renforces en toi-même. [6]Tu peux laisser ton esprit malpercevoir, mais le Saint-Esprit laisse ton esprit réinterpréter ses propres malperceptions.

10.   Le Saint-Esprit est le parfait Enseignant. [2]Il utilise seulement ce que ton esprit comprend déjà pour t'enseigner que tu ne le comprends pas. [3]Le Saint-Esprit sait s'y prendre avec un apprenant récalcitrant sans aller à l'encontre de son esprit, parce qu'une partie de celui-ci est encore pour Dieu. [4]En dépit des tentatives de l'ego pour la dissimuler, cette partie est encore beaucoup plus forte que l'ego, même si l'ego ne la reconnaît pas. [5]Le Saint-Esprit la reconnaît parfaitement parce qu'elle est Sa Propre demeure;

le lieu dans l'esprit où Il est chez Lui. [6]Toi aussi, tu es là chez toi, parce que c'est un lieu de paix, et la paix est de Dieu. [7]Toi qui fais partie de Dieu, tu n'es pas chez toi, sauf dans Sa paix. [8]Si la paix est éternelle, tu n'es chez toi que dans l'éternité.

11. L'ego a fait le monde comme il le perçoit, mais le Saint-Esprit, Qui réinterprète ce que l'ego a fait, voit le monde comme un mécanisme d'enseignement pour te ramener chez toi. [2]Le Saint-Esprit doit percevoir le temps, et le réinterpréter en l'intemporel. [3]Il doit travailler avec des opposés, parce qu'Il doit travailler avec et pour un esprit qui est en opposition. [4]Corrige et apprends, et sois ouvert à l'apprentissage. [5]Tu n'as pas fait la vérité, mais la vérité peut encore te rendre libre. [6]Regarde comme le Saint-Esprit regarde ; comprends comme Il comprend. [7]Sa compréhension se retourne vers Dieu en mémoire de moi. [8]Il est toujours en communion avec Dieu, et Il fait partie de toi. [9]Il est ton Guide vers le salut, parce qu'Il tient la mémoire des choses passées et à venir, et les amène au présent. [10]Il tient doucement cette joie dans ton esprit, te demandant seulement de l'augmenter en Son Nom, en la partageant afin d'augmenter Sa joie en toi.

IV. Enseigner et guérir

1. Ce que la peur a caché fait encore partie de toi. [2]Se joindre à l'Expiation est la voie qui mène hors de la peur. [3]Le Saint-Esprit t'aidera à réinterpréter tout ce que tu perçois comme apeurant, et Il t'enseignera que seul est vrai ce qui est aimant. [4]La vérité est au-delà de ton aptitude à détruire, mais elle est entièrement à la portée de ton aptitude à accepter. [5]Elle t'appartient parce que, étant une extension de Dieu, tu l'as créée avec Lui. [6]Elle est à toi parce qu'elle fait partie de toi, tout comme tu fais partie de Dieu parce qu'Il t'a créé. [7]Rien de ce qui est bon ne peut être perdu parce que cela vient du Saint-Esprit, la Voix pour la création. [8]Rien de ce qui n'est pas bon ne fut jamais créé et ne peut donc être protégé. [9]L'Expiation est la garantie de la sécurité du Royaume, et l'union de la Filialité est sa protection. [10]L'ego ne saurait prévaloir contre le Royaume parce que la Filialité est unie. [11]En présence de ceux qui entendent l'Appel du Saint-Esprit à n'être qu'un, l'ego s'évanouit et est défait.

2. Ce que l'ego fait, il le garde pour lui ; ainsi il est sans force. [2]Son existence n'est pas partagée. [3]Il ne meurt pas ; il n'est simplement

jamais né. ⁴La naissance physique n'est pas un commencement, c'est une continuation. ⁵Tout ce qui continue est déjà né. ⁶Cela augmente quand tu es désireux de rendre la partie de ton esprit qui n'est pas guérie à la partie supérieure, le rendant indivisé à la création. ⁷Je suis venu pour te donner le fondement, afin que tes propres pensées puissent te rendre vraiment libre. ⁸Tu as porté le fardeau d'idées non partagées qui sont trop faibles pour augmenter, mais les ayant faites tu ne savais pas comment les défaire. ⁹Tu ne peux pas annuler seul tes erreurs passées. ¹⁰Elles ne disparaîtront pas de ton esprit sans l'Expiation, un remède que tu n'as pas fait. ¹¹L'Expiation doit être comprise comme un pur acte de partage. ¹²C'est ce que je voulais dire lorsque j'ai dit qu'il est possible même dans ce monde d'écouter une seule Voix. ¹³Si tu fais partie de Dieu et que la Filialité est une, tu ne peux pas être limité au soi que voit l'ego.

3. Toute pensée aimante tenue dans n'importe quelle partie de la Filialité appartient à chaque partie. ²Elle est partagée *parce qu'*elle est aimante. ³Partager, c'est la façon dont Dieu crée, qui est aussi la tienne. ⁴L'ego peut te garder en exil hors du Royaume, mais dans le Royaume même il n'a aucun pouvoir. ⁵Les idées du pur-esprit ne quittent pas l'esprit qui les pense, pas plus qu'elles ne peuvent être en conflit les unes avec les autres. ⁶Toutefois, les idées de l'ego peuvent être en conflit parce qu'elles surviennent à différents niveaux et incluent aussi des pensées opposées à un même niveau. ⁷*Il est impossible de partager des pensées qui s'opposent les unes aux autres.* ⁸Tu ne peux partager que les pensées qui sont de Dieu et qu'Il garde pour toi. ⁹Or en cela consiste le Royaume des Cieux. ¹⁰Les autres restent avec toi jusqu'à ce que le Saint-Esprit les ait réinterprétées à la lumière du Royaume, les rendant, elles aussi, dignes d'être partagées. ¹¹Lorsqu'elles ont été suffisamment purifiées, Il te laisse les donner. ¹²C'est la décision de les partager qui *est* leur purification.

4. J'ai entendu une seule Voix parce que j'ai compris que je ne pouvais pas expier pour moi seul. ²Écouter une seule Voix implique la décision de La partager afin de L'entendre soi-même. ³L'Esprit qui était en moi est encore irrésistiblement attiré vers chaque esprit que Dieu a créé, parce que l'Entièreté de Dieu est l'Entièreté de Son Fils. ⁴Tu ne peux pas être blessé, et à ton frère tu ne veux rien montrer, sauf ton entièreté. ⁵Montre-lui qu'il ne peut pas te blesser, et ne lui fais aucun reproche, sinon c'est à toi-même que tu le fais. ⁶C'est ce que signifie «présenter l'autre joue».

5.   L'enseignement se fait de plusieurs façons, par-dessus tout en donnant l'exemple. ²L'enseignement devrait être guérison, parce que c'est un partage d'idées, et c'est la re-connaissance du fait que partager des idées, c'est les renforcer. ³Je ne peux pas oublier mon besoin d'enseigner ce que j'ai appris, qui a surgi en moi *parce que* je l'ai appris. ⁴Je fais appel à toi pour enseigner ce que tu as appris, parce qu'en le faisant tu pourras t'y fier. ⁵Rends-le fiable en mon nom parce que mon nom est le Nom du Fils de Dieu. ⁶Ce que j'ai appris, je te le donne librement, et l'Esprit qui était en moi se réjouit quand tu choisis de l'entendre.

6.   C'est en défaisant que le Saint-Esprit expie en nous tous, et ainsi lève le fardeau que tu as placé dans ton esprit. ²En Le suivant, tu es reconduit vers Dieu où est ta place ; or comment peux-tu trouver le chemin, sauf en emmenant ton frère avec toi ? ³Mon rôle dans l'Expiation n'est pas complet tant que tu ne t'y es pas joint et ne l'as pas donnée. ⁴Comme tu enseignes, ainsi tu apprendras. ⁵Jamais je ne te délaisserai ni ne t'abandonnerai, parce qu'en t'abandonnant je m'abandonnerais moi-même et j'abandonnerais Dieu Qui m'a créé. ⁶Tu t'abandonnes toi-même et tu abandonnes Dieu si tu abandonnes n'importe lequel de tes frères. ⁷Tu dois apprendre à les voir tels qu'ils sont, et comprendre qu'ils appartiennent à Dieu comme toi. ⁸Comment pourrais-tu mieux traiter ton frère qu'en rendant à Dieu ce qui est à Dieu ?

7.   L'Expiation te donne le pouvoir d'un esprit guéri, mais le pouvoir de créer est de Dieu. ²Par conséquent, ceux qui ont été pardonnés doivent se dévouer d'abord à la guérison, parce qu'ayant reçu l'idée de la guérison ils doivent la donner pour la garder. ³Le plein pouvoir de la création ne peut pas être exprimé aussi longtemps qu'une seule des idées de Dieu est refusée au Royaume. ⁴La volonté conjointe de la Filialité est le seul créateur capable de créer comme le Père, parce que seuls ceux qui sont complets peuvent penser complètement, et rien ne manque à la pensée de Dieu. ⁵Dans tout ce que tu ne penses pas par le Saint-Esprit, il y a un manque.

8.   Comment peux-tu souffrir, toi qui es si saint ? ²Tout ton passé a disparu, sauf sa beauté, et il ne reste rien, qu'une bénédiction. ³J'ai sauvé toutes tes gentillesses et chaque pensée aimante que tu as jamais eue. ⁴Je les ai purifiées des erreurs qui cachaient leur lumière et les ai gardées pour toi dans leur propre parfait rayonnement. ⁵Elles sont au-delà de la destruction et au-delà de la culpabilité. ⁶Elles sont venues du Saint-Esprit en toi, et nous

savons que ce que Dieu crée est éternel. ⁷Tu peux certes t'en aller en paix parce que je t'ai aimé comme je me suis aimé moi-même. ⁸Tu vas avec ma bénédiction et pour ma bénédiction. ⁹Tiens-la et partage-la, afin qu'elle soit nôtre à jamais. ¹⁰Je place la paix de Dieu dans ton cœur et dans tes mains, pour que tu la tiennes et la partages. ¹¹Le cœur est pur pour la tenir et les mains sont fortes pour la donner. ¹²Nous ne pouvons pas perdre. ¹³Mon jugement est aussi fort que la sagesse de Dieu, dans le Cœur et les Mains Duquel nous avons l'être. ¹⁴Ses enfants dans leur quiétude sont Ses Fils bienheureux. ¹⁵Les Pensées de Dieu sont avec toi.

V. L'usage que fait l'ego de la culpabilité

1. Peut-être que certains de nos concepts deviendront plus clairs et prendront une signification plus personnelle si nous clarifions l'usage que fait l'ego de la culpabilité. ²L'ego a un but, tout comme le Saint-Esprit. ³Le but de l'ego est la peur, parce que seuls ceux qui ont peur peuvent être égotistes. ⁴La logique de l'ego est aussi impeccable que celle du Saint-Esprit, parce que ton esprit a les moyens à sa disposition de se ranger avec le Ciel ou avec la terre, à son choix. ⁵Mais encore une fois, souviens-toi que les deux sont en toi.

2. Au Ciel, il n'y a pas de culpabilité, parce que le Royaume s'atteint par l'Expiation, qui te rend libre de créer. ²« Créer » est le mot approprié ici, car une fois que ce que tu as fait a été défait par le Saint-Esprit, le résidu béni est restauré et continue donc la création. ³Ce qui est véritablement béni est incapable de susciter la culpabilité et doit susciter la joie. ⁴Cela le rend invulnérable à l'ego parce que sa paix est inattaquable. ⁵Il est invulnérable aux perturbations parce qu'il est entier. ⁶La culpabilité est *toujours* perturbatrice. ⁷Tout ce qui engendre la peur est diviseur parce que cela obéit à la loi de la division. ⁸Si l'ego est le symbole de la séparation, il est aussi le symbole de la culpabilité. ⁹La culpabilité est plus que simplement pas de Dieu. ¹⁰C'est le symbole de l'attaque contre Dieu. ¹¹Voilà un concept totalement in-signifiant, sauf pour l'ego, mais ne sous-estime pas le pouvoir de la croyance que lui donne l'ego. ¹²C'est de cette croyance que provient en fait toute culpabilité.

3. L'ego est la partie de l'esprit qui croit en la division. ²Comment une partie de Dieu pourrait-elle s'En détacher sans croire qu'elle

L'attaque ? ³Nous avons dit plus tôt que le problème de l'autorité est fondé sur le concept de l'usurpation du pouvoir de Dieu. ⁴L'ego croit que c'est ce que tu as fait parce qu'il croit qu'il *est* toi. ⁵Si tu t'identifies à l'ego, tu dois te percevoir toi-même comme coupable. ⁶Chaque fois que tu réponds à ton ego, tu éprouves de la culpabilité et tu as peur d'être puni. ⁷L'ego est une pensée pleine de peur, littéralement. ⁸Aussi ridicule que puisse être pour un esprit sain l'idée d'attaquer Dieu, n'oublie jamais que l'ego n'est pas sain. ⁹Il représente un système délirant, et il parle pour lui. ¹⁰Écouter la voix de l'ego signifie que tu crois qu'il est possible d'attaquer Dieu et qu'il est une partie de Lui que tu Lui as arrachée. ¹¹S'ensuit la peur d'une riposte venant de l'extérieur, parce que la gravité de la culpabilité est si aiguë qu'elle doit être projetée.

4.   Quoi que tu acceptes dans ton esprit, cela sera réel pour toi. ²C'est ton acceptation qui le rend réel. ³Si tu intronises l'ego dans ton esprit, le fait que tu lui permets d'entrer en fait ta réalité. ⁴C'est parce que l'esprit est capable de créer la réalité ou de faire des illusions. ⁵J'ai dit plus tôt que tu dois apprendre à penser avec Dieu. ⁶Penser avec Lui, c'est penser comme Lui. ⁷Cela engendre la joie, et non la culpabilité, parce que c'est naturel. ⁸La culpabilité est un signe certain que ta façon de penser n'est pas naturelle. ⁹Une pensée qui n'est pas naturelle sera toujours accompagnée de culpabilité, parce que c'est la croyance dans le péché. ¹⁰L'ego ne perçoit pas le péché comme un manque d'amour mais comme un acte positif d'agression. ¹¹Cela est nécessaire pour la survie de l'ego parce que, dès l'instant que tu considéreras le péché comme un manque, tu tenteras automatiquement de remédier à la situation. ¹²Et tu réussiras. ¹³L'ego voit cela comme une fatalité, mais tu dois apprendre à le voir comme la liberté.

5.   L'esprit non coupable ne peut pas souffrir. ²Étant sain, l'esprit guérit le corps parce qu'*il* a été guéri. ³L'esprit sain ne peut pas concevoir la maladie parce qu'il ne peut pas concevoir d'attaquer qui que ce soit ou quoi que ce soit. ⁴J'ai dit plus tôt que la maladie est une forme de magie. ⁵Peut-être vaudrait-il mieux dire que c'est une forme de solution magique. ⁶L'ego croit qu'en se punissant lui-même, il atténuera la punition de Dieu. ⁷Or même en cela il est arrogant. ⁸Il attribue à Dieu une intention punitive, puis il fait de cette intention sa propre prérogative. ⁹Il essaie d'usurper toutes les fonctions de Dieu telles qu'il les perçoit, parce qu'il reconnaît que seule une allégeance totale est fiable.

6.   L'ego ne peut pas plus s'opposer aux lois de Dieu que tu ne le peux, mais il peut les interpréter conformément à ce qu'il veut, comme tu le peux. ²C'est pourquoi il faut répondre à la question : « Qu'est-ce que tu veux ? » ³Tu y réponds à chaque minute et à chaque seconde, et chaque moment de décision est un jugement qui est tout sauf ineffectif. ⁴Ses effets suivront automatiquement jusqu'à ce que la décision soit changée. ⁵Souviens-toi, toutefois, que les alternatives sont elles-mêmes inaltérables. ⁶Le Saint-Esprit, comme l'ego, est une décision. ⁷Ensemble ils constituent toutes les alternatives que l'esprit peut accepter et auxquelles il peut obéir. ⁸Le Saint-Esprit et l'ego sont les seuls choix qui te soient offerts. ⁹Dieu en a créé un, donc tu ne peux pas l'éradiquer. ¹⁰Tu as fait l'autre, donc tu le peux. ¹¹Seul ce que Dieu crée est irréversible et inchangeable. ¹²Ce que tu as fait peut toujours être changé parce que, lorsque tu ne penses pas comme Dieu, en réalité tu ne penses pas du tout. ¹³Les idées délirantes ne sont pas de réelles pensées, bien que tu puisses croire en elles. ¹⁴Mais tu fais erreur. ¹⁵La fonction de la pensée vient de Dieu et est en Dieu. ¹⁶Faisant toi-même partie de Sa Pensée, tu *ne peux pas* penser à part de Lui.

7.   Une pensée irrationnelle est une pensée désordonnée. ²Dieu Lui-même ordonne ta pensée parce que ta pensée a été créée par Lui. ³Le sentiment de culpabilité est toujours signe que tu ne connais pas cela. ⁴Il montre aussi que tu crois pouvoir penser à part de Dieu, et que tu veux le faire. ⁵Chaque pensée désordonnée s'accompagne de culpabilité dès son commencement, et c'est la culpabilité qui la maintient dans sa continuité. ⁶La culpabilité est inéluctable pour ceux qui croient qu'ils ordonnent leurs propres pensées, et doivent donc obéir à leurs diktats. ⁷Cela les fait sentir responsables de leurs erreurs mais sans reconnaître qu'en acceptant cette responsabilité, ils réagissent de manière irresponsable. ⁸Si la seule responsabilité du faiseur de miracles est d'accepter l'Expiation pour lui-même, et je t'assure que ce l'est, alors la responsabilité de *ce* qui est expié ne peut pas t'incomber. ⁹Le dilemme ne peut être résolu qu'en acceptant la solution de défaire. ¹⁰Tu *serais* responsable de tous les effets de ta pensée fausse si elle ne pouvait pas être défaite. ¹¹Le but de l'Expiation est de ne sauver le passé que sous une forme purifiée. ¹²Si tu acceptes le remède à la pensée désordonnée, remède dont l'efficacité est au-delà du doute, comment ses symptômes peuvent-ils rester ?

8.   Que tu continues dans la décision de rester séparé est la seule raison possible pour que continue le sentiment de culpabilité. [2]Nous avons déjà dit cela, mais sans insister sur les résultats destructeurs de la décision. [3]Toute décision de l'esprit affecte à la fois la conduite et l'expérience. [4]Ce que tu veux, tu t'y attends. [5]Cela n'est pas délirant. [6]Ton esprit *fait* ton avenir, et il le retournera à la pleine création à tout moment s'il accepte d'abord l'Expiation. [7]Il retournera aussi à la pleine création dès l'instant qu'il l'aura fait. [8]Ayant abandonné sa pensée désordonnée, l'ordonnance correcte de la pensée devient tout à fait apparente.

VI. Temps et éternité

1.   Dieu en Sa connaissance n'attend pas, mais Son Royaume est dépouillé tant que *tu* attends. [2]Tous les Fils de Dieu attendent ton retour, tout comme tu attends le leur. [3]Les retards n'ont pas d'importance dans l'éternité, mais ils sont tragiques dans le temps. [4]Tu as choisi d'être dans le temps plutôt que dans l'éternité, et tu crois donc que tu *es* dans le temps. [5]Or ton choix est à la fois libre et changeable. [6]Ta place n'est pas dans le temps. [7]Ta seule place est dans l'éternité, où Dieu Lui-même t'a placé à jamais.
2.   Le sentiment de culpabilité préserve le temps. [2]Il induit la peur de la riposte ou de l'abandon et assure ainsi que le futur sera comme le passé. [3]Voilà la continuité de l'ego. [4]Elle donne à l'ego un faux sentiment de sécurité en lui faisant croire que tu ne peux pas t'en échapper. [5]Mais tu peux et tu dois le faire. [6]Dieu t'offre en échange la continuité de l'éternité. [7]Lorsque tu choisis de faire cet échange, tu échanges simultanément la culpabilité contre la joie, la méchanceté contre l'amour et la douleur contre la paix. [8]Mon rôle est seulement de désenchaîner ta volonté pour la rendre libre. [9]Ton ego ne peut pas accepter cette liberté et il s'y opposera à tous les moments possibles et par tous les moyens possibles. [10]En tant que son faiseur, tu reconnais ce qu'il peut faire parce que c'est toi qui lui en as donné le pouvoir.
3.   Souviens-toi toujours du Royaume, et souviens-toi que toi qui fais partie du Royaume, tu ne peux pas être perdu. [2]L'Esprit qui était en moi *est* en toi, car Dieu crée avec une parfaite équité. [3]Laisse le Saint-Esprit te rappeler toujours Son équité, et laisse-moi t'enseigner comment la partager avec tes frères. [4]De quelle autre façon la chance pourrait-elle t'être donnée de la réclamer pour

toi-même? [5]Les deux voix parlent simultanément pour des interprétations différentes de la même chose ; ou presque simultanément, car l'ego parle toujours en premier. [6]Les interprétations alternatives n'étaient pas nécessaires jusqu'à ce que la première ait été faite.

4. L'ego parle en jugement et le Saint-Esprit renverse sa décision, de même qu'en ce monde une cour supérieure a le pouvoir de renverser les décisions rendues par un tribunal inférieur. [2]Les décisions de l'ego sont toujours fausses, parce qu'elles sont fondées sur l'erreur même qu'elles ont été faites pour soutenir. [3]Rien de ce que l'ego perçoit n'est interprété correctement. [4]Non seulement l'ego cite-t-il l'Écriture pour servir ses propres fins mais il interprète l'Écriture pour qu'elle lui serve de témoin. [5]La Bible est une chose effrayante au jugement de l'ego. [6]La percevant comme effrayante, il l'interprète avec crainte. [7]Ayant peur, tu ne fais pas appel à la Cour supérieure parce que tu crois que son jugement irait aussi contre toi.

5. Il y a de nombreux exemples illustrant combien les interprétations de l'ego peuvent égarer, mais quelques-uns suffiront à montrer comment le Saint-Esprit peut les réinterpréter à Sa Propre lumière.

6. Interprété par Lui : « Ce que l'homme sème, il le récoltera », signifie que tu cultiveras en toi-même ce que tu considères digne d'être cultivé. [2]C'est ton jugement de ce qui est digne qui le rend digne pour toi.

7. « À moi la vengeance, dit le Seigneur » est facile à réinterpréter si tu te souviens que les idées augmentent seulement en étant partagées. [2]L'énoncé souligne que la vengeance ne peut pas être partagée. [3]Donne-la donc au Saint-Esprit, Qui la défera en toi parce qu'elle n'a pas sa place dans ton esprit, qui fait partie de Dieu.

8. Interprété par l'ego : « Je punirai les péchés des pères jusqu'à la troisième et à la quatrième génération » est particulièrement méchant. [2]Cela ne devient plus qu'une tentative pour garantir la propre survie de l'ego. [3]Pour le Saint-Esprit, l'énoncé signifie que des générations plus tard Il peut encore réinterpréter ce que les générations précédentes avaient mal compris et libérer ainsi les pensées de leur aptitude à produire la peur.

9. « Les méchants périssent » devient un énoncé de l'Expiation si le mot « périr » est pris au sens d'« être défait ». [2]Toute pensée sans amour doit être défaite, un mot que l'ego ne peut même pas comprendre. [3]Pour l'ego, être défait signifie être détruit. [4]L'ego ne

sera pas détruit parce qu'il fait partie de ta pensée, mais parce qu'il est incapable de créer et donc de partager, il sera réinterprété pour te délivrer de la peur. ⁵La partie de ton esprit que tu as donnée à l'ego retournera simplement au Royaume, où ton esprit tout entier a sa place. ⁶Tu peux retarder le complètement du Royaume, mais tu ne peux pas y introduire le concept de la peur.

10.   Tu n'as pas besoin d'avoir peur que la Cour supérieure te condamne. ²Elle rejettera tout simplement les accusations contre toi. ³Il n'y a pas d'accusation qui tienne contre un enfant de Dieu, et chaque témoin de la culpabilité des créations de Dieu porte un faux témoignage contre Dieu Lui-même. ⁴Fais appel avec joie de tout ce que tu crois à la Propre Cour supérieure de Dieu, parce qu'elle parle pour Lui et donc parle véritablement. ⁵Elle rejettera les accusations contre toi, quel que soit le soin que tu as mis à les fabriquer. ⁶Les accusations sont peut-être à toute épreuve, mais pas à l'épreuve de Dieu. ⁷Le Saint-Esprit ne les entendra pas, parce qu'Il ne peut témoigner que véritablement. ⁸Son verdict sera toujours : « À toi appartient le royaume », parce qu'Il t'a été donné pour te rappeler ce que tu es.

11.   Quand j'ai dit : « Je suis venu comme une lumière dans le monde », je voulais dire que je suis venu partager la lumière avec toi. ²Souviens-toi que j'ai parlé du sombre miroir de l'ego et souviens-toi aussi que j'ai dit : « Ne regarde pas là. » ³Il est toujours vrai que c'est à toi de décider où tu regardes pour te trouver. ⁴Ta patience envers ton frère est ta patience envers toi-même. ⁵Un enfant de Dieu n'est-il pas digne de patience ? ⁶J'ai montré avec toi une patience infinie parce que ma volonté est Celle de notre Père, de Qui j'ai appris ce qu'est la patience infinie. ⁷Sa Voix était en moi comme Elle est en toi, parlant pour la patience envers la Filialité au Nom de son Créateur.

12.   Maintenant tu dois apprendre que seule la patience infinie produit des effets immédiats. ²C'est ainsi que le temps est échangé contre l'éternité. ³La patience infinie fait appel à l'amour infini et, en produisant des résultats *maintenant*, elle rend le temps non nécessaire. ⁴Nous avons dit à maintes reprises que le temps est un mécanisme d'apprentissage qui sera aboli lorsqu'il ne sera plus utile. ⁵Le Saint-Esprit, Qui parle pour Dieu dans le temps, connaît aussi que le temps est in-signifiant. ⁶Il te rappelle cela à chaque instant du temps qui passe, parce que Sa fonction particulière est de te ramener à l'éternité, puis de rester pour y bénir tes créations. ⁷Il est la seule bénédiction que tu puisses véritablement

donner, parce qu'Il est véritablement béni. [8]Parce qu'Il t'a été librement donné par Dieu, tu dois Le donner comme tu L'as reçu.

VII. La décision de choisir Dieu

1.   Crois-tu réellement pouvoir faire une voix capable de noyer Celle de Dieu? [2]Crois-tu réellement pouvoir concevoir un système de pensée capable de te séparer de Lui? [3]Crois-tu réellement pouvoir faire des plans pour ta sécurité et ta joie mieux que Lui? [4]Tu n'as pas besoin d'être soucieux ni insoucieux; tu as seulement besoin de te décharger sur Lui de tous tes soucis, parce qu'Il prend soin de toi. [5]Tu es Son soin parce qu'Il t'aime. [6]Sa Voix te rappelle toujours que tous les espoirs te sont permis parce qu'Il a soin de toi. [7]Tu ne peux pas choisir d'échapper à Ses soins parce que telle n'est pas Sa Volonté, mais tu peux choisir d'accepter Ses soins et d'utiliser le pouvoir infini de Sa sollicitude pour tous ceux qu'Il a créés par elle.

2.   Il y eut de nombreux guérisseurs qui ne s'étaient pas guéris eux-mêmes. [2]Ils n'ont pas transporté des montagnes par leur foi parce que leur foi n'était pas entière. [3]Certains d'entre eux ont parfois guéri les malades, mais ils n'ont pas ressuscité les morts. [4]À moins que le guérisseur ne se guérisse lui-même, il ne peut pas croire qu'il n'y a pas d'ordre de difficulté dans les miracles. [5]Il n'a pas appris que chaque esprit que Dieu a créé est également digne d'être guéri *parce que* Dieu l'a créé entier. [6]Il t'est simplement demandé de rendre à Dieu l'esprit tel qu'Il l'a créé. [7]Il te demande uniquement ce qu'Il a donné, connaissant que ce don te guérira. [8]La santé d'esprit est l'entièreté, et la santé d'esprit de tes frères est la tienne.

3.   Pourquoi écouterais-tu les incessants appels insanes dont tu penses faire l'objet, quand tu peux connaître que la Voix pour Dieu est en toi? [2]Dieu t'a remis Son Pur-Esprit et Il te demande de Lui remettre le tien. [3]Sa volonté est de le garder dans une paix parfaite, parce que tu es avec Lui d'un seul pur-esprit. [4]T'exclure toi-même de l'Expiation, c'est l'ultime tentative désespérée de l'ego pour défendre sa propre existence. [5]Cela reflète à la fois le besoin de l'ego de séparer et ton désir de te ranger avec son état de séparation. [6]Ce désir signifie que tu ne veux pas être guéri.

4.   Mais le temps est maintenant. [2]Il ne t'a pas été demandé de mettre au point toi-même le plan du salut parce que, comme je

te l'ai dit plus tôt, le remède ne pourrait pas être fait par toi. ³Dieu Lui-même t'a donné la parfaite Correction pour tout ce que tu as fait qui n'est pas en accord avec Sa sainte Volonté. ⁴Je te rends Son plan parfaitement explicite ; je te dirai aussi quel y est ton rôle et quelle urgence il y a à le remplir. ⁵Dieu pleure sur le « sacrifice » de Ses enfants qui se croient perdus pour Lui.

5.   Chaque fois que tu n'es pas entièrement joyeux, c'est que tu as réagi avec un manque d'amour à l'une des créations de Dieu. ²Percevant cela comme un « péché », tu te mets sur la défensive parce que tu t'attends à être attaqué. ³La décision de réagir de cette façon t'appartient, et elle peut donc être défaite. ⁴Elle ne peut pas être défaite par le repentir au sens habituel, parce que cela implique de la culpabilité. ⁵Si tu te permets de te sentir coupable, tu renforceras l'erreur plutôt que de lui permettre d'être défaite pour toi.

6.   La décision ne peut pas être difficile. ²Cela est évident quand tu te rends compte que tu dois déjà avoir décidé de ne pas être entièrement joyeux si tu ne l'es pas. ³Par conséquent, la première étape pour défaire cela consiste à reconnaître que tu as pris activement la mauvaise décision, mais que tu peux tout aussi activement prendre une autre décision. ⁴Sois très ferme avec toi-même là-dessus et reste pleinement conscient que défaire est un processus qui ne vient pas de toi mais qui néanmoins est en toi parce que Dieu l'a placé là. ⁵Ton rôle consiste simplement à ramener ta pensée au point où l'erreur a été faite, puis à la remettre en paix à l'Expiation. ⁶Dis-toi ce qui suit aussi sincèrement que possible, en te souvenant que le Saint-Esprit répondra pleinement à ta moindre invitation :

> ⁷*J'ai dû prendre la mauvaise décision, parce que je ne suis pas en paix.*
> ⁸*J'ai pris la décision moi-même, mais je peux aussi prendre une autre décision.*
> ⁹*Je veux prendre une autre décision, parce que je veux être en paix.*
> ¹⁰*Je ne me sens pas coupable, parce que le Saint-Esprit défera toutes les conséquences de ma mauvaise décision si je Le laisse défaire.*
> ¹¹*Je choisis de Le laisser défaire, en Lui permettant de décider de choisir Dieu pour moi.*

Chapitre 6

LES LEÇONS DE L'AMOUR

Introduction

1.   La relation de la colère à l'attaque est évidente, mais la relation de la colère à la peur n'est pas toujours aussi apparente. [2]La colère comporte toujours la projection de la séparation, qui doit finalement être acceptée par chacun comme étant sa propre responsabilité plutôt que d'être rejetée sur les autres. [3]La colère ne peut pas se produire à moins que tu ne croies avoir été attaqué, que ton attaque en retour est justifiée et que tu n'en es aucunement responsable. [4]Étant donné ces trois prémisses entièrement irrationnelles, la conclusion tout aussi irrationnelle doit suivre qu'un frère est digne d'attaque plutôt que d'amour. [5]À quoi peut-on s'attendre de prémisses insanes, sinon à une conclusion insane ? [6]La façon de défaire une conclusion insane, c'est de considérer la justesse des prémisses sur lesquelles elle repose. [7]Tu ne peux pas *être* attaqué, l'attaque *n'a pas* de justification et tu *es* responsable de ce que tu crois.

2.   Il t'a été demandé de me prendre comme modèle pour apprendre, puisqu'un exemple extrême est une aide à l'apprentissage particulièrement utile. [2]Chacun enseigne, et enseigne tout le temps. [3]C'est une responsabilité que tu assumes inévitablement dès l'instant que tu acceptes quelque prémisse que ce soit; et personne ne peut organiser sa vie sans quelque système de pensée. [4]Une fois que tu as développé un quelconque système de pensée, tu règles ta vie sur lui et tu l'enseignes. [5]Ta capacité de faire allégeance à un système de pensée peut être mal placée, mais c'est quand même une forme de foi et elle peut être redirigée.

I. Le message de la crucifixion

1.   Considérons encore une fois la crucifixion afin d'en tirer leçon. [2]Je ne m'y suis pas attardé plus tôt à cause des connotations apeurantes que tu lui associes peut-être. [3]Le seul point sur lequel j'ai insisté jusqu'à présent, c'est qu'il ne s'agissait pas d'une forme de punition. [4]Toutefois, rien ne peut s'expliquer uniquement de

manière négative. [5]Il y a une interprétation positive de la crucifixion qui est entièrement dénuée de peur et dont l'enseignement, s'il est compris correctement, est donc entièrement bénin.

2.   La crucifixion n'est rien de plus qu'un exemple extrême. [2]Sa
valeur, comme la valeur de n'importe quel mécanisme d'enseignement, réside uniquement dans le type d'apprentissage qu'elle
facilite. [3]Elle peut être, et elle a été, mal comprise. [4]C'est seulement parce que les apeurés sont enclins à percevoir peureusement. [5]Je t'ai déjà dit que tu pouvais toujours faire appel à moi
pour partager ma décision et ainsi la renforcer. [6]Je t'ai dit aussi
que la crucifixion était le dernier voyage inutile que la Filialité
avait besoin de faire, et qu'elle représentait la délivrance de la
peur pour quiconque la comprenait. [7]Comme jusqu'ici je n'ai insisté que sur la résurrection, le but de la crucifixion et comment
elle a en fait mené à la résurrection n'ont pas encore été clarifiés.
[8]Néanmoins, elle a une contribution bien précise à apporter à ta
propre vie et, si tu veux bien la considérer sans peur, elle t'aidera
à comprendre ton propre rôle en tant qu'enseignant.

3.   Pendant des années tu as probablement réagi comme si tu étais
crucifié. [2]C'est une tendance marquée chez les séparés, qui refusent toujours de considérer ce qu'ils se sont fait à eux-mêmes.
[3]Projection signifie colère, la colère encourage l'assaut et l'assaut
favorise la peur. [4]La signification réelle de la crucifixion réside
dans l'*apparente* intensité de l'assaut de quelques-uns des Fils de
Dieu sur un autre. [5]Cela, bien sûr, est impossible, et doit être pleinement compris *comme étant* impossible. [6]Autrement je ne peux
pas servir de modèle pour apprendre.

4.   En définitive, il ne peut y avoir d'assaut que sur le corps. [2]Il n'y
a guère de doute qu'un corps peut en assaillir un autre, et peut
même le détruire. [3]Or si la destruction elle-même est impossible,
tout ce qui est destructible ne peut être réel. [4]Par conséquent, sa
destruction ne justifie pas la colère. [5]Dans la mesure où tu crois
qu'elle le fait, tu acceptes de fausses prémisses et tu les enseignes
à autrui. [6]Le message que la crucifixion était censée enseigner,
c'est qu'il n'est pas nécessaire de percevoir une quelconque
forme d'assaut dans la persécution, parce que tu ne peux pas *être*
persécuté. [7]Si tu réponds par la colère, tu dois t'assimiler au destructible et donc tu te regardes toi-même d'une manière insane.

5.   J'ai expliqué clairement que je suis comme toi et que tu es comme
moi, mais notre égalité fondamentale ne peut être démontrée que
par une décision conjointe. [2]Tu es libre de te percevoir comme

persécuté si tel est ton choix. ³Quand tu choisis de réagir ainsi, toutefois, tu devrais te rappeler que j'ai été persécuté comme le monde en juge, mais c'est une évaluation que je ne partageais pas. ⁴Et parce que je ne la partageais pas, je ne l'ai pas renforcée. ⁵J'ai donc offert une interprétation différente de l'attaque, interprétation que je veux partager avec toi. ⁶Si tu y crois, tu m'aideras à l'enseigner.

6.   Comme je l'ai déjà dit : « Comme tu enseignes, ainsi tu apprendras. » ²Si tu réagis comme si tu étais persécuté, tu enseignes la persécution. ³Ce n'est pas une leçon qu'un Fils de Dieu devrait vouloir enseigner s'il doit se rendre compte de son propre salut. ⁴Plutôt, enseigne ta propre parfaite immunité, qui est la vérité en toi, et rends-toi compte qu'elle ne peut pas *être* assaillie. ⁵N'essaie pas de la protéger toi-même, car ce serait croire qu'elle peut être assaillie. ⁶Il ne t'est pas demandé d'être crucifié, ce qui faisait partie de ma propre contribution à l'enseignement. ⁷Il t'est seulement demandé, face à des tentations beaucoup moins extrêmes de malpercevoir, de suivre mon exemple et de ne pas les accepter comme fausses justifications à la colère. ⁸Il ne peut y avoir de justification à l'injustifiable. ⁹Ne crois pas qu'il y en ait, et n'enseigne pas qu'il y en a. ¹⁰Rappelle-toi toujours que ce que tu crois, tu l'enseignes. ¹¹Crois avec moi, et nous deviendrons égaux en tant qu'enseignants.

7.   Ta résurrection est ton réveil. ²Je suis le modèle de la renaissance, mais la renaissance elle-même n'est que l'émergence dans ton esprit de ce qui s'y trouve déjà. ³Dieu Lui-même l'a placé là, ainsi est-ce vrai à jamais. ⁴J'ai cru en cela, et je l'ai donc accepté comme vrai pour moi. ⁵Aide-moi à l'enseigner à nos frères au nom du Royaume de Dieu, mais d'abord crois que cela est vrai pour toi, ou tu enseigneras mal. ⁶Mes frères dormaient dans le soi-disant « jardin des supplices », mais je ne pouvais pas être en colère contre eux parce que je connaissais que je ne pouvais pas *être* abandonné.

8.   Je suis désolé lorsque mes frères ne partagent pas ma décision de n'entendre qu'une seule Voix, parce que cela les affaiblit comme enseignants et comme apprenants. ²Je connais pourtant qu'ils ne peuvent pas réellement se trahir eux-mêmes ni me trahir, et que c'est toujours sur eux que je dois bâtir mon église. ³Il n'y a pas de choix en cela parce qu'il n'y a que toi qui puisses être le fondement de l'église de Dieu. ⁴Une église se trouve là où il y a un autel, et c'est la présence de l'autel qui rend l'église sainte. ⁵Une église

qui n'inspire pas l'amour a un autel caché qui ne sert pas le but que Dieu lui destinait. [6]Je dois fonder Son église sur toi, parce que ceux qui m'acceptent pour modèle sont littéralement mes disciples. [7]Les disciples sont ceux qui suivent, et si le modèle qu'ils suivent a choisi de leur épargner la douleur sous tous les rapports, ils seraient mal avisés de ne pas le suivre.

9.   J'ai choisi, pour ton bien et pour le mien, de démontrer que l'assaut le plus monstrueux, tel que l'ego en juge, n'a aucune importance. [2]Selon le jugement que le monde porte sur ces choses, mais point selon la connaissance que Dieu en a, j'ai été trahi, abandonné, battu, déchiré et finalement tué. [3]Il était clair que c'était uniquement à cause de la projection des autres sur moi, puisque je n'avais nui à personne et nombreux étaient ceux que j'avais guéris.

10.   Nous sommes encore égaux en tant qu'apprenants, quoique nous n'ayons pas besoin d'avoir des expériences égales. [2]Le Saint-Esprit se réjouit quand tu peux apprendre des miennes, et par elles être réveillé à nouveau. [3]C'est leur seul but, et c'est la seule façon pour moi d'être perçu comme la voie, la vérité et la vie. [4]Quand tu entends une seule Voix, tu n'es jamais appelé à faire des sacrifices. [5]Au contraire, en étant capable d'entendre le Saint-Esprit en autrui, tu peux apprendre des expériences de l'autre et en tirer profit sans en faire toi-même l'expérience directe. [6]La raison en est que le Saint-Esprit est un, et quiconque écoute est inévitablement porté à démontrer Sa voie pour tous.

11.   Tu n'es pas persécuté, pas plus que je ne l'étais. [2]Il ne t'est pas demandé de répéter mes expériences parce que le Saint-Esprit, Que nous partageons, rend cela non nécessaire. [3]Pour utiliser mes expériences de façon constructive, toutefois, tu dois encore suivre mon exemple dans la manière dont tu les perçois. [4]Mes frères et les tiens sont constamment occupés à justifier l'injustifiable. [5]Ma seule leçon, que je dois enseigner comme je l'ai apprise, est qu'aucune perception qui est en désaccord avec le jugement du Saint-Esprit ne peut être justifiée. [6]J'ai entrepris de montrer que cela était vrai dans un cas extrême, simplement parce que cela serait une bonne aide à l'enseignement pour ceux dont la tentation de céder à la colère et à l'assaut ne serait pas aussi extrême. [7]J'ai la volonté avec Dieu qu'aucun de Ses Fils n'ait à souffrir.

12.   La crucifixion ne peut pas être partagée parce que c'est le symbole de la projection ; mais la résurrection est le symbole du partage parce que le réveil de chaque Fils de Dieu est nécessaire

pour permettre à la Filialité de connaître son Entièreté. ²Seul cela est la connaissance.

13. Le message de la crucifixion est parfaitement clair :

²N'enseigne que l'amour, car c'est ce que tu es.

14. Si tu interprètes la crucifixion de toute autre façon, tu l'utilises comme une arme d'assaut plutôt que comme l'appel à la paix qu'elle était censée être. ²Les apôtres l'ont souvent mal comprise, et pour la même raison que quiconque la comprend mal. ³Leur propre amour imparfait les rendait vulnérables à la projection, et c'est leur propre peur qui les a fait parler de la «colère de Dieu» comme arme de Sa vengeance. ⁴Ils ne pouvaient pas non plus parler de la crucifixion tout à fait sans colère, parce que leur sentiment de culpabilité les avait mis en colère.

15. Voici quelques exemples de pensée sens dessus dessous dans le Nouveau Testament, bien que son évangile ne soit en réalité qu'un message d'amour. ²Si les apôtres ne s'étaient pas sentis coupables, ils n'auraient jamais pu me citer ainsi : «Je ne suis pas venu apporter la paix, mais l'épée.» ³Il est clair que c'est l'opposé de tout ce que j'ai enseigné. ⁴Ils n'auraient pas pu non plus décrire mes réactions envers Judas comme ils l'ont fait s'ils m'avaient réellement compris. ⁵Je n'aurais pas pu dire : «C'est par un baiser que tu trahis le Fils de l'homme ?», à moins de croire en la trahison. ⁶Tout le message de la crucifixion était simplement que je n'y croyais pas. ⁷La «punition» que je suis censé avoir appelée sur Judas est une erreur du même genre. ⁸Judas était mon frère ainsi qu'un Fils de Dieu, qui faisait partie de la Filialité autant que moi. ⁹Était-il vraisemblable que je le condamne alors que j'étais prêt à démontrer que la condamnation est impossible ?

16. Quand tu lis les enseignements des apôtres, rappelle-toi que je leur ai dit moi-même qu'il y avait bien des choses qu'ils comprendraient plus tard, parce qu'ils n'étaient pas entièrement prêts à me suivre à ce moment-là. ²Je ne veux pas que tu permettes à quelque peur que ce soit d'entrer dans le système de pensée vers lequel je te guide. ³Je ne demande pas des martyrs mais des enseignants. ⁴Nul n'est puni pour des péchés, et les Fils de Dieu ne sont pas des pécheurs. ⁵Tout concept de punition comporte la projection du blâme et renforce l'idée que le blâme est justifié. ⁶Le résultat est une leçon de blâme, car toute conduite enseigne les croyances qui l'ont motivée. ⁷La crucifixion a été le résultat de

deux systèmes de pensée clairement opposés ; le parfait symbole du « conflit » entre l'ego et le Fils de Dieu. [8]Ce conflit semble tout aussi réel maintenant, et ses leçons doivent être apprises maintenant comme alors.

17.   Je n'ai pas besoin de gratitude, mais tu as besoin de développer ton aptitude à être reconnaissant, qui est affaiblie, sinon tu ne peux pas apprécier Dieu. [2]Il n'a pas besoin que tu L'apprécies, mais *toi*, si. [3]Tu ne peux pas aimer ce que tu n'apprécies pas, car la peur rend impossible d'apprécier. [4]Quand tu as peur de ce que tu es, tu ne l'apprécies pas et par conséquent tu le rejettes. [5]Avec pour résultat que tu enseignes le rejet.

18.   Le pouvoir des Fils de Dieu est présent tout le temps, parce qu'ils ont été créés créateurs. [2]L'influence qu'ils ont les uns sur les autres est sans limites et doit être utilisée pour leur salut conjoint. [3]Chacun doit apprendre à enseigner que toutes les formes de rejet sont in-signifiantes. [4]La séparation est la notion de rejet. [5]Aussi longtemps que tu enseignes cela, tu y croiras. [6]Ce n'est pas ainsi que Dieu pense, et tu dois penser comme Il pense si tu veux Le connaître de nouveau.

19.   Rappelle-toi que le Saint-Esprit est le Lien de Communication entre Dieu le Père et Ses Fils séparés. [2]Si tu écoutes Sa Voix, tu connaîtras que tu ne peux ni blesser ni être blessé, et qu'ils sont nombreux à avoir besoin de ta bénédiction pour les aider à entendre cela par eux-mêmes. [3]Quand tu ne perçois que ce besoin en eux, et ne réponds plus à aucun autre, alors tu t'es mis à mon école et tu as aussi hâte que moi de partager ce que tu as appris.

II. L'alternative à la projection

1.   Toute division dans l'esprit doit comporter le rejet d'une partie de lui, et c'est cela qui *est* la croyance en la séparation. [2]L'Entièreté de Dieu, qui est Sa paix, ne peut être appréciée que par un esprit entier qui reconnaît l'Entièreté de la création de Dieu. [3]Par cette re-connaissance, il connaît son Créateur. [4]Exclusion et séparation sont synonymes, comme le sont séparation et dissociation. [5]Nous avons dit plus tôt que la séparation était et est une dissociation, et qu'une fois qu'elle s'est produite la projection devient sa principale défense, ou le mécanisme qui la fait durer. [6]Toutefois, la raison n'est peut-être pas aussi évidente que tu le penses.

2.   Ce que tu projettes, tu le désavoues, et tu ne crois donc pas que ce soit à toi. [2]Tu t'exclus toi-même par le jugement même que tu es différent de celui sur qui tu projettes. [3]Puisque tu as aussi jugé et rejeté ce que tu projettes, tu continues à l'attaquer parce que tu continues à le garder séparé. [4]En faisant cela inconsciemment, tu essaies de garder loin de ta conscience le fait que tu t'es attaqué toi-même, et tu t'imagines ainsi que tu t'es mis en sécurité.

3.   Or la projection te blessera toujours. [2]Elle renforce ta croyance en ton propre esprit divisé, et son seul but est de faire durer la séparation. [3]C'est uniquement un mécanisme de l'ego pour te faire sentir différent de tes frères et séparé d'eux. [4]L'ego le justifie en alléguant que cela te fait paraître «meilleur» qu'eux, ce qui obscurcit encore davantage ton égalité avec eux. [5]La projection et l'attaque sont inévitablement reliées, parce que la projection est toujours un moyen de justifier l'attaque. [6]La colère sans projection est impossible. [7]L'ego n'utilise la projection que pour détruire ta perception à la fois de toi-même et de tes frères. [8]Le processus commence par exclure quelque chose qui existe en toi mais que tu ne veux pas, et conduit directement à t'exclure toi-même de tes frères.

4.   Toutefois, nous avons appris qu'il y *a* une alternative à la projection. [2]Chaque aptitude de l'ego a un meilleur usage, parce que ses aptitudes sont dirigées par l'esprit, qui a une meilleure Voix. [3]Le Saint-Esprit étend et l'ego projette. [4]Comme leurs buts sont opposés, ainsi le sont leurs résultats.

5.   Le Saint-Esprit commence par te percevoir comme étant parfait. [2]Connaissant que cette perfection est partagée, Il la reconnaît en l'autre, la renforçant ainsi en vous deux. [3]Au lieu de la colère, cela suscite l'amour pour les deux, parce que cela établit l'inclusion. [4]Percevant l'égalité, le Saint-Esprit perçoit des besoins égaux. [5]Automatiquement, cela invite l'Expiation, parce que l'Expiation est le seul besoin dans ce monde qui soit universel. [6]Te percevoir toi-même de cette façon, c'est la seule façon de trouver le bonheur dans le monde. [7]C'est parce qu'ainsi tu reconnais que tu n'es pas dans ce monde, car le monde *est* malheureux.

6.   Comment peux-tu trouver la joie dans un lieu sans joie, sauf en te rendant compte que tu n'es pas là? [2]Tu ne peux être nulle part où Dieu ne t'a pas mis, et Dieu t'a créé comme partie de Lui. [3]Cela est à la fois où tu es et ce que tu es. [4]C'est complètement inaltérable. [5]C'est l'inclusion totale. [6]Tu ne peux pas le changer ni maintenant ni jamais. [7]C'est vrai à jamais. [8]Ce n'est pas une

croyance, mais un Fait. [9]Tout ce que Dieu a créé est aussi vrai qu'Il l'est. [10]Sa vérité réside seulement dans sa parfaite inclusion en Lui Qui seul est parfait. [11]Nier cela, c'est te nier toi-même et Le nier, Lui, puisqu'il est impossible d'accepter l'un sans l'autre.

7.   La parfaite égalité de la perception du Saint-Esprit est le reflet de la parfaite égalité de la connaissance de Dieu. [2]La perception de l'ego n'a pas d'équivalent en Dieu, mais le Saint-Esprit demeure le Pont entre la perception et la connaissance. [3]En te permettant d'utiliser la perception d'une manière qui reflète la connaissance, tu finiras par t'en souvenir. [4]L'ego préférerait croire que ce souvenir est impossible, or c'est *ta* perception que guide le Saint-Esprit. [5]Ta perception finira où elle a commencé. [6]Toutes choses se rencontrent en Dieu, parce que toutes choses ont été créées par Lui et en Lui.

8.   Dieu a créé Ses Fils en étendant Sa Pensée, tout en retenant dans Son Esprit les extensions de Sa Pensée. [2]Ainsi, toutes Ses Pensées sont parfaitement unies en elles-mêmes et les unes avec les autres. [3]Le Saint-Esprit te permet de percevoir cette entièreté *maintenant*. [4]Dieu t'a créé pour créer. [5]Tu ne peux pas étendre Son Royaume jusqu'à ce que tu connaisses ce qu'est son entièreté.

9.   Les pensées commencent dans l'esprit du penseur, et de là vont vers l'extérieur. [2]C'est aussi vrai de la Pensée de Dieu que de la tienne. [3]Parce que ton esprit est divisé, tu peux aussi bien percevoir que penser. [4]Or la perception ne peut pas échapper aux lois fondamentales de l'esprit. [5]Tu perçois à partir de ton esprit et tu projettes tes perceptions à l'extérieur. [6]Bien que toute espèce de perception soit irréelle, c'est toi qui l'as faite et le Saint-Esprit peut donc en faire bon usage. [7]Il peut inspirer la perception et la conduire vers Dieu. [8]Cette convergence paraît très éloignée dans le futur pour la seule raison que ton esprit n'est pas parfaitement aligné sur cette idée et qu'il ne la veut pas maintenant.

10.   Le Saint-Esprit utilise le temps, mais Il n'y croit pas. [2]Venant de Dieu, Il utilise tout pour le bien, mais Il ne croit pas en ce qui n'est pas vrai. [3]Puisque le Saint-Esprit est dans ton esprit, ton esprit peut aussi croire seulement ce qui est vrai. [4]Le Saint-Esprit ne peut parler que pour cela, parce qu'Il parle pour Dieu. [5]Il te dit de retourner à Dieu ton esprit tout entier, parce qu'il ne L'a jamais quitté. [6]S'il ne L'a jamais quitté, tu as seulement besoin de le percevoir tel qu'il est pour qu'il Lui soit retourné. [7]Avoir pleinement conscience de l'Expiation, c'est donc reconnaître que *la séparation ne s'est jamais produite*. [8]L'ego ne peut pas prévaloir

contre cela, parce que c'est l'énoncé explicite que l'ego ne s'est jamais produit.

11. L'ego peut accepter l'idée que le retour est nécessaire parce qu'il peut si facilement la faire paraître difficile. ²Or le Saint-Esprit te dit que même le retour n'est pas nécessaire, parce que ce qui n'est jamais arrivé ne peut pas être difficile. ³Toutefois, tu peux *rendre* l'idée de retour à la fois nécessaire et difficile. ⁴Or il est sûrement clair que ceux qui sont parfaits n'ont besoin de rien, et tu ne peux pas ressentir la perfection comme un accomplissement difficile, parce que c'est ce que tu es. ⁵C'est de cette façon que tu dois percevoir les créations de Dieu, en ramenant toutes tes perceptions sur la seule ligne que voit le Saint-Esprit. ⁶Cette ligne est la ligne directe de communication avec Dieu, qui laisse ton esprit converger avec le Sien. ⁷Il n'y a de conflit nulle part dans cette perception, parce que cela signifie que toute perception est guidée par le Saint-Esprit, Dont l'Esprit est fixé sur Dieu. ⁸Seul le Saint-Esprit peut résoudre le conflit, parce que seul le Saint-Esprit est libre de tout conflit. ⁹Il ne perçoit que ce qui est vrai dans ton esprit, et ne S'étend qu'à ce qui est vrai dans les autres esprits.

12. La différence entre la projection de l'ego et l'extension du Saint-Esprit est très simple. ²L'ego projette pour exclure, et donc pour tromper. ³Le Saint-Esprit étend en Se reconnaissant Lui-même dans chaque esprit; ainsi Il les perçoit tous ne faisant qu'un. ⁴Rien n'est en conflit dans cette perception, parce que tout ce que le Saint-Esprit perçoit est le même. ⁵Où qu'Il regarde, Il Se voit Lui-même, et parce qu'Il est uni Il offre toujours le Royaume tout entier. ⁶C'est l'unique message que Dieu Lui a donné et pour lequel Il doit parler, parce que c'est ce qu'Il est. ⁷La paix de Dieu réside dans ce message; ainsi la paix de Dieu réside en toi. ⁸La grande paix du Royaume luit à jamais dans ton esprit, mais elle doit rayonner au dehors pour que tu en prennes conscience.

13. Le Saint-Esprit t'a été donné avec une parfaite impartialité, et c'est seulement en Le reconnaissant impartialement que tu peux Le reconnaître. ²L'ego est légion, mais le Saint-Esprit est un. ³Aucunes ténèbres ne demeurent nulle part dans le Royaume, mais ton rôle consiste uniquement à ne permettre à aucunes ténèbres de demeurer dans ton propre esprit. ⁴Cet alignement sur la lumière est illimité, parce qu'il est aligné sur la lumière du monde. ⁵Chacun de nous est la lumière du monde, et c'est en joignant nos esprits dans cette lumière que nous proclamons le Royaume de Dieu ensemble et ne faisant qu'un.

III. Le renoncement à l'attaque

1.   Comme nous l'avons déjà souligné, chaque idée commence dans l'esprit du penseur. [2]Par conséquent, ce qui s'étend à partir de l'esprit est toujours en lui, et c'est *à ce* qu'il étend qu'il se connaît lui-même. [3]«Connaît» est le mot juste ici, parce que le Saint-Esprit tient toujours la connaissance en sécurité dans ton esprit par Sa perception impartiale. [4]En n'attaquant rien, Il ne pose aucune barrière à la communication de Dieu. [5]Par conséquent, l'être n'est jamais menacé. [6]Ton esprit pareil à Dieu ne peut jamais être profané. [7]L'ego n'en a jamais fait partie et jamais il n'en fera partie, mais par l'ego tu peux entendre et enseigner et apprendre ce qui n'est pas vrai. [8]Tu t'es enseigné à croire que tu n'es pas ce que tu es. [9]Tu ne peux pas enseigner ce que tu n'as pas appris, et tu renforces en toi ce que tu enseignes parce que tu le partages. [10]Chaque leçon que tu enseignes, tu l'apprends.

2.   C'est pourquoi tu dois enseigner une seule leçon. [2]Si tu dois toi-même être libre de tout conflit, tu ne dois apprendre que du Saint-Esprit et n'enseigner que par Lui. [3]Tu n'es qu'amour, mais quand tu nies cela, tu fais de ce que tu es quelque chose dont tu dois apprendre à te souvenir. [4]J'ai dit plus tôt que le message de la crucifixion était : «N'enseigne que l'amour, car c'est ce que tu es.» [5]C'est la seule leçon qui est parfaitement unifiée, parce que c'est la seule leçon qui est une. [6]Ce n'est qu'en l'enseignant que tu peux l'apprendre. [7]«Comme tu enseignes, ainsi tu apprendras.» [8]Si cela est vrai, et ce l'est en effet, n'oublie pas que ce que tu enseignes t'enseigne. [9]Et ce que tu projettes ou étends, tu le crois.

3.   La seule sécurité consiste à étendre le Saint-Esprit, parce qu'en voyant Sa douceur en autrui, ton propre esprit se perçoit lui-même comme totalement incapable de nuire. [2]Une fois qu'il peut accepter cela pleinement, il ne voit aucun besoin de se protéger. [3]Alors la protection de Dieu se fait jour en lui, l'assurant qu'il est à jamais en parfaite sécurité. [4]Ceux qui sont en parfaite sécurité sont entièrement bénins. [5]Ils bénissent parce qu'ils connaissent qu'ils sont bénis. [6]Sans anxiété, l'esprit est entièrement bon, et parce qu'il étend la bienfaisance, il est bienfaisant. [7]La sécurité est le renoncement complet à l'attaque. [8]En cela il n'y a pas de compromis possible. [9]Enseigne l'attaque sous n'importe quelle forme et tu l'as apprise, et elle te blessera. [10]Or cet apprentissage n'est pas immortel, et tu peux le désapprendre en ne l'enseignant point.

4. Puisque tu ne peux pas *ne pas* enseigner, ton salut est d'enseigner l'exact opposé de tout ce que croit l'ego. ²C'est ainsi que tu apprendras la vérité qui te rendra libre et te gardera libre tandis que d'autres l'apprendront de toi. ³La seule façon d'avoir la paix, c'est d'enseigner la paix. ⁴En enseignant la paix, tu dois l'apprendre toi-même, parce que tu ne peux pas enseigner ce que tu dissocies encore. ⁵C'est la seule façon pour toi de regagner la connaissance que tu as jetée. ⁶Une idée que tu partages, tu dois l'avoir. ⁷Elle s'éveille dans ton esprit par la conviction de l'enseigner. ⁸Tout ce que tu enseignes, tu l'apprends. ⁹N'enseigne que l'amour, et apprends que l'amour est à toi et que tu es l'amour.

IV. La seule Réponse

1. Rappelle-toi que le Saint-Esprit est la Réponse et non la question. ²L'ego parle toujours en premier. ³Il est capricieux et il ne veut pas le bien de son faiseur. ⁴Il croit, et à juste titre, que son faiseur pourrait lui retirer son soutien à tout moment. ⁵S'il voulait ton bien, il s'en réjouirait, comme le Saint-Esprit Se réjouira lorsqu'Il t'aura ramené chez toi et que tu n'auras plus besoin qu'Il te guide. ⁶L'ego ne se considère pas comme une partie de toi. ⁷Là réside son erreur principale, le fondement de tout son système de pensée.
2. Lorsque Dieu t'a créé, Il t'a fait partie de Lui. ²C'est pourquoi l'attaque est impossible à l'intérieur du Royaume. ³Tu as fait l'ego sans amour, ainsi il ne t'aime pas. ⁴Tu ne pouvais pas rester dans le Royaume sans amour, et puisque le Royaume *est* l'amour, tu crois être sans lui. ⁵Cela permet à l'ego de se considérer comme séparé et à l'extérieur de son faiseur, parlant ainsi pour la partie de ton esprit qui croit que *tu* es séparé et à l'extérieur de l'Esprit de Dieu. ⁶Alors l'ego a soulevé la première question qui ait jamais été posée, mais à laquelle il ne peut jamais répondre. ⁷Cette question : « Qu'es-tu ? » fut le commencement du doute. ⁸Depuis lors, l'ego n'a jamais répondu à aucune question, bien qu'il en ait soulevé un grand nombre. ⁹Les activités les plus inventives de l'ego n'ont jamais fait plus qu'obscurcir la question, parce que tu possèdes la réponse et *l'ego a peur de toi.*
3. Tu ne peux pas comprendre le conflit jusqu'à ce que tu comprennes pleinement ce fait fondamental : l'ego ne peut rien connaître. ²Le Saint-Esprit ne parle pas en premier, *mais Il répond toujours.* ³Chacun a fait appel à Lui pour avoir de l'aide à un moment

ou à un autre, d'une façon ou d'une autre, et a trouvé réponse. [4]Puisque le Saint-Esprit répond véritablement, Il répond pour tous les temps, ce qui signifie que chacun possède la réponse *maintenant*.

4.   L'ego ne peut pas entendre le Saint-Esprit, mais il croit qu'une partie de l'esprit qui l'a fait est contre lui. [2]Il interprète cela comme une justification pour attaquer son faiseur. [3]Il croit que la meilleure défense est l'attaque, et il veut que *tu* le croies. [4]À moins de le croire, tu ne te rangeras pas de son côté, et l'ego a terriblement besoin d'alliés, quoique point de frères. [5]Percevant dans ton esprit quelque chose qui lui est étranger, l'ego se tourne vers le corps comme allié, parce que le corps ne fait *pas* partie de toi. [6]Cela fait du corps l'ami de l'ego. [7]C'est une alliance franchement fondée sur la séparation. [8]Si tu te ranges avec cette alliance, tu auras peur, parce que tu te ranges avec une alliance de peur.

5.   L'ego utilise le corps pour conspirer contre ton esprit et, parce que l'ego se rend compte que son « ennemi » peut leur mettre fin à tous les deux en reconnaissant simplement qu'ils ne font pas partie de toi, ils s'unissent pour t'attaquer ensemble. [2]C'est peut-être la plus étrange de toutes les perceptions, si tu considères ce que cela implique réellement. [3]L'ego, qui n'est pas réel, tente de persuader l'esprit, qui *est* réel, que l'esprit est le mécanisme d'apprentissage de l'ego ; en outre, que le corps est plus réel que l'esprit. [4]Personne dans son juste esprit ne pourrait croire cela, et personne dans son juste esprit ne le croit.

6.   Entends donc l'unique réponse du Saint-Esprit à toutes les questions que soulève l'ego : Tu es un enfant de Dieu, une partie inestimable de Son Royaume, qu'Il a créé comme faisant partie de Lui. [2]Rien d'autre n'existe et cela seul est réel. [3]Tu as choisi un sommeil dans lequel tu as fait de mauvais rêves, mais le sommeil n'est pas réel et Dieu t'appelle à te réveiller. [4]Il ne restera plus rien de ton rêve quand tu L'entendras, parce que tu te réveilleras. [5]Tes rêves contiennent beaucoup des symboles de l'ego, et ils ont jeté la confusion en toi. [6]Or c'est uniquement parce que tu dormais et ne connaissais pas. [7]Quand tu te réveilleras, tu verras la vérité autour de toi et en toi, et tu ne croiras plus dans les rêves parce qu'ils n'auront pas de réalité pour toi. [8]Or le Royaume et tout ce que tu as créé là auront une grande réalité pour toi, parce qu'ils sont beaux et vrais.

7.   Dans le Royaume, où tu es et ce que tu es est parfaitement certain. [2]Il n'y a pas de doute, parce que la première question n'a jamais été posée. [3]Ayant enfin reçu sa pleine réponse, *elle n'a jamais été*.

⁴Seul *l'être* vit dans le Royaume, où tout vit en Dieu sans faire question. ⁵Le temps passé à poser des questions dans le rêve a fait place à la création et à son éternité. ⁶Tu es aussi certain que Dieu parce que tu es aussi vrai que Lui, mais ce qui autrefois était certain dans ton esprit est devenu une simple aptitude à la certitude.

8. L'introduction des aptitudes dans l'être fut le commencement de l'incertitude, parce que les aptitudes sont des potentialités et non des accomplissements. ²Tes aptitudes n'ont aucune utilité en présence des accomplissements de Dieu, ainsi que des tiens. ³Les accomplissements sont des résultats qui ont été accomplis. ⁴Lorsqu'ils sont parfaits, les aptitudes deviennent in-signifiantes. ⁵Il est curieux que ceux qui sont parfaits doivent maintenant être perfectionnés. ⁶En fait, c'est impossible. ⁷Rappelle-toi, toutefois, que lorsque tu te mets dans une situation impossible, tu crois que l'impossible *est* possible.

9. Les aptitudes doivent d'abord être développées pour que tu puisses les utiliser. ²Cela n'est pas vrai de tout ce que Dieu a créé, mais c'est la solution la plus douce possible pour ce que tu as fait. ³Dans une situation impossible, tu peux développer tes aptitudes jusqu'au point où elles peuvent t'en faire sortir. ⁴Tu as un Guide pour comment les développer, mais tu n'as d'autre commandant que toi-même. ⁵Cela te laisse en charge du Royaume, avec à la fois un Guide pour le trouver et un moyen de le garder. ⁶Tu as un modèle à suivre qui renforcera ton commandement sans jamais le diminuer en aucune façon. ⁷C'est donc toi qui gardes la place centrale dans ton esclavage imaginaire, ce qui en soi démontre bien que tu n'es pas en esclavage.

10. Tu es dans une situation impossible uniquement parce que tu penses que c'est possible de l'être. ²Tu *serais* dans une situation impossible si Dieu te montrait ta perfection et te prouvait que tu étais dans l'erreur. ³Cela démontrerait que ceux qui sont parfaits sont incapables de prendre eux-mêmes conscience de leur perfection, et se rangerait ainsi avec la croyance que ceux qui ont tout ont besoin d'aide et sont donc sans aide. ⁴Voilà le type de « raisonnement » auquel l'ego se livre. ⁵Dieu, Qui connaît que Ses créations sont parfaites, ne leur fait pas d'affront. ⁶Cela serait aussi impossible que la notion de l'ego de Lui avoir fait affront.

11. C'est pourquoi le Saint-Esprit ne commande jamais. ²Commander, c'est supposer une inégalité, dont le Saint-Esprit démontre l'inexistence. ³La fidélité aux prémisses est une loi de l'esprit, et tout ce que Dieu a créé est fidèle à Ses lois. ⁴La fidélité

à d'autres lois est aussi possible, toutefois, non point parce que les lois sont vraies, mais parce que c'est toi qui les as faites. ⁵Qu'y aurait-il de gagné si Dieu te prouvait que tu as pensé de façon insane ? ⁶Dieu peut-Il perdre Sa Propre certitude ? ⁷J'ai souvent dit que tu es ce que tu enseignes. ⁸Voudrais-tu que Dieu t'enseigne que tu as péché ? ⁹S'Il confrontait le soi que tu as fait avec la vérité qu'Il a créée pour toi, comment pourrais-tu ne pas avoir peur ? ¹⁰Tu douterais de ton juste esprit, qui est le seul endroit où tu puisses trouver la santé d'esprit qu'Il t'a donnée.

12.   Dieu n'enseigne pas. ²Enseigner, c'est supposer un manque, et Dieu connaît qu'il n'y en a pas. ³Dieu n'est pas en conflit. ⁴L'enseignement vise au changement, mais Dieu n'a créé que l'inchangeable. ⁵La séparation n'a pas été une perte de perfection mais une rupture dans la communication. ⁶Une forme de communication rude et stridente surgit comme étant la voix de l'ego. ⁷Elle ne pouvait pas fracasser la paix de Dieu, mais elle pouvait fracasser *la tienne*. ⁸Dieu ne l'a pas effacée, parce que l'éradiquer eût été l'attaquer. ⁹Étant mis en question, Il ne mit pas en question. ¹⁰Il ne fit que donner la Réponse. ¹¹Sa Réponse est ton Enseignant.

V. Les leçons du Saint-Esprit

1.   Comme tout bon enseignant, le Saint-Esprit en connaît plus que tu n'en connais maintenant, mais Il n'enseigne que pour te rendre égal à Lui. ²Tu t'étais déjà enseigné faussement, ayant cru ce qui n'était pas vrai. ³Tu ne croyais pas en ta propre perfection. ⁴Dieu t'enseignerait-Il que tu as fait un esprit divisé, quand Il ne connaît ton esprit qu'entier ? ⁵Ce que Dieu connaît, c'est que Ses canaux de communication ne Lui sont pas ouverts, de sorte qu'Il ne peut pas impartir Sa joie et connaître que Ses enfants sont entièrement joyeux. ⁶Donner Sa joie est un processus continu, non dans le temps mais dans l'éternité. ⁷L'extension de Dieu vers l'extérieur, mais non Sa complétude, est bloquée quand la Filialité ne communique pas avec Lui en ne faisant qu'un. ⁸Alors Il a pensé : « Mes enfants dorment et doivent être réveillés. »

2.   Comment peux-tu réveiller des enfants plus tendrement qu'en leur parlant d'une Voix douce qui ne les effraiera pas mais leur rappellera simplement que la nuit est finie et que la lumière est venue ? ²Tu ne les informes pas que les cauchemars qui les ont tellement effrayés ne sont pas réels, parce que les enfants croient en

la magie. [3]Tu leur donnes simplement l'assurance qu'ils sont en sécurité *maintenant*. [4]Ensuite tu leur apprends à faire la différence entre dormir et être éveillé, pour leur faire comprendre qu'ils n'ont pas besoin d'avoir peur des rêves. [5]Ainsi, quand viennent de mauvais rêves, ils feront eux-mêmes appel à la lumière pour les dissiper.

3.   Un sage enseignant enseigne par l'approche et non par l'évitement. [2]Il n'insiste pas sur ce que tu dois éviter pour ne pas te blesser, mais sur ce qu'il te faut apprendre pour avoir la joie. [3]Pense à la peur et à la confusion qu'un enfant éprouverait si on lui disait : « Ne fais pas ceci parce que cela va te blesser et te mettre en danger ; mais si tu fais cela plutôt, tu éviteras de te blesser, tu seras en sécurité et alors tu n'auras pas peur. » [4]Il vaut sûrement mieux n'utiliser que ces trois mots : « Fais seulement cela ! » [5]Ce simple énoncé est parfaitement clair, facile à comprendre et très facile à retenir.

4.   Le Saint-Esprit ne détaille jamais les erreurs parce qu'Il n'effraie pas les enfants, et ceux qui manquent de sagesse *sont* des enfants. [2]Or Il répond toujours à leur appel, et le fait qu'ils peuvent compter sur Lui les rend plus certains. [3]Il est vrai que les enfants confondent fantasmes et réalité, et ils sont effrayés parce qu'ils ne font pas la différence. [4]Le Saint-Esprit ne fait pas de distinction entre les rêves. [5]Il les dissipe simplement. [6]Sa lumière est toujours l'Appel au réveil, quel qu'ait été ton rêve. [7]Il n'y a rien de durable dans les rêves, et le Saint-Esprit, Qui rayonne de la lumière de Dieu Lui-même, parle seulement pour ce qui dure à jamais.

A. Pour avoir, donne tout à tous

1.   Quand ton corps et ton ego et tes rêves auront disparu, tu connaîtras que tu dureras à jamais. [2]Peut-être penses-tu que cela s'accomplit par la mort, mais rien ne s'accomplit par la mort, parce que la mort n'est rien. [3]Tout s'accomplit par la vie, et la vie est de l'esprit et dans l'esprit. [4]Le corps ne vit ni ne meurt, parce qu'il ne peut te contenir, toi qui es la vie. [5]Si nous partageons le même esprit, tu peux vaincre la mort parce que je l'ai fait. [6]La mort est une tentative pour résoudre le conflit en ne décidant pas. [7]Comme toute autre solution impossible qu'essaie l'ego, *elle ne marchera pas.*

2.   Dieu n'a pas fait le corps, parce qu'il est destructible et par conséquent n'est pas du Royaume. [2]Le corps est le symbole de ce

que tu penses être. ³Il est clair que c'est un mécanisme de séparation; par conséquent, il n'existe pas. ⁴Le Saint-Esprit, comme
toujours, prend ce que tu as fait et le traduit en mécanisme d'apprentissage. ⁵Et comme toujours, Il réinterprète ce que l'ego utilise comme un argument à l'appui de la séparation pour faire la
démonstration du contraire. ⁶Si l'esprit peut guérir le corps, mais
que le corps ne peut guérir l'esprit, alors l'esprit doit être plus fort
que le corps. ⁷Chaque miracle démontre cela.

3.   J'ai dit que le Saint-Esprit est la motivation des miracles. ²Il te
dit toujours que seul l'esprit est réel, parce que seul l'esprit peut
être partagé. ³Le corps est séparé; par conséquent, il ne peut pas
faire partie de toi. ⁴Être d'un même esprit est signifiant, mais
être d'un même corps est in-signifiant. ⁵Selon les lois de l'esprit,
donc, le corps est in-signifiant.

4.   Pour le Saint-Esprit, il n'y a pas d'ordre de difficulté dans les
miracles. ²Cela t'est maintenant assez familier, mais ce n'est pas
encore devenu crédible. ³Par conséquent, tu ne le comprends pas
et tu ne peux pas l'utiliser. ⁴Nous avons trop à accomplir au nom
du Royaume pour laisser ce concept crucial nous échapper. ⁵C'est
une véritable pierre angulaire du système de pensée que j'enseigne et que je veux que tu enseignes. ⁶Tu ne peux pas faire de
miracles sans y croire, parce que c'est la croyance en une parfaite
égalité. ⁷Seul un don égal peut être offert aux Fils égaux de Dieu,
et c'est d'apprécier pleinement. ⁸Rien de plus et rien de moins.
⁹Sans une gradation, un ordre de difficulté ne signifie rien, et il
ne doit y avoir aucune gradation dans ce que tu offres à ton frère.

5.   Le Saint-Esprit, Qui mène à Dieu, traduit la communication en
être, tout comme Il traduit finalement la perception en connaissance. ²Tu ne perds pas ce que tu communiques. ³L'ego utilise le
corps pour l'attaque, pour le plaisir et pour l'orgueil. ⁴L'insanité
de cette perception la rend certes apeurante. ⁵Le Saint-Esprit voit
le corps uniquement comme un moyen de communication; et
parce que la communication est un partage, elle devient communion. ⁶Peut-être penses-tu que la peur aussi bien que l'amour
peut être communiquée; et qu'elle peut donc être partagée. ⁷Or
cela n'est pas aussi réel qu'il peut le paraître. ⁸Ceux qui communiquent la peur favorisent l'attaque, et l'attaque rompt toujours
la communication, la rendant impossible. ⁹Il est vrai que les ego
se joignent en des allégeances temporaires, mais c'est toujours en
vue de ce que chacun peut obtenir *séparément*. ¹⁰Le Saint-Esprit
communique seulement ce que chacun peut donner à tous. ¹¹Il ne

reprend jamais rien, parce qu'Il veut que tu le gardes. ¹²Par conséquent, Son enseignement commence par cette leçon :

¹³Pour avoir, donne tout à tous.

6. C'est une étape très préliminaire, et c'est la seule que tu doives entreprendre par toi-même. ²Il n'est même pas nécessaire que tu complètes l'étape toi-même, mais il est nécessaire que tu te tournes dans cette direction. ³Ayant choisi d'aller dans cette voie, tu te places en charge du voyage, où toi et toi seul dois demeurer. ⁴Il te semblera peut-être que cette étape exacerbe le conflit au lieu de le résoudre, parce que c'est l'étape initiale pour renverser ta perception et la remettre à l'endroit. ⁵Cela entre en conflit avec la perception sens dessus dessous que tu n'as pas encore abandonnée, sinon le changement de direction n'aurait pas été nécessaire. ⁶Certains demeurent très longtemps sur cette étape, et le conflit est ressenti très intensément. ⁷Il se peut qu'à ce stade ils essaient d'accepter le conflit plutôt que de passer à l'étape suivante menant à sa résolution. ⁸Toutefois, ayant fait le premier pas, ils recevront de l'aide. ⁹Une fois qu'ils ont choisi ce qu'ils ne peuvent compléter seuls, ils ne sont plus seuls.

B. Pour avoir la paix, enseigne la paix pour l'apprendre

1. Tous ceux qui croient en la séparation ont une peur fondamentale de la riposte et de l'abandon. ²Ils croient en l'attaque et le rejet; ainsi c'est ce qu'ils perçoivent, enseignent et apprennent. ³Il est clair que ces idées insanes résultent de la dissociation et de la projection. ⁴Ce que tu enseignes, c'est ce que tu es, mais il est très apparent que tu peux enseigner faussement et que tu peux donc t'enseigner ce qui est faux. ⁵Beaucoup ont pensé que je les attaquais, même s'il était apparent que je ne le faisais pas. ⁶Un apprenant insane apprend d'étranges leçons. ⁷Ce que tu dois reconnaître, c'est qu'en ne partageant pas un système de pensée, tu l'affaiblis. ⁸Par conséquent, ceux qui y croient perçoivent cela comme une attaque dirigée contre eux. ⁹C'est que chacun s'identifie avec son système de pensée, et chaque système de pensée est centré sur ce que tu crois être. ¹⁰Si le centre du système de pensée est vrai, seule la vérité s'étend à partir de lui. ¹¹Mais si un mensonge est en son centre, seule la tromperie en procède.

2.   Tous les bons enseignants se rendent compte que seul un changement fondamental durera, mais ils ne commencent pas à ce niveau. [2]Renforcer la motivation pour le changement est leur but premier. [3]C'est aussi leur but ultime. [4]Tout ce qu'un enseignant a besoin de faire pour garantir un changement, c'est d'accroître chez l'apprenant la motivation pour le changement. [5]Un changement de motivation est un changement d'esprit, et il est inévitable que cela produise un changement fondamental parce que l'esprit *est* fondamental.

3.   La première étape dans le processus de renversement ou de défaire est le défaire du concept d'obtention. [2]Conséquemment, la première leçon du Saint-Esprit était : « Pour avoir, donne tout à tous. » [3]J'ai dit que cela était susceptible d'accroître le conflit temporairement, et nous pouvons maintenant clarifier cela davantage. [4]À ce stade, l'égalité entre *avoir* et *être* n'est pas encore perçue. [5]Jusqu'à ce qu'elle le soit, il semblera qu'*avoir* est l'opposé de *donner*. [6]Par conséquent, la première leçon semble contenir une contradiction, puisque l'esprit qui l'apprend est en conflit. [7]Cela signifie qu'il y a conflit de motivations, et la leçon ne peut donc pas encore être apprise de façon cohérente. [8]De plus, l'esprit de l'apprenant projette son propre conflit et ne perçoit ainsi aucune cohérence dans l'esprit des autres, ce qui lui rend suspectes leurs motivations. [9]Voilà réellement pourquoi, à maints égards, la première leçon est la plus difficile à apprendre. [10]Encore très conscient de l'ego en toi, et répondant principalement à l'ego en l'autre, voilà qu'il t'est enseigné à réagir aux deux comme si ce que tu crois n'était pas vrai.

4.   Sens dessus dessous comme toujours, l'ego perçoit la première leçon comme étant insane. [2]En fait, il n'a pas le choix puisque l'alternative, qui lui serait encore moins acceptable, serait évidemment qu'*il* est insane. [3]Le jugement de l'ego, ici comme toujours, est prédéterminé par ce qu'il est. [4]Le changement fondamental se produira quand même avec le changement d'esprit du penseur. [5]Entre-temps, la Voix du Saint-Esprit se faisant de plus en plus claire, il devient impossible à l'apprenant de ne pas écouter. [6]Pour un temps, donc, il reçoit et accepte des messages conflictuels.

5.   D'évidence, la voie qui mène hors du conflit entre deux systèmes de pensée opposés, c'est d'en choisir un et de renoncer à l'autre. [2]Si tu t'identifies à ton système de pensée, et tu ne peux pas y échapper, et si tu acceptes deux systèmes de pensée qui sont en désaccord complet, la paix de l'esprit est impossible. [3]Si tu

enseignes les deux, ce que tu feras sûrement aussi longtemps que tu acceptes les deux, tu enseignes le conflit et tu l'apprends. [4]Or ce que tu veux, c'est la paix, sinon tu n'aurais pas appelé à ton aide la Voix pour la paix. [5]Sa leçon n'est pas insane ; le conflit l'est.

6. Il ne peut pas y avoir conflit entre santé d'esprit et insanité. [2]Une seule est vraie, donc une seule est réelle. [3]L'ego tente de te persuader que c'est à toi de décider quelle voix est vraie, mais le Saint-Esprit t'enseigne que la vérité fut créée par Dieu, et que ta décision ne peut la changer. [4]Lorsque tu commences à te rendre compte du pouvoir tranquille de la Voix du Saint-Esprit, et de Sa parfaite constance, il doit aussi commencer à se faire jour dans ton esprit que tu essaies de défaire une décision qui fut prise pour toi irrévocablement. [5]Voilà pourquoi j'ai suggéré plus tôt que tu te rappelles de laisser le Saint-Esprit décider de choisir Dieu pour toi.

7. Il ne t'est pas demandé de prendre des décisions insanes, quoi que tu puisses le penser. [2]Toutefois, cela doit être insane de croire que c'est à toi de décider quelles sont les créations de Dieu. [3]Le Saint-Esprit perçoit le conflit exactement tel qu'il est. [4]Par conséquent, Sa seconde leçon est :

[5]*Pour avoir la paix, enseigne la paix pour l'apprendre.*

8. Ceci est encore une étape préliminaire, puisqu'*avoir* et *être* ne sont toujours pas assimilés l'un à l'autre. [2]Toutefois, elle est plus avancée que la première étape, qui n'est réellement que le début du renversement de la pensée. [3]La seconde étape est une affirmation positive de ce que tu veux. [4]C'est donc un pas dans la direction qui mène hors du conflit, puisque cela signifie que les alternatives ont été considérées et que l'une d'elles a été choisie comme étant plus désirable. [5]Néanmoins, l'expression « plus désirable » implique encore qu'il y a des degrés de désirabilité. [6]Par conséquent, bien que cette étape soit essentielle pour arriver à l'ultime décision, il est clair que ce n'est pas la dernière. [7]L'absence d'un ordre de difficulté dans les miracles n'a pas encore été acceptée, parce que rien n'est difficile qui est *entièrement* désiré. [8]Désirer entièrement, c'est créer, et créer ne peut pas être difficile si Dieu Lui-même t'a créé créateur.

9. La seconde étape, donc, bien qu'elle constitue un pas de géant vers la perception unifiée qui reflète la connaissance de Dieu, est encore une étape perceptuelle. [2]En faisant ce pas et en gardant cette direction, tu te fraies un chemin vers le centre de ton système

de pensée, où se produira le changement fondamental. [3]À la deuxième étape, le progrès est intermittent, mais la deuxième étape est plus facile que la première parce qu'elle suit. [4]De se rendre compte qu'elle *doit* suivre démontre une conscience de plus en plus grande que le Saint-Esprit te conduira.

C. Ne sois vigilant que pour Dieu et Son Royaume

1. Nous avons dit plus tôt que le Saint-Esprit évalue et qu'Il doit le faire. [2]Il fait le tri du vrai et du faux dans ton esprit, et Il t'enseigne à juger chaque pensée à laquelle tu permets d'entrer à la lumière de ce que Dieu y a mis. [3]Tout ce qui s'accorde avec cette lumière, Il le retient, pour renforcer le Royaume en toi. [4]Ce qui s'accorde partiellement avec elle, Il l'accepte et le purifie. [5]Mais ce qui est en total désaccord avec elle, Il le juge et le rejette. [6]C'est ainsi qu'Il garde le Royaume parfaitement cohérent et parfaitement unifié. [7]Rappelle-toi, toutefois, que ce que le Saint-Esprit rejette, l'ego l'accepte. [8]C'est parce qu'ils sont en désaccord fondamental sur tout, puisqu'ils sont en désaccord fondamental sur ce que tu es. [9]Sur cette question cruciale, les croyances de l'ego varient, et c'est pourquoi il favorise différentes humeurs. [10]Le Saint-Esprit ne varie jamais sur ce point; par conséquent, la seule humeur qu'Il engendre est la joie. [11]Il la protège en rejetant tout ce qui ne favorise pas la joie, et Il est donc le seul à pouvoir te garder entièrement joyeux.

2. Le Saint-Esprit ne t'enseigne pas à juger autrui, parce qu'Il ne veut pas que tu enseignes l'erreur ni l'apprennes toi-même. [2]Il ne serait guère constant s'Il te permettait de renforcer ce que tu dois apprendre à éviter. [3]Dans l'esprit du penseur, donc, Il juge, mais dans le seul but d'unifier l'esprit afin qu'il puisse percevoir sans jugement. [4]Cela permet à l'esprit d'enseigner sans jugement et donc d'apprendre à *être* sans jugement. [5]Le défaire est nécessaire uniquement dans ton esprit, afin que tu ne projettes pas au lieu d'étendre. [6]Dieu Lui-même a établi ce que tu peux étendre en parfaite sécurité. [7]Par conséquent, la troisième leçon du Saint-Esprit est :

    [8]*Ne sois vigilant que pour Dieu et Son Royaume.*

3. C'est une étape majeure vers un changement fondamental. [2]Or s'y trouve encore un aspect du renversement de la pensée,

puisque cela implique qu'il y a quelque chose *contre quoi* tu dois être vigilant. [3]Elle est très avancée par rapport à la première leçon, qui n'est que le commencement du renversement de la pensée, et aussi par rapport à la seconde, qui consiste essentiellement à identifier ce qui est plus désirable. [4]Cette étape, qui suit de la seconde comme la seconde suivait de la première, met l'accent sur la dichotomie entre le désirable et l'indésirable. [5]Ainsi, elle rend le choix ultime inévitable.

4.   Alors que la première étape semble augmenter le conflit et que la seconde peut encore entraîner un conflit dans une certaine mesure, cette étape requiert une vigilance constante à l'encontre du conflit. [2]Je t'ai déjà dit que tu peux être aussi vigilant contre l'ego que pour lui. [3]Cette leçon enseigne non seulement que tu peux l'être mais que tu *dois* l'être. [4]Elle ne s'occupe pas d'un ordre de difficulté, mais de la priorité claire et nette de la vigilance. [5]Cette leçon est sans équivoque en ce sens qu'elle enseigne qu'il ne doit y avoir aucune exception, bien qu'elle ne nie pas que la tentation se présentera de faire des exceptions. [6]Ici, donc, tu devras faire preuve de cohérence en dépit du chaos. [7]Or, le chaos et la cohérence ne peuvent coexister très longtemps, puisqu'ils s'excluent réciproquement. [8]Toutefois, aussi longtemps que tu dois être vigilant contre quoi que ce soit, tu ne reconnais pas cette exclusion réciproque, et tu crois encore que tu peux choisir l'un ou l'autre. [9]En enseignant *quoi* choisir, le Saint-Esprit t'enseignera finalement que tu n'as pas du tout besoin de choisir. [10]Ainsi ton esprit sera finalement libéré du choix et dirigé vers la création dans le Royaume.

5.   Choisir par le Saint-Esprit te conduira au Royaume. [2]C'est par ton être véritable que tu crées, mais tu dois apprendre à te souvenir de ce que tu es. [3]La façon de t'en souvenir est inhérente à la troisième étape, qui réunit les leçons contenues dans les deux premières et va au-delà vers l'intégration réelle. [4]Si tu te permets de n'avoir dans l'esprit que ce que Dieu y a mis, tu reconnais ton esprit tel que Dieu l'a créé. [5]Par conséquent, tu l'acceptes tel qu'il est. [6]Puisqu'il est entier, tu enseignes la paix *parce que* tu crois en elle. [7]Le dernier pas, c'est encore Dieu Qui le fera pour toi, mais à la troisième étape le Saint-Esprit t'a préparé pour Dieu. [8]Il te prépare pour la traduction d'*avoir* en *être* par la nature même des étapes que tu dois faire avec Lui.

6.   Tu apprends d'abord qu'*avoir* repose sur donner et non sur obtenir. [2]Ensuite tu apprends que ce que tu enseignes, tu l'apprends,

et que tu veux apprendre la paix. ³Telle est la condition pour t'identifier avec le Royaume, puisque c'est la condition *du* Royaume. ⁴Tu as cru que tu étais sans le Royaume, et dans ta croyance tu t'en es donc exclu. ⁵Par conséquent, il est essentiel de t'enseigner que tu dois être inclus, et que la seule chose à exclure est la croyance que tu ne l'es pas.

7. Ainsi, la troisième étape est une protection pour ton esprit, te permettant de t'identifier seulement avec son centre, où Dieu a placé l'autel à Lui-même. ²Les autels sont des croyances, mais Dieu et Ses créations sont au-delà de toute croyance parce qu'ils sont au-delà de toute question. ³La Voix pour Dieu ne parle que pour la croyance au-delà de toute question, qui est la préparation en vue d'*être* sans aucune question. ⁴Tant que ta croyance en Dieu et en Son Royaume est assaillie par quelque doute dans ton esprit, Son parfait accomplissement ne t'est pas apparent. ⁵C'est pourquoi tu dois être vigilant au nom de Dieu. ⁶L'ego parle contre Sa création, et par conséquent il engendre le doute. ⁷Tu ne peux pas aller au-delà de la croyance jusqu'à ce que tu croies pleinement.

8. D'enseigner la Filialité tout entière sans exception démontre que tu perçois son entièreté et que tu as appris qu'elle est une. ²Maintenant tu dois être vigilant pour garder son unité dans ton esprit parce que si tu laisses entrer le doute, tu perdras conscience de son entièreté et tu seras incapable de l'enseigner. ³L'entièreté du Royaume ne dépend pas de ta perception, mais ta conscience de son entièreté en dépend. ⁴C'est seulement ta conscience qui a besoin de protection, puisque l'être ne peut pas être assailli. ⁵Or tu ne peux pas avoir un réel sentiment d'être, aussi longtemps que tu doutes de ce que tu es. ⁶C'est pourquoi la vigilance est essentielle. ⁷Il ne faut pas que des doutes quant à être entrent dans ton esprit, sinon tu ne pourras pas connaître ce que tu es avec certitude. ⁸La certitude est de Dieu pour toi. ⁹La vigilance n'est pas nécessaire pour la vérité, mais elle est nécessaire contre les illusions.

9. La vérité est sans illusions, donc elle est dans le Royaume. ²Tout ce qui est à l'extérieur du Royaume est illusion. ³Quand tu as jeté la vérité, tu t'es vu toi-même comme si tu étais sans elle. ⁴En faisant un autre royaume auquel tu accordais de la valeur, tu n'as pas gardé *uniquement* le Royaume de Dieu dans ton esprit; ainsi, tu as placé une partie de ton esprit à l'extérieur du Royaume. ⁵Ce que tu as fait a emprisonné ta volonté et t'a donné un esprit malade qui doit être guéri. ⁶Ta vigilance contre cette maladie est la façon de le guérir. ⁷Une fois que ton esprit est guéri, il rayonne la

santé et par là il enseigne la guérison. [8]Cela t'établit comme un enseignant qui enseigne comme moi. [9]La vigilance était requise de moi autant qu'elle l'est de toi, et ceux qui choisissent d'enseigner la même chose doivent être d'accord sur ce qu'ils croient.

10.   La troisième étape, donc, est l'énoncé de ce que tu veux croire, et entraîne le désir de renoncer à tout le reste. [2]Le Saint-Esprit te permettra de faire ce pas, si tu Le suis. [3]Ta vigilance est le signe que tu *veux* qu'Il te guide. [4]La vigilance exige un effort, mais seulement jusqu'à ce que tu apprennes que l'effort lui-même n'est pas nécessaire. [5]Tu as déployé d'énormes efforts pour préserver ce que tu as fait parce que ce n'était pas vrai. [6]Par conséquent, c'est contre cela que tu dois maintenant diriger tes efforts. [7]Cela seul peut annuler le besoin d'effort et faire appel à l'être qui est à la fois ce que tu *as* et ce que tu *es*. [8]Cette re-connaissance n'exige absolument aucun effort puisqu'il est déjà vrai et n'a besoin d'aucune protection. [9]Il est dans la parfaite sécurité de Dieu. [10]Par conséquent, l'inclusion est totale et la création est sans limite.

Chapitre 7

LES DONS DU ROYAUME

I. Le dernier pas

1. Le pouvoir créateur de Dieu et de Ses créations est illimité, mais ils ne sont pas dans une relation réciproque. ²Tu communiques pleinement avec Dieu, comme Lui avec toi. ³C'est un processus continu auquel tu participes, et parce que tu y participes tu es inspiré de créer comme Dieu. ⁴Or dans la création ta relation à Dieu n'est pas réciproque, puisqu'Il t'a créé mais que tu ne L'as pas créé. ⁵Je t'ai déjà dit que ton pouvoir créateur différait du Sien sous ce seul rapport. ⁶Même en ce monde il y a un parallèle. ⁷Les parents donnent naissance à leurs enfants, mais les enfants ne donnent pas naissance à leurs parents. ⁸Toutefois, ils donnent naissance à leurs propres enfants ; ainsi ils donnent naissance comme leurs parents l'ont fait.

2. Si tu avais créé Dieu et qu'Il t'avait créé, le Royaume ne pourrait pas s'augmenter par sa propre pensée créatrice. ²La création serait donc limitée, et tu ne serais pas co-créateur avec Dieu. ³De même que la Pensée créatrice de Dieu va de Lui vers toi, de même ta pensée créatrice doit aller de toi vers tes créations. ⁴C'est ainsi seulement que tout pouvoir créateur peut s'étendre vers l'extérieur. ⁵Les accomplissements de Dieu ne sont pas les tiens, mais les tiens sont pareils aux Siens. ⁶Il a créé la Filialité et tu l'augmentes. ⁷Tu as le pouvoir d'ajouter au Royaume, mais non d'ajouter au Créateur du Royaume. ⁸Tu réclames ce pouvoir quand tu deviens vigilant uniquement pour Dieu et Son Royaume. ⁹En acceptant ce pouvoir comme tien, tu as appris à te souvenir de ce que tu es.

3. La place de tes créations est en toi, comme ta place est en Dieu. ²Tu fais partie de Dieu, comme tes fils font partie de Ses Fils. ³Créer, c'est aimer. ⁴L'amour s'étend vers l'extérieur pour la simple raison qu'il ne peut pas être contenu. ⁵Étant illimité, il ne s'arrête pas. ⁶Il crée à jamais, mais point dans le temps. ⁷Les créations de Dieu ont toujours été, parce qu'Il a toujours été. ⁸Tes créations ont toujours été, parce que tu ne peux créer que comme Dieu crée. ⁹L'éternité t'appartient, parce qu'Il t'a créé éternel.

4.   De son côté, l'ego réclame toujours des droits réciproques, parce qu'il est compétitif plutôt qu'aimant. [2]Il est toujours désireux de faire un marché, mais il ne peut pas comprendre qu'être pareil à autrui signifie qu'aucun marché n'est possible. [3]Pour faire un gain, tu dois donner et non marchander. [4]Marchander, c'est limiter le donner, et telle n'est pas la Volonté de Dieu. [5]Vouloir avec Dieu, c'est créer comme Lui. [6]Dieu ne limite Ses dons en aucune façon. [7]Tu es Ses dons; ainsi tes dons doivent être pareils aux Siens. [8]Les dons que tu fais au Royaume doivent être pareils aux dons qu'Il te fait.

5.   Je n'ai donné que l'amour au Royaume parce que j'ai cru que c'était ce que j'étais. [2]Ce que tu crois être détermine tes dons, et si Dieu t'a créé en S'étendant Lui-même en tant que toi, tu ne peux t'étendre toi-même que comme Il l'a fait. [3]Seule la joie augmente à jamais, puisque la joie et l'éternité sont inséparables. [4]Dieu S'étend vers l'extérieur au-delà de toute limite et au-delà du temps, et toi qui es co-créateur avec Lui, tu étends Son Royaume à jamais et au-delà de toute limite. [5]L'éternité est le sceau indélébile de la création. [6]Les éternels sont dans la paix et la joie pour toujours.

6.   Penser comme Dieu, c'est partager Sa certitude quant à ce que tu es; et créer comme Lui, c'est partager l'Amour parfait qu'Il partage avec toi. [2]C'est vers cela que le Saint-Esprit te conduit, afin que ta joie soit complète parce que le Royaume de Dieu est entier. [3]J'ai dit que Dieu Lui-même ferait le dernier pas dans le nouveau réveil de la connaissance. [4]C'est vrai, mais c'est difficile à expliquer avec des mots parce que les mots sont des symboles, et rien de ce qui est vrai n'a besoin d'être expliqué. [5]Toutefois, le Saint-Esprit a pour tâche de traduire l'inutile en utile, l'insignifiant en signifiant, et le temporaire en intemporel. [6]Il peut donc te dire quelque chose au sujet de ce dernier pas.

7.   Dieu ne fait pas de pas, parce que Ses accomplissements ne sont pas graduels. [2]Il n'enseigne pas, parce que Ses créations sont inchangeables. [3]Il ne fait rien en dernier, parce qu'Il a créé le premier et pour toujours. [4]Il faut comprendre que le mot « premier » quand il s'applique à Lui n'est pas un concept temporel. [5]Il est premier en ce sens qu'Il est le Premier à l'intérieur même de la Sainte Trinité. [6]Il est Premier Créateur, parce qu'Il a créé Ses cocréateurs. [7]Parce qu'Il l'a fait, le temps ne s'applique ni à Lui ni à ce qu'Il a créé. [8]Le « dernier pas » que fera Dieu était donc vrai au commencement, est vrai maintenant et sera vrai à jamais. [9]Ce

qui est intemporel est toujours là, parce que son être est éternellement inchangeable. [10]Il ne change pas en augmentant, parce qu'il fut créé à jamais pour augmenter. [11]Si tu le perçois comme n'augmentant pas, tu ne connais pas ce qu'il est. [12]Tu ne connais pas non plus Celui Qui l'a créé. [13]Dieu ne te révèle pas cela parce que ça n'a jamais été caché. [14]Sa lumière n'a jamais été obscurcie, parce que Sa Volonté est de la partager. [15]Comment ce qui est pleinement partagé peut-il être retenu puis révélé ?

II. La loi du Royaume

1.   Guérir est la seule sorte de pensée en ce monde qui ressemble à la Pensée de Dieu et, à cause des éléments qu'elles ont en commun, qui peut facilement se transférer en elle. [2]Lorsqu'un frère se perçoit comme malade, il se perçoit non entier et donc dans le besoin. [3]Si, toi aussi, tu le vois de cette façon, tu le vois comme s'il était absent ou séparé du Royaume, et ainsi tu obscurcis le Royaume lui-même pour vous deux. [4]La maladie et la séparation ne sont pas de Dieu, mais le Royaume l'est. [5]Si tu obscurcis le Royaume, tu perçois ce qui n'est pas de Dieu.

2.   Guérir, donc, c'est corriger la perception en ton frère et en toi-même en partageant le Saint-Esprit avec lui. [2]Cela vous place tous les deux à l'intérieur du Royaume et rétablit son entièreté dans ton esprit. [3]C'est un reflet de la création, parce que cela unifie en augmentant et intègre en étendant. [4]Ce que tu projettes ou étends est réel pour toi. [5]C'est une loi immuable de l'esprit dans ce monde comme dans le Royaume. [6]Toutefois, le contenu est différent en ce monde, parce que les pensées qu'elle gouverne sont très différentes des Pensées dans le Royaume. [7]Pour maintenir l'ordre, il faut que les lois soient adaptées aux circonstances. [8]Telles qu'elles opèrent en ce monde, les lois de l'esprit ont ceci de remarquable qu'en leur obéissant, et je t'assure que tu dois leur obéir, tu peux arriver à des résultats diamétralement opposés. [9]C'est que les lois ont été adaptées aux circonstances de ce monde, dans lequel des résultats diamétralement opposés semblent possibles parce que tu peux répondre à deux voix qui sont en conflit.

3.   À l'extérieur du Royaume, la loi qui règne à l'intérieur est adaptée : « Tu crois à ce que tu projettes. » [2]C'est sous cette forme qu'elle est enseignée, parce qu'à l'extérieur du Royaume apprendre est

essentiel. ³Cette forme implique que c'est à ce que tu as projeté sur les autres, et par conséquent ce que tu crois qu'ils sont, que tu apprendras ce que tu es. ⁴Dans le Royaume il n'y a ni enseignement ni apprentissage, parce qu'il n'y a pas de croyance. ⁵Il n'y a que la certitude. ⁶Dieu et Ses Fils, en leur sûreté d'être, connaissent que tu es ce que tu étends. ⁷Cette forme de la loi n'est pas adaptée du tout, étant la loi de la création. ⁸Dieu Lui-même a créé la loi en créant *par* elle. ⁹Et Ses Fils, qui créent comme Lui, la suivent avec joie, connaissant que l'augmentation du Royaume en dépend, comme leur propre création en dépendait.

4. Pour aider, les lois doivent être communiquées. ²En fait, elles doivent être traduites pour ceux qui parlent des langues différentes. ³Néanmoins, un bon traducteur, bien qu'il doive changer la forme de ce qu'il traduit, ne change jamais la signification. ⁴De fait, son seul but est de changer la forme de façon à conserver la signification originale. ⁵Le Saint-Esprit est le Traducteur des lois de Dieu pour ceux qui ne les comprennent pas. ⁶Tu ne pourrais pas le faire toi-même parce qu'un esprit en conflit, étant incapable de rester fidèle à une seule signification, voudra changer la signification pour préserver la forme.

5. Le but du Saint-Esprit quand Il traduit est l'exact opposé. ²Il ne traduit que pour préserver la signification originale sous tous les rapports et dans toutes les langues. ³Par conséquent, Il s'oppose à l'idée voulant que les différences de forme soient signifiantes, soulignant toujours que *ces différences n'ont pas d'importance*. ⁴La signification de Son message est toujours la même : seule importe la signification. ⁵Étant de Dieu, la loi de la création ne comporte pas l'usage de la vérité pour convaincre Ses Fils de la vérité. ⁶L'extension de la vérité, qui *est* la loi du Royaume, repose seulement sur la connaissance de ce qu'est la vérité. ⁷Voilà ton héritage, qui ne requiert pas du tout d'apprentissage ; mais quand tu t'es toi-même déshérité, tu es devenu apprenant par nécessité.

6. Nul ne met en doute la connexion entre l'apprentissage et la mémoire. ²Sans la mémoire, l'apprentissage est impossible puisqu'il doit être cohérent pour qu'on s'en souvienne. ³C'est pourquoi l'enseignement du Saint-Esprit est une leçon de souvenir. ⁴J'ai déjà dit qu'Il enseigne le souvenir et l'oubli, mais l'oubli ne sert qu'à rendre le souvenir cohérent. ⁵Tu oublies pour mieux te souvenir. ⁶Tu ne comprends pas Ses traductions tant que tu prêtes l'oreille à deux façons de les interpréter. ⁷Par conséquent, tu dois oublier ou renoncer à l'une pour comprendre l'autre.

⁸C'est la seule façon pour toi d'apprendre la cohérence, pour enfin *être* cohérent.

7.   Que peut bien signifier la cohérence parfaite du Royaume pour ceux en qui règne la confusion ? ²Il est évident que la confusion interfère avec la signification ; par conséquent, elle empêche l'apprenant de l'apprécier. ³Il n'y a pas de confusion dans le Royaume, parce qu'il y a une seule signification. ⁴Cette signification, qui vient de Dieu, *est* Dieu. ⁵Parce qu'elle est aussi toi, tu la partages et tu l'étends comme le fit ton Créateur. ⁶Elle n'a pas besoin d'être traduite parce qu'elle est parfaitement comprise, mais elle a besoin d'extension parce qu'elle *signifie* l'extension. ⁷La communication est parfaitement directe et parfaitement unie. ⁸Elle est totalement libre, parce que rien de discordant n'y entre jamais. ⁹C'est pourquoi elle est le Royaume de Dieu. ¹⁰Elle Lui appartient et elle est donc comme Lui. ¹¹C'est sa réalité, et rien ne peut l'attaquer.

III. La réalité du Royaume

1.   Le Saint-Esprit enseigne une seule leçon et l'applique à tous les individus dans toutes les situations. ²Étant libre de tout conflit, Il maximise tous les efforts et tous les résultats. ³En enseignant le pouvoir du Royaume de Dieu Lui-même, Il t'enseigne que tout pouvoir t'appartient. ⁴Peu importe comment il est appliqué. ⁵Il est toujours maximal. ⁶Ce n'est pas ta vigilance qui l'établit comme tien, mais elle te permet d'en user toujours et de toutes les façons. ⁷Quand j'ai dit : «Je suis avec vous tous les jours», je le pensais littéralement. ⁸Je ne suis absent pour personne en aucune situation. ⁹Parce que je suis toujours avec toi, *tu* es la voie, la vérité et la vie. ¹⁰Tu n'as pas fait ce pouvoir, pas plus que moi. ¹¹Il a été créé pour être partagé ; par conséquent, il ne peut pas être perçu de manière signifiante comme appartenant à quiconque aux dépens d'un autre. ¹²Une telle perception le rend in-signifiant en éliminant ou en passant sur sa véritable et seule signification.

2.   La signification de Dieu attend dans le Royaume, parce que c'est là qu'Il l'a placée. ²Elle n'attend point dans le temps. ³Elle repose simplement dans le Royaume parce qu'elle y est à sa place, comme toi. ⁴Comment, toi qui es la signification de Dieu, peux-tu te percevoir comme en étant absent ? ⁵Tu ne peux te voir séparé de ta signification qu'en faisant l'expérience d'être toi-même irréel.

⁶C'est pourquoi l'ego est insane : il enseigne que tu n'es pas ce que tu es. ⁷Cela est tellement contradictoire que c'est clairement impossible. ⁸C'est donc une leçon que tu ne peux pas réellement apprendre, et que tu ne peux donc pas réellement enseigner. ⁹Or tu enseignes toujours. ¹⁰Par conséquent, ce doit être que tu enseignes autre chose, même si l'ego ne sait pas ce que c'est. ¹¹L'ego, donc, est toujours en train d'être défait, et il doute de tes motifs. ¹²Ton esprit ne peut pas être unifié en faisant allégeance à l'ego, parce que l'esprit ne lui appartient pas. ¹³Or ce qui est «traître» à l'ego est fidèle à la paix. ¹⁴«L'ennemi» de l'ego est donc ton ami.

3.   J'ai dit plus tôt que l'ami de l'ego ne faisait pas partie de toi, parce que l'ego se perçoit lui-même en guerre et ayant donc besoin d'alliés. ²Toi qui n'es pas en guerre, tu dois chercher des frères et reconnaître tous ceux que tu vois pour des frères, parce que seuls sont en paix ceux qui sont égaux. ³Parce que les Fils égaux de Dieu ont tout, ils ne peuvent pas se faire concurrence. ⁴Or s'ils perçoivent n'importe lequel de leurs frères comme étant n'importe quoi d'autre que leur égal en tout, l'idée de concurrence est entrée dans leur esprit. ⁵Ne sous-estime pas le besoin pour toi d'être vigilant *contre* cette idée, parce que c'est d'elle que viennent tous tes conflits. ⁶*C'est* la croyance que des intérêts conflictuels sont possibles, et tu as donc accepté l'impossible pour vrai. ⁷Cela ne revient-il pas à dire que tu te perçois toi-même comme irréel?

4.   Être dans le Royaume, c'est simplement de concentrer toute ton attention sur lui. ²Aussi longtemps que tu crois pouvoir prêter attention à ce qui n'est pas vrai, tu acceptes le conflit pour ton choix. ³Est-ce réellement un choix? ⁴En apparence, oui, mais apparence et réalité ne sont guère la même chose. ⁵Les apparences ne te concernent pas, toi qui *es* le Royaume. ⁶La réalité est tienne parce que tu es la réalité. ⁷Voilà comment *avoir* et *être* sont finalement réconciliés, non dans le Royaume mais dans ton esprit. ⁸L'autel qui est là est la seule réalité. ⁹L'autel est parfaitement clair en pensée, parce que c'est un reflet de la Pensée parfaite. ¹⁰Ton esprit juste ne voit que des frères, parce qu'il ne voit que dans sa propre lumière.

5.   Dieu a Lui-même éclairé ton esprit, et par Sa lumière Il le garde éclairé parce que Sa lumière est ce qu'est ton esprit. ²Cela est au-delà de toute question, et quand tu le mets en question, la réponse t'est donnée. ³La Réponse défait simplement la question en établissant le fait que mettre en question la réalité, c'est mettre

en question de manière in-signifiante. ⁴C'est pourquoi le Saint-Esprit ne met jamais en question. ⁵Son unique fonction est de défaire ce qui fait question pour ainsi conduire à la certitude. ⁶Ceux qui sont certains sont parfaitement calmes, parce qu'ils ne sont pas dans le doute. ⁷Ils ne soulèvent pas de questions, parce qu'il n'entre rien dans leur esprit qui fasse question. ⁸Cela les tient dans une parfaite sérénité, parce que c'est ce qu'ils partagent, connaissant ce qu'ils sont.

IV. La guérison comme re-connaissance de la vérité

1.   La vérité *peut* seulement être reconnue et il est seulement *besoin* de la reconnaître. ²L'inspiration est du Saint-Esprit; la certitude est de Dieu, conformément à Ses lois. ³Toutes deux, donc, viennent de la même Source, puisque l'inspiration vient de la Voix pour Dieu et que la certitude vient des lois de Dieu. ⁴La guérison ne vient pas directement de Dieu, Qui connaît Ses créations parfaitement entières. ⁵Or la guérison est toujours de Dieu, parce qu'elle procède de Sa Voix et de Ses lois. ⁶Elle en est le résultat, dans un état d'esprit qui ne Le connaît pas. ⁷Cet état Lui est inconnu et donc n'existe pas, mais ceux qui dorment sont inconscients. ⁸Parce qu'ils sont inconscients, ils ne connaissent pas.

2.   Le Saint-Esprit doit œuvrer *par* toi pour t'enseigner qu'Il est *en* toi. ²C'est une étape intermédiaire vers la connaissance que tu es en Dieu parce que tu fais partie de Lui. ³Dans les miracles que le Saint-Esprit inspire, il ne peut y avoir d'ordre de difficulté, parce que toutes les parties de la création sont d'un seul ordre. ⁴C'est la Volonté de Dieu et la tienne. ⁵Les lois de Dieu établissent cela et le Saint-Esprit te le rappelle. ⁶Quand tu guéris, tu te souviens des lois de Dieu et tu oublies les lois de l'ego. ⁷J'ai dit plus tôt que l'oubli n'est qu'une façon de mieux se souvenir. ⁸Ce n'est donc pas l'opposé de se souvenir, quand il est perçu correctement. ⁹Perçu incorrectement, il induit une perception de conflit avec quelque chose d'autre, comme le fait toute perception incorrecte. ¹⁰Correctement perçu, il peut être utilisé comme voie menant hors du conflit, comme peut le faire toute perception correcte.

3.   L'ego ne veut pas enseigner à tous tout ce qu'il a appris, parce que cela irait à l'encontre de son propre but. ²C'est pourquoi en réalité il n'apprend pas du tout. ³Le Saint-Esprit t'enseigne à utiliser ce que l'ego a fait pour enseigner l'opposé de ce que l'ego a

« appris ». [4]Le genre d'apprentissage importe aussi peu que l'aptitude particulière qui fut appliquée pour apprendre. [5]Tu as seulement besoin de faire l'effort d'apprendre, car le Saint-Esprit a un but unifié pour l'effort. [6]Si des aptitudes différentes sont appliquées assez longtemps dans un seul but, les aptitudes elles-mêmes deviennent unifiées. [7]C'est qu'elles sont canalisées dans une seule direction, ou d'une seule façon. [8]À la fin, donc, elles contribuent toutes à un seul résultat et ce faisant c'est leur similitude, plutôt que leurs différences, qui est soulignée.

4.   Toutes les aptitudes devraient donc être confiées au Saint-Esprit, Qui comprend comment les utiliser correctement. [2]Il les utilise seulement pour guérir, parce qu'Il te connaît seulement entier. [3]En guérissant, tu apprends ce qu'est l'entièreté ; et en apprenant ce qu'est l'entièreté, tu apprends à te souvenir de Dieu. [4]Tu L'as oublié, mais le Saint-Esprit comprend que ton oubli doit être traduit en une façon de te souvenir.

5.   Le but de l'ego est aussi unifié que celui du Saint-Esprit, et c'est pour cela que leurs buts ne pourront jamais être réconciliés en aucune façon ni aucune mesure. [2]L'ego cherche toujours à diviser et à séparer. [3]Le Saint-Esprit cherche toujours à unifier et à guérir. [4]En guérissant tu es guéri, parce que le Saint-Esprit ne voit pas d'ordre de difficulté dans la guérison. [5]Guérir est une façon de défaire la croyance dans les différences, étant la seule façon de percevoir la Filialité ne faisant qu'un. [6]Cette perception est donc en accord avec les lois de Dieu, même dans un état d'esprit qui est en désaccord avec le Sien. [7]La force de la perception juste est si grande qu'elle amène l'esprit à s'accorder avec le Sien, parce qu'elle sert Sa Voix, qui est en vous tous.

6.   C'est un réel délire de penser que tu peux t'opposer à la Volonté de Dieu. [2]L'ego croit qu'il le peut, et qu'il peut te faire le don de sa propre « volonté ». [3]*Tu n'en veux pas.* [4]Ce n'est pas un don. [5]Ce n'est rien du tout. [6]Le don que Dieu t'a fait, c'est à la fois ce que tu *as* et ce que tu *es*. [7]Quand tu ne l'utilises pas, tu oublies que tu l'as. [8]En ne te souvenant pas, tu ne connais pas ce que tu es. [9]Guérir, donc, est une façon d'approcher la connaissance en accordant ta pensée avec les lois de Dieu et en reconnaissant leur universalité. [10]Sans cette re-connaissance, tu as rendu ces lois in-signifiantes pour toi. [11]Or les lois ne sont pas in-signifiantes, puisque toute signification est contenue par elles et en elles.

7.   Cherche premièrement le Royaume des Cieux, parce que c'est là que les lois de Dieu opèrent véritablement, et elles ne peuvent

opérer que véritablement parce que ce sont les lois de la vérité. ²Mais ne cherche que cela, parce que tu ne peux trouver rien d'autre. ³Il n'y *a* rien d'autre. ⁴Dieu est Tout en tous au sens le plus littéral. ⁵Tout être est en Lui Qui est tout Être. ⁶Tu es donc en Lui puisque ton être est le Sien. ⁷Guérir est une façon d'oublier le sentiment de danger que l'ego a induit en toi, en ne reconnaissant pas son existence en ton frère. ⁸Cela renforce le Saint-Esprit en vous deux, parce que c'est le refus de reconnaître la peur. ⁹L'amour n'a besoin que de cette invitation. ¹⁰Il vient librement à toute la Filialité, étant ce qu'est la Filialité. ¹¹En t'éveillant à lui, tu ne fais qu'oublier ce que tu n'es pas. ¹²Cela te permet de te souvenir de ce que tu es.

V. Guérison et inchangeabilité de l'esprit

1.   Le corps n'est rien de plus qu'un cadre pour le développement des aptitudes, ce qui est tout à fait à part de l'usage qui en est fait. ²*Ça*, c'est une décision. ³Les effets de la décision de l'ego à cet égard sont tellement apparents qu'il n'est pas besoin d'élaborer, mais la décision du Saint-Esprit de n'utiliser le corps que pour la communication est si étroitement liée à la guérison qu'il est besoin de clarifier. ⁴Manifestement, le guérisseur non guéri ne comprend pas sa propre vocation.
2.   Seuls les esprits communiquent. ²Puisque l'ego ne peut pas oblitérer l'impulsion à communiquer parce que c'est aussi l'impulsion à créer, il peut seulement t'enseigner que le corps peut à la fois communiquer et créer, et qu'il n'a donc pas besoin de l'esprit. ³Ainsi l'ego essaie de t'enseigner que le corps peut agir comme l'esprit et par conséquent qu'il se suffit à lui-même. ⁴Or nous avons appris que la conduite n'est le niveau ni pour l'enseignement ni pour l'apprentissage, puisque tu peux agir conformément à ce que tu ne crois pas. ⁵En faisant cela, toutefois, tu t'affaiblis à la fois comme enseignant et comme apprenant parce que, ainsi qu'il a été maintes fois souligné, c'est ce que tu *crois* que tu enseignes. ⁶Une leçon incohérente sera mal enseignée et mal apprise. ⁷Si tu enseignes à la fois la maladie *et* la guérison, tu es à la fois un mauvais enseignant et un mauvais apprenant.
3.   Guérir est la seule aptitude que chacun puisse et doive développer, s'il veut être guéri. ²La guérison est la forme de communication du Saint-Esprit en ce monde, et c'est la seule qu'Il accepte.

[3]Il n'en reconnaît pas d'autre, parce qu'Il n'accepte pas la confusion que fait l'ego entre l'esprit et le corps. [4]Les esprits peuvent communiquer, mais ils ne peuvent blesser. [5]Le corps au service de l'ego peut blesser d'autres corps, mais cela ne peut pas se produire à moins que le corps n'ait déjà été confondu avec l'esprit. [6]Cette situation aussi peut être utilisée aussi bien pour la guérison que pour la magie, mais tu dois te souvenir que la magie comporte toujours la croyance que la guérison est nuisible. [7]Cette croyance est sa prémisse totalement insane, et elle agit en conséquence.

4. La guérison ne fait que fortifier. [2]La magie essaie toujours d'affaiblir. [3]La guérison ne perçoit rien chez le guérisseur que tous les autres ne partagent avec lui. [4]La magie voit toujours quelque chose de «particulier» chez le guérisseur, dont il croit pouvoir faire don à quelqu'un qui ne l'a pas. [5]Peut-être croit-il que le don lui vient de Dieu, mais il est tout à fait évident qu'il ne comprend pas Dieu s'il pense avoir quelque chose qui manque aux autres.

5. Le Saint-Esprit n'œuvre pas au hasard, et la guérison qui vient de Lui opère *toujours*. [2]À moins que le guérisseur ne guérisse toujours par Lui, les résultats varieront. [3]Or la guérison elle-même est constante, puisque seule la constance est libre de tout conflit, et seuls ceux qui sont libres de tout conflit sont entiers. [4]En acceptant des exceptions et en admettant qu'il puisse parfois guérir et parfois non, le guérisseur, manifestement, accepte l'inconstance. [5]Il est donc en conflit et il enseigne le conflit. [6]Est-il possible que quelque chose de Dieu ne soit pas pour tous et pour toujours? [7]L'amour est incapable d'une quelconque exception. [8]C'est seulement s'il y a la peur que l'idée d'exceptions semble être signifiante. [9]Les exceptions sont apeurantes parce qu'elles sont faites par la peur. [10]«Le guérisseur apeuré» est une contradiction dans les termes, et c'est donc un concept que seul un esprit en conflit pourrait percevoir comme signifiant.

6. La peur ne réjouit pas. [2]La guérison, si. [3]La peur fait toujours des exceptions. [4]La guérison n'en fait jamais. [5]La peur produit la dissociation, parce qu'elle induit la séparation. [6]La guérison produit toujours l'harmonie, parce qu'elle procède de l'intégration. [7]Elle est prévisible parce qu'on peut compter sur elle. [8]Sur tout ce qui est de Dieu l'on peut compter, parce que tout de Dieu est entièrement réel. [9]On peut compter sur la guérison parce qu'elle est inspirée par Sa Voix et est en accord avec Ses lois. [10]Or si la guérison est constante, elle ne peut pas être comprise inconstamment. [11]Compréhension veut dire constance et cohérence, parce

que Dieu veut dire constance et cohérence. ¹²Puisque c'est Sa signification, c'est aussi la tienne. ¹³Ta signification ne peut pas être
en désaccord avec la Sienne, parce que toute ta signification, et
ta seule signification, vient de la Sienne et est pareille à la Sienne.
¹⁴Dieu ne peut pas être en désaccord avec Lui-même, et tu ne peux
pas être en désaccord avec Lui. ¹⁵Tu ne peux pas séparer ton Soi
de ton Créateur, Qui t'a créé en partageant Son Être avec toi.

7. Le guérisseur non guéri veut la gratitude de ses frères, mais lui-
même n'a pas de gratitude pour eux. ²C'est qu'il pense qu'il leur
donne quelque chose et qu'il ne reçoit pas en retour quelque
chose d'aussi désirable. ³Son enseignement est limité parce qu'il
apprend si peu. ⁴Sa leçon de guérison est limitée par sa propre
ingratitude, qui est une leçon de maladie. ⁵Le véritable apprentissage est constant et son pouvoir de changement est si fort
qu'un Fils de Dieu peut reconnaître son propre pouvoir en un instant et changer le monde l'instant suivant. ⁶C'est parce qu'en
changeant d'esprit, il a changé le plus puissant mécanisme qui lui
ait jamais été donné pour changer. ⁷Cela ne contredit en rien l'inchangeabilité de l'esprit tel que Dieu l'a créé, mais tu penses l'avoir
changé tant que tu apprends par l'ego. ⁸Cela te place dans une
position où tu as besoin d'apprendre une leçon qui semble contradictoire : tu dois apprendre à changer d'esprit sur ton esprit.
⁹C'est la seule façon pour toi d'apprendre qu'il *est* inchangeable.

8. Quand tu guéris, c'est exactement ce que tu *apprends*. ²Tu reconnais l'esprit inchangeable en ton frère, en te rendant compte qu'il
n'aurait pas pu changer d'esprit. ³C'est ainsi que tu perçois le
Saint-Esprit en lui. ⁴Il n'y a que le Saint-Esprit en lui Qui ne
change jamais d'Esprit. ⁵Il pense peut-être lui-même qu'il peut
le faire, sinon il ne se percevrait pas comme malade. ⁶Par conséquent, il ne connaît pas ce qu'est son Soi. ⁷Si tu ne vois que l'inchangeable en lui, tu ne l'as pas réellement changé. ⁸En changeant
d'esprit sur le sien *pour* lui, tu l'aides à défaire le changement que
son ego pense avoir fait en lui.

9. De même que tu peux entendre deux voix, de même tu peux
voir de deux façons. ²L'une te montre une image, ou une idole que
tu peux adorer de peur, mais que tu n'aimeras jamais. ³L'autre te
montre seulement la vérité, que tu aimeras parce que tu la comprendras. ⁴Comprendre, c'est apprécier, parce que tu peux t'identifier à ce que tu comprends et, en en faisant une partie de toi,
tu l'as accepté avec amour. ⁵C'est ainsi que Dieu Lui-même t'a
créé : en te comprenant, en t'appréciant et en t'aimant. ⁶L'ego est

totalement incapable de comprendre cela, parce qu'il ne comprend pas ce qu'il fait, ne l'apprécie pas et ne l'aime pas. [7]Il incorpore pour enlever. [8]Il croit littéralement que chaque fois qu'il prive quelqu'un de quelque chose, lui-même augmente. [9]J'ai souvent parlé de l'augmentation du Royaume par tes créations, qui ne peuvent être créées que comme tu l'as été. [10]Toute la gloire et la joie parfaite qui *sont* le Royaume se trouvent en toi pour être données. [11]Ne veux-tu pas les donner ?

10.   Tu ne peux pas oublier le Père parce que je suis avec toi, et je ne peux pas L'oublier. [2]M'oublier, moi, c'est t'oublier toi-même et oublier Celui Qui t'a créé. [3]Nos frères sont oublieux. [4]C'est pourquoi ils ont besoin que tu te souviennes de moi et de Celui Qui m'a créé. [5]Par ce souvenir, tu peux changer leur esprit sur eux-mêmes, comme je peux changer le tien. [6]Ton esprit est une lumière si puissante que tu peux regarder dans leurs esprits et les éclairer, comme je peux éclairer le tien. [7]Je ne veux pas partager mon corps dans la communion parce que cela est ne rien partager. [8]Est-ce que j'essaierais de partager une illusion avec les enfants très saints d'un très saint Père ? [9]Or je veux partager mon esprit avec toi parce que nous sommes d'un seul Esprit, et cet Esprit est le nôtre. [10]Ne vois que cet Esprit partout parce que cela seul est partout et en tout. [11]Il est tout parce qu'il englobe toutes choses en lui. [12]Béni sois-tu de ne percevoir que cela, parce que tu ne perçois que ce qui est vrai.

11.   Viens donc à moi et apprends ce qu'est la vérité en toi. [2]L'esprit que nous partageons, tous nos frères le partagent, et quand nous les voyons véritablement ils sont guéris. [3]Laisse ton esprit luire avec le mien sur leurs esprits, et par notre gratitude envers eux les rendre conscients de la lumière en eux. [4]En retour, cette lumière luira sur toi et sur la Filialité tout entière, parce que c'est le don qu'il convient pour toi d'offrir à Dieu. [5]Il l'acceptera et le donnera à la Filialité, parce qu'il est acceptable pour Lui et donc pour Ses Fils. [6]C'est la véritable communion avec le Saint-Esprit, Qui voit l'autel de Dieu en chacun, te le fait apprécier et ainsi t'appelle à aimer Dieu et Sa création. [7]Tu ne peux apprécier la Filialité que ne faisant qu'un. [8]Cela fait partie de la loi de la création et donc cela gouverne toute pensée.

VI. De la vigilance à la paix

1.   Bien que tu ne puisses aimer la Filialité que ne faisant qu'un, tu peux la percevoir comme fragmentée. ²Il est impossible, toutefois, de voir quelque chose dans l'une de ses parties sans l'attribuer au tout. ³C'est pourquoi l'attaque n'est jamais distincte et pourquoi il faut y renoncer entièrement. ⁴Si tu n'y renonces pas entièrement, tu n'y renonces pas du tout. ⁵La peur et l'amour font ou créent, selon que l'ego ou le Saint-Esprit les engendre ou les inspire, mais ils *retournent* à l'esprit du penseur et ils affectent toute sa perception. ⁶Cela inclut sa conception de Dieu, de Ses créations et des siennes. ⁷Il n'appréciera aucun d'Eux s'il Les regarde peureusement. ⁸Il Les appréciera tous s'il Les regarde avec amour.

2.   L'esprit qui accepte l'attaque ne peut pas aimer. ²C'est qu'il croit pouvoir détruire l'amour ; par conséquent, il ne comprend pas ce qu'est l'amour. ³S'il ne comprend pas ce qu'est l'amour, il ne peut pas se percevoir lui-même comme aimant. ⁴Cela fait perdre conscience de l'être, induit un sentiment d'irréalité, et en résulte une confusion extrême. ⁵Ta pensée a fait cela à cause de son pouvoir, mais ta pensée peut aussi t'en sauver parce que ce n'est pas toi qui a fait son pouvoir. ⁶Ton aptitude à diriger ta pensée selon ton choix fait partie de son pouvoir. ⁷Si tu ne crois pas pouvoir le faire, tu as nié le pouvoir de ta pensée et l'as ainsi rendue impuissante dans ta croyance.

3.   L'ego fait preuve d'une énorme ingéniosité pour se préserver, mais elle lui vient de ce même pouvoir de l'esprit que l'ego nie. ²Cela signifie que l'ego attaque ce qui le préserve, et il en résulte forcément une extrême anxiété. ³Voilà pourquoi l'ego ne reconnaît jamais ce qu'il fait. ⁴Il est parfaitement logique mais nettement insane. ⁵L'ego puise *pour* son existence à la seule source qui soit totalement hostile à son existence. ⁶Ayant peur de percevoir le pouvoir de cette source, il est forcé de le déprécier. ⁷Cela menace sa *propre* existence, un état qu'il trouve intolérable. ⁸Restant logique mais toujours insane, l'ego résout ce dilemme complètement insane d'une manière complètement insane. ⁹Il ne perçoit pas la menace pesant sur sa *propre* existence en projetant cette menace sur *toi*, et en percevant ton être comme inexistant. ¹⁰Cela assure sa continuité si tu te ranges de son côté, car c'est la garantie que tu ne connaîtras pas ta propre sécurité.

4.   L'ego ne peut pas se permettre de connaître quoi que ce soit. ²La connaissance est totale, or l'ego ne croit pas en la totalité. ³Cette

incroyance est son origine et, bien que l'ego ne t'aime pas, il *est* fidèle à ses propres antécédents, et il engendre comme lui-même fut engendré. [4]L'esprit reproduit toujours comme il fut produit. [5]Produit par la peur, l'ego reproduit la peur. [6]Voilà son allégeance, et cette allégeance le rend traître à l'amour parce que tu *es* l'amour. [7]L'amour est ton pouvoir, et l'ego doit le nier. [8]Il doit aussi nier tout ce que ce pouvoir te donne *parce qu'*il te donne tout. [9]Nul qui a tout ne veut l'ego. [10]Son propre faiseur, donc, ne le veut pas. [11]Le rejet est donc la seule décision que l'ego pourrait jamais rencontrer, si l'esprit qui l'a fait se connaissait lui-même. [12]Et s'il reconnaissait n'importe quelle partie de la Filialité, il se *connaîtrait* lui-même.

5.   Par conséquent, l'ego s'oppose à tout ce qui est apprécier, à toute re-connaissance, toute perception saine et toute connaissance. [2]Il perçoit leur menace comme une menace totale, parce qu'il sent bien que tous les engagements que prend l'esprit sont totaux. [3]Forcé, par conséquent, de se détacher de toi, il est prêt à s'attacher à n'importe quoi d'autre. [4]Mais il n'y *a* rien d'autre. [5]Toutefois, l'esprit peut inventer des illusions, et s'il le fait il croira en elles, parce que c'est ainsi qu'il les a faites.

6.   Le Saint-Esprit défait les illusions sans les attaquer, parce qu'il ne peut pas les percevoir du tout. [2]Par conséquent, elles n'existent pas pour Lui. [3]Il résout le conflit apparent qu'elles engendrent en percevant le conflit comme in-signifiant. [4]J'ai dit plus tôt que le Saint-Esprit perçoit le conflit exactement tel qu'il est, et il *est* in-signifiant. [5]Le Saint-Esprit ne veut pas que tu comprennes le conflit ; Il veut que tu te rendes compte que, parce que le conflit est in-signifiant, il n'est pas compréhensible. [6]Comme je l'ai déjà dit, comprendre amène à apprécier, et apprécier amène à aimer. [7]Rien d'autre ne peut être compris parce que rien d'autre n'est réel et donc rien d'autre n'a de signification.

7.   Si tu gardes à l'esprit ce que t'offre le Saint-Esprit, tu ne peux pas être vigilant pour autre chose *que* Dieu et Son Royaume. [2]La seule raison pour laquelle tu peux trouver cela difficile à accepter, c'est que tu penses peut-être encore qu'il y a autre chose. [3]La croyance ne requiert pas de vigilance à moins qu'elle ne soit en conflit. [4]Si elle l'est, c'est qu'il y a en elle des composantes conflictuelles qui ont mené à un état de guerre, et la vigilance est donc devenue essentielle. [5]La vigilance n'a pas sa place dans la paix. [6]Elle est nécessaire contre les croyances qui ne sont pas vraies, et jamais le Saint-Esprit n'y aurait fait appel si tu n'avais pas cru ce

qui n'est pas vrai. [7]Quand tu crois quelque chose, tu l'as rendu vrai pour toi. [8]Quand tu crois ce que Dieu ne connaît point, ta pensée semble contredire la Sienne, ce qui fait que cela apparaît comme si tu étais en train de L'attaquer.

8. J'ai insisté plusieurs fois sur le fait que l'ego croit pouvoir attaquer Dieu, et il essaie de te persuader que c'est ce que tu as fait. [2]Si l'esprit ne peut pas attaquer, l'ego en arrive très logiquement à la croyance que tu dois être un corps. [3]En ne te voyant pas tel que tu es, il peut se voir lui-même tel qu'il veut être. [4]Conscient de sa faiblesse, l'ego veut ton allégeance, mais pas tel que tu es réellement. [5]L'ego veut donc engager ton esprit dans son propre système délirant, parce qu'autrement la lumière de ta compréhension le dissiperait. [6]Il ne veut aucune partie de la vérité, parce que l'ego lui-même n'est pas vrai. [7]Si la vérité est totale, ce qui n'est pas vrai ne peut pas exister. [8]L'engagement envers l'un ou l'autre doit être total ; ils ne peuvent coexister dans ton esprit sans le diviser. [9]S'ils ne peuvent coexister en paix, et si tu veux la paix, tu dois abandonner l'idée de conflit entièrement et pour tout le temps. [10]Cela requiert de la vigilance mais seulement aussi longtemps que tu ne reconnais pas ce qui est vrai. [11]Tant que tu crois que deux systèmes de pensée totalement contradictoires se partagent la vérité, ton besoin de vigilance est apparent.

9. Ton esprit divise son allégeance entre deux royaumes, et tu ne t'engages totalement envers aucun des deux. [2]Ton identification avec le Royaume est totalement au-delà de toute question, sauf pour toi quand tu penses de manière insane. [3]Ce que tu es, ta perception ne l'établit pas et ne l'influence pas du tout. [4]Ce que tu perçois comme des problèmes d'identification à quelque niveau que ce soit ne sont pas des problèmes de fait. [5]Ce sont des problèmes de compréhension, puisque leur présence suppose la croyance qu'il t'appartient de décider ce que tu es. [6]L'ego croit cela totalement, envers quoi il s'est engagé pleinement. [7]Ce n'est pas vrai. [8]Par conséquent, l'ego s'est engagé totalement envers ce qui n'est pas vrai, et sa perception est en contradiction totale avec le Saint-Esprit et avec la connaissance de Dieu.

10. Il n'y a que le Saint-Esprit qui puisse te percevoir d'une manière signifiante, parce que ton être *est* la connaissance de Dieu. [2]Toute croyance que tu acceptes à part cela obscurcit la Voix pour Dieu en toi, et va donc obscurcir Dieu pour toi. [3]À moins que tu ne perçoives Sa création véritablement, tu ne peux pas connaître le Créateur, puisque Dieu et Sa création ne sont pas séparés. [4]L'Unité

du Créateur et de la création est ton entièreté, ta santé d'esprit et ton pouvoir illimité. ⁵Ce pouvoir illimité est le don que Dieu te fait, parce que c'est ce que tu es. ⁶Si tu en dissocies ton esprit, tu perçois la force la plus puissante dans l'univers comme si elle était faible, parce que tu ne crois pas que tu en fais partie.

11.   Perçue sans la part que tu y prends, la création de Dieu est vue faible, et ceux qui se voient eux-mêmes affaiblis attaquent. ²Toutefois, l'attaque ne peut être qu'aveugle, parce qu'il n'y a rien à attaquer. ³Par conséquent ils inventent des images, les perçoivent indignes et les attaquent à cause de leur indignité. ⁴Voilà tout ce qu'est le monde de l'ego. ⁵Rien. ⁶Il n'a pas de signification. ⁷Il n'existe pas. ⁸N'essaie pas de le comprendre parce que, si tu le fais, tu crois qu'il peut être compris et qu'il est donc capable d'être apprécié et aimé. ⁹Cela justifierait son existence, qui ne peut pas être justifiée. ¹⁰Tu ne peux pas rendre l'in-signifiant signifiant. ¹¹Ce ne peut être qu'une tentative insane.

12.   Quand tu permets à l'insanité d'entrer dans ton esprit, cela signifie que tu n'as pas jugé la santé d'esprit entièrement désirable. ²Si tu veux autre chose, tu feras autre chose, mais parce que c'est autre chose, cela attaquera ton système de pensée et divisera ton allégeance. ³Tu ne peux pas créer en cet état divisé, et tu dois être vigilant contre cet état divisé parce qu'il n'y a que la paix qui se puisse étendre. ⁴Ton esprit divisé bloque l'extension du Royaume, et son extension est ta joie. ⁵Si tu n'étends pas le Royaume, tu ne penses pas avec ton Créateur et tu ne crées pas comme Il a créé.

13.   Dans cet état déprimant, le Saint-Esprit te rappelle doucement que tu es triste parce que tu ne remplis pas ta fonction de co-créateur avec Dieu et te prives donc toi-même de la joie. ²Ce n'est pas le choix de Dieu mais le tien. ³Si ton esprit pouvait être en désaccord avec Celui de Dieu, ce qui procède de ta volonté serait in-signifiant. ⁴Or parce que la Volonté de Dieu est inchangeable, nul conflit de volonté n'est possible. ⁵Tel est l'enseignement parfaitement cohérent du Saint-Esprit. ⁶La création, et non la séparation, est ta volonté *parce qu*'elle est Celle de Dieu, et rien de ce qui s'y oppose ne signifie quoi que ce soit. ⁷Étant un accomplissement parfait, la Filialité ne peut accomplir que parfaitement, étendant la joie dans laquelle elle fut créée et s'identifiant elle-même à la fois à son Créateur et à ses créations, connaissant qu'Ils sont Un.

VII. La totalité du Royaume

1.   Chaque fois que tu nies à un frère une bénédiction, c'est *toi* qui te sentiras privé de quelque chose, parce que le déni est aussi total que l'amour. [2]Il est aussi impossible de nier quelque chose à une partie de la Filialité que de l'aimer en partie. [3]Il n'est pas possible non plus de l'aimer totalement par moments. [4]Tu ne peux pas t'engager totalement parfois. [5]Le déni n'a aucun pouvoir en soi, mais tu peux lui donner le pouvoir de ton esprit, dont le pouvoir est sans limites. [6]Si tu l'utilises pour nier la réalité, la réalité a disparu pour toi. [7]*La réalité ne peut pas être appréciée partiellement.* [8]C'est pourquoi en nier n'importe quelle partie signifie que tu as perdu conscience de toute la réalité. [9]Or le déni est une défense, et il est donc capable d'être utilisé positivement aussi bien que négativement. [10]Utilisé négativement, il sera destructeur, parce qu'il sera utilisé pour l'attaque. [11]Mais au service du Saint-Esprit, il peut t'aider à reconnaître une partie de la réalité, et ainsi à l'apprécier tout entière. [12]L'esprit est trop puissant pour être sujet à l'exclusion. [13]Tu ne seras jamais capable de t'exclure toi-même de tes pensées.

2.   Lorsqu'un frère agit de manière insane, il t'offre une occasion de le bénir. [2]Son besoin est le tien. [3]Tu as besoin de la bénédiction que tu peux lui offrir. [4]Il n'y a pas moyen pour toi de l'avoir, sauf en la donnant. [5]Telle est la loi de Dieu, et elle n'a pas d'exceptions. [6]Ce que tu nies te manque, non pas parce que cela est manquant mais parce que tu l'as nié en autrui et tu n'en as donc pas conscience en toi. [7]Chacune de tes réponses est déterminée par ce que tu penses être, et ce que tu veux être *est* ce que tu penses être. [8]Ce que tu veux être, donc, doit déterminer chacune de tes réponses.

3.   Tu n'as pas besoin de la bénédiction de Dieu parce que tu l'as pour toujours, mais tu as besoin de la tienne. [2]L'ego se fait de toi une image de privation, sans amour et vulnérable. [3]Tu ne peux pas aimer cela. [4]Or tu peux très facilement échapper à cette image en la laissant derrière toi. [5]Tu n'es pas là et ce n'est pas toi. [6]Ne vois cette image en personne, sinon tu l'as acceptée *comme* toi. [7]Toutes les illusions sur la Filialité sont dissipées ensemble, comme elles ont été faites ensemble. [8]N'enseigne à personne qu'il est ce que tu ne voudrais pas être. [9]Ton frère est le miroir dans lequel tu vois l'image de toi-même aussi longtemps que dure la perception. [10]Et la perception durera jusqu'à ce que la Filialité se connaisse elle-

même comme entière. [11]Tu as fait la perception et elle durera aussi longtemps que tu en voudras.

4. Les illusions sont des investissements. [2]Elles dureront aussi longtemps que tu leur accorderas de la valeur. [3]Les valeurs sont relatives, mais elles sont puissantes parce que ce sont des jugements mentaux. [4]La seule façon de dissiper les illusions, c'est de leur retirer tout investissement; alors elles seront sans vie pour toi parce que tu les auras sorties de ton esprit. [5]Tant que tu les y inclus, tu leur donnes vie. [6]Sauf qu'il n'y a rien là pour recevoir ton don.

5. Tu as le don de vie pour le donner, parce qu'il t'a été donné. [2]Tu n'as pas conscience de ton don parce que tu ne le donnes pas. [3]Tu ne peux pas faire que rien vive, puisque rien ne peut pas être rendu vivant. [4]Par conséquent, tu n'étends pas le don qui est à la fois ce que tu *as* et ce que tu *es*, et ainsi tu ne connais pas ton être. [5]Toute confusion vient de ne pas étendre la vie, parce que cela n'est pas la Volonté de ton Créateur. [6]Tu ne peux rien accomplir à part de Lui, et de fait tu n'accomplis rien à part de Lui. [7]Continue dans Sa voie pour te souvenir de toi-même, et enseigne Sa voie pour ne pas t'oublier. [8]Ne rends honneur qu'aux Fils du Dieu vivant, et compte-toi avec joie parmi eux.

6. L'honneur est le seul don qui convienne à ceux que Dieu Lui-même a créés dignes d'honneur, et qu'Il honore. [2]Donne-leur de les apprécier comme Dieu toujours les apprécie, parce qu'ils sont Ses Fils bien-aimés qui ont toute Sa faveur. [3]Tu ne peux pas être à part d'eux parce que tu n'es pas à part de Lui. [4]Repose-toi dans Son amour et protège ton repos en aimant. [5]Mais aime tout ce qu'Il a créé, dont tu fais partie, ou tu ne peux pas apprendre ce qu'est Sa paix ni accepter Son don pour toi-même et comme toi-même. [6]Tu ne peux pas connaître ta propre perfection jusqu'à ce que tu aies honoré tous ceux qui furent créés pareils à toi.

7. Un enfant de Dieu est le seul enseignant suffisamment digne d'en enseigner un autre. [2]Un seul Enseignant est dans tous les esprits et Il enseigne à tous la même leçon. [3]Il t'enseigne toujours la valeur inestimable de chaque Fils de Dieu, et Il l'enseigne avec une patience infinie née de l'Amour infini pour lequel Il parle. [4]Chaque attaque est un appel à Sa patience, puisque Sa patience peut traduire l'attaque en bénédiction. [5]Ceux qui attaquent ne connaissent pas qu'ils sont bénis. [6]Ils attaquent parce qu'ils se croient privés de quelque chose. [7]Donne, donc, de ton abondance, et enseigne la leur à tes frères. [8]Ne partage pas leurs illusions de manque, sinon tu te percevras toi-même comme ayant un manque.

8.   L'attaque ne pourrait jamais favoriser l'attaque si tu ne la percevais pas comme un moyen de te priver de quelque chose que tu veux. ²Or tu ne peux pas perdre une chose à moins que tu ne lui accordes pas de valeur, et donc que tu ne la veuilles pas. ³Pour cette raison tu as le sentiment d'en être privé, et en projetant ton propre rejet tu crois alors que les autres te l'enlèvent. ⁴Tu dois avoir peur si tu crois que ton frère t'attaque pour t'arracher le Royaume des Cieux. ⁵En définitive, toute projection de l'ego a cela pour base.

9.   Étant la partie de ton esprit qui ne croit pas être responsable d'elle-même, et étant sans allégeance envers Dieu, l'ego est incapable de confiance. ²Projetant sa croyance insane que tu as trahi ton Créateur, il croit que tes frères, qui en sont aussi incapables que toi, cherchent à t'enlever Dieu. ³Chaque fois qu'un frère en attaque un autre, *c'est* ce qu'il croit. ⁴La projection voit tes propres souhaits en autrui. ⁵Si tu choisis de te séparer de Dieu, c'est ce que tu penseras que les autres te font.

10.   Tu *es* la Volonté de Dieu. ²N'accepte rien d'autre pour ta volonté, sinon tu nies ce que tu es. ³Nie cela et tu attaqueras, croyant avoir été attaqué. ⁴Mais vois en toi l'Amour de Dieu et tu le verras partout parce qu'il *est* partout. ⁵Vois en tous Son abondance et tu connaîtras que tu es en Lui avec eux. ⁶Ils font partie de toi, comme tu fais partie de Dieu. ⁷Tu es aussi seul quand tu ne comprends pas cela que Dieu Lui-même est seul quand Ses Fils ne Le connaissent pas. ⁸La paix de Dieu, c'est de comprendre cela. ⁹Il y a une seule voie qui mène hors de la pensée du monde, comme il y avait une seule voie pour y entrer. ¹⁰Comprends totalement en comprenant la totalité.

11.   Perçois n'importe quelle partie du système de pensée de l'ego comme entièrement insane, entièrement délirante et entièrement indésirable, et tu l'évalues correctement tout entier. ²Cette correction te permet de percevoir n'importe quelle partie de la création comme entièrement réelle, entièrement parfaite et entièrement désirable. ³Ne voulant que cela, tu n'*auras* que cela, et ne donnant que cela, tu ne *seras* que cela. ⁴Les dons que tu offres à l'ego sont toujours ressentis comme des sacrifices, mais les dons que tu offres au Royaume sont des dons que tu t'offres à toi-même. ⁵Ils seront toujours précieux pour Dieu parce qu'ils appartiennent à Ses Fils bien-aimés, qui Lui appartiennent. ⁶À toi appartiennent toute puissance et toute gloire, parce qu'à Lui appartient le Royaume.

VIII. L'incroyable croyance

1. Nous avons dit que sans projection il ne peut y avoir de colère, mais il est aussi vrai que sans extension il ne peut y avoir d'amour. [2]Cela reflète une loi fondamentale de l'esprit, une loi, donc, qui opère toujours. [3]C'est la loi par laquelle tu crées et fus créé. [4]C'est la loi qui unifie le Royaume et le garde dans l'Esprit de Dieu. [5]Pour l'ego, la loi est perçue comme un moyen de se débarrasser de quelque chose qu'il ne veut pas. [6]Pour le Saint-Esprit, c'est la loi fondamentale du partage, par laquelle tu donnes ce que tu estimes de façon à le garder dans ton esprit. [7]Pour le Saint-Esprit, c'est la loi de l'extension. [8]Pour l'ego, c'est la loi de la privation. [9]Par conséquent, elle produit l'abondance ou le manque, selon la façon dont tu choisis de l'appliquer. [10]Ce choix te revient, mais il ne te revient pas de décider si tu utiliseras la loi ou non. [11]Chaque esprit doit projeter ou étendre, parce que c'est ainsi qu'il vit, et chaque esprit est la vie.

2. Il faut d'abord que l'usage que fait l'ego de la projection soit pleinement compris afin que l'inévitable association entre projection et colère puisse enfin être défaite. [2]L'ego essaie toujours de préserver le conflit. [3]Il s'ingénie à inventer des façons de réduire le conflit en apparence, parce qu'il ne veut pas que tu trouves le conflit intolérable au point d'insister pour l'abandonner. [4]L'ego essaie donc de te persuader qu'*il* peut te libérer du conflit, de crainte que tu n'abandonnes l'ego et te libères toi-même. [5]Recourant à sa propre version tordue des lois de Dieu, l'ego n'utilise le pouvoir de l'esprit que pour aller à l'encontre du but réel de l'esprit. [6]Dans une tentative pour te persuader que tu t'es débarrassé du problème, il projette le conflit de ton esprit sur d'autres esprits.

3. Cette tentative comporte deux erreurs majeures. [2]Premièrement, à strictement parler, le conflit ne peut pas être projeté parce qu'il ne peut pas être partagé. [3]Toute tentative pour en garder une partie tout en se débarrassant d'une autre partie n'a réellement aucune signification. [4]Souviens-toi qu'un enseignant en conflit est un mauvais enseignant et un mauvais apprenant. [5]Ses leçons sont confuses et leur valeur de transfert est limitée par sa confusion. [6]La seconde erreur est l'idée que tu puisses te débarrasser d'une chose que tu ne veux pas en la donnant. [7]La donner, c'est la façon de la *garder*. [8]La croyance qu'en la voyant au-dehors tu l'as exclue du dedans, est une complète distorsion du pouvoir de l'extension.

⁹C'est pourquoi ceux qui projettent sont vigilants pour leur propre sécurité. ¹⁰Ils ont peur que leurs projections leur reviennent et les blessent. ¹¹Croyant avoir effacé leurs projections de leur propre esprit, ils croient aussi que leurs projections essaient de s'y glisser à nouveau. ¹²Puisque les projections n'ont pas quitté leur esprit, ils sont forcés de déployer une incessante activité pour ne pas le reconnaître.

4.   Tu ne peux perpétuer une illusion au sujet d'un autre sans la perpétuer à ton sujet. ²Cela est sans issue, parce qu'il est impossible de fragmenter l'esprit. ³Fragmenter, c'est briser en morceaux, et l'esprit ne peut ni attaquer ni être attaqué. ⁴La croyance qu'il le peut, une erreur que l'ego commet toujours, sous-tend tout son usage de la projection. ⁵Il ne comprend pas ce qu'est l'esprit; par conséquent, il ne comprend pas ce que *tu* es. ⁶Or son existence est dépendante de ton esprit, parce que l'ego est ta croyance. ⁷L'ego est une confusion d'identification. ⁸N'ayant jamais eu de modèle constant et cohérent, il ne s'est jamais développé de manière constante et cohérente. ⁹Il est le produit d'une mauvaise application des lois de Dieu par des esprits distordus qui mésusent de leur pouvoir.

5.   *N'aie pas peur de l'ego.* ²Il dépend de ton esprit; et de même que tu l'as fait croyant en lui, de même tu peux le dissiper en lui retirant ta croyance. ³Ne projette pas la responsabilité de ta croyance en lui sur quiconque, sinon tu préserves la croyance. ⁴Quand tu seras prêt à accepter seul la responsabilité de l'existence de l'ego, tu auras mis de côté toute colère et toute attaque, parce qu'elles viennent d'une tentative pour projeter la responsabilité de tes propres erreurs. ⁵Mais après avoir accepté comme tiennes ces erreurs, ne les garde pas. ⁶Donne-les vite au Saint-Esprit afin qu'elles soient défaites complètement et que tous leurs effets disparaissent de ton esprit et de la Filialité tout entière.

6.   Le Saint-Esprit t'enseignera à percevoir au-delà de ta croyance, parce que la vérité est au-delà de la croyance et Sa perception est vraie. ²L'ego peut être complètement oublié à tout moment, parce qu'il est une croyance totalement incroyable, et personne ne peut garder une croyance qu'il a jugée non crédible. ³Plus tu en apprends sur l'ego, plus tu te rends compte qu'il n'est pas crédible. ⁴L'incroyable ne peut pas être compris parce qu'il n'est pas crédible. ⁵L'in-signifiance d'une perception fondée sur l'incroyable est apparente, mais il se peut qu'elle ne soit pas reconnue pour incroyable, parce qu'elle est faite *par* la croyance.

7. Ce cours a pour seul but de t'enseigner que l'ego est incroyable et sera toujours incroyable. ²Toi qui as fait l'ego en croyant l'incroyable, tu ne peux pas faire ce jugement seul. ³En acceptant l'Expiation pour toi-même, tu te décides contre la croyance que tu puisses être seul, dissipant ainsi l'idée de séparation tout en affirmant ta véritable identification avec le Royaume tout entier, qui fait littéralement partie de toi. ⁴Cette identification est au-delà du doute comme elle est au-delà de la croyance. ⁵Ton entièreté n'a pas de limites parce que l'être est l'infini.

IX. L'extension du Royaume

1. Toi seul peux limiter ton pouvoir créateur, mais Dieu a pour Volonté de le libérer. ²Ce n'est pas plus Sa Volonté que tu te prives de tes créations que de Se priver Lui-même des Siennes. ³Ne refuse pas tes dons à la Filialité, sinon tu te refuses toi-même à Dieu ! ⁴Être centré sur soi est de l'ego, mais être plein de Soi est du pur-esprit parce que c'est ainsi que Dieu l'a créé. ⁵Le Saint-Esprit est dans la partie de l'esprit qui se trouve entre l'ego et le pur-esprit, agissant entre eux comme Médiateur toujours en faveur du pur-esprit. ⁶Pour l'ego c'est de la partialité, et il y répond comme si on se rangeait contre lui. ⁷Pour le pur-esprit c'est la vérité, parce qu'il connaît sa plénitude et il ne peut concevoir qu'il y ait une seule partie d'où il serait exclu.

2. Le pur-esprit connaît que la conscience de tous ses frères est incluse dans la sienne, comme elle est incluse en Dieu. ²Par conséquent, la puissance de la Filialité tout entière et de son Créateur est la propre plénitude du pur-esprit, qui rend ses créations également entières et d'une égale perfection. ³L'ego ne saurait prévaloir contre une totalité qui inclut Dieu ; or toute totalité *doit* inclure Dieu. ⁴À tout ce qu'Il a créé toute Sa puissance est donnée, parce que cela fait partie de Lui et partage Son Être avec Lui. ⁵Créer est l'opposé de la perte, comme bénir est l'opposé du sacrifice. ⁶L'être *doit* être étendu. ⁷C'est ainsi qu'il conserve la connaissance de lui-même. ⁸Le pur-esprit aspire à partager son être comme son Créateur l'a fait. ⁹Créé par le partage, sa volonté est de créer. ¹⁰Il ne souhaite pas contenir Dieu, mais a pour volonté d'étendre Son Être.

3. L'extension de l'Être de Dieu est la seule fonction du pur-esprit. ²Sa plénitude ne peut pas plus être contenue que ne peut l'être

la plénitude de son Créateur. ³La plénitude est extension. ⁴Tout le système de pensée de l'ego bloque l'extension, et bloque donc ta seule fonction. ⁵Par conséquent, il bloque ta joie, de sorte que tu te perçois toi-même comme non épanoui. ⁶À moins que tu ne crées, tu *n'es* pas épanoui, mais Dieu ne connaît pas le non-épanouissement, et c'est donc que tu dois créer. ⁷Tu ne connais peut-être pas tes propres créations, mais cela ne peut pas plus interférer avec leur réalité que ton inconscience du pur-esprit ne peut interférer avec son être.

4.   Le Royaume s'étend à jamais parce qu'il est dans l'Esprit de Dieu. ²Tu ne connais pas ta joie parce que tu ne connais pas ta propre Plénitude de Soi. ³Exclus de toi n'importe quelle partie du Royaume et tu n'es pas entier. ⁴Un esprit divisé ne peut percevoir sa plénitude et a besoin que le miracle de son entièreté se fasse jour en lui et le guérisse. ⁵Cela réveille à nouveau l'entièreté en lui et le ramène au Royaume par son acceptation de l'entièreté. ⁶Parce qu'il apprécie pleinement la Plénitude de Soi, il devient impossible que l'esprit soit centré sur soi et l'extension est inévitable. ⁷C'est pourquoi il y a dans le Royaume une paix parfaite. ⁸Le pur-esprit remplit sa fonction, et seul un épanouissement complet est la paix.

5.   Tes créations sont protégées pour toi parce que le Saint-Esprit, Qui est dans ton esprit, en a connaissance et peut les ramener à ta conscience chaque fois que tu le Lui permets. ²Elles sont là en tant que parties de ton être, parce que ta plénitude les inclut. ³Les créations de chaque Fils de Dieu sont les tiennes, puisque toute création appartient à chacun, ayant été créée pour la Filialité ne faisant qu'un.

6.   Tu n'as pas manqué d'augmenter l'héritage des Fils de Dieu ; ainsi tu n'as pas manqué de te l'assurer. ²Puisque c'était la Volonté de Dieu de te le donner, Il l'a donné pour toujours. ³Puisque c'était Sa Volonté que tu l'aies pour toujours, Il t'a donné les moyens de le garder. *⁴Et c'est ce que tu as fait.* ⁵Désobéir à la Volonté de Dieu n'a de signification que pour ceux qui sont insanes. ⁶En vérité, c'est impossible. ⁷Ta Plénitude de Soi est aussi illimitée que Celle de Dieu. ⁸Comme la Sienne, Elle s'étend à jamais et dans une paix parfaite. ⁹Son rayonnement est si intense qu'Elle crée dans une joie parfaite, et seul ce qui est entier peut naître de Son Entièreté.

7.   Sois confiant en ce que tu n'as jamais perdu ton Identité ni les extensions qui La maintiennent entière et en paix. ²Les miracles sont une expression de cette confiance. ³Ils reflètent à la fois ta

propre identification avec tes frères et la conscience que ton identification est maintenue par l'extension. [4]Le miracle est une leçon de perception totale. [5]En incluant n'importe quelle partie de la totalité dans cette leçon, tu as inclus le tout.

X. La confusion entre douleur et joie

1. Le Royaume est le résultat de prémisses, tout comme l'est ce monde. [2]Peut-être as-tu suivi le raisonnement de l'ego jusqu'à sa conclusion logique, qui est une confusion totale en tout. [3]Si tu voyais réellement ce résultat, tu ne pourrais pas le vouloir. [4]La seule raison pour laquelle tu pourrais en vouloir n'importe quelle partie, ce serait parce que tu ne le vois pas tout entier. [5]Tu veux bien regarder les prémisses de l'ego, mais point leur conséquence logique. [6]N'est-il pas possible que tu aies fait la même chose avec les prémisses de Dieu? [7]Tes créations sont la conséquence logique de Ses prémisses. [8]Sa pensée les a établies pour toi. [9]Elles sont exactement là où elles doivent être. [10]Leur place est dans ton esprit comme partie de ton identification avec le Sien, mais ton état d'esprit, et ce que tu reconnais en lui, dépendent de ce que tu crois à propos de ton esprit. [11]Quelles que soient ces croyances, elles sont les prémisses qui déterminent ce que tu acceptes dans ton esprit.

2. Il est sans doute clair que tu peux à la fois accepter dans ton esprit ce qui n'y est pas et nier ce qui y est. [2]Or tu peux nier la fonction que Dieu Lui-même a donné à ton esprit par le Sien, mais tu ne peux pas l'empêcher. [3]C'est la conséquence logique de ce que tu es. [4]L'aptitude à voir une conséquence logique dépend du désir de la voir, mais sa vérité n'a rien à voir avec ton désir. [5]La vérité est la Volonté de Dieu. [6]Partage Sa Volonté et tu partages ce qu'Il connaît. [7]Nie Sa Volonté comme tienne et tu nies Son Royaume *et* le tien.

3. Le Saint-Esprit te dirigera uniquement pour t'éviter la douleur. [2]Il est sûr que personne ne ferait objection à ce but s'il le reconnaissait. [3]Le problème n'est pas de savoir si ce que dit le Saint-Esprit est vrai, mais si tu veux écouter ce qu'Il dit. [4]Tu ne reconnais pas plus ce qui est douloureux que tu ne connais ce qui est joyeux, et tu es, de fait, très enclin à confondre les deux. [5]La fonction principale du Saint-Esprit est de t'enseigner à les distinguer. [6]Ce qui est joyeux pour toi est douloureux pour l'ego, et aussi longtemps

143

que tu auras un doute sur ce que tu es, tu confondras joie et douleur. ⁷Cette confusion est la cause de toute l'idée de sacrifice. ⁸Obéis au Saint-Esprit et tu abandonneras l'ego. ⁹Mais tu ne sacrifieras rien. ¹⁰Au contraire, tu gagneras tout. ¹¹Si tu croyais cela, il n'y aurait pas de conflit.

4.   Voilà pourquoi tu as besoin de te démontrer à toi-même ce qui est évident. ²Ce n'est pas évident pour toi. ³Tu crois que faire l'opposé de la Volonté de Dieu peut être mieux pour toi. ⁴Tu crois aussi qu'il est possible de *faire* l'opposé de la Volonté de Dieu. ⁵Par conséquent, tu crois qu'un choix impossible s'offre à toi, un choix qui est à la fois apeurant et désirable. ⁶Or Dieu *veut*. ⁷Il ne souhaite pas. ⁸Ta volonté est aussi puissante que la Sienne parce que *c'est* la Sienne. ⁹Les souhaits de l'ego ne signifient rien, parce que l'ego souhaite l'impossible. ¹⁰Tu peux souhaiter l'impossible, mais tu ne peux *vouloir* qu'avec Dieu. ¹¹Cela est la faiblesse de l'ego et c'est ta force.

5.   Le Saint-Esprit Se range toujours avec toi et avec ta force. ²Tant que tu évites d'être guidé par Lui de quelque façon que ce soit, tu voudrais être faible. ³Or la faiblesse est effrayante. ⁴Que peut donc signifier cette décision, sinon que tu voudrais avoir peur? ⁵Le Saint-Esprit ne demande jamais de sacrifices, mais l'ego en exige toujours. ⁶Toute confusion de ta part dans cette distinction des motivations ne peut être due qu'à la projection. ⁷La projection est une confusion de motivations, et la confiance, étant donné cette confusion, devient impossible. ⁸Personne n'obéit avec joie à un guide en qui il n'a pas confiance, mais cela ne signifie pas que le guide est indigne de confiance. ⁹Dans ce cas-ci, cela signifie toujours que celui qui suit l'est. ¹⁰Toutefois, cela aussi ne concerne que sa propre croyance. ¹¹Croyant qu'il peut trahir, il croit que tout peut le trahir. ¹²Mais c'est uniquement parce qu'il a choisi de suivre un mauvais guide. ¹³Incapable de suivre ce guide sans peur, il associe la peur au fait d'être guidé, et refuse ensuite d'être guidé par qui que ce soit. ¹⁴Si le résultat de cette décision est la confusion, cela n'est guère surprenant.

6.   Le Saint-Esprit est parfaitement digne de confiance, comme tu l'es. ²Dieu Lui-même te fait confiance; que tu sois digne de confiance, donc, ne fait pas question. ³Cela restera toujours au-delà de toute question, si fort que tu le mettes en question. ⁴J'ai dit plus tôt que tu es la Volonté de Dieu. ⁵Sa Volonté n'est pas un vain souhait, et ton identification avec Sa Volonté n'est pas facultative, puisque c'est ce que tu es. ⁶Tu n'as pas vraiment le choix

de partager Sa Volonté avec moi, quoiqu'il paraisse. ⁷La séparation tout entière réside dans cette erreur. ⁸La seule voie qui
mène hors de l'erreur est de décider que tu n'as pas à décider
quoi que ce soit. ⁹Tout t'a été donné par décision de Dieu. ¹⁰Telle
est Sa Volonté, et tu ne peux pas la défaire.

7.   Même le renoncement à ta fausse prérogative de décider, sur
laquelle l'ego veille si jalousement, ce n'est pas par ton souhait
qu'il est accompli. ²Il a été accompli pour toi par la Volonté de
Dieu, Qui ne t'a pas laissé inconsolé. ³Sa Voix t'enseignera comment distinguer entre la douleur et la joie et te conduira hors de
la confusion que tu as toi-même faite. ⁴Il n'y a pas de confusion
dans l'esprit d'un Fils de Dieu, dont la volonté doit être la Volonté
du Père, parce que la Volonté du Père *est* Son Fils.

8.   Les miracles sont en accord avec la Volonté de Dieu, Dont tu ne
connais pas la Volonté parce que tu ne sais plus ce qu'est *ta* volonté. ²Cela signifie que tu ne sais plus ce que tu es. ³Si tu es la
Volonté de Dieu et que tu n'acceptes pas Sa Volonté, tu nies la joie.
⁴Le miracle est donc une leçon sur ce qu'est la joie. ⁵Étant une
leçon de partage, c'est une leçon d'amour, qui *est* la joie. ⁶Ainsi
chaque miracle est une leçon de vérité, et c'est en offrant la
vérité que tu apprends la différence entre douleur et joie.

XI. L'état de grâce

1.   Le Saint-Esprit te guidera toujours véritablement, parce que ta
joie est la Sienne. ²Telle est Sa Volonté pour chacun parce qu'Il
parle pour le Royaume de Dieu, qui *est* la joie. ³Le suivre est donc
la chose la plus facile au monde, et la seule chose qui soit facile,
parce qu'elle n'est pas du monde. ⁴Elle est donc naturelle. ⁵Le
monde va à l'encontre de ta nature, étant en désaccord avec les
lois de Dieu. ⁶Le monde perçoit des ordres de difficulté en tout.
⁷C'est que l'ego ne perçoit rien comme étant entièrement désirable.
⁸En te démontrant à toi-même qu'il n'y a pas d'ordre de difficulté
dans les miracles, tu te convaincras que, dans ton état naturel, il
n'y a pas du tout de difficulté *parce que* c'est un état de grâce.

2.   La grâce est l'état naturel de chaque Fils de Dieu. ²Lorsqu'il n'est
pas en état de grâce, il est hors de son environnement naturel et
il ne fonctionne pas bien. ³Tout ce qu'il fait exige alors un effort,
parce qu'il n'a pas été créé pour l'environnement qu'il a fait.
⁴Il ne peut donc pas s'y adapter ni l'adapter à lui. ⁵Rien ne sert

d'essayer. [6]Un Fils de Dieu n'est heureux que lorsqu'il connaît qu'il est avec Dieu. [7]C'est le seul environnement dans lequel il ne fait pas l'expérience de l'effort, parce qu'il y est à sa place. [8]C'est aussi le seul environnement qui est digne de lui, parce que sa propre valeur dépasse tout ce qu'il peut faire.

3.   Considère le royaume que tu as fait et juge équitablement de sa valeur. [2]Est-il digne d'être la demeure d'un enfant de Dieu? [3]Protège-t-il sa paix et fait-il luire l'amour sur lui? [4]Garde-t-il son cœur intouché par la peur et lui permet-il de donner toujours, sans jamais aucun sentiment de perte? [5]Lui enseigne-t-il que donner est sa joie, et que Dieu Lui-même lui rend grâce de son don? [6]Voilà le seul environnement dans lequel tu puisses être heureux. [7]Tu ne peux pas plus le faire que tu ne peux te faire toi-même. [8]Il a été créé pour toi, comme tu as été créé pour lui. [9]Dieu veille sur Ses enfants et ne leur nie rien. [10]Or quand ils Le nient, ils ne connaissent pas cela, parce qu'ils se nient tout à eux-mêmes. [11]Toi qui pourrais donner l'Amour de Dieu à tout ce que tu vois et touches et te rappelles, c'est le Ciel littéralement que tu te nies à toi-même.

4.   Je t'appelle à te souvenir que je t'ai choisi pour enseigner le Royaume *au* Royaume. [2]Il n'y a pas d'exceptions à cette leçon, parce que l'absence d'exceptions *est* la leçon. [3]Chaque Fils qui retourne au Royaume avec cette leçon dans son cœur a guéri la Filialité et rendu grâce à Dieu. [4]Celui qui apprend cette leçon est devenu le parfait enseignant, parce qu'il l'a apprise du Saint-Esprit.

5.   Quand un esprit n'a que la lumière, il ne connaît que la lumière. [2]Son propre rayonnement luit tout autour de lui et s'étend dans les ténèbres d'autres esprits, les transformant en majesté. [3]La Majesté de Dieu est là pour être reconnue, appréciée et connue de toi. [4]Reconnaître la Majesté de Dieu comme ton frère, c'est accepter ton propre héritage. [5]Dieu ne donne qu'également. [6]Si tu reconnais Son don en qui que ce soit, tu as reconnu ce qu'Il t'a donné. [7]Rien n'est aussi facile à reconnaître que la vérité. [8]C'est une re-connaissance qui est immédiate, claire et naturelle. [9]Tu t'es entraîné à ne pas la reconnaître, et cela t'a été très difficile.

6.   Hors de ton environnement naturel, tu peux bien demander: «Qu'est-ce que la vérité?», puisque la vérité est l'environnement par lequel et pour lequel tu as été créé. [2]Tu ne te connais pas toi-même, parce que tu ne connais pas ton Créateur. [3]Tu ne connais pas tes créations parce que tu ne connais pas tes frères, qui les ont créées avec toi. [4]J'ai déjà dit que seule la Filialité tout entière

était digne d'être co-créatrice avec Dieu, parce que seule la Filialité tout entière peut créer comme Lui. [5]Chaque fois que tu guéris un frère en reconnaissant sa valeur, tu reconnais son pouvoir de créer ainsi que le tien. [6]Il ne peut pas avoir perdu ce que tu reconnais, et tu dois avoir la gloire que tu vois en lui. [7]Il est co-créateur avec Dieu avec toi. [8]Nie son pouvoir créateur, et tu nies le tien ainsi que celui de Dieu Qui t'a créé.

7.   Tu ne peux pas nier une partie de la vérité. [2]Tu ne connais pas tes créations parce que tu ne connais pas leur créateur. [3]Tu ne te connais pas toi-même parce que tu ne connais pas le tien. [4]Tes créations ne peuvent pas plus établir ta réalité que tu ne peux établir celle de Dieu. [5]Mais tu peux *connaître* les deux. [6]L'être est connu en partageant. [7]Parce que Dieu a partagé Son Être avec toi, tu peux Le connaître. [8]Mais tu dois aussi connaître tous ceux qu'Il a créés, pour connaître ce qu'ils ont partagé. [9]Sans ton Père tu ne connaîtras pas ta paternité. [10]Le Royaume de Dieu inclut tous Ses Fils et leurs enfants, qui sont aussi pareils aux Fils qu'ils sont pareils au Père. [11]Connais, donc, les Fils de Dieu, et tu connaîtras toute la création.

Chapitre 8

LE VOYAGE DE RETOUR

I. La direction du curriculum

1. La connaissance n'est pas ce qui motive à apprendre ce cours. [2]C'est la paix. [3]C'est le préalable de la connaissance uniquement parce que ceux qui sont en conflit ne sont pas en paix, et la paix est la condition de la connaissance parce que c'est la condition du Royaume. [4]La connaissance ne peut être rétablie que lorsque tu remplis ses conditions. [5]Ceci n'est pas un marché fait par Dieu, Qui ne fait pas de marchés. [6]C'est simplement le résultat de ton mauvais usage de Ses lois au nom d'une volonté imaginaire qui n'est pas la Sienne. [7]La connaissance *est* Sa Volonté. [8]Si tu t'opposes à Sa Volonté, comment peux-tu avoir la connaissance ? [9]Je t'ai dit ce que t'offre la connaissance, mais tu ne la vois peut-être pas encore comme étant entièrement désirable. [10]Autrement, tu ne serais pas aussi prêt à la jeter lorsque l'ego demande ton allégeance.

2. Il semble peut-être que les distractions de l'ego font interférence avec ton apprentissage, mais l'ego n'a pas le pouvoir de te distraire à moins que tu ne lui donnes ce pouvoir. [2]La voix de l'ego est une hallucination. [3]Tu ne peux pas t'attendre à ce qu'il dise : « Je ne suis pas réel. » [4]Or il ne t'est pas demandé de dissiper tout seul tes hallucinations. [5]Il t'est simplement demandé de les évaluer en fonction de leurs résultats pour toi. [6]Si tu ne les veux pas à cause de la perte de la paix, elles seront enlevées de ton esprit pour toi.

3. Chaque réponse faite à l'ego est un appel à la guerre, et la guerre te prive de la paix. [2]Or dans cette guerre il n'y a pas d'adversaire. [3]C'est cette réinterprétation de la réalité que tu dois faire pour assurer la paix, et c'est la seule que tu aies jamais besoin de faire. [4]Ceux que tu perçois comme des adversaires font partie de ta paix, que tu abandonnes en les attaquant. [5]Comment peux-tu avoir ce que tu abandonnes ? [6]Tu partages pour avoir, mais sans l'abandonner toi-même. [7]Quand tu abandonnes la paix, tu t'en exclus toi-même. [8]C'est une condition tellement étrangère au Royaume que tu ne saurais comprendre l'état qui y règne.

4. Ton apprentissage passé a dû t'enseigner les mauvaises choses, simplement parce qu'il ne t'a pas rendu heureux. [2]Rien qu'en te basant là-dessus, sa valeur devrait être mise en question. [3]Si

148

l'apprentissage vise au changement, et c'est toujours son but, es-tu satisfait des changements que ton apprentissage t'a apportés? ⁴L'insatisfaction quant à ses résultats est signe de l'échec de l'apprentissage, puisque cela signifie que tu n'as pas obtenu ce que tu voulais.

5.   Le curriculum de l'Expiation est l'opposé du curriculum que tu as établi pour toi-même, mais son résultat l'est aussi. ²Si le résultat du tien t'a rendu malheureux, et si tu en veux un différent, il est évident qu'un changement de curriculum est nécessaire. ³Le premier changement à introduire est un changement de direction. ⁴Un curriculum signifiant ne peut pas être incohérent. ⁵S'il est planifié par deux enseignants, chacun croyant en des idées diamétralement opposées, il ne peut pas être intégré. ⁶S'il est mis en œuvre par ces deux enseignants simultanément, chacun ne fera qu'interférer avec l'autre. ⁷Cela mène à des fluctuations, mais pas au changement. ⁸Ceux qui sont versatiles n'ont aucune direction. ⁹Ils ne peuvent en choisir une parce qu'ils ne peuvent renoncer à l'autre, même si elle n'existe pas. ¹⁰Leur curriculum conflictuel leur enseigne que *toutes* les directions existent, mais il ne leur donne aucune raison qui leur permette de choisir.

6.   Il faut d'abord que le non-sens total d'un tel curriculum soit pleinement reconnu afin qu'un réel changement de direction devienne possible. ²Tu ne peux pas apprendre simultanément de deux enseignants qui sont en désaccord total sur tout. ³Leur curriculum conjoint représente une tâche d'apprentissage impossible. ⁴Ils t'enseignent des choses entièrement différentes de deux façons entièrement différentes, ce qui serait peut-être possible sauf que les deux t'enseignent sur toi-même. ⁵Ta réalité est inaffectée par les deux, mais si tu écoutes les deux, ton esprit sera divisé sur ce qu'est ta réalité.

II. La différence entre emprisonnement et liberté

1.   Il *est* une raison permettant de choisir. ²Un seul Enseignant connaît ce qu'est ta réalité. ³Si le but du curriculum est d'apprendre à enlever les obstacles à cette connaissance, tu dois l'apprendre de Lui. ⁴L'ego ne connaît pas ce qu'il essaie d'enseigner. ⁵Il essaie de t'enseigner ce que tu es sans connaître ce que tu es. ⁶Il n'est expert qu'en confusion. ⁷Il ne comprend rien d'autre. ⁸Comme enseignant, donc, l'ego nage et entraîne en pleine confusion. ⁹Même

si tu pouvais ne tenir aucun compte du Saint-Esprit, ce qui est impossible, tu ne pourrais toujours rien apprendre de l'ego, parce que l'ego ne connaît rien.

2.   Quelle raison pourrait-il y avoir de choisir un tel enseignant? ²N'est-il pas que bon sens de ne tenir aucun compte de tout ce qu'il enseigne? ³Est-ce vers cet enseignant qu'un Fils de Dieu devrait se tourner pour se trouver lui-même? ⁴L'ego ne t'a jamais donné de réponse sensée sur quoi que ce soit. ⁵Rien qu'en te basant sur ta propre expérience de son enseignement, cela seul ne devrait-il pas le disqualifier comme ton futur enseignant? ⁶Or l'ego n'a pas que nui en cela à ton apprentissage. ⁷Apprendre est une joie quand cela te mène dans ta voie naturelle tout en facilitant le développement de ce que tu as. ⁸Quand, au contraire, ce qui t'est enseigné va à l'encontre de ta nature, tu perds par ton apprentissage parce que ton apprentissage t'emprisonne. ⁹Ta volonté est *dans* ta nature; par conséquent, elle ne peut pas aller à son encontre.

3.   L'ego ne peut rien t'enseigner aussi longtemps que ta volonté est libre, parce que tu ne l'écouteras pas. ²Ce n'est pas ta volonté d'être emprisonné parce que ta volonté est libre. ³Voilà pourquoi l'ego est le déni de la libre volonté. ⁴Ce n'est jamais Dieu Qui te contraint, parce qu'Il partage Sa Volonté avec toi. ⁵Sa Voix n'enseigne qu'en accord avec Sa Volonté, mais cela n'est pas la leçon du Saint-Esprit parce que c'est ce que tu *es*. ⁶La leçon est que ta volonté et Celle de Dieu ne peuvent pas être en désaccord parce qu'elles ne font qu'un. ⁷Cela défait tout ce que l'ego essaie d'enseigner. ⁸Ce n'est donc pas seulement la direction du curriculum qui doit être libre de tout conflit, mais aussi son contenu.

4.   L'ego essaie de t'enseigner que tu veux t'opposer à la Volonté de Dieu. ²Cette leçon contre nature ne peut pas être apprise, et tenter de l'apprendre est une violation de ta propre liberté, ce qui fait que tu as peur de ta volonté *parce qu'*elle est libre. ³Le Saint-Esprit s'oppose à tout emprisonnement de la volonté d'un Fils de Dieu, connaissant que la volonté du Fils est Celle du Père. ⁴Le Saint-Esprit te mène sans cesse sur le chemin de la liberté, t'enseignant comment ne tenir aucun compte ou regarder au-delà de tout ce qui pourrait te retenir.

5.   Nous avons dit que le Saint-Esprit t'enseigne la différence entre la douleur et la joie. ²Cela revient à dire qu'Il t'enseigne la différence entre l'emprisonnement et la liberté. ³Tu ne peux pas faire cette distinction sans Lui parce que tu t'es enseigné que

l'emprisonnement est liberté. ⁴Croyant qu'ils sont les mêmes, comment peux-tu les distinguer ? ⁵Peux-tu demander à la partie de ton esprit qui t'a enseigné à croire qu'ils sont les mêmes, de t'enseigner en quoi ils sont différents ?

6. L'enseignement du Saint-Esprit prend *une* seule direction et a *un* seul but. ²Sa direction est la liberté et Son but est Dieu. ³Or Il ne peut concevoir Dieu sans toi, parce que ce n'est pas la Volonté de Dieu d'*être* sans toi. ⁴Quand tu auras appris que ta volonté est Celle de Dieu, tu ne pourras pas plus vouloir être sans Lui qu'Il ne pourrait vouloir être sans toi. ⁵Cela est la liberté et cela est la joie. ⁶Nie-toi cela et tu nies à Dieu Son Royaume, parce qu'Il t'a créé pour cela.

7. Quand j'ai dit : « À toi appartiennent la puissance et la gloire parce qu'à Lui appartient le Royaume », voici ce que je voulais dire : La Volonté de Dieu est sans limites, et en elle résident toute puissance et toute gloire. ²Sa force, son amour et sa paix sont sans limites. ³Elle n'a pas de frontières parce que son extension est illimitée, et elle englobe toutes choses parce qu'elle a créé toutes choses. ⁴En créant toutes choses, elle en a fait une partie d'elle-même. ⁵Tu es la Volonté de Dieu parce que c'est ainsi que tu fus créé. ⁶Parce que ton Créateur ne crée que pareil à Lui-même, tu es pareil à Lui. ⁷Tu fais partie de Lui Qui est toute puissance et toute gloire ; par conséquent, tu es aussi illimité que Lui.

8. À quoi d'autre qu'à toute puissance et toute gloire le Saint-Esprit peut-Il faire appel pour rétablir le Royaume de Dieu ? ²Il ne fait appel, donc, qu'à ce que le Royaume est, et pour sa propre re-connaissance de ce qu'il est. ³Quand tu reconnais cela, tu apportes automatiquement cette re-connaissance à tous, parce que tu les *as* tous reconnus. ⁴Par ta re-connaissance, tu éveilles la leur, et par la leur, la tienne est étendue. ⁵L'éveil court aisément et joyeusement par tout le Royaume, en réponse à l'Appel pour Dieu. ⁶C'est la réponse naturelle de chaque Fils de Dieu à la Voix pour son Créateur, parce que c'est la Voix pour ses créations et pour sa propre extension.

III. La sainte rencontre

1. Gloire à Dieu au plus haut des Cieux, et à toi parce qu'Il l'a voulu ainsi. ²Demande et l'on te donnera, parce qu'on t'a déjà *donné*. ³Demande la lumière et apprends que tu *es* lumière. ⁴Si

c'est la compréhension et l'illumination que tu veux, c'est ce que tu apprendras ; parce que ta décision de l'apprendre est la décision d'écouter l'Enseignant Qui a connaissance de la lumière et peut donc te l'enseigner. ⁵Il n'y a pas de limites à ton apprentissage parce qu'il n'y a pas de limites à ton esprit. ⁶Il n'y a pas de limites à Son enseignement parce qu'Il a été créé pour enseigner. ⁷Comprenant parfaitement Sa fonction, Il la remplit parfaitement, parce que cela est Sa joie et la tienne.

2.   La seule joie et la seule paix que tu puisses connaître pleinement, c'est de remplir parfaitement la Volonté de Dieu, parce que c'est la seule fonction dont tu puisses faire pleinement l'expérience. ²Ainsi, quand celle-ci est accomplie, il n'y a pas d'autre expérience. ³Or le souhait d'une autre expérience bloque son accomplissement, parce que la Volonté de Dieu ne peut pas t'être imposée, étant l'expérience d'un désir total. ⁴Le Saint-Esprit comprend comment enseigner cela, mais pas toi. ⁵C'est pourquoi tu as besoin de Lui et pourquoi Dieu te L'a donné. ⁶Seul Son enseignement délivre ta volonté à Celle de Dieu, l'unissant à Sa puissance et à Sa gloire et les établissant comme tiennes. ⁷Tu les partages comme Dieu les partage, parce que c'est la conséquence naturelle de leur être.

3.   La Volonté du Père et celle du Fils sont Un, par Leur extension. ²Leur extension est le résultat de Leur Unité, dont la cohésion est assurée par l'extension de Leur Volonté conjointe. ³Cela est la création parfaite par les parfaitement créés, en union avec le parfait Créateur. ⁴Le Père doit donner la paternité à Son Fils, parce que Sa propre Paternité doit être étendue vers l'extérieur. ⁵Toi dont la place est en Dieu, tu as la sainte fonction d'étendre Sa Paternité en ne lui posant aucune limite. ⁶Laisse le Saint-Esprit t'enseigner comment faire cela, car c'est seulement de Dieu Lui-même que tu peux connaître ce que cela signifie.

4.   Quand tu rencontres qui que ce soit, souviens-toi que c'est une sainte rencontre. ²Comme tu le vois, ainsi tu te verras toi-même. ³Comme tu le traites, ainsi tu te traiteras. ⁴Ce que tu penses de lui, tu le penseras de toi-même. ⁵N'oublie jamais cela, car c'est en lui que tu te trouveras ou te perdras. ⁶Chaque fois que deux Fils de Dieu se rencontrent, une nouvelle chance de salut leur est donnée. ⁷Ne quitte jamais personne sans lui avoir donné le salut et sans toi-même l'avoir reçu. ⁸Car je suis toujours là avec toi, en mémoire de *toi*.

5.   Le but du curriculum, quel que soit l'enseignant que tu choisis, est «Connais-toi toi-même.» ²Il n'y a rien d'autre à rechercher. ³Chacun est à la recherche de soi-même ainsi que de la puissance et de la gloire qu'il pense avoir perdues. ⁴Chaque fois que tu es avec quelqu'un, tu as une autre occasion de les retrouver. ⁵Ta puissance et ta gloire sont en lui parce qu'elles sont à toi. ⁶L'ego essaie de les trouver en toi seul, parce qu'il ne sait pas où regarder. ⁷Le Saint-Esprit t'enseigne que tu ne peux pas te trouver si tu ne regardes que toi, parce que ce n'est pas ce que tu es. ⁸Chaque fois que tu es avec un frère, tu apprends ce que tu es parce que tu enseignes ce que tu es. ⁹Il répondra soit par la douleur, soit par la joie, selon l'enseignant que tu suis. ¹⁰Il sera emprisonné ou libéré, conformément à ta décision, et tu le seras aussi. ¹¹N'oublie jamais la responsabilité que tu as envers lui, parce que c'est la responsabilité que tu as envers toi-même. ¹²Donne-lui sa place dans le Royaume et tu auras la tienne.

6.   Il n'est pas possible de trouver le Royaume tout seul ; et toi qui es le Royaume, tu ne peux pas te trouver seul. ²Ainsi, pour atteindre le but du curriculum, tu ne peux pas écouter l'ego, dont le but est de ne pas atteindre son propre but. ³Cela, l'ego ne le connaît pas, parce qu'il ne connaît rien. ⁴Mais toi tu peux le connaître, et tu le connaîtras si tu es désireux de regarder ce que l'ego voudrait faire de toi. ⁵Cela est ta responsabilité, parce qu'après avoir réellement regardé cela, tu *accepteras* l'Expiation pour toi-même. ⁶Quel autre choix pourrais-tu faire ? ⁷Ayant fait ce choix, tu comprendras pourquoi tu as cru autrefois qu'en rencontrant quelqu'un d'autre, tu pensais que c'*était* quelqu'un d'autre. ⁸Et chaque sainte rencontre dans laquelle tu entres pleinement t'enseignera qu'il n'en est rien.

7.   Tu ne peux rencontrer qu'une partie de toi-même parce que tu es une partie de Dieu, Qui est tout. ²Sa puissance et Sa gloire sont partout, et tu ne peux pas en être exclu. ³L'ego enseigne que ta force est en toi seul. ⁴Le Saint-Esprit enseigne que toute force est en Dieu et *par conséquent* en toi. ⁵Dieu veut que personne ne souffre. ⁶C'est Sa Volonté que personne ne souffre d'une mauvaise décision, toi y compris. ⁷C'est pourquoi Il t'a donné le moyen de la défaire. ⁸Par Sa puissance et Sa gloire, toutes tes mauvaises décisions sont complètement défaites, vous délivrant, toi et ton frère, de toute pensée qui emprisonne tenue par n'importe quelle partie de la Filialité. ⁹Les mauvaises décisions n'ont pas de pouvoir, parce

qu'elles ne sont pas vraies. ¹⁰L'emprisonnement qu'elles semblent produire n'est pas plus vrai qu'elles ne le sont elles-mêmes.

8. La puissance et la gloire appartiennent à Dieu seul. ²De même que toi. ³Tout ce qui Lui appartient, Dieu le donne, parce qu'Il donne de Lui-même et tout Lui appartient. ⁴Donner de toi-même est la fonction qu'Il t'a donnée. ⁵La remplir parfaitement te permettra de te rappeler ce que tu *as* de Lui, et par là tu te rappelleras aussi ce que tu *es* en Lui. ⁶Tu ne peux pas être impuissant à faire cela, parce que cela est ta puissance. ⁷La gloire est le don que Dieu te fait, parce que c'est ce qu'Il est. ⁸Vois cette gloire partout pour te rappeler ce que tu es.

IV. Le don de la liberté

1. Si la Volonté de Dieu pour toi est la paix et la joie complètes, et si tu ne ressens pas uniquement cela, ce doit être que tu refuses de reconnaître Sa Volonté. ²Sa Volonté ne vacille pas, étant à jamais inchangeable. ³Quand tu n'es pas en paix, ça ne peut être que parce que tu ne crois pas que tu es en Lui. ⁴Or Il est Tout en tous. ⁵Sa paix est complète, et tu dois y être inclus. ⁶Ses lois te gouvernent parce qu'elles gouvernent tout. ⁷Tu ne peux pas t'exempter de Ses lois, bien que tu puisses leur désobéir. ⁸Or si tu le fais, et seulement si tu le fais, tu te sentiras seul et impuissant, parce que tu te nies tout à toi-même.

2. Je suis venu comme une lumière dans un monde qui se nie tout à lui-même. ²Il fait cela simplement en se dissociant de tout. ³Il est donc une illusion d'isolement, maintenue par la peur de cette même solitude qui *est* son illusion. ⁴J'ai dit que j'étais avec toi tous les jours jusqu'à la fin du monde. ⁵C'est pourquoi je suis la lumière du monde. ⁶Si je suis avec toi dans la solitude du monde, la solitude n'est plus. ⁷Tu ne peux pas maintenir l'illusion de solitude si tu n'es pas seul. ⁸Mon but, donc, est encore de vaincre le monde. ⁹Je ne l'attaque pas, mais ma lumière doit le dissiper à cause de ce qu'il est. ¹⁰La lumière n'attaque pas les ténèbres, mais elle les dissipe. ¹¹Si ma lumière t'accompagne partout, tu les dissipes avec moi. ¹²La lumière devient nôtre, et tu ne peux pas plus demeurer dans les ténèbres que les ténèbres ne peuvent demeurer là où tu vas. ¹³La mémoire de moi, c'est la mémoire de toi-même et de Celui Qui m'a envoyé à toi.

3.   Tu étais dans les ténèbres jusqu'à ce que la Volonté de Dieu
fut faite complètement par n'importe quelle partie de la Filialité.
²Quand cela fut fait, elle était accomplie parfaitement par tous.
³Comment, autrement, pourrait-elle être parfaitement accomplie ? ⁴Ma mission était simplement d'unir la volonté de la Filialité
à la Volonté du Père en ayant moi-même conscience de la Volonté
du Père. ⁵C'est cette conscience que je suis venu te donner, et la
difficulté que tu as à l'accepter est le problème de ce monde. ⁶Le
salut est de le dissiper, et en ce sens je *suis* le salut du monde. ⁷Le
monde doit donc me mépriser et me rejeter, parce que le monde
est la croyance que l'amour est impossible. ⁸Si tu acceptes le fait
que je suis avec toi, tu nies le monde et tu acceptes Dieu. ⁹Ma
volonté est la Sienne ; et ta décision de m'entendre est la décision
d'entendre Sa Voix et de demeurer en Sa Volonté. ¹⁰Comme Dieu
m'a envoyé à toi, ainsi je t'enverrai aux autres. ¹¹Et j'irai à eux avec
toi, afin que nous puissions leur enseigner la paix et l'union.

4.   Ne penses-tu pas que le monde a besoin de paix autant que
toi ? ²Ne veux-tu pas la lui donner autant que tu veux la recevoir ?
³Car sinon, tu ne la recevras pas. ⁴Si tu veux l'avoir de moi, tu dois
la donner. ⁵La guérison ne vient de personne d'autre. ⁶Tu dois
accepter d'être guidé de l'intérieur. ⁷Tu dois vouloir être guidé ou
bien cela ne signifiera rien pour toi. ⁸C'est pourquoi la guérison
est une entreprise qui repose sur la collaboration. ⁹Je peux te dire
quoi faire, mais tu dois collaborer en croyant que je connais ce
que tu devrais faire. ¹⁰Alors seulement ton esprit choisira de me
suivre. ¹¹Sans ce choix tu ne pourrais pas être guéri parce que tu
auras décidé de rejeter la guérison, et ce rejet de ma décision pour
toi rend la guérison impossible.

5.   La guérison reflète notre volonté conjointe. ²Cela devient évident quand tu considères à quoi sert la guérison. ³La guérison est
la façon dont la séparation est vaincue. ⁴La séparation est vaincue
par l'union. ⁵Elle ne peut pas être vaincue en se séparant. ⁶La
décision de s'unir doit être sans équivoque, sinon l'esprit lui-
même est divisé et non entier. ⁷Ton esprit est le moyen par lequel
tu détermines ta propre condition, parce que l'esprit est le mécanisme de la décision. ⁸C'est le pouvoir par lequel tu te sépares ou
te joins, et ressens conséquemment la douleur ou la joie. ⁹Ma
décision ne peut pas vaincre la tienne, parce que la tienne est aussi
puissante que la mienne. ¹⁰Si elle ne l'était pas, les Fils de Dieu
seraient inégaux. ¹¹Toutes choses sont possibles par notre décision
conjointe, mais la mienne seule ne peut pas t'aider. ¹²Ta volonté

est aussi libre que la mienne, et Dieu Lui-même n'irait pas à son encontre. [13]Je ne peux pas vouloir ce que Dieu ne veut pas. [14]Je peux offrir ma force pour rendre la tienne invincible, mais je ne peux pas m'opposer à ta décision sans lui faire concurrence et violer ainsi la Volonté de Dieu pour toi.

6.   Rien de ce que Dieu a créé ne peut s'opposer à ta décision, comme rien de ce que Dieu a créé ne peut s'opposer à Sa Volonté. [2]Dieu a donné à ta volonté sa puissance, et je ne peux que la reconnaître en l'honneur de la Sienne. [3]Si tu veux être comme moi, je t'aiderai, connaissant que nous sommes pareils. [4]Si tu veux être différent, j'attendrai jusqu'à ce que tu changes d'esprit. [5]Je peux t'enseigner, mais toi seul peux choisir d'écouter mon enseignement. [6]Comment pourrait-il en être autrement, si le Royaume de Dieu est liberté ? [7]La liberté ne peut pas être apprise par la tyrannie de quelque sorte que ce soit ; et la parfaite égalité de tous les Fils de Dieu ne peut pas être reconnue par la domination d'un esprit sur un autre. [8]Les Fils de Dieu sont égaux en volonté, tous étant la Volonté du Père. [9]Cela est la seule leçon que je suis venu enseigner.

7.   Si ta volonté n'était pas la mienne, elle ne serait pas Celle de notre Père. [2]Cela signifierait que tu as emprisonné la tienne et que tu ne l'as pas laissée être libre. [3]De toi-même tu ne peux rien faire, parce que de toi-même tu *n'es* rien. [4]Je ne suis rien sans le Père et tu n'es rien sans moi, parce qu'en niant le Père tu te nies toi-même. [5]Je me souviendrai toujours de toi, et dans ma mémoire de toi réside ta mémoire de toi-même. [6]Dans notre mémoire l'un de l'autre réside notre mémoire de Dieu. [7]Et dans cette mémoire réside ta liberté parce que ta liberté est en Lui. [8]Joins-toi donc à moi en louange de Lui et de toi qu'Il a créé. [9]C'est le don de gratitude que nous Lui faisons et qu'Il partagera avec toutes Ses créations, à qui Il donne également tout ce qui est acceptable pour Lui. [10]Parce que c'est acceptable pour Lui, c'est le don de la liberté, qui est Sa Volonté pour tous Ses Fils. [11]En offrant la liberté, tu seras libre.

8.   Étant la re-connaissance de ce qu'ils sont et de ce qu'Il est, la liberté est le seul don que tu puisses faire aux Fils de Dieu. [2]La liberté est création, parce qu'elle est amour. [3]Celui que tu cherches à emprisonner, tu ne l'aimes pas. [4]Par conséquent, quand tu cherches à emprisonner qui que ce soit, y compris toi, tu ne l'aimes pas et tu ne peux pas t'identifier à lui. [5]Quand tu t'emprisonnes toi-même, tu perds de vue ta véritable identification

avec moi et avec le Père. [6]Ton identification est avec le Père *et* avec le Fils. [7]Ce ne peut pas être avec l'Un sans l'Autre. [8]Si tu fais partie de l'Un, tu dois faire partie de l'Autre, parce qu'ils sont Un. [9]La Sainte Trinité est sainte *parce qu'*Elle est Une. [10]Si tu t'exclus toi-même de cette union, tu perçois la Sainte Trinité comme séparée. [11]Tu dois Y être inclus, parce qu'Elle est tout. [12]À moins que tu n'Y prennes ta place et ne remplisses ta fonction comme partie d'Elle, la Sainte Trinité est aussi dépouillée que toi. [13]Aucune partie d'Elle ne peut être emprisonnée si Sa vérité doit être connue.

V. La volonté indivisée de la Filialité

1. Peux-tu être séparé de ton identification et être en paix? [2]La dissociation n'est pas une solution; c'est un délire. [3]Ceux qui délirent croient que la vérité les assaille et ils ne la reconnaissent pas parce qu'ils préfèrent le délire. [4]Jugeant la vérité comme quelque chose qu'ils ne veulent pas, ils perçoivent leurs illusions qui bloquent la connaissance. [5]Aide-les en leur offrant ton esprit unifié en leur nom, comme je t'offre le mien au nom du tien. [6]Seuls nous ne pouvons rien faire, mais ensemble nos esprits fusionnent en quelque chose dont la puissance dépasse de loin celle de ses parties séparées. [7]En n'étant point séparé, l'Esprit de Dieu est établi dans le nôtre et comme étant le nôtre. [8]Cet Esprit est invincible parce qu'il est indivisé.

2. La Volonté indivisée de la Filialité est le parfait créateur, étant entièrement à l'image de Dieu, Dont c'est la Volonté. [2]Tu ne peux pas en être exempt si tu dois comprendre ce qu'elle est et ce que tu es. [3]Par la croyance que ta volonté est séparée de la mienne, tu t'exemptes toi-même de la Volonté de Dieu, qui *est* toi-même. [4]Or guérir, c'est encore rendre entier. [5]Guérir, par conséquent, c'est t'unir à ceux qui sont pareils à toi, parce que percevoir qu'ils sont pareils, c'est reconnaître le Père. [6]Si ta perfection est en Lui et en Lui seul, comment peux-tu la connaître sans Le reconnaître? [7]Reconnaître Dieu, c'est te reconnaître toi-même. [8]Il n'y a pas de séparation de Dieu et de Sa création. [9]Tu t'en rendras compte quand tu comprendras qu'il n'y a pas de séparation entre ta volonté et la mienne. [10]Laisse l'Amour de Dieu luire sur toi par ton acceptation de moi. [11]Ma réalité est la tienne et la Sienne. [12]En joignant ton esprit au mien, tu montres que tu as conscience que la Volonté de Dieu est Une.

3.   L'Unité de Dieu et la nôtre ne sont pas séparées, parce que Son Unité englobe la nôtre. ²Te joindre à moi, c'est rétablir Son pouvoir en toi parce que nous le partageons. ³Je t'offre seulement la re-connaissance de Son pouvoir en toi, mais en cela est toute la vérité. ⁴En nous unissant, nous nous unissons à Lui. ⁵Gloire à l'union de Dieu et de Ses saints Fils! ⁶Toute gloire est en Eux *parce qu'*Ils sont unis. ⁷Les miracles que nous faisons portent témoignage de la Volonté du Père pour Son Fils, et de la joie que nous avons à nous unir à Sa Volonté pour nous.

4.   Quand tu t'unis à moi, tu t'unis sans l'ego, parce que j'ai renoncé à l'ego en moi-même et je ne peux donc pas m'unir au tien. ²Notre union est donc la façon de renoncer à l'ego en toi. ³La vérité en nous deux est au-delà de l'ego. ⁴Notre réussite pour ce qui est de transcender l'ego est garantie par Dieu; et je partage cette assurance pour nous deux et pour nous tous. ⁵Je ramène la paix de Dieu à tous Ses enfants parce que je l'ai reçue de Lui pour nous tous. ⁶Rien ne saurait prévaloir contre nos volontés unies parce que rien ne saurait prévaloir contre Celle de Dieu.

5.   Voudrais-tu connaître la Volonté de Dieu pour toi? ²Demande-la-moi qui la connais pour toi et tu la trouveras. ³Je ne te nierai rien, comme Dieu ne me nie rien. ⁴Notre voyage est simplement le voyage de retour à Dieu, Qui est notre demeure. ⁵Chaque fois que la peur fait intrusion quelque part sur la route de la paix, c'est parce que l'ego a tenté de se joindre à notre voyage et qu'il ne peut pas le faire. ⁶Pressentant la défaite et fâché par cela, l'ego se considère rejeté et songe à riposter. ⁷Tu es invulnérable à sa riposte parce que je suis avec toi. ⁸Dans ce voyage, tu m'as choisi comme compagnon *au lieu* de l'ego. ⁹Ne tente pas de garder les deux, sinon tu essaies d'aller dans des directions différentes et tu perdras ton chemin.

6.   La voie de l'ego n'est pas la mienne, mais ce n'est pas la tienne non plus. ²Le Saint-Esprit a une seule direction pour tous les esprits, et celle qu'Il m'a enseignée est la tienne. ³Ne laissons pas les illusions nous faire perdre de vue Sa direction, car seules des illusions d'une autre direction peuvent obscurcir celle pour laquelle parle en nous tous la Voix de Dieu. ⁴N'accorde jamais à l'ego le pouvoir d'interférer avec le voyage. ⁵Il n'en a aucun, parce que ce voyage est la voie vers ce qui est vrai. ⁶Laisse toutes les illusions derrière toi et va au-delà de toute tentative de l'ego pour te retenir. ⁷Je passe avant toi parce que je suis au-delà de l'ego. ⁸Prends donc ma main, parce que tu veux transcender l'ego. ⁹Jamais la force ne

me manquera, et si tu choisis de la partager, tu le feras. [10]Je la donne volontiers et joyeusement, parce que j'ai autant besoin de toi que tu as besoin de moi.

VI. Le trésor de Dieu

1. Nous sommes la volonté conjointe de la Filialité, dont l'Entièreté est pour tous. [2]Nous commençons le voyage de retour en partant ensemble, et nous rassemblons nos frères tout en continuant ensemble. [3]Chaque gain que nous faisons en force est offert à tous, afin qu'eux aussi puissent mettre de côté leur faiblesse et nous ajouter leur force. [4]L'accueil de Dieu nous attend tous, et Il nous accueillera comme je t'accueille. [5]N'oublie pas le Royaume de Dieu pour quoi que ce soit que le monde a à t'offrir.

2. Le monde ne peut rien ajouter à la puissance et à la gloire de Dieu et de Ses saints Fils, mais il peut rendre les Fils aveugles au Père s'ils le contemplent. [2]Tu ne peux pas contempler le monde et connaître Dieu. [3]Un seul est vrai. [4]Je suis venu te dire que ce n'est pas à toi de choisir lequel est vrai. [5]Si c'était le cas, tu te serais détruit toi-même. [6]Or Dieu ne voulait pas la destruction de Ses créations, les ayant créées pour l'éternité. [7]Sa Volonté t'a sauvé, point de toi-même mais de l'illusion de toi-même. [8]Il t'a sauvé *pour* toi-même.

3. Glorifions Celui Que nie le monde, car sur Son Royaume le monde n'a aucun pouvoir. [2]Nul que Dieu a créé ne peut trouver la joie en quoi que ce soit, sauf en l'éternel; non pas qu'il soit privé de quoi que ce soit d'autre, mais parce que rien d'autre n'est digne de lui. [3]Ce que Dieu et Ses Fils créent est éternel, et en cela et cela seul est Leur joie.

4. Écoute l'histoire du fils prodigue et apprends ce qu'est le trésor de Dieu et le tien : Ce fils d'un père aimant avait quitté sa demeure et pensait avoir tout gaspillé pour rien qui vaille quoi que ce soit, bien qu'il n'eût pas compris alors cette absence de valeur. [2]Il avait honte de retourner chez son père, parce qu'il pensait l'avoir blessé. [3]Or lorsqu'il rentra chez lui, le père l'accueillit avec joie, parce que le fils lui-même *était* le trésor de son père. [4]Il ne voulait rien d'autre.

5. Dieu ne veut que Son Fils parce que Son Fils est Son seul trésor. [2]Tu veux tes créations comme Il veut les Siennes. [3]Tes créations sont ton don à la Sainte Trinité, créées par gratitude pour ta

création. ⁴Elles ne te quittent pas plus que tu n'as quitté ton Créateur, mais elles étendent ta création comme Dieu S'étendit Lui-même à toi. ⁵Les créations de Dieu Lui-même peuvent-elles trouver la joie dans ce qui n'est pas réel? ⁶Et qu'y a-t-il de réel hormis les créations de Dieu et celles qui sont créées comme les Siennes? ⁷Tes créations t'aiment comme tu aimes ton Père pour le don de la création. ⁸Il n'y a pas d'autre don qui soit éternel; par conséquent, il n'y a pas d'autre don qui soit vrai. ⁹Comment, donc, peux-tu accepter ou donner quoi que ce soit d'autre, et attendre de la joie en retour? ¹⁰Et quoi d'autre que la joie pourrais-tu vouloir? ¹¹Tu n'as fait ni toi-même ni ta fonction. ¹²Tu n'as fait que prendre la décision d'être indigne des deux. ¹³Or tu ne peux pas te rendre indigne parce que tu es le trésor de Dieu, et ce qu'Il estime est estimable. ¹⁴Sa valeur ne peut faire question, parce que cette valeur réside en ce que Dieu Lui-même Se partage avec lui, et en établit à jamais la valeur.

6.   Ta fonction est d'ajouter au trésor de Dieu en créant le tien. ²Sa Volonté *vers* toi est Sa Volonté *pour* toi. ³Il ne voudrait pas te refuser la création parce que Sa joie est en elle. ⁴Tu ne peux trouver la joie, si ce n'est comme Dieu le fait. ⁵Sa joie résidait en ta création, et Il étend Sa Paternité à toi pour que tu puisses t'étendre toi-même comme Il l'a fait. ⁶Tu ne comprends pas cela parce que tu ne Le comprends pas. ⁷Nul qui n'accepte pas sa fonction ne peut comprendre ce qu'elle est, et nul ne peut accepter sa fonction à moins de connaître ce qu'*il* est. ⁸La création est la Volonté de Dieu. ⁹Sa Volonté t'a créé pour créer. ¹⁰Ta volonté n'a pas été créée séparée de la Sienne, ainsi tu dois vouloir comme Il *veut*.

7.   Une « volonté qui ne veut pas » ne signifie rien; c'est une contradiction dans les termes qui, de fait, ne signifie rien. ²Quand tu penses que tu ne veux pas vouloir avec Dieu, tu ne penses pas. ³La Volonté de Dieu *est* Pensée. ⁴Elle ne peut pas être contredite *par* la pensée. ⁵Dieu ne Se contredit pas Lui-même, et Ses Fils, qui sont pareils à Lui, ne peuvent contredire ni eux-mêmes ni Lui. ⁶Or leur pensée est si puissante qu'ils peuvent même emprisonner l'esprit du Fils de Dieu, s'ils choisissent de le faire. ⁷Certes, ce choix fait que la fonction du Fils de Dieu est de lui-même inconnue, mais jamais de son Créateur. ⁸Et parce qu'elle n'est pas inconnue de son Créateur, elle lui est à jamais connaissable.

8.   Il n'y a jamais qu'une question que tu devrais te poser : « Est-ce que je veux connaître la Volonté de mon Père pour moi? » ²Il

ne la cachera pas. ³Il me l'a révélée parce que je la Lui ai demandée, et j'ai appris de ce qu'Il avait déjà donné. ⁴Notre fonction est
de travailler ensemble, parce que séparés l'un de l'autre nous ne
pouvons pas fonctionner du tout. ⁵Toute la puissance du Fils de
Dieu réside en nous tous, mais en aucun de nous seul. ⁶Dieu ne
veut pas que nous soyons seuls parce qu'*Il* ne veut pas être seul.
⁷C'est pourquoi Il a créé Son Fils et lui a donné le pouvoir de créer
avec Lui. ⁸Nos créations sont aussi saintes que nous le sommes,
et nous sommes les Fils de Dieu Lui-même, aussi saints qu'Il l'est.
⁹Par nos créations, nous étendons notre amour et nous augmentons ainsi la joie de la Sainte Trinité. ¹⁰Tu ne comprends pas cela,
parce que toi qui es le Propre trésor de Dieu, tu ne te considères
pas comme précieux. ¹¹Étant donné cette croyance, tu ne peux
rien comprendre.

9. Je partage avec Dieu la connaissance de la valeur qu'Il t'accorde. ²Ma dévotion pour toi est de Lui, étant née de ma connaissance de moi-même et de Lui. ³Nous ne pouvons pas être séparés.
⁴Ceux que Dieu a joints ne peuvent être séparés, et Dieu a joint
tous Ses Fils à Lui-même. ⁵Peux-tu être séparé de ta vie et de ton
être? ⁶Le voyage à Dieu n'est que le nouveau réveil de la connaissance de là où tu es toujours, et de ce que tu es à jamais. ⁷C'est
un voyage sans distance vers un but qui n'a jamais changé. ⁸La
vérité ne peut être qu'expérimentée. ⁹Elle ne peut être ni décrite
ni expliquée. ¹⁰Je peux te rendre conscient des conditions de la
vérité, mais l'expérience est de Dieu. ¹¹Ensemble nous pouvons
remplir ses conditions, mais c'est d'elle-même que la vérité se
fera jour en toi.

10. Ce que Dieu a voulu pour toi *est* à toi. ²Il a donné Sa Volonté à
Son trésor, dont c'est le trésor. ³Ton cœur est là où est ton trésor,
comme le Sien. ⁴Toi qui es aimé de Dieu, tu es entièrement béni.
⁵Apprends cela de moi et libère la sainte volonté de tous ceux qui
sont aussi bénis que toi.

VII. Le corps comme moyen de communication

1. L'attaque est toujours physique. ²Quand l'attaque entre dans
ton esprit sous quelque forme que ce soit, tu t'assimiles à un
corps, puisque c'est ainsi que l'ego interprète le corps. ³Tu n'as
pas besoin d'attaquer physiquement pour accepter cette interprétation. ⁴Tu l'acceptes par la simple croyance que l'attaque peut

t'obtenir quelque chose que tu veux. [5]Si tu ne croyais pas cela, l'idée de l'attaque n'aurait pas d'attrait pour toi. [6]Quand tu t'assimiles à un corps, tu fais toujours l'expérience de la dépression. [7]Quand un enfant de Dieu se voit lui-même de cette façon, il se rapetisse et voit ses frères pareillement rapetissés. [8]Puisqu'il ne peut se trouver qu'en eux, il s'est coupé lui-même du salut.

2.   Rappelle-toi que le Saint-Esprit interprète le corps uniquement comme un moyen de communication. [2]Étant le Lien de Communication entre Dieu et Ses Fils séparés, le Saint-Esprit interprète tout ce que tu as fait à la lumière de ce qu'Il est. [3]L'ego sépare par le corps. [4]Le Saint-Esprit atteint les autres par lui. [5]Tu ne perçois pas tes frères comme le Saint-Esprit les perçoit, parce que tu ne considères pas les corps uniquement comme un moyen de joindre les esprits et de les unir au tien et au mien. [6]Cette interprétation du corps changera complètement ton esprit sur sa valeur. [7]De lui-même il n'en a aucune.

3.   Si tu utilises le corps pour l'attaque, il t'est nuisible. [2]Si tu l'utilises uniquement pour atteindre l'esprit de ceux qui croient être des corps, et pour leur enseigner *par* le corps qu'il n'en est rien, tu comprendras la puissance de l'esprit qui est en toi. [3]Si tu utilises le corps pour cela et seulement pour cela, tu ne peux pas l'utiliser pour l'attaque. [4]Au service de l'union, il devient une belle leçon de communion, qui a de la valeur jusqu'à ce que la communion *soit*. [5]C'est ainsi que Dieu rend illimité ce que tu as limité. [6]Le Saint-Esprit ne voit pas le corps comme tu le vois, parce qu'Il connaît que la seule réalité de toute chose est le service qu'elle rend à Dieu au nom de la fonction qu'Il lui donne.

4.   La communication met fin à la séparation. [2]L'attaque la favorise. [3]Le corps est beau ou laid, paisible ou sauvage, peut aider ou nuire, selon l'usage qu'on en fait. [4]Et dans le corps d'un autre, tu verras l'usage que tu as fait du tien. [5]Si le corps devient un moyen que tu donnes au Saint-Esprit pour qu'Il l'utilise au nom de l'union de la Filialité, tu ne verras rien de physique autrement que tel que c'est. [6]Utilise-le pour la vérité et tu le verras véritablement. [7]Mésuses-en et tu le comprendras mal, parce que tu l'as déjà fait *en* en mésusant. [8]Interprète quoi que ce soit à part du Saint-Esprit et tu t'en méfieras. [9]Cela te mènera à la haine et à l'attaque et à la perte de paix.

5.   Or toute perte vient uniquement de ta propre mécompréhension. [2]Toute espèce de perte est impossible. [3]Mais quand tu regardes un frère comme une entité physique, sa puissance et sa gloire sont

«perdues» pour toi, de même que les tiennes. ⁴Tu l'as attaqué, mais tu as dû d'abord t'attaquer toi-même. ⁵Ne le vois pas de cette façon pour ton propre salut, qui doit lui apporter le sien. ⁶Ne lui permets pas de se rapetisser dans ton esprit, mais donne-lui délivrance de sa croyance en la petitesse et échappe ainsi de la tienne. ⁷Comme partie de toi, il est saint. ⁸Comme partie de moi, tu l'es. ⁹Communiquer avec une partie de Dieu Lui-même, c'est aller par-delà le Royaume vers son Créateur, par Sa Voix qu'Il a établie comme partie de toi.

6. Réjouis-toi, donc, que de toi-même tu ne puisses rien faire. ²Tu n'es pas *de* toi-même. ³Celui de Qui tu es a voulu pour toi la puissance et la gloire, avec lesquelles tu peux parfaitement accomplir Sa sainte Volonté pour toi quand tu l'acceptes pour toi-même. ⁴Il ne t'a pas retiré Ses dons mais tu crois les Lui avoir retirés. ⁵Ne laisse aucun Fils de Dieu rester caché pour l'amour de Son Nom, parce que Son Nom est le tien.

7. La Bible dit : « La Parole (ou pensée) a été faite chair. » ²À proprement parler, c'est impossible, puisque cela semble comporter la traduction d'un ordre de réalité dans un autre. ³Différents ordres de réalité, comme différents ordres de miracles, n'existent qu'en apparence. ⁴La pensée ne peut pas être faite chair, sauf par croyance, puisque la pensée n'est pas physique. ⁵Or la pensée est communication, pour laquelle le corps peut être utilisé. ⁶C'est le seul usage naturel qu'on puisse en faire. ⁷Faire du corps un usage qui n'est pas naturel, c'est perdre de vue le but du Saint-Esprit et se méprendre ainsi sur le but de Son curriculum.

8. Il n'y a rien de plus frustrant pour un apprenant qu'un curriculum qu'il ne peut pas apprendre. ²Il sent qu'il n'est pas à la hauteur et cela doit le déprimer. ³Il n'y a rien au monde de plus déprimant que d'être confronté à une situation d'apprentissage impossible. ⁴En fait, c'est pourquoi le monde lui-même, en définitive, est déprimant. ⁵Le curriculum du Saint-Esprit n'est jamais déprimant, parce que c'est un curriculum de joie. ⁶Chaque fois que la réaction à l'apprentissage est la dépression, c'est que le véritable but du curriculum a été perdu de vue.

9. En ce monde, pas même le corps n'est perçu comme entier. ²Son but est vu comme étant fragmenté en maintes fonctions qui n'ont que peu ou pas du tout de relations entre elles, de sorte qu'il paraît être gouverné par le chaos. ³Guidé par l'ego, il *l'est*. ⁴Guidé par le Saint-Esprit, il ne l'est pas. ⁵Il devient un moyen par lequel la partie de l'esprit que tu as tenté de séparer *du* pur-esprit peut

aller au-delà de ses distorsions et retourner *au* pur-esprit. [6]Le temple de l'ego devient ainsi le temple du Saint-Esprit, où la dévotion à Lui remplace la dévotion à l'ego. [7]En ce sens le corps devient bel et bien un temple à Dieu ; Sa Voix y demeure en dirigeant l'usage qui en est fait.

10. La guérison est le résultat de n'utiliser le corps que pour la communication. [2]Puisque c'est naturel, cela guérit en rendant entier, ce qui est aussi naturel. [3]Tout esprit est entier, et la croyance qu'une partie de lui est physique, ou n'est pas esprit, est une interprétation fragmentée ou malade. [4]L'esprit ne peut pas être rendu physique, mais il peut être rendu manifeste *par* le physique s'il utilise le corps pour aller au-delà de lui-même. [5]En allant vers l'extérieur, l'esprit s'étend lui-même. [6]Il ne s'arrête pas au corps car, s'il le fait, il est bloqué dans la poursuite de son but. [7]Un esprit qui a été bloqué s'est permis d'être vulnérable à l'attaque, parce qu'il s'est retourné contre lui-même.

11. L'enlèvement des blocages est donc la seule façon de garantir l'aide et la guérison. [2]L'aide et la guérison sont les expressions normales d'un esprit qui œuvre par le corps, mais non *en* lui. [3]Si l'esprit croit que le corps est son but, il distord sa perception du corps et, en bloquant sa propre extension au-delà de celui-ci, induit la maladie en favorisant la séparation. [4]Percevoir le corps comme une entité séparée ne peut que favoriser la maladie, parce que ce n'est pas vrai. [5]Un moyen de communication perd son utilité s'il est utilisé pour quoi que ce soit d'autre. [6]Utiliser un moyen de communication comme moyen d'attaque, c'est se méprendre manifestement sur son but.

12. Communiquer, c'est joindre ; attaquer, c'est séparer. [2]Comment peux-tu faire les deux simultanément avec la même chose et ne pas souffrir ? [3]La perception du corps ne peut être unifiée que par un seul but. [4]Cela délivre l'esprit de la tentation de voir le corps sous plusieurs lumières, le remettant entièrement à la seule Lumière dans laquelle il puisse être réellement compris. [5]Confondre un mécanisme d'apprentissage avec un but de curriculum, c'est une confusion fondamentale qui bloque la compréhension de l'un et de l'autre. [6]L'apprentissage doit conduire par-delà le corps au rétablissement du pouvoir de l'esprit en lui. [7]Cela ne peut être accompli que si l'esprit s'étend à d'autres esprits et ne s'arrête pas lui-même dans son extension. [8]Cet arrêt est cause de toute maladie, parce que seule l'extension est la fonction de l'esprit.

13. L'opposé de la joie est la dépression. ²Quand ton apprentissage favorise la dépression au lieu de la joie, tu ne peux pas être en train d'écouter le joyeux Enseignant de Dieu et d'apprendre Ses leçons. ³Voir un corps comme toute autre chose qu'un moyen de communication, c'est limiter ton esprit et te blesser toi-même. ⁴La santé n'est donc rien de plus qu'un but unifié. ⁵Si le corps est soumis au but de l'esprit, il devient entier parce que le but de l'esprit est un. ⁶L'attaque ne peut être qu'un but présumé du corps, parce que le corps à part de l'esprit n'a aucun but.

14. Tu n'es pas limité par le corps, et la pensée ne peut pas être faite chair. ²Or l'esprit peut être manifesté par le corps s'il va au-delà du corps et ne l'interprète pas comme une limitation. ³Chaque fois que tu vois quelqu'un d'autre comme étant limité au corps ou par le corps, tu t'imposes cette limite à toi-même. ⁴Es-tu désireux d'accepter cela, quand le seul but de ton apprentissage devrait être d'échapper des limitations ? ⁵Concevoir le corps comme un moyen d'attaque et croire qu'il pourrait en résulter de la joie, c'est l'indication claire et nette d'un piètre apprenant. ⁶Il a accepté un but d'apprentissage qui est en contradiction flagrante avec le but unifié du curriculum ; un but qui interfère avec son aptitude à accepter ce but pour sien.

15. La joie est un but unifié, et un but unifié est seulement de Dieu. ²Lorsque le tien est unifié, c'est le Sien. ³Crois que tu peux interférer avec Son but, et tu as besoin du salut. ⁴Tu t'es condamné toi-même, mais la condamnation n'est pas de Dieu. ⁵Par conséquent elle n'est pas vraie. ⁶Pas plus qu'aucun de ses résultats apparents. ⁷Quand tu vois un frère comme un corps, tu le condamnes parce que tu t'es condamné toi-même. ⁸Or si toute condamnation est irréelle, et elle doit l'être puisque c'est une forme d'attaque, alors elle ne peut pas *avoir* de résultats.

16. Ne te permets pas de souffrir des résultats imaginaires de ce qui n'est pas vrai. ²Libère ton esprit de la croyance que cela est possible. ³Dans cette complète impossibilité réside ton seul espoir de délivrance. ⁴Mais quel autre espoir voudrais-tu ? ⁵La délivrance des illusions consiste seulement à ne pas croire en elles. ⁶Il n'y a pas d'attaque, mais il y *a* une communication illimitée et par conséquent un pouvoir et une entièreté illimités. ⁷Le pouvoir de l'entièreté est l'extension. ⁸N'arrête pas ta pensée en ce monde, et tu ouvriras ton esprit à la création en Dieu.

VIII. Le corps comme moyen ou comme fin

1.   Les attitudes envers le corps sont les attitudes envers l'attaque. ²Les définitions de l'ego de quoi que ce soit sont puériles et toujours basées sur ce *à* quoi il croit que la chose sert. ³C'est qu'il est incapable de véritables généralisations et il assimile ce qu'il voit à la fonction qu'il lui assigne. ⁴Il ne l'assimile pas à ce que c'*est*. ⁵Pour l'ego, le corps *sert à* attaquer. ⁶T'assimilant au corps, il enseigne que *tu* sers à attaquer. ⁷Le corps, donc, n'est pas la source de sa propre santé. ⁸La condition du corps dépend uniquement de ton interprétation de sa fonction. ⁹Les fonctions font partie de l'être puisqu'elles en surgissent, mais la relation n'est pas réciproque. ¹⁰Le tout définit la partie, mais la partie ne définit pas le tout. ¹¹Or connaître en partie c'est connaître entièrement, parce qu'il y a une différence fondamentale entre la connaissance et la perception. ¹²Dans la perception, le tout est composé de parties qui peuvent se séparer et se rassembler en différentes constellations. ¹³Mais la connaissance ne change jamais ; sa constellation est donc permanente. ¹⁴L'idée de relations partie-tout n'a de signification qu'au niveau de la perception, où le changement est possible. ¹⁵Autrement, il n'y a pas de différence entre la partie et le tout.

2.   Le corps existe dans un monde qui semble contenir deux voix luttant pour sa possession. ²Dans cette constellation perçue, le corps est vu comme étant capable de changer d'allégeance, passant de l'une à l'autre, ce qui rend les concepts à la fois de santé et de maladie signifiants. ³L'ego fait une confusion fondamentale entre le moyen et la fin, comme il le fait toujours. ⁴Considérant le corps comme une fin, l'ego ne lui trouve aucune réelle utilité parce qu'il n'est *pas* une fin. ⁵Tu dois avoir remarqué cette caractéristique de chacune des fins que l'ego a acceptées comme siennes. ⁶Quand tu l'atteins, *elle ne te satisfait pas*. ⁷C'est pourquoi l'ego est forcé de passer sans cesse d'un but à un autre, de façon à ce que tu continues d'espérer qu'il ait encore quelque chose à t'offrir.

3.   Il a été particulièrement difficile de vaincre cette croyance de l'ego dans le corps comme une fin, parce qu'elle est synonyme de la croyance dans l'attaque comme une fin. ²L'ego a profondément investi dans la maladie. ³Si tu es malade, que peux-tu objecter à la ferme croyance de l'ego que tu n'es pas invulnérable ? ⁴Du point de vue de l'ego, cet argument est attrayant parce qu'il obscurcit l'attaque évidente qui sous-tend la maladie. ⁵Si tu reconnaissais

cela et si tu décidais de rejeter l'attaque, tu ne pourrais pas donner ce faux témoignage en faveur de l'ego.

4. Il est difficile de percevoir la maladie comme un faux témoin, parce que tu ne te rends pas compte qu'elle ne correspond pas du tout à ce que tu veux. [2]Ce témoin, donc, paraît être innocent et digne de confiance parce que tu ne l'as pas sérieusement contre-interrogé. [3]Si tu l'avais fait, tu ne considérerais pas la maladie comme un témoin si solide en faveur des vues de l'ego. [4]Il serait plus honnête d'affirmer que ceux qui veulent l'ego sont prédisposés à le défendre. [5]Par conséquent, leur choix de témoins devrait être suspect dès le début. [6]L'ego n'appelle pas de témoins qui nuiraient à sa cause, pas plus que le Saint-Esprit. [7]J'ai dit que le jugement est la fonction du Saint-Esprit, fonction pour laquelle Il est parfaitement qualifié. [8]Comme juge, l'ego rend tout sauf un jugement impartial. [9]Quand l'ego appelle un témoin, il s'en est déjà fait un allié.

5. Il n'en reste pas moins vrai que le corps n'a pas de fonction de lui-même, parce qu'il n'est pas une fin. [2]Toutefois, l'ego l'établit comme une fin parce que, comme telle, sa vraie fonction est obscurcie. [3]C'est le but de tout ce que fait l'ego. [4]Il vise uniquement à perdre de vue la fonction de toute chose. [5]Un corps malade n'a aucun sens. [6]Il ne pourrait pas avoir de sens parce que la maladie n'est pas ce à quoi sert le corps. [7]La maladie n'a de signification que si les deux prémisses fondamentales sur lesquelles repose l'interprétation que l'ego donne du corps sont vraies ; à savoir que le corps sert à l'attaque, et que tu es un corps. [8]Sans ces prémisses, la maladie est inconcevable.

6. La maladie est une façon de démontrer que tu peux être blessé. [2]C'est un témoin de ta fragilité, de ta vulnérabilité et de ton extrême besoin de dépendre d'un guide extérieur. [3]L'ego tire de cela son meilleur argument pour démontrer que tu as besoin d'être guidé par *lui*. [4]Il dicte d'interminables prescriptions en vue d'éviter des conséquences catastrophiques. [5]Le Saint-Esprit, parfaitement conscient de la même situation, ne Se soucie même pas de l'analyser. [6]Si les données sont in-signifiantes, il est inutile de les analyser. [7]La fonction de la vérité est de rassembler des informations qui sont vraies. [8]*Quelle que soit* la façon dont tu traites l'erreur, il n'en résulte rien. [9]Plus les résultats deviennent compliqués, plus il peut être difficile d'en reconnaître la nullité, mais il n'est pas nécessaire d'examiner toutes les conséquences

possibles auxquelles les prémisses donnent lieu pour en juger véritablement.

7.   Un mécanisme d'apprentissage n'est pas un enseignant. [2]Il ne peut pas te dire comment tu te sens. [3]Tu ne sais pas comment tu te sens parce que tu as accepté la confusion que fait l'ego et tu crois par conséquent qu'un mécanisme d'apprentissage *peut* te dire comment tu te sens. [4]La maladie n'est qu'un autre exemple de ton insistance à demander conseil à un enseignant qui ne connaît pas la réponse. [5]L'ego est incapable de connaître comment tu te sens. [6]Quand j'ai dit que l'ego ne connaissait rien, j'ai dit la seule chose qui soit entièrement vraie au sujet de l'ego. [7]Mais il y a un corollaire : si seule la connaissance a l'être, et si l'ego n'a aucune connaissance, alors l'ego n'a pas d'être.

8.   Tu te demandes peut-être comment la voix de quelque chose qui n'existe pas peut se faire si insistante. [2]As-tu pensé au pouvoir de distorsion de quelque chose que tu veux, même si ce n'est pas réel ? [3]Les exemples sont nombreux qui montrent comment ce que tu veux distord ta perception. [4]Personne ne peut douter de l'habileté de l'ego à échafauder de faux arguments. [5]Personne non plus ne peut douter de ton désir d'écouter jusqu'à ce que tu choisisses de ne plus rien accepter que la vérité. [6]Quand tu mets l'ego de côté, il disparaît. [7]La Voix du Saint-Esprit est aussi forte que ton désir d'écouter. [8]Elle ne peut pas être plus forte sans violer ta liberté de choisir, que le Saint-Esprit cherche à rétablir et jamais à saper.

9.   Le Saint-Esprit t'enseigne à utiliser ton corps uniquement pour atteindre tes frères, afin qu'Il puisse enseigner Son message par toi. [2]Cela les guérira et par conséquent te guérira. [3]Tout ce qui est utilisé conformément à sa fonction telle que le Saint-Esprit la voit ne peut pas être malade. [4]Tout ce qui est utilisé autrement l'est. [5]Ne permets pas au corps d'être le miroir d'un esprit divisé. [6]Ne le laisse pas être une image de ta propre perception de petitesse. [7]Ne le laisse pas refléter ta décision d'attaquer. [8]La santé est vue comme l'état naturel de tout quand l'interprétation est laissée au Saint-Esprit, Qui ne perçoit pas d'attaque sur quoi que ce soit. [9]La santé est le résultat du renoncement à toute tentative pour utiliser le corps sans amour. [10]La santé est le commencement de la façon correcte de voir la vie sous la direction du seul Enseignant Qui connaît ce qu'est la vie, étant la Voix pour la Vie même.

IX. La guérison comme perception corrigée

1. J'ai dit plus tôt que le Saint-Esprit est la Réponse. ²Il est la Réponse à tout, parce qu'il connaît ce qu'est la réponse à tout. ³L'ego ne connaît pas ce qu'est une vraie question, bien qu'il en pose un nombre infini. ⁴Or tu peux apprendre cela en apprenant à mettre en question la valeur de l'ego, et en établissant ainsi ton aptitude à évaluer ses questions. ⁵Quand l'ego te tente à la maladie, ne demande pas au Saint-Esprit de guérir le corps, car cela serait simplement d'accepter la croyance de l'ego que le corps est le but approprié de la guérison. ⁶Demande, plutôt, que le Saint-Esprit t'enseigne la juste *perception* du corps, car seule la perception peut être distordue. ⁷Seule la perception peut être malade, parce que seule la perception peut être fausse.

2. La perception fausse est le souhait que les choses soient telles qu'elles ne sont pas. ²La réalité de toute chose est totalement incapable de nuire, parce que la totale incapacité de nuire est la condition de sa réalité. ³C'est aussi la condition pour que tu aies conscience de sa réalité. ⁴Tu n'as pas à chercher la réalité. ⁵C'est elle qui te cherchera et te trouvera quand tu rempliras ses conditions. ⁶Ses conditions font partie de ce qu'elle est. ⁷Et cette partie seulement dépend de toi. ⁸Le reste est d'elle-même. ⁹Tu as si peu à faire parce que ta petite partie est si puissante qu'elle t'apportera le tout. ¹⁰Accepte, donc, ta petite partie, et laisse le tout être à toi.

3. L'entièreté guérit parce qu'elle est de l'esprit. ²Toutes les formes de maladie, même à la mort, sont des expressions physiques de la peur de l'éveil. ³Ce sont des tentatives pour renforcer le sommeil de peur de s'éveiller. ⁴C'est une façon pitoyable d'essayer de ne pas voir en rendant inefficaces les facultés pour voir. ⁵«Repose en paix» est une bénédiction pour les vivants, et non pour les morts, parce que le repos vient d'être éveillé et non de dormir. ⁶Dormir, c'est se retirer; être éveillé, c'est s'unir. ⁷Les rêves sont des illusions d'union, parce qu'ils reflètent les notions distordues de l'ego sur ce qu'est l'union. ⁸Or le Saint-Esprit aussi peut utiliser le sommeil et faire usage des rêves au service de la veille si tu Le laisses le faire.

4. Comment tu t'éveilles est signe de comment tu as utilisé le sommeil. ²À qui l'as-tu donné? ³Sous l'égide de quel enseignant l'as-tu placé? ⁴Chaque fois que tu t'éveilles dés-inspiré, tu ne l'as pas donné au Saint-Esprit. ⁵Quand tu t'éveilles joyeusement,

alors seulement tu as utilisé le sommeil conformément à Son but. ⁶Tu peux certes être « abruti » de sommeil, si tu en mésuses au service de la maladie. ⁷Le sommeil n'est pas plus une forme de mort que la mort n'est une forme d'inconscience. ⁸L'inconscience complète est impossible. ⁹Tu peux reposer en paix uniquement parce que tu es éveillé.

5.   La guérison est délivrance de la peur de l'éveil et substitution de la décision de s'éveiller. ²La décision de s'éveiller est le reflet de la volonté d'aimer, puisque toute guérison comporte le remplacement de la peur par l'amour. ³Le Saint-Esprit ne peut pas distinguer entre les degrés d'erreur, car s'Il enseignait qu'une forme de maladie est plus sérieuse qu'une autre, Il enseignerait qu'une erreur peut être plus réelle qu'une autre. ⁴Sa fonction est de distinguer seulement entre le faux et le vrai, remplaçant le faux par le vrai.

6.   L'ego, qui veut toujours affaiblir l'esprit, tente de le détruire en essayant de le séparer du corps. ²Or l'ego croit en fait qu'il le protège. ³C'est parce que l'ego croit que l'esprit est dangereux et que rendre sans esprit, c'est guérir. ⁴Mais rendre sans esprit est impossible, puisque cela signifierait de rendre rien ce que Dieu a créé. ⁵L'ego méprise la faiblesse, bien qu'il fasse tous ses efforts pour l'induire. ⁶L'ego ne veut que ce qu'il hait. ⁷Pour l'ego, cela est parfaitement sensé. ⁸Croyant au pouvoir de l'attaque, l'ego veut l'attaque.

7.   La Bible t'enjoint d'être parfait, de guérir toutes les erreurs, de n'avoir aucune pensée pour le corps en tant que séparé et d'accomplir toutes choses en mon nom. ²Ce n'est pas seulement mon nom, car notre identification est partagée. ³Le Nom du Fils de Dieu est un, et si tu es enjoint de faire les œuvres de l'amour, c'est parce que nous partageons cette Unité. ⁴Nos esprits sont entiers parce qu'ils sont un. ⁵Si tu es malade, tu te retires de moi. ⁶Or tu ne peux pas te retirer de moi seul. ⁷Tu peux seulement te retirer de toi-même *et* de moi.

8.   Tu as sûrement commencé à te rendre compte que ceci est un cours très pratique, un cours qui dit exactement ce qu'il veut dire. ²Je ne te demanderais pas de faire des choses que tu ne peux pas faire, et il est impossible que je puisse faire des choses que tu ne peux pas. ³Cela étant donné, et donné très littéralement, rien ne peut t'empêcher de faire exactement ce que je demande, et tout plaide *pour* que tu le fasses. ⁴Je ne te fixe aucune limite parce que Dieu ne t'en impose aucune. ⁵Quand tu te limites toi-même, nous

ne sommes plus d'un seul esprit, et cela est la maladie. [6]Or la maladie n'est pas du corps, mais de l'esprit. [7]Toutes les formes de maladie sont des signes que l'esprit est divisé, et qu'il n'accepte pas un but unifié.

9. L'unification du but est donc la seule façon dont le Saint-Esprit guérit. [2]C'est parce que c'est le seul niveau où la guérison signifie quoi que ce soit. [3]Rétablir la signification dans un système de pensée chaotique, *c'est* la façon de le guérir. [4]Ta tâche consiste seulement à remplir les conditions de la signification, puisque la signification elle-même est de Dieu. [5]Or ton retour à la signification est essentiel à la Sienne, parce que ta signification fait partie de la Sienne. [6]Ta guérison, donc, fait partie de Sa santé, puisqu'elle fait partie de Son Entièreté. [7]Il ne peut pas la perdre mais tu *peux*, toi, ne pas la connaître. [8]Or c'est toujours Sa Volonté pour toi, et Sa Volonté doit tenir à jamais et en toutes choses.

Chapitre 9

L'ACCEPTATION DE L'EXPIATION

I. L'acceptation de la réalité

1. La peur de la Volonté de Dieu est l'une des croyances les plus étranges que l'esprit humain ait jamais faites. [2]Cela n'aurait pas pu se produire à moins que l'esprit n'ait déjà été profondément divisé, ce qui fait qu'il était possible pour lui d'avoir peur de ce qu'il est réellement. [3]La réalité ne peut rien «menacer», sauf les illusions, puisque la réalité ne peut soutenir que la vérité. [4]Le seul fait que la Volonté de Dieu, qui est ce que tu es, soit perçue comme apeurante, démontre que tu *as* peur de ce que tu es. [5]Ce n'est donc pas la Volonté de Dieu qui te fait peur, mais la tienne.

2. Ta volonté n'est pas celle de l'ego, et c'est pourquoi l'ego est contre toi. [2]Ce qui semble être la peur de Dieu est réellement la peur de ta propre réalité. [3]Il est impossible d'apprendre quoi que ce soit avec constance dans un état de panique. [4]Si le but de ce cours est de t'aider à te souvenir de ce que tu es, et si tu crois que ce que tu es est apeurant, alors il doit suivre que tu n'apprendras pas ce cours. [5]Or la raison de ce cours est que tu ne connais pas ce que tu es.

3. Si tu ne connais pas ce qu'est ta réalité, pourquoi serais-tu si sûr qu'elle est apeurante ? [2]L'association de la vérité et de la peur, qui serait au mieux très artificielle, est particulièrement inappropriée dans l'esprit de ceux qui ne connaissent pas ce qu'est la vérité. [3]Tout ce que cela pourrait signifier, c'est que tu associes arbitrairement quelque chose qui est au-delà de ta conscience avec quelque chose que tu ne veux pas. [4]Il est évident, donc, que tu juges de quelque chose dont tu es totalement inconscient. [5]Tu as monté cette étrange situation de telle sorte qu'il est impossible d'en échapper sans un Guide Qui *connaît*, Lui, ce qu'est ta réalité. [6]Le but de ce Guide est simplement de te rappeler ce que tu veux. [7]Il ne tente pas de t'imposer une volonté étrangère. [8]Il fait simplement tous les efforts possibles, dans les limites que tu Lui imposes, pour rétablir ta propre volonté dans ta conscience.

4. Tu as emprisonné ta volonté au-delà de ta propre conscience, où elle demeure mais ne peut pas t'aider. [2]Quand j'ai dit que la fonction du Saint-Esprit est de séparer le vrai du faux dans ton

esprit, je voulais dire qu'Il a le pouvoir de regarder dans ce que tu as caché et d'y reconnaître la Volonté de Dieu. [3]Le fait qu'Il reconnaît cette Volonté peut la rendre réelle pour toi parce qu'Il est dans ton esprit; par conséquent, Il est ta réalité. [4]Si, donc, Sa perception de ton esprit t'en révèle la réalité, Il t'*aide* à te souvenir de ce que tu es. [5]Dans ce processus, la seule source de peur est ce que tu penses que tu vas perdre. [6]Or il n'y a que ce que le Saint-Esprit voit que tu puisses avoir.

5. J'ai souligné maintes fois que le Saint-Esprit ne te demandera jamais de sacrifier quoi que ce soit. [2]Mais si tu exiges de toi-même le sacrifice de la réalité, le Saint-Esprit doit te rappeler que ce n'est pas la Volonté de Dieu parce que ce n'est pas la tienne. [3]Il n'y a pas de différence entre ta volonté et Celle de Dieu. [4]Si tu n'avais pas un esprit divisé, tu reconnaîtrais que le salut est d'exercer ta volonté parce que c'est la communication.

6. Il est impossible de communiquer en des langues étrangères. [2]Toi et ton Créateur pouvez communiquer par la création, parce que cela et cela seul est Votre Volonté conjointe. [3]Un esprit divisé ne peut pas communiquer, parce qu'il parle pour des choses différentes au même esprit. [4]Cela lui fait perdre l'aptitude à communiquer pour la simple raison qu'une communication confuse ne signifie rien. [5]Un message ne peut pas être communiqué à moins d'avoir du sens. [6]À quel point tes messages peuvent-ils être sensés quand tu demandes ce que tu ne veux pas? [7]Or aussi longtemps que tu as peur de ta volonté, c'est précisément ce que tu demandes.

7. Tu maintiens peut-être que le Saint-Esprit ne te répond pas, mais il serait plus sage de te demander quel genre de questionneur tu es. [2]Tu ne demandes pas seulement ce que tu veux. [3]Car ce qui te fait peur, c'est que tu pourrais bien le recevoir, et tu le recevrais. [4]C'est pourquoi tu persistes à demander à l'enseignant qui ne pourrait jamais te donner ce que tu veux. [5]De lui tu ne pourras jamais apprendre ce que c'est, et cela te donne une illusion de sécurité. [6]Or tu ne peux pas être à l'abri *de* la vérité mais seulement *dans* la vérité. [7]La réalité est la seule sécurité. [8]Ta volonté est ton salut parce que c'est la même que Celle de Dieu. [9]La séparation n'est rien de plus que la croyance qu'elle est différente.

8. Aucun esprit juste ne peut croire que sa volonté est plus forte que Celle de Dieu. [2]Donc, si un esprit croit que sa volonté est différente de la Sienne, il ne peut que décider soit qu'il n'y a pas de Dieu, soit que la Volonté de Dieu est apeurante. [3]Le premier cas

représente l'athée et le second, le martyr, qui croit que Dieu exige des sacrifices. ⁴L'une ou l'autre de ces décisions insanes induit la panique, parce que l'athée croit qu'il est seul et le martyr croit que Dieu le crucifie. ⁵Or nul ne veut réellement ni l'abandon ni la riposte, bien que beaucoup puissent rechercher les deux. ⁶Peux-tu demander au Saint-Esprit de tels « dons » en t'attendant vraiment à les recevoir ? ⁷Il ne peut pas te donner quelque chose que tu ne veux pas. ⁸Quand tu demandes au Donneur Universel ce que tu ne veux pas, tu demandes ce qui ne peut pas être donné, parce que ce ne fut jamais créé. ⁹Ce ne fut jamais créé parce que ce ne fut jamais ta volonté pour *toi*.

9. Chacun doit finalement se souvenir de la Volonté de Dieu, parce que chacun doit finalement se reconnaître lui-même. ²Cette re-connaissance est la re-connaissance de ce que sa volonté et Celle de Dieu ne font qu'un. ³En présence de la vérité, il n'y a ni incroyants ni sacrifices. ⁴Dans la sécurité de la réalité, la peur est totalement in-signifiante. ⁵Nier ce qui est ne peut que *sembler* être apeurant. ⁶La peur ne peut pas être réelle sans une cause, et Dieu est la seule Cause. ⁷Dieu est Amour et tu Le veux vraiment. ⁸Cela *est* ta volonté. ⁹Demande cela et tu seras exaucé, parce que tu ne demanderas que ce qui t'appartient.

10. Quand tu demandes au Saint-Esprit ce qui te blesserait, Il ne peut pas répondre parce que rien ne peut te blesser, et tu demandes donc rien. ²Chaque souhait qui vient de l'ego est un souhait de rien ; or demander cela n'est pas une requête. ³C'est simplement un déni sous forme de requête. ⁴Le Saint-Esprit ne Se soucie pas de la forme, n'étant conscient que de la signification. ⁵L'ego ne peut pas demander quoi que ce soit au Saint-Esprit parce qu'il y a entre eux un échec complet de la communication. ⁶Or *tu* peux tout demander au Saint-Esprit, parce que les requêtes que tu Lui fais sont réelles, étant de ton esprit juste. ⁷Le Saint-Esprit nierait-il la Volonté de Dieu ? ⁸Et pourrait-Il manquer de la reconnaître en Son Fils ?

11. Tu ne reconnais pas l'énorme gaspillage d'énergie que tu fais en niant la vérité. ²Que dirais-tu de quelqu'un qui persisterait à tenter l'impossible, croyant que c'est réussir que de l'accomplir ? ³La croyance que tu dois avoir l'impossible pour être heureux est en désaccord total avec le principe de la création. ⁴Dieu ne pourrait pas vouloir que ton bonheur dépende de ce que tu ne pourrais jamais avoir. ⁵Le fait que Dieu est Amour ne requiert pas la croyance mais requiert certes l'acceptation. ⁶Il t'est certes possible

de nier les faits, bien qu'il te soit impossible de les changer. [7]Si tu te mets les mains devant les yeux, tu ne verras pas parce que tu interfères avec les lois de la vue. [8]Si tu nies l'amour, tu ne le connaîtras pas parce que ta coopération est la loi de son être. [9]Tu ne peux pas changer les lois que tu n'as pas faites, et les lois du bonheur ont été créées pour toi et non par toi.

12.   Toute tentative pour nier ce qui *est* doit être apeurante, et si la tentative est forte elle induira la panique. [2]Vouloir à l'encontre de la réalité, bien que ce soit impossible, peut devenir un but très persistant même si tu n'en veux pas. [3]Mais considère le résultat de cette étrange décision. [4]Tu dévoues ton esprit à ce que tu ne veux pas. [5]À quel point ce dévouement peut-il être réel? [6]Si tu ne le veux pas, cela n'a jamais été créé. [7]Si ça n'a jamais été créé, cela n'est rien. [8]Peux-tu réellement te dévouer à rien?

13.   Dieu dans Son dévouement pour toi t'a créé dévoué à tout, et t'a donné ce *à quoi* tu es dévoué. [2]Autrement, tu n'aurais pas été créé parfait. [3]La réalité est tout, et tu as tout parce que tu es réel. [4]Tu ne peux pas faire l'irréel parce que l'absence de réalité est apeurante, et la peur ne peut pas être créée. [5]Aussi longtemps que tu crois que la peur est possible, tu ne créeras pas. [6]Des ordres de réalité opposés rendent la réalité in-signifiante; or la réalité *est* signification.

14.   Souviens-toi, donc, que la Volonté de Dieu est déjà possible, et rien d'autre ne le sera jamais. [2]Cela est la simple acceptation de la réalité, parce que cela seul est réel. [3]Tu ne peux pas distordre la réalité et connaître ce qu'elle est. [4]Et si tu distords la réalité tu feras l'expérience de l'angoisse, de la dépression et finalement de la panique, parce que tu essaies de te rendre toi-même irréel. [5]Quand tu ressens ces choses, n'essaie pas de chercher la vérité au-delà de toi-même, car la vérité ne peut être qu'au-dedans de toi. [6]Dis, par conséquent :

> [7]*Le Christ est en moi, et où Il est Dieu doit être,*
> *car le Christ fait partie de Lui.*

II. La réponse à la prière

1.   Quiconque a jamais essayé d'utiliser la prière pour demander quelque chose a fait l'expérience de ce qui paraît être un échec. [2]Cela est vrai non seulement en rapport avec des choses concrètes

qui pourraient s'avérer nuisibles, mais en rapport aussi avec des requêtes qui concordent parfaitement avec ce cours. [3]Ces dernières en particulier pourraient être interprétées à tort comme la «preuve» que le cours ne pense pas ce qu'il dit. [4]Tu dois te souvenir, toutefois, que le cours affirme à maintes reprises que son but est l'évasion hors de la peur.

2.   Supposons, donc, que ce que tu demandes au Saint-Esprit est ce que tu veux réellement, mais que tu en as encore peur. [2]Si cela était le cas, en l'atteignant, ce ne *serait* plus ce que tu veux. [3]C'est pourquoi certaines formes concrètes de guérison ne sont pas accomplies, même quand l'état de guérison l'est. [4]Il se peut qu'un individu demande la guérison corporelle parce qu'il a peur du mal physique. [5]En même temps, s'il était guéri physiquement, la menace pour son système de pensée pourrait être considérablement plus apeurante que son expression physique. [6]Dans ce cas, ce qu'il demande n'est pas réellement la délivrance de la peur mais l'enlèvement d'un symptôme qu'il a lui-même choisi. [7]Cette requête, donc, n'est pas du tout une requête de guérison.

3.   La Bible souligne que toute prière est exaucée, et cela est certes vrai. [2]Le fait même que tu aies demandé quoi que ce soit au Saint-Esprit t'assure une réponse. [3]Or il est également certain que nulle réponse donnée par Lui ne pourrait jamais augmenter la peur. [4]Il est possible que Sa réponse ne soit pas entendue. [5]Il est impossible, toutefois, qu'elle soit perdue. [6]Il y a de nombreuses réponses que tu as déjà reçues mais que tu n'as pas encore entendues. [7]Je t'assure qu'elles t'attendent.

4.   Si tu veux connaître que tes prières sont exaucées, ne doute jamais d'un Fils de Dieu. [2]Ne doute pas de lui et ne le confonds pas, car ta foi en lui est ta foi en toi-même. [3]Si tu veux connaître Dieu et Sa Réponse, crois en moi dont la foi en toi est inébranlable. [4]Peux-tu demander véritablement au Saint-Esprit et douter de ton frère? [5]Crois que ses paroles sont vraies à cause de la vérité qui est en lui. [6]Tu t'uniras à la vérité en lui, et ses paroles *seront* vraies. [7]Comme tu l'entends, tu m'entendras. [8]Écouter la vérité, c'est pour toi la seule façon maintenant de pouvoir l'entendre, et enfin de la connaître.

5.   Le message que ton frère te donne dépend de toi. [2]Que te dit-il? [3]Que voudrais-tu qu'il te dise? [4]Ce que tu décides à son sujet détermine le message que tu reçois. [5]Souviens-toi que le Saint-Esprit est en lui et que Sa Voix te parle par lui. [6]Que peut te dire un frère si saint, sauf la vérité? [7]Mais l'écoutes-tu? [8]Il se peut que

ton frère ne connaisse pas qui il est, mais il y a dans son esprit une lumière qui connaît. ⁹Cette lumière peut luire dans le tien, revêtant ses paroles de vérité et te rendant apte à les entendre. ¹⁰Ses paroles sont la réponse que le Saint-Esprit te donne. ¹¹Ta foi en lui est-elle assez forte pour te permettre d'entendre?

6. Tu ne peux pas plus prier pour toi seul que tu ne peux trouver la joie pour toi seul. ²La prière est une ré-affirmation de l'inclusion, dirigée par le Saint-Esprit selon les lois de Dieu. ³Le salut est de ton frère. ⁴Le Saint-Esprit S'étend de ton esprit au sien, et *te* répond. ⁵Tu ne peux pas entendre la Voix pour Dieu en toi seul, parce que tu n'es pas seul. ⁶Et Sa réponse est seulement pour ce que tu es. ⁷Tu ne connaîtras pas la confiance que j'ai en toi à moins que tu ne l'étendes. ⁸Tu ne te fieras pas à la direction du Saint-Esprit ni ne croiras qu'elle est pour toi à moins de l'entendre en autrui. ⁹Elle doit être pour ton frère *parce qu'*elle est pour toi. ¹⁰Dieu aurait-Il créé une Voix pour toi tout seul? ¹¹Pourrais-tu entendre Sa réponse, sauf comme Il répond à tous les Fils de Dieu? ¹²Entends ton frère dire ce que tu voudrais que je t'entende dire, car tu ne voudrais pas que je sois trompé.

7. Je t'aime pour la vérité en toi, comme Dieu t'aime. ²Tes tromperies te trompent peut-être, toi, mais elles ne peuvent pas me tromper. ³Connaissant ce que tu es, je ne peux pas douter de toi. ⁴Je n'entends que le Saint-Esprit en toi, Qui me parle par toi. ⁵Si tu veux m'entendre, entends mes frères en qui parle la Voix pour Dieu. ⁶La réponse à toutes les prières se trouve en eux. ⁷Tu auras ta réponse comme tu l'entendras en chacun. ⁸N'écoute rien d'autre ou tu n'entendras pas véritablement.

8. Crois en tes frères parce que je crois en toi, et tu apprendras que ma croyance en toi est justifiée. ²Crois en moi *en* croyant en eux, pour l'amour de ce que Dieu leur a donné. ³Ils te répondront si tu apprends à ne leur demander que la vérité. ⁴Ne demande pas d'être béni sans les bénir, car c'est la seule façon pour toi d'apprendre combien tu es béni. ⁵En suivant cette voie, tu cherches la vérité en toi. ⁶Ce n'est pas aller au-delà de toi-même mais vers toi-même. ⁷N'entends que la Réponse de Dieu en Ses Fils et tu auras ta réponse.

9. Ne pas croire, c'est se ranger contre ou attaquer. ²Croire, c'est accepter et se ranger avec. ³Croire, ce n'est pas être crédule mais accepter et apprécier. ⁴Ce que tu ne crois pas, tu ne l'apprécies pas, et tu ne peux pas être reconnaissant de ce à quoi tu n'accordes pas de valeur. ⁵Il y a un prix que tu paieras pour le jugement,

parce que le jugement est la fixation d'un prix. [6]Et comme tu le fixes, tu le paieras.

10. Si payer est assimilé à obtenir, tu fixeras le prix bas tout en demandant beaucoup en retour. [2]Tu auras oublié, toutefois, que fixer un prix c'est accorder de la valeur, de sorte que ce qui vient en retour est proportionnel à ton jugement de valeur. [3]Si payer est associé à donner, cela ne peut pas être perçu comme une perte, et la relation de réciprocité entre donner et recevoir sera reconnue. [4]Ainsi le prix fixé sera élevé, à cause de la valeur de ce qui vient en retour. [5]Puisque le prix pour obtenir est de perdre de vue la valeur, il est inévitable que tu n'accorderas pas de valeur à ce que tu reçois. [6]Ne lui accordant que peu de valeur, tu ne l'apprécieras pas et tu ne le voudras pas.

11. N'oublie jamais, donc, que tu fixes la valeur de ce que tu reçois, et tu en fixes le prix par ce que tu donnes. [2]Croire qu'il est possible d'obtenir beaucoup pour peu, c'est croire que tu peux marchander avec Dieu. [3]Les lois de Dieu sont toujours équitables et parfaitement cohérentes. [4]En donnant, tu reçois. [5]Mais recevoir, c'est accepter et non obtenir. [6]Il est impossible de ne pas avoir, mais il est possible de ne pas connaître que tu as. [7]La re-connaissance d'avoir, c'est le désir de donner, et c'est seulement par ce désir que tu peux reconnaître ce que tu as. [8]Par conséquent, ce que tu donnes est la valeur que tu accordes à ce que tu as, étant l'exacte mesure de la valeur que tu lui accordes. [9]Et cela, en retour, est la mesure de combien tu le veux.

12. Tu ne peux demander au Saint-Esprit, donc, qu'en Lui donnant, et tu ne peux Lui donner que là où tu Le reconnais. [2]Si tu Le reconnais en chacun, considère combien tu Lui demanderas et combien tu recevras. [3]Il ne te niera rien parce que tu ne Lui as rien nié; ainsi tu peux tout partager. [4]Voilà la façon, et la seule façon, d'avoir Sa réponse, parce que Sa réponse est tout ce que tu peux demander et vouloir. [5]Donc dis à chacun :

> [6]*Parce que je veux me connaître moi-même,*
> *je te vois comme le Fils de Dieu et mon frère.*

III. La correction de l'erreur

1. L'attention soutenue que prête l'ego aux erreurs des autres ego n'est pas le genre de vigilance que le Saint-Esprit voudrait que

tu maintiennes. ²Les ego sont portés à critiquer quant au genre de «sens» qu'ils représentent. ³Ils comprennent ce genre de sens, parce qu'il leur paraît sensé. ⁴Pour le Saint-Esprit, il n'a pas de sens du tout.

2. Pour l'ego, il est doux, juste et bon de relever les erreurs et de les «corriger». ²Cela est plein de sens pour l'ego, qui n'a pas conscience de ce que sont les erreurs ni de ce qu'est la correction. ³Les erreurs sont de l'ego et la correction des erreurs réside dans le renoncement à l'ego. ⁴Quand tu corriges un frère, tu lui dis qu'il fait erreur. ⁵Il se peut qu'il soit insensé à ce moment-là, et il est certain que si ce qu'il dit vient de l'ego, cela n'aura pas de sens. ⁶Mais ta tâche n'en reste pas moins de lui dire qu'il a raison. ⁷Tu ne le lui dis pas verbalement, s'il parle sottement. ⁸Il a besoin de correction à un autre niveau, parce que son erreur est à un autre niveau. ⁹Il a quand même raison, parce que c'est un Fils de Dieu. ¹⁰Son ego fait toujours erreur, quoi qu'il dise ou fasse.

3. Si tu relèves les erreurs de l'ego de ton frère, tu dois voir par le tien, parce que le Saint-Esprit ne perçoit pas ses erreurs. ²Cela *doit* être vrai, puisqu'il n'y a pas de communication entre l'ego et le Saint-Esprit. ³L'ego est insensé, et le Saint-Esprit n'essaie pas de comprendre ce qui vient de lui. ⁴Puisqu'Il ne le comprend pas, Il ne le juge pas, connaissant que rien de ce que fait l'ego ne signifie quoi que ce soit.

4. Pour peu que tu réagisses aux erreurs, tu n'écoutes pas le Saint-Esprit. ²Lui n'en a tout simplement pas tenu compte, et si toi tu y prêtes attention, tu ne L'entends pas. ³Si tu ne L'entends pas, tu écoutes ton ego et tu es aussi peu sensé que ce frère dont tu perçois les erreurs. ⁴Cela ne peut pas être une correction. ⁵Or c'est plus qu'un simple manque de correction pour lui. ⁶C'est l'abandon de la correction en toi-même.

5. Lorsqu'un frère se conduit de manière insane, tu ne peux le guérir qu'en percevant la santé d'esprit en lui. ²Si tu perçois ses erreurs et les acceptes, tu acceptes les tiennes. ³Si tu veux confier les tiennes au Saint-Esprit, tu dois faire de même avec les siennes. ⁴À moins que cela ne devienne pour toi la seule façon de traiter toutes les erreurs, tu ne peux pas comprendre comment toutes les erreurs sont défaites. ⁵Cela ne revient-il pas à dire que ce que tu enseignes, tu l'apprends? ⁶Ton frère a autant raison que toi, et si tu penses qu'il fait erreur, tu te condamnes toi-même.

6. *Tu* ne peux pas te corriger toi-même. ²T'est-il possible, donc, de corriger autrui? ³Or tu peux le voir véritablement, parce qu'il t'est

possible de te voir toi-même véritablement. ⁴Ce n'est pas à toi de changer ton frère, mais simplement de l'accepter tel qu'il est. ⁵Ses erreurs ne viennent pas de la vérité qui est en lui, et seule cette vérité est à toi. ⁶Ses erreurs n'y peuvent rien changer ni avoir le moindre effet sur la vérité en toi. ⁷Percevoir des erreurs en qui que ce soit, et y réagir comme si elles étaient réelles, c'est les rendre réelles pour toi. ⁸Tu n'échapperas pas au prix à payer pour cela, non point parce que tu en es puni, mais parce que tu suis le mauvais guide et par conséquent tu perdras ton chemin.

7. Les erreurs de ton frère ne sont pas de lui, pas plus que les tiennes ne sont de toi. ²Accepte ses erreurs pour réelles et tu t'es attaqué toi-même. ³Si tu veux trouver ta voie et la garder, ne vois que la vérité à tes côtés car vous marchez ensemble. ⁴Le Saint-Esprit en toi pardonne toutes choses en toi et en ton frère. ⁵Ses erreurs sont pardonnées avec les tiennes. ⁶L'Expiation n'est pas plus séparée que l'amour. ⁷L'Expiation ne peut pas être séparée parce qu'elle vient de l'amour. ⁸Toute tentative de ta part pour corriger un frère signifie que tu crois que la correction par toi est possible, et cela ne peut être que l'arrogance de l'ego. ⁹La correction est de Dieu, Qui ne connaît pas l'arrogance.

8. Le Saint-Esprit pardonne tout parce que Dieu a tout créé. ²N'assume pas Sa fonction, ou tu oublieras la tienne. ³N'accepte que la fonction de guérir dans le temps, parce que c'est à cela que sert le temps. ⁴Dieu t'a donné la fonction de créer dans l'éternité. ⁵Cela, tu n'as pas besoin de l'apprendre, mais tu as bien besoin d'apprendre à le vouloir. ⁶Tout apprentissage a été fait pour cela. ⁷C'est ainsi que le Saint-Esprit utilise une aptitude dont tu n'as pas besoin, mais que tu as faite. ⁸Donne-la-Lui! ⁹Tu ne comprends pas comment l'utiliser. ¹⁰Il t'enseignera comment te voir toi-même sans condamnation, en apprenant comment regarder toutes choses sans les condamner. ¹¹Alors la condamnation ne sera pas réelle pour toi, et toutes tes erreurs seront pardonnées.

IV. Le plan du Saint-Esprit pour le pardon

1. L'Expiation est pour tous, parce que c'est la façon de défaire la croyance que quoi que ce soit est pour toi seul. ²Pardonner, c'est passer sur. ³Regarde, donc, au-delà de l'erreur, et ne laisse pas ta perception se poser sur elle, car tu croiras ce que ta perception contient. ⁴N'accepte pour vrai que ce que ton frère est, si tu veux

te connaître toi-même. ⁵Perçois ce qu'il n'est pas et tu ne peux pas connaître ce que tu es, parce que tu le vois faussement. ⁶Souviens-toi toujours que votre Identité est partagée, et que Son partage est Sa réalité.

2. Tu as un rôle à jouer dans l'Expiation, mais le plan de l'Expiation est au-delà de ta portée. ²Tu ne comprends pas comment passer sur l'erreur, sinon tu n'en ferais pas. ³Ce ne serait qu'une erreur de plus de croire soit que tu n'en fais pas, soit que tu peux les corriger sans l'aide d'un Guide en correction. ⁴Et si tu ne suis pas ce Guide, tes erreurs ne seront pas corrigées. ⁵Le plan n'est pas le tien à cause de tes idées limitées sur ce que tu es. ⁶C'est de ce sentiment de limitation que viennent toutes les erreurs. ⁷La façon de les défaire n'est donc pas *de* toi mais *pour* toi.

3. L'Expiation est une leçon de partage, qui t'est donnée parce que *tu as oublié comment faire*. ²Le Saint-Esprit te rappelle simplement l'usage naturel de tes aptitudes. ³En réinterprétant l'aptitude à attaquer en aptitude à partager, Il traduit ce que tu as fait en ce que Dieu a créé. ⁴Si tu veux accomplir cela par Lui, tu ne peux pas regarder tes aptitudes avec les yeux de l'ego, ou tu les jugeras comme *il* le fait. ⁵Tout ce qui en elles est nuisible réside dans le jugement de l'ego. ⁶Tout ce qui en elles est une aide réside dans le jugement du Saint-Esprit.

4. Parce que tu en demandes un, bien que ce ne soit pas au bon enseignant, l'ego a aussi un plan de pardon. ²Le plan de l'ego, bien sûr, n'a pas de sens et ne marchera pas. ³En suivant son plan, tu ne fais que te placer dans une situation impossible, à laquelle l'ego te conduit toujours. ⁴Le plan de l'ego consiste à te faire voir d'abord l'erreur clairement, pour ensuite passer par-dessus. ⁵Or comment peux-tu passer sur ce que tu as rendu réel? ⁶En le voyant clairement, tu l'as rendu réel et tu ne *peux pas* passer par-dessus. ⁷C'est là que l'ego se voit forcé de recourir aux «mystères», insistant pour que tu acceptes l'in-signifiant afin de te sauver toi-même. ⁸Beaucoup ont essayé de faire cela en mon nom, oubliant que mes paroles sont pleines de sens parce qu'elles viennent de Dieu. ⁹Elles sont aussi sensées maintenant qu'elles l'ont toujours été, parce qu'elles parlent d'idées qui sont éternelles.

5. Le pardon qui est appris de moi n'utilise pas la peur pour défaire la peur. ²Il ne rend pas non plus l'irréel réel pour ensuite le détruire. ³Le pardon par le Saint-Esprit consiste simplement à regarder au-delà de l'erreur dès le commencement, la laissant ainsi être irréelle pour toi. ⁴Ne laisse aucune croyance en sa réalité

entrer dans ton esprit, sinon tu croiras aussi que tu dois défaire ce que tu as fait pour être pardonné. [5]Ce qui n'a pas d'effet n'existe pas, et pour le Saint-Esprit les effets de l'erreur sont inexistants. [6]En annulant sans cesse et avec constance tous ses effets, partout et sous tous les rapports, Il enseigne que l'ego n'existe pas et le prouve.

6. Suis donc l'enseignement du Saint-Esprit sur le pardon, parce que le pardon est Sa fonction et Il connaît comment la remplir parfaitement. [2]C'est ce que je pensais quand j'ai dit que les miracles sont naturels, et que lorsqu'ils ne se produisent pas quelque chose ne va pas. [3]Les miracles sont simplement le signe que tu désires suivre le plan du Saint-Esprit pour le salut, tout en reconnaissant que tu ne comprends pas ce que c'est. [4]Son travail n'est pas ta fonction, et à moins que tu n'acceptes cela, tu ne peux pas apprendre ce qu'est ta fonction.

7. La confusion des fonctions est tellement typique de l'ego qu'elle devrait maintenant t'être assez familière. [2]L'ego croit que toutes les fonctions lui appartiennent, bien qu'il n'ait aucune idée de ce qu'elles sont. [3]C'est plus qu'une simple confusion. [4]C'est une combinaison particulièrement dangereuse de grandiosité et de confusion qui rend l'ego susceptible d'attaquer n'importe qui et n'importe quoi sans aucune raison. [5]C'est exactement ce que fait l'ego. [6]Il est imprévisible dans ses réactions, parce qu'il n'a aucune idée de ce qu'il perçoit.

8. Si tu n'as aucune idée de ce qui arrive, à quel point peux-tu t'attendre à réagir de manière appropriée? [2]Tu pourrais te demander, peu importe comment tu t'expliques la réaction, si le caractère imprévisible de l'ego le place dans une bonne position pour te servir de guide. [3]Laisse-moi répéter que les qualifications de l'ego comme guide sont singulièrement regrettables, et qu'il est un choix remarquablement mauvais comme enseignant du salut. [4]Quiconque choisit un guide totalement insane doit être lui-même totalement insane. [5]Il n'est pas vrai non plus que tu ne te rends pas compte que le guide est insane. [6]Tu t'en rends compte parce que je m'en rends compte, et tu en as jugé selon les mêmes critères que moi.

9. L'ego vit littéralement sur du temps emprunté, et ses jours sont comptés. [2]Ne crains pas le Jugement dernier, fais-lui plutôt bon accueil et n'attends pas, car le temps de l'ego est « emprunté » à ton éternité. [3]C'est le second Avènement, qui fut fait pour toi

comme le premier fut créé. ⁴Le second Avènement est simplement le retour du sens. ⁵Cela peut-il être apeurant ?

10.   Qu'y a-t-il d'apeurant, sinon le fantasme, et qui se tourne vers les fantasmes à moins d'avoir perdu espoir de trouver satisfaction dans la réalité ? ²Or il est certain que tu ne trouveras jamais satisfaction dans les fantasmes ; ainsi ton seul espoir est de changer d'esprit sur la réalité. ³Dieu ne peut avoir raison que si est erronée la décision voulant que la réalité soit apeurante. ⁴Et je t'assure que Dieu *a* raison. ⁵Réjouis-toi, donc, d'avoir fait erreur, mais c'était seulement parce que tu ne savais pas qui tu étais. ⁶Si tu l'avais su, tu n'aurais pas plus pu faire erreur que Dieu.

11.   L'impossible ne peut arriver que dans le fantasme. ²Quand tu cherches la réalité dans les fantasmes, tu ne la trouves pas. ³Les symboles du fantasme sont de l'ego, et de ceux-là tu en trouveras beaucoup. ⁴Mais ne cherche pas de signification en eux. ⁵Ils n'ont pas plus de signification que les fantasmes dans lesquels ils sont tissés. ⁶Les contes de fées peuvent être agréables ou apeurants, mais personne ne dit qu'ils sont vrais. ⁷Les enfants peuvent y croire, et alors, pendant un certain temps, les contes sont vrais pour eux. ⁸Or quand la réalité se fait jour, les fantasmes disparaissent. ⁹La réalité n'a pas disparu entre-temps. ¹⁰Le second Avènement, c'est la prise de conscience et non le retour de la réalité.

12.   Regarde, mon enfant, la réalité est là. ²Elle appartient à toi, à moi et à Dieu, et elle est parfaitement satisfaisante pour Nous tous. ³Seule cette prise de conscience guérit, parce que c'est la prise de conscience de la vérité.

V. Le guérisseur non guéri

1.   Le plan de l'ego pour le pardon est bien plus utilisé que celui de Dieu. ²C'est qu'il est entrepris par des guérisseurs non guéris et il est donc de l'ego. ³Considérons maintenant plus attentivement le guérisseur non guéri. ⁴Par définition, il essaie de donner ce qu'il n'a pas reçu. ⁵Si le guérisseur non guéri est théologien, par exemple, il commencera peut-être par cette prémisse : « Je suis un pauvre pécheur, comme toi. » ⁶S'il est psychothérapeute, il est plus probable qu'il commence par la croyance tout aussi incroyable que l'attaque est réelle à la fois pour lui et pour le patient, mais qu'elle n'a d'importance ni pour l'un ni pour l'autre.

2.   J'ai dit maintes fois que les croyances de l'ego ne peuvent pas être partagées, et c'est pourquoi elles sont irréelles. ²Comment, donc, le fait de les «découvrir» peut-il les rendre réelles? ³Chaque guérisseur qui recherche la vérité dans les fantasmes doit être non guéri, parce qu'il ne sait pas où chercher la vérité et il n'a donc pas de réponse au problème de la guérison.

3.   C'est un avantage de faire venir les cauchemars à la conscience, mais seulement pour enseigner qu'ils ne sont pas réels et que tout ce qu'ils contiennent est in-signifiant. ²Le guérisseur non guéri ne peut pas faire cela parce qu'il ne le croit pas. ³Tous les guérisseurs non guéris suivent le plan de l'ego pour le pardon, sous une forme ou sous une autre. ⁴S'ils sont théologiens, ils sont susceptibles de se condamner eux-mêmes, d'enseigner la condamnation et de préconiser une solution apeurante. ⁵Projetant la condamnation sur Dieu, ils Le font paraître vengeur et craignent Son châtiment. ⁶Ce qu'ils ont fait, c'est simplement de s'identifier à l'ego, et en percevant ce qu'*il* fait, ils se condamnent eux-mêmes à cause de cette confusion. ⁷Il est compréhensible qu'il y ait eu des révoltes contre ce concept, mais c'est encore y croire que de se révolter contre lui.

4.   Certaines formes plus récentes du plan de l'ego aident aussi peu que les plus anciennes, parce que la forme n'importe pas et le contenu n'a pas changé. ²Sous l'une de ces formes nouvelles, par exemple, il se peut qu'un psychothérapeute interprète les symboles de l'ego dans un cauchemar et les utilise ensuite pour prouver que le cauchemar est réel. ³L'ayant rendu réel, il tente alors d'en dissiper les effets en dépréciant l'importance du rêveur. ⁴Ce serait une approche guérissante si le rêveur était aussi identifié comme irréel. ⁵Or si le rêveur est assimilé à l'esprit, le pouvoir correcteur de l'esprit par le Saint-Esprit est nié. ⁶Même comme l'ego l'entend, c'est une contradiction, contradiction qu'il remarque habituellement même dans sa confusion.

5.   S'il faut réduire l'importance de l'esprit pour contrebalancer la peur, comment cela peut-il développer la force du moi? ²C'est à cause de telles incohérences manifestes que personne n'a jamais réellement expliqué ce qui arrive en psychothérapie. ³En réalité, il n'arrive rien. ⁴Il n'est rien arrivé de réel au guérisseur non guéri, et il doit apprendre de son propre enseignement. ⁵Son ego cherchera toujours à obtenir quelque chose de la situation. ⁶Par conséquent, le guérisseur non guéri ne sait pas comment donner et ne peut donc pas partager. ⁷Il ne peut pas corriger parce qu'il ne

travaille pas correctivement. [8]Il croit qu'il lui appartient d'enseigner au patient ce qui est réel, bien qu'il ne le sache pas lui-même.

6. Que devrait-il donc arriver? [2]Quand Dieu dit : «Que la lumière soit», la lumière *fut*. [3]Peux-tu trouver la lumière en analysant les ténèbres comme le fait le psychothérapeute, ou comme le théologien, en reconnaissant les ténèbres en toi-même puis en cherchant une lointaine lumière pour les chasser, tout en soulignant son éloignement? [4]La guérison n'est pas mystérieuse. [5]Rien ne changera à moins d'avoir été compris, puisque la lumière *est* compréhension. [6]Un «pauvre pécheur» ne peut pas être guéri sans magie, pas plus qu'un «esprit sans importance» ne peut s'estimer lui-même sans magie.

7. Sous ces deux formes, donc, l'approche de l'ego doit arriver à une impasse : cette caractéristique «situation impossible» à laquelle l'ego conduit toujours. [2]Cela peut aider quelqu'un de lui montrer vers quoi il se dirige, mais c'est peine perdue si on ne l'aide pas aussi à changer de direction. [3]Le guérisseur non guéri ne peut pas faire cela pour lui, puisqu'il ne peut pas le faire pour lui-même. [4]La seule contribution signifiante qu'un guérisseur puisse faire, c'est de présenter l'exemple de quelqu'un dont la direction a été changée *pour* lui et qui ne croit plus à aucune sorte de cauchemars. [5]C'est donc la lumière dans son esprit qui répondra au questionneur, qui doit décider avec Dieu que la lumière est *parce qu'*il la voit. [6]Et parce qu'il la reconnaît, le guérisseur connaît qu'elle est là. [7]C'est ainsi que la perception est finalement traduite en connaissance. [8]Le faiseur de miracles commence par percevoir la lumière, puis il traduit sa perception en assurance en l'étendant continuellement et en acceptant qu'elle soit reconnue. [9]Ses effets l'assurent qu'elle est là.

8. Un thérapeute ne guérit pas : *il laisse la guérison se faire*. [2]Il peut indiquer les ténèbres mais il ne peut pas apporter la lumière de lui-même, car la lumière n'est pas de lui. [3]Or, étant *pour* lui, elle doit être aussi pour son patient. [4]Le Saint-Esprit est le seul Thérapeute. [5]Dans toute situation où Il est le Guide, Il rend la guérison très claire. [6]Tu ne peux que Le laisser remplir Sa fonction. [7]Il n'a pas besoin d'aide pour cela. [8]Il te dira exactement quoi faire pour aider qui que ce soit qu'il envoie à toi pour être aidé, et Il lui parlera par toi si tu n'interfères pas. [9]Souviens-toi que c'est toi qui choisis le guide pour aider, et le mauvais choix n'aidera pas. [10]Mais souviens-toi aussi que le bon aidera. [11]Fais-Lui confiance, car l'aide est Sa fonction, et Il est de Dieu. [12]Comme tu éveilleras

d'autres esprits au Saint-Esprit, par Lui et non par toi-même, tu comprendras que tu n'obéis pas aux lois de ce monde. [13]Mais les lois auxquelles tu obéis marchent. [14]L'énoncé : « Ce qui est bon est ce qui marche » est judicieux quoique insuffisant. [15]Seul ce qui est bon *peut* marcher. [16]Rien d'autre ne marche.

9.   Ce cours présente une situation d'apprentissage très directe et très simple, et il fournit le Guide Qui te dit quoi faire. [2]Si tu le fais, tu verras qu'il marche. [3]Ses résultats sont plus convaincants que ses mots. [4]Ils te convaincront que les mots sont vrais. [5]En suivant le bon Guide, tu apprendras la plus simple de toutes les leçons :

> [6]*C'est à leurs fruits que vous les connaîtrez,*
> *et qu'ils se connaîtront eux-mêmes.*

VI. L'acceptation de ton frère

1.   Comment peux-tu devenir de plus en plus conscient du Saint-Esprit en toi, sauf à Ses effets ? [2]Tu ne peux pas Le voir avec tes yeux ni L'entendre avec tes oreilles. [3]Comment donc peux-tu Le percevoir ? [4]Si tu inspires la joie et si les autres réagissent avec joie envers toi, bien que tu ne ressentes pas toi-même de la joie, il doit y avoir quelque chose en toi capable de la produire. [5]Si cela est en toi et peut produire de la joie, et si tu vois que cela produit de la joie en autrui, tu dois le dissocier en toi-même.

2.   S'il te semble que le Saint-Esprit ne produit pas constamment de la joie en toi, c'est simplement parce que tu ne suscites pas constamment de la joie en autrui. [2]Leurs réactions envers toi sont tes évaluations de Sa constance. [3]Quand tu es inconstant, tu ne suscites pas toujours de la joie ; ainsi tu ne reconnais pas toujours Sa constance. [4]Ce que tu offres à ton frère, c'est à Lui que tu l'offres, parce qu'Il ne peut pas donner plus que tu n'offres. [5]Ce n'est pas qu'Il met une limite à donner mais simplement que tu en as mise une à recevoir. [6]La décision de recevoir est la décision d'accepter.

3.   Si tes frères font partie de toi, les accepteras-tu ? [2]Eux seuls peuvent t'enseigner ce que tu es, car ton apprentissage est le résultat de ce que tu leur as enseigné. [3]Ce que tu appelles en eux, tu l'appelles en toi-même. [4]Et comme tu l'appelles en eux, cela devient réel pour toi. [5]Dieu a un seul Fils, les connaissant tous ne faisant qu'un. [6]Seul Dieu Lui-même est plus qu'eux, mais eux ne sont pas moins que Lui. [7]Voudrais-tu connaître ce que cela signifie ? [8]Si ce

que tu fais à mon frère, c'est à moi que tu le fais, et si tout ce que tu fais, tu le fais pour toi-même parce que nous faisons partie de toi, tout ce que nous faisons t'appartient aussi. ⁹Tous ceux que Dieu a créés font partie de toi et partagent Sa gloire avec toi. ¹⁰Sa gloire Lui appartient, mais elle est également à toi. ¹¹Tu ne peux donc pas être moins glorieux que Lui.

4. Dieu est plus que toi uniquement parce qu'Il t'a créé, mais il n'est pas même cela qu'Il garderait loin de toi. ²Par conséquent, tu peux créer comme Il l'a fait, et ta dissociation n'y changera rien. ³Ni la lumière de Dieu ni la tienne ne sont plus pâles du fait que tu ne vois pas. ⁴Parce que la Filialité doit créer en ne faisant qu'un, tu te souviens de la création chaque fois que tu reconnais une partie de la création. ⁵Chaque partie dont tu te souviens ajoute à ton entièreté parce que chaque partie *est* entière. ⁶L'entièreté est indivisible, mais jusqu'à ce que tu la voies partout tu ne peux pas apprendre ce qu'est ton entièreté. ⁷Tu ne peux te connaître toi-même que comme Dieu connaît Son Fils, car la connaissance est partagée avec Dieu. ⁸Quand tu t'éveilles en Lui, tu connais ton immensité en acceptant pour tienne Son illimitation. ⁹Mais entre-temps tu la jugeras comme tu juges celle de ton frère, et tu l'accepteras comme tu acceptes la sienne.

5. Tu n'es pas encore éveillé, mais tu peux apprendre à t'éveiller. ²Tout simplement, le Saint-Esprit t'enseigne à éveiller les autres. ³En les voyant s'éveiller, tu apprendras ce que cela signifie que de s'éveiller ; et parce que tu as choisi de les éveiller, leur gratitude et le fait qu'ils apprécient ce que tu leur as donné t'en enseigneront la valeur. ⁴Ils deviendront les témoins de ta réalité, comme tu fus créé témoin de celle de Dieu. ⁵Or quand la Filialité se rassemblera et acceptera son Unité, elle sera connue à ses créations, qui témoignent de sa réalité comme le Fils du Père.

6. Les miracles n'ont pas leur place dans l'éternité, parce qu'ils sont réparateurs. ²Or tant que tu as encore besoin de guérison, tes miracles sont les seuls témoins de ta réalité que tu puisses reconnaître. ³Tu ne peux pas faire un miracle pour toi-même, parce que les miracles sont une façon de donner et de recevoir l'acceptation. ⁴Dans le temps, donner vient en premier, bien que les deux soient simultanés dans l'éternité, où ils ne peuvent pas être séparés. ⁵Quand tu as appris qu'ils sont la même chose, il n'est plus besoin de temps.

7. L'éternité est un seul temps dont la seule dimension est « toujours ». ²Cela ne peut rien signifier pour toi, jusqu'à ce que tu te

souviennes des Bras ouverts de Dieu, et qu'enfin tu connaisses Son Esprit ouvert. ³Comme Lui, *tu* es «toujours»; dans Son Esprit et avec un esprit comme le Sien. ⁴Dans ton esprit ouvert sont tes créations, dans la parfaite communication née de la parfaite compréhension. ⁵Si tu pouvais en accepter ne serait-ce qu'une seule, tu ne voudrais rien de ce que le monde peut t'offrir. ⁶Tout le reste serait totalement in-signifiant. ⁷La signification de Dieu est incomplète sans toi, et tu es incomplet sans tes créations. ⁸Accepte ton frère dans ce monde et n'accepte rien d'autre, car en lui tu trouveras tes créations parce qu'il les a créées avec toi. ⁹Jamais tu ne connaîtras que tu es co-créateur avec Dieu tant que tu n'auras pas appris que ton frère est co-créateur avec toi.

VII. Les deux évaluations

1. La Volonté de Dieu est ton salut. ²Se pourrait-il qu'Il ne t'ait pas donné les moyens de le trouver? ³S'Il veut que tu l'aies, Il doit l'avoir rendu possible et facile à obtenir. ⁴Tes frères sont partout. ⁵Tu n'as pas à chercher loin pour le salut. ⁶Chaque minute et chaque seconde te donnent une chance de te sauver toi-même. ⁷Ne perds pas ces chances; non pas parce qu'elles ne reviendront plus, mais parce qu'il n'est pas besoin de retarder la joie. ⁸Dieu veut pour toi le bonheur parfait maintenant. ⁹Est-il possible que ce ne soit pas aussi ta volonté? ¹⁰Et est-il possible que ce ne soit pas aussi la volonté de tes frères?

2. Considère, donc, qu'en cette volonté conjointe, et en elle seule, vous êtes tous unis. ²Il peut y avoir désaccord sur tout le reste, mais pas là-dessus. ³C'est donc là que la paix demeure. ⁴Et tu demeures dans la paix quand tu le décides. ⁵Or tu ne peux pas demeurer dans la paix à moins d'accepter l'Expiation, parce que l'Expiation *est* la voie vers la paix. ⁶La raison en est très simple et si évidente qu'elle passe souvent inaperçue. ⁷L'ego a peur de ce qui est évident, puisque l'évidence est la caractéristique essentielle de la réalité. ⁸Or *tu* ne peux pas passer par-dessus à moins de ne pas regarder.

3. Il est parfaitement évident que si le Saint-Esprit regarde avec amour tout ce qu'Il perçoit, Il te regarde, toi, avec amour. ²Son évaluation de toi est basée sur Sa connaissance de ce que tu es; ainsi Il t'évalue véritablement. ³Et cette évaluation doit être dans ton esprit, parce qu'Il y est. ⁴L'ego est aussi dans ton esprit, parce que tu l'y as accepté. ⁵Son évaluation de toi, toutefois, est l'exact

opposé de celle du Saint-Esprit, parce que l'ego ne t'aime pas. ⁶Il est inconscient de ce que tu es, et il est entièrement méfiant à l'égard de tout ce qu'il perçoit, parce que ses perceptions sont si changeantes. ⁷Par conséquent, l'ego est capable au mieux de suspicion et au pire de méchanceté. ⁸Voilà sa portée. ⁹Il ne peut pas l'excéder à cause de son incertitude. ¹⁰Et il ne peut jamais aller au-delà parce qu'il ne peut jamais *être* certain.

4. Tu as donc dans ton esprit deux évaluations conflictuelles de toi-même, et elles ne peuvent pas être vraies toutes les deux. ²Tu ne te rends pas compte encore à quel point ces évaluations diffèrent complètement l'une de l'autre parce que tu ne comprends pas combien la perception que le Saint-Esprit a de toi est élevée en réalité. ³Rien de ce que tu fais ne peut Le tromper, parce qu'Il n'oublie jamais ce que tu es. ⁴Tout ce que tu fais trompe l'ego, surtout quand tu réponds au Saint-Esprit, parce qu'alors sa confusion augmente. ⁵Par conséquent, l'ego est particulièrement susceptible de t'attaquer lorsque tu réagis avec amour, parce qu'il t'a évalué comme étant non aimant et tu vas à l'encontre de son jugement. ⁶L'ego s'attaquera à tes motifs dès qu'ils ne s'accorderont nettement plus avec la perception qu'il a de toi. ⁷C'est alors qu'il passera brusquement de la suspicion à la méchanceté, puisque son incertitude est augmentée. ⁸Or il est sûrement inutile de contre-attaquer. ⁹Qu'est-ce que cela pourrait signifier, sinon que tu es d'accord avec l'ego sur son évaluation de ce que tu es ?

5. Si tu choisis de te considérer non aimant, tu ne seras pas heureux. ²Tu te condamnes toi-même et tu dois donc te considérer insuffisant. ³Voudrais-tu te tourner vers l'ego pour qu'il t'aide à échapper d'un sentiment d'insuffisance qu'il a produit et qu'il doit maintenir pour assurer son existence ? ⁴Peux-tu échapper à son évaluation de toi en usant des méthodes mêmes qu'il utilise pour garder cette image intacte ?

6. Tu ne peux pas évaluer un système de croyance insane de l'intérieur. ²Sa portée t'en empêche. ³Tu peux seulement aller par-delà et le regarder à partir d'un endroit où la santé d'esprit existe, et *voir le contraste*. ⁴Ce n'est que par ce contraste que l'insanité peut être jugée insane. ⁵Avec la grandeur de Dieu en toi, tu as choisi d'être petit et de te lamenter sur ta petitesse. ⁶À l'intérieur du système qui a dicté ce choix, ces lamentations sont inévitables. ⁷Là ta petitesse est un fait établi et tu ne demandes pas : «Qui l'a établie ?» ⁸La question est in-signifiante à l'intérieur du

système de pensée de l'ego, parce qu'elle mettrait tout le système de pensée en question.

7.   J'ai dit que l'ego ne connaît pas ce qu'est une réelle question. ²Un manque de connaissance quel qu'il soit est toujours associé à l'indésir de connaître, et cela produit un manque total de connaissance pour la simple raison que la connaissance est totale. ³Par conséquent, ne pas mettre en question ta petitesse, c'est nier toute connaissance et garder intact tout le système de pensée de l'ego. ⁴Tu ne peux pas conserver une partie d'un système de pensée, parce qu'il ne peut être remis en question qu'en son fondement. ⁵Et celui-ci doit être remis en question de par-delà le système de pensée, parce qu'à l'intérieur son fondement se tient. ⁶Le Saint-Esprit juge et rejette la réalité du système de pensée de l'ego simplement parce qu'Il connaît que son fondement n'est pas vrai. ⁷Par conséquent, rien de ce qui en surgit ne signifie quoi que ce soit. ⁸Le Saint-Esprit juge toute croyance que tu as en fonction de son origine. ⁹Si elle vient de Dieu, Il connaît qu'elle est vraie. ¹⁰Si elle ne vient pas de Lui, Il connaît qu'elle ne signifie rien.

8.   Chaque fois que tu mets en question ta valeur, dis-toi :

²Dieu Lui-même est incomplet sans moi.

³Souviens-t'en quand l'ego parle, et tu ne l'entendras pas. ⁴La vérité à ton sujet est si élevée que rien d'indigne de Dieu n'est digne de toi. ⁵Choisis donc ce que tu veux en ce sens, et n'accepte rien que tu n'offrirais pas à Dieu comme entièrement digne de Lui. ⁶Tu ne veux rien d'autre. ⁷Retourne-Lui ta part, et Il te donnera tout de Lui-même en échange du retour de ce qui Lui appartient et Le rend complet.

VIII. Grandeur versus grandiosité

1.   La grandeur est de Dieu et de Lui seul. ²Par conséquent elle est en toi. ³Chaque fois que tu en prends conscience, même très vaguement, tu abandonnes l'ego automatiquement, parce qu'en présence de la grandeur de Dieu l'in-signifiance de l'ego devient parfaitement apparente. ⁴Quand cela se produit, bien qu'il n'y comprenne rien, l'ego croit que son « ennemi » a frappé et il tente d'offrir des dons pour t'induire à retourner sous sa « protection ». ⁵L'infatuation est la seule offrande qu'il puisse faire. ⁶La

grandiosité de l'ego est son alternative à la grandeur de Dieu. [7]Laquelle choisiras-tu ?

2.   La grandiosité est toujours une couverture du désespoir. [2]Elle est sans espoir parce qu'elle n'est pas réelle. [3]C'est une tentative pour contrebalancer ta petitesse, basée sur la croyance que la petitesse est réelle. [4]Sans cette croyance, la grandiosité est in-signifiante et il ne serait pas possible que tu en veuilles. [5]L'essence de la grandiosité est la compétitivité, parce qu'elle comporte toujours l'attaque. [6]C'est une tentative délirante pour faire plus et non pour défaire. [7]Nous avons dit plus tôt que l'ego oscille entre la suspicion et la méchanceté. [8]Il reste suspicieux aussi longtemps que tu désespères de toi-même. [9]Il passe à la méchanceté quand tu décides de ne pas tolérer l'abaissement de soi et d'y chercher remède. [10]Alors il t'offre l'illusion de l'attaque comme « solution ».

3.   L'ego ne comprend pas la différence entre grandeur et grandiosité, parce qu'il ne voit pas de différence entre les impulsions miraculeuses et ses propres croyances opposées à l'ego. [2]Je t'ai dit que l'ego est conscient d'une menace sur son existence, mais qu'il ne fait aucune distinction entre ces deux sortes de menaces très différentes. [3]Son profond sentiment de vulnérabilité le rend incapable de jugement, sauf dans le sens de l'attaque. [4]Quand l'ego se sent menacé, sa seule décision est à savoir s'il doit attaquer maintenant ou se retirer pour attaquer plus tard. [5]Si tu acceptes son offre de grandiosité, il attaquera immédiatement. [6]Si tu ne l'acceptes pas, il attendra.

4.   L'ego est immobilisé en présence de la grandeur de Dieu, parce que Sa Grandeur établit ta liberté. [2]Même la plus petite indication de ta réalité chasse littéralement l'ego de ton esprit, parce que tu abandonnes tout investissement en lui. [3]La grandeur est totalement sans illusions, et parce qu'elle est réelle elle est irrésistiblement convaincante. [4]Or la conviction de réalité ne te restera pas à moins que tu ne permettes pas à l'ego de l'attaquer. [5]L'ego fera tous ses efforts pour retrouver et mobiliser ses énergies contre ta délivrance. [6]Il te dira que tu es insane et soutiendra que la grandeur ne peut pas être une réelle partie de toi à cause de la petitesse en laquelle il croit. [7]Or ta grandeur n'est pas délirante parce que tu ne l'as pas faite. [8]Tu as fait la grandiosité et tu en as peur parce qu'elle est une forme d'attaque, mais ta grandeur est de Dieu, Qui l'a créée à partir de Son Amour.

5.   De ta grandeur, tu ne peux que bénir, parce que ta grandeur est ton abondance. [2]En bénissant, tu la tiens dans ton esprit, la

protégeant des illusions et te gardant toi-même dans l'Esprit de Dieu. ³Souviens-toi toujours que tu ne peux être nulle part, sauf dans l'Esprit de Dieu. ⁴Quand tu oublies cela, tu *perds* espoir et tu *attaques*.

6.   L'ego dépend uniquement de ton désir de le tolérer. ²Si tu es désireux de regarder ta grandeur, tu ne peux pas désespérer et tu ne peux donc pas vouloir l'ego. ³Ta grandeur est la réponse de Dieu à l'ego, parce qu'elle est vraie. ⁴Petitesse et grandeur ne peuvent coexister, et il n'est pas possible non plus qu'elles alternent. ⁵Petitesse et grandiosité peuvent et doivent alterner, puisque les deux ne sont pas vraies et sont donc au même niveau. ⁶Étant le niveau du changement, l'expérience qu'on en fait est changeante et les extrêmes en sont la caractéristique essentielle.

7.   Vérité et petitesse sont le déni l'une de l'autre parce que la grandeur est vérité. ²La vérité n'oscille pas ; elle est toujours vraie. ³Quand la grandeur t'échappe, tu l'as remplacée par quelque chose que tu as fait. ⁴C'est peut-être la croyance en la petitesse ; peut-être la croyance en la grandiosité. ⁵Or ce doit être insane parce que ce n'est pas vrai. ⁶Ta grandeur ne te trompera jamais, mais tes illusions le feront toujours. ⁷Les illusions sont des tromperies. ⁸Tu ne peux pas triompher, mais tu *es* exalté. ⁹Et dans cet état d'exaltation, tu en cherches d'autres comme toi pour te réjouir avec eux.

8.   Il est facile de distinguer entre grandeur et grandiosité, parce que l'amour t'est rendu et l'orgueil ne l'est pas. ²L'orgueil ne produit pas de miracles ; par conséquent, il te privera des véritables témoins de ta réalité. ³La vérité n'est ni obscure ni cachée, mais son évidence pour toi réside dans la joie que tu apportes à ses témoins, qui te la montrent. ⁴Ils témoignent de ta grandeur mais ils ne peuvent témoigner de l'orgueil parce que l'orgueil n'est pas partagé. ⁵Dieu veut que tu contemples ce qu'Il a créé parce que c'est Sa joie.

9.   Ta grandeur peut-elle être arrogante quand Dieu Lui-même en témoigne ? ²Et que peut-il y avoir de réel qui n'ait pas de témoins ? ³Que peut-il en sortir de bon ? ⁴Et s'il n'en sort rien de bon, le Saint-Esprit ne peut pas l'utiliser. ⁵Ce qu'Il ne peut pas transformer en la Volonté de Dieu n'existe pas du tout. ⁶La grandiosité est délirante parce qu'elle est utilisée pour remplacer ta grandeur. ⁷Or ce que Dieu a créé ne peut pas être remplacé. ⁸Dieu est incomplet sans toi parce que Sa grandeur est totale, et tu ne peux pas en être absent.

10.   Tu es tout à fait irremplaçable dans l'Esprit de Dieu. ²Personne d'autre ne peut remplir la part que tu y prends ; et tant que tu laisses vacante ta part de lui, ta place éternelle attend simplement ton retour. ³Dieu, par Sa Voix, te la rappelle, et Dieu Lui-même y garde tes extensions en sécurité. ⁴Or tu ne les connais pas jusqu'à ce que tu leur retournes. ⁵Tu ne peux pas remplacer le Royaume, et tu ne peux pas te remplacer toi-même. ⁶Dieu, Qui connaît ta valeur, ne le voudrait pas, or donc cela n'est pas. ⁷Ta valeur est dans l'Esprit de Dieu ; par conséquent, elle n'est pas seulement dans le tien. ⁸T'accepter toi-même tel que Dieu t'a créé ne peut pas être de l'arrogance, parce que c'est le déni de l'arrogance. ⁹Ce qui *est* arrogant, c'est d'accepter ta petitesse, parce que cela signifie que tu crois que ton évaluation de toi-même est plus vraie que celle de Dieu.

11.   Or si la vérité est indivisible, ton évaluation de toi-même doit *être* celle de Dieu. ²Tu n'as pas établi ta valeur et elle n'a pas besoin de défense. ³Rien ne peut l'attaquer ni prévaloir contre elle. ⁴Elle ne varie pas. ⁵Elle *est,* simplement. ⁶Demande au Saint-Esprit ce qu'elle est et Il te le dira, mais n'aie pas peur de Sa réponse, parce qu'elle vient de Dieu. ⁷C'est une réponse exaltée à cause de sa Source, mais la Source est vraie et Sa réponse l'est aussi. ⁸Écoute et ne mets pas en question ce que tu entends, car Dieu ne trompe pas. ⁹Il voudrait que tu remplaces la croyance de l'ego en la petitesse par Sa Propre Réponse exaltée à ce que tu es, afin que tu cesses de la mettre en question et la connaisses pour ce qu'elle est.

Chapitre 10

LES IDOLES DE LA MALADIE

Introduction

1. Rien au-delà de toi ne peut te rendre apeuré ou aimant, parce que rien *n'est* au-delà de toi. [2]Le temps et l'éternité sont tous deux dans ton esprit, et ils seront en conflit jusqu'à ce que tu perçoives le temps uniquement comme un moyen de regagner l'éternité. [3]Tu ne peux pas faire cela aussi longtemps que tu crois que des facteurs extérieurs à toi sont la cause de quoi que ce soit qui t'arrive. [4]Tu dois apprendre que le temps est uniquement à ta disposition, et que rien au monde ne peut t'enlever cette responsabilité. [5]Tu peux violer les lois de Dieu en ton imagination, mais tu ne peux pas en échapper. [6]Elles furent établies pour ta protection et sont aussi inviolées que ta sécurité.

2. Dieu n'a rien créé hormis toi et rien hormis toi n'existe, car tu fais partie de Lui. [2]Que peut-il exister, sauf Lui ? [3]Rien ne peut arriver au-delà de Lui, parce que rien sauf Lui n'est réel. [4]Tes créations Lui ajoutent comme tu le fais, mais rien n'est ajouté qui soit différent parce que tout a toujours été. [5]Qu'est-ce qui peut te contrarier, sauf l'éphémère, et comment l'éphémère peut-il être réel si tu es la seule création de Dieu et qu'Il t'a créé éternel ? [6]Ton esprit saint établit tout ce qui t'arrive. [7]Chaque réponse que tu fais à tout ce que tu perçois dépend de toi, parce que ton esprit détermine la perception que tu en as.

3. Dieu ne change pas d'Esprit à ton sujet, car Il n'est pas incertain de Lui-même. [2]Et ce qu'Il connaît peut être connu, parce qu'Il ne le connaît pas uniquement pour Lui-même. [3]Il t'a créé pour Lui-même, mais Il t'a donné le pouvoir de créer pour toi-même afin que tu sois comme Lui. [4]Voilà pourquoi ton esprit est saint. [5]Peut-il y avoir quoi que ce soit qui excède l'amour de Dieu ? [6]Peut-il y avoir quoi que ce soit, donc, qui excède ta volonté ? [7]Rien ne peut t'atteindre d'au-delà de celle-ci, parce que, étant en Dieu, tu englobes tout. [8]Crois cela et tu te rendras compte de tout ce qui dépend de toi. [9]Quand quoi que ce soit menace la paix de ton esprit, demande-toi : « Dieu a-t-Il changé d'Esprit à mon sujet ? » [10]Puis accepte Sa décision, car elle est certes inchangeable, et refuse de changer

d'esprit à ton sujet. [11]Jamais Dieu ne Se décidera contre toi, sinon c'est contre Lui qu'Il Se déciderait.

I. Chez toi en Dieu

1. Tu ne connais pas tes créations pour la simple raison que tu te décides contre elles aussi longtemps que ton esprit est divisé ; or il est impossible d'attaquer ce que tu as créé. [2]Mais souviens-toi que *c'est aussi impossible pour Dieu*. [3]La loi de la création est que tu aimes tes créations comme toi-même, parce qu'elles font partie de toi. [4]Tout ce qui a été créé est donc en parfaite sécurité, parce que les lois de Dieu le protègent par Son Amour. [5]Toute partie de ton esprit qui ne connaît pas cela s'est bannie elle-même de la connaissance, parce qu'elle n'a pas rempli ses conditions. [6]Qui d'autre que toi aurait pu faire cela ? [7]Reconnais-le avec joie, car par là tu te rends compte que ton bannissement n'est pas de Dieu et par conséquent n'existe pas.

2. Tu es chez toi en Dieu, rêvant d'exil mais parfaitement capable de t'éveiller à la réalité. [2]Est-ce ta décision de le faire ? [3]Tu reconnais à ta propre expérience que ce que tu vois en rêve, tu le crois réel tant que tu es endormi. [4]Or dès l'instant que tu t'éveilles, tu te rends compte que tout ce qui semblait arriver dans le rêve n'est pas arrivé du tout. [5]Tu ne trouves pas cela étrange, bien que toutes les lois de ce à quoi tu t'éveilles aient été violées pendant que tu dormais. [6]N'est-il pas possible que tu n'aies fait que passer d'un rêve à un autre sans vraiment t'éveiller ?

3. Te donnerais-tu la peine de réconcilier ce qui est arrivé dans des rêves discordants ou les écarterais-tu l'un comme l'autre si tu découvrais que la réalité ne s'accorde avec aucun des deux ? [2]Tu ne te souviens pas d'avoir été éveillé. [3]Quand tu entends le Saint-Esprit, il se peut que tu te sentes mieux parce qu'alors aimer te semble possible, mais tu ne te souviens pas encore qu'autrefois il en fut ainsi. [4]Et c'est à ce souvenir que tu connaîtras qu'il peut à nouveau en être ainsi. [5]Ce qui est possible n'a pas encore été accompli. [6]Or ce qui fut autrefois est ainsi maintenant, si cela est éternel. [7]Quand tu te souviendras, tu connaîtras que ce dont tu te souviens est éternel et que cela est donc maintenant.

4. Tu te souviendras de tout dès l'instant que tu le désireras entièrement ; car si désirer entièrement, c'est créer, alors ta volonté aura dissipé la séparation, retournant ton esprit simultanément

à ton Créateur et à tes créations. ²Les connaissant, tu n'auras pas le souhait de dormir mais seulement le désir de t'éveiller et d'être heureux. ³Les rêves seront impossibles parce que tu ne voudras que la vérité ; et étant enfin ta volonté, elle sera à toi.

II. La décision d'oublier

1.   À moins d'avoir d'abord connu quelque chose, tu ne peux pas le dissocier. ²La connaissance doit précéder la dissociation, de sorte que la dissociation n'est rien de plus que la décision d'oublier. ³Ce qui a été oublié paraît alors effrayant, mais seulement parce que la dissociation est une attaque contre la vérité. ⁴Tu es apeuré *parce que* tu as oublié. ⁵Et tu as remplacé ta connaissance par une conscience de rêves parce que tu as peur de ta dissociation, et non de ce que tu as dissocié. ⁶Quand ce que tu as dissocié est accepté, cela cesse d'être effrayant.

2.   Or abandonner la dissociation de la réalité apporte davantage qu'une simple absence de peur. ²Dans cette décision résident la joie et la paix et la gloire de la création. ³N'offre au Saint-Esprit que ton désir de te souvenir, car Il retient pour toi la connaissance de Dieu et de toi-même, en attendant que tu l'acceptes. ⁴Abandonne avec joie tout ce qui ferait obstacle à ton souvenir, car Dieu est dans ta mémoire. ⁵Sa Voix te dit que tu fais partie de Lui quand tu es désireux de te souvenir de Lui et de connaître à nouveau ta propre réalité. ⁶Ne laisse rien en ce monde retarder ton souvenir de Lui, car dans ce souvenir est la connaissance de toi-même.

3.   Te souvenir, c'est simplement ramener à ton esprit *ce qui s'y trouve déjà*. ²Tu ne fais pas ce dont tu te souviens ; tu acceptes simplement à nouveau ce qui est déjà là, mais était rejeté. ³L'aptitude à accepter la vérité en ce monde est l'équivalent perceptuel de la création dans le Royaume. ⁴Dieu remplira Son rôle si tu remplis le tien, et ce qu'Il te donnera en retour du tien, c'est l'échange de la connaissance contre la perception. ⁵Rien n'est au-delà de Sa Volonté pour toi. ⁶Mais signifie seulement ta volonté de te souvenir de Lui, et voici ! ⁷Il te donnera tout sur ta simple demande.

4.   Quand tu attaques, tu te nies toi-même. ²Tu t'enseignes explicitement que tu n'es pas ce que tu es. ³Ton déni de la réalité t'empêche d'accepter le don de Dieu, parce que tu as accepté quelque chose d'autre à la place. ⁴Si tu comprends que cela est toujours une attaque contre la vérité, et que la vérité est Dieu, tu compren-

dras pourquoi cela est toujours apeurant. [5]Si tu reconnais en outre que tu fais partie de Dieu, tu comprendras pourquoi tu t'attaques toujours toi-même en premier.

5. Toute attaque est une attaque contre Soi. [2]Ce ne peut pas être autre chose. [3]Découlant de ta propre décision de ne pas être ce que tu es, c'est une attaque contre ton identification. [4]Ainsi c'est par l'attaque que tu perds ton identification, parce que quand tu attaques tu dois avoir oublié ce que tu es. [5]Et si ta réalité est celle de Dieu, quand tu attaques tu ne te souviens pas de Lui. [6]Ce n'est pas parce qu'Il a disparu, mais parce que tu choisis activement de ne pas te souvenir de Lui.

6. Tu ne pourrais pas prendre une décision aussi insane si tu te rendais compte des ravages qu'elle produit sur ta paix d'esprit. [2]Tu la prends uniquement parce que tu crois encore qu'elle peut t'obtenir quelque chose que tu veux. [3]Il s'ensuit, donc, que tu veux quelque chose d'autre que la paix d'esprit, mais tu n'as pas considéré ce que cela doit être. [4]Or le résultat logique de ta décision est parfaitement clair, pour peu que tu veuilles le voir. [5]En te décidant contre ta réalité, tu t'es fait vigilant *contre* Dieu et Son Royaume. [6]Et c'est cette vigilance qui te fait craindre de te souvenir de Lui.

III. Le dieu de la maladie

1. Tu n'as pas attaqué Dieu et tu L'aimes vraiment. [2]Peux-tu changer ta réalité? [3]Nul ne peut avoir pour volonté de se détruire soi-même. [4]Quand tu penses que tu t'attaques toi-même, c'est le signe infaillible que tu hais ce que tu *penses* être. [5]Et c'est cela, et seulement cela, que tu peux attaquer. [6]Ce que tu penses être peut être très haïssable, et ce que cette étrange image te fait faire peut être très destructeur. [7]Or la destruction n'est pas plus réelle que l'image, quoique ceux qui font des idoles les adorent vraiment. [8]Les idoles ne sont rien, mais leurs adorateurs sont les Fils de Dieu dans la maladie. [9]Dieu voudrait qu'ils soient délivrés de leur maladie et retournés à Son Esprit. [10]Il ne limitera pas ton pouvoir de les aider, parce qu'Il te l'a donné. [11]N'en aie pas peur, parce que c'est ton salut.

2. Quel Consolateur peut-il y avoir pour les enfants malades de Dieu, si ce n'est Son pouvoir par toi? [2]Souviens-toi que peu importe où Il est accepté dans la Filialité. [3]Il est toujours accepté pour tous; et quand ton esprit Le reçoit, le souvenir de Lui s'éveille

dans toute la Filialité. ⁴Guéris tes frères simplement en acceptant Dieu pour eux. ⁵Vos esprits ne sont pas séparés, et Dieu a un seul canal pour la guérison parce qu'Il a un seul Fils. ⁶Le Lien de Communication restant entre Dieu et tous Ses enfants les unit entre eux, et les unit à Lui. ⁷En être conscient, c'est les guérir, parce que c'est être conscient que nul n'est séparé et qu'ainsi nul n'est malade.

3.   Croire qu'un Fils de Dieu peut être malade, c'est croire qu'une partie de Dieu peut souffrir. ²L'amour ne peut pas souffrir, parce qu'il ne peut pas attaquer. ³Le souvenir de l'amour s'accompagne donc d'invulnérabilité. ⁴Même s'il y croit, ne te range pas du côté de la maladie en présence d'un Fils de Dieu, car ton acceptation de Dieu en lui reconnaît l'Amour de Dieu qu'il a oublié. ⁵En le reconnaissant pour une partie de Dieu, tu lui rappelles la vérité à son sujet, qu'il nie. ⁶Voudrais-tu renforcer son déni de Dieu et ainsi te perdre de vue ? ⁷Ou voudrais-tu lui rappeler son entièreté et te souvenir avec lui de ton Créateur ?

4.   Croire qu'un Fils de Dieu est malade, c'est adorer la même idole que lui. ²Dieu a créé l'amour et non l'idolâtrie. ³Toutes les formes d'idolâtrie sont des caricatures de la création qu'enseignent des esprits malades et trop divisés pour connaître que la création partage le pouvoir sans jamais l'usurper. ⁴La maladie est idolâtrie, parce que c'est la croyance que le pouvoir peut t'être enlevé. ⁵Or cela est impossible, parce que tu fais partie de Dieu, Qui est tout pouvoir. ⁶Un dieu malade doit être une idole, faite à l'image de ce que son faiseur pense être. ⁷Et c'est exactement ce que l'ego perçoit dans un Fils de Dieu : un dieu malade, qui s'est créé lui-même, qui se suffit à lui-même, très méchant et très vulnérable. ⁸Est-ce cette idole que tu voudrais adorer ? ⁹Est-ce pour sauver cette image que tu voudrais être si vigilant ? ¹⁰As-tu vraiment peur de perdre ça ?

5.   Regarde calmement la conclusion logique du système de pensée de l'ego et juge si ce qu'il offre est réellement ce que tu veux, car *c'est* ce qu'il t'offre. ²Pour obtenir cela, tu désires attaquer la Divinité de tes frères et ainsi perdre la tienne de vue. ³Et tu désires la tenir cachée pour protéger une idole que tu penses capable de te sauver des dangers qu'elle représente, mais qui n'existent pas.

6.   Il n'y a pas d'idolâtres dans le Royaume, mais tout ce que Dieu a créé est grandement apprécié, chacun ayant la calme connaissance qu'il fait partie de Lui. ²Le Fils de Dieu ne connaît pas d'idoles, mais il connaît son Père. ³La santé en ce monde est l'équivalent

de la valeur au Ciel. ⁴Ce n'est pas par mon mérite que je contribue à toi mais par mon amour, car tu ne t'accordes pas de valeur. ⁵Quand tu ne t'accordes pas de valeur, tu deviens malade, mais la valeur que je t'accorde peut te guérir, parce que la valeur du Fils de Dieu est une. ⁶Quand j'ai dit : «Je vous donne ma paix», je le pensais vraiment. ⁷La paix vient de Dieu par moi à toi. ⁸Elle est pour toi, même s'il se peut que tu ne la demandes pas.

7. Quand un frère est malade, c'est parce qu'il ne demande pas la paix; par conséquent, il ne connaît pas qu'il l'a. ²L'acceptation de la paix est le déni de l'illusion, et la maladie *est* une illusion. ³Or chaque Fils de Dieu a le pouvoir de nier les illusions partout dans le Royaume, simplement en les niant complètement en lui-même. ⁴Je peux te guérir parce que je te connais. ⁵Je connais ta valeur pour toi, et c'est cette valeur qui te rend entier. ⁶Un esprit entier n'est pas idolâtre; il ne sait rien des lois conflictuelles. ⁷Je te guérirai simplement parce que j'ai un seul message, et il est vrai. ⁸Ta foi en lui te rend entier quand tu as foi en moi.

8. C'est sans tromperie que j'apporte le message de Dieu; tu apprendras cela en apprenant que tu reçois toujours autant que tu acceptes. ²Tu pourrais accepter la paix maintenant pour chacun, et offrir à tous la parfaite délivrance de toutes les illusions parce que tu as entendu Sa Voix. ³Mais n'aie pas d'autres dieux devant Lui ou tu n'entendras pas. ⁴Dieu n'est pas jaloux des dieux que tu fais mais tu l'es, toi. ⁵Tu voudrais les sauver et les servir, parce que tu crois qu'ils t'ont fait. ⁶Tu penses qu'ils sont ton père, parce que tu projettes sur eux le fait apeurant que tu les as faits pour remplacer Dieu. ⁷Or quand ils semblent te parler, souviens-toi que rien ne peut remplacer Dieu, et quels que soient les remplacements que tu as tentés, ils ne sont rien.

9. Tout simplement, donc, tu crois peut-être que tu as peur du néant, mais en réalité tu as peur de rien. ²En prenant conscience de cela, tu es guéri. ³Tu entendras le dieu que tu écoutes. ⁴Tu as fait le dieu de la maladie, et en le faisant tu t'es rendu capable de l'entendre. ⁵Or tu ne l'as pas créé, parce qu'il n'est pas la Volonté du Père. ⁶Il n'est donc pas éternel et il sera défait pour toi à l'instant où tu signifieras ton désir de n'accepter que l'éternel.

10. Si Dieu a un seul Fils, il y a un seul Dieu. ²Tu partages la réalité avec Lui, parce que la réalité n'est pas divisée. ³Accepter d'autres dieux devant Lui, c'est placer d'autres images devant toi. ⁴Tu ne te rends pas compte combien tu écoutes tes dieux ni combien tu es vigilant en leur nom. ⁵Or ils existent uniquement parce que tu

les honores. ⁶Rends l'honneur où il est dû et à toi sera la paix. ⁷C'est ton héritage de ton vrai Père. ⁸Tu ne peux pas faire ton Père, et le père que tu as fait ne t'a pas fait. ⁹Aux illusions nul honneur n'est dû, car les honorer c'est honorer rien. ¹⁰Or la peur non plus ne leur est pas due, car rien ne peut pas être apeurant. ¹¹Tu as choisi d'avoir peur de l'amour à cause de sa parfaite incapacité de nuire, et tu as été désireux, à cause de cette peur, d'abandonner ta propre parfaite capacité d'aider et ta propre Aide parfaite.

11. Ce n'est qu'à l'autel de Dieu que tu trouveras la paix. ²Et cet autel est en toi parce que Dieu l'a mis là. ³Sa Voix t'appelle encore à retourner, et Il sera entendu lorsque tu ne placeras pas d'autres dieux devant Lui. ⁴Tu peux abandonner le dieu de la maladie pour tes frères; en fait, c'est ce que tu devras faire si tu l'abandonnes pour toi-même. ⁵Car si tu vois le dieu de la maladie où que ce soit, tu l'as accepté. ⁶Et si tu l'acceptes, tu te prosterneras devant lui et tu l'adoreras, parce qu'il a été fait comme remplaçant de Dieu. ⁷Il est la croyance que tu peux choisir quel dieu est réel. ⁸Bien qu'il soit clair que cela n'a rien à voir avec la réalité, il est également clair que cela a tout à voir avec la réalité telle que tu la perçois.

IV. La fin de la maladie

1. Toute magie est une tentative pour réconcilier l'inconciliable. ²Toute religion est la re-connaissance de ce que l'inconciliable ne peut être réconcilié. ³Maladie et perfection sont inconciliables. ⁴Si Dieu t'a créé parfait, tu *es* parfait. ⁵Si tu crois que tu peux être malade, tu as placé d'autres dieux devant Lui. ⁶Dieu n'est pas en guerre contre le dieu de la maladie que tu as fait, mais tu l'es, toi. ⁷Il est le symbole de la décision de rejeter Dieu, et tu as peur de lui parce qu'il n'est pas conciliable avec la Volonté de Dieu. ⁸Si tu l'attaques, tu le rends réel pour toi. ⁹Mais si tu refuses de l'adorer sous quelque forme qu'il t'apparaisse et où que tu penses le voir, il disparaîtra dans le néant dont il a été fait.

2. La réalité ne peut se faire jour que dans un esprit qu'aucun nuage n'obscurcit. ²Elle est toujours là pour être acceptée, mais son acceptation dépend de ton désir de l'avoir. ³Connaître la réalité doit comporter le désir de juger l'irréalité pour ce qu'elle est. ⁴Passer sur le néant, c'est simplement le juger correctement et, grâce à ton aptitude à l'estimer véritablement, en lâcher prise. ⁵La connaissance ne peut pas se faire jour dans un esprit rempli d'illusions,

parce que la vérité et l'illusion sont inconciliables. ⁶La vérité est entière et elle ne peut pas être connue par une partie d'esprit.

3. La Filialité ne peut pas être perçue comme partiellement malade, parce que la percevoir de cette façon c'est ne pas la percevoir du tout. ²Si la Filialité est une, elle est une à tous égards. ³L'unité est indivisible. ⁴Si tu perçois d'autres dieux, ton esprit est divisé et tu ne seras pas capable de limiter la division, parce que c'est le signe que tu as soustrait une partie de ton esprit à la Volonté de Dieu. ⁵Cela signifie qu'elle est hors de contrôle. ⁶Être hors de contrôle, c'est être hors de la raison, et alors l'esprit devient déraisonnable. ⁷En définissant l'esprit faussement, tu le perçois fonctionnant faussement.

4. Les lois de Dieu garderont ton esprit en paix parce que la paix est Sa Volonté, et Ses lois sont établies pour la maintenir. ²Ses lois sont celles de la liberté, mais les tiennes sont celles de l'asservissement. ³Puisque liberté et asservissement sont inconciliables, leurs lois ne peuvent être comprises ensemble. ⁴Les lois de Dieu n'opèrent que pour ton bien, et il n'est point d'autres lois à part des Siennes. ⁵Tout le reste est simplement sans loi et donc chaotique. ⁶Or Dieu Lui-même a protégé tout ce qu'Il a créé par Ses lois. ⁷Tout ce qui ne leur est pas soumis n'existe pas. ⁸« Les lois du chaos » est une expression in-signifiante. ⁹La création est en parfait accord avec Ses Lois et le chaotique est sans signification parce qu'il est sans Dieu. ¹⁰Tu as « donné » ta paix aux dieux que tu as faits mais ils ne sont pas là pour te l'enlever et tu ne peux pas la leur donner.

5. Tu n'es pas libre d'abandonner la liberté, mais seulement de la nier. ²Tu ne peux pas faire ce qui n'était pas l'intention de Dieu, car ce qui n'est pas Son intention n'arrive pas. ³Tes dieux n'apportent pas le chaos ; c'est toi qui les revêts de chaos et qui l'acceptes d'eux. ⁴Tout cela n'a jamais été. ⁵Il n'y a jamais rien eu, que les lois de Dieu, et il n'y aura jamais rien, que Sa Volonté. ⁶Tu fus créé par Ses lois et par Sa Volonté, et la manière de ta création t'a établi comme créateur. ⁷Ce que tu as fait est si indigne de toi que tu ne pourrais guère le vouloir, si tu étais désireux de le voir tel que c'est. ⁸Tu ne verras rien du tout. ⁹Et ta vision automatiquement se portera plus loin sur ce qui est en toi et tout autour de toi. ¹⁰La réalité ne peut pas passer au travers des obstructions que tu interposes, mais elle t'enveloppera complètement quand tu en lâcheras prise.

6.   Quand tu as fait l'expérience de la protection de Dieu, faire des idoles devient inconcevable. [2]Il n'y a pas d'étranges images dans l'Esprit de Dieu, et ce qui n'est pas dans Son Esprit ne peut pas être dans le tien, parce que vous êtes d'un même esprit et cet esprit Lui appartient. [3]Il est à toi *parce qu*'il Lui appartient; car la propriété, pour Lui, c'est le partage. [4]Et s'il en est ainsi pour Lui, il en est ainsi pour toi. [5]Ses définitions *sont* Ses lois, car par elles Il a établi l'univers pour ce qu'il est. [6]Aucun des faux dieux que tu tentes d'interposer entre toi et ta réalité n'affecte le moindrement la vérité. [7]La paix est à toi parce que Dieu t'a créé. [8]Et Il n'a créé rien d'autre.

7.   Le miracle est l'acte d'un Fils de Dieu qui a mis de côté tous les faux dieux et qui appelle ses frères à faire de même. [2]C'est un acte de foi, parce qu'il reconnaît que son frère peut le faire. [3]C'est un appel au Saint-Esprit dans son esprit, un appel qui est renforcé par l'union. [4]Parce que le faiseur de miracles a entendu la Voix de Dieu, il La renforce en un frère malade en affaiblissant sa croyance en la maladie, qu'il ne partage pas. [5]Le pouvoir d'un esprit peut luire en un autre, parce que toutes les lampes de Dieu furent allumées par la même étincelle. [6]Elle est partout et elle est éternelle.

8.   En beaucoup il ne reste que l'étincelle, car les Grands Rayons sont obscurcis. [2]Or Dieu a gardé l'étincelle vivante afin que les Rayons ne puissent jamais être complètement oubliés. [3]Pour peu que tu voies la petite étincelle, tu apprendras qu'il est une plus grande lumière, car les Rayons sont là sans être vus. [4]Percevoir l'étincelle guérira, mais connaître la lumière créera. [5]Or dans le retour il faut d'abord que la petite lumière soit reconnue, car la séparation fut une descente de l'immensité vers la petitesse. [6]Mais l'étincelle est toujours aussi pure que la Grande Lumière, parce qu'elle est l'appel restant de la création. [7]Mets toute ta foi en elle et Dieu Lui-même te répondra.

V. Le déni de Dieu

1.   Les rituels du dieu de la maladie sont étranges et très exigeants. [2]La joie n'est jamais permise, car la dépression est son signe d'allégeance. [3]La dépression signifie que tu as désavoué Dieu. [4]Beaucoup ont peur du blasphème mais ils ne comprennent pas ce que cela signifie. [5]Ils ne se rendent pas compte que nier Dieu, c'est nier leur propre Identité, et en ce sens le salaire du

péché *est* la mort. [6]C'est un sens très littéral : le déni de la vie entraîne la perception de son opposé, comme toutes les formes de déni remplacent ce qui est par ce qui n'est pas. [7]Nul ne peut réellement faire cela, mais que tu penses pouvoir le faire et croies l'avoir fait est incontestable.

2.   N'oublie pas, toutefois, que nier Dieu aboutit inévitablement à la projection, et tu croiras que d'autres t'ont fait cela, et non toi. [2]Tu reçois forcément le message que tu donnes parce que c'est le message que tu veux. [3]Tu crois peut-être que tu juges tes frères au message qu'ils te donnent mais tu les as jugés au message que toi tu leur donnes. [4]Ne leur attribue pas ton déni de la joie, sinon tu ne peux pas voir l'étincelle en eux qui t'apporterait la joie. [5]C'est le déni de l'étincelle qui apporte la dépression, car chaque fois que tu vois tes frères sans elle, tu nies Dieu.

3.   Faire allégeance au déni de Dieu, c'est la religion de l'ego. [2]De toute évidence, le dieu de la maladie exige le déni de la santé, parce que la santé est en opposition directe avec sa propre survie. [3]Mais considère ce que cela signifie pour toi. [4]À moins d'être malade, tu ne peux pas garder les dieux que tu as faits, car c'est seulement dans la maladie que tu pourrais en vouloir. [5]Le blasphème, donc, est un sui-cide et non un déi-cide. [6]Cela signifie que tu désires ne pas te connaître toi-même afin d'être malade. [7]Voilà l'offrande que ton dieu exige parce que, l'ayant fait de ton insanité, il est une idée insane. [8]Il prend de nombreuses formes, mais bien qu'il semble être de nombreuses choses différentes, il est une seule idée : le déni de Dieu.

4.   La maladie et la mort semblaient entrer dans l'esprit du Fils de Dieu contre Sa Volonté. [2]« L'attaque contre Dieu » a fait croire à Son Fils qu'il était sans Père, et de sa dépression il a fait le dieu de la dépression. [3]C'était son alternative à la joie, parce qu'il ne voulait pas accepter le fait que, bien qu'il soit lui-même un créateur, il avait été créé. [4]Or le Fils ne peut rien sans le Père, Qui est sa seule Aide.

5.   J'ai dit plus tôt que de toi-même tu ne peux rien faire, mais tu n'es pas *de* toi-même. [2]Si tu l'étais, ce que tu as fait serait vrai, et tu ne pourrais jamais t'échapper. [3]C'est parce que tu ne t'es pas fait toi-même que tu n'as pas besoin de te troubler pour rien. [4]Tes dieux ne sont rien, parce que ton Père ne les a pas créés. [5]Tu ne peux pas faire des créateurs qui ne sont pas comme ton Créateur, pas plus qu'Il n'aurait pu créer un Fils qui n'était pas comme Lui. [6]Si la création est partage, elle ne peut pas créer ce qui n'est pas

comme elle. [7]Elle ne peut partager que ce qu'elle est. [8]La dépression est isolement; ainsi elle ne pouvait pas avoir été créée.

6.   Fils de Dieu, tu n'as pas péché mais tu t'es fort trompé. [2]Or cela peut être corrigé et Dieu t'aidera, connaissant que tu ne saurais pécher contre Lui. [3]Tu L'as nié parce que tu L'aimais, connaissant que si tu reconnaissais ton amour pour Lui, tu ne pourrais pas Le nier. [4]Par conséquent, ton déni de Lui signifie que tu L'aimes, et que tu connais qu'Il t'aime. [5]Souviens-toi que ce que tu nies, tu as dû le connaître autrefois. [6]Et si tu acceptes le déni, tu peux accepter qu'il soit défait.

7.   Ton Père ne t'a pas nié. [2]Il ne riposte pas, mais Il t'appelle à retourner. [3]Quand tu penses qu'Il n'a pas répondu à ton appel, tu n'as pas répondu au Sien. [4]Il t'appelle de chaque partie de la Filialité, à cause de Son Amour pour Son Fils. [5]Si tu entends Son message, Il t'a répondu, et tu apprendras de Lui si tu entends bien. [6]L'Amour de Dieu est dans tout ce qu'Il a créé, car Son Fils est partout. [7]Regarde tes frères avec paix et Dieu Se précipitera dans ton cœur en reconnaissance du don que tu Lui fais.

8.   Ne te tourne pas vers le dieu de la maladie pour guérir mais seulement vers le Dieu de l'amour, car la guérison est la re-connaissance de Lui. [2]Quand tu Le reconnaîtras, tu connaîtras qu'Il n'a jamais cessé de te reconnaître et que dans Sa re-connaissance de toi se trouve ton être. [3]Tu n'es pas malade et tu ne peux pas mourir. [4]Mais tu peux te confondre toi-même avec des choses qui le peuvent. [5]Souviens-toi, toutefois, que c'est blasphémer de faire cela, car cela signifie que tu regardes sans amour et Dieu et Sa création, dont Il ne peut pas être séparé.

9.   Seul l'éternel peut être aimé, car l'amour ne meurt pas. [2]Ce qui est de Dieu est Sien à jamais, et tu es de Dieu. [3]Se permettrait-Il de souffrir? [4]Et offrirait-Il à Son Fils quoi que ce soit qui n'est pas acceptable pour Lui? [5]Si tu t'acceptes toi-même tel que Dieu t'a créé, tu seras incapable de souffrir. [6]Or pour faire cela tu dois Le reconnaître comme ton Créateur. [7]Ce n'est pas qu'autrement tu serais puni. [8]C'est simplement parce que reconnaître ton Père, c'est te reconnaître toi-même tel que tu es. [9]Ton Père t'a créé entièrement sans péché, entièrement sans douleur et entièrement sans souffrance d'aucune sorte. [10]Si tu Le nies, tu apportes le péché, la douleur et la souffrance dans ton propre esprit à cause du pouvoir qu'Il lui a donné. [11]Ton esprit est capable de créer des mondes, mais il peut aussi nier ce qu'il crée parce qu'il est libre.

10. Tu ne te rends pas compte combien tu t'es nié toi-même, ni combien Dieu, dans son Amour, voudrait qu'il n'en soit rien. [2]Or Il n'interfère pas avec toi, parce qu'Il ne connaîtrait pas Son Fils s'il n'était pas libre. [3]Interférer avec toi, ce serait S'attaquer Lui-même, et Dieu n'est pas insane. [4]Quand tu Le nies, *tu* es insane. [5]Voudrais-tu qu'Il partage ton insanité? [6]Dieu ne cessera jamais d'aimer Son Fils, et Son Fils ne cessera jamais de L'aimer. [7]Telle était la condition de la création de Son Fils, à jamais fixée dans l'Esprit de Dieu. [8]Connaître cela, c'est la santé d'esprit. [9]Le nier, c'est l'insanité. [10]Dieu S'est donné à toi en ta création, et Ses dons sont éternels. [11]Te nierais-tu toi-même à Lui?

11. À partir des dons que tu Lui fais, le Royaume sera rendu à Son Fils. [2]Son Fils s'est retiré lui-même de Son don en refusant d'accepter ce qui avait été créé pour lui, et ce qu'il avait créé au Nom de son Père. [3]Le Ciel attend son retour, car il fut créé pour être la demeure du Fils de Dieu. [4]Tu n'es chez toi nulle part ailleurs et en nulle autre condition. [5]Ne te nie pas la joie qui a été créée pour toi pour la misère que tu as faite pour toi. [6]Dieu t'a donné les moyens de défaire ce que tu as fait. [7]Écoute, et tu apprendras comment te souvenir de ce que tu es.

12. Si Dieu connaît Ses enfants entièrement sans péché, c'est un blasphème de les percevoir coupables. [2]Si Dieu connaît Ses enfants entièrement sans douleur, c'est un blasphème de percevoir la souffrance où que ce soit. [3]Si Dieu connaît ses enfants entièrement joyeux, c'est un blasphème d'être déprimé. [4]Toutes ces illusions, et les nombreuses autres formes que peut prendre le blasphème, sont des refus d'accepter la création telle qu'elle est. [5]Si Dieu a créé Son Fils parfait, c'est ainsi que tu dois apprendre à le voir pour apprendre quelle est sa réalité. [6]En tant que partie de la Filialité, c'est aussi ainsi que tu dois te voir toi-même pour apprendre quelle est la tienne.

13. Ne perçois rien que Dieu n'ait pas créé, ou tu Le nies. [2]Sa Paternité est la seule qui soit, et elle est à toi uniquement parce qu'Il te l'a donnée. [3]Les dons que tu te fais à toi-même sont in-signifiants, mais les dons que tu fais à tes créations sont pareils aux Siens, parce qu'ils sont donnés en Son Nom. [4]C'est pourquoi tes créations sont aussi réelles que les Siennes. [5]Or la vraie Paternité doit être reconnue si le vrai Fils doit être connu. [6]Tu crois que les choses malades que tu as faites sont tes vraies créations, parce que tu crois que les images malades que tu perçois sont les Fils de Dieu. [7]C'est seulement si tu acceptes la Paternité de Dieu

que tu auras quoi que ce soit, parce que Sa Paternité t'a tout donné. [8]C'est pourquoi Le nier, c'est te nier toi-même.

14.   L'arrogance est le déni de l'amour, parce que l'amour partage et l'arrogance retient. [2]Aussi longtemps que les deux te paraîtront désirables, le concept de choix, qui n'est pas de Dieu, te restera. [3]Bien que ce ne soit pas vrai dans l'éternité, *c'est* vrai dans le temps, de sorte que tant que le temps durera dans ton esprit, il y aura des choix. [4]Le temps même est ton choix. [5]Si tu veux te souvenir de l'éternité, tu ne dois regarder que l'éternel. [6]Si tu te permets de devenir préoccupé par le temporel, tu vis dans le temps. [7]Comme toujours, ton choix est déterminé par ce à quoi tu accordes de la valeur. [8]Le temps et l'éternité ne peuvent pas être réels tous les deux, parce qu'ils se contredisent l'un l'autre. [9]Si tu n'acceptes pour réel que ce qui est intemporel, tu commenceras à comprendre l'éternité et à la faire tienne.

Chapitre 11

DIEU OU L'EGO

Introduction

1. Ou c'est Dieu ou c'est l'ego qui est insane. ²Si tu examines équitablement la preuve des deux côtés, tu te rendras compte que cela doit être vrai. ³Ni Dieu ni l'ego ne propose un système de pensée partiel. ⁴Chacun a sa cohérence interne, mais ils sont diamétralement opposés à tous égards, si bien qu'une allégeance partielle est impossible. ⁵Souviens-toi aussi que leurs résultats sont aussi différents que leurs fondements, et leurs natures fondamentalement inconciliables ne peuvent pas être réconciliées par des oscillations de l'un à l'autre. ⁶Rien de vivant n'est sans père, car la vie est création. ⁷Par conséquent, ta décision est toujours une réponse à la question : « Qui est mon père ? » ⁸Et tu seras fidèle au père que tu choisis.

2. Or que dirais-tu à quelqu'un qui croirait que cette question comporte réellement un conflit ? ²Si tu as fait l'ego, comment l'ego a-t-il pu te faire ? ³Le problème de l'autorité est encore la seule source de conflit, parce que l'ego a été fait du souhait qu'avait le Fils de Dieu de L'engendrer. ⁴L'ego n'est donc rien de plus qu'un système délirant à l'intérieur duquel tu as fait ton propre père. ⁵Ne t'y trompe pas. ⁶Cela paraît insane lorsqu'énoncé en parfaite honnêteté, mais l'ego ne regarde jamais ce qu'il fait en parfaite honnêteté. ⁷Or voilà sa prémisse insane, cachée avec soin dans la sombre pierre angulaire de son système de pensée. ⁸Et c'est soit l'ego, que tu as fait, qui *est* ton père, ou c'est tout son système de pensée qui ne tient pas.

3. Tu fais par la projection, mais Dieu crée par l'extension. ²La pierre angulaire de la création de Dieu, c'est toi, car Son système de pensée est lumière. ³Souviens-toi des Rayons qui sont là sans être vus. ⁴Plus tu t'approches du centre de Son système de pensée, plus la lumière devient claire. ⁵Plus tu t'approches du fondement du système de pensée de l'ego, plus le chemin s'assombrit et s'obscurcit. ⁶Or même la petite étincelle dans ton esprit suffit pour l'éclairer. ⁷Porte sans crainte cette lumière avec toi et lève-la bravement devant le fondement du système de pensée de l'ego. ⁸Sois désireux de le juger en parfaite honnêteté. ⁹Ouvre la sombre

pierre de terreur sur laquelle il repose et sors-la en pleine lumière. [10]Là tu verras qu'il reposait sur l'in-signifiance, et que tout ce dont tu avais peur n'était basé sur rien.

4.   Mon frère, tu fais partie de Dieu et partie de moi. [2]Quand tu auras enfin regardé le fondement de l'ego sans reculer, tu auras aussi regardé le nôtre. [3]Je viens à toi de la part de notre Père pour t'offrir tout à nouveau. [4]Ne le refuse pas afin de garder cachée une sombre pierre angulaire, car sa protection ne te sauvera pas. [5]Je te donne la lampe et j'irai avec toi. [6]Tu ne feras pas ce voyage seul. [7]Je te mènerai à ton vrai Père, Qui comme moi a besoin de toi. [8]N'est-ce pas avec joie que tu répondras à l'appel de l'amour ?

I. Les dons de la Paternité

1.   Tu as appris ton besoin de guérison. [2]Reconnaissant pour toi-même le besoin de guérir, voudrais-tu apporter autre chose à la Filialité ? [3]Car en cela réside le commencement du retour à la connaissance ; le fondement sur lequel Dieu t'aidera à rebâtir le système de pensée que tu partages avec Lui. [4]Il n'est pas une pierre que tu y poseras qui ne sera bénie par Lui, car c'est la sainte demeure de Son Fils que tu vas restaurer, où Il veut que soit son Fils et où il est. [5]Quelle que soit la partie où tu restaures cette réalité dans l'esprit du Fils de Dieu, tu la restaures en toi. [6]Tu demeures dans l'Esprit de Dieu avec ton frère, car Dieu Lui-même n'avait pas pour Volonté d'être seul.

2.   Être seul, c'est être séparé de l'infini, mais comment est-ce possible si l'infini n'a pas de fin ? [2]Nul ne peut être au-delà de l'illimité, parce que ce qui n'a pas de limites doit être partout. [3]Il n'y a pas de commencements et pas de fins en Dieu, Dont l'univers est Lui-même. [4]Peux-tu t'exclure toi-même de l'univers, ou de Dieu Qui *est* l'univers ? [5]Moi et le Père Nous sommes un avec toi, car tu fais partie de Nous. [6]Crois-tu réellement qu'une partie de Dieu puisse Lui manquer ou être perdue pour Lui ?

3.   Si tu ne faisais pas partie de Dieu, Sa Volonté ne serait pas unifiée. [2]Est-ce concevable ? [3]Se peut-il qu'une partie de Son Esprit ne contienne rien ? [4]Si personne d'autre que toi ne peut remplir ta place dans Son Esprit, et si le fait que tu la remplisses était ta création, sans toi il y aurait une place vacante dans l'Esprit de Dieu. [5]L'extension ne peut pas être bloquée et elle ne comporte aucun vide. [6]Elle continue à jamais, si fort qu'elle soit niée. [7]Ton

déni de sa réalité peut l'arrêter dans le temps mais non dans l'éternité. [8]C'est pourquoi tes créations n'ont pas cessé d'être étendues et pourquoi il y a tant qui attend ton retour.

4.   Attendre n'est possible que dans le temps, mais le temps n'a pas de signification. [2]Toi qui as fait les retards, tu peux laisser le temps derrière toi en reconnaissant simplement que ni les commencements ni les fins n'ont été créés par l'Éternel, Qui n'a imposé aucune limite ni à Sa création ni à ceux qui créent comme Lui. [3]Tu ne connais pas cela simplement parce que tu as tenté de limiter ce qu'Il a créé, et tu crois ainsi que toute création est limitée. [4]Comment, donc, ayant nié l'infini, pourrais-tu connaître tes créations?

5.   Les lois de l'univers ne permettent pas de contradiction. [2]Ce qui tient pour Dieu tient pour toi. [3]Si tu crois que tu es absent de Dieu, tu croiras qu'Il est absent de toi. [4]L'infini n'a pas de signification sans toi, et tu n'as pas de signification sans Dieu. [5]Dieu et Son Fils n'ont pas de fin, car nous *sommes* l'univers. [6]Dieu n'est pas incomplet, et Il n'est pas sans enfant. [7]Parce qu'Il n'a pas voulu être seul, Il a créé un Fils pareil à Lui-même. [8]Ne Lui nie pas Son Fils, car ton indésir d'accepter Sa Paternité t'a nié la tienne. [9]Vois Ses créations comme Son Fils, car les tiennes ont été créées en l'honneur de Lui. [10]L'univers de l'amour ne s'arrête pas parce que tu ne le vois pas, pas plus que tes yeux fermés n'ont perdu la faculté de voir. [11]Regarde la gloire de Sa création et tu apprendras ce que Dieu a gardé pour toi.

6.   Dieu t'a donné une place dans Son Esprit qui est tienne à jamais. [2]Or tu ne peux la garder qu'en la donnant, comme elle t'a été donnée. [3]Pourrais-tu y être seul, quand elle t'a été donnée parce que Dieu n'avait pas pour Volonté d'être seul? [4]L'Esprit de Dieu ne peut pas être diminué. [5]Il ne peut qu'être augmenté, car tout ce qu'Il crée a pour fonction de créer. [6]L'amour ne limite pas, et ce qu'il crée n'est pas limité. [7]Donner sans limites, c'est la Volonté de Dieu pour toi, parce que cela seul peut t'apporter la joie qui est Sienne et qu'Il veut partager avec toi. [8]Ton amour est sans bornes comme le Sien, parce que *c'est* le Sien.

7.   Se pourrait-il qu'une quelconque partie de Dieu soit sans Son Amour, et se pourrait-il qu'une quelconque partie de son Amour soit contenue? [2]Dieu est ton héritage, parce que Son seul don est Lui-même. [3]Comment peux-tu donner, sauf comme Lui, si tu veux connaître le don qu'Il t'a fait? [4]Donne, donc, sans limite et sans fin, pour apprendre combien Il t'a donné. [5]Ton aptitude à L'accepter

dépend de ton désir de donner comme Il donne. ⁶Ta paternité et ton Père sont un. ⁷Dieu a pour Volonté de créer et ta volonté est la Sienne. ⁸Il s'ensuit, donc, que ta volonté est de créer puisque ta volonté suit de la Sienne. ⁹Étant une extension de Sa Volonté, la tienne doit être la même.

8.   Or ta volonté, tu ne la connais pas. ²Cela n'est pas étrange quand tu te rends compte que nier est « ne pas connaître ». ³La Volonté de Dieu est que tu es Son Fils. ⁴En niant cela, tu nies ta propre volonté ; par conséquent, tu ne connais pas ce qu'elle est. ⁵Tu dois demander quelle est la Volonté de Dieu en toutes choses, parce que c'est la tienne. ⁶Tu ne connais pas ce qu'elle est, mais le Saint-Esprit S'en souvient pour toi. ⁷Par conséquent, demande-Lui quelle est la Volonté de Dieu pour toi, et Il te dira quelle est la tienne. ⁸On ne saurait répéter trop souvent que tu ne la connais pas. ⁹Chaque fois que ce que le Saint-Esprit te dit paraît contraignant, c'est simplement que tu n'as pas reconnu ta volonté.

9.   La projection de l'ego fait paraître la Volonté de Dieu comme si elle était à l'extérieur de toi, et donc n'était pas la tienne. ²Selon cette interprétation, il semble possible que la Volonté de Dieu et la tienne soient en conflit. ³Il peut donc sembler que Dieu exige de toi ce que tu ne veux pas donner, et te prive ainsi de ce que tu veux. ⁴Dieu, Qui ne veut que ta volonté, serait-Il capable de cela ? ⁵Ta volonté est Sa vie, qu'Il t'a donnée. ⁶Même dans le temps tu ne peux pas vivre à part de Lui. ⁷Le sommeil n'est pas la mort. ⁸Ce qu'Il a créé peut dormir mais ne peut mourir. ⁹L'immortalité est Sa Volonté pour Son Fils, et la volonté de Son Fils pour lui-même. ¹⁰Le Fils de Dieu ne peut pas avoir la mort comme volonté pour lui-même parce que son Père est la vie, et Son Fils est comme Lui. ¹¹La création est ta volonté *parce que* c'est la Sienne.

10.   Tu ne peux pas être heureux à moins de faire ce qui est véritablement ta volonté, et tu ne peux pas changer cela parce que c'est immuable. ²C'est immuable par la Volonté de Dieu et la tienne, car autrement Sa Volonté ne serait pas étendue. ³Tu as peur de connaître la Volonté de Dieu, parce que tu crois que ce n'est pas la tienne. ⁴Cette croyance est toute ta maladie et toute ta peur. ⁵Chaque symptôme de maladie et de peur surgit là, parce que c'est cette croyance qui fait que tu *veux* ne pas connaître. ⁶Croyant cela, tu te caches dans les ténèbres en niant que la lumière est en toi.

11.   Il t'est demandé de faire confiance au Saint-Esprit seulement parce qu'Il parle pour toi. ²Il est la Voix pour Dieu, mais n'oublie jamais que Dieu n'avait pas pour Volonté d'être seul. ³Il partage

Sa Volonté avec toi ; Il ne te l'impose pas. ⁴Souviens-toi toujours que ce qu'Il donne, Il le garde, si bien que rien de ce qu'Il donne ne peut Le contredire. ⁵Toi qui partages Sa vie, tu dois la partager pour la connaître, car partager, *c'est* connaître. ⁶Béni sois-tu qui apprends qu'entendre la Volonté de ton Père, c'est connaître la tienne. ⁷Car ta volonté est d'être comme Lui, Dont la Volonté est qu'il en soit ainsi. ⁸La Volonté de Dieu est que Son Fils soit un, et uni avec Lui dans Son Unité. ⁹C'est pourquoi guérir est le début de la re-connaissance que ta volonté est la Sienne.

II. L'invitation à la guérison

1.   Si la maladie est séparation, la décision de guérir et d'être guéri est le premier pas vers la re-connaissance de ce que tu veux véritablement. ²Chaque attaque est un pas qui t'en éloigne et chaque pensée de guérison t'en rapproche. ³Le Fils de Dieu *a* Père et Fils à la fois, parce qu'il *est* à la fois Père et Fils. ⁴Unir *avoir* et *être*, c'est unir ta volonté à la Sienne, car Il te *veut* Lui-même. ⁵Et tu te *veux* à Lui parce que, dans ta parfaite compréhension de Lui, tu connais qu'il y a une seule Volonté. ⁶Or quand tu attaques n'importe quelle partie de Dieu et de Son Royaume, ta compréhension n'est pas parfaite et ce que tu veux réellement est donc perdu pour toi.

2.   Ainsi la guérison devient une leçon de compréhension, et plus tu t'y exerces, meilleur tu deviens comme enseignant et comme apprenant. ²Si tu as nié la vérité, pourrais-tu avoir meilleurs témoins de sa réalité que ceux qu'elle a guéris ? ³Mais sois sûr de te compter parmi eux, car dans ton désir de te joindre à eux ta guérison est accomplie. ⁴Chaque miracle que tu accomplis te parle de la Paternité de Dieu. ⁵Chaque pensée de guérison que tu acceptes, soit de ton frère ou dans ton propre esprit, t'enseigne que tu es le Fils de Dieu. ⁶Dans chaque pensée blessante que tu as, où que tu la perçoives, réside le déni de la Paternité de Dieu et de ta Filialité.

3.   Or le déni est aussi total que l'amour. ²Tu ne peux pas nier une partie de toi-même, parce que le reste semblera être séparé et donc sans signification. ³Et cela n'ayant aucune signification pour toi, tu ne le comprendras pas. ⁴Nier la signification, c'est manquer de comprendre. ⁵Tu ne peux guérir que toi-même, car seul le Fils de Dieu a besoin de guérison. ⁶Tu en as besoin parce que tu ne te comprends pas toi-même ; par conséquent, tu ne

sais pas ce que tu fais. ⁷Ayant oublié ta volonté, tu ne sais pas ce que tu veux réellement.

4.   La guérison est signe que tu veux rendre entier. ²Et ce désir t'ouvre l'oreille à la Voix du Saint-Esprit, Dont le message est l'entièreté. ³Il te permettra d'aller bien au-delà de la guérison que tu voudrais entreprendre, car à côté de ton petit désir de rendre entier Il posera Sa Propre complète Volonté et rendra la tienne entière. ⁴Qu'est-ce que le Fils de Dieu ne peut pas accomplir avec la Paternité de Dieu en lui ? ⁵Et pourtant, l'invitation doit venir de toi, car tu as sûrement appris que celui dont tu fais ton invité demeurera avec toi.

5.   À un hôte qui ne Lui fait pas bon accueil, le Saint-Esprit ne peut parler parce qu'Il ne sera pas entendu. ²L'Éternel Invité restera, mais Sa Voix s'affaiblit en compagnie étrangère. ³Il a besoin de ta protection, seulement parce que ta sollicitude est signe que tu Le veux. ⁴Pense comme Lui ne serait-ce qu'un tout petit peu, et la petite étincelle devient un torrent de lumière qui emplit ton esprit de sorte qu'Il devient ton seul Invité. ⁵Chaque fois que tu demandes à l'ego d'entrer, tu diminues Sa bienvenue. ⁶Il restera, mais tu t'es allié contre Lui. ⁷Quel que soit le voyage que tu choisis de faire, Il ira avec toi et attendra. ⁸Tu peux en toute sécurité te fier à Sa patience, car Il ne peut pas quitter une partie de Dieu. ⁹Mais tu as besoin de bien plus que de patience.

6.   Tant que tu ne connaîtras pas ta fonction, et tant que tu ne la rempliras pas, tu ne pourras jamais trouver de repos, car en cela seulement ta volonté et celle de ton Père peuvent se joindre entièrement. ²L'avoir, Lui, c'est être comme Lui, et Il S'est donné Lui-même à toi. ³Toi qui as Dieu, tu dois être comme Dieu, car Sa fonction est devenue la tienne avec Son don. ⁴Invite cette connaissance à revenir dans ton esprit, et ne laisse rien entrer qui l'obscurcisse. ⁵L'Invité Que Dieu t'a envoyé t'enseignera comment le faire pour peu que tu reconnaisses la petite étincelle et sois désireux de la laisser grandir. ⁶Ton désir n'a pas besoin d'être parfait, parce que le Sien l'est. ⁷Offre-Lui ne serait-ce qu'une petite place et Il l'éclairera si bien que tu la laisseras s'augmenter avec joie. ⁸Et par cette augmentation, tu commenceras à te souvenir de la création.

7.   Voudrais-tu être l'otage de l'ego ou l'hôte de Dieu ? ²Tu accepteras seulement celui que tu invites. ³Tu es libre de déterminer qui sera ton invité et combien de temps il restera avec toi. ⁴Or ce n'est pas la véritable liberté, car cela dépend encore de ta façon de voir.

[5]Le Saint-Esprit est là, bien qu'Il ne puisse t'aider sans ton invitation. [6]Et l'ego n'est rien, que tu l'invites ou non à entrer. [7]La véritable liberté dépend de l'accueil que tu fais à la réalité, or de tes invités seul le Saint-Esprit est réel. [8]Connais, donc, Qui demeure avec toi en reconnaissant simplement ce qui est déjà là, et ne te satisfais pas de consolateurs imaginaires, car le Consolateur de Dieu est en toi.

III. Des ténèbres à la lumière

1. Quand tu es las, souviens-toi que tu t'es blessé toi-même. [2]Ton Consolateur te reposera, mais tu ne peux pas le faire toi-même. [3]Tu ne sais pas comment, car autrement jamais tu n'aurais pu te lasser. [4]À moins de te blesser toi-même, tu ne pourrais jamais souffrir en aucune manière, car ce n'est pas la Volonté de Dieu pour Son Fils. [5]La douleur n'est pas de Lui, car Il ne connaît pas l'attaque et Sa paix t'entoure en silence. [6]Dieu est toute quiétude, car il n'y a pas de conflit en Lui. [7]Le conflit est la racine de tous les maux, car étant aveugle il ne voit pas qui il attaque. [8]Or c'est toujours le Fils de Dieu qu'il attaque, et tu es le Fils de Dieu.

2. Le Fils de Dieu a certes besoin de consolation, car il ne sait pas ce qu'il fait, croyant que sa volonté n'est pas la sienne. [2]Le Royaume est à lui, et pourtant il erre sans demeure. [3]Chez lui en Dieu, il est seul; et parmi tous ses frères, il est sans amis. [4]Dieu permettrait-il que cela soit réel, alors que Lui-même n'avait pas pour Volonté d'être seul? [5]Et si ta volonté est la Sienne, ce ne peut pas être vrai de toi, parce que ce n'est pas vrai de Lui.

3. Ô mon enfant, si tu connaissais ce que Dieu veut pour toi, ta joie serait complète! [2]Et ce qu'Il veut est arrivé, car cela a toujours été vrai. [3]Quand la lumière vient et que tu as dit : « La Volonté de Dieu est mienne », tu verras une telle beauté que tu connaîtras qu'elle n'est pas de toi. [4]Dans ta joie, tu créeras la beauté en Son Nom, car ta joie ne saurait pas plus être contenue que la Sienne. [5]Ce morne petit monde s'évanouira dans le néant et ton cœur sera si plein de joie qu'il bondira jusqu'au Ciel et jusqu'en Présence de Dieu. [6]Je ne puis te dire à quoi cela ressemblera, car ton cœur n'est pas prêt. [7]Mais je peux te dire, et te rappeler souvent, que ce que Dieu veut pour Lui-même, Il le veut pour toi, et ce qu'Il veut pour toi est à toi.

4.   Le chemin n'est pas difficile, mais il *est* très différent. ²Ton chemin est celui de la douleur, dont Dieu ne connaît rien. ³Ce chemin est certes difficile, et très solitaire. ⁴La peur et le chagrin sont tes invités, qui t'accompagnent et demeurent avec toi en chemin. ⁵Mais ce sombre voyage n'est pas la voie du Fils de Dieu. ⁶Marche dans la lumière et ne vois pas ces sombres compagnons, car ce ne sont pas des compagnons convenables pour le Fils de Dieu, qui a été créé *avec* la lumière et *dans* la lumière. ⁷La Grande Lumière t'entoure toujours et irradie de toi. ⁸Comment peux-tu voir ces sombres compagnons dans une telle lumière ? ⁹Si tu les vois, c'est uniquement parce que tu nies la lumière. ¹⁰Mais nie-les plutôt, car la lumière est là et la voie est claire.

5.   Dieu ne cache rien à Son Fils, même si Son Fils voudrait se cacher lui-même. ²Or le Fils de Dieu ne peut cacher sa gloire, car Dieu le veut glorieux et lui a donné la lumière qui brille en lui. ³Tu ne perdras jamais ton chemin, car Dieu te conduit. ⁴Lorsque tu t'égares, tu ne fais qu'entreprendre un voyage qui n'est pas réel. ⁵Les sombres compagnons, le sombre chemin, sont tous des illusions. ⁶Tourne-toi vers la lumière, car la petite étincelle en toi fait partie d'une lumière si grande qu'elle peut t'emporter pour toujours hors de toutes ténèbres. ⁷Car ton Père *est* ton Créateur, et tu *es* comme Lui.

6.   Les enfants de lumière ne peuvent demeurer dans les ténèbres, car les ténèbres ne sont pas en eux. ²Ne te laisse pas tromper par les sombres consolateurs et ne les laisse jamais entrer dans l'esprit du Fils de Dieu, car ils n'ont pas leur place dans Son temple. ³Quand tu es tenté de Le nier, souviens-toi qu'il n'y *a* pas d'autres dieux à placer devant Lui, et accepte en paix Sa Volonté pour toi. ⁴Car tu ne peux pas l'accepter autrement.

7.   Seul peut te consoler le Consolateur de Dieu. ²Dans la quiétude de Son temple, Il attend de te donner la paix qui est à toi. ³Donne Sa paix, pour pouvoir entrer dans le temple et la trouver là qui t'attend. ⁴Mais sois saint en la Présence de Dieu, ou tu ne connaîtras pas que tu es là. ⁵Car ce qui n'est pas comme Dieu ne peut entrer dans Son Esprit, parce que ce n'était pas Sa Pensée ; par conséquent, cela ne Lui appartient pas. ⁶Et ton esprit doit être aussi pur que le Sien, si tu veux connaître ce qui t'appartient. ⁷Garde Son temple soigneusement, car Dieu Lui-même y habite et demeure en paix. ⁸Tu ne peux pas entrer en Présence de Dieu avec les sombres compagnons à tes côtés, mais tu ne peux pas non plus entrer seul. ⁹Tous tes frères doivent entrer avec toi, car

tant que tu ne les as pas acceptés *tu* ne peux pas entrer. [10]Car tu ne peux pas comprendre l'entièreté à moins d'être entier, et nulle partie du Fils ne peut être exclue s'il veut connaître l'Entièreté de son Père.

8. Dans ton esprit tu peux accepter la Filialité tout entière et la bénir avec la lumière que ton Père lui a donnée. [2]Alors tu seras digne d'habiter avec Lui dans le temple, parce que c'est ta volonté de ne pas être seul. [3]Dieu a béni Son Fils à jamais. [4]Si tu le bénis dans le temps, tu es dans l'éternité. [5]Le temps ne peut pas te séparer de Dieu si tu l'utilises au nom de l'éternel.

IV. L'héritage du Fils de Dieu

1. N'oublie jamais que la Filialité est ton salut, car la Filialité est ton Soi. [2]En tant que création de Dieu, Il est à toi ; et parce qu'Il t'appartient, Il est à Lui. [3]Ton Soi n'a point besoin de salut, mais ton esprit a besoin d'apprendre ce qu'est le salut. [4]Tu n'es pas sauvé *de* quoi que ce soit, mais tu es sauvé *pour* la gloire. [5]La gloire est ton héritage, à toi donné par ton Créateur afin que tu puisses l'étendre. [6]Or si tu hais une partie de ton Soi, toute ta compréhension est perdue parce que tu regardes sans amour ce que Dieu a créé toi. [7]Et puisque ce qu'Il a créé fait partie de Lui, tu Lui nies Sa place en Son Propre autel.

2. Pourrais-tu essayer de rendre Dieu sans demeure et connaître que tu es chez toi ? [2]Le Fils peut-il nier le Père sans croire que le Père l'a nié ? [3]Les lois de Dieu ne tiennent que pour ta protection, et elles ne tiennent jamais en vain. [4]Ce que tu éprouves quand tu nies ton Père est encore pour ta protection, car le pouvoir de ta volonté ne peut pas être diminué sans l'intervention de Dieu contre lui ; or toute limitation de ton pouvoir n'est pas la Volonté de Dieu. [5]Par conséquent, tourne-toi uniquement vers le pouvoir que Dieu t'a donné pour te sauver, en te souvenant qu'il est à toi *parce qu*'il est à Lui, et joins-toi à tes frères dans Sa paix.

3. Ta paix réside dans son illimitation. [2]Limite la paix que tu partages, et ton Soi doit t'être inconnu. [3]Chaque autel à Dieu fait partie de toi, parce que la lumière qu'Il a créée ne fait qu'un avec Lui. [4]Voudrais-tu couper un frère de la lumière qui est à toi ? [5]Tu ne le ferais pas si tu te rendais compte que tu ne peux enténébrer que ton propre esprit. [6]Comme tu ramènes ton frère, ainsi

toi-même tu retourneras. [7]Telle est la loi de Dieu, pour la protection de l'Entièreté de Son Fils.

4.   *Toi seul peux te priver de quoi que ce soit.* [2]Ne t'oppose pas à cette prise de conscience, car c'est véritablement le commencement des premières lueurs. [3]Souviens-toi aussi que le déni de ce simple fait prend de nombreuses formes ; et ces formes, tu dois apprendre à les reconnaître et à t'y opposer fermement, sans exception. [4]C'est une étape cruciale dans le nouveau réveil. [5]Les phases initiales de ce renversement sont souvent assez douloureuses, car lorsque le blâme est retiré du dehors, il y a une forte tendance à le nourrir au-dedans. [6]Il est difficile au début de se rendre compte que c'est exactement la même chose, car il n'y a aucune distinction entre le dedans et le dehors.

5.   Si tes frères font partie de toi et que tu les blâmes de tes privations, tu te blâmes toi-même. [2]Et tu ne peux pas te blâmer toi-même sans les blâmer. [3]C'est pourquoi le blâme doit être défait, et non vu ailleurs. [4]Fais-toi-le porter et tu ne peux pas te connaître, car il n'y a que l'ego qui blâme. [5]Le blâme de soi est donc une identification à l'ego, et c'est autant une défense de l'ego que de blâmer les autres. [6]*Tu ne peux pas entrer en la Présence de Dieu si tu attaques Son Fils.* [7]Quand Son Fils élèvera la voix à la louange de son Créateur, il entendra la Voix pour son Père. [8]Or le Créateur ne peut pas être loué sans Son Fils, car Leur gloire est partagée et Ils sont glorifiés ensemble.

6.   Le Christ est à l'autel de Dieu, attendant d'y accueillir Son Fils. [2]Mais viens entièrement sans condamnation, car autrement tu croiras que la porte est barrée et que tu ne peux pas entrer. [3]La porte n'est pas barrée et il est impossible que tu ne puisses entrer dans le lieu où Dieu veut que tu sois. [4]Mais aime-toi de l'Amour du Christ, car c'est ainsi que t'aime ton Père. [5]Tu peux refuser d'entrer, mais tu ne peux pas barrer la porte que le Christ tient ouverte. [6]Viens à moi qui la tient ouverte pour toi, car tant que je vis elle ne peut être fermée, et je vis pour toujours. [7]Dieu est ma vie et la tienne, et il n'est rien que Dieu nie à Son Fils.

7.   À l'autel de Dieu, le Christ attend le rétablissement de Lui-même en toi. [2]Dieu connaît Son Fils aussi entièrement irréprochable que Lui-même, et c'est en appréciant Son Fils que l'on s'approche de Lui. [3]Le Christ attend que tu L'acceptes comme étant toi-même, et Son entièreté comme étant la tienne. [4]Car le Christ est le Fils de Dieu, Qui vit en Son Créateur et resplendit

de Sa gloire. [5]Le Christ est l'extension de l'Amour et de la beauté de Dieu, aussi parfait que Son Créateur et en paix avec Lui.

8. Béni soit le Fils de Dieu dont le rayonnement est de son Père, et qui a pour volonté de partager sa gloire comme son Père la partage avec lui. [2]Il n'y a pas de condamnation dans le Fils, car il n'y a pas de condamnation dans le Père. [3]Partageant l'Amour parfait du Père, le Fils doit partager ce qui Lui appartient, car autrement il ne connaîtra ni le Père ni le Fils. [4]La paix soit avec toi qui reposes en Dieu, et en qui repose la Filialité tout entière.

V. La « dynamique » de l'ego

1. Nul ne peut échapper des illusions à moins de les regarder, car ne pas regarder est la façon de les protéger. [2]Il n'y a pas lieu de reculer devant les illusions, car elles ne peuvent pas être dangereuses. [3]Nous sommes prêts à regarder de plus près le système de pensée de l'ego parce qu'ensemble nous avons la lampe qui le dissipera ; et puisque tu te rends compte que tu ne le veux pas, tu dois être prêt. [4]Soyons très calmes en faisant cela, car nous ne faisons que chercher honnêtement la vérité. [5]La « dynamique » de l'ego sera notre leçon pendant quelque temps, car nous devons d'abord l'examiner pour ensuite voir au-delà, puisque tu l'as rendue réelle. [6]Ensemble, tranquillement, nous déferons cette erreur, puis nous regarderons au-delà vers la vérité.

2. Qu'est-ce que la guérison, si ce n'est l'enlèvement de tout ce qui fait obstacle à la connaissance ? [2]Et comment peut-on dissiper les illusions, si ce n'est en les regardant en face, sans les protéger ? [3]N'aie pas peur, donc, car ce que tu regarderas, c'est la source de la peur, et tu commences à apprendre que la peur n'est pas réelle. [4]Tu apprends aussi que ses effets peuvent être dissipés par le simple déni de leur réalité. [5]L'étape suivante est évidemment de reconnaître que ce qui n'a pas d'effets n'existe pas. [6]Les lois n'opèrent pas dans le vide et ce qui ne mène à rien ne s'est pas produit. [7]Si la réalité se reconnaît à son extension, ce qui ne mène à rien ne peut être réel. [8]N'aie pas peur, donc, de regarder la peur, car elle ne peut être vue. [9]Par définition, la clarté défait la confusion ; et de regarder les ténèbres à la lumière doit les dissiper.

3. Commençons cette leçon sur la « dynamique de l'ego » en comprenant que l'expression elle-même ne signifie rien. [2]Elle contient

dans ses termes mêmes la contradiction qui la rend in-signifiante.
³Le mot « dynamique » suggère le pouvoir de faire quelque chose,
et toute la fausseté de la séparation réside dans la croyance que
l'ego *a* le pouvoir de faire quoi que ce soit. ⁴L'ego te fait peur parce
que tu crois cela. ⁵Or la vérité est toute simple :

> ⁶*Tout pouvoir est de Dieu.*
> ⁷*Ce qui n'est pas de Lui n'a pas le pouvoir de faire*
> *quoi que ce soit.*

4.   Quand nous regardons l'ego, donc, nous ne considérons pas
une dynamique mais un délire. ²Tu peux sûrement observer sans
crainte un système délirant, car il ne peut avoir d'effets si sa source
n'est pas réelle. ³Il devient encore plus évident que la peur est
inappropriée si tu reconnais le but de l'ego, qui est si clairement
insensé que tout effort fait en son nom est nécessairement dépensé
pour rien. ⁴Le but de l'ego est très explicitement sa propre autonomie. ⁵Depuis le commencement, donc, son but est d'être séparé,
se suffisant à lui-même, et indépendant de tout pouvoir autre que
le sien. ⁶Voilà pourquoi il est le symbole de la séparation.

5.   Chaque idée a un but, et ce but est toujours la conséquence naturelle de ce qu'elle est. ²Tout ce qui émane de l'ego est la conséquence naturelle de sa croyance centrale, et la façon de défaire ses
résultats est simplement de reconnaître que leur source n'est pas
naturelle, étant en désaccord avec ta vraie nature. ³J'ai dit plus tôt
que de vouloir à l'encontre de Dieu, ce n'est pas réellement vouloir mais prendre ses souhaits pour la réalité. ⁴Sa Volonté est Une
parce que l'extension de Sa Volonté ne peut pas être différente
d'elle-même. ⁵Ce que tu éprouves réellement, donc, c'est le conflit
entre les vains souhaits de l'ego et la Volonté de Dieu, que tu partages. ⁶Cela peut-il être un réel conflit ?

6.   Ton indépendance est celle de la création et non de l'autonomie. ²Ta fonction créatrice réside tout entière dans ta complète
dépendance de Dieu, Qui partage Sa fonction avec toi. ³Par son
désir de la partager, Il est devenu aussi dépendant de toi que tu
l'es de Lui. ⁴N'attribue pas l'arrogance de l'ego à Celui Dont la
Volonté est de ne pas être indépendant de toi. ⁵Il t'a inclus dans
Son Autonomie. ⁶Peux-tu croire que l'autonomie ait une signification à part de Lui ? ⁷La croyance en l'autonomie de l'ego te coûte
la connaissance de ta dépendance de Dieu, en laquelle réside ta
liberté. ⁸L'ego considère toute dépendance comme menaçante, et

il a tourné même ta soif de Dieu en un moyen de s'établir lui-même. ⁹Mais ne te laisse pas tromper par son interprétation de ton conflit.

7. L'ego attaque toujours au nom de la séparation. ²Croyant avoir le pouvoir de le faire, il ne fait rien d'autre, parce que son but d'autonomie *n'est* rien d'autre. ³Dans sa confusion, l'ego ne sait rien de la réalité, mais il ne perd pas de vue son but. ⁴Il est bien plus vigilant que toi, parce qu'il est parfaitement certain de son but. ⁵Ta confusion vient du fait que tu ne reconnais pas le tien.

8. Tu dois reconnaître que la dernière chose que souhaite l'ego, c'est que tu te rendes compte que tu as peur de lui. ²Car si l'ego pouvait susciter la peur, cela diminuerait ton indépendance et affaiblirait ton pouvoir. ³Or sa seule prétention à ton allégeance est le pouvoir qu'il peut te donner. ⁴Sans cette croyance tu ne l'écouterais pas du tout. ⁵Comment, donc, son existence peut-elle continuer si tu te rends compte qu'en l'acceptant tu te rapetisses et te prives toi-même de pouvoir ?

9. L'ego peut te permettre, et de fait il te permet de te considérer toi-même hautain, incroyant, « le cœur léger », distant, sans émotions profondes, endurci, indifférent et même désespéré, mais pas réellement apeuré. ²Minimiser la peur, mais sans la défaire, c'est pour l'ego un effort constant, et c'est certes un talent où il met beaucoup d'ingéniosité. ³Comment peut-il prêcher la séparation sans la soutenir au moyen de la peur, et l'écouterais-tu si tu reconnaissais que c'est ce qu'il fait ?

10. Ce qui menace l'ego d'une manière fondamentale, c'est donc que tu reconnaisses que quoi que ce soit qui semble te séparer de Dieu n'est que la peur, quelque forme qu'elle prenne et peu importe la façon dont l'ego voudrait que tu en fasses l'expérience. ²Son rêve d'autonomie est ébranlé jusque dans ses fondements par cette prise de conscience. ³Car bien que tu puisses admettre une fausse idée d'indépendance, tu n'accepteras pas le coût de la peur si tu le reconnais. ⁴Or tel est le coût, et l'ego ne peut pas le minimiser. ⁵Si tu passes sur l'amour, c'est sur toi-même que tu passes, et tu dois craindre l'irréalité *parce que* tu t'es nié toi-même. ⁶En croyant avoir réussi à attaquer la vérité, tu crois que l'attaque a un pouvoir. ⁷C'est donc de toi, tout simplement, que tu t'es mis à avoir peur. ⁸Et nul ne veut trouver ce qu'il croit capable de le détruire.

11. Si le but d'autonomie de l'ego pouvait s'accomplir, cela pourrait faire échouer le but de Dieu, ce qui est impossible. ²C'est seulement

en apprenant ce qu'est la peur que tu pourras enfin apprendre à distinguer le possible de l'impossible et le faux du vrai. ³Selon l'enseignement de l'ego, *son* but peut être accompli et le but de Dieu ne peut *pas* l'être. ⁴Selon l'enseignement du Saint-Esprit, *seul* le but de Dieu peut être accompli, et il est déjà accompli.

12.   Dieu est aussi dépendant de toi que tu l'es de Lui, parce que Son Autonomie englobe la tienne ; par conséquent, elle est incomplète sans elle. ²Tu ne peux établir ton autonomie qu'en t'identifiant à Lui et en remplissant ta fonction telle qu'elle existe en vérité. ³L'ego croit que le bonheur est d'accomplir son but. ⁴Mais il t'est donné de connaître que la fonction de Dieu est la tienne, et le bonheur ne peut pas se trouver à part de Votre Volonté conjointe. ⁵Reconnais seulement que le but de l'ego, que tu as poursuivi si diligemment, ne t'a apporté que la peur, et il devient difficile de maintenir que la peur est le bonheur. ⁶Soutenu par la peur, c'est ce que l'ego voudrait que tu croies. ⁷Or le Fils de Dieu n'est pas insane et il ne peut pas le croire. ⁸Qu'il le reconnaisse seulement et il ne l'acceptera pas. ⁹Car seuls ceux qui sont insanes choisiraient la peur à la place de l'amour, et seuls ceux qui sont insanes pourraient croire que l'amour peut être gagné par l'attaque. ¹⁰Mais ceux qui sont sains d'esprit se rendent compte que seule l'attaque pourrait produire la peur, dont l'Amour de Dieu les protège complètement.

13.   L'ego analyse ; le Saint-Esprit accepte. ²Apprécier l'entièreté, cela ne peut venir que de l'acceptation, car analyser signifie décomposer ou séparer du reste. ³Il est clair que tenter de comprendre la totalité en la décomposant, c'est l'approche typiquement contradictoire que l'ego utilise en tout. ⁴L'ego croit que le pouvoir, la compréhension et la vérité résident dans la séparation, et pour établir cette croyance il doit attaquer. ⁵Inconscient que la croyance ne peut pas être établie et obsédé par la conviction que la séparation est le salut, l'ego attaque tout ce qu'il perçoit en le décomposant en petites parties déconnectées, sans relations signifiantes entre elles et par conséquent sans signification. ⁶L'ego substituera toujours le chaos à la signification, car si la séparation est le salut, l'harmonie est une menace.

14.   Les interprétations que donne l'ego des lois de la perception sont, et doivent être, l'exact opposé de celles du Saint-Esprit. ²L'ego se concentre sur l'erreur et passe sur la vérité. ³Il rend réelle chaque erreur qu'il perçoit, et par un raisonnement circulaire caractéristique il en arrive à la conclusion qu'à cause de

l'erreur, une vérité constante doit être in-signifiante. ⁴L'étape suivante, donc, est évidente. ⁵Si une vérité constante ne signifie rien, l'inconstance doit être vraie. ⁶Gardant clairement l'erreur à l'esprit et protégeant ce qu'il a rendu réel, l'ego passe à l'étape suivante dans son système de pensée : L'erreur est réelle et la vérité est une erreur.

15.   L'ego n'essaie même pas de comprendre cela, et il est clair que c'est incompréhensible, mais l'ego essaie très fort de le démontrer, et il fait cela constamment. ²Analysant pour attaquer la signification, l'ego réussit à passer par-dessus, et ce qui lui reste est une série de perceptions fragmentées qu'il unifie en sa faveur. ³Cela devient donc l'univers qu'il perçoit. ⁴Et c'est cet univers, en retour, qui devient la démonstration de sa propre réalité.

16.   Ne sous-estime pas l'attrait des démonstrations de l'ego sur ceux qui veulent bien l'écouter. ²Une perception sélective choisit soigneusement ses témoins, et ses témoins sont conséquents. ³À ceux qui sont insanes, les arguments en faveur de l'insanité paraissent solides. ⁴Car le raisonnement finit à son commencement, et aucun système de pensée ne transcende sa source. ⁵Mais un raisonnement qui ne signifie rien ne peut rien démontrer, et ceux qui sont convaincus par ce raisonnement doivent s'illusionner. ⁶L'ego peut-il enseigner véritablement quand il passe sur la vérité ? ⁷Peut-il percevoir ce qu'il a nié ? ⁸Ses témoins attestent son déni, mais guère ce qu'il a nié. ⁹L'ego regarde le Père en face et ne Le voit pas, car il a nié Son Fils.

17.   Voudrais-tu, *toi*, te souvenir du Père ? ²Accepte Son Fils et tu te souviendras de Lui. ³Rien ne peut démontrer que Son Fils est indigne, car rien ne peut prouver qu'un mensonge est vrai. ⁴Ce que tu vois de Son Fils par les yeux de l'ego est une démonstration de ce que Son Fils n'existe pas, or où est le Fils le Père doit être. ⁵Accepte ce que Dieu ne nie pas, et cela te démontrera sa propre vérité. ⁶Les témoins de Dieu se tiennent dans Sa lumière et contemplent ce qu'Il a créé. ⁷Leur silence est signe qu'ils ont contemplé le Fils de Dieu, et en la Présence du Christ il n'est rien qu'ils aient besoin de démontrer, car le Christ leur parle de Lui-même et de Son Père. ⁸Ils sont silencieux parce que le Christ leur parle, et ce sont Ses paroles qu'ils prononcent.

18.   Chaque frère que tu rencontres devient un témoin du Christ ou de l'ego, selon ce que tu perçois en lui. ²Chacun te convainc de ce que tu veux percevoir, et de la réalité du royaume que tu as choisi pour ta vigilance. ³Tout ce que tu perçois est un témoin du

système de pensée que tu veux vrai. ⁴Chaque frère a le pouvoir de te délivrer, si tu choisis d'être libre. ⁵Tu ne peux pas accepter un faux témoignage de lui à moins d'avoir convoqué de faux témoins contre lui. ⁶S'il ne te parle pas du Christ, tu ne lui as pas parlé du Christ. ⁷Tu n'entends que ta propre voix, et si le Christ parle par toi, tu L'entendras.

VI. S'éveiller à la rédemption

1.   Il est impossible de ne pas croire ce que tu vois, mais il est également impossible de voir ce que tu ne crois pas. ²Les perceptions sont construites sur les bases de l'expérience, et l'expérience mène aux croyances. ³C'est seulement une fois que les croyances sont fixées que les perceptions se stabilisent. ⁴En fait, donc, ce que tu crois, tu le *vois*. ⁵C'est ce que je voulais dire par : « Heureux ceux qui n'ont pas vu et qui ont cru », car ceux qui croient en la résurrection la verront. ⁶La résurrection est le triomphe complet du Christ sur l'ego, non par l'attaque mais par la transcendance. ⁷Car le Christ s'élève au-dessus de l'ego et de toutes ses œuvres, et monte jusqu'au Père et à Son Royaume.

2.   Voudrais-tu te joindre à la résurrection ou à la crucifixion ? ²Voudrais-tu condamner tes frères ou les libérer ? ³Voudrais-tu transcender ta prison et monter vers le Père ? ⁴Ces questions sont toutes les mêmes, et elles trouvent leur réponse ensemble. ⁵Il y a eu beaucoup de confusion quant à ce que signifie la perception, parce que le mot est utilisé à la fois pour la prise de conscience et pour son interprétation. ⁶Or tu ne peux pas être conscient sans interpréter, car ce que tu perçois *est* ton interprétation.

3.   Ce cours est parfaitement clair. ²Si tu ne le vois pas clairement, c'est parce que ton interprétation va à son encontre ; par conséquent, tu ne le crois pas. ³Et puisque la croyance détermine la perception, tu ne perçois pas ce qu'il signifie et par conséquent tu ne l'acceptes pas. ⁴Or différentes expériences conduisent à différentes croyances, et avec elles à différentes perceptions. ⁵Car les perceptions sont apprises *avec* les croyances, et le fait est que l'expérience enseigne. ⁶Je te conduis vers un nouveau type d'expérience que tu seras de moins en moins désireux de nier. ⁷Apprendre du Christ est facile, car percevoir avec Lui n'implique aucun effort. ⁸Ses perceptions sont ce dont tu es naturellement conscient, et ce sont seulement les distorsions que tu introduis

qui te fatiguent. ⁹Laisse le Christ en toi interpréter pour toi, et n'essaie pas de limiter ce que tu vois par de petites croyances étroites qui sont indignes du Fils de Dieu. ¹⁰Car jusqu'à ce que le Christ ne vienne à Lui-même, le Fils de Dieu se verra lui-même comme étant sans Père.

4. Je suis *ta* résurrection et *ta* vie. ²Tu vis en moi parce que tu vis en Dieu. ³Et chacun vit en toi, comme tu vis en chacun. ⁴Peux-tu, donc, percevoir l'indignité en un frère sans la percevoir en toi-même ? ⁵Et peux-tu la percevoir en toi-même sans la percevoir en Dieu ? ⁶Crois en la résurrection parce qu'elle a été accomplie, et elle a été accomplie en toi. ⁷Cela est aussi vrai maintenant que ce le sera jamais, car la résurrection est la Volonté de Dieu, Qui ne connaît pas de temps et pas d'exceptions. ⁸Mais ne fais pas toi-même d'exceptions, ou tu ne percevras pas ce qui a été accompli pour toi. ⁹Car nous montons ensemble vers le Père, ainsi qu'au commencement, maintenant et à jamais, car telle est la nature du Fils de Dieu comme son Père l'a créé.

5. Ne sous-estime pas le pouvoir de la dévotion du Fils de Dieu, ni le pouvoir que le dieu qu'il adore a sur lui. ²Car il se place lui-même à l'autel de son dieu, que ce soit le dieu qu'il a fait ou le Dieu Qui l'a créé. ³Voilà pourquoi son esclavage est aussi complet que sa liberté, car il n'obéira qu'au dieu qu'il accepte. ⁴Le dieu de la crucifixion exige qu'il crucifie, et ses adorateurs obéissent. ⁵En son nom ils se crucifient eux-mêmes, croyant que le pouvoir du Fils de Dieu est né du sacrifice et de la douleur. ⁶Le Dieu de la résurrection n'exige rien, car il n'a pas pour Volonté d'enlever. ⁷Il ne requiert pas l'obéissance, car l'obéissance implique la soumission. ⁸Il voudrait seulement que tu apprennes ce qu'est ta volonté et que tu la suives, non pas dans un esprit de sacrifice et de soumission mais dans la joie de la liberté.

6. La résurrection doit gagner ton allégeance dans la joie, parce qu'elle est le symbole de la joie. ²Toute sa puissance irrésistible tient au fait qu'elle représente ce que tu veux être. ³La liberté de laisser derrière toi tout ce qui te blesse, t'humilie et t'effraie ne peut pas t'être imposée, mais elle peut t'être offerte par la grâce de Dieu. ⁴Et tu peux l'accepter par Sa grâce, car Dieu est plein de grâce pour Son Fils, l'acceptant pour Sien sans aucune question. ⁵Qui, donc, est le *tien* ? ⁶Le Père t'a donné tout ce qui est à Lui, et Lui-même est à toi avec eux. ⁷Garde-les en leur résurrection, car autrement tu ne t'éveilleras pas en Dieu, en sécurité et entouré de ce qui est à toi à jamais.

7.   Tu ne trouveras pas la paix avant d'avoir retiré les clous des mains du Fils de Dieu et d'avoir ôté la dernière épine de son front. ²L'Amour de Dieu entoure Son Fils que le dieu de la crucifixion condamne. ³N'enseigne pas que je suis mort en vain. ⁴Enseigne plutôt que je ne suis pas mort en démontrant que je vis en toi. ⁵Car défaire la crucifixion du Fils de Dieu, c'est l'œuvre de la rédemption dans laquelle chacun a un rôle d'égale valeur. ⁶Son Fils non coupable, Dieu ne le juge pas. ⁷S'étant donné Lui-même à lui, comment pourrait-il en être autrement?

8.   Tu t'es cloué à une croix et tu as placé une couronne d'épines sur ta propre tête. ²Or tu ne peux pas crucifier le Fils de Dieu, car la Volonté de Dieu ne peut pas mourir. ³Son Fils a été rédimé de sa propre crucifixion, et tu ne peux pas assigner à la mort celui à qui Dieu a donné la vie éternelle. ⁴Le rêve de la crucifixion pèse encore lourd sur tes yeux, mais ce que tu vois en rêve n'est pas la réalité. ⁵Tant que tu perçois le Fils de Dieu comme crucifié, tu es endormi. ⁶Et aussi longtemps que tu crois pouvoir le crucifier, tu fais seulement des cauchemars. ⁷Toi qui commences à t'éveiller, tu es encore conscient des rêves et tu ne les as pas encore oubliés. ⁸L'oubli des rêves et la conscience du Christ viennent avec le réveil des autres afin qu'ils partagent ta rédemption.

9.   Tu t'éveilleras à ton propre appel, car l'Appel à l'éveil est au-dedans de toi. ²Si je vis en toi, tu es éveillé. ³Or tu dois voir les œuvres que je fais par toi, sinon tu ne percevras pas que je les ai faites pour toi. ⁴Ne fixe pas de limites à ce que tu me crois capable de faire par toi, sinon tu n'accepteras pas ce que je peux faire *pour* toi. ⁵Or cela est déjà fait, et à moins que tu ne donnes tout ce que tu as reçu, tu ne connaîtras pas que ton rédempteur est vivant et que tu t'es éveillé avec lui. ⁶La rédemption n'est reconnue qu'en la partageant.

10.   Le Fils de Dieu *est* sauvé. ²N'apporte que cette prise de conscience à la Filialité et tu auras dans la rédemption un rôle qui a autant de valeur que le mien. ³Car ton rôle doit être pareil au mien si tu l'apprends de moi. ⁴Si tu crois que le tien est limité, tu limites le mien. ⁵Il n'y a pas d'ordre de difficulté dans les miracles parce que tous les Fils de Dieu sont d'égale valeur, et leur égalité est leur unité. ⁶Tout le pouvoir de Dieu est en chaque partie de Lui, et rien de ce qui contredit Sa Volonté n'est ni grand ni petit. ⁷Ce qui n'existe pas n'a ni taille ni mesure. ⁸À Dieu toutes choses sont possibles. ⁹Et au Christ il est donné d'être comme le Père.

VII. La condition de la réalité

1.   Le monde tel que tu le perçois ne peut pas avoir été créé par le Père, car le monde n'est pas tel que tu le vois. ²Dieu n'a créé que l'éternel, et tout ce que tu vois est périssable. ³Par conséquent, il doit y avoir un autre monde que tu ne vois pas. ⁴La Bible parle d'un nouveau Ciel et d'une nouvelle terre, or cela ne peut pas être littéralement vrai, car les éternels ne sont pas recréés. ⁵Percevoir à nouveau, c'est simplement percevoir de nouveau, ce qui implique qu'avant, ou dans l'entre-temps, tu ne percevais pas du tout. ⁶Quel est donc le monde qui attend ta perception quand tu le verras?

2.   Chaque pensée aimante que le Fils de Dieu a jamais eue est éternelle. ²Les pensées aimantes que son esprit perçoit dans ce monde sont la seule réalité du monde. ³Ce sont encore des perceptions, parce qu'il croit encore qu'il est séparé. ⁴Or elles sont éternelles parce qu'elles sont aimantes. ⁵Et étant aimantes, elles sont comme le Père et par conséquent ne peuvent pas mourir. ⁶De fait, le monde réel peut être perçu. ⁷Tout ce qui est nécessaire, c'est le désir de ne percevoir rien d'autre. ⁸Car si tu perçois à la fois le bien et le mal, tu acceptes à la fois le faux et le vrai sans faire entre eux de distinction.

3.   Il se peut que l'ego voie du bien, mais jamais rien que du bien. ²Voilà pourquoi ses perceptions sont si variables. ³Il ne rejette pas la bonté entièrement, car cela tu ne pourrais pas l'accepter. ⁴Mais il ajoute toujours quelque chose qui n'est pas réel au réel, confondant ainsi l'illusion et la réalité. ⁵Car les perceptions ne peuvent pas être partiellement vraies. ⁶Si tu crois en la vérité et en l'illusion, tu ne peux dire laquelle est vraie. ⁷Pour établir ton autonomie personnelle, tu as essayé de créer différemment de ton Père, croyant que ce que tu as fait était capable d'être différent de Lui. ⁸Or tout ce qui est vrai *est* pareil à Lui. ⁹De ne percevoir que le monde réel te conduira au Ciel réel, parce que cela te rendra capable de le comprendre.

4.   La perception de la bonté n'est pas la connaissance, mais le déni de l'opposé de la bonté te permet de reconnaître une condition dans laquelle il n'existe pas d'opposés. ²Et cela *est* la condition de la connaissance. ³Sans cette prise de conscience, tu ne remplis pas ses conditions; et tant que tu ne le fais pas tu ne connais pas qu'elle t'appartient déjà. ⁴Tu as fait de nombreuses idées que tu as placées entre toi et ton Créateur, et ces croyances sont le

monde tel que tu le perçois. [5]La vérité n'est pas absente ici, mais elle est obscure. [6]Tu ne connais pas la différence entre ce que tu as fait et ce que Dieu a créé ; ainsi tu ne connais pas la différence entre ce que tu as fait et ce que *tu* as créé. [7]Croire que tu peux percevoir le monde réel, c'est croire que tu peux te connaître toi-même. [8]Tu peux connaître Dieu parce que Sa Volonté est d'être connu. [9]Le monde réel est tout ce que le Saint-Esprit a sauvé pour toi de ce que tu as fait, et le salut est de ne percevoir que cela, parce que c'est reconnaître que la réalité est uniquement ce qui est vrai.

VIII. Le problème et la réponse

1.   Ce cours est très simple. [2]Tu penses peut-être que tu n'as pas besoin d'un cours qui enseigne, en définitive, que seule la réalité est vraie. [3]Mais le crois-tu ? [4]Quand tu percevras le monde réel, tu reconnaîtras que tu ne le croyais pas. [5]Or la rapidité avec laquelle ta nouvelle et seule perception réelle sera traduite en connaissance ne te laissera qu'un instant pour te rendre compte que cela seul est vrai. [6]Et alors tout ce que tu as fait sera oublié : le bon et le mauvais, le faux et le vrai. [7]Car quand le Ciel et la terre deviendront un, même le monde réel disparaîtra de ta vue. [8]La fin du monde n'est pas sa destruction mais sa traduction en Ciel. [9]La réinterprétation du monde est le transfert de toute perception en connaissance.

2.   La Bible te dit de devenir comme les petits enfants. [2]Les petits enfants reconnaissent qu'ils ne comprennent pas ce qu'ils perçoivent ; ainsi ils demandent ce que cela signifie. [3]Ne fais pas l'erreur de croire que tu comprends ce que tu perçois, car sa signification est perdue pour toi. [4]Or le Saint-Esprit en a sauvé la signification pour toi et si tu Le laisses l'interpréter, il te rendra ce que tu as jeté. [5]Mais tant que tu penses en connaître la signification, tu ne verras pas le besoin de le Lui demander.

3.   Tu ne connais pas la signification de quoi que ce soit que tu perçois. [2]Il n'est pas une de tes pensées qui soit entièrement vraie. [3]Reconnaître cela, c'est pour toi un solide début. [4]Tu n'as pas été mal guidé ; tu n'as pas accepté de guide du tout. [5]Ton grand besoin est d'être instruit en perception, car tu ne comprends rien. [6]Reconnais cela mais ne l'accepte pas, car comprendre est ton héritage. [7]Les perceptions sont apprises, et tu

n'es pas sans Enseignant. ⁸Or ton désir d'apprendre de Lui dépend de ton désir de remettre en question tout ce que tu as appris de toi-même, car toi qui as mal appris ne devrais pas être ton propre enseignant.

4. Nul ne peut cacher la vérité, sauf à soi-même. ²Or Dieu ne te refusera pas la Réponse qu'Il a donnée. ³Demande, donc, ce qui est à toi, mais que tu n'as pas fait, et ne te défends pas contre la vérité. ⁴Tu as fait le problème auquel Dieu a répondu. ⁵Par conséquent, pose-toi uniquement cette simple question :

⁶Est-ce que je veux le problème ou est-ce que je veux la réponse ?

⁷Décide-toi pour la réponse et tu l'auras, car tu la verras telle qu'elle est, et elle est déjà à toi.

5. Tu te plains peut-être que ce cours n'est pas assez concret pour que tu puisses le comprendre et l'utiliser. ²Mais peut-être n'as-tu pas fait ce qu'il préconise concrètement. ³Ce n'est pas un cours sur le jeu des idées mais sur leur application pratique. ⁴Rien n'est plus concret que de se faire dire : si tu demandes, tu recevras. ⁵Le Saint-Esprit répondra à tout problème concret aussi longtemps que tu croiras que les problèmes sont concrets. ⁶Sa réponse est à la fois multiple et une tant que tu crois que l'Un est multiple. ⁷Tu as peut-être peur de Son caractère concret, par peur de ce que tu penses que cela exigera de toi. ⁸Or c'est seulement en demandant que tu apprendras que rien de Dieu n'exige quoi que ce soit de toi. ⁹Dieu donne; Il ne prend pas. ¹⁰Quand tu refuses de demander, c'est parce que tu crois que demander revient à prendre plutôt qu'à partager.

6. Le Saint-Esprit te donnera seulement ce qui est à toi et Il ne prendra rien en retour. ²Car ce qui est à toi est tout, et tu le partages avec Dieu. ³Voilà sa réalité. ⁴Le Saint-Esprit, Dont la seule Volonté est de restaurer, serait-Il capable de mésinterpréter la question que tu dois poser pour apprendre Sa réponse ? ⁵Tu *as* entendu la réponse, mais tu as mal compris la question. ⁶Tu crois que demander au Saint-Esprit de te guider, c'est demander d'être privé de quelque chose.

7. Petit enfant de Dieu, tu ne comprends pas ton Père. ²Tu crois en un monde qui prend, parce que tu crois pouvoir obtenir en prenant. ³Cette perception t'a fait perdre de vue le monde réel. ⁴Tu as peur du monde tel que tu le vois, mais il suffit toujours que tu demandes et le monde réel t'appartiendra. ⁵Ne te nie pas cela

même qui peut seulement te libérer. [6]Rien de Dieu n'asservira Son Fils, qu'Il a créé libre et dont la liberté est protégée par Son Être. [7]Béni sois-tu qui es désireux de demander sans peur la vérité à Dieu, car c'est seulement ainsi que tu peux apprendre que Sa réponse est la délivrance de la peur.

8.   Bel enfant de Dieu, tu demandes seulement ce que je t'ai promis. [2]Crois-tu que je te tromperais? [3]Le Royaume des Cieux *est* en toi. [4]Crois que la vérité est en moi, car je connais qu'elle est en toi. [5]Les Fils de Dieu n'ont rien qu'ils ne partagent. [6]Demande la vérité à n'importe lequel des Fils de Dieu et c'est à moi que tu l'as demandée. [7]Il n'en est pas un parmi nous qui n'ait en lui la réponse, et qui ne l'ait à donner à quiconque la lui demande.

9.   Demande n'importe quoi au Fils de Dieu et son Père te répondra, car le Christ ne Se trompe pas sur Son Père et Son Père ne Se trompe pas sur Lui. [2]Donc ne te trompe pas sur ton frère, et ne vois comme sa réalité que ses pensées aimantes, car en niant que son esprit est divisé tu guériras le tien. [3]Accepte-le comme son Père l'accepte et guéris-le dans le Christ, car le Christ est sa guérison et la tienne. [4]Le Christ est le Fils de Dieu Qui en aucune façon n'est séparé de Son Père, Dont chaque pensée est aussi aimante que la Pensée de Son Père par laquelle Il fut créé. [5]Ne te trompe pas sur le Fils de Dieu, car par là tu dois te tromper sur toi-même. [6]Et t'étant trompé sur toi-même, tu te trompes sur ton Père, en Qui nulle tromperie n'est possible.

10.   Dans le monde réel il n'y a pas de maladie, car il n'y a ni séparation ni division. [2]Seules sont reconnues les pensées aimantes, et parce que nul n'est sans ton aide, l'Aide de Dieu t'accompagne partout. [3]Comme tu deviendras désireux d'accepter cette Aide en La demandant, tu La donneras parce que tu La voudras. [4]Rien ne sera au-delà de ton pouvoir de guérison, parce qu'à ta simple requête rien ne sera refusé. [5]Quels problèmes ne disparaîtraient pas en Présence de la Réponse de Dieu? [6]Demande, donc, d'apprendre ce qu'est la réalité de ton frère, parce que c'est ce que tu percevras en lui, et tu verras ta beauté reflétée dans la sienne.

11.   N'accepte pas la perception variable que ton frère a de lui-même, car son esprit divisé est le tien, et tu n'accepteras pas ta guérison sans la sienne. [2]Car vous partagez le monde réel comme vous partagez le Ciel, et sa guérison est la tienne. [3]T'aimer toi-même, c'est te guérir toi-même, et tu ne peux pas percevoir une partie de toi-même comme malade et atteindre ton but. [4]Frère, nous guérissons ensemble comme nous vivons ensemble et nous

aimons ensemble. [5]Ne te trompe pas sur le Fils de Dieu, car il est un avec lui-même et un avec son Père. [6]Aime-le, qui est aimé de son Père, et tu apprendras ce qu'est l'Amour que le Père a pour toi.

12. Si tu perçois une offense en un frère, arrache l'offense de ton esprit, car c'est par le Christ que tu es offensé et c'est sur Lui que tu te trompes. [2]Guéris dans le Christ et ne sois pas offensé par Lui, car il n'y a pas d'offense en Lui. [3]Si ce que tu perçois t'offense, tu es offensé en toi-même et tu condamnes le Fils de Dieu que Dieu ne condamne pas. [4]Laisse le Saint-Esprit ôter toutes les offenses du Fils de Dieu envers lui-même et ne perçois personne sans qu'Il te guide, car Il voudrait te sauver de toute condamnation. [5]Accepte Son pouvoir guérisseur et utilise-le pour tous ceux qu'Il t'envoie, car Il veut guérir le Fils de Dieu, sur qui Il ne Se trompe pas.

13. Les enfants perçoivent des fantômes effrayants, des monstres et des dragons, et ils sont terrifiés. [2]Or s'ils demandent à quelqu'un en qui ils ont confiance la signification de ce qu'ils perçoivent, et s'ils sont désireux de lâcher prise de leurs propres interprétations en faveur de la réalité, leur peur disparaît avec elles. [3]Quand on aide un enfant à traduire son «fantôme» en rideau, son «monstre» en ombre et son «dragon» en rêve, il ne les craint plus et il rit de bon cœur de sa propre peur.

14. Toi, mon enfant, tu as peur de tes frères et de ton Père et de toi-même. [2]Mais sur eux tu ne fais que te tromper. [3]Demande ce qu'ils sont à l'Enseignant de la réalité, et en entendant Sa réponse tu riras toi aussi de tes peurs et tu les remplaceras par la paix. [4]Car la peur ne réside pas dans la réalité mais dans l'esprit des enfants qui ne comprennent pas la réalité. [5]C'est seulement leur manque de compréhension qui les effraie, et quand ils apprennent à percevoir véritablement ils n'ont plus peur. [6]Et pour cette raison ils demanderont à nouveau la vérité quand ils seront effrayés. [7]Ce n'est pas la réalité de tes frères ou de ton Père ou de toi-même qui t'effraie. [8]Tu ne connais pas ce qu'ils sont; ainsi tu les perçois comme des fantômes, des monstres et des dragons. [9]Demande ce qu'est leur réalité à Celui Qui la connaît, et Il te dira ce qu'ils sont. [10]Car tu ne les comprends pas, et parce que tu es trompé par ce que tu vois, tu as besoin de la réalité pour dissiper tes peurs.

15. N'échangerais-tu pas tes peurs contre la vérité, s'il te suffisait de le demander? [2]Car si Dieu ne Se trompe pas sur toi, tu ne peux te tromper que sur toi-même. [3]Or tu peux apprendre la vérité sur

toi-même du Saint-Esprit, Qui t'enseignera que, faisant partie de Dieu, nulle tromperie en toi n'est possible. [4]Quand tu te percevras toi-même sans tromperie, tu accepteras le monde réel à la place du faux que tu as fait. [5]Et alors ton Père se penchera vers toi et fera le dernier pas pour toi, en t'élevant jusqu'à Lui.

Chapitre 12

LE CURRICULUM DU SAINT-ESPRIT

I. Le jugement du Saint-Esprit

1. Il t'a été dit de ne pas rendre l'erreur réelle, et la façon de le faire est très simple. ²Si tu veux croire en l'erreur, tu dois la rendre réelle parce qu'elle n'est pas vraie. ³Mais la vérité est réelle en elle-même, et pour croire en la vérité *tu n'as rien à faire.* ⁴Comprends bien que tu ne réponds pas directement à quoi que ce soit, mais à l'interprétation que tu en donnes. ⁵Ainsi, ton interprétation devient la justification de ta réponse. ⁶C'est pourquoi il est hasardeux pour toi d'analyser les motifs d'autrui. ⁷Si tu décides que quelqu'un essaie réellement de t'attaquer, de te déserter ou de t'asservir, tu répondras comme s'il l'avait réellement fait, ayant rendu son erreur réelle pour toi. ⁸En interprétant l'erreur, tu lui donnes un pouvoir; et ayant fait cela, tu passeras sur la vérité.

2. L'analyse des motivations de l'ego est très compliquée, très obscurcissante, et jamais sans implication de ton propre ego. ²Tout le processus est une tentative claire et nette pour démontrer ta propre aptitude à comprendre ce que tu perçois. ³Cela se voit par le fait que tu réagis à tes interprétations comme si elles étaient correctes. ⁴Peut-être alors contrôles-tu tes réactions au niveau du comportement, mais pas des émotions. ⁵Ce qui évidemment serait une division ou une attaque contre l'intégrité de ton esprit, dressant deux niveaux en lui l'un contre l'autre.

3. Il y a une seule interprétation des motivations qui ait le moindre sens. ²Et parce que c'est le jugement du Saint-Esprit, cela ne requiert absolument aucun effort de ta part. ³Toute pensée aimante est vraie. ⁴Tout le reste est un appel à la guérison et à l'aide, quelque forme qu'il prenne. ⁵Quelle justification peut-il y avoir pour quiconque répond avec colère à l'appel à l'aide d'un frère? ⁶Aucune réponse n'est appropriée, sauf le désir de la lui donner, car c'est cela et seulement cela qu'il demande. ⁷Offre-lui quoi que ce soit d'autre et tu t'arroges le droit d'attaquer sa réalité en l'interprétant comme bon te semble. ⁸Le danger que cela représente pour ton propre esprit n'est peut-être pas encore pleinement apparent. ⁹Si tu crois qu'un appel à l'aide est autre chose, c'est à

autre chose que tu réagiras. [10]Ta réponse sera donc inappropriée à la réalité telle qu'elle est, mais pas à ta perception d'elle.

4.   Il n'y a rien qui t'empêche de reconnaître tous les appels à l'aide exactement pour ce qu'ils sont, sauf ton propre besoin imaginaire d'attaquer. [2]C'est seulement cela qui te rend désireux de te lancer dans d'interminables «batailles» avec la réalité, dans lesquelles tu nies la réalité du besoin de guérison en le rendant irréel. [3]Tu ne ferais pas cela si ce n'était de ton indésir d'accepter la réalité telle qu'elle est, que tu te caches à toi-même conséquemment.

5.   C'est sûrement un bon conseil de te dire de ne pas juger ce que tu ne comprends pas. [2]Nul n'est un témoin fiable qui a un investissement personnel, car la vérité pour lui est devenue ce qu'il veut qu'elle soit. [3]Si tu es indésireux de percevoir un appel à l'aide pour ce qu'il est, c'est parce que tu es indésireux de donner de l'aide et d'en recevoir. [4]Manquer de reconnaître un appel à l'aide, c'est refuser l'aide. [5]Maintiendrais-tu que tu n'en as pas besoin ? [6]C'est pourtant ce que tu maintiens quand tu refuses de reconnaître l'appel d'un frère, car ce n'est qu'en répondant à son appel que tu *peux* être aidé. [7]Nie-lui ton aide et tu ne reconnaîtras pas la Réponse de Dieu pour toi. [8]Le Saint-Esprit n'a pas besoin de ton aide pour interpréter les motivations, mais toi tu as besoin de la Sienne.

6.   La seule réponse appropriée à ton frère est de l'apprécier. [2]La gratitude lui est due à la fois pour ses pensées aimantes et pour ses appels à l'aide, car les deux sont capables de te faire prendre conscience de l'amour si tu les perçois véritablement. [3]Or toute la tension que tu ressens vient de tes tentatives pour ne pas faire justement cela. [4]Comme il est simple, donc, le plan de Dieu pour le salut. [5]Il y a une seule réponse à la réalité, car la réalité n'évoque absolument aucun conflit. [6]Il y a un seul Enseignant de la réalité, Qui comprend ce qu'elle est. [7]Il ne change pas d'Esprit sur la réalité parce que la réalité ne change pas. [8]Bien que tes interprétations de la réalité soient in-signifiantes en ton état divisé, les Siennes restent constamment vraies. [9]Il te les donne parce qu'elles sont *pour* toi. [10]Ne tente pas d'«aider» un frère à ta façon, car tu ne peux pas t'aider toi-même. [11]Mais entends son appel à l'Aide de Dieu et tu reconnaîtras ton propre besoin du Père.

7.   Tes interprétations des besoins de ton frère sont ton interprétation des tiens. [2]En donnant de l'aide, tu en demandes ; et si tu perçois un seul besoin en toi, tu seras guéri. [3]Car tu reconnaîtras la Réponse de Dieu telle que tu La veux, et si tu La veux en

vérité, Elle sera tienne véritablement. ⁴Chaque appel auquel tu réponds au Nom du Christ rapproche de ta conscience le souvenir de ton Père. ⁵Par égard pour ton propre besoin, donc, entends chaque appel à l'aide pour ce qu'il est, afin que Dieu puisse *te* répondre.

8. En appliquant d'une manière de plus en plus constante l'interprétation que donne le Saint-Esprit des réactions d'autrui, tu prendras conscience de plus en plus que Ses critères s'appliquent également à toi. ²Car il ne suffit pas de reconnaître la peur pour en échapper, bien que la re-connaissance soit nécessaire pour démontrer le besoin d'en échapper. ³Le Saint-Esprit doit encore traduire la peur en vérité. ⁴Si tu étais laissé avec la peur, une fois que tu l'as reconnue, tu aurais fait un pas qui t'éloigne de la réalité plutôt que de t'en rapprocher. ⁵Or nous avons maintes fois insisté sur le besoin de reconnaître la peur et de la regarder en face, sans fard, comme d'une étape cruciale dans le processus par lequel l'ego est défait. ⁶Considère alors comment l'interprétation que donne le Saint-Esprit des motifs d'autrui te servira bien. ⁷En t'enseignant à n'accepter que les pensées aimantes en autrui et à considérer tout le reste comme un appel à l'aide, Il t'a enseigné que la peur même est un appel à l'aide. ⁸Voilà ce que reconnaître la peur signifie réellement. ⁹Si tu ne la protèges pas, Il la réinterprétera. ¹⁰C'est le suprême avantage d'apprendre à percevoir l'attaque comme un appel à l'amour. ¹¹Nous avons déjà appris que la peur et l'attaque sont inévitablement associées. ¹²S'il n'y a que l'attaque qui produise la peur, et si tu vois l'attaque comme l'appel à l'aide qu'elle est, l'irréalité de la peur doit commencer à se faire jour en toi. ¹³Car la peur *est* un appel à l'amour, ce qui était nié étant reconnu inconsciemment.

9. La peur est un symptôme de ton propre profond sentiment de perte. ²Si tu apprends à suppléer la perte quand tu la perçois en autrui, la cause fondamentale de la peur est enlevée. ³Par là tu t'enseignes que la peur n'existe pas en toi. ⁴Le moyen de l'enlever est en toi, et tu l'as démontré en le donnant. ⁵La peur et l'amour sont les seules émotions dont tu es capable. ⁶L'une est fausse, car elle a été faite à partir du déni ; et l'existence même du déni dépend de la croyance en ce qui est nié. ⁷En interprétant correctement la peur comme l'affirmation positive de la croyance sous-jacente qu'elle masque, tu sapes son utilité perçue en la rendant inutile. ⁸Des défenses qui ne fonctionnent pas sont automatiquement abandonnées. ⁹Si tu élèves ce que la peur dissimule jusqu'à la prédominance la plus claire et nette et sans équivoque, la

peur devient in-signifiante. ¹⁰Tu as nié son pouvoir de dissimuler l'amour, ce qui était son seul but. ¹¹Le voile que tu as tiré sur le visage de l'amour a disparu.

10.   Si tu veux voir l'amour, qui *est* la réalité du monde, comment pourrais-tu faire mieux que de reconnaître, dans chaque défense contre lui, l'appel sous-jacent *pour* lui ? ²Et comment pourrais-tu mieux apprendre ce qu'est sa réalité qu'en répondant à cet appel en le donnant ? ³Le Saint-Esprit donne de la peur une interprétation qui la dissipe, car la conscience de la vérité ne peut pas être niée. ⁴C'est ainsi que le Saint-Esprit remplace la peur par l'amour et traduit l'erreur en vérité. ⁵Et c'est ainsi que tu apprendras de Lui comment remplacer ton rêve de séparation par le fait de l'unité. ⁶Car la séparation n'est que le déni de l'union ; correctement interprétée, elle témoigne de ta connaissance éternelle que l'union est vraie.

II. La façon de se souvenir de Dieu

1.   Les miracles ne sont que la traduction du déni en vérité. ²Si s'aimer soi-même, c'est se guérir soi-même, alors ceux qui sont malades ne s'aiment pas. ³Par conséquent, ils demandent l'amour qui les guérirait, mais qu'ils se nient à eux-mêmes. ⁴S'ils connaissaient la vérité sur eux-mêmes, ils ne pourraient pas être malades. ⁵La tâche du faiseur de miracles devient donc *de nier le déni de la vérité*. ⁶Les malades doivent se guérir eux-mêmes, car la vérité est en eux. ⁷Or l'ayant obscurcie, la lumière qui est dans un autre esprit doit luire dans le leur, parce que cette lumière *est* la leur.

2.   La lumière en eux brille avec autant d'éclat quelle que soit la densité du brouillard qui l'obscurcit. ²Si tu ne donnes pas au brouillard le pouvoir d'obscurcir la lumière, il n'en a pas. ³Car il n'a du pouvoir que si le Fils de Dieu lui donne du pouvoir. ⁴Il doit lui-même lui retirer ce pouvoir, en se souvenant que tout pouvoir est de Dieu. ⁵Tu peux t'en souvenir pour toute la Filialité. ⁶Ne permets pas à ton frère de ne pas se souvenir, car son oubli est le tien. ⁷Mais ton souvenir est le sien, car il n'est pas possible de se souvenir de Dieu seul. ⁸*C'est cela que tu as oublié.* ⁹Ainsi c'est en percevant la guérison de ton frère comme ta propre guérison que tu te souviens de Dieu. ¹⁰Car tu as oublié tes frères avec Lui, et la Réponse de Dieu à ton oubli n'est que la façon de te souvenir.

3.   Ne perçois dans la maladie qu'un autre appel à l'amour, et offre à ton frère ce qu'il ne croit pas pouvoir s'offrir lui-même. ²Quelle que soit la maladie, il n'y a qu'un remède. ³Tu seras rendu entier comme tu rendras entier, car percevoir dans la maladie l'appel à la santé, c'est reconnaître dans la haine l'appel à l'amour. ⁴Et donner à un frère ce qu'il veut réellement, c'est te l'offrir à toi-même, car ton Père veut que tu connaisses ton frère comme toi-même. ⁵Réponds à son appel à l'amour, et le tien trouve réponse. ⁶La guérison est l'Amour du Christ pour Son Père et pour Lui-même.

4.   Souviens-toi de ce qui a été dit sur les perceptions effrayantes des petits enfants, qui les terrifient parce qu'ils ne les comprennent pas. ²S'ils demandent et acceptent d'être éclairés, leur peur s'évanouit. ³Mais s'ils cachent leurs cauchemars, ils les gardent. ⁴Il est facile d'aider un enfant incertain, car il reconnaît qu'il ne comprend pas ce que signifient ses perceptions. ⁵Or tu crois, toi, que tu comprends les tiennes. ⁶Petit enfant, tu te caches la tête sous les lourdes couvertures dont tu t'es recouvert. ⁷Tu caches tes cauchemars dans les ténèbres de ta propre fausse certitude, et tu refuses d'ouvrir les yeux et de les regarder.

5.   Ne gardons pas les cauchemars, car ce ne sont pas des offrandes qui conviennent au Christ, donc ce ne sont pas des dons qui te conviennent. ²Enlève les couvertures et regarde ce dont tu as peur. ³C'est l'anticipation seulement qui t'effraie, car la réalité du néant ne peut pas être effrayante. ⁴Ne retardons pas cela, car ton rêve de haine ne te laissera pas sans aide ; or l'Aide est là. ⁵Apprends à rester calme parmi le tumulte, car la quiétude est la fin de la dissension et ceci est le voyage qui mène à la paix. ⁶Regarde en face chaque image qui monte pour te retarder, car le but est inévitable parce qu'il est éternel. ⁷Le but de l'amour est ton droit, et il t'appartient en dépit de tes rêves.

6.   Tu veux encore ce que Dieu veut, et aucun cauchemar ne peut faire échouer un enfant de Dieu dans la poursuite de son but. ²Car ton but t'a été donné par Dieu, et tu dois l'accomplir parce que c'est Sa Volonté. ³Éveille-toi et souviens-toi de ton but, car c'est ta volonté de le faire. ⁴Ce qui a été accompli pour toi doit être à toi. ⁵Ne laisse pas ta haine faire obstacle à l'amour, car rien ne peut résister à l'Amour du Christ pour Son Père, ni à l'Amour de Son Père pour Lui.

7.   Encore un peu et tu me verras, car je ne suis pas caché parce que *tu* te caches. ²Je t'éveillerai aussi sûrement que je me suis éveillé moi-même, car je me suis éveillé pour toi. ³En ma résurrection est

ta délivrance. [4]Notre mission est d'échapper de la crucifixion et non de la rédemption. [5]Aie confiance en mon aide, car je n'ai pas marché seul et je marcherai avec toi comme notre Père a marché avec moi. [6]Ne connais-tu pas que j'ai marché avec Lui dans la paix? [7]Et cela ne signifie-t-il pas que la paix vient avec *nous* dans ce voyage?

8.   Il n'y a pas de crainte dans l'amour parfait. [2]Nous ne ferons que rendre parfait pour toi ce qui est déjà parfait en toi. [3]Tu ne crains pas l'inconnu mais le connu. [4]Tu n'échoueras pas dans ta mission parce que je n'ai pas échoué dans la mienne. [5]Fais-moi seulement un peu confiance, au nom de la confiance complète que j'ai en toi, et ensemble nous accomplirons facilement le but de perfection. [6]Car la perfection *est*, et ne peut être niée. [7]Nier le déni de la perfection n'est pas aussi difficile que de nier la vérité, et tu croiras ce que nous pouvons accomplir ensemble quand tu le verras accompli.

9.   Toi qui as tenté de bannir l'amour, tu n'as pas réussi; mais toi qui choisis de bannir la peur, tu dois réussir. [2]Le Seigneur est avec toi, mais tu ne connais pas cela. [3]Or ton Rédempteur est vivant, et il demeure en toi dans la paix à partir de laquelle Il a été créé. [4]N'échangerais-tu pas cette prise de conscience contre la conscience de la peur? [5]Quand nous aurons vaincu la peur — non pas en la cachant, ni en la minimisant ni en niant sa pleine portée en aucune façon —, c'est ce que tu verras réellement. [6]Tu ne peux pas mettre de côté les obstacles à la vision réelle sans les regarder, car mettre de côté signifie juger et rejeter. [7]Si tu regardes, le Saint-Esprit jugera, et Il jugera véritablement. [8]Or Il ne peut dissiper ce que tu gardes caché, car tu ne le Lui as pas offert et Il ne peut pas te le prendre.

10.   Nous nous embarquons donc dans un curriculum organisé, bien structuré et soigneusement planifié dont le but est de t'apprendre comment offrir au Saint-Esprit tout ce que tu ne veux pas. [2]Il connaît ce qu'Il doit en faire. [3]Tu ne sais pas comment utiliser ce qu'Il connaît. [4]Tout ce qui Lui est donné qui n'est pas de Dieu disparaît. [5]Or tu dois toi-même le regarder de plein gré, car autrement Sa connaissance reste sans utilité pour toi. [6]Il ne manquera sûrement pas de t'aider, puisqu'aider est Son seul but. [7]N'as-tu pas de plus fortes raisons de craindre le monde tel que tu le perçois, que de regarder la cause de la peur et d'en lâcher prise à jamais?

III. L'investissement dans la réalité

1. Je t'ai dit un jour de vendre tout ce que tu possèdes, de le donner aux pauvres et de me suivre. [2]Voici ce que je voulais dire : si
tu n'as aucun investissement en quoi que ce soit en ce monde, tu
peux enseigner aux pauvres où est leur trésor. [3]Les pauvres sont
simplement ceux qui ont mal investi, et ils sont pauvres en effet !
[4]Parce qu'ils sont dans le besoin, il t'est donné de les aider, puisque
tu es parmi eux. [5]Considère comme ta leçon serait parfaitement
apprise si tu étais indésireux de partager leur pauvreté. [6]Car la
pauvreté est un manque, et il y a un seul manque puisqu'il y a un
seul besoin.

2. Supposons qu'un frère insiste pour que tu fasses quelque chose
que tu penses ne pas vouloir faire. [2]Son insistance même devrait
te dire qu'il croit que le salut s'y trouve. [3]Si tu insistes à refuser et
ressens une vive réponse d'opposition, tu crois que ton salut est
de ne *pas* le faire. [4]Tu fais donc la même erreur que lui, et tu rends
son erreur réelle pour vous deux. [5]Insistance signifie investissement, et ce en quoi tu investis est toujours relié à ta notion du
salut. [6]La question est toujours double : premièrement, *quoi* doit
être sauvé ? [7]Et deuxièmement, *comment* cela peut-il être sauvé ?

3. Chaque fois que tu te fâches contre un frère, quelle que soit la
raison, tu crois que l'ego doit être sauvé, et sauvé par l'attaque.
[2]Si c'est lui qui attaque, tu es d'accord avec cette croyance ; et si
c'est toi qui attaques, tu la renforces. [3]*Souviens-toi que ceux qui
attaquent sont pauvres.* [4]Leur pauvreté demande des dons et non
un plus grand appauvrissement. [5]Toi qui pourrais les aider, tu agis
sûrement de manière destructrice si tu acceptes pour tienne leur
pauvreté. [6]Si tu n'avais pas investi comme ils l'ont fait, il ne te
viendrait jamais à l'esprit de passer sur leur besoin.

4. *Reconnais ce qui n'a pas d'importance*, et si tes frères te demandent
quelque chose de «choquant», fais-le *parce que* c'est sans importance. [2]Refuse, et ton opposition établit que cela est important
pour toi. [3]C'est toi seul, par conséquent, qui as rendu la requête
choquante, et chaque requête d'un frère est pour toi. [4]Pourquoi
insisterais-tu pour la lui refuser ? [5]Car faire cela, c'est te nier à
toi-même et vous appauvrir tous les deux. [6]Il demande le salut,
comme toi. [7]La pauvreté est de l'ego et jamais de Dieu. [8]Nulle requête «choquante» ne peut être faite à celui qui reconnaît ce qui
a de la valeur et qui ne veut rien accepter d'autre.

5.   Le salut est pour l'esprit, et c'est par la paix qu'il est atteint. ²Voilà la seule chose qui puisse être sauvée et la seule façon de la sauver. ³Toute autre réponse que l'amour vient d'une confusion sur le «quoi» et le «comment» du salut, et c'est la seule réponse. ⁴Ne perds jamais cela de vue et ne te permets jamais de croire, ne serait-ce qu'un instant, qu'il y a une autre réponse. ⁵Car tu te placerais assurément parmi les pauvres, qui ne comprennent pas qu'ils demeurent dans l'abondance et que le salut est venu.

6.   T'identifier à l'ego, c'est t'attaquer toi-même et te rendre pauvre. ²C'est pourquoi celui qui s'identifie à l'ego se sent privé de quelque chose. ³Ce qu'il ressent alors, c'est la dépression ou la colère, car ce qu'il a fait, c'est d'échanger l'amour de Soi pour la haine de soi, de sorte qu'il a maintenant peur de lui-même. ⁴Il ne s'en rend pas compte. ⁵Même s'il est pleinement conscient de son anxiété, il n'en perçoit pas la source dans sa propre identification à l'ego, et il essaie toujours de la traiter en passant une sorte d'«arrangement» insane avec le monde. ⁶Il perçoit toujours ce monde comme extérieur à lui, car cela est crucial pour son adaptation. ⁷Il ne se rend pas compte que c'est lui qui fait ce monde, car il n'y a pas de monde à l'extérieur de lui.

7.   Si seules les pensées aimantes du Fils de Dieu sont la réalité du monde, le monde réel doit être dans son esprit. ²Ses pensées insanes aussi doivent être dans son esprit, mais il ne peut tolérer un conflit intérieur d'une telle ampleur. ³Un esprit divisé est en danger, et reconnaître qu'il embrasse des pensées complètement opposées lui est intolérable. ⁴Par conséquent, l'esprit projette la division et non la réalité. ⁵Tout ce que tu perçois comme le monde extérieur n'est qu'une tentative de ta part pour maintenir ton identification à l'ego, car chacun croit que l'identification est le salut. ⁶Considère pourtant ce qui est arrivé, car les pensées ont certes des conséquences sur le penseur. ⁷Tu t'es brouillé avec le monde tel que tu le perçois, parce que tu penses qu'il t'est hostile. ⁸Cela est une conséquence nécessaire de ce que tu as fait. ⁹Tu as projeté à l'extérieur ce qui est hostile à ce qui est à l'intérieur, et tu dois donc forcément le percevoir ainsi. ¹⁰C'est pourquoi tu dois d'abord te rendre compte que ta haine est dans ton esprit et non hors de lui afin de pouvoir t'en débarrasser; pourquoi aussi tu dois d'abord t'en débarrasser afin de pouvoir percevoir le monde tel qu'il est réellement.

8.   J'ai dit plus tôt que Dieu a tant aimé le monde qu'Il l'a donné à Son Fils unique. ²Dieu aime le monde réel, et ceux qui en perçoivent

la réalité ne peuvent pas voir le monde de la mort. ³Car la mort n'est pas du monde réel, où tout est un reflet de l'éternel. ⁴Dieu t'a donné le monde réel en échange de celui que tu as fait à partir de ton esprit divisé, et qui est le symbole de la mort. ⁵Car si tu pouvais réellement te séparer de l'Esprit de Dieu, tu mourrais.

9. Le monde que tu perçois est un monde de séparation. ²Peut-être es-tu désireux d'accepter même la mort pour nier ton Père. ³Or Il ne veut pas qu'il en soit ainsi, donc il n'en est rien. ⁴Tu ne peux toujours pas exercer ta volonté contre Lui, et c'est pourquoi tu n'as aucun contrôle sur le monde que tu as fait. ⁵Ce n'est pas un monde de volonté parce qu'il est gouverné par le souhait d'être différent de Dieu, et ce souhait n'est pas la volonté. ⁶Par conséquent le monde que tu as fait est totalement chaotique, gouverné par des « lois » arbitraires et insensées, et sans aucune sorte de signification. ⁷Car il est fait à partir de tout ce que tu ne veux pas, que tu as projeté hors de ton esprit parce que tu en as peur. ⁸Or ce monde se trouve uniquement dans l'esprit de son faiseur, ainsi que son salut réel. ⁹Ne crois pas qu'il est à l'extérieur de toi, car c'est seulement en reconnaissant où il est que tu gagneras le contrôle sur lui. ¹⁰Car tu peux certes contrôler ton esprit, puisque l'esprit est le mécanisme de décision.

10. Si tu reconnais que toute l'attaque que tu perçois est dans ton propre esprit et nulle part ailleurs, tu en auras enfin trouvé la source ; et là où elle commence elle doit prendre fin. ²Car en ce même lieu réside aussi le salut. ³Là est l'autel de Dieu où habite le Christ. ⁴Tu as profané l'autel, mais pas le monde. ⁵Or le Christ a placé pour toi l'Expiation sur l'autel. ⁶Apporte à cet autel tes perceptions du monde, car c'est l'autel à la vérité. ⁷Là tu verras ta vision changée, et là tu apprendras à voir véritablement. ⁸De ce lieu, où Dieu et Son Fils demeurent en paix et où tu es le bienvenu, tu regarderas en paix et tu verras le monde véritablement. ⁹Mais pour trouver le lieu, tu dois renoncer à ton investissement dans le monde tel que tu le projettes, et permettre au Saint-Esprit d'étendre le monde réel de l'autel de Dieu jusqu'à toi.

IV. Chercher et trouver

1. L'ego est certain que l'amour est dangereux, et c'est toujours son enseignement central. ²Il ne le dit jamais de cette façon ; au contraire, quiconque croit que l'ego est le salut semble fort occupé

à chercher l'amour. ³Or l'ego, tout en encourageant très activement la quête de l'amour, ajoute une clause restrictive : ne le trouve
pas. ⁴Ses diktats peuvent donc se résumer simplement comme
suit : « Cherche et ne trouve *pas*. » ⁵C'est la seule promesse que l'ego
te présente, et la seule qu'il tiendra. ⁶Car l'ego poursuit son but
avec une insistance fanatique, et son jugement, quoique sévèrement détérioré, est complètement conséquent.

2.   La quête que l'ego entreprend est donc vouée à l'échec. ²Et
puisqu'il enseigne aussi qu'il est ton identification, l'ego te guide
vers un voyage qui ne peut finir que par ce qui est perçu comme
ton propre échec. ³Car l'ego ne peut pas aimer et dans sa quête
frénétique de l'amour il cherche ce qu'il a peur de trouver. ⁴La
quête est inévitable parce que l'ego fait partie de ton esprit, et à
cause de sa source l'ego n'est pas totalement séparé, sinon il ne
pourrait pas du tout être cru. ⁵Car c'est ton esprit qui croit en lui
et qui lui donne l'existence. ⁶Or c'est aussi ton esprit qui a le pouvoir de nier l'existence de l'ego, et tu le feras assurément lorsque
tu te rendras compte exactement en quoi consiste le voyage dans
lequel il t'embarque.

3.   Il est sûrement évident que nul ne veut trouver ce qui serait
son ultime échec. ²Étant incapable d'aimer, l'ego serait totalement
insuffisant en présence de l'amour, car il ne pourrait pas du tout
y répondre. ³Il faudrait alors que tu renonces à te faire guider par
l'ego, car il serait très apparent qu'il ne t'a pas enseigné la réponse
dont tu as besoin. ⁴Par conséquent, l'ego va distordre l'amour et
t'enseigner que l'amour appelle réellement les réponses que l'ego
peut enseigner. ⁵Suis son enseignement, donc, et tu chercheras
l'amour, mais tu ne le reconnaîtras pas.

4.   Te rends-tu compte que l'ego t'embarque dans un voyage qui
ne peut mener qu'à un sentiment de futilité et de dépression ?
²Chercher et ne pas trouver n'est guère réjouissant. ³Est-ce la promesse que tu voudrais tenir ? ⁴Le Saint-Esprit t'offre une autre
promesse, une promesse qui conduira à la joie. ⁵Car Sa promesse
est toujours : « Cherche et tu *trouveras* », et guidé par Lui tu ne
peux pas subir d'échec. ⁶Son voyage mène à l'accomplissement,
et le but qu'Il te propose, Il te le donnera. ⁷Car jamais Il ne trompera le Fils de Dieu, qu'Il aime avec l'Amour du Père.

5.   Tu *vas* entreprendre un voyage parce que tu n'es pas chez toi
dans ce monde. ²Et tu *vas* chercher ta demeure, que tu saches ou
non où elle est. ³Si tu crois qu'elle est à l'extérieur de toi, la quête
sera futile, car tu la chercheras où elle n'est pas. ⁴Tu ne te souviens

pas comment regarder au-dedans, car tu ne crois pas que ta maison soit là. ⁵Or le Saint-Esprit S'en souvient pour toi, et Il te guidera jusqu'à chez toi parce que c'est Sa mission. ⁶En remplissant Sa mission, Il t'enseignera la tienne, car ta mission est la même que la Sienne. ⁷En guidant tes frères jusqu'à chez eux, tu ne fais que Le suivre.

6.   Vois le Guide que le Père t'a donné, afin que tu apprennes que tu as la vie éternelle. ²Car la mort n'est pas la Volonté de ton Père ni la tienne, et tout ce qui est vrai est la Volonté du Père. ³Tu n'as pas de prix à payer pour la vie car elle t'a été donnée, mais tu as certes un prix à payer pour la mort, et ce prix est très élevé. ⁴Si la mort est ton trésor, tu vendras tout le reste pour l'acheter. ⁵Et tu croiras l'avoir achetée, parce que tu as vendu tout le reste. ⁶Or tu ne peux pas vendre le Royaume des Cieux. ⁷Ton héritage ne peut ni s'acheter ni se vendre. ⁸Il ne peut y avoir de parties déshéritées de la Filialité, car Dieu est entier et toutes Ses extensions sont comme Lui.

7.   L'Expiation n'est pas le prix de ton entièreté, mais *c'est* le prix pour avoir conscience de ton entièreté. ²Car ce que tu as choisi de « vendre » a dû être gardé pour toi, puisque tu ne pouvais pas le « racheter ». ³Or tu dois y investir, non pas avec de l'argent mais avec le pur-esprit. ⁴Car le pur-esprit est volonté, et la volonté est le « prix » du Royaume. ⁵Ton héritage attend seulement la re-connaissance de ce que tu as été rédimé. ⁶Le Saint-Esprit te guide jusqu'en la vie éternelle, mais tu dois renoncer à ton investissement dans la mort, ou tu ne verras pas la vie bien qu'elle soit tout autour de toi.

V. Le curriculum sain

1.   Seul l'amour est fort parce qu'il est indivisé. ²Les forts n'attaquent pas parce qu'ils ne voient pas le besoin de le faire. ³Pour que l'idée d'attaque puisse entrer dans ton esprit, il faut d'abord que tu te sois perçu toi-même comme faible. ⁴Parce que tu t'es attaqué toi-même et parce que tu as cru que l'attaque était effective, tu te vois toi-même comme affaibli. ⁵Ne percevant plus tes frères et toi comme égaux, et te considérant comme le plus faible, tu tentes « d'égaliser » la situation que tu as faite. ⁶Pour ce faire tu utilises l'attaque parce que tu crois que l'attaque a réussi à t'affaiblir.

2.   C'est pourquoi la re-connaissance de ta propre invulnérabilité est si importante pour le rétablissement de ta santé d'esprit. [2]Car si tu acceptes ton invulnérabilité, tu reconnais que l'attaque n'a pas d'effet. [3]Bien que tu te sois attaqué toi-même, tu démontreras qu'en réalité il ne s'est rien passé. [4]En attaquant, par conséquent, tu n'as rien fait. [5]Quand tu auras compris cela, tu verras que l'attaque n'a pas de sens, car il est évident qu'elle ne marche pas et ne peut pas te protéger. [6]Or la re-connaissance de ton invulnérabilité a plus qu'une valeur négative. [7]Si tes attaques contre toi-même n'ont pas réussi à t'affaiblir, tu es encore fort. [8]Tu n'as donc pas besoin d'«égaliser» la situation pour établir ta force.

3.   À moins de reconnaître que ton attaque contre toi-même n'a pas d'effets, jamais tu ne te rendras compte de la complète inutilité de l'attaque. [2]Car les autres réagissent certes à l'attaque quand ils la perçoivent, et si tu essaies de les attaquer tu ne pourras pas éviter d'interpréter cela comme un renforcement. [3]Le seul endroit où tu puisses annuler tout renforcement, c'est en toi-même. [4]Car tu es toujours le premier point de ton attaque ; et si cela n'a jamais été, cela n'a pas de conséquences.

4.   L'Amour du Saint-Esprit est ta force, car le tien est divisé ; par conséquent, il n'est pas réel. [2]Tu ne peux pas te fier à ton propre amour quand tu l'attaques. [3]Tu ne peux pas apprendre ce qu'est l'amour parfait avec un esprit divisé, parce qu'un esprit divisé a fait de lui-même un mauvais apprenant. [4]Tu as tenté de rendre la séparation éternelle, parce que tu voulais conserver les caractéristiques de la création, mais avec ton propre contenu. [5]Or la création n'est pas de toi, et les mauvais apprenants ont certes besoin d'un enseignement particulier.

5.   Tu as des handicaps d'apprentissage, très littéralement. [2]Dans certains domaines tes capacités d'apprentissage sont tellement détériorées que tu ne peux plus progresser que sous une direction constante, nette et précise, fournie par un Enseignant Qui peut transcender tes ressources limitées. [3]Il devient ta Ressource parce que de toi-même tu ne peux pas apprendre. [4]La situation d'apprentissage dans laquelle tu t'es placé est impossible, et dans cette situation il est clair qu'il te faut un Enseignant particulier et un curriculum particulier. [5]Les mauvais apprenants ne sont pas de bons choix comme enseignants, ni pour eux-mêmes ni pour personne d'autre. [6]Tu ne te tournerais guère vers eux pour établir le curriculum par lequel ils peuvent échapper de leurs limitations. [7]S'ils comprenaient ce qui les dépasse, ils ne seraient pas handicapés.

6. Tu ne connais pas ce que signifie l'amour, et voilà ton handi-cap. ²Ne tente pas de t'enseigner ce que tu ne comprends pas et n'essaie pas de fixer des buts de curriculum là où les tiens ont manifestement échoué. ³Ton but d'apprentissage était de *ne pas* apprendre, et cela ne peut pas mener à un apprentissage réussi. ⁴Tu ne peux pas transférer ce que tu n'as pas appris, et la détério-ration de l'aptitude à généraliser est un échec d'apprentissage crucial. ⁵Demanderais-tu à ceux qui n'ont pas réussi à apprendre à quoi servent les aides à l'apprentissage? ⁶Ils ne le savent pas. ⁷S'ils pouvaient interpréter les aides correctement, ils en auraient appris quelque chose.

7. J'ai dit que la règle de l'ego est : « Cherche et ne trouve pas. » ²Traduit en termes de curriculum, cela signifie : « Essaie d'ap-prendre mais ne réussis pas. » ³Le résultat de ce but de curriculum est évident. ⁴Toute aide valable à l'enseignement, toute instruc-tion réelle et tout guide d'apprentissage sensé seront mal inter-prétés, puisqu'ils sont tous là pour faciliter l'apprentissage auquel s'oppose cet étrange curriculum. ⁵Si tu essaies d'apprendre com-ment ne pas apprendre, et si le but de ton enseignement vise à son propre échec, que peux-tu espérer d'autre que la confusion? ⁶Un tel curriculum n'a pas de sens. ⁷Cette tentative d'« apprendre » a tellement affaibli ton esprit que tu ne peux pas aimer, car le cur-riculum que tu as choisi est contre l'amour, et cela équivaut à un cours sur la façon de t'attaquer toi-même. ⁸Ce curriculum a un but supplémentaire, qui est d'apprendre comment *ne pas* vaincre la division qui rend son but premier crédible. ⁹Et tu ne vaincras pas la division dans ce curriculum, car tout ton apprentissage ira à son profit. ¹⁰Or ton esprit parle contre ton apprentissage comme ton apprentissage parle contre ton esprit, et tu luttes ainsi avec succès contre tout apprentissage, car c'est ce que tu veux. ¹¹Mais peut-être est-ce que tu ne te rends pas compte, même encore, qu'il *est* quelque chose que tu veux apprendre, et que tu peux l'ap-prendre parce que tu *as* choisi de le faire.

8. Toi qui as tenté d'apprendre ce que tu ne veux pas devrais reprendre courage, car bien que le curriculum que tu t'es donné soit certes déprimant, il n'est que ridicule quand tu le regardes de plus près. ²Est-il possible que la façon de réaliser un but soit de ne pas l'atteindre? ³Cesse maintenant d'être ton propre ensei-gnant. ⁴Cette démission ne mènera pas à la dépression. ⁵C'est le simple résultat d'une évaluation honnête de ce que tu t'es en-seigné et des résultats d'apprentissage qui en ont suivi. ⁶Dans les

conditions d'apprentissage correctes, que tu ne peux ni fournir ni comprendre, tu deviendras un excellent apprenant et un excellent enseignant. [7]Mais cela n'est pas encore et cela ne sera pas tant que toute la situation d'apprentissage telle que tu l'as montée ne sera pas renversée.

9.   Compris correctement, ton potentiel d'apprentissage est illimité parce qu'il te conduira à Dieu. [2]Tu peux enseigner la voie vers Lui et tu peux l'apprendre, si tu suis l'Enseignant Qui connaît la voie vers Lui et Qui comprend Son curriculum pour l'apprendre. [3]Le curriculum est totalement non ambigu, parce que le but n'est pas divisé et que les moyens et la fin s'accordent complètement. [4]Tu as seulement besoin de lui prêter ton attention indivisée. [5]Tout le reste te sera donné. [6]Car tu veux vraiment bien apprendre, et rien ne peut s'opposer à la décision du Fils de Dieu. [7]Son apprentissage est aussi illimité que lui.

VI. La vision du Christ

1.   L'ego essaie de t'enseigner comment gagner le monde entier et perdre ton âme. [2]Le Saint-Esprit enseigne que tu ne peux pas perdre ton âme et qu'il n'y a rien à gagner dans le monde, car de lui-même il ne profite pas. [3]Investir sans profit, c'est sûrement t'appauvrir, et les frais sont élevés. [4]Non seulement l'investissement n'apporte aucun profit, mais ce qu'il t'en coûte est énorme. [5]Car cet investissement te coûte la réalité du monde en te niant la tienne, et en retour il ne te donne rien. [6]Tu ne peux pas vendre ton âme, mais tu peux vendre la conscience que tu en as. [7]Tu ne peux pas percevoir ton âme, mais tu ne la connaîtras pas tant que tu percevras autre chose comme ayant plus de valeur.

2.   Le Saint-Esprit est ta force parce qu'il te connaît uniquement pur-esprit. [2]Il est parfaitement conscient que tu ne te connais pas toi-même, et parfaitement conscient de la façon de t'enseigner à te souvenir de ce que tu es. [3]Parce qu'Il t'aime, Il t'enseignera avec joie ce qu'Il aime, car Sa Volonté est de le partager. [4]Se souvenant toujours de toi, Il ne peut pas te laisser oublier ta valeur. [5]Car le Père ne cesse jamais de Lui rappeler Son Fils, et Lui ne cesse jamais de rappeler le Père à Son Fils. [6]Dieu est dans ta mémoire à cause de Lui. [7]Tu as choisi d'oublier ton Père mais tu ne veux pas réellement le faire, et tu peux donc prendre une autre décision. [8]Comme c'était ma décision, ainsi est-ce la tienne.

3. Tu ne veux pas le monde. ²La seule chose de valeur en lui, c'est n'importe quelle partie de lui que tu regardes avec amour. ³Cela lui donne la seule réalité qu'il aura jamais. ⁴Sa valeur n'est pas en lui-même mais la tienne est en toi. ⁵De même que la valeur de soi vient de l'extension de soi, de même la perception de la valeur de soi vient de l'extension de pensées aimantes vers l'extérieur. ⁶Rends le monde réel pour toi-même, car le monde réel est le don du Saint-Esprit; ainsi il t'appartient.

4. La correction est pour tous ceux qui ne peuvent pas voir. ²La mission du Saint-Esprit est d'ouvrir les yeux des aveugles, car Il connaît qu'ils n'ont pas perdu leur vision mais qu'ils dorment simplement. ³Il voudrait les éveiller du sommeil de l'oubli au souvenir de Dieu. ⁴Les yeux du Christ sont ouverts et Il regardera tout ce que tu vois avec amour si tu acceptes Sa vision pour tienne. ⁵Le Saint-Esprit garde la vision du Christ pour chaque Fils de Dieu qui dort. ⁶À ses yeux le Fils de Dieu est parfait, et Il languit de partager Sa vision avec toi. ⁷Il te montrera le monde réel parce que Dieu t'a donné le Ciel. ⁸Par Lui ton Père appelle Son Fils à se souvenir. ⁹L'éveil de Son Fils commence par son investissement dans le monde réel, et par là il apprendra à réinvestir en lui-même. ¹⁰Car la réalité est une avec le Père et le Fils, et le Saint-Esprit bénit le monde réel en Leur Nom.

5. Quand tu auras vu ce monde réel, comme tu le feras assurément, tu te souviendras de Nous. ²Or tu dois apprendre le coût du sommeil et refuser de le payer. ³Alors seulement tu décideras de t'éveiller. ⁴Et alors le monde réel jaillira à ta vue, car le Christ n'a jamais dormi. ⁵Il attend que tu Le voies, car Lui ne t'a jamais perdu de vue. ⁶Il regarde quiètement le monde réel, qu'Il voudrait partager avec toi parce qu'Il connaît l'amour du Père pour Lui. ⁷Et connaissant cela, Il voudrait te donner ce qui est à toi. ⁸Dans une paix parfaite, Il t'attend à l'autel de Son Père, t'offrant l'Amour du Père dans la quiète lumière de la bénédiction du Saint-Esprit. ⁹Car le Saint-Esprit conduira chacun chez son Père, où le Christ attend Qui est son Soi.

6. Chaque enfant de Dieu est un dans le Christ, car son être est dans le Christ comme Celui du Christ est en Dieu. ²L'Amour du Christ pour toi est Son Amour pour Son Père, qu'Il connaît parce qu'Il connaît l'Amour de Son Père pour Lui. ³Quand le Saint-Esprit t'aura enfin conduit au Christ à l'autel de Son Père, la perception se fusionnera dans la connaissance parce que la perception sera devenue si sainte que son transfert en sainteté n'en sera plus que

l'extension naturelle. ⁴L'amour à l'amour se transfère sans aucune interférence, car les deux ne font qu'un. ⁵Au fur et à mesure que tu perçois de plus en plus d'éléments communs dans toutes les situations, le transfert de l'entraînement sous la direction du Saint-Esprit augmente et se généralise. ⁶Graduellement, tu apprends à l'appliquer à tous et à tout, car son applicabilité est universelle. ⁷Une fois que cela est accompli, la perception et la connaissance sont devenues tellement similaires qu'elles partagent l'unification des lois de Dieu.

7.   Ce qui est un ne peut pas être perçu comme séparé, et le déni de la séparation est le rétablissement de la connaissance. ²À l'autel de Dieu, la sainte perception du Fils de Dieu devient si illuminée que des flots de lumière la pénètrent, et le pur-esprit du Fils de Dieu brille dans l'Esprit du Père avec lequel il devient un. ³Sur Lui-même Dieu brille avec douceur, aimant l'extension de Lui-même qu'est Son Fils. ⁴Le monde est sans but comme il se fond dans le but de Dieu. ⁵Car le monde réel s'est glissé tout doucement jusque dans le Ciel, où tout ce qui est éternel en lui a toujours été. ⁶Là le Rédempteur et le rédimé se joignent dans l'amour parfait de Dieu et de l'un pour l'autre. ⁷Le Ciel est ta demeure ; et comme il est en Dieu, il doit aussi être en toi.

VII. Regarder au-dedans

1.   Les miracles démontrent que l'apprentissage s'est produit sous la bonne direction, car l'apprentissage est invisible, et ce qui a été appris ne peut être reconnu qu'à ses résultats. ²Sa généralisation est démontrée quand tu l'utilises dans des situations de plus en plus nombreuses. ³Tu reconnaîtras que tu as appris qu'il n'y a pas d'ordre de difficulté dans les miracles quand tu les appliqueras à toutes les situations. ⁴Il n'y a pas de situation où les miracles ne s'appliquent pas, et en les appliquant à toutes les situations tu gagneras le monde réel. ⁵Car dans cette sainte perception, tu seras rendu entier, et de ton acceptation de l'Expiation pour toi-même l'Expiation rayonnera sur chacun de ceux que le Saint-Esprit t'envoie pour que tu le bénisses. ⁶Dans chaque enfant de Dieu réside Sa bénédiction, et dans ta bénédiction des enfants de Dieu est Sa bénédiction pour toi.

2.   Chacun dans le monde doit jouer son rôle dans sa rédemption, afin de reconnaître que le monde a été rédimé. ²Tu ne peux pas voir

l'invisible. ³Or si tu vois ses effets, tu connais qu'il doit être là. ⁴En percevant ce qu'il fait, tu reconnais son être. ⁵Et c'est à ce qu'il fait que tu apprends ce qu'il est. ⁶Tu ne peux pas voir tes forces, mais tu prends confiance en leur existence au fur et à mesure qu'elles te permettent d'agir. ⁷Et les résultats de tes actions, tu *peux* les voir.

3. Le Saint-Esprit est invisible, mais tu peux voir les résultats de Sa Présence, et par eux tu apprendras qu'Il est là. ²Ce qu'Il te permet de faire n'est nettement pas de ce monde, car les miracles violent chaque loi de la réalité telle que ce monde en juge. ³Chaque loi du temps et de l'espace, de masse et d'ampleur, est transcendée, car ce que le Saint-Esprit te permet de faire est nettement au-delà de toutes ces lois. ⁴En percevant Ses résultats, tu comprendras où Il doit être, et tu connaîtras finalement ce qu'Il est.

4. Tu ne peux pas voir le Saint-Esprit, mais tu peux voir Ses manifestations. ²Et à moins de les voir, tu ne te rendras pas compte qu'Il est là. ³Les miracles sont Ses témoins, qui parlent pour Sa Présence. ⁴Ce que tu ne peux voir ne devient réel pour toi que par les témoins qui parlent pour cela. ⁵Car tu peux avoir conscience de ce que tu ne vois pas, et cela peut devenir irrésistiblement réel pour toi quand sa présence est rendue manifeste par toi. ⁶Fais l'œuvre du Saint-Esprit, car tu partages Sa fonction. ⁷Comme ta fonction au Ciel est la création, ainsi ta fonction sur terre est la guérison. ⁸Dieu partage Sa fonction avec toi au Ciel, et le Saint-Esprit partage la Sienne avec toi sur terre. ⁹Aussi longtemps que tu crois avoir d'autres fonctions, aussi longtemps tu as besoin de correction. ¹⁰Car cette croyance est la destruction de la paix, un but qui est directement opposé au but du Saint-Esprit.

5. Tu vois ce à quoi tu t'attends, et tu t'attends à ce que tu invites. ²Ta perception est le résultat de ton invitation, venant à toi comme tu l'as fait venir. ³De qui voudrais-tu voir les manifestations? ⁴De quelle présence voudrais-tu être convaincu? ⁵Car tu croiras en ce que tu manifestes, et comme tu regardes au-dehors, ainsi tu verras au-dedans. ⁶Il y a dans ton esprit deux façons de regarder le monde, et ta perception reflétera la direction que tu as choisie.

6. Je suis la manifestation du Saint-Esprit, et quand tu me verras c'est parce que tu L'auras invité. ²Car Il t'enverra Ses témoins pour peu que tu veuilles les voir. ³Souviens-toi toujours que tu vois ce que tu cherches, car ce que tu cherches, tu le trouveras. ⁴L'ego trouve ce qu'il cherche, et rien que cela. ⁵Il ne trouve pas l'amour, car ce n'est pas ce qu'il cherche. ⁶Or chercher et trouver

sont la même chose, et si tu cherches deux buts, tu les trouveras, mais tu ne reconnaîtras ni l'un ni l'autre. [7]Tu penseras qu'ils sont les mêmes parce que tu les veux tous les deux. [8]L'esprit aspire toujours à l'intégration, et s'il est divisé et veut garder la division, il croira encore qu'il a un seul but en le faisant paraître un.

7.   J'ai dit plus tôt que c'est à toi de choisir ce que tu projettes ou étends ; mais tu dois faire l'un ou l'autre, car c'est une loi de l'esprit, et tu dois regarder au-dedans avant de regarder au-dehors. [2]En regardant au-dedans, tu choisis un guide pour ta vue. [3]Ensuite tu regardes au-dehors et tu vois ses témoins. [4]Voilà pourquoi tu trouves ce que tu cherches. [5]Ce que tu veux en toi-même, tu le rendras manifeste, et tu l'accepteras venant du monde parce que c'est toi qui l'a mis là en le voulant. [6]Quand tu penses que tu projettes ce que tu ne veux pas, c'est encore parce que tu le *veux*. [7]Cela mène directement à la dissociation, car cela représente l'acceptation de deux buts, chacun perçu dans un endroit différent ; séparés l'un de l'autre parce que tu les as rendus différents. [8]Alors l'esprit voit un monde divisé à l'extérieur de lui, mais non au-dedans. [9]Cela lui donne une illusion d'intégrité et lui permet de croire qu'il poursuit un seul but. [10]Or tant que tu perçois le monde comme divisé, tu n'es pas guéri. [11]Car être guéri, c'est poursuivre un seul but, parce que tu en as accepté un seul et n'en veux qu'un.

8.   Quand tu ne voudras que l'amour, tu ne verras rien d'autre. [2]La nature contradictoire des témoins que tu perçois n'est que le reflet de tes invitations conflictuelles. [3]Tu as regardé ton esprit et accepté qu'il y ait opposition, l'y ayant cherchée. [4]Mais alors ne crois pas que les témoins de l'opposition soient vrais, car ils témoignent seulement de ta décision sur la réalité, te renvoyant les messages que tu leur as donnés. [5]L'amour aussi se reconnaît à ses messagers. [6]Si tu rends l'amour manifeste, ses messagers viendront à toi parce que tu les auras invités.

9.   Le pouvoir de décider est la seule liberté qui te reste en tant que prisonnier de ce monde. [2]Tu peux décider de le voir avec justesse. [3]Ce que tu en as fait n'est pas sa réalité, car sa réalité est seulement ce que tu lui donnes. [4]En fait, à quelqu'un ou à quelque chose, tu ne peux donner rien d'autre que l'amour, et tu ne peux pas non plus recevoir d'eux quoi que ce soit d'autre que l'amour. [5]Si tu penses avoir reçu quelque autre chose, c'est qu'en regardant au-dedans tu as cru voir en toi le pouvoir de donner quelque chose

d'autre. [6]C'est cette seule décision qui a déterminé ce que tu as trouvé, car c'était la décision de le chercher.

10. Tu as peur de moi parce que tu as regardé au-dedans et tu as peur de ce que tu as vu. [2]Or tu n'as pas pu voir la réalité, car la réalité de ton esprit est la plus belle des créations de Dieu. [3]Venant seulement de Dieu, sa puissance et sa grandeur ne pourraient t'apporter que la paix *si réellement tu la regardais*. [4]Si tu as peur, c'est parce que tu as vu quelque chose qui n'est pas là. [5]Or au même endroit tu aurais pu nous voir, moi et tous tes frères, en la parfaite sécurité de l'Esprit qui nous a créés. [6]Car nous sommes là dans la paix du Père, Dont la Volonté est d'étendre Sa paix par toi.

11. Quand tu auras accepté ta mission qui est d'étendre la paix, tu trouveras la paix, car tu la verras en la rendant manifeste. [2]Ses saints témoins t'entoureront parce que tu les as appelés et ils viendront à toi. [3]J'ai entendu ton appel et j'y ai répondu, mais tu ne me verras pas et tu n'entendras pas la réponse que tu cherchais. [4]C'est parce que tu ne veux pas encore *seulement* cela. [5]Or plus je deviens réel pour toi, plus tu apprends que c'est vraiment seulement cela que tu veux. [6]Et tu me verras en regardant au-dedans, et nous regarderons ensemble le monde réel. [7]Par les yeux du Christ, seul le monde réel existe et seul le monde réel peut être vu. [8]Comme tu décides, ainsi tu verras. [9]Et tout ce que tu vois ne fait que témoigner de ta décision.

12. Quand tu regardes au-dedans et me vois, c'est parce que tu as décidé de manifester la vérité. [2]Et en la manifestant, tu la verras à la fois au-dehors et au-dedans. [3]Tu la verras au-dehors *parce que* tu l'as d'abord vue au-dedans. [4]Tout ce que tu contemples au-dehors est un jugement porté sur ce que tu as contemplé au-dedans. [5]Si c'est ton jugement, il sera faux, car le jugement n'est pas ta fonction. [6]Si c'est le jugement du Saint-Esprit, il sera juste, car le jugement *est* Sa fonction. [7]Tu ne partages Sa fonction qu'en jugeant comme Lui, ne te réservant absolument aucun jugement. [8]Tu jugeras contre toi-même, mais Il jugera *pour* toi.

13. Souviens-toi, donc, que chaque fois que tu regardes au-dehors et réagis défavorablement à ce que tu vois, tu t'es jugé indigne et t'es condamné à mort. [2]La peine de mort est le but ultime de l'ego, car il croit pleinement que tu es un criminel et mérites la mort, comme Dieu connaît que tu mérites la vie. [3]La peine de mort ne quitte jamais l'esprit de l'ego, car c'est toujours ce qu'il te réserve à la fin. [4]Voulant te tuer comme expression finale du sentiment qu'il a pour toi, il ne te laisse vivre que pour attendre la mort. [5]Il

te tourmente pendant que tu vis, mais sa haine n'est pas satisfaite jusqu'à ce que tu meures. ⁶Car ta destruction est la seule fin à laquelle il œuvre, et la seule fin qui le satisfera.

14.   L'ego n'est pas traître à Dieu, envers Qui nulle traîtrise n'est possible. ²Mais il te trahit, toi, qui crois avoir été traître envers ton Père. ³C'est pourquoi défaire la culpabilité est une part essentielle de l'enseignement du Saint-Esprit. ⁴Car aussi longtemps que tu te sens coupable, tu écoutes la voix de l'ego, qui te dit que tu as trahi Dieu et par conséquent mérites la mort. ⁵Tu penseras que la mort vient de Dieu et non de l'ego parce qu'en te confondant toi-même avec l'ego, tu crois que tu veux la mort. ⁶Et de ce que tu veux Dieu ne te sauve pas.

15.   Quand tu es tenté de céder au désir de la mort, *souviens-toi que je ne suis pas mort*. ²Tu te rendras compte que c'est vrai lorsque tu regarderas au-dedans et me *verras*. ³Aurais-je vaincu la mort pour moi seul? ⁴Et le Père m'aurait-Il donné la vie éternelle s'Il ne te l'avait pas aussi donnée? ⁵Quand tu apprendras à me rendre manifeste, tu ne verras plus jamais la mort. ⁶Car tu auras contemplé ce qui est sans mort en toi-même, et tu ne verras que l'éternel en regardant un monde qui ne peut pas mourir.

VIII. L'attraction de l'amour pour l'amour

1.   Crois-tu réellement que tu peux tuer le Fils de Dieu? ²Le Fils est en sécurité où le Père en Lui-même l'a caché, le tenant loin de tes pensées destructrices, mais à cause d'elles tu ne connais ni le Père ni le Fils. ³Tu attaques le monde réel à chaque jour, à chaque heure et à chaque minute, et pourtant tu es surpris de ne pas pouvoir le voir. ⁴Si tu cherches l'amour afin de l'attaquer, tu ne le trouveras jamais. ⁵Car si l'amour est partage, comment peux-tu le trouver, sauf par lui-même? ⁶Offre-le et il viendra à toi, parce qu'il est attiré vers lui-même. ⁷Mais offre l'attaque et l'amour restera caché, car il ne peut vivre que dans la paix.

2.   Le Fils de Dieu est aussi en sécurité que son Père, car le Fils, connaissant la protection de son Père, ne craint rien. ²L'Amour de son Père le tient dans une paix parfaite, et n'ayant besoin de rien, il ne demande rien. ³Or il est loin de toi dont il est le Soi, car tu as choisi de l'attaquer et il a disparu de ta vue en son Père. ⁴Il n'a pas changé mais toi, si. ⁵Car un esprit divisé et toutes ses œuvres,

ce n'est pas le Père qui les a créés, et ils ne pourraient pas vivre dans la connaissance de Lui.

3.   Quand tu as rendu visible ce qui n'est pas vrai, ce qui *est* vrai t'est devenu invisible. ²Or cela ne peut pas être invisible en soi, car le Saint-Esprit le voit avec une parfaite clarté. ³C'est invisible pour toi parce que tu regardes quelque chose d'autre. ⁴Or il ne t'appartient pas plus de décider ce qui est visible et ce qui est invisible qu'il ne t'appartient de décider ce qu'est la réalité. ⁵Ce qui peut être vu, c'est ce que voit le Saint-Esprit. ⁶La définition de la réalité est de Dieu, et non de toi. ⁷Il l'a créée, et Il connaît ce qu'elle est. ⁸Toi qui connaissais, tu as oublié, et s'Il ne t'avait pas donné une façon de te souvenir, tu te serais condamné toi-même à l'oubli.

4.   À cause de l'Amour de ton Père, tu ne peux jamais L'oublier, car nul ne peut oublier ce que Dieu Lui-même a placé dans sa mémoire. ²Tu peux le nier, mais tu ne peux pas le perdre. ³Une Voix répondra à chaque question que tu poses, et une vision corrigera la perception de tout ce que tu vois. ⁴Car ce que tu as rendu invisible est la seule vérité, et ce que tu n'as pas entendu est la seule Réponse. ⁵Dieu voudrait te réunir avec toi-même, et Il ne t'a pas abandonné dans ta détresse. ⁶Tu n'attends que Lui, et tu ne connais pas cela. ⁷Or Son souvenir luit dans ton esprit et ne peut pas être oblitéré. ⁸Il n'est pas plus passé que futur, étant toujours à jamais.

5.   Tu n'as qu'à demander ce souvenir et tu te souviendras. ²Or le souvenir de Dieu ne peut pas luire dans un esprit qui l'a oblitéré et veut le garder ainsi. ³Car le souvenir de Dieu ne peut se faire jour que dans un esprit qui choisit de se souvenir, et qui a renoncé au désir insane de contrôler la réalité. ⁴Toi qui ne peux même pas te contrôler toi-même ne devrais guère aspirer à contrôler l'univers. ⁵Regarde plutôt ce que tu en as fait, et réjouis-toi qu'il n'en soit rien.

6.   Fils de Dieu, ne te contente pas de rien ! ²Ce qui n'est pas réel ne peut pas être vu et n'a pas de valeur. ³Dieu ne pourrait pas offrir à Son Fils ce qui n'a pas de valeur, pas plus que Son Fils ne pourrait le recevoir. ⁴Tu étais rédimé dès l'instant que tu as pensé L'avoir déserté. ⁵Tout ce que tu as fait n'a jamais été et est invisible parce que le Saint-Esprit ne le voit pas. ⁶Or ce qu'Il voit t'est donné à contempler, et par Sa vision ta perception est guérie. ⁷Tu as rendu invisible la seule vérité que ce monde contienne. ⁸Accordant de la valeur à rien, tu as cherché rien. ⁹En rendant rien

réel pour toi, tu l'as vu. *[10]Mais ce n'est pas là.* [11]Et le Christ t'est invisible à cause de ce que tu as rendu visible pour toi.

7.   Or peu importe quelle distance tu as essayé d'interposer entre ta conscience et la vérité. [2]Le Fils de Dieu peut être vu parce que sa vision est partagée. [3]Le Saint-Esprit le regarde et ne voit rien d'autre en toi. [4]Ce qui est invisible pour toi est parfait à Sa vue et l'embrasse tout entier. [5]Il S'est souvenu de toi parce qu'Il n'a pas oublié le Père. [6]Tu as regardé l'irréel et trouvé le désespoir. [7]Or en cherchant l'irréel, que pouvais-tu trouver d'autre ? [8]Le monde irréel *est* une chose désespérante, car il ne sera jamais. [9]Et toi qui partages l'Être de Dieu avec Lui, tu ne pourrais jamais te contenter sans la réalité. [10]Ce que Dieu ne t'a pas donné n'a pas de pouvoir sur toi, et l'attraction de l'amour pour l'amour demeure irrésistible. [11]Car c'est la fonction de l'amour d'unir toutes choses à lui-même et de maintenir toutes choses réunies par l'extension de son entièreté.

8.   Dieu t'a donné avec amour le monde réel en échange du monde que tu as fait et du monde que tu vois. [2]Prends-le seulement de la main du Christ et contemple-le. [3]Sa réalité rendra tout le reste invisible, car le contempler, c'est la perception totale. [4]En le contemplant, tu te souviendras qu'il en fut toujours ainsi. [5]Le néant deviendra invisible, car enfin tu auras vu véritablement. [6]La perception rédimée est facilement traduite en connaissance, car seule la perception est capable d'erreur et la perception n'a jamais été. [7]Étant corrigée, elle cède la place à la connaissance, qui est à jamais la seule réalité. [8]L'Expiation n'est que la voie du retour à ce qui n'a jamais été perdu. [9]Ton Père ne pourrait pas cesser d'aimer Son Fils.

Chapitre 13

LE MONDE NON COUPABLE

Introduction

1. Si tu ne te sentais pas coupable, tu ne pourrais pas attaquer, car la condamnation est la racine de l'attaque. [2]C'est le jugement d'un esprit par un autre comme étant indigne d'amour et méritant d'être puni. [3]Mais en cela réside la division. [4]Car l'esprit qui juge se perçoit lui-même comme étant séparé de l'esprit qui est jugé, et il croit qu'en punissant l'autre, lui-même échappera à la punition. [5]Tout cela n'est que la tentative délirante de l'esprit pour se nier lui-même tout en échappant à la pénalité du déni. [6]Ce n'est pas une tentative pour renoncer au déni mais pour s'y accrocher. [7]Car c'est la culpabilité qui t'a obscurci le Père, et c'est la culpabilité qui t'a rendu insane.

2. L'acceptation de la culpabilité dans l'esprit du Fils de Dieu fut le commencement de la séparation, comme l'acceptation de l'Expiation en est la fin. [2]Le monde que tu vois est le système délirant de ceux que la culpabilité a rendus fous. [3]Regarde attentivement ce monde et tu te rendras compte que c'est ainsi. [4]Car ce monde est le symbole de la punition, et toutes les lois qui semblent le gouverner sont les lois de la mort. [5]Les enfants y naissent avec douleur et dans la douleur. [6]Ils grandissent en souffrant et ils apprennent ce que sont le chagrin, la séparation et la mort. [7]Leur esprit semble être emprisonné dans leur cerveau, dont les pouvoirs semblent décliner quand le corps est blessé. [8]Ils semblent aimer, or ils désertent et sont désertés. [9]Ils paraissent perdre ce qu'ils aiment, ce qui est peut-être la plus insane de toutes les croyances. [10]Et leurs corps se flétrissent, agonisent, sont mis en terre, et ne sont plus. [11]Il n'en est pas un parmi eux qui n'ait pensé que Dieu était cruel.

3. Si cela était le monde réel, Dieu *serait* cruel. [2]Car aucun Père ne pourrait soumettre Ses enfants à cela comme prix de leur salut et *être* aimant. [3]*L'amour ne tue pas pour sauver.* [4]S'il le faisait, l'attaque serait le salut, et cela c'est l'interprétation de l'ego, pas celle de Dieu. [5]Seul le monde de la culpabilité pourrait exiger cela, car seuls les coupables pourraient le concevoir. [6]Le « péché » d'Adam n'aurait pu toucher personne s'il n'avait pas cru que c'était le Père Qui l'avait chassé du Paradis. [7]Car dans cette croyance la connaissance

du Père s'est perdue, puisque seuls ceux qui ne Le comprennent pas pourraient le croire.

4.   Ce monde *est* une image de la crucifixion du Fils de Dieu. [2]Et c'est le monde que tu verras jusqu'à ce que tu te rendes compte que le Fils de Dieu ne peut pas être crucifié. [3]Or tu ne t'en rendras pas compte jusqu'à ce que tu acceptes le fait éternel que le Fils de Dieu n'est pas coupable. [4]Il ne mérite que l'amour parce qu'il n'a donné que l'amour. [5]Il ne peut pas être condamné parce qu'il n'a jamais condamné. [6]L'Expiation est l'ultime leçon qu'il ait besoin d'apprendre, car elle lui enseigne que, n'ayant jamais péché, il n'a point besoin de salut.

I. Non-culpabilité et invulnérabilité

1.   Plus tôt, j'ai dit que le Saint-Esprit partage le but de tous les bons enseignants, dont l'objectif final est de se rendre eux-mêmes non nécessaires en enseignant à leurs élèves tout ce qu'ils connaissent. [2]Le Saint-Esprit ne veut que cela, car partageant l'Amour du Père pour Son Fils, Il cherche à ôter toute culpabilité de son esprit afin qu'il se souvienne de son Père en paix. [3]La paix et la culpabilité sont antithétiques, et on ne peut se souvenir du Père que dans la paix. [4]L'amour et la culpabilité ne peuvent coexister; accepter l'un, c'est nier l'autre. [5]La culpabilité te cache la vue du Christ, car elle est le déni de l'irréprochabilité du Fils de Dieu.

2.   Dans le monde étrange que tu as fait, le Fils de Dieu *a* péché. [2]Comment donc pourrais-tu le voir? [3]En le rendant invisible, le monde du châtiment s'est élevé dans le noir nuage de culpabilité que tu as accepté, et tu y tiens. [4]Car l'irréprochabilité du Christ est la preuve que l'ego n'a jamais été et ne pourra jamais être. [5]Sans culpabilité, l'ego n'a pas de vie; or le Fils de Dieu *est* sans culpabilité.

3.   En te regardant toi-même et en jugeant honnêtement ce que tu fais, tu es peut-être tenté de te demander comment tu peux être non coupable. [2]Or considère ceci: Tu n'es pas non coupable dans le temps mais dans l'éternité. [3]Tu as «péché» dans le passé, mais il n'y a pas de passé. [4]Toujours n'a pas de direction. [5]Le temps semble aller dans une direction, mais quand tu en atteindras la fin, il s'enroulera derrière toi comme un long tapis étendu le long du passé, puis il disparaîtra. [6]Aussi longtemps que tu croiras que le Fils de Dieu est coupable, tu marcheras sur ce tapis en croyant

qu'il conduit à la mort. [7]Et le voyage te semblera long, cruel et insensé, car il l'est.

4. Le voyage que s'est fixé le Fils de Dieu est certes inutile, mais celui que son Père lui fait entreprendre est un voyage de délivrance et de joie. [2]Le Père n'est pas cruel, et Son Fils ne peut pas se blesser. [3]La riposte qu'il craint et qu'il voit ne le touchera jamais, car bien que lui-même y croie, le Saint-Esprit connaît qu'elle n'est pas vraie. [4]Le Saint-Esprit Se tient à la fin du temps, où tu dois être parce qu'Il est avec toi. [5]Il a déjà défait tout ce qui est indigne du Fils de Dieu, car telle était Sa mission, à Lui donnée par Dieu. [6]Or ce que Dieu donne a toujours été.

5. Tu me verras en apprenant que le Fils de Dieu est non coupable. [2]Il a toujours cherché sa non-culpabilité, et il l'a trouvée. [3]Car chacun cherche à échapper de la prison qu'il a faite, et la voie permettant de trouver sa délivrance ne lui est pas niée. [4]Étant en lui, il l'a trouvée. [5]*Quand* il la trouve n'est qu'une question de temps, et le temps n'est qu'une illusion. [6]Car le Fils de Dieu est non coupable maintenant, et l'éclat de sa pureté brille dans l'Esprit de Dieu à jamais intouché. [7]Le Fils de Dieu sera toujours tel qu'il a été créé. [8]Nie ton monde et ne juge pas le Fils de Dieu, car son éternelle non-culpabilité est dans l'Esprit de son Père et le protège à jamais.

6. Quand tu auras accepté l'Expiation pour toi-même, tu te rendras compte qu'il n'y a pas de culpabilité dans le Fils de Dieu. [2]Et c'est seulement en le voyant comme non coupable que tu peux comprendre son unité. [3]Car l'idée de culpabilité entraîne la croyance en la condamnation de l'un par l'autre, et projette la séparation à la place de l'unité. [4]Tu ne peux condamner que toi-même, et en le faisant tu ne peux pas connaître que tu es le Fils de Dieu. [5]Tu as nié la condition de son être, qui est sa parfaite irréprochabilité. [6]Par amour il fut créé, et dans l'amour il demeure. [7]Bonté et miséricorde l'ont toujours accompagné, car il a toujours étendu l'Amour de son Père.

7. En percevant les saints compagnons qui cheminent avec toi, tu te rendras compte qu'il n'y a pas de voyage mais seulement un éveil. [2]Le Fils de Dieu, qui ne dort pas, a tenu promesse pour toi envers son Père. [3]Il n'y a pas de route à parcourir, pas de temps à traverser. [4]Car Dieu n'attend pas Son Fils dans le temps, étant à jamais indésireux d'être sans lui. [5]Ainsi cela a toujours été. [6]Laisse la sainteté du Fils de Dieu dissiper le nuage de culpabilité

qui enténèbre ton esprit ; et en acceptant sa pureté pour tienne, apprends de lui qu'elle *est* tienne.

8.   Tu es invulnérable parce que tu es non coupable. ²Tu ne peux t'accrocher au passé que par la culpabilité. ³Car la culpabilité établit que tu seras puni pour ce que tu as fait ; ainsi elle dépend d'un temps unidimensionnel qui va du passé vers le futur. ⁴Nul qui croit cela ne peut comprendre ce que «toujours» signifie, et c'est donc que la culpabilité doit te priver d'apprécier l'éternité. ⁵Tu es immortel parce que tu es éternel, et «toujours» doit être maintenant. ⁶La culpabilité est donc une façon de maintenir le passé et le futur dans ton esprit afin d'assurer la continuité de l'ego. ⁷Car si ce qui a été sera puni, la continuité de l'ego est garantie. ⁸Or la garantie de ta continuité est de Dieu et non de l'ego. ⁹Et l'immortalité est l'opposé du temps, car le temps passe, tandis que l'immortalité est constante.

9.   Accepter l'Expiation t'enseigne ce qu'est l'immortalité, car en acceptant ta non-culpabilité tu apprends que le passé n'a jamais été et qu'ainsi il n'est pas besoin de futur et qu'il ne sera pas. ²Le futur, dans le temps, est toujours associé à la pénitence, et seule la culpabilité pourrait induire le sentiment d'un besoin de pénitence. ³Accepter pour tienne la non-culpabilité du Fils de Dieu, c'est donc la façon dont Dieu te rappelle Son Fils, et ce qu'il est en vérité. ⁴Car Dieu n'a jamais condamné Son Fils, et étant non coupable il est éternel.

10.   Tu ne peux pas dissiper la culpabilité en la rendant réelle, puis en l'expiant. ²Cela est le plan de l'ego, qu'il t'offre au lieu de la dissiper. ³L'ego croit à l'expiation par l'attaque, s'étant pleinement engagé envers l'idée insane selon laquelle l'attaque est le salut. ⁴Et toi qui chéris la culpabilité, tu dois le croire aussi, car comment pourrais-tu tenir tant à ce que tu ne veux pas, si ce n'est en t'identifiant à l'ego ?

11.   L'ego t'enseigne à t'attaquer toi-même parce que tu es coupable, et cela doit augmenter la culpabilité, car la culpabilité est le résultat de l'attaque. ²Dans l'enseignement de l'ego, donc, il n'y a aucune évasion hors de la culpabilité. ³Car l'attaque rend la culpabilité réelle, et si elle est réelle il n'y *a* aucune façon de la vaincre. ⁴Le Saint-Esprit la dissipe simplement par la calme re-connaissance qu'elle n'a jamais été. ⁵Quand Il regarde le Fils non coupable de Dieu, Il connaît que cela est vrai. ⁶Et cela étant vrai pour toi, tu ne peux pas t'attaquer, car sans culpabilité l'attaque est impossible.

7Tu es sauvé, donc, parce que le Fils de Dieu est non coupable. 8Et parce que tu es entièrement pur, tu es invulnérable.

II. Le Fils non coupable de Dieu

1. Le but ultime de la projection est toujours de se débarrasser de la culpabilité. 2Or, d'une façon caractéristique, l'ego tente de se débarrasser de la culpabilité uniquement de son point de vue, car autant l'ego veut retenir la culpabilité, autant *tu* la trouves intolérable, puisque la culpabilité fait obstacle à ton souvenir de Dieu, Dont l'attraction est si forte que tu ne peux y résister. 3Sur ce point, donc, se produit la plus profonde de toutes les divisions, car si tu dois retenir la culpabilité, ce sur quoi l'ego insiste, *tu ne peux pas être toi*. 4C'est seulement en te persuadant qu'il est toi que l'ego peut t'induire à projeter la culpabilité et ainsi à la garder dans ton esprit.

2. Considère pourtant comme c'est une étrange solution que cet arrangement de l'ego. 2Tu projettes la culpabilité pour t'en débarrasser, mais en fait tu la dissimules simplement. 3Tu éprouves bel et bien de la culpabilité mais pourquoi, tu n'en as aucune idée. 4Au contraire, tu l'associes à un bizarre assortiment d'«idéaux de l'ego» qu'il prétend que tu aurais déçu. 5Or tu n'as pas idée que c'est le Fils de Dieu que tu déçois en le voyant comme coupable. 6Croyant que tu n'es plus toi, tu ne te rends pas compte que tu te déçois toi-même.

3. De toutes les pierres angulaires que tu caches, la plus noire tient ta croyance en la culpabilité loin de ta conscience. 2Car en ce lieu secret et ténébreux est la compréhension que tu as trahi le Fils de Dieu en le condamnant à mort. 3Tu ne soupçonnes même pas que cette idée meurtrière mais insane est cachée là, car la pulsion destructrice de l'ego est si intense que rien de moins que la crucifixion du Fils de Dieu ne peut jamais le satisfaire. 4Il ne sait pas qui est le Fils de Dieu parce qu'il est aveugle. 5Mais qu'il perçoive la non-culpabilité où que ce soit et il essaiera de la détruire parce qu'il a peur.

4. Pour une large part, l'étrange conduite de l'ego est directement imputable à la façon dont il définit la culpabilité. 2Pour l'ego, *les non coupables sont coupables*. 3Ceux qui n'attaquent pas sont ses «ennemis» parce qu'en n'accordant pas de valeur à son interprétation du salut, ils sont en excellente position pour en lâcher prise.

[4]Ils se sont approchés de la pierre angulaire la plus noire et la plus profonde des fondements de l'ego, et bien que l'ego puisse supporter que tu remettes tout le reste en question, il protège ce seul secret au risque de sa vie car son existence dépend du maintien de ce secret. [5]C'est donc ce secret que nous devons regarder, car l'ego ne peut pas te protéger contre la vérité, et en sa présence l'ego est dissipé.

5.   Dans la calme lumière de la vérité, reconnaissons que tu crois avoir crucifié le Fils de Dieu. [2]Tu n'as pas admis ce « terrible » secret parce que tu souhaiterais encore le crucifier si tu pouvais le trouver. [3]Or le souhait te l'a caché parce qu'il est très effrayant, et tu as donc peur de le trouver. [4]Ce souhait de te tuer toi-même, tu t'en es occupé en ne connaissant pas qui tu es et en t'identifiant à autre chose. [5]Tu as projeté la culpabilité aveuglément et sans discrimination, mais tu n'en as pas découvert la source. [6]Car il est vrai que l'ego veut te tuer, et si tu t'identifies à lui tu dois croire que son but est le tien.

6.   J'ai dit que la crucifixion était le symbole de l'ego. [2]Quand il a été confronté à la réelle non-culpabilité du Fils de Dieu, il *a* tenté de le tuer, et la raison qu'il a donnée était que la non-culpabilité était un blasphème contre Dieu. [3]Pour l'ego, c'est l'*ego* qui est Dieu, et la non-culpabilité doit être interprétée comme l'ultime culpabilité qui justifie pleinement le meurtre. [4]Tu ne comprends pas encore qu'en dernière analyse toute peur que tu éprouves relativement à ce cours provient de cette interprétation, mais si tu considères comment tu y réagis tu seras de plus en plus convaincu que c'est ainsi.

7.   Ce cours a établi de façon explicite que son but pour toi est le bonheur et la paix. [2]Or tu en as peur. [3]Il t'a été dit maintes et maintes fois qu'il te rendra libre, or tu réagis parfois comme s'il essayait de t'emprisonner. [4]Tu le rejettes souvent plus volontiers que tu ne rejettes le système de pensée de l'ego. [5]Dans une certaine mesure, donc, tu dois croire qu'en n'apprenant pas le cours, tu te protèges. [6]Et tu ne te rends pas compte que seule ta non-culpabilité *peut* te protéger.

8.   L'Expiation a toujours été interprétée comme la délivrance de la culpabilité, et cela est correct si elle est comprise. [2]Or même quand je l'interprète pour toi, il se peut que tu la rejettes et que tu ne l'acceptes pas pour toi-même. [3]Peut-être as-tu reconnu la futilité de l'ego et de ce qu'il t'offre, mais bien que tu n'en veuilles pas il se peut que tu ne regardes pas encore l'alternative avec joie.

⁴À la limite, tu as peur de la rédemption et tu crois qu'elle te tuera. ⁵Ne te méprends pas sur la profondeur de cette peur. ⁶Car tu crois qu'en présence de la vérité tu pourrais te retourner contre toi-même et te détruire.

9. Petit enfant, il n'en est rien. ²Ton « secret coupable » n'est rien, et si tu veux bien l'amener à la lumière, la lumière le dissipera. ³Et alors aucun noir nuage ne restera plus entre toi et le souvenir de ton Père, car tu te souviendras de Son Fils non coupable, qui n'est pas mort parce qu'il est immortel. ⁴Et tu verras que tu as été rédimé avec lui, et que tu n'as jamais été séparé de lui. ⁵Dans cette compréhension réside ton souvenir, car c'est la re-connaissance de l'amour sans peur. ⁶Il y aura une grande joie dans le Ciel à ton retour chez toi, et la joie sera tienne. ⁷Car le fils rédimé de l'homme est le Fils non coupable de Dieu, et le reconnaître, lui, *c'est* ta rédemption.

III. La peur de la rédemption

1. Tu te demandes peut-être pourquoi il est tellement crucial que tu regardes ta haine afin d'en prendre la pleine mesure. ²Tu penses peut-être aussi qu'il serait assez facile pour le Saint-Esprit de te la montrer et de la dissiper sans que tu aies besoin de la faire monter à la conscience. ³Or il est encore un autre obstacle que tu as interposé entre toi-même et l'Expiation. ⁴Nous avons dit que personne n'admettrait la peur s'il la reconnaissait. ⁵Or dans ton état d'esprit désordonné, tu n'as pas peur de la peur. ⁶Tu ne l'aimes pas, mais ce n'est pas ton souhait d'attaquer qui t'effraie réellement. ⁷Tu n'es pas sérieusement perturbé par ton hostilité. ⁸Tu la gardes cachée parce que tu crains davantage ce qu'elle recouvre. ⁹Tu pourrais même regarder sans peur la plus noire des pierres angulaires de l'ego si tu ne croyais pas que, sans l'ego, tu trouverais au-dedans de toi quelque chose dont tu as plus peur encore. ¹⁰Tu n'as pas réellement peur de la crucifixion. ¹¹Ta réelle terreur est de la rédemption.

2. Sous les fondements ténébreux de l'ego se trouve la mémoire de Dieu, et c'est cela dont tu as réellement peur. ²Car cette mémoire te rétablirait immédiatement à ta juste place, et c'est cette place que tu as cherché à quitter. ³Ta peur de l'attaque n'est rien en comparaison de ta peur de l'amour. ⁴Tu serais même prêt à regarder ton souhait brutal de tuer le fils de Dieu si tu ne croyais

pas qu'il te sauve de l'amour. ⁵Car ce souhait a causé la séparation, et tu l'as protégé parce que tu ne veux pas que la séparation
soit guérie. ⁶Tu te rends compte qu'en enlevant le noir nuage qui
l'obscurcit, ton amour pour ton Père te pousserait à répondre à
Son Appel et à bondir jusqu'au Ciel. ⁷Tu crois que l'attaque est
le salut parce qu'elle t'empêcherait de le faire. ⁸Car au plus profond de toi, plus loin que les fondements de l'ego et bien plus fort
qu'ils ne le seront jamais, il y a ton amour pour Dieu, qui brûle
d'un feu intense, et Le Sien pour toi. ⁹C'est cela, en réalité, que tu
veux cacher.

3.   Honnêtement, n'est-il pas plus difficile pour toi de dire «j'aime»
que « je hais »? ²Tu associes l'amour à la faiblesse et la haine à la
force, et ton propre réel pouvoir te semble être ta réelle faiblesse.
³Car si tu entendais l'appel de l'amour, tu ne pourrais pas contrôler ta joie en lui répondant, et le monde entier que tu pensais
avoir fait s'évanouirait. ⁴Le Saint-Esprit semble donc attaquer ta
forteresse, car tu voudrais forclore Dieu, et ce n'est pas Sa Volonté
d'être exclu.

4.   Tu as bâti tout ton système de croyance insane parce que tu
penses que tu serais impuissant en la Présence de Dieu, et tu voudrais te sauver de Son Amour parce que tu penses qu'il t'écra-
serait jusqu'à néant. ²Tu as peur qu'il t'emporte loin de toi-même
et te fasse tout petit, parce que tu crois que l'immensité réside
dans le défi et que l'attaque est grandeur. ³Tu penses avoir fait
un monde que Dieu voudrait détruire; et qu'en L'aimant, ce que
tu fais, tu jetterais ce monde, ce que tu *ferais*. ⁴Par conséquent, tu
as utilisé le monde pour couvrir ton amour, et plus tu t'enfonces
dans la noirceur des fondements de l'ego, plus tu t'approches de
l'Amour qui est caché là. ⁵*Et c'est cela qui t'effraie.*

5.   Tu peux accepter l'insanité parce que c'est toi qui l'as faite, mais
tu ne peux pas accepter l'amour parce que ce n'est pas toi qui l'as
fait. ²Tu préférerais être un esclave de la crucifixion qu'un Fils de
Dieu dans la rédemption. ³Ta mort individuelle te semble avoir
plus de valeur que ton unité vivante, car ce qui t'est donné ne t'est
pas aussi précieux que ce que tu as fait. ⁴Tu as plus peur de Dieu
que de l'ego, et l'amour ne peut entrer où il n'est pas le bienvenu.
⁵Mais la haine le peut, car elle entre de sa propre volition sans se
soucier de la tienne.

6.   Tu dois regarder tes illusions et ne pas les garder cachées, parce
qu'elles ne reposent pas sur leur propre fondement. ²Dissimulées,
elles paraissent fondées et semblent donc se soutenir elles-mêmes.

³Voilà l'illusion fondamentale sur laquelle les autres reposent. ⁴Car au-dessous d'elles, et dissimulé aussi longtemps qu'elles seront cachées, il y a l'esprit aimant qui pensait les avoir faites dans la colère. ⁵Et la douleur dans cet esprit est si apparente, lorsqu'elle est découverte, qu'il n'est pas possible de nier son besoin de guérison. ⁶Et tous les trucs et tous les jeux que tu lui offres ne peuvent le guérir, car là est la réelle crucifixion du Fils de Dieu.

7. Et pourtant il n'est pas crucifié. ²Là est à la fois sa douleur et sa guérison, car la vision du Saint-Esprit est miséricordieuse et Son remède est rapide. ³Ne cache pas tes souffrances à Sa vue, mais apporte-les-Lui avec joie. ⁴Dépose toute ta douleur devant Son éternelle santé d'Esprit et laisse-Le te guérir. ⁵Ne laisse aucune trace de douleur cachée à Sa lumière, et cherche avec soin dans ton esprit toutes les pensées que tu pourrais craindre de découvrir. ⁶Car Il guérira chaque petite pensée que tu as gardée pour te blesser, la lavera de sa petitesse et la rendra à l'immensité de Dieu.

8. Au-dessous de toute la grandiosité à laquelle tu tiens tant, se trouve ton réel appel à l'aide. ²Car tu appelles l'amour de ton Père comme ton Père t'appelle à Lui. ³Dans ce lieu que tu as caché, ta seule volonté est de t'unir au Père, en te souvenant de Lui avec amour. ⁴Tu trouveras ce lieu de vérité en le voyant en tes frères, car bien qu'ils puissent se tromper eux-mêmes, ils languissent comme toi après la grandeur qui est en eux. ⁵En la percevant tu l'accueilleras, et elle sera tienne. ⁶Car le Fils de Dieu a droit à la grandeur, et il n'est pas une illusion qui puisse le satisfaire ni le sauver de ce qu'il est. ⁷Seul son amour est réel, et seule sa réalité le contentera.

9. Sauve-le de ses illusions pour être à même d'accepter l'immensité de ton Père dans la paix et la joie. ²Mais n'exempte personne de ton amour, sinon tu cacheras dans ton esprit un lieu de ténèbres où le Saint-Esprit n'est pas le bienvenu. ³Ainsi tu t'exempteras toi-même de Son pouvoir guérisseur, car en n'offrant pas un amour total tu ne seras pas complètement guéri. ⁴La guérison doit être aussi complète que la peur, car là où il reste encore une trace de peur pour ternir sa bienvenue, l'amour ne peut entrer.

10. Toi qui préfères la séparation à la santé d'esprit, tu ne peux pas l'obtenir dans ton esprit juste. ²Tu étais en paix jusqu'à ce que tu demandes une faveur particulière. ³Et cette faveur, Dieu ne l'accorda point, car la requête Lui était étrangère, et tu ne pouvais pas demander cela d'un Père Qui aime véritablement Son Fils. ⁴Par

conséquent, tu En as fait un père non aimant, exigeant de Lui ce que seul un tel père pourrait donner. [5]Et la paix du Fils de Dieu fut fracassée, car il ne comprenait plus son Père. [6]Il craignait ce qu'il avait fait, mais plus encore il craignait son Père réel, ayant attaqué sa propre glorieuse égalité avec Lui.

11.   Dans la paix il n'avait besoin de rien et ne demandait rien. [2]Dans la guerre il exigea tout et ne trouva rien. [3]Car comment la douceur de l'amour pouvait-elle répondre à ses exigences, si ce n'est en s'en allant en paix pour retourner vers le Père ? [4]Si le Fils ne souhaitait pas demeurer en paix, il ne pouvait pas demeurer du tout. [5]Car un esprit enténébré ne peut pas vivre dans la lumière ; il doit chercher un lieu de ténèbres où il puisse croire qu'il est là où il n'est pas. [6]Dieu n'a pas permis que cela arrive. [7]Or tu exigeais que cela arrive et tu as donc cru qu'il en était ainsi.

12.   « Distinguer », c'est « rendre seul » et donc rendre esseulé. [2]Dieu ne t'a pas fait cela. [3]Pouvait-Il te mettre à part, connaissant que ta paix réside en Son Unité ? [4]Il ne t'a nié que ta requête de douleur, car la souffrance n'est pas de Sa création. [5]T'ayant donné la création, Il ne pouvait pas te la prendre. [6]Il ne pouvait que répondre à ta requête insane par une saine réponse qui demeurerait avec toi dans ton insanité. [7]C'est ce qu'Il a fait. [8]Nul ne peut faire autrement qu'abandonner l'insanité qui entend Sa réponse. [9]Car Sa réponse est le point de référence au-delà des illusions, d'où tu peux regarder en arrière et voir qu'elles sont insanes. [10]Mais cherche ce lieu et tu le trouveras, car l'Amour est en toi et t'y conduira.

IV. La fonction du temps

1.   Et maintenant la raison pour laquelle tu as peur de ce cours devrait être apparente. [2]Car c'est un cours sur l'amour, parce qu'il parle de toi. [3]Il t'a été dit que ta fonction dans ce monde est de guérir et que ta fonction au Ciel est de créer. [4]L'ego enseigne que ta fonction sur terre est de détruire et que tu n'as aucune fonction au Ciel. [5]Il voudrait ainsi te détruire ici et t'enterrer ici, en ne te laissant pour héritage que la poussière dont il pense que tu as été fait. [6]Aussi longtemps qu'il est raisonnablement satisfait de toi, pour autant qu'il raisonne, il t'offre l'oubli. [7]Lorsqu'il devient ouvertement sauvage, il t'offre l'enfer.

2.   Or ni l'oubli ni l'enfer ne sont aussi inacceptables pour toi que le Ciel. [2]Ta définition du Ciel, *c'est* l'enfer et l'oubli, et tu penses

que le Ciel réel est la plus grande menace que tu pourrais éprouver. ³Car l'enfer et l'oubli sont des idées que tu as inventées et tu es résolu à en démontrer la réalité pour établir la tienne. ⁴Si leur réalité est mise en question, tu crois que la tienne l'est aussi. ⁵Car tu crois que l'attaque est ta réalité, et que ta destruction est la preuve finale que tu avais raison.

3. Dans les circonstances, ne serait-il pas plus désirable d'avoir eu tort, même indépendamment du fait que tu avais tort? ²Bien qu'il soit peut-être possible de soutenir que la mort suggère qu'il y *avait* vie, personne ne saurait prétendre qu'elle prouve qu'il y *a* vie. ³Même la vie passée que la mort pourrait indiquer n'aurait pu être que futile s'il fallait qu'elle en vienne à cela, et qu'elle en ait même besoin pour prouver qu'elle était. ⁴Tu mets le Ciel en question, mais tu ne mets pas cela en question. ⁵Or, tu pourrais guérir et être guéri si tu le mettais en question. ⁶Et même si tu ne connais pas le Ciel, ne pourrait-il pas être plus désirable que la mort? ⁷Tu as été aussi sélectif dans tes mises en question que dans tes perceptions. ⁸Un esprit ouvert est plus honnête que cela.

4. L'ego a une étrange notion du temps, et c'est par cette notion que pourrait bien commencer ta mise en question. ²L'ego investit lourdement dans le passé, et il croit en définitive que le passé est le seul aspect du temps qui soit signifiant. ³Souviens-toi que s'il insiste tant sur la culpabilité, c'est parce que cela lui permet d'assurer sa continuité en rendant le futur semblable au passé et en évitant ainsi le présent. ⁴Avec l'idée de payer pour le passé dans le futur, le passé devient le déterminant du futur, ce qui les rend continus sans un présent intervenant. ⁵Car l'ego ne considère le présent que comme une brève transition vers le futur, durant laquelle il porte le passé au futur en interprétant le présent au regard du passé.

5. « Maintenant » ne signifie rien pour l'ego. ²Le présent lui rappelle simplement les blessures du passé, et il réagit au présent comme si c'*était* le passé. ³L'ego ne peut pas tolérer la délivrance du passé, et bien que le passé soit révolu, il essaie d'en préserver l'image en réagissant comme s'il était présent. ⁴Il te dicte tes réactions à ceux que tu rencontres dans le présent en prenant le passé comme point de référence, ce qui obscurcit leur réalité présente. ⁵En fait, si tu suis les diktats de l'ego, tu réagiras à ton frère comme s'il était quelqu'un d'autre, et cela t'empêchera sûrement de le reconnaître tel qu'il est. ⁶Et tu recevras de lui des messages venant de ton propre passé, parce qu'en le rendant réel dans le présent,

tu t'interdis d'en lâcher prise. [7]Ainsi tu te nies à toi-même le message de délivrance que chacun de tes frères t'offre *maintenant*.

6.   Ces figures d'ombre du passé sont précisément ce à quoi tu dois échapper. [2]Elles ne sont pas réelles, et elles n'ont pas de prise sur toi à moins que tu ne les apportes avec toi. [3]Elles portent les taches de douleur dans ton esprit, te dictant d'attaquer dans le présent en riposte à un passé qui n'est plus. [4]Et cette décision est promesse de douleur future. [5]À moins d'apprendre que la douleur passée est une illusion, tu choisis un futur d'illusions et tu perds les nombreuses occasions de délivrance que tu pourrais trouver dans le présent. [6]L'ego voudrait préserver tes cauchemars et t'empêcher de t'éveiller et de comprendre qu'ils sont passés. [7]Reconnaîtrais-tu la sainteté d'une rencontre si tu la percevais simplement comme une rencontre avec ton propre passé? [8]Car tu ne rencontrerais personne, et le partage du salut, qui rend la rencontre sainte, serait exclu de ta vue. [9]Le Saint-Esprit enseigne que c'est toujours toi-même que tu rencontres, et la rencontre est sainte parce que tu l'es. [10]L'ego enseigne que c'est toujours ton passé que tu rencontres, et parce que tes rêves n'étaient pas saints, le futur ne peut pas l'être, et le présent est sans signification.

7.   Il est évident que la perception du temps qu'a le Saint-Esprit est l'exact opposé de celle de l'ego. [2]La raison en est tout aussi claire, car ils perçoivent le but du temps de façon diamétralement opposée. [3]Selon l'interprétation du Saint-Esprit, le but du temps est de rendre le besoin de temps non nécessaire. [4]Il considère que la fonction du temps est temporaire et ne sert qu'à Sa seule fonction d'enseignant, laquelle est temporaire par définition. [5]Il insiste donc sur le seul aspect du temps qui se puisse étendre à l'infini, car *maintenant* est ce qui se rapproche le plus de l'éternité en ce monde. [6]C'est dans la réalité de « maintenant », sans passé ni futur, que l'éternité commence à être appréciée. [7]Car il n'y a ici que « maintenant », et seul « maintenant » fournit les occasions de saintes rencontres dans lesquelles le salut peut être trouvé.

8.   En revanche, l'ego considère que la fonction du temps est de s'étendre à la place de l'éternité, car comme le Saint-Esprit, l'ego interprète le but du temps comme le sien. [2]La continuité du passé et du futur, sous sa direction, est le seul but que l'ego perçoit dans le temps, et il se referme sur le présent afin qu'aucun fossé ne puisse se produire dans sa propre continuité. [3]Sa continuité, donc, voudrait te garder dans le temps, tandis que le Saint-Esprit voudrait t'en délivrer. [4]C'est Son interprétation des moyens du salut

que tu dois apprendre à accepter, si tu veux partager le but de salut qu'Il a pour toi.

9. Toi aussi, tu interpréteras la fonction du temps comme tu interprètes la tienne. ²Si tu acceptes que ta fonction dans le monde du temps est de guérir, tu insisteras sur le seul aspect du temps dans lequel la guérison peut se produire. ³La guérison ne peut pas s'accomplir dans le passé. ⁴Elle doit s'accomplir dans le présent pour libérer le futur. ⁵Cette interprétation lie le futur au présent en étendant le présent plutôt que le passé. ⁶Mais si ta fonction telle que tu l'interprètes est de détruire, tu perdras de vue le présent et tu t'accrocheras au passé pour t'assurer un futur destructeur. ⁷Et le temps sera tel que tu l'interprètes, car de lui-même il n'est rien.

V. Les deux émotions

1. J'ai dit que tu n'avais que deux émotions, l'amour et la peur. ²L'une est inchangeable mais continuellement échangée, étant offerte par les éternels aux éternels. ³Dans cet échange elle s'étend, car elle augmente en étant donnée. ⁴L'autre prend de nombreuses formes, car le contenu des illusions individuelles diffère grandement. ⁵Or elles ont une chose en commun : elles sont toutes insanes. ⁶Elles sont faites de vues qui ne se voient pas et de sons qui ne s'entendent pas. ⁷Elles composent un monde privé qui ne peut être partagé. ⁸Car elles ne sont signifiantes que pour leur faiseur ; donc elles n'ont aucune signification. ⁹Dans ce monde leur faiseur se meut seul, car lui seul les perçoit.

2. Chacun peuple son monde de figures tirées de son passé individuel, et c'est pour cela que les mondes privés diffèrent. ²Or les figures qu'il voit n'ont jamais été réelles, car elles sont faites uniquement de ses réactions envers ses frères et n'incluent pas leurs réactions envers lui. ³Par conséquent, il ne voit pas que c'est lui qui les a faites et qu'elles ne sont pas entières. ⁴Car ces figures n'ont pas de témoins, étant perçues dans un seul esprit séparé.

3. C'est par l'entremise de ces étranges figures d'ombre que les insanes sont en relation avec leur monde insane. ²Car ils ne voient que ceux qui leur rappellent ces images et c'est avec eux qu'ils entrent en relation. ³Ainsi ils communiquent avec ceux qui ne sont pas là, et ce sont eux qui leur répondent. ⁴Et personne n'entend leur réponse, sauf celui qui les a appelés, et lui seul croit

qu'ils lui ont répondu. ⁵La projection fait la perception, et tu ne peux pas voir au-delà. ⁶Tu as attaqué ton frère maintes et maintes fois, parce que tu voyais en lui une figure d'ombre dans ton monde privé. ⁷C'est ainsi que tu dois d'abord t'attaquer toi-même, car ce que tu attaques n'est pas en autrui. ⁸Cela n'a de réalité que dans ton propre esprit, et en attaquant les autres tu attaques littéralement ce qui n'est pas là.

4.   Ceux qui délirent peuvent être très destructeurs, car ils ne reconnaissent pas qu'ils se sont condamnés eux-mêmes. ²Ils ne souhaitent pas mourir, et pourtant ils ne veulent pas lâcher prise de la condamnation. ³Ainsi ils se séparent dans leurs mondes privés, où tout est désordonné, et où ce qui est au-dedans semble être au-dehors. ⁴Or ce qui est au-dedans, ils ne le voient pas, car ils ne savent pas reconnaître la réalité de leurs frères.

5.   Tu n'as que deux émotions, mais dans ton monde privé tu réagis à chacune d'elles comme si c'était l'autre. ²Car l'amour ne peut pas demeurer dans un monde à part, où quand il vient il n'est pas reconnu. ³Si tu vois ta propre haine comme étant ton frère, tu ne le vois pas. ⁴Chacun s'approche de ce qu'il aime, et recule devant ce qu'il craint. ⁵Or tu réagis à l'amour avec crainte, et tu t'en éloignes. ⁶Pourtant la peur t'attire et, croyant que c'est l'amour, tu l'appelles à toi. ⁷Ton monde privé est rempli des figures de la peur que tu y as invitées, et tout l'amour que t'offrent tes frères, tu ne le vois pas.

6.   Quand tu regardes ton monde les yeux grands ouverts, il doit te venir à l'esprit que tu t'es retiré dans l'insanité. ²Tu vois ce qui n'est pas là, et tu entends ce qui ne produit pas de son. ³Tes manifestations d'émotions sont l'opposé de ce que sont les émotions. ⁴Tu ne communiques avec personne et tu es aussi isolé de la réalité que si tu étais seul dans tout l'univers. ⁵Dans ta folie tu passes complètement sur la réalité, et tu ne vois que ton propre esprit divisé partout où tu regardes. ⁶Dieu t'appelle et tu n'entends pas, car tu te préoccupes de ta propre voix. ⁷Et la vision du Christ est hors de ta vue, car tu ne regardes que toi.

7.   Petit enfant, voudrais-tu offrir cela à ton Père ? ²Car si tu l'offres à toi-même, tu l'*offres* à Lui. ³Et Il ne le rendra pas, car cela est indigne de toi parce que c'est indigne de Lui. ⁴Or Il voudrait t'en délivrer et te rendre libre. ⁵Sa saine Réponse te dit que ce que tu t'es offert n'est pas vrai, mais Son offrande pour toi n'a jamais changé. ⁶Toi qui ne sais pas ce que tu fais, tu peux apprendre ce qu'est l'insanité, et regarder au-delà. ⁷Il t'est donné d'apprendre

comment nier l'insanité et sortir en paix de ton monde privé. [8]Tu verras tout ce que tu as nié en tes frères pour l'avoir nié en toi-même. [9]Car tu les aimeras, et en t'approchant d'eux, tu les attireras vers toi, les percevant comme des témoins de la réalité que tu partages avec Dieu. [10]Je suis avec eux comme je suis avec toi, et nous les tirerons de leurs mondes privés, car de même que nous sommes unis, de même nous voudrions nous unir à eux. [11]Le Père nous accueille tous dans la joie, et c'est la joie que nous devrions Lui offrir. [12]Car chaque Fils de Dieu est à toi donné, à qui Dieu S'est donné Lui-même. [13]Et c'est Dieu Que tu dois leur offrir, pour reconnaître le don qu'Il t'a fait.

8. La vision dépend de la lumière. [2]Tu ne peux pas voir dans les ténèbres. [3]Or dans les ténèbres, dans le monde privé du sommeil, tu vois en rêve bien que tes yeux soient fermés. [4]Et c'est là que ce que tu vois, tu l'as fait. [5]Mais lâche prise des ténèbres et tout ce que tu as fait, tu ne le verras plus, car la vue de cela dépend du déni de la vision. [6]Or il ne s'ensuit pas qu'en niant la vision tu ne puisses pas voir. [7]Mais c'est ce que fait le déni, car par lui tu acceptes l'insanité, croyant que tu peux faire un monde privé et gouverner ta propre perception. [8]Or pour cela, la lumière doit être exclue. [9]Les rêves disparaissent quand la lumière est venue et que tu peux voir.

9. Ne cherche pas la vision par tes yeux, car tu as fait ta façon de voir afin de voir dans les ténèbres, et en cela tu es trompé. [2]Au-delà de ces ténèbres, et pourtant toujours en toi, se trouve la vision du Christ, Qui regarde tout dans la lumière. [3]Ta « vision » vient de la peur, comme la Sienne de l'amour. [4]Et Il voit pour toi, étant ton témoin du monde réel. [5]Il est la manifestation du Saint-Esprit, contemplant toujours le monde réel, appelant ses témoins et les attirant vers toi. [6]Il aime ce qu'Il voit en toi, et Il voudrait l'étendre. [7]Et Il ne retournera pas au Père avant d'avoir étendu ta perception jusqu'à Lui. [8]Et là, de perception, il n'y en a plus, car Il t'a retourné au Père avec Lui.

10. Tu n'as que deux émotions, or tu as fait l'une et l'autre t'a été donnée. [2]Chacune est une façon de voir, et des mondes différents surgissent de ces vues différentes. [3]Vois par la vision qui t'est donnée, car par la vision du Christ Il Se contemple Lui-même. [4]Et voyant ce qu'Il est, Il connaît Son Père. [5]Par-delà tes rêves les plus noirs, Il voit en toi le Fils non coupable de Dieu, resplendissant dans un parfait rayonnement que tes rêves ne pâlissent pas. [6]Et

cela *tu* le verras en regardant avec Lui, car Sa vision est le don d'amour qu'Il te fait, à Lui donnée par le Père pour toi.

11.   Le Saint-Esprit est la lumière dans laquelle le Christ se tient révélé. ²Tous ceux qui voudraient Le contempler peuvent Le voir, car ils ont demandé la lumière. ³Et ce n'est pas non plus Lui seul qu'ils verront, car Il n'est pas plus seul qu'ils ne le sont. ⁴Parce qu'ils ont vu le Fils, ils se sont élevés en Lui jusqu'au Père. ⁵Et tout cela ils le comprendront, parce qu'ils ont regardé au-dedans et ont vu au-delà des ténèbres le Christ en eux, et L'ont reconnu. ⁶Dans Sa saine vision ils se sont regardés eux-mêmes avec amour, et ils se sont vus tels que le Saint-Esprit les voit. ⁷Et avec cette vision de la vérité en eux est venue toute la beauté du monde pour luire sur eux.

VI. Trouver le présent

1.   Percevoir véritablement, c'est prendre conscience de toute la réalité en prenant conscience de la tienne. ²Mais pour cela, aucune illusion ne peut monter pour s'offrir à ta vue, car la réalité ne laisse aucune place pour quelque erreur que ce soit. ³Cela signifie que tu perçois ton frère uniquement comme tu le vois *maintenant*. ⁴Son passé n'a pas de réalité dans le présent, donc tu ne peux pas le voir. ⁵Tes réactions passées envers lui ne sont pas là non plus, et si c'est à elles que tu réagis, tu ne vois de lui qu'une image que tu as faite et que tu chéris au lieu de lui. ⁶Dans ta remise en question des illusions, demande-toi s'il est vraiment sain de percevoir ce qui fut comme étant maintenant. ⁷Si, en regardant ton frère, tu te souviens du passé, tu seras incapable de percevoir la réalité qui est maintenant.

2.   Tu considères qu'il est « naturel » d'utiliser ton expérience passée comme point de référence pour juger le présent. ²Or cela n'est *pas naturel* parce que c'est du délire. ³Quand tu auras appris à regarder chacun sans aucune référence au passé, soit le sien ou le tien tel que tu l'as perçu, tu seras capable d'apprendre de ce que tu vois *maintenant*. ⁴Car le passé ne peut pas projeter d'ombre pour enténébrer le présent, *à moins que tu n'aies peur de la lumière*. ⁵Et c'est seulement si tu as peur que tu choisirais d'apporter les ténèbres avec toi et, les gardant dans ton esprit, de les voir comme un sombre nuage qui enveloppe tes frères et te cache la vue de leur réalité.

3. *Ces ténèbres sont en toi.* ²Le Christ tel qu'Il t'est révélé maintenant n'a pas de passé, car Il est inchangeable, et dans Son inchangeabilité réside ta délivrance. ³Car s'Il est tel qu'Il fut créé, il n'y a pas de culpabilité en Lui. ⁴Aucun nuage de culpabilité n'est monté pour L'obscurcir, et Il Se tient révélé en chacun de ceux que tu rencontres parce que c'est par Lui-même que tu Le vois. ⁵Naître à nouveau, c'est lâcher prise du passé et regarder le présent sans condamnation. ⁶Le nuage qui t'obscurcit le Fils de Dieu, *c'est* le passé, et si tu veux qu'il soit passé et disparu, tu ne dois pas le voir maintenant. ⁷Si tu le vois maintenant dans tes illusions, il n'a pas disparu de toi, bien qu'il ne soit pas là.

4. Le temps peut délivrer aussi bien qu'emprisonner, selon que tu utilises l'interprétation de l'un ou de l'autre. ²Passé, présent et futur ne sont pas continus, à moins que tu ne leur imposes une continuité. ³Tu peux les percevoir comme étant continus et les rendre tels pour toi. ⁴Mais ne te trompe pas et ne va pas croire qu'il en est ainsi. ⁵Car *c'est* du délire de croire que la réalité est telle que tu veux qu'elle soit selon l'usage que tu en fais. ⁶Tu voudrais détruire la continuité du temps en le morcelant en passé, présent et futur pour arriver à tes propres fins. ⁷Tu voudrais anticiper le futur en te basant sur ton expérience passée, et planifier en conséquence. ⁸Or en faisant cela tu alignes le passé et le futur, et tu ne permets pas au miracle, qui pourrait intervenir entre eux, de te libérer afin que tu naisses à nouveau.

5. Le miracle te permet de voir ton frère sans son passé et donc de le percevoir comme né à nouveau. ²Ses erreurs sont toutes passées, et en le percevant sans elles tu le délivres. ³Et puisque son passé est le tien, tu partages cette délivrance. ⁴Ne laisse aucun noir nuage surgi de ton passé t'obscurcir ton frère, car la vérité réside seulement dans le présent, et tu la trouveras si tu la cherches là. ⁵Tu l'as cherchée où elle n'est pas et par conséquent tu ne l'as pas trouvée. ⁶Apprends, donc, à la chercher où elle est, et elle apparaîtra à des yeux qui voient. ⁷Ton passé a été fait dans la colère, et si tu l'utilises pour attaquer le présent, tu ne verras pas la liberté que contient le présent.

6. Le jugement et la condamnation sont derrière toi et, à moins que tu ne les apportes avec toi, tu verras que tu en es libre. ²Regarde le présent avec amour, car il contient les seules choses qui soient vraies à jamais. ³Toute guérison réside en lui parce que sa continuité est réelle. ⁴Il s'étend en même temps à tous les aspects de la Filialité et leur permet ainsi de se rejoindre. ⁵Le présent est avant

que le temps fût, et il sera quand le temps ne sera plus. [6]En lui sont toutes choses qui sont éternelles, et elles ne font qu'un. [7]Leur continuité est intemporelle et leur communication est ininterrompue, car elles ne sont pas séparées par le passé. [8]Seul le passé peut séparer, et il n'est nulle part.

7.   Le présent t'offre tes frères dans la lumière qui voudrait t'unir à eux et te libérer du passé. [2]Voudrais-tu, donc, leur reprocher le passé? [3]Car si tu le fais, tu choisis de rester dans des ténèbres qui ne sont pas là, et tu refuses d'accepter la lumière qui t'est offerte. [4]Car la lumière de la vision parfaite est librement donnée comme elle est librement reçue, et elle ne peut être acceptée que sans limite. [5]Dans cette unique et quiète dimension du temps qui ne change pas, et où il n'y a pas trace visible de ce que tu étais, tu regardes le Christ et appelles Ses témoins à luire sur toi *parce que tu les as appelés*. [6]Et ils ne nieront pas la vérité en toi, parce que tu l'as cherchée en eux et l'as trouvée là.

8.   Maintenant est le temps du salut, car maintenant est la délivrance du temps. [2]Tends la main à tous tes frères et touche-les avec le toucher du Christ. [3]Dans l'union intemporelle avec eux se trouve ta continuité, ininterrompue parce qu'entièrement partagée. [4]Le Fils non coupable de Dieu n'est que lumière. [5]Il n'y a de ténèbres nulle part en lui, car il est entier. [6]Appelle tous tes frères à témoigner de son entièreté, comme je t'appelle à te joindre à moi. [7]Chaque voix a sa partie dans le chant de la rédemption, l'hymne de joie et de grâce rendue pour la lumière au Créateur de la lumière. [8]La sainte lumière qui irradie du Fils de Dieu témoigne que sa lumière est de son Père.

9.   Luis sur tes frères en mémoire de ton Créateur, car tu te souviendras de Lui en appelant les témoins de Sa création. [2]Ceux que tu guéris portent témoignage de ta guérison, car dans leur entièreté tu verras la tienne. [3]Et quand tes hymnes de louange et de joie s'élèveront vers ton Créateur, Il te rendra ta gratitude dans Sa claire Réponse à ton appel. [4]Car il n'arrivera jamais que Son Fils L'appelle et reste sans réponse. [5]Son Appel à toi n'est que ton appel à Lui. [6]Et en Lui c'est Sa paix qui te répond.

10.   Enfant de Lumière, tu ne connais pas que la lumière est en toi. [2]Or tu la trouveras par ses témoins, car ils rendront la lumière que tu leur as donnée. [3]Chaque frère que tu vois dans la lumière rapproche ta lumière de ta conscience. [4]L'amour conduit toujours à l'amour. [5]Les malades, qui demandent l'amour, en sont reconnaissants, et dans leur joie ils luisent d'une sainte gratitude. [6]Et

cela ils te l'offrent à toi qui leur as donné la joie. [7]Ils sont tes guides vers la joie, car l'ayant reçue de toi ils voudraient la garder. [8]Tu les as établis comme guides vers la paix, car tu l'as rendue manifeste en eux. [9]Et quand tu la vois, sa beauté te rappelle chez toi.

11. Il est une lumière que ce monde ne peut donner. [2]Or tu peux la donner, comme elle t'a été donnée. [3]Et quand tu la donnes, elle irradie pour t'appeler hors du monde en la suivant. [4]Car cette lumière t'attirera comme rien en ce monde ne peut le faire. [5]Et tu mettras ce monde de côté pour en trouver un autre. [6]Cet autre monde resplendit de l'amour que tu lui as donné. [7]Et là tout te rappellera ton Père et Son saint Fils. [8]La lumière est illimitée, et elle se répand sur ce monde en joie tranquille. [9]Tous ceux que tu as amenés avec toi luiront sur toi, et tu luiras sur eux avec gratitude, parce qu'ils t'ont amené là. [10]Ta lumière se joindra à la leur en une puissance si irrésistible qu'elle tirera les autres des ténèbres lorsque ton regard se posera sur eux.

12. T'éveiller au Christ, c'est suivre les lois de l'amour par ta libre volonté et dans la quiète re-connaissance de la vérité en elles. [2]L'attraction de la lumière doit t'attirer de ton plein gré, et le désir est démontré en donnant. [3]Ceux qui acceptent l'amour de toi deviennent volontiers les témoins de l'amour que tu leur as donné, et ce sont eux qui te l'offrent. [4]Dans le sommeil tu es seul, et ta conscience est restreinte à toi-même. [5]Et c'est pourquoi viennent les cauchemars. [6]Tu rêves d'isolement parce que tes yeux sont fermés. [7]Tu ne vois pas tes frères et dans les ténèbres tu ne peux pas voir la lumière que tu leur as donnée.

13. Et pourtant les lois de l'amour ne sont pas suspendues parce que tu dors. [2]À travers tous tes cauchemars, tu les as suivies, et tu as donné fidèlement, car tu n'étais pas seul. [3]Même dans le sommeil le Christ t'a protégé, t'assurant le monde réel à ton réveil. [4]En ton nom Il a donné pour toi, et t'a donné les dons qu'Il a donnés. [5]Le Fils de Dieu est encore aussi aimant que son Père. [6]En continuité avec son Père, il n'a pas de passé à part de Lui. [7]Ainsi il n'a jamais cessé d'être le témoin de son Père et de lui-même. [8]Bien qu'il ait dormi, la vision du Christ ne l'a pas quitté. [9]Et c'est ainsi qu'il peut appeler à lui les témoins qui lui enseignent qu'il n'a jamais dormi.

VII. Atteindre le monde réel

1. Assieds-toi tranquillement, regarde le monde que tu vois, et dis-toi : « Le monde réel n'est pas comme cela. ²Il n'y a pas d'immeubles et il n'y a pas de rues où les gens vont seuls et séparés. ³Il n'y a pas de magasins où les gens achètent une liste interminable de choses dont ils n'ont pas besoin. ⁴Il n'est pas éclairé par une lumière artificielle, et la nuit ne tombe pas sur lui. ⁵Il n'y a pas de jour qui se lève, puis s'enfuit. ⁶Il n'y a pas de perte. ⁷Rien n'est là qui ne brille, et brille à jamais. »

2. Le monde que tu vois doit être nié, car sa vue te coûte une autre sorte de vision. ²*Tu ne peux pas voir les deux mondes*, car chacun d'eux comporte une manière de voir différente, et chacun dépend de ce que tu chéris. ³La vue de l'un est possible parce que tu as nié l'autre. ⁴Les deux ne sont pas vrais, mais l'un ou l'autre te semblera réel dans la mesure exacte où tu y tiens. ⁵Et pourtant leur puissance n'est pas la même, parce que l'attraction réelle qu'ils exercent sur toi est inégale.

3. Tu ne veux pas vraiment le monde que tu vois, car il t'a déçu depuis le commencement des temps. ²Les maisons que tu as bâties ne t'ont jamais abrité. ³Les routes que tu as faites ne t'ont mené nulle part, et aucune des villes que tu as bâties n'a résisté aux assauts dévastateurs du temps. ⁴Il n'est rien que tu as fait qui ne porte la marque de la mort. ⁵N'y tiens pas, car il est vieux et fatigué et déjà il était près de retourner à la poussière alors même que tu le faisais. ⁶Ce monde souffrant n'a pas du tout le pouvoir de toucher le monde vivant. ⁷Tu ne pouvais pas lui donner cela ; ainsi, bien que tu t'en détournes avec tristesse, tu ne peux pas trouver en lui la route qui mène loin de lui dans un autre monde.

4. Or le monde réel a le pouvoir de te toucher même ici, parce que tu l'aimes. ²Et ce que tu appelles avec amour viendra à toi. ³L'amour répond toujours, étant incapable de dire non à un appel à l'aide, ou de ne pas entendre les cris de douleur qui montent vers lui de chaque partie de ce monde étrange que tu as fait mais que tu ne veux pas. ⁴Tout ce dont tu as besoin pour donner ce monde en joyeux échange de ce que tu n'as pas fait, c'est le désir d'apprendre que celui que tu as fait est faux.

5. Tu t'es trompé au sujet du monde parce que tu t'es méjugé toi-même. ²À partir d'un point de référence aussi tordu, que pourrais-tu voir ? ³Toute vue part de celui qui perçoit, qui juge de ce qui est vrai et de ce qui est faux. ⁴Et ce qu'il juge faux, il ne le voit pas.

⁵Toi qui voudrais juger de la réalité, tu ne peux pas la voir, car chaque fois que le jugement surgit, la réalité s'est esquivée. ⁶Ce qui est loin de l'esprit *est* loin des yeux, car ce qui est nié est là, mais n'est pas reconnu. ⁷Le Christ est encore là, bien que tu ne Le connaisses pas. ⁸Son Être ne dépend pas de ce que tu Le reconnaisses. ⁹Il vit au-dedans de toi dans la quiétude du présent, et Il attend que tu laisses le passé derrière toi pour entrer dans le monde qu'Il t'offre avec amour.

6. Il n'en est pas un en ce monde distrait qui n'ait entrevu autour de lui quelques aspects de l'autre monde. ²Or, tant qu'il accordera encore de la valeur au sien, il niera la vision de l'autre, soutenant qu'il aime ce qu'il n'aime pas et ne suivant pas la route que l'amour lui indique. ³L'Amour conduit avec tant de joie ! ⁴En Le suivant, tu te réjouiras d'avoir trouvé Sa compagnie et d'avoir appris de Lui le chemin joyeux du retour chez toi. ⁵Tu n'attends que toi-même. ⁶Donner ce triste monde et échanger tes erreurs contre la paix de Dieu n'est que *ta* volonté. ⁷Et le Christ t'offrira toujours la Volonté de Dieu, reconnaissant que tu la partages avec Lui.

7. C'est la Volonté de Dieu que rien ne touche Son Fils, sauf Lui-même, et que rien d'autre ne s'approche de lui. ²Il est aussi à l'abri de la douleur que Dieu Lui-même, Qui veille sur lui en tout. ³Le monde autour de lui resplendit d'amour parce que Dieu l'a placé en Lui-même, où la douleur n'est pas et où l'amour l'entoure sans fin et sans faille. ⁴Il ne peut jamais y avoir de trouble à sa paix. ⁵En parfaite santé d'esprit, il contemple l'amour, car il est tout autour de lui et au-dedans de lui. ⁶Il doit nier le monde de la souffrance dès l'instant qu'il perçoit les bras de l'amour autour de lui. ⁷Et de ce point de sécurité, il regarde quiètement tout autour de lui et reconnaît que le monde est un avec lui.

8. La paix de Dieu surpasse ton intelligence uniquement dans le passé. ²Or elle *est* ici, et tu peux la comprendre *maintenant*. ³Dieu aime Son Fils à jamais, et le Fils en retour aime son Père à jamais. ⁴Le monde réel est la voie qui te conduit au souvenir de la seule chose qui soit entièrement vraie et entièrement tienne. ⁵Car tout le reste, tu te l'es prêté dans le temps, et cela s'effacera. ⁶Mais cette seule chose est toujours à toi, étant le don de Dieu à Son Fils. ⁷Ta seule réalité t'a été donnée, et par elle Dieu t'a créé un avec Lui.

9. Tu rêveras d'abord de paix, puis tu t'y éveilleras. ²Ton premier échange de ce que tu as fait contre ce que tu veux est l'échange de cauchemars contre les rêves heureux de l'amour. ³En eux se trouvent tes perceptions vraies, car le Saint-Esprit corrige le

monde des rêves, où est toute perception. [4]La connaissance n'a pas besoin de correction. [5]Or les rêves d'amour conduisent à la connaissance. [6]En eux tu ne vois rien d'apeurant, et pour cette raison ils sont l'accueil que tu fais à la connaissance. [7]L'amour attend l'accueil, point le temps, et le monde réel n'est que l'accueil que tu fais à ce qui a toujours été. [8]Par conséquent l'appel de la joie est en lui, et ta réponse joyeuse est ton éveil à ce que tu n'as pas perdu.

10.   Loue donc le Père pour la parfaite santé d'esprit de Son très saint Fils. [2]Ton Père connaît que tu n'as besoin de rien. [3]Il en est ainsi au Ciel, car de quoi pourrais-tu avoir besoin dans l'éternité? [4]Dans ton monde tu as besoin de choses. [5]C'est un monde de manque dans lequel tu te trouves *parce que* tu as un manque. [6]Or peux-tu te trouver toi-même dans un tel monde? [7]Sans le Saint-Esprit la réponse serait non. [8]Or à cause de Lui la réponse est un joyeux *oui*! [9]En tant que Médiateur entre les deux mondes, Il connaît ce dont tu as besoin et ce qui ne te blessera pas. [10]Laissée entre tes mains, la propriété est un concept dangereux. [11]L'ego veut avoir des choses pour le salut, car la possession est sa loi. [12]La possession pour la possession est le credo fondamental de l'ego, la principale pierre angulaire dans les églises qu'il se bâtit à lui-même. [13]Et à son autel il exige que tu déposes toutes les choses qu'il t'enjoint d'obtenir, de sorte que jamais tu n'y prends aucune joie.

11.   Tout ce dont l'ego te dit que tu as besoin te blessera. [2]Car bien que l'ego te presse d'obtenir encore et encore, il ne te laisse rien, car ce que tu obtiens, il l'exigera de toi. [3]Et des mains mêmes qui s'en sont emparées, cela sera arraché puis jeté dans la poussière. [4]Car où l'ego voit le salut, il voit la séparation, et tu perds ainsi tout ce que tu as obtenu en son nom. [5]Par conséquent, ne te demande pas à toi-même ce dont tu as besoin, car tu ne le sais pas, et le conseil que tu te donnes te blessera. [6]Car ce dont tu penses avoir besoin ne servira qu'à renforcer ton monde contre la lumière, tout en te rendant indésireux de remettre en question la valeur que ce monde peut réellement avoir pour toi.

12.   Seul le Saint-Esprit sait ce dont tu as besoin. [2]Car Il te donnera toutes choses qui ne bloquent pas le chemin vers la lumière. [3]Et de quoi d'autre pourrais-tu avoir besoin? [4]Dans le temps, Il te donne toutes les choses dont tu as besoin, et Il les renouvellera aussi longtemps que tu en auras besoin. [5]Il ne te prendra rien tant que tu en auras quelque besoin. [6]Et pourtant Il connaît que tout ce dont tu as besoin est temporaire et ne dure que jusqu'au

moment où tu t'éloignes de tous tes besoins et te rends compte qu'ils ont tous été comblés. [7]Par conséquent Il n'a pas d'investissement dans les choses qu'Il procure, sauf pour S'assurer que tu ne les utiliseras pas pour t'attarder dans le temps. [8]Il connaît que tu n'y es pas chez toi, et c'est Sa Volonté que rien ne vienne retarder ton joyeux retour chez toi.

13.   Laisse-Lui donc tes besoins. [2]Il y subviendra sans y mettre la moindre insistance. [3]Ce qui te vient de Lui vient en sécurité, car Il S'assurera que cela ne puisse jamais devenir une tache sombre, cachée dans ton esprit et gardée pour te blesser. [4]Guidé par Lui, tu voyageras d'un pas léger dans la lumière, car Il a toujours en vue la fin du voyage, qui est Son but. [5]Le Fils de Dieu n'est pas un voyageur traversant des mondes extérieurs. [6]Si sainte que sa perception puisse devenir, aucun monde extérieur à lui ne détient son héritage. [7]Au-dedans de lui-même il n'a pas de besoins, car la lumière n'a besoin que de luire en paix en laissant les rayons s'étendre quiètement d'elle-même jusqu'à l'infini.

14.   Chaque fois que tu es tenté d'entreprendre un voyage inutile qui t'éloignerait de la lumière, rappelle-toi ce que tu veux vraiment, et dis :

> [2]*Le Saint-Esprit me conduit au Christ, et où ailleurs voudrais-je aller ? [3]De quoi ai-je besoin, si ce n'est de m'éveiller en Lui ?*

15.   Puis suis-Le dans la joie, en ayant foi en ce qu'Il te conduira en sécurité à travers tout ce que ce monde peut présenter de dangers pour la paix de ton esprit. [2]Ne t'agenouille pas devant les autels au sacrifice, et ne cherche pas ce que tu perdras sûrement. [3]Contente-toi de ce que tu garderas tout aussi sûrement, et ne t'agite pas, car tu entreprends un quiet voyage vers la paix de Dieu, où Il voudrait que tu demeures en quiétude.

16.   En moi tu as déjà vaincu toute tentation qui pourrait te retenir. [2]Nous marchons ensemble sur la voie de la quiétude qui est le don de Dieu. [3]Tiens à moi, car de quoi, sauf de tes frères, peux-tu avoir besoin ? [4]Nous te rendrons la paix d'esprit que nous devons trouver ensemble. [5]Le Saint-Esprit t'enseignera à t'éveiller à nous et à toi-même. [6]Voilà le seul besoin réel qui soit à combler dans le temps. [7]En cela seulement réside le salut qui délivre du monde. [8]Je te donne ma paix. [9]Prends-la de moi en joyeux échange de tout ce que le monde ne t'a offert que pour le reprendre. [10]Et nous l'étendrons comme un voile de lumière sur la triste face du

monde, dans laquelle nous cachons nos frères au monde, et le monde à nos frères.

17.   Nous ne pouvons chanter seuls l'hymne de la rédemption. ²Ma tâche ne sera pas achevée tant que je n'aurai pas élevé chaque voix avec la mienne. ³Et pourtant ce n'est pas la mienne, car comme elle est le don que je te fais, ainsi elle fut le don que le Père me fit, à moi donnée par Son Esprit. ⁴Ce son bannira le chagrin de l'esprit du très saint Fils de Dieu, où il ne peut demeurer. ⁵Il est besoin de guérison dans le temps, car la joie ne peut établir son règne éternel là où demeure le chagrin. ⁶Tu ne demeures pas ici, mais dans l'éternité. ⁷Tu ne voyages qu'en rêves, alors que tu es chez toi en sécurité. ⁸Rends grâce à chaque partie de toi à qui tu as appris comment se souvenir de toi. ⁹Ainsi le Fils de Dieu rend grâce à son Père de sa pureté.

VIII. De la perception à la connaissance

1.   Toute guérison est délivrance du passé. ²C'est pourquoi le Saint-Esprit est le seul Guérisseur. ³Il enseigne que le passé n'existe pas, un fait qui appartient à la sphère de la connaissance et que par conséquent personne en ce monde ne peut connaître. ⁴En effet, il serait impossible d'être en ce monde avec cette connaissance. ⁵Car l'esprit qui connaît cela sans équivoque connaît aussi qu'il demeure dans l'éternité, et il n'utilise aucune perception. ⁶Par conséquent, il ne considère pas où il est, parce que le concept « où » ne signifie rien pour lui. ⁷Il connaît qu'il est partout, tout comme il a tout, et pour toujours.

2.   La différence très réelle entre la perception et la connaissance devient tout à fait apparente quand tu considères ceci : il n'y a rien de partiel dans la connaissance. ²Chaque aspect est entier; par conséquent, aucun aspect n'est séparé. ³Tu es un aspect de la connaissance, étant dans l'Esprit de Dieu, Qui te connaît. ⁴Toute connaissance doit être tienne, car en toi est toute connaissance. ⁵La perception, même la plus élevée, n'est jamais complète. ⁶Même la perception du Saint-Esprit, aussi parfaite que peut l'être la perception, ne signifie rien au Ciel. ⁷Guidée par Lui, la perception peut aller partout, car la vision du Christ voit tout dans la lumière. ⁸Or aucune perception, si sainte soit-elle, ne durera toujours.

3.   La perception parfaite a donc beaucoup d'éléments en commun avec la connaissance, ce qui rend le transfert en elle possible. ²Or

le dernier pas doit être fait par Dieu, parce que le dernier pas dans ta rédemption, qui semble être dans le futur, fut accompli par Dieu dans ta création. ³La séparation ne l'a pas interrompue. ⁴La création ne peut pas être interrompue. ⁵La séparation n'est qu'une formulation fautive de la réalité, sans aucun effet. ⁶Le miracle, qui n'a pas de fonction au Ciel, est nécessaire ici. ⁷Des aspects de la réalité peuvent encore être vus, et ils remplaceront des aspects de l'irréalité. ⁸Des aspects de la réalité peuvent être vus en tout et partout. ⁹Or Dieu Seul peut les rassembler, en les couronnant ne faisant qu'un du don final de l'éternité.

4. À part du Père et du Fils, le Saint-Esprit n'a pas de fonction. ²Il n'est séparé ni de l'Un ni de l'Autre, étant dans l'Esprit des Deux, et connaissant que cet Esprit est Un. ³Il est une Pensée de Dieu, et Dieu te L'a donné parce qu'Il n'a pas de Pensées qu'Il ne partage. ⁴Son message parle de l'intemporel dans le temps, et c'est pourquoi la vision du Christ contemple tout avec amour. ⁵Or même la vision du Christ n'est pas Sa réalité. ⁶Les aspects dorés de la réalité qui apparaissent soudain en pleine lumière, sous Ses yeux pleins d'amour, laissent entrevoir le Ciel qui se trouve au-delà.

5. Voici le miracle de la création : *qu'elle est une à jamais.* ²Chaque miracle que tu offres au Fils de Dieu n'est que la perception vraie d'un aspect du tout. ³Bien que chaque aspect *soit* le tout, tu ne peux pas connaître cela jusqu'à ce que tu aies vu que chaque aspect est le même, perçu dans la même lumière et donc un. ⁴Chacun de ceux que tu vois sans le passé te rapproche ainsi de la fin du temps en apportant dans les ténèbres une vue guérie et guérissante, et permettant au monde de voir. ⁵Car la lumière doit venir dans le monde enténébré pour rendre la vision du Christ possible même ici. ⁶Aide-Le à donner Son don de lumière à tous ceux qui pensent errer dans les ténèbres, et laisse-Le les rassembler dans Sa quiète vue qui les rend un.

6. Ils sont tous les mêmes ; tous beaux et égaux dans leur sainteté. ²Et de même qu'ils Lui ont été offerts, Il les offrira à Son Père. ³Il y a un seul miracle, comme il y a une seule réalité. ⁴Et chaque miracle que tu fais les contient tous, comme chaque aspect de la réalité que tu vois se fond quiètement dans la seule réalité de Dieu. ⁵Le seul miracle qui ait jamais été est le très saint Fils de Dieu, créé dans la seule réalité qui est son Père. ⁶La vision du Christ est le don qu'Il te fait. ⁷Son Être est le don que Lui fait Son Père.

7. Contente-toi de guérir, car le don du Christ, tu peux l'accorder, et le don de ton Père, tu ne peux le perdre. ²Offre le don du Christ

à chacun et partout, car les miracles, offerts au Fils de Dieu par le Saint-Esprit, te mettent en accord avec la réalité. ³Le Saint-Esprit connaît ton rôle dans la rédemption, et quels sont ceux qui te cherchent et où les trouver. ⁴La connaissance est bien au-delà de ce qui te concerne individuellement. ⁵Toi qui en fais partie et l'es tout entière, tu as seulement besoin de te rendre compte qu'elle est du Père, et non de toi. ⁶Ton rôle dans la rédemption te conduit à elle en rétablissant son unité dans ton esprit.

8.   Quand tu auras vu tes frères comme étant toi-même, tu seras délivré à la connaissance, ayant appris à te libérer toi-même par Celui Qui connaît ce qu'est la liberté. ²Unis-toi à moi sous la sainte bannière de Son enseignement, et comme nous grandirons en force, le pouvoir du Fils de Dieu s'éveillera en nous, et nous ne laisserons personne intouché ni personne seul. ³Et tout à coup le temps sera terminé, et nous nous unirons tous dans l'éternité de Dieu le Père. ⁴La sainte lumière que tu as vue à l'extérieur de toi, en chaque miracle que tu as offert à tes frères, te sera rendue. ⁵Et connaissant que la lumière est en toi, tes créations seront là avec toi, comme tu es en ton Père.

9.   Comme les miracles en ce monde te joignent à tes frères, ainsi tes créations établissent ta paternité au Ciel. ²Tu es le témoin de la Paternité de Dieu, et Il t'a donné le pouvoir de créer les témoins de la tienne, qui est comme la Sienne. ³Renie un frère ici et tu renies les témoins de ta paternité au Ciel. ⁴Le miracle que Dieu a créé est parfait, comme le sont les miracles que tu as établis en Son Nom. ⁵Ils n'ont pas besoin de guérison, et toi non plus, quand tu les acceptes.

10.   Or en ce monde ta perfection n'a pas de témoins. ²Dieu la connaît, mais pas toi, de sorte que tu ne partages pas Son témoignage d'elle. ³Tu ne rends pas non plus témoignage de Lui, car on ne témoigne de la réalité qu'en ne faisant qu'un. ⁴Dieu attend que tu témoignes de Son Fils et de Lui-même. ⁵Les miracles que tu fais sur terre sont élevés jusqu'au Ciel et jusqu'à Lui. ⁶Ils témoignent de ce que tu ne connais pas, et lorsqu'ils atteignent les portes du Ciel, Dieu les ouvre. ⁷Car jamais Il ne laisserait Son Propre Fils bien-aimé à l'extérieur, et au-delà de Lui-même.

IX. Le nuage de culpabilité

1.   La culpabilité reste la seule chose qui cache le Père, car la culpabilité est l'attaque contre Son Fils. ²Les coupables condamnent toujours, et l'ayant fait ils condamneront encore, liant le futur au passé selon la loi de l'ego. ³La fidélité à cette loi ne laisse entrer aucune lumière, car cela exige d'être fidèle aux ténèbres et interdit l'éveil. ⁴Les lois de l'ego sont strictes et les infractions sont sévèrement punies. ⁵Par conséquent, ne prête pas obéissance à ses lois, car ce sont les lois de la punition. ⁶Et ceux qui les suivent croient qu'ils sont coupables, ainsi ils doivent condamner. ⁷Entre le futur et le passé les lois de Dieu doivent intervenir, si tu veux te libérer. ⁸L'Expiation se tient entre les deux, comme une lampe qui brille avec tant d'éclat que les ténèbres dans lesquelles tu t'es enchaîné disparaîtront.

2.   La délivrance de la culpabilité est le défaire complet de l'ego. ²*Ne fais peur à personne*, car la culpabilité d'autrui est la tienne ; et en obéissant aux rudes commandements de l'ego, tu attires sur toi sa condamnation et tu n'échapperas pas à la punition qu'il offre à ceux qui lui obéissent. ³L'ego récompense la fidélité envers lui par la douleur, car la foi en lui *est* douleur. ⁴Et la foi ne peut être récompensée qu'en fonction de la croyance dans laquelle la foi a été placée. ⁵La foi fait la puissance de la croyance, et sa récompense est déterminée par ce en quoi elle est investie. ⁶Car la foi est toujours donnée à ce qui est ton trésor, et ce qui est ton trésor t'est rendu.

3.   Le monde ne peut te donner que ce que tu lui as donné, car n'étant que ta propre projection, il n'a pas de signification à part de ce que tu as trouvé en lui et en quoi tu as mis ta foi. ²Sois fidèle aux ténèbres et tu ne verras pas, parce que ta foi sera récompensée comme tu l'as donnée. ³Tu *accepteras* ton trésor, et si tu mets ta foi dans le passé, le futur sera pareil. ⁴Tout ce qui t'est cher, tu penses qu'il est à toi. ⁵Par le pouvoir que tu as d'estimer, il en est ainsi.

4.   L'Expiation apporte une ré-estimation de tout ce que tu chéris, car c'est le moyen par lequel le Saint-Esprit peut séparer le faux et le vrai, que tu as acceptés sans distinction dans ton esprit. ²Par conséquent, tu ne peux pas estimer l'un sans l'autre, et la culpabilité est devenue aussi vraie pour toi que l'innocence. ³Tu ne crois pas que le Fils de Dieu est non coupable parce que tu vois le passé, et lui tu ne le vois pas. ⁴Quand tu condamnes un frère,

tu dis : « Moi qui étais coupable, je choisis de le rester. » ⁵Tu as nié sa liberté, et ce faisant tu as nié le témoin de la tienne. ⁶Tu aurais pu tout aussi facilement le libérer du passé, et lever de son esprit le nuage de culpabilité qui l'y tient lié. ⁷Et dans sa liberté aurait été la tienne.

5. Ne lui impose pas sa culpabilité, car sa culpabilité réside dans la secrète pensée de t'avoir fait cela. ²Voudrais-tu, donc, lui enseigner qu'il a raison dans son délire ? ³L'idée que le Fils non coupable de Dieu puisse s'attaquer lui-même et se rendre coupable est insane. ⁴Sous quelque forme que ce soit, en qui que ce soit, *ne crois pas cela*. ⁵Car le péché et la condamnation sont la même chose ; et la croyance en l'un, c'est la foi en l'autre, ce qui appelle la punition au lieu de l'amour. ⁶Rien ne peut justifier l'insanité, et appeler la punition sur toi-même doit être insane.

6. Ne vois donc personne comme coupable, et tu affirmeras la vérité de la non-culpabilité pour toi-même. ²Dans chaque condamnation que tu offres au Fils de Dieu réside la conviction de ta propre culpabilité. ³Si tu veux que le Saint-Esprit t'en libère, accepte Son offre d'Expiation pour tous tes frères. ⁴Car ainsi tu apprends qu'elle est vraie pour toi. ⁵Souviens-toi toujours qu'il est impossible de condamner le Fils de Dieu en partie. ⁶Ceux que tu vois comme coupables deviennent les témoins de la culpabilité en toi, et c'est là que tu la verras, car elle *est* là tant qu'elle n'est pas défaite. ⁷La culpabilité est toujours dans ton esprit, qui s'est condamné lui-même. ⁸Ne la projette pas, car tant que tu le fais elle ne peut être défaite. ⁹À chacun de ceux que tu libères de la culpabilité, il y a une grande joie dans le Ciel, où se réjouissent les témoins de ta paternité.

7. La culpabilité te rend aveugle, car tant que tu vois en toi la moindre tache de culpabilité, tu ne vois pas la lumière. ²Et quand tu la projettes, le monde semble enténébré, enveloppé dans ta culpabilité. ³Tu jettes sur lui un voile de ténèbres et tu ne peux pas le voir parce que tu ne peux pas regarder au-dedans. ⁴Tu as peur de ce que tu y verrais, mais cela n'est pas là. ⁵*La chose que tu crains a disparu.* ⁶Si tu regardais au-dedans, tu ne verrais que l'Expiation, rayonnant de quiétude et de paix sur l'autel à ton Père.

8. N'aie pas peur de regarder au-dedans. ²L'ego te dit que tout est noir de culpabilité au-dedans de toi, et il t'enjoint de ne pas regarder. ³Il t'enjoint plutôt de regarder tes frères et de voir la culpabilité en eux. ⁴Or cela tu ne peux le faire sans demeurer aveugle. ⁵Car ceux qui voient leurs frères dans les ténèbres, et coupables

dans les ténèbres dont ils les enveloppent, ont trop peur de regarder la lumière au-dedans. [6]Au-dedans de toi n'est pas ce que tu crois qu'il y a là, et ce en quoi tu mets ta foi. [7]Au-dedans de toi est le saint signe de la foi parfaite que ton Père a en toi. [8]Il ne t'estime pas comme tu le fais. [9]Il Se connaît Lui-même, et connaît la vérité en toi. [10]Il connaît qu'il n'y a pas de différence, car Il ne sait rien des différences. [11]Peux-tu voir la culpabilité où Dieu connaît qu'il n'y a que parfaite innocence ? [12]Tu peux nier Sa Connaissance, mais tu ne peux pas la changer. [13]Regarde donc la lumière qu'Il a placée au-dedans de toi, et apprends que ce que tu craignais qu'il y ait là a été remplacé par l'amour.

X. Délivrance de la culpabilité

1.   Tu es habitué à l'idée que l'esprit peut voir la source de la douleur là où elle n'est pas. [2]Le douteux service d'un tel déplacement est de cacher la source réelle de la culpabilité, et de garder loin de ta conscience la pleine perception qu'elle est insane. [3]Le déplacement est toujours maintenu par l'illusion que la source de la culpabilité, d'où l'attention est détournée, doit être vraie ; et doit être apeurante, sinon tu n'aurais pas déplacé la culpabilité sur ce que tu croyais être moins apeurant. [4]Tu es donc désireux de considérer toutes sortes de « sources », pourvu qu'il ne s'agisse pas de la source plus profonde avec laquelle elles n'ont absolument aucune relation réelle.

2.   Les idées insanes n'ont pas de réelles relations, et c'est pourquoi elles sont insanes. [2]Aucune relation réelle ne peut reposer sur la culpabilité, ou même en garder ne serait-ce qu'une tache qui puisse ternir sa pureté. [3]Car toutes les relations que la culpabilité a touchées ne sont utilisées que pour éviter et la personne *et* la culpabilité. [4]Quelles étranges relations tu as faites dans ce but étrange ! [5]Et tu as oublié que les relations réelles sont saintes, et qu'elles ne peuvent pas du tout être utilisées par toi. [6]Seul le Saint-Esprit les utilise, et c'est cela qui les rend pures. [7]Si tu déplaces ta culpabilité sur elles, le Saint-Esprit ne peut pas les utiliser. [8]Car en prenant d'avance à tes propres fins ce que tu aurais dû Lui donner, Il ne peut pas l'utiliser pour ta délivrance. [9]Nul qui voudrait s'unir avec quiconque d'une quelconque manière pour son salut individuel ne le trouvera dans cette étrange relation. [10]Il n'est pas partagé, donc il n'est pas réel.

3.   Dans toute union avec un frère où tu cherches à lui imposer ta culpabilité, à la partager avec lui ou à percevoir la sienne, *tu* te sentiras coupable. ²Et tu ne trouveras pas non plus de satisfaction ni de paix avec lui, parce que ton union avec lui n'est pas réelle. ³Tu verras la culpabilité dans cette relation parce que tu l'as mise là. ⁴Il est inévitable que ceux qui ressentent de la culpabilité tentent de la déplacer, parce qu'ils croient certes en elle. ⁵Or bien qu'ils en souffrent, ils ne veulent pas regarder au-dedans et en lâcher prise. ⁶Ils ne peuvent pas connaître qu'ils aiment, et ils ne peuvent pas comprendre ce que c'est qu'aimer. ⁷Leur principale préoccupation est de percevoir la source de culpabilité à l'extérieur d'eux-mêmes, au-delà de leur contrôle.

4.   Quand tu soutiens que tu es coupable mais que la source de ta culpabilité se trouve dans le passé, tu ne regardes pas au-dedans. ²Le passé n'est pas *en* toi. ³Tes bizarres associations au passé n'ont aucune signification dans le présent. ⁴Or tu les laisses se dresser entre toi et tes frères, avec qui tu ne trouves pas du tout de relations réelles. ⁵Peux-tu t'attendre à utiliser tes frères comme moyen de «résoudre» le passé, et les voir quand même tels qu'ils sont réellement? ⁶Le salut n'est pas trouvé par ceux qui utilisent leurs frères pour résoudre des problèmes qui ne sont pas là. ⁷Tu ne voulais pas le salut dans le passé. ⁸Voudrais-tu imposer tes vains souhaits au présent, tout en espérant trouver le salut maintenant?

5.   Détermine, donc, de n'être pas comme tu étais. ²N'utilise aucune relation pour t'accrocher au passé, mais nais à nouveau avec chacune d'elles chaque jour. ³Une minute, même moins, suffira pour te libérer du passé et pour remettre en paix ton esprit à l'Expiation. ⁴Quand chacun sera bienvenu de toi comme tu voudrais toi-même être bienvenu de ton Père, tu ne verras pas de culpabilité en toi. ⁵Car tu auras accepté l'Expiation, qui n'a pas cessé de luire en toi tandis que, rêvant de culpabilité, tu ne voulais pas regarder au-dedans pour ne pas la voir.

6.   Aussi longtemps que tu crois que la culpabilité est justifiée de quelque façon que ce soit, en qui que ce soit et quoi qu'il fasse, tu ne regardes pas au-dedans, où toujours tu trouverais l'Expiation. ²La fin de la culpabilité ne viendra jamais tant que tu crois qu'elle a une raison. ³Car tu dois apprendre que la culpabilité est toujours totalement insane, et sans raison. ⁴Le Saint-Esprit ne cherche pas à dissiper la réalité. ⁵Si la culpabilité était réelle, l'Expiation ne le serait pas. ⁶Le but de l'Expiation est de dissiper les illusions et non pas d'en établir la réalité pour ensuite les pardonner.

7. Le Saint-Esprit ne garde pas les illusions dans ton esprit pour t'effrayer, ni pour démontrer, après t'avoir fait peur en te les montrant, de quoi Il t'a sauvé. ²Ce dont Il t'a sauvé a disparu. ³N'accorde aucune réalité à la culpabilité et n'y vois aucune raison. ⁴Le Saint-Esprit fait ce que Dieu voudrait qu'Il fasse, et Il l'a toujours fait. ⁵Il a vu la séparation, mais Il connaît ce qu'est l'union. ⁶Il enseigne la guérison, mais Il connaît aussi ce qu'est la création. ⁷Il voudrait que tu voies et enseignes comme Il le fait, et par Lui. ⁸Or ce qu'Il connaît, tu ne le connais pas, bien que cela t'appartienne.

8. *Maintenant* il t'est donné de guérir et d'enseigner, de faire ce qui sera *maintenant*. ²Et qui pourtant n'est pas maintenant. ³Le Fils de Dieu croit qu'il est perdu dans la culpabilité, seul dans un monde enténébré où la douleur le presse de toutes parts de l'extérieur. ⁴Quand il aura regardé au-dedans et vu là le rayonnement, il se rappellera combien son Père l'aime. ⁵Et il semblera incroyable qu'il ait jamais pu penser que son Père ne l'aimait pas et le regardait comme condamné. ⁶Dès l'instant que tu te rends compte que la culpabilité est insane, entièrement injustifiée et entièrement sans raison, tu ne crains pas de regarder l'Expiation et de l'accepter entièrement.

9. Toi qui as été sans miséricorde pour toi-même, tu ne te souviens pas de l'Amour de ton Père. ²Et comme tu regardes tes frères sans miséricorde, tu ne te souviens pas combien tu L'aimes. ³Or cela est vrai à jamais. ⁴Dans la paix qui rayonne en toi est la pureté parfaite où tu fus créé. ⁵Ne crains pas de regarder la belle vérité en toi. ⁶Regarde au-travers du nuage de culpabilité qui trouble ta vision et pose ton regard passé les ténèbres sur le saint lieu où tu verras la lumière. ⁷L'autel à ton Père est aussi pur que Celui Qui l'a élevé à Lui-même. ⁸Ce que le Christ voudrait que tu voies, rien ne peut le garder loin de toi. ⁹Sa Volonté est comme Celle de Son Père, et Il offre miséricorde à chaque enfant de Dieu, comme Il voudrait que tu le fasses.

10. Délivre de la culpabilité comme tu voudrais en être délivré. ²Il n'y a pas d'autre façon de regarder au-dedans et d'y voir la lumière de l'amour, brillant de la même constance et de la même certitude avec lesquelles Dieu Lui-même a toujours aimé Son Fils. ³*Et Son Fils L'aime.* ⁴Il n'y a pas de crainte dans l'amour, car l'amour est non coupable. ⁵Toi qui as toujours aimé ton Père, tu ne peux avoir peur, pour aucune raison, de regarder au-dedans et de voir ta sainteté. ⁶Tu ne peux pas être comme tu croyais être. ⁷Ta culpabilité est sans raison parce qu'elle n'est pas dans l'Esprit

de Dieu, où tu es. ⁸Or cela *est* la raison, que le Saint-Esprit voudrait te rendre. ⁹Il voudrait n'enlever que les illusions. ¹⁰Et tout le reste, Il voudrait que tu le voies. ¹¹Et dans la vision du Christ, Il voudrait te montrer la pureté parfaite qui est à jamais au-dedans du Fils de Dieu.

11. Tu ne peux pas entrer en relation réelle avec n'importe lequel des Fils de Dieu si tu ne les aimes pas tous, et tous également. ²L'amour n'est pas particulier. ³Si tu distingues une partie de la Filialité pour ton amour, tu imposes la culpabilité à toutes tes relations et tu les rends irréelles. ⁴Tu ne peux aimer que comme Dieu aime. ⁵Ne cherche pas à aimer différemment de Lui, car il n'y a pas d'amour à part du Sien. ⁶Jusqu'à ce que tu reconnaisses que cela est vrai, tu n'auras aucune idée de ce qu'est l'amour. ⁷Nul ne peut se voir lui-même non coupable et dans la paix de Dieu qui condamne un frère. ⁸S'il est non coupable et en paix et qu'il ne le voit pas, c'est qu'il délire et qu'il ne s'est pas regardé lui-même. ⁹À lui, je dis :

> ¹⁰*Contemple le Fils de Dieu, regarde sa pureté et sois calme.*
> ¹¹*En quiétude, regarde sa sainteté et rends grâce à son Père de ce qu'aucune culpabilité ne l'a jamais touché.*

12. Aucune illusion que tu lui as jamais reprochée n'a touché son innocence en aucune façon. ²Sa pureté rayonnante, entièrement intouchée par la culpabilité et entièrement aimante, brille au-dedans de toi. ³Regardons-le ensemble et aimons-le. ⁴Car dans l'amour de lui est ta non-culpabilité. ⁵Mais regarde-toi, et la joie et la reconnaissance pour ce que tu vois banniront à jamais la culpabilité. ⁶Je Te rends grâce, Père, de la pureté de Ton très saint Fils, que Tu as créé à jamais non coupable.

13. Comme toi, ma foi et ma croyance sont centrées sur ce qui est mon trésor. ²La différence, c'est que j'aime *seulement* ce que Dieu aime avec moi ; et à cause de cela, bien au-delà de l'estime que tu te portes à toi-même, et jusqu'à la valeur que Dieu a placée en toi, tu es mon trésor. ³J'aime tout ce qu'Il a créé et à cela j'offre toute ma foi et ma croyance. ⁴Ma foi en toi est aussi forte que tout l'amour que je donne à mon Père. ⁵Ma confiance en toi est sans limite, et sans la crainte que tu ne m'entendes pas. ⁶Je rends grâce au Père de ta beauté, et des nombreux dons que tu me permettras d'offrir au Royaume en l'honneur de son entièreté qui est de Dieu.

14.   Loué sois-tu qui rends le Père un avec Son Propre Fils. ²Seuls nous sommes tous humbles, mais ensemble nous brillons d'un éclat si intense qu'aucun de nous ne pourrait même y penser seul. ³Devant le glorieux rayonnement du Royaume, la culpabilité fond et, transformée en bonté, n'est plus jamais ce qu'elle était. ⁴Chacune des réactions que tu ressens sera tellement purifiée qu'elle conviendra pour être un hymne à la louange de ton Père. ⁵Ne vois que Sa louange dans ce qu'Il a créé, car Il ne cessera jamais de te louer. ⁶Unis dans cette louange, nous nous tenons devant les portes du Ciel où nous entrerons sûrement en notre impeccabilité. ⁷Dieu t'aime. ⁸Pourrais-je, donc, manquer de foi en toi et L'aimer parfaitement?

XI. La paix du Ciel

1.   L'oubli, le sommeil et même la mort deviennent les meilleurs conseils de l'ego pour traiter avec la rude intrusion perçue de la culpabilité dans la paix. ²Or nul ne considère qu'il est en conflit et ravagé par une guerre cruelle s'il ne croit pas que les deux adversaires dans cette guerre sont réels. ³Croyant cela il doit s'échapper, car une telle guerre mettrait sûrement fin à sa paix d'esprit et ainsi le détruirait. ⁴Or s'il pouvait seulement se rendre compte que cette guerre oppose un pouvoir réel à un pouvoir irréel, il pourrait se regarder lui-même et voir sa liberté. ⁵Nul ne se trouve ravagé et déchiré par des batailles sans fin si lui-même les perçoit comme étant entièrement sans signification.

2.   Dieu ne voudrait pas que Son Fils se mette en bataille; ainsi l'«ennemi» imaginaire de Son Fils est totalement irréel. ²Tu essaies seulement d'échapper à une guerre amère de laquelle tu *as* échappé. ³La guerre a disparu. ⁴Car tu as entendu l'hymne de liberté s'élevant jusqu'au Ciel. ⁵À Dieu appartiennent la joie et le bonheur pour ta délivrance, car ce n'est pas toi qui l'as faite. ⁶Or de même que tu n'as pas fait la liberté, de même tu n'as pas fait une guerre qui mettrait en danger la liberté. ⁷Rien de destructeur n'a jamais été ni ne sera jamais. ⁸La guerre, la culpabilité, le passé ont disparu ne faisant qu'un dans l'irréalité d'où ils sont venus.

3.   Quand nous serons tous unis au Ciel, tu n'estimeras rien de ce que tu estimes ici. ²Car rien de ce que tu estimes ici, tu ne l'estimes entièrement; par conséquent, tu ne l'estimes pas du tout. ³La valeur est là où Dieu l'a placée, et la valeur de ce que Dieu estime

ne peut être jugée, car c'est chose établie. ⁴Elle est entièrement de valeur. ⁵On ne peut que l'apprécier ou non. ⁶L'estimer partiellement, c'est n'en pas connaître la valeur. ⁷Au Ciel est tout ce que Dieu estime, et rien d'autre. ⁸Le Ciel est parfaitement non ambigu. ⁹Tout est clair et lumineux et appelle une seule réponse. ¹⁰Il n'y a ni ténèbres ni contrastes. ¹¹Il n'y a pas de variation. ¹²Il n'y a pas d'interruption. ¹³Il y a un sentiment de paix si profond qu'aucun rêve en ce monde n'a jamais apporté même la moindre idée de ce que c'est.

4.   Rien en ce monde ne peut donner cette paix, car rien en ce monde n'est entièrement partagé. ²Une perception parfaite peut simplement te montrer ce qui est capable d'être entièrement partagé. ³Elle peut aussi te montrer les résultats du partage, tandis que tu te souviens encore des résultats du non-partage. ⁴Le Saint-Esprit indique quiètement le contraste, connaissant qu'à la fin tu Le laisseras juger pour toi de la différence, Lui permettant de démontrer lequel doit être vrai. ⁵Il a une foi parfaite en ton jugement final, parce qu'Il connaît que c'est Lui Qui le rendra pour toi. ⁶Douter de cela, ce serait douter que Sa mission sera remplie. ⁷Comment cela est-il possible, quand Sa mission est de Dieu ?

5.   Toi dont l'esprit est enténébré de doute et de culpabilité, souviens-toi de ceci : Dieu t'a donné le Saint-Esprit, et Lui a donné pour mission d'enlever tout doute et toute trace de culpabilité que Son cher Fils s'est lui-même imposés. ²Il est impossible que cette mission échoue. ³Rien ne peut empêcher l'accomplissement de ce que Dieu voudrait voir accompli. ⁴Quelles que soient tes réactions à la Voix du Saint-Esprit, quelle que soit la voix que tu choisis d'écouter, quelles que soient les étranges pensées qui peuvent te venir à l'esprit, la Volonté de Dieu *est* faite. ⁵Tu trouveras la paix dans laquelle Il t'a établi, parce qu'Il ne change pas d'Esprit. ⁶Il est invariable comme la paix dans laquelle tu demeures, et que le Saint-Esprit te rappelle.

6.   Au Ciel tu ne te souviendras pas de changement ni de passage. ²Tu n'as besoin de contraste qu'ici. ³Contraste et différences sont des outils d'enseignement nécessaires, car par eux tu apprends ce qu'il faut éviter et ce qu'il faut rechercher. ⁴Quand tu auras appris cela, tu trouveras la réponse qui fera disparaître le besoin de quelque différence que ce soit. ⁵La vérité vient de sa propre volonté à elle-même. ⁶Quand tu auras appris que tu appartiens à la vérité, elle coulera doucement sur toi et sans aucune sorte de différence. ⁷Car tu n'auras besoin d'aucun contraste pour t'aider

à te rendre compte que c'est cela que tu veux, et seulement cela. [8]Ne crains pas que le Saint-Esprit échoue dans ce que ton Père Lui a donné à faire. [9]La Volonté de Dieu ne peut échouer en rien.

7.   N'aie foi qu'en cette seule chose, et cela suffira : Dieu veut que tu sois au Ciel, et rien ne peut t'en garder loin, ni lui de toi. [2]Tes plus folles malperceptions, tes bizarres imaginations, tes plus noirs cauchemars, ne signifient rien. [3]Ils ne prévaudront point contre la paix que Dieu veut pour toi. [4]Le Saint-Esprit rétablira ta santé d'esprit parce que l'insanité n'est pas la Volonté de Dieu. [5]Si cela Lui suffit, c'est assez pour toi. [6]Ce que Dieu voudrait voir enlevé, tu ne le garderas pas, parce que cela rompt la communication avec toi avec qui Il voudrait communiquer. [7]Sa Voix *sera* entendue.

8.   Le Lien de Communication que Dieu Lui-même a placé au-dedans de toi, joignant ton esprit au Sien, ne peut être rompu. [2]Tu peux croire que tu veux qu'Il soit rompu, et il est vrai que cette croyance interfère avec la paix profonde dans laquelle la douce et constante communication que Dieu voudrait partager avec toi est connue. [3]Or Ses canaux d'extension ne peuvent pas être entièrement fermés et séparés de Lui. [4]La paix sera à toi parce que Sa paix coule encore vers toi venant de Lui Dont la Volonté est la paix. [5]Tu l'as maintenant. [6]Le Saint-Esprit t'enseignera comment l'utiliser et, en l'étendant, à apprendre qu'elle est en toi. [7]Dieu t'a voulu le Ciel, et jamais Il ne voudra autre chose pour toi. [8]Le Saint-Esprit ne connaît que Sa Volonté. [9]Il n'y a aucune chance que le Ciel ne soit pas à toi, car Dieu est sûr, et ce qu'Il veut est aussi sûr que Lui.

9.   Tu apprendras le salut parce que tu apprendras comment sauver. [2]Il ne sera pas possible de t'exempter toi-même de ce que le Saint-Esprit veut t'enseigner. [3]Le salut est aussi sûr que Dieu. [4]Sa certitude suffit. [5]Apprends que même le plus noir cauchemar qui trouble l'esprit du Fils de Dieu endormi n'a pas de pouvoir sur lui. [6]Il apprendra la leçon de l'éveil. [7]Dieu veille sur lui et la lumière l'entoure.

10.   Le Fils de Dieu peut-il se perdre dans des rêves, alors que Dieu a placé en lui le joyeux Appel à s'éveiller et se réjouir ? [2]Il ne peut pas se séparer de ce qui est en lui. [3]Son sommeil ne résistera pas à l'Appel à s'éveiller. [4]La mission de la rédemption sera remplie aussi sûrement que la création restera inchangée pour toute l'éternité. [5]Tu n'as pas besoin de connaître que le Ciel est à toi pour

qu'il le soit. ⁶Il l'*est.* ⁷Mais pour le connaître, il faut que tu acceptes la Volonté de Dieu pour ta volonté.

11.   Le Saint-Esprit défera pour toi tout ce que tu as appris qui enseigne que ce qui n'est pas vrai doit être réconcilié avec la vérité. ²Cela est la réconciliation que l'ego voudrait substituer à ta réconciliation avec la santé d'esprit et la paix. ³Le Saint-Esprit a une tout autre sorte de réconciliation pour toi dans Son Esprit; une réconciliation qu'Il effectuera tout aussi sûrement que l'ego n'effectuera pas ce qu'il tente. ⁴L'échec est de l'ego et non de Dieu. ⁵De Lui tu ne peux pas t'égarer, et il n'y a aucune possibilité de ce que le plan que le Saint-Esprit offre *à* chacun, pour le salut *de* chacun, ne soit pas parfaitement accompli. ⁶Tu seras délivré, et tu ne te rappelleras rien de tout ce que tu as fait qui n'ait été créé pour toi et par toi en retour. ⁷Car comment peux-tu te souvenir de ce qui n'a jamais été vrai, ou ne pas te souvenir de ce qui l'a toujours été? ⁸C'est dans cette réconciliation avec la vérité, et seulement la vérité, que réside la paix du Ciel.

Chapitre 14

ENSEIGNER POUR LA VÉRITÉ

Introduction

1. Oui, tu es certes béni. ²Or en ce monde tu ne connais pas que tu l'es. ³Mais tu as les moyens de l'apprendre et de le voir très clairement. ⁴Le Saint-Esprit utilise la logique aussi facilement et aussi bien que l'ego, sauf que Ses conclusions ne sont pas insanes. ⁵Elles prennent une direction exactement opposée, indiquant le Ciel aussi clairement que l'ego indique les ténèbres et la mort. ⁶Nous avons suivi la logique de l'ego en grande partie et nous en avons vu les conclusions logiques. ⁷Et les ayant vues, nous nous sommes rendu compte qu'elles ne peuvent être vues que dans l'illusion, car c'est là seulement que leur apparente clarté semble être vue clairement. ⁸Détournons-nous d'elles et suivons maintenant la simple logique avec laquelle le Saint-Esprit enseigne les simples conclusions qui parlent pour la vérité, et seulement la vérité.

I. Les conditions de l'apprentissage

1. Si tu es béni tout en ne connaissant pas que tu l'es, tu as besoin d'apprendre qu'il doit en être ainsi. ²La connaissance ne s'enseigne pas, mais ses conditions doivent être acquises car ce sont celles-ci qui ont été jetées. ³Tu peux apprendre à bénir, et tu ne peux pas donner ce que tu n'as pas. ⁴Donc si tu offres une bénédiction, il faut d'abord qu'elle te soit venue. ⁵Il faut aussi que tu l'aies acceptée pour tienne, car comment autrement pourrais-tu la donner? ⁶C'est pourquoi les miracles *te* témoignent que tu es béni. ⁷Si ce que tu offres est le pardon complet, tu dois avoir lâché prise de la culpabilité, ayant accepté l'Expiation pour toi-même et appris que tu es non coupable. ⁸Comment pourrais-tu apprendre ce qui fut fait pour toi, inconnu de toi, à moins de faire ce que tu devrais faire si cela *avait été* fait pour toi?
2. Des preuves indirectes de la vérité sont nécessaires dans un monde fait de déni et sans direction. ²Tu en percevras la nécessité quand tu te rendras compte que le déni est la décision de ne

pas connaître. ³La logique du monde ne peut donc que mener à rien, car son but est rien. ⁴Si tu décides de n'avoir, de ne donner et de n'être rien, sauf un rêve, tu dois diriger tes pensées vers l'oubli. ⁵Et si tu as, donnes et es tout, et que tout cela a été nié, alors ton système de pensée est fermé et entièrement séparé de la vérité. ⁶Ce monde *est* insane, et ne sous-estime pas l'étendue de son insanité. ⁷Il n'est pas un domaine de ta perception qu'elle n'ait touché, et ton rêve *est* sacré pour toi. ⁸C'est pour cela que Dieu a placé le Saint-Esprit en toi, où tu as placé le rêve.

3.   Voir va toujours vers l'extérieur. ²Si tes pensées étaient entièrement de toi, le système de pensée que tu as fait serait à jamais enténébré. ³Les pensées que l'esprit du Fils de Dieu projette ou étend ont tout le pouvoir qu'il leur donne. ⁴Les pensées qu'il partage avec Dieu sont au-delà de sa croyance, mais celles qu'il a faites *sont* ses croyances. ⁵Et ce sont elles, et non la vérité, qu'il a choisi de défendre et d'aimer. ⁶Elles ne lui seront pas enlevées. ⁷Mais elles peuvent être abandonnées *par* lui, car la Source de leur défaire est en lui. ⁸Il n'y a rien au monde pour lui enseigner que la logique du monde est totalement insane et ne mène à rien. ⁹Or en lui qui a fait cette logique insane est aussi Celui Qui connaît qu'elle ne mène à rien, car Il connaît tout.

4.   Toute direction qui te mènerait là où le Saint-Esprit ne te mène pas, ne va nulle part. ²Tout ce que tu nies et qu'Il connaît vrai, c'est à toi-même que tu l'as nié et Il doit donc t'enseigner à ne pas le nier. ³Défaire *est* indirect, comme faire. ⁴Tu fus créé uniquement pour créer, ni pour voir ni pour faire. ⁵Ce ne sont là que des expressions indirectes de la volonté de vivre, laquelle a été bloquée par la capricieuse et non sainte lubie de mort et de meurtre que ton Père ne partage pas avec toi. ⁶Tu t'es donné pour tâche de partager ce qui ne peut être partagé. ⁷Et tant que tu penses qu'il est possible d'apprendre à le faire, tu ne crois pas tout ce qu'il *est* possible d'apprendre à faire.

5.   Par conséquent, le Saint-Esprit doit commencer Son enseignement en te montrant ce que tu ne pourras jamais apprendre. ²Son message n'est pas indirect, mais Il doit introduire la simple vérité dans un système de pensée qui est devenu si tordu et si complexe que tu ne peux pas voir qu'il ne signifie rien. ³Il en regarde simplement le fondement et le rejette. ⁴Mais toi qui ne peux ni défaire ce que tu as fait ni échapper au lourd fardeau de sa grisaille qui repose sur ton esprit, tu ne peux pas voir au-travers. ⁵Cela te trompe, parce que tu as choisi de te tromper toi-même.

[6]Ceux qui choisissent d'être trompés attaqueront simplement les approches directes, parce qu'elles semblent gagner sur la tromperie et lui porter un coup.

II. L'apprenant heureux

1.   Le Saint-Esprit a besoin d'un apprenant heureux en qui Sa mission puisse s'accomplir avec bonheur. [2]Toi qui es fermement dévoué à la misère, tu dois d'abord reconnaître que tu es misérable et non heureux. [3]Le Saint-Esprit ne peut pas enseigner sans ce contraste, car tu crois que la misère *est* le bonheur. [4]Cela t'a jeté dans une telle confusion que tu as entrepris d'apprendre à faire ce que tu ne pourras jamais faire, croyant que tu ne seras pas heureux à moins de l'apprendre. [5]Tu ne te rends pas compte que le fondement dont dépend ce but d'apprentissage fort curieux ne signifie absolument rien. [6]Or il se peut qu'il ait quand même un sens pour toi. [7]Mets ta foi en rien et tu trouveras le « trésor » que tu cherches. [8]Mais à ton esprit déjà alourdi tu ajouteras un autre fardeau. [9]Tu croiras que rien a de la valeur, et tu l'estimeras. [10]Un petit morceau de verre, un grain de poussière, un corps ou une guerre, pour toi c'est tout un. [11]Car si tu estimes une chose faite de rien, tu as cru que rien pouvait être précieux et que tu *peux* apprendre comment rendre vrai ce qui n'est pas vrai.

2.   Le Saint-Esprit, voyant où tu es mais connaissant que tu es ailleurs, commence Sa leçon de simplicité par l'enseignement fondamental que *la vérité est vraie*. [2]C'est la leçon la plus difficile que tu apprendras jamais, et la seule en définitive. [3]La simplicité est très difficile pour des esprits tordus. [4]Considère toutes les distorsions que tu as faites à partir de rien ; l'étrange tissu de formes, de sentiments, d'actions et de réactions que tu en as tiré. [5]Rien ne t'est plus étranger que la simple vérité, et il n'est rien que tu sois moins enclin à écouter. [6]Le contraste entre ce qui est vrai et ce qui ne l'est pas est parfaitement apparent, et pourtant tu ne le vois pas. [7]Le simple et l'évident ne sont pas apparents pour ceux qui voudraient faire des palais et des habits royaux à partir de rien, croyant qu'à cause d'eux ils sont des rois couronnés d'or.

3.   Le Saint-Esprit, Qui voit tout cela, enseigne, simplement, que tout cela n'est pas vrai. [2]À ces apprenants malheureux qui voudraient s'enseigner rien, et s'illusionner au point de croire que ce n'est pas rien, le Saint-Esprit dit, avec calme et fermeté :

³La vérité est vraie. ⁴Rien d'autre n'a d'importance, rien d'autre n'est réel, et tout à part elle n'est pas là. ⁵Laisse-Moi faire pour toi la seule distinction que tu ne peux pas faire, mais que tu as besoin d'apprendre. ⁶Ta foi en rien te trompe. ⁷Offre-Moi ta foi et Je la placerai doucement dans le saint lieu qui est le sien. ⁸Tu ne trouveras là aucune tromperie mais seulement la simple vérité. ⁹Et tu l'aimeras parce que tu la comprendras.

4.   Comme toi, le Saint-Esprit n'a pas fait la vérité. ²Comme Dieu, Il connaît qu'elle est vraie. ³Il apporte la lumière de la vérité dans les ténèbres et la laisse luire sur toi. ⁴Et comme elle luit, tes frères la voient ; et se rendant compte que cette lumière n'est pas ce que tu as fait, ils voient en toi plus que tu ne vois. ⁵Ils seront les heureux apprenants de la leçon que cette lumière leur apporte, parce qu'elle leur enseigne la délivrance de rien et de toutes les œuvres de rien. ⁶Les lourdes chaînes qui semblent les lier au désespoir, ils ne les voient pas comme n'étant rien jusqu'à ce que tu leur apportes la lumière. ⁷Et alors ils voient que les chaînes ont disparu, et elles *devaient* donc n'être rien. ⁸Et tu le verras avec eux. ⁹Parce que tu leur as enseigné la joie et la délivrance, ils deviendront tes enseignants en délivrance et en joie.

5.   Quand tu enseignes à quiconque que la vérité est vraie, tu l'apprends avec lui. ²Et tu apprends ainsi que ce qui semblait le plus dur était le plus facile. ³Apprends à être un apprenant heureux. ⁴Tu n'apprendras jamais comment faire tout de rien. ⁵Vois pourtant que cela était ton but et reconnais à quel point il était sot. ⁶Réjouis-toi qu'il soit défait, car quand tu le regardes simplement avec honnêteté, il *est* défait. ⁷J'ai dit plus tôt : « Ne te contente pas de rien », car tu as cru que rien pouvait te contenter. ⁸Il n'en est rien.

6.   Si tu veux être un apprenant heureux, tu dois donner au Saint-Esprit tout ce que tu as appris, pour que cela soit désappris pour toi. ²Puis commence à apprendre les joyeuses leçons qui viennent rapidement sur le ferme fondement que la vérité est vraie. ³Car ce qui est bâti là *est* vrai, et bâti sur la vérité. ⁴L'univers de l'apprentissage s'ouvrira devant toi dans toute sa gracieuse simplicité. ⁵Avec la vérité devant toi, tu ne regarderas pas en arrière.

7.   L'apprenant heureux remplit ici les conditions de l'apprentissage, comme il remplit les conditions de la connaissance dans le Royaume. ²Tout cela est dans le plan du Saint-Esprit pour te libérer du passé et t'ouvrir la voie de la liberté. ³Car la vérité *est*

vraie. [4]Quoi d'autre pourrait jamais l'être, ou l'a jamais été ? [5]Cette simple leçon contient la clé de la sombre porte que tu crois verrouillée à jamais. [6]Tu as fait cette porte de rien et derrière il n'y *a* rien. [7]La clé n'est que la lumière qui dissipe les figures, les formes et les peurs de rien. [8]Accepte cette clé de liberté des mains du Christ Qui te la donne, afin que tu puisses te joindre à Lui dans la sainte tâche d'apporter la lumière. [9]Car, comme tes frères, tu ne te rends pas compte que la lumière est venue et t'a libéré du sommeil des ténèbres.

8.   Contemple tes frères en leur liberté et apprends d'eux comment être libre des ténèbres. [2]La lumière en toi les éveillera et ils ne te laisseront pas endormi. [3]La vision du Christ est donnée à l'instant même où elle est perçue. [4]Là où tout est clair, tout est saint. [5]La quiétude de sa simplicité est si irrésistible que tu te rendras compte qu'il est impossible de nier la simple vérité. [6]Car il n'y a rien d'autre. [7]Dieu est partout et Son Fils est en Lui avec tout. [8]Peut-il entonner le triste chant funèbre quand cela est vrai ?

III. Le choix de la non-culpabilité

1.   L'apprenant heureux ne peut pas se sentir coupable d'apprendre. [2]Cela est si essentiel à l'apprentissage qu'il ne faudrait jamais l'oublier. [3]L'apprenant non coupable apprend facilement parce que ses pensées sont libres. [4]Or cela entraîne qu'il reconnaît que la culpabilité est une interférence, et non le salut, et qu'elle ne remplit absolument aucune fonction utile.

2.   Tu es peut-être habitué à n'utiliser la non-culpabilité que pour compenser la douleur de la culpabilité, et tu ne la considères pas comme ayant une valeur en soi. [2]Tu crois que la culpabilité et la non-culpabilité ont toutes deux de la valeur, chacune représentant une évasion de ce que l'autre ne t'offre pas. [3]Tu ne veux pas l'une ou l'autre seule, car sans les deux tu ne te vois pas comme entier et par conséquent heureux. [4]Or tu n'es entier qu'en ta non-culpabilité, et c'est seulement en ta non-culpabilité que tu peux être heureux. [5]Il n'y a aucun conflit ici. [6]Souhaiter la culpabilité de quelque façon ou sous quelque forme que ce soit, te fait perdre d'apprécier la valeur de ta non-culpabilité, et la repousse de ta vue.

3.   Il n'y a pas de compromis que tu puisses faire avec la culpabilité tout en échappant à la douleur que seule apaise la non-culpabilité. [2]Apprendre, c'est vivre ici, de même que créer, c'est être

au Ciel. ³Chaque fois que la douleur de la culpabilité semble t'attirer, souviens-toi que si tu lui cèdes, tu te décides contre ton bonheur, et tu n'apprendras pas comment être heureux. ⁴Dis-toi donc, doucement, mais avec la conviction née de l'Amour de Dieu et de Son Fils :

> ⁵*Ce que j'éprouve, je le rendrai manifeste.*
> ⁶*Si je suis non coupable, je n'ai rien à craindre.*
> ⁷*Je choisis de témoigner de mon acceptation de*
>   *l'Expiation, et non de son rejet.*
> ⁸*Je voudrais accepter ma non-culpabilité en la*
>   *rendant manifeste et en la partageant.*
> ⁹*Que j'apporte au Fils de Dieu la paix qui vient*
>   *de Son Père.*

4.   À chaque jour, à chaque heure et à chaque minute, même à chaque seconde, tu décides entre la crucifixion et la résurrection ; entre l'ego et le Saint-Esprit. ²L'ego est le choix pour la culpabilité ; le Saint-Esprit, le choix pour la non-culpabilité. ³Le pouvoir de décider est tout ce que tu as. ⁴Le choix qui s'offre à toi est fixe, parce qu'il n'y a pas d'autre alternative qu'entre la vérité et l'illusion. ⁵Et il n'y a pas entre elles de chevauchement, parce que ce sont des opposés qui ne peuvent pas être réconciliés et ne peuvent pas être vrais tous les deux. ⁶Tu es coupable ou non coupable, lié ou libre, malheureux ou heureux.

5.   Le miracle t'enseigne que tu as choisi la non-culpabilité, la liberté et la joie. ²Ce n'est pas une cause mais un effet. ³C'est le résultat naturel du juste choix, attestant le bonheur qui te vient d'avoir choisi d'être libre de la culpabilité. ⁴Chacun de ceux à qui tu offres la guérison te la rend. ⁵Celui que tu attaques la garde et la chérit en te la reprochant. ⁶Qu'il fasse cela ou ne le fasse pas importe peu : tu penseras qu'il le fait. ⁷Il est impossible d'offrir ce que tu ne veux pas sans encourir cette peine. ⁸Le coût de donner *est* de recevoir. ⁹Ou c'est une peine dont tu souffres, ou c'est l'heureuse acquisition d'un trésor à chérir.

6.   Nulle peine n'est jamais demandée au Fils de Dieu, sauf par lui-même et de lui-même. ²Chaque chance qui lui est donnée de guérir est une autre occasion de remplacer les ténèbres par la lumière et la peur par l'amour. ³S'il la refuse, il se lie aux ténèbres, parce qu'il n'a pas choisi de libérer son frère et d'entrer avec lui dans la lumière. ⁴En donnant un pouvoir à rien, il jette l'heureuse

occasion d'apprendre que rien n'a pas de pouvoir. [5]Et en ne dissipant pas les ténèbres, il s'est mis à craindre et les ténèbres et la lumière. [6]La joie d'apprendre que les ténèbres n'ont pas de pouvoir sur le Fils de Dieu est l'heureuse leçon que le Saint-Esprit enseigne, et qu'Il voudrait que tu enseignes avec Lui. [7]C'est Sa joie de l'enseigner, comme ce sera la tienne.

7. La façon d'enseigner cette simple leçon est simplement ceci : la non-culpabilité est invulnérabilité. [2]Par conséquent, rends manifeste à chacun ton invulnérabilité. [3]Enseigne-lui que, quoi qu'il puisse essayer de te faire, ta parfaite délivrance de la croyance qu'il puisse te nuire lui montre qu'il est non coupable. [4]Il ne peut rien faire qui puisse te blesser, et en refusant de lui permettre de penser qu'il le peut, tu lui enseignes que l'Expiation, que tu as acceptée pour toi-même, est aussi à lui. [5]Il n'y a rien à pardonner. [6]Personne ne peut blesser le Fils de Dieu. [7]Sa culpabilité est entièrement sans cause ; or étant sans cause elle ne peut exister.

8. Dieu est la seule Cause, et la culpabilité n'est pas de Lui. [2]N'enseigne à personne qu'il t'a blessé, car si tu le fais tu t'enseignes à toi-même que ce qui n'est pas de Dieu a un pouvoir sur toi. [3]*Le sans-cause ne peut pas être.* [4]Ne l'atteste pas et n'encourage pas la croyance en lui dans aucun esprit. [5]Souviens-toi toujours que l'esprit est un, et la cause est une. [6]Tu apprendras à communiquer avec cette unité uniquement en apprenant à nier le sans-cause, acceptant pour tienne la Cause de Dieu. [7]Le pouvoir que Dieu a donné à Son Fils lui *appartient*, et il n'est rien d'autre que Son Fils puisse voir ou choisir de regarder sans s'imposer à lui-même la peine de culpabilité, au lieu de tout l'heureux enseignement que le Saint-Esprit lui offrirait avec joie.

9. Chaque fois que tu choisis de prendre une décision pour toi-même, tu penses de façon destructrice et la décision sera mauvaise. [2]Elle te blessera à cause du concept de décision qui y a mené. [3]Il n'est pas vrai que tu puisses prendre des décisions par toi-même ou pour toi-même seul. [4]Aucune pensée du Fils de Dieu ne peut être séparée ou isolée en ses effets. [5]Chaque décision est prise pour la Filialité tout entière, dirigée en dedans et en dehors, et influence une constellation plus large que tout ce dont tu as jamais pu rêver.

10. Ceux qui acceptent l'Expiation *sont* invulnérables. [2]Mais ceux qui se croient coupables répondront à la culpabilité, parce qu'ils pensent qu'elle est le salut, et ils ne refuseront pas de la voir ni de se ranger de son côté. [3]Ils croient que l'augmentation de la

culpabilité est protection de soi. ⁴Et ils n'arrivent pas à comprendre le simple fait que ce qu'ils ne veulent pas doit les blesser. ⁵Tout cela survient parce qu'ils ne croient pas que ce qu'ils veulent est bon. ⁶Or la volonté leur a été donnée parce qu'elle est sainte et leur apportera tout ce dont ils ont besoin, venant aussi naturellement que la paix qui ne connaît pas de limites. ⁷Il n'est rien que leur volonté ne leur fournisse pas qui leur offre quoi que ce soit de valeur. ⁸Or parce qu'ils ne comprennent pas leur volonté, le Saint-Esprit la comprend quiètement pour eux, et leur donne ce qu'ils veulent sans effort ni tension, et sans l'impossible fardeau de décider seuls ce qu'ils veulent et ce dont ils ont besoin.

11. Il n'arrivera jamais que tu aies à prendre des décisions pour toi-même. ²Tu n'es pas privé d'aide, et d'une Aide qui connaît la réponse. ³Te contenterais-tu de peu, qui est tout ce que toi-même seul peux t'offrir, quand Celui Qui te donne tout te l'offrira tout simplement ? ⁴Il ne te demandera jamais ce que tu as fait pour te rendre digne du don de Dieu. ⁵Ne te le demande donc pas à toi-même. ⁶Plutôt, accepte Sa réponse, car Il connaît que tu es digne de tout ce que Dieu veut pour toi. ⁷Ne tente pas d'échapper au don de Dieu qu'Il t'offre si librement et avec tant de joie. ⁸Il ne t'offre que ce que Dieu Lui a donné pour toi. ⁹Tu n'as pas besoin de décider si oui ou non tu le mérites. ¹⁰Dieu connaît que tu le mérites.

12. Voudrais-tu nier la vérité de la décision de Dieu et mettre ta piètre évaluation de toi-même à la place de Sa calme et inébranlable estime de Son Fils ? ²Rien ne peut ébranler la conviction de Dieu quant à la pureté parfaite de tout ce qu'Il a créé, car *c'est* totalement pur. ³Ne te décide pas contre cela, car étant de Lui ce doit être vrai. ⁴La paix demeure dans chaque esprit qui accepte calmement le plan que Dieu a établi pour son Expiation, renonçant ainsi au sien. ⁵Tu ne connais pas ce qu'est le salut, car tu ne le comprends pas. ⁶Ne prends aucune décision quant à ce qu'il est, ni où il est, mais demande tout au Saint-Esprit et laisse toutes décisions à Son doux conseil.

13. Celui Qui connaît le plan de Dieu, que Dieu voudrait que tu suives, peut t'enseigner ce qu'il est. ²Seule Sa sagesse est capable de te guider pour le suivre. ³Chaque décision que tu entreprends seul signifie seulement que tu voudrais définir ce qu'*est* le salut, et de *quoi* tu voudrais être sauvé. ⁴Le Saint-Esprit connaît que tout salut est évasion hors de la culpabilité. ⁵Tu n'as pas d'autre « ennemi » et contre cette étrange distorsion de la pureté du Fils de Dieu le Saint-Esprit est ton seul Ami. ⁶Il est le puissant protecteur

de l'innocence qui te libère. [7]Et c'est Sa décision de défaire tout ce qui obscurcirait ton innocence de ton esprit dégagé.

14. Laisse-Le, donc, être le seul Guide que tu veuilles suivre vers le salut. [2]Il connaît la voie et Il t'y conduit avec joie. [3]Avec Lui tu ne manqueras pas d'apprendre que ce que Dieu veut pour toi *est* ta volonté. [4]Sans Lui pour te guider, tu penseras que tu la connais seul, et tu te décideras contre ta paix aussi sûrement que tu as décidé que le salut était en toi seul. [5]Le salut est de Celui à Qui Dieu l'a donné pour toi. [6]Il ne l'a pas oublié. [7]Ne L'oublie pas et Il prendra chaque décision pour toi, pour ton salut et la paix de Dieu en toi.

15. Ne cherche pas à déterminer la valeur du Fils de Dieu, qu'Il a créé saint, car faire cela, c'est évaluer son Père et Le juger et Le rejeter. [2]Et de ce crime imaginaire, que nul ni en ce monde ni au Ciel ne saurait commettre, tu te *sentiras* coupable. [3]Le Saint-Esprit enseigne seulement que le «péché» de se placer sur le trône de Dieu n'est pas une source de culpabilité. [4]Ce qui ne peut pas arriver ne peut pas avoir d'effets à craindre. [5]Sois tranquille dans ta foi en Lui, Qui t'aime et Qui voudrait te conduire hors de l'insanité. [6]La folie peut être ton choix, mais pas ta réalité. [7]N'oublie jamais l'Amour de Dieu, Qui S'est souvenu de toi. [8]Car il est tout à fait impossible qu'Il puisse jamais laisser Son Fils tomber de l'Esprit aimant dans lequel il fut créé, et où sa demeure fut fixée pour toujours dans la paix parfaite.

16. Dis seulement au Saint-Esprit : «Décide pour moi», et c'est fait. [2]Car Ses décisions sont des reflets de ce que Dieu connaît de toi, et dans cette lumière l'erreur quelle qu'elle soit devient impossible. [3]Pourquoi lutterais-tu avec tant de frénésie afin de prévoir tout ce que tu ne peux pas connaître, alors que toute connaissance se trouve derrière chaque décision que le Saint-Esprit prend pour toi? [4]Apprends ce que sont Sa sagesse et Son amour, et enseigne Sa réponse à tous ceux qui luttent dans les ténèbres. [5]Car tu décides pour eux et pour toi-même.

17. Qu'il est doux de décider toutes choses par Celui Dont l'Amour égal est donné à tous également! [2]Il ne te laisse personne en dehors de toi. [3]Ainsi Il te donne ce qui t'appartient, parce que ton Père voudrait que tu le partages avec Lui. [4]En tout laisse-Le te conduire, et ne reviens pas là-dessus. [5]Aie confiance en ce qu'il te répondra rapidement, sûrement, et avec Amour pour tous ceux qui seront touchés d'une façon ou d'une autre par la décision. [6]Et chacun le

sera. ⁷Voudrais-tu prendre sur toi la seule responsabilité de décider ce qui ne peut apporter que du bien à tous ? ⁸Le saurais-tu ?

18.   Tu t'es enseigné l'habitude la plus contre nature qui soit de ne pas communiquer avec ton Créateur. ²Or tu restes en étroite communication avec Lui et avec tout ce qui est au-dedans de Lui, comme cela est au-dedans de toi. ³Désapprends l'isolement sous Son aimable direction et apprends ce qu'est toute l'heureuse communication que tu as jetée mais ne pouvais pas perdre.

19.   Chaque fois que tu as des doutes sur ce que tu devrais faire, pense à Sa Présence en toi et dis-toi ceci, et seulement ceci :

> ²*Il me conduit et Il connaît la voie, que moi je ne connais pas.*
> ³*Or ce qu'Il voudrait que j'apprenne, jamais Il ne le gardera*
> *loin de moi.*
> ⁴*Ainsi j'ai confiance en ce qu'Il me communiquera tout ce*
> *qu'Il connaît pour moi.*

⁵Puis laisse-Le t'enseigner tranquillement comment percevoir ta non-culpabilité, qui est déjà là.

IV. Ta fonction dans l'Expiation

1.   Quand tu acceptes la non-culpabilité de ton frère, tu vois l'Expiation en lui. ²Car en la proclamant en lui, tu la fais tienne, et tu verras ce que tu cherchais. ³Tu ne verras pas le symbole de la non-culpabilité de ton frère brillant en lui tant que tu croiras encore qu'elle n'est pas là. ⁴Sa non-culpabilité est *ton* Expiation. ⁵Accorde-la-lui et tu verras la vérité de ce que tu as reconnu. ⁶Or la vérité est offerte premièrement pour être reçue, comme Dieu la donna premièrement à Son Fils. ⁷Le premier dans le temps ne signifie rien, mais le Premier dans l'éternité est Dieu le Père, Qui est à la fois Premier et Un. ⁸Au-delà du Premier il n'y en a pas d'autre, car il n'y a pas d'ordre, pas de second ni de troisième, et rien que le Premier.

2.   Toi qui appartiens à la Cause Première, créé par Lui à l'image de Lui-même et faisant partie de Lui, tu es plus que simplement non coupable. ²L'état de non-culpabilité n'est que la condition dans laquelle ce qui n'est pas là a été enlevé de l'esprit désordonné qui pensait que ce l'était. ³C'est cet état, et seulement cela, que tu dois atteindre, avec Dieu à tes côtés. ⁴Car jusqu'à ce que

tu le fasses, tu continueras de penser que tu es séparé de Lui. [5]Tu peux peut-être sentir Sa Présence près de toi, mais tu ne peux pas connaître que tu ne fais qu'un avec Lui. [6]Cela ne peut pas s'enseigner. [7]L'apprentissage concerne uniquement la condition dans laquelle cela vient tout seul.

3. Quand tu auras permis que soit défait pour toi tout ce qui dans ton esprit très saint obscurcissait la vérité, et que par conséquent tu te tiendras en grâce devant ton Père, Il Se donnera Lui-même à toi comme Il l'a toujours fait. [2]Se donner Lui-même, c'est tout ce qu'Il connaît, or donc c'est toute la connaissance. [3]Car ce qu'Il ne connaît pas ne peut pas être et par conséquent ne peut pas être donné. [4]Ne demande pas à être pardonné, car cela a déjà été accompli. [5]Demande, plutôt, à apprendre comment pardonner, et à ramener dans ton esprit qui ne pardonne pas ce qui a toujours été. [6]L'Expiation devient réelle et visible pour ceux qui l'utilisent. [7]Sur terre c'est ta seule fonction, et tu dois apprendre que c'est tout ce que tu veux apprendre. [8]Tu te sentiras coupable jusqu'à ce que tu apprennes cela. [9]Car à la fin, quelque forme qu'elle prenne, ta culpabilité surgit de ce que tu as manqué de remplir ta fonction dans l'Esprit de Dieu avec tous les tiens. [10]Peux-tu échapper à cette culpabilité en manquant de remplir ta fonction ici ?

4. Tu n'as pas besoin de comprendre la création pour faire ce qui doit être fait avant que la connaissance ait une signification pour toi. [2]Dieu ne brise pas de barrières ; pas plus qu'Il ne les a faites. [3]Quand tu les laisses aller, elles disparaissent. [4]Dieu n'échouera pas, comme Il n'a jamais échoué en quoi que ce soit. [5]Décide que Dieu a raison et que tu es dans l'erreur à ton sujet. [6]Il t'a créé à partir de Lui-même, mais toujours au-dedans de Lui. [7]Il connaît ce que tu es. [8]Souviens-toi qu'après Lui il n'y a pas de second. [9]Il n'y a personne, donc, qui puisse être sans Sa Sainteté, ni personne qui soit indigne de Son parfait Amour. [10]Ne manque pas à ta fonction, qui est d'aimer dans un lieu sans amour fait de ténèbres et de tromperie, car c'est ainsi que ténèbres et tromperie sont défaites. [11]Ne te manque pas à toi-même, mais plutôt offre à Dieu et à toi-même Son Fils irréprochable. [12]Pour ce petit don de reconnaissance pour Son Amour, Dieu Lui-même échangera ton don pour le Sien.

5. Avant de prendre pour toi-même quelque décision que ce soit, souviens-toi que tu t'es décidé contre ta fonction au Ciel, puis considère soigneusement si tu veux prendre des décisions ici. [2]Ta fonction ici est seulement de décider de ne pas décider ce que tu veux,

en re-connaissance du fait que tu ne le sais pas. ³Comment, donc, peux-tu décider ce que tu devrais faire ? ⁴Laisse toute décision à Celui Qui parle pour Dieu, et pour ta fonction telle qu'Il la connaît. ⁵Ainsi Il t'enseignera à lever le terrible fardeau que tu t'es imposé en n'aimant pas le Fils de Dieu et en tentant de lui enseigner la culpabilité au lieu de l'amour. ⁶Renonce à cette insane et frénétique tentative qui te dérobe la joie de vivre avec ton Dieu et Père, et de t'éveiller avec joie à Son Amour et à Sa Sainteté, qui se joignent en tant que vérité en toi, te rendant un avec Lui.

6. Quand tu as appris à décider avec Dieu, toutes les décisions deviennent aussi faciles et justes que de respirer. ²Cela est sans effort, et tu seras conduit aussi doucement que si l'on te portait sur un paisible sentier par un jour d'été. ³C'est seulement ta propre volition qui semble faire qu'il est dur de décider. ⁴Le Saint-Esprit ne tardera pas à répondre à chacune de tes questions sur quoi faire. ⁵Il le sait. ⁶Et Il te le dira, puis Il le fera pour toi. ⁷Toi qui es fatigué, tu verras que cela est plus reposant que le sommeil. ⁸Car tu peux emporter ta culpabilité dans le sommeil, mais pas dans cela.

7. À moins d'être non coupable, tu ne peux pas connaître Dieu, dont la Volonté est que tu Le connaisses. ²Par conséquent, tu *dois* être non coupable. ³Or si tu n'acceptes pas les conditions nécessaires pour Le connaître, tu L'as nié et tu ne Le reconnais pas, bien qu'Il soit tout autour de toi. ⁴Il ne peut pas être connu sans Son Fils, dont la non-culpabilité est la condition pour Le connaître. ⁵Accepter Son Fils comme coupable, c'est nier le Père si complètement que la connaissance est balayée loin de toute re-connaissance dans l'esprit même où Dieu Lui-même l'a placée. ⁶Si seulement tu écoutais, et apprenais combien cela est impossible ! ⁷Ne Le dote pas d'attributs que tu comprends. ⁸Tu ne L'as pas fait, et tout ce que tu comprends n'est pas de Lui.

8. Ta tâche n'est pas de faire la réalité. ²Elle est là sans ton faire, mais pas sans toi. ³Toi qui as tenté de te jeter toi-même et qui as si peu estimé Dieu, écoute-moi parler pour Lui et pour toi-même. ⁴Tu ne peux pas comprendre à quel point ton Père t'aime, car il n'y a aucun parallèle dans ton expérience du monde pour t'aider à le comprendre. ⁵Il n'y a rien sur terre avec quoi cela puisse se comparer, et rien de ce que tu as jamais ressenti à part de Lui n'y ressemble même vaguement. ⁶Tu ne peux même pas donner une bénédiction avec une parfaite douceur. ⁷Voudrais-tu en connaître Un Qui donne à jamais, et Qui ne connaît que donner ?

9. Les enfants du Ciel vivent dans la lumière de la bénédiction de leur Père, parce qu'ils connaissent qu'ils sont sans péché. ²L'Expiation fut établie comme moyen de rendre la non-culpabilité aux esprits qui l'ont niée, et qui ainsi se sont nié le Ciel. ³L'Expiation t'enseigne la véritable condition du Fils de Dieu. ⁴Elle ne t'enseigne pas ce que tu es ni ce qu'est ton Père. ⁵Le Saint-Esprit, Qui s'en souvient pour toi, t'enseigne simplement comment enlever les blocages qui se dressent entre toi et ce que tu connais. ⁶Sa mémoire est tienne. ⁷Si tu te souviens de ce que tu as fait, tu ne te souviens de rien. ⁸Le souvenir de la réalité est en Lui ; par conséquent, il est en toi.

10. Le non-coupable et le coupable sont totalement incapables de se comprendre l'un l'autre. ²Chacun perçoit l'autre comme pareil à lui-même, ce qui les rend tous deux incapables de communiquer parce que chacun voit l'autre autrement qu'il se voit lui-même. ³Dieu ne peut communiquer qu'avec le Saint-Esprit dans ton esprit, parce que Lui seul partage la connaissance de ce que tu es avec Dieu. ⁴Et seul le Saint-Esprit peut répondre à Dieu pour toi, car Lui seul connaît ce qu'est Dieu. ⁵Tout le reste que tu as placé au-dedans de ton esprit ne peut exister, car ce qui n'est pas en communication avec l'Esprit de Dieu n'a jamais été. ⁶La communication avec Dieu est la vie. ⁷Et rien sans elle n'est.

V. Le cercle de l'Expiation

1. La seule partie de ton esprit qui ait une réalité est la partie qui te relie encore à Dieu. ²Voudrais-tu qu'il soit tout entier transformé en un radieux message de l'Amour de Dieu, à partager avec tous les esseulés qui L'ont nié ? *³Dieu rend cela possible.* ⁴Voudrais-tu Lui nier Sa soif d'être connu ? ⁵Tu as soif de Lui, comme Lui de toi. ⁶Cela est à jamais inchangeable. ⁷Accepte, donc, l'immuable. ⁸Laisse derrière toi le monde de la mort et retourne quiètement au Ciel. ⁹Il n'est rien de valeur ici et tout de valeur là. ¹⁰Écoute le Saint-Esprit, et Dieu par Lui. ¹¹Il *te* parle de toi. ¹²Il n'y a pas de culpabilité en toi, car Dieu est béni en Son Fils comme le Fils est béni en Lui.

2. Chacun a un rôle particulier à jouer dans l'Expiation, mais le message donné à chacun est toujours le même : *le Fils de Dieu est non coupable*. ²Chacun enseigne le message différemment, et l'apprend différemment. ³Or jusqu'à ce qu'il l'enseigne et l'apprenne,

il souffrira du vague sentiment que sa fonction véritable reste inaccomplie en lui. ⁴La culpabilité est un lourd fardeau, mais Dieu ne voudrait pas que tu sois lié par elle. ⁵Son plan pour ton réveil est aussi parfait que le tien est faillible. ⁶Tu ne sais pas ce que tu fais, mais Celui Qui connaît est avec toi. ⁷Sa douceur est tienne, et tout l'amour que tu partages avec Dieu, Il le garde pour toi en sécurité. ⁸Il ne t'enseignerait rien, sauf comment être heureux.

3. Heureux Fils d'un Père Qui te comble de bénédictions, la joie a été créée pour toi. ²Qui peut condamner celui que Dieu a béni? ³Il n'est rien dans l'Esprit de Dieu qui ne partage Son innocence rayonnante. ⁴La création est l'extension naturelle de la pureté parfaite. ⁵Ta seule vocation ici est de te vouer, avec un désir effectif, au déni de la culpabilité sous toutes ses formes. ⁶Accuser, c'est *ne pas comprendre*. ⁷Les heureux apprenants de l'Expiation deviennent les enseignants de l'innocence qui est le droit de tout ce que Dieu a créé. ⁸Ne leur nie pas ce qui leur est dû, car ce n'est pas seulement à eux que tu le refuseras.

4. Au Fils de Dieu revient le droit à l'héritage du Royaume, à lui donné en sa création. ²N'essaie pas de le lui voler, ou tu demanderas la culpabilité et tu en feras l'expérience. ³Protège sa pureté de toute pensée qui voudrait le lui voler et le garder hors de sa vue. ⁴Porte l'innocence à la lumière, en réponse à l'appel de l'Expiation. ⁵Ne permets jamais que la pureté reste cachée, mais dissipe les lourds voiles de la culpabilité dans lesquels le Fils de Dieu s'est caché à sa propre vue.

5. Nous sommes tous joints ici dans l'Expiation, et rien d'autre ne peut nous unir en ce monde. ²Ainsi s'en ira le monde de la séparation, et sera rétablie la pleine communication entre le Père et le Fils. ³Le miracle reconnaît la non-culpabilité qui doit avoir été niée pour produire le besoin de guérison. ⁴Ne retiens pas cette joyeuse re-connaissance, car en elle réside l'espoir de bonheur et de délivrance de toute espèce de souffrance. ⁵Qui est-il qui ne souhaite être libre de la douleur? ⁶Il n'a peut-être pas encore appris comment échanger la culpabilité contre l'innocence, et ne s'est pas non plus rendu compte que c'est seulement dans cet échange que la délivrance de la douleur peut être sienne. ⁷Or ceux qui ont manqué d'apprendre ont besoin d'enseignement, et non d'attaque. ⁸Attaquer ceux qui ont besoin d'enseignement, c'est manquer d'apprendre d'eux.

6. Les enseignants de l'innocence, chacun à sa manière, se sont joints, prenant leur rôle dans le curriculum unifié de l'Expiation.

²Il n'y a pas d'unité de buts d'apprentissage à part de cela. ³Il n'y a pas de conflit dans ce curriculum, qui n'a qu'un but quelle que soit la manière dont il est enseigné. ⁴Tout effort fait en son nom est offert dans le but indivisé de délivrance de la culpabilité, pour la gloire éternelle de Dieu et de Sa création. ⁵Et chaque enseignement qui montre cela pointe droit vers le Ciel et la paix de Dieu. ⁶Il n'y a pas de douleur, pas d'épreuve, pas de peur que d'enseigner cela puisse manquer de surmonter. ⁷Le pouvoir de Dieu Lui-même appuie cet enseignement et en garantit les résultats illimités.

7. Joins tes propres efforts à la puissance qui ne peut faillir et doit mener à la paix. ²Nul ne peut rester intouché par un tel enseignement. ³Tu ne te verras pas toi-même au-delà de la puissance de Dieu si tu enseignes seulement cela. ⁴Tu ne seras pas exempté des effets de cette très sainte leçon, qui ne cherche qu'à rétablir ce qui revient de droit à la création de Dieu. ⁵De chacun de ceux à qui tu accordes la délivrance de la culpabilité, tu apprendras inévitablement ton innocence. ⁶Le cercle de l'Expiation n'a pas de fin. ⁷Et la confiance qui te viendra de ta sûre inclusion dans ce cercle ne cessera d'augmenter avec chacun de ceux que tu emmèneras dans sa sécurité et dans sa paix parfaite.

8. La paix, donc, soit avec quiconque devient un enseignant de la paix. ²Car la paix est la re-connaissance de la pureté parfaite, dont personne n'est exclu. ³Dans ce cercle saint se trouvent tous ceux que Dieu a créés Son Fils. ⁴La joie en est l'attribut unifiant, personne n'étant laissé à l'extérieur pour souffrir seul de la culpabilité. ⁵La puissance de Dieu attire chacun dans sa sûre étreinte d'amour et d'union. ⁶Tiens-toi tranquillement dans ce cercle et attire tous les esprits torturés afin qu'ils se joignent à toi dans la sécurité de sa paix et de sainteté. ⁷Demeure avec moi au-dedans, comme enseignant de l'Expiation et non de la culpabilité.

9. Béni sois-tu qui enseignes avec moi. ²Notre puissance ne vient pas de nous mais de notre Père. ³Dans la non-culpabilité nous Le connaissons, comme Il nous connaît non coupables. ⁴Je me tiens au-dedans du cercle, t'appelant à la paix. ⁵Enseigne la paix avec moi et tiens-toi avec moi en terre sainte. ⁶Souviens-toi pour chacun de la puissance de ton Père qu'Il lui a donnée. ⁷Ne crois pas que tu ne puisses enseigner Sa paix parfaite. ⁸Ne reste pas à l'extérieur mais joins-toi à moi au-dedans. ⁹Ne manque pas au seul but auquel t'appelle mon enseignement. ¹⁰Rends à Dieu Son Fils tel qu'Il l'a créé, en lui enseignant son innocence.

10.   La crucifixion n'a joué aucun rôle dans l'Expiation. ²Seule la résurrection y est devenue mon rôle. ³Elle est le symbole de la délivrance de la culpabilité par la non-culpabilité. ⁴Celui que tu perçois comme coupable, tu voudrais le crucifier. ⁵Or tu rends la non-culpabilité à qui que ce soit que tu vois non coupable. ⁶La crucifixion est toujours le but de l'ego. ⁷Il voit chacun coupable, et par sa condamnation il voudrait tuer. ⁸Le Saint-Esprit ne voit que la non-culpabilité, et dans Sa douceur Il voudrait délivrer de la peur et rétablir le règne de l'amour. ⁹La puissance de l'amour est dans Sa douceur, qui est de Dieu et par conséquent ne peut ni crucifier ni subir la crucifixion. ¹⁰Le temple que tu restaures devient ton autel, car c'est par toi qu'il fut reconstruit. ¹¹Et tout ce que tu donnes à Dieu est à toi. ¹²C'est ainsi qu'Il crée, et c'est ainsi que tu dois restaurer.

11.   Chacun de ceux que tu vois, tu le places à l'intérieur du cercle saint de l'Expiation ou tu le laisses à l'extérieur, le jugeant bon pour la crucifixion ou pour la rédemption. ²Si tu l'emmènes dans le cercle de pureté, tu t'y reposeras avec lui. ³Si tu le laisses au-dehors, tu le rejoins là. ⁴Ne juge point, si ce n'est dans la quiétude qui n'est pas de toi. ⁵Refuse d'accepter que qui que ce soit n'ait pas la bénédiction de l'Expiation, et fais-le entrer en le bénissant. ⁶La sainteté doit être partagée, car là est tout ce qui la rend sainte. ⁷Viens avec joie dans le cercle saint et regarde en paix tous ceux qui pensent être à l'extérieur. ⁸Ne bannis personne, car ce qu'il cherche est ici avec toi. ⁹Viens, joignons-nous à lui dans le saint lieu de paix qui est pour nous tous, unis et ne faisant qu'un dans la Cause de la paix.

VI. La lumière de la communication

1.   Le voyage que nous entreprenons ensemble est l'échange des ténèbres contre la lumière, de l'ignorance contre la compréhension. ²Rien de ce que tu comprends n'est apeurant. ³C'est seulement dans les ténèbres et dans l'ignorance que tu perçois l'effrayant et recules devant lui, t'enfonçant davantage dans les ténèbres. ⁴Or seul ce qui est caché peut être terrifiant, non pas en soi mais du fait que c'est caché. ⁵Ce qui est obscur est effrayant parce que tu n'en comprends pas la signification. ⁶Si tu la comprenais, ce serait clair et tu ne serais plus dans les ténèbres. ⁷Il n'est rien qui ait une valeur cachée, car ce qui est caché ne peut être partagé,

ainsi la valeur en est inconnue. ⁸Ce qui est caché est gardé à part, mais la valeur est toujours appréciée conjointement. ⁹Ce qui est dissimulé ne peut pas être aimé et doit donc être craint.

2.   La douce lumière dans laquelle le Saint-Esprit demeure en toi n'est que parfaite ouverture, dans laquelle rien n'est caché et donc rien n'est apeurant. ²L'attaque cédera toujours à l'amour si elle est portée à l'amour au lieu de lui être cachée. ³Il n'est pas de ténèbres que la lumière de l'amour ne dissipe, à moins qu'elles ne soient cachées à la bienfaisance de l'amour. ⁴Ce qui est gardé à part de l'amour ne peut partager son pouvoir guérisseur, parce que cela a été séparé du reste et gardé dans les ténèbres. ⁵Les sentinelles des ténèbres veillent jalousement sur cela et toi qui as fait à partir de rien ces gardiennes de l'illusion, maintenant tu en as peur.

3.   Voudrais-tu continuer à donner un pouvoir imaginaire à ces étranges idées de sécurité ? ²Elles ne sont ni sûres ni dangereuses. ³Elles ne protègent pas plus qu'elles n'attaquent. ⁴Elles ne font rien du tout, n'étant rien du tout. ⁵Étant les gardiennes des ténèbres et de l'ignorance, ne te tourne vers elles que pour la peur, car ce qu'elles gardent obscur *est* apeurant. ⁶Mais lâches-en prise, et ce qui était effrayant ne le sera plus. ⁷Sans la protection de l'obscurité, seule reste la lumière de l'amour, car cela seul a une signification et peut vivre dans la lumière. ⁸Tout le reste doit disparaître.

4.   La mort cède à la vie simplement parce que la destruction n'est pas vraie. ²La lumière de la non-culpabilité dissipe la culpabilité parce que, lorsqu'elles sont mises ensemble, la vérité de l'une doit rendre parfaitement claire la fausseté de son opposé. ³Ne garde pas la culpabilité à part de la non-culpabilité, car ta croyance est in-signifiante selon laquelle tu peux les avoir toutes les deux. ⁴Tout ce que tu as fait en les gardant à part l'une de l'autre, c'est d'en perdre la signification en les confondant l'une avec l'autre. ⁵Ainsi tu ne te rends pas compte qu'il n'y en a qu'une qui signifie quoi que ce soit. ⁶L'autre est entièrement dépourvue de toute espèce de sens.

5.   Tu as considéré la séparation comme un moyen de rompre ta communication avec ton Père. ²Le Saint-Esprit la réinterprète comme un moyen de rétablir ce qui n'a pas été rompu, mais *a* été rendu obscur. ³Toutes les choses que tu as faites ont un usage pour Lui, dans Son très saint but. ⁴Il connaît que tu n'es pas séparé de Dieu mais Il perçoit beaucoup dans ton esprit qui te laisse penser que tu l'es. ⁵C'est tout cela et rien d'autre qu'Il voudrait séparer de toi. ⁶Le pouvoir de décider, que tu as fait à la place du pouvoir de créer,

il voudrait t'enseigner comment l'utiliser pour ton bien. [7]Toi qui l'as fait pour te crucifier toi-même, tu dois apprendre de Lui comment l'appliquer à la sainte cause de la restauration.

6.   Toi qui parles en d'obscurs et tortueux symboles, tu ne comprends pas le langage que tu as fait. [2]Il n'a pas de signification, car son but n'est pas la communication mais plutôt l'interruption de la communication. [3]Si le but du langage est la communication, comment cette langue peut-elle signifier quoi que ce soit? [4]Or même cet effort étrange et tordu pour communiquer en ne communiquant pas contient assez d'amour pour le rendre signifiant si son Interprète n'est pas son faiseur. [5]Toi qui l'as fait, tu ne fais qu'exprimer le conflit, dont le Saint-Esprit voudrait te délivrer. [6]Laisse-Lui ce que tu voudrais communiquer. [7]Il te l'interprétera avec une parfaite clarté, car Il connaît avec Qui tu es en parfaite communication.

7.   Tu ne sais pas ce que tu dis et tu ne sais donc pas ce qui t'est dit. [2]Or ton Interprète perçoit la signification dans ta langue étrangère. [3]Il ne tentera pas de communiquer l'in-signifiant. [4]Mais il séparera tout ce qui a une signification, laissant tomber le reste pour offrir ta véritable communication à ceux qui voudraient communiquer aussi véritablement avec toi. [5]Tu parles deux langages à la fois et cela doit mener à l'inintelligibilité. [6]Or si l'un ne signifie rien et l'autre tout, seul celui-ci est possible à des fins de communication. [7]L'autre ne fait qu'interférer avec lui.

8.   La fonction du Saint-Esprit est tout entière communication. [2]Il doit donc enlever tout ce qui interfère avec la communication afin de la rétablir. [3]Par conséquent, ne garde aucune source d'interférence loin de Sa vue, car Il n'attaquera pas tes sentinelles. [4]Mais apporte-les-Lui et laisse Sa douceur t'enseigner que, dans la lumière, elles n'ont rien d'apeurant, et ne peuvent servir à garder les sombres portes derrière lesquelles, dissimulé avec grand soin, n'est rien du tout. [5]Il nous faut ouvrir toutes les portes et laisser entrer des flots de lumière. [6]Il n'y a pas de chambres cachées dans le temple de Dieu. [7]Les portes en sont grand ouvertes pour accueillir Son Fils. [8]Nul ne peut manquer de venir là où Dieu l'a appelé, à moins qu'il ne ferme lui-même la porte à l'accueil de son Père.

VII. Partager la perception avec le Saint-Esprit

1.   Que veux-tu ? [2]À toi appartient la lumière ou les ténèbres, la connaissance ou l'ignorance, mais pas les deux. [3]Les opposés doivent être mis ensemble et non gardés à part. [4]Car leur séparation est uniquement dans ton esprit et c'est l'union qui les réconcilie, comme toi. [5]Dans l'union, tout ce qui n'est pas réel doit disparaître, car la vérité *est* union. [6]Comme les ténèbres disparaissent dans la lumière, ainsi l'ignorance s'efface quand la connaissance se fait jour. [7]La perception est le moyen par lequel l'ignorance est portée à la connaissance. [8]Or la perception doit être sans tromperie, car autrement elle devient le messager de l'ignorance plutôt qu'une aide dans la recherche de la vérité.

2.   La quête de la vérité n'est que l'honnête recherche de tout ce qui interfère avec la vérité. [2]La vérité *est*. [3]Elle ne peut être ni perdue ni cherchée ni trouvée. [4]Elle est là, où que tu sois, étant au-dedans de toi. [5]Or elle peut être reconnue ou méconnue, réelle ou fausse pour toi. [6]Si tu la caches, elle devient irréelle pour toi *parce que* tu l'as cachée et entourée de peur. [7]Sous chacune des pierres angulaires de la peur sur lesquelles tu as érigé ton insane système de croyance, la vérité demeure cachée. [8]Or tu ne peux pas connaître cela, car en cachant la vérité dans la peur, tu ne vois aucune raison de croire que plus tu regardes la peur, moins tu la vois, et plus devient clair ce qu'elle dissimule.

3.   Ceux qui ne connaissent pas, il n'est pas possible de les convaincre qu'ils connaissent. [2]De leur point de vue, ce n'est pas vrai. [3]Or cela est vrai parce que Dieu le connaît. [4]Voilà deux points de vue clairement opposés sur ce que sont « ceux qui ne connaissent pas ». [5]Pour Dieu, ne pas connaître est impossible. [6]Par conséquent, ce n'est pas du tout un point de vue mais une simple croyance en quelque chose qui n'existe pas. [7]Ceux qui ne connaissent pas n'ont que cette seule croyance, et par elle ils sont dans l'erreur à leur sujet. [8]Ils se sont définis eux-mêmes tels qu'ils n'ont pas été créés. [9]Leur création n'était pas un point de vue mais plutôt une certitude. [10]L'incertitude portée à la certitude ne garde plus aucune conviction de réalité.

4.   Nous avons insisté sur le fait de porter l'indésirable au désirable ; ce que tu ne veux pas à ce que tu veux. [2]Tu te rendras compte que le salut doit venir à toi de cette façon, si tu considères ce qu'est la dissociation. [3]La dissociation est un processus de pensée distordu par lequel deux systèmes de croyance qui ne peuvent

coexister sont tous deux maintenus. ⁴S'ils sont mis ensemble, il devient impossible de les accepter conjointement. ⁵Mais si l'un est gardé dans les ténèbres loin de l'autre, leur séparation semble les garder tous les deux vivants et également réels. ⁶Ainsi leur jonction devient la source de la peur, car s'ils se rencontrent, il faut qu'à l'un des d'eux tu retires ton acceptation. ⁷Tu ne peux pas les avoir tous les deux, car chacun nie l'autre. ⁸Séparés, ce fait est perdu de vue, car chacun mis à part peut être doté d'une ferme croyance. ⁹Mets-les ensemble et le fait qu'ils sont complètement incompatibles devient apparent instantanément. ¹⁰L'un disparaîtra, parce que l'autre est vu à la même place.

5.   La lumière ne peut pas entrer dans les ténèbres quand un esprit croit dans les ténèbres et ne veut pas en lâcher prise. ²La vérité ne lutte pas contre l'ignorance, et l'amour n'attaque pas la peur. ³Ce qui n'a pas besoin de protection ne se défend pas. ⁴Les défenses sont faites par toi. ⁵Dieu ne les connaît pas. ⁶Le Saint-Esprit utilise les défenses au nom de la vérité uniquement parce que c'est contre elle que tu les as faites. ⁷La perception qu'Il en a, conformément à Son but, les change simplement en un appel pour cela même qu'elles t'ont servi à attaquer. ⁸Les défenses, comme tout ce que tu as fait, doivent être doucement tournées vers ton propre bien, traduites par le Saint-Esprit de moyens de destruction de soi en moyens de préservation et de délivrance. ⁹Sa tâche est considérable, mais la puissance de Dieu est avec Lui. ¹⁰Par conséquent, elle Lui est si facile qu'elle était accomplie dès l'instant où elle Lui fut donnée pour toi. ¹¹Ne t'attarde pas dans ton retour à la paix en te demandant comment Il peut accomplir ce que Dieu Lui a donné à faire. ¹²Laisse cela à Celui Qui connaît. ¹³Il ne t'est pas demandé de faire toi-même des tâches considérables. ¹⁴Il t'est simplement demandé de faire le peu qu'Il te suggère de faire, ayant confiance en Lui au point de croire un tant soit peu que, s'Il le demande, tu peux le faire. ¹⁵Tu verras comme il est facile d'accomplir tout ce qu'Il demande.

6.   Le Saint-Esprit ne demande de toi que ceci : apporte-Lui chaque secret que tu Lui as fermé. ²Ouvre-Lui chaque porte et invite-Le à entrer dans les ténèbres pour les dissiper. ³À ta requête, il entre avec joie. ⁴Il porte la lumière aux ténèbres si tu Lui ouvres les ténèbres. ⁵Mais ce que tu caches, Il ne peut le regarder. ⁶Il voit pour toi, mais à moins que tu ne regardes avec Lui Il ne peut pas voir. ⁷La vision du Christ n'est pas pour Lui seul, mais pour Lui avec toi. ⁸Apporte-Lui, donc, toutes tes sombres et secrètes pensées, et

regarde-les avec Lui. [9]Il tient la lumière, et toi les ténèbres. [10]Elles ne peuvent pas coexister quand Vous deux ensemble les regardez. [11]C'est Son jugement qui doit prévaloir, et Il te le donnera quand tu joindras ta perception à la Sienne.

7.   Te joindre à Lui pour voir est la façon dont tu apprends à partager avec Lui l'interprétation de la perception qui mène à la connaissance. [2]Tu ne peux pas voir seul. [3]Partager la perception avec Celui Que Dieu t'a donné t'apprend comment reconnaître ce que tu vois. [4]C'est la re-connaissance du fait que rien de ce que tu vois ne signifie quoi que ce soit en soi. [5]Voir avec Lui te montrera que toute signification, y compris la tienne, ne vient pas d'une double vision mais de la douce fusion de tout en *une* signification, *une* émotion et *un* but. [6]Dieu a un but qu'Il partage avec toi. [7]La vision indivisée que t'offre le Saint-Esprit portera cette unité à ton esprit avec une clarté et un éclat si intenses que tu ne pourrais plus souhaiter pour rien au monde de ne pas accepter ce que Dieu voudrait que tu aies. [8]Contemple ta volonté et accepte-la pour Sienne, avec tout Son Amour pour tien. [9]Tout honneur à toi par Lui, et par Lui à Dieu.

VIII. Le saint lieu de rencontre

1.   Dans les ténèbres tu as obscurci la gloire que Dieu t'a donnée, et le pouvoir qu'Il a accordé à Son Fils non coupable. [2]Tout cela reste caché dans chaque lieu enténébré, enveloppé dans la culpabilité et dans le sombre déni de l'innocence. [3]Derrière les sombres portes que tu as fermées, il n'y a rien, car rien ne peut obscurcir le don de Dieu. [4]C'est de fermer les portes qui interfère avec la re-connaissance de la puissance de Dieu qui luit en toi. [5]Ne bannis pas le pouvoir de ton esprit, mais laisse tout ce qui pourrait cacher ta gloire être porté au jugement du Saint-Esprit, et là défait. [6]Celui qu'Il voudrait sauver pour la gloire *est* sauvé pour elle. [7]Il a promis au Père que par Lui tu serais délivré de la petitesse à la gloire. [8]À ce qu'Il a promis à Dieu Il est entièrement fidèle, car Il partage avec Dieu la promesse qui Lui fut donnée pour qu'Il la partage avec toi.

2.   Il la partage encore, pour toi. [2]Tout ce qui promet quelque chose d'autre, de grand ou de petit, que cela ait beaucoup ou peu de valeur à tes yeux, il le remplacera par la seule promesse à Lui donnée pour qu'Il la dépose sur l'autel à ton Père et à Son Fils.

³Il n'est pas d'autel à Dieu qui tienne sans Son Fils. ⁴Et il n'est rien porté là qui n'est pas également digne des Deux qui ne sera remplacé par des dons entièrement acceptables pour le Père et pour le Fils. ⁵Peux-tu offrir à Dieu la culpabilité? ⁶Tu ne peux pas, donc, l'offrir à Son Fils. ⁷Car Ils ne sont pas séparés, et les dons à l'Un sont offerts à l'Autre. ⁸Tu ne connais pas Dieu parce que tu ne connais pas cela. ⁹Et pourtant tu connais Dieu, et cela aussi. ¹⁰Tout cela est en sécurité au-dedans de toi, où luit le Saint-Esprit. ¹¹Il ne luit pas dans la division mais dans le lieu de rencontre où Dieu, uni à Son Fils, parle à Son Fils par Lui. ¹²Dans ce qui ne peut être divisé, la communication ne peut cesser. ¹³Le saint lieu de rencontre du Père et du Fils inséparés se trouve dans le Saint-Esprit et en toi. ¹⁴Toute interférence dans la communication que Dieu Lui-même veut avec Son Fils est tout à fait impossible ici. ¹⁵Sans rupture ni interruption, l'amour coule constamment entre le Père et le Fils, comme le veulent tous Deux. ¹⁶Et c'est ainsi.

3.   Ne laisse pas ton esprit s'égarer par les sombres corridors, loin du centre de lumière. ²Toi et ton frère pouvez choisir de vous fourvoyer, mais vous ne pouvez être réunis que par le Guide désigné pour vous. ³Il est sûr qu'Il vous conduira là où Dieu et Son Fils attendent votre re-connaissance. ⁴Ils sont joints pour te faire le don de l'unité, devant lequel toute séparation disparaît. ⁵Unis-toi à ce que tu es. ⁶Tu ne peux te joindre à rien d'autre que la réalité. ⁷La gloire de Dieu et celle de Son Fils t'appartiennent en vérité. ⁸Elles n'ont pas d'opposé, et il n'est rien d'autre que tu puisses t'accorder.

4.   Il n'y a pas de substitut à la vérité. ²Et cela, la vérité te le fera voir clairement quand tu seras conduit à l'endroit où tu dois rencontrer la vérité. ³Et là tu dois être conduit, par la douce compréhension qui ne peut te mener nulle part ailleurs. ⁴Où est Dieu, voilà où tu es. ⁵Telle est la vérité. ⁶Rien ne peut changer la connaissance, à toi donnée par Dieu, en non-connaissance. ⁷Tout ce que Dieu a créé connaît son Créateur. ⁸Car c'est ainsi que la création est accomplie par le Créateur et par Ses créations. ⁹Dans le saint lieu de rencontre sont joints le Père et Ses créations, et ensemble avec Eux les créations de Son Fils. ¹⁰Il est un lien unique qui Les joint tous ensemble et Les maintient dans l'unité d'où vient la création.

5.   Le lien avec lequel le Père Se joint à ceux à qui Il donne le pouvoir de créer ne peut jamais être dissous. ²Le Ciel même est union avec toute la création, et avec son seul Créateur. ³Et le Ciel reste

la Volonté de Dieu pour toi. ⁴Ne dépose pas d'autres dons que celui-là sur tes autels, car rien ne peut coexister avec lui. ⁵Ici tes petites offrandes et le don de Dieu sont mis ensemble, et seul ce qui est digne du Père sera accepté par le Fils, à qui cela est destiné. ⁶À qui Dieu Se donne Lui-même, Il *est* donné. ⁷Tes petits dons disparaîtront sur l'autel, où Il a placé le Sien.

IX. Le reflet de la sainteté

1.   L'Expiation ne rend pas saint. ²Tu as été créé saint. ³Elle ne fait que porter la non-sainteté à la sainteté ; ou ce que tu as fait à ce que tu es. ⁴Porter l'illusion à la vérité, ou l'ego à Dieu, c'est la seule fonction du Saint-Esprit. ⁵Ne garde pas ce que tu as fait loin de ton Père, car cela t'a coûté la connaissance de Lui et de toi-même. ⁶La connaissance est en sécurité, mais où est ta sécurité à part d'elle ? ⁷Faire le temps pour prendre la place de l'intemporel consistait à décider de n'être pas tel que tu es. ⁸Ainsi la vérité fut faite passée, et le présent fut consacré à l'illusion. ⁹Et le passé, de même, fut changé, et interposé entre ce qui a toujours été et maintenant. ¹⁰Le passé dont tu te souviens n'a jamais été et ne représente que le déni de ce qui a toujours été.

2.   Porter l'ego à Dieu n'est que porter l'erreur à la vérité, où elle est corrigée parce qu'elle est l'opposé de ce qu'elle rencontre. ²Elle est défaite parce que la contradiction ne peut plus tenir. ³Combien de temps la contradiction peut-elle tenir une fois qu'est clairement révélée son impossibilité ? ⁴Ce qui disparaît dans la lumière n'est pas attaqué. ⁵Cela disparaît simplement parce que ce n'est pas vrai. ⁶Des réalités différentes sont in-signifiantes, car la réalité doit être une. ⁷Elle ne peut pas changer avec le temps, l'humeur ou le hasard. ⁸Son inchangeabilité est ce qui la rend réelle. ⁹Cela ne peut pas être défait. ¹⁰Défaire est pour l'irréalité. ¹¹Et cette réalité te suffira.

3.   Rien qu'en étant ce qu'elle est, la vérité te délivre de tout ce qu'elle n'est pas. ²L'Expiation est si douce que tu as besoin seulement de lui chuchoter pour que toute sa puissance accoure à ton assistance et à ton soutien. ³Tu n'es pas fragile avec Dieu à tes côtés. ⁴Or sans Lui tu n'es rien. ⁵L'Expiation t'offre Dieu. ⁶Le don que tu as refusé est tenu par Lui en toi. ⁷Le Saint-Esprit le tient là pour toi. ⁸Dieu n'a pas quitté Son autel, bien que Ses adorateurs

y aient placé d'autres dieux. ⁹Le temple est encore saint, car la Présence qui l'habite *est* la Sainteté.

4.   Dans le temple, la Sainteté attend quiètement le retour de ceux qui l'aiment. ²La Présence connaît qu'ils retourneront à la pureté et à la grâce. ³La gracieuseté de Dieu les fera doucement entrer et couvrira tout leur sentiment de douleur et de perte avec l'assurance immortelle de l'Amour de leur Père. ⁴Là, la peur de la mort sera remplacée par la joie de vivre. ⁵Car Dieu est la vie, et ils demeurent dans la vie. ⁶La vie est aussi sainte que la Sainteté par laquelle elle fut créée. ⁷La Présence de la Sainteté vit dans tout ce qui vit, car la Sainteté a créé la vie et Elle ne quitte pas ce qu'Elle a créé aussi saint qu'Elle-même.

5.   Dans ce monde tu peux devenir un miroir sans tache, dans lequel la Sainteté de ton Créateur irradie de toi vers tout ce qui t'entoure. ²Tu peux refléter le Ciel ici. ³Or nul reflet rendant l'image d'autres dieux ne doit ternir le miroir qui présenterait le reflet de Dieu. ⁴La terre peut refléter le Ciel ou l'enfer ; Dieu ou l'ego. ⁵Tu as seulement besoin de laisser le miroir propre et pur de toutes les images de ténèbres cachées que tu y a tracées. ⁶Dieu y luira de Lui-même. ⁷Seul le clair reflet de Lui-même peut y être perçu.

6.   Les reflets se voient dans la lumière. ²Dans les ténèbres ils sont obscurs, et leur signification semble résider uniquement dans des interprétations changeantes, plutôt qu'en eux-mêmes. ³Le reflet de Dieu n'a pas besoin d'interprétation. ⁴Il est clair. ⁵Lave seulement le miroir, et le message qui irradie de ce que le miroir présente à la vue de chacun, nul ne peut manquer de le comprendre. ⁶C'est le message que le Saint-Esprit présente au miroir qui est en lui. ⁷Il le reconnaît parce qu'on lui a enseigné son besoin de lui, bien qu'il ne sache pas où regarder pour le trouver. ⁸Laisse-le donc le voir en toi, et le partager avec toi.

7.   Si tu pouvais seulement te rendre compte pour un seul instant du pouvoir de guérison que le reflet de Dieu, qui luit en toi, peut apporter au monde entier, tu ne pourrais pas attendre plus longtemps avant de laver le miroir de ton esprit pour qu'il reçoive l'image de la sainteté qui guérit le monde. ²L'image de sainteté qui luit dans ton esprit n'est pas obscure, et ne changera pas. ³Sa signification pour ceux qui la regardent n'est pas obscure, car tous la perçoivent comme étant la même. ⁴Tous portent leurs différents problèmes à sa lumière guérissante, et tous leurs problèmes ne trouvent là que guérison.

8. La réponse de la sainteté à toute forme d'erreur est toujours la même. ²Il n'y a pas de contradiction dans ce que la sainteté appelle. ³La guérison est sa seule réponse, peu importe ce qui lui est apporté. ⁴Ceux qui ont appris à n'offrir que la guérison, à cause du reflet de la sainteté en eux, sont enfin prêts pour le Ciel. ⁵Là, la sainteté n'est pas un reflet mais bien la condition réelle de ce qui ne leur était ici que reflété. ⁶Dieu n'est pas une image, et Ses créations, faisant partie de Lui, Le contiennent en elles en vérité. ⁷Elles ne font pas que refléter la vérité, car elles *sont* la vérité.

X. L'égalité des miracles

1. Quand aucune perception ne se dresse entre Dieu et Ses créations, ou entre Ses enfants et les leurs, la connaissance de la création doit continuer à jamais. ²Les reflets que tu acceptes dans le miroir de ton esprit dans le temps ne font que rapprocher ou éloigner l'éternité. ³Mais l'éternité même est au-delà de tout temps. ⁴Sors du temps et touche-la, avec l'aide de son reflet en toi. ⁵Et tu te tourneras du temps vers la sainteté, aussi sûrement que le reflet de la sainteté appelle chacun à mettre de côté toute culpabilité. ⁶Reflète la paix du Ciel ici et porte ce monde au Ciel. ⁷Car le reflet de la vérité attire chacun à la vérité ; et chacun, en y entrant, laisse derrière lui tous les reflets.

2. Au Ciel la réalité est partagée et non reflétée. ²En partageant son reflet ici, sa vérité devient la seule perception qu'accepte le Fils de Dieu. ³Et ainsi se fait jour en lui le souvenir de Son Père, et rien d'autre que sa propre réalité ne peut plus le satisfaire. ⁴Toi sur terre, tu n'as aucune conception de l'illimité, car le monde dans lequel tu sembles vivre est un monde de limites. ⁵Dans ce monde, ce n'est pas vrai que n'importe quoi sans ordre de difficulté peut arriver. ⁶Par conséquent, le miracle a une fonction unique, et est motivé par un Enseignant unique Qui apporte à ce monde les lois d'un autre monde. ⁷Le miracle est la seule chose que tu puisses faire qui transcende l'ordre, étant basé non pas sur les différences mais sur l'égalité.

3. Les miracles ne se font pas concurrence, et le nombre de ceux que tu peux faire est illimité. ²Ils peuvent être simultanés et légion. ³Cela n'est pas difficile à comprendre, dès que tu peux concevoir qu'ils sont possibles. ⁴Ce qui est plus difficile à saisir, c'est l'absence d'un ordre de difficulté qui étiquette le miracle comme

quelque chose qui doit venir d'ailleurs, et non d'ici. ⁵Du point de vue du monde, cela est impossible.

4.   Peut-être es-tu conscient de l'absence de concurrence entre tes pensées, qui, bien qu'elles puissent être en conflit, peuvent arriver ensemble et en grand nombre. ²De fait, tu y es peut-être tellement habitué que cela te cause peu de surprise. ³Or tu as aussi l'habitude de classer certaines de tes pensées comme étant plus importantes, plus vastes ou meilleures, plus sages, plus fécondes ou plus précieuses que d'autres. ⁴Cela est vrai des pensées qui traversent l'esprit de ceux qui pensent vivre à part. ⁵Car certaines sont des reflets du Ciel, tandis que d'autres sont motivées par l'ego, qui ne pense qu'en apparence.

5.   Le résultat est un motif ondoyant et changeant qui n'est jamais au repos et jamais ne s'arrête. ²Il passe sans cesse sur le miroir de ton esprit et les reflets du Ciel ne durent qu'un instant et puis pâlissent, effacés par les ténèbres. ³Où il y avait de la lumière, les ténèbres l'enlèvent en un instant, et des motifs alternants de lumière et de ténèbres balaient ton esprit en permanence. ⁴Le petit peu de santé d'esprit qu'il reste encore est maintenu grâce au sens de l'ordre que tu établis. ⁵Or le fait même que tu puisses faire cela, et mettre un ordre quelconque dans le chaos, te montre que tu n'es pas un ego, et qu'il doit y avoir en toi plus qu'un ego. ⁶Car l'ego *est* chaos, et s'il était tout ce que tu es, aucun ordre ne serait possible. ⁷Or bien que l'ordre que tu imposes à ton esprit limite l'ego, il te limite aussi. ⁸Ordonner, c'est juger, et c'est arranger selon ce jugement. ⁹Par conséquent, ce n'est pas ta fonction mais celle du Saint-Esprit.

6.   Il te paraîtra difficile d'apprendre que tu n'as absolument aucune base sur laquelle ordonner tes pensées. ²Cette leçon, le Saint-Esprit l'enseigne en te donnant les brillants exemples des miracles pour te montrer que ta façon d'ordonner est mauvaise, mais qu'une meilleure voie t'est offerte. ³Le miracle offre exactement la même réponse à chaque appel à l'aide. ⁴Il ne juge pas l'appel. ⁵Il reconnaît simplement ce qu'il est et répond en conséquence. ⁶Il ne considère pas quel appel est le plus fort, ou le plus grand ou le plus important. ⁷Tu te demandes peut-être comment on peut te demander, à toi qui es encore lié au jugement, de faire ce qui ne requiert aucun jugement de ta part. ⁸La réponse est très simple. ⁹C'est la puissance de Dieu, et non la tienne, qui engendre les miracles. ¹⁰Le miracle lui-même ne fait que témoigner que tu as en toi la puissance de Dieu. ¹¹C'est la raison pour laquelle le

miracle donne une égale bénédiction à tous ceux qui y participent, et c'est aussi pourquoi tout le monde y participe. [12]La puissance de Dieu est illimitée. [13]Étant toujours maximale, elle offre tout à chaque appel de qui que ce soit. [14]Il n'y a pas d'ordre de difficulté ici. [15]Un appel à l'aide reçoit de l'aide.

7. Le seul jugement que cela comporte est l'unique division que fait le Saint-Esprit en deux catégories : l'une d'amour et l'autre l'appel à l'amour. [2]Tu ne peux pas faire cette division sans risque, car tu es dans une bien trop grande confusion soit pour reconnaître l'amour, soit pour croire que tout le reste n'est rien d'autre qu'un appel à l'amour. [3]Tu es trop lié à la forme, et non au contenu. [4]Ce que tu considères comme le contenu n'est pas du tout le contenu. [5]Ce n'est que la forme, et rien d'autre. [6]Car tu ne réponds pas à ce qu'un frère t'offre réellement mais seulement à la manière particulière dont l'ego perçoit son offrande et la juge.

8. L'ego est incapable de comprendre le contenu, et il ne s'en soucie nullement. [2]Pour l'ego, si la forme est acceptable, le contenu doit l'être. [3]Autrement, il attaquera la forme. [4]Si tu crois comprendre quelque chose à la « dynamique » de l'ego, je t'assure que tu n'y comprends rien. [5]Car de toi-même tu ne pourrais pas la comprendre. [6]L'étude de l'ego n'est pas l'étude de l'esprit. [7]De fait, l'ego aime à s'étudier lui-même, et il approuve tout à fait l'entreprise des étudiants qui voudraient l'« analyser », approuvant ainsi son importance. [8]Or ils ne font qu'étudier une forme avec un contenu in-signifiant. [9]Car leur enseignant est insensé, bien qu'il prenne soin de dissimuler ce fait derrière des mots ronflants mais qui manquent de tout sens cohérent lorsqu'ils sont mis ensemble.

9. C'est une caractéristique des jugements de l'ego. [2]Séparément, ils semblent tenir, mais rassemble-les et le système de pensée qui émerge de cet assemblage est incohérent et absolument chaotique. [3]Car la forme n'est pas suffisante pour la signification, et le manque sous-jacent de contenu rend un système cohérent impossible. [4]Par conséquent, la séparation reste la condition choisie de l'ego. [5]Car personne, seul, ne peut juger véritablement de l'ego. [6]Or là où deux ou trois se joignent pour chercher la vérité, l'ego ne peut plus défendre son manque de contenu. [7]Le fait de l'union leur dit qu'il n'est pas vrai.

10. Il est impossible de se souvenir de Dieu en secret et seul. [2]Car se souvenir de Lui signifie que tu n'es pas seul, et que tu es désireux de t'en souvenir. [3]N'aie aucune pensée pour toi-même, car aucune pensée tenue par toi *n'est* pour toi-même. [4]Si tu veux te

souvenir de ton Père, laisse le Saint-Esprit ordonner tes pensées et ne donne que la réponse par laquelle Il te répond. [5]Chacun recherche l'amour comme tu le fais, mais il ne connaît pas cela à moins de s'unir à toi dans cette quête. [6]Si vous entreprenez la quête ensemble, vous emportez avec vous une lumière si puissante qu'une signification est donnée à ce que vous voyez. [7]Le voyage solitaire échoue parce qu'il a exclu ce qu'il voulait trouver.

11.   Comme Dieu communique avec le Saint-Esprit en toi, ainsi le Saint-Esprit traduit Ses communications par toi, afin que tu puisses les comprendre. [2]Dieu n'a pas de communications secrètes, car tout de Lui est parfaitement ouvert et librement accessible à tous, étant pour tous. [3]Rien ne vit en secret, et ce que tu voudrais cacher au Saint-Esprit n'est rien. [4]Chaque interprétation que tu voudrais poser sur un frère est insensée. [5]Laisse le Saint-Esprit te montrer ton frère et t'enseigner à la fois son amour et son appel à l'amour. [6]Ni son esprit ni le tien ne contiennent davantage que ces deux ordres de pensée.

12.   Le miracle est la re-connaissance de ce que cela est vrai. [2]Où il y a l'amour, ton frère doit te le donner à cause de ce qu'est l'amour. [3]Mais où il y a un appel à l'amour, c'est toi qui dois le donner à cause de ce que tu es. [4]J'ai dit plus tôt que ce cours t'enseignerait comment te souvenir de ce que tu es en te rendant ton Identité. [5]Nous avons déjà appris que cette Identité est partagée. [6]Le miracle devient le moyen de La partager. [7]En fournissant ton Identité partout où Elle n'est pas reconnue, tu La reconnaîtras. [8]Et Dieu Lui-même, Qui veut être avec Son Fils à jamais, bénira chaque re-connaissance de Son Fils de tout l'Amour qu'Il a pour lui. [9]Et le pouvoir de tout Son Amour ne sera pas absent non plus d'aucun miracle que tu offres à Son Fils. [10]Comment, donc, peut-il y avoir quelque ordre de difficulté parmi eux?

XI. Le test de la vérité

1.   Or la chose essentielle est d'apprendre que *tu ne connais pas*. [2]La connaissance est puissance, et toute puissance est de Dieu. [3]Toi qui as tenté de garder la puissance pour toi-même, tu l'as «perdue». [4]Tu as encore cette puissance, mais entre elle et la conscience que tu en as, tu as interposé tant de choses que tu ne peux pas l'utiliser. [5]Tout ce que tu t'es enseigné t'a rendu ta puissance de plus en plus obscure. [6]Tu ne connais pas ce qu'elle est, ni où.

⁷Tu as fait un semblant de puissance et une démonstration de force si pitoyables qu'ils ne peuvent que te faillir. ⁸Car la puissance n'est pas un semblant de force et la vérité est au-delà de toute semblance. ⁹Or tout ce qui se dresse entre toi et la puissance de Dieu en toi n'est que ton apprentissage du faux, et de toutes tes tentatives pour défaire le vrai.

2. Sois désireux, donc, que tout cela soit défait, et réjouis-toi qu'à cela tu ne sois pas lié à jamais. ²Car tu t'es enseigné comment emprisonner le Fils de Dieu, une leçon si impensable que seuls ceux qui sont insanes, dans le plus profond sommeil, pourraient même en rêver. ³Dieu peut-Il apprendre comment ne pas être Dieu? ⁴Et Son Fils, ayant reçu de Lui tout pouvoir, peut-il apprendre à être impuissant? ⁵Que t'es-tu enseigné que tu puisses préférer garder, à la place de ce que tu *as* et de ce que tu *es*?

3. L'Expiation t'enseigne comment échapper pour toujours de tout ce que tu t'es enseigné dans le passé, en te montrant seulement ce que tu es *maintenant*. ²L'apprentissage est accompli avant que ses effets ne soient manifestes. ³L'apprentissage, donc, est dans le passé, mais son influence détermine le présent en lui donnant la signification quelle qu'elle soit qu'il a pour toi. ⁴*Ton* apprentissage ne donne aucune signification au présent. ⁵Rien de ce que tu as jamais appris ne peut t'aider à comprendre le présent, ni t'enseigner comment défaire le passé. ⁶Ton passé est ce que tu t'es enseigné toi-même. ⁷*Lâche prise de tout cela.* ⁸Ne tente pas de comprendre n'importe quel événement, n'importe quoi ou n'importe qui à sa «lumière», car les ténèbres dans lesquelles tu essaies de voir ne peuvent qu'obscurcir. ⁹Ne fais pas du tout confiance aux ténèbres pour illuminer ta compréhension, car en faisant cela tu contredis la lumière et par là tu penses voir les ténèbres. ¹⁰Or les ténèbres ne peuvent être vues, car elles ne sont rien de plus qu'une condition dans laquelle voir devient impossible.

4. Toi qui n'as pas encore porté toutes les ténèbres que tu t'es enseignées à la lumière en toi, tu ne peux guère juger de la vérité et de la valeur de ce cours. ²Or Dieu ne t'a pas abandonné. ³Ainsi est-il une autre leçon envoyée de Lui et déjà apprise pour chaque enfant de lumière par Celui à Qui Dieu l'a donnée. ⁴Cette leçon resplendit de la gloire de Dieu, car en elle réside Son pouvoir, qu'Il partage avec tant de joie avec Son Fils. ⁵Apprends quel est Son bonheur, qui est le tien. ⁶Mais pour accomplir cela, toutes tes noires leçons doivent être portées de plein gré à la vérité, et joyeusement déposées par des mains ouvertes pour recevoir et

non fermées pour prendre. [7]Celui Qui enseigne la lumière acceptera de toi chaque leçon de ténèbres que tu Lui apportes, parce
que tu n'en veux pas. [8]Et Il échangera avec joie chacune d'elles
contre la leçon de lumière qu'Il a apprise pour toi. [9]Ne crois jamais
qu'aucune leçon apprise par toi à part de Lui ne signifie quoi que
ce soit.

5.   Il est un test, aussi sûr que Dieu, permettant de reconnaître si
ce que tu as appris est vrai. [2]Si tu es entièrement libre de toute
espèce de peur, et si tous ceux qui te rencontrent ou qui pensent
seulement à toi partagent ta paix parfaite, alors tu peux être sûr
que tu as appris la leçon de Dieu, et non la tienne. [3]À moins que
tout cela soit vrai, il y a dans ton esprit de sombres leçons qui te
blessent et te freinent, toi et tous ceux qui t'entourent. [4]L'absence
d'une paix parfaite ne signifie qu'une chose : Tu penses que ta
volonté pour le Fils de Dieu n'est pas la Volonté du Père pour lui.
[5]C'est ce que chaque sombre leçon enseigne sous une forme ou sous
une autre. [6]Et chacune des leçons lumineuses par lesquelles le
Saint-Esprit remplacera les sombres leçons que tu n'acceptes pas,
t'enseigne que ta volonté s'accorde à celle du Père et de Son Fils.

6.   Ne te soucie pas de savoir comment tu peux apprendre une
leçon si complètement différente de tout ce que tu t'es enseigné
toi-même. [2]Comment le saurais-tu ? [3]Ton rôle est très simple. [4]Tu
as seulement besoin de reconnaître que tout ce que tu as appris,
tu ne le veux pas. [5]Demande d'être enseigné, et n'utilise pas tes
expériences pour confirmer ce que tu as appris. [6]Lorsque ta paix
est menacée ou troublée de quelque façon que ce soit, dis-toi :

> [7]*Je ne connais pas ce que signifie quoi que ce soit, y compris
> ceci. [8]Ainsi je ne sais pas comment y répondre. [9]Et je n'uti-
> liserai pas ce que j'ai appris dans le passé comme lumière
> pour me guider maintenant.*

[10]Par ce refus d'essayer de t'enseigner à toi-même ce que tu ne
connais pas, le Guide Que Dieu t'a donné te parlera. [11]Il prendra
dans ta conscience la place qui Lui revient dès l'instant que tu
l'abandonneras et la Lui offriras.

7.   Tu ne peux pas être ton guide vers les miracles, car c'est toi qui
les as rendus nécessaires. [2]Et parce que tu l'as fait, les moyens
sur lesquels tu peux compter pour les miracles t'ont été fournis. [3]Le Fils de Dieu ne peut pas faire de besoins que son Père ne
satisfera pas, pour autant qu'il se tourne vers Lui un tout petit

peu. ⁴Or Il ne peut pas forcer Son Fils à se tourner vers Lui et rester Lui-même. ⁵Il est impossible que Dieu perde Son Identité, car s'Il la perdait, tu perdrais la tienne. ⁶Et Il ne peut pas, étant la tienne, se changer Lui-même, car ton Identité est inchangeable. ⁷Le miracle reconnaît Son inchangeabilité en voyant Son Fils tel qu'il a toujours été, et non tel qu'il voudrait se faire lui-même. ⁸Le miracle apporte les effets que seule peut apporter la non-culpabilité, et ainsi établit le fait que la non-culpabilité doit être.

8. Toi qui es si fermement lié à la culpabilité et si engagé à le rester, comment peux-tu établir pour toi-même ta non-culpabilité ? ²Cela est impossible. ³Mais assure-toi que tu es bien désireux de reconnaître que *c'est* impossible. ⁴C'est seulement parce que tu penses pouvoir mener une petite partie, ou t'occuper de certains aspects de ta vie seul, que la direction du Saint-Esprit est limitée. ⁵Ainsi tu voudrais Le rendre non fiable et utiliser cette non-fiabilité imaginaire comme excuse pour Lui cacher certaines sombres leçons. ⁶Et en limitant ainsi la mesure dans laquelle tu acceptes d'être guidé, tu es incapable de compter sur les miracles pour répondre à tous tes problèmes pour toi.

9. Penses-tu que le Saint-Esprit te refuserait ce qu'Il voudrait te voir donner ? ²Tu n'as aucun problème qu'Il ne puisse résoudre en t'offrant un miracle. ³Les miracles sont pour toi. ⁴Et chaque peur, chaque douleur et chaque épreuve que tu as, a été défaite. ⁵Il les a toutes portées à la lumière, les ayant acceptées à ta place, et ayant reconnu qu'elles n'ont jamais été. ⁶Il n'est pas de sombres leçons qu'Il n'ait déjà éclairées pour toi. ⁷Les leçons que tu voudrais t'enseigner, Il les a déjà corrigées. ⁸Elles n'existent pas du tout dans Son Esprit. ⁹Car le passé ne Le lie pas, et par conséquent ne te lie pas. ¹⁰Il ne voit pas le temps comme tu le vois. ¹¹Et chaque miracle qu'Il t'offre corrige l'usage que tu fais du temps, et le fait Sien.

10. Lui Qui t'a libéré du passé voudrait t'enseigner que tu en es libre. ²Il voudrait seulement que tu acceptes Ses accomplissements pour tiens, parce qu'Il les a faits pour toi. ³Et parce qu'Il l'a fait, ce *sont* les tiens. ⁴Il t'a rendu libre de ce que tu as fait. ⁵Tu peux Le nier, mais tu ne peux pas Lui faire appel en vain. ⁶Il donne toujours Ses dons à la place des tiens. ⁷Il voudrait établir Son enseignement lumineux si fermement dans ton esprit qu'aucune sombre leçon de culpabilité ne puisse demeurer dans ce qu'Il a établi comme saint par Sa Présence. ⁸Remercie Dieu de ce qu'Il est là et œuvre par toi. ⁹Et toutes Ses œuvres sont les tiennes. ¹⁰Il t'offre un miracle pour chacune de celles que tu Le laisses faire par toi.

11.   Le Fils de Dieu sera toujours indivisible. ²Comme nous tenons tous en Dieu ne faisant qu'un, ainsi nous apprenons en Lui ne faisant qu'un. ³L'Enseignant de Dieu est aussi pareil à Son Créateur que l'est Son Fils, et c'est par Son Enseignant que Dieu proclame Son Unité et celle de Son Fils. ⁴Écoute en silence et n'élève pas la voix contre Lui. ⁵Car Il enseigne le miracle de l'unité, et devant Sa leçon la division disparaît. ⁶Enseigne comme Lui ici, et tu te souviendras que tu as toujours créé comme ton Père. ⁷Le miracle de la création n'a jamais cessé, portant le saint sceau de l'immortalité. ⁸Telle est la Volonté de Dieu pour toute la création, et toute la création se joint à Lui dans cette volonté.

12.   Ceux qui toujours se souviennent qu'ils ne connaissent rien, et qui sont devenus désireux d'apprendre tout, l'apprendront. ²Mais chaque fois qu'ils se fient à eux-mêmes, ils n'apprendront pas. ³Ils ont détruit ce qui les motive à apprendre en pensant qu'ils connaissent déjà. ⁴Ne pense pas que tu comprennes quoi que ce soit avant d'avoir passé le test de la paix parfaite, car la paix et la compréhension vont de pair et jamais elles ne peuvent se trouver l'une sans l'autre. ⁵Chacune apporte l'autre avec elle, car la loi de Dieu est qu'elles ne soient pas séparées. ⁶Elles sont cause et effet, l'une de l'autre ; ainsi où l'une est absente, l'autre ne peut pas être.

13.   Ceux qui reconnaissent qu'ils ne peuvent pas connaître à moins que les effets de la compréhension ne soient avec eux, ceux-là seulement peuvent réellement apprendre. ²Pour cela, ce doit être la paix qu'ils veulent, et rien d'autre. ³Chaque fois que tu penses connaître, la paix te quittera, parce que tu as abandonné l'Enseignant de la paix. ⁴Chaque fois que tu te rends pleinement compte que tu ne connais pas, la paix reviendra, car tu L'auras invité à revenir en abandonnant l'ego en faveur de Lui. ⁵Ne fais pas appel à l'ego pour quoi que ce soit ; c'est seulement cela que tu as besoin de faire. ⁶Le Saint-Esprit, de Lui-même, remplira tout esprit qui fait ainsi de la place pour Lui.

14.   Si tu veux la paix, tu dois abandonner l'enseignant de l'attaque. ²L'Enseignant de la paix ne t'abandonnera jamais. ³Tu peux Le déserter mais Lui ne réciproquera jamais, car Sa foi en toi est Sa compréhension. ⁴Elle est aussi ferme que Sa foi en Son Créateur, et Il connaît que la foi en Son Créateur doit englober la foi en Sa création. ⁵Dans cette cohérence réside Sa Sainteté, qu'Il ne peut pas abandonner, car ce n'est pas Sa Volonté de le faire. ⁶Ayant toujours en vue ta perfection, Il fait le don de la paix à quiconque perçoit le besoin de la paix, et voudrait l'avoir. ⁷Fais

place à la paix et elle viendra. [8]Car la compréhension est en toi, et d'elle doit venir la paix.

15.   La puissance de Dieu, dont elles proviennent toutes deux, est tienne aussi sûrement qu'elle est Sienne. [2]Tu penses que tu ne Le connais pas, uniquement parce que, seul, il est impossible de Le connaître. [3]Or vois les œuvres considérables qu'Il fera par toi et tu seras convaincu de les avoir faites par Lui. [4]Il est impossible de nier la Source d'effets si puissants qu'ils ne pourraient pas être de toi. [5]Laisse-Lui de la place et tu te trouveras si rempli de puissance que rien ne prévaudra contre ta paix. [6]Et ce sera le test par lequel tu reconnais que tu as compris.

Chapitre 15

L'INSTANT SAINT

I. Les deux usages du temps

1. Peux-tu imaginer ce que cela signifie de n'avoir pas de soucis, pas d'inquiétudes, pas d'anxiétés, mais d'être simplement parfaitement calme et tranquille tout le temps? ²Or voilà à quoi sert le temps; à apprendre cela et rien de plus. ³L'Enseignant de Dieu ne peut pas être satisfait de Son enseignement tant qu'il ne constitue pas tout ton apprentissage. ⁴Il n'a pas rempli Sa fonction d'enseignant tant que tu n'es pas devenu un apprenant si constant que tu n'apprends que de Lui. ⁵Quand cela se sera produit, tu n'auras plus besoin d'un enseignant ni de temps dans lequel apprendre.

2. Il est une source de découragement perçu dont tu souffres peut-être et c'est de croire que cela prend du temps, et que les résultats de l'enseignement du Saint-Esprit se situent loin dans le futur. ²Il n'en est rien. ³Car le Saint-Esprit utilise le temps à Sa Propre façon, sans être lié par lui. ⁴Le temps est Son ami en enseignement. ⁵Il ne Le gaspille pas, comme il fait de toi. ⁶Tout le gaspillage que le temps semble apporter n'est dû qu'à ton identification à l'ego, qui utilise le temps pour soutenir sa croyance en la destruction. ⁷L'ego, comme le Saint-Esprit, utilise le temps pour te convaincre du caractère inévitable du but et de la fin de l'enseignement. ⁸Pour l'ego le but est la mort, qui *est* sa fin. ⁹Mais pour le Saint-Esprit le but est la vie, qui *n'a* pas de fin.

3. L'ego est un allié du temps, mais pas un ami. ²Car il est aussi méfiant à l'égard de la mort que de la vie; et ce qu'il veut pour toi, il ne peut le tolérer. ³L'ego veut *ta* mort, mais pas la sienne. ⁴Le résultat de son étrange religion doit donc être la conviction de pouvoir te poursuivre outre-tombe. ⁵Et dans son indésir de te voir trouver la paix même dans la mort, il t'offre l'immortalité en enfer. ⁶Il te parle du Ciel, mais il t'assure que le Ciel n'est pas pour toi. ⁷Comment les coupables peuvent-ils espérer le Ciel?

4. La croyance en l'enfer est inéluctable pour ceux qui s'identifient à l'ego. ²Leurs cauchemars et leurs peurs y sont tous associés. ³L'ego enseigne que l'enfer est dans le futur, car tout son enseignement va dans cette direction. ⁴L'enfer est son but. ⁵Car

bien que l'ego vise la mort et la dissolution comme fin, il n'y croit pas. ⁶Le but de mort, qu'il souhaite ardemment pour toi, le laisse insatisfait. ⁷Nul n'est sans la peur de la mort qui suit les enseignements de l'ego. ⁸Or si la mort était considérée simplement comme une fin à la douleur, serait-elle crainte ? ⁹Nous avons déjà vu ce paradoxe étrange dans le système de pensée de l'ego, mais jamais aussi clairement qu'ici. ¹⁰Car l'ego doit sembler te garder loin de la peur pour conserver ton allégeance. ¹¹Or il doit engendrer la peur pour se maintenir lui-même. ¹²Encore une fois l'ego essaie, et trop fréquemment avec succès, de faire les deux, en utilisant la dissociation pour tenir ses buts contradictoires ensemble, de sorte qu'ils semblent être réconciliés. ¹³L'ego enseigne ainsi : La mort est la fin de tout espoir en ce qui concerne le Ciel. ¹⁴Or parce que toi et l'ego ne pouvez pas être séparés, et parce qu'il ne peut concevoir sa propre mort, il te poursuivra encore, parce que la culpabilité est éternelle. ¹⁵Telle est l'immortalité selon la version de l'ego. ¹⁶Et c'est cela que sa version du temps soutient.

5. L'ego enseigne que le Ciel est ici et maintenant parce que le futur est l'enfer. ²Même quand il attaque sauvagement au point d'attenter à la vie de quelqu'un qui pense que sa voix est la seule qui soit, même à lui il parle de l'enfer. ³Car il lui dit que l'enfer est aussi ici, et il l'enjoint de faire le saut de l'enfer dans l'oubli. ⁴Le seul temps que l'ego permette à quiconque de regarder avec équanimité, c'est le passé. ⁵Et encore, sa seule valeur est qu'il n'est plus.

6. Comme il est morne et désespérant l'usage que l'ego fait du temps ! ²Comme il est terrifiant ! ³Car sous son insistance fanatique pour que le passé et le futur soient les mêmes, se cache une menace beaucoup plus insidieuse pour la paix. ⁴L'ego n'affiche pas son ultime menace, car il voudrait que ses adorateurs croient encore qu'il peut leur offrir une évasion. ⁵Mais la croyance en la culpabilité doit mener à la croyance en l'enfer, ce qu'elle fait toujours. ⁶La seule façon dont l'ego permet d'éprouver la peur de l'enfer, c'est en portant l'enfer ici, mais toujours comme un avant-goût du futur. ⁷Car nul ne peut croire que le châtiment finira dans la paix, qui pense mériter l'enfer.

7. Le Saint-Esprit enseigne ainsi : Il n'y a pas d'enfer. ²L'enfer est seulement ce que l'ego a fait du présent. ³La croyance en l'enfer est ce qui t'empêche de comprendre le présent, parce que tu en as peur. ⁴Le Saint-Esprit conduit aussi constamment au Ciel que l'ego pousse en enfer. ⁵Car le Saint-Esprit, Qui ne connaît que le

présent, l'utilise pour défaire la peur par laquelle l'ego voudrait rendre le présent inutile. ⁶Il n'y a pas d'évasion hors de la peur selon l'usage que l'ego fait du temps. ⁷Car le temps, dans son enseignement, n'est qu'un mécanisme d'enseignement pour accumuler la culpabilité jusqu'à ce qu'elle englobe tout et réclame une vengeance éternelle.

8.   Le Saint-Esprit déferait tout cela *maintenant*. ²La peur n'est pas du présent mais seulement du passé et du futur, qui n'existent pas. ³Il n'y a pas de peur dans le présent quand chaque instant se détache clairement, séparé du passé et sans son ombre s'étirant jusque dans le futur. ⁴Chaque instant est une naissance, propre, non ternie, par laquelle le Fils de Dieu émerge du passé dans le présent. ⁵Et le présent s'étend à jamais. ⁶Il est si beau et si propre et libre de culpabilité qu'il n'y a là rien d'autre que le bonheur. ⁷Il n'y a plus aucun souvenir de ténèbres, et l'immortalité et la joie sont maintenant.

9.   Cette leçon ne prend pas de temps. ²Car qu'est-ce que le temps sans passé ni futur? ³Il a fallu du temps pour te fourvoyer si complètement, mais il ne faut pas du tout de temps pour être ce que tu es. ⁴Commence à t'exercer dans l'usage du temps que fait le Saint-Esprit comme aide à l'enseignement vers le bonheur et la paix. ⁵Prends l'instant même, maintenant, et imagine que c'est tout le temps qu'il y a. ⁶Rien ne peut t'atteindre ici qui vienne du passé, et c'est ici que tu es complètement absous, complètement libre et entièrement sans condamnation. ⁷À partir de cet instant saint dans lequel la sainteté est née à nouveau, tu avanceras dans le temps sans crainte et sans sentiment de changement avec le temps.

10.   Le temps est inconcevable sans changement; or la sainteté ne change pas. ²Apprends de cet instant davantage que le simple fait que l'enfer n'existe pas. ³En cet instant rédempteur réside le Ciel. ⁴Et le Ciel ne changera pas, car la naissance dans le saint présent est le salut qui délivre du changement. ⁵Le changement est une illusion, enseignée par ceux qui ne peuvent pas se voir non coupables. ⁶Il n'y a pas de changement au Ciel parce qu'il n'y a pas de changement en Dieu. ⁷Dans l'instant saint, où tu te vois toi-même resplendissant de liberté, tu te souviendras de Dieu. ⁸Car se souvenir de Lui, *c'est* se souvenir de la liberté.

11.   Si tu es tenté de te décourager en pensant au temps qu'il te faudrait pour changer d'esprit aussi complètement, demande-toi : «Combien de temps dure un instant?» ²Ce peu de temps, ne

pourrais-tu pas le donner au Saint-Esprit pour ton salut? ³Il n'en demande pas plus, car Il n'a pas besoin de plus. ⁴Il faut bien plus de temps pour t'enseigner à être désireux de le Lui donner qu'il n'en faut pour qu'Il emploie ce très court instant à t'offrir le Ciel tout entier. ⁵En échange de cet instant, Il Se tient prêt à te donner le souvenir de l'éternité.

12.   Jamais tu ne donneras cet instant saint au Saint-Esprit au nom de ta délivrance tant que tu seras indésireux de le donner à tes frères au nom de la leur. ²Car l'instant de sainteté est partagé et ne peut pas être à toi seul. ³Souviens-toi, donc, quand tu es tenté d'attaquer un frère, que son instant de délivrance est le tien. ⁴Les miracles sont les instants de délivrance que tu offres, et recevras. ⁵Ils témoignent de ton désir d'*être* délivré, et d'offrir le temps au Saint-Esprit pour l'usage qu'Il en fait.

13. Combien de temps dure un instant? ²Il dure aussi peu pour ton frère que pour toi. ³Exerce-toi à donner cet instant béni de liberté à tous ceux qui sont esclaves du temps, et fais tu temps un ami pour eux. ⁴Leur instant béni, le Saint-Esprit te le donne par le don que tu en fais. ⁵Comme tu le donnes, Il te l'offre. ⁶Ne sois pas indésireux de donner ce que tu voudrais recevoir de Lui, car tu te joins à Lui en donnant. ⁷Dans la pureté cristalline de la délivrance que tu donnes, est ton évasion instantanée hors de la culpabilité. ⁸Tu dois être saint si tu offres la sainteté.

14. Combien de temps dure un instant? ²Autant qu'il en faut pour rétablir une parfaite santé d'esprit, une paix parfaite et un amour parfait pour chacun, pour Dieu et pour toi-même. ³Autant qu'il en faut pour te souvenir de l'immortalité, et de tes créations immortelles qui la partagent avec toi. ⁴Autant qu'il en faut pour échanger l'enfer contre le Ciel. ⁵Assez longtemps pour transcender tout ce que l'ego a fait, et pour monter vers ton Père.

15.   Le temps est ton ami, si tu en laisses l'usage au Saint-Esprit. ²Il n'a besoin que de très peu pour te rendre tout le pouvoir de Dieu. ³Lui Qui transcende le temps pour toi comprend à quoi sert le temps. ⁴La sainteté ne réside pas dans le temps, mais dans l'éternité. ⁵Il n'y eut jamais un instant dans lequel le Fils de Dieu pouvait perdre sa pureté. ⁶Son état inchangeable est au-delà du temps, car sa pureté reste à jamais au-delà de l'attaque et sans variabilité. ⁷Dans sa sainteté, le temps s'arrête et ne change pas. ⁸Ainsi ce n'est plus du tout le temps. ⁹Car pris en ce seul instant de l'éternelle sainteté de la création de Dieu, il est transformé en toujours. ¹⁰Donne l'instant éternel afin que l'éternité soit rappelée à ton

souvenir, en cet instant éclatant de parfaite délivrance. [11]Offre le miracle de l'instant saint par le Saint-Esprit, et laisse-Lui le soin de te le donner.

II. La fin du doute

1.   L'Expiation est *dans* le temps, mais pas *pour* le temps. [2]Étant en toi, elle est éternelle. [3]Ce qui contient le souvenir de Dieu ne peut pas être lié par le temps. [4]Pas plus que toi. [5]Car à moins que Dieu ne soit lié, tu ne peux pas l'être. [6]Un instant offert au Saint-Esprit est offert à Dieu en ton nom, et en cet instant tu t'éveilleras doucement en Lui. [7]Dans l'instant béni tu lâcheras prise de tout ce que tu as appris dans le passé, et le Saint-Esprit t'offrira vite l'entière leçon de la paix. [8]Qu'est-ce qui peut prendre du temps, quand tous les obstacles à l'apprentissage ont été enlevés? [9]La vérité est si loin au-delà du temps qu'elle survient tout entière d'un coup. [10]Car de même qu'elle fut créée une, de même son unité ne dépend pas du tout du temps.

2.   Ne te soucie pas du temps et ne crains pas l'instant de sainteté qui enlèvera toute peur. [2]Car l'instant de paix est éternel *parce qu'*il est sans peur. [3]Il viendra, étant la leçon que Dieu te donne, par l'Enseignant qu'Il a désigné pour traduire le temps en éternité. [4]Béni soit l'Enseignant de Dieu, Dont la joie est d'enseigner sa sainteté au saint Fils de Dieu. [5]Sa joie n'est pas contenue dans le temps. [6]Son enseignement est pour toi parce que Sa joie est tienne. [7]Par Lui tu te tiens devant l'autel de Dieu, où Il traduit doucement l'enfer en Ciel. [8]Car c'est seulement au Ciel que Dieu veut que tu sois.

3.   Combien de temps peut-il falloir pour être là où Dieu veut que tu sois? [2]Car tu es là où tu as toujours été et seras toujours. [3]Tout ce que tu as, tu l'as pour toujours. [4]L'instant béni s'étire pour englober le temps, comme Dieu S'étend Lui-même pour t'englober. [5]Toi qui as passé des jours, des heures et même des années à enchaîner tes frères à ton ego dans une tentative pour l'appuyer et soutenir sa faiblesse, tu ne perçois pas la Source de la force. [6]En cet instant saint tu désenchaîneras tous tes frères, et tu refuseras de soutenir et leur faiblesse et la tienne.

4.   Tu ne te rends pas compte combien tu as mésusé de tes frères en les voyant comme sources de soutien pour l'ego. [2]Le résultat est qu'ils témoignent de l'ego dans ta perception et semblent fournir

des raisons pour ne pas en lâcher prise. ³Or ils sont des témoins bien plus forts et bien plus convaincants pour le Saint-Esprit. ⁴Et ils soutiennent Sa force. ⁵C'est à toi, donc, de choisir s'ils soutiennent l'ego ou le Saint-Esprit en toi. ⁶Et tu reconnaîtras lequel tu as choisi à *leurs* réactions. ⁷Un Fils de Dieu qui a été délivré par le Saint-Esprit en un frère est toujours reconnu. ⁸Il n'est pas possible de le nier. ⁹Si tu demeures incertain, c'est uniquement parce que tu n'as pas donné une complète délivrance. ¹⁰Et à cause de cela tu n'as pas donné un seul instant complètement au Saint-Esprit. ¹¹Car quand tu l'auras fait, tu seras sûr de l'avoir fait. ¹²Tu en seras sûr parce que Son témoin parlera de Lui avec tant de clarté que tu entendras et comprendras. ¹³Tu douteras jusqu'à ce que tu entendes un seul témoin que tu auras entièrement délivré par le Saint-Esprit. ¹⁴Et alors tu ne douteras plus.

5. L'instant saint ne t'est pas encore arrivé. ²Or il viendra, et tu le reconnaîtras avec une parfaite certitude. ³Nul don de Dieu n'est reconnu de quelque autre façon. ⁴Tu peux t'exercer au mécanisme de l'instant saint et tu apprendras beaucoup en le faisant. ⁵Mais sa lumière éclatante, étincelante, qui te rendra littéralement aveugle à ce monde par sa propre vision, tu ne peux pas la fournir. ⁶Or la voici, en ce seul instant, complète, accomplie et donnée tout entière.

6. Commence dès maintenant à t'exercer à ton petit rôle qui est de séparer du reste l'instant saint. ²Tu recevras des instructions très concrètes au fur et à mesure que tu avanceras. ³Apprendre à séparer du reste cette seule seconde, et à la ressentir comme intemporelle, c'est commencer à ressentir que tu n'es pas séparé. ⁴Ne crains pas de ne pas être aidé en cela. ⁵L'Enseignant de Dieu et Sa leçon soutiendront ta force. ⁶Ce n'est que ta faiblesse qui te quittera dans cet exercice, car c'est l'exercice du pouvoir de Dieu en toi. ⁷Utilise-le ne serait-ce qu'un instant et tu ne le nieras jamais plus. ⁸Qui peut nier la Présence de ce devant quoi l'univers s'incline, avec gratitude et joie ? ⁹Devant la re-connaissance de l'univers qui En témoigne, tes doutes doivent disparaître.

III. Petitesse versus immensité

1. Ne te contente pas de la petitesse. ²Mais sois bien sûr de comprendre ce qu'est la petitesse, et pourquoi tu ne pourrais jamais t'en contenter. ³La petitesse est l'offrande que tu te fais à toi-même.

⁴Tu offres cela au lieu de l'immensité, et tu l'acceptes. ⁵Tout en ce monde est petit parce que c'est un monde fait de petitesse, dans l'étrange croyance que la petitesse peut te contenter. ⁶Quand tu aspires à quoi que ce soit en ce monde, croyant que cela t'apportera la paix, tu te rapetisses et tu te rends aveugle à la gloire. ⁷La petitesse et la gloire sont les choix qui s'offrent à ton aspiration et à ta vigilance. ⁸Tu choisiras toujours l'une aux dépens de l'autre.

2.   Or tu ne te rends pas compte, chaque fois que tu choisis, que ton choix est une évaluation de toi-même. ²Choisis la petitesse et tu n'auras pas la paix, car tu te seras jugé toi-même indigne d'elle. ³Et quoi que tu offres comme substitut est un don bien trop pauvre pour te satisfaire. ⁴Il est essentiel que tu acceptes le fait, et l'acceptes avec joie, qu'il n'y a aucune forme de petitesse qui puisse jamais te contenter. ⁵Tu es libre d'en essayer autant que tu le souhaites, mais tu ne feras que retarder ton retour chez toi. ⁶Car tu ne seras content que dans l'immensité, qui est ta demeure.

3.   Tu as une profonde responsabilité envers toi-même, une responsabilité dont tu dois apprendre à te souvenir en tout temps. ²La leçon peut paraître dure au début, mais tu apprendras à l'aimer quand tu te rendras compte qu'elle est vraie et qu'elle ne fait que rendre hommage à ta puissance. ³Toi qui as cherché et trouvé la petitesse, souviens-toi de ceci : Chaque décision que tu prends découle de ce que tu penses être et représente la valeur que tu t'accordes à toi-même. ⁴Crois que le petit peut te contenter, et en te limitant tu ne seras pas satisfait. ⁵Car ta fonction n'est pas petite, et ce n'est qu'en trouvant ta fonction et en la remplissant que tu peux échapper de la petitesse.

4.   Il n'y a aucun doute sur ce qu'est ta fonction, car le Saint-Esprit connaît ce qu'elle est. ²Il n'y a aucun doute sur son immensité, car elle vient à toi par Lui *de* l'Immensité. ³Tu n'as pas à y aspirer, parce que tu l'as. ⁴Toutes tes aspirations doivent être dirigées contre la petitesse, car il faut de la vigilance pour protéger ton immensité en ce monde. ⁵Rester parfaitement conscient de ton immensité dans un monde de petitesse, c'est une tâche que les petits ne peuvent entreprendre. ⁶Or voilà ce qui est demandé de toi, en hommage à ton immensité et non à ta petitesse. ⁷Et ce n'est pas non plus seulement de toi que cela est demandé. ⁸La puissance de Dieu soutiendra chaque effort que tu fais au nom de Son cher Fils. ⁹Cherche le petit, et tu te nies à toi-même Sa puissance. ¹⁰Dieu n'est pas désireux que Son Fils soit content de moins que

tout. [11]Car Il n'est pas content sans Son Fils, et Son Fils ne peut se contenter de moins que ce que son Père lui a donné.

5. Je t'ai demandé plus tôt : « Voudrais-tu être l'otage de l'ego ou l'hôte de Dieu ? » [2]Laisse le Saint-Esprit te poser cette question chaque fois que tu prends une décision. [3]Car chaque décision que tu prends y répond, et conséquemment invite la tristesse ou la joie. [4]Quand Dieu S'est donné à toi en ta création, Il t'a établi pour toujours comme Son hôte. [5]Il ne t'a pas quitté, et tu ne L'as pas quitté. [6]Toutes tes tentatives pour nier Son immensité, et faire de Son Fils l'otage de l'ego, ne peuvent pas rendre petit celui que Dieu a joint à Lui-même. [7]Chaque décision que tu prends est pour le Ciel ou pour l'enfer, et ce que tu as choisi devient ce dont tu as conscience.

6. Le Saint-Esprit peut tenir ton immensité, lavée de toute petitesse, clairement et en parfaite sécurité dans ton esprit, intouchée par chaque petit don que le monde de la petitesse voudrait t'offrir. [2]Mais pour cela, tu ne peux pas te ranger contre Lui dans ce qu'Il veut pour toi. [3]Décide de choisir Dieu par Lui. [4]Car la petitesse, et la croyance que tu peux te contenter de petitesse, sont des décisions que tu prends à ton sujet. [5]La puissance et la gloire qui viennent de Dieu et résident en toi sont pour tous ceux qui, comme toi, se perçoivent eux-mêmes petits, et croient que la petitesse peut être gonflée jusqu'à devenir un sentiment d'immensité capable de les contenter. [6]Ne donne pas la petitesse et ne l'accepte pas non plus. [7]Tout honneur est dû à l'hôte de Dieu. [8]Ta petitesse te trompe, mais ton immensité est de Celui Qui demeure en toi, et en Qui tu demeures. [9]Ne touche personne, donc, avec petitesse au Nom du Christ, Hôte éternel de Son Père.

7. En cette saison (Noël) qui célèbre la naissance de la sainteté en ce monde, joins-toi à moi qui ai décidé de choisir la sainteté pour toi. [2]Notre tâche, ensemble, est de rendre la conscience de son immensité à l'hôte que Dieu a désigné pour Lui-même. [3]Faire le don de Dieu, cela est au-delà de toute ta petitesse, mais pas au-delà de toi. [4]Car Dieu voudrait Se donner Lui-même *à travers* toi. [5]Il va de toi vers chacun et par-delà chacun vers les créations de Son Fils, mais sans te quitter. [6]Bien au-delà de ton petit monde mais toujours en toi, Il S'étend à jamais. [7]Or Il amène toutes Ses extensions à toi, qui es Son hôte.

8. Est-ce un sacrifice de laisser la petitesse derrière toi et de ne plus errer en vain ? [2]Ce n'est pas un sacrifice de s'éveiller à la gloire. [3]Mais c'est un sacrifice d'accepter moins que la gloire. [4]Apprends

que tu dois être digne du Prince de la Paix, né en toi en l'honneur de Celui Dont tu es l'hôte. [5]Tu ne connais pas ce que l'amour signifie parce que tu as cherché à l'acheter avec de petits dons, l'estimant ainsi trop petitement pour en comprendre l'immensité. [6]L'amour n'est pas petit et l'amour demeure en toi, car tu es Son hôte. [7]Devant la grandeur qui vit en toi, ta piètre appréciation de toi-même et toutes les petites offrandes que tu donnes glissent dans le néant.

9.   Saint enfant de Dieu, quand apprendras-tu que seule la sainteté peut te contenter et te donner la paix? [2]Souviens-toi que tu n'apprends pas pour toi seul, pas plus que je ne l'ai fait. [3]C'est parce que j'ai appris pour toi que tu peux apprendre de moi. [4]Je ne voudrais t'enseigner que ce qui t'appartient, afin qu'ensemble nous puissions remplacer la misérable petitesse qui lie l'hôte de Dieu à la culpabilité et à la faiblesse par l'heureuse prise de conscience de la gloire qui est en lui. [5]Ma naissance en toi est ton éveil à la grandeur. [6]Ne m'accueille pas dans une crèche mais dans l'autel à la sainteté, où demeure la sainteté dans une paix parfaite. [7]Mon Royaume n'est pas de ce monde parce qu'il est en toi. [8]Et tu es de ton Père. [9]Joignons-nous en l'honneur de toi, qui dois rester à jamais au-delà de la petitesse.

10.   Décide de choisir avec moi, qui ai décidé de demeurer avec toi. [2]J'ai la même volonté que mon Père, connaissant que Sa Volonté est constante et à jamais en paix avec elle-même. [3]Tu ne seras content que de Sa Volonté. [4]N'accepte rien de moins, et souviens-toi que tout ce que j'ai appris t'appartient. [5]Ce que mon Père aime, je l'aime comme Il l'aime, et je ne peux pas plus l'accepter pour ce que ce n'est pas, qu'Il ne le peut. [6]Et toi non plus. [7]Quand tu auras appris à accepter ce que tu es, tu ne feras plus de dons à t'offrir à toi-même, car tu connaîtras que tu es complet, n'ayant besoin de rien, et incapable d'accepter quoi que ce soit pour toi-même. [8]Mais tu donneras avec joie, ayant reçu. [9]L'hôte de Dieu n'a pas besoin de chercher pour trouver quoi que ce soit.

11.   Si tu es entièrement désireux de laisser le salut au plan de Dieu, et indésireux de tenter de saisir toi-même la paix, le salut te sera donné. [2]Or ne pense pas que tu puisses substituer ton plan au Sien. [3]Plutôt, joins-toi à moi dans le Sien, afin que nous délivrions tous ceux qui voudraient rester liés, proclamant ensemble que le Fils de Dieu est Son hôte. [4]Ainsi nous ne laissons personne oublier ce dont tu voudrais te souvenir. [5]Et ainsi tu t'en souviendras.

12.   N'appelle en chacun que le souvenir de Dieu, et du Ciel qui est en lui. ²Car là où tu voudrais que ton frère soit, là aussi tu penseras être. ³N'entends pas son appel à l'enfer et à la petitesse mais seulement son appel au Ciel et à la grandeur. ⁴N'oublie pas que son appel est le tien et réponds-lui avec moi. ⁵La puissance de Dieu est à jamais du côté de Son hôte, car elle protège uniquement la paix dans laquelle Il demeure. ⁶Ne dépose pas la petitesse devant Son saint autel, qui s'élève au-dessus des étoiles jusqu'au Ciel, à cause de ce qui lui est donné.

IV. S'exercer à l'instant saint

1.   Ce cours n'est pas au-delà d'un apprentissage immédiat, à moins que tu ne croies que ce que Dieu veut prend du temps. ²Et cela signifie seulement que tu préfères retarder la re-connaissance du fait que telle est Sa Volonté. ³L'instant saint est cet instant-ci et chaque instant. ⁴Celui que tu veux pour l'être l'est. ⁵Celui que tu ne veux pas pour l'être est perdu pour toi. ⁶À toi de décider quand il l'est. ⁷Ne le retarde pas. ⁸Car au-delà du passé et du futur, où tu ne le trouveras pas, il est là qui scintille, prêt à être accepté par toi. ⁹Or tu ne peux pas avoir la joie d'en prendre conscience tant que tu n'en veux pas, car il contient ton entière délivrance de la petitesse.

2.   Ta pratique doit donc reposer sur ton désir de lâcher prise de toute petitesse. ²L'instant où l'immensité se fait jour en toi n'est pas plus éloigné que ton désir de lui. ³Aussi longtemps que tu ne le désires pas et chéris plutôt la petitesse, dans cette mesure il est loin de toi. ⁴Dans la mesure où tu le veux, tu le rapproches de toi. ⁵Ne pense pas que tu puisses trouver le salut à ta façon et l'avoir. ⁶Abandonne chaque plan que tu as fait pour ton salut en échange de celui de Dieu. ⁷Le Sien te contentera, et rien d'autre ne peut t'apporter la paix. ⁸Car la paix est de Dieu, et de nul autre que Lui.

3.   Sois humble devant Lui et grand pourtant *en* Lui. ²Et n'estime aucun plan de l'ego avant le plan de Dieu. ³Car tu laisses vacante ta place dans Son plan, que tu dois remplir si tu veux te joindre à moi, par ta décision de te joindre à tout autre plan que le Sien. ⁴Je t'appelle à remplir ton saint rôle dans le plan qu'Il a donné au monde pour sa délivrance de la petitesse. ⁵Dieu voudrait que Son hôte demeure en parfaite liberté. ⁶Toute allégeance à un plan de salut à part de Lui diminue la valeur de Sa Volonté pour

toi dans ton propre esprit. ⁷Et pourtant c'est ton esprit qui est Son hôte.

4. Voudrais-tu apprendre à quel point le saint autel sur lequel ton Père S'est placé Lui-même est parfait et immaculé ? ²Cela tu le reconnaîtras dans l'instant saint, où tu abandonneras de plein gré et avec joie tout autre plan que le Sien. ³Car là réside la paix, parfaitement claire parce que tu as été désireux de remplir ses conditions. ⁴Tu peux réclamer l'instant saint quand tu le veux et où tu le veux. ⁵Dans ta pratique, essaie d'abandonner chaque plan que tu as accepté pour trouver l'immensité dans la petitesse. ⁶*Elle n'est pas là.* ⁷Utilise l'instant saint uniquement pour reconnaître que tu ne peux pas connaître seul où elle est, et ne peux que te tromper toi-même.

5. Je me tiens au-dedans de l'instant saint, aussi clair que tu me veux. ²Et la mesure dans laquelle tu apprends à m'accepter est la mesure du temps durant lequel l'instant saint t'appartiendra. ³Je t'appelle à faire tien l'instant saint tout de suite, car la délivrance de la petitesse dans l'esprit de l'hôte de Dieu dépend du désir, et non du temps.

6. La raison pour laquelle ce cours est simple, c'est que la vérité est simple. ²La complexité est de l'ego et n'est rien de plus qu'une tentative de l'ego pour obscurcir l'évidence. ³Tu pourrais vivre à jamais dans l'instant saint, à partir de maintenant et jusque dans l'éternité, si ce n'était d'une raison très simple. ⁴N'obscurcis pas la simplicité de cette raison, car si tu le fais ce sera seulement parce que tu préfères ne pas la reconnaître et ne pas en lâcher prise. ⁵La simple raison, énoncée simplement, est la suivante : l'instant saint est un temps pendant lequel tu reçois et donnes une communication parfaite. ⁶Cela signifie, toutefois, que c'est un temps pendant lequel ton esprit est ouvert, à la fois pour recevoir et pour donner. ⁷C'est la re-connaissance de ce que tous les esprits sont en communication. ⁸Par conséquent, il ne cherche pas à changer quoi que ce soit mais simplement à tout accepter.

7. Comment peux-tu faire cela quand tu préfères avoir des pensées privées et les garder ? ²La seule façon d'y arriver serait de nier la communication parfaite qui fait de l'instant saint ce qu'il est. ³Tu crois que tu peux abriter des pensées que tu n'aurais pas à partager, et que le salut consiste à garder des pensées pour toi seul. ⁴Car dans les pensées privées, qui ne sont connues que de toi, tu penses trouver une façon de garder ce que tu voudrais avoir seul, tout en partageant ce que *tu* voudrais partager. ⁵Et ensuite

tu te demandes comment il se fait que tu n'es pas pleinement en communication avec ceux qui t'entourent, et avec Dieu Qui vous entoure tous ensemble.

8.   Chaque pensée que tu voudrais garder cachée coupe la communication, parce que c'est ce que tu veux. [2]Il est impossible de reconnaître la communication parfaite tant que rompre la communication a de la valeur pour toi. [3]Demande-toi honnêtement : « Est-ce que je veux avoir une communication parfaite, et suis-je entièrement désireux de lâcher prise pour toujours de tout ce qui interfère avec elle ? » [4]Si la réponse est non, alors que le Saint-Esprit soit prêt à te la donner ne suffit pas pour la faire tienne, car tu n'es pas prêt à la partager avec Lui. [5]Et elle ne peut pas venir dans un esprit qui a décidé de s'y opposer. [6]Car l'instant saint est donné et reçu avec un même désir, étant l'acceptation de l'unique Volonté qui gouverne toute pensée.

9.   La condition nécessaire de l'instant saint ne requiert pas que tu n'aies pas de pensées qui ne soient pures. [2]Mais cela requiert que tu n'en aies aucune que tu veuilles garder. [3]Ce n'est pas toi qui as fait l'innocence. [4]Elle t'est donnée à l'instant où tu la veux. [5]Il n'y aurait pas d'Expiation s'il n'en était pas besoin. [6]Tu ne seras pas capable d'accepter la communication parfaite tant que tu voudrais te la cacher à toi-même. [7]Car ce que tu voudrais cacher *t'est* caché. [8]Dans ta pratique, donc, essaie seulement d'être vigilant contre la tromperie, et ne cherche pas à protéger les pensées que tu voudrais garder pour toi. [9]Laisse la pureté du Saint-Esprit les dissiper et amène toute ta conscience à être prête pour la pureté qu'Il t'offre. [10]Ainsi il te rendra prêt à reconnaître que tu es l'hôte de Dieu, et n'es l'otage de rien ni de personne.

V. L'instant saint et les relations particulières

1.   L'instant saint est le plus utile mécanisme d'apprentissage du Saint-Esprit pour t'enseigner la signification de l'amour. [2]Car son but est de suspendre entièrement le jugement. [3]Le jugement repose toujours sur le passé, car l'expérience passée est la base sur laquelle tu juges. [4]Le jugement devient impossible sans le passé, car sans lui tu ne comprends rien. [5]Tu n'essaierais pas de juger, parce qu'il t'apparaîtrait très clairement que tu ne comprends pas ce que signifie quoi que ce soit. [6]Tu as peur de cela parce que tu

crois que sans l'ego, tout serait chaos. [7]Or je t'assure que sans l'ego, tout serait amour.

2.   Le passé est le principal mécanisme d'apprentissage de l'ego, car c'est dans le passé que tu as appris à définir tes propres besoins et acquis les méthodes pour les satisfaire comme bon te semble. [2]Nous avons dit que limiter l'amour à une partie de la Filialité, c'était faire entrer la culpabilité dans tes relations, et ainsi les rendre irréelles. [3]Si tu cherches à séparer du reste certains aspects de la totalité vers lesquels tu te tournes ensuite pour satisfaire tes besoins imaginaires, tu essaies d'utiliser la séparation pour te sauver. [4]Comment, donc, la culpabilité pourrait-elle ne pas y entrer? [5]Car la séparation est la source de la culpabilité, et y faire appel pour ton salut, c'est croire que tu es seul. [6]Être seul, *c'est* être coupable. [7]Car faire l'expérience de toi-même étant seul, c'est nier l'Unité du Père et de Son Fils, et ainsi attaquer la réalité.

3.   Tu ne peux pas aimer des parties de la réalité et comprendre ce que l'amour signifie. [2]Si tu veux aimer différemment de Dieu, Qui ne connaît pas d'amour particulier, comment peux-tu le comprendre? [3]Croire que des relations *particulières*, avec un amour *particulier*, peuvent t'offrir le salut, c'est croire que la séparation est le salut. [4]Car c'est dans l'égalité complète de l'Expiation que réside le salut. [5]Comment peux-tu décider que certains aspects particuliers de la Filialité peuvent te donner plus que d'autres? [6]Le passé t'a enseigné cela. [7]Or l'instant saint t'enseigne qu'il n'en est rien.

4.   À cause de la culpabilité, toutes les relations particulières contiennent des éléments de peur. [2]C'est pourquoi elles passent et changent si fréquemment. [3]Elles ne sont pas fondées sur le seul amour inchangeable. [4]Et l'amour, où la peur est entrée, n'est pas fiable parce qu'il n'est pas parfait. [5]Dans Sa fonction d'Interprète de ce que tu as fait, le Saint-Esprit utilise les relations particulières, que tu as choisies pour soutenir l'ego, comme expériences d'apprentissage indiquant la vérité. [6]Sous Sa direction, chaque relation devient une leçon d'amour.

5.   Le Saint-Esprit connaît que personne n'est particulier. [2]Or Il perçoit aussi que tu as fait des relations particulières, qu'Il voudrait purifier et ne pas te laisser détruire. [3]Si peu sainte que soit la raison pour laquelle tu les as faites, Il peut les traduire en sainteté en enlevant autant de peur que tu Le laisseras enlever. [4]Tu peux confier n'importe quelle relation à Ses soins et être sûr qu'il n'en résultera pas de la douleur, si tu Lui offres ton désir de ne

lui faire servir aucun autre besoin que le Sien. [5]Toute la culpabilité en elle vient de l'usage que tu en fais. [6]Tout l'amour du Sien. [7]N'aie pas peur, donc, de lâcher prise de tes besoins imaginaires, qui détruiraient la relation. [8]Ton seul besoin est le Sien.

6. Toute relation que tu voudrais substituer à une autre n'a pas été offerte au Saint-Esprit pour Son usage. [2]Il n'y *a* pas de substitut à l'amour. [3]Si tu tentes de substituer un aspect de l'amour à un autre, tu as donné moins de valeur à l'un et plus à l'autre. [4]Non seulement tu les as séparés mais tu as aussi jugé et rejeté les deux. [5]Or tu t'es d'abord jugé et rejeté toi-même, sans quoi tu n'aurais jamais pu imaginer avoir besoin de tes frères tels qu'ils n'étaient pas. [6]Si tu ne t'étais pas vu toi-même sans amour, tu n'aurais pas pu les juger si pareils à toi dans le manque.

7. L'ego fait des relations un usage si fragmentaire qu'il va fréquemment encore plus loin : une partie d'un aspect convient à ses fins tandis qu'il préfère des parties différentes d'un autre aspect. [2]Il assemble ainsi la réalité selon ses propres capricieuses préférences, t'offrant à rechercher une image à quoi rien ne ressemble. [3]Car il n'y a rien au Ciel ou sur terre qui lui ressemble, et tu as beau en chercher la réalité, tu ne peux pas la trouver parce qu'elle n'est pas réelle.

8. Chacun sur terre a formé des relations particulières, et bien qu'il n'en soit pas ainsi au Ciel, le Saint-Esprit connaît comment leur apporter une touche de Ciel ici. [2]Dans l'instant saint personne n'est particulier, car tes besoins personnels n'empiètent sur personne pour faire paraître tes frères différents. [3]Sans les valeurs du passé, tu verrais qu'ils sont tous les mêmes et pareils à toi. [4]Et tu ne verrais pas non plus de séparation entre toi et eux. [5]Dans l'instant saint, tu vois dans chaque relation ce qu'elle sera quand tu ne percevras que le présent.

9. Dieu te connaît *maintenant*. [2]Il ne Se souvient de rien, t'ayant toujours connu exactement comme Il te connaît maintenant. [3]L'instant saint reflète Sa connaissance en sortant toute perception du passé, enlevant ainsi le cadre de référence que tu as bâti et dont tu te sers pour juger tes frères. [4]Une fois que celui-ci a disparu, le Saint-Esprit lui substitue Son cadre de référence. [5]Son cadre de référence est simplement Dieu. [6]En cela seulement réside l'intemporalité du Saint-Esprit. [7]Car dans l'instant saint, libre du passé, tu vois que l'amour est en toi, et tu n'as pas besoin de chercher au-dehors pour dérober l'amour coupablement là où tu pensais qu'il était.

10.   Toutes tes relations sont bénies dans l'instant saint, parce que la bénédiction n'est pas limitée. ²Dans l'instant saint la Filialité profite en ne faisant qu'un ; et unie dans ta bénédiction, elle devient une pour toi. ³La signification de l'amour est la signification que Dieu lui a donnée. ⁴Donne-lui n'importe quelle signification à part la Sienne et il est impossible de le comprendre. ⁵Dieu aime chaque frère comme Il t'aime ; ni moins ni plus. ⁶Il a besoin de tous pareillement, et toi aussi. ⁷Dans le temps, il t'a été dit d'offrir des miracles sous ma direction, et de laisser le Saint-Esprit t'apporter ceux qui cherchent à te trouver. ⁸Or dans l'instant saint tu t'unis directement à Dieu, et tous tes frères se joignent dans le Christ. ⁹Ceux qui sont joints dans le Christ ne sont aucunement séparés. ¹⁰Car le Christ est le Soi que la Filialité partage, comme Dieu partage Son Soi avec le Christ.

11.   Penses-tu que tu peux juger le Soi de Dieu ? ²Dieu L'a créé au-delà du jugement, dans Son besoin d'étendre Son Amour. ³Avec l'amour en toi, tu n'as aucun besoin sauf celui de l'étendre. ⁴Dans l'instant saint il n'y a pas de conflit de besoins, car il n'y en a qu'un. ⁵Car l'instant saint s'étire jusqu'à l'éternité, et jusqu'à l'Esprit de Dieu. ⁶Et c'est là seulement que l'amour a une signification, et là seulement qu'il peut être compris.

VI. L'instant saint et les lois de Dieu

1.   Il est impossible d'utiliser une relation aux dépens d'une autre sans éprouver de la culpabilité. ²Il est également impossible de condamner une partie d'une relation et d'y trouver la paix. ³Sous la direction du Saint-Esprit, toutes les relations sont vues comme des engagements totaux, et pourtant elles n'entrent aucunement en conflit les unes avec les autres. ⁴Une foi parfaite en chacune d'elles, pour sa capacité de te satisfaire complètement, ne peut venir que d'une foi parfaite en toi-même. ⁵Et cela tu ne peux l'avoir tant que reste la culpabilité. ⁶Or il y aura de la culpabilité aussi longtemps que tu acceptes, et chéris, la possibilité de faire d'un frère ce qu'il n'est pas, parce que c'est ainsi que tu le voudrais.

2.   Tu as si peu de foi en toi-même parce que tu es indésireux d'accepter le fait que l'amour parfait est en toi. ²Ainsi tu cherches au-dehors ce que tu ne peux pas trouver au-dehors. ³Je t'offre la foi parfaite que j'ai en toi, à la place de tous tes doutes. ⁴Mais n'oublie pas que ma foi doit être en tous tes frères aussi parfaite qu'elle

l'est en toi, sinon le don pour toi serait limité. [5]Dans l'instant saint nous partageons notre foi dans le Fils de Dieu parce que nous reconnaissons, ensemble, qu'il en est entièrement digne ; et en appréciant sa valeur, nous ne pouvons pas douter de sa sainteté. [6]Et ainsi nous l'aimons.

3. Toute séparation disparaît quand la sainteté est partagée. [2]Car la sainteté est pouvoir, et en la partageant, elle gagne en force. [3]Si tu cherches satisfaction dans l'assouvissement de tes besoins tels que tu les perçois, tu dois croire que la force vient d'autrui, et que ce que tu gagnes, il le perd. [4]Il faut toujours que quelqu'un perde si tu te perçois toi-même comme faible. [5]Or il est une autre interprétation des relations qui transcende complètement le concept de perte de pouvoir.

4. Tu n'as pas de mal à croire que lorsqu'un autre fait appel à Dieu pour l'amour, ton appel demeure aussi fort. [2]Et tu ne penses pas non plus que lorsque Dieu lui répond, ton espoir d'une réponse soit diminué. [3]Au contraire, tu es plus enclin à considérer son succès comme témoignant de la possibilité du tien. [4]Cela parce que tu reconnais, ne serait-ce que très vaguement, que Dieu est une idée ; ainsi ta foi en Lui est renforcée quand elle est partagée. [5]Ce que tu as du mal à accepter, c'est le fait que, comme ton Père, *tu* es une idée. [6]Et comme Lui, tu peux te donner complètement, entièrement et sans jamais de perte mais toujours un gain. [7]En cela réside la paix, car ici il n'y *a* pas de conflit.

5. Dans le monde du manque, l'amour n'a pas de signification et la paix est impossible. [2]Car gain et perte sont tous deux acceptés, et ainsi nul n'est conscient que l'amour parfait est en lui. [3]Dans l'instant saint tu reconnais l'idée de l'amour en toi, et tu unis cette idée à l'Esprit qui l'a pensée, et qui ne pouvait pas l'abandonner. [4]En la tenant en lui-même, il n'y *a* pas de perte. [5]Ainsi l'instant saint devient une leçon sur la façon de tenir tous tes frères dans ton esprit en faisant l'expérience non de la perte mais de la complétude. [6]De là il suit que tu peux seulement donner. [7]Et cela *est* amour, car cela seul est naturel selon les lois de Dieu. [8]Dans l'instant saint les lois de Dieu prévalent, et elles seules ont une signification. [9]Les lois de ce monde cessent d'avoir la moindre signification. [10]Lorsque le Fils de Dieu accepte les lois de Dieu comme étant sa propre joyeuse volonté, il est impossible qu'il soit lié, ou limité en aucune façon. [11]En cet instant il est aussi libre que Dieu le veut. [12]Car à l'instant où il refuse d'être lié, il n'est pas lié.

6.   Dans l'instant saint, il n'arrive rien qui n'ait toujours été. ²Seulement le voile qui était tiré sur la réalité est levé. ³Rien n'a changé. ⁴Or la prise de conscience de cette inchangeabilité vient rapidement comme le voile du temps est écarté. ⁵Nul ne peut, qui n'a pas encore fait l'expérience du lever du voile, qui ne s'est pas senti irrésistiblement attiré par la lumière qui est derrière, avoir foi en l'amour sans peur. ⁶Or le Saint-Esprit te donne cette foi, parce qu'Il me l'a offerte et je l'ai acceptée. ⁷Ne crains pas que l'instant saint te soit refusé, car je ne l'ai pas refusé. ⁸Et par moi le Saint-Esprit te le donne, comme tu le donneras. ⁹Ne laisse aucun besoin que tu perçois obscurcir ton besoin de cela. ¹⁰Car dans l'instant saint tu reconnaîtras le seul besoin que partagent également les Fils de Dieu ; et l'ayant reconnu, tu te joindras à moi pour offrir ce dont il est besoin.

7.   C'est par *nous* que la paix viendra. ²Joins-toi à moi dans l'idée de la paix, car en idées les esprits peuvent communiquer. ³Si tu voulais te donner toi-même comme ton Père donne Son Soi, tu arriverais à comprendre la Nature du Soi. ⁴Et en cela la signification de l'amour est comprise. ⁵Mais souviens-toi que comprendre est de l'esprit, et seulement de l'esprit. ⁶La connaissance est donc de l'esprit, et ses conditions sont avec elle dans l'esprit. ⁷Si tu n'étais pas une idée, et rien qu'une idée, tu ne pourrais pas être en pleine communication avec tout ce qui a toujours été. ⁸Or aussi longtemps que tu préfères être autre chose, ou voudrais tenter de n'être rien d'autre et autre chose à la fois, tu ne te souviendras pas du langage de la communication, que tu connais parfaitement.

8.   Dans l'instant saint vient le souvenir de Dieu, et avec Lui le souvenir du langage de la communication avec tous tes frères. ²Car vous vous souvenez de la communication ensemble, comme de la vérité. ³Il n'y a pas d'exclusion dans l'instant saint parce que le passé a disparu, et avec lui disparaît toute la base de l'exclusion. ⁴Sans sa source, l'exclusion disparaît. ⁵Et cela permet à ta Source, et à Celle de tous tes frères, de la remplacer dans ta conscience. ⁶Dieu et le pouvoir de Dieu prendront Leur juste place en toi, et tu feras l'expérience de la pleine communication des idées avec les idées. ⁷Par ton aptitude à faire cela, tu apprendras ce que tu dois être, car tu commenceras à comprendre ce qu'est ton Créateur et ce qu'est Sa création avec Lui.

VII. L'inutile sacrifice

1. Au-delà de la piètre attraction de la relation d'amour particulière, et toujours obscurcie par celle-ci, est la puissante attraction du Père sur Son Fils. ²Il n'y a pas d'autre amour qui puisse te satisfaire, parce qu'il n'y *a* pas d'autre amour. ³C'est le seul amour qui soit pleinement donné et pleinement rendu. ⁴Étant complet, il ne demande rien. ⁵Étant entièrement pur, tous ceux qui sont joints en lui ont tout. ⁶Ce n'est la base d'aucune relation où entre l'ego. ⁷Car chaque relation dans laquelle l'ego s'embarque *est* particulière.

2. L'ego n'établit des relations que pour obtenir quelque chose. ²Et il voudrait que le donneur lui reste lié par la culpabilité. ³Quelle que soit la relation, il est impossible que l'ego y entre sans colère, car l'ego croit que la colère fait des amis. ⁴Ce n'est pas ce qu'il dit, mais *c'est* son but. ⁵Car l'ego croit réellement qu'il peut obtenir et garder *en rendant coupable*. ⁶Voilà son unique attraction ; une attraction si faible qu'elle n'aurait pas du tout de prise, sauf que personne ne la reconnaît. ⁷Car il semble toujours que c'est par l'amour que l'ego attire ; or il n'exerce aucune attraction sur quiconque perçoit que c'est par la culpabilité qu'il attire.

3. L'attraction maladive de la culpabilité doit être reconnue pour ce qu'elle est. ²Puisqu'elle a été rendue réelle pour toi, il est essentiel que tu la regardes clairement et que tu apprennes, en lui retirant ton investissement, à en lâcher prise. ³Nul ne choisirait de lâcher prise de ce qu'il croit avoir de la valeur. ⁴Or l'attraction de la culpabilité n'a de la valeur pour toi que parce que tu n'as pas regardé ce qu'elle est et l'as jugée complètement dans le noir. ⁵Quand nous la porterons à la lumière, tu te demanderas seulement pourquoi tu as jamais pu vouloir d'elle. ⁶Tu n'as rien à perdre à regarder les yeux grand ouverts, car une telle laideur n'a pas sa place dans ton saint esprit. ⁷Cet hôte de Dieu ne peut avoir là de réel investissement.

4. Nous avons dit plus tôt que l'ego tente de maintenir et d'augmenter la culpabilité, mais de telle façon que tu ne reconnaisses pas ce qu'elle te ferait. ²Car la doctrine fondamentale de l'ego est que ce que tu fais aux autres, tu y as échappé. ³L'ego ne veut de bien à personne. ⁴Or sa survie dépend de ta croyance que tu es exempté de ses intentions mauvaises. ⁵Par conséquent, il te conseille que si tu es son hôte, cela te permettra de diriger sa colère vers l'extérieur et ainsi de te protéger. ⁶Il s'embarque donc dans une interminable

et infructueuse chaîne de relations particulières, de colère forgée et vouée à cette unique et insane croyance : que plus tu investis de la colère à l'extérieur de toi, plus tu es en sécurité.

5.   C'est cette chaîne qui lie le Fils de Dieu à la culpabilité, et c'est cette chaîne que le Saint-Esprit voudrait ôter de son esprit saint. ²Car la chaîne de sauvagerie n'a pas sa place autour de l'hôte choisi de Dieu, qui ne peut se faire l'hôte de l'ego. ³Au nom de sa délivrance, et au Nom de Celui Qui voudrait le délivrer, regardons de plus près les relations que l'ego combine, et laissons le Saint-Esprit les juger véritablement. ⁴Car il est certain que si tu les examines, tu les Lui offriras avec joie. ⁵Ce qu'Il peut en faire, tu ne le sais pas, mais tu deviendras désireux de le découvrir si tu es d'abord désireux de percevoir ce que tu en as fait.

6.   D'une façon ou d'une autre, chaque relation que fait l'ego est fondée sur l'idée qu'en se sacrifiant lui-même, il devient plus gros. ²Le « sacrifice », qu'il considère comme une purification, est en fait la racine de son amer ressentiment. ³Car il préférerait attaquer directement, et éviter de retarder ce qu'il veut réellement. ⁴Or l'ego reconnaît la « réalité » telle qu'il la voit, et il admet que personne ne pourrait interpréter une attaque directe comme de l'amour. ⁵Or rendre coupable, *c'est* une attaque directe, même si cela n'en a pas l'air. ⁶Car les coupables s'attendent à l'attaque ; et l'ayant cherchée, c'est ce qui les attire.

7.   Dans ces relations insanes, l'attraction de ce que tu ne veux pas semble être beaucoup plus forte que l'attraction de ce que tu veux. ²Car chacun pense avoir sacrifié quelque chose à l'autre, et pour cela il le hait. ³Il pense pourtant que c'est ce qu'il veut. ⁴Il n'est pas du tout amoureux de l'autre. ⁵Il croit simplement qu'il est amoureux du sacrifice. ⁶Et pour ce sacrifice, qu'il exige de lui-même, il exige que l'autre accepte la culpabilité et se sacrifie lui-même aussi. ⁷Le pardon devient impossible, car l'ego croit que pardonner à un autre, c'est le perdre. ⁸C'est seulement par l'attaque sans le pardon que l'ego peut s'assurer de la culpabilité qui maintient la cohésion de toutes ses relations.

8.   Or elles ne tiennent *qu'en apparence*. ²Car les relations, pour l'ego, signifient seulement que les corps sont ensemble. ³C'est toujours cela qu'exige l'ego, et il ne voit pas d'objection où qu'aille l'esprit et quoi qu'il pense, car cela semble sans importance. ⁴Tant que le corps est là pour recevoir son sacrifice, il est content. ⁵Pour l'ego l'esprit est privé, et seul le corps peut être partagé. ⁶Les idées sont foncièrement sans intérêt, sauf dans la mesure où elles

rapprochent ou éloignent de lui le corps d'un autre. [7]Et c'est sous ce rapport qu'il évalue les idées comme bonnes ou mauvaises. [8]Ce qui rend un autre coupable et le tient par la culpabilité est «bon». [9]Ce qui le délivre de la culpabilité est «mauvais», parce qu'il ne croirait plus que les corps communiquent, et ainsi il «disparaîtrait».

9.   Souffrance et sacrifice sont les dons avec lesquels l'ego voudrait bénir toutes les unions. [2]Et ceux qui sont unis à son autel acceptent la souffrance et le sacrifice comme prix de leur union. [3]Dans ces alliances coléreuses, nées de la peur de la solitude et pourtant vouées à la continuation de la solitude, chacun cherche à soulager sa culpabilité en l'augmentant chez l'autre. [4]Car chacun croit que cela diminue la culpabilité en lui. [5]Il semble toujours que l'autre est en train de l'attaquer et de le blesser, peut-être avec des riens, peut-être «inconsciemment», mais jamais sans exiger de sacrifice. [6]La furie de ceux qui sont joints à l'autel de l'ego excède de beaucoup la conscience que tu en as. [7]Car de ce que l'ego veut réellement, tu ne te rends pas compte.

10.   Chaque fois que tu es en colère, tu peux être sûr que tu as formé une relation particulière que l'ego a «bénie», car la colère *est* sa bénédiction. [2]La colère prend de nombreuses formes, mais elle ne peut pas tromper longtemps ceux qui apprendront que l'amour n'apporte aucune culpabilité, et que ce qui apporte la culpabilité ne peut pas être l'amour et doit être la colère. [3]Toute colère n'est rien de plus qu'une tentative pour amener quelqu'un à se sentir coupable, et cette tentative est la seule base qu'accepte l'ego pour les relations particulières. [4]La culpabilité est le seul besoin qu'a l'ego, et aussi longtemps que tu t'identifies à lui, la culpabilité reste attirante pour toi. [5]Or souviens-toi de ceci : être avec un corps, ce n'est pas communiquer. [6]Et si tu penses que ce l'est, tu te sentiras coupable à propos de la communication et tu auras peur d'entendre le Saint-Esprit, reconnaissant dans Sa Voix ton propre besoin de communiquer.

11.   Le Saint-Esprit ne peut pas t'enseigner à travers la peur. [2]Et comment peut-Il communiquer avec toi tant que tu crois que communiquer, c'est t'esseuler? [3]Manifestement, il est insane de croire qu'en communiquant, tu seras abandonné. [4]Et pourtant beaucoup le croient. [5]Car ils pensent qu'ils doivent garder leur esprit privé, sans quoi ils le perdraient, tandis que si leurs corps sont ensemble, leur esprit reste à eux. [6]L'union des corps devient ainsi

la façon de garder les esprits séparés. ⁷Car les corps ne peuvent pardonner. ⁸Ils peuvent seulement faire ce que l'esprit commande.

12.   L'illusion de l'autonomie du corps et de son aptitude à vaincre la solitude n'est que le fonctionnement du plan de l'ego pour établir sa propre autonomie. ²Aussi longtemps que tu croiras qu'être avec un corps, c'est avoir de la compagnie, tu te sentiras forcé d'essayer de garder ton frère dans son corps, tenu là par la culpabilité. ³Et tu verras la sécurité dans la culpabilité et le danger dans la communication. ⁴Car l'ego enseignera toujours que la solitude est résolue par la culpabilité, et que la communication est la cause de la solitude. ⁵Malgré l'évidente insanité de cette leçon, beaucoup l'ont apprise.

13.   Le pardon réside dans la communication aussi sûrement que la damnation réside dans la culpabilité. ²C'est la fonction d'enseignant du Saint-Esprit d'instruire ceux qui croient que la communication est la damnation que la communication est le salut. ³Et Il le fera, car le pouvoir de Dieu en Lui et en toi sont joints en une relation réelle, si sainte et si forte qu'elle peut vaincre même cela sans peur.

14.   C'est par l'instant saint que ce qui semble impossible est accompli, montrant à l'évidence que ce n'est pas impossible. ²Dans l'instant saint la culpabilité n'exerce pas d'attraction, puisque la communication a été rétablie. ³Et la culpabilité, dont le seul but est d'interrompre la communication, n'a aucune fonction ici. ⁴Ici il n'y a pas de dissimulation, ni de pensées privées. ⁵Le désir de communiquer attire à lui la communication et vainc complètement la solitude. ⁶Il y a ici un pardon complet, car il n'y a aucun souhait d'exclure quiconque de ta complétude, dans la soudaine re-connaissance de la valeur du rôle qu'il y joue. ⁷Dans la protection de ton entièreté, tous sont invités et bienvenus. ⁸Et tu comprends que ta complétude est celle de Dieu, Dont le seul besoin est que tu sois complet. ⁹Car ta complétude te fait Sien en ta conscience. ¹⁰Et c'est ici que tu fais l'expérience d'être tel que tu as été créé, et tel que tu es.

VIII. La seule relation réelle

1.   L'instant saint ne remplace pas le besoin d'apprendre, car le Saint-Esprit ne doit pas te quitter en tant qu'enseignant tant que l'instant saint ne s'est pas étendu bien au-delà du temps. ²Pour

une tâche d'enseignement comme la Sienne, Il doit tout utiliser en ce monde pour ta délivrance. ³Il doit Se ranger avec chaque signe ou chaque gage de ton désir d'apprendre de Lui ce que doit être la vérité. ⁴Il est prompt à utiliser tout ce que tu Lui offres pour cela. ⁵La préoccupation et le soin qu'Il a de toi sont illimités. ⁶Face à ta peur du pardon, qu'Il perçoit aussi clairement qu'Il connaît que le pardon est délivrance, Il t'enseignera à te souvenir que le pardon n'est pas une perte, mais ton salut. ⁷Et que dans le pardon complet, où tu reconnais qu'il n'y a rien à pardonner, tu es absous complètement.

2. Écoute-Le avec joie, et apprends de Lui que tu n'as pas du tout besoin de relations particulières. ²Tu ne cherches en elles que ce que tu as jeté. ³Et par elles jamais tu n'apprendras la valeur de ce que tu as jeté, mais désires encore de tout ton cœur. ⁴Joignons-nous pour faire ensemble de l'instant saint tout ce qui est, en désirant qu'il *soit* tout ce qui est. ⁵Le Fils de Dieu a tant besoin de ton désir d'aspirer à cela que tu ne saurais concevoir si grand besoin. ⁶Voilà le seul besoin que Dieu et Son Fils partagent, et qu'Ils ont pour volonté de satisfaire ensemble. ⁷Tu n'es pas seul en cela. ⁸La volonté de tes créations t'appelle à partager avec elles ta volonté. ⁹Tourne-toi, donc, en paix, de la culpabilité vers Dieu et vers elles.

3. N'entre en relation qu'avec ce qui ne te quittera jamais, et ce que tu ne peux jamais quitter. ²La solitude du Fils de Dieu est la solitude de son Père. ³Ne refuse pas la conscience de ta complétude, et ne cherche pas à te la rendre toi-même. ⁴Ne crains pas de confier ta rédemption à l'Amour de ton Rédempteur. ⁵Il n'échouera pas, car Il vient de Celui Qui ne peut échouer. ⁶Accepte ton sentiment d'échec comme étant une erreur, et rien de plus, sur qui tu es. ⁷Car le saint hôte de Dieu est au-delà de l'échec, et rien de ce qu'il a pour volonté ne peut être nié. ⁸Tu es pour toujours dans une relation si sainte qu'elle appelle chacun à s'évader de la solitude, et à se joindre à toi dans ton amour. ⁹Et là où tu es chacun doit chercher, et te trouver là.

4. Réfléchis à ceci ne serait-ce qu'un instant : Dieu t'a donné la Filialité, pour assurer ta création parfaite. ²C'était Son don, car de même qu'Il ne S'est pas refusé Lui-même à toi, Il ne t'a pas refusé Sa création. ³Il n'est rien qui ait jamais été créé qui ne t'appartienne. ⁴Tes relations sont avec l'univers. ⁵Et cet univers, étant de Dieu, est bien au-delà de la somme insignifiante de tous les corps séparés que tu perçois. ⁶Car toutes ses parties sont jointes en Dieu par le Christ, où elles deviennent comme leur Père. ⁷Le

Christ ne sait rien d'une séparation d'avec Son Père, Qui est Sa seule relation, dans laquelle Il donne comme Son Père Lui donne.

5. Le Saint-Esprit est la tentative de Dieu pour te libérer de ce qu'Il ne comprend pas. ²Et à cause de sa Source, elle réussira. ³Le Saint-Esprit te demande de répondre comme Dieu le fait, car Il voudrait t'enseigner ce que tu ne comprends pas. ⁴Dieu répondrait à chaque besoin, quelque forme qu'il prenne. ⁵Ainsi Il garde ce canal ouvert pour recevoir Sa communication avec toi, et la tienne avec Lui. ⁶Dieu ne comprend pas ton problème de communication, car Il ne le partage pas avec toi. ⁷Il n'y a que toi qui crois qu'il est compréhensible. ⁸Le Saint-Esprit connaît qu'il n'est pas compréhensible, et pourtant Il le comprend parce que tu l'as fait.

6. Dans le Saint-Esprit seul réside la conscience de ce que Dieu ne peut connaître, et de ce que tu ne comprends pas. ²C'est Sa sainte fonction d'accepter les deux, et en enlevant chaque élément discordant, de les joindre en un. ³Il fera cela parce que c'est Sa fonction. ⁴Laisse, donc, ce qui à toi semble être impossible, à Celui Qui connaît que ce doit être possible parce que c'est la Volonté de Dieu. ⁵Et laisse Celui Dont l'enseignement est seulement de Dieu t'enseigner la seule signification des relations. ⁶Car Dieu a créé la seule relation qui ait une signification, et c'est Sa relation avec toi.

IX. L'instant saint et l'attraction de Dieu

1. De même que l'ego voudrait limiter au corps la perception que tu as de tes frères, de même le Saint-Esprit voudrait délivrer ta vision et te laisser voir les Grands Rayons qui irradient d'eux, si illimités qu'ils vont jusqu'à Dieu. ²C'est ce passage à la vision qui s'accomplit dans l'instant saint. ³Or il est besoin que tu apprennes exactement ce que ce passage entraîne, pour que tu deviennes désireux de le rendre permanent. ⁴Étant donné ce désir, il ne te quittera pas, car il *est* permanent. ⁵Une fois que tu l'as acceptée comme étant la seule perception que tu veuilles, elle est traduite en connaissance par le rôle que Dieu Lui-même joue dans l'Expiation, car c'est la seule étape en elle qu'Il comprenne. ⁶Par conséquent, en cela il n'y a pas de retard lorsque tu es prêt. ⁷Dieu est prêt maintenant, mais toi tu ne l'es pas.

2. Notre tâche est simplement de continuer, le plus vite possible, le nécessaire processus qui consiste à regarder en face toutes les interférences et à les voir exactement telles qu'elles sont. ²Car il

est impossible de reconnaître pour entièrement insatisfaisant ce que tu penses vouloir. ³Le corps est le symbole de l'ego, comme l'ego est le symbole de la séparation. ⁴Et les deux ne sont rien de plus que des tentatives pour limiter la communication, et par là la rendre impossible. ⁵Car la communication doit être illimitée pour avoir une signification, et privée de signification elle ne te satisfera pas complètement. ⁶Or elle reste le seul moyen par lequel tu peux établir des relations réelles, lesquelles n'ont pas de limites, ayant été établies par Dieu.

3. Dans l'instant saint, où les Grands Rayons remplacent le corps dans la conscience, il t'est donné de reconnaître les relations sans limites. ²Mais afin de voir cela, il est nécessaire d'abandonner chaque usage que l'ego fait du corps, et d'accepter le fait que l'ego n'a aucun but que tu voudrais partager avec lui. ³Car l'ego voudrait limiter chacun à un corps à ses propres fins, et tant que tu penseras qu'il a un but, tu choisiras d'utiliser les moyens par lesquels il essaie de tourner son but en accomplissement. ⁴Cela ne sera jamais accompli. ⁵Or tu as sûrement reconnu que l'ego, dont les buts sont tout à fait inatteignables, y aspire avec toute sa puissance, et il fait cela avec la force que tu lui as donnée.

4. Il est impossible de diviser ta force entre le Ciel et l'enfer, entre Dieu et l'ego, tout en libérant ta puissance créatrice, ce qui est le seul but pour lequel elle t'a été donnée. ²L'amour donnerait *toujours* une augmentation. ³Les limites sont exigées par l'ego et représentent ses exigences, qui sont de faire petit et ineffectif. ⁴Limite à son corps ta vue de ton frère, ce que tu feras tant que tu ne voudras pas l'en libérer, et tu as refusé le don qu'il te fait. ⁵Son corps ne peut pas faire ce don. ⁶Et ne le cherche pas par le tien. ⁷Or vos esprits sont déjà continus et leur union a seulement besoin d'être acceptée pour que la solitude au Ciel ait disparu.

5. Si seulement tu laissais le Saint-Esprit te parler de l'Amour que Dieu a pour toi, et du besoin qu'ont tes créations d'être à jamais avec toi, tu ressentirais l'attraction de l'éternel. ²Nul ne peut L'entendre parler de cela et rester longtemps désireux de traîner ici. ³Car c'est ta volonté d'être au Ciel, où tu es complet et tranquille, dans des relations si sûres et si pleines d'amour que toute limite est impossible. ⁴N'échangerais-tu pas tes petites relations contre cela? ⁵Car le corps *est* petit et limité, et seuls ceux que tu voudrais voir sans les limites que l'ego voudrait leur imposer peuvent t'offrir le don de la liberté.

6.   Tu n'as aucune conception des limites que tu as mises à ta perception, ni aucune idée de toute la beauté que tu pourrais voir. [2]Mais souviens-toi de ceci : l'attraction de la culpabilité s'oppose à l'attraction de Dieu. [3]Son attraction sur toi reste illimitée mais parce que ton pouvoir, étant le Sien, est aussi grand que le Sien, tu peux te détourner de l'amour. [4]Ce que tu investis dans la culpabilité, tu le retires à Dieu. [5]Et ta vue devient faible, basse et limitée, car tu as tenté de séparer le Père du Fils et de limiter leur communication. [6]Ne cherche pas l'Expiation dans une plus grande séparation. [7]Et ne limite pas ta vision du Fils de Dieu à ce qui interfère avec sa délivrance, et ce que le Saint-Esprit doit défaire pour le libérer. [8]Car sa croyance dans les limites l'*a* emprisonné.

7.   Quand le corps cessera de t'attirer, et quand tu ne lui attacheras pas de valeur comme moyen d'obtenir quoi que ce soit, alors il n'y aura pas d'interférence dans la communication et tes pensées seront aussi libres que Celles de Dieu. [2]Quand tu laisses le Saint-Esprit t'enseigner comment utiliser le corps dans le seul but de communiquer, et renonces à l'utiliser pour la séparation et l'attaque que l'ego voit en lui, tu apprends que tu n'as pas du tout besoin d'un corps. [3]Dans l'instant saint il n'y a pas de corps, et tu ressens seulement l'attraction de Dieu. [4]En l'acceptant pour indivisée, tu te joins à Lui tout entier, en un instant, car tu ne mets aucune limite à ton union avec Lui. [5]La réalité de cette relation devient la seule vérité que tu pourrais jamais vouloir. [6]Toute vérité *est* là.

X. Le temps de la renaissance

1.   Il est en ton pouvoir, dans le temps, de retarder l'union parfaite du Père et du Fils. [2]Car il est vrai qu'en ce monde l'attraction de la culpabilité se dresse entre eux. [3]Ni le temps ni les saisons ne signifient quoi que ce soit dans l'éternité. [4]Or ici c'est la fonction du Saint-Esprit de les utiliser, mais pas comme l'ego les utilise. [5]Voici la saison où tu célèbres ma naissance dans le monde. [6]Or tu ne sais pas comment le faire. [7]Laisse le Saint-Esprit t'enseigner, et laisse-moi célébrer *ta* naissance par Lui. [8]Le seul don que je puisse accepter de toi, c'est le don que je t'ai fait. [9]Délivre-moi comme moi je choisis ta propre délivrance. [10]Nous célébrons ensemble le temps du Christ, car il n'a pas de signification si nous sommes séparés.

2.   L'instant saint est véritablement le temps du Christ. ²Car en cet instant libérateur nulle culpabilité n'est imposée au Fils de Dieu et sa puissance illimitée lui est ainsi rendue. ³Quel autre don peux-tu m'offrir, quand je choisis de t'offrir seulement cela ? ⁴Et me voir, c'est me voir en chacun, et offrir à chacun le don que tu m'offres. ⁵Je suis aussi incapable que Dieu de recevoir un sacrifice, et chaque sacrifice que tu demandes de toi, tu le demandes de moi. ⁶Apprends maintenant que toute espèce de sacrifice n'est qu'une limite imposée à l'acte de donner. ⁷Et par cette limitation tu as limité ton acceptation du don que je t'offre.

3.   Nous qui ne faisons qu'un ne pouvons pas donner séparément. ²Quand tu es désireux d'accepter notre relation pour réelle, la culpabilité n'exerce pas d'attraction sur toi. ³Car dans notre union tu accepteras tous nos frères. ⁴Le don de l'union est le seul don que je sois né pour donner. ⁵Donne-le-moi, afin que tu puisses l'avoir. ⁶Le temps du Christ est le temps désigné pour le don de la liberté, offert à chacun. ⁷Et en l'acceptant, tu l'offres à chacun.

4.   Il est en ton pouvoir de rendre cette saison sainte, car il est en ton pouvoir de faire en sorte que le temps du Christ soit maintenant. ²Il est possible de faire cela tout d'un coup parce qu'un seul changement de perception est nécessaire, car tu as fait une seule erreur. ³Elles semblent être nombreuses, mais c'est toujours la même. ⁴Car bien que l'ego prenne de nombreuses formes, c'est toujours la même idée. ⁵Ce qui n'est pas l'amour est toujours la peur, et rien d'autre.

5.   Il n'est pas nécessaire de suivre la peur sur tous les chemins tortueux par lesquels elle creuse sous la terre et se cache dans les ténèbres, pour en émerger sous des formes très différentes de ce qu'elle est. ²Or il *est* nécessaire d'examiner chacune d'elles aussi longtemps que tu voudras conserver le principe qui les gouverne toutes. ³Quand tu es désireux de les considérer, non pas comme séparées mais comme des manifestations différentes de la même idée, idée que tu ne veux pas, elles disparaissent ensemble. ⁴L'idée est toute simple : Tu crois qu'il est possible d'être l'hôte de l'ego ou l'otage de Dieu. ⁵C'est le choix que tu penses avoir et la décision que tu crois devoir prendre. ⁶Tu ne vois pas d'autre alternative, car tu ne peux pas accepter le fait que le sacrifice ne t'obtient rien. ⁷Le sacrifice est si essentiel à ton système de pensée que le salut à part du sacrifice ne signifie rien pour toi. ⁸La confusion que tu fais entre sacrifice et amour est si profonde que tu ne peux concevoir l'amour sans sacrifice. ⁹Et c'est cela que tu dois regarder : le

sacrifice, c'est l'attaque et non l'amour. [10]Si tu voulais seulement accepter cette seule idée, ta peur de l'amour disparaîtrait. [11]La culpabilité ne saurait durer lorsque l'idée de sacrifice a été enlevée. [12]Car s'il y a sacrifice, quelqu'un doit payer et quelqu'un doit obtenir. [13]Et la seule question qui reste, c'est de savoir quel est le prix, et pour obtenir quoi.

6.   Comme hôte de l'ego, tu crois que tu peux te départir de toute ta culpabilité quand tu le veux et ainsi acheter la paix. [2]Et le paiement ne semble pas être de toi. [3]S'il est évident que l'ego, de fait, exige paiement, il ne semble jamais l'exiger de toi. [4]Tu es indésireux de reconnaître que l'ego, que tu as invité, n'est traître qu'envers ceux qui pensent être son hôte. [5]L'ego ne te laissera jamais percevoir cela, puisque cette re-connaissance le rendrait sans demeure. [6]Car quand cela apparaîtra clairement, tu ne seras plus trompé par aucune des formes que prend l'ego pour se protéger de ta vue. [7]Chaque forme sera reconnue comme n'étant qu'une couverture de la même idée qui se cache derrière elles toutes : que l'amour exige un sacrifice, et qu'il est donc inséparable de l'attaque et de la peur. [8]Et que la culpabilité est le prix de l'amour, payable avec la peur.

7.   Comme Dieu, donc, est devenu apeurant pour toi, et comme c'est un grand sacrifice que tu crois que Son Amour exige ! [2]Car un amour total exigerait un sacrifice total. [3]Et ainsi l'ego semble exiger de toi moins que Dieu, et c'est celui des deux qui est jugé comme étant le moindre mal, un mal à craindre un peu, peut-être, alors que l'autre est à détruire. [4]Car tu vois l'amour comme destructeur, et ta seule question est de savoir qui est à détruire : toi ou un autre ? [5]Tu cherches à répondre à cette question dans tes relations particulières, où tu sembles être à la fois le destructeur et le détruit en partie, mais incapable d'être l'un ou l'autre complètement. [6]Et cela, penses-tu, te sauve de Dieu, Dont l'Amour total te détruirait complètement.

8.   Tu penses que tout le monde en dehors de toi exige ton sacrifice, mais tu ne vois pas que toi seul exige un sacrifice, et seulement de toi-même. [2]Or l'exigence de sacrifice est si sauvage et si apeurante que tu ne peux l'accepter là où elle est. [3]Le prix réel pour ne pas accepter cela était si élevé que tu as préféré te départir de Dieu plutôt que de le regarder. [4]Car si Dieu exigeait de toi un sacrifice total, il semble plus sûr de Le projeter à l'extérieur et loin de toi, et de ne pas être Son hôte. [5]À Lui, tu attribuas la traîtrise de l'ego, que tu invitas à prendre Sa place pour te protéger de Lui.

⁶Et tu ne reconnais pas que c'est ce que tu as invité qui voudrait te détruire et qui, en effet, exige de toi un sacrifice total. ⁷Ce sauvage invité, aucun sacrifice partiel ne l'apaisera, car c'est un envahisseur qui n'offre la bonté qu'en apparence et toujours pour rendre le sacrifice complet.

9. Tu ne réussiras pas à être l'otage partiel de l'ego, car il ne respecte aucun marché et il ne te laisserait rien. ²Tu ne peux pas non plus être son hôte partiel. ³Tu dois choisir entre la liberté totale et l'asservissement total, car il n'y a pas d'autres alternatives que celles-là. ⁴Tu as essayé de nombreux compromis pour tenter d'éviter de reconnaître la seule décision que tu doives prendre. ⁵Et pourtant c'est de reconnaître cette décision, *exactement telle qu'elle est*, qui rend la décision si facile. ⁶Le salut est simple, étant de Dieu, et par conséquent très facile à comprendre. ⁷N'essaie pas de le projeter au loin et de le voir à l'extérieur de toi. ⁸En toi sont à la fois la question et la réponse : l'exigence de sacrifice et la paix de Dieu.

XI. Noël comme la fin du sacrifice

1. Ne crains pas de reconnaître que toute l'idée de sacrifice est faite uniquement par toi. ²Et ne cherche pas la sécurité en tentant de te protéger de là où elle n'est pas. ³Tes frères et ton Père sont devenus très apeurants pour toi. ⁴Et tu voudrais marchander avec eux pour quelques relations particulières, dans lesquelles tu penses voir quelques miettes de sécurité. ⁵Ne cherche pas plus longtemps à garder à part tes pensées et la Pensée qui t'a été donnée. ⁶Lorsqu'elles sont mises ensemble et perçues là où elles sont, le choix à faire entre elles n'est rien de plus qu'un doux éveil, aussi simple que d'ouvrir les yeux à la lumière du jour quand tu n'as plus besoin de sommeil.

2. Le signe de Noël est une étoile, une lumière dans les ténèbres. ²Ne la vois pas à l'extérieur de toi mais brillant dans le Ciel au-dedans, et accepte-la comme le signe que le temps du Christ est venu. ³Il vient en n'exigeant rien. ⁴Nul sacrifice d'aucune sorte n'est exigé par Lui de qui que ce soit. ⁵En Sa Présence toute l'idée de sacrifice perd toute signification. ⁶Car Il est l'Hôte de Dieu. ⁷Et tu as seulement besoin de L'inviter, Celui Qui est déjà là, en reconnaissant que Son Hôte est Un et qu'aucune pensée étrangère à Son Unité ne peut demeurer là avec Lui. ⁸Pour L'accueillir, l'amour doit être total, car la Présence de la Sainteté crée la

sainteté qui l'entoure. ⁹Nulle peur ne peut toucher l'Hôte qui berce Dieu au temps du Christ, car l'Hôte est aussi saint que l'Innocence parfaite qu'Il protège, et Dont le pouvoir Le protège.

3. En ce Noël, donne au Saint-Esprit tout ce qui te blesse. ²Laisse-toi être complètement guéri afin que tu puisses te joindre à Lui dans la guérison, et célébrons notre délivrance ensemble en délivrant chacun avec nous. ³Ne laisse rien derrière, car la délivrance est totale, et quand tu l'auras acceptée avec moi, tu la donneras avec moi. ⁴Toute douleur, tout sacrifice et toute petitesse disparaîtront dans notre relation, qui est aussi innocente que notre relation avec notre Père, et aussi puissante. ⁵La douleur nous sera portée et disparaîtra en notre présence, et sans douleur il ne peut y avoir de sacrifice. ⁶Et sans sacrifice il *doit* y avoir l'amour.

4. Toi qui crois que le sacrifice est amour, tu dois apprendre que le sacrifice est la séparation d'avec l'amour. ²Car le sacrifice apporte la culpabilité aussi sûrement que l'amour apporte la paix. ³La culpabilité est la condition du sacrifice, comme la paix est la condition pour prendre conscience de ta relation avec Dieu. ⁴Par la culpabilité tu exclus ton Père et tes frères de toi-même. ⁵Par la paix tu les invites à revenir, te rendant compte qu'ils sont là où ton invitation les enjoint d'être. ⁶Ce que tu exclus de toi-même semble apeurant, car tu le revêts de la peur et tu essaies de le chasser, bien qu'il fasse partie de toi. ⁷Qui peut percevoir une partie de lui-même comme répugnante et vivre en paix en lui-même ? ⁸Et qui peut tenter de résoudre le « conflit » du Ciel et de l'enfer en lui en chassant le Ciel et en lui donnant les attributs de l'enfer, sans éprouver un sentiment d'incomplétude et de solitude ?

5. Aussi longtemps que tu perçois le corps comme ta réalité, aussi longtemps tu te perçois toi-même comme étant seul et privé de quelque chose. ²Et aussi longtemps tu te percevras comme une victime du sacrifice, cela justifiant que tu en sacrifies d'autres. ³Car qui pourrait repousser le Ciel et son Créateur sans un sentiment de sacrifice et de perte ? ⁴Et qui pourrait subir le sacrifice et la perte sans tenter de se rétablir lui-même ? ⁵Or comment pourrais-tu accomplir cela toi-même, quand la base de tes tentatives est la croyance en la réalité de la privation ? ⁶La privation engendre l'attaque, étant la croyance que l'attaque est justifiée. ⁷Et aussi longtemps que tu voudrais conserver la privation, l'attaque devient le salut et le sacrifice devient l'amour.

6. C'est ainsi que, dans toutes tes quêtes d'amour, tu cherches et trouves le sacrifice. ²Or tu ne trouves pas l'amour. ³Il est impossible

de nier ce qu'est l'amour et de le reconnaître encore. [4]La signification de l'amour réside dans ce que tu as chassé à l'extérieur de toi, et il n'a pas de signification à part de toi. [5]C'est ce que tu préfères garder qui n'a pas de signification, alors que tout ce que tu voudrais tenir à l'écart contient toute la signification de l'univers, et assure la cohésion de l'univers dans sa signification. [6]Si l'univers n'était pas joint en toi, il serait à part de Dieu ; et être sans Lui, *c'est* être sans signification.

7. Dans l'instant saint la condition de l'amour est remplie, car les esprits sont joints sans l'interférence du corps, et là où est la communication, là est la paix. [2]Le Prince de la Paix est né pour rétablir la condition de l'amour en enseignant que la communication reste ininterrompue même si le corps est détruit, pourvu que tu ne voies pas le corps comme le moyen nécessaire à la communication. [3]Et si tu comprends cette leçon, tu te rendras compte que sacrifier le corps, c'est sacrifier rien ; et la communication, qui doit être de l'esprit, ne peut pas être sacrifiée. [4]Où, donc, *est* le sacrifice ? [5]La leçon que je suis né pour enseigner, et que je voudrais encore enseigner à tous mes frères, c'est que le sacrifice n'est nulle part et que l'amour est partout. [6]Car la communication embrasse tout ; et dans la paix qu'elle rétablit, l'amour vient de lui-même.

8. Ne laisse aucun désespoir assombrir la joie de Noël, car le temps du Christ est in-signifiant à part de la joie. [2]Joignons-nous dans la célébration de la paix en n'exigeant aucun sacrifice de personne, car c'est ainsi que tu m'offres l'amour que je t'offre. [3]Que peut-il y avoir de plus joyeux que de percevoir que nous ne sommes privés de rien ? [4]Tel est le message du temps du Christ, que je te donne pour que tu puisses le donner et le retourner au Père, Qui me l'a donné. [5]Car au temps du Christ, la communication est rétablie, et Il Se joint à nous pour célébrer la création de Son Fils.

9. Dieu rend grâce à l'hôte saint qui voudrait Le recevoir et qui Le laisse entrer et demeurer là où Il voudrait être. [2]Et par ton accueil Il t'accueille en Lui-même, car ce qui est contenu en toi qui L'accueilles Lui est retourné. [3]Et nous ne faisons que célébrer Son Entièreté quand nous L'accueillons en nous-mêmes. [4]Ceux qui reçoivent le Père ne font qu'un avec Lui, étant l'hôte de Celui Qui les a créés. [5]Et quand ils Lui permettent d'entrer, le souvenir du Père entre avec Lui, et avec Lui ils se souviennent de la seule relation qu'ils aient jamais eue, et qu'ils veuillent jamais avoir.

10. Voici le temps où une nouvelle année naîtra bientôt du temps du Christ. [2]J'ai une parfaite confiance en toi pour faire tout ce que

tu voudrais accomplir. ³Rien ne manquera, et tu rendras complet et ne détruiras pas. ⁴Dis, donc, à ton frère :

> ⁵*Je te donne au Saint-Esprit comme partie de moi-même.*
> ⁶*Je connais que tu seras délivré, à moins que je ne veuille*
> *t'utiliser pour m'emprisonner moi-même.*
> ⁷*Au nom de ma liberté, je choisis ta délivrance, parce que*
> *je reconnais que nous serons délivrés ensemble.*

⁸Ainsi l'année commencera dans la joie et la liberté. ⁹Il y a beaucoup à faire et nous avons été longtemps retardés. ¹⁰Accepte l'instant saint en cette année naissante, et prends ta place, si longtemps laissée non remplie, dans le Grand Éveil. ¹¹Rends cette année différente en faisant que tout soit pareil. ¹²Et laisse toutes tes relations être rendues saintes pour toi. ¹³Telle est notre volonté. ¹⁴Amen.

Chapitre 16

LE PARDON DES ILLUSIONS

I. La véritable empathie

1.   Avoir de l'empathie, cela ne signifie pas de se joindre à la souffrance, car cela est ce que tu dois *refuser* de comprendre. ²C'est ainsi que l'ego interprète l'empathie et il utilise toujours cette interprétation pour former une relation particulière dans laquelle la souffrance est partagée. ³La capacité d'empathie est très utile au Saint-Esprit, pourvu que tu Le laisses l'utiliser à Sa façon. ⁴Sa façon est très différente. ⁵Il ne comprend pas la souffrance et Il voudrait que tu enseignes qu'elle n'est pas compréhensible. ⁶Quand Il entre en relation par toi, Il n'entre pas en relation avec un autre ego par l'entremise du tien. ⁷Il ne Se joint pas à la douleur, car Il comprend que la guérison de la douleur ne s'accomplit pas par de délirantes tentatives pour y entrer et la soulager en partageant le délire.

2.   La preuve la plus claire que l'empathie telle que l'ego l'utilise est destructrice réside dans le fait qu'elle ne s'applique qu'à certains types de problèmes et que chez certaines personnes. ²À ceux-là, qu'il sélectionne, il se joint. ³Et il ne se joint jamais que pour se renforcer lui-même. ⁴S'étant identifié avec ce qu'il pense comprendre, l'ego se voit lui-même et voudrait s'augmenter lui-même en partageant ce qui est comme lui. ⁵Ne te méprends pas sur cette manœuvre : quand l'ego éprouve de l'empathie, c'est toujours pour affaiblir ; et affaiblir, c'est toujours attaquer. ⁶Tu ne sais pas ce que cela signifie d'avoir de l'empathie. ⁷Or de ceci tu peux être sûr : si tu ne fais que rester tranquille en laissant le Saint-Esprit entrer en relation par toi, tu auras de l'empathie pour la force et tu gagneras en force et non en faiblesse.

3.   Ton rôle consiste seulement à te souvenir de ceci : tu ne veux pas qu'il sorte d'une relation quoi que ce soit qui a de la valeur pour toi. ²Tu ne choisis ni de la blesser ni de la guérir à ta façon. ³Tu ne connais pas ce qu'est la guérison. ⁴Tout ce que tu as appris sur l'empathie vient du passé. ⁵Et il n'est rien du passé que tu veuilles partager, car il n'est rien du passé que tu veuilles garder. ⁶N'utilise pas l'empathie pour rendre le passé réel et ainsi le perpétuer. ⁷Écarte-toi doucement et laisse la guérison être faite

pour toi. ⁸Ne garde qu'une pensée à l'esprit et ne la perds pas de vue, si tenté que tu puisses être de juger une quelconque situation, et de déterminer ta réponse *en* la jugeant. ⁹Concentre ton esprit seulement sur ceci :

> ¹⁰*Je ne suis pas seul, et je ne voudrais pas imposer le*
> *passé à mon Invité.*
> ¹¹*Je L'ai invité, et Le voici.*
> ¹²*Je n'ai pas besoin de faire quoi que ce soit, sauf de ne*
> *pas interférer.*

4.   La véritable empathie est de Celui Qui connaît ce qu'elle est. ²Tu apprendras l'interprétation qu'Il en donne si tu Le laisses utiliser ta capacité pour la force et non pour la faiblesse. ³Il ne te désertera pas, mais sois sûr que tu ne Le désertes pas. ⁴L'humilité est une force en ce sens seulement : que reconnaître et accepter le fait que tu ne connais pas, c'est reconnaître et accepter le fait que Lui *connaît*. ⁵Tu n'es pas sûr qu'Il remplira Son rôle, parce que tu n'as jamais encore rempli le tien complètement. ⁶Tu ne peux pas savoir comment répondre à ce que tu ne comprends pas. ⁷Ne t'y laisse pas tenter et ne cède pas à l'usage triomphant que l'ego fait de l'empathie pour sa gloire.

5.   Le triomphe de la faiblesse n'est pas ce que tu voudrais offrir à un frère. ²Et pourtant, tu ne reconnais pas d'autre triomphe. ³Cela n'est pas la connaissance, et la forme d'empathie qui amènerait cela est tellement distordue qu'elle emprisonne ce qu'elle voudrait libérer. ⁴Ceux qui ne sont pas rédimés ne peuvent rédimer, or ils ont un Rédempteur. ⁵N'essaie pas de Lui enseigner. ⁶Toi, tu es l'apprenant, et Lui, l'Enseignant. ⁷Ne confonds pas ton rôle avec le Sien, car cela n'apportera jamais la paix à qui que ce soit. ⁸Offre-Lui ton empathie car c'est *Sa* perception et *Sa* force que tu voudrais partager. ⁹Et laisse-Le t'offrir Sa force et Sa perception, pour que par toi elles soient partagées.

6.   La signification de l'amour est perdue dans toute relation qui se tourne vers la faiblesse en espérant y trouver l'amour. ²Le pouvoir de l'amour, qui *est* sa signification, réside dans la force de Dieu qui plane au-dessus et le bénit en silence en l'enveloppant de ses ailes guérissantes. ³Laisse faire, et n'essaie pas d'y substituer ton « miracle ». ⁴Je t'ai dit que si un frère te demande une sottise, de le faire. ⁵Mais sois certain que cela ne signifie pas de faire une sottise qui le blesserait ou te blesserait, toi, car ce qui blesserait l'un

blesserait l'autre. ⁶Les sottes requêtes sont sottes uniquement parce qu'elles sont en conflit, puisqu'elles contiennent toujours quelque élément de particularité. ⁷Seul le Saint-Esprit reconnaît les sots besoins aussi bien que les réels. ⁸Et Il t'enseignera comment satisfaire les deux sans en perdre aucun.

7. Tu tenteras, *toi*, de ne faire cela qu'en secret. ²Et tu penseras qu'en satisfaisant les besoins de l'un, tu n'en compromets pas un autre, parce que tu les gardes séparés et secrets l'un pour l'autre. ³Ce n'est pas la voie, car elle ne mène pas à la vie et à la vérité. ⁴Il n'est pas de besoins qui resteront longtemps insatisfaits si tu les laisses tous à Celui Dont la fonction est de les satisfaire. ⁵Cela est Sa fonction, et non la tienne. ⁶Il ne les satisfera pas en secret, car Il veut partager tout ce que tu donnes par Lui. ⁷C'est pourquoi Il le donne. ⁸Ce que tu donnes par Lui est pour toute la Filialité et non pour une partie. ⁹Laisse-Lui Sa fonction, car Il la remplira si tu Lui demandes seulement d'entrer dans tes relations et de les bénir pour toi.

II. La puissance de la sainteté

1. Tu penses peut-être encore que la sainteté est impossible à comprendre, parce que tu ne peux pas voir comment elle peut s'étendre jusqu'à inclure tout le monde. ²Et il t'a été dit qu'elle doit inclure tout le monde pour *être* sainte. ³Ne te préoccupe pas de l'extension de la sainteté, car tu ne comprends pas la nature des miracles. ⁴Pas plus que tu ne les fais. ⁵C'est leur extension, bien au-delà des limites que tu perçois, qui démontre que ce n'est pas toi qui les fais. ⁶Pourquoi devrais-tu t'inquiéter de la façon dont le miracle s'étend à toute la Filialité, alors que tu ne comprends pas le miracle lui-même ? ⁷Un attribut n'est pas plus difficile à comprendre que le tout. ⁸Si tant est qu'il y *a* des miracles, leurs attributs doivent être miraculeux, puisqu'ils en font partie.

2. Il y a une tendance à fragmenter, puis à se préoccuper de la vérité d'une seule petite partie du tout. ²Et cela n'est qu'une façon d'éviter le tout, ou d'en détourner ton regard, pour le poser sur ce que tu penses être plus à même de comprendre. ³Car cela n'est qu'une autre façon d'essayer encore de garder la compréhension pour toi. ⁴Voici une meilleure façon, et bien plus utile, de penser aux miracles : Tu ne les comprends pas, ni en partie ni en entier. ⁵Or c'est par toi qu'ils ont été faits. ⁶Par conséquent, ta compréhension

ne peut pas être nécessaire. [7]Or il reste qu'il est impossible d'accomplir ce que tu ne comprends pas. [8]Ainsi il doit y avoir Quelque Chose en toi qui *comprend*.

3.   Le miracle ne peut pas te sembler naturel, parce que ce que tu as fait pour blesser ton esprit l'a tellement dénaturé qu'il ne se souvient pas de ce qui lui est naturel. [2]Et quand on te dit ce qui est naturel, tu ne peux pas le comprendre. [3]Reconnaître la partie pour le tout, et le tout dans chacune des parties, est parfaitement naturel, car c'est ainsi que Dieu pense, et ce qui Lui est naturel t'est naturel. [4]Une perception entièrement naturelle te montrerait instantanément qu'un ordre de difficulté dans les miracles est tout à fait impossible, car cela comporte une contradiction de ce que les miracles signifient. [5]Et si tu pouvais comprendre leur signification, leurs attributs ne pourraient guère te rendre perplexe.

4.   Tu as fait des miracles, mais il est bien évident que tu ne les as pas faits seul. [2]Tu as réussi chaque fois que tu as rejoint un autre esprit et t'es joint à lui. [3]Quand deux esprits se joignent pour ne faire qu'un et partagent une même idée également, le premier maillon a été fait dans la prise de conscience de la Filialité ne faisant qu'un. [4]Quand tu as fait cette jonction, comme le Saint-Esprit t'enjoint de le faire, et la Lui as offerte pour qu'Il l'utilise comme bon Lui semble, Sa perception naturelle de ton don Lui permet de la comprendre, et te permet d'utiliser Sa compréhension pour ton bien. [5]Il est impossible de te convaincre de la réalité de ce qui a clairement été accompli par ton désir, tant que tu crois que tu dois le comprendre, sans quoi ce n'est pas réel.

5.   Comment la foi en la réalité peut-elle être tienne tant que tu es résolu à la rendre irréelle? [2]Es-tu réellement plus en sécurité en maintenant la réalité des illusions que tu ne le serais en acceptant joyeusement la vérité pour ce qu'elle est, et en en rendant grâce? [3]Honore la vérité qui t'a été donnée, et réjouis-toi de ne pas la comprendre. [4]Les miracles sont naturels à Celui Qui parle pour Dieu. [5]Car Sa tâche est de traduire le miracle en la connaissance qu'il représente, et qui t'est cachée. [6]Que Sa compréhension du miracle te suffise, et ne te détourne pas de tous les témoins qu'Il t'a donnés de Sa réalité.

6.   Aucune preuve ne te convaincra de la vérité de ce que tu ne veux pas. [2]Or ta relation avec Lui est réelle. [3]Ne considère pas cela avec crainte, mais avec joie. [4]Celui à Qui tu as fait appel *est* avec toi. [5]Souhaite-Lui la bienvenue et honore les témoins qui t'apportent la bonne nouvelle de Sa venue. [6]Il est vrai, comme tu le

crains, que Le reconnaître, c'est nier tout ce que tu penses savoir. [7]Mais ce que tu penses savoir n'a jamais été vrai. [8]Que pourrais-tu gagner à t'y accrocher en niant les preuves de la vérité ? [9]Car tu es venu trop près de la vérité pour y renoncer maintenant, et tu *vas* céder à son irrésistible attraction. [10]Tu peux retarder cela maintenant, mais seulement un petit moment. [11]L'Hôte de Dieu t'a appelé, et tu as entendu. [12]Tu ne seras plus jamais entièrement désireux de ne pas écouter.

7.   Cette année est une année de joie, durant laquelle ton écoute augmentera, et ta paix grandira avec son augmentation. [2]La puissance de la sainteté et la faiblesse de l'attaque sont toutes deux portées à ta conscience. [3]Et cela a été accompli dans un esprit fermement convaincu que la sainteté est faiblesse et l'attaque, pouvoir. [4]Cela ne devrait-il pas être un miracle suffisant pour t'enseigner que ton Enseignant n'est pas de toi ? [5]Mais souviens-toi aussi que chaque fois que tu as écouté Son interprétation, les résultats t'ont apporté de la joie. [6]En considérant honnête-ment ce qu'ils ont été, préférerais-tu les résultats de ta propre interprétation ? [7]Dieu veut mieux pour toi. [8]Ne pourrais-tu pas regarder avec une plus grande charité celui que Dieu aime d'un Amour parfait ?

8.   N'interprète pas contre l'Amour de Dieu, car tu as de nombreux témoins qui en parlent si clairement que seuls les aveugles et les sourds pourraient manquer de les voir et de les entendre. [2]Cette année, détermine-toi à ne pas nier ce qui t'a été donné par Dieu. [3]Éveille-toi et partage-le, car c'est la seule raison pour laquelle Il t'a appelé. [4]Sa Voix a parlé clairement, et pourtant tu as si peu de foi en ce que tu as entendu, parce que tu as préféré mettre une foi encore plus grande dans le désastre que tu as fait. [5]Aujour-d'hui, prenons ensemble la résolution d'accepter l'heureuse nou-velle que le désastre n'est pas réel et que la réalité n'est pas un désastre. [6]La réalité est sûre et sans danger, et elle est entièrement bonne avec tous et avec tout. [7]Il n'est pas de plus grand amour que d'accepter cela et d'être heureux. [8]Car l'amour demande seu-lement que tu sois heureux, et il te donnera tout ce qui contribue au bonheur.

9.   Tu n'as jamais confié au Saint-Esprit un seul problème qu'Il n'ait résolu pour toi, et jamais tu ne le feras. [2]Tu n'as jamais es-sayé de résoudre quoi que ce soit toi-même avec le moindre suc-cès. [3]N'est-il pas temps de faire le rapprochement entre ces faits pour en saisir le sens ? [4]Voici l'année pour mettre en application

les idées qui t'ont été données. ⁵Car les idées sont des forces considérables, à utiliser et non pas à garder inactives. ⁶Elles t'ont déjà suffisamment prouvé leur pouvoir pour que tu mettes ta foi en elles et non dans leur déni. ⁷Cette année, investis dans la vérité et laisse-la œuvrer en paix. ⁸Aie foi en Celui Qui a foi en toi. ⁹Pense à ce que tu as réellement vu et entendu, et reconnais-le. ¹⁰Peux-tu être seul avec de tels témoins ?

III. La récompense de l'enseignement

1.   Nous avons déjà appris que chacun enseigne, et enseigne tout le temps. ²Il se peut que tu aies bien enseigné mais que tu n'aies pas encore appris comment accepter le réconfort de ton enseignement. ³Si tu veux bien considérer ce que tu as enseigné, et combien cela est étranger à ce que tu pensais connaître, tu seras forcé de te rendre compte que ton Enseignant venait d'au-delà de ton système de pensée. ⁴Par conséquent Il pouvait le regarder équitablement, et percevoir qu'il n'était pas vrai. ⁵Pour cela Il a dû Se baser sur un système de pensée très différent, et un système qui n'a rien de commun avec le tien. ⁶Car il est certain que ce qu'Il a enseigné, et ce que tu as enseigné par Lui, n'a rien de commun avec ce que tu enseignais avant qu'Il ne vienne. ⁷Et les résultats ont été d'apporter la paix où était la douleur, et la souffrance a disparu pour être remplacée par la joie.

2.   Il se peut que tu aies enseigné la liberté, mais tu n'as pas appris comment être libre. ²J'ai dit plus tôt : « C'est à leurs fruits que vous les connaîtrez, et qu'ils se connaîtront eux-mêmes. » ³Car il est certain que tu te juges toi-même d'après ton enseignement. ⁴L'enseignement de l'ego produit des résultats immédiats, parce que ses décisions sont acceptées immédiatement comme étant ton choix. ⁵Et cette acceptation signifie que tu es désireux de te juger toi-même en conséquence. ⁶Cause et effet sont très clairs dans le système de pensée de l'ego, parce que tout ton apprentissage a été dirigé de façon à établir la relation entre les deux. ⁷Ce que tu t'es enseigné à croire avec tant de diligence, comment ne pas y mettre ta foi ? ⁸Or souviens-toi de tout le soin que tu as mis à en choisir les témoins tout en évitant ceux qui parlaient pour la cause de la vérité et de ses effets.

3.   Le fait que tu n'as pas appris ce que tu enseignais ne montre-t-il pas que tu ne perçois pas la Filialité comme n'étant qu'un ?

²Est-ce que cela ne te montre pas aussi que tu ne te considères pas *toi-même* comme n'étant qu'un ? ³Car il est impossible d'enseigner avec succès sans la moindre conviction, et il est également impossible que la conviction soit à l'extérieur de soi. ⁴Tu n'aurais jamais pu enseigner la liberté à moins de croire en elle. ⁵Et ce doit être que ce que tu enseignais venait de toi. ⁶Or ce Toi, il est clair que tu ne Le connais pas ; et tu ne Le reconnais pas, bien qu'Il fonctionne. ⁷Ce qui fonctionne doit être là. ⁸Et ce n'est qu'en niant ce qu'Il a fait que tu pourrais nier Sa Présence.

4. Ceci est un cours sur la façon d'apprendre à te connaître toi-même. ²Tu as enseigné ce que tu es, mais tu n'as pas laissé ce que tu es t'enseigner. ³Tu as pris grand soin d'éviter l'évident et de ne pas voir la relation réelle de cause et effet qui est parfaitement apparente. ⁴Or en toi est tout ce que tu as enseigné. ⁵Que peut bien être ce qui ne l'a pas appris ? ⁶Ce doit être cette partie qui est réellement en dehors de toi, non par ta propre projection, mais en vérité. ⁷Et c'est cette partie que tu as fait entrer qui n'est pas toi. ⁸Ce que tu acceptes dans ton esprit ne le change pas réellement. ⁹Les illusions ne sont que des croyances en ce qui n'est pas là. ¹⁰Et le semblant de conflit entre vérité et illusion ne peut être résolu qu'en te séparant de l'illusion et non de la vérité.

5. Ton enseignement a déjà fait cela, car le Saint-Esprit fait partie de toi. ²Créé par Dieu, Il n'a quitté ni Dieu ni Sa création. ³Il est à la fois Dieu et toi, de même que tu es Dieu et Lui ensemble. ⁴Car la Réponse de Dieu à la séparation t'a ajouté plus que tu n'avais tenté d'enlever. ⁵Il a protégé à la fois tes créations et toi, gardant un avec toi ce que tu voulais exclure. ⁶Et elles prendront la place de ce que tu as fait entrer pour les remplacer. ⁷Elles sont tout à fait réelles, faisant partie du Soi que tu ne connais pas. ⁸Elles communiquent avec toi par le Saint-Esprit ; et leur pouvoir, ainsi que leur gratitude envers toi pour leur création, elles les offrent avec joie à ton enseignement de toi-même, qui est leur demeure. ⁹Toi qui es l'hôte de Dieu, tu es aussi leur hôte. ¹⁰Car rien de réel n'a jamais quitté l'esprit de son créateur. ¹¹Et ce qui n'est pas réel n'a jamais été là.

6. Tu n'es pas deux soi en conflit. ²Qu'est-ce qui est au-delà de Dieu ? ³Si toi qui Le contiens et qu'Il contient es l'univers, tout le reste doit être à l'extérieur, où il n'y a rien. ⁴Tu as enseigné cela, et de très loin dans l'univers, mais pas au-delà de toi-même, les témoins de ton enseignement se sont rassemblés pour t'aider à apprendre. ⁵Leur gratitude s'est jointe à la tienne et à celle de

Dieu pour renforcer ta foi en ce que tu as enseigné. [6]Car ce que tu as enseigné est vrai. [7]Seul, tu te tiens en dehors de ton enseignement et à part de lui. [8]Mais avec eux tu dois apprendre que tu n'as fait que t'enseigner toi-même, et tu as appris de la conviction que tu as partagée avec eux.

7.   Cette année, tu vas commencer à apprendre, et tu apprendras à la mesure de ton enseignement. [2]Tu as choisi cela par ton propre désir d'enseigner. [3]Bien que tu aies semblé en souffrir, la joie d'enseigner sera tienne. [4]Car la joie d'enseigner est dans l'apprenant, qui l'offre avec gratitude à l'enseignant et la partage avec lui. [5]Tout en apprenant, ta gratitude envers ton Soi, Qui t'enseigne ce qu'Il est, grandira et t'aidera à Lui rendre honneur. [6]Et tu apprendras Son pouvoir, Sa force et Sa pureté, et tu L'aimeras comme L'aime Son Père. [7]Son Royaume n'a ni limites ni fin, et il n'est rien en Lui qui ne soit parfait et éternel. [8]Tout cela est *toi*, et rien en dehors de cela *n'est* toi.

8.   Toute louange est due à ton très saint Soi pour ce que tu es, et pour ce qu'Il est, Qui t'a créé tel que tu es. [2]Tôt ou tard, chacun doit jeter un pont sur le fossé qu'il s'imagine exister entre ses soi. [3]Chacun construit ce pont, qui le porte par-delà le fossé dès l'instant où il est désireux de faire un petit effort pour le franchir. [4]Ses petits efforts sont puissamment complétés par la force du Ciel et par la volonté unie de tous ceux qui font du Ciel ce qu'il est, étant joints en lui. [5]Ainsi celui qui voudrait traverser est littéralement transporté de l'autre côté.

9.   Ton pont est bâti plus solidement que tu ne le penses, et ton pied y est fermement planté. [2]N'aie pas peur que l'attraction de ceux qui se tiennent de l'autre côté et qui t'attendent ne te tire pas jusqu'à eux en toute sécurité. [3]Car tu viendras là où tu voudrais être, et où ton Soi t'attend.

IV. L'illusion et la réalité de l'amour

1.   N'aie pas peur de regarder la relation de haine particulière, car la liberté consiste à la regarder. [2]Il serait impossible de ne pas connaître la signification de l'amour, si ce n'était de cela. [3]Car la relation d'amour particulière, dans laquelle la signification de l'amour est cachée, n'est entreprise que pour compenser la haine, et non pour en lâcher prise. [4]Sous tes yeux grand ouverts ton salut apparaît clairement quand tu regardes cela. [5]Tu ne peux pas limiter

la haine. [6]La relation d'amour particulière ne la compensera pas, elle ne fera que l'enterrer et la soustraire à ta vue. [7]Il est essentiel de la mettre en vue sans rien tenter pour la cacher. [8]Car c'est la tentative pour équilibrer la haine par l'amour qui rend l'amour in-signifiant pour toi. [9]En cela réside une division dont tu ne saisis pas toute la mesure. [10]Et jusqu'à ce que tu le fasses, la division restera non reconnue et par conséquent non guérie.

2. Les symboles de la haine contre les symboles de l'amour jouent un conflit qui n'existe pas. [2]Car les symboles représentent quelque chose d'autre, et le symbole de l'amour est sans signification si l'amour est tout. [3]Tu passeras indemne par ce dernier défaire, et tu en émergeras enfin comme toi-même. [4]C'est la dernière étape en vue d'être prêt pour Dieu. [5]Ne sois pas indésireux maintenant : tu es trop proche et tu traverseras le pont en parfaite sécurité, doucement traduit de la guerre en la paix. [6]Car l'illusion de l'amour ne satisfera jamais, mais sa réalité, qui t'attend de l'autre côté, te donnera tout.

3. La relation d'amour particulière est une tentative pour limiter les effets destructeurs de la haine en trouvant un havre au milieu de la tempête de la culpabilité. [2]Elle ne tente rien pour s'élever au-dessus de la tempête, dans la lumière du soleil. [3]Au contraire, elle insiste sur la culpabilité à l'extérieur du havre en tentant de dresser contre elle des barricades et en s'y enfermant. [4]La relation d'amour particulière n'est pas perçue comme une valeur en soi mais comme un endroit sûr d'où la haine est coupée et tenue à l'écart. [5]Le partenaire dans la relation d'amour particulière n'est acceptable qu'aussi longtemps qu'il sert ce but. [6]La haine peut entrer dans la relation et dans certains domaines est même la bienvenue, mais c'est encore l'illusion de l'amour qui la maintient. [7]Si l'illusion s'en va, la relation est rompue ou devient insatisfaisante pour cause de désillusionnement.

4. L'amour n'est pas une illusion. [2]C'est un fait. [3]Là où le désillusionnement est possible, là n'était pas l'amour mais la haine. [4]Car la haine *est* une illusion, et ce qui peut changer n'a jamais été l'amour. [5]Il est sûr que ceux qui en choisissent certains comme partenaires, dans quelque domaine de la vie que ce soit, et qui les utilisent dans n'importe quel but qu'ils ne voudraient pas partager avec d'autres, cherchent à vivre avec la culpabilité plutôt que d'en mourir. [6]Cela est le choix qu'ils voient. [7]Et l'amour, pour eux, n'est qu'une évasion hors de la mort. [8]Ils le cherchent désespérément, mais non dans la paix où il viendrait à eux avec joie et

tout doucement. ⁹Et quand ils découvrent que la peur de la mort est toujours là qui les guette, la relation d'amour ne donne plus l'illusion d'être ce qu'elle n'est pas. ¹⁰Quand les barricades élevées contre elle sont brisées, la peur se précipite à l'intérieur et la haine triomphe.

5.   Il n'y a pas de triomphes de l'amour. ²Seule la haine se préoccupe le moindrement du «triomphe de l'amour». ³L'illusion de l'amour peut triompher de l'illusion de la haine, mais toujours au prix de faire des deux des illusions. ⁴Aussi longtemps que durera l'illusion de la haine, aussi longtemps l'amour sera une illusion pour toi. ⁵Et alors le seul choix qui reste possible, c'est de savoir quelle illusion tu préfères. ⁶Il n'y *a* pas de conflit dans le choix entre la vérité et l'illusion. ⁷Vu sous cet angle, personne n'hésiterait. ⁸Mais le conflit entre dès l'instant que le choix semble se poser entre deux illusions; mais ce choix n'a pas d'importance. ⁹Là où le choix est aussi dangereux que ce soit l'un ou l'autre, la décision ne peut être que désespérante.

6.   Ta tâche n'est pas de chercher l'amour mais simplement de chercher et de trouver au-dedans de toi toutes les barrières que tu as bâties contre lui. ²Il n'est pas nécessaire de chercher ce qui est vrai, mais il *est* nécessaire de chercher ce qui est faux. ³Toute illusion est illusion de peur, quelque forme qu'elle prenne. ⁴Et la tentative pour échapper d'une illusion dans une autre est vouée à l'échec. ⁵Si tu cherches l'amour à l'extérieur de toi, tu peux être certain que tu perçois de la haine au-dedans, et tu en as peur. ⁶Or la paix ne viendra jamais de l'illusion de l'amour mais seulement de sa réalité.

7.   Reconnais ceci, car c'est vrai, et la vérité doit être reconnue pour être distinguée de l'illusion : La relation d'amour particulière est une tentative pour porter l'amour dans la séparation. ²Et, comme tel, ce n'est rien de plus qu'une tentative pour porter l'amour dans la peur, et le rendre réel dans la peur. ³En contravention fondamentale de l'unique condition de l'amour, la relation d'amour particulière voudrait accomplir l'impossible. ⁴Comment, si ce n'est dans l'illusion, cela pourrait-il se faire ? ⁵Il est essentiel que nous regardions de très près ce que tu penses exactement pouvoir faire pour résoudre ce dilemme, qui te semble très réel et qui pourtant n'existe pas. ⁶Tu es venu près de la vérité et cela seul se dresse entre toi et le pont qui t'y conduit.

8.   Le Ciel attend en silence, et tes créations te tendent la main pour t'aider à traverser et à les accueillir. ²Car c'est elles que tu

cherches. ³Tu ne cherches que ta propre complétude et c'est elles qui te rendent complet. ⁴La relation d'amour particulière n'est qu'un piètre substitut à ce qui te rend entier en vérité et non dans l'illusion. ⁵Ta relation avec elles est sans culpabilité, et cela te permet de regarder tous tes frères avec gratitude, parce que tes créations ont été créées en union avec eux. ⁶Accepter tes créations, c'est accepter l'Unité de la création, sans laquelle tu ne pourrais jamais être complet. ⁷Nulle particularité ne peut t'offrir ce que Dieu a donné, et ce que tu donnes en étant joint à Lui.

9. De l'autre côté du pont est ta complétude, car tu seras entier en Dieu, ne désirant rien de particulier mais seulement d'être entièrement pareil à Lui, Le complétant par ta complétude. ²Ne crains pas de traverser pour entrer en la demeure de la paix et de la parfaite sainteté. ³C'est là seulement que la complétude de Dieu et de Son Fils est établie à jamais. ⁴Ne cherche pas cela dans le morne monde de l'illusion, où rien n'est certain et tout manque de te satisfaire. ⁵Au Nom de Dieu, sois entièrement désireux d'abandonner toutes les illusions. ⁶Dans toute relation où tu es entièrement désireux d'accepter la complétude, et seulement cela, Dieu est là complété, et Son Fils avec Lui.

10. Le pont qui mène à l'union en toi *doit* mener à la connaissance, car il fut construit avec Dieu à tes côtés et il te mènera droit vers Lui où repose ta complétude, entièrement compatible avec la Sienne. ²Chaque illusion que tu acceptes dans ton esprit en jugeant qu'elle est atteignable t'enlève ton propre sentiment de complétude et nie ainsi l'Entièreté de ton Père. ³Chaque fantasme, qu'il soit d'amour ou de haine, te prive de la connaissance, car les fantasmes sont le voile derrière lequel la vérité est cachée. ⁴Pour lever le voile qui semble si sombre et si pesant, il est seulement besoin d'accorder plus de valeur à la vérité qu'à tout fantasme et d'être entièrement indésireux de te contenter de l'illusion à la place de la vérité.

11. Ne voudrais-tu pas passer au travers de la peur jusqu'à l'amour? ²Car tel semble être le voyage. ³L'amour appelle, mais la haine voudrait que tu restes. ⁴N'écoute pas l'appel de la haine et ne vois pas de fantasmes. ⁵Car ta complétude réside dans la vérité, et nulle part ailleurs. ⁶Ne vois dans l'appel de la haine, et dans chaque fantasme qui monte pour te retarder, que l'appel à l'aide qui monte sans cesse de toi vers ton Créateur. ⁷Ne te répondrait-Il pas, à toi dont la complétude est la Sienne? ⁸Il t'aime entièrement sans illusion, comme tu dois aimer. ⁹Car l'amour *est* entièrement sans illusion et par conséquent entièrement sans peur. ¹⁰Celui dont Dieu

Se souvient doit être entier. [11]Et Dieu n'a jamais oublié ce qui Le rend entier. [12]Dans ta complétude résident la mémoire de Son Entièreté et Sa gratitude envers toi pour Sa complétude. [13]Dans Son lien avec toi résident à la fois Son incapacité d'oublier et ton aptitude à te souvenir. [14]En Lui sont joints ton désir d'aimer et tout l'Amour de Dieu, Qui ne t'a pas oublié.

12.   Ton Père ne peut pas plus oublier la vérité en toi que tu ne peux manquer de t'en souvenir. [2]Le Saint-Esprit est le Pont vers Lui, fait de ton désir de t'unir à Lui et créé par Sa joie en union avec toi. [3]Le voyage qui semblait sans fin est presque complété, car ce qui *est* sans fin est très proche. [4]Tu l'as presque reconnu. [5]Avec moi, détourne-toi maintenant fermement de toutes les illusions, et ne laisse rien faire obstacle à la vérité. [6]Nous faisons ensemble le dernier voyage inutile loin de la vérité, et puis ensemble nous allons droit vers Dieu, en joyeuse réponse à l'Appel pour Sa complétude.

13.   Si les relations particulières de toutes sortes entravent la complétude de Dieu, peuvent-elles avoir pour toi une quelconque valeur? [2]Ce qui interfère avec Dieu doit interférer avec toi. [3]Ce n'est que dans le temps que l'interférence avec la complétude de Dieu semble être possible. [4]Il voudrait te porter de l'autre côté du pont qui te soulève du temps jusqu'en l'éternité. [5]Réveille-toi du temps, et réponds sans peur à l'Appel de Celui Qui t'a donné l'éternité en ta création. [6]De ce côté-ci du pont vers l'intemporel, tu ne comprends rien. [7]Mais en le traversant d'un pas léger, soutenu *par* l'intemporel, tu es dirigé droit au Cœur de Dieu. [8]En son centre, et là seulement, tu es à jamais en sécurité, parce que tu es complet à jamais. [9]Il n'est pas de voile que l'Amour de Dieu en nous deux ensemble ne puisse soulever. [10]La voie vers la vérité est ouverte. [11]Suis-la avec moi.

V. Le choix de la complétude

1.   Lorsqu'on regarde la relation particulière, il est d'abord nécessaire de se rendre compte qu'elle comporte énormément de douleur. [2]L'anxiété, le désespoir, la culpabilité et l'attaque y entrent tous, entrecoupés de périodes où ils semblent avoir disparu. [3]Ils doivent tous être compris pour ce qu'ils sont. [4]Quelque forme qu'ils prennent, ce sont toujours des attaques contre le soi afin de

rendre l'autre coupable. ⁵J'en ai parlé plus tôt, mais il y a certains aspects de ce qui est réellement tenté qui n'ont pas été abordés.

2.   Tout simplement, la tentative pour rendre coupable est toujours dirigée contre Dieu. ²Car l'ego voudrait que tu Le voies, Lui et seulement Lui, comme coupable, laissant la Filialité exposée à l'attaque et sans protection contre elle. ³La relation d'amour particulière est l'arme principale de l'ego pour te garder loin du Ciel. ⁴Ça n'a pas l'air d'une arme, mais si tu considères combien tu l'estimes et pourquoi, tu te rendras compte de ce qu'elle doit être.

3.   La relation d'amour particulière est le don dont l'ego est le plus fier et celui qui a le plus d'attrait pour ceux qui sont indésireux de renoncer à la culpabilité. ²La « dynamique » de l'ego est on ne peut plus claire ici, car, faisant fond sur l'attraction de cette offrande, les fantasmes qui tournent autour d'elle sont souvent très évidents. ³Ici, ils sont généralement jugés acceptables et même naturels. ⁴Personne ne considère qu'il est bizarre d'aimer et haïr à la fois, et même ceux qui croient que la haine est un péché se sentent simplement coupables, mais ne la corrigent pas. ⁵Cela est la condition « naturelle » de la séparation, et ceux qui apprennent qu'elle n'est pas naturelle du tout semblent être ceux qui ne sont pas naturels. ⁶Car ce monde *est* l'opposé du Ciel, étant fait pour être son opposé, et tout ici prend une direction exactement opposée à ce qui est vrai. ⁷Au Ciel, où la signification de l'amour est connue, l'amour est la même chose que l'union. ⁸Ici, où l'illusion de l'amour est acceptée à la place de l'amour, l'amour est perçu comme étant la séparation et l'exclusion.

4.   C'est dans la relation particulière, née du souhait caché d'être aimé de Dieu particulièrement, que triomphe la haine de l'ego. ²Car la relation particulière est le renoncement à l'Amour de Dieu, ainsi que la tentative pour assurer au soi la particularité qu'Il a refusée. ³Il est essentiel pour la préservation de l'ego que tu croies que cette particularité n'est pas l'enfer, mais le Ciel. ⁴Car l'ego ne voudrait jamais que tu voies que la séparation ne peut être qu'une perte, étant l'unique condition dans laquelle le Ciel ne peut pas être.

5.   Pour chacun, le Ciel est complétude. ²Il ne peut y avoir de désaccord là-dessus, parce que l'ego et le Saint-Esprit l'acceptent tous deux. ³Toutefois, ils sont en complet désaccord sur ce qu'est la complétude et comment elle s'accomplit. ⁴Le Saint-Esprit connaît que la complétude réside d'abord dans l'union, puis dans l'extension de l'union. ⁵Pour l'ego, la complétude réside dans le triomphe,

et dans l'extension de la « victoire » jusqu'au triomphe final sur Dieu. [6]En cela il voit la liberté suprême du soi, car il ne resterait plus rien qui fasse interférence avec l'ego. [7]Voilà son idée du Ciel. [8]Par conséquent l'union, qui est une condition dans laquelle l'ego ne peut pas interférer, doit être l'enfer.

6.   La relation particulière est un mécanisme de l'ego, étrange et contre nature, pour joindre l'enfer et le Ciel et les rendre indistinguables. [2]Et cette tentative pour trouver un imaginaire « meilleur » des deux mondes n'a fait que mener aux fantasmes des deux, et à l'incapacité de percevoir l'un ou l'autre tel qu'il est. [3]La relation particulière est le triomphe de cette confusion. [4]C'est une sorte d'union d'où l'union est exclue, et la base de la tentative d'union repose sur l'exclusion. [5]Pourrait-il y avoir meilleur exemple de la maxime de l'ego : « Cherche mais ne trouve pas » ?

7.   Le plus curieux est le concept du soi que l'ego favorise dans la relation particulière. [2]Ce « soi » cherche la relation pour se rendre complet. [3]Or quand il trouve la relation particulière dans laquelle il pense pouvoir accomplir cela, il se donne et tente de « s'échanger » lui-même contre le soi d'un autre. [4]Cela n'est pas l'union, car il n'y a ni augmentation ni extension. [5]Chaque partenaire essaie de sacrifier le soi qu'il ne veut pas pour un autre soi qu'il pense qu'il préférerait. [6]Et il se sent coupable du « péché » d'avoir pris, sans rien donner en retour qui ait de la valeur. [7]Quelle valeur peut-il accorder à un soi qu'il voudrait donner pour en obtenir un « meilleur » ?

8.   Le soi « meilleur » que cherche l'ego est toujours un soi qui est plus particulier. [2]Et quiconque semble posséder un soi particulier est « aimé » pour ce qui peut lui être pris. [3]Là où les deux partenaires voient ce soi particulier en l'autre, l'ego voit « une union bénie du Ciel ». [4]Car ni l'un ni l'autre ne reconnaîtra qu'il a demandé l'enfer, donc ils n'interféreront pas avec l'illusion de Ciel que l'ego leur a offerte pour interférer avec le Ciel. [5]Or si toutes les illusions sont des illusions de peur, et elles ne peuvent être rien d'autre, l'illusion du Ciel n'est rien de plus qu'une forme plus « attrayante » de peur, où la culpabilité est enfouie profondément et ressort sous forme d'« amour ».

9.   L'attrait de l'enfer réside uniquement dans la terrible attraction de la culpabilité, que l'ego présente à ceux qui placent leur foi dans la petitesse. [2]La conviction de petitesse réside dans chaque relation particulière, car seuls ceux qui ont été privés de quelque chose pourraient estimer la particularité. [3]L'exigence de particularité, et

la perception du don de particularité comme un acte d'amour, rendent l'amour plein de haine. ⁴Le but réel de la relation particulière, en stricte conformité avec les buts de l'ego, est de détruire la réalité et de lui substituer l'illusion. ⁵Car l'ego est lui-même une illusion, et seules des illusions peuvent être les témoins de sa « réalité ».

10.   Si tu percevais la relation particulière comme un triomphe sur Dieu, en voudrais-tu ? ²Ne pensons pas à sa nature apeurante, ni à la culpabilité qu'elle doit entraîner, ni encore à la tristesse et à la solitude. ³Car ce ne sont là que des attributs de toute la religion de séparation, et du contexte total dans lequel on pense qu'elle se produit. ⁴Le thème central de sa litanie sacrificielle est que Dieu doit mourir pour que tu puisses vivre. ⁵Et c'est ce thème qui est mis en scène dans la relation particulière. ⁶Par la mort de ton soi, tu penses pouvoir attaquer un autre soi, et l'arracher à l'autre pour remplacer le soi que tu méprises. ⁷Et tu le méprises parce que tu ne penses pas qu'il t'offre la particularité que tu exiges. ⁸Ainsi, le haïssant, tu l'as fait petit et indigne, parce que tu en as peur.

11.   Comment peux-tu accorder un pouvoir illimité à ce que tu penses avoir attaqué ? ²La vérité est devenue pour toi si effrayante que tu n'oserais pas la regarder à moins qu'elle ne soit faible, petite et indigne de valeur. ³Tu penses qu'il est plus sûr de doter le petit soi que tu as fait d'un pouvoir que tu as arraché à la vérité, triomphant d'elle et la laissant impuissante. ⁴Vois avec quelle exactitude ce rituel est mis en scène dans la relation particulière. ⁵Un autel est érigé entre deux personnes séparées, sur lequel chacune essaie de tuer son propre soi et d'élever sur son corps un autre soi qui tirera son pouvoir de sa mort. ⁶Ce rituel est mis en scène encore et encore. ⁷Il n'est jamais complété et ne sera jamais complété. ⁸Le rituel du complètement ne peut pas compléter, car la vie ne naît pas de la mort, ni le Ciel de l'enfer.

12.   Chaque fois qu'une forme quelconque de relation particulière te tente de chercher l'amour dans un rituel, souviens-toi que l'amour est contenu, et non forme d'aucune sorte. ²La relation particulière est un rituel de la forme, qui vise à élever la forme pour qu'elle prenne la place de Dieu aux dépens du contenu. ³Il n'y a pas de signification dans la forme et il n'y en aura jamais. ⁴La relation particulière doit être reconnue pour ce qu'elle est : un rituel insensé dans lequel la force est extraite de la mort de Dieu, puis investie dans Son assassin comme signe que la forme a triomphé du contenu, et que l'amour a perdu sa signification.

⁵Voudrais-tu que cela soit possible, même en dehors du fait que c'est une évidente impossibilité? ⁶Si c'était possible, tu te serais rendu toi-même impuissant. ⁷Dieu n'est pas en colère. ⁸Simplement, Il ne pouvait pas permettre que cela se produise. ⁹Tu ne peux pas changer Son Esprit. ¹⁰Aucun des rituels que tu as montés pour t'y délecter de la danse macabre ne peut porter la mort à l'éternel. ¹¹Pas plus que ce que tu as choisi comme substitut à l'Entièreté de Dieu ne peut avoir sur lui la moindre influence.

13. Ne vois rien de plus dans la relation particulière qu'une tentative in-signifiante pour élever d'autres dieux devant Lui et pour obscurcir en les adorant leur petitesse et Sa grandeur. ²Au nom de ta complétude, tu ne veux pas cela. ³Car chaque idole que tu élèves pour la placer devant Lui se tient devant *toi*, à la place de ce que tu es.

14. Le salut réside dans le simple fait que les illusions ne sont pas apeurantes parce qu'elles ne sont pas vraies. ²Elles ne paraissent apeurantes que dans la mesure où tu manques de les reconnaître pour ce qu'elles sont; et tu manqueras de le faire dans la mesure où tu *veux* qu'elles soient vraies. ³Dans la même mesure, tu nies la vérité, et ainsi tu manques de faire le simple choix entre vérité et illusion; entre Dieu et fantasme. ⁴Souviens-toi de cela, et tu n'auras pas de difficulté à percevoir la décision exactement telle qu'elle est, sans rien de plus.

15. Le cœur de l'illusion de séparation consiste simplement dans le fantasme de destruction de la signification de l'amour. ²Et à moins que la signification de l'amour ne te soit rendue, tu ne peux pas te connaître toi-même, toi qui partages sa signification. ³La séparation n'est que la décision de *ne pas* te connaître toi-même. ⁴Ce système de pensée tout entier est une expérience d'apprentissage soigneusement élaborée, destinée à t'amener loin de la vérité et jusque dans le fantasme. ⁵Or pour chaque apprentissage qui te blesserait, Dieu t'offre la correction et l'évasion complète hors de toutes ses conséquences.

16. La décision d'écouter ou non ce cours et de le suivre ou non, n'est que le choix entre la vérité et l'illusion. ²Car ici est la vérité, séparée de l'illusion et pas du tout confondue avec elle. ³Comme ce choix devient simple lorsqu'il est perçu seulement comme étant ce qu'il est. ⁴Car seuls les fantasmes rendent la confusion possible dans le choix, et ils sont totalement irréels.

17. Cette année est donc le temps de prendre la décision la plus facile à laquelle tu aies jamais été confronté, qui est aussi la

seule. ²Tu traverseras le pont et entreras dans la réalité simplement parce que tu reconnaîtras que Dieu est de l'autre côté et que rien du tout n'est ici. ³Il est impossible de ne pas prendre la décision naturelle quand cela est compris.

VI. Le pont vers le monde réel

1.   La quête de la relation particulière est le signe que tu t'assimiles à l'ego et non à Dieu. ²Car la relation particulière n'a de valeur que pour l'ego. ³Pour l'ego, à moins qu'une relation n'ait une valeur particulière, elle n'a pas de signification, car il perçoit tout amour comme particulier. ⁴Or cela ne peut pas être naturel, car c'est différent de la relation de Dieu et de Son Fils; et toutes les relations qui sont différentes de celle-là *doivent* être contre nature. ⁵Car Dieu a créé l'amour tel qu'Il le voulait, et Il l'a donné tel qu'il est. ⁶L'amour n'a pas de signification, sauf tel que son Créateur l'a défini par Sa Volonté. ⁷Il est impossible de le définir autrement et de le comprendre.
2.   L'amour est liberté. ²Le chercher en te mettant en esclavage, c'est te séparer de lui. ³Pour l'Amour de Dieu, ne cherche plus l'union dans la séparation ni la liberté dans l'esclavage ! ⁴Comme tu délivres, ainsi tu seras délivré. ⁵N'oublie pas cela, sinon l'Amour sera incapable de te trouver et de te consoler.
3.   Il est une façon dont le Saint-Esprit demande ton aide, si tu veux bien de la Sienne. ²L'instant saint est Son aide la plus précieuse pour te protéger de l'attraction de la culpabilité, qui est le réel appât dans la relation particulière. ³Tu ne reconnais pas que cela est son réel attrait, car l'ego t'a enseigné que la liberté réside en elle. ⁴Or plus tu regardes de près la relation particulière, plus il devient apparent qu'elle doit favoriser la culpabilité et donc qu'elle doit emprisonner.
4.   La relation particulière est totalement in-signifiante sans un corps. ²Si tu l'estimes, tu dois aussi estimer le corps. ³Et ce que tu estimes, tu le gardes. ⁴La relation particulière est un mécanisme pour limiter ton soi à ton corps, et pour limiter ta perception des autres aux leurs. ⁵Les Grands Rayons établiraient le manque total de valeur de la relation particulière, s'ils étaient vus. ⁶Car en les voyant le corps disparaîtrait, parce qu'il perdrait sa valeur. ⁷Ainsi tout ce que tu investis pour le voir lui serait retiré.

5.   Tu vois le monde que tu estimes. ²De ce côté-ci du pont, tu vois le monde des corps séparés, cherchant à se joindre les uns aux autres en des unions séparées, et à devenir un en perdant. ³Lorsque deux individus cherchent à devenir un, ils essaient de faire décroître leur immensité. ⁴Chacun voudrait nier sa puissance, car l'union séparée exclut l'univers. ⁵Ce qui est laissé au-dehors excède de loin ce qu'on voudrait y faire entrer, car Dieu est laissé au-dehors et on y fait entrer *rien*. ⁶Si une seule de ces unions était faite dans une foi parfaite, l'univers y entrerait. ⁷Or la relation particulière que cherche l'ego n'inclut même pas un seul individu entier. ⁸L'ego ne veut qu'une partie de lui et ne voit que cette partie et rien d'autre.

6.   De l'autre côté du pont, c'est tellement différent ! ²Pendant un certain temps le corps est encore vu, mais pas exclusivement, comme il est vu ici. ³La petite étincelle qui tient en elle-même les Grands Rayons est aussi visible, et cette étincelle ne peut pas être longtemps limitée à la petitesse. ⁴Une fois que tu auras traversé le pont, la valeur du corps aura tellement diminué à tes yeux que tu ne verras plus du tout le besoin de le magnifier. ⁵Car tu te rendras compte que la seule valeur qu'ait le corps est de te permettre d'amener tes frères avec toi jusqu'au pont, pour y être délivrés ensemble.

7.   Le pont lui-même n'est rien de plus qu'une transition dans la façon de voir de la réalité. ²De ce côté-ci, tout ce que tu vois est grossièrement distordu et complètement hors de proportion. ³Ce qui est petit et insignifiant est magnifié et ce qui est fort et puissant est réduit à la petitesse. ⁴Dans la transition, il y a une période de confusion durant laquelle il se peut qu'un sentiment de réelle désorientation se produise. ⁵Mais ne la crains pas, car cela signifie seulement que tu as été désireux de lâcher prise du cadre de référence distordu qui semblait assurer la cohésion de ton monde. ⁶Ce cadre de référence est construit autour de la relation particulière. ⁷Sans cette illusion, il ne pourrait y avoir pour toi de signification à chercher encore ici.

8.   Ne crains pas d'être brusquement soulevé et précipité dans la réalité. ²Le temps est bon, et si tu l'utilises au profit de la réalité, il suivra doucement ton rythme pendant ta transition. ³Il y a urgence uniquement à dégager ton esprit de sa position fixe ici. ⁴Cela ne te laissera pas sans demeure ni sans cadre de référence. ⁵La période de désorientation, qui précède la transition proprement dite, est bien plus courte que le temps qu'il a fallu pour fixer

ton esprit si fermement sur les illusions. [6]Tout retard te blessera maintenant plus qu'avant, pour la seule raison que tu te rends compte que *c'est* un retard, et que l'évasion hors de la douleur est réellement possible. [7]Trouve espoir et consolation, plutôt que désespoir, en ceci : Tu ne pourrais pas longtemps trouver ici même l'illusion de l'amour dans une relation particulière. [8]Car tu n'es plus entièrement insane et tu reconnaîtras vite pour ce qu'elle est la culpabilité de la trahison de soi.

9. Rien de ce que tu cherches à renforcer dans la relation particulière ne fait réellement partie de toi. [2]Et tu ne peux pas garder une partie du système de pensée qui t'enseignait qu'elle était réelle et comprendre la Pensée qui *connaît* ce que tu es. [3]Tu as permis à la Pensée de ta réalité d'entrer dans ton esprit, et parce que tu l'as invitée, elle demeurera avec toi. [4]Ton amour pour elle ne te permettra pas de te trahir toi-même, et tu ne pourrais pas entrer dans une relation où elle ne pourrait pas venir avec toi, car tu ne voudrais pas en être séparé.

10. Réjouis-toi d'avoir échappé au simulacre de salut que l'ego t'offrait, et ne reviens pas avec nostalgie sur la parodie qu'il a faite de tes relations. [2]Personne maintenant n'a besoin de souffrir, car tu es rendu trop loin pour céder à l'illusion de beauté et de sainteté de la culpabilité. [3]Seuls ceux qui sont entièrement insanes pourraient regarder la mort et la souffrance, la maladie et le désespoir, et la voir ainsi. [4]Ce que la culpabilité a forgé est laid, apeurant et très dangereux. [5]Ne vois là aucune illusion de vérité et de beauté. [6]Et sois reconnaissant de ce qu'il y *a* une place où la vérité et la beauté t'attendent. [7]Va à leur rencontre avec joie et apprends comme beaucoup t'attend pour le simple désir de renoncer à rien *parce que* ce n'est rien.

11. La nouvelle perspective que tu gagneras à traverser le pont sera de comprendre où *est* le Ciel. [2]De ce côté-ci, il semble être à l'extérieur et par-delà le pont. [3]Or en traversant pour te joindre à lui, c'est lui qui se joint à toi et devient un avec toi. [4]Alors tu penseras, étonné et ravi, que pour tout cela tu as renoncé à *rien* ! [5]La joie du Ciel, qui n'a pas de limite, est augmentée de chaque lumière qui retourne prendre en lui sa juste place. [6]N'attends pas plus longtemps, pour l'Amour de Dieu et de *toi*. [7]Et puisse l'instant saint te donner des ailes, comme il le fera sûrement si tu le laisses seulement venir à toi.

12. Le Saint-Esprit ne demande ton aide qu'en ce petit peu : Chaque fois que tes pensées s'égarent vers une relation particulière qui

t'attire encore, entre avec Lui dans un instant saint et là laisse-Le te délivrer. ²Il a seulement besoin de ton désir de partager Son point de vue pour te le donner complètement. ³Et ton désir n'a pas besoin d'être complet parce que le Sien est parfait. ⁴C'est Sa tâche d'expier ton indésir par Sa foi parfaite, et c'est Sa foi que tu partages là avec Lui. ⁵Du fait que tu as reconnu ton indésir d'être délivré, Son parfait désir t'est donné. ⁶Fais appel à Lui, car le Ciel répond à Son Appel. ⁷Et laisse-Le faire appel au Ciel pour toi.

VII. La fin des illusions

1. Il est impossible de lâcher prise du passé sans renoncer à la relation particulière. ²Car la relation particulière est une tentative pour reproduire le passé et le changer. ³Les affronts imaginaires, le souvenir de douleurs, les déceptions passées, les injustices et les privations perçues, entrent tous dans la relation particulière, qui devient une façon de chercher à soigner tes blessures d'amour-propre. ⁴Quelle base aurais-tu pour choisir un partenaire particulier sans le passé? ⁵Chaque choix de ce genre est fait parce qu'il y a dans le passé quelque chose de «mal» auquel tu t'accroches, et que quelqu'un d'autre doit expier.

2. La relation particulière tire vengeance du passé. ²En cherchant à enlever la souffrance dans le passé, elle passe sur le présent dans sa préoccupation du passé et son engagement total envers lui. ³Aucune relation particulière n'est éprouvée dans le présent. ⁴Les ombres du passé l'enveloppent et en font ce qu'elle est. ⁵Elle n'a pas de signification dans le présent et, si elle ne signifie rien maintenant, elle ne peut pas du tout avoir de réelle signification. ⁶Comment peux-tu changer le passé, sinon dans le fantasme? ⁷Et qui peut te donner ce dont tu penses que le passé t'a privé? ⁸Le passé n'est rien. ⁹Ne cherche pas à lui faire porter le blâme de tes privations, car le passé a disparu. ¹⁰Tu ne peux pas réellement *ne pas* lâcher prise de ce qui a déjà disparu. ¹¹Ce doit être, par conséquent, que tu maintiens l'illusion qu'il n'a pas disparu, parce que tu penses que cela sert un quelconque but que tu veux voir accompli. ¹²Et ce doit être aussi que ce but ne peut pas être accompli dans le présent, mais seulement dans le passé.

3. Ne sous-estime pas l'intensité de la soif de vengeance de l'ego sur le passé. ²Elle est complètement sauvage et complètement insane. ³Car l'ego se souvient de tout ce que tu as fait qui l'a

offensé, et il cherche à te le faire payer. ⁴Les fantasmes qu'il apporte dans les relations qu'il a choisies pour mettre en scène sa haine sont les fantasmes de ta destruction. ⁵Car l'ego te reproche le passé, et dans ton évasion hors du passé il se voit privé de la vengeance qu'il croit que tu mérites pleinement. ⁶Or si tu ne t'alliais pas à lui pour ta propre destruction, l'ego ne pourrait pas te lier au passé. ⁷Dans la relation particulière, tu permets ta propre destruction. ⁸Que cela soit insane, c'est évident. ⁹Mais ce qui est moins évident, c'est que le présent ne t'est d'aucune utilité tant que tu t'allies à l'ego dans la poursuite de son but.

4. Le passé a disparu ; ne cherche pas à le préserver dans la relation particulière qui te lie à lui, et qui voudrait t'enseigner que ton salut est passé et que tu dois donc retourner dans le passé pour trouver le salut. ²Il n'est pas de fantasme qui ne contienne le rêve de châtiment pour le passé. ³Voudrais-tu réaliser le rêve ou en lâcher prise ?

5. Dans la relation particulière, il ne semble pas que ce soit un passage à l'acte de vengeance que tu cherches. ²Et même quand la haine et la sauvagerie percent brièvement, l'illusion d'amour n'est pas profondément ébranlée. ³Or la seule chose à laquelle l'ego ne permet jamais d'atteindre la conscience, c'est que la relation particulière est un passage à l'acte de vengeance contre toi-même. ⁴Or quoi d'autre pourrait-elle être ? ⁵En cherchant la relation particulière, tu ne cherches pas la gloire en toi-même. ⁶Tu as nié qu'elle y était et la relation en devient pour toi le substitut. ⁷Et la vengeance devient ton substitut à l'Expiation, et ton évasion hors de la vengeance devient ta perte.

6. Contre cette idée insane que l'ego se fait du salut, le Saint-Esprit pose doucement l'instant saint. ²Nous avons dit plus tôt que le Saint-Esprit doit enseigner par comparaisons, et qu'Il utilise des opposés pour indiquer la vérité. ³L'instant saint est l'opposé de la fixe croyance de l'ego dans le salut par la vengeance sur le passé. ⁴Dans l'instant saint il est compris que le passé a disparu, et avec sa disparition la soif de vengeance a été extirpée et a disparu. ⁵Le calme et la paix de *maintenant* t'enveloppent d'une douceur parfaite. ⁶Tout a disparu, sauf la vérité.

7. Pendant un certain temps tu tenteras peut-être d'apporter les illusions dans l'instant saint, pour t'empêcher de prendre pleinement conscience de la complète différence, à tous égards, entre ton expérience de la vérité et de l'illusion. ²Or tu ne tenteras pas cela longtemps. ³Dans l'instant saint la puissance du Saint-Esprit

prévaudra, parce que tu t'es joint à Lui. ⁴Les illusions que tu apportes avec toi affaibliront ton expérience de Lui un certain temps, et t'empêcheront de garder cette expérience dans ton esprit. ⁵Or l'instant saint est éternel, et tes illusions du temps n'empêcheront pas l'intemporel d'être ce qu'il est, ni toi d'en faire l'expérience tel qu'il est.

8. Ce que Dieu t'a donné est véritablement donné et sera véritablement reçu. ²Car les dons de Dieu n'ont pas de réalité si tu ne les reçois pas. ³Le fait que tu les reçois complète Son don. ⁴Tu recevras *parce que* Sa Volonté est de donner. ⁵Il a donné l'instant saint pour qu'il te soit donné et il est impossible que tu ne le reçoives pas *parce qu'*Il l'a donné. ⁶Quand Il a voulu que Son Fils soit libre, Son Fils *fut* libre. ⁷Dans l'instant saint, Il te rappelle que Son Fils sera toujours exactement tel qu'il a été créé. ⁸Et tout ce que le Saint-Esprit enseigne sert à te rappeler que tu as reçu ce que Dieu t'a donné.

9. Il n'y a rien que tu puisses reprocher à la réalité. ²Tout ce qui doit être pardonné, ce sont les illusions que tu as reprochées à tes frères. ³Leur réalité n'a pas de passé, et seules des illusions peuvent être pardonnées. ⁴Dieu ne reproche rien à personne, car Il est incapable d'aucune sorte d'illusion. ⁵Délivre tes frères de l'esclavage de leurs illusions en leur pardonnant les illusions que tu perçois en eux. ⁶Ainsi tu apprendras que tu as été pardonné, car c'est toi qui leur as offert des illusions. ⁷Dans l'instant saint, cela est fait pour toi dans le temps, pour t'apporter la véritable condition du Ciel.

10. Souviens-toi que tu choisis toujours entre la vérité et l'illusion ; entre l'Expiation réelle qui guérirait et l'« expiation » de l'ego qui détruirait. ²La puissance de Dieu et tout Son Amour, sans limite, te soutiendront lorsque tu chercheras uniquement ta place dans le plan de l'Expiation qui vient de Son Amour. ³Sois l'allié de Dieu et non de l'ego en cherchant comment l'Expiation peut venir à toi. ⁴Son aide suffit, car Son Messager comprend comment te rendre le Royaume, et comment placer dans ta relation avec Lui tout ton investissement dans le salut.

11. Cherche et *trouve* Son message dans l'instant saint, où toutes les illusions sont pardonnées. ²De là le miracle s'étend pour bénir chacun et résoudre tous les problèmes, qu'ils soient perçus comme grands ou petits, possibles ou impossibles. ³Il n'est rien qui ne fera place à Lui et à Sa Majesté. ⁴Se joindre à Lui en étroite relation, c'est accepter que les relations soient réelles, et

c'est abandonner, par leur réalité, toutes les illusions pour la réalité de ta relation avec Dieu. [5]Louée soit ta relation avec Lui et avec nul autre. [6]La vérité réside là et nulle part ailleurs. [7]Tu choisis cela ou rien.

12.   *Pardonne-nous nos illusions, Père, et aide-nous à accepter notre véritable relation avec Toi, dans laquelle il n'est pas d'illusion et où nulle jamais ne pourra entrer. [2]Notre sainteté est la Tienne. [3]Que peut-il y avoir en nous qui ait besoin de pardon quand la Tienne est parfaite ? [4]Le sommeil de l'oubli n'est que l'indésir de nous souvenir de Ton pardon et de Ton Amour. [5]Ne nous laisse pas nous égarer en tentation, car la tentation du Fils de Dieu n'est pas ta Volonté. [6]Et laisse-nous recevoir uniquement ce que Tu as donné, et n'accepter que cela dans les esprits que Tu as créés et que Tu aimes. [7]Amen.*

Chapitre 17

LE PARDON ET LA RELATION SAINTE

I. Porter le fantasme à la vérité

1. La trahison du Fils de Dieu réside uniquement dans les illusions, et tous ses « péchés » ne sont que ses propres imaginations. ²Sa réalité est à jamais sans péché. ³Il n'a pas besoin d'être pardonné mais réveillé. ⁴Dans ses rêves il s'est trahi lui-même, il a trahi ses frères et trahi son Dieu. ⁵Or ce qui est fait en rêve n'a pas réellement été fait. ⁶Il est impossible de convaincre le rêveur qu'il en est ainsi, car les rêves sont ce qu'ils sont *parce qu*'ils donnent l'illusion d'être réels. ⁷Dans l'éveil seul est la pleine délivrance des rêves, car alors seulement il devient parfaitement apparent qu'ils n'ont eu absolument aucun effet sur la réalité et qu'ils ne l'ont pas changée. ⁸Les fantasmes changent la réalité. ⁹C'est leur but. ¹⁰Ils ne peuvent pas le faire en réalité, *mais ils le peuvent* dans l'esprit qui voudrait que la réalité soit différente.

2. Il n'y a donc que ton souhait de changer la réalité qui soit apeurant, parce que par ce souhait tu penses avoir accompli ce que tu souhaites. ²Cette étrange position, en un sens, reconnaît ton pouvoir. ³Or en le distordant et en le vouant au « mal », elle le rend aussi irréel. ⁴Tu ne peux servir deux maîtres qui demandent de toi des choses conflictuelles. ⁵Ce que tu utilises dans le fantasme, tu le nies à la vérité. ⁶Or ce que tu donnes à la vérité afin qu'elle l'utilise pour toi est à l'abri du fantasme.

3. Tout ce que cela signifie, lorsque tu maintiens qu'il doit y avoir un ordre de difficulté dans les miracles, c'est qu'il y a certaines choses que tu voudrais retenir à la vérité. ²Tu crois que la vérité ne saurait pas s'en occuper uniquement parce que tu voudrais les garder loin de la vérité. ³Tout simplement, ton manque de foi dans le pouvoir qui guérit toute douleur surgit de ton souhait de conserver certains aspects de la réalité pour les fantasmes. ⁴Si seulement tu te rendais compte de ce que cela doit faire à ta reconnaissance pour le tout ! ⁵Ce que tu te réserves, tu l'enlèves à Celui Qui voudrait te délivrer. ⁶À moins que tu ne le rendes, il est inévitable que ton point de vue sur la réalité soit faussé et incorrigé.

4.   Aussi longtemps que tu le voudras, aussi longtemps l'illusion d'un ordre de difficulté dans les miracles te restera. [2]Car tu as établi cet ordre dans la réalité en en donnant une partie à un enseignant et une partie à un autre. [3]Ainsi tu apprends à traiter une partie de la vérité d'une certaine façon et l'autre partie d'une autre façon. [4]Fragmenter la vérité, c'est la détruire en la rendant in-signifiante. [5]Des ordres de réalité, c'est une perspective sans compréhension ; un cadre de référence pour la réalité auquel elle ne peut pas réellement se comparer.

5.   Penses-tu que tu peux porter la vérité au fantasme et apprendre ce que signifie la vérité du point de vue des illusions ? [2]La vérité *n'a* pas de signification dans l'illusion. [3]Le cadre de référence pour sa signification doit être elle-même. [4]Quand tu essaies de porter la vérité aux illusions, tu essaies de rendre les illusions réelles et de les garder en justifiant ta croyance en elles. [5]Mais remettre les illusions à la vérité, c'est permettre à la vérité d'enseigner que les illusions sont irréelles, et te permettre ainsi de leur échapper. [6]Ne garde aucune idée à l'écart de la vérité, sinon tu établis des ordres de réalité qui doivent t'emprisonner. [7]Il n'y a pas d'ordre dans la réalité, parce que là tout est vrai.

6.   Sois désireux, donc, de donner tout ce que tu as gardé en dehors de la vérité à Celui Qui connaît la vérité et en Qui tout est porté à la vérité. [2]Le salut, qui mène hors de la séparation, est complet ou n'est pas du tout. [3]Ne te préoccupe de rien, sauf de ton désir que cela s'accomplisse. [4]Lui l'accomplira, pas toi. [5]Mais n'oublie pas ceci : lorsque tu es troublé et perds la paix de l'esprit parce qu'un autre essaie de résoudre ses problèmes par le fantasme, c'est que tu refuses de te pardonner cette même tentative. [6]Tu le retiens et tu te retiens toi-même loin de la vérité et du salut. [7]En lui pardonnant, tu rends à la vérité ce que vous aviez tous deux nié. [8]Et tu verras le pardon où tu l'as donné.

II. Le monde pardonné

1.   Peux-tu imaginer comme ils seront beaux à tes yeux ceux à qui tu pardonnes ? [2]Tu n'as jamais rien vu d'aussi beau dans aucun fantasme. [3]Rien de ce que tu vois ici, endormi ou éveillé, ne se rapproche d'une telle beauté. [4]Et il n'est rien que tu estimeras autant, ni qui te sera aussi cher. [5]Rien dont tu te souviennes et qui a fait chanter ton cœur de joie ne t'a jamais apporté même une

parcelle du bonheur que cette vue t'apportera. [6]Car tu verras le Fils de Dieu. [7]Tu contempleras la beauté que le Saint-Esprit aime à regarder, et pour laquelle Il remercie le Père. [8]Il a été créé afin de la voir pour toi, jusqu'à ce que tu aies appris à la voir par toi-même. [9]Et tout Son enseignement conduit à la voir et à rendre grâce avec Lui.

2.   Cette beauté n'est pas un fantasme. [2]C'est le monde réel, luisant, propre et neuf, où tout étincelle sous le plein soleil. [3]Là, rien n'est caché, car tout a été pardonné et il n'y a pas de fantasmes pour cacher la vérité. [4]Le pont entre ce monde-là et celui-ci est si petit et si facile à traverser qu'il t'est difficile de croire que c'est le lieu de rencontre de mondes si différents. [5]Or ce petit pont est la chose la plus puissante qui touche à ce monde. [6]Ce petit pas, si minuscule qu'il a échappé à ton attention, est une enjambée à travers le temps jusque dans l'éternité, par-delà toute laideur jusque dans une beauté qui t'enchantera et dont la perfection ne cessera jamais de t'émerveiller.

3.   Ce pas, le plus petit qui ait jamais été fait, est pourtant le plus grand accomplissement de tous dans le plan de Dieu pour l'Expiation. [2]Tout le reste est appris, mais cela est donné, complet et entièrement parfait. [3]Nul autre que Lui, Qui a planifié le salut, ne pourrait le compléter ainsi. [4]Le monde réel, dans toute sa beauté, tu apprends à l'atteindre. [5]Tous les fantasmes sont défaits, et personne ni rien ne leur reste lié, et par ton propre pardon tu es libre de voir. [6]Or ce que tu vois n'est que ce que tu as fait, revêtu de la bénédiction de ton pardon. [7]Et avec cette ultime bénédiction du Fils de Dieu sur lui-même, la perception réelle, née du nouveau point de vue qu'il a appris, a rempli son but.

4.   Les étoiles disparaîtront dans la lumière, et le soleil qui a ouvert le monde à la beauté s'évanouira. [2]La perception n'aura plus de signification une fois qu'elle aura été parfaite, car tout ce qui a été utilisé pour l'apprentissage n'aura plus de fonction. [3]Rien ne changera jamais; ni passages ni ombrages, ni différences ni variations qui rendaient la perception possible ne surviendront plus. [4]La perception du monde réel sera si brève que tu auras à peine le temps d'en remercier Dieu. [5]Car Dieu fera rapidement le dernier pas quand tu auras atteint le monde réel et seras enfin rendu prêt pour Lui.

5.   Le monde réel s'atteint simplement par le pardon complet de l'ancien, le monde que tu vois sans pardon. [2]Le grand Transformateur de la perception fera avec toi l'examen minutieux de l'esprit

qui a fait ce monde, et te découvrira les raisons apparentes pour lesquelles il a été fait. ³À la lumière de la raison réelle qu'Il apporte, quand tu Le suis, Il te montrera qu'il n'y a pas de raison du tout ici. ⁴Chaque tache que Sa raison touche prend vie et vibre de beauté, et ce qui semblait laid dans les ténèbres de ton manque de raison est soudain délivré à la beauté. ⁵Pas même ce que le Fils de Dieu a fait dans l'insanité ne pourrait être sans une étincelle de beauté cachée que la douceur pourrait libérer.

6. Tu verras surgir toute cette beauté pour bénir ta vue quand tu regarderas le monde avec des yeux qui pardonnent. ²Car le pardon transforme littéralement la vision et te fait voir le monde réel qui s'étire tranquillement et doucement par-delà le chaos, en enlevant toutes les illusions qui avaient distordu ta perception et l'avaient fixée sur le passé. ³La plus petite feuille devient une chose merveilleuse et le moindre brin d'herbe, un signe de la perfection de Dieu.

7. Du monde pardonné le Fils de Dieu est aisément soulevé jusqu'en sa demeure. ²Et là il connaît qu'il s'y est toujours reposé en paix. ³Le salut même deviendra un rêve et disparaîtra de son esprit. ⁴Car le salut est la fin des rêves et il n'aura plus de signification à la clôture du rêve. ⁵Qui, éveillé au Ciel, pourrait rêver qu'il ait jamais pu y avoir besoin de salut?

8. À quel point veux-tu le salut? ²Il te donnera le monde réel, qui est prêt et brûle de t'être donné. ³Le Saint-Esprit a si grande hâte de te le donner qu'Il ne voudrait pas attendre, bien qu'Il attende patiemment. ⁴Réponds à Sa patience par ton impatience de tout retard à Votre rencontre. ⁵Réjouis-toi et va rencontrer ton Rédempteur; va avec lui d'un pas confiant et quitte ce monde pour le monde réel de beauté et de pardon.

III. Les ombres du passé

1. Pardonner, c'est simplement te rappeler les pensées aimantes que tu as données dans le passé et celles qui t'ont été données. ²Tout le reste doit être oublié. ³Le pardon est une mémoire sélective, non basée sur ta sélection. ⁴Car les figures d'ombre que tu voudrais rendre immortelles sont des «ennemies» de la réalité. ⁵Sois désireux de pardonner au Fils de Dieu ce qu'il n'a pas fait. ⁶Les figures d'ombre sont les témoins que tu amènes avec toi pour démontrer qu'il a fait ce qu'il n'a pas fait. ⁷Parce que tu les amènes,

tu les entendras. [8]Toi qui les gardes par ta propre sélection, tu ne comprends pas comment elles sont venues dans ton esprit ni quel est leur but. [9]Elles représentent le mal que tu penses qui t'a été fait. [10]Tu les amènes avec toi uniquement afin de rendre le mal pour le mal, en espérant que leur témoignage te permettra de penser que l'autre est coupable sans te nuire à toi-même. [11]Elles parlent si clairement pour la séparation que nul qui n'a pas l'obsession de garder la séparation ne pourrait les entendre. [12]Elles t'offrent les «raisons» pour lesquelles tu devrais conclure des alliances non saintes pour appuyer les buts de l'ego et faire de tes relations les témoins de son pouvoir.

2.   Ce sont ces figures d'ombre qui voudraient rendre l'ego saint à tes yeux et t'enseigner que ce que tu fais pour le sauvegarder est réellement de l'amour. [2]Ces figures d'ombre parlent toujours pour la vengeance, et toutes les relations dans lesquelles elles entrent sont totalement insanes. [3]Toutes ces relations sans exception ont pour but l'exclusion de la vérité au sujet de l'autre comme de toi. [4]C'est pourquoi tu vois en vous deux ce qui n'est pas là, et fais de vous deux les esclaves de la vengeance. [5]C'est pourquoi aussi tout ce qui te rappelle tes rancœurs passées t'attire, et semble porter le nom de l'amour, peu importe à quel point sont distordues les associations par lesquelles tu arrives à cette connexion. [6]C'est pourquoi, enfin, toutes les relations de ce genre deviennent des tentatives d'union par le corps, car seuls les corps peuvent être vus comme des moyens de vengeance. [7]Que les corps soient au centre de toutes les relations non saintes, cela est évident. [8]Ta propre expérience t'a enseigné cela. [9]Mais tu ne saisis peut-être pas toutes les raisons qui concourent à rendre la relation non sainte. [10]Car la non-sainteté cherche à se renforcer, tout comme la sainteté, en rassemblant autour d'elle ce qu'elle perçoit de pareil à elle.

3.   Dans la relation non sainte, ce n'est pas avec le corps de l'autre qu'on tente de s'unir mais avec les corps de ceux qui ne sont pas là. [2]Car même le corps de l'autre, qui en est déjà une perception extrêmement limitée, n'est pas comme tel le point de mire central, ou ne l'est pas entièrement. [3]Ce qui est mis au centre et séparé du reste, comme seules parties ayant de la valeur, c'est ce qui peut être utilisé pour les fantasmes de vengeance, et ce qui peut le plus facilement être associé à ceux contre qui est réellement dirigée la quête de vengeance. [4]Chaque étape dans la formation, le maintien et la rupture de la relation non sainte est un pas vers une plus

grande fragmentation et une plus grande irréalité. [5]Les figures d'ombre entrent de plus en plus, et l'importance de celui en qui elles semblent être décroît.

4.   Le temps n'est certes pas l'ami de la relation non sainte. [2]Car le temps *est* cruel aux mains de l'ego, comme il est bon quand il est utilisé pour la douceur. [3]L'attraction de la relation non sainte commence à pâlir et presque aussitôt est remise en question. [4]Une fois qu'elle est formée, le doute doit y entrer, parce que son but est impossible. [5]L'«idéal» de la relation non sainte devient donc une relation dans laquelle la réalité de l'autre n'entre pas du tout pour ne pas «gâcher» le rêve. [6]Et moins l'autre apporte réellement à la relation, «meilleure» elle devient. [7]Ainsi la tentative d'union devient une façon d'exclure même celui avec qui l'union était recherchée. [8]Car elle a été formée pour l'en faire sortir, afin de se joindre aux fantasmes en une «béatitude» ininterrompue.

5.   Comment le Saint-Esprit peut-Il apporter Son interprétation du corps comme moyen de communication dans des relations dont le seul but est la séparation d'avec la réalité? [2]Ce qu'*est* le pardon Lui permet de le faire. [3]Si tout a été oublié, sauf les pensées aimantes, ce qui reste est éternel. [4]Et le passé transformé est rendu pareil au présent. [5]Il n'y a plus de conflit entre le passé et *maintenant*. [6]Cette continuité étend le présent en augmentant sa réalité et sa valeur dans la perception que tu en as. [7]Dans ces pensées aimantes se trouve l'étincelle de beauté cachée sous la laideur de la relation non sainte qui fait souvenir de la haine; mais s'y trouve pour prendre vie lorsque la relation est donnée à Celui Qui lui donne vie et beauté. [8]Voilà pourquoi l'Expiation est centrée sur le passé, qui est la source de la séparation, et là où elle doit être défaite. [9]Car la séparation doit être corrigée là même où elle a été faite.

6.   L'ego cherche à «résoudre» ses problèmes, non pas à leur source, mais là où ils n'ont pas été faits. [2]Ainsi il cherche à garantir qu'il n'y aura pas de solution. [3]Le Saint-Esprit veut seulement rendre Ses solutions complètes et parfaites, donc Il cherche et trouve la source des problèmes où elle est, et là Il la défait. [4]Et à chaque étape dans Son défaire, la séparation est de plus en plus défaite et l'union rendue plus proche. [5]Aucune des «raisons» pour la séparation n'entraîne en Lui la moindre confusion. [6]Tout ce qu'Il perçoit dans la séparation, c'est qu'elle doit être défaite. [7]Laisse-Le découvrir l'étincelle de beauté cachée dans tes relations, et te la montrer. [8]Sa beauté t'attirera tellement que tu seras à jamais

indésireux de la perdre de vue. ⁹Et tu laisseras cette étincelle transformer la relation afin que tu puisses la voir de plus en plus. ¹⁰Car tu la voudras de plus en plus et tu deviendras de plus en plus indésireux de la laisser t'être cachée. ¹¹Tu apprendras à rechercher et à établir les conditions dans lesquelles cette beauté peut être vue.

7.   Tout cela, tu le feras avec joie, pour peu que tu Le laisses tenir l'étincelle devant toi, pour éclairer ta voie et la rendre claire pour toi. ²Le Fils de Dieu est un. ³Ceux que Dieu a joints ne font qu'un et l'ego ne saurait les séparer. ⁴L'étincelle de sainteté doit être en sûreté, si cachée qu'elle puisse être, dans chaque relation. ⁵Car le Créateur de l'unique relation n'en a laissé aucune partie privée de Lui-même. ⁶C'est la seule partie de la relation que voit le Saint-Esprit, parce qu'Il connaît que cela seul est vrai. ⁷Tu as rendu la relation irréelle, et par conséquent non sainte, en la voyant là où elle n'est pas et telle qu'elle n'est pas. ⁸Donne le passé à Celui Qui peut changer d'esprit pour toi là-dessus. ⁹Mais d'abord assure-toi de comprendre pleinement ce que tu as fait représenter le passé, et pourquoi.

8.   Le passé devient la justification pour conclure avec l'ego une alliance continuelle, et non sainte, contre le présent. ²Car le présent *est* pardon. ³Par conséquent, les relations que dicte l'alliance non sainte ne sont pas perçues ni ressenties *maintenant*. ⁴Or le cadre de référence auquel le présent est renvoyé pour sa signification est une *illusion* du passé dans laquelle sont retenus les éléments s'accordant avec le but de l'alliance non sainte, et tout le reste est abandonné. ⁵Et ce qui est abandonné ainsi, c'est toute la vérité que le passé pourrait jamais offrir au présent comme témoignage de sa réalité. ⁶Ce qui est gardé ne fait que témoigner de la réalité des rêves.

9.   Il t'appartient toujours de choisir de te joindre à la vérité ou à l'illusion. ²Mais souviens-toi que choisir l'une, c'est lâcher prise de l'autre. ³Celle que tu choisis, tu la revêts de beauté et de réalité, parce que le choix dépend de celle que tu estimes plus. ⁴L'étincelle de beauté ou le voile de laideur, le monde réel ou le monde de la culpabilité et de la peur, la vérité ou l'illusion, la liberté ou l'esclavage — cela revient au même. ⁵Car tu ne pourras jamais choisir qu'entre Dieu et l'ego. ⁶Les systèmes de pensée ne sont que vrais ou faux, et tous leurs attributs viennent simplement de ce qu'ils sont. ⁷Seules sont vraies les Pensées de Dieu. ⁸Et tout ce

qui s'ensuit vient de ce qu'elles sont, et demeure aussi vrai que la Source sainte dont elles sont venues.

10. Mon saint frère, je voudrais entrer dans toutes tes relations et m'interposer entre tes fantasmes et toi. [2]Laisse ma relation avec toi être réelle pour toi, et laisse-moi apporter la réalité dans ta perception de tes frères. [3]Ils n'ont pas été créés pour te permettre de te blesser toi-même par eux. [4]Ils ont été créés pour créer avec toi. [5]C'est cette vérité que je voudrais interposer entre toi et ton but de folie. [6]Ne sois pas séparé de moi et ne laisse pas le saint but d'Expiation se perdre pour toi dans des rêves de vengeance. [7]Les relations qui chérissent de tels rêves m'ont exclu. [8]Laisse-moi entrer au Nom de Dieu et t'apporter la paix, afin que tu m'offres la paix.

IV. Les deux tableaux

1. Dieu a établi Sa relation avec toi pour te rendre heureux, et rien de ce que tu fais qui ne partage Son but ne peut être réel. [2]La seule fonction de quoi que ce soit est le but que Dieu lui a assigné. [3]À cause de la raison pour laquelle Il a créé Sa relation avec toi, la fonction des relations est à jamais devenue de « rendre heureux ». [4]*Et rien d'autre.* [5]Pour remplir cette fonction, tu entres en relation avec tes créations comme Dieu avec les Siennes. [6]Car rien de ce que Dieu a créé n'est à part du bonheur, et il n'est rien de ce que Dieu a créé qui ne demande qu'à étendre le bonheur comme son Créateur l'a fait. [7]Tout ce qui ne remplit pas cette fonction ne peut être réel.

2. En ce monde il est impossible de créer. [2]Or il *est* possible de rendre heureux. [3]J'ai dit maintes fois que le Saint-Esprit ne te priverait pas de tes relations particulières, mais qu'Il les transformerait. [4]Tout ce que cela veut dire, c'est qu'Il leur rendra la fonction que Dieu leur a donnée. [5]Il est clair que la fonction que tu leur as donnée est de ne pas rendre heureux. [6]Mais la relation sainte partage le but de Dieu plutôt que de viser à lui faire un substitut. [7]Chaque relation particulière que tu as formée est un substitut à la Volonté de Dieu, qui glorifie la tienne plutôt que la Sienne à cause de l'illusion qu'elles sont différentes.

3. Tu as formé des relations très réelles même en ce monde. [2]Or tu ne les reconnais pas parce que tu as donné une telle prédominance à leurs substituts que lorsque la vérité t'appelle, ce qu'elle fait constamment, tu réponds par un substitut. [3]Chaque relation

particulière que tu as formée vise, comme but fondamental, à t'occuper l'esprit si complètement que tu n'entends pas l'appel de la vérité.

4.   En un sens, la relation particulière était la réponse de l'ego à la création du Saint-Esprit, Qui Lui-même était la Réponse de Dieu à la séparation. ²Car même si l'ego ne comprenait pas ce qui avait été créé, il avait conscience d'une menace. ³Tout le système de défense que l'ego a développé pour protéger la séparation contre le Saint-Esprit était en réponse au don de Dieu, par lequel Il l'avait bénie ; et Sa bénédiction lui permettait d'être guérie. ⁴Cette bénédiction tient en elle-même la vérité sur tout. ⁵Et la vérité, c'est que le Saint-Esprit est en étroite relation avec toi, parce qu'en Lui t'est rendue ta relation avec Dieu. ⁶La relation avec Lui n'a jamais été rompue, parce que le Saint-Esprit n'a été séparé de personne depuis la séparation. ⁷Par Lui toutes tes relations saintes ont été soigneusement préservées, afin qu'elles remplissent le but de Dieu pour toi.

5.   L'ego est toujours à l'affût des menaces, et la partie de ton esprit dans laquelle l'ego a été accepté est très anxieuse de préserver sa raison, comme elle la voit. ²Elle ne se rend pas compte qu'elle est totalement insane. ³Et tu dois te rendre compte de ce que cela signifie exactement si tu veux être ramené à la santé d'esprit. ⁴Ceux qui sont insanes protègent leur système de pensée mais ils le font d'une façon insane. ⁵Et toutes leurs défenses sont aussi insanes que ce qu'elles sont censées protéger. ⁶Il n'y a rien dans la séparation, aucune partie, aucune « raison », aucun attribut, qui ne soit insane. ⁷Et sa « protection », qui en est une partie, est aussi insane que le tout. ⁸La relation particulière, qui est sa défense principale, doit donc être insane.

6.   Tu as bien moins de mal maintenant à te rendre compte que le système de pensée que la relation particulière protège n'est qu'un système délirant. ²Tu reconnais, au moins dans les grandes lignes, que l'ego est insane. ³Or il te semble encore que la relation particulière est quelque peu « différente ». ⁴Nous l'avons pourtant examinée de beaucoup plus près que bien d'autres aspects du système de pensée de l'ego dont tu as été plus désireux de lâcher prise. ⁵Tant que celui-ci reste, tu ne lâches pas prise des autres. ⁶Car celui-ci n'est pas différent. ⁷Conserve celui-ci et tu as tout conservé.

7.   Il est essentiel de se rendre compte que toutes les défenses *font* ce qu'elles voudraient défendre. ²La base sous-jacente de leur

efficacité, c'est qu'elles offrent ce qu'elles défendent. ³Ce qu'elles défendent est mis en elles pour être sauvegardé ; et en opérant, elles te l'apportent. ⁴Chaque défense opère en offrant des dons, et le don est toujours une miniature du système de pensée que la défense protège, insérée dans un cadre doré. ⁵Ce cadre est très élaboré, tout serti de joyaux, poli et orné de profondes sculptures. ⁶Son but est d'avoir de la valeur *en lui-même* pour détourner ton attention de ce qu'il renferme. ⁷Mais tu ne peux pas avoir le cadre sans le tableau. ⁸De la façon dont elles opèrent, les défenses te font penser que tu le peux.

8. La relation particulière a le cadre le plus imposant et le plus trompeur de toutes les défenses que l'ego utilise. ²Son système de pensée est offert ici entouré d'un cadre si lourd et si élaboré que le tableau est presque oblitéré par son imposante structure. ³Dans le cadre sont tissées toutes sortes d'illusions d'amour, fantasques et fragmentées, serties de rêves de sacrifice et d'agrandissement de soi, où s'entrelacent des fils dorés de destruction de soi. ⁴Le brillant du sang resplendit comme des rubis, et les larmes, facettées comme des diamants, luisent sous la faible lumière dans laquelle l'offrande est faite.

9. Regarde *le tableau*. ²Ne te laisse pas distraire par le cadre. ³Ce don t'est fait pour ta damnation ; si tu le prends, tu croiras que tu *es* damné. ⁴Tu ne peux pas avoir le cadre sans le tableau. ⁵Ce que tu estimes, c'est le cadre, car tu n'y vois aucun conflit. ⁶Or le cadre n'est qu'un emballage pour le don de conflit. ⁷Le cadre n'est pas le don. ⁸Ne te laisse pas tromper par les aspects les plus superficiels de ce système de pensée, car ces aspects renferment le tout, qui est complet en chaque aspect. ⁹La mort réside dans ce don brillant. ¹⁰Ne laisse pas ton regard s'attarder sur la lueur hypnotique du cadre. ¹¹Regarde le tableau, et rends-toi compte que c'est la mort qui t'est offerte.

10. C'est pourquoi l'instant saint est si important dans la défense de la vérité. ²La vérité elle-même n'a pas besoin de défense, mais tu en as besoin, toi, pour avoir accepté le don de mort. ³Quand tu acceptes une idée aussi dangereuse pour la vérité, toi qui *es* la vérité, tu menaces la vérité de destruction. ⁴Et ta défense doit maintenant être entreprise, pour garder la vérité entière. ⁵La puissance du Ciel, l'Amour de Dieu, les larmes du Christ et la joie de Son éternel Pur-Esprit sont rassemblés pour te défendre contre ta propre attaque. ⁶Car tu Les attaques, faisant partie d'Eux, et Eux doivent te sauver, car Ils S'aiment Eux-mêmes.

11.   L'instant saint est une miniature du Ciel, à toi envoyée *du* Ciel. 2C'est aussi un tableau, inséré dans un cadre. 3Or si tu acceptes ce don, tu ne verras pas du tout le cadre, parce que ce don ne peut être accepté que par ton désir de concentrer toute ton attention sur le tableau. 4L'instant saint est une miniature de l'éternité. 5C'est un tableau de l'intemporel, inséré dans un cadre de temps. 6Si tu te concentres sur le tableau, tu te rendras compte que c'est seulement le cadre qui t'a fait penser que *c'était* un tableau. 7Sans le cadre, tu vois le tableau pour ce qu'il représente. 8Car, de même que le système de pensée de l'ego réside tout entier dans ses dons, de même le Ciel tout entier réside en cet instant, emprunté à l'éternité et inséré pour toi dans le temps.

12.   Deux dons te sont offerts. 2Chacun est complet et ne peut être accepté partiellement. 3Chacun est un tableau de tout ce que tu peux avoir, vu de façon très différente. 4Tu ne peux pas comparer leur valeur en comparant un tableau à un cadre. 5Tu dois seulement comparer les tableaux, sinon la comparaison est entièrement in-signifiante. 6Souviens-toi que le don, c'est le tableau. 7Et sur cette base seulement, tu es réellement libre de choisir. 8Regarde les tableaux. 9Tous les deux. 10L'un est minuscule, difficile à voir sous les lourdes ombres de son encadrement, énorme et disproportionné. 11L'autre, au cadre léger, suspendu en pleine lumière, est beau à regarder pour ce qu'il est.

13.   Toi qui as tant essayé et qui essaies encore de faire entrer le meilleur tableau dans le mauvais cadre, et ainsi de combiner ce qui ne peut pas être combiné, accepte ceci et réjouis-toi : Ces deux tableaux sont parfaitement encadrés pour ce qu'ils représentent. 2L'un est encadré pour être flou et ne pas être vu. 3L'autre est encadré pour une parfaite clarté. 4Le tableau des ténèbres et de la mort devient de moins en moins convaincant au fur et à mesure que tu le cherches parmi tout cet emballage. 5Chaque fois que l'une de ses pierres insensées, qui du cadre semblait briller dans les ténèbres, est exposée à la lumière, elle devient terne et sans vie, et elle cesse de te distraire du tableau. 6Et finalement, tu regardes le tableau lui-même et tu vois enfin que, sans la protection du cadre, il n'a aucune signification.

14.   L'autre tableau est encadré légèrement, car le temps ne saurait contenir l'éternité. 2Là il n'y a aucune distraction. 3Le tableau du Ciel et de l'éternité devient de plus en plus convaincant au fur et à mesure que tu le regardes. 4Et maintenant, parce que tu les compares réellement, une transformation des deux tableaux

peut enfin se produire. [5]Chacun est mis à sa juste place lorsque les deux sont vus en relation l'un avec l'autre. [6]Le tableau des ténèbres, porté à la lumière, n'est plus perçu comme apeurant, mais le fait que ce n'est qu'un tableau a finalement fait son chemin en toi. [7]Et ce que tu vois là, tu le reconnaîtras pour ce que c'est : un tableau de ce que tu pensais réel, et rien de plus. [8]Car au-delà de ce tableau, tu ne verras rien.

15. Le tableau de lumière, d'une manière on ne peut plus claire et contrastante, est transformé en ce qui se trouve au-delà du tableau. [2]En regardant cela, tu te rends compte que ce n'est pas un tableau mais une réalité. [3]Ce n'est pas la représentation figurée d'un système de pensée, mais la Pensée même. [4]Ce qu'il représente est là. [5]Le cadre s'efface doucement et Dieu remonte à ta mémoire, t'offrant la création tout entière en échange de ton petit tableau, qui est sans aucune valeur et entièrement dépourvu de signification.

16. Lorsque Dieu S'élève à Sa juste place et toi à la tienne, tu fais à nouveau l'expérience de la signification de la relation et tu connais qu'elle est vraie. [2]Élevons-nous ensemble en paix vers le Père, en L'élevant dans nos esprits. [3]Nous gagnerons tout en Lui donnant la puissance et la gloire, ne gardant plus aucune illusion sur l'endroit où elles sont. [4]Elles sont en nous, par Son élévation. [5]Ce qu'Il a donné est à Lui. [6]Cela brille en chaque partie de Lui, comme dans le tout. [7]Toute la réalité de ta relation avec Lui réside dans notre relation réciproque. [8]L'instant saint luit de la même façon sur toutes les relations, car en lui elles *ne font qu'*un. [9]Car il n'y a ici que la guérison, déjà complète et parfaite. [10]Car Dieu est ici, et là où Il est ne peuvent être que le parfait et le complet.

V. La relation guérie

1. La relation sainte est l'expression de l'instant saint en vivant dans ce monde. [2]Comme tout ce qui a trait au salut, l'instant saint est un mécanisme pratique dont témoignent les résultats. [3]L'instant saint n'échoue jamais. [4]L'expérience en est toujours ressentie. [5]Or sans expression, il n'en reste pas souvenir. [6]La relation sainte est un rappel constant de l'expérience par laquelle la relation est devenue ce qu'elle est. [7]De même que la relation non sainte est un hymne de haine continuel à la louange de son

faiseur, la relation sainte est un chant heureux à la louange du Rédempteur des relations.

2.   La relation sainte, qui est une étape majeure vers la perception du monde réel, est apprise. ²C'est l'ancienne relation non sainte, transformée et vue à nouveau. ³La relation sainte est un accomplissement phénoménal de l'enseignement. ⁴Sous tous ses aspects, comment elle commence, se développe et s'accomplit, elle représente le renversement de la relation non sainte. ⁵Sois consolé en ceci : la seule phase difficile est le début. ⁶Car là, le but de la relation est brusquement changé en l'exact opposé de ce qu'il était. ⁷C'est le premier résultat après avoir offert la relation au Saint-Esprit, pour qu'Il l'utilise à Ses fins.

3.   Cette invitation est acceptée immédiatement et le Saint-Esprit ne gaspille pas de temps avant d'introduire les résultats pratiques de cette demande d'entrer. ²Aussitôt, Son but remplace le tien. ³Cela s'accomplit très rapidement, mais il semble ensuite que la relation est perturbée, désaccordée et même très pénible. ⁴La raison en est très claire. ⁵Car la relation telle qu'elle *est* n'est plus conforme à son propre but et il est clair qu'elle ne convient pas au but qui a été accepté pour elle. ⁶Dans sa condition non sainte, *ton* but est tout ce qui semblait lui donner une signification. ⁷Maintenant elle ne semble plus avoir aucun sens. ⁸Beaucoup de relations ont été rompues à ce stade et la poursuite de l'ancien but a été rétablie dans une autre relation. ⁹Car une fois que la relation non sainte a accepté le but de sainteté, elle ne peut plus jamais être ce qu'elle était.

4.   La tentation de l'ego devient extrêmement intense avec ce changement de but. ²Car la relation n'a pas encore été suffisamment changée pour rendre son ancien but complètement sans attrait, et sa structure est «menacée» par la re-connaissance du fait qu'elle est inappropriée à son nouveau but. ³Le conflit entre le but et la structure de la relation est si apparent qu'ils ne peuvent coexister. ⁴Or maintenant le but ne sera plus changé. ⁵Solidement fixé dans la relation non sainte, il n'y a pas d'autre recours que de changer la relation pour qu'elle s'accorde au but. ⁶Jusqu'à ce que cette heureuse solution soit vue et acceptée comme seule issue à ce conflit, la relation peut paraître extrêmement tendue.

5.   Il ne serait pas plus doux de changer le but plus lentement, car le contraste serait obscurci et l'ego aurait le temps de réinterpréter chaque lente étape comme il l'aimerait. ²Seul un changement de but radical pourrait induire un changement d'esprit complet

sur ce à quoi sert toute la relation. ³Au fur et à mesure que ce changement se développe et finalement s'accomplit, elle devient de plus en plus bienfaisante et joyeuse. ⁴Mais au début, la situation est ressentie comme très précaire. ⁵Une relation, entreprise à des fins non saintes par deux individus, a soudain la sainteté pour but. ⁶Lorsque ces deux contemplent leur relation du point de vue de ce nouveau but, ils sont atterrés, inévitablement. ⁷Il se peut même que leur perception de la relation devienne tout à fait désorganisée. ⁸Et pourtant, la précédente organisation de leur perception ne convient plus au but qu'ils ont convenu d'atteindre.

6. Voici le temps de la *foi*. ²Tu as laissé ce but être fixé pour toi. ³C'était un acte de foi. ⁴N'abandonne pas la foi, maintenant que les récompenses de la foi sont introduites. ⁵Si tu as cru que le Saint-Esprit était là pour accepter ta relation, pourquoi maintenant ne croirais-tu pas encore qu'Il est là pour purifier ce qu'Il a entrepris de guider ? ⁶Aie foi en ton frère durant cette période qui n'est difficile qu'en apparence. ⁷Le but *est* fixé. ⁸Et ta relation a pour but la santé d'esprit. ⁹Car tu te trouves maintenant dans une relation insane, reconnue comme telle à la lumière de son but.

7. Maintenant voici ce que l'ego conseille : substitue à celle-ci une autre relation à laquelle ton ancien but convient tout à fait. ²Tu ne peux échapper à ta détresse qu'en te débarrassant de ton frère. ³Vous n'avez pas besoin de vous quitter entièrement si ce n'est pas ce que tu choisis. ⁴Mais tu dois exclure de ton frère des zones importantes de fantasme, pour sauver ta santé d'esprit. *⁵N'écoute pas cela maintenant!* ⁶Aie foi en Celui Qui t'a répondu. ⁷Il a entendu. ⁸N'a-t-Il pas été très explicite dans Sa réponse ? ⁹Tu n'es pas maintenant entièrement insane. ¹⁰Peux-tu nier qu'Il t'a donné une réponse très explicite ? ¹¹Il demande maintenant que tu aies la foi un peu plus longtemps, même dans la plus grande perplexité. ¹²Car cela passera, et tu verras émerger la justification de ta foi, qui t'apportera une éclatante conviction. ¹³Ne L'abandonne pas maintenant, et n'abandonne pas ton frère. ¹⁴Cette relation est née à nouveau comme sainte.

8. Accepte avec joie ce que tu ne comprends pas et laisse cela t'être expliqué quand tu perçois son but agir en elle pour la rendre sainte. ²Tu trouveras de nombreuses occasions de blâmer ton frère pour « l'échec » de votre relation, car il semblera parfois qu'elle n'a pas de but. ³Le sentiment d'errer sans but viendra te hanter en te rappelant toutes les voies par lesquelles tu as

cherché satisfaction auparavant et pensé l'avoir trouvée. ⁴N'oublie pas maintenant la misère que tu as réellement trouvée, et n'insuffle pas la vie à ton ego défaillant. ⁵Car ta relation n'a pas été rompue. ⁶Elle a été sauvée.

9. Les voies du salut sont toutes nouvelles pour toi, et tu penses avoir perdu ton chemin. ²*Ton* chemin *est* perdu, mais ne pense pas que ce soit une perte. ³Dans ta nouveauté, souviens-toi que toi et ton frère êtes repartis *ensemble*. ⁴Prends sa main et marchez ensemble sur une route qui vous est bien plus familière que tu ne le crois maintenant. ⁵N'est-il pas certain que tu te souviendras d'un but qui n'a pas changé de toute éternité ? ⁶Car tu n'as fait que choisir le but de Dieu, duquel ta véritable intention n'a jamais été absente.

10. Par toute la Filialité, joyeux écho de ton choix, s'entend le chant de liberté. ²Tu t'es joint à beaucoup dans l'instant saint, et beaucoup se sont joints à toi. ³Ne pense pas que ton choix te laissera inconsolé, car Dieu Lui-même a béni ta sainte relation. ⁴Joins-toi à Sa bénédiction, et ne lui retiens pas la tienne. ⁵Car tout ce dont elle a besoin maintenant, c'est ta bénédiction, afin que tu puisses voir qu'en elle repose le salut. ⁶Ne condamne pas le salut, car il est venu à toi. ⁷Accueillez-le ensemble, car il est venu te joindre à ton frère en une relation où toute la Filialité est bénie ensemble.

11. Vous avez entrepris, ensemble, d'inviter le Saint-Esprit dans votre relation. ²Il n'aurait pas pu entrer autrement. ³Bien que tu aies commis de nombreuses erreurs depuis, tu as aussi fait d'énormes efforts pour L'aider à faire Son travail. ⁴Il n'a pas manqué d'apprécier tout ce que tu as fait pour Lui. ⁵Et Il ne voit pas du tout les erreurs. ⁶As-tu fait preuve d'autant de gratitude à l'égard de ton frère ? ⁷As-tu constamment apprécié ses bons efforts tout en passant sur ses erreurs ? ⁸Ou ta reconnaissance a-t-elle vacillé et faibli à ce qui semblait être la lumière des erreurs ? ⁹Peut-être commences-tu à faire campagne pour le blâmer de l'inconfort de la situation dans laquelle tu te trouves. ¹⁰Or par ce manque de reconnaissance et de gratitude, tu te rends incapable d'exprimer l'instant saint, et ainsi tu le perds de vue.

12. L'expérience d'un instant, si irrésistible soit-elle, s'oublie facilement quand tu permets au temps de se refermer sur elle. ²Elle doit être gardée lumineuse et gracieuse dans ta conscience du temps, et non y être dissimulée. ³L'instant demeure. ⁴Mais où es-tu ? ⁵Rendre grâce à ton frère, c'est apprécier l'instant saint et permettre ainsi que ses résultats soient acceptés et partagés.

⁶Attaquer ton frère, ce n'est pas perdre l'instant, mais c'est rendre ses effets inopérants.

13. Tu *as* reçu l'instant saint, mais il se peut que tu aies établi une condition dans laquelle tu ne peux pas l'utiliser. ²Le résultat est que tu ne te rends pas compte qu'il est encore avec toi. ³En te coupant de son expression, tu te nies à toi-même ses bienfaits. ⁴Tu renforces cela chaque fois que tu attaques ton frère, car l'attaque doit te rendre aveugle à toi-même. ⁵Et il est impossible de te nier toi-même et de reconnaître ce qui a été donné et reçu par toi.

14. Toi et ton frère vous tenez ensemble en la sainte présence de la vérité elle-même. ²Voici le but, avec vous. ³Ne penses-tu pas que le but lui-même arrangera avec joie les moyens de son accomplissement? ⁴C'est cette même divergence entre le but qui a été accepté et les moyens tels qu'ils sont maintenant qui semble te faire souffrir, mais dont le Ciel se réjouit. ⁵Si le Ciel était à l'extérieur de toi, tu ne pourrais pas partager sa joie. ⁶Or parce qu'il est au-dedans, la joie aussi est à toi. ⁷Vous *êtes* unis dans un même but, mais vous êtes encore séparés et divisés sur les moyens. ⁸Or le but est fixé, ferme et inaltérable, et les moyens finiront certes par se mettre en place parce que le but est sûr. ⁹Et vous partagerez la joie de la Filialité qu'il en soit ainsi.

15. Comme tu commences à reconnaître et à accepter les dons que tu as si librement offerts à ton frère, tu acceptes aussi les effets de l'instant saint et tu les utilises pour corriger toutes tes erreurs et te libérer de leurs résultats. ²En apprenant cela, tu auras aussi appris comment délivrer toute la Filialité et l'offrir avec joie et gratitude à Celui Qui t'a donné ta délivrance, et Qui voudrait l'étendre par toi.

VI. Fixer le but

1. La mise en application du but du Saint-Esprit est extrêmement simple, mais elle est sans équivoque. ²De fait, pour être simple, elle *doit* être sans équivoque. ³Ce qui est simple est simplement ce qui se comprend facilement, et pour cela il est évident que ce doit être clair. ⁴Le but du Saint-Esprit est fixé de manière générale. ⁵Maintenant Il va travailler avec toi pour le rendre concret, parce que toute application est concrète. ⁶Il y a certaines lignes de conduite très précises qu'Il fournit pour toute situation, mais souviens-toi que tu ne te rends pas compte encore de leur application universelle.

⁷Par conséquent, il est essentiel à ce stade que tu les utilises dans chaque situation séparément, jusqu'à ce que tu puisses regarder sans risque au-delà de chaque situation, avec une compréhension bien plus vaste que celle que tu possèdes maintenant.

2. En toute situation où tu te sens incertain, la première chose à considérer est celle-ci, tout simplement : « Qu'est-ce que je veux qu'il en sorte ? ²À *quoi* cela sert-il ? » ³La clarification du but a sa place au commencement, car c'est cela qui déterminera le résultat. ⁴Dans la procédure de l'ego, c'est inversé. ⁵La situation devient le déterminant du résultat, qui peut être n'importe quoi. ⁶La raison de cette approche désorganisée est évidente. ⁷L'ego ne sait pas ce qu'il veut qu'il sorte de la situation. ⁸Il est conscient de ce qu'il ne veut pas, mais seulement de cela. ⁹Il n'a pas du tout de but positif.

3. Sans un but positif, clair et net et fixé dès le départ, la situation semble simplement arriver, et elle n'a aucun sens jusqu'à ce qu'elle soit déjà passée. ²Ensuite tu regardes en arrière et tu essaies d'en recoller les morceaux pour comprendre ce qu'elle a pu signifier. ³Et tu feras erreur. ⁴Non seulement ton jugement porte-t-il sur le passé, mais tu n'as aucune idée de ce qui aurait dû arriver. ⁵Aucun but n'a été fixé auquel accorder les moyens. ⁶Et maintenant, le seul jugement qui reste à poser, c'est de savoir si cela plaît à l'ego ou non : est-ce acceptable, ou cela réclame-t-il vengeance ? ⁷L'absence d'un critère pour le résultat, fixé d'avance, rend la compréhension douteuse et l'évaluation impossible.

4. L'avantage de décider à l'avance ce que tu veux qu'il arrive, c'est simplement qu'alors tu perçois la situation comme un moyen de *faire* que cela arrive. ²Par conséquent tu fais tous tes efforts pour passer sur ce qui interfère avec l'accomplissement de ton objectif, et tu te concentres sur tout ce qui t'aide à l'atteindre. ³Il est à noter que cette méthode t'a rapproché du tri que fait le Saint-Esprit du vrai et du faux. ⁴Le vrai devient ce qui peut être utilisé pour atteindre le but. ⁵Le faux devient ce qui est inutile à ce point de vue. ⁶La situation a maintenant une signification, mais seulement parce que le but l'a rendue signifiante.

5. Le but de vérité a d'autres avantages pratiques. ²Si la situation est utilisée pour la vérité et la santé d'esprit, son résultat doit être la paix. ³Et cela tout à fait indépendamment de ce qu'*est* le résultat. ⁴Si la paix est la condition de la vérité et de la santé d'esprit, et qu'elle ne peut être sans elles, elles doivent être là où est la paix. ⁵La vérité vient d'elle-même. ⁶Si tu fais l'expérience

de la paix, c'est que la vérité est venue à toi, et tu verras le résultat véritablement, car la tromperie ne saurait prévaloir contre toi. ⁷Tu reconnaîtras le résultat *parce que* tu es en paix. ⁸Ici encore tu vois l'opposé de la façon de voir de l'ego, car l'ego croit que la situation apporte l'expérience. ⁹Le Saint-Esprit connaît que la situation est telle que le but la détermine, et qu'elle est expérimentée conformément au but.

6. Le but de vérité requiert la foi. ²La foi est implicite dans l'acceptation du but du Saint-Esprit, et cette foi inclut tout. ³Là où le but de vérité est fixé, là doit être la foi. ⁴Le Saint-Esprit voit la situation dans son entier. ⁵Le but établit le fait que tous ceux qui sont concernés par elle joueront leur rôle dans son accomplissement. ⁶Cela est inévitable. ⁷Nul n'échouera en rien. ⁸Cela semble demander une foi qui te dépasse et qui dépasse ce que tu peux donner. ⁹Or cela n'est vrai que du point de vue de l'ego, car l'ego croit à la « résolution » des conflits par la fragmentation, et il ne perçoit pas la situation dans son entier. ¹⁰Par conséquent, il cherche à découper des segments de la situation et à les traiter séparément, car il a foi en la séparation et non en l'entièreté.

7. Confronté à n'importe quel aspect de la situation qui semble difficile, l'ego tentera d'éloigner cet aspect pour le résoudre ailleurs. ²Et il semblera qu'il a réussi, sauf que cette tentative est en conflit avec l'unité et doit obscurcir le but de vérité. ³Et tu ne feras pas l'expérience de la paix, sauf dans le fantasme. ⁴La vérité n'est pas venue parce que la foi lui a été niée, étant retenue de là où était sa juste place. ⁵C'est ainsi que tu perds la compréhension de la situation que le but de vérité t'apporterait. ⁶Car les solutions fantasmatiques n'apportent que l'illusion de l'expérience, et l'illusion de la paix n'est pas la condition dans laquelle la vérité peut entrer.

VII. L'appel à la foi

1. Les substituts à des aspects de la situation sont les témoins de ton manque de foi. ²Ils démontrent que tu n'as pas cru que la situation et le problème étaient à la même place. ³Le problème *était* le manque de foi, et c'est ce que tu démontres quand tu l'éloignes de sa source et le places ailleurs. ⁴Le résultat est que tu ne vois pas le problème. ⁵Si tu n'avais pas manqué de foi en ce qu'il pouvait être résolu, le problème aurait disparu. ⁶Et la situation aurait

eu une signification pour toi, parce que l'interférence sur le chemin de la compréhension aurait été enlevée. ⁷Éloigner le problème et le mettre ailleurs, c'est le garder ; car tu t'éloignes de lui et le rends insoluble.

2.   Il n'est pas de problème, en n'importe quelle situation, que la foi ne sache résoudre. ²Il n'est pas de déplacement de n'importe quel aspect du problème qui ne rende la solution impossible. ³Car si tu mets une partie du problème ailleurs, la signification du problème doit être perdue ; or la solution du problème est inhérente à sa signification. ⁴N'est-il pas possible que tous tes problèmes aient été résolus, mais que tu te sois éloigné de la solution ? ⁵Or la foi doit être là où quelque chose a été fait, et où tu vois que c'est fait.

3.   Une situation est une relation, étant la jonction de pensées. ²Si des problèmes sont perçus, c'est parce que les pensées sont jugées comme étant en conflit. ³Mais si le but est la vérité, cela est impossible. ⁴Quelque idée de corps a dû entrer, car les esprits ne peuvent pas attaquer. ⁵La pensée de corps est signe de l'absence de foi, car les corps ne peuvent rien résoudre. ⁶C'est leur intrusion dans la relation, une erreur dans tes pensées au sujet de la situation, qui devient alors la justification de ton absence de foi. ⁷Tu feras cette erreur, mais ne t'en fais pas. ⁸L'erreur n'a pas d'importance. ⁹Portée à la foi, l'absence de foi ne fera jamais interférence avec la vérité. ¹⁰Mais l'absence de foi utilisée *contre* la vérité détruira toujours la foi. ¹¹Si tu manques de foi, demande qu'elle soit rendue où elle fut perdue, et ne cherche pas à en être dédommagé ailleurs comme si tu en avais été injustement privé.

4.   C'est seulement ce que *tu* n'as pas donné qui peut manquer en toute situation. ²Mais souviens-toi de ceci : le but de sainteté a été fixé pour ta relation, et pas par toi. ³Ce n'est pas toi qui l'as fixé, parce que la sainteté ne peut être vue qu'avec les yeux de la foi, et ta relation n'était pas sainte parce que ta foi en ton frère était si limitée et si petite. ⁴Ta foi doit grandir pour atteindre le but qui a été fixé. ⁵La réalité du but appellera cela, car tu verras que la paix et la foi ne viendront pas séparément. ⁶Dans quelle situation peux-tu être sans foi, tout en gardant foi en ton frère ?

5.   Chaque situation dans laquelle tu te trouves n'est rien d'autre qu'un moyen d'atteindre le but fixé pour ta relation. ²Vois-y quelque chose d'autre et tu es sans foi. ³N'utilise pas ton absence de foi. ⁴Laisse-la entrer et regarde-la calmement, mais ne l'utilise pas. ⁵L'absence de foi est le serviteur de l'illusion, et elle est entièrement fidèle à son maître. ⁶Utilise-la et elle te portera droit

à l'illusion. [7]Ne sois pas tenté par ce qu'elle t'offre. [8]Cela interfère non pas avec le but mais avec la valeur que le but a pour toi. [9]N'accepte pas l'illusion de paix qu'elle offre, mais regarde son offrande et reconnais que *c'est* une illusion.

6. Le but d'illusion est aussi étroitement lié à l'absence de foi que la foi l'est à la vérité. [2]Si tu manques de foi en ce que chacun remplira son rôle, et le remplira parfaitement, dans toute situation vouée d'avance à la vérité, c'est que ton dévouement est divisé. [3]Ainsi tu n'as pas eu foi en ton frère et tu utilises ton absence de foi contre lui. [4]Aucune relation n'est sainte à moins que sa sainteté ne l'accompagne partout. [5]Comme la sainteté et la foi vont de pair, la foi aussi doit l'accompagner partout. [6]La réalité du but appellera et accomplira chaque miracle nécessaire à sa réalisation. [7]Il n'est rien de trop petit ni de trop énorme, de trop faible ni de trop irrésistible, qui ne soit doucement tourné à son service et vers son but. [8]L'univers le servira avec joie, comme il sert l'univers. [9]Mais n'interfère pas.

7. Le pouvoir placé en toi, en qui le but du Saint-Esprit a été établi, dépasse tellement ta petite conception de l'infini que tu n'as pas idée de la force immense qui t'accompagne. [2]Tu peux utiliser *cela* en toute sécurité. [3]Or malgré toute sa puissance, si grande qu'elle va par-delà les étoiles jusqu'à l'univers qui s'étend derrière elles, ta petite absence de foi peut la rendre inutile si c'est l'absence de foi que tu préfères utiliser.

8. Or réfléchis à ceci, et apprends la cause de l'absence de foi : Tu penses que tu reproches à ton frère ce qu'il t'a fait. [2]Mais ce dont tu le blâmes en réalité, c'est ce que *toi* tu *lui* as fait. [3]Ce n'est pas son passé mais le tien que tu lui reproches. [4]Et tu manques de foi en lui à cause de ce que tu étais. [5]Or tu es aussi innocent que lui de ce que tu étais. [6]Ce qui n'a jamais été est sans cause et n'est pas là pour faire interférence avec la vérité. [7]Il n'y a pas de cause à l'absence de foi, mais il y *a* une Cause à la foi. [8]Cette Cause est entrée dans toute situation qui partage Son but. [9]Du centre de la situation rayonne la lumière de la vérité, qui touche tous ceux que le but de la situation appelle. [10]Elle appelle chacun. [11]Il n'est pas de situation qui n'implique toute ta relation, sous chaque aspect et complète en chaque partie. [12]Il n'est rien de toi que tu puisses laisser à l'extérieur tout en gardant la situation sainte. [13]Car elle partage le but de ta relation tout entière, et sa signification en découle.

9. Entre dans chaque situation avec la foi que tu donnes à ton frère, sinon c'est à ta propre relation que tu es infidèle. [2]Ta foi appellera les autres à partager ton but, comme ce même but a appelé la foi en toi. [3]Et tu verras les moyens que tu utilisais autrefois pour te conduire aux illusions transformés en moyens pour la vérité. [4]La vérité appelle la foi, et la foi fait de la place pour la vérité. [5]Quand le Saint-Esprit a changé le but de ta relation en échangeant le tien contre le Sien, le but qu'Il y a placé s'est étendu à chaque situation dans laquelle tu entres ou entreras jamais. [6]Ainsi chaque situation a été libérée du passé, qui l'aurait rendue sans but.

10. Tu appelles la foi à cause de Celui Qui marche avec toi dans toute situation. [2]Tu n'es plus entièrement insane, et tu n'es plus seul. [3]Car la solitude en Dieu doit être un rêve. [4]Toi dont la relation partage le but du Saint-Esprit, tu es mis à part de la solitude parce que la vérité est venue. [5]Son appel à la foi est fort. [6]N'utilise pas ton absence de foi contre elle, car elle t'appelle au salut et à la paix.

VIII. Les conditions de la paix

1. L'instant saint n'est rien de plus qu'un cas particulier, ou un exemple extrême de ce que chaque situation est censée être. [2]La signification que lui a donnée le but du Saint-Esprit est aussi donnée à chaque situation. [3]Il appelle la même suspension de l'absence de foi, retenue et laissée inutilisée, afin que la foi puisse répondre à l'appel de la vérité. [4]L'instant saint est l'exemple éclatant, la démonstration claire et sans équivoque de la signification de chaque relation et de chaque situation, vue en son entier. [5]La foi a accepté chaque aspect de la situation et l'absence de foi ne lui a imposé aucune exclusion. [6]C'est une situation de paix parfaite, pour la simple raison que tu l'as laissée être ce qu'elle est.

2. Cette simple courtoisie est tout ce que le Saint-Esprit demande de toi. [2]Laisse la vérité être ce qu'elle est. [3]N'y fais pas intrusion, ne l'attaque pas, n'interromps pas sa venue. [4]Laisse-la embrasser chaque situation et t'apporter la paix. [5]Pas même la foi ne t'est demandée, car la vérité ne demande rien. [6]Laisse-la entrer et elle appellera et t'assurera la foi dont tu as besoin pour la paix. [7]Mais ne t'élève pas contre elle, car elle ne peut venir si tu t'y opposes.

3. N'aimerais-tu pas faire un instant saint de chaque situation? [2]Car tel est le don de la foi, librement donné partout où l'absence de foi est mise de côté, inutilisée. [3]Et alors le pouvoir du but du

Saint-Esprit est libre d'être utilisé à la place. ⁴Ce pouvoir transforme instantanément toutes les situations en un seul moyen, sûr et continu, d'établir Son but et d'en démontrer la réalité. ⁵Ce qui a été démontré appelait la foi, et la foi lui a été donnée. ⁶Maintenant cela devient un fait, auquel il n'est plus possible de retenir la foi. ⁷L'effort de refuser la foi à la vérité est énorme, et bien plus grand que tu ne l'imagines. ⁸Mais de répondre à la vérité par la foi n'entraîne pas du tout d'effort.

4.   Pour toi qui as reconnu l'Appel de ton Rédempteur, l'effort de ne pas répondre à Son Appel semble être plus grand qu'avant. ²Il n'en est rien. ³Avant, l'effort était là, mais tu l'attribuais à autre chose, croyant que cette « autre chose » le produisait. ⁴Cela n'a jamais été vrai. ⁵Car ce que cette « autre chose » produisait était le chagrin et la dépression, la maladie et la douleur, les ténèbres et les vagues terreurs de ton imagination, les peurs glacées de tes fantasmes et les rêves brûlants de l'enfer. ⁶Et cela n'était que l'effort intolérable de refuser de donner foi à la vérité, et d'en voir l'évidente réalité.

5.   Telle fut la crucifixion du Fils de Dieu. ²Son absence de foi lui a fait cela. ³Réfléchis bien avant de te laisser utiliser ton absence de foi contre lui. ⁴Car il est ressuscité, et tu as accepté pour tienne la Cause de son réveil. ⁵Tu as assumé ton rôle dans sa rédemption et tu es maintenant pleinement responsable envers lui. ⁶Ne le déçois pas maintenant, car il t'a été donné de te rendre compte de ce que ton manque de foi en lui doit signifier pour toi. ⁷Son salut est ton seul but. ⁸Ne vois que cela en chaque situation et ce sera le moyen de n'apporter que cela.

6.   Lorsque tu as accepté la vérité pour but de ta relation, tu es devenu un donneur de paix aussi sûrement que ton Père t'a donné la paix. ²Car le but de paix ne peut pas être accepté indépendamment de ses conditions, et tu as eu foi en lui car nul n'accepte ce qu'il ne croit pas réel. ³Ton but n'a pas changé, et il ne changera pas, car tu as accepté ce qui ne peut jamais changer. ⁴Et maintenant tu ne peux rien lui retenir de ce dont il a besoin pour être à jamais inchangeable. ⁵Ta délivrance est certaine. ⁶Donne comme tu as reçu. ⁷Et démontre que tu t'es élevé bien au-dessus de toute situation qui pourrait te retenir et te garder séparé de Celui Dont tu as répondu à l'Appel.

Chapitre 18

LA DISPARITION DU RÊVE

I. La réalité substituée

1. Substituer, c'est accepter à la place. ²Si tu voulais seulement considérer exactement ce que cela entraîne, tu percevrais immédiatement à quel point cela est en désaccord avec le but que le Saint-Esprit t'a donné, et qu'Il voudrait accomplir pour toi. ³Substituer, c'est choisir entre, donc renoncer à un aspect de la Filialité en faveur de l'autre. ⁴Dans ce but particulier, l'un est jugé plus valable et l'autre est remplacé par lui. ⁵La relation dans laquelle la substitution a eu lieu est ainsi fragmentée, et son but est divisé en conséquence. ⁶Fragmenter, c'est exclure, et la substitution est la plus solide défense qu'ait l'ego pour la séparation.

2. Le Saint-Esprit n'utilise jamais de substituts. ²Là où l'ego perçoit une personne comme la remplaçante d'une autre, le Saint-Esprit les voit jointes et indivisibles. ³Il ne juge pas entre elles, connaissant qu'elles ne font qu'un. ⁴Étant unies, elles ne font qu'un parce qu'elles sont les mêmes. ⁵Manifestement, la substitution est un processus dans lequel elles sont perçues comme différentes. ⁶L'un voudrait unir ; l'autre séparer. ⁷Ce que Dieu a joint et ce que le Saint-Esprit voit ne faisant qu'un, rien ne peut le séparer. ⁸Mais tout *semble* séparer les relations fragmentées que l'ego parraine pour détruire.

3. L'amour est la seule émotion dans laquelle la substitution est impossible. ²La peur suppose la substitution par définition, car elle-même remplace l'amour. ³La peur est une émotion à la fois fragmentée et fragmentante. ⁴Elle semble prendre de nombreuses formes et chacune d'elles semble requérir une forme différente de passage à l'acte pour sa satisfaction. ⁵Bien que cela semble introduire une conduite très variable, la perception fragmentée dont découle la conduite a un effet bien plus sérieux. ⁶Personne n'est vu comme étant complet. ⁷L'accent est mis sur le corps, avec une insistance particulière sur certaines parties ; et il est utilisé comme mesure de comparaison pour accepter ou rejeter le passage à l'acte d'une forme particulière de peur.

4. Toi qui crois que Dieu est peur, tu n'as fait qu'une substitution. ²Elle a pris de nombreuses formes, parce que c'était la substitu-

tion de l'illusion à la vérité ; de la fragmentation à l'entièreté.
[3]Elle s'est tellement fractionnée, subdivisée et redivisée, maintes
et maintes fois, qu'il est maintenant presque impossible de percevoir qu'elle a jadis été une, et qu'elle est encore ce qu'elle était.
[4]Cette seule erreur, qui porta la vérité à l'illusion, l'infini au temps
et la vie à la mort, c'est tout ce que tu as jamais fait. [5]Ton monde
tout entier repose sur elle. [6]Tout ce que tu vois la reflète et chaque
relation particulière que tu as jamais faite en fait partie.

5.   Tu es peut-être surpris d'entendre à quel point la réalité est
différente de ce que tu vois. [2]Tu ne te rends pas compte de l'immensité de cette seule erreur. [3]Elle était si vaste et si complètement
incroyable qu'un monde d'une irréalité totale *devait* en émerger.
[4]Quoi d'autre pouvait-il en sortir ? [5]Ses aspects fragmentés sont
déjà assez apeurants, quand tu commences à les regarder. [6]Mais
rien de ce que tu as vu n'a pu te faire même entrevoir l'énormité
de l'erreur originelle, qui a semblé te chasser hors du Ciel et faire
éclater la connaissance en d'in-signifiants petits morceaux de perceptions disjointes, tout en te forçant à faire encore de nouvelles
substitutions.

6.   Ce fut la première projection de l'erreur vers l'extérieur. [2]Le
monde surgit pour la cacher et devint l'écran, dressé entre toi et
la vérité, sur lequel elle fut projetée. [3]Car la vérité s'étend vers
l'intérieur, où l'idée de perte est in-signifiante et où seule l'augmentation est concevable. [4]Trouves-tu réellement étrange qu'un
monde où tout est à l'envers et sens dessus dessous ait surgi de
cette projection de l'erreur ? [5]C'était inévitable. [6]Car la vérité portée à cela ne pouvait que demeurer au-dedans, en silence, sans
prendre part à toute la folle projection par laquelle ce monde
avait été fait. [7]Ne l'appelle pas péché mais folie, car ce l'était et
ce l'est encore. [8]Ne l'investis pas de culpabilité, car la culpabilité
implique que cela fut accompli en réalité. [9]Et par-dessus tout, *n'en
aie pas peur*.

7.   Quand tu sembles voir surgir pour t'effrayer quelque forme
distordue de l'erreur originelle, dis seulement : « Dieu n'est pas
peur, mais Amour », et elle disparaîtra. [2]La vérité te sauvera.
[3]Elle ne t'a pas quitté pour aller dans le monde fou et te délais-
ser ainsi. [4]À l'intérieur est la santé d'esprit ; l'insanité est à l'extérieur de toi. [5]Tu crois seulement que c'est le contraire ; que la
vérité est à l'extérieur, et que l'erreur et la culpabilité sont au-
dedans. [6]Tes petites substitutions insensées, teintées d'insanité,
qui tourbillonnent dans leur course détraquée comme des plumes

dansant follement dans le vent, n'ont aucune substance. [7]Elles fusionnent, se mêlent et se séparent, motifs changeants et totalement in-signifiants qu'il n'est pas besoin de juger du tout. [8]Il ne sert à rien de les juger individuellement. [9]Leurs minuscules différences de forme ne sont pas du tout de réelles différences. [10]Aucune n'a la moindre importance. [11]C'est *cela* qu'elles ont en commun et rien d'autre. [12]Or que faut-il d'autre pour faire qu'elles soient toutes les mêmes ?

8. Laisse-les toutes partir, dansant, plongeant et tournant dans le vent jusqu'à ce qu'elles disparaissent de ta vue, loin, loin à l'extérieur de toi. [2]Puis tourne-toi vers le calme majestueux en dedans, où dans une sainte quiétude demeure le Dieu vivant Que tu n'as jamais quitté, et Qui ne t'a jamais quitté. [3]Le Saint-Esprit te prend doucement par la main et retrace avec toi ton voyage fou à l'extérieur de toi-même, te ramenant doucement vers la vérité et la sécurité en dedans. [4]Il porte à la vérité toutes tes projections insanes et les folles substitutions que tu as placées à l'extérieur de toi. [5]Ainsi Il inverse le cours de l'insanité et te ramène à la raison.

9. Dans ta relation avec ton frère, où Il a pris tout en charge à ta requête, Il a mis le cap sur l'intérieur, sur la vérité que vous partagez. [2]Dans le monde fou à l'extérieur de toi, rien ne peut être partagé, mais seulement substitué ; or partager et substituer n'ont rien de commun en réalité. [3]Au-dedans de toi tu aimes ton frère d'un amour parfait. [4]Là est la terre sainte, où nulle substitution ne peut entrer et où seule la vérité en ton frère peut demeurer. [5]Là vous êtes joints en Dieu, ensemble l'un avec l'autre autant que vous l'êtes avec Lui. [6]L'erreur originelle n'est pas entrée là et n'y entrera jamais. [7]Là est l'éclatante vérité à laquelle le Saint-Esprit a dédié ta relation. [8]Laisse-Le l'amener là où *tu* voudrais qu'elle soit. [9]Donne-Lui juste un peu de foi en ton frère, pour L'aider à te montrer qu'aucun des substituts que tu as faits pour remplacer le Ciel ne peut t'en garder loin.

10. Il n'y a en toi aucune séparation, et aucun substitut ne peut te garder loin de ton frère. [2]Ta réalité était la création de Dieu, et elle n'a pas de substitut. [3]Vous êtes joints si fermement dans la vérité que seul Dieu est là. [4]Et jamais Il n'accepterait autre chose à votre place. [5]Il vous aime tous les deux également et ne faisant qu'un. [6]Or de même qu'Il vous aime, de même vous êtes. [7]Vous n'êtes pas joints dans l'illusion mais dans une Pensée si sainte et si parfaite qu'il ne peut rester aucune illusion pour assombrir le

saint lieu où vous vous tenez ensemble. [8]Dieu est avec toi, mon frère. [9]Joignons-nous en Lui dans la paix et la gratitude, et acceptons Son don comme étant notre réalité la plus sainte et la plus parfaite, que nous partageons en Lui.

11. Le Ciel est rendu à toute la Filialité par ta relation, car en elle réside la Filialité, entière et belle, en sécurité dans ton amour. [2]Le Ciel est entré calmement, car toutes les illusions ont été doucement portées à la vérité en toi, et l'amour a lui sur toi, bénissant ta relation de vérité. [3]Dieu et toute Sa création y sont entrés ensemble. [4]Comme elle est belle et sainte, ta relation, avec la vérité qui luit sur elle ! [5]Le Ciel la contemple et se réjouit que tu l'aies laissé venir à toi. [6]Et Dieu Lui-même Se réjouit que ta relation soit telle qu'elle a été créée. [7]L'univers au-dedans de toi se tient là avec toi et avec ton frère, ensemble. [8]Et le Ciel regarde avec amour ce qui s'est joint en lui, ainsi qu'avec son Créateur.

12. Ceux que Dieu a appelés ne devraient entendre aucun substitut. [2]Leur appel n'est qu'un écho de l'erreur originelle qui a fracassé le Ciel. [3]Et qu'est devenue la paix en ceux qui ont entendu ? [4]Retourne au Ciel avec moi ; allons ensemble avec ton frère hors de ce monde et par un autre, vers la beauté et la joie que l'autre contient. [5]Voudrais-tu affaiblir et briser encore davantage ce qui est déjà brisé et sans espoir ? [6]Est-ce ici que tu voudrais chercher le bonheur ? [7]Ou ne préférerais-tu pas guérir ce qui a été brisé et te joindre pour rendre entier ce qui a été ravagé par la séparation et la maladie ?

13. Ensemble, ton frère et toi, vous avez été appelés à la fonction la plus sainte que contienne ce monde. [2]C'est la seule qui n'ait pas de limites et aille vers chaque fragment brisé de la Filialité, avec un réconfort qui guérit et unit. [3]Cela t'est offert, dans ta relation sainte. [4]Accepte-le ici, et tu donneras comme tu as accepté. [5]La paix de Dieu t'est donnée avec le but lumineux dans lequel tu te joins à ton frère. [6]La sainte lumière qui vous a réunis, toi et lui, doit s'étendre, comme tu l'as accepté.

II. La base du rêve

1. N'est-ce pas que le monde qui surgit en rêve semble tout à fait réel ? [2]Or pense à ce qu'est ce monde. [3]Il est clair que ce n'est pas le monde que tu voyais avant de dormir. [4]Plutôt, c'est une distorsion du monde, uniquement planifiée selon ce que tu aurais

préféré. [5]Ici tu es « libre » de refaire ce qui semblait t'avoir attaqué, pour le changer en un hommage à ton ego, que l'« attaque » avait outragé. [6]Ce n'est pas ce que tu souhaiterais si tu ne te voyais pas toi-même comme ne faisant qu'un avec l'ego, qui se considère toujours lui-même, et donc te considère, toi, comme la cible d'une attaque et très vulnérable à celle-ci.

2.   Les rêves sont chaotiques parce qu'ils sont gouvernés par tes désirs conflictuels; par conséquent, ils ne se soucient pas de ce qui est vrai. [2]Ils sont le meilleur exemple que tu puisses avoir de la façon dont la perception peut être utilisée pour substituer les illusions à la vérité. [3]Tu ne les prends pas au sérieux en t'éveillant parce que le fait qu'ils violent la réalité si outrageusement devient apparent. [4]Or ils sont une façon de regarder le monde et de le changer pour mieux convenir à l'ego. [5]Ils fournissent des exemples frappants, à la fois de l'inaptitude de l'ego à tolérer la réalité et de ton désir de changer la réalité en sa faveur.

3.   Tu ne trouves pas troublantes les différences entre ce que tu vois dans ton sommeil et à ton réveil. [2]Tu reconnais que ce que tu vois au réveil est effacé en rêve. [3]Pourtant, en t'éveillant, tu ne t'attends pas à ce que cela ait disparu. [4]En rêve, *tu* arranges tout. [5]Les gens deviennent tels que tu les voudrais, et ils font ce que tu ordonnes. [6]Aucune limite aux substitutions ne t'est imposée. [7]Pour un temps il semble que le monde t'ait été donné pour que tu en fasses ce que tu souhaites. [8]Tu ne te rends pas compte que tu l'attaques, que tu essaies d'en triompher et de le mettre à ton service.

4.   Les rêves sont des crises de colère perceptuelles, dans lesquelles tu hurles littéralement : « Je le veux ainsi ! » [2]Et ainsi il semble en être. [3]Et pourtant le rêve ne peut pas échapper à son origine. [4]La colère et la peur le pénètrent et en un instant l'illusion de satisfaction est envahie par l'illusion de terreur. [5]Car le rêve de ton aptitude à contrôler la réalité en lui substituant un monde que tu préfères *est* terrifiant. [6]Tes tentatives pour effacer la réalité sont très apeurantes, mais cela tu n'es pas prêt à l'accepter. [7]Alors tu lui substitues le fantasme que c'est la réalité qui est apeurante, et non ce que tu voudrais lui faire. [8]Et ainsi la culpabilité est rendue réelle.

5.   Les rêves te montrent que tu as le pouvoir de faire un monde tel que tu le voudrais; et que parce que tu le veux, tu le vois. [2]Et tant que tu le vois, tu ne doutes pas qu'il est réel. [3]Or voici un monde, manifestement au-dedans de ton esprit, qui semble être

à l'extérieur. [4]Tu n'y réponds pas comme si c'était toi qui l'avais fait, et tu ne te rends pas compte non plus que les émotions que le rêve produit doivent venir de toi. [5]Ce sont les figures dans le rêve et ce qu'elles font qui semblent faire le rêve. [6]Tu ne te rends pas compte que tu les fais passer à l'acte pour toi, car si tu t'en rendais compte la culpabilité ne serait pas la leur et l'illusion de satisfaction disparaîtrait. [7]En rêve, ces traits ne sont pas obscurs. [8]Tu sembles te réveiller, et le rêve a disparu. [9]Or ce que tu manques de reconnaître, c'est que ce qui a causé le rêve n'a pas disparu avec lui. [10]Le souhait te reste de faire un autre monde qui n'est pas réel. [11]Et ce à quoi tu sembles t'éveiller n'est qu'une autre forme de ce même monde que tu vois en rêve. [12]Tout ton temps se passe à rêver. [13]Tes rêves endormis et tes rêves éveillés ont des formes différentes, mais c'est tout. [14]Leur contenu est le même. [15]Ce sont tes protestations contre la réalité et ton idée fixe et insane de pouvoir la changer. [16]Dans tes rêves éveillés, la relation particulière occupe une place particulière. [17]C'est le moyen par lequel tu essaies de réaliser les rêves que tu fais en dormant. [18]De cela, tu ne t'éveilles pas. [19]La relation particulière, c'est la détermination avec laquelle tu gardes ta prise sur l'irréel tout en t'empêchant de t'éveiller. [20]Et tant que tu verras plus de valeur dans le sommeil que dans l'éveil, tu n'en lâcheras pas prise.

6.   Le Saint-Esprit, toujours pratique dans Sa sagesse, accepte tes rêves et les utilise comme moyen de t'éveiller. [2]Tu les aurais utilisé, toi, pour rester endormi. [3]J'ai dit plus tôt que le premier changement, avant que les rêves ne disparaissent, c'est que tes rêves de peur sont changés en rêves heureux. [4]C'est ce que fait le Saint-Esprit dans la relation particulière. [5]Il ne la détruit pas, Il ne te l'arrache pas. [6]Mais Il l'utilise différemment, comme une aide pour rendre Son but réel pour toi. [7]La relation particulière restera, non pas comme une source de douleur et de culpabilité mais comme une source de joie et de liberté. [8]Elle ne sera pas pour toi seul, car en cela résidait sa misère. [9]De même que sa non-sainteté la gardait à part, sa sainteté deviendra une offrande faite à chacun.

7.   Ta relation particulière sera un moyen de défaire la culpabilité en tous ceux qui sont bénis par ta relation sainte. [2]Ce sera un rêve heureux, un rêve que tu partageras avec tous ceux qui se présenteront à ta vue. [3]Par ta relation sainte s'étendra la bénédiction que le Saint-Esprit a répandu sur elle. [4]Ne pense pas qu'Il ait oublié qui que ce soit dans le but qu'Il t'a donné. [5]Et ne pense pas qu'Il t'ait oublié, toi à qui Il a offert le don. [6]Il utilise tous ceux qui

font appel à Lui comme moyens pour le salut de chacun. ⁷Et Il éveillera chacun par toi qui Lui as offert ta relation. ⁸Si seulement tu reconnaissais Sa gratitude ! ⁹Ou la mienne par la Sienne ! ¹⁰Car nous sommes joints en un seul but, étant avec Lui d'un seul esprit.

8.   Ne laisse pas au rêve le pouvoir de te fermer les yeux. ²Ce n'est pas étrange que les rêves puissent faire un monde qui est irréel. ³C'est le *souhait* de le faire qui est incroyable. ⁴Ta relation avec ton frère est maintenant devenue une relation dans laquelle le souhait a été enlevé, parce que son but a été changé d'un but de rêve à un but de vérité. ⁵Tu n'en es pas sûr parce que tu penses que c'est peut-être cela qui est le rêve. ⁶Tu as tellement l'habitude de choisir parmi les rêves que tu ne vois pas que tu as choisi, enfin, entre la vérité et *toutes* les illusions.

9.   Or le Ciel est sûr. ²Ce n'est pas un rêve. ³Sa venue signifie que tu as choisi la vérité, et elle est venue parce que tu as été désireux de laisser ta relation particulière remplir ses conditions. ⁴Dans ta relation, le Saint-Esprit a doucement posé le monde réel ; le monde des rêves heureux, dont il est si facile et si naturel de s'éveiller. ⁵Car de même que tes rêves endormis et tes rêves éveillés représentent les mêmes souhaits dans ton esprit, de même le monde réel et la vérité du Ciel se joignent dans la Volonté de Dieu. ⁶Le rêve de s'éveiller est facilement transféré à sa réalité. ⁷Car ce rêve reflète ta volonté jointe à la Volonté de Dieu. ⁸Et jamais ce que cette Volonté voulait voir accompli n'a *pas* été fait.

III. Lumière dans le rêve

1.   Toi qui as passé ta vie à porter la vérité à l'illusion, la réalité au fantasme, tu as suivi le chemin des rêves. ²Car tu es passé de l'éveil au sommeil, et encore vers un sommeil toujours plus profond. ³Chaque rêve menait à d'autres rêves, et chaque fantasme qui semblait apporter une lumière dans les ténèbres ne faisait que rendre les ténèbres plus profondes. ⁴Ton but était les ténèbres, où nul rai de lumière ne pourrait entrer. ⁵Tu cherchais une noirceur si complète que tu pourrais te cacher à jamais de la vérité, dans une complète insanité. ⁶Ce que tu avais oublié, c'est simplement que Dieu ne peut Se détruire Lui-même. ⁷La lumière est *en* toi. ⁸Les ténèbres peuvent la couvrir, mais elles ne peuvent l'éteindre.

2.   Quand la lumière se rapproche, tu te précipites vers les ténèbres, reculant devant la vérité, retraitant parfois vers des formes de peur

moins importantes, et parfois vers la pure terreur. ²Mais tu avanceras, parce que ton but est d'avancer de la peur vers la vérité. ³Le but que tu as accepté, ayant signifié ton désir de l'atteindre, c'est le but de la connaissance. ⁴La peur semble vivre dans les ténèbres, et quand tu as peur tu fais un pas en arrière. ⁵Joignons-nous vite en un instant de lumière, et cela sera suffisant pour te rappeler que ton but est lumière.

3. La vérité s'est précipitée à ta rencontre puisque tu l'as appelée. ²Si tu savais Qui marche à tes côtés sur le chemin que tu as choisi, la peur serait impossible. ³Tu ne le sais pas, parce que le voyage dans les ténèbres a été long et cruel, et tu y es entré profondément. ⁴Un petit battement de tes paupières, si longtemps fermées, n'a pas encore suffi à te donner confiance en toi, si longtemps méprisé. ⁵Tu vas vers l'amour tout en le haïssant encore, et tu as terriblement peur de son jugement sur toi. ⁶Tu ne te rends pas compte que ce n'est pas de l'amour que tu as peur, mais seulement de ce que tu en as fait. ⁷Tu vas en avançant vers la signification de l'amour, et en t'éloignant de toutes les illusions dont tu l'as entourée. ⁸Quand tu retraites vers l'illusion, ta peur augmente, car il n'y a guère de doute que ce que tu penses qu'elle signifie est apeurant. ⁹Or qu'est-ce, cela, pour nous qui voyageons sûrement et rapidement en nous éloignant de la peur?

4. Toi qui tiens la main de ton frère, tu tiens aussi la mienne, car vous n'étiez pas seuls lorsque vous vous êtes joints l'un à l'autre. ²Crois-tu que je te laisserais dans les ténèbres que tu as consenti à quitter avec moi? ³Dans ta relation est la lumière de ce monde. ⁴Et la peur doit maintenant disparaître devant toi. ⁵Ne sois pas tenté d'arracher à ton frère le don de foi que tu lui as offert. ⁶Tu ne réussiras qu'à t'effrayer toi-même. ⁷Le don est fait à jamais, car Dieu Lui-même l'a reçu. ⁸Tu ne peux pas le reprendre. ⁹Tu as accepté Dieu. ¹⁰La sainteté de ta relation est établie au Ciel. ¹¹Tu ne comprends pas ce que tu as accepté, mais souviens-toi qu'il n'est pas nécessaire que tu comprennes. ¹²Ce qui était nécessaire, c'était simplement que tu *souhaites* comprendre. ¹³Ce souhait, c'était le désir d'être saint. ¹⁴La Volonté de Dieu t'est accordée. ¹⁵Car tu désires la seule chose que tu aies jamais eue, ou aies jamais été.

5. Chaque instant que nous passons ensemble t'enseignera que ce but est possible, tout en renforçant ton désir de l'atteindre. ²Dans ton désir réside son accomplissement. ³Ton désir est maintenant en parfait accord avec toute la puissance de la Volonté du Saint-Esprit. ⁴Aucun des petits pas chancelants que tu peux faire

ne peut séparer ton désir de Sa Volonté et de Sa force. [5]Je tiens ta main, aussi sûrement que tu as consenti à prendre celle de ton frère. [6]Vous ne vous séparerez pas, car je me tiens avec vous et je vais avec vous dans votre avancée vers la vérité. [7]Et là où nous allons, nous portons Dieu avec nous.

6. Dans ta relation, tu t'es joint à moi pour apporter le Ciel au Fils de Dieu, qui se cachait dans les ténèbres. [2]Tu étais désireux de porter les ténèbres à la lumière, et ce désir a donné des forces à tous ceux qui voudraient rester dans les ténèbres. [3]Ceux qui voudraient voir *verront*. [4]Ils se joindront à moi pour porter leur lumière dans les ténèbres, quand les ténèbres en eux auront été offertes à la lumière et enlevées à jamais. [5]Mon besoin de toi, joint à moi dans la sainte lumière de ta relation, est ton besoin de salut. [6]Ne te donnerais-je pas ce que tu m'as donné ? [7]Car lorsque tu t'es joint à ton frère, tu m'as répondu.

7. Toi qui es maintenant le porteur du salut, tu as la fonction d'apporter la lumière aux ténèbres. [2]Les ténèbres en toi ont été portées à la lumière. [3]Rapporte-la aux ténèbres, de l'instant saint auquel tu les as portées. [4]Nous sommes rendus entiers dans notre désir de rendre entier. [5]Ne laisse pas le temps t'inquiéter, car toute la peur que toi et ton frère éprouvez est réellement passée. [6]Le temps a été réajusté pour nous aider à faire, ensemble, ce que vos passés séparés voulaient entraver. [7]Vous êtes allés passé la peur, car deux esprits ne peuvent se joindre dans le désir de l'amour sans que l'amour se joigne à eux.

8. Il n'est pas une seule lumière au Ciel qui ne t'accompagne. [2]Pas un seul Rayon brillant à jamais dans l'Esprit de Dieu qui ne brille sur toi. [3]Le Ciel s'est joint à toi dans ton avancée vers le Ciel. [4]Peux-tu rester dans les ténèbres quand de si grandes lumières se sont jointes à toi pour donner à la petite étincelle de ton désir la puissance de Dieu Lui-même ? [5]Toi et ton frère rentrez ensemble chez vous, après un long et in-signifiant voyage que vous aviez entrepris séparément, et qui ne menait nulle part. [6]Tu as trouvé ton frère, et vous vous éclairerez le chemin l'un l'autre. [7]Et de cette lumière les Grands Rayons s'étendront, vers l'arrière jusque dans les ténèbres et vers l'avant jusqu'à Dieu, pour dissiper le passé et faire place ainsi à Sa Présence éternelle, en laquelle tout est radieux dans la lumière.

IV. Le petit désir

1. L'instant saint est le résultat de ta détermination à être saint. [2]C'est la *réponse*. [3]Le désir et la volonté de le laisser venir précèdent sa venue. [4]Tu y prépares ton esprit dans la seule mesure où tu reconnais que tu le veux par-dessus tout. [5]Il n'est pas nécessaire de faire plus; de fait, il est nécessaire que tu te rendes compte que tu ne peux pas faire plus. [6]Ne tente pas de donner au Saint-Esprit ce qu'Il ne demande pas, sinon tu Lui ajoutes l'ego et tu confonds les deux. [7]Il ne demande que peu. [8]C'est Lui Qui ajoute la grandeur et la puissance. [9]Il Se joint à toi pour rendre l'instant saint bien plus grand que tu ne peux le comprendre. [10]Ce qui Lui permet de tant donner, c'est que tu te rendes compte que tu as si peu à faire.

2. Ne te fie pas à tes bonnes intentions. [2]Elles ne suffisent pas. [3]Mais fie-toi implicitement à ton désir, peu importe quoi d'autre pourrait y entrer. [4]Concentre-toi seulement sur cela, et ne sois pas troublé parce que des ombres l'entourent. [5]C'est pour cela que tu es venu. [6]Si tu pouvais venir sans elles, tu n'aurais pas besoin de l'instant saint. [7]N'y viens pas avec arrogance, en pensant que tu dois atteindre l'état que sa venue apporte. [8]Le miracle de l'instant saint réside dans ton désir de le laisser être ce qu'il est. [9]Et dans ton désir de cela réside aussi ton acceptation de toi-même tel que tu étais censé être.

3. L'humilité ne demandera jamais que tu restes content de la petitesse. [2]Mais elle requiert que tu ne te contentes pas de moins que la grandeur qui ne vient pas de toi. [3]Ce qui te pose problème avec l'instant saint surgit de la fixe conviction de ne pas en être digne. [4]Et qu'est-ce, cela, sinon la détermination à être tel que tu voudrais te faire toi-même ? [5]Dieu n'a pas créé Sa demeure indigne de Lui. [6]Et si tu crois qu'Il ne peut entrer là où Il veut être, ce doit être que tu interfères avec Sa Volonté. [7]Tu n'as pas besoin que la force du désir vienne de toi, mais seulement de Sa Volonté.

4. L'instant saint ne vient pas de ton seul petit désir. [2]C'est toujours le résultat de ton petit désir combiné à la puissance illimitée de la Volonté de Dieu. [3]Tu as eu tort de penser qu'il fallait te préparer pour Lui. [4]Il est impossible de faire d'arrogantes préparations pour la sainteté sans croire que c'est à toi qu'il appartient d'établir les conditions de la paix. [5]Dieu les a établies. [6]Elles n'attendent pas ton désir pour être ce qu'elles sont. [7]Il n'est besoin de ton désir que pour qu'il soit possible de t'enseigner

ce qu'elles sont. ⁸Si tu maintiens que tu es indigne d'apprendre cela, tu fais interférence avec la leçon en croyant que tu dois rendre l'apprenant différent. ⁹Ce n'est pas toi qui as fait l'apprenant et tu ne peux pas le rendre différent. ¹⁰Voudrais-tu d'abord faire toi-même un miracle, et t'attendre ensuite à ce qu'un miracle soit fait *pour toi*?

5.   Tu ne fais que poser la question. ²La réponse est donnée. ³Ne cherche pas à répondre, mais simplement à recevoir la réponse telle qu'elle est donnée. ⁴En te préparant pour l'instant saint, ne cherche pas à te rendre saint pour être prêt à le recevoir. ⁵Ce ne serait que confondre ton rôle avec celui de Dieu. ⁶L'Expiation ne peut venir à ceux qui pensent devoir expier d'abord, mais seulement à ceux qui ne lui offrent rien de plus que le simple désir de lui ouvrir la voie. ⁷La purification est de Dieu seul; par conséquent, elle est pour toi. ⁸Plutôt que de chercher à te préparer pour Lui, essaie de penser ainsi :

> ⁹*Moi qui suis l'hôte de Dieu suis digne de Lui.*
> ¹⁰*Lui Qui a établi Sa demeure en moi l'a créée telle qu'Il la voulait.*
> ¹¹*Il n'est pas besoin que je la prépare pour Lui, mais seulement que je n'interfère pas avec Son plan pour me rendre à nouveau conscient que je suis prêt, éternellement.*
> ¹²*Je n'ai pas besoin d'ajouter quoi que ce soit à Son plan.*
> ¹³*Mais pour le recevoir, je dois être désireux de ne pas substituer le mien à sa place.*

6.   Et c'est tout. ²Ajoutes-en et tu ne feras qu'enlever le peu qui est demandé. ³Souviens-toi que tu as fait la culpabilité et que ton plan pour l'évasion hors de la culpabilité était de lui apporter l'Expiation, et de rendre le salut apeurant. ⁴Et c'est seulement la peur que tu ajouteras, si tu te prépares toi-même pour l'amour. ⁵La préparation à l'instant saint appartient à Celui Qui le donne. ⁶Délivre-toi à Celui Dont la fonction est la délivrance. ⁷N'assume pas Sa fonction pour Lui. ⁸Donne-Lui seulement ce qu'Il demande, afin d'apprendre combien ton rôle est petit et combien le Sien est grand.

7.   C'est cela qui rend l'instant saint si facile et si naturel. ²Tu le rends difficile, parce que tu persistes à croire qu'il doit y avoir davantage à faire. ³Il t'est difficile d'accepter l'idée que tu as si peu à donner, pour recevoir tant. ⁴Il est très dur pour toi de te rendre

compte que ce n'est pas une insulte personnelle si ta contribution et celle du Saint-Esprit sont si extrêmement disproportionnées. ⁵Tu es encore convaincu que ta compréhension est une puissante contribution à la vérité et qu'elle en fait ce qu'elle est. ⁶Nous avons pourtant insisté sur le fait que tu n'as pas besoin de comprendre quoi que ce soit. ⁷Le salut est facile *parce qu'*il ne demande rien que tu ne puisses donner dès maintenant.

8. N'oublie pas que c'est toi qui as décidé de rendre impossible tout ce qui t'est naturel et facile. ²Si tu crois que l'instant saint est difficile pour toi, c'est parce que tu es devenu l'arbitre de ce qui est possible, et que tu restes indésireux de faire de la place à Celui Qui connaît. ³Toute la croyance en des ordres de difficulté dans les miracles est centrée là-dessus. ⁴Tout ce que Dieu veut n'est pas seulement possible mais s'est déjà produit. ⁵Et c'est pour cela que le passé a disparu. ⁶Il ne s'est jamais produit en réalité. ⁷Ce n'est que dans ton esprit, qui le pensait, qu'il est besoin de le défaire.

V. Le rêve heureux

1. Prépare-toi *maintenant* à ce que soit défait ce qui n'a jamais été. ²Si tu comprenais déjà la différence entre la vérité et l'illusion, l'Expiation n'aurait pas de signification. ³L'instant saint, la relation sainte, l'enseignement du Saint-Esprit et tous les moyens par lesquels le salut est accompli n'auraient pas de but. ⁴Car ce ne sont tous que des aspects du plan pour changer tes rêves de peur en rêves heureux, desquels tu t'éveilles aisément à la connaissance. ⁵Ne te mets pas en charge de cela, car tu ne sais pas distinguer entre avancer et retraiter. ⁶Certaines de tes plus grandes avancées, tu les as jugées comme des échecs, et certaines de tes plus profondes retraites, tu les as considérées comme des succès.

2. Ne t'approche jamais de l'instant saint après avoir essayé d'enlever toute peur et toute haine de ton esprit. ²Cela est *sa* fonction. ³Ne tente jamais de passer sur ta culpabilité avant de demander l'aide du Saint-Esprit. ⁴Cela est *Sa* fonction. ⁵Ton rôle est seulement de Lui offrir un petit désir de Le laisser enlever toute peur et toute haine, et d'être pardonné. ⁶Sur ta petite foi, jointe à Sa compréhension, Il bâtira ton rôle dans l'Expiation tout en S'assurant que tu le rempliras aisément. ⁷Avec Lui tu bâtiras une échelle plantée dans le roc solide de la foi et s'élevant jusqu'au Ciel. ⁸Or tu ne l'utiliseras pas pour monter seul jusqu'au Ciel.

3.   Par ta relation sainte, née à nouveau et bénie en chaque instant saint que tu n'arranges pas, des milliers monteront avec toi jusqu'au Ciel. [2]Peux-tu planifier cela ? [3]Ou pourrais-tu te préparer toi-même pour une telle fonction ? [4]Or cela est possible parce que c'est la Volonté de Dieu. [5]Et Il ne changera pas d'Esprit là-dessus. [6]Les moyens et le but Lui appartiennent tous deux. [7]Tu as accepté l'un ; l'autre sera fourni. [8]Un tel but, sans les moyens, est inconcevable. [9]Il fournira les moyens à quiconque partage Son but.

4.   Les rêves heureux se réalisent, non pas parce que ce sont des rêves mais seulement parce qu'ils sont heureux. [2]Ainsi ils doivent être aimants. [3]Leur message est : « Que Ta Volonté soit faite », et non : « Je veux que ce soit différent. » [4]L'alignement des moyens sur le but est une entreprise qu'il t'est impossible de comprendre. [5]Tu ne te rends même pas compte que tu as accepté pour tien le but du Saint-Esprit, et tu n'apporterais que des moyens non saints pour qu'il s'accomplisse. [6]Tout ce qui est requis pour recevoir les moyens et les utiliser, c'est la petite foi qu'il a fallu pour changer le but.

5.   Ce n'est pas un rêve que d'aimer ton frère comme toi-même. [2]Ta relation sainte n'est pas un rêve non plus. [3]Tout ce qui reste de rêve en elle, c'est qu'il s'agit encore d'une relation particulière. [4]Or elle est très utile au Saint-Esprit, Qui *a* ici une fonction particulière. [5]Elle deviendra le rêve heureux par lequel Il pourra répandre la joie sur les milliers et les milliers qui croient que l'amour est peur et non bonheur. [6]Laisse-Le remplir la fonction qu'Il a donnée à ta relation en l'acceptant pour toi, et rien ne manquera qui en ferait ce qu'Il voudrait qu'elle soit.

6.   Quand tu sens que quoi que ce soit menace la sainteté de ta relation, arrête-toi immédiatement et offre au Saint-Esprit le désir, malgré la peur, de Le laisser échanger cet instant contre l'instant saint que tu préférerais avoir. [2]Il n'échouera jamais en cela. [3]Mais n'oublie pas que ta relation est une ; ainsi ce doit être que tout ce qui menace la paix de l'un est une égale menace pour l'autre. [4]Le pouvoir de se joindre à sa bénédiction réside dans le fait qu'il est maintenant impossible à toi comme à ton frère de ressentir la peur seul, ou d'essayer de s'en occuper seul. [5]Ne crois jamais que cela soit nécessaire ou même possible. [6]Or de même que cela est impossible, de même il est impossible que l'instant saint vienne à l'un des deux sans l'autre. [7]Et il viendra aux deux à la requête de l'un ou de l'autre.

7.   Celui qui est le plus sain d'esprit au moment où la menace est perçue devrait se rappeler combien sa dette est grande envers l'autre, et tout ce qu'il lui doit de gratitude, tout en se réjouissant de pouvoir s'acquitter de cette dette en apportant le bonheur aux deux. ²Qu'il se souvienne de cela, et qu'il dise :

> ³*Je désire cet instant saint pour moi-même, afin de le partager avec mon frère, que j'aime.*
> ⁴*Il n'est pas possible que je l'aie sans lui, ni qu'il l'ait sans moi.*
> ⁵*Or il nous est entièrement possible de le partager maintenant.*
> ⁶*Ainsi je choisis cet instant pour celui que j'offre au Saint-Esprit, afin que Sa bénédiction descende sur nous et nous garde tous deux en paix.*

VI. Au-delà du corps

1.   Il n'y a rien à l'extérieur de toi. ²À la fin, c'est cela que tu dois apprendre, car c'est te rendre compte que le Royaume des Cieux t'est rendu. ³Car Dieu n'a créé que cela, et Il ne l'a pas quitté ni laissé séparé de Lui-même. ⁴Le Royaume des Cieux est la demeure du Fils de Dieu, qui n'a pas quitté son Père et ne demeure pas à part de Lui. ⁵Le Ciel n'est ni un lieu ni une condition. ⁶C'est simplement la conscience d'une parfaite Unité, et la connaissance qu'il n'y a rien d'autre : rien en dehors de cette Unité, et rien d'autre au-dedans.

2.   Que pourrait donner Dieu, sauf la connaissance de Lui-même ? ²Qu'y a-t-il d'autre à donner ? ³La croyance que tu pourrais donner et obtenir quelque chose d'autre, quelque chose d'extérieur à toi, t'a coûté la conscience du Ciel et de ton Identité. ⁴Et tu as fait une chose plus étrange encore que tu ne le croies. ⁵Tu as déplacé ta culpabilité de ton esprit à ton corps. ⁶Or un corps ne peut être coupable, car il ne peut rien faire de lui-même. ⁷Toi qui penses haïr ton corps, tu te trompes toi-même. ⁸C'est ton esprit que tu hais, car la culpabilité y est entrée, et il voudrait rester séparé de celui de ton frère, ce qu'il ne peut pas faire.

3.   Les esprits sont joints ; les corps ne le sont pas. ²Ce n'est qu'en assignant à l'esprit les propriétés du corps que la séparation semble possible. ³Et c'est l'esprit qui semble être fragmenté, privé et seul. ⁴Sa culpabilité, qui le garde séparé, est projetée sur le corps, qui souffre et meurt parce qu'il est attaqué pour tenir la séparation

411

dans l'esprit et l'empêcher de connaître son Identité. ⁵L'esprit ne peut pas attaquer, mais il peut faire des fantasmes et dicter au corps de les réaliser. ⁶Or ce n'est jamais ce que fait le corps qui semble satisfaire. ⁷À moins que l'esprit ne croie que le corps est effectivement en train de réaliser ses fantasmes, il attaquera le corps en augmentant la projection de sa culpabilité sur lui.

4.   En cela il est clair que l'esprit délire. ²Il ne peut pas attaquer, mais il maintient qu'il le peut et pour le prouver il utilise ce qu'il fait pour blesser le corps. ³L'esprit ne peut pas attaquer, mais il peut se tromper lui-même. ⁴Et c'est tout ce qu'il fait quand il croit avoir attaqué le corps. ⁵Il peut projeter sa culpabilité, mais il ne la perdra pas par la projection. ⁶Et bien qu'il puisse manifestement malpercevoir la fonction du corps, il ne peut rien changer à sa fonction telle que le Saint-Esprit l'établit. ⁷Le corps n'a pas été fait par l'amour. ⁸Or l'amour ne le condamne pas et peut l'utiliser avec amour, respectant ce que le Fils de Dieu a fait et l'utilisant pour le sauver des illusions.

5.   Ne voudrais-tu pas que les instruments de la séparation soient réinterprétés comme moyens pour le salut et utilisés à des fins d'amour ? ²N'est-ce pas volontiers que tu accueillerais et soutiendrais le passage des fantasmes de vengeance à ta délivrance d'eux ? ³Il est clair que ta perception du corps peut être malade, mais ne projette pas cela sur le corps. ⁴Car ton souhait de rendre destructeur ce qui ne peut détruire ne peut pas du tout avoir d'effet réel. ⁵Ce que Dieu a créé est seulement tel qu'Il le voudrait, étant Sa Volonté. ⁶Tu ne peux pas rendre Sa Volonté destructrice. ⁷Tu peux faire des fantasmes dans lesquels ta volonté est en conflit avec la Sienne, mais c'est tout.

6.   Il est insane d'utiliser le corps comme bouc émissaire de la culpabilité, en dirigeant son attaque puis en le blâmant de ce que tu souhaitais qu'il fasse. ²Il est impossible de réaliser des fantasmes. ³Car ce que tu veux, c'est encore les fantasmes, et ils n'ont rien à voir avec ce que fait le corps. ⁴Il ne rêve pas d'eux, et ils font de lui un handicap alors qu'il pourrait être un atout. ⁵Car les fantasmes ont fait de ton corps ton « ennemi » ; faible, vulnérable et traître, digne de la haine que tu investis en lui. ⁶Comment cela t'a-t-il servi ? ⁷Tu t'es identifié à cette chose que tu hais, l'instrument de la vengeance et la source perçue de ta culpabilité. ⁸Tu as fait cela à une chose qui n'a pas de signification, proclamant qu'elle était la demeure du Fils de Dieu et la retournant contre lui.

7.   Voilà l'hôte de Dieu que *tu* as fait. [2]Ni Dieu ni Son très saint Fils ne peuvent entrer dans une demeure qui abrite la haine, et où tu as semé les graines de la vengeance, de la violence et de la mort. [3]Cette chose que tu as faite pour servir ta culpabilité se dresse entre toi et d'autres esprits. [4]Les esprits *sont* joints, mais ce n'est pas à eux que tu t'identifies. [5]Tu te vois enfermé dans une prison séparée, isolée et inaccessible, incapable d'atteindre autrui comme d'être atteint. [6]Tu hais cette prison que tu as faite, et tu voudrais la détruire. [7]Mais tu ne voudrais pas t'en évader sans lui nuire et sans lui imposer ta culpabilité.

8.   Or c'est seulement ainsi que tu *peux* t'évader. [2]Le foyer de la vengeance n'est pas le tien ; la place que tu réserves pour y loger ta haine n'est pas une prison mais une illusion de toi-même. [3]Le corps est une limite imposée à la communication universelle, qui est l'éternelle propriété de l'esprit. [4]Mais la communication est interne. [5]L'esprit s'atteint lui-même. [6]Il n'est *pas* fait de différentes parties, qui s'atteignent les unes les autres. [7]Il ne va pas au-dehors. [8]Au-dedans de lui-même, il n'a pas de limites, et il n'y a rien au-dehors de lui. [9]Il englobe tout. [10]Il t'englobe entièrement : toi au-dedans de lui et lui au-dedans de toi. [11]Il n'y a rien d'autre, nulle part ni jamais.

9.   Le corps est à l'extérieur de toi et il ne t'entoure qu'en apparence, te coupant des autres, te gardant à part d'eux, et eux de toi. [2]Il n'est pas là. [3]Il n'y a pas de barrière entre Dieu et Son Fils, pas plus que Son Fils ne peut être séparé de Lui-même, sauf dans l'illusion. [4]Ce n'est pas sa réalité, même s'il le croit. [5]Or cela ne pourrait être que si Dieu faisait erreur. [6]Pour que cela soit possible, il aurait fallu que Dieu crée différemment, et qu'Il Se soit séparé Lui-même de Son Fils. [7]Il aurait fallu qu'Il crée des choses différentes et qu'Il établisse différents ordres de réalité dont certains seulement auraient été l'amour. [8]Or l'amour doit être à jamais pareil à lui-même, à jamais inchangeable et à jamais sans alternative. [9]Et il est ainsi. [10]Tu ne peux pas mettre une barrière autour de toi, parce que Dieu n'en a pas placé entre Lui-même et toi.

10.   Tu peux tendre la main et toucher au Ciel. [2]Toi dont la main est jointe à celle de ton frère, tu as commencé à tendre au-delà du corps, mais pas à l'extérieur de toi, pour atteindre ensemble votre Identité partagée. [3]Pourrait-Elle être à l'extérieur de toi ? [4]Là où Dieu n'est pas ? [5]Est-*Il* un corps, et t'a-t-Il créé tel qu'Il n'est pas, et où Il ne peut pas être ? [6]Tu n'es entouré que de Lui. [7]Quelles limites pourrais-tu avoir, toi qu'Il englobe ?

11.   Chacun a éprouvé ce qu'on pourrait appeler le sentiment d'être transporté hors de lui-même. [2]Ce sentiment de libération dépasse de beaucoup le rêve de liberté qui est parfois espéré dans les relations particulières. [3]C'est le sentiment d'une réelle évasion hors de toute limitation. [4]Si tu considères ce que ce « transport » entraîne réellement, tu te rendras compte que tu perds soudain toute conscience du corps tout en te joignant à quelque chose d'autre en quoi ton esprit s'élargit jusqu'à l'englober. [5]Il devient une partie de toi, quand tu t'unis à lui. [6]Et les deux deviennent entiers, lorsque ni l'un ni l'autre ne sont perçus comme séparés. [7]Ce qui se passe réellement, c'est que tu as abandonné l'illusion d'une conscience limitée tout en perdant ta peur de l'union. [8]L'amour qui la remplace instantanément s'étend et s'unit à ce qui t'a libéré. [9]Tant que cela dure, tu n'es pas incertain de ton Identité et tu ne voudrais pas La limiter. [10]Tu t'es échappé de la peur pour entrer dans la paix, en acceptant simplement la réalité sans lui poser de questions. [11]Tu as accepté cela à la place du corps, et tu t'es permis de ne faire qu'un avec quelque chose qui se trouve au-delà, simplement en ne laissant pas ton esprit être limité par lui.

12.   Cela peut se produire indépendamment de la distance physique qu'il semble y avoir entre toi et ce à quoi tu te joins ; de vos positions respectives dans l'espace ; et de vos différences de taille ou d'apparente qualité. [2]Le temps n'importe pas ; cela peut se produire avec quelque chose de passé, de présent ou d'anticipé. [3]Ce « quelque chose » peut être n'importe quoi, n'importe où : un son, une vue, une pensée, un souvenir ou même une idée générale sans référence précise. [4]Or dans chaque cas, tu te joins à cette chose sans réserve, parce que tu l'aimes et voudrais être avec elle. [5]Ainsi tu te précipites à sa rencontre, laissant fondre tes limites, suspendant toutes les « lois » auxquelles ton corps obéit et les mettant doucement de côté.

13.   Il n'y a pas du tout de violence dans cette évasion. [2]Le corps n'est pas attaqué, il est simplement perçu correctement. [3]Il ne te limite pas pour la simple raison que tu ne voudrais pas qu'il le fasse. [4]Tu n'es pas réellement « soulevé hors » de lui : il ne peut pas te contenir. [5]Tu vas où tu voudrais être, en y gagnant, et non perdant, un sentiment de Soi. [6]En ces instants de délivrance des restrictions physiques, tu éprouves en grande partie ce qui se passe dans l'instant saint : la levée des barrières du temps et de l'espace, l'expérience soudaine de paix et de joie et, par-dessus

tout, le manque de conscience du corps, et de questionnement quant à savoir si tout cela est possible ou non.

14. C'est possible parce que tu le veux. [2]La soudaine expansion de conscience à laquelle ton désir donne lieu, c'est l'appel irrésistible que contient l'instant saint. [3]Il t'appelle à être toi-même, dans sa sûre étreinte. [4]Là les lois des limites sont levées pour toi, pour t'accueillir à l'ouverture d'esprit et à la liberté. [5]Viens en ce lieu de refuge où tu peux être toi-même en paix. [6]Non par destruction, ni par effraction, mais par une simple et paisible fusion. [7]Car c'est là que la paix se joindra à toi, simplement parce que tu as été désireux de lâcher prise des limites que tu avais imposées à l'amour et que tu t'es joint à lui là où il est et là où il t'a conduit, en réponse à son doux appel à être en paix.

VII. Je n'ai pas besoin de faire quoi que ce soit

1. Tu te fies encore trop au corps comme source de force. [2]Quels plans fais-tu qui ne concernent son bien-être, sa protection ou son plaisir d'une quelconque façon ? [3]Cela fait du corps une fin et non un moyen selon ton interprétation, et cela signifie toujours que tu trouves encore le péché attirant. [4]Nul n'accepte l'Expiation pour lui-même qui accepte encore le péché pour but. [5]Tu n'as donc pas assumé ton *unique* responsabilité. [6]L'Expiation n'est pas accueillie par ceux qui préfèrent la douleur et la destruction.

2. Il y a une chose que tu n'as jamais faite : tu n'as jamais complètement oublié le corps. [2]Peut-être parfois s'est-il effacé de ta vue, mais il n'a pas encore complètement disparu. [3]Il ne t'est pas demandé de laisser cela se produire plus d'un seul instant, or c'est dans cet instant que le miracle de l'Expiation se produit. [4]Par la suite, tu verras le corps à nouveau mais jamais exactement de la même façon. [5]Et chaque instant que tu passes sans en avoir conscience t'en donne une vue différente quand tu retournes.

3. Il n'y a pas un seul instant où le corps existe le moindrement. [2]Soit qu'on s'en souvient, soit qu'on l'anticipe, mais on n'en fait jamais l'expérience *maintenant*. [3]Ce n'est que son passé et son futur qui le font paraître réel. [4]Le temps le contrôle entièrement, car le péché n'est jamais entièrement dans le présent. [5]En un seul instant, n'importe lequel, l'attraction de la culpabilité serait ressentie comme de la douleur et rien d'autre, et serait évitée. [6]Elle

n'exerce aucune attraction *maintenant*. [7]Toute son attraction est imaginaire et doit donc être pensée dans le passé ou dans le futur.

4.   Il est impossible d'accepter l'instant saint sans réserve à moins d'être désireux, pour un seul instant, de ne voir ni passé ni futur. [2]Tu ne peux pas t'y préparer sans le placer dans le futur. [3]La délivrance t'est donnée à l'instant où tu la désires. [4]Beaucoup ont passé toute leur vie à se préparer et ils ont certes obtenu leurs instants de succès. [5]Ce cours ne tente pas d'enseigner plus qu'ils n'ont appris dans le temps, mais il vise certainement à gagner du temps. [6]Tu tentes peut-être de suivre une très longue route vers le but que tu as accepté. [7]Il est extrêmement difficile d'atteindre l'Expiation tout en luttant contre le péché. [8]D'énormes efforts sont déployés pour tenter de rendre saint ce qui est haï et méprisé. [9]Il n'est pas nécessaire non plus de passer toute une vie en contemplation et en longues périodes de méditation visant au détachement du corps. [10]Toutes ces tentatives réussiront à la fin à cause de leur but. [11]Or les moyens sont fastidieux et prennent énormément de temps, car tous se tournent vers le futur pour la délivrance d'un état présent d'indignité et d'insuffisance.

5.   Ta voie sera différente, non quant au but mais quant aux moyens. [2]Une relation sainte est un moyen de gagner du temps. [3]Un seul instant passé avec ton frère vous rend l'univers à tous les deux. [4]Tu *es* préparé. [5]Tout ce que tu as besoin de faire maintenant, c'est de te souvenir que tu n'as pas besoin de faire quoi que ce soit. [6]Il serait bien plus profitable maintenant de te concentrer simplement là-dessus plutôt que de considérer ce que tu devrais faire. [7]Quand la paix vient enfin à ceux qui luttent contre la tentation et qui se battent pour ne pas succomber au péché; quand la lumière vient enfin dans l'esprit adonné à la contemplation; ou quand quiconque atteint enfin le but, cela s'accompagne toujours de cette unique et heureuse découverte : *«Je n'ai pas besoin de faire quoi que ce soit.»*

6.   Voilà l'ultime délivrance que chacun trouvera un jour à sa manière, et en son temps. [2]Tu n'as pas besoin de ce temps. [3]Le temps t'a été épargné parce que toi et ton frère êtes ensemble. [4]Voilà le moyen particulier que ce cours utilise pour te faire gagner du temps. [5]Tu ne te sers pas de ce cours si tu insistes pour utiliser des moyens qui ont bien servi à d'autres, en négligeant ce qui a été fait pour *toi*. [6]Gagne du temps pour moi par cette seule préparation, et exerce-toi à ne faire rien d'autre. [7]«Je n'ai pas besoin de faire quoi que ce soit» est une affirmation d'allégeance, une

loyauté véritablement indivisée. [8]Crois-le un seul instant et tu accompliras davantage qu'il est donné à un siècle de contemplation ou de lutte contre la tentation.

7. Faire quoi que ce soit implique le corps. [2]Et si tu reconnais que tu n'as pas besoin de faire quoi que ce soit, tu as retiré de ton esprit la valeur du corps. [3]Voilà la porte rapide et ouverte par laquelle tu passes outre des siècles d'efforts et t'échappes du temps. [4]C'est ainsi que le péché perd toute attirance *maintenant*. [5]Car ici le temps est nié, et le passé et le futur ont disparu. [6]Qui n'a pas besoin de faire quoi que ce soit n'a pas besoin de temps. [7]Ne rien faire, c'est se reposer et préparer un lieu en soi où l'activité du corps cesse d'exiger de l'attention. [8]C'est en ce lieu que vient le Saint-Esprit et c'est là qu'Il demeure. [9]Il reste quand tu oublies, et que les activités du corps reviennent occuper ton esprit conscient.

8. Or il y aura toujours ce lieu de repos où tu pourras retourner. [2]Et tu seras plus conscient de ce calme centre de la tempête que de toute son activité déchaînée. [3]Ce calme centre, où tu ne fais rien, te restera, t'apportant le repos au milieu de chaque affaire pressante où tu es envoyé. [4]Car de ce centre il te sera indiqué comment te servir du corps sans péché. [5]C'est ce centre, d'où le corps est absent, qui le gardera ainsi dans la conscience que tu en as.

VIII. Le petit jardin

1. C'est seulement la conscience du corps qui fait que l'amour semble limité. [2]Car le corps *est* une limite à l'amour. [3]À son origine était la croyance en l'amour limité, et il fut fait afin de limiter l'illimité. [4]Ne pense pas que cela soit une simple allégorie, car il fut fait pour te limiter, *toi*. [5]Toi qui te vois au-dedans d'un corps, peux-tu te connaître en tant qu'idée? [6]Tout ce que tu reconnais, tu l'identifies à l'extérieur, à quelque chose qui est en dehors. [7]Tu ne peux même pas penser à Dieu sans un corps ou sans une forme quelconque que tu penses reconnaître.

2. Le corps ne peut pas connaître. [2]Et tant que tu limiteras ta conscience à ses sens minuscules, tu ne verras pas la grandeur qui t'entoure. [3]Dieu ne peut pas venir dans un corps, pas plus que là tu ne peux te joindre à Lui. [4]Les limites à l'amour sembleront toujours Le forclore et te garder à part de Lui. [5]Le corps est une minuscule clôture autour d'une petite partie d'une idée glorieuse et complète. [6]Il trace un cercle, infiniment petit, autour d'un tout

petit segment du Ciel, détaché du tout, et proclame qu'au-dedans est ton royaume, où Dieu ne peut entrer.

3.   Au-dedans de ce royaume règne l'ego, et cruellement. [2]Et pour défendre ce petit grain de poussière, il t'enjoint de te battre contre l'univers. [3]Ce fragment de ton esprit en est une si minuscule partie que, si seulement tu pouvais apprécier le tout, tu verrais immédiatement qu'il est comme le plus petit rayon est au soleil, ou comme la plus petite ride à la surface de l'océan. [4]Dans sa stupéfiante arrogance, ce minuscule rayon de soleil a décidé qu'il était le soleil; cette ride presque imperceptible se proclame océan. [5]Songe comme elle est seule et effrayée, cette petite pensée, cette illusion infinitésimale, qui se tient à part contre l'univers. [6]Le soleil devient «l'ennemi» du rayon de soleil, qu'il voudrait dévorer, et l'océan terrifie la petite ride et veut l'avaler.

4.   Or ni le soleil ni l'océan ne sont même conscients de toute cette étrange et in-signifiante activité. [2]Ils continuent simplement, inconscients qu'ils sont craints et haïs par un minuscule segment d'eux-mêmes. [3]Même ce segment n'est pas perdu pour eux, car il ne pourrait pas survivre à part d'eux. [4]Et ce qu'il pense être ne change en aucune façon que son être est totalement dépendant d'eux. [5]Toute son existence demeure encore en eux. [6]Sans le soleil, le rayon disparaîtrait; la ride sans l'océan est inconcevable.

5.   Telle est l'étrange position dans laquelle semblent être ceux qui vivent dans un monde habité par des corps. [2]Chaque corps semble loger un esprit séparé, une pensée déconnectée, vivant seule et nullement jointe à la Pensée par laquelle elle fut créée. [3]Chaque minuscule fragment semble être autonome, ayant besoin d'autrui pour certaines choses mais n'étant aucunement totalement dépendant de son unique Créateur; ayant besoin du tout pour lui donner une quelconque signification, car par lui-même il ne signifie rien. [4]Pas plus qu'il n'a la moindre vie à part et par lui-même.

6.   Comme le soleil et l'océan, ton Soi continue, oublieux de ce que cette partie minuscule se considère comme toi. [2]Elle ne manque pas; elle ne pourrait pas exister si elle était séparée, pas plus que le tout ne serait le tout sans elle. [3]Elle n'est pas un royaume séparé, gouverné par une idée de séparation d'avec le reste. [4]Il n'y a pas non plus de clôture qui l'entoure, l'empêchant de se joindre au reste et la gardant à part de son Créateur. [5]Ce petit aspect n'est pas différent du tout, étant en continuité et ne faisant qu'un avec lui.

⁶Il ne mène pas de vie séparée, parce que sa vie *est* l'unité dans laquelle son être fut créé.

7. Ce petit aspect clôturé, ne l'accepte pas comme étant toi-même. ²Le soleil et l'océan ne sont rien à côté de ce que tu es. ³Le rayon de soleil n'étincelle que dans la lumière du soleil, et la ride ne danse qu'en reposant sur l'océan. ⁴Or il n'y a ni dans le soleil ni dans l'océan la puissance qui repose en toi. ⁵Voudrais-tu rester au-dedans de ton minuscule royaume, triste roi, amer souverain de tout ce qu'il surveille, qui ne regarde rien et qui pourtant serait encore prêt à mourir pour le défendre ? ⁶Ce petit soi n'est pas ton royaume. ⁷Bien au-dessus, le surplombant comme une arche et l'entourant d'amour, est le tout glorieux qui offre tout son bonheur et son contentement profond à chaque partie. ⁸Le petit aspect que tu penses avoir mis à part ne fait pas exception.

8. L'amour ne connaît pas de corps, et s'étend vers tout ce qui fut créé pareil à lui. ²Son manque total de limite *est* sa signification. ³Il donne de façon tout à fait impartiale et il n'englobe que pour préserver et garder complet ce qu'il voudrait donner. ⁴Dans ton minuscule royaume, tu as si peu ! ⁵N'est-ce pas là, donc, que tu devrais appeler l'amour à entrer ? ⁶Regarde le désert — sec, stérile, brûlé et sans joie — qui constitue ton petit royaume. ⁷Et rends-toi compte de la vie et de la joie que l'amour y apporterait d'où il vient, et où il retournerait avec toi.

9. Derrière la barrière que tu as bâtie, la Pensée de Dieu qui entoure ton petit royaume attend que tu La laisses entrer et rayonner sur le sol aride. ²Vois comme la vie jaillit partout ! ³Le désert devient un jardin, vert, profond, tranquille, offrant le repos à ceux qui ont perdu leur chemin, et qui errent dans la poussière. ⁴Donne-leur un lieu de refuge, préparé pour eux par l'amour là où était un désert. ⁵Et tous ceux que tu accueilleras apporteront l'amour avec eux du Ciel pour toi. ⁶Ils entrent un à un en ce saint lieu, mais ils n'en partiront pas seuls, comme ils sont venus. ⁷L'amour qu'ils ont apporté leur restera, comme il te restera. ⁸Et sous son influence bienfaisante, ton petit jardin prendra de l'expansion et attirera tous ceux qui ont soif d'eau vive mais sont trop las pour continuer seuls.

10. Va et trouve-les, car c'est ton Soi qu'ils amènent. ²Et conduis-les doucement à ton paisible jardin et reçois là leur bénédiction. ³Ainsi il grandira et s'étirera à travers le désert, de sorte qu'aucun petit royaume esseulé ne reste fermé à l'amour, avec toi à l'intérieur. ⁴Alors tu te reconnaîtras toi-même et tu verras ton petit

jardin doucement transformé en Royaume des Cieux, avec tout l'Amour de son Créateur rayonnant sur lui.

11.   L'instant saint est ton invitation faite à l'amour à entrer en ton triste et morne royaume et à le transformer en un jardin de paix et d'accueil. ²La réponse de l'amour est inévitable. ³Il viendra parce que tu es venu sans le corps et n'as interposé aucune barrière qui fasse interférence avec son heureuse venue. ⁴Dans l'instant saint, tu ne demandes de l'amour que ce qu'il offre à chacun, ni plus ni moins. ⁵Comme tu demandes tout, tu le recevras. ⁶Et ton Soi rayonnant soulèvera droit jusqu'au Ciel le minuscule aspect que tu essayais de cacher au Ciel. ⁷Aucune partie de l'amour ne fait appel au tout en vain. ⁸Aucun Fils de Dieu ne reste en dehors de Sa Paternité.

12.   Tu peux être sûr de ceci : l'amour est entré dans ta relation particulière, et il y est entré pleinement à ta faible requête. ²Tu ne reconnais pas que l'amour est venu, parce que tu n'as pas encore lâché prise de toutes les barrières que tu as levées contre ton frère. ³Ni toi ni lui ne serez capables d'accueillir l'amour séparément. ⁴Tu ne pourrais pas plus connaître Dieu seul qu'Il ne te connaît sans ton frère. ⁵Mais ensemble vous ne pourriez pas plus être inconscients de l'amour que l'amour ne pourrait ne pas vous connaître, ou manquer de se reconnaître en vous.

13.   Tu as atteint la fin d'un voyage très ancien sans t'être encore rendu compte qu'il était terminé. ²Tu es encore las et fourbu, et il semble que la poussière du désert te colle encore aux yeux et t'empêche de voir. ³Or Celui Que tu as accueilli est venu à toi, et voudrait t'accueillir. ⁴Il y a longtemps qu'Il attend de te faire cet accueil. ⁵Reçois-le de Lui maintenant, car Il voudrait que tu Le connaisses. ⁶Il n'y a plus qu'un petit mur de poussière qui se dresse encore entre toi et ton frère. ⁷Souffle à peine dessus, avec un rire joyeux, et il s'écroulera. ⁸Puis entre dans le jardin que l'amour a préparé pour vous deux.

IX. Les deux mondes

1.   Il t'a été dit de porter les ténèbres à la lumière et la culpabilité à la sainteté. ²Il t'a été dit aussi que l'erreur doit être corrigée à sa source. ³Par conséquent, c'est cette minuscule partie de toi-même, la petite pensée qui semble être coupée et séparée, dont le Saint-Esprit a besoin. ⁴Le reste est pleinement sous la garde de

Dieu et n'a pas besoin de guide. ⁵Or cette pensée folle et délirante a besoin d'aide parce que, dans son délire, elle pense qu'elle est le Fils de Dieu, entière et toute-puissante, unique souveraine du royaume qu'elle a isolé afin d'y exercer sa tyrannie, contraignant par la folie à l'obéissance et à l'esclavage. ⁶C'est cette petite partie que tu penses avoir volée au Ciel. ⁷Rends-la au Ciel. ⁸Le Ciel ne l'a pas perdue, mais c'est *toi* qui as perdu de vue le Ciel. ⁹Laisse le Saint-Esprit l'enlever du royaume desséché dans lequel tu l'as fait ressortir, entourée de ténèbres, gardée par l'attaque et renforcée par la haine. ¹⁰Il y a encore à l'intérieur de ses barricades un segment minuscule du Fils de Dieu, complet et saint, serein et inconscient de ce que tu penses qui l'entoure.

2. Ne sois pas séparé, car Celui Qui l'entoure t'a apporté l'union, retournant ta petite offrande de ténèbres à la lumière éternelle. ²Comment cela se fait-il ? ³C'est extrêmement simple, étant basé sur ce qu'est réellement ce petit royaume. ⁴Les sables arides, les ténèbres et l'absence de vie, ne sont vus que par les yeux du corps. ⁵Sa morne vue est distordue, et les messages qu'il te transmet, à toi qui l'as fait pour limiter ta conscience, sont petits et limités et si fragmentés qu'ils sont in-signifiants.

3. Du monde des corps, fait par l'insanité, des messages insanes semblent être renvoyés à l'esprit qui l'a fait. ²Et ces messages rendent témoignage de ce monde, proclamant qu'il est vrai. ³Car tu as envoyé ces messagers pour qu'ils te rapportent cela. ⁴Tout ce que ces messages te transmettent est tout à fait extérieur. ⁵Il n'y a aucun message qui parle de ce qui se trouve au-dessous, car ce n'est pas le corps qui pourrait en parler. ⁶Ses yeux ne le perçoivent pas ; ses sens en restent tout à fait inconscients ; sa langue ne peut pas en transmettre les messages. ⁷Or Dieu peut t'amener là, si tu es désireux de suivre le Saint-Esprit à travers l'apparente terreur, ayant confiance en ce qu'Il ne t'abandonnera pas et ne te laissera pas là. ⁸Car ce n'est pas Son but de t'effrayer, mais seulement le tien. ⁹Tu es sérieusement tenté de L'abandonner au cercle extérieur de la peur, mais Il voudrait te conduire en toute sécurité au travers et bien au-delà.

4. Le cercle de la peur se trouve juste au-dessous du niveau que le corps voit et il semble être tout le fondement sur lequel le monde est basé. ²Là sont toutes les illusions, toutes les pensées tordues, toutes les attaques insanes, la fureur, la vengeance et la trahison qui furent faites pour maintenir la culpabilité en place, de sorte que le monde puisse en émerger et la garder cachée. ³Son ombre

monte à la surface, assez pour garder dans les ténèbres ses mani-festations les plus extérieures et pour lui apporter le désespoir et la solitude et la laisser sans joie. ⁴Or son intensité est voilée par ses lourdes couvertures, tenue à l'écart de ce qui a été fait pour la garder cachée. ⁵Le corps ne peut pas la voir, car le corps en a surgi pour sa protection, qui dépend de ce qu'elle ne soit pas vue. ⁶Les yeux du corps ne la verront jamais. ⁷Mais ils verront ce qu'elle dicte.

5.   Le corps restera le messager de la culpabilité et il agira sous sa direction aussi longtemps que tu croiras que la culpabilité est réelle. ²Car la réalité de la culpabilité est l'illusion qui la fait paraître lourde et opaque, impénétrable, et un réel fondement pour le système de pensée de l'ego. ³Sa minceur et sa transparence ne deviennent apparentes que lorsque tu vois la lumière derrière elle. ⁴Alors tu la vois comme un voile fragile devant la lumière.

6.   Cette barrière qui paraît si lourde, ce plancher artificiel qui res-semble à du roc, est comme un amoncellement de nuages bas et sombres, qui semble former un mur solide devant le soleil. ²Son apparence impénétrable est entièrement illusoire. ³Il cède mol-lement aux sommets montagneux qui le dépassent et il n'a pas du tout le pouvoir de retenir quiconque désire grimper plus haut pour voir le soleil. ⁴Il n'est pas assez fort pour arrêter la chute d'un bouton ni pour tenir une plume. ⁵Rien ne peut reposer sur lui, car ce n'est que l'illusion d'un fondement. ⁶Essaie seulement de le toucher et il disparaît; essaie de l'attraper et tes mains ne retiennent rien.

7.   Or, dans cet amoncellement de nuages, il est facile de voir tout un monde s'élever. ²Une solide chaîne de montagnes, un lac, une ville, tout cela s'élève dans ton imagination; et les messagers de ta perception reviennent des nuages en t'assurant que tout est bien là. ³Des figures se détachent et se meuvent, les actions semblent réelles et des formes apparaissent qui passent du beau au grotesque. ⁴Elles vont et viennent, aussi longtemps que tu veux jouer à faire semblant comme les enfants. ⁵Pourtant, peu importe le temps et l'imagination que tu y mets, tu ne le confonds pas avec le monde au-dessous et tu ne cherches pas à le rendre réel.

8.   Il devrait en être ainsi des noirs nuages de la culpabilité, qui ne sont pas plus impénétrables et pas plus substantiels. ²Tu ne te cogneras pas contre eux en les traversant. ³Laisse ton Guide t'en-seigner leur insubstantielle nature comme Il te conduit passé les nuages, car il y a au-dessous un monde de lumière sur lequel ils ne

jettent aucune ombre. ⁴Leurs ombres s'étirent sur le monde au-delà, encore plus loin de la lumière. ⁵Or, des nuages, les ombres ne peuvent pas tomber sur la lumière.

9.　Ce monde de lumière, ce cercle de clarté est le monde réel, où la culpabilité rencontre le pardon. ²Ici le monde extérieur est vu à nouveau, sans l'ombre que jette sur lui la culpabilité. ³Ici tu es pardonné, car ici tu as pardonné à chacun. ⁴Ici est la nouvelle perception, où tout est éclatant et brillant d'innocence, lavé dans les eaux du pardon et purifié de toute mauvaise pensée que tu y avais mise. ⁵Ici il n'y a pas d'attaque contre le Fils de Dieu, et tu es le bienvenu. ⁶Ici est ton innocence, qui attend de te vêtir et de te protéger, et de te préparer pour l'étape finale du voyage vers l'intérieur. ⁷Ici sont déposés les sombres et lourds vêtements de la culpabilité pour être remplacés doucement par la pureté et l'amour.

10.　Or même le pardon n'est pas la fin. ²Le pardon rend beau mais il ne crée pas. ³Il est la source de la guérison, mais c'est le messager de l'amour et non sa Source. ⁴Ici tu es conduit, afin que Dieu Lui-même puisse faire le dernier pas sans entraves, car ici rien n'interfère avec l'amour, qui est laissé libre d'être lui-même. ⁵Un pas au-delà de ce saint lieu de pardon, un pas de plus vers l'intérieur mais celui que *tu* ne peux pas faire, te transporte vers quelque chose de complètement différent. ⁶Ici est la Source de lumière : rien de perçu, de pardonné ni de transformé. ⁷Mais simplement connu.

11.　Ce cours conduira à la connaissance, mais la connaissance elle-même est encore au-delà de la sphère de notre curriculum. ²Il n'est pas besoin non plus que nous essayions de parler de ce qui doit à jamais rester au-delà des mots. ³Nous avons seulement besoin de nous rappeler que quiconque atteint le monde réel, au-delà duquel l'apprentissage ne peut aller, ira au-delà, mais d'une manière différente. ⁴Où l'apprentissage finit, Dieu commence, car l'apprentissage finit devant Celui Qui est complet où Il commence, et là où il n'y a pas de fin. ⁵Ce n'est pas à nous de nous attarder sur ce qui ne peut pas être atteint. ⁶Il y a trop à apprendre. ⁷Il reste encore à atteindre l'état dans lequel tu es prêt pour la connaissance.

12.　L'amour ne s'apprend pas. ²Sa signification repose en lui. ³Et l'apprentissage prend fin quand tu as reconnu tout ce qu'il n'est *pas*. ⁴C'est cela qui interfère ; c'est cela qui doit être défait. ⁵L'amour ne s'apprend pas, parce qu'il n'y eut jamais un temps où tu ne l'aies connu. ⁶L'apprentissage est sans utilité en Présence de ton

Créateur, Dont la re-connaissance par toi et la tienne par Lui transcendent de si loin tout apprentissage que tout ce que tu as appris est in-signifiant et à jamais remplacé par la connaissance de l'amour et sa seule signification.

13. Ta relation avec ton frère a été arrachée du monde des ombres, et son but non saint a été porté en toute sécurité à travers les barrières de la culpabilité, lavé par le pardon, rendu brillant puis replanté fermement dans le monde de lumière. ²De là elle t'appelle à suivre le parcours qu'elle a suivi, soulevée bien au-dessus des ténèbres et doucement déposée devant les portes du Ciel. ³L'instant saint dans lequel toi et ton frère étiez unis n'est que le messager de l'amour, envoyé d'au-delà du pardon pour te rappeler tout ce qui se trouve au-delà. ⁴Or c'est par le pardon que tu t'en souviendras.

14. Quand la mémoire de Dieu te sera venue dans le saint lieu du pardon, tu ne te souviendras de rien d'autre et la mémoire sera aussi inutile que l'apprentissage, car ton seul but sera de créer. ²Or tu ne peux pas connaître cela tant que chaque perception n'a pas été nettoyée, purifiée et finalement à jamais enlevée. ³Le pardon n'enlève que le non-vrai, levant les ombres du monde et le portant, sain et sauf dans sa douceur, jusqu'au monde éclatant de la perception neuve et propre. ⁴Voilà ton but *maintenant*. ⁵Et c'est là que la paix t'attend.

Chapitre 19

ATTEINDRE LA PAIX

I. Guérison et foi

1. Nous avons dit plus tôt que lorsqu'une situation avait été entièrement vouée à la vérité, la paix était inévitable. [2]Qu'elle soit atteinte est le critère par lequel l'entièreté du dévouement peut être présumée sans risque de se tromper. [3]Or nous avons dit aussi que la paix sans la foi ne sera jamais atteinte, car ce qui est voué à la vérité comme seul but est porté à la vérité *par* la foi. [4]Cette foi englobe tous ceux qui sont concernés, car c'est ainsi seulement que la situation peut être perçue comme signifiante et comme un tout. [5]Et chacun doit être concerné, sinon ta foi est limitée et ton dévouement incomplet.

2. Chaque situation, correctement perçue, devient une occasion de guérir le Fils de Dieu. [2]Et il est guéri *parce que* tu lui as offert la foi, le donnant au Saint-Esprit et le délivrant de toute exigence que ton ego aurait envers lui. [3]Ainsi tu le vois libre, et cette vision, le Saint-Esprit la partage. [4]Puisqu'Il la partage, Il l'a donnée; et donc Il guérit par toi. [5]C'est de te joindre à Lui dans un but unifié qui rend ce but réel, parce que tu le rends entier. [6]Et cela *est* la guérison. [7]Le corps est guéri parce que tu es venu sans lui et t'es joint à l'Esprit dans lequel repose toute guérison.

3. Le corps ne peut guérir, parce qu'il ne peut se rendre malade. [2]Il n'a pas *besoin* de guérison. [3]Sa santé ou sa maladie dépendent entièrement de la façon dont l'esprit le perçoit, et du but pour lequel l'esprit voudrait l'utiliser. [4]Il est évident qu'un segment de l'esprit peut se voir lui-même comme étant séparé du But universel. [5]Quand cela se produit, le corps devient l'arme qu'il utilise contre ce But, pour démontrer le «fait» que la séparation s'est produite. [6]Le corps devient ainsi l'instrument de l'illusion et agit en conséquence : il voit ce qui n'est pas là, entend ce que la vérité n'a jamais dit et se conduit de manière insane, étant emprisonné *par* l'insanité.

4. N'oublie pas ce que nous avons dit plus tôt, à savoir que l'absence de foi mène droit aux illusions. [2]Car l'absence de foi est la perception d'un frère comme un corps, et le corps ne peut pas être utilisé dans un but d'union. [3]Si, donc, tu vois ton frère comme un

corps, tu as établi une condition dans laquelle il devient impossible de t'unir à lui. [4]Ton absence de foi envers lui t'a séparé de lui et vous a gardés tous les deux d'être guéris. [5]Ainsi ton absence de foi s'est opposée au but du Saint-Esprit et a amené les illusions, centrées sur le corps, à se dresser entre vous. [6]Et le corps semblera malade, car tu en as fait un «ennemi» de la guérison et l'opposé de la vérité.

5.   Il ne peut pas être difficile de se rendre compte que la foi doit être l'opposé de l'absence de foi. [2]Or la différence entre leurs façons d'opérer est moins apparente, bien qu'elle découle directement de la différence fondamentale dans ce qu'elles sont. [3]L'absence de foi limite et attaque toujours; la foi enlève toute limitation et rend entier. [4]L'absence de foi détruit et sépare; la foi unit et guérit. [5]L'absence de foi interpose les illusions entre le Fils de Dieu et son Créateur; la foi enlève tous les obstacles qui semblent se dresser entre eux. [6]L'absence de foi est entièrement vouée aux illusions; la foi l'est entièrement à la vérité. [7]Un dévouement partiel est impossible. [8]La vérité est l'absence d'illusion; l'illusion est l'absence de vérité. [9]Les deux ne peuvent être ensemble ni être perçues au même endroit. [10]Te vouer aux deux, c'est te fixer un but à jamais impossible à atteindre, car une partie est recherchée par le corps, considéré comme un moyen de rechercher la réalité par l'attaque. [11]L'autre partie voudrait guérir et fait donc appel à l'esprit et non au corps.

6.   L'inévitable compromis est de croire que c'est le corps et non l'esprit qui doit être guéri. [2]Car ce but divisé leur a donné à tous les deux une égale réalité, ce qui ne serait possible que si l'esprit était limité au corps et divisé en petites parties en apparence entières mais sans connexion entre elles. [3]Cela ne nuira pas au corps, mais cela *gardera* le système de pensée délirant dans l'esprit. [4]Là est donc le besoin de guérison. [5]Or là *est* la guérison. [6]Car Dieu n'a pas donné la guérison à part de la maladie, pas plus qu'Il n'a établi le remède là où la maladie ne saurait être. [7]Elles sont ensemble, et lorsqu'elles sont vues ensemble, toute tentative pour garder à la fois la vérité et l'illusion dans l'esprit, où les deux doivent être, est reconnue pour dévouement à l'illusion, et est abandonnée lorsque portée à la vérité et vue comme totalement irréconciliable avec la vérité, à tous égards et sous tous les rapports.

7.   Il n'y a pas de connexion entre la vérité et l'illusion. [2]Cela restera vrai à jamais, si fort que tu puisses chercher à les connecter.

³Mais les illusions sont toujours connectées, comme l'est la vérité. ⁴L'une et l'autre sont unies et constituent un système de pensée complet, mais elles sont totalement déconnectées l'une de l'autre. ⁵Percevoir cela, c'est reconnaître où est la séparation et où elle doit être guérie. ⁶Le résultat d'une idée n'est jamais séparé de sa source. ⁷L'idée de séparation a produit le corps et lui reste connectée, ce qui le rend malade parce que l'esprit s'identifie avec lui. ⁸Tu penses que tu protèges le corps en cachant cette connexion, car cette dissimulation semble garder ton identification à l'abri de l'«attaque» de la vérité.

8. Si seulement tu comprenais combien cette étrange dissimulation a blessé ton esprit, et à quel point ta propre identification en est devenue confuse! ²Tu ne vois pas comme est grande la dévastation causée par ton absence de foi, car l'absence de foi est une attaque qui semble être justifiée par ses résultats. ³Car en retenant la foi, tu vois ce qui en est indigne et tu ne peux pas regarder au-delà de cette barrière vers ce qui est joint à toi.

9. Avoir la foi, c'est guérir. ²C'est le signe que tu as accepté l'Expiation pour toi-même et par conséquent voudrais la partager. ³Par la foi, tu fais le don de la délivrance du passé, que tu as reçu. ⁴Tu n'utilises rien de ce que ton frère a fait auparavant pour le condamner maintenant. ⁵Tu choisis librement de passer sur ses erreurs, regardant plus loin que toutes les barrières entre toi et lui, et les voyant comme une seule. ⁶Et dans celle-ci tu vois que ta foi est pleinement justifiée. ⁷Il n'y a aucune justification à l'absence de foi, mais la foi est toujours justifiée.

10. La foi est l'opposé de la peur, et elle fait partie de l'amour au même titre que la peur fait partie de l'attaque. ²La foi est la re-connaissance de l'union. ³Par elle tu reconnais gracieusement que chacun est le Fils de ton Père très aimant, aimé de Lui comme tu l'es et donc aimé de toi comme toi-même. ⁴C'est Son Amour qui te joint à ton frère, et pour Son Amour tu ne voudrais garder personne séparé du tien. ⁵Chacun apparaît exactement tel qu'il est perçu dans l'instant saint, uni dans ton but d'être délivré de la culpabilité. ⁶Tu vois le Christ en lui, et il est guéri parce que tu regardes ce qui rend la foi à jamais justifiée en chacun.

11. La foi est le don de Dieu, par Celui Que Dieu t'a donné. ²L'absence de foi regarde le Fils de Dieu et le juge indigne de pardon. ³Mais vu par les yeux de la foi, le Fils de Dieu est déjà pardonné, libre de toute la culpabilité qu'il s'est imposée. ⁴La foi le voit seulement *maintenant*, parce qu'elle ne se tourne pas vers le passé

pour le juger et qu'elle ne voit en lui que ce qu'elle verrait en toi. [5]Elle ne voit pas par les yeux du corps et elle ne se tourne pas vers les corps pour sa justification. [6]C'est le messager de la perception nouvelle, envoyé pour rassembler les témoins de sa venue et te renvoyer leurs messages.

12.   La foi est aussi facilement échangée contre la connaissance que l'est le monde réel. [2]Car la foi vient de la perception du Saint-Esprit et c'est le signe que tu la partages avec Lui. [3]La foi est un don que tu offres au Fils de Dieu par Lui, et elle est entièrement acceptable pour son Père comme pour Lui. [4]Par conséquent, elle t'est offerte. [5]Ta relation sainte, avec son nouveau but, t'offre la foi à donner à ton frère. [6]Ton absence de foi vous a éloignés, toi et lui, ainsi tu ne reconnais pas le salut en lui. [7]Or la foi vous unit dans la sainteté que tu vois, non pas par les yeux du corps mais par la vue de Celui Qui vous a joints, et en Qui vous êtes unis.

13.   La grâce n'est pas donnée à un corps mais à un esprit. [2]L'esprit qui la reçoit regarde immédiatement au-delà du corps et voit le saint lieu où il a été guéri. [3]Là est l'autel où la grâce fut donnée, dans lequel il est encore. [4]Offre donc grâce et bénédiction à ton frère, car vous êtes au même autel où la grâce fut déposée pour vous deux. [5]Soyez guéris ensemble par la grâce, afin que vous guérissiez par la foi.

14.   Dans l'instant saint, toi et ton frère vous tenez devant l'autel que Dieu a élevé à Lui-même et à vous deux. [2]Mettez de côté l'absence de foi et venez-y ensemble. [3]Là tu verras le miracle de votre relation telle que la foi l'a refaite. [4]Là aussi tu te rendras compte qu'il n'est rien que la foi ne puisse pardonner. [5]Aucune erreur n'interfère avec sa calme vue, qui à toutes apporte le miracle de la guérison avec la même facilité. [6]Car les messagers de l'amour font exactement ce qu'ils ont été envoyés faire, et ils te ramènent la bonne nouvelle que cela fut fait pour toi et ton frère qui vous tenez ensemble devant l'autel d'où ils furent envoyés.

15.   Comme l'absence de foi gardera vos petits royaumes stériles et séparés, ainsi la foi aidera le Saint-Esprit à préparer la terre pour le plus saint des jardins qu'il voudrait en faire. [2]Car la foi apporte la paix et ainsi invite la vérité à entrer et à embellir ce qui a déjà été préparé pour la beauté. [3]La vérité suit la foi et la paix, complétant le processus d'embellissement qu'elles ont commencé. [4]Car la paix est encore un but d'apprentissage, dont il n'est plus besoin une fois la leçon apprise. [5]Or la vérité restera à jamais.

16.   Que ton dévouement, donc, aille à l'éternel ; apprends comment ne pas lui faire interférence et ne pas en faire l'esclave du temps. ²Car ce que tu penses faire à l'éternel, c'est à *toi* que tu le fais. ³Celui que Dieu a créé Son Fils n'est l'esclave de rien, étant seigneur de tout, avec son Créateur. ⁴Tu peux asservir un corps, mais une idée est libre, incapable d'être gardée en prison ou limitée de quelque façon que ce soit, sauf par l'esprit qui l'a pensée. ⁵Car elle reste jointe à sa source, qui est son geôlier ou son libérateur, selon le but qu'elle choisit de se donner.

II. Péché versus erreur

1.   Il est essentiel de ne pas confondre l'erreur avec le péché, et c'est cette distinction qui rend le salut possible. ²Car l'erreur peut être corrigée et le tort redressé. ³Mais le péché, s'il était possible, serait irréversible. ⁴La croyance dans le péché est nécessairement basée sur la ferme conviction que ce sont les esprits, et non les corps, qui peuvent attaquer. ⁵Ainsi l'esprit est coupable et le restera à jamais à moins qu'un esprit qui ne fait pas partie de lui puisse lui donner l'absolution. ⁶Le péché appelle la punition, comme l'erreur, la correction ; et il est nettement insane de croire que la punition *est* une correction.

2.   Le péché n'est pas une erreur, car le péché entraîne une arrogance qui manque à l'idée d'erreur. ²Pécher, ce serait violer la réalité, et avec succès. ³Le péché proclame que l'attaque est réelle et que la culpabilité est justifiée. ⁴Il présume que le Fils de Dieu est coupable et qu'il a ainsi réussi à perdre son innocence et à faire de lui-même ce que Dieu n'a pas créé. ⁵Ainsi la création est vue comme non éternelle et la Volonté de Dieu est exposée à l'opposition et à l'échec. ⁶Le péché est la grande illusion qui soustend toute la grandiosité de l'ego. ⁷Car par lui Dieu Lui-même est changé et rendu incomplet.

3.   Le Fils de Dieu peut faire erreur ; il peut se tromper lui-même ; il peut même retourner le pouvoir de son esprit contre lui-même. ²Mais il *ne peut pas* pécher. ³Il n'y a rien qu'il puisse faire qui changerait réellement sa réalité en aucune façon, ni qui le rendrait réellement coupable. ⁴C'est ce que ferait le péché, car tel est son but. ⁵Or malgré toute la folle insanité inhérente à l'idée même de péché, cela est impossible. ⁶Car le salaire du péché, *c'est* la mort ; or comment les immortels peuvent-ils mourir ?

4. L'une des principales doctrines dans l'insane religion de l'ego, c'est que le péché n'est pas une erreur mais la vérité, et c'est l'innocence qui serait trompeuse. ²La pureté est vue comme de l'arrogance et l'acceptation du soi en tant que pécheur est perçue comme de la sainteté. ³Et c'est cette doctrine qui remplace la réalité du Fils de Dieu tel que son Père l'a créé et a voulu qu'il soit à jamais. ⁴Est-ce de l'humilité? ⁵Ou est-ce, plutôt, une tentative pour arracher la création de la vérité et la garder séparée?

5. Toute tentative pour réinterpréter le péché comme une erreur est toujours indéfendable pour l'ego. ²L'idée de péché est entièrement sacro-sainte pour son système de pensée, et tout à fait inapprochable, sauf avec révérence et vénération. ³C'est le concept le plus « saint » dans le système de l'ego : beau et puissant, entièrement vrai et protégé nécessairement par toutes les défenses dont il dispose. ⁴Car là est sa « meilleure » défense, que toutes les autres servent. ⁵Là est son armure, sa protection, et le but fondamental de la relation particulière selon son interprétation.

6. Il peut certes être dit que l'ego a bâti son monde sur le péché. ²Il n'y a que dans un tel monde où tout puisse être sens dessus dessous. ³Telle est l'étrange illusion qui fait paraître les nuages de la culpabilité lourds et impénétrables. ⁴La solidité que semblent avoir les fondements de ce monde se trouve en elle. ⁵Car le péché a changé la création d'une idée de Dieu en un idéal que veut l'ego : un monde qu'il gouverne, fait de corps, sans esprit et capable de complètes corruption et putréfaction. ⁶Si c'est une erreur, elle peut facilement être défaite par la vérité. ⁷Toute erreur peut être corrigée, si la vérité est laissée libre d'en juger. ⁸Mais si l'erreur est élevée au rang de vérité, à quoi peut-elle être portée? ⁹La « sainteté » du péché est gardée en place justement par cet étrange mécanisme. ¹⁰En tant que vérité, il est inviolé, et tout *lui* est porté pour être jugé. ¹¹En tant qu'erreur, *il* doit être porté à la vérité. ¹²Il est impossible d'avoir foi dans le péché, car le péché est absence de foi. ¹³Or il est possible d'avoir foi en ce qu'une erreur peut être corrigée.

7. Il n'est pas une pierre dans toute la citadelle de l'ego qui soit plus fortement défendue que l'idée que le péché est réel; l'expression naturelle de ce que le Fils de Dieu a fait de lui-même, et de ce qu'il est. ²Pour l'ego, ce n'est pas une erreur. ³Car c'est sa réalité; c'est la « vérité » hors de laquelle l'évasion sera toujours impossible. ⁴C'est son passé, son présent et son futur. ⁵Car il a réussi par on ne sait quel moyen à corrompre son Père, et à

changer complètement Son Esprit. [6]Pleure, donc, la mort de Dieu, Que le péché a tué! [7]Voilà le souhait de l'ego, qu'en sa folie il croit avoir accompli.

8. Ne préférerais-tu pas que tout cela ne soit rien de plus qu'une erreur, entièrement corrigible, dont il est si facile de s'évader que la corriger tout entière est comme marcher à travers la brume jusqu'au soleil? [2]Car c'est tout ce que c'est. [3]Tu es peut-être tenté de convenir avec l'ego qu'il vaut beaucoup mieux être pécheur que dans l'erreur. [4]Mais prends bien soin de réfléchir avant de te permettre de faire ce choix. [5]Ne l'aborde pas à la légère, car c'est le choix entre le Ciel et l'enfer.

III. L'irréalité du péché

1. L'attraction de la culpabilité se trouve dans le péché et non dans l'erreur. [2]Le péché sera répété à cause de cette attraction. [3]La peur peut devenir si intense que le péché est empêché de se réaliser. [4]Mais tant que la culpabilité reste attirante, l'esprit souffre et ne lâche pas prise de l'idée de péché. [5]Car la culpabilité l'appelle encore et l'esprit l'entend et s'en languit, qui se fait captif volontaire de son attrait malade. [6]Le péché est une idée du mal qui ne peut pas être corrigée et qui pourtant sera toujours désirable. [7]Puisque c'est une part essentielle de ce que l'ego pense que tu es, tu en voudras toujours. [8]Et seul un bras vengeur, avec un esprit différent du tien, pourrait l'écraser par la peur.

2. L'ego ne pense pas qu'il soit possible que ce soit réellement l'amour, et non la peur, que le péché appelle, *et qui toujours répond.* [2]Car l'ego porte le péché à la peur, réclamant punition. [3]Or la punition n'est qu'une autre forme de protection pour la culpabilité, car ce qui mérite punition doit réellement avoir été fait. [4]La punition est toujours le grand agent conservateur du péché, qu'elle traite avec respect et dont elle honore l'énormité. [5]Ce qui doit être puni doit être vrai. [6]Et ce qui est vrai doit être éternel, et sera répété indéfiniment. [7]Car ce que tu penses réel, tu le veux, et tu ne le lâcheras pas.

3. L'erreur, par contre, n'est pas attirante. [2]Ce que tu vois clairement comme une erreur, tu veux que cela soit corrigé. [3]Parfois un péché peut être répété maintes et maintes fois, avec des résultats manifestement affligeants, mais sans perdre son attrait. [4]Et puis soudain tu le changes du rang de péché à celui d'erreur.

⁵Maintenant tu ne le répéteras plus ; tu cesseras simplement et tu en lâcheras prise à moins que la culpabilité subsiste. ⁶Car alors tu ne feras que changer la forme du péché, en admettant que c'était une erreur, mais en le gardant incorrigible. ⁷Cela n'est pas réellement un changement dans ta perception, car c'est le péché et non l'erreur qui appelle la punition.

4. Le Saint-Esprit ne peut pas punir le péché. ²Les erreurs, Il les reconnaît, et Il les corrigerait toutes comme Dieu L'a chargé de le faire. ³Mais le péché, Il ne le connaît pas, et Il ne peut pas non plus reconnaître les erreurs qui ne peuvent pas être corrigées. ⁴Car une erreur qui ne peut pas être corrigée est in-signifiante pour Lui. ⁵Les erreurs sont là *pour* être corrigées et elles n'appellent rien d'autre. ⁶Ce qui appelle la punition doit donc ne rien appeler. ⁷Chaque erreur *doit* être un appel à l'amour. ⁸Qu'est-ce, donc, que le péché ? ⁹Que pourrait-il être, sinon une erreur que tu voudrais garder cachée ; un appel à l'aide que tu voudrais garder inentendu et donc sans réponse ?

5. Dans le temps, le Saint-Esprit voit clairement que le Fils de Dieu peut faire des erreurs. ²Sur cela tu partages Sa vision. ³Ce que tu ne partages pas, c'est Sa re-connaissance de la différence entre le temps et l'éternité. ⁴Et quand la correction est complétée, le temps *est* l'éternité. ⁵Le Saint-Esprit peut t'enseigner comment considérer le temps différemment et comment voir au-delà, mais pas tant que tu crois dans le péché. ⁶Dans l'erreur, si, car celle-ci peut être corrigée par l'esprit. ⁷Mais le péché est la croyance que ta perception est inchangeable, et que l'esprit doit accepter pour vrai ce qu'elle lui dit. ⁸Si l'esprit n'obéit pas, il est jugé insane. ⁹Ainsi le seul pouvoir qui pourrait changer la perception est gardé impuissant, confiné au corps par la peur de la perception changée que son Enseignant, Qui ne fait qu'un avec lui, apporterait.

6. Quand tu es tenté de croire que le péché est réel, souviens-toi de ceci : si le péché est réel, Dieu et toi ne l'êtes pas. ²Si la création est extension, le Créateur doit S'être étendu Lui-même, et il est impossible que ce qui fait partie de Lui soit totalement différent du reste. ³Si le péché est réel, Dieu doit être en guerre contre Lui-même. ⁴Il doit être divisé et déchiré entre le bien et le mal, en partie sain d'esprit et en partie insane. ⁵Car Il doit avoir créé ce qui a pour volonté de Le détruire et a le pouvoir de le faire. ⁶N'est-il pas plus facile de croire que tu faisais erreur que de croire en cela ?

7. Tant que tu crois que ta réalité ou celle de ton frère est limitée par un corps, tu crois au péché. ²Tant que tu crois que les corps

peuvent s'unir, tu trouves la culpabilité attirante et tu crois que le péché est précieux. ³Car la croyance que les corps limitent l'esprit conduit à une perception du monde dans laquelle la preuve de la séparation semble être partout. ⁴Et Dieu et Sa création semblent être divisés et renversés. ⁵Car le péché prouverait que ce que Dieu a créé saint ne saurait prévaloir contre lui, ni rester soi-même face au pouvoir du péché. ⁶Le péché est perçu comme étant plus puissant que Dieu, devant quoi Dieu Lui-même doit S'incliner en offrant Sa création à son conquérant. ⁷Est-ce humilité ou folie ?

8.   Si le péché est réel, il doit être à jamais au-delà de tout espoir de guérison. ²Car il y aurait un pouvoir au-delà de celui de Dieu, capable de faire une autre volonté qui pourrait attaquer Sa Volonté et la vaincre ; capable de donner à Son Fils une volonté à part de la Sienne, et plus forte. ³Et chaque partie de la création fragmentée de Dieu aurait une volonté différente, opposée à la Sienne, en éternelle opposition avec Lui et les unes avec les autres. ⁴Ta relation sainte a pour but maintenant de prouver que cela est impossible. ⁵Le Ciel lui a souri, et la croyance dans le péché par ce sourire plein d'amour a été déracinée. ⁶Tu le vois encore, parce que tu ne te rends pas compte que son fondement a disparu. ⁷Sa source a été enlevée et il n'est donc possible de le chérir que peu de temps encore avant qu'il ne s'évanouisse. ⁸Seule subsiste encore l'habitude de le chercher.

9.   Et pourtant tu le regardes avec le sourire du Ciel sur les lèvres et la bénédiction du Ciel sur ta vue. ²Tu ne verras pas longtemps le péché. ³Car dans la nouvelle perception, l'esprit le corrige quand il semble être vu, et il devient invisible. ⁴Les erreurs sont vite reconnues et vite remises à la correction, pour être guéries et non cachées. ⁵Tu seras guéri du péché et de tous ses ravages à l'instant où tu ne lui donneras aucun pouvoir sur ton frère. ⁶Et tu l'aideras à vaincre ses erreurs en le délivrant joyeusement de la croyance dans le péché.

10.   Dans l'instant saint tu verras le sourire du Ciel luisant sur toi et sur ton frère. ²Et tu luiras sur lui en joyeuse re-connaissance de la grâce qui t'a été donnée. ³Car le péché ne prévaudra pas contre une union à laquelle le Ciel a souri. ⁴Ta perception a été guérie dans l'instant saint que le Ciel t'a donné. ⁵Oublie ce que tu as vu, et lève les yeux avec foi vers ce que tu peux voir maintenant. ⁶Les barrières contre le Ciel disparaîtront sous ta sainte vue, car à l'aveugle que tu étais la vision a été donnée, et tu peux

voir. ⁷Ne cherche pas ce qui a été enlevé mais la gloire qui fut rétablie pour que tu la voies.

11.   Regarde ton Rédempteur et vois ce qu'Il voudrait te montrer en ton frère, et ne laisse pas le péché surgir à nouveau pour t'aveugler. ²Car le péché te garderait séparé de lui, mais ton Rédempteur voudrait que tu regardes ton frère comme toi-même. ³Ta relation est maintenant un temple de guérison; un lieu où tous ceux qui sont las peuvent venir se reposer. ⁴Voici le repos qui les attend tous, après le voyage. ⁵Et pour tous il est rendu plus proche par ta relation.

IV. Les obstacles à la paix

1.   Comme la paix s'étend du fin fond de toi-même pour embrasser toute la Filialité et lui donner le repos, elle rencontre de nombreux obstacles. ²Certains de ces obstacles, c'est toi qui tenteras de les imposer. ³D'autres sembleront surgir d'ailleurs : de tes frères et de divers aspects du monde extérieur. ⁴Or la paix les couvrira doucement et s'étendra au-delà sans encombre. ⁵L'extension de Son but de ta relation aux autres, pour doucement les faire entrer, est la façon dont le Saint-Esprit accordera les moyens et le but. ⁶La paix qu'Il a déposée, au plus profond de toi et de ton frère, s'étendra quiètement à chaque aspect de ta vie, vous entourant, toi et ton frère, d'un bonheur radieux et de la calme conscience d'une complète protection. ⁷Et tu porteras son message d'amour, de sécurité et de liberté à chaque frère qui s'approche de ton temple, où l'attend la guérison. ⁸Tu n'attendras pas pour le lui donner, car tu l'appelleras et il te répondra, reconnaissant dans ton appel l'Appel pour Dieu. ⁹Puis tu le feras entrer et lui offriras le repos, comme il t'a été donné.

2.   Tu feras tout cela. ²Or la paix qui est déjà au plus profond de toi doit d'abord prendre de l'expansion et franchir les obstacles que tu as placés devant elle. ³Tu feras cela, car rien de ce qui est entrepris avec le Saint-Esprit ne reste inachevé. ⁴Tu ne peux, en effet, être sûr de rien de ce que tu vois à l'extérieur de toi, mais de ceci tu *peux* être sûr : Le Saint-Esprit demande que tu Lui offres un lieu de repos où tu te reposeras en Lui. ⁵Il t'a répondu, et Il est entré dans ta relation. ⁶Ne voudrais-tu pas maintenant Lui rendre Sa gracieuseté et entrer en relation avec Lui? ⁷Car c'est Lui Qui

a offert à ta relation le don de sainteté sans lequel il t'aurait été à jamais impossible d'apprécier ton frère.

3.   La gratitude que tu Lui dois, Il demande seulement que tu la reçoives pour Lui. ²Et quand tu regardes ton frère avec douceur et gracieuseté, c'est Lui que tu contemples. ³Car tu regardes là où il *est*, et pas à part de Lui. ⁴Tu ne peux pas voir le Saint-Esprit, mais tu peux voir tes frères véritablement. ⁵Et la lumière en eux te montrera tout ce que tu as besoin de voir. ⁶Lorsque la paix en toi aura été étendue jusqu'à embrasser tout le monde, la fonction du Saint-Esprit ici sera accomplie. ⁷Quel besoin, alors, y aura-t-il de voir? ⁸Quand Dieu aura fait le dernier pas Lui-même, le Saint-Esprit rassemblera toutes les grâces et toute la gratitude que tu Lui as rendues et les déposera doucement devant Son Créateur au Nom de Son très saint Fils. ⁹Et le Père les acceptera en Son Nom. ¹⁰Quel besoin y a-t-il de voir, en présence de Sa gratitude?

A. Le premier obstacle : Le souhait de s'en débarrasser

1.   Le premier obstacle que la paix doit franchir, c'est ton souhait de t'en débarrasser. ²Car elle ne peut s'étendre à moins que tu ne la gardes. ³Tu es le centre d'où elle irradie vers l'extérieur, pour appeler les autres à entrer. ⁴Tu es sa maison, la tranquille demeure d'où elle va doucement vers les autres, mais sans jamais te quitter. ⁵Si tu veux la rendre sans demeure, comment peut-elle demeurer au-dedans du Fils de Dieu? ⁶Si elle doit se répandre à travers toute la création, il faut qu'elle commence par toi, et de toi qu'elle aille vers chacun de ceux qui appellent, lui apportant le repos comme il se joint à toi.

2.   Pourquoi voudrais-tu que la paix soit sans demeure? ²De quoi penses-tu qu'elle doive te déposséder pour demeurer avec toi? ³Quel semble être le prix que tu es si indésireux de payer? ⁴La petite barrière de sable se dresse encore entre toi et ton frère. ⁵Voudrais-tu maintenant la renforcer? ⁶Il ne t'est pas demandé d'en lâcher prise pour toi seul. ⁷Le Christ te le demande pour Lui-même. ⁸Il voudrait apporter la paix à chacun, or comment peut-Il le faire, sauf par toi? ⁹Laisserais-tu un petit banc de sable, un mur de poussière, un semblant de barrière minuscule, se dresser entre tes frères et le salut? ¹⁰Et pourtant, ce petit reste d'attaque que tu nourris encore contre ton frère, *c'est* le premier obstacle que la paix en toi rencontre dans sa progression. ¹¹Ce petit mur

de haine voudrait encore s'opposer à la Volonté de Dieu, et la garder limitée.

3.   Le but du Saint-Esprit repose en paix au-dedans de toi. ²Or tu es encore indésireux de le laisser se joindre à toi entièrement. ³Tu t'opposes encore à la Volonté de Dieu, juste un petit peu. ⁴Et ce petit peu est une limite que tu voudrais imposer au tout. ⁵La Volonté de Dieu est Une et non multiple. ⁶Elle n'a pas d'opposition, car il n'y en a pas d'autre qu'elle. ⁷Ce que tu voudrais encore contenir derrière ta petite barrière et garder séparé de ton frère semble plus puissant que l'univers, car cela retiendrait l'univers et son Créateur. ⁸Ce petit mur cacherait le but du Ciel, et le garderait loin *du* Ciel.

4.   Voudrais-tu repousser le salut du donneur de salut ? ²Car tel tu es devenu. ³La paix ne pourrait pas plus te quitter que quitter Dieu. ⁴Ne crains pas ce petit obstacle. ⁵Il ne peut contenir la Volonté de Dieu. ⁶La paix le franchira et se joindra à toi sans entrave. ⁷Le salut ne peut pas t'être refusé. ⁸C'est ton but. ⁹Tu ne peux rien choisir d'autre. ¹⁰Tu n'as pas de but à part de ton frère ni à part celui que tu as demandé au Saint-Esprit de partager avec toi. ¹¹Le petit mur tombera si tranquillement sous les ailes de la paix. ¹²Car la paix enverra ses messagers de toi vers le monde entier, et les barrières tomberont devant leur venue aussi facilement que seront surmontées celles que tu interposes.

5.   Vaincre le monde n'est pas plus difficile que de surmonter ton petit mur. ²Car dans le miracle de ta relation sainte, sans cette barrière, chaque miracle est contenu. ³Il n'y a pas d'ordre de difficulté dans les miracles, car ils sont tous les mêmes. ⁴Chacun est une douce victoire de l'attrait de l'amour sur l'attrait de la culpabilité. ⁵Comment cela peut-il manquer d'être accompli, partout où il est entrepris ? ⁶La culpabilité ne peut pas élever de réelles barrières contre lui. ⁷Et tout ce qui semble se dresser entre toi et ton frère doit tomber à cause de l'attrait auquel tu as répondu. ⁸De toi qui as répondu, Celui Qui t'a répondu voudrait appeler. ⁹Il a Sa demeure dans ta relation sainte. ¹⁰Ne tente pas de te dresser entre Lui et Son saint but, car c'est le tien. ¹¹Mais laisse-Le étendre tranquillement le miracle de ta relation comme il t'a été donné vers tous ceux qu'elle contient.

6.   Il y a dans le Ciel un silence, une heureuse attente, une petite pause de joie en reconnaissance de la fin du voyage. ²Car le Ciel te connaît bien, comme tu connais le Ciel. ³Aucune illusion ne se dresse maintenant entre toi et ton frère. ⁴Ne regarde pas le petit

mur d'ombres. ⁵Le soleil s'est levé au-dessus. ⁶Comment une ombre peut-elle te garder loin du soleil ? ⁷Pas plus que les ombres ne peuvent te garder loin de la lumière dans laquelle les illusions prennent fin. ⁸Chaque miracle n'est que la fin d'une illusion. ⁹Tel fut le voyage, telle en est la fin. ¹⁰Et dans le but de vérité que tu as accepté, toutes les illusions doivent prendre fin.

7. Le petit souhait insane de te débarrasser de Celui Que tu as invité et de Le repousser, *doit* produire un conflit. ²Tandis que tu regardes le monde, ce petit souhait, déraciné et flottant à la dérive, peut s'arrêter et se poser brièvement sur n'importe quoi, car maintenant il est sans but. ³Avant que n'entre le Saint-Esprit pour demeurer avec toi, il semblait avoir un but puissant : le fixe et inchangeable dévouement au péché et à ses résultats. ⁴Maintenant il va errant sans but et sans raison, ne causant que de minuscules interruptions dans l'attrait de l'amour.

8. Ce souhait qui est comme plume au vent, cette minuscule illusion, ce résidu microscopique de la croyance dans le péché, c'est tout ce qui reste de ce qui autrefois semblait être le monde. ²Ce n'est plus une implacable barrière contre la paix. ³Son errance inutile prête à ses résultats une apparence encore plus erratique et imprévisible qu'auparavant. ⁴Or que pourrait-il y avoir de plus instable qu'un système délirant rigoureusement organisé ? ⁵Son apparente stabilité est la faiblesse qui le pénètre, s'étendant à tout. ⁶La variabilité qu'induit ce petit résidu ne fait qu'indiquer ses résultats limités.

9. Quelle puissance peut avoir une petite plume devant les grandes ailes de la vérité ? ²Peut-elle s'opposer au vol d'un aigle ou entraver la marche de l'été ? ³Peut-elle interférer avec les effets du soleil d'été sur un jardin couvert de neige ? ⁴Vois avec quelle facilité ce brin est soulevé et emporté au loin pour ne jamais revenir, et sépare-t'en avec joie et non regret. ⁵Car ce n'est rien en soi et cela ne représentait rien quand tu avais une foi plus grande en sa protection. ⁶N'aimerais-tu pas mieux saluer le soleil d'été plutôt que de regarder fixement un flocon de neige disparaissant, tout en frissonnant au souvenir du froid de l'hiver ?

a) L'attraction de la culpabilité

10. L'attraction de la culpabilité produit la peur de l'amour, car jamais l'amour ne poserait même un regard sur la culpabilité. ²C'est la nature de l'amour de ne regarder que la vérité, car là il

se voit lui-même, avec quoi il voudrait s'unir dans une sainte union et dans la complétude. ³De même que l'amour doit regarder passé la peur, de même la peur ne doit pas voir l'amour. ⁴Car l'amour contient la fin de la culpabilité, aussi sûrement que la peur en dépend. ⁵L'amour n'est attiré que vers l'amour. ⁶Parce qu'il passe complètement sur la culpabilité, il ne voit pas la peur. ⁷Parce qu'il est sans la moindre attaque, il ne pourrait pas avoir peur. ⁸La peur est attirée vers ce que l'amour ne voit pas, et chacun croit que ce que l'autre regarde n'existe pas. ⁹La peur regarde la culpabilité avec exactement le même dévouement que l'amour se regarde lui-même. ¹⁰Et chacun a ses messagers, qu'il envoie et qui lui reviennent avec des messages écrits dans la langue où leur envoi fut demandé.

11.   Les messagers de l'amour sont envoyés doucement et reviennent avec des messages d'amour et de douceur. ²Aux messagers de la peur il est ordonné rudement de rechercher la culpabilité et de chérir chaque bribe de mal et de péché qu'ils peuvent trouver, sans en perdre aucune sous peine de mort, pour ensuite revenir les déposer avec respect devant leur seigneur et maître. ³La perception ne peut obéir à deux maîtres, chacun réclamant des messages de choses différentes dans des langues différentes. ⁴Ce dont la peur voudrait se nourrir, l'amour passe par-dessus. ⁵Ce que la peur exige, l'amour ne peut même pas le voir. ⁶L'attraction féroce que la culpabilité exerce sur la peur est entièrement absente de la douce perception de l'amour. ⁷Ce que l'amour voudrait voir est in-signifiant pour la peur, et tout à fait invisible.

12.   Les relations en ce monde sont le résultat de la façon dont le monde est vu. ²Et cela dépend de l'émotion à laquelle on a fait appel pour envoyer ses messagers afin qu'ils le regardent et reviennent avec des nouvelles de ce qu'ils ont vu. ³Les messagers de la peur sont entraînés par la terreur et ils tremblent quand leur maître les appelle à son service. ⁴Car la peur est sans pitié même pour ses amis. ⁵Ses messagers s'esquivent coupablement en quête affamée de culpabilité, car ils souffrent du froid et de la faim et sont rendus très féroces par leur maître, qui leur permet de se repaître uniquement de ce qu'ils lui rapportent. ⁶Pas le moindre lambeau de culpabilité n'échappe à leurs regards affamés. ⁷Et dans leur quête sauvage du péché, ils se jettent sur la première chose vivante qui leur tombe sous les yeux et la rapportent hurlante à leur maître, pour être dévorée.

13.   N'envoie pas ces messagers sauvages dans le monde pour qu'ils s'en repaissent et fassent leur proie de la réalité. ²Car ils t'apporteront des nouvelles de peau et de chair et d'os. ³On leur a enseigné à rechercher le corruptible et à revenir la gorge remplie de choses pourries et putrescentes. ⁴Pour eux de telles choses sont belles parce qu'elles semblent apaiser les affres de la faim. ⁵Car la douleur de la peur les rend frénétiques, et ils voudraient éviter le châtiment de celui qui les envoie en lui offrant ce qui leur est cher.

14.   Le Saint-Esprit t'a donné les messagers de l'amour à envoyer à la place de ceux que tu as entraînés par la peur. ²Ils ont aussi hâte que les autres de te rapporter ce qui leur est cher. ³Si tu les envoies, ils ne verront que l'irréprochable et le beau, le doux et le bon. ⁴Ils mettront autant de soin à ne pas laisser le plus petit acte de charité, la plus infime expression de pardon, le plus petit souffle d'amour échapper à leur attention. ⁵Et ils reviendront avec toutes les choses heureuses qu'ils auront trouvées pour les partager avec toi avec amour. ⁶N'en aie pas peur. ⁷Ils t'offrent le salut. ⁸Leurs messages parlent de sécurité, car ils voient le monde bon.

15.   Si tu envoies seulement les messagers que le Saint-Esprit te donne, ne voulant pas d'autres messages que les leurs, tu ne verras plus la peur. ²Le monde sera transformé sous tes yeux, lavé de toute culpabilité et doucement coloré de beauté. ³Le monde ne contient pas de peur que tu ne lui aies imposée. ⁴Et pas de peur que tu ne puisses demander aux messagers de l'amour d'enlever, et y voir encore. ⁵Le Saint-Esprit t'a donné Ses messagers pour que tu les envoies à ton frère et qu'ils te reviennent avec ce que voit l'amour. ⁶Ils t'ont été donnés pour remplacer les chiens affamés de la peur que tu envoyais à leur place. ⁷Et ils vont de l'avant pour signifier la fin de la peur.

16.   L'amour aussi dresserait un festin devant toi, sur une table couverte d'une nappe immaculée, dans un jardin tranquille où l'on n'entend jamais d'autres sons que des chants et de joyeux et doux murmures. ²C'est un festin qui rend honneur à ta relation sainte, et auquel chacun est accueilli comme un invité d'honneur. ³Et tous ensemble, dans un instant saint, comme ils se joignent en douceur à la table de communion, remercient Dieu pour ce repas. ⁴Et là je me joindrai à toi, comme je l'ai promis il y a longtemps et comme encore je le promets. ⁵Car dans ta nouvelle relation, je suis le bienvenu. ⁶Et où je suis le bienvenu, je suis là.

17.   Je suis le bienvenu dans l'état de grâce, ce qui signifie que tu m'as enfin pardonné. [2]Car j'étais devenu le symbole de ton péché, et ainsi il fallait que je meure à ta place. [3]Pour l'ego, le péché signifie la mort, et ainsi l'expiation s'accomplit par le meurtre. [4]Le salut est considéré comme un moyen par lequel le Fils de Dieu fut tué à ta place. [5]Or est-ce que je t'offrirais mon corps, à toi que j'aime, *connaissant* sa petitesse ? [6]Ou t'enseignerais-je plutôt que les corps ne peuvent nous garder séparés ? [7]Le mien n'avait pas plus de valeur que le tien et n'était pas un meilleur moyen pour la communication du salut, mais non sa Source. [8]Personne ne peut mourir pour personne, et la mort n'expie pas le péché. [9]Mais tu peux vivre pour montrer qu'elle n'est pas réelle. [10]Il semble bien que le corps est le symbole du péché tant que tu crois qu'il peut t'obtenir ce que tu veux. [11]Tant que tu croiras qu'il peut te donner du plaisir, tu croiras aussi qu'il peut te faire souffrir. [12]Penser que tu puisses être satisfait et heureux avec si peu, c'est te blesser toi-même ; et limiter le bonheur que tu voudrais avoir, c'est faire appel à la douleur pour remplir tes maigres réserves et rendre ta vie complète. [13]Voilà la complétude, aux yeux de l'ego. [14]Car la culpabilité s'infiltre là où le bonheur a été enlevé, et s'y substitue. [15]La communion est une autre sorte de complétude, qui va au-delà de la culpabilité, parce qu'elle va au-delà du corps.

B. Le second obstacle : La croyance que le corps a de la valeur pour ce qu'il offre

1.   Nous avons dit que la paix doit d'abord surmonter l'obstacle qu'est ton souhait de t'en débarrasser. [2]Où règne l'attraction de la culpabilité, la paix n'est pas désirée. [3]Le second obstacle que la paix doit franchir, étroitement relié au premier, est la croyance que le corps a de la valeur pour ce qu'il offre. [4]Car ici l'attraction de la culpabilité est rendue manifeste dans le corps, et vue en lui.

2.   C'est cette valeur dont tu penses que la paix te déroberait. [2]C'est de cela que tu crois qu'elle te déposséderait, te laissant sans demeure. [3]Et c'est pour cela que tu voudrais refuser un chez-soi à la paix. [4]Ce « sacrifice », tu sens qu'il serait trop grand à faire, trop te demander. [5]Est-ce un sacrifice ou une délivrance ? [6]Qu'est-ce que le corps t'a réellement donné qui justifie ton étrange croyance que le salut réside en lui ? [7]Ne vois-tu pas que c'est la croyance en la mort ? [8]Là est le point central de la perception de l'Expiation comme meurtre. [9]Là est la source de l'idée que l'amour est peur.

3.   Les messagers du Saint-Esprit, qui sont envoyés très loin par-delà le corps, appellent l'esprit à se joindre en une sainte communion et à être en paix. ²Tel est le message que je leur ai donné pour toi. ³Il n'y a que les messagers de la peur qui voient le corps, car ils cherchent ce qui peut souffrir. ⁴Est-ce un sacrifice d'être enlevé de ce qui peut souffrir? ⁵Le Saint-Esprit ne te demande pas que tu sacrifies l'espoir des plaisirs du corps : il n'*offre* aucun espoir de plaisir. ⁶Mais il ne peut pas non plus t'apporter la peur de souffrir. ⁷La souffrance est le seul «sacrifice» qu'exige le Saint-Esprit, et c'est cela qu'Il *voudrait* enlever.

4.   La paix s'étend de toi seulement vers l'éternel, et elle part de l'éternel en toi vers l'extérieur. ²Elle franchit tout le reste. ³Le second obstacle n'est pas plus solide que le premier. ⁴Car tu ne veux ni te débarrasser de la paix ni la limiter. ⁵Que sont ces obstacles que tu voudrais interposer entre la paix et son avancée, sinon les barrières que tu places entre ta volonté et son accomplissement? ⁶Tu veux la communion et non le festin de la peur. ⁷Tu veux le salut et non la douleur de la culpabilité. ⁸Et tu veux que ton Père, et non un petit tas d'argile, soit ta demeure. ⁹Dans ta relation sainte est le Fils de ton Père. ¹⁰Il n'a pas perdu la communion avec Lui, ni avec lui-même. ¹¹Quand tu as consenti à te joindre à ton frère, tu as reconnu qu'il en est ainsi. ¹²Cela n'a pas de coût, mais c'est délivrance du coût.

5.   Tu as payé très cher tes illusions et rien de ce que tu as payé ne t'a apporté la paix. ²N'es-tu pas heureux que le Ciel ne puisse être sacrifié, et qu'aucun sacrifice ne puisse être exigé de toi? ³Il n'y a pas d'obstacle que tu puisses mettre à notre union, car dans ta relation sainte, je suis déjà là. ⁴Nous surmonterons ensemble tous les obstacles, car nous nous tenons derrière les portes et non à l'extérieur. ⁵Comme les portes s'ouvrent facilement de l'intérieur, afin que passe la paix et bénisse le monde fatigué! ⁶Peut-il nous être difficile de passer ensemble ces barrières, quand tu t'es joint à l'illimité? ⁷La fin de la culpabilité est entre tes mains, pour être donnée. ⁸T'arrêterais-tu maintenant pour chercher la culpabilité en ton frère?

6.   Laisse-moi être pour toi le symbole de la fin de la culpabilité, et regarde ton frère comme tu me regarderais. ²Pardonne-moi tous les péchés que tu penses que le Fils de Dieu a commis. ³À la lumière de ton pardon, il se rappellera qui il est et il oubliera ce qui n'a jamais été. ⁴Je te demande pardon, car si tu es coupable, je dois l'être aussi. ⁵Mais si j'ai surmonté la culpabilité et vaincu

le monde, tu étais avec moi. ⁶Voudrais-tu voir en moi le symbole de la culpabilité ou de la fin de la culpabilité, tout en te souvenant que ce que je signifie pour toi, tu le vois en toi-même ?

7. De ta relation sainte, la vérité proclame la vérité et l'amour se regarde lui-même. ²Le salut coule du plus profond de la demeure que tu as offerte à mon Père et à moi. ³Et nous y sommes ensemble, dans la quiète communion où sont joints le Père et le Fils. ⁴Venez, fidèles, à la sainte union du Père et du Fils en toi ! ⁵Ne reste pas à l'écart de ce qui t'est offert avec gratitude, pour avoir donné à la paix sa demeure dans le Ciel. ⁶Envoie au monde entier le joyeux message de la fin de la culpabilité, et le monde entier répondra. ⁷Pense à ton bonheur comme chacun t'offrira le témoignage de la fin du péché et te montrera que son pouvoir est à jamais disparu. ⁸Où peut être la culpabilité une fois qu'a disparu la croyance dans le péché ? ⁹Et où est la mort, une fois que son grand défenseur a disparu ?

8. Pardonne-moi tes illusions, et délivre-moi de la punition pour ce que je n'ai pas fait. ²Ainsi tu apprendras la liberté que j'ai enseignée en enseignant la liberté à ton frère, me délivrant ainsi. ³Je suis au-dedans de ta relation sainte, et pourtant tu voudrais m'emprisonner derrière les obstacles que tu élèves contre la liberté, et me barrer la route qui mène à toi. ⁴Or Celui qui est déjà là, il n'est pas possible de Le tenir à l'écart. ⁵Et en Lui il *est* possible que notre communion, où nous sommes déjà joints, soit le point de mire de la perception nouvelle qui apportera la lumière au monde entier, contenue en toi.

a) L'attraction de la douleur

9. Ta petite part consiste uniquement à donner au Saint-Esprit l'idée entière de sacrifice. ²Et à accepter la paix qu'Il donne à la place, sans les limites qui retiendraient son extension et limiteraient ainsi la conscience que tu en as. ³Car ce qu'Il donne doit être étendu si tu veux avoir son pouvoir illimité et l'utiliser pour la délivrance du Fils de Dieu. ⁴Ce n'est pas cela dont tu voudrais être débarrassé, et puisque tu l'as, tu ne peux pas le limiter. ⁵Si la paix est sans demeure, tu l'es aussi et moi de même. ⁶Et Celui Qui est notre demeure est sans demeure avec nous. ⁷Est-ce ce que tu souhaites ? ⁸Voudrais-tu errer à jamais en quête de la paix ? ⁹Voudrais-tu investir ton espoir de paix et de bonheur dans ce qui ne peut qu'échouer ?

10.   La foi en l'éternel est toujours justifiée, car l'éternel est bon à jamais, d'une infinie patience et entièrement aimant. ²Il t'acceptera entièrement et te donnera la paix. ³Or il ne peut s'unir qu'avec ce qui en toi est déjà en paix, et immortel comme lui. ⁴Le corps ne peut t'apporter ni la paix ni la tourmente, ni la joie ni la douleur. ⁵C'est un moyen et non une fin. ⁶Il n'a pas de but de lui-même mais seulement ce qui lui est donné. ⁷Quel que soit le moyen pour atteindre le but que tu lui assignes, c'est ce que le corps semblera être. ⁸Seul l'esprit peut fixer un but et seul l'esprit peut voir les moyens de l'accomplir, et en justifier l'usage. ⁹La paix et la culpabilité sont toutes deux des conditions de l'esprit, qui sont à atteindre. ¹⁰Et chacune de ces conditions est la demeure de l'émotion qui l'appelle et qui est donc compatible avec elle.

11.   Mais pense à celle qui est compatible avec toi. ²Voilà ton choix, et il *est* libre. ³Mais tout ce qui réside en elle viendra avec elle, et ce que tu penses être ne peut jamais en être séparé. ⁴Le corps est le grand traître apparent de la foi. ⁵En lui résident le désillusionnement et les germes de l'absence de foi, mais seulement si tu lui demandes ce qu'il ne peut donner. ⁶Ton erreur peut-elle être une cause raisonnable de dépression, de désillusionnement et de représailles contre ce que tu penses qui t'a trahi? ⁷N'utilise pas ton erreur comme justification de ton absence de foi. ⁸Tu n'as pas péché, mais tu t'es trompé sur ce qui est fidèle. ⁹Et la correction de ton erreur te donnera cause de foi.

12.   Il est impossible de chercher le plaisir par le corps sans trouver la douleur. ²Il est essentiel de comprendre cette relation, car c'en est une que l'ego tient pour preuve du péché. ³En réalité, elle n'est pas du tout punitive. ⁴Ce n'est que l'inévitable résultat de t'être assimilé au corps, ce qui est une invitation à la douleur. ⁵Car c'est inviter la peur à entrer et à devenir ton but. ⁶L'attraction de la culpabilité *doit entrer* avec elle, et tout ce que la peur dicte au corps de faire est donc douloureux. ⁷Il partagera la douleur de toutes les illusions, et l'illusion du plaisir sera la même chose que la douleur.

13.   N'est-ce pas inévitable? ²Sous les ordres de la peur, le corps poursuivra la culpabilité, au service d'un maître dont l'attirance pour la culpabilité maintient toute l'illusion de son existence. ³Cela, donc, est l'attraction de la douleur. ⁴Gouverné par cette perception, le corps devient le serviteur de la douleur, la recherchant consciencieusement et obéissant à l'idée que la douleur

est plaisir. ⁵C'est cette idée qui sous-tend tout cet énorme investissement de l'ego dans le corps. ⁶Et c'est cette relation insane qu'il garde cachée, et dont pourtant il se nourrit. ⁷À toi, il enseigne que le plaisir du corps est le bonheur. ⁸Mais à lui-même, il murmure : « C'est la mort. »

14.   Pourquoi le corps devrait-il être quoi que ce soit pour toi ? ²Il est certain que ce dont il est fait n'est pas précieux. ³Et il est tout aussi certain qu'il ne ressent rien. ⁴Il te transmet les sentiments que tu veux. ⁵Comme tout moyen de communication, le corps reçoit et envoie les messages qui lui sont donnés. ⁶Il ne ressent rien pour eux. ⁷Tous les sentiments dont ils sont investis leur sont donnés par l'expéditeur et le destinataire. ⁸L'ego et le Saint-Esprit reconnaissent cela tous les deux, et tous deux reconnaissent également qu'ici l'expéditeur et le destinataire sont le même. ⁹Le Saint-Esprit te dit cela avec joie. ¹⁰L'ego te le cache, car il voudrait t'en garder inconscient. ¹¹Qui enverrait des messages de haine et d'attaque s'il comprenait que c'est à lui-même qu'il les envoie ? ¹²Qui s'accuserait, se culpabiliserait, se condamnerait lui-même ?

15.   Les messages de l'ego sont toujours envoyés loin de toi, dans la croyance que pour ton message d'attaque et de culpabilité, quelqu'un d'autre que toi souffrira. ²Et même si tu souffres, au moins quelqu'un d'autre souffrira davantage. ³Le grand trompeur reconnaît qu'il n'en est pas ainsi, mais en tant qu'« ennemi » de la paix, il t'empresse d'envoyer tous tes messages de haine pour te libérer toi-même. ⁴Et pour te convaincre que cela est possible, il enjoint le corps de rechercher la douleur en attaquant quelqu'un d'autre, appelant cela plaisir et te l'offrant comme libération *de* l'attaque.

16.   N'écoute pas sa folie et ne crois pas que l'impossible soit vrai. ²N'oublie pas que l'ego a voué le corps au but de péché et qu'il met en lui toute sa foi en ce que cela peut s'accomplir. ³Ses tristes disciples chantent sans cesse les louanges du corps, célébrant solennellement le règne de l'ego. ⁴Il n'en est pas un qui ne doive croire que de céder à l'attraction de la culpabilité est évasion hors de la douleur. ⁵Pas un qui ne doive voir le corps comme étant lui-même, sans lequel il mourrait, et dans lequel pourtant sa mort est tout aussi inévitable.

17.   Aux disciples de l'ego, il n'est pas donné de se rendre compte qu'ils se sont voués à la mort. ²La liberté leur est offerte mais ils ne l'ont pas acceptée ; et ce qui est offert doit aussi être reçu, pour être véritablement donné. ³Car le Saint-Esprit est aussi un moyen de

communication, Qui reçoit du Père et offre Ses messages au Fils. [4]Comme l'ego, le Saint-Esprit est à la fois l'expéditeur et le destinataire. [5]Car ce qui est envoyé par Lui revient à Lui, se cherchant soi-même en chemin, et trouvant ce qu'il cherche. [6]De même l'ego trouve la mort qu'*il* cherche, et te la retourne.

C. Le troisième obstacle : L'attraction de la mort

1. À toi et à ton frère, dans la relation particulière desquels le Saint-Esprit est entré, il est donné de délivrer et d'être délivrés du dévouement à la mort. [2]Car cela t'a été offert, et tu l'as accepté. [3]Or tu dois encore en apprendre davantage sur cet étrange dévouement, car il contient le troisième obstacle que la paix doit franchir. [4]Nul ne peut mourir à moins d'avoir choisi la mort. [5]Car ce qui semble être la peur de la mort est en réalité son attraction. [6]La culpabilité aussi est crainte et apeurante. [7]Or elle ne pourrait pas avoir la moindre emprise, sauf sur ceux qui sont attirés par elle et la recherchent. [8]Ainsi en est-il de la mort. [9]Faite par l'ego, son ombre sombre tombe sur toute chose vivante, parce que l'ego est l'«ennemi» de la vie.

2. Et pourtant, une ombre ne peut pas tuer. [2]Qu'est-ce qu'une ombre pour les vivants? [3]Ils passent simplement et elle disparaît. [4]Mais qu'en est-il de ceux dont le dévouement est de ne pas vivre; le chœur éploré de l'ego, «pécheurs» drapés de noir qui vont d'un pas tellement pesant en s'éloignant de la vie, traînant leurs chaînes et défilant en un long cortège qui rend honneur à leur sinistre maître, seigneur de la mort? [5]Touche n'importe lequel d'entre eux des douces mains du pardon et vois tomber ses chaînes, avec les tiennes. [6]Vois comme il rejette la robe noire qu'il portait à ses funérailles, et entends comme il rit de la mort. [7]Par ton pardon il peut échapper à la sentence que le péché lui imposerait. [8]Cela n'est pas de l'arrogance. [9]C'est la Volonté de Dieu. [10]Qu'y a-t-il d'impossible pour toi qui as choisi Sa Volonté comme tienne? [11]Qu'est-ce que la mort pour toi? [12]Ton dévouement ne va pas à la mort ni à son maître. [13]Quand tu as accepté le but du Saint-Esprit à la place de celui de l'ego, tu as renoncé à la mort en échange de la vie. [14]Nous savons qu'une idée ne quitte pas sa source. [15]Et la mort est le résultat de la pensée que nous appelons l'ego, aussi sûrement que la vie est le résultat de la Pensée de Dieu.

a) Le corps incorruptible

3.   De l'ego vinrent le péché, la culpabilité et la mort, par opposition à la vie et à l'innocence, et à la Volonté de Dieu Lui-même. [2]Où peut résider une telle opposition, sinon dans les esprits malades de ceux qui sont insanes, voués à la folie et dressés contre la paix du Ciel? [3]Une chose est sûre : Dieu, Qui n'a créé ni le péché ni la mort, ne veut pas que tu sois lié par eux. [4]Il ne connaît ni le péché ni ses résultats. [5]Les figures voilées du cortège funèbre ne marchent pas en l'honneur de leur Créateur, Dont la Volonté est qu'ils vivent. [6]Ils ne suivent pas Sa Volonté : ils s'y opposent.

4.   Et qu'est donc ce corps drapé de noir qu'ils voudraient enterrer? [2]Un corps qu'ils ont voué à la mort, symbole de corruption, sacrifice fait au péché, offert au péché pour qu'il s'en nourrisse et se garde en vie ; une chose condamnée, maudite par son faiseur et pleurée par chaque endeuillé qui la voit comme étant lui-même. [3]Toi qui crois avoir condamné le Fils de Dieu à cela, tu *es* arrogant. [4]Mais toi qui voudrais le délivrer, tu ne fais qu'honorer la Volonté de son Créateur. [5]L'arrogance du péché, l'orgueil de la culpabilité, le sépulcre de la séparation, tout cela fait partie de ton dévouement à la mort, que tu ne reconnais pas. [6]Le brillant de la culpabilité dont tu as revêtu le corps, le tuerait. [7]Car ce que l'ego aime, il le tue pour son obéissance. [8]Mais ce qui ne lui obéit pas, il ne peut le tuer.

5.   Tu as un autre dévouement qui garderait le corps incorruptible et parfait aussi longtemps qu'il est utile pour atteindre ton saint but. [2]Le corps ne meurt pas plus qu'il ne peut sentir. [3]Il ne fait rien. [4]De lui-même il n'est ni corruptible ni incorruptible. [5]Il n'*est* rien. [6]Il est le résultat d'une minuscule et folle idée de corruption qui peut être corrigée. [7]Car Dieu a répondu à cette idée insane par la Sienne : une Réponse qui ne L'a pas quitté et qui par conséquent porte le Créateur à la conscience de chaque esprit qui a entendu Sa Réponse et L'a acceptée.

6.   À toi qui te voues à l'incorruptible, le pouvoir a été donné par ton acceptation de délivrer de la corruption. [2]Y a-t-il meilleure façon d'enseigner le principe premier et fondamental d'un cours sur les miracles, qu'en te montrant que celui qui semble le plus difficile peut être accompli en premier? [3]Le corps ne peut que servir ton but. [4]De même que tu le considères, de même il semblera être. [5]La mort, si elle était vraie, serait la rupture finale et complète de la communication, ce qui est le but de l'ego.

7. Ceux qui craignent la mort ne voient pas comme ils l'appellent souvent et à haute voix, l'enjoignant de venir les sauver de la communication. ²Car la mort est vue comme une sécurité, le grand et noir sauveur qui les délivre de la lumière de la vérité, la réponse à la Réponse, qui fait taire la Voix qui parle pour Dieu. ³Or la retraite vers la mort n'est pas la fin du conflit. ⁴Seule la Réponse de Dieu en est la fin. ⁵L'obstacle qu'est ton amour apparent de la mort, que la paix doit franchir, semble très grand. ⁶Car en lui sont cachés tous les secrets de l'ego, tous ses étranges mécanismes de tromperie, toutes ses idées malades et ses bizarres imaginations. ⁷Là est la fin ultime de l'union, le triomphe du faire de l'ego sur la création, la victoire du sans-vie sur la Vie Elle-même.

8. Sous le bord poussiéreux de son monde distordu, l'ego voudrait mettre en terre le Fils de Dieu, mis à mort sur son ordre, preuve dans sa putréfaction que Dieu Lui-même est sans pouvoir devant la puissance de l'ego, incapable de protéger la vie qu'Il a créée contre son souhait barbare de tuer. ²Mon frère, enfant de notre Père, ceci est un *rêve* de mort. ³Il n'y a pas de funérailles, ni de sombres autels, ni de sinistres commandements, ni de rituels tordus de condamnation auxquels te mène le corps. ⁴Ne demande pas à *en* être délivré. ⁵Mais libère-le des ordres impitoyables et implacables que tu lui as imposés, et pardonne-lui ce que tu lui as ordonné de faire. ⁶Dans son exaltation, tu ordonnais qu'il meure, car seule la mort pourrait conquérir la vie. ⁷Et quoi d'autre que l'insanité pourrait regarder la défaite de Dieu et la penser réelle?

9. La peur de la mort disparaît comme son attrait est cédé à l'attraction réelle de l'amour. ²La fin du péché, calmement blottie dans ta relation, protégée par ton union avec ton frère et prête à devenir une force puissante pour Dieu, est très proche. ³L'enfance du salut est soigneusement gardée par l'amour, préservée de toute pensée qui l'attaquerait et tranquillement préparée à remplir la tâche considérable pour laquelle elle t'a été donnée. ⁴Ton but qui vient de naître est bercé par les anges, chéri par le Saint-Esprit et protégé par Dieu Lui-même. ⁵Il n'a pas besoin de ta protection : c'est la *tienne*. ⁶Car il est sans mort, et en lui réside la fin de la mort.

10. Quel danger peut assaillir ceux qui sont entièrement innocents? ²Qu'est-ce qui peut attaquer ceux qui sont non coupables? ³Quelle peur peut entrer et troubler la paix de l'impeccabilité? ⁴Ce qui t'a été donné, même dans son enfance, est en pleine communication

avec Dieu et toi. [5]Il tient dans ses petites mains, en parfaite sécurité, chaque miracle que tu accompliras, et te l'offre. [6]Le miracle de la vie n'a pas d'âge, né dans le temps mais nourri dans l'éternité. [7]Contemple cet enfant à qui tu as donné un lieu de repos en pardonnant à ton frère, et vois en lui la Volonté de Dieu. [8]Voici l'enfant de Bethléem né à nouveau. [9]Et tous ceux qui lui donnent refuge le suivront, non vers la croix mais vers la résurrection et la vie.

11.   Quand une chose quelle qu'elle soit te paraît être une source de peur, quand quelque situation te terrorise et fait trembler ton corps et se couvrir des sueurs froides de la peur, souviens-toi que c'est toujours pour *une* raison : l'ego l'a perçue comme un symbole de la peur, un signe de péché et de mort. [2]Souviens-toi, alors, que ni le signe ni le symbole ne devraient être confondus avec la source, car ils doivent représenter autre chose qu'eux-mêmes. [3]Leur signification ne peut pas être en eux mais doit être cherchée dans ce qu'ils représentent. [4]Ainsi il se peut qu'ils signifient tout ou rien, selon la vérité ou la fausseté de l'idée qu'ils reflètent. [5]Confronté à une telle incertitude apparente quant à leur signification, ne la juge pas. [6]Souviens-toi de la sainte Présence de Celui Qui t'a été donné pour être la Source du jugement. [7]Donne-la-Lui pour qu'Il juge pour toi, et dis :

> [8]*Prends-la de moi et regarde-la, la jugeant pour moi.*
> [9]*Ne me laisse pas y voir un signe de péché et de mort, ni l'utiliser pour la destruction.*
> [10]*Enseigne-moi comment ne pas en faire un obstacle à la paix mais Te laisser l'utiliser pour moi, pour faciliter sa venue.*

D. Le quatrième obstacle : La peur de Dieu

1.   Que verrais-tu sans la peur de la mort ? [2]Que ressentirais-tu et que penserais-tu si la mort n'exerçait aucune attraction sur toi ? [3]Tout simplement, tu te souviendrais de ton Père. [4]Du Créateur de la vie, Source de tout ce qui vit, Père de l'univers et de l'univers des univers, et de tout ce qui se trouve même au-delà, tu te souviendrais. [5]Or tandis que ce souvenir te monte à l'esprit, la paix doit encore surmonter un dernier obstacle, après quoi le salut est complété et le Fils de Dieu est entièrement ramené à la santé d'esprit. [6]Car là ton monde prend fin.

2.   Le quatrième obstacle à surmonter tombe comme un voile pesant sur la face du Christ. ²Or comme Sa face s'élèvera derrière lui, rayonnante de joie parce qu'Il est dans l'Amour de Son Père, la paix balaiera doucement le voile et courra à Sa rencontre, pour enfin se joindre à Lui. ³Car ce sombre voile, sous lequel la face du Christ Lui-même ressemble à celle d'un lépreux, et les Rayons éclatants de l'Amour de Son Père qui illuminent Sa Face de gloire apparaissent comme des torrents de sang, s'évanouit dans la lumière resplendissante qui se trouve derrière, quand la peur de la mort a disparu.

3.   Ceci est le voile le plus noir, soutenu par la croyance en la mort et protégé par son attraction. ²Le dévouement à la mort et à sa souveraineté n'est que le vœu solennel, la promesse faite en secret à l'ego de ne jamais lever ce voile, de ne pas s'en approcher ni même de soupçonner qu'il est là. ³C'est le marché secret conclu avec l'ego afin de garder ce qui se trouve derrière le voile à jamais effacé et oublié. ⁴Voilà ta promesse de ne jamais permettre que l'union t'appelle hors de la séparation ; la grande amnésie dans laquelle le souvenir de Dieu semble tout à fait oublié ; le clivage de ton Soi d'avec toi : *la peur de Dieu*, dernière étape dans ta dissociation.

4.   Vois comment la croyance en la mort semble te « sauver ». ²Car si cela disparaissait, que pourrais-tu craindre, sinon la vie ? ³C'est l'attraction de la mort qui fait que la vie semble laide, cruelle et tyrannique. ⁴Tu n'as pas plus peur de la mort que de l'ego. ⁵Ce sont les amis que tu as choisis. ⁶Car dans ton alliance secrète avec eux, tu as consenti à ne jamais laisser la peur de Dieu être levée, pour pouvoir regarder la face du Christ et te joindre à Lui en Son Père.

5.   Chaque obstacle que la paix doit franchir est surmonté exactement de la même façon : la peur qui l'a soulevé cède à l'amour qui est derrière, et la peur disparaît. ²Il en va de même ici. ³Le souhait de te débarrasser de la paix et de chasser le Saint-Esprit s'évanouit en présence de la re-connaissance tranquille du fait que tu L'aimes. ⁴L'exaltation du corps est délaissée en faveur du pur-esprit, que tu aimes comme jamais tu ne pourrais aimer le corps. ⁵Et l'attrait de la mort est perdu à jamais tandis que l'attraction de l'amour remue et t'appelle. ⁶De par-delà chacun des obstacles à l'amour, l'Amour Lui-même a appelé. ⁷Et chacun a été surmonté par le pouvoir de l'attraction de ce qui est derrière. ⁸Le fait que tu voulais la peur semblait les maintenir en place. ⁹Or

quand tu as entendu la Voix de l'Amour au-delà d'eux, tu as répondu et ils ont disparu.

6.   Et maintenant tu te tiens terrorisé devant ce que tu avais juré de ne jamais regarder. [2]Tu baisses les yeux en te souvenant de la promesse faite à tes « amis ». [3]La « beauté » du péché, l'attrait délicat de la culpabilité, la « sainte » image cireuse de la mort, et la peur de la vengeance de l'ego que tu avais juré par le sang de ne pas déserter, tous surgissent et t'enjoignent de ne pas lever les yeux. [4]Car tu te rends compte que si tu regardes cela et laisse le voile être levé, *ils* disparaîtront à jamais. [5]Tous tes « amis », tes « protecteurs » et ta « demeure » disparaîtront. [6]Tu ne te souviendras de rien dont tu te souviens maintenant.

7.   Il te semble que le monde t'abandonnera complètement pour peu que tu lèves les yeux. [2]Or tout ce qui arrivera, c'est que tu quitteras le monde à jamais. [3]Ce sera le rétablissement de *ta* volonté. [4]Regarde-le, les yeux grand ouverts, et jamais plus tu ne croiras que tu es à la merci de choses qui te dépassent, de forces que tu ne peux contrôler ou de pensées qui te viennent contre ta volonté. [5]*C'est* ta volonté de regarder cela. [6]Aucun désir fou, aucune impulsion banale à oublier de nouveau, aucune peur lancinante ni les sueurs froides de ce qui semble être la mort ne peuvent se dresser contre ta volonté. [7]Car ce qui t'attire de par-delà le voile est aussi au plus profond de toi, inséparé d'elle et complètement un.

a) La levée du voile

8.   N'oublie pas que vous vous êtes rendus si loin ensemble, toi et ton frère. [2]Et ce n'est sûrement pas l'ego qui vous a conduits jusqu'ici. [3]Aucun obstacle à la paix ne peut être surmonté par son aide. [4]Il ne révèle pas ses secrets en t'enjoignant de les regarder puis d'aller au-delà. [5]Il ne voudrait pas que tu voies sa faiblesse et que tu apprennes qu'il n'a pas le pouvoir de te garder loin de la vérité. [6]Le Guide Qui t'a conduit ici reste avec toi et quand tu lèveras les yeux tu seras prêt à regarder la terreur sans aucune peur. [7]Mais d'abord lève les yeux et regarde ton frère avec l'innocence née du pardon complet de ses illusions, et par les yeux de la foi qui ne les voit pas.

9.   Nul ne peut regarder la peur de Dieu sans être terrifié, à moins d'avoir accepté l'Expiation et d'avoir appris que les illusions ne sont pas réelles. [2]Nul ne peut se tenir seul devant cet obstacle, car

il n'aurait pas pu se rendre si loin si son frère n'avait pas marché à ses côtés. ³Et nul n'oserait y poser son regard sans avoir, en son cœur, pardonné complètement à son frère. ⁴Reste là un moment et ne tremble pas. ⁵Tu seras prêt. ⁶Joignons-nous ici dans un instant saint, en ce lieu où le but, donné dans un instant saint, t'a conduit. ⁷Et joignons-nous en ayant foi en ce que Celui Qui nous a rassemblés ici t'offrira l'innocence dont tu as besoin, et en ce que tu l'accepteras pour mon amour et le Sien.

10.   Il n'est pas possible non plus de regarder cela trop tôt. ²Voici le lieu où chacun doit venir quand il est prêt. ³Une fois qu'il a trouvé son frère, il *est* prêt. ⁴Or simplement d'atteindre le lieu ne suffit pas. ⁵Un voyage sans un but est encore in-signifiant et même quand il est terminé il ne semble pas avoir de sens. ⁶Comment peux-tu savoir qu'il est terminé, si ce n'est en te rendant compte que son but est atteint ? ⁷Ici, avec la fin du voyage devant toi, tu en *vois* le but. ⁸Et c'est ici que tu choisis de le regarder ou de continuer à errer, mais seulement pour revenir et choisir à nouveau.

11.   Pour regarder la peur de Dieu, il est certes besoin de quelque préparation. ²Seuls ceux qui sont sains d'esprit peuvent regarder la pure insanité et la folie furieuse avec pitié et compassion, mais sans peur. ³Car elles ne semblent effrayantes qu'à ceux qui les partagent ; et tu les partages tant que tu n'as pas regardé ton frère avec une foi, une tendresse et un amour parfaits. ⁴Devant le pardon complet, tu restes encore sans pardonner. ⁵Tu as peur de Dieu *parce que* tu as peur de ton frère. ⁶Ceux à qui tu ne pardonnes pas, tu les crains. ⁷Et personne n'atteint l'amour avec la peur à ses côtés.

12.   Ce frère qui se tient à tes côtés semble encore être un étranger. ²Tu ne le connais pas et ton interprétation de lui est très apeurante. ³Et tu l'attaques encore, pour garder ce qui semble être toi indemne. ⁴Or ton salut est entre ses mains. ⁵Tu vois sa folie, que tu hais parce que tu la partages. ⁶Et toute la pitié et le pardon qui la guériraient font place à la peur. ⁷Frère, tu as besoin de pardonner à ton frère, car vous partagerez ensemble soit la folie, soit le Ciel. ⁸Et toi et lui lèverez les yeux ensemble dans la foi, ou pas du tout.

13.   À tes côtés est celui qui t'offre le calice de l'Expiation, car le Saint-Esprit est en lui. ²Voudrais-tu lui reprocher ses péchés ou accepter le don qu'il te fait ? ³Ce donneur de salut est-il ton ami ou ton ennemi ? ⁴Choisis lequel il est, en te souvenant que tu

recevras de lui conformément à ton choix. [5]Il a en lui le pouvoir de pardonner ton péché, comme toi le sien. [6]Aucun des deux ne peut se le donner seul. [7]Or à côté de chacun se tient votre sauveur. [8]Laisse-le être ce qu'il est, et ne cherche pas à faire de l'amour un ennemi.

14.   Contemple ton Ami, le Christ Qui se tient à tes côtés. [2]Qu'Il est saint et qu'Il est beau ! [3]Tu pensais qu'Il avait péché parce que tu avais jeté sur Lui le voile du péché afin de cacher Sa beauté. [4]Or Il t'offre encore le pardon, pour partager Sa Sainteté. [5]Cet « ennemi », cet « étranger » t'offre encore le salut comme Son Ami. [6]Les « ennemis » du Christ, les adorateurs du péché, ne savent pas Qui ils attaquent.

15.   Voici ton frère, que le péché a crucifié et qui attend d'être délivré de la douleur. [2]Ne voudrais-tu pas lui offrir le pardon, quand lui seul peut te l'offrir ? [3]Pour sa rédemption, il te donnera la tienne, aussi sûrement que Dieu a créé chaque chose vivante et qu'Il l'aime. [4]Et il la donnera véritablement, car elle sera à la fois offerte et reçue. [5]Il n'est de grâce au Ciel que tu ne puisses offrir à ton frère et recevoir de ton Ami très saint. [6]Ne le laisse pas la retenir, car en la recevant tu la lui offres. [7]Et il recevra de toi ce que tu as reçu de lui. [8]La rédemption t'a été donnée pour que tu la donnes à ton frère et ainsi la reçoives. [9]Celui à qui tu pardonnes est libre ; et ce que tu donnes, tu le partages. [10]Pardonne les péchés que ton frère pense avoir commis, et toute la culpabilité que tu penses voir en lui.

16.   Voici le saint lieu de la résurrection, où nous revenons ; où nous reviendrons jusqu'à ce que la rédemption soit accomplie et reçue. [2]Pense à qui est ton frère, avant de le condamner. [3]Et rends grâce à Dieu de sa sainteté et du don de sainteté qui lui a été donné pour toi. [4]Joins-toi à lui dans la joie, et de son esprit troublé et torturé enlève toute trace de culpabilité. [5]Aide-le à soulever le lourd fardeau du péché que tu lui avais imposé et qu'il avait accepté pour sien, puis jette-le au loin légèrement et avec un rire heureux. [6]Ne le presse pas comme des épines sur son front, ne l'y cloue pas, sans rédemption et sans espoir.

17.   Donne la foi à ton frère, car la foi, l'espérance et la miséricorde sont à toi pour que tu les donnes. [2]Entre les mains qui donnent, le don est remis. [3]Regarde ton frère et vois en lui le don de Dieu que tu voudrais recevoir. [4]Nous sommes presque à Pâques, le temps de la résurrection. [5]Donnons-nous l'un à l'autre la rédemption et partageons-la afin de nous élever ne faisant qu'un dans

la résurrection, et non séparés dans la mort. [6]Contemple le don de liberté que j'ai donné au Saint-Esprit pour toi. [7]Et soyez libres ensemble, toi et ton frère, comme vous offrez au Saint-Esprit ce même don. [8]Et en le donnant, recevez-le de Lui en retour de ce que vous avez donné. [9]Il nous a conduits ensemble, toi et moi, afin que nous nous rencontrions ici, en ce saint lieu, pour prendre la même décision.

18. Libère ton frère ici, comme je t'ai libéré. [2]Fais-lui ce même don et ne le regarde pas en le condamnant d'aucune façon. [3]Vois-le aussi non coupable que je te vois, et passe sur les péchés qu'il pense voir en lui-même. [4]Ici même, en ce jardin de supplices et de mort apparents, offre à ton frère la liberté et la délivrance complète du péché. [5]Ainsi nous préparerons ensemble la voie vers la résurrection du Fils de Dieu et le laisserons s'élever à nouveau au souvenir joyeux de son Père, Qui ne connaît ni le péché ni la mort mais seulement la vie éternelle.

19. Ensemble nous disparaîtrons dans la Présence au-delà du voile, non pour nous perdre mais nous trouver; non pour être vus mais connus. [2]Et connaissant, rien dans le plan que Dieu a établi pour le salut ne sera laissé inachevé. [3]Tel est le but du voyage, sans lequel le voyage est in-signifiant. [4]Là est la paix de Dieu, à toi donnée par Lui éternellement. [5]Là sont le repos et la quiétude que tu cherches, la raison du voyage depuis le tout début. [6]Le Ciel est le don que tu dois à ton frère, la dette de gratitude que tu offres au Fils de Dieu en remerciement de ce qu'il est, et de ce que son Père en le créant a voulu qu'il soit.

20. Réfléchis bien à la façon dont tu voudrais regarder le donneur de ce don, car de même que tu le considères, de même le don t'apparaîtra. [2]De même que tu le vois soit comme le donneur de culpabilité ou de salut, de même son offrande sera vue et reçue. [3]Les crucifiés donnent la douleur parce qu'ils sont dans la douleur. [4]Mais ceux qui sont rédimés donnent la joie parce qu'ils ont été guéris de la douleur. [5]Chacun donne comme il reçoit, mais il doit choisir ce que *sera* ce qu'il reçoit. [6]Et il reconnaîtra ce qu'il a choisi à ce qu'il donne, et ce qui lui est donné. [7]Et il n'est donné à rien ni en enfer ni au Ciel d'interférer avec sa décision.

21. Tu t'es rendu si loin parce que ce voyage était ton choix. [2]Nul n'entreprend de faire ce qu'il croit être in-signifiant. [3]Ce en quoi tu avais foi est toujours fidèle et veille sur toi avec une foi si douce et pourtant si forte qu'elle t'emportera loin au-delà du voile et placera le Fils de Dieu en lieu sûr, sous la protection de son Père.

⁴Voilà le seul but qui donne à ce monde, et au long voyage à travers ce monde, toute la signification qui s'y trouve. ⁵Au-delà de cela, ils sont in-signifiants. ⁶Toi et ton frère vous tenez ensemble, sans être encore convaincus qu'ils ont un but. ⁷Or il t'est donné de voir ce but en ton saint Ami et de le reconnaître pour tien.

Chapitre 20

LA VISION DE LA SAINTETÉ

I. Semaine sainte

1. Voici le dimanche des Rameaux, la célébration de la victoire et l'acceptation de la vérité. [2]Ne passons pas cette semaine sainte à ruminer la crucifixion du Fils de Dieu, mais joyeusement à célébrer sa délivrance. [3]Car Pâques est le signe de la paix, et non de la douleur. [4]Un Christ mis à mort ne signifie rien. [5]Mais un Christ ressuscité devient le symbole du pardon que le Fils de Dieu s'est accordé à lui-même ; le signe qu'il se considère lui-même guéri et entier.

2. Cette semaine commence avec des rameaux et se termine avec des lys, le blanc et saint signe que le Fils de Dieu est innocent. [2]Ne laisse aucun sombre signe de la crucifixion intervenir entre le voyage et son but, entre l'acceptation de la vérité et son expression. [3]Cette semaine, nous célébrons la vie, et non la mort. [4]Et nous honorons la pureté parfaite du Fils de Dieu, et non ses péchés. [5]À ton frère, offre le don des lys, et non de la couronne d'épines ; le don de l'amour, et non le « don » de la peur. [6]Tu te tiens à côté de ton frère, des épines dans une main et des lys dans l'autre, incertain lesquels lui donner. [7]Joins-toi à moi maintenant, jette les épines et offre les lys pour les remplacer. [8]À Pâques, j'aimerais que tu me fasses le don de ton pardon, offert à moi par toi et rendu à toi par moi. [9]Nous ne pouvons pas être unis dans la crucifixion et dans la mort. [10]Pas plus que la résurrection ne peut être complète tant que ton pardon ne repose pas sur le Christ, avec le mien.

3. Une semaine, c'est court, et pourtant cette semaine sainte est le symbole du voyage tout entier que le Fils de Dieu a entrepris. [2]Il est parti avec le signe de la victoire, la promesse de la résurrection, qui lui était déjà donné. [3]Ne le laisse pas s'égarer dans la tentation de la crucifixion, et là s'attarder. [4]Aide-le à la dépasser en paix, avec la lumière de sa propre innocence éclairant son chemin vers sa rédemption et sa délivrance. [5]Ne le retiens pas avec des épines et des clous quand sa rédemption est si proche. [6]Mais du don des lys que tu lui fais, laisse l'éclatante blancheur lui donner des ailes en route vers la résurrection.

4. Pâques n'est pas la célébration du *coût* du péché, mais de sa *fin*. ²Si tu entrevois la face du Christ derrière le voile, à travers les pétales blancs comme neige des lys que tu as reçus et offerts en don, c'est la face de ton frère que tu contempleras et reconnaîtras. ³J'étais un étranger et tu m'as recueilli, ne connaissant pas qui j'étais. ⁴Or pour ton don des lys, tu le sauras. ⁵Dans le pardon que tu accordes à cet étranger, inconnu de toi et pourtant ton vieil Ami, résident sa délivrance et ta rédemption avec lui. ⁶Le temps de Pâques est un temps de joie, et non de deuil. ⁷Regarde ton Ami ressuscité et célèbre avec moi sa sainteté. ⁸Car Pâques est le temps de ton salut, avec le mien.

II. Le don des lys

1. Regarde toutes les breloques faites pour être pendues au corps, pour le couvrir ou pour son usage. ²Vois toutes les choses inutiles faites pour être vues par ses yeux. ³Pense à toutes les offrandes faites pour son plaisir, et souviens-toi que tout cela a été fait pour que paraisse beau ce que tu hais. ⁴Emploierais-tu cette chose haïe pour rapprocher ton frère de toi et pour attirer les yeux de son corps? ⁵Apprends que tu ne lui offres qu'une couronne d'épines, sans la reconnaître pour ce qu'elle est mais en essayant de justifier l'interprétation que tu donnes de sa valeur par le fait qu'il l'accepte. ⁶Or le don proclame toujours que ton frère ne vaut rien pour toi, comme le fait qu'il l'accepte et s'en réjouit témoigne du manque de valeur qu'il s'accorde à lui-même.
2. S'ils sont véritablement donnés et reçus, les dons ne sont pas faits par des corps. ²Car les corps ne peuvent ni offrir ni accepter, ni donner ni prendre. ³Seul l'esprit peut estimer, et seul l'esprit décide ce qu'il voudrait recevoir et donner. ⁴Et chaque don qu'il offre dépend de ce qu'il veut. ⁵Il ornera avec le plus grand soin la demeure qu'il a choisie, la préparant à recevoir les dons qu'il veut en les offrant à ceux qui viennent à la demeure de son choix ou à ceux qu'il voudrait y attirer. ⁶Et là ils échangeront leurs dons, offrant et recevant ce que leurs esprits jugent digne d'eux.
3. Chaque don est une évaluation du receveur et du *donneur*. ²Il n'en est pas un qui ne voie la demeure de son choix comme un autel à lui-même. ³Pas un qui ne cherche à y attirer les adorateurs de ce qu'il y a déposé, le rendant digne de leur dévotion. ⁴Et chacun sur son autel a placé une lumière afin qu'ils puissent voir ce qu'il

y a déposé et le prennent pour leur. [5]Voilà la valeur que tu attribues à ton frère et à toi-même. [6]Voilà ton don pour les deux ; ton jugement sur le Fils de Dieu pour ce qu'il est. [7]N'oublie pas que c'est ton sauveur à qui le don est offert. [8]Offre-lui les épines et *tu* es crucifié. [9]Offre-lui les lys et c'est toi-même que tu libères.

4.   J'ai grand besoin de lys, car le Fils de Dieu ne m'a pas pardonné. [2]Et puis-je lui offrir le pardon quand il m'offre des épines ? [3]Car celui qui offre des épines à quiconque est encore contre moi ; or qui est entier sans lui ? [4]Sois son ami pour moi, afin que je sois pardonné et que tu puisses voir le Fils de Dieu entier. [5]Mais regarde d'abord l'autel dans la demeure de ton choix, et vois ce que tu as déposé là pour me l'offrir. [6]Si ce sont des épines dont les pointes brillent vivement dans une lumière rouge sang, alors le corps est la demeure de ton choix et c'est la séparation que tu m'offres. [7]Et pourtant, les épines ont disparu. [8]Regarde-les maintenant d'encore plus près et tu verras que ton autel n'est plus ce qu'il était.

5.   Tu regardes encore avec les yeux du corps, et ils ne peuvent voir que des épines. [2]Or tu as demandé et reçu une autre vue. [3]Ceux qui acceptent pour leur le but du Saint-Esprit partagent aussi Sa vision. [4]Et ce qui Lui permet de voir Son but irradier de chaque autel t'appartient maintenant aussi bien qu'à Lui. [5]Il ne voit pas d'étrangers, seulement de très tendres et très chers amis. [6]Il ne voit pas d'épines mais seulement des lys, brillant dans la douce lumière de la paix qui luit sur tout ce qu'Il regarde et aime.

6.   À Pâques, regarde ton frère avec des yeux différents. [2]Tu *m'as* pardonné. [3]Or je ne peux pas utiliser les lys dont tu m'as fait don tant que tu ne les vois pas. [4]Pas plus que tu ne peux utiliser ce que j'ai donné à moins de le partager. [5]La vision du Saint-Esprit n'est pas un don futile, ce n'est pas un jouet dont on s'amuse un moment puis qu'on met de côté. [6]Écoute et entends cela attentivement, et ne pense pas que ce ne soit qu'un rêve, une pensée en l'air pour te divertir ou un jouet que tu ramasserais de temps à autre puis mettrais de côté. [7]Car si c'est ce que tu fais, c'est ce qu'elle sera pour toi.

7.   Tu as la vision maintenant pour regarder passé toutes les illusions. [2]Elle t'a été donnée pour que tu ne voies ni épines ni étrangers ni obstacles à la paix. [3]La peur de Dieu n'est rien pour toi maintenant. [4]Qui a peur de regarder les illusions, connaissant que son sauveur est à ses côtés ? [5]Avec lui, ta vision est devenue le plus grand pouvoir pour défaire l'illusion que Dieu Lui-même

pouvait donner. ⁶Car ce que Dieu a donné au Saint-Esprit, tu l'as reçu. ⁷Le Fils de Dieu se tourne vers toi pour sa délivrance. ⁸Car tu as demandé et reçu la force de regarder cet ultime obstacle et de ne voir ni épines ni clous pour crucifier le Fils de Dieu et le couronner roi de la mort.

8.   La demeure de ton choix est de l'autre côté, au-delà du voile. ²Elle a été soigneusement préparée pour toi et elle est prête à te recevoir maintenant. ³Tu ne la verras pas avec les yeux du corps. ⁴Or tout ce dont tu as besoin, tu l'as. ⁵Ta demeure t'appelle depuis le commencement du temps et tu n'as jamais manqué entièrement de l'entendre. ⁶Tu entendais, mais tu ne connaissais pas comment ni où regarder. ⁷Et maintenant tu connais. ⁸En toi réside la connaissance, prête à être dévoilée et libérée de toute la terreur qui la gardait cachée. ⁹Il n'y *a* pas de crainte dans l'amour. ¹⁰Le chant de Pâques est le joyeux refrain qui dit que le Fils de Dieu n'a jamais été crucifié. ¹¹Levons les yeux ensemble, non dans la peur mais dans la foi. ¹²Et il n'y aura pas de peur en nous, car dans notre vision il n'y aura pas d'illusions, seulement un chemin menant à la porte ouverte du Ciel, la demeure que nous partageons dans la quiétude, et où nous vivons dans la douceur et dans la paix, ensemble et ne faisant qu'un.

9.   Ne voudrais-tu pas que ton saint frère t'y conduise? ²Son innocence éclairera ton chemin, t'offrant sa lumière pour te guider et sa sûre protection, et irradiant du saint autel au-dedans de lui où tu as posé les lys du pardon. ³Laisse-le être le sauveur qui te délivre des illusions, et regarde-le avec la vision nouvelle qui voit les lys et t'apporte la joie. ⁴Nous allons au-delà du voile de la peur, nous éclairant le chemin l'un l'autre. ⁵La sainteté qui nous conduit est au-dedans de nous, comme l'est notre demeure. ⁶Ainsi nous trouverons ce que nous étions censés trouver par Celui Qui nous conduit.

10.   Voici la voie qui mène au Ciel et à la paix de Pâques, où nous nous joignons dans l'heureuse conscience que le Fils de Dieu est ressuscité du passé et s'est éveillé au présent. ²Maintenant il est libre, illimité dans sa communion avec tout ce qui est au-dedans de lui. ³Maintenant les lys de son innocence sont intouchés par la culpabilité, parfaitement protégés à la fois du frisson glacé de la peur et des vents desséchants du péché. ⁴Ton don l'a sauvé des épines et des clous et son bras fort est libre de te guider en toute sûreté à travers eux et au-delà. ⁵Va avec lui maintenant en

te réjouissant, car le sauveur qui te délivre des illusions est venu t'accueillir et te ramener chez toi avec lui.

11.   Voici ton sauveur et ton ami, délivré de la crucifixion par ta vision et libre de te conduire maintenant là où il voudrait être. ²Il ne te quittera pas, pas plus qu'il n'abandonnera le sauveur à sa douleur. ³Et c'est avec joie que toi et ton frère irez ensemble sur le chemin de l'innocence, chantant tout en contemplant la porte ouverte du Ciel et reconnaissant la demeure qui vous appelait. ⁴Donne joyeusement à ton frère la liberté et la force de t'y conduire. ⁵Et viens devant Son saint autel où attendent la force et la liberté, offrir et recevoir la radieuse conscience qui vous ramène chez vous. ⁶La lampe est allumée en toi pour ton frère. ⁷Et par les mains qui la lui ont données, tu seras conduit passé la peur jusqu'à l'amour.

III. Le péché comme ajustement

1.   La croyance dans le péché est un ajustement. ²Un ajustement est un changement; le passage d'une perception à une autre, ou la croyance que ce qui était tel auparavant a été rendu différent. ³Par conséquent, tout ajustement est une distorsion, qui fait appel à des défenses pour la soutenir contre la réalité. ⁴La connaissance ne requiert aucun ajustement et, de fait, se perd si le moindre passage ou changement est entrepris. ⁵Car cela la réduit aussitôt à une simple perception; une façon de voir dans laquelle la certitude est perdue et le doute est entré. ⁶Une condition ainsi détériorée *nécessite* des ajustements, parce qu'elle n'est pas vraie. ⁷Qui a besoin de s'ajuster à la vérité, qui n'en appelle qu'à ce qu'il est, pour comprendre?

2.   Les ajustements de toutes sortes sont de l'ego. ²Car l'ego croit fixement que toutes les relations dépendent des ajustements, pour faire d'elles ce qu'il voudrait qu'elles soient. ³Les relations directes, où il n'y a aucune interférence, sont toujours considérées comme dangereuses. ⁴L'ego, qui s'est lui-même nommé médiateur de toutes les relations, fait tous les ajustements qu'il estime nécessaires, puis il les interpose entre ceux qui voudraient se rencontrer, pour les garder séparés et empêcher leur union. ⁵C'est cette interférence étudiée qui fait qu'il t'est difficile de reconnaître ta relation sainte pour ce qu'elle est.

3.   Ceux qui sont saints n'interfèrent pas avec la vérité. ²Ils n'en ont pas peur, car c'est au-dedans de la vérité qu'ils reconnaissent leur sainteté, se réjouissant de ce qu'ils voient. ³Ils la regardent directement, sans essayer de s'ajuster à elle, ou elle à eux. ⁴Ainsi ils voient qu'elle était en eux, n'ayant pas d'abord décidé où ils voulaient qu'elle soit. ⁵En regardant, ils ne font que poser une question, et c'est ce qu'ils voient qui leur répond. ⁶Tu fais le monde et tu t'ajustes ensuite à lui, et lui à toi. ⁷Et il n'y a pas non plus de différence entre toi et lui dans ta perception, qui a fait l'un et l'autre.

4.   Or il reste une question simple, qui exige une réponse. ²Aimes-tu ce que tu as fait ? — un monde de meurtre et d'attaque, dans lequel tu te fraies timidement un chemin parmi d'incessants dangers, seul et effrayé, espérant au mieux que la mort attendra encore un peu avant de te rattraper et que tu disparaisses. ³*Tu as inventé cela*. ⁴C'est une image de ce que tu penses être ; de la façon dont tu te vois. ⁵Un meurtrier *est* effrayé, et ceux qui tuent craignent la mort. ⁶Ces pensées effrayantes, ce sont celles de ceux qui voudraient s'ajuster à un monde que leurs ajustements ont rendu effrayant. ⁷Et à partir de ce qui est triste au-dedans, ils regardent tristement au-dehors et y voient la tristesse.

5.   Ne t'es-tu pas demandé comment le monde est réellement ; comment tu le verrais avec des yeux heureux ? ²Le monde que tu vois n'est qu'un jugement sur toi-même. ³Il n'est pas là du tout. ⁴Or le jugement lui impose une sentence, le justifie et le rend réel. ⁵Tel est le monde que tu vois : un jugement sur toi-même, et fait par toi. ⁶Cette image maladive de toi-même, qui est son image et qu'il aime, l'ego la préserve avec soin et la place à l'extérieur de toi dans le monde. ⁷Et à ce monde, tu dois t'ajuster aussi longtemps que tu crois que cette image est à l'extérieur et te tient à sa merci. ⁸Ce monde *est* sans merci et s'il était à l'extérieur de toi, tu aurais certes raison d'être effrayé. ⁹Or c'est toi qui l'as fait sans merci, et si maintenant sa nature sans merci semble être dans tout ce que tu vois, elle peut être corrigée.

6.   Qui, dans une relation sainte, peut longtemps rester non saint ? ²Le monde que voient ceux qui sont saints ne fait qu'un avec eux, tout comme le monde que regarde l'ego est pareil à lui. ³Le monde que voient ceux qui sont saints est beau parce qu'ils voient en lui leur innocence. ⁴Ils ne lui ont pas dit ce qu'il était ; ils n'ont pas fait d'ajustements pour convenir à leurs ordres. ⁵Dans un murmure, ils lui ont doucement demandé : « Qu'es-tu ? » ⁶Et Celui Qui veille sur toute perception a répondu. ⁷Ne prends pas le jugement

du monde pour réponse à la question : « Que suis-je ? » [8]Le monde croit dans le péché, mais la croyance qui l'a fait tel que tu le vois n'est pas extérieure à toi.

7. Ne cherche pas à faire que le Fils de Dieu s'ajuste à son insanité. [2]Il y a un étranger en lui, qui est entré par mégarde dans la demeure de la vérité et qui en sortira. [3]Il est venu sans but, mais il ne restera pas devant l'éclatante lumière qu'a offerte le Saint-Esprit, et que tu as acceptée. [4]Car là l'étranger est rendu sans demeure et tu es, *toi,* le bienvenu. [5]Ne demande pas à cet étranger de passage : « Que suis-je ? » [6]Il est l'unique chose dans tout l'univers qui n'en ait pas connaissance. [7]Or c'est à lui que tu le demandes, et c'est à sa réponse que tu voudrais t'ajuster. [8]C'est cette seule et folle pensée, d'une féroce arrogance et pourtant si minuscule et si in-signifiante qu'elle se faufile inaperçue à travers l'univers de la vérité, qui devient ton guide. [9]C'est vers elle que tu te tournes pour demander la signification de l'univers. [10]Et à l'unique chose aveugle dans tout l'univers voyant de la vérité, tu demandes : « Comment dois-je regarder le Fils de Dieu ? »

8. À une chose totalement dépourvue de jugement, demande-t-on jugement ? [2]Et si tu l'as fait, voudras-tu croire la réponse et t'y ajuster comme si c'était la vérité ? [3]Le monde que tu regardes est la réponse qu'elle t'a donnée, et tu lui as donné le pouvoir d'ajuster le monde pour rendre sa réponse vraie. [4]Tu as demandé à cette bouffée de folie la signification de ta relation non sainte, et tu l'as ajustée en fonction de sa réponse insane. [5]À quel point cela t'a-t-il rendu heureux ? [6]As-tu rencontré ton frère avec joie pour bénir le Fils de Dieu et lui rendre grâce de tout le bonheur qu'il t'a offert ? [7]As-tu reconnu en ton frère le don éternel de Dieu pour toi ? [8]As-tu vu la sainteté qui luisait en toi comme en ton frère, pour bénir l'autre ? [9]Voilà le but de ta relation sainte. [10]Ne demande pas quels sont les moyens de l'atteindre à l'unique chose qui voudrait encore qu'elle soit non sainte. [11]Ne lui donne pas le pouvoir d'ajuster les moyens et la fin.

9. Des prisonniers qui sont liés depuis des années à de lourdes chaînes, affamés, émaciés, faibles et épuisés, qui ont les yeux plongés depuis si longtemps dans les ténèbres qu'ils ne se souviennent plus de la lumière, ne sautent pas de joie à l'instant même où ils sont libérés. [2]Il leur faut un certain temps pour comprendre ce qu'est la liberté. [3]Tu cherchais faiblement, à tâtons dans la poussière, et tu as trouvé la main de ton frère, incertain si tu devais la lâcher ou t'agripper à la vie oubliée depuis si longtemps. [4]Serre-la

plus fort et lève les yeux sur ton fort compagnon, en qui réside la signification de ta liberté. ⁵Il semblait être crucifié à côté de toi. ⁶Et pourtant sa sainteté était restée intouchée et parfaite, et avec lui à tes côtés tu entreras ce jour même dans le Paradis, et tu connaîtras la paix de Dieu.

10.   Telle est ma volonté pour toi et ton frère, et pour chacun de vous l'un pour l'autre et pour lui-même. ²Ici il n'y a que sainteté et jonction sans limite. ³Car qu'est-ce que le Ciel, sinon l'union, directe et parfaite, et sans le voile de la peur sur elle ? ⁴Ici nous sommes un, et le regard que nous posons l'un sur l'autre et sur nous-mêmes est d'une parfaite douceur. ⁵Ici toute pensée de séparation entre nous devient impossible. ⁶Toi qui étais prisonnier dans la séparation, tu es maintenant rendu libre dans le Paradis. ⁷Et c'est ici que je voudrais m'unir à toi, mon ami, mon frère et mon Soi.

11.   Le don que tu as fait à ton frère m'a donné la certitude que notre union est proche. ²Partage donc cette foi avec moi, et connais qu'elle est justifiée. ³Il n'y a pas de crainte dans l'amour parfait *parce qu'il* ne connaît pas le péché et qu'il doit voir les autres comme il se voit lui-même. ⁴Regardant au-dedans avec charité, que peut-il craindre au-dehors ? ⁵Les innocents voient la sécurité, et ceux qui ont le cœur pur voient Dieu au-dedans de Son Fils et se tournent vers le Fils pour qu'il les conduise au Père. ⁶Et où iraient-ils ailleurs que là où c'est leur volonté d'être ? ⁷Maintenant toi et ton frère vous conduirez l'un l'autre vers le Père, aussi sûrement que Dieu a créé Son Fils saint, et l'a gardé ainsi. ⁸En ton frère est la lumière de la promesse éternelle d'immortalité que Dieu t'a faite. ⁹Vois-le sans péché et il ne peut y *avoir* de peur en toi.

IV. Entrer dans l'arche

1.   Rien ne peut te blesser à moins que tu ne lui donnes le pouvoir de le faire. ²Or *tu* donnes ce pouvoir comme les lois de ce monde interprètent donner : en donnant, tu perds. ³Ce n'est pas du tout à toi qu'il appartient de donner le pouvoir. ⁴Le pouvoir est de Dieu, donné par Lui et réveillé à nouveau par le Saint-Esprit, Qui connaît qu'en donnant, tu gagnes. ⁵Il ne donne pas de pouvoir au péché, qui n'en a donc pas ; ni à ses résultats, comme ce monde les voit — la maladie et la mort, la misère et la douleur. ⁶Ces choses ne se sont pas produites parce que le Saint-Esprit ne les voit pas et qu'Il ne donne aucun pouvoir à leur source apparente. ⁷Ainsi

Il voudrait t'en garder libre. [8]Étant sans illusion sur ce que tu es, le Saint-Esprit donne simplement tout à Dieu, Qui a déjà donné et reçu tout ce qui est vrai. [9]Ce qui n'est pas vrai, Il ne l'a ni reçu ni donné.

2. Le péché n'a pas de place au Ciel, où ses résultats sont étrangers et ne peuvent pas plus entrer que leur source. [2]Là réside ton besoin de voir ton frère sans péché. [3]En lui *est* le Ciel. [4]Vois plutôt le péché en lui et le Ciel est perdu pour toi. [5]Mais vois-le tel qu'il est et ce qui est à toi rayonne de lui vers toi. [6]Ton sauveur te donne seulement l'amour, mais ce que tu voudrais recevoir de lui dépend de toi. [7]Il lui est donné de passer sur toutes tes erreurs, et là réside son propre salut. [8]Il en va de même du tien. [9]Le salut est une leçon de donner, comme le Saint-Esprit l'interprète. [10]C'est le nouveau réveil des lois de Dieu dans des esprits qui ont établi d'autres lois et leur ont donné le pouvoir de faire respecter ce que Dieu n'a pas créé.

3. Tes lois insanes ont été faites pour garantir que tu ferais des erreurs et leur donnerais un pouvoir sur toi en acceptant leurs résultats comme ton juste dû. [2]Si ce n'est pas folie, qu'est-ce que c'est ? [3]Et est-ce cela que tu voudrais voir dans ton sauveur, qui te délivre de l'insanité ? [4]Il est aussi libre de cela que tu l'es, et dans la liberté que tu vois en lui, tu vois la tienne. [5]Car cela, vous le partagez. [6]Ce que Dieu a donné obéit à Ses lois, et seulement aux Siennes. [7]Il n'est pas possible non plus que ceux qui les suivent subissent les résultats de toute autre source.

4. Ceux qui choisissent la liberté ne font l'expérience que de ses résultats. [2]Leur pouvoir est de Dieu, et ils le donnent seulement à ce que Dieu a donné, pour le partager avec eux. [3]Rien d'autre ne peut les toucher, car ils ne voient que cela, partageant leur pouvoir conformément à la Volonté de Dieu. [4]Et c'est ainsi que leur liberté est établie et maintenue. [5]Elle est soutenue à travers toutes les tentations d'emprisonner ou d'être emprisonné. [6]C'est à ceux-là qui ont appris ce qu'est la liberté que tu devrais demander ce qu'est la liberté. [7]Ne demande pas au moineau comment l'aigle prend son essor, car ceux qui ont de petites ailes n'ont pas accepté pour eux-mêmes le pouvoir de partager avec toi.

5. Ceux qui sont sans péché donnent comme ils ont reçu. [2]Vois donc en ton frère le pouvoir de l'impeccabilité, et partage avec lui le pouvoir de la délivrance du péché que tu lui as offerte. [3]À chacun de ceux qui errent sur cette terre dans une apparente solitude, un sauveur est donné dont la fonction particulière ici est

de le délivrer, et ainsi de se libérer lui-même. ⁴Dans le monde de la séparation, chacun est désigné séparément, bien qu'ils soient tous les mêmes. ⁵Or ceux qui connaissent qu'ils sont tous les mêmes n'ont pas besoin du salut. ⁶Et chacun trouve son sauveur lorsqu'il est prêt à regarder la face du Christ et à Le voir sans péché.

6.   Le plan n'est pas de toi et tu n'as pas besoin de te soucier de quoi que soit, sauf du rôle qui t'a été donné à apprendre. ²Car Celui Qui connaît le reste y verra sans ton aide. ³Mais ne pense pas qu'Il n'ait pas besoin de ta part pour L'aider avec le reste. ⁴Car dans ta part réside le tout, sans lequel nulle part n'est complète, pas plus que le tout n'est complet sans ta part. ⁵Dans l'arche de la paix, on entre deux à deux, or c'est le commencement d'un autre monde qui va avec ces deux. ⁶Chaque relation sainte doit entrer là pour apprendre sa fonction particulière dans le plan du Saint-Esprit, maintenant qu'elle partage Son but. ⁷Et tandis que ce but s'accomplit, un nouveau monde surgit dans lequel le péché ne peut entrer mais où le Fils de Dieu peut entrer sans crainte et où il se repose un moment pour oublier l'emprisonnement et se souvenir de la liberté. ⁸Comment peut-il entrer, pour se reposer et se souvenir, sans toi? ⁹Sauf si tu es là, il n'est pas complet. ¹⁰Et c'est de sa complétude qu'il se souvient là.

7.   Voilà le but qui t'est donné. ²Ne pense pas que de pardonner à ton frère ne serve qu'à vous deux. ³Car le monde nouveau repose tout entier entre les mains de chaque paire qui entre ici pour se reposer. ⁴Et tandis qu'ils se reposent, la face du Christ luit sur eux et ils se souviennent des lois de Dieu, oubliant tout le reste et n'aspirant qu'à voir Ses lois parfaitement accomplies en eux-mêmes et en tous leurs frères. ⁵Penses-tu qu'une fois cela accompli, tu te reposeras sans eux? ⁶Tu ne pourrais pas plus en laisser un à l'extérieur que je ne pourrais te laisser et oublier une partie de moi-même.

8.   Peut-être te demandes-tu comment tu peux être en paix alors que, tant que tu es dans le temps, il y a tant à faire encore avant que le chemin de la paix ne soit ouvert. ²Peut-être cela te paraît-il impossible. ³Mais demande-toi s'il est possible que Dieu ait un plan pour ton salut qui ne marche pas. ⁴Une fois que tu auras accepté Son plan comme étant la seule fonction que tu veuilles remplir, il n'est rien d'autre que le Saint-Esprit n'arrangera pour toi sans effort de ta part. ⁵Il ira devant toi pour aplanir ton chemin, ne laissant sur ta route aucune pierre sur laquelle tu pourrais trébucher, aucun obstacle qui pourrait te barrer la route. ⁶Il n'est

rien qui te sera refusé dont tu aies besoin. [7]Il n'est pas une difficulté apparente qui ne fondra avant que tu ne l'atteignes. [8]Tu n'as pas besoin de penser à quoi que ce soit, insoucieux de tout sauf du seul but que tu voudrais accomplir. [9]Comme il t'a été donné, ainsi sera son accomplissement. [10]La garantie de Dieu prévaudra contre tous les obstacles, car elle repose sur la certitude et non sur les contingences. [11]Elle repose sur *toi*. [12]Et que peut-il y avoir de plus certain qu'un Fils de Dieu ?

V. Les hérauts de l'éternité

1. En ce monde, c'est dans une relation sainte que le Fils de Dieu se rapproche le plus de lui-même. [2]Là il commence à trouver la certitude que son Père a en lui. [3]Et là il trouve sa fonction, qui est de rendre les lois de son Père à ce qui était tenu hors d'elles, et de trouver ce qui était perdu. [4]Il n'y a que dans le temps où quoi que ce soit puisse être perdu, et jamais perdu pour toujours. [5]Ainsi les parties du Fils de Dieu se joignent-elles graduellement dans le temps, et la fin du temps est rendue plus proche à chaque jonction. [6]Chaque miracle de jonction est un puissant héraut de l'éternité. [7]Nul ne peut avoir peur qui a un but indivisé, unifié et sûr. [8]Et nul qui partage son but avec lui ne peut ne *pas* être un avec lui.

2. Chaque héraut de l'éternité chante la fin du péché et de la peur. [2]Chacun parle dans le temps de ce qui est bien au-delà du temps. [3]Deux voix s'élevant ensemble appellent tous les cœurs à battre comme un seul. [4]Et dans cet unique battement de cœur, l'unité de l'amour est proclamée et bienvenue. [5]Paix à ta relation sainte, qui a le pouvoir de maintenir l'unité du Fils de Dieu. [6]Tu donnes à ton frère pour chacun, et par ce don chacun est rendu heureux. [7]N'oublie pas Qui t'a donné les dons que tu donnes, et en n'oubliant pas cela tu te souviendras de Qui Lui a donné les dons pour qu'Il te les donne.

3. Il est impossible de surestimer la valeur de ton frère. [2]Il n'y a que l'ego qui le fasse, mais tout ce que cela signifie, c'est qu'il veut l'autre pour lui-même, et par conséquent il lui accorde trop peu de valeur. [3]Il est clair que ce qui est inestimable ne peut pas être évalué. [4]Reconnais-tu la peur qui surgit de la tentative in-signifiante pour juger ce qui dépasse ton jugement de si loin que tu ne peux même pas le voir ? [5]Ne juge pas ce qui est invisible pour toi, ou jamais tu ne le verras ; mais attends sa venue avec patience. [6]Il te

sera donné de voir la valeur de ton frère quand tu ne voudras plus pour lui que la paix. ⁷Et ce que tu veux pour lui, tu le recevras.

4.   Comment peux-tu estimer la valeur de celui qui t'offre la paix ? ²Que pourrais-tu vouloir d'autre que son offrande ? ³Sa valeur a été établie par son Père, et tu la reconnaîtras en recevant par lui le don de son Père. ⁴Dans ta vision reconnaissante, ce qui est en lui luira d'un tel éclat que tu l'aimeras simplement et te réjouiras. ⁵Tu ne penseras pas à le juger, car qui pourrait voir la face du Christ tout en maintenant que le jugement a encore une signification ? ⁶Car cette insistance vient de ceux qui ne voient pas. ⁷La vision ou le jugement est ton choix, mais jamais les deux à la fois.

5.   Le corps de ton frère a aussi peu d'utilité pour toi que pour lui. ²Lorsqu'il est utilisé uniquement conformément à l'enseignement du Saint-Esprit, il n'a pas de fonction. ³Car les esprits n'ont pas besoin du corps pour communiquer. ⁴La vue qui voit le corps n'a aucune utilité qui serve le but d'une relation sainte. ⁵Et tant que tu considères ton frère ainsi, les moyens et la fin n'ont pas été accordés. ⁶Pourquoi faudrait-il tant d'instants saints pour laisser cela s'accomplir, quand un seul suffirait ? ⁷Il n'y en *a* qu'un. ⁸Le petit souffle d'éternité qui traverse le temps comme une lumière dorée est toujours le même : rien avant lui, rien après.

6.   Tu considères chaque instant saint comme un moment différent dans le temps. ²Il ne change jamais. ³Tout ce qu'il a jamais contenu ou contiendra jamais est ici maintenant. ⁴Le passé ne lui enlève rien et le futur n'y ajoutera rien de plus. ⁵Tout, donc, est ici. ⁶Ici est la beauté de ta relation, dont les moyens et la fin sont déjà en parfaite harmonie. ⁷Ici la foi parfaite que tu offriras un jour à ton frère t'est déjà offerte ; ici le pardon illimité que tu lui donneras est déjà donné ; et la face du Christ qu'il te reste à voir est déjà vue.

7.   Peux-tu évaluer le donneur d'un tel don ? ²Échangerais-tu ce don contre n'importe quel autre ? ³Ce don fait revenir les lois de Dieu à ta mémoire. ⁴Et simplement en t'en souvenant, les lois qui te gardaient prisonnier de la douleur et de la mort doivent être oubliées. ⁵Ce n'est pas un don que t'offre le corps de ton frère. ⁶Le voile qui cache le don le cache aussi. ⁷Il *est* le don, mais il ne connaît pas cela. ⁸Pas plus que toi. ⁹Or aie foi en ce que Celui Qui voit le don en toi et en ton frère l'offrira et le recevra pour vous deux. ¹⁰Par Sa vision, tu le verras, et par Sa compréhension, tu le reconnaîtras et tu l'aimeras comme le tien.

8.   Console-toi et sens le Saint-Esprit veillant sur toi avec amour et une parfaite confiance en ce qu'Il voit. ²Il connaît le Fils de Dieu

et Il partage la certitude de Son Père que l'univers repose en sécurité et en paix entre ses douces mains. ³Considérons maintenant ce qu'il doit apprendre pour partager la confiance de son Père en lui. ⁴Qu'est-il, pour que le Créateur de l'univers la lui offre et connaisse qu'elle repose en sûreté? ⁵Il ne se regarde pas lui-même tel que son Père le connaît. ⁶Or il est impossible que la confiance de Dieu soit mal placée.

VI. Le temple du Saint-Esprit

1.   La signification du Fils de Dieu réside uniquement dans sa relation avec son Créateur. ²Serait-elle ailleurs, elle reposerait sur les contingences, mais il n'y *a* rien d'autre. ³Et elle n'est qu'amour et pour toujours. ⁴Or le Fils de Dieu a inventé une relation non sainte entre lui et son Père. ⁵Sa relation réelle est une union parfaite dont la continuité est ininterrompue. ⁶Celle qu'il a faite est partielle, centrée sur soi, fragmentée et pleine de peur. ⁷Celle que son Père a créée est une extension de Soi qui s'embrasse elle-même entièrement. ⁸Celle qu'il a faite est une destruction de soi qui se limite elle-même entièrement.

2.   Il n'y a rien de mieux que l'expérience des deux, d'une relation sainte et d'une relation non sainte, pour montrer le contraste. ²La première est basée sur l'amour et repose sur lui sereine et imperturbée. ³Le corps n'y fait pas intrusion. ⁴Toute relation dans laquelle entre le corps n'est pas basée sur l'amour, mais sur l'idolâtrie. ⁵L'amour souhaite être connu, complètement compris et partagé. ⁶Il n'a pas de secrets, rien qu'il voudrait garder à part et cacher. ⁷Il marche en plein soleil, les yeux ouverts et calme, avec un sourire accueillant et une sincérité si simple et si évidente qu'il est impossible de mal le comprendre.

3.   Mais les idoles ne partagent pas. ²Les idoles acceptent, mais jamais ne font retour. ³Elles peuvent être aimées, mais elles ne peuvent pas aimer. ⁴Elles ne comprennent pas ce qui leur est offert, et toute relation dans laquelle elles entrent a perdu sa signification. ⁵L'amour d'elles a rendu l'amour in-signifiant. ⁶Elles vivent en secret, haïssant la lumière du soleil et heureuses dans les ténèbres du corps où elles peuvent se cacher et garder leurs secrets cachés avec elles. ⁷Et elles n'ont pas de relations, car personne d'autre n'y est le bienvenu. ⁸Elles ne sourient à personne et ne voient pas ceux qui leur sourient.

4.   L'amour n'a pas de temples enténébrés où des mystères sont gardés obscurs et cachés du soleil. ²Il ne recherche pas le pouvoir mais les relations. ³Le corps est l'arme préférée de l'ego pour chercher le pouvoir *par* les relations. ⁴Et ses relations doivent être non saintes, car ce qu'elles sont, il ne le voit même pas. ⁵Il les veut uniquement pour les offrandes qui font vivre ses idoles. ⁶Le reste, il le jette simplement, car tout ce que cela pourrait offrir n'a aucune valeur à ses yeux. ⁷Sans demeure, l'ego cherche autant de corps qu'il peut en amasser pour y placer ses idoles et les établir ainsi comme temples à lui-même.

5.   Le temple du Saint-Esprit n'est pas un corps, mais une relation. ²Le corps est un grain de ténèbres isolé ; une chambre secrète, cachée, une tache minuscule porteuse d'un mystère insensé, un enclos in-signifiant et soigneusement protégé, qui pourtant ne cache rien. ³C'est là que la relation non sainte échappe de la réalité, et cherche des miettes pour se garder en vie. ⁴C'est là qu'elle voudrait traîner ses frères pour les maintenir là dans son idolâtrie. ⁵C'est là qu'elle est « en sécurité », car là l'amour ne peut entrer. ⁶Le Saint-Esprit ne bâtit pas Ses temples où jamais l'amour ne pourrait être. ⁷Celui Qui voit la face du Christ choisirait-il pour Sa demeure le seul endroit dans tout l'univers où elle ne peut être vue ?

6.   Tu ne peux pas faire du corps le temple du Saint-Esprit, et jamais il ne sera le siège de l'amour. ²C'est la demeure de l'idolâtre et de la condamnation de l'amour. ³Car ici l'amour est rendu effrayant et l'espoir est abandonné. ⁴Même les idoles qui y sont adorées sont enveloppées de mystère et gardées à l'écart de ceux qui les adorent. ⁵Voici le temple dédié à nulle relation et nul retour. ⁶Ici le « mystère » de la séparation est perçu avec respect et traité avec révérence. ⁷Ce que Dieu n'a pas voulu est gardé ici « à l'abri » de Lui. ⁸Mais tu ne te rends pas compte que c'est ce que tu crains en ton frère, et ne veux pas voir en lui, qui fait que Dieu te paraît apeurant et te reste inconnu.

7.   Les idolâtres auront toujours peur de l'amour, car il n'est rien qui les menace aussi sérieusement que l'approche de l'amour. ²Laisse l'amour s'approcher d'eux et passer par-dessus le corps, comme il le fera sûrement, et ils retraitent apeurés, sentant que les fondements de leur temple qui semblaient solides commencent à trembler et à s'effriter. ³Frère, tu trembles avec eux. ⁴Or ce que tu crains n'est que le héraut de l'évasion. ⁵Ce lieu de ténèbres n'est pas ta demeure. ⁶Ton temple n'est pas menacé. ⁷Tu n'es plus

un idolâtre. ⁸Le but du Saint-Esprit réside en sûreté dans ta relation, et non dans ton corps. ⁹Tu t'es échappé du corps. ¹⁰Là où tu es, le corps ne peut entrer, car le Saint-Esprit y a fixé Son temple.

8.   Il n'y a pas d'ordre dans les relations. ²Elles sont ou elles ne sont pas. ³Une relation non sainte n'est pas une relation. ⁴C'est un état d'isolement qui semble être ce qu'il n'est pas. ⁵Pas plus que ça. ⁶À l'instant où l'idée folle de rendre non sainte ta relation avec Dieu sembla possible, toutes tes relations furent rendues in-signifiantes. ⁷En cet instant non saint naquit le temps, et les corps furent faits pour loger cette idée folle et donner l'illusion qu'elle est réelle. ⁸Ainsi elle semblait avoir une demeure qui tenait un petit moment dans le temps, puis disparaissait. ⁹Car qu'est-ce qui aurait pu loger cette folle idée plus d'un instant contre la réalité ?

9.   Les idoles doivent disparaître sans laisser trace de leur passage. ²L'instant non saint de leur apparent pouvoir est aussi fragile qu'un flocon de neige, mais sans en avoir la beauté. ³Est-ce le substitut que tu veux à la bénédiction éternelle et à la bienfaisance illimitée de l'instant saint ? ⁴Préfères-tu la malveillance de la relation non sainte, qui semble si puissante, qui est si amèrement mal comprise et tellement investie dans une fausse attraction, à l'instant saint qui t'offre la paix et la compréhension ? ⁵Alors mets le corps de côté et transcende-le en toute quiétude, en t'élevant pour accueillir ce que tu veux réellement. ⁶Et de Son temple saint, ne regarde pas en arrière vers ce dont tu t'es éveillé. ⁷Car aucune illusion ne peut attirer l'esprit qui les a transcendées et laissées loin derrière lui.

10.   La relation sainte reflète la véritable relation que le Fils de Dieu a avec son Père en réalité. ²Le Saint-Esprit S'y repose avec la certitude qu'elle durera à jamais. ³Son solide fondement est soutenu éternellement par la vérité, et l'amour luit sur lui avec le doux sourire et la tendre bénédiction qu'il offre aux siens. ⁴Ici, l'instant non saint est échangé avec joie contre l'instant saint du retour sain et sauf. ⁵Ici, la voie vers les véritables relations est doucement gardée ouverte, sur laquelle toi et ton frère allez ensemble, reconnaissants de laisser le corps derrière vous et vous reposant dans les Bras éternels. ⁶Les Bras de l'Amour sont ouverts pour vous recevoir et vous donner la paix à jamais.

11.   Le corps est l'idole de l'ego ; la croyance dans le péché faite chair puis projetée vers l'extérieur. ²Cela produit ce qui semble être un mur de chair autour de l'esprit, qui le garde prisonnier en un petit point noir d'espace et de temps, qui est redevable à la

mort et à qui n'est donné qu'un instant pour soupirer, se chagriner et mourir en l'honneur de son maître. ³Et cet instant non
saint semble être la vie ; un instant de désespoir, une île de sable
minuscule et stérile, privée d'eau et mise à flotter incertainement
sur l'oubli. ⁴Ici, le Fils de Dieu s'arrête brièvement pour offrir sa
dévotion aux idoles de la mort, puis il passe son chemin. ⁵Ici, il
est plus mort que vif. ⁶Et pourtant c'est encore ici qu'il choisit de
nouveau entre l'idolâtrie et l'amour. ⁷Ici, il lui est donné de choisir s'il passera cet instant à payer tribut au corps ou à s'en laisser
libérer. ⁸Ici il peut accepter l'instant saint qui lui est offert pour
remplacer l'instant non saint qu'il a choisi plus tôt. ⁹Et ici il peut
apprendre que les relations sont son salut, et non sa perte.

12.   Toi qui apprends cela, il se peut que tu sois encore apeuré,
mais tu n'es pas immobilisé. ²L'instant saint a maintenant plus
de valeur pour toi que son apparente contrepartie non sainte, et
tu as appris que tu n'en veux réellement qu'un. ³Ceci n'est pas un
temps pour la tristesse. ⁴Pour la confusion peut-être, mais sûrement pas le découragement. ⁵Tu as une relation *réelle*, et elle a une
signification. ⁶Elle est aussi pareille à ta relation réelle avec Dieu
que des choses égales sont pareilles l'une à l'autre. ⁷L'idolâtrie est
passée et in-signifiante. ⁸Peut-être crains-tu encore un peu ton
frère ; peut-être te reste-t-il une ombre de la crainte de Dieu. ⁹Mais
qu'est-ce, cela, pour ceux à qui une véritable relation au-delà du
corps a été donnée ? ¹⁰Peuvent-ils longtemps être empêchés de
voir la face du Christ ? ¹¹Et peuvent-ils longtemps se refuser à eux-
mêmes le souvenir de leur relation avec leur Père, et garder à part
de leur conscience le souvenir de Son Amour ?

VII. La cohérence entre moyens et fin

1.   Nous avons beaucoup parlé des divergences entre les moyens
et la fin, et de la façon dont ils doivent d'abord être accordés afin
que ta relation sainte puisse t'apporter uniquement de la joie.
²Mais nous avons dit aussi que les moyens pour atteindre le but
du Saint-Esprit viendraient de la même Source d'où vient Son
but. ³Étant si simple et si direct, il n'y a rien dans ce cours qui ne
soit cohérent. ⁴Les apparentes incohérences, ou les parties que
tu trouves plus difficiles que d'autres, indiquent simplement les
zones où il y a encore divergence entre les moyens et la fin. ⁵Et
cela produit un grand malaise. ⁶Cela n'a pas besoin d'être. ⁷Ce

cours n'exige presque rien de toi. [8]Il est impossible d'en imaginer un qui demande si peu, ou puisse offrir davantage.

2. La période de malaise qui suit le changement soudain dans une relation du péché à la sainteté est peut-être maintenant presque terminée. [2]Dans la mesure où tu l'éprouves encore, tu refuses de laisser les moyens aux soins de Celui Qui a changé le but. [3]Tu reconnais que tu veux le but. [4]N'es-tu pas aussi désireux d'accepter les moyens? [5]Si tu ne l'es pas, admettons alors que *tu* es inconstant. [6]Un but s'atteint par les moyens, et si tu veux le but, tu dois être désireux de vouloir aussi les moyens. [7]Comment peut-on être sincère et dire : «Je veux cela par-dessus tout, et pourtant je ne veux pas apprendre les moyens pour l'obtenir?»

3. Pour obtenir le but, le Saint-Esprit demande certes peu. [2]Il ne demande pas plus pour donner aussi les moyens. [3]Les moyens viennent en second, après le but. [4]Et quand tu hésites, c'est parce que le but t'effraie, et non les moyens. [5]Souviens-t'en, car autrement tu feras l'erreur de croire que les moyens sont difficiles. [6]Or comment peuvent-ils être difficiles s'ils te sont simplement donnés? [7]Ils garantissent le but, avec lequel ils s'accordent parfaitement. [8]Avant que nous ne les examinions d'un peu plus près, souviens-toi que si tu penses qu'ils sont impossibles, ton désir du but a été ébranlé. [9]Car si un but est possible à atteindre, les moyens de le faire doivent aussi être possibles.

4. Il *est* impossible de voir ton frère sans péché tout en le considérant comme un corps. [2]Cela n'est-il pas parfaitement cohérent avec le but de sainteté? [3]Car la sainteté est simplement le résultat d'avoir laissé les effets du péché être levés, de telle sorte que ce qui a toujours été vrai est reconnu. [4]Voir un corps sans péché est impossible, car la sainteté est positive et le corps est simplement neutre. [5]Il n'est pas pécheur, mais il n'est pas non plus sans péché. [6]N'étant rien, ce qu'il est, le corps ne peut pas être investi de manière signifiante des attributs du Christ ou de l'ego. [7]L'un ou l'autre doit être une erreur, car les deux placeraient les attributs où ils ne peuvent pas être. [8]Et les deux doivent être défaits dans le but de la vérité.

5. Le corps *est* le moyen par lequel l'ego essaie de faire paraître réelle la relation non sainte. [2]L'instant non saint *est* le temps des corps. [3]Mais le *but* ici est le péché. [4]Il ne peut être atteint que dans l'illusion, ainsi l'illusion d'un frère comme étant un corps s'accorde parfaitement avec le but de non-sainteté. [5]À cause de cette cohérence, les moyens ne sont pas remis en question tant que la

fin est chérie. ⁶Voir s'adapte au souhait, car la vue vient toujours en second, après le désir. ⁷Et si tu vois le corps, tu as choisi le jugement et non la vision. ⁸Car dans la vision, comme dans les relations, il n'y a pas d'ordre. ⁹Tu vois ou tu ne vois pas.

6.   Quiconque voit le corps d'un frère a porté un jugement sur lui, et ne le voit pas. ²Ce n'est pas réellement qu'il le voie pécheur : il ne le voit pas du tout. ³Dans les ténèbres du péché, il est invisible. ⁴Il ne peut qu'être imaginé dans les ténèbres, et c'est là que les illusions que tu entretiens à son sujet ne sont pas confrontées à sa réalité. ⁵Là, les illusions et la réalité sont gardées séparées. ⁶Là les illusions ne sont jamais portées à la vérité et lui sont toujours cachées. ⁷Et là, dans les ténèbres, la réalité de ton frère est imaginée comme étant un corps, en relations non saintes avec d'autres corps, servant la cause du péché un instant avant qu'il ne meure.

7.   Il y a certes une différence entre cette vaine imagination et la vision. ²La différence ne réside pas en elles, mais dans leur but. ³Toutes deux ne sont que des moyens, chacune étant appropriée à la fin pour laquelle elle est employée. ⁴Aucune ne peut servir le but de l'autre, car chacune est le *choix* d'un but, employée pour l'atteindre. ⁵L'une ou l'autre est in-signifiante sans la fin à laquelle elle était destinée, et aucune n'est estimée comme une chose séparée à part de l'intention. ⁶Les moyens semblent réels parce que le but est estimé. ⁷Et le jugement n'a aucune valeur à moins que le but ne soit le péché.

8.   Le corps ne peut pas être vu, sauf par jugement. ²Voir le corps est signe que tu manques de vision et que tu as refusé les moyens que t'offre le Saint-Esprit pour servir Son but. ³Comment une relation sainte peut-elle atteindre son but par les moyens du péché? ⁴Tu t'es toi-même enseigné le jugement; la vision s'apprend de Celui Qui voudrait défaire ton enseignement. ⁵Sa vision ne peut pas voir le corps parce qu'elle ne peut pas voir le péché. ⁶Ainsi elle te conduit à la réalité. ⁷Ton saint frère, dont la vue est ta délivrance, n'est pas une illusion. ⁸Essaie de ne pas le voir dans les ténèbres, car là tes imaginations à son sujet sembleront réelles. ⁹Tu as fermé les yeux pour le forclore. ¹⁰Tel était ton but, et tant que ce but semblera avoir une signification, tu estimeras que les moyens de l'atteindre valent d'être vus, et donc tu ne verras pas.

9.   Ta question ne devrait pas être : « Comment puis-je voir mon frère sans le corps? » ²Demande seulement : « Est-ce que je souhaite réellement le voir sans péché? » ³Et tout en posant cette

question, n'oublie pas que son impeccabilité est *ton* évasion hors de la peur. [4]Le salut est le but du Saint-Esprit. [5]Le moyen est la vision. [6]Car ce que regardent ceux qui voient *est* sans péché. [7]Nul qui aime ne peut juger, et ce qu'il voit est libre de condamnation. [8]Et ce qu'il voit, il ne l'a pas fait, car cela lui a été donné à voir, comme la vision qui a rendu possible qu'il voie.

VIII. La vision de l'impeccabilité

1. La vision te viendra d'abord par petits éclairs, mais cela suffira à te montrer ce qui t'est donné, à toi qui vois ton frère sans péché. [2]La vérité t'est rendue par ton désir, comme c'est ton désir d'autre chose qui te l'a fait perdre. [3]Ouvre le saint lieu que tu avais fermé en estimant cette « autre chose », et ce qui n'a jamais été perdu reviendra tranquillement. [4]Cela a été gardé pour toi. [5]La vision ne serait pas nécessaire si le jugement n'avait pas été fait. [6]Désire maintenant qu'il soit entièrement défait, et cela est fait pour toi.
2. Ne veux-tu pas connaître ta propre Identité ? [2]N'est-ce pas avec joie que tu échangerais tes doutes pour la certitude ? [3]N'est-ce pas volontiers que tu serais libre de la misère, pour apprendre la joie à nouveau ? [4]Ta relation sainte t'offre tout cela. [5]De même qu'elle t'a été donnée, de même le seront ses effets. [6]Et de même que son saint but n'a pas été fait par toi, de même les moyens par lesquels sa fin heureuse est tienne ne sont pas de toi. [7]Réjouis-toi de ce qui est tien pour peu que tu le demandes, et ne pense pas que tu aies besoin de faire ni les moyens ni la fin. [8]Tout cela t'est donné, à toi qui voudrais seulement voir ton frère sans péché. [9]Tout cela est donné et n'attend que ton désir de le recevoir. [10]La vision est donnée librement à ceux qui demandent à voir.
3. L'impeccabilité de ton frère t'est donnée en pleine lumière, pour que tu la regardes avec la vision du Saint-Esprit et t'en réjouisses avec Lui. [2]Car la paix viendra à tous ceux qui la demandent avec un désir réel et une sincérité de but, partagé avec le Saint-Esprit et ne faisant qu'un avec Lui sur ce qu'est le salut. [3]Sois désireux, donc, de voir ton frère sans péché, afin que le Christ s'élève devant ta vision et te donne la joie. [4]Ne place aucune valeur dans le corps de ton frère, qui le tient aux illusions de ce qu'il est. [5]C'est son désir de voir son impeccabilité, comme c'est le tien. [6]Bénis le Fils de Dieu dans ta relation, et ne vois pas en lui ce que tu as fait de lui.

4.   Le Saint-Esprit garantit que ce que Dieu a voulu et t'a donné sera tien. ²Voilà ton but maintenant, et la vision qui le fera tien est prête à être donnée. ³Tu as la vision qui te permet de ne pas voir le corps. ⁴Et comme ton regard se posera sur ton frère, tu verras un autel à ton Père, aussi saint que le Ciel, rayonnant de pureté et brillant sous les lys éclatants que tu y as déposés. ⁵À quoi pourrais-tu accorder plus de valeur? ⁶Pourquoi penses-tu que le corps est une meilleure demeure, un plus sûr abri pour le Fils de Dieu? ⁷Pourquoi préférerais-tu regarder cela plutôt que la vérité? ⁸Comment l'instrument de la destruction peut-il être préféré et choisi pour remplacer la sainte demeure que t'offre le Saint-Esprit, où Il habitera avec toi?

5.   Le corps est signe de faiblesse, de vulnérabilité et de perte de pouvoir. ²Un tel sauveur peut-il t'aider? ³Te tournerais-tu dans ta détresse et ton besoin d'aide vers ce qui ne peut aider? ⁴Est-ce un choix parfait que de faire appel pour la force au pitoyablement petit? ⁵Le jugement semblera rendre faible ton sauveur. ⁶Or c'est *toi* qui as besoin de sa force. ⁷Il n'est pas de problème, pas d'événement ni de situation, pas de perplexité que la vision ne résoudra. ⁸Tout est rédimé qui est regardé avec la vision. ⁹Car ce n'est pas *ta* vue, et elle apporte les lois bien-aimées de Celui Dont c'est la vue.

6.   Tout ce qui est regardé avec la vision tombe en place tout doucement, conformément aux lois qu'y apporte Sa vue calme et certaine. ²La fin pour toutes choses qu'Il contemple est toujours sûre. ³Car elles rempliront Son but, vues sous une forme inajustée et convenant parfaitement à le remplir. ⁴Sous Son doux regard, la destructivité devient bénigne et le péché est tourné en bénédiction. ⁵Que peuvent percevoir les yeux du corps, avec le pouvoir de corriger? ⁶Ses yeux s'ajustent au péché, incapables de passer par-dessus sous toutes ses formes, le voyant partout et en tout. ⁷Regarde par ses yeux et tout se trouve condamné devant toi. ⁸Tout ce qui pourrait te sauver, tu ne le verras jamais. ⁹Ta relation sainte, la source de ton salut, sera privée de signification, et son but très saint, privé de moyens pour son accomplissement.

7.   Le jugement n'est qu'un jouet, une lubie, le moyen insensé de jouer le vain jeu de la mort dans ton imagination. ²Mais la vision rectifie toutes choses, les amenant doucement sous l'empire bienveillant des lois du Ciel. ³Et si tu reconnaissais que ce monde est une hallucination? ⁴Et si tu comprenais réellement que c'est toi qui l'as inventé? ⁵Si tu te rendais compte que ceux qui semblent

y marcher, pour pécher et mourir, attaquer, tuer et se détruire eux-mêmes, sont entièrement irréels ? ⁶Pourrais-tu avoir foi en ce que tu vois, si tu acceptais cela ? ⁷Et le verrais-tu ?

8. Les hallucinations disparaissent une fois qu'elles sont reconnues pour ce qu'elles sont. ²Cela est la guérison et le remède. ³N'y crois pas et elles disparaissent. ⁴Tout ce que tu as besoin de faire, c'est de reconnaître que *tu* as fait cela. ⁵Une fois que tu acceptes ce simple fait et reprends le pouvoir que tu leur as données, tu en es délivré. ⁶Une chose est sûre : les hallucinations servent un but, et quand ce but n'est plus entretenu, elles disparaissent. ⁷Par conséquent, la question n'est jamais de savoir si tu les veux, mais toujours si tu veux le but qu'elles servent. ⁸Ce monde semble offrir de nombreux buts, chacun d'eux étant différent avec des valeurs différentes. ⁹Or ils sont tous les mêmes. ¹⁰Là encore, il n'y a pas d'ordre : seulement une apparente hiérarchie de valeurs.

9. Seuls deux buts sont possibles. ²Et l'un est le péché, l'autre la sainteté. ³Il n'y a rien entre les deux, et celui que tu choisis détermine ce que tu vois. ⁴Car ce que tu vois n'est que la façon dont tu choisis d'atteindre ton but. ⁵Les hallucinations servent le but de la folie. ⁶Elles sont les moyens par lesquels le monde extérieur, projeté du dedans, s'ajuste au péché et semble témoigner de sa réalité. ⁷Il reste vrai qu'il n'y a rien au-dehors. ⁸Or sur rien toutes les projections sont faites. ⁹Car ce sont les projections qui donnent au « rien » toute la signification qu'il a.

10. Ce qui n'a pas de signification ne peut pas être perçu. ²Et la signification regarde toujours au-dedans pour se trouver elle-même, et *puis* regarde au-dehors. ³Toute la signification que tu donnes au monde extérieur doit donc refléter la vue que tu as vue au-dedans ; ou mieux, si tu as vu ou simplement jugé et rejeté. ⁴La vision est le moyen par lequel le Saint-Esprit traduit tes cauchemars en rêves heureux ; tes folles hallucinations qui te montrent toutes les conséquences effrayantes d'un péché imaginaire en vues calmes et rassurantes par lesquelles Il les remplacerait. ⁵Ces vues et ces sons pleins de douceur sont regardés avec bonheur et entendus avec joie. ⁶Ce sont Ses substituts à toutes les vues terrifiantes et aux sons hurlants que le but de l'ego a portés à ta conscience horrifiée. ⁷Ils s'écartent du péché, te rappelant que ce n'est pas la réalité qui t'effraie et que les erreurs que tu as faites peuvent être corrigées.

11. Quand tu auras regardé ce qui te semblait terrifiant, et l'auras vu se changer en vues de beauté et de paix ; quand tu auras regardé

des scènes de violence et de mort et les auras vues se changer en vues tranquilles de jardins à ciel ouvert, le long desquels dansent des ruisseaux à l'eau claire et vivifiante qui jamais ne tarissent; qui aura besoin de te persuader d'accepter le don de vision? [2]Et après la vision, qui est-ce qui pourrait refuser ce qui doit venir après? [3]Ne pense pour un instant qu'à ceci : tu peux contempler la sainteté que Dieu a donnée à Son Fils. [4]Et jamais tu n'auras besoin de penser qu'il y a quelque chose d'autre à voir pour toi.

Chapitre 21

RAISON ET PERCEPTION

Introduction

1.   La projection fait la perception. [2]Le monde que tu vois, c'est ce que tu lui as donné et rien de plus. [3]Mais bien que ce ne soit pas plus, ce n'est pas moins. [4]Par conséquent, pour toi il est important. [5]C'est le témoin de ton état d'esprit, l'image extérieure d'une condition intérieure. [6]Ce qu'un homme pense, il le perçoit. [7]Par conséquent, ne cherche pas à changer le monde, mais choisis de changer ton esprit au sujet du monde. [8]La perception est un résultat et non une cause. [9]Et c'est pourquoi un ordre de difficulté dans les miracles est in-signifiant. [10]Tout ce qui est regardé avec la vision est guéri et saint. [11]Rien de ce qui est perçu sans elle ne signifie quoi que ce soit. [12]Et là où il n'y a pas de signification, il y a le chaos.

2.   La damnation est ton jugement sur toi-même, et c'est cela que tu projetteras sur le monde. [2]Vois-le damné et tout ce que tu vois est ce que tu as fait pour blesser le Fils de Dieu. [3]Si tu contemples le désastre et la catastrophe, tu as essayé de le crucifier. [4]Si tu vois la sainteté et l'espoir, tu t'es joint à la Volonté de Dieu pour le libérer. [5]Il n'y a pas de choix intermédiaire entre ces deux décisions. [6]Et tu verras les témoins du choix que tu as fait, et tu apprendras par cela à reconnaître laquelle tu as choisie. [7]Le monde que tu vois te montre simplement combien de joie tu t'es permis de voir en toi et d'accepter comme tienne. [8]Et si cela *est* sa signification, alors le pouvoir de lui donner la joie doit résider en toi.

I. Le chant oublié

1.   N'oublie jamais que le monde que «voient» les non-voyants doit être imaginé, car ce à quoi il ressemble réellement leur est inconnu. [2]De preuves à jamais indirectes, ils doivent inférer ce qui pourrait être vu, et reconstruire leurs inférences selon qu'ils trébuchent et tombent à cause de ce qu'ils n'ont pas reconnu ou qu'ils passent sans se blesser par des portes grand ouvertes qu'ils pensaient fermées. [3]Et c'est ainsi pour toi. [4]Tu ne vois pas. [5]Tes signaux

d'inférence sont faux ; ainsi tu trébuches et tombes sur les pierres que tu n'as pas reconnues, mais tu manques de prendre conscience que tu peux passer par les portes que tu pensais fermées, et qui se tiennent grand ouvertes devant tes yeux aveugles, en attendant de t'accueillir.

2.   Comme il est sot d'essayer de juger ce qui à la place pourrait être vu ! ²Il n'est pas nécessaire d'imaginer ce à quoi le monde doit ressembler. ³Il doit d'abord être vu afin que tu le reconnaisses pour ce qu'il est. ⁴On peut te montrer quelles portes sont ouvertes et tu peux voir où se trouve la sécurité ; quel chemin mène aux ténèbres, quel à la lumière. ⁵Le jugement te donnera toujours de fausses directions, mais la vision te montre où aller. ⁶Pourquoi devrais-tu deviner ?

3.   Il n'est pas besoin d'apprendre par la douleur. ²Et les douces leçons s'acquièrent joyeusement et se retiennent avec joie. ³Ce qui te rend heureux, tu veux l'apprendre et ne pas l'oublier. ⁴Ce n'est pas cela que tu voudrais nier. ⁵Ta question est de savoir si les moyens permettant d'apprendre ce cours t'apporteront la joie qu'il promet. ⁶Si tu croyais que oui, tu n'aurais aucun problème à l'apprendre. ⁷Tu n'es pas encore un apprenant heureux parce que tu restes encore incertain si la vision te donne plus que le jugement ; et tu as appris que tu ne peux pas avoir les deux.

4.   Les aveugles s'accoutument à leur monde à force de s'ajuster à lui. ²Ils pensent qu'ils savent s'y retrouver. ³Ils l'ont appris, non par de joyeuses leçons mais par la dure nécessité des limites dont ils croyaient ne pas pouvoir triompher. ⁴Croyant toujours cela, ces leçons leur sont chères et ils s'y accrochent parce qu'ils ne peuvent pas voir. ⁵Ils ne comprennent pas que ces leçons les *gardent* aveugles. ⁶Cela, ils ne le croient pas. ⁷Ainsi ils gardent le monde qu'ils ont appris à « voir » dans leur imagination, croyant qu'ils ont le choix entre cela et rien. ⁸Ils haïssent le monde qu'ils ont appris par la douleur. ⁹Et tout ce qu'ils pensent qu'il y a en lui sert à leur rappeler qu'ils sont incomplets et amèrement dépouillés.

5.   Ainsi ils définissent leur vie et où ils vivent, s'y ajustant comme ils pensent devoir le faire, ayant peur de perdre le peu qu'ils ont. ²Ainsi en est-il de tous ceux qui voient le corps comme étant tout ce qu'ils ont et tout ce qu'ont leurs frères. ³Ils essaient de se rencontrer mais ils échouent et échouent encore. ⁴Et ils s'ajustent à la solitude, croyant qu'en gardant le corps, ils sauvent le peu qu'ils ont. ⁵Écoute et tâche de penser si tu te souviens de ce dont nous allons parler maintenant.

6.   Écoute — tu saisis peut-être comme une allusion à un état ancien pas tout à fait oublié ; vague, peut-être, mais aussi étrangement familier, comme une chanson dont le nom est depuis longtemps oublié, et les circonstances dans lesquelles tu l'as entendue complètement effacées de ta mémoire. ²Ce n'est pas tout le chant qui t'est resté mais seulement un petit brin de mélodie, qui ne se rattache ni à une personne ni à un lieu ni à rien de particulier. ³Mais cette petite partie suffit pour que tu te souviennes combien ce chant était beau, comme le cadre dans lequel tu l'as entendu était merveilleux et combien tu aimais ceux qui étaient là et l'écoutaient avec toi.

7.   Les notes ne sont rien. ²Pourtant tu les as gardées en toi, pas pour elles-mêmes mais comme le doux souvenir de ce qui te ferait pleurer si tu te souvenais combien cela t'était cher. ³Tu pourrais te souvenir, pourtant tu as peur, croyant que tu perdrais le monde que tu as appris depuis. ⁴Et pourtant tu sais qu'il n'y a rien dans le monde que tu as appris qui te soit même moitié moins cher que cela. ⁵Écoute et vois si tu te souviens d'un chant ancien que tu connaissais il y a si longtemps et qui t'était plus cher que toutes les mélodies que tu t'es enseigné à chérir depuis.

8.   Au-delà du corps, par-delà le soleil et les étoiles, passé tout ce que tu vois et pourtant vaguement familier, il est un arc de lumière dorée qui s'étire devant toi en un grand cercle resplendissant. ²Et tout le cercle se remplit de lumière sous tes yeux. ³Les bords du cercle disparaissent, et ce qui est à l'intérieur n'est plus du tout contenu. ⁴La lumière s'étend et recouvre tout, allant jusqu'à l'infini et brillant à jamais, sans rupture ni limite nulle part. ⁵À l'intérieur tout est joint en parfaite continuité. ⁶Il n'est pas possible non plus d'imaginer qu'il pourrait y avoir quoi que ce soit à l'extérieur, car nulle part cette lumière n'est pas.

9.   Telle est la vision du Fils de Dieu, et tu le connais bien. ²Telle est la vue de celui qui connaît son Père. ³Telle est la mémoire de ce que tu es : une partie de cela, avec tout cela en dedans et joint au tout aussi sûrement que tout est joint en toi. ⁴Accepte la vision qui peut te montrer cela, et non le corps. ⁵Tu connais ce chant ancien, et le connais bien. ⁶Rien ne te sera jamais aussi cher que cet ancien hymne d'amour que le Fils de Dieu chante encore à son Père.

10.   Et maintenant les aveugles peuvent voir, car ce même chant qu'ils chantent en l'honneur de leur Créateur fait aussi leur éloge. ²L'aveuglement qu'ils ont fait ne résistera pas à la mémoire de ce chant. ³Et ils contempleront la vision du Fils de Dieu, en se

rappelant qui est celui qu'ils chantent. ⁴Qu'est-ce qu'un miracle, si ce n'est ce souvenir? ⁵Et qui est-ce en qui ce souvenir n'est pas? ⁶La lumière en un seul le réveille en tous. ⁷Et quand tu la vois en ton frère, *c'est* pour tous que tu te souviens.

II. La responsabilité de la vue

1.   Nous avons dit maintes fois comme il t'est peu demandé pour apprendre ce cours. ²C'est le même petit désir dont tu as besoin pour que ta relation tout entière soit transformée en joie; le petit don que tu offres au Saint-Esprit pour lequel Il te donne tout; le tout petit peu sur lequel repose le salut; le minuscule changement d'esprit par lequel la crucifixion est changée en résurrection. ³Étant vrai, il est si simple qu'il ne peut manquer d'être compris complètement. ⁴Rejeté, si, mais pas ambigu. ⁵Si tu choisis maintenant de le rejeter, ce ne sera pas parce qu'il est obscur mais plutôt parce que ce petit coût, à ton jugement, semblait trop à payer pour la paix.

2.   C'est la seule chose que tu aies besoin de faire pour que la vision, le bonheur, la délivrance de la douleur et l'évasion complète hors du péché, te soient tous donnés. ²Ne dis que ceci, mais en le pensant vraiment et sans réserves, car là réside le pouvoir du salut :

> ³*Je suis responsable de ce que je vois.*
> ⁴*Je choisis les sentiments que j'éprouve, et je décide*
> *quel but je voudrais atteindre.*
> ⁵*Et tout ce qui semble m'arriver, je le demande, et*
> *je reçois comme j'ai demandé.*

⁶Ne t'y trompe plus, tu n'es pas impuissant devant ce qui t'est fait. ⁷Reconnais seulement que tu as fait erreur et tous les effets de tes erreurs disparaîtront.

3.   Il est impossible que le Fils de Dieu soit simplement poussé par des événements qui lui sont extérieurs. ²Il est impossible que les choses qui lui arrivent ne soient pas de son choix. ³Son pouvoir de décision est le déterminant de chaque situation dans laquelle il semble se trouver par chance ou par accident. ⁴Ni l'accident ni la chance ne sont possibles dans l'univers tel que Dieu l'a créé, en dehors duquel il n'y a rien. ⁵Souffre, et tu as décidé que

le péché était ton but. ⁶Sois heureux, et tu as remis le pouvoir de décision à Celui Qui doit choisir Dieu pour toi. ⁷C'est le petit don que tu offres au Saint-Esprit, et même cela Il te le donne à donner à toi-même. ⁸Car par ce don t'est donné le pouvoir de délivrer ton sauveur, afin qu'il te donne le salut.

4. Cette petite offrande, donc, ne la fais pas à contrecœur. ²Retiens-la, et tu gardes le monde tel que tu le vois maintenant. ³Donne-la, et tout ce que tu vois part avec elle. ⁴Jamais autant ne fut donné pour si peu. ⁵C'est dans l'instant saint que cet échange s'effectue et se perpétue. ⁶Là, le monde que tu ne veux pas est porté à celui que tu veux. ⁷Là, celui que tu veux t'est donné parce que tu le veux. ⁸Or pour cela il faut d'abord que tu reconnaisses le pouvoir de vouloir. ⁹Tu dois en accepter la force, et non la faiblesse. ¹⁰Tu dois percevoir que ce qui est assez fort pour faire un monde peut en lâcher prise, et peut accepter la correction s'il est désireux de voir qu'il faisait erreur.

5. Le monde que tu vois n'est que le vain témoin que tu avais raison. ²Ce témoin est insane. ³Tu l'as entraîné dans son témoignage et comme il te le redonnait, tu l'as écouté et tu t'es convaincu que ce qu'il avait vu était vrai. ⁴Tu t'es fait cela à toi-même. ⁵Ne vois que cela et tu verras aussi comme est circulaire le raisonnement sur lequel ton « voir » est basé. ⁶Cela ne t'a pas été donné. ⁷C'est le don que tu as fait à toi-même et à ton frère. ⁸Sois donc désireux qu'il lui soit enlevé et remplacé par la vérité. ⁹Et comme tu regarderas le changement en lui, il te sera donné de le voir en toi-même.

6. Tu ne vois peut-être pas le besoin pour toi de faire cette petite offrande. ²Regarde donc de plus près ce qu'elle est. ³Et puis, tout simplement, vois en elle l'échange tout entier de la séparation contre le salut. ⁴Tout ce qu'est l'ego, c'est l'idée qu'il est possible que des choses puissent arriver au Fils de Dieu sans sa volonté, et donc sans la Volonté de son Créateur, Dont la Volonté ne peut pas être séparée de la sienne. ⁵Voilà par quoi le Fils de Dieu a remplacé sa volonté : une folle révolte contre ce qui doit être à jamais. ⁶C'est l'affirmation qu'il a le pouvoir de rendre Dieu impuissant et ainsi de le prendre pour lui-même, et de se laisser lui-même sans ce que Dieu a voulu pour lui. ⁷C'est cette idée folle que tu as enchâssée sur tes autels, et que tu vénères. ⁸Et tout ce qui menace cela semble être une attaque contre ta foi, car elle est investie là. ⁹Ne pense pas que tu es sans foi, car ta croyance et ta confiance en cela sont certes grandes.

7.   Le Saint-Esprit peut te donner la foi en la sainteté et la vision pour la voir assez facilement. ²Mais tu n'as pas laissé ouvert et inoccupé l'autel où ces dons ont leur place. ³Là où ils devraient être, tu as installé tes idoles à autre chose. ⁴À cette autre «volonté», qui semble te dire ce qui doit arriver, tu donnes réalité. ⁵Par conséquent, ce qui voudrait te montrer qu'il en va autrement doit te sembler irréel. ⁶Tout ce qui t'est demandé, c'est de faire de la place pour la vérité. ⁷Il ne t'est pas demandé de faire ce qui est au-delà de ta compréhension. ⁸Tout ce qui t'est demandé de faire, c'est de la laisser entrer ; d'arrêter seulement de faire interférence avec ce qui arrivera de soi-même ; simplement de reconnaître à nouveau la présence de ce dont tu pensais t'être départi.

8.   Sois désireux, pour un instant, de laisser tes autels libres de ce que tu y as placé, et tu ne pourras manquer de voir ce qui est réellement là. ²L'instant saint n'est pas un instant de création, mais de re-connaissance. ³Car la re-connaissance vient de la vision et de la suspension du jugement. ⁴Alors seulement il est possible de regarder au-dedans et de voir ce qui doit être là, bien en vue et entièrement indépendant de toute interférence et de tout jugement. ⁵Défaire n'est pas ta tâche, mais *c'est* à toi de l'accueillir ou non. ⁶La foi et le désir vont de pair, car chacun croit en ce qu'il veut.

9.   Nous avons déjà dit que c'est en prenant ses souhaits pour la réalité que l'ego s'occupe de ce qu'il veut, pour le rendre vrai. ²Il n'est pas de meilleure démonstration du pouvoir de vouloir, et donc de la foi, que de faire paraître ses buts réels et possibles. ³La foi en l'irréel conduit à des ajustements de la réalité afin qu'elle s'accorde avec le but de folie. ⁴Le but de péché induit la perception d'un monde apeurant pour justifier son but. ⁵Ce que tu désires, tu le verras. ⁶Et si sa réalité est fausse, tu la soutiendras en ne te rendant pas compte de tous les ajustements que tu y as introduits pour le rendre tel qu'il est.

10.   Quand la vision est niée, la confusion entre cause et effet devient inévitable. ²Le but devient alors de garder obscure la cause de l'effet et de faire en sorte que l'effet paraisse être une cause. ³Cette apparente indépendance de l'effet lui permet d'être considéré comme tenant de lui-même, et capable de servir de cause à des événements et à des sentiments que son faiseur pense qu'il cause. ⁴Nous avons parlé plus tôt de ton désir de créer ton propre créateur et d'être pour lui un père et non un fils. ⁵Il s'agit ici du même désir. ⁶Le Fils est l'Effet, qui voudrait nier sa Cause. ⁷Ainsi il semble *être* la cause, qui produit des effets réels. ⁸Rien ne peut

avoir d'effets sans cause ; et si tu confonds les deux, c'est simplement que tu ne comprends ni l'un ni l'autre.

11.   Autant que de reconnaître que tu as fait le monde que tu vois, il est nécessaire que tu reconnaisses que tu ne t'es pas créé toi-même. ²*C'est la même erreur.* ³Rien n'a la moindre influence sur toi de ce que ton Créateur n'a pas créé. ⁴Si tu penses que ce que tu as fait peut te dire ce que tu vois et ressens, et si tu mets ta foi en son aptitude à le faire, alors tu nies ton Créateur et tu crois que tu t'es fait toi-même. ⁵Car si tu penses que le monde que tu as fait a le pouvoir de faire de toi ce qu'il veut, c'est que tu confonds le Fils et le Père, l'effet et la Source.

12.   Les créations du Fils sont comme celles de son Père. ²Or en les créant le Fils ne s'illusionne pas au point de croire qu'il est indépendant de sa Source. ³Son union avec Elle est la source de sa création. ⁴À part de cela, il n'a pas le pouvoir de créer et ce qu'il fait est in-signifiant. ⁵Cela ne change rien à la création, dépend entièrement de la folie de son faiseur et ne peut servir à justifier la folie. ⁶Ton frère pense qu'il a fait le monde avec toi. ⁷Ainsi il nie la création. ⁸Avec toi, il pense que le monde qu'il a fait, l'a fait. ⁹Ainsi il nie qu'il l'a fait.

13.   Or la vérité, c'est que toi et ton frère avez tous deux été créés par un Père aimant, qui vous a créés ensemble et un. ²Vois ce qui « prouve » le contraire, et tu nies ta réalité tout entière. ³Mais admets que tout ce qui semble se dresser entre toi et ton frère, vous gardant loin l'un de l'autre et séparés de votre Père, c'est toi qui l'a fait en secret, et l'instant de délivrance t'est venu. ⁴Tous ses effets ont disparu, parce que sa source a été découverte. ⁵C'est son apparente indépendance de sa source qui te garde prisonnier. ⁶C'est la même erreur que de penser que tu es indépendant de la Source par laquelle tu as été créé, et que tu n'as jamais quittée.

III. Foi, croyance et vision

1.   Toutes les relations particulières ont le péché pour but. ²Car ce sont des marchés passés avec la réalité, en fonction de laquelle l'union apparente est ajustée. ³N'oublie pas ceci : faire un marché, c'est fixer une limite ; et le frère avec qui tu as une relation limitée, tu le hais. ⁴Il se peut que tu essaies de respecter le marché au nom de « l'équité », parfois en exigeant paiement de toi-même, plus souvent peut-être de l'autre. ⁵Ainsi, par « l'équité », tu tentes

d'apaiser la culpabilité qui vient du but accepté de la relation. ⁶Et c'est pourquoi le Saint-Esprit doit en changer le but afin qu'elle Lui soit utile et qu'elle ne puisse pas te nuire.

2.   Si tu acceptes ce changement, tu as accepté l'idée de faire de la place pour la vérité. ²La *source* du péché a disparu. ³Tu peux t'imaginer que tu en ressens encore les effets, mais ce n'est plus ton but et tu n'en veux plus. ⁴Nul ne permet qu'un but soit remplacé tant qu'il le désire, car rien n'est tant chéri et protégé qu'un but que l'esprit accepte. ⁵Ce but, il le poursuivra, sombrement ou gaiement, mais toujours avec foi et avec la persistance qu'apporte la foi inévitablement. ⁶Le pouvoir de la foi n'est jamais reconnu si elle est placée dans le péché. ⁷Mais il est toujours reconnu si elle est placée dans l'amour.

3.   Pourquoi est-il si étrange pour toi que la foi puisse déplacer des montagnes? ²Cela est certes un bien petit exploit pour un tel pouvoir. ³Car la foi peut garder le Fils de Dieu enchaîné aussi longtemps qu'il se croit attaché à des chaînes. ⁴Et quand il en est délivré, c'est tout simplement parce qu'il ne croit plus en elles, leur retirant la foi qui leur permettait de le retenir et la mettant plutôt dans sa liberté. ⁵Il est impossible de mettre une foi égale dans des directions opposées. ⁶La foi que tu mets dans le péché, tu l'enlèves à la sainteté. ⁷Et ce que tu offres à la sainteté a été enlevé au péché.

4.   Foi, croyance et vision sont les moyens par lesquels le but de sainteté est atteint. ²C'est par elles que le Saint-Esprit te conduit au monde réel, loin de toutes les illusions dans lesquelles ta foi était placée. ³Telle est Sa direction, la seule qu'Il voie jamais. ⁴Et quand tu t'égares, Il te rappelle qu'il n'y en a qu'une. ⁵Sa foi, Sa croyance et Sa vision sont toutes pour toi. ⁶Quand tu les auras complètement acceptées à la place des tiennes, tu n'auras plus besoin d'elles. ⁷Car la foi, la vision et la croyance ne sont signifiantes qu'avant que soit atteint l'état de certitude. ⁸Au Ciel elles sont inconnues. ⁹Or le Ciel s'atteint par elles.

5.   Il est impossible que le Fils de Dieu manque de foi, mais il peut choisir où il la voudrait. ²L'absence de foi n'est pas un manque de foi mais une foi en rien. ³La foi donnée aux illusions ne manque pas de pouvoir, car par elle le Fils de Dieu croit qu'il est impuissant. ⁴Ainsi il n'a pas foi en lui-même, mais sa foi est grande dans ses illusions à propos de lui-même. ⁵Car la foi, la perception et la croyance, c'est toi qui les as faites, comme moyens de perdre la certitude et de trouver le péché. ⁶Cette folle direction était ton

choix; et par la foi placée dans ce que tu as choisi, tu as fait ce que tu désirais.

6.   Le Saint-Esprit peut utiliser tous les moyens pour le péché par lesquels tu essayais de le trouver. ²Mais comme Il les utilise, ils éloignent du péché, parce que Son but se trouve dans la direction opposée. ³Il voit les moyens que tu utilises, mais pas le but pour lequel tu les as faits. ⁴Il ne voudrait pas te les enlever, car Il voit leur valeur en tant que moyens pour ce qu'Il veut pour toi. ⁵Tu as fait la perception afin de pouvoir choisir parmi tes frères et chercher le péché avec eux. ⁶Le Saint-Esprit voit la perception comme un moyen de t'enseigner que la vision d'une relation sainte est tout ce que tu *veux* voir. ⁷Alors tu donneras ta foi à la sainteté, la désirant et croyant en elle à cause de ton désir.

7.   La foi et la croyance sont maintenant reliées à la vision, et tous les moyens qui servaient au péché sont redirigés vers la sainteté. ²Car ce que tu penses être péché est limitation; et celui que tu essaies de limiter au corps, tu le hais parce que tu le crains. ³Par ton refus de lui pardonner, tu voudrais le condamner au corps parce que les moyens pour le péché te sont chers. ⁴Ainsi le corps a ta foi et ta croyance. ⁵Mais la sainteté libérerait ton frère, enlevant la haine en enlevant la peur, non pas comme un symptôme, mais à la source.

8.   Ceux qui voudraient libérer leurs frères du corps ne peuvent avoir aucune peur. ²Ils ont renoncé aux moyens pour le péché en choisissant de laisser leurs limitations leur être enlevées. ³Comme ils désirent voir leurs frères dans la sainteté, le pouvoir de leur croyance et de leur foi voit bien au-delà du corps, soutenant la vision et n'y faisant pas obstacle. ⁴Mais d'abord ils ont choisi de reconnaître combien leur foi avait limité leur compréhension du monde, désirant placer son pouvoir ailleurs si un autre point de vue leur était donné. ⁵Les miracles qui suivent cette décision naissent aussi de la foi. ⁶Car la vision est donnée à tous ceux qui choisissent de détourner leur regard du péché, et ils sont conduits à la sainteté.

9.   Ceux qui croient dans le péché doivent penser que le Saint-Esprit exige un sacrifice, car c'est ainsi qu'ils pensent que *leur* but s'accomplit. ²Frère, le Saint-Esprit connaît que le sacrifice n'apporte rien. ³Il ne fait pas de marchés. ⁴Et si tu cherches à Le limiter, tu Le haïras parce que tu as peur. ⁵Le don qu'Il t'a fait est plus que tout ce qui se trouve de ce côté-ci du Ciel. ⁶L'instant où tu le reconnais est proche. ⁷Joins ta conscience à ce qui a déjà été joint.

[8]La foi que tu donnes à ton frère peut accomplir cela. [9]Car Celui Qui aime le monde le voit pour toi, sans la moindre tache de péché et dans l'innocence qui en rend la vue aussi belle que le Ciel.

10. Ta foi dans le sacrifice lui a donné un grand pouvoir à tes yeux; sauf que tu ne te rends pas compte qu'à cause de cela, tu ne peux pas voir. [2]Car le sacrifice doit être exigé d'un corps, et par un autre corps. [3]L'esprit ne pourrait ni le demander ni le recevoir de lui-même. [4]Pas plus que le corps. [5]L'intention est dans l'esprit, qui essaie d'utiliser le corps pour mettre en œuvre les moyens pour le péché dans lesquels l'esprit croit. [6]Ainsi la jonction de l'esprit et du corps est une croyance à laquelle ne peuvent échapper ceux qui estiment le péché. [7]Et ainsi le sacrifice est invariablement un moyen pour limiter, et donc pour haïr.

11. Penses-tu que le Saint-Esprit Se soucie de cela? [2]Il ne donne pas ce dont Il a pour but de *t'éloigner*. [3]Tu penses qu'Il voudrait te priver pour ton bien. [4]Mais «bien» et «privation» sont des opposés qui ne peuvent se joindre en aucune façon de manière signifiante. [5]C'est comme dire que la lune et le soleil ne font qu'un parce qu'ils viennent avec la nuit et le jour, et qu'ils doivent donc être joints. [6]Or la vue de l'un est signe simplement que l'autre a disparu de la vue. [7]Il n'est pas possible non plus que ce qui donne la lumière fasse un avec ce qui dépend des ténèbres pour être vu. [8]Aucun des deux n'exige le sacrifice de l'autre. [9]Pourtant, de l'absence de l'autre, chacun dépend.

12. Le corps a été fait pour être sacrifié au péché, et dans les ténèbres c'est encore ainsi qu'il est vu. [2]Or dans la lumière de la vision il est regardé d'une façon bien différente. [3]Tu peux avoir foi en ce qu'il servira le but du Saint-Esprit, et lui donner le pouvoir de servir de moyen d'aider les aveugles à voir. [4]Mais quand ils voient, ils regardent plus loin que lui, comme tu le fais. [5]La foi et la croyance que tu lui as données ont leur place au-delà. [6]Tu as donné la perception, la foi et la croyance de l'esprit au corps. [7]Laisse-les maintenant être redonnées à ce qui les a produites, et peut encore les utiliser pour se sauver de ce qu'il a fait.

IV. La peur de regarder au-dedans

1. Jamais le Saint-Esprit ne t'enseignera que tu es pécheur. [2]Les erreurs, Il les corrigera, mais cela ne fait peur à personne. [3]Tu as certes peur de regarder au-dedans et de voir le péché que tu penses

y trouver. ⁴Cela, tu n'aurais pas peur de l'admettre. ⁵La peur en association avec le péché, l'ego l'estime tout à fait appropriée, et il approuve avec un sourire. ⁶Il n'a pas peur de te laisser avoir honte. ⁷Il ne doute pas de ta croyance et de ta foi dans le péché. ⁸Ses temples ne tremblent pas à cause de cela. ⁹Ta croyance que le péché est là témoigne simplement de ton désir qu'il *soit* là pour que tu le voies. ¹⁰Cela semble seulement être la source de la peur.

2.　Rappelle-toi que l'ego n'est pas seul. ²Son règne est tempéré et son « ennemi » inconnu, Qu'il ne peut même pas voir, il Le craint. ³Très fort, l'ego te dit de ne pas regarder au-dedans, car si tu le fais ton regard se posera sur le péché et Dieu te frappera de cécité. ⁴Tu crois cela et ainsi tu ne regardes pas. ⁵Or cela n'est pas la peur cachée de l'ego, ni la tienne, toi qui le sers. ⁶Très fort, certes, l'ego clame que ce l'est ; trop fort et trop souvent. ⁷Car sous ces cris incessants et ces proclamations frénétiques, l'ego n'est pas certain qu'il en soit ainsi. ⁸Sous ta peur de regarder au-dedans à cause du péché, il y a encore une autre peur, une peur qui fait trembler l'ego.

3.　Et si tu regardais au-dedans et n'y voyais aucun péché ? ²Cette question « apeurante », l'ego ne la pose jamais. ³Et toi qui la poses maintenant, tu menaces trop sérieusement tout le système de défense de l'ego pour qu'il se donne encore la peine de prétendre être ton ami. ⁴Ceux qui se sont joints à leurs frères se sont détachés de la croyance que leur identité réside dans l'ego. ⁵Une relation sainte est une relation dans laquelle tu te joins à ce qui fait partie de toi en vérité. ⁶Et ta croyance dans le péché a déjà été ébranlée, et maintenant tu n'es pas non plus entièrement indésireux de regarder au-dedans et de ne pas le voir.

4.　Ta libération n'est encore que partielle : elle est encore limitée et incomplète, mais elle est née en toi. ²N'étant pas entièrement fou, tu as été désireux de considérer une bonne partie de ton insanité et d'en reconnaître la folie. ³Ta foi se déplace vers l'intérieur, passé l'insanité et vers la raison. ⁴Et ce que ta raison te dit maintenant, l'ego ne voudrait pas l'entendre. ⁵Le but du Saint-Esprit a été accepté par la partie de ton esprit dont l'ego ne sait rien. ⁶Pas plus que tu ne la connaissais. ⁷Et pourtant cette partie, avec laquelle tu t'identifies maintenant, n'a pas peur de se regarder elle-même. ⁸Elle ne connaît pas le péché. ⁹Comment, autrement, aurait-elle pu être désireuse de voir comme sien le but du Saint-Esprit ?

5.　Cette partie a vu ton frère et l'a parfaitement reconnu depuis le commencement du temps. ²Et elle ne désirait rien, que de se joindre à lui et d'être libre à nouveau, comme elle le fut jadis. ³Elle attendait que naisse la liberté ; que vienne à toi l'acceptation de la délivrance. ⁴Et maintenant tu reconnais que ce n'était pas l'ego qui s'était joint au but du Saint-Esprit et qu'il doit donc y avoir autre chose. ⁵Ne pense pas que ce soit folie. ⁶Car cela, c'est ta raison qui te le dit, et cela s'ensuit parfaitement de ce que tu as déjà appris.

6. Il n'y a aucune incohérence dans ce qu'enseigne le Saint-Esprit. ²Ainsi raisonnent ceux qui sont sains d'esprit. ³Tu as perçu la folie de l'ego et tu n'as pas pris peur parce que tu n'as pas choisi de la partager. ⁴Par moments, il te trompe encore. ⁵Or dans tes moments plus sains, ses vociférations ne remplissent plus ton cœur de terreur. ⁶Car tu t'es rendu compte que tous les dons qu'il t'enlèverait, rendu furieux par ton désir «présomptueux» de regarder au-dedans, tu n'en veux pas. ⁷Il reste bien quelques breloques qui semblent encore briller et attirer ton regard. ⁸Or tu ne «vendrais» pas le Ciel pour les avoir.

7. Et maintenant l'ego *a* peur. ²Or ce qu'il entend avec terreur, l'autre partie l'entend comme la plus douce des musiques : c'est le chant qu'elle languissait d'entendre depuis l'instant que l'ego est entré dans ton esprit. ³La faiblesse de l'ego est sa force. ⁴Le chant de liberté, qui chante les louanges d'un autre monde, lui apporte un espoir de paix. ⁵Car elle se souvient du Ciel et maintenant elle voit que le Ciel est enfin arrivé sur terre, d'où le règne de l'ego l'avait si longtemps exclue. ⁶Le Ciel est venu parce qu'il a trouvé une demeure dans ta relation sur terre. ⁷Et la terre ne peut plus tenir ce à quoi le Ciel a été donné comme sien.

8. Regarde ton frère avec douceur et souviens-toi que la faiblesse de l'ego est révélée aux yeux des deux. ²Ce que l'ego voulait garder à part s'est rencontré et joint, et regarde l'ego sans peur. ³Petit enfant, innocent du péché, suis dans la joie la voie vers la certitude. ⁴Ne laisse pas la peur te retenir par sa folle insistance à prétendre que la sûreté réside dans le doute. ⁵Cela n'a pas de signification. ⁶Que t'importe avec quelle force cela est proclamé ? ⁷L'insensé n'est pas rendu signifiant par la répétition et les clameurs. ⁸La voie paisible est ouverte. ⁹Suis-la avec joie et ne doute pas de ce qui doit être.

V. La fonction de la raison

1.   La perception sélectionne et fait le monde que tu vois. [2]Elle le choisit littéralement selon les directives de l'esprit. [3]Les lois tiendraient peut-être, de taille, de forme et de clarté, si toutes choses étaient égales par ailleurs. [4]Elles ne sont pas égales. [5]Car les chances sont bien plus grandes que tu découvres ce que tu cherches plutôt que ce sur quoi tu préfères passer. [6]La Voix pour Dieu, doux et léger murmure, n'est pas noyée dans tous les cris éraillés et les hurlements insensés de l'ego pour ceux qui veulent L'entendre. [7]La perception est un choix et non un fait. [8]Mais de ce choix dépend bien plus que tu ne crois. [9]Car de la voix que tu choisis d'entendre, et des vues que tu choisis de voir, toute ta croyance en ce que tu es dépend entièrement. [10]La perception ne témoigne que de cela et jamais de la réalité. [11]Or elle peut te montrer les conditions dans lesquelles la conscience de la réalité est possible, ou celles où elle ne pourrait jamais être.

2.   La réalité n'a pas besoin de ta coopération pour être elle-même. [2]Mais la conscience que tu en as a besoin de ton aide, parce que c'est ton choix. [3]Écoute ce que dit l'ego, vois ce qu'il te dicte de voir, et il est sûr que tu te verras minuscule, vulnérable et apeuré. [4]Tu feras l'expérience de la dépression, de sentiments de nullité, d'impermanence et d'irréalité. [5]Tu croiras que tu es la proie impuissante de forces qui sont bien au-delà de ton contrôle et bien plus puissantes que toi. [6]Et tu penseras que le monde que tu as fait dirige ta destinée. [7]Car telle sera ta foi. [8]Mais ne crois jamais que parce que c'est ta foi, c'est ce qui fait la réalité.

3.   Il est une autre vision et une autre Voix dans lesquelles réside ta liberté, n'attendant que ton choix. [2]Si tu places ta foi en Elles, tu percevras un autre soi en toi. [3]Cet autre soi voit les miracles comme étant naturels. [4]Ils sont pour lui aussi simples et aussi naturels que la respiration l'est pour le corps. [5]Ils sont la réponse évidente aux appels à l'aide, et la seule qu'il donne. [6]Les miracles semblent contre nature à l'ego parce qu'il ne comprend pas comment des esprits séparés peuvent s'influencer les uns les autres. [7]D'ailleurs ils ne le *pourraient* pas. [8]Mais les esprits ne peuvent pas être séparés. [9]Cet autre soi en est parfaitement conscient. [10]Ainsi il reconnaît que les miracles n'affectent pas l'esprit d'un autre mais seulement le sien. [11]Ils changent toujours *ton* esprit. [12]Il n'y en *a* pas d'autre.

4.   Tu ne te rends pas compte à quel point l'idée de séparation a interféré avec la raison. [2]La raison réside dans l'autre soi que tu

as coupé de ta conscience. ³Et rien de ce à quoi tu as permis de rester dans ta conscience n'est capable de raison. ⁴Comment le segment de l'esprit qui est dénué de raison peut-il comprendre ce qu'est la raison, ou saisir l'information qu'elle lui donnerait? ⁵Toutes sortes de questions peuvent surgir en lui mais si la question fondamentale procède de la raison, il ne la posera pas. ⁶Comme tout ce qui procède de la raison, la question fondamentale est évidente, simple, mais n'est jamais posée. ⁷Mais ne pense pas que la raison ne saurait y répondre.

5.   Le plan de Dieu pour ton salut n'aurait pas pu être établi sans ta volonté et ton consentement. ²Il doit avoir été accepté par le Fils de Dieu, car ce que Dieu veut pour lui, il doit le recevoir. ³Car Dieu ne veut pas à part de lui, pas plus que la Volonté de Dieu n'attend après le temps pour s'accomplir. ⁴Par conséquent, ce qui s'est joint à la Volonté de Dieu doit être en toi maintenant, étant éternel. ⁵Tu dois avoir réservé une place où le Saint-Esprit peut demeurer, et où Il est. ⁶Il doit y avoir été depuis que le besoin de Lui a surgi, qui a été comblé au même instant. ⁷C'est ce que ta raison te dirait, si tu l'écoutais. ⁸Or il est clair que tel n'est pas le raisonnement de l'ego. ⁹La nature de ta raison, qui est étrangère à l'ego, est la preuve que tu ne trouveras pas la réponse là. ¹⁰Or si c'est ainsi, elle doit exister. ¹¹Et si elle existe pour toi, et qu'elle a ta liberté pour but donné, tu dois être libre de la trouver.

6.   Le plan de Dieu est simple; jamais circulaire, jamais ne vise à son propre échec. ²Il n'a pas d'autres Pensées que l'extension de Soi, et en cela ta volonté doit être incluse. ³Ainsi il doit y avoir une partie de toi qui connaît Sa Volonté et la partage. ⁴Il n'est pas signifiant de demander si ce qui doit être est. ⁵Mais il est signifiant de demander pourquoi tu es inconscient de ce qui est, car à cela il doit y avoir une réponse si le plan de Dieu pour ton salut est complet. ⁶Et il doit être complet, parce que sa Source ne connaît pas l'incomplétude.

7.   Où la réponse pourrait-elle se trouver, sinon dans la Source? ²Et où es-tu, toi, sinon là où se trouve cette même réponse? ³Ton Identité, qui est autant que la réponse un véritable Effet de cette même Source, doit donc être ensemble et la même. ⁴Oh! oui, tu connais cela, et plus que cela seul. ⁵Or n'importe quelle partie de la connaissance est une aussi grande menace pour la dissociation que la connaissance tout entière. ⁶Et elle viendra tout entière avec n'importe quelle partie. ⁷Voici la partie que tu peux accepter. ⁸Ce que la raison t'indique, tu peux le voir parce que les témoi-

gnages en son nom sont clairs. [9]Seuls ceux qui sont totalement insanes peuvent ne pas en tenir compte, et tu as dépassé ce stade. [10]La raison en soi est un moyen qui sert le but du Saint-Esprit. [11]Elle n'est pas réinterprétée et redirigée à partir du but de péché comme le sont les autres. [12]Car la raison est au-delà de l'éventail de moyens de l'ego.

8. La foi, la perception et la croyance peuvent être mal placées et servir les besoins du grand trompeur aussi bien que la vérité. [2]Mais la raison n'a pas du tout sa place dans la folie, pas plus qu'elle ne peut être ajustée pour convenir à cette fin. [3]La foi et la croyance sont grandes dans la folie, qui guident la perception vers ce à quoi l'esprit a accordé de la valeur. [4]Mais la raison n'y entre pas du tout. [5]Car la perception s'effondrerait aussitôt si la raison était appliquée. [6]Il n'y a pas de raison dans l'insanité, car elle dépend entièrement de l'absence de raison. [7]L'ego ne l'utilise jamais, parce qu'il ne se rend pas compte qu'elle existe. [8]Ceux qui sont partiellement insanes y ont accès et ils sont les seuls à en avoir besoin. [9]La connaissance ne dépend pas d'elle, et la folie l'exclut.

9. La partie de l'esprit où réside la raison fut consacrée, par ta volonté en union avec Celle de ton Père, au défaire de l'insanité. [2]C'est là que le but du Saint-Esprit fut accepté et accompli tout à la fois. [3]La raison est étrangère à l'insanité, et ceux qui l'utilisent ont gagné un moyen qui ne peut pas être appliqué au péché. [4]La connaissance est bien au-delà de l'atteignable. [5]Mais la raison peut servir à ouvrir les portes que tu lui as fermées.

10. Tu es venu tout près de cela. [2]Ta foi et ta croyance ont tourné, et tu as posé la question que l'ego ne posera jamais. [3]Est-ce que ta raison ne te dit pas maintenant que la question a dû venir de quelque chose que tu ne connais pas, mais qui doit t'appartenir? [4]La foi et la croyance, soutenues par la raison, ne peuvent manquer de conduire à une perception changée. [5]Et c'est dans ce changement que place est faite à la vision. [6]La vision s'étend au-delà d'elle-même, de même que le but qu'elle sert et tous les moyens pour son accomplissement.

VI. Raison versus folie

1. La raison ne peut voir le péché mais peut voir les erreurs et mène à leur correction. [2]Ce n'est pas à *elles* qu'elle accorde de la valeur, mais à leur correction. [3]La raison te dira aussi que lorsque

tu penses pécher, tu appelles à l'aide. [4]Or si tu n'acceptes pas l'aide que tu demandes, tu ne croiras pas qu'il t'appartient de la donner. [5]Et tu ne la donneras pas, gardant ainsi ta croyance. [6]Car les erreurs incorrigées de toutes sortes te trompent sur le pouvoir de correction qui est en toi. [7]S'il peut corriger, et que tu ne lui permets pas de le faire, tu le nies à toi-même et à ton frère. [8]Et s'il partage cette même croyance, vous penserez tous les deux que vous êtes damnés. [9]Tu pourrais lui épargner cela ainsi qu'à toi-même. [10]Car la raison ne saurait faire place à la correction en toi seul.

2.   La correction ne peut être acceptée ni refusée par toi sans ton frère. [2]Le péché soutient que cela est possible. [3]Or la raison te dit que tu ne peux pas voir ton frère ou toi-même comme pécheur tout en percevant l'autre comme innocent. [4]Qui, se considérant lui-même coupable, voit un monde sans péché? [5]Et qui peut voir un monde pécheur et se considérer lui-même comme étant à part de lui? [6]Le péché soutient que toi et ton frère êtes séparés. [7]Mais la raison te dit que cela doit être faux. [8]Si toi et ton frère êtes joints, comment se pourrait-il que tu aies des pensées privées? [9]Et comment des pensées qui entrent dans ce qui semble seulement être à toi seul pourraient-elles n'avoir aucun effet sur ce qui *est* à toi? [10]Si les esprits sont joints, cela est impossible.

3.   Nul ne peut penser que pour lui-même, comme Dieu ne pense pas sans Son Fils. [2]Cela ne pourrait être que si les Deux étaient dans des corps. [3]Il ne serait pas possible non plus qu'un esprit pense seulement pour lui-même à moins que le corps *ne soit* l'esprit. [4]Car seuls des corps peuvent être séparés et donc irréels. [5]La demeure de la folie ne peut pas être la demeure de la raison. [6]Or il est facile de quitter la demeure de la folie si tu vois la raison. [7]Tu ne quittes pas l'insanité en allant ailleurs. [8]Tu la quittes simplement en acceptant la raison là où était la folie. [9]Folie et raison voient les mêmes choses, mais il est certain qu'elles les regardent différemment.

4.   La folie est une attaque contre la raison qui la chasse de l'esprit et prend sa place. [2]La raison n'attaque pas, mais prend tranquillement la place de la folie, remplaçant la folie si le choix de ceux qui sont insanes est de l'écouter. [3]Mais ceux qui sont insanes ne connaissent pas leur volonté, car ils croient voir le corps et laissent leur folie leur dire qu'il est réel. [4]La raison serait incapable de cela. [5]Et si tu veux défendre le corps contre ta raison, tu ne comprendras ni le corps ni toi-même.

5. Le corps ne te sépare pas de ton frère et tu es insane si tu penses qu'il le fait. [2]Mais la folie a un but et elle croit aussi avoir les moyens de rendre ce but réel. [3]Voir le corps comme une barrière séparant ce dont la raison te dit que ce doit être joint, doit être insane. [4]Tu ne pourrais même pas le voir, si tu écoutais la voix de la raison. [5]Ce qui est continu, que pourrait-il y avoir le séparant? [6]Et s'il n'y a rien le séparant, comment ce qui entre en une partie pourrait-il être tenu à l'écart des autres parties? [7]Voilà ce que la raison te dirait. [8]Mais pense à ce que tu dois reconnaître, si c'est ainsi.

6. Si tu choisis le péché au lieu de la guérison, tu voudrais condamner le Fils de Dieu à ce qui ne peut jamais être corrigé. [2]Tu lui dis, par ton choix, qu'il est damné; séparé de toi et de son Père à jamais, et sans espoir de retour sain et sauf. [3]Tu lui enseignes cela, et tu apprendras de lui exactement ce que tu as enseigné. [4]Car tu peux seulement lui enseigner qu'il est tel que tu le voudrais, et ce que tu choisis qu'il soit n'est que ton choix pour toi-même. [5]Or ne pense pas que cela soit apeurant. [6]Que tu sois joint à lui, cela est un simple fait et non une interprétation. [7]Comment un fait peut-il être apeurant à moins d'être en désaccord avec ce qui t'est plus cher que la vérité? [8]La raison te dira que ce fait est ta délivrance.

7. Ni ton frère ni toi ne pouvez être attaqués seuls. [2]Mais ni l'un ni l'autre ne pouvez accepter un miracle à la place sans que l'autre ne s'en trouve béni et guéri de la douleur. [3]La raison, comme l'amour, te rassurerait, et elle ne cherche pas à t'effrayer. [4]Le pouvoir de guérir le Fils de Dieu t'est donné parce qu'il doit être un avec toi. [5]Tu *es* responsable de la façon dont il se voit lui-même. [6]Et la raison te dit qu'il t'est donné de changer son esprit tout entier, qui est un avec toi, en un seul instant. [7]Et n'importe quel instant sert à lui apporter la correction complète de ses erreurs et à le rendre entier. [8]À l'instant où tu choisis de te laisser guérir, en ce même instant son salut est vu comme étant complet avec le tien. [9]La raison t'est donnée pour que tu comprennes qu'il en est ainsi. [10]Car la raison, aussi douce que le but dont elle est le moyen, conduit sans cesse loin de la folie vers le but de vérité. [11]Et là tu déposeras le fardeau qui est de nier la vérité. [12]C'est *ce* fardeau qui est terrible, et non la vérité.

8. Que toi et ton frère soyez joints, c'est votre salut : le don du Ciel et non le don de la peur. [2]Est-ce que le Ciel semble être un fardeau pour toi? [3]Dans la folie, oui. [4]Or ce que voit la folie doit être dissipé par la raison. [5]La raison t'assure que le Ciel est ce que tu

veux, et tout ce que tu veux. ⁶Écoute Celui Qui parle raison et qui amène ta raison à s'accorder avec la Sienne. ⁷Sois désireux de laisser la raison être le moyen par lequel Il t'indiquerait comment laisser l'insanité derrière toi. ⁸Ne te cache pas derrière l'insanité pour échapper de la raison. ⁹Ce que la folie te cacherait, le Saint-Esprit l'offre encore à la vue joyeuse de tous.

9.   Tu *es* le sauveur de ton frère. ²Il est le tien. ³De cela, la raison est certes heureuse de parler. ⁴À l'amour ce plan gracieux par l'Amour fut donné. ⁵Et ce que l'Amour planifie est pareil à Lui-même en ceci : Étant uni, Il voudrait que tu apprennes ce que tu dois être. ⁶Et ne faisant qu'un avec Lui, il doit t'être donné de donner ce qu'Il a donné, et donne encore. ⁷Ne passe qu'un instant dans l'heureuse acceptation de ce qui t'est donné à donner à ton frère, et apprends avec lui ce qui a été donné à tous les deux. ⁸Il n'y a pas plus de bonheur à donner qu'à recevoir. ⁹Mais il n'y en a pas moins.

10.   Le Fils de Dieu est toujours béni ne faisant qu'un. ²Et comme sa gratitude va vers toi qui l'as béni, la raison te dit qu'il ne se peut pas que tu te tiennes à part de la bénédiction. ³La gratitude qu'il t'offre te rappelle la grâce que ton Père te rend de Le compléter. ⁴Ici seulement la raison te dit que tu peux comprendre ce que tu dois être. ⁵Ton Père est aussi proche de toi que l'est ton frère. ⁶Or que pourrait-il y avoir de plus proche de toi que l'est ton Soi ?

11.   Le pouvoir que tu as sur le Fils de Dieu n'est pas une menace pour sa réalité. ²Il ne fait que l'attester. ³Où sa liberté pourrait-elle résider, ailleurs qu'en lui-même, s'il est déjà libre ? ⁴Et qui d'autre que lui-même pourrait le lier, s'il nie sa liberté ? ⁵On ne se moque pas de Dieu ; pas plus que Son Fils ne peut être emprisonné, sauf par son propre désir. ⁶Et c'est par son propre désir qu'il est libéré. ⁷Telle est sa force, et non sa faiblesse. ⁸Il est à sa propre merci. ⁹Et où il choisit d'être miséricordieux, là il est libre. ¹⁰Mais où il choisit de condamner plutôt, là il est tenu prisonnier et attend enchaîné que son propre pardon le libère.

VII. La dernière question laissée sans réponse

1.   Ne vois-tu pas que toute ta misère vient de l'étrange croyance que tu es impuissant ? ²Être impuissant est le coût du péché. ³L'impuissance est la condition du péché, la seule qu'il requiert pour être cru. ⁴Seuls les impuissants pourraient croire en lui. ⁵L'énormité n'a aucun attrait, sauf pour les petits. ⁶Et seuls ceux qui croient

d'abord être petits pourraient y voir une attraction. [7]La trahison du Fils de Dieu est la défense de ceux qui ne s'identifient pas à lui. [8]Et tu es pour lui ou contre lui ; ou tu l'aimes ou tu l'attaques ; tu protèges son unité ou tu le vois mis en pièces et mis à mort par ton attaque.

2. Nul ne croit que le Fils de Dieu est impuissant. [2]Ceux qui se voient eux-mêmes impuissants doivent croire qu'ils ne sont pas le Fils de Dieu. [3]Que peuvent-ils être, sinon son ennemi ? [4]Et que peuvent-ils faire, sinon lui envier son pouvoir et par leur envie s'en rendre eux-même apeurés ? [5]Ceux-là sont les ténébreux, silencieux et apeurés, seuls et ne communiquant pas, qui ont peur que la puissance du Fils de Dieu ne les frappe à mort, et qui dressent leur impuissance contre lui. [6]Ils rejoignent l'armée des impuissants pour livrer leur guerre de vengeance, d'amertume et de malveillance contre lui, pour le rendre un avec eux. [7]Parce qu'ils ne connaissent pas qu'ils *sont* un avec lui, ils ne savent pas qui ils haïssent. [8]Ils forment certes une bien triste armée, chacun aussi susceptible d'attaquer son frère ou de se retourner contre lui-même que de se souvenir qu'ils pensaient avoir une cause commune.

3. Frénétiques, bruyants et forts, ainsi semblent être les ténébreux. [2]Or ils ne connaissent pas leur « ennemi », sauf qu'ils le haïssent. [3]Dans la haine ils se sont rassemblés mais sans se joindre les uns aux autres. [4]Car s'ils l'avaient fait, la haine serait impossible. [5]L'armée des impuissants doit être démantelée en présence de la force. [6]Ceux qui sont forts ne sont jamais traîtres, parce qu'ils n'ont aucun besoin de rêver de pouvoir ni de passer du rêve à l'acte. [7]Comment une armée agirait-elle en rêve ? [8]N'importe comment. [9]On pourrait la voir attaquer n'importe qui avec n'importe quoi. [10]De raison, il n'y en a pas dans les rêves. [11]Une fleur se change en épée empoisonnée, un enfant devient un géant et une souris rugit comme un lion. [12]Et l'amour est tourné en haine tout aussi facilement. [13]Ceci n'est pas une armée, mais une maison de fous. [14]Ce qui semble être une attaque planifiée est un chahut.

4. L'armée des impuissants est faible en effet. [2]Elle n'a pas d'armes et pas d'ennemi. [3]Bien sûr, elle peut envahir le monde et *chercher* un ennemi. [4]Mais elle ne peut jamais trouver ce qui n'est pas là. [5]Bien sûr, elle peut *rêver* qu'elle a trouvé un ennemi, mais cela changera alors même qu'elle attaque, de sorte qu'elle courra aussitôt s'en chercher un autre sans jamais arriver à se reposer dans la victoire. [6]Et tout en courant elle se retourne contre elle-même, pensant avoir entrevu le grand ennemi qui échappe toujours à

son attaque meurtrière en se changeant en quelque chose d'autre.
⁷Comme cet ennemi paraît traître, qui change tellement qu'il est
même impossible de le reconnaître.

5.   Or la haine doit avoir une cible. ²Il ne peut y avoir de foi dans le
péché sans un ennemi. ³Qui, croyant dans le péché, oserait croire
qu'il n'a pas d'ennemi? ⁴Pourrait-il admettre que personne ne
l'a rendu impuissant? ⁵La raison lui enjoindrait sûrement de ne
plus chercher ce qui ne peut être trouvé. ⁶Or il doit d'abord être
désireux de percevoir un monde où il n'est pas. ⁷Il n'est pas nécessaire qu'il comprenne comment il peut le voir. ⁸Et il ne devrait pas
essayer. ⁹Car s'il se concentre sur ce qu'il ne peut comprendre, il
ne fera qu'accentuer son impuissance et laisser le péché lui dire
que son ennemi doit être lui-même. ¹⁰Mais qu'il se pose seulement ces questions, sur lesquelles il doit se décider, et cela sera
fait pour lui :

> ¹¹*Est-ce que je désire un monde que je gouverne plutôt*
> *qu'un monde qui me gouverne?*
> ¹²*Est-ce que je désire un monde où je suis puissant plutôt*
> *qu'impuissant?*
> ¹³*Est-ce que je désire un monde dans lequel je n'ai pas*
> *d'ennemis et ne peux pécher?*
> ¹⁴*Et est-ce que je veux voir ce que j'ai nié parce que c'est*
> *la vérité?*

6.   Tu as peut-être déjà répondu aux trois premières questions
mais pas encore à la dernière. ²Car celle-là semble encore apeurante et différente des autres. ³Or la raison t'assurerait qu'elles sont
toutes les mêmes. ⁴Nous avons dit que cette année ferait ressortir l'identité des choses qui sont identiques. ⁵Cette ultime question, qui est en effet la dernière sur laquelle tu auras besoin de te
décider, semble encore contenir une menace que les autres ont
perdue pour toi. ⁶Et cette différence imaginaire atteste ta croyance
que la vérité est peut-être l'ennemi qu'il te reste à trouver. ⁷Là donc
semblerait être ton dernier espoir de trouver le péché et de ne pas
accepter le pouvoir.

7.   N'oublie pas que le choix entre le péché et la vérité, l'impuissance et la puissance, c'est le choix entre l'attaque et la guérison.
²Car la guérison vient de la puissance et l'attaque de l'impuissance. ³Celui que tu attaques, tu ne *peux pas* vouloir le guérir.
⁴Et celui que tu voudrais voir guéri doit être celui que tu choisis

pour être protégé contre l'attaque. [5]Et cette décision, n'est-ce pas le choix entre le voir avec les yeux du corps et le laisser t'être révélé par la vision ? [6]Comment cette décision mène à ses effets, cela n'est pas ton problème. [7]Mais ce que tu veux voir doit être ton choix. [8]Ce cours porte sur la cause et non sur l'effet.

8.   Considère avec soin ta réponse à la dernière question que tu as laissée encore sans réponse. [2]Puis laisse ta raison te dire qu'elle doit trouver réponse, et qu'elle la trouve dans les trois autres. [3]Alors il sera clair pour toi, en regardant les effets du péché sous quelque forme que ce soit, que la seule chose que tu as besoin de faire, c'est de te demander :

> [4]*Est-ce cela que je voudrais voir ? [5]Est-ce que je veux cela ?*

9.   Cela est ta seule décision, cela est la condition de ce qui se produit. [2]C'est sans rapport avec la façon dont ça arrive, mais pas avec le pourquoi. [3]Tu *as* le contrôle de cela. [4]Et si tu choisis de voir un monde sans ennemi, dans lequel tu n'es pas impuissant, les moyens de le voir te seront donnés.

10.   Pourquoi la dernière question est-elle si importante ? [2]La raison te dira pourquoi. [3]Elle est la même que les trois autres, sauf dans le temps. [4]Les autres sont des décisions sur lesquelles tu peux revenir, que tu peux prendre et reprendre. [5]Mais la vérité est constante et suppose un état où les vacillements sont impossibles. [6]Tu peux désirer un monde que tu gouvernes et qui ne te gouverne pas, puis changer d'esprit. [7]Tu peux désirer échanger ton impuissance pour la puissance, puis perdre ce même désir dès qu'une petite lueur de péché t'attire. [8]Et tu peux vouloir voir un monde sans péché puis laisser un « ennemi » te tenter d'utiliser les yeux du corps et changer ce que tu désires.

11.   Par le contenu, toutes ces questions sont les mêmes. [2]Car chacune demande si tu es désireux d'échanger le monde du péché pour ce que voit le Saint-Esprit, puisque c'est cela que nie le monde du péché. [3]Par conséquent, ceux qui voient le péché voient le déni du monde réel. [4]Or la dernière question ajoute le souhait de constance à ton désir de voir le monde réel, de telle sorte que ce désir devienne le seul que tu aies. [5]En répondant « oui » à la dernière question, tu ajoutes la sincérité aux décisions que tu as déjà prises sur toutes les autres. [6]Car alors seulement tu as renoncé à la possibilité de changer à nouveau d'esprit. [7]Quand c'est cela que tu ne veux pas, les autres ont pleinement trouvé réponse.

12.   Pourquoi penses-tu que tu n'es pas sûr que les autres aient trouvé réponse? [2]Si elles avaient leur réponse, serait-il nécessaire de les poser aussi souvent? [3]Jusqu'à ce que la dernière décision ait été prise, la réponse est à la fois «oui» et «non». [4]Car tu as répondu «oui» sans percevoir que «oui» doit vouloir dire «pas non». [5]Nul ne décide d'aller contre son bonheur, mais il peut le faire s'il ne voit pas qu'il le fait. [6]Et s'il voit son bonheur comme une chose toujours changeante, tantôt ceci et tantôt cela, et tantôt une ombre fugitive qui n'est attachée à rien, alors il décide d'aller contre lui.

13.   Un bonheur qui t'échappe, ou un bonheur aux formes changeantes qui varie selon le temps et le lieu, cela est une illusion qui n'a pas de signification. [2]Le bonheur doit être constant, parce qu'il est atteint en renonçant au souhait de l'*in*constant. [3]La joie ne peut être perçue que par une vision constante. [4]Et la vision constante ne peut être donnée qu'à ceux qui souhaitent la constance. [5]La puissance du désir du Fils de Dieu reste la preuve qu'il est dans l'erreur, celui qui se voit lui-même impuissant. [6]Désire ce que tu veux, et tu le verras et tu penseras que cela est réel. [7]Il n'est pas une pensée qui n'ait le pouvoir de délivrer ou de tuer. [8]Et pas une qui puisse quitter l'esprit du penseur ou le laisser inaffecté.

VIII. Le changement intérieur

1.   Est-ce donc que les pensées sont dangereuses? [2]Pour les corps, oui! [3]Les pensées qui semblent tuer sont celles qui enseignent au penseur qu'il *peut* être tué. [4]Alors il «meurt» à cause de ce qu'il a appris. [5]Il passe de la vie à la mort, preuve ultime qu'il accordait plus de valeur à l'inconstant qu'à la constance. [6]Sûrement qu'il pensait vouloir le bonheur. [7]Or il ne le désirait pas *parce qu'*il est la vérité et doit donc être constant.

2.   La constance de la joie est une condition tout à fait étrangère à ton entendement. [2]Or si tu pouvais seulement imaginer ce qu'elle doit être, tu la désirerais même si tu ne la comprends pas. [3]La constance du bonheur n'admet aucune exception, aucun changement d'aucune sorte. [4]Elle est aussi inébranlable que l'Amour de Dieu pour Sa création. [5]Aussi sûr dans sa vision que son Créateur l'est dans ce qu'Il connaît, le bonheur regarde tout et voit que c'est pareil. [6]Il ne voit pas l'éphémère, car il désire que tout soit comme lui-même, et le voit ainsi. [7]Rien n'a le pouvoir de confondre sa

498

constance, parce que son propre désir ne peut être ébranlé. [8]À ceux qui voient que la dernière question est nécessaire au reste, il vient aussi sûrement que la paix doit venir à ceux qui choisissent de guérir et de ne pas juger.

3. La raison te dira que tu ne peux pas demander le bonheur inconstamment. [2]Car si tu reçois ce que tu désires, et si le bonheur est constant, alors tu as seulement besoin de le demander une fois pour l'avoir toujours. [3]Et si tu ne l'as pas toujours, étant ce qu'il est, tu ne l'as pas demandé. [4]Car nul ne manque de demander ce qu'il désire s'il croit qu'une chose offre quelque promesse du pouvoir de le donner. [5]Il peut se tromper sur ce qu'il demande, où et à quoi. [6]Or il demandera parce que le désir est une requête, une demande, et faite par quelqu'un à qui Dieu Lui-même ne manquera jamais de répondre. [7]Dieu a déjà donné tout ce qu'il veut réellement. [8]Or ce dont il est incertain, Dieu ne peut pas le donner. [9]Car aussi longtemps qu'il reste incertain, il ne le désire pas, et le don de Dieu doit être incomplet à moins d'être reçu.

4. Toi qui complètes la Volonté de Dieu et qui es Son bonheur, dont la volonté est aussi puissante que la Sienne, une puissance qui n'est pas perdue dans tes illusions, prends bien soin de réfléchir à la raison pour laquelle tu n'as pas décidé comment tu voudrais répondre à la dernière question. [2]Ta réponse aux autres a permis de t'aider à être déjà partiellement sain d'esprit. [3]Et pourtant, c'est la dernière qui demande réellement si tu es désireux de l'être entièrement.

5. Qu'est-ce que l'instant saint, sinon l'appel que Dieu te fait à reconnaître ce qu'Il t'a donné ? [2]Là est le grand appel à la raison, la prise de conscience de ce qui peut toujours être vu, le bonheur qui pourrait être tien pour toujours. [3]Là est la paix constante que tu pourrais éprouver à jamais. [4]Là t'est révélé ce que le déni a nié. [5]Car là, la dernière question a déjà trouvé réponse, et ce que tu demandes t'est donné. [6]Là est le futur *maintenant*, car le temps est impuissant à cause de ton désir de ce qui ne changera jamais. [7]Car tu as demandé que rien ne se dresse entre la sainteté de ta relation et la *conscience* que tu as de sa sainteté.

Chapitre 22

LE SALUT ET LA RELATION SAINTE

Introduction

1. Prends pitié de toi, qui fus esclave si longtemps. ²Réjouis-toi, car ceux que Dieu a joints se sont assemblés et n'ont plus besoin de regarder le péché séparément. ³Il n'en est pas deux qui puissent regarder le péché ensemble, car jamais ils ne pourraient le voir au même endroit et au même moment. ⁴Le péché est une perception strictement individuelle, vu en l'autre et que chacun pourtant croit avoir en soi. ⁵Et il semble que chacun fasse une erreur différente, une erreur que l'autre ne peut comprendre. ⁶Frère, c'est la même, faite par le même et pardonnée pour son faiseur de la même façon. ⁷La sainteté de ta relation te pardonne et pardonne à ton frère, défaisant les effets de ce que vous avez tous deux cru et vu. ⁸Et avec leur disparition disparaît aussi le besoin de péché.

2. Qui a besoin du péché? ²Seuls les solitaires et les esseulés, qui voient leurs frères différents d'eux-mêmes. ³C'est cette différence, vue mais non réelle, qui fait que le besoin de péché, non réel mais vu, semble être justifié. ⁴Tout cela serait réel si le péché l'était. ⁵Car une relation non sainte est basée sur les différences, où chacun pense que l'autre a ce qu'il n'a pas. ⁶Ils s'assemblent, chacun pour se compléter et dérober l'autre. ⁷Ils restent jusqu'à ce qu'ils pensent qu'il n'y a plus rien à voler, puis ils poursuivent leur chemin. ⁸Ainsi ils errent dans un monde d'étrangers, qui ne sont pas comme eux, vivant avec leurs corps peut-être sous un même toit mais qui n'abrite ni l'un ni l'autre; dans une même chambre et pourtant un monde les séparant.

3. Une relation sainte part d'une prémisse différente. ²Chacun a regardé au-dedans et n'a vu aucun manque. ³Acceptant sa complétude, il voudrait l'étendre en se joignant à un autre, entier comme lui. ⁴Il ne voit pas de différence entre les soi, car les différences ne sont que du corps. ⁵Par conséquent, il ne voit rien qu'il voudrait prendre. ⁶Il ne nie pas sa propre réalité *parce qu'*elle est la vérité. ⁷Il se tient juste au-dessous du Ciel, mais assez proche pour ne pas retourner sur terre. ⁸Car cette relation a la Sainteté

du Ciel. ⁹Une relation qui ressemble tant au Ciel peut-elle être bien loin de chez elle?

4.   Pense à ce qu'une relation sainte peut enseigner! ²Ici la croyance dans les différences est défaite. ³Ici la foi dans les différences est tournée vers l'identique. ⁴Et ici la vue des différences est transformée en vision. ⁵La raison peut maintenant vous conduire, toi et ton frère, à la conclusion logique de votre union. ⁶Elle doit s'étendre, comme tu l'as fait quand tu t'es joint à lui. ⁷Elle doit aller au-delà d'elle-même, comme tu es allé au-delà du corps, pour que toi et ton frère soyez joints. ⁸Et maintenant l'identité que tu as vue s'étend et finalement enlève tout sens des différences, de sorte que l'identité sous-jacente à elles toutes devient apparente. ⁹Voilà le cercle d'or où tu reconnais le Fils de Dieu. ¹⁰Car ce qui est né dans une relation sainte ne peut jamais prendre fin.

I. Le message de la relation sainte

1.   Laisse la raison faire un autre pas. ²Si tu attaques celui que Dieu voudrait guérir et que tu hais celui qu'Il aime, alors toi et ton Créateur avez une volonté différente. ³Or si tu *es* Sa Volonté, ce que tu dois croire alors, c'est que tu n'es pas toi-même. ⁴Tu peux certes croire cela, et tu le fais. ⁵Et tu as foi en cela, dont tu vois beaucoup de preuves. ⁶Et d'où, te demandes-tu, vient ton étrange malaise, ton sentiment d'être déconnecté, et cette peur qui te hante du manque de signification en toi-même? ⁷C'est comme si tu étais entré sans le moindre plan, sauf pour en ressortir, car cela seul semble certain.

2.   Or nous avons entendu plus tôt une description très ressemblante, mais ce n'était pas de toi. ²Quand même, cette idée étrange décrite avec tant d'exactitude, tu *penses* que c'est toi. ³La raison te dirait que le monde que tu vois par des yeux qui ne sont pas les tiens, ne peut pas avoir de sens pour toi. ⁴À qui une telle vue pourrait-elle renvoyer ses messages? ⁵Sûrement pas à toi, dont la vue est entièrement indépendante des yeux qui regardent le monde. ⁶Si ce n'est pas ta vision, que peut-elle te montrer? ⁷Le cerveau ne peut pas interpréter ce que ta vision voit. ⁸Cela, *tu* le comprendrais. ⁹Le cerveau interprète pour le corps, dont il fait partie. ¹⁰Mais ce qu'il dit, tu ne peux pas le comprendre. ¹¹Or tu l'as écouté. ¹²Et longtemps tu t'es efforcé de comprendre ses messages.

3.   Tu ne t'es pas rendu compte qu'il est impossible de comprendre ce qui manque entièrement de t'atteindre. ²Tu n'as reçu aucun message que tu comprennes. ³Car tu as écouté ce qui ne peut jamais communiquer. ⁴Pense, donc, à ce qui se passe. ⁵Niant ce que tu es, et croyant fermement que tu es autre chose, cette « autre chose » que tu as faite pour être toi devient ta vue. ⁶Or ce doit être l'« autre chose » qui voit et qui, n'étant *pas* toi, t'explique sa vue. ⁷Ta vision, bien sûr, rendrait cela tout à fait non nécessaire. ⁸Mais si tu as les yeux fermés et si tu as fait appel à cette chose pour te conduire, lui demandant de t'expliquer le monde qu'elle voit, tu n'as aucune raison de ne pas écouter, ni de soupçonner que ce qu'elle te dit n'est pas vrai. ⁹La raison te dirait que ce ne peut pas être vrai *parce que* tu ne le comprends pas. ¹⁰Dieu n'a pas de secrets. ¹¹Il ne te conduit pas à travers un monde de misère, attendant pour te dire, à la fin du voyage, pourquoi Il t'a fait cela.

4.   Qu'est-ce qui pourrait être caché à la Volonté de Dieu ? ²Tu crois pourtant que tu as des secrets. ³Que pourraient être tes secrets, sinon une autre « volonté » qui t'est propre, à part de la Sienne ? ⁴La raison te dirait que cela n'est pas un secret qu'il est besoin de cacher comme un péché. ⁵Mais une erreur, certes ! ⁶Ne laisse pas ta peur du péché le protéger de la correction, car l'attraction de la culpabilité n'est que de la peur. ⁷Voilà la seule émotion que tu aies faite, quoi qu'elle puisse sembler être. ⁸C'est l'émotion du secret, des pensées privées et du corps. ⁹C'est cette seule émotion qui s'oppose à l'amour et qui conduit toujours à la vue de différences et à la perte de l'identique. ¹⁰C'est cette seule émotion qui te garde aveugle et dépendant du soi que tu penses avoir fait pour te conduire à travers le monde qu'il a fait pour toi.

5.   Ta vue t'a été donnée, avec tout ce que tu peux comprendre. ²Tu ne percevras aucune difficulté à comprendre ce que cette vision te dit, car chacun voit uniquement ce qu'il pense être. ³Et ce que ta vue te montre, tu le comprendras *parce que* c'est la vérité. ⁴Seule ta vision peut te transmettre ce que tu peux voir. ⁵Elle t'atteint directement, sans qu'il soit besoin de l'interpréter pour toi. ⁶Ce qui a besoin d'interprétation doit être étranger. ⁷Et jamais cela ne sera rendu compréhensible par un interprète que tu ne peux pas comprendre.

6.   De tous les messages que tu as reçus sans les comprendre, seul ce cours est accessible à ta compréhension et peut être compris. ²C'est *ton* langage. ³Si tu ne le comprends pas encore, c'est seulement parce que toute ta communication est comme celle d'un

bébé. [4]Les sons que fait un bébé et ceux qu'il entend ne sont pas fiables du tout, car pour lui ils signifient différentes choses à différents moments. [5]Ni les sons qu'il entend ni les vues qu'il voit ne sont encore stables. [6]Mais ce qu'il entend sans le comprendre sera sa langue maternelle, dans laquelle il communiquera avec ceux qui l'entourent, comme eux avec lui. [7]Et les figures étranges et mouvantes qu'il voit autour de lui deviendront ses consolatrices, et il reconnaîtra sa demeure et les verra là avec lui.

7. Ainsi dans chaque relation sainte renaît l'aptitude à communiquer au lieu de séparer. [2]Or une relation sainte, qui elle-même vient à peine de renaître d'une relation non sainte, et qui pourtant est plus ancienne que la vieille illusion qu'elle a remplacée, est maintenant comme un bébé en sa renaissance. [3]C'est pourtant en cet enfant que la vision t'est rendue, et il parlera une langue que tu peux comprendre. [4]Il n'est pas nourri par l'« autre chose » que tu pensais toi. [5]Ce n'est pas là qu'il a été donné, et il n'a été reçu par rien d'autre que toi. [6]Car deux frères ne peuvent s'unir que par le Christ, Dont la vision les voit ne faisant qu'un.

8. Pense à ce qui t'est donné, mon saint frère. [2]Cet enfant t'enseignera ce que tu ne comprends pas, et le rendra clair. [3]Car il ne parlera pas dans une langue étrangère. [4]Il n'aura pas besoin d'interprète pour toi, car c'est toi qui lui as enseigné ce qu'il connaît *parce que* tu le connaissais. [5]Il ne pouvait venir à personne d'autre que toi, jamais à « autre chose ». [6]Où le Christ est entré, nul n'est seul, car Il ne pourrait jamais trouver une demeure dans les séparés. [7]Or Il doit renaître dans Son ancienne demeure, si neuve en apparence et pourtant aussi vieille que Lui, un minuscule nouveau venu qui dépend de la sainteté de ta relation pour Le laisser vivre.

9. Sois certain que Dieu n'a pas confié Son Fils à l'indigne. [2]Rien que ce qui fait partie de Lui est digne d'être joint. [3]Il n'est pas possible non plus que quoi que ce soit ne faisant pas partie de Lui *puisse* se joindre. [4]La communication doit avoir été rendue à ceux qui se joignent, car ils ne pourraient pas faire cela par des corps. [5]Qu'est-ce, donc, qui les a joints ? [6]La raison te dira qu'ils ont dû se voir l'un l'autre par une vision qui n'est pas du corps, et communiquer dans une langue que le corps ne parle pas. [7]Ce ne peut pas non plus être une vue ou un son effrayant qui les a doucement réunis. [8]Plutôt, chacun a vu en l'autre le parfait abri où son Soi pouvait renaître en sécurité et en paix. [9]C'est ce que sa raison lui a dit et c'est ce qu'il a cru *parce que* c'était la vérité.

10.   Voilà la première perception directe que tu peux faire. ²Tu la fais par une prise de conscience plus vieille que la perception et qui pourtant renaît en un seul instant. ³Car qu'est-ce que le temps pour ce qui a toujours été ? ⁴Pense à ce qu'a apporté cet instant : la re-connaissance que l'« autre chose » que tu pensais toi est une illusion. ⁵Et la vérité est venue instantanément, pour te montrer où doit être ton Soi. ⁶C'est le déni des illusions qui fait appel à la vérité, car nier les illusions, c'est reconnaître que la peur est in-signifiante. ⁷Dans la sainte demeure où la peur est impuissante, l'amour entre avec gratitude, reconnaissant de ce qu'il ne fait qu'un avec vous qui vous êtes joints pour le laisser entrer.

11.   Le Christ vient à ce qui est pareil à Lui ; au même et non différent. ²Car Il est toujours attiré vers Lui-même. ³Qu'y a-t-il d'aussi pareil à Lui qu'une relation sainte ? ⁴Et ce qui attire toi et ton frère l'un vers l'autre L'attire vers vous. ⁵Là, Sa douceur et Sa tendre innocence sont protégées de l'attaque. ⁶Là, Il peut revenir avec confiance, car la foi en autrui est toujours la foi en Lui. ⁷Tu as certes raison de considérer ton frère comme la demeure qu'Il a choisie, car là ta volonté s'accorde avec la Sienne et avec celle de Son Père. ⁸Telle est la Volonté de ton Père pour toi, et la tienne avec la Sienne. ⁹Celui qui est attiré vers le Christ est attiré vers Dieu aussi sûrement que les Deux sont attirés vers chaque relation sainte, la demeure préparée pour Eux tandis que la terre est changée en Ciel.

II. L'impeccabilité de ton frère

1.   L'opposé des illusions n'est pas le désillusionnement mais la vérité. ²Il n'y a que l'ego, pour qui la vérité est in-signifiante, à qui ils apparaissent comme les seules alternatives, et différentes l'une de l'autre. ³En vérité, elles sont les mêmes. ⁴Les deux apportent la même quantité de misère, bien que chacune semble être la façon de perdre la misère que l'autre apporte. ⁵Chaque illusion porte la douleur et la souffrance dans les sombres replis des lourds vêtements sous lesquels elle cache son néant. ⁶Or de ces lourds et sombres vêtements, ceux qui recherchent les illusions vont se couvrant, se cachant de la joie de la vérité.

2.   La vérité est l'opposé de l'illusion parce qu'elle offre la joie. ²Quoi d'autre que la joie pourrait être l'opposé de la misère ? ³Quitter une sorte de misère pour en chercher une autre n'est guère

une évasion. ⁴Changer d'illusions, c'est ne rien changer. ⁵La quête de joie dans la misère est insensée, car comment la joie pourrait-elle se trouver dans la misère ? ⁶La seule chose possible dans le sombre monde de la misère, c'est d'en sélectionner quelques aspects considérés comme différents et de définir cette différence comme la joie. ⁷Or percevoir une différence où il n'y en a pas, il est sûr que cela ne fera pas de différence.

3. Les illusions n'apportent que culpabilité et souffrance, maladie et mort, à ceux qui croient en elles. ²La forme sous laquelle elles sont acceptées n'a aucun rapport. ³Nulle forme de misère aux yeux de la raison ne peut être confondue avec la joie. ⁴La joie est éternelle. ⁵Tu peux certes être sûr que tout semblant de bonheur qui ne dure pas est réellement de la peur. ⁶La joie ne tourne pas en chagrin, car l'éternel ne peut pas changer. ⁷Mais le chagrin peut être tourné en joie, car le temps fait place à l'éternel. ⁸Seul l'intemporel doit rester inchangé, mais tout dans le temps peut changer avec le temps. ⁹Or pour que le changement soit réel et non imaginaire, les illusions doivent faire place à la vérité et non à d'autres rêves qui sont également irréels. ¹⁰Cela n'est pas une différence.

4. La raison te dira que la seule façon d'échapper de la misère, c'est de la reconnaître *et de prendre l'autre voie*. ²La vérité est la même et la misère est la même, mais elles sont différentes l'une de l'autre à tous les égards, en toutes circonstances et sans exception. ³Croire qu'il puisse y avoir une seule exception, c'est confondre ce qui est le même avec ce qui est différent. ⁴Une seule illusion, chérie et défendue contre la vérité rend toute la vérité in-signifiante, et toutes les illusions réelles. ⁵Tel est le pouvoir de la croyance. ⁶Elle ne peut pas faire de compromis. ⁷Et la foi en l'innocence devient la foi dans le péché si la croyance exclut une seule chose vivante et la tient à l'écart, à part de son pardon.

5. Et la raison et l'ego te diront cela, mais ce qu'ils comprennent par là n'est pas la même chose. ²L'ego t'assurera maintenant qu'il t'est impossible de ne voir aucune culpabilité en qui que ce soit. ³Et si cette façon de voir est le seul moyen d'atteindre l'évasion hors de la culpabilité, alors la croyance dans le péché doit être éternelle. ⁴Or la raison considère cela d'une autre façon, car la raison voit la source d'une idée comme ce qui la rendra soit vraie ou fausse. ⁵Il doit en être ainsi, si l'idée est comme sa source. ⁶Par conséquent, dit la raison, si l'évasion hors de la culpabilité a été donnée au Saint-Esprit comme but, et par Celui à Qui rien de ce

Qu'Il veut n'est impossible, alors les moyens de l'atteindre sont plus que possibles. ⁷Ils doivent être là, et tu dois les avoir.

6.   Voici une phase cruciale de ce cours, car ici la séparation entre toi et l'ego doit être rendue complète. ²Car si tu as les moyens de laisser s'accomplir le but du Saint-Esprit, ils peuvent être utilisés. ³Et par leur utilisation tu gagneras confiance en eux. ⁴Or pour l'ego cela doit être impossible, et nul n'entreprend de faire ce qui est sans espoir de jamais être accompli. ⁵Tu connais, *toi*, que ce que veut ton Créateur est possible, mais ce que tu as fait croit qu'il n'en est rien. ⁶Maintenant tu dois choisir entre toi-même et une illusion de toi-même. ⁷L'un ou l'autre, pas les deux. ⁸Il ne sert à rien d'essayer d'éviter cette seule décision. ⁹Elle doit être prise. ¹⁰La foi et la croyance peuvent aller d'un côté ou de l'autre, mais la raison te dit que la misère se trouve d'un seul côté et la joie de l'autre.

7.   N'abandonne pas ton frère maintenant. ²Car vous qui êtes les mêmes ne déciderez pas seuls ni différemment. ³Vous vous donnez l'un l'autre soit la vie, soit la mort; chacun est pour l'autre soit un sauveur, soit un juge, lui offrant asile ou condamnation. ⁴Ce cours sera cru entièrement ou pas du tout. ⁵Car il est entièrement vrai ou entièrement faux et il ne peut être cru partiellement. ⁶Et tu échapperas de la misère entièrement ou pas du tout. ⁷La raison te dira qu'il n'y a pas d'entre-deux où tu puisses t'arrêter incertainement, en attendant de choisir entre la joie du Ciel et la misère de l'enfer. ⁸Tant que tu n'as pas choisi le Ciel, tu *es* dans l'enfer et la misère.

8.   Il n'y a aucune partie du Ciel que tu puisses prendre pour en tisser des illusions. ²Il n'y a pas non plus une seule illusion avec laquelle tu puisses entrer au Ciel. ³Un sauveur ne peut pas être un juge, ni la miséricorde, une condamnation. ⁴Et la vision ne peut damner, mais seulement bénir. ⁵Celui dont la fonction est de sauver, sauvera. ⁶*Comment* il le fera, cela est au-delà de ton entendement, mais c'est toi qui doit choisir *quand*. ⁷Car c'est toi qui as fait le temps et tu peux commander au temps. ⁸Tu n'es pas plus l'esclave du temps que du monde que tu as fait.

9.   Regardons de plus près toute l'illusion voulant que ce que tu as fait ait le pouvoir d'asservir son faiseur. ²C'est la même croyance qui a causé la séparation. ³C'est l'idée in-signifiante que les pensées peuvent quitter l'esprit du penseur, en être différentes et s'y opposer. ⁴Si cela était vrai, les pensées ne seraient pas les extensions de l'esprit, mais ses ennemies. ⁵Et ici nous voyons encore

une autre forme de la même illusion fondamentale que nous avons déjà vue maintes fois. ⁶S'il était possible que le Fils de Dieu puisse quitter l'Esprit de son Père, se rendre différent et s'opposer à Sa Volonté, alors seulement il serait possible que le soi qu'il a fait, et tout ce que celui-ci a fait, soient son maître.

10.   Contemple la grande projection, mais regarde-la avec la décision qu'elle doit être guérie, et non avec peur. ²Rien de ce que tu as fait n'a le moindre pouvoir sur toi, à moins que tu ne veuilles encore être à part de ton Créateur, et avec une volonté opposée à la Sienne. ³Car si tu crois que Son Fils peut être Son ennemi, alors seulement il peut sembler possible que ce que tu as fait soit le tien. ⁴Tu voudrais condamner Sa joie à la misère et Le rendre différent. ⁵Et toute la misère que tu as faite a été la tienne. ⁶N'es-tu pas content d'apprendre qu'elle n'est pas vraie? ⁷N'est-ce pas que la nouvelle est bienvenue d'entendre qu'aucune des illusions que tu as faites n'a remplacé la vérité?

11.   Seules *tes* pensées ont été impossibles. ²Le salut ne peut pas l'être. ³Il *est* impossible de considérer ton sauveur comme ton ennemi et de le reconnaître. ⁴Or il est possible de le reconnaître pour ce qu'il est, si Dieu veut qu'il en soit ainsi. ⁵Ce que Dieu a donné à ta relation sainte est là. ⁶Car ce qu'Il a donné au Saint-Esprit pour qu'Il te le donne, *Il l'a donné.* ⁷Ne voudrais-tu pas contempler le sauveur qui t'a été donné? ⁸Et n'échangerais-tu pas, avec gratitude, la fonction de bourreau que tu lui as donnée contre celle qu'il a en vérité? ⁹Reçois de lui ce que Dieu lui a donné pour toi, et non ce que tu as toi-même essayé de te donner.

12.   Au-delà du corps que tu as interposé entre toi et ton frère, et resplendissante dans la lumière dorée qui l'atteint du cercle éclatant et infini qui s'étend à jamais, est ta relation sainte, la bien-aimée de Dieu Lui-même. ²Qu'elle est calme, dans le temps et pourtant au-delà, immortelle et pourtant sur terre. ³Qu'il est grand, le pouvoir qui réside en elle. ⁴Le temps attend sa volonté et la terre sera telle qu'elle la voudrait. ⁵Ici il n'y a pas de volonté séparée, ni de désir que quoi que ce soit soit séparé. ⁶Sa volonté n'admet pas d'exception, et ce qu'elle veut est vrai. ⁷Sur chaque illusion portée à son pardon, elle passe doucement et l'illusion disparaît. ⁸Car en son centre le Christ est né à nouveau, pour illuminer Sa demeure d'une vision qui passe sur le monde. ⁹Ne voudrais-tu pas que cette sainte demeure soit aussi la tienne? ¹⁰Il n'y a pas de misère ici, que la joie.

13. Tout ce dont tu as besoin pour demeurer en quiétude ici avec le Christ, c'est de partager Sa vision. ²Rapidement et joyeusement Sa vision est donnée à quiconque désire seulement voir son frère sans péché. ³Et nul ne peut rester au-delà de ce désir, si tu veux être entièrement délivré de tous les effets du péché. ⁴Voudrais-tu avoir un pardon partiel pour toi-même ? ⁵Peux-tu atteindre le Ciel tandis qu'un seul péché te tente encore de rester dans la misère ? ⁶Le Ciel est la demeure de la pureté parfaite, et Dieu l'a créé pour toi. ⁷Regarde ton saint frère, sans péché comme toi, et laisse-le t'y conduire.

III. La raison et les formes d'erreur

1. L'introduction de la raison dans le système de pensée de l'ego est le commencement de son défaire, car la raison et l'ego sont contradictoires. ²Il n'est pas possible non plus qu'ils coexistent dans ta conscience. ³Car le but de la raison est de rendre clair, et donc évident. ⁴Tu peux *voir* la raison. ⁵Ce n'est pas une façon de parler, car là est le commencement d'une vision qui a une signification. ⁶La vision est sens, littéralement. ⁷Si ce n'est pas la vue du corps, elle *doit* être comprise. ⁸Car elle est claire, et ce qui est évident n'est pas ambigu. ⁹Elle peut être comprise. ¹⁰Et c'est là que la raison et l'ego se séparent, pour aller chacun de son côté.
2. Toute la continuité de l'ego dépend de sa croyance que tu ne peux pas apprendre ce cours. ²Partage cette croyance et la raison sera incapable de voir tes erreurs et de faire de la place pour leur correction. ³Car la raison voit à travers l'erreur en te disant que ce que tu pensais réel ne l'est pas. ⁴La raison peut voir la différence entre le péché et les erreurs, parce qu'elle veut la correction. ⁵Par conséquent, elle te dit que ce que tu pensais incorrigible peut être corrigé, et que ce devait donc être une erreur. ⁶L'opposition de l'ego à la correction mène à sa fixe croyance dans le péché, et à sa négligence de l'erreur. ⁷Il ne voit rien qui puisse être corrigé. ⁸Ainsi l'ego condamne, et la raison sauve.
3. La raison en elle-même n'est pas le salut, mais elle fait de la place pour la paix et t'amène à un état d'esprit dans lequel le salut peut t'être donné. ²Le péché est un bloc, installé comme une lourde grille, verrouillée et sans clef, barrant la route vers la paix. ³Nul qui le regarde sans l'aide de la raison ne tenterait de le passer. ⁴Les yeux du corps le voient comme du granit, solide et si

épais que ce serait folie d'essayer de le passer. [5]Or la raison voit facilement à travers parce que c'est une erreur. [6]La forme qu'il prend ne peut dissimuler son vide aux yeux de la raison.

4.   Seule la forme de l'erreur attire l'ego. [2]Il ne reconnaît pas la signification, et il ne voit pas si elle est là ou non. [3]Tout ce que les yeux du corps peuvent voir est une faute, une erreur de perception, un fragment distordu du tout sans la signification que le tout donnerait. [4]Et pourtant les erreurs, peu importe leur forme, peuvent être corrigées. [5]Le péché n'est qu'une erreur sous une forme particulière que l'ego vénère. [6]Il voudrait préserver toutes les erreurs et en faire des péchés. [7]Car là est sa propre stabilité, son ancre pesante dans le monde mouvant qu'il a fait; la pierre sur laquelle est bâtie son église, et où ses adorateurs sont liés à des corps, croyant que la liberté du corps est la leur.

5.   La raison te dira que la forme de l'erreur n'est pas ce qui en fait une erreur. [2]Si ce que la forme dissimule est une erreur, la forme ne peut en prévenir la correction. [3]Les yeux du corps ne voient que la forme. [4]Ils ne peuvent pas voir au-delà de ce qu'ils ont été faits pour voir. [5]Ils ont été faits pour regarder l'erreur et ne pas voir plus loin. [6]C'est certes une étrange perception que la leur, car ils ne peuvent voir que les illusions, incapables de regarder plus loin que le bloc de granit du péché, s'arrêtant à la forme extérieure de rien. [7]Pour cette forme de vision distordue, l'extérieur de toute chose, le mur qui se dresse entre toi et la vérité, est entièrement vrai. [8]Or comment une vue qui s'arrête au néant, comme si c'était un mur solide, peut-elle voir véritablement? [9]Car elle est retenue par la forme, ayant été faite pour garantir que rien d'autre que la forme ne sera perçu.

6.   Ces yeux, faits pour ne pas voir, ne verront jamais. [2]Car l'idée qu'ils représentent n'a pas quitté son faiseur, et c'est leur faiseur qui voit par eux. [3]Quel était le but de son faiseur, sinon de ne pas voir? [4]Pour cela, les yeux du corps sont de parfaits moyens, mais pas pour voir. [5]Vois comme les yeux du corps se posent sur l'extérieur des choses sans pouvoir aller au-delà. [6]Regarde comme ils s'arrêtent au néant, incapables d'aller par-delà la forme jusqu'à la signification. [7]Rien d'aussi aveuglant que la perception de la forme. [8]Car la vue de la forme signifie que la compréhension a été obscurcie.

7.   Seules les erreurs ont des formes différentes, et c'est ainsi qu'elles peuvent tromper. [2]Tu peux changer la forme *parce qu*'elle n'est pas vraie. [3]Elle ne pourrait pas être la réalité *parce qu*'elle

peut être changée. [4]La raison te dira que si la forme n'est pas la réalité, elle doit être une illusion et elle ne peut être vue. [5]Et si tu la vois, tu dois faire erreur, car tu vois ce qui ne peut *pas* être réel comme si ce l'était. [6]Ce qui ne peut voir au-delà de ce qui n'est pas là doit être une perception distordue, et doit percevoir les illusions comme étant la vérité. [7]Pourrait-elle, donc, reconnaître la vérité?

8.   Ne laisse pas la forme de ses erreurs te garder loin de celui dont la sainteté est tienne. [2]Ne laisse pas la vision de sa sainteté, dont la vue te montrerait ton pardon, t'être cachée par ce que les yeux du corps peuvent voir. [3]Ne laisse pas la conscience que tu as de ton frère être bloquée par ta perception de ses péchés et de son corps. [4]Qu'y a-t-il en lui que tu voudrais attaquer, sinon ce que tu associes à son corps, que tu crois capable de pécher? [5]Au-delà de ses erreurs est sa sainteté et ton salut. [6]Tu ne lui as pas donné sa sainteté, mais tu as tenté de voir tes péchés en lui pour te sauver toi-même. [7]Et pourtant, sa sainteté *est* ton pardon. [8]Peux-tu être sauvé en rendant pécheur celui dont la sainteté est ton salut?

9.   Une relation sainte, même née tout récemment, doit estimer la sainteté par-dessus tout. [2]Des valeurs non saintes produiront la confusion, et dans la conscience. [3]Dans une relation non sainte, chacun est estimé parce qu'il semble justifier le péché de l'autre. [4]Chacun voit dans l'autre ce qui le pousse à pécher contre sa volonté. [5]Ainsi il impose à l'autre ses péchés et il est attiré vers lui pour perpétuer ses péchés. [6]Et ainsi il doit devenir impossible pour chacun de se voir soi-même comme causant le péché par son désir que le péché soit réel. [7]Or la raison voit une relation sainte telle qu'elle est : un état d'esprit commun, où les deux sont heureux de remettre l'erreur à la correction, afin que les deux puissent être guéris joyeusement en ne faisant qu'un.

IV. La bifurcation de la route

1.   Quand tu arrives à l'endroit où la bifurcation de la route est tout à fait apparente, tu ne peux pas continuer. [2]Tu dois prendre soit une voie, soit l'autre. [3]Car maintenant si tu vas droit devant, dans la voie que tu suivais avant d'atteindre la fourche, tu n'iras nulle part. [4]Si tu t'es rendu si loin, c'est dans le seul but de décider de quel côté tu iras maintenant. [5]La voie que tu as prise jusqu'ici

n'a plus d'importance. [6]Elle ne peut plus servir. [7]Nul ne peut prendre la mauvaise décision qui se rend si loin, bien qu'il puisse retarder. [8]Et de tout le voyage, il n'est pas une partie qui semble plus désespérée et plus futile que de se tenir là où la route bifurque sans se décider sur la voie à prendre.

2.   Ce ne sont que les quelques premiers pas sur la bonne voie qui semblent difficiles, car tu as choisi, même si tu penses peut-être encore pouvoir retourner en arrière et faire l'autre choix. [2]Il n'en est rien. [3]Un choix qui s'appuie sur la puissance du Ciel ne peut pas être défait. [4]Ta voie est décidée. [5]Il n'est rien qui ne te sera dit, si tu reconnais cela.

3.   Ainsi ton frère et toi, vous vous tenez là, en ce saint lieu, devant le voile du péché qui pend entre vous et la face du Christ. [2]Qu'il soit levé! [3]Soulève-le avec ton frère, car ce n'est qu'un voile dressé entre vous. [4]Soit toi ou ton frère seul le verra comme un bloc solide, sans se rendre compte de la minceur du rideau qui vous sépare maintenant. [5]Or il a presque disparu dans ta conscience et la paix t'a rejoint même ici, devant le voile. [6]Pense à ce qui arrivera après. [7]L'Amour du Christ illuminera ton visage et de lui resplendira sur un monde enténébré qui a besoin de lumière. [8]Et de ce saint lieu Il retournera avec toi, sans le quitter ni te quitter, toi. [9]Tu deviendras Son messager, Le retournant à Lui-même.

4.   Pense à la beauté que tu verras, toi qui fais route avec Lui! [2]Et pense comme toi et ton frère serez beau l'un pour l'autre! [3]Comme vous serez heureux d'être ensemble, après un si long et solitaire voyage où chacun marchait seul. [4]Les portes du Ciel, maintenant ouvertes pour vous, vous les ouvrirez maintenant aux chagrinés. [5]Et nul ne regardera le Christ en toi qui ne se réjouira. [6]Comme elle est belle, la vue qui s'offrait à toi derrière le voile et que tu apporteras pour éclairer les yeux fatigués de ceux qui sont aussi las maintenant que tu l'étais. [7]Comme ils seront reconnaissants de te voir venir parmi eux, offrant le pardon du Christ pour dissiper leur foi dans le péché.

5.   Chaque erreur que vous faites, toi et ton frère, l'autre l'aura doucement corrigée. [2]Car à ses yeux ta beauté est son salut, qu'il voudrait protéger du nuisible. [3]Et tu seras le puissant protecteur de ton frère contre tout ce qui semble se dresser entre vous deux. [4]Ainsi tu parcourras le monde avec moi, dont le message n'a pas encore été donné à tous. [5]Car tu es ici pour qu'il soit reçu. [6]L'offre de Dieu est toujours bonne, mais elle attend d'être acceptée. [7]De toi qui l'as acceptée, elle est reçue. [8]Entre tes mains, jointes

à celles de ton frère, elle est remise en sûreté, car toi qui la partages en es devenu le gardien et le protecteur volontaire.

6.   À tous ceux qui partagent l'Amour de Dieu, la grâce est donnée d'être les donneurs de ce qu'ils ont reçu. ²Ainsi ils apprennent que cela leur appartient à jamais. ³Toutes les barrières disparaissent devant leur venue, comme chaque obstacle a finalement été surmonté qui auparavant semblait se dresser et leur bloquer le chemin. ⁴Ce voile que toi et ton frère levez ensemble, ce n'est pas qu'à vous qu'il ouvre la voie vers la vérité. ⁵Ceux qui voudraient laisser les illusions être levées de leurs esprits sont les sauveurs de ce monde, qui parcourent le monde avec leur Rédempteur et portent Son message d'espoir, de liberté et de délivrance de la souffrance à quiconque a besoin d'un miracle pour être sauvé.

7.   Comme il est facile d'offrir ce miracle à chacun ! ²Nul ne pourrait trouver cela difficile qui l'a reçu pour lui-même. ³Car en le recevant, il a appris qu'il n'était pas donné à lui seul. ⁴Telle est la fonction d'une relation sainte : recevoir ensemble et donner comme vous avez reçu. ⁵Devant le voile cela semble encore difficile. ⁶Mais tends ta main, jointe à celle de ton frère, et touche ce bloc qui semble si lourd, et tu apprendras avec quelle facilité tes doigts glissent au travers de ce néant. ⁷Ce n'est pas un mur solide. ⁸Seule une illusion se dresse entre toi et ton frère, et le saint Soi que vous partagez ensemble.

V. Faiblesse et défensive

1.   Comment vainc-t-on les illusions ? ²Sûrement pas par la force ou la colère, ni en s'y opposant de quelque façon que ce soit. ³Simplement en laissant la raison te dire qu'elles contredisent la réalité. ⁴Elles vont à l'encontre de ce qui doit être vrai. ⁵L'opposition vient d'elles, et non de la réalité. ⁶La réalité ne s'oppose à rien. ⁷Ce qui est, tout simplement, n'a besoin d'aucune défense, et n'en offre aucune. ⁸Seules les illusions ont besoin de défense à cause de leur faiblesse. ⁹Et comment peut-il être difficile de suivre la voie de la vérité quand seule la faiblesse interfère ? ¹⁰C'est *toi* qui es fort dans ce semblant de conflit. ¹¹Et tu n'as pas besoin de défense. ¹²Tout ce qui a besoin de défense, tu n'en veux pas, car n'importe quoi qui a besoin de défense t'affaiblira.

2.   Considère pour quoi l'ego veut des défenses. ²Toujours pour justifier ce qui va à l'encontre de la vérité, défie la raison et n'a

aucun sens. ³Cela peut-il *être* justifié? ⁴Cela peut-il être autre chose qu'une invitation à l'insanité, pour te sauver de la vérité? ⁵Et de quoi voudrais-tu être sauvé, sinon de ce dont tu as peur? ⁶La croyance dans le péché a besoin de grandes défenses, et à un coût énorme. ⁷Tout ce que t'offre le Saint-Esprit, il faut t'en défendre et le sacrifier. ⁸Car le péché est un bloc taillé dans ta paix et posé entre toi et son retour.

3.   Or comment la paix peut-elle être si fragmentée? ²Elle est encore entière et rien ne lui a été pris. ³Vois comme les moyens et les matériaux des rêves mauvais ne sont rien. ⁴En vérité toi et ton frère vous tenez ensemble, sans rien entre les deux. ⁵Dieu vous tient la main, et que peut séparer ceux qu'Il a joints ne faisant qu'un avec Lui? ⁶C'est contre ton Père que tu voudrais te défendre. ⁷Or il reste impossible d'exclure l'amour. ⁸Dieu repose avec toi dans la quiétude, non défendu et entièrement non défendant, car dans ce seul état de quiétude sont la force et le pouvoir. ⁹Ici nulle faiblesse ne peut entrer, car ici il n'y a pas d'attaque et donc pas d'illusions. ¹⁰L'amour repose dans la certitude. ¹¹Seule l'incertitude peut être défensive. ¹²Et toute incertitude est doute sur toi-même.

4.   Comme la peur est faible; comme elle est petite et in-signifiante. ²Comme elle est in-signifiante devant la force quiète de ceux que l'amour a joints! ³Voilà ton «ennemi»: une souris effrayée qui voudrait attaquer l'univers. ⁴Quelles sont ses chances de succès? ⁵Peut-il être difficile de faire fi de ses faibles couinements, qui disent son omnipotence et voudraient noyer l'hymne à la louange de son Créateur que tous les cœurs dans l'univers chantent à jamais d'une seule voix? ⁶Lequel est le plus fort? ⁷Cette minuscule souris ou tout ce que Dieu a créé? ⁸Ce n'est pas par cette souris que vous êtes joints, toi et ton frère, mais par la Volonté de Dieu. ⁹Et une souris peut-elle trahir ceux que Dieu a joints?

5.   Si seulement tu reconnaissais comme c'est peu de chose qui se dresse entre toi et la conscience de ton union avec ton frère! ²Ne te laisse pas tromper par l'illusion qu'il donne de taille et d'épaisseur, de poids, de solidité et de fermeté de fondements. ³Oui, aux yeux du corps, cela ressemble à un énorme corps solide, aussi inamovible qu'une montagne. ⁴Or au-dedans de toi est une Force à laquelle aucune illusion ne peut résister. ⁵Ce corps n'est inamovible qu'en apparence: cette Force est irrésistible en vérité. ⁶Que doit-il donc arriver, lorsqu'ils se rencontrent? ⁷Est-ce que

l'illusion d'inamovibilité peut longtemps être défendue contre ce qui a tranquillement passé au-travers et au-delà?

6.   N'oublie pas : quand tu sens le besoin surgir d'être sur la défensive à n'importe quel sujet, tu t'es identifié toi-même à une illusion. ²Et tu sens par conséquent que tu es faible parce que tu es seul. ³Tel est le coût de toutes les illusions. ⁴Il n'en est pas une qui ne repose sur la croyance que tu es séparé. ⁵Pas une qui ne semble se dresser, pesante, solide et inamovible, entre toi et ton frère. ⁶Et pas une sur laquelle la vérité ne puisse passer légèrement et si facilement que tu dois être convaincu, malgré ce que tu pensais qu'elle était, qu'elle n'est rien. ⁷Si tu pardonnes à ton frère, c'est ce qui *doit* arriver. ⁸Car c'est ton indésir de passer sur ce qui semble se dresser entre toi et ton frère qui le fait paraître impénétrable et défend l'illusion de son inamovibilité.

VI. La lumière de la relation sainte

1.   Veux-tu la liberté du corps ou de l'esprit? ²Car tu ne peux pas avoir les deux. ³Laquelle estimes-tu? ⁴Laquelle est ton but? ⁵Car tu vois l'une comme un moyen et l'autre, une fin. ⁶Et l'une doit servir à l'autre et lui donner prédominance, augmentant son importance en diminuant la sienne propre. ⁷Les moyens servent la fin et lorsque la fin est atteinte, la valeur des moyens décroît jusqu'à ce qu'ils soient entièrement éclipsés lorsqu'ils sont reconnus comme n'ayant plus de fonction. ⁸Il n'en est pas un qui n'ait soif de liberté et n'essaie de la trouver. ⁹Or il la cherchera là où il croit qu'elle est et qu'elle peut être trouvée. ¹⁰Il la croira possible de l'esprit ou du corps, et de l'autre il fera un moyen servant à atteindre son choix.

2.   Où la liberté du corps a été choisie, l'esprit est utilisé comme moyen dont la valeur réside dans son aptitude à trouver les manières d'atteindre la liberté du corps. ²Or la liberté du corps est sans signification, ainsi l'esprit est-il voué au service des illusions. ³C'est une situation si contradictoire et si impossible que quiconque choisit cela n'a aucune idée de ce qui a de la valeur. ⁴Or même dans cette confusion, si profonde qu'elle ne peut être décrite, le Saint-Esprit attend avec une douce patience, aussi certain du résultat qu'Il est sûr de l'Amour de Son Créateur. ⁵Il connaît que celui qui a pris cette folle décision est aussi cher à Son Créateur que l'amour l'est à lui-même.

3.   Ne sois pas du tout troublé de penser comment Il peut changer si facilement les rôles de moyen et de fin dans ce que Dieu aime, et voudrait libre à jamais. ²Mais sois plutôt reconnaissant de pouvoir être un moyen servant à Sa fin. ³C'est le seul service qui conduise à la liberté. ⁴Pour servir à cette fin, le corps doit être perçu comme étant sans péché, parce que le but est l'impeccabilité. ⁵L'absence de contradiction rend la douce transition de moyen à fin aussi facile que le passage de la haine à la gratitude aux yeux qui pardonnent. ⁶Tu seras sanctifié par ton frère, n'utilisant ton corps que pour servir ceux qui sont sans péché. ⁷Et il te sera impossible de haïr ce qui sert à ceux que tu voudrais guérir.

4.   Cette relation sainte, qui est belle en son innocence, puissante en sa force, et flamboie d'une lumière bien plus brillante que le soleil qui éclaire le ciel que tu vois, est choisie de ton Père comme moyen pour Son Propre plan. ²Sois reconnaissant qu'elle ne serve pas du tout au tien. ³Rien ne lui est confié qui puisse être mal utilisé ; et rien ne lui est donné qui ne sera utilisé. ⁴Cette relation sainte a le pouvoir de guérir toute douleur, quelle qu'en soit la forme. ⁵Ni toi ni ton frère ne pouvez servir seuls. ⁶La guérison réside uniquement dans votre volonté conjointe. ⁷Car là est ta guérison, et là tu accepteras l'Expiation. ⁸Et dans ta guérison la Filialité est guérie *parce que* ta volonté et celle de ton frère sont jointes.

5.   Devant une relation sainte, il n'y a pas de péché. ²La forme de l'erreur n'est plus vue, et la raison, jointe à l'amour, regarde tranquillement toute confusion en remarquant simplement : « C'était une erreur. » ³Et alors la même Expiation que tu as acceptée dans ta relation corrige l'erreur et dépose à sa place une partie du Ciel. ⁴Comme tu es béni, toi qui as laissé ce don être donné ! ⁵Chaque partie du Ciel que tu apportes t'est donnée. ⁶Et chaque place vide dans le Ciel que tu remplis à nouveau de l'éternelle lumière que tu apportes luit maintenant sur toi. ⁷Les moyens de l'impeccabilité ne peuvent pas connaître la peur parce qu'ils ne portent que l'amour avec eux.

6.   Enfant de la paix, la lumière *est* venue à toi. ²Tu ne reconnais pas la lumière que tu apportes, et pourtant tu te souviendras. ³Qui peut se nier à lui-même la vision qu'il apporte aux autres ? ⁴Et qui pourrait manquer de reconnaître un don qu'il a laissé être déposé au Ciel par lui-même ? ⁵Le doux service que tu rends au Saint-Esprit, c'est à toi-même que tu le rends. ⁶Toi qui es maintenant Son moyen, tu dois aimer tout ce qu'Il aime. ⁷Et ce que tu

apportes, c'est ton souvenir de tout ce qui est éternel. [8]Nulle trace de quoi que ce soit dans le temps ne peut rester longtemps dans un esprit qui sert l'intemporel. [9]Et nulle illusion ne peut troubler la paix d'une relation qui est devenue le moyen de la paix.

7.   Quand tu as regardé ton frère avec un pardon complet, duquel aucune erreur n'est exclue et rien n'est gardé caché, quelle faute peut-il y avoir où que ce soit sur laquelle tu ne puisses passer? [2]Quelle forme de souffrance pourrait te boucher la vue, t'empêchant de voir plus loin qu'elle? [3]Et quelle illusion pourrait-il y avoir que tu ne reconnaîtrais pas comme une erreur; une ombre à travers laquelle tu marches complètement imperturbé? [4]Dieu ne laisserait rien interférer avec ceux dont la volonté est Sienne, et ils reconnaîtront que leur volonté est Sienne, *parce qu*'ils servent Sa Volonté. [5]Et la servent de plein gré. [6]Et la mémoire de ce qu'ils sont pourrait-elle tarder encore longtemps?

8.   Tu verras ta valeur par les yeux de ton frère, et chacun est délivré quand il voit son sauveur à la place de l'agresseur qu'il pensait là. [2]Par cette délivrance, le monde est délivré. [3]Voilà ton rôle pour apporter la paix. [4]Car tu as demandé quelle était ta fonction ici et la réponse t'a été donnée. [5]Ne cherche pas à la changer ni à lui substituer un autre but. [6]Celle-ci, et elle seule, t'a été donnée. [7]Accepte-la et remplis-la de plein gré, car ce que le Saint-Esprit fait des dons que tu donnes à ton frère, à qui Il les offre, et où et quand, cela Lui appartient. [8]Il les accordera là où ils sont reçus et bienvenus. [9]Il utilisera chacun d'eux pour la paix. [10]De même, pas le moindre sourire, pas le moindre désir de passer sur l'erreur la plus minuscule ne seront perdus pour qui que ce soit.

9.   Qu'est-ce que cela peut bien être, sinon une bénédiction universelle, que de regarder ce que ton Père aime avec charité? [2]L'extension du pardon est la fonction du Saint-Esprit. [3]Laisse-Lui cela. [4]Aie pour seul souci de Lui donner ce qui peut être étendu. [5]Ne garde aucun des noirs secrets dont Il ne peut pas faire usage, mais offre-Lui tous les dons minuscules qu'Il peut étendre à jamais. [6]Il prendra chacun d'eux et en fera une force puissante pour la paix. [7]Il ne lui refusera aucune bénédiction ni ne le limitera en aucune façon. [8]Il lui joindra tout le pouvoir que Dieu Lui a donné, pour faire de chaque petit don d'amour une source de guérison pour tous. [9]Chaque petit don que tu fais à ton frère illumine le monde. [10]Ne te soucie pas des ténèbres; détourne ton regard et porte-le sur ton frère. [11]Et laisse les ténèbres être dissipées par Celui Qui

connaît la lumière et la dépose doucement dans chaque sourire tranquille, de foi et de confiance, avec lequel tu bénis ton frère.

10. De ton apprentissage dépend le bien-être du monde. ²Et c'est seulement l'arrogance qui nierait le pouvoir de ta volonté. ³Penses-tu que la Volonté de Dieu soit impuissante? ⁴Est-ce de l'humilité? ⁵Tu ne vois pas ce que cette croyance a fait. ⁶Tu te vois toi-même vulnérable, fragile et facilement détruit, à la merci d'innombrables agresseurs plus puissants que toi. ⁷Regardons sans détour la façon dont cette erreur s'est produite, car là est enfouie l'ancre pesante qui semble garder en place la peur de Dieu, inamovible et solide comme le roc. ⁸Tant qu'elle restera, il semblera en être ainsi.

11. Qui peut attaquer le Fils de Dieu sans attaquer son Père? ²Comment le Fils de Dieu peut-il être faible, fragile et facilement détruit à moins que son Père ne le soit? ³Tu ne vois pas que chaque péché et chaque condamnation que tu perçois et justifies *est* une attaque contre ton Père. ⁴Et c'est pourquoi cela ne s'est pas produit et ne pourrait pas être réel. ⁵Tu ne vois pas que tu tentes cela parce que tu penses que le Père et le Fils sont séparés. ⁶Et tu dois penser qu'Ils sont séparés, à cause de la peur. ⁷Car il semble plus sûr d'attaquer quelqu'un d'autre ou toi-même que d'attaquer le grand Créateur de l'univers, Dont tu connais le pouvoir.

12. Si tu ne faisais qu'un avec Dieu et si tu reconnaissais cette unité, tu connaîtrais que Son pouvoir est tien. ²Mais de cela tu ne te souviendras pas tant que tu croiras que l'attaque quelle qu'elle soit signifie quoi que ce soit. ³Elle est injustifiée sous quelque forme que ce soit, parce qu'elle n'a aucune signification. ⁴La seule façon dont elle pourrait être justifiée est si toi et ton frère étiez séparés l'un de l'autre et que tous étaient séparés de leur Créateur. ⁵Car alors seulement il serait possible d'attaquer une partie de la création sans le tout, le Fils sans le Père; et d'attaquer quelqu'un d'autre sans toi-même, ou de te blesser sans que l'autre ne souffre. ⁶Et c'est cette croyance que tu veux. ⁷Or en quoi sa valeur réside-t-elle, sinon dans le désir d'attaquer en toute sécurité? ⁸L'attaque n'est ni sûre ni dangereuse. ⁹Elle est impossible. ¹⁰Et c'est ainsi parce que l'univers est un. ¹¹Tu ne choisirais pas l'attaque de sa réalité s'il n'était pas essentiel à l'attaque de le voir séparé de son faiseur. ¹²Ainsi il semble que l'amour pourrait attaquer et devenir apeurante.

13. Seuls ceux qui sont différents peuvent attaquer. ²Ainsi tu en conclus que, *parce que* tu peux attaquer, toi et ton frère devez être

différents. ³Or le Saint-Esprit explique cela différemment. ⁴*Parce que* toi et ton frère n'êtes pas différents, tu ne peux pas attaquer. ⁵Chacune de ces positions est une conclusion logique. ⁶Chacune pourrait être maintenue, mais jamais les deux. ⁷La seule question à laquelle il faille répondre pour décider laquelle doit être vraie, c'est à savoir si toi et ton frère êtes différents. ⁸De la position de ce que tu comprends, vous semblez l'être, et vous pouvez donc attaquer. ⁹Des deux alternatives, cela paraît plus naturel et plus en accord avec ton expérience. ¹⁰Par conséquent, il est nécessaire que tu aies d'autres expériences, plus en accord avec la vérité, pour t'enseigner ce qui *est* naturel et vrai.

14.   C'est la fonction de ta relation sainte. ²Car ce que l'un pense, l'autre en fera l'expérience avec lui. ³Qu'est-ce que cela peut signifier, sinon que ton esprit et celui de ton frère sont un ? ⁴Ne regarde pas ce fait heureux avec peur, et ne pense pas qu'il pose sur toi un lourd fardeau. ⁵Car une fois que tu l'auras accepté avec joie, tu te rendras compte que ta relation est un reflet de l'union du Créateur et de Son Fils. ⁶D'esprits aimants, il n'y *a* pas de séparation. ⁷Et chaque pensée dans l'un apporte la joie à l'autre parce qu'ils sont les mêmes. ⁸La joie est illimitée, parce que chaque brillante pensée d'amour étend son être et crée plus d'elle-même. ⁹Il n'y a de différence nulle part en elle, car toute pensée est pareille à elle-même.

15.   La lumière qui se joint à toi et ton frère luit dans tout l'univers ; et parce qu'elle vous joint, toi et lui, de même elle vous rend un avec votre Créateur. ²Et en Lui toute création est jointe. ³Regretterais-tu de ne pas pouvoir avoir peur seul, quand ta relation peut aussi enseigner que le pouvoir de l'amour est là, qui rend toute peur impossible ? ⁴Ne tente pas de garder un peu de l'ego avec ce don. ⁵Car il t'a été donné pour être utilisé et non obscurci. ⁶Ce qui t'enseigne que tu ne peux pas te séparer nie l'ego. ⁷Laisse la vérité décider si toi et ton frère êtes différents ou les mêmes, et t'enseigner lequel est vrai.

Chapitre 23

LA GUERRE CONTRE TOI-MÊME

Introduction

1. Ne vois-tu pas que l'opposé de la fragilité et de la faiblesse est l'impeccabilité? [2]L'innocence est force, et rien d'autre n'est fort. [3]Ceux qui sont sans péché ne peuvent avoir peur, car toute espèce de péché est faiblesse. [4]La démonstration de force dont l'attaque voudrait se servir pour couvrir la fragilité ne la dissimule pas, car comment l'irréel peut-il être caché? [5]Nul n'est fort qui a un ennemi, et nul ne peut attaquer à moins de penser en avoir un. [6]La croyance aux ennemis est donc croyance en la faiblesse, et ce qui est faible n'est pas la Volonté de Dieu. [7]Lui étant opposé, c'est l'« ennemi » de Dieu. [8]Et Dieu est craint comme une volonté qui s'oppose.

2. Comme elle devient étrange, en effet, cette guerre contre toi-même! [2]Tu croiras que tout ce que tu utilises pour le péché peut te blesser et devenir ton ennemi. [3]Et tu le combattras et tenteras de l'affaiblir à cause de cela; et tu penseras avoir réussi, puis tu attaqueras encore. [4]Il est aussi certain que tu craindras ce que tu attaques qu'il est sûr que tu aimeras ce que tu perçois comme étant sans péché. [5]Il marche en paix, celui qui suit sans péché la voie que lui montre l'amour. [6]Car là l'amour marche avec lui, le protégeant de la peur. [7]Et il verra seulement ceux qui sont sans péché, qui ne peuvent attaquer.

3. Va dans la gloire, la tête haute, et ne crains aucun mal. [2]Les innocents sont en sécurité parce qu'ils partagent leur innocence. [3]Rien de ce qu'ils voient n'est nuisible, car la conscience qu'ils ont de la vérité délivre toutes choses de l'illusion qu'elles sont nuisibles. [4]Et ce qui semblait nuisible resplendit maintenant dans leur innocence, délivré du péché et de la peur et rendu avec bonheur à l'amour. [5]Ils partagent la force de l'amour *parce qu*'ils ont regardé l'innocence. [6]Et chaque erreur a disparu, parce qu'ils ne l'ont pas vue. [7]Qui cherche la gloire, la trouve où elle est. [8]Où pourrait-elle être, si ce n'est dans les innocents?

4. Ne laisse pas les petits interférents te tirer vers la petitesse. [2]Il ne peut y avoir d'attraction de la culpabilité dans l'innocence. [3]Vois le monde heureux dans lequel tu marches, avec la vérité à

tes côtés! [4]N'abandonne pas ce monde de liberté pour un petit soupir de semblant de péché, ni pour un tout petit remous de l'attraction de la culpabilité. [5]Voudrais-tu, pour toutes ces distractions in-signifiantes, mettre le Ciel de côté? [6]Ta destinée et ton but sont bien au-delà, dans le lieu propre où la petitesse n'existe pas. [7]Ton but est en désaccord avec toute espèce de petitesse. [8]Ainsi est-il en désaccord avec le péché.

5.   Ne laissons pas la petitesse induire le Fils de Dieu en tentation. [2]Sa gloire est au-delà, incommensurable et intemporelle comme l'éternité. [3]Ne laisse pas le temps faire intrusion dans la vue que tu as de lui. [4]Ne le laisse pas effrayé et seul en sa tentation, mais aide-le à s'élever au-dessus d'elle et à percevoir la lumière dont il fait partie. [5]Ton innocence éclairera la voie vers la sienne; et la tienne ainsi est protégée et gardée en ta conscience. [6]Car qui peut connaître sa gloire, et percevoir le petit et le faible autour de lui? [7]Qui peut aller tremblant dans un monde effrayant, et se rendre compte que la gloire du Ciel luit sur lui?

6.   Il n'y a rien autour de toi qui ne fasse partie de toi. [2]Regarde tout avec amour et vois-y la lumière du Ciel. [3]Ainsi tu en viendras à comprendre tout ce qui t'est donné. [4]Par le doux pardon, le monde brillera et étincellera, et tout ce qu'autrefois tu pensais pécheur sera maintenant réinterprété comme faisant partie du Ciel. [5]Comme c'est beau de marcher, propre, rédimé et heureux, de par un monde qui a grand besoin de la rédemption que ton innocence lui accorde! [6]À quoi peux-tu accorder plus de valeur qu'à cela? [7]Car ici sont ton salut et ta liberté. [8]Et ils doivent être complets si tu veux les reconnaître.

I. Les croyances irréconciliables

1.   Le souvenir de Dieu vient à l'esprit quiet. [2]Il ne peut venir là où il y a conflit, car un esprit en guerre contre lui-même ne se souvient pas de l'éternelle douceur. [3]Les moyens de la guerre ne sont pas les moyens de la paix, et ce dont les belliqueux voudraient se souvenir n'est pas l'amour. [4]La guerre est impossible à moins que la croyance en la victoire ne soit chérie. [5]Le conflit en toi doit impliquer que tu crois que l'ego a le pouvoir d'être victorieux. [6]Sinon pourquoi t'identifierais-tu à lui? [7]Tu te rends sûrement compte que l'ego est en guerre contre Dieu. [8]C'est certain qu'il

n'a pas d'ennemi. ⁹Or tout aussi certaine est sa fixe croyance qu'il a un ennemi qu'il doit vaincre, et qu'il y réussira.

2.   Est-ce que tu ne te rends pas compte qu'une guerre contre toi-même serait une guerre contre Dieu ? ²La victoire est-elle conce-vable ? ³Et si elle l'était, est-ce une victoire que tu voudrais ? ⁴La mort de Dieu, si elle était possible, serait ta mort. ⁵Est-ce une vic-toire ? ⁶L'ego marche toujours vers la défaite, parce qu'il pense que le triomphe sur toi est possible. ⁷Et Dieu pense autrement. ⁸Cela n'est pas une guerre ; seulement la folle croyance que la Volonté de Dieu peut être attaquée et renversée. ⁹Tu peux peut-être t'identifier à cette croyance, mais ce ne sera jamais plus que folie. ¹⁰Et la peur régnera dans la folie, et elle semblera y avoir remplacé l'amour. ¹¹Tel est le but du conflit. ¹²Et à ceux qui pen-sent qu'il est possible, les moyens semblent réels.

3.   Sois certain qu'il est impossible que Dieu et l'ego, ou toi et lui, vous rencontriez jamais. ²Vous semblez vous rencontrer, faire vos alliances étranges sur des bases qui n'ont aucune signi-fication. ³Car vos croyances convergent sur le corps, la demeure choisie de l'ego, que tu crois être la tienne. ⁴Vous vous rencontrez sur une erreur ; une erreur d'évaluation de toi. ⁵L'ego se joint à une illusion de toi que tu partages avec lui. ⁶Et pourtant, les illu-sions ne peuvent pas se joindre. ⁷Elles sont les mêmes et ne sont rien. ⁸Leur jonction réside dans le néant ; deux sont aussi in-signifiantes qu'une seule ou qu'un millier. ⁹L'ego se joint à rien, n'étant rien. ¹⁰La victoire qu'il cherche est aussi in-signifiante que lui.

4.   Frère, la guerre contre toi-même est presque terminée. ²La fin du voyage est à l'endroit de la paix. ³Ne voudrais-tu pas main-tenant accepter la paix à toi offerte ici ? ⁴Cet « ennemi » que tu combattais en tant qu'« intrus » dans ta paix est ici transformé, sous tes yeux, en donneur de ta paix. ⁵Ton « ennemi » était Dieu Lui-même, à Qui tout conflit, triomphe et attaque de toute sorte sont tous inconnus. ⁶Il t'aime parfaitement, complètement et éter-nellement. ⁷Le Fils de Dieu en guerre contre son Créateur est une condition aussi ridicule que la nature rugissant de colère contre le vent, et proclamant qu'il ne fait plus partie d'elle. ⁸Serait-il possible que la nature établisse cela, et le rende vrai ? ⁹Pas plus qu'il ne t'appartient de dire ce qui fera partie de toi et ce qui est gardé à part.

5.   La guerre contre toi-même fut entreprise pour enseigner au Fils de Dieu qu'il n'est pas lui-même, et *pas* le Fils de son Père.

²Pour cela, le souvenir de son Père doit être oublié. ³Il *est* oublié dans la vie du corps, et si tu penses que tu es un corps, tu croiras que tu l'as oublié. ⁴Or la vérité ne peut jamais être oubliée par elle-même, et tu n'as pas oublié ce que tu es. ⁵Seule une étrange illusion de toi-même, un souhait de triompher de ce que tu es, ne se souvient pas.

6.　La guerre contre toi-même n'est que la bataille de deux illusions, luttant pour se rendre différentes l'une de l'autre, dans la croyance que la conquérante sera vraie. ²Il n'y *a* pas de conflit entre elles et la vérité. ³Pas plus qu'elles ne sont différentes l'une de l'autre. ⁴Les deux ne sont pas vraies. ⁵Ainsi la forme qu'elles prennent n'importe pas. ⁶Ce qui les a faites est insane, et elles font toujours partie de ce qui les a faites. ⁷La folie ne présente aucune menace pour la réalité et n'a pas d'influence sur elle. ⁸Les illusions ne peuvent pas triompher de la vérité, pas plus qu'elles ne peuvent la menacer d'aucune façon. ⁹Et la réalité qu'elles nient ne fait pas partie d'elles.

7.　Ce dont *tu* te souviens *fait* partie de toi. ²Car tu dois être tel que Dieu t'a créé. ³La vérité ne se bat pas contre les illusions, pas plus que les illusions ne se battent contre la vérité. ⁴Les illusions ne se battent qu'entre elles. ⁵Étant fragmentées, elles fragmentent. ⁶Mais la vérité est indivisible, et bien au-delà de leur petite portée. ⁷Tu te souviendras de ce que tu connais quand tu auras appris que tu ne peux pas être en conflit. ⁸Une illusion sur toi-même peut se battre contre une autre, or la guerre entre deux illusions est un état où rien ne se passe. ⁹Il n'y a pas de vainqueur et il n'y a pas de victoire. ¹⁰Et la vérité se tient rayonnante, à l'écart du conflit, intouchée et quiète en la paix de Dieu.

8.　Le conflit doit être entre deux forces. ²Il ne peut exister entre un pouvoir et le néant. ³Il n'est rien que tu puisses attaquer qui ne fasse partie de toi. ⁴Et *en* l'attaquant, tu fais deux illusions de toi-même, en conflit l'une avec l'autre. ⁵Et cela se produit chaque fois que tu regardes quoi que ce soit que Dieu a créé avec quoi que ce soit d'autre qu'amour. ⁶Le conflit est apeurant, car il est la naissance de la peur. ⁷Or ce qui est né de rien ne peut pas gagner la réalité par la bataille. ⁸Pourquoi voudrais-tu remplir ton monde de conflits avec toi-même ? ⁹Laisse toute cette folie être défaite pour toi, et tourne-toi en paix vers le souvenir de Dieu, qui brille encore dans ton esprit quiet.

9.　Vois comme le conflit des illusions disparaît quand il est porté à la vérité ! ²Car il ne semble réel qu'aussi longtemps qu'il est vu

comme une guerre entre des vérités qui sont en conflit : la conquérante sera la plus vraie, la plus réelle, et le vainqueur de l'illusion
qui était moins réelle, faite illusion par la défaite. [3]Ainsi, le conflit
est le choix entre des illusions, dont l'une sera couronnée comme
réelle, l'autre vaincue et méprisée. [4]Ici le souvenir du Père jamais
ne reviendra. [5]Or aucune illusion ne peut envahir Sa demeure et
Le chasser de ce qu'Il aime à jamais. [6]Et ce qu'Il aime doit être à
jamais quiet et en paix *parce que* c'est Sa demeure.

10.   Toi qui es Son bien-aimé, tu n'es pas une illusion, étant aussi vrai
et saint que Lui. [2]Le calme de ta certitude en Lui et en toi-même
est votre demeure à tous les Deux, Qui habitez en étant un et non
séparés. [3]Ouvre la porte de Sa demeure très sainte et laisse le pardon balayer toute trace de la croyance dans le péché qui garde
Dieu sans demeure et Son Fils avec Lui. [4]Tu n'es pas un étranger
dans la maison de Dieu. [5]Accueille ton frère dans la demeure où
Dieu l'a établi en sérénité et en paix, et où Il habite avec lui. [6]Les
illusions n'ont pas leur place là où l'amour demeure, te protégeant de tout ce qui n'est pas vrai. [7]Tu habites dans une paix aussi
illimitée que son Créateur, et tout est donné à ceux qui voudraient
se souvenir de Lui. [8]Sur Sa demeure veille le Saint-Esprit, sûr que
jamais la paix ne peut en être troublée.

11.   Comment le lieu de repos de Dieu peut-il se retourner contre
lui-même et chercher à vaincre Celui Qui demeure là ? [2]Et pense
à ce qui arrive quand la maison de Dieu se perçoit elle-même
divisée. [3]L'autel disparaît, la lumière pâlit, le temple du Saint
devient une maison de péché. [4]Et tu ne te souviens de rien, sauf
des illusions. [5]Les illusions peuvent être en conflit, parce que
leurs formes sont différentes. [6]Et elles se livrent bataille seulement pour établir quelle forme est vraie.

12.   L'illusion rencontre l'illusion ; la vérité, elle-même. [2]La rencontre
d'illusions conduit à la guerre. [3]La paix, se regardant elle-même,
s'étend elle-même. [4]La guerre est la condition dans laquelle la peur
naît et grandit et cherche à dominer. [5]La paix est l'état où l'amour
demeure et cherche à se partager lui-même. [6]Conflit et paix sont
des opposés. [7]Où l'un demeure, l'autre ne peut pas être ; où l'un
va, l'autre disparaît. [8]Ainsi le souvenir de Dieu est-il obscurci dans
les esprits qui sont devenus le champ de bataille des illusions. [9]Or
bien au-delà de cette guerre insensée, il brille, prêt à revenir en
ta mémoire quand tu te ranges avec la paix.

II. Les lois du chaos

1. Les « lois » du chaos peuvent être portées à la lumière, quoique jamais comprises. [2]Des lois chaotiques ne sont guère signifiantes, et par conséquent elles sont hors de la sphère de la raison. [3]Or elles semblent être un obstacle à la raison et à la vérité. [4]Regardons-les donc calmement, afin de pouvoir regarder au-delà, en comprenant ce qu'elles sont et non ce qu'elles voudraient maintenir. [5]Il est essentiel que soit compris ce à quoi elles servent, parce que c'est leur but de rendre in-signifiant, et d'attaquer la vérité. [6]Voilà les lois qui gouvernent le monde que tu as fait. [7]Et pourtant elles ne gouvernent rien et n'ont pas besoin d'être violées ; simplement regardées et dépassées.

2. La *première* loi chaotique est que la vérité est différente pour chacun. [2]Comme tous ces principes, celui-là maintient que chacun est séparé et possède un ensemble de pensées différent qui le distingue des autres. [3]Ce principe se développe à partir de la croyance qu'il y a une hiérarchie d'illusions : certaines ont plus de valeur et sont donc vraies. [4]Chacun établit cela pour lui-même et le rend vrai par son attaque contre ce qu'un autre estime. [5]Et cela est justifié parce que les valeurs diffèrent et ceux qui les détiennent semblent être différents et donc ennemis.

3. Pense donc comme cela semble interférer avec le premier principe des miracles. [2]Car cela établit des degrés de vérité parmi les illusions, laissant paraître que certaines d'entre elles sont plus difficiles à vaincre que d'autres. [3]S'il était compris qu'elles sont toutes les mêmes et pareillement non vraies, il serait facile, alors, de comprendre que les miracles s'appliquent à elles toutes. [4]Les erreurs de toute sorte peuvent être corrigées *parce qu*'elles ne sont pas vraies. [5]Lorsque portées à la vérité plutôt que les unes aux autres, elles disparaissent simplement. [6]Aucune partie de rien ne peut être plus résistante à la vérité qu'une autre.

4. La *seconde* loi du chaos, chère en effet à chaque adorateur du péché, est que chacun *doit* pécher, et par conséquent mérite l'attaque et la mort. [2]Ce principe, étroitement relié au premier, est la demande que les erreurs appellent la punition et non la correction. [3]Car la destruction de celui qui fait l'erreur le place au-delà de la correction et au-delà du pardon. [4]Ce qu'il a fait est ainsi interprété comme une sentence irrévocable contre lui-même, que Dieu Lui-même est impuissant à vaincre. [5]Le péché ne peut pas

être remis, étant la croyance que le Fils de Dieu peut faire des erreurs pour lesquelles sa propre destruction devient inévitable.

5. Pense à ce que cela semble faire à la relation entre le Père et le Fils. ²Maintenant il semble qu'Ils ne puissent jamais être Un à nouveau. ³Car l'Un doit toujours être condamné, et par l'Autre. ⁴Maintenant Ils sont différents, et ennemis. ⁵Et Leur relation est une relation d'opposition, tout comme les aspects séparés du Fils ne se rencontrent que pour entrer en conflit mais non pour se joindre. ⁶L'un devient faible, l'autre fort par sa défaite. ⁷Et la peur de Dieu et l'un de l'autre apparaît maintenant comme sensée, rendue réelle par ce que le Fils de Dieu a fait à la fois à lui-même et à son Créateur.

6. L'arrogance sur laquelle tiennent les lois du chaos ne saurait être plus apparente que telle qu'elle émerge ici. ²Voilà un principe qui voudrait définir ce que le Créateur de la réalité doit être ; ce qu'Il doit penser et ce qu'Il doit croire ; et comment Il doit répondre, le croyant. ³Il n'apparaît pas même nécessaire de L'interroger sur la vérité de ce qui a été établi pour Sa croyance. ⁴Cela, Son Fils peut le Lui dire, et Il n'a que le choix entre le croire sur parole et faire erreur. ⁵Cela mène directement à la *troisième* grotesque croyance qui semble rendre le chaos éternel. ⁶Car si Dieu ne peut pas faire erreur, Il doit accepter la croyance de Son Fils en ce qu'il est et le haïr pour cela.

7. Vois comme la peur de Dieu est renforcée par ce troisième principe. ²Maintenant il devient impossible de se tourner vers Lui pour demander de l'aide dans la misère. ³Car maintenant Il est devenu l'« ennemi » Qui l'a causée, à Qui il est inutile de faire appel. ⁴Le salut ne peut pas non plus résider au-dedans du Fils, dont chaque aspect semble être en guerre contre Lui, et justifié dans son attaque. ⁵Et maintenant le conflit est rendu inévitable, au-delà de l'aide de Dieu. ⁶Car maintenant le salut doit rester impossible, parce que le Sauveur est devenu l'ennemi.

8. Il ne peut y avoir ni délivrance ni évasion. ²Ainsi l'Expiation devient un mythe et c'est la vengeance, et non le pardon, qui est la Volonté de Dieu. ³De là où tout cela commence, il n'y a pas d'aide en vue qui puisse réussir. ⁴Seule la destruction peut être le résultat. ⁵Et Dieu Lui-même semble Se ranger avec elle, pour vaincre Son Fils. ⁶Ne pense pas que l'ego te permettra de trouver une évasion de ce qu'il veut. ⁷Cela est la fonction de ce cours, qui n'estime pas ce que l'ego chérit.

9.   L'ego n'estime que ce qu'il prend. [2]Ce qui mène à la *quatrième* loi du chaos, laquelle, si les autres sont acceptées, doit être vraie. [3]Cette loi apparente est la croyance que tu as ce que tu as pris. [4]Par là, la perte d'un autre devient ton gain, et ainsi il n'est pas reconnu que tu ne peux jamais prendre qu'à toi-même. [5]Or toutes les autres lois doivent mener à ceci. [6]Car les ennemis ne donnent pas volontiers les uns aux autres, pas plus qu'ils ne chercheraient à partager les choses qu'ils estiment. [7]Et ce que tes ennemis voudraient garder loin de toi doit valoir la peine d'être possédé, parce qu'ils le gardent caché hors de ta vue.

10.   On voit émerger ici tous les mécanismes de la folie : l'«ennemi» rendu fort en gardant caché le précieux héritage qui devrait être tien; ta position et ton attaque justifiées pour ce qui a été retenu; et la perte inévitable que l'ennemi doit subir pour te sauver toi-même. [2]Ainsi les coupables clament-ils leur «innocence». [3]S'ils n'étaient pas forcés à cette vile attaque par la conduite sans scrupule de l'ennemi, ils ne répondraient qu'avec bonté. [4]Mais dans un monde brutal, les bons ne peuvent survivre; ainsi doivent-ils prendre ou on leur prendra.

11.   Et maintenant il y a une vague question sans réponse, pas encore «expliquée». [2]Quelle est cette chose précieuse, cette perle inestimable, ce trésor secret et caché qu'il faut arracher dans une juste colère à cet ennemi extrêmement traître et fourbe ? [3]Ce doit être ce que tu veux mais n'as jamais trouvé. [4]Et maintenant tu «comprends» la raison pourquoi tu ne l'as pas trouvé. [5]Car il t'a été pris par cet ennemi et caché là où tu ne penserais pas à regarder. [6]Il l'a caché dans son corps, en en faisant une couverture pour sa culpabilité, une cachette pour ce qui t'appartient. [7]Maintenant son corps doit être détruit et sacrifié pour que tu puisses avoir ce qui t'appartient. [8]Sa trahison exige sa mort, pour que tu puisses vivre. [9]Et tu n'attaques qu'en légitime défense.

12.   Mais qu'est-ce que tu veux qui ait besoin de sa mort? [2]Peux-tu être sûr que ton attaque meurtrière est justifiée à moins de savoir à quoi elle sert? [3]Et voici qu'un *dernier* principe du chaos vient à la «rescousse». [4]Il tient qu'il y a un substitut à l'amour. [5]Voilà la magie qui guérira toute ta douleur; le facteur manquant dans ta folie qui la rend «saine». [6]Voilà la raison pourquoi tu dois attaquer. [7]Voilà ce qui rend ta vengeance justifiée. [8]Contemple, dévoilé, le don secret de l'ego, arraché du corps de ton frère, caché là par malice et par haine envers celui à qui le don appartient. [9]Il voudrait te priver de l'ingrédient secret qui donnerait une signi-

fication à ta vie. [10]Le substitut à l'amour, né de ton inimitié contre ton frère, doit être le salut. [11]Il n'a pas de substitut, et il n'y en a qu'un. [12]Et toutes tes relations ont pour seul but de t'en saisir et de le faire tien.

13. Jamais ta possession n'est rendue complète. [2]Et jamais ton frère ne cessera son attaque contre toi pour ce que tu as volé. [3]Pas plus que Dieu ne mettra fin à Sa vengeance contre les deux, car dans Sa folie Il doit avoir ce substitut à l'amour et vous tuer tous les deux. [4]Toi qui crois être sain d'esprit, avoir les pieds sur la terre ferme et parcourir un monde où une signification se peut trouver, considère ceci : *Voilà* les lois sur lesquelles ta « santé d'esprit » semble reposer. [5]*Voilà* les principes qui font que la terre sous tes pieds semble ferme. [6]Et *c'est* ici que tu cherches une signification. [7]Voilà les lois que tu as faites pour ton salut. [8]Elles maintiennent en place le substitut au Ciel que tu préfères. [9]C'est leur but ; c'est pour cela qu'elles ont été faites. [10]Il ne sert à rien de demander ce qu'elles signifient. [11]Cela est apparent. [12]Les moyens de la folie doivent être insanes. [13]Es-tu aussi certain que tu te rends compte que le but est la folie ?

14. Nul ne veut la folie, et nul ne s'accroche à sa folie s'il voit que c'est ce qu'elle est. [2]Ce qui protège la folie, c'est la croyance qu'elle est vraie. [3]C'est la fonction de l'insanité de prendre la place de la vérité. [4]Elle doit être vue comme vérité pour être crue. [5]Et si elle est vérité, alors son opposé, qui avant était la vérité, doit maintenant être folie. [6]Un tel renversement, de bout en bout, où la folie est santé d'esprit, les illusions vraies, l'attaque une bonté, la haine l'amour et le meurtre une bénédiction, est le but que servent les lois du chaos. [7]Ce sont les moyens par lesquels les lois de Dieu paraissent être renversées. [8]Ici les lois du péché paraissent tenir l'amour captif, et rendre sa liberté au péché.

15. Il ne semble pas que ce soient les buts du chaos, car par le grand renversement elles paraissent être les lois de l'ordre. [2]Comment pourrait-il ne pas en être ainsi ? [3]Le chaos est absence de lois et n'a pas de lois. [4]Pour être cru, ses lois apparentes doivent être perçues comme vraies. [5]Leur but de folie doit être vu comme la santé d'esprit. [6]Et la peur, avec ses lèvres couleur de cendre et ses yeux qui ne voient pas, aveuglée et terrible à regarder, est soulevée sur le trône de l'amour, sa moribonde conquérante, son substitut, le sauveur qui délivre du salut. [7]Comme les lois de la peur font paraître la mort belle ! [8]Rends grâce au héros sur le trône de l'amour, qui a sauvé le Fils de Dieu pour la peur et la mort !

16.   Et pourtant, comment se peut-il que des lois comme celles-là puissent être crues? [2]Il y a un étrange mécanisme qui rend cela possible. [3]Et il ne nous est pas inconnu : nous avons vu de nombreuses fois déjà comment il paraît fonctionner. [4]En vérité, il ne fonctionne pas, or en rêve, où seules des ombres jouent les rôles principaux, il semble des plus puissants. [5]Aucune loi du chaos ne pourrait forcer la croyance si ce n'était de l'accent sur la forme et du mépris du contenu. [6]Nul qui pense qu'une de ces lois est vraie ne voit ce qu'elle dit. [7]Certaines formes qu'elle prend semblent avoir une signification, et c'est tout.

17.   Comment certaines formes de meurtre peuvent-elles ne pas signifier la mort? [2]Une attaque sous quelque forme que ce soit peut-elle être l'amour? [3]Quelle forme de condamnation est une bénédiction? [4]Qui rend son sauveur impuissant et trouve le salut? [5]Ne laisse pas la forme de l'attaque contre lui te tromper. [6]Tu ne peux pas chercher à lui nuire et être sauvé. [7]Qui peut trouver un abri contre l'attaque en se retournant contre lui-même? [8]Comment cela peut-il importer, quelle forme prend cette folie? [9]Elle est un jugement qui va à l'encontre de lui-même, condamnant ce qu'elle dit vouloir sauver. [10]Ne sois pas trompé quand la folie prend une forme que tu penses belle. [11]Ce qui est déterminé à te détruire n'est pas ton ami.

18.   Tu voudrais maintenir, et penser vrai, que tu ne crois pas à ces lois insensées et n'agis pas selon ce qu'elles disent. [2]Et quand tu regardes ce qu'elles disent, elles ne peuvent être crues. [3]Frère, *pourtant* tu y crois. [4]Car autrement, comment pourrais-tu percevoir la forme qu'elles prennent, avec un tel contenu? [5]Est-ce que n'importe quelle forme de cela peut être défendable? [6]Or tu y crois *pour* la forme qu'elles prennent, et tu ne reconnais pas le contenu. [7]Il ne change jamais. [8]Peux-tu peindre des lèvres roses à un squelette, l'habiller en beauté, le cajoler et le dorloter, et le faire vivre? [9]Et peux-tu te contenter d'une illusion que tu vis?

19.   Il n'y a pas de vie en dehors du Ciel. [2]Où Dieu a créé la vie, là doit être la vie. [3]En tout état à part du Ciel, la vie est illusion. [4]Au mieux, cela ressemble à la vie; au pire, à la mort. [5]Or les deux sont des jugements sur ce qui n'est pas la vie, égaux par leur inexactitude et leur manque de signification. [6]Une vie qui n'est pas au Ciel est impossible, et ce qui n'est pas au Ciel n'est nulle part. [7]En dehors du Ciel, seul tient le conflit des illusions : insensé, impossible et au-delà de toute raison, et pourtant perçu comme

une barrière éternelle devant le Ciel. [8]Les illusions ne sont que des formes. [9]Le contenu n'en est jamais vrai.

20.　Les lois du chaos gouvernent toutes les illusions. [2]Leurs formes sont en conflit, de sorte qu'il paraît tout à fait possible d'en estimer certaines au-dessus des autres. [3]Or chacune repose aussi sûrement que le font les autres sur la croyance que les lois du chaos sont les lois de l'ordre. [4]Chacune soutient ces lois complètement, offrant un témoignage certain que ces lois sont vraies. [5]Les formes de l'attaque qui semblent plus douces ne sont pas moins certaines dans leur témoignage, ni dans leurs résultats. [6]Il est certain que les illusions apporteront la peur à cause des croyances qu'elles impliquent, et non pour leur forme. [7]Et le manque de foi en l'amour, sous n'importe quelle forme, témoigne du chaos comme réalité.

21.　De la croyance dans le péché, la foi dans le chaos doit suivre. [2]C'est parce qu'elle suit qu'elle semble être une conclusion logique; une étape valable dans une pensée ordonnée. [3]Les étapes vers le chaos se suivent en bon ordre depuis leur point de départ. [4]Chacune est une forme différente dans la progression du renversement de la vérité, menant toujours plus profondément dans la terreur et loin de la vérité. [5]Ne pense pas qu'une étape soit plus petite qu'une autre, ni qu'il soit plus facile de revenir de l'une que de l'autre. [6]Toute la descente à partir du Ciel réside en chacune. [7]Et là où commence ta pensée, là elle doit finir.

22.　Frère, ne fais pas un seul pas dans la descente vers l'enfer. [2]Car en ayant fait un, tu ne reconnaîtras pas les autres pour ce qu'ils sont. [3]Et ils *suivront*. [4]L'attaque sous quelque forme que ce soit a mis ton pied sur l'escalier tortueux qui conduit du Ciel. [5]Or à tout instant il est possible de laisser tout cela être défait. [6]Comment peux-tu savoir si tu as choisi les marches vers le Ciel ou la voie vers l'enfer? [7]Très facilement. [8]Comment te sens-tu? [9]La paix est-elle dans ta conscience? [10]Sais-tu avec certitude où tu vas? [11]Et es-tu sûr que le but du Ciel peut être atteint? [12]Sinon, tu marches seul. [13]Demande, donc, à ton Ami de se joindre à toi, et de te donner la certitude sur où tu vas.

III. Le salut sans compromis

1.　N'est-il pas vrai que tu ne reconnais pas certaines des formes que peut prendre l'attaque? [2]S'il est vrai que l'attaque sous n'importe quelle forme te blessera, et le fera tout autant que sous une autre forme que tu *reconnais*, alors il doit suivre que tu ne reconnais pas toujours la source de la douleur. ³L'attaque sous n'importe quelle forme est pareillement destructrice. ⁴Son but ne change pas. ⁵La seule intention en est le meurtre, et quelle forme de meurtre sert à couvrir la culpabilité massive et la peur frénétique de la punition que doit ressentir le meurtrier? ⁶Peut-être nie-t-il qu'il est un meurtrier et justifie-t-il sa brutalité avec des sourires quand il attaque. ⁷Or il souffrira, et son intention lui apparaîtra dans des cauchemars où les sourires ont disparu, et où le but surgit pour rencontrer sa conscience horrifiée et le poursuivre encore. ⁸Car nul ne pense au meurtre et échappe à la culpabilité que la pensée entraîne. ⁹Si l'intention est la mort, qu'importe la forme qu'elle prend?

2. La mort est-elle sous quelque forme que ce soit, si belle et charitable qu'elle puisse sembler, une bénédiction et un signe que la Voix pour Dieu parle par toi à ton frère? ²Ce n'est pas l'emballage qui fait le don que tu donnes. ³Une boîte vide, si belle qu'elle soit et gentiment donnée, ne contient toujours rien. ⁴Et ni le receveur ni le donneur ne sont longtemps trompés. ⁵Retiens ton pardon à ton frère et tu l'attaques. ⁶Tu ne lui donnes rien, et tu ne reçois de lui que ce que tu as donné.

3. Le salut, c'est aucun compromis de quelque sorte que ce soit. ²Faire un compromis, c'est de n'accepter qu'une partie de ce que tu veux; de prendre un petit peu et d'abandonner le reste. ³Le salut n'abandonne rien. ⁴Il est complet pour chacun. ⁵Laisse seulement entrer l'idée de compromis et la conscience du but du salut est perdue parce qu'il n'est pas reconnu. ⁶Il est nié où le compromis a été accepté, car le compromis est la croyance que le salut est impossible. ⁷Il voudrait maintenir que tu peux attaquer un petit peu, aimer un petit peu, et en connaître la différence. ⁸Ainsi il voudrait enseigner qu'un petit peu du même peut encore être différent, et pourtant le même rester intact et un. ⁹Cela est-il sensé? ¹⁰Cela peut-il être compris?

4. Ce cours est facile justement parce qu'il ne fait pas de compromis. ²Or il semble difficile à ceux qui croient encore que le compromis est possible. ³Ils ne voient pas que, s'il l'est, le salut est l'attaque. ⁴Or il est certain que la croyance que le salut est impossible ne peut pas soutenir l'assurance tranquille et calme qu'il est venu. ⁵Le pardon ne peut pas être retenu un petit peu. ⁶Pas plus qu'il n'est possible d'attaquer pour ceci et d'aimer pour cela et

de comprendre le pardon. ⁷Ne voudrais-tu pas pouvoir reconnaître un assaut contre ta paix sous quelque forme que ce soit, si c'est ainsi seulement qu'il devenait impossible que tu la perdes de vue ? ⁸Elle peut être gardée brillante dans ta vision, à jamais claire et jamais hors de vue, si tu ne la défends pas.

5. Ceux qui croient que la paix peut être défendue, et que l'attaque est justifiée en son nom, ne peuvent percevoir qu'elle réside en eux. ²Comment pourraient-ils savoir ? ³Pourraient-ils accepter le pardon de pair avec la croyance que le meurtre prend certaines formes par lesquelles leur paix est sauvée ? ⁴Seraient-ils désireux d'accepter le fait que leur but brutal est dirigé contre eux-mêmes ? ⁵Nul ne s'unit à des ennemis ni ne s'accorde avec eux sur un même but. ⁶Et nul ne fait de compromis avec un ennemi qui ne le hait encore pour ce qu'il a gardé pour lui.

6. Ne confonds pas la trêve avec la paix, ni le compromis avec l'évasion hors du conflit. ²Être délivré du conflit signifie qu'il est terminé. ³La porte est ouverte ; tu as quitté le champ de bataille. ⁴Tu ne t'es pas attardé là en espérant lâchement qu'il ne reviendra pas parce que les canons un instant se sont tus, et que la peur qui hante le lieu de mort n'est pas apparente. ⁵Il n'y *a* pas de sécurité sur un champ de bataille. ⁶Tu peux le regarder d'en haut en sécurité et ne pas être touché. ⁷Mais de l'intérieur tu ne peux trouver aucune sécurité. ⁸Pas un arbre encore debout ne te mettra à l'abri. ⁹Pas une illusion de protection ne tient contre la foi dans le meurtre. ¹⁰Le corps se tient là, déchiré entre le désir naturel de communiquer et l'intention contre nature de tuer et de mourir. ¹¹Penses-tu que la forme que prend le meurtre puisse offrir une sécurité ? ¹²Est-ce que la culpabilité peut être absente d'un champ de bataille ?

IV. Au-dessus du champ de bataille

1. Ne reste pas dans le conflit, car il n'y *a* pas de guerre sans attaque. ²La peur de Dieu est la peur de la vie, et non de la mort. ³Or Dieu reste le seul lieu sûr. ⁴En Lui il n'y a pas d'attaque, et pas une illusion sous aucune forme ne hante le Ciel. ⁵Le Ciel est entièrement vrai. ⁶Nulle différence n'y entre, et ce qui est tout pareil ne peut être en conflit. ⁷Il ne t'est pas demandé de lutter contre ton souhait de tuer. ⁸Mais il t'est demandé de te rendre compte que la forme qu'il prend dissimule la même intention. ⁹Et c'est cela

que tu crains, et non la forme. ¹⁰Ce qui n'est pas amour est meurtre. ¹¹Ce qui n'est pas aimant doit être une attaque. ¹²Chaque illusion est un assaut contre la vérité, et chacune fait violence à l'idée de l'amour parce qu'elle semble être d'une égale vérité.

2.   Qu'est-ce qui peut être égal à la vérité, pourtant différent? ²Le meurtre et l'amour sont incompatibles. ³Or s'ils sont vrais tous les deux, alors ils doivent être les mêmes et indistinguables l'un de l'autre. ⁴Ainsi seront-ils pour ceux qui voient le Fils de Dieu un corps. ⁵Car ce n'est pas le corps qui est comme le Créateur du Fils. ⁶Et ce qui est sans vie ne peut pas être le Fils de la Vie. ⁷Comment un corps peut-il être étendu jusqu'à tenir l'univers? ⁸Peut-il créer, et être ce qu'il crée? ⁹Et peut-il offrir à ses créations tout ce qu'il est sans jamais subir de perte?

3.   Dieu ne partage pas Sa fonction avec un corps. ²Il a donné la fonction de créer à Son Fils parce qu'elle est la Sienne. ³Ce n'est pas un péché de croire que la fonction du Fils est le meurtre, mais *c'est* une insanité. ⁴Ce qui est le même ne peut pas avoir une fonction différente. ⁵La création est le moyen pour l'extension de Dieu, et ce qui est Sien doit aussi être à Son Fils. ⁶Soit que le Père et le Fils sont des meurtriers, soit qu'aucun ne l'est. ⁷La vie ne fait pas la mort, créant comme elle-même.

4.   La belle lumière de ta relation est comme l'Amour de Dieu. ²Elle ne peut pas encore assumer la sainte fonction que Dieu a donnée à Son Fils, car ton pardon de ton frère n'est pas encore complet, ainsi il ne peut pas être étendu à toute la création. ³Chaque forme de meurtre et d'attaque qui t'attire encore et que tu ne reconnais pas pour ce qu'elle est, limite la guérison et les miracles que tu as le pouvoir d'étendre à tous. ⁴Or le Saint-Esprit comprend comment augmenter tes petits dons et les rendre puissants. ⁵Il comprend aussi comment ta relation est soulevée au-dessus du champ de bataille, et n'y est plus. ⁶Voici ton rôle : te rendre compte que le meurtre sous n'importe quelle forme n'est pas ta volonté. ⁷Passer par-dessus le champ de bataille est maintenant ton but.

5.   Sois soulevé, et regarde-le d'un lieu plus élevé. ²De là, la perspective sera tout à fait différente. ³Ici, en plein milieu, il semble très réel. ⁴Ici tu as choisi d'en faire partie. ⁵Ici le meurtre est ton choix. ⁶Or d'en haut, le choix est les miracles au lieu du meurtre. ⁷Et le point de vue qui vient de ce choix te montre que la bataille n'est pas réelle, et qu'il est facile d'en échapper. ⁸Les corps peuvent se battre, mais le heurt des formes est in-signifiant. ⁹Et il est terminé quand tu te rends compte qu'il n'a jamais commencé.

[10]Comment une bataille peut-elle être perçue comme néant quand tu t'y lances? [11]Comment la vérité des miracles peut-elle être reconnue si le meurtre est ton choix?

6. Quand la tentation d'attaquer surgit pour rendre ton esprit assombri et meurtrier, rappelle-toi que tu *peux* voir la bataille d'en haut. [2]Même sous des formes que tu ne reconnais pas, tu connais les signes. [3]Il y a un élancement de douleur, un pincement de culpabilité et, par-dessus tout, une perte de paix. [4]Cela, tu le connais bien. [5]Quand ils se produisent, ne quitte pas ta place là-haut mais choisis vite un miracle au lieu du meurtre. [6]Et Dieu Lui-même et toutes les lumières du Ciel se pencheront doucement vers toi et te soutiendront. [7]Car tu as choisi de rester là où Il voudrait que tu sois, et nulle illusion ne peut attaquer la paix de Dieu et Son Fils ensemble.

7. Ne vois personne du champ de bataille, car là tu le regardes de nulle part. [2]Tu n'as aucun point de référence d'où regarder, où une signification peut être donnée à ce que tu vois. [3]Car seuls des corps pourraient attaquer et tuer, et si tel est ton but, alors tu dois être un avec eux. [4]Seul un but unifie, et ceux qui partagent un but sont d'un même esprit. [5]Le corps n'a aucun but de lui-même et doit être solitaire. [6]D'en bas, il ne peut pas être surmonté. [7]D'en haut, les limites qu'il impose à ceux qui se battent encore ont disparu et ne sont pas perçues. [8]Le corps se dresse entre le Père et le Ciel qu'Il a créé pour Son Fils *parce qu'*il n'a aucun but.

8. Pense à ce qui est donné à ceux qui partagent le but de leur Père, et qui connaissent que c'est le leur. [2]Il ne leur manque rien. [3]Toute espèce de chagrin est inconcevable. [4]Seule la lumière qu'ils aiment est dans leur conscience, et seul l'amour luit sur eux à jamais. [5]Il est leur passé, leur présent et leur futur; toujours le même, éternellement complet et entièrement partagé. [6]Ils connaissent qu'il est impossible que leur bonheur puisse jamais subir aucune sorte de changement. [7]Tu penses peut-être que le champ de bataille peut offrir quelque chose que tu puisses gagner. [8]Cela peut-il être quoi que ce soit qui t'offre un calme parfait et un sentiment d'amour si profond et si tranquille qu'aucune trace de doute ne puisse jamais entacher ta certitude? [9]Et qui durera à jamais?

9. Ceux qui ont la force de Dieu dans leur conscience ne pourraient jamais penser à faire bataille. [2]Que pourraient-ils gagner, sinon la perte de leur perfection? [3]Car tout ce qui est disputé sur le champ de bataille est du corps; quelque chose qu'il semble offrir ou posséder. [4]Nul qui connaît qu'il a tout ne pourrait chercher une

limitation, ni ne pourrait accorder de la valeur aux offrandes du corps. [5]De la sphère tranquille au-dessus du champ de bataille, la nature insensée de la conquête est tout à fait apparente. [6]Qu'est-ce qui peut entrer en conflit avec tout? [7]Et qu'y a-t-il qui offre moins, et pourtant puisse être plus désiré? [8]Qui, avec l'Amour de Dieu le soutenant, pourrait trouver le choix entre les miracles et le meurtre difficile à faire?

Chapitre 24

LE BUT DE LA PARTICULARITÉ

Introduction

1. N'oublie pas que la motivation pour ce cours est l'atteinte et la conservation de l'état de paix. ²Étant donné cet état, l'esprit est quiet, et la condition est atteinte dans laquelle tu te souviens de Dieu. ³Il n'est pas nécessaire de Lui dire quoi faire. ⁴Il n'échouera pas. ⁵Là où Il peut entrer, là Il est déjà. ⁶Et se peut-il qu'Il ne puisse entrer là où Il veut être? ⁷La paix sera tienne *parce que* c'est Sa Volonté. ⁸Peux-tu croire qu'une ombre puisse retenir la Volonté qui tient l'univers en sécurité? ⁹Dieu n'attend pas que les illusions Le laissent être Lui-même. ¹⁰Pas plus que Son Fils. ¹¹Ils *sont*. ¹²Et quelle illusion qui semble vainement flotter entre Eux a le pouvoir de faire échouer ce qui est Leur Volonté?

2. Apprendre ce cours requiert le désir de remettre en question chaque valeur que tu as. ²Pas une ne peut être gardée cachée et obscure, sinon elle compromet ton apprentissage. ³Aucune croyance n'est neutre. ⁴Chacune a le pouvoir de dicter chaque décision que tu prends. ⁵Car une décision est une conclusion basée sur tout ce que tu crois. ⁶C'est la conséquence de la croyance, qui s'ensuit aussi sûrement que la souffrance suit la culpabilité et la liberté, l'impeccabilité. ⁷Il n'y a pas de substitut à la paix. ⁸Ce que Dieu crée n'a pas d'alternative. ⁹La vérité surgit de ce qu'Il connaît. ¹⁰Et tes décisions viennent de tes croyances aussi certainement que toute création a surgi dans Son Esprit *à cause* de ce qu'Il connaît.

I. La particularité comme substitut à l'amour

1. L'amour est extension. ²Retenir le plus petit don, c'est ne pas connaître le but de l'amour. ³L'amour offre tout pour toujours. ⁴Retiens une seule croyance, une seule offrande, et l'amour a disparu parce que tu as demandé à un substitut de prendre sa place. ⁵Et maintenant la guerre, le substitut à la paix, doit venir avec la seule alternative à l'amour que tu puisses choisir. ⁶C'est que tu l'aies choisie qui lui a donné toute la réalité qu'elle semble avoir.

2.   Les croyances ne s'attaqueront jamais ouvertement les unes aux autres, parce que des résultats conflictuels sont impossibles. [2]Mais une croyance non reconnue est une décision de faire la guerre dans le secret, où les résultats du conflit sont gardés inconnus et jamais ne sont portés à la raison pour être considérés sensés ou non. [3]Et beaucoup de résultats insensés ont été atteints, et des décisions in-signifiantes ont été prises et gardées cachées, pour devenir des croyances auxquelles le pouvoir est maintenant donné de diriger toutes les décisions subséquentes. [4]Ne te trompe pas sur le pouvoir qu'ont ces guerriers cachés de troubler ta paix. [5]Car elle est à leur merci tant que tu décides de la laisser là. [6]Les ennemis secrets de la paix, ta moindre décision de choisir l'attaque au lieu de l'amour, non reconnus et prompts à te provoquer au combat et à une violence bien plus intégrale que tu ne penses, sont là par ton choix. [7]Ne nie pas leur présence ni leurs terribles résultats. [8]Tout ce qui peut être nié, c'est leur réalité, mais non leur résultat.

3.   Tout ce qui est jamais chéri comme croyance cachée, qui doit être défendu quoique non reconnu, est foi en la particularité. [2]Cela prend de nombreuses formes mais toujours se heurte à la réalité de la création de Dieu et à la grandeur qu'Il a donnée à Son Fils. [3]Quoi d'autre pourrait justifier l'attaque ? [4]Car qui pourrait haïr quelqu'un dont le Soi est sien, et Qu'il connaît ? [5]Seul les particuliers peuvent avoir des ennemis, car ils sont différents et non les mêmes. [6]Et toute espèce de différence impose des ordres de réalité, et un besoin de juger auquel il est impossible d'échapper.

4.   Ce que Dieu a créé ne peut pas être attaqué, car il n'y a rien dans l'univers qui soit différent de lui-même. [2]Mais ce qui est différent appelle un jugement, lequel doit venir de quelqu'un qui est « meilleur », quelqu'un qui est incapable d'être comme ce qu'il condamne, qui est « au-dessus » et sans péché par comparaison. [3]Ainsi la particularité devient à la fois un moyen et une fin. [4]Car la particularité ne fait pas que mettre à part mais elle sert de base à partir de laquelle l'attaque contre ceux qui semblent être « au-dessous » du particulier est « naturelle » et « juste ». [5]Les particuliers se sentent faibles et fragiles à cause des différences, car ce qui les rend particuliers *est* leur ennemi. [6]Or ils protègent cette inimitié et l'appellent « amie ». [7]En son nom ils se battent contre l'univers, car il n'est rien au monde qu'ils estiment davantage.

5.   La particularité est le grand dictateur des décisions fausses. [2]Voilà la grande illusion de ce que tu es et de ce qu'est ton frère.

³Et voilà ce qui doit rendre le corps précieux et digne d'être préservé. ⁴La particularité doit être défendue. ⁵Les illusions peuvent l'attaquer, et elles le font. ⁶Car ce que ton frère doit devenir pour que tu gardes ta particularité *est* une illusion. ⁷Lui qui est « pire » que toi doit être attaqué, pour que ta particularité puisse vivre de sa défaite. ⁸Car la particularité est un triomphe, et sa victoire est la défaite et la honte de ton frère. ⁹Comment peut-il vivre, portant le poids de tous tes péchés? ¹⁰Et qui doit être son conquérant, sinon toi?

6. Serait-il possible pour toi de haïr ton frère si tu étais comme lui? ²Pourrais-tu l'attaquer si tu te rendais compte que tu voyages avec lui, vers un but qui est le même? ³Ne l'aiderais-tu pas à l'atteindre de toutes les façons possibles, si son atteinte du but était perçue comme tienne? ⁴Tu es son ennemi en la particularité; son ami en un but commun. ⁵La particularité ne peut jamais partager, car elle dépend de buts que toi seul peux atteindre. ⁶Et lui ne doit jamais les atteindre, sinon ton but est compromis. ⁷L'amour peut-il avoir une signification là où le but est le triomphe? ⁸Et quelle décision peut être prise pour cela qui ne te blessera?

7. Ton frère est ton ami parce que son Père l'a créé comme toi. ²Il n'y a pas de différence. ³Tu as été donné à ton frère pour que l'amour puisse être étendu, et non coupé de lui. ⁴Ce que tu gardes est perdu pour toi. ⁵Dieu S'est donné Lui-même à toi et à ton frère, et vous souvenir de cela est maintenant le seul but que vous partagiez. ⁶Ainsi c'est le seul que vous ayez. ⁷Pourrais-tu attaquer ton frère si tu choisissais de ne voir aucune particularité d'aucune sorte entre toi et lui? ⁸Regarde équitablement ce qui fait que tu n'accueilles ton frère que partiellement, ou ce qui te fait penser que tu vas mieux à part. ⁹N'est-ce pas toujours ta croyance que ta particularité est limitée par votre relation? ¹⁰Et n'est-ce pas cet « ennemi » qui fait de toi et de ton frère des illusions l'un pour l'autre?

8. La peur de Dieu et de ton frère vient de chaque croyance non reconnue en la particularité. ²Car tu exiges que ton frère s'incline devant elle contre sa volonté. ³Et Dieu Lui-même doit l'honorer ou subir vengeance. ⁴Chaque pincement de malice, chaque élancement de haine ou chaque souhait de séparer vient de là. ⁵Car là le but que toi et ton frère partagez devient obscurci à tous les deux. ⁶Tu voudrais t'opposer à ce cours parce qu'il t'enseigne que toi et ton frère êtes pareils. ⁷Vous n'avez pas de but qui ne soit le même, et aucun que votre Père ne partage avec vous. ⁸Car ta

relation a été lavée des buts particuliers. [9]Voudrais-tu maintenant faire échouer le but de sainteté que le Ciel lui a donné? [10]Quelle perspective peuvent avoir les particuliers qui ne change à chaque coup dur apparent, à chaque affront ou à chaque jugement imaginaire sur eux-mêmes?

9.   Ceux qui sont particuliers doivent défendre les illusions contre la vérité. [2]Car qu'est-ce que la particularité, sinon une attaque contre la Volonté de Dieu? [3]Tu n'aimes pas ton frère tant que c'est cela que tu défends contre lui. [4]C'est cela qu'il attaque, et que tu protèges. [5]Là est le champ de la bataille que tu livres contre lui. [6]Là il doit être ton ennemi, et point ton ami. [7]Jamais il ne peut y avoir de paix entre les différents. [8]Il est ton ami *parce que* vous êtes les mêmes.

II. La traîtrise de la particularité

1.   La comparaison doit être un mécanisme de l'ego, car l'amour n'en fait aucune. [2]La particularité fait toujours des comparaisons. [3]Elle est établie par un manque vu en un autre et elle est maintenue en cherchant, et en gardant bien en vue, tous les manques qu'elle peut percevoir. [4]C'est cela qu'elle cherche et cela qu'elle regarde. [5]Et toujours celui qu'elle diminue ainsi serait ton sauveur, si tu n'avais pas choisi plutôt de faire de lui une minuscule mesure de ta particularité. [6]Face à la petitesse que tu vois en lui, tu te tiens grand et majestueux, propre et honnête, pur et sans souillure, par comparaison avec ce que tu vois. [7]Et tu ne comprends pas non plus que c'est toi-même que tu diminues ainsi.

2.   La poursuite de la particularité est toujours au coût de la paix. [2]Qui peut attaquer son sauveur et l'amoindrir et pourtant reconnaître son fort soutien? [3]Qui peut ôter de son omnipotence et pourtant partager son pouvoir? [4]Et qui peut l'utiliser comme jauge de la petitesse et être délivré des limites? [5]Tu as une fonction dans le salut. [6]Sa poursuite t'apportera la joie. [7]Mais la poursuite de la particularité doit t'apporter la douleur. [8]Voilà un but qui voudrait faire échec au salut, et ainsi aller à l'encontre de la Volonté de Dieu. [9]Estimer la particularité, c'est estimer une volonté étrangère à qui les illusions de toi-même sont plus chères que la vérité.

3.   La particularité est l'idée du péché rendue réelle. [2]Le péché est impossible même à imaginer sans cette base. [3]Car le péché a surgi

de là, issu du néant ; une fleur du mal sans aucune racine. 4Voilà le « sauveur » qui s'est fait lui-même, le « créateur » qui crée autrement que le Père et qui a fait Son Fils à sa propre image et non à la Sienne. 5Ses fils « particuliers » sont nombreux, jamais un, chacun en exil de lui-même et de Celui Dont ils font partie. 6Et ils n'aiment pas non plus l'Unité qui les a créés ne faisant qu'un avec Lui. 7Ils ont choisi leur particularité au lieu du Ciel et au lieu de la paix, et ils l'ont soigneusement emballée dans le péché pour la garder à l'abri de la vérité.

4. Tu n'es pas particulier. 2Si tu penses l'être, et voudrais défendre ta particularité contre la vérité de ce que tu es réellement, comment peux-tu connaître la vérité ? 3Quelle réponse que donne le Saint-Esprit peut t'atteindre, quand c'est ta particularité que tu écoutes, et qui demande et répond ? 4Sa minuscule réponse, muette dans la mélodie qui court éternellement de Dieu vers toi en hommage aimant à ce que tu es, est tout ce que tu écoutes. 5Et cet ample chant d'honneur et d'amour pour ce que tu es semble silencieux et inentendu devant sa « puissance ». 6Tu tends l'oreille pour entendre sa voix muette, et pourtant l'Appel de Dieu Lui-même est muet pour toi.

5. Tu peux défendre ta particularité, mais jamais tu n'entendras la Voix pour Dieu à côté d'elle. 2Elles parlent une langue différente et tombent dans des oreilles différentes. 3Pour chaque particulier un message différent, et ayant une signification différente, est la vérité. 4Or comment la vérité peut-elle être différente pour chacun ? 5Les messages particuliers qu'entendent les particuliers les convainquent qu'ils sont différents et à part ; chacun dans ses péchés particuliers et « à l'abri » de l'amour, qui ne voit pas du tout sa particularité. 6La vision du Christ est leur « ennemie », car elle ne voit pas ce qu'ils voudraient regarder, et elle leur montrerait que la particularité qu'ils pensent voir est une illusion.

6. Que verraient-ils à la place ? 2L'éclat rayonnant du Fils de Dieu, si pareil à son Père que le souvenir de Lui jaillit instantanément à l'esprit. 3Et avec ce souvenir, le Fils se souvient de ses propres créations, aussi pareilles à lui qu'il l'est à son Père. 4Et tout le monde qu'il a fait, et toute sa particularité, et tous les péchés qu'il s'est à lui-même reprochés pour sa défense, s'évanouiront quand son esprit accepte la vérité sur lui-même, quand elle revient prendre leur place. 5Voilà le seul « coût » de la vérité : Tu ne verras plus ce qui n'a jamais été, ni n'entendras ce qui ne fait aucun

son. [6]Est-ce un sacrifice d'abandonner rien, et de recevoir l'Amour de Dieu pour toujours ?

7.   Toi qui as enchaîné ton sauveur à ta particularité et lui as donné sa place, souviens-toi de ceci : Il n'a pas perdu le pouvoir de te pardonner tous les péchés que tu penses avoir placés entre lui et la fonction de salut à lui donnée pour toi. [2]Tu ne changeras pas non plus sa fonction, pas plus que tu ne peux changer la vérité en lui et en toi-même. [3]Mais sois certain que la vérité est exactement la même en tous les deux. [4]Elle ne donne pas de messages différents et n'a qu'une signification. [5]Et c'est une signification que toi et ton frère pouvez comprendre tous les deux, et qui apporte délivrance aux deux. [6]Là se tient ton frère, qui a la clef du Ciel dans sa main, tendue vers toi. [7]Ne laisse pas le rêve de particularité subsister entre vous. [8]Ce qui est un est joint en vérité.

8.   Pense à la beauté que tu verras en toi-même, quand tu l'auras regardé comme un ami. [2]Il *est* l'ennemi de la particularité, mais l'ami seulement de ce qui est réel en toi. [3]Aucune des attaques que tu pensais avoir faites contre lui ne lui a pris le don que Dieu voudrait qu'il te donne. [4]Son besoin de le donner est aussi grand que le tien de l'avoir. [5]Laisse-le te pardonner toute ta particularité, et te rendre entier en esprit et un avec lui. [6]Il attend ton pardon seulement pour pouvoir te le rendre. [7]Ce n'est pas Dieu Qui a condamné Son Fils, mais toi, pour sauver sa particularité et tuer son Soi.

9.   Tu es rendu loin sur le chemin de la vérité ; trop loin pour chanceler maintenant. [2]Juste un pas de plus et chaque vestige de la peur de Dieu se fondra en amour. [3]La particularité de ton frère et la tienne *sont* ennemies, et vouées en haine à se tuer l'une l'autre et à nier qu'elles sont les mêmes. [4]Or ce ne sont pas des illusions qui ont atteint cet obstacle final, qui semble rendre Dieu et Son Ciel si éloignés qu'Ils ne peuvent être atteints. [5]Ici en ce saint lieu se tient la vérité qui attend de vous recevoir, toi et ton frère, en une silencieuse bénédiction et en une paix si réelle et si intégrale que rien ne tient en dehors. [6]Laisse toutes les illusions de toi-même en dehors de ce lieu, où tu viens avec espoir et honnêteté.

10.   Voici le sauveur qui te délivre *de* ta particularité. [2]Il a besoin de ton acceptation de lui-même comme partie de toi, comme toi de la sienne. [3]Vous êtes pareils à Dieu, comme Dieu l'est à Lui-même. [4]Il n'est pas particulier, car Il ne voudrait pas garder pour Lui une seule partie de ce qu'Il est, non donnée à Son Fils mais gardée pour Lui seul. [5]Et c'est cela que tu crains, car s'Il n'est pas

particulier, alors Il a voulu que Son Fils soit comme Lui, et ton frère *est* comme toi. ⁶Non particulier, mais possédant tout, y compris toi. ⁷Ne lui donne que ce qu'il a, en te souvenant que Dieu S'est donné Lui-même à toi et à ton frère d'un amour égal, afin que tous deux puissiez partager l'univers avec Lui, Qui a choisi que l'amour ne pourrait jamais être divisé et gardé séparé de ce qu'il est et doit être à jamais.

11. Tu *es* à ton frère ; une partie de l'amour ne lui a pas été niée. ²Mais se peut-il que tu aies perdu parce qu'il est complet ? ³Ce qui lui a été donné te rend complet, ainsi que lui. ⁴L'Amour de Dieu t'a donné à lui et lui à toi parce qu'Il S'est donné Lui-même. ⁵Ce qui est pareil à Dieu est un avec Lui. ⁶Et seule la particularité pourrait faire que la vérité de Dieu et toi ne faisant qu'un semble être quoi que ce soit d'autre que le Ciel, avec l'espoir de la paix enfin en vue.

12. La particularité est le sceau de la traîtrise sur le don de l'amour. ²Tout ce qui sert son but doit être donné pour tuer. ³Pas un don portant son sceau qui n'offre traîtrise à donneur et receveur. ⁴Pas un regard d'yeux qu'elle voile qui ne tombe sur une vue de mort. ⁵Pas un croyant en sa puissance qui ne recherche marchés et compromis qui établiraient le péché comme substitut à l'amour, et qui ne le serve fidèlement. ⁶Et pas une relation chérissant son but qui ne s'accroche au meurtre comme arme de sécurité et grand défenseur de toutes les illusions contre la « menace » de l'amour.

13. L'espoir de particularité fait paraître possible que Dieu ait fait le corps pour être la prison qui garde Son Fils loin de Lui. ²Car il exige une place particulière où Dieu ne peut entrer, et une cachette où nul autre que ton petit soi n'est le bienvenu. ³Rien n'est sacré ici que pour toi, et toi seul, à part et séparé de tous tes frères ; à l'abri de toute intrusion de la santé d'esprit dans les illusions ; à l'abri de Dieu et à l'abri pour un éternel conflit. ⁴Voilà les portes de l'enfer que tu as refermées derrière toi pour gouverner dans la folie et la solitude ton royaume particulier, à part de Dieu, loin de la vérité et du salut.

14. La clef que tu as jetée, Dieu l'a donnée à ton frère, dont les saintes mains te l'offrent quand tu es prêt à accepter Son plan pour ton salut à la place du tien. ²Comment pourrais-tu arriver à être prêt, si ce n'est par la vue de toute ta misère, et en prenant conscience que ton plan a échoué et qu'il manquera toujours de t'apporter quelque paix et quelque joie que ce soit ? ³C'est à travers ce désespoir que tu voyages maintenant, et pourtant ce n'est

qu'une illusion de désespoir. [4]La mort de la particularité n'est pas ta mort, mais ton éveil à la vie éternelle. [5]Tu ne fais qu'émerger d'une illusion de ce que tu es à l'acceptation de toi-même tel que Dieu t'a créé.

III. Le pardon de la particularité

1.   Le pardon est la fin de la particularité. [2]Seules les illusions peuvent être pardonnées, et puis elles disparaissent. [3]Le pardon est délivrance de toutes les illusions, et c'est pourquoi il est impossible de ne pardonner que partiellement. [4]Nul ne peut se voir lui-même sans péché qui s'accroche à une seule illusion, car il retient une erreur comme étant encore belle. [5]Ainsi il l'appelle « impardonnable » et la fait péché. [6]Comment peut-il alors donner son pardon entièrement, quand il ne voudrait pas le recevoir pour lui-même? [7]Car il est sûr qu'il le recevrait entièrement à l'instant où il le donnerait ainsi. [8]Et ainsi sa culpabilité secrète disparaîtrait, par lui-même pardonnée.

2.   Quelle que soit la forme de particularité que tu chéris, tu as fait le péché. [2]Il se dresse inviolé, fortement défendu par toute ta chétive puissance contre la Volonté de Dieu. [3]Et ainsi il se dresse contre toi; *ton* ennemi, et point celui de Dieu. [4]Ainsi il semble te couper de Dieu et te rendre séparé de Lui, comme son défenseur. [5]Tu voudrais protéger ce que Dieu n'a pas créé. [6]Et pourtant, cette idole qui semble te donner du pouvoir te l'a pris. [7]Car tu lui as donné ce qui est le droit de ton frère à sa naissance, le laissant seul et impardonné, avec toi dans le péché à ses côtés, les deux dans la misère, devant l'idole qui ne peut vous sauver.

3.   Ce n'est pas *toi* qui est si vulnérable et exposé à l'attaque que juste un mot, un petit chuchotement qui ne te plaît pas, une circonstance qui ne te convient pas ou un événement que tu n'avais pas anticipé, bouleverse ton monde et le précipite dans le chaos. [2]La vérité n'est pas fragile. [3]Les illusions la laissent parfaitement inaffectée et imperturbée. [4]Mais la particularité n'est pas la vérité en toi. [5]*Elle* peut être déséquilibrée par n'importe quoi. [6]Ce qui repose sur rien jamais ne peut être stable. [7]Aussi large et gonflé que cela semble être, ça doit quand même remuer, tourner et s'envoler à la moindre brise.

4.   Sans fondement, rien n'est en sûreté. [2]Dieu aurait-Il laissé Son Fils dans un tel état, où la sécurité n'a pas de signification? [3]Non,

Son Fils est en sécurité, reposant sur Lui. [4]C'est ta particularité qui est attaquée par tout ce qui marche et respire, ou grouille ou rampe, ou même vit simplement. [5]Rien n'est à l'abri de son attaque, et elle n'est à l'abri de rien. [6]Elle ne pardonnera jamais, car voilà ce qu'elle est : le vœu secret que ce que Dieu veut pour toi ne soit jamais, et que tu t'opposes à Sa Volonté pour toujours. [7]Il n'est pas possible non plus que les deux soient jamais les mêmes tant que la particularité se dresse entre elles comme l'épée flamboyante de la mort, et les rend ennemies.

5. Dieu demande ton pardon. [2]Il ne voudrait pas que la séparation, comme une volonté étrangère, s'élève entre Sa Volonté pour toi et ce qui est la tienne. [3]Elles *sont* les mêmes, car ni l'Une ni l'autre ne veut la particularité. [4]Comment pourraient-Elles vouloir la mort de l'amour même? [5]Or Elles sont impuissantes à faire attaque contre les illusions. [6]Elles ne sont pas des corps; d'un seul Esprit, Elles attendent que toutes les illusions Leur soient portées, puis laissées derrière. [7]Le salut ne défie pas même la mort. [8]Et Dieu Lui-même, Qui connaît que la mort n'est pas ta volonté, doit dire : « Que ta volonté soit faite », parce que tu penses qu'elle l'est.

6. Pardonne au grand Créateur de l'univers, Source de la vie, de l'amour et de la sainteté, Père parfait d'un Fils parfait, tes illusions de ta particularité. [2]Voilà l'enfer que tu as choisi pour être ta demeure. [3]Il n'a pas choisi cela pour toi. [4]Ne demande pas qu'Il entre là. [5]La route est barrée vers l'amour et le salut. [6]Or si tu délivres ton frère des tréfonds de l'enfer, tu as pardonné à Celui Dont la Volonté est que tu reposes à jamais dans les bras de la paix, en parfaite sécurité, et sans le feu et la malice d'une seule pensée de particularité pour gâcher ton repos. [7]Pardonne au Saint la particularité qu'Il ne pouvait pas donner et que tu as fait à la place.

7. Les particuliers sont tous endormis, entourés d'un monde de beauté qu'ils ne voient pas. [2]La liberté et la paix et la joie se tiennent là, auprès de la bière sur laquelle ils dorment, qui les appellent à sortir et à s'éveiller de leur rêve de mort. [3]Or ils n'entendent rien. [4]Ils sont perdus dans leurs rêves de particularité. [5]Ils haïssent l'appel qui les éveillerait et ils maudissent Dieu parce qu'Il n'a pas rendu leur rêve réalité. [6]Maudis Dieu et meurs, mais non par Lui Qui n'a point fait la mort; mais seulement dans le rêve. [7]Ouvre un peu les yeux; vois le sauveur que Dieu t'a donné afin que tu le regardes et lui rendes ce qui est son droit à sa naissance. [8]C'est le tien.

8.   Les esclaves de la particularité seront pourtant libres. [2]Telle est la Volonté de Dieu et de Son Fils. [3]Dieu Se condamnerait-Il Lui-même à l'enfer et à la damnation ? [4]Et est-ce ta volonté que cela soit fait à ton sauveur ? [5]C'est de lui que Dieu t'appelle à te joindre à Sa Volonté de vous sauver tous les deux de l'enfer. [6]Vois la marque des clous sur ses mains, qu'il tend vers toi pour être pardonné. [7]Dieu demande ta miséricorde pour Son Fils et pour Lui-même. [8]Ne Leur refuse pas. [9]Ils te demandent seulement que ta volonté soit faite. [10]Ils recherchent ton amour afin que tu puisses t'aimer toi-même. [11]N'aime pas ta particularité au lieu d'Eux. [12]L'empreinte des clous est sur tes mains aussi. [13]Pardonne à ton Père de ne pas avoir eu pour Volonté que tu sois crucifié.

IV. Particularité versus impeccabilité

1.   La particularité est un manque de confiance en qui que ce soit, sauf toi. [2]La foi n'est investie qu'en toi seul. [3]Tout le reste devient ton ennemi ; craint et attaqué, mortel et dangereux, haï et digne seulement de destruction. [4]Quelque douceur qu'elle offre n'est que tromperie, mais sa haine est réelle. [5]En danger de destruction, elle doit tuer, et tu es attiré vers elle pour la tuer le premier. [6]Telle est l'attraction de la culpabilité. [7]Ici la mort est intronisée en tant que sauveur : la crucifixion maintenant est la rédemption, et le salut ne peut signifier que la destruction du monde, excepté toi.

2.   Quel pourrait être le but du corps, si ce n'est la particularité ? [2]Et c'est cela qui le rend fragile et impuissant à sa propre défense. [3]Il a été conçu pour te rendre, *toi*, fragile et impuissant. [4]Le but de séparation est sa malédiction. [5]Or les corps n'ont pas de but. [6]Le but est de l'esprit. [7]Et les esprits peuvent changer comme ils le désirent. [8]Ce qu'ils sont, et tous leurs attributs, ils ne peuvent le changer. [9]Mais ce qu'ils tiennent pour but peut être changé, et les états du corps doivent changer en conséquence. [10]De lui-même le corps ne peut rien faire. [11]Vois-le comme un moyen de blesser, et il est blessé. [12]Vois-le comme un moyen de guérir, et il est guéri.

3.   Tu ne peux que te blesser toi-même. [2]Cela a été souvent répété, mais c'est encore difficile à saisir. [3]Pour des esprits résolus à la particularité, c'est impossible. [4]Or pour ceux qui souhaitent guérir et non attaquer, c'est tout à fait évident. [5]Le but de l'attaque est dans l'esprit, et ses effets ne sont ressentis que là où elle est. [6]L'esprit n'est pas limité non plus ; ce doit donc être qu'un but

nuisible blesse l'esprit ne faisant qu'un. [7]Rien ne saurait faire moins de sens pour la particularité. [8]Rien ne saurait faire plus de sens pour les miracles. [9]Car les miracles sont simplement un changement de but de blesser à guérir. [10]Ce changement de but met « en danger » la particularité, mais seulement dans le sens où toutes les illusions sont « menacées » par la vérité. [11]Elles ne tiendront pas devant elle. [12]Or quel réconfort a jamais été en elles, pour que tu gardes loin de ton Père le don qu'Il demande, et le donnes là à la place ? [13]À lui donné, l'univers est à toi. [14]À elles offert, nul don ne peut être rendu. [15]Ce que tu as donné à la particularité t'a laissé ruiné, ton trésor stérile et vide, avec une porte ouverte invitant à entrer tout ce qui trouble ta paix et la détruit.

4.   Plus tôt j'ai dit de ne pas considérer les moyens par lesquels le salut est atteint, ni comment l'atteindre. [2]Mais considère, et considère bien, si c'est ton souhait de pouvoir voir ton frère sans péché. [3]Pour la particularité, la réponse doit être « non ». [4]Un frère sans péché *est* son ennemi, tandis que le péché, s'il était possible, serait son ami. [5]Le péché de ton frère se justifierait lui-même et se donnerait une signification que nie la vérité. [6]Tout ce qui est réel proclame son impeccabilité. [7]Tout ce qui est faux proclame que ses péchés sont réels. [8]S'il est pécheur, alors ta réalité n'est pas réelle mais juste un rêve de particularité qui dure un instant puis tombe en poussière.

5.   Ne défends pas ce rêve insensé dans lequel Dieu est dépouillé de ce qu'Il aime et tu restes au-delà du salut. [2]Seul ceci est certain dans ce monde changeant qui n'a pas de signification dans la réalité : Quand la paix n'est pas avec toi entièrement, et que tu souffres de quelque façon que ce soit, tu as vu quelque péché au-dedans de ton frère, et tu t'es réjoui de ce que tu pensais qu'il y avait là. [3]Ta particularité semblait en sécurité à cause de cela. [4]Et ainsi tu as sauvé ce que tu as désigné pour être ton sauveur, et crucifié celui que Dieu t'a donné à la place. [5]Ainsi tu es lié avec lui, car vous êtes un. [6]Et la particularité ainsi est son « ennemie », aussi bien que la tienne.

V. Le Christ en toi

1.   Le Christ en toi est très calme. [2]Il regarde ce qu'Il aime, et Il le connaît comme Lui-même. [3]Ainsi Il Se réjouit de ce qu'Il voit, parce qu'Il connaît que cela est un avec Lui et avec Son Père. [4]La

particularité aussi se réjouit de ce qu'elle voit, bien que ce ne soit pas vrai. [5]Or ce que tu recherches est une source de joie telle que tu la conçois. [6]Ce que tu souhaites est vrai pour toi. [7]Il n'est pas possible non plus que tu puisses souhaiter quelque chose et manquer de foi en ce qu'il en soit ainsi. [8]Le souhait rend réel aussi sûrement que la volonté crée. [9]Le pouvoir d'un souhait soutient les illusions aussi fortement que l'amour s'étend lui-même. [10]Sauf que l'un trompe; l'autre guérit.

2.   Il n'est pas de rêve de particularité, si cachée ou déguisée qu'en soit la forme, si beau qu'il puisse paraître, si fort qu'il offre délicatement l'espoir de paix et d'évasion de la douleur, dans lequel tu ne subisses ta condamnation. [2]En rêve, effet et cause sont interchangés, car là le faiseur du rêve croit que ce qu'il a fait est en train de lui arriver. [3]Il ne se rend pas compte qu'il a pris un fil d'ici, une miette de là, et qu'il a tissé une image à partir de rien. [4]Car les parties ne vont pas ensemble et le tout n'apporte rien aux parties pour leur donner une signification.

3.   D'où pourrait venir ta paix, *sinon* du pardon? [2]Le Christ en toi ne regarde que la vérité et ne voit aucune condamnation qui pourrait avoir besoin de pardon. [3]Il est en paix *parce qu'*Il ne voit pas de péché. [4]Identifie-toi avec Lui, et qu'a-t-Il que tu n'aies pas? [5]Il est tes yeux, tes oreilles, tes mains, tes pieds. [6]Comme sont douces les vues qu'Il voit, doux les sons qu'Il entend. [7]Comme Sa main est belle qui tient celle de Son frère, et comme Il marche avec lui avec amour en lui montrant ce qui peut être vu et entendu, et là où il ne verra rien et où il n'y a pas de son à entendre.

4.   Or laisse ta particularité le diriger dans la voie, et tu suivras. [2]Et vous marcherez tous les deux en danger, chacun résolu, dans la sombre forêt des non-voyants, inéclairée sauf par les faibles et changeantes lueurs qui étincellent un instant des lucioles du péché puis s'éteignent, à conduire l'autre jusqu'à un précipice sans nom et à l'y jeter. [3]Car de quoi la particularité peut-elle se délecter, sinon de tuer? [4]Que cherche-t-elle, sinon la vue de la mort? [5]Où mène-t-elle, sinon à la destruction? [6]Or ne pense pas qu'elle ait regardé ton frère en premier, ni qu'elle l'ait haï avant de te haïr. [7]Le péché que ses yeux voient en lui et qu'ils aiment à regarder, elle l'a vu en toi et le voit encore avec joie. [8]Or est-ce une joie de contempler la putréfaction et la folie, et de croire que cette chose croulante, dont la chair déjà se détache des os, avec des trous aveugles à la place des yeux, est pareille à toi?

5. Réjouis-toi de n'avoir pas d'yeux pour voir ; pas d'oreilles pour écouter, pas de mains pour tenir ni de pieds pour guider. [2]Sois heureux que seul le Christ puisse te prêter les Siens, tant que tu en as besoin. [3]Ce sont aussi des illusions, autant que les tiens. [4]Et pourtant, parce qu'ils servent un but différent, la force de leur but leur est donnée. [5]Et à ce qu'ils voient, entendent, tiennent et conduisent, la lumière est donnée afin que tu puisses conduire comme tu fus conduit.

6. Le Christ en toi est très calme. [2]Il connaît où tu vas et t'y conduit avec douceur et bénédiction tout le long du chemin. [3]Son Amour pour Dieu remplace toute la peur que tu pensais voir au-dedans de toi. [4]Sa Sainteté te montre Lui-même en celui dont tu tiens la main, et que tu conduis à Lui. [5]Et ce que tu vois est pareil à toi. [6]Car qu'y a-t-il à voir, à entendre, à aimer et à suivre jusqu'à chez toi, sinon le Christ ? [7]Il t'a regardé d'abord, mais Il a reconnu que tu n'étais pas complet. [8]Alors Il a cherché ta complétude en chaque chose vivante qu'Il contemple et qu'Il aime. [9]Et Il la cherche encore, afin que chacune puisse t'offrir l'Amour de Dieu.

7. Or Il est tranquille, car Il connaît que l'amour est en toi maintenant, et tenu en toi en sûreté par cette même main qui tient celle de ton frère dans la tienne. [2]La main du Christ tient tous Ses frères en Lui-même. [3]Il leur donne la vision pour leurs yeux qui ne voient pas ; et Il leur chante le Ciel pour que leurs oreilles n'entendent plus le son de la bataille et de la mort. [4]C'est par eux qu'Il tend Sa main, afin que chacun bénisse toutes choses vivantes et voie leur sainteté. [5]Et Il Se réjouit que ces vues soient les tiennes, à regarder avec Lui en partageant Sa joie. [6]Son manque parfait de particularité, Il te l'offre afin que tu sauves toutes choses vivantes de la mort, recevant de chacune d'elles le don de vie que ton pardon offre à ton Soi. [7]La vue du Christ est tout ce qu'il y a à voir. [8]Le chant du Christ est tout ce qu'il y a à entendre. [9]La main du Christ est tout ce qu'il y a à tenir. [10]Il n'y a pas de voyage, sauf d'aller avec Lui.

8. Toi qui voudrais te contenter de la particularité, et chercher le salut dans une guerre contre l'amour, considère ceci : Le saint Seigneur du Ciel est Lui-même descendu jusqu'à toi pour t'offrir ta propre complétude. [2]Ce qui est à Lui est à toi parce que dans ta complétude est la Sienne. [3]Lui Qui ne voulait pas être sans Son Fils ne pourrait jamais vouloir que tu sois sans frère. [4]Et te donnerait-Il un frère s'il n'était pas aussi parfait que toi, et tout aussi pareil à Lui en sainteté que tu dois l'être ?

9.   Il doit d'abord y avoir doute pour qu'il puisse y avoir conflit. [2]Et chaque doute doit être sur toi-même. [3]Le Christ n'a pas de doute, et de Sa certitude vient Sa quiétude. [4]Il échangera Sa certitude contre tous tes doutes si tu conviens qu'Il est Un avec toi et que cette Unité est infinie, intemporelle et à portée de ta main parce que tes mains sont les Siennes. [5]Il est au-dedans de toi et pourtant Il marche à tes côtés et devant, te guidant dans la voie qu'Il doit suivre pour Se trouver Lui-même complet. [6]Sa quiétude devient ta certitude. [7]Et où est le doute quand la certitude est venue?

VI. Être sauvé de la peur

1.   Devant la sainteté de ton frère, le monde est calme, et la paix descend sur lui avec une douceur et une bénédiction si complètes qu'il ne reste plus aucune trace de conflit pour te hanter dans le noir de la nuit. [2]Il est ton sauveur des rêves de la peur. [3]Il est la guérison de ton sentiment de sacrifice et de peur que ce que tu as partira aux quatre vents et tombera en poussière. [4]En lui est ton assurance que Dieu est ici et avec toi maintenant. [5]Tant qu'il est ce qu'il est, tu peux être sûr que Dieu est connaissable et qu'Il sera connu de toi. [6]Car Il ne pourrait jamais quitter Sa Propre création. [7]Et le signe qu'il en est ainsi réside en ton frère, à toi offert afin que tous tes doutes sur toi-même disparaissent devant sa sainteté. [8]Vois en lui la création de Dieu. [9]Car en lui Son Père attend ta re-connaissance de ce qu'Il t'a créé comme partie de Lui.

2.   Sans toi il y aurait un manque en Dieu, un Ciel incomplet, un Fils sans un Père. [2]Il ne pourrait pas y avoir d'univers ni de réalité. [3]Car ce que Dieu veut est entier et fait partie de Lui, parce que Sa Volonté est Une. [4]Rien de vivant qui ne fasse partie de Lui, et rien n'est qui ne soit vivant en Lui. [5]La sainteté de ton frère te montre que Dieu est un avec lui et avec toi; que ce qu'il a est à toi parce que tu n'es pas séparé de lui ni de son Père.

3.   Rien n'est perdu pour toi dans tout l'univers. [2]Il n'est rien de ce que Dieu a créé qu'Il ait manqué de déposer devant toi avec amour, comme t'appartenant à jamais. [3]Et aucune Pensée dans Son Esprit n'est absente du tien. [4]C'est Sa Volonté que tu partages Son amour pour toi, et que tu te regardes toi-même avec autant d'amour qu'Il en avait en te concevant avant le commencement du monde, et comme encore Il te connaît. [5]Dieu ne change pas

d'Esprit sur Son Fils suivant la circonstance passagère qui n'a aucune signification dans l'éternité où Il demeure, et toi avec Lui. ⁶Ton frère *est* tel qu'Il l'a créé. ⁷Et c'est cela qui te sauve d'un monde qu'Il n'a pas créé.

4. N'oublie pas que la guérison du Fils de Dieu est tout ce à quoi sert le monde. ²C'est le seul but que le Saint-Esprit voit en lui, et donc le seul qu'il a. ³Jusqu'à ce que tu voies la guérison du Fils comme étant tout ce que tu souhaites qui soit accompli par le monde, par le temps et toutes les apparences, tu ne connaîtras ni le Père ni toi-même. ⁴Car tu utiliseras le monde pour ce qui n'est pas son but, et tu n'échapperas pas à ses lois de violence et de mort. ⁵Or il t'est donné d'être au-delà de ses lois à tous égards, sous tous rapports et en toutes circonstances, dans toute tentation de percevoir ce qui n'est pas là et toute croyance que le Fils de Dieu peut souffrir parce qu'il se voit lui-même tel qu'il n'est pas.

5. Regarde ton frère et contemple en lui le renversement total des lois qui semblent gouverner ce monde. ²Vois dans sa liberté la tienne, car c'est ainsi. ³Ne laisse pas sa particularité obscurcir la vérité en lui, car tu n'échapperas à aucune loi de la mort à laquelle tu le lies. ⁴Et il n'est pas un péché que tu vois en lui qui ne vous garde tous deux en enfer. ⁵Or sa parfaite impeccabilité vous délivrera tous les deux, car la sainteté est tout à fait impartiale, avec un seul jugement de fait pour tout ce qu'elle regarde. ⁶Et celui-là est fait, non de soi-même, mais par la Voix qui parle pour Dieu en tout ce qui vit et partage Son Être.

6. C'est Son impeccabilité que des yeux qui voient peuvent regarder. ²C'est Sa beauté qu'ils voient en tout. ³Et c'est Lui qu'ils cherchent à voir partout, et ils ne trouvent ni vue ni lieu ni temps où Il n'est pas. ⁴Dans la sainteté de ton frère, qui est le cadre parfait pour ton salut et celui du monde, est posé le souvenir éclatant de Celui en Qui ton frère vit, et toi avec lui. ⁵Ne laisse pas tes yeux être aveuglés par le voile de particularité qui lui cache la face du Christ, de même qu'à toi. ⁶Et ne laisse plus la peur de Dieu te garder loin de la vision que tu étais censé voir. ⁷Le corps de ton frère ne te montre pas le Christ. ⁸Il *est* présenté en sa sainteté.

7. Choisis donc son corps ou sa sainteté comme étant ce que tu veux voir, et ce que tu choisis s'offre à ta vue. ²Or tu choisiras en d'innombrables situations, et à travers le temps qui semble ne pas avoir de fin, jusqu'à ce que la vérité soit ton choix. ³Car l'éternité n'est pas regagnée en niant le Christ en lui encore une autre fois. ⁴Et où est ton salut, s'il n'est qu'un corps ? ⁵Où est ta paix, sinon

en sa sainteté? [6]Et où est Dieu Lui-même, sinon dans cette partie de Lui qu'Il a posée à jamais en la sainteté de ton frère, afin que tu voies la vérité sur toi-même, enfin présentée en des termes que tu reconnais et comprends?

8.   La sainteté de ton frère est un sacrement et une bénédiction pour toi. [2]Ses erreurs ne peuvent pas lui retenir la bénédiction de Dieu, ni à toi qui le vois véritablement. [3]Ses erreurs peuvent causer un retard, qu'il t'est donné de lui enlever, afin que tous deux puissiez mettre fin à un voyage qui n'a jamais commencé et n'a pas besoin de fin. [4]Ce qui n'a jamais été n'est pas une partie de toi. [5]Or tu penseras que ce l'est, jusqu'à ce que tu te rendes compte que cela ne fait pas partie de lui, qui se tient à tes côtés. [6]Il est le miroir de toi-même, dans lequel tu vois le jugement que tu as posé sur vous deux. [7]Le Christ en toi contemple sa sainteté. [8]Ta particularité regarde son corps et ne le voit pas.

9.   Vois-le étant ce qu'il est, afin que ta délivrance ne mette pas longtemps. [2]Une errance insensée, sans but et sans aucune sorte d'accomplissement, voilà tout ce que l'autre choix peut t'offrir. [3]La futilité d'une fonction inaccomplie te hantera tant que ton frère dort, jusqu'à ce que soit fait ce qui t'a été assigné et qu'il ait ressuscité du passé. [4]Lui qui s'est condamné lui-même, ainsi que toi, t'est donné à sauver de la condamnation, avec toi. [5]Et vous verrez tous deux la gloire de Dieu en Son Fils, que vous aviez pris pour de la chair et soumis à des lois qui n'ont aucun pouvoir sur lui.

10.   N'est-ce pas avec joie que tu te rendrais compte que ces lois ne sont pas pour toi? [2]Ne le vois donc pas comme leur prisonnier. [3]Il ne se peut pas que ce qui gouverne une partie de Dieu ne tienne pas pour tout le reste. [4]Tu te soumets toi-même aux lois que tu vois le gouvernant. [5]Pense, donc, comme l'Amour de Dieu pour toi doit être grand, pour qu'Il t'ait donné une partie de Lui à sauver de la douleur et t'apporter le bonheur. [6]Et ne doute jamais que ta particularité disparaîtra devant la Volonté de Dieu, Qui aime chaque partie de Lui d'un amour égal et avec une égale sollicitude. [7]Le Christ en toi peut voir ton frère véritablement. [8]Voudrais-tu décider de rejeter la sainteté qu'Il voit?

11.   La particularité est la fonction que tu t'es donnée toi-même. [2]Elle tient pour toi seul, comme un qui s'est créé lui-même, qui se maintient lui-même, qui n'a besoin de rien et n'est joint à rien au-delà du corps. [3]À ses yeux tu es un univers séparé, avec tout le pouvoir de se tenir complet en lui-même, avec toutes ses entrées fermées contre toute intrusion et toutes ses fenêtres barrées

contre la lumière. ⁴Toujours attaqué et toujours furieux, avec la colère toujours pleinement justifiée, tu as poursuivi ce but avec une vigilance que tu n'as jamais pensé à relâcher, un effort que tu n'as jamais pensé à cesser. ⁵Et toute cette sinistre détermination était pour ceci : tu voulais que la particularité soit la vérité.

12. Maintenant il t'est simplement demandé de poursuivre un autre but avec bien moins de vigilance ; avec peu d'effort et peu de temps, et avec le pouvoir de Dieu qui le maintient et promet le succès. ²Des deux, pourtant, c'est celui-ci que tu trouves le plus difficile. ³Le « sacrifice » de soi, tu le comprends, et tu n'estimes pas non plus que ce coût est trop lourd. ⁴Mais un tout petit désir, un signe d'accord à Dieu, un salut de bienvenue au Christ en toi, tu trouves que c'est un fardeau trop fatigant et trop fastidieux, trop lourd à porter. ⁵Or pour le dévouement à la vérité telle que Dieu l'a établie aucun sacrifice n'est demandé, aucun effort n'est exigé, et tout le pouvoir du Ciel et la puissance de la vérité même sont donnés pour fournir les moyens et garantir l'accomplissement du but.

13. Toi qui crois qu'il est plus facile de voir le corps de ton frère que sa sainteté, sois sûr de comprendre ce qui a porté ce jugement. ²Ici la voix de la particularité se fait entendre clairement, jugeant et rejetant le Christ et te présentant le but que tu peux atteindre, et ce que tu ne peux pas faire. ³N'oublie pas que ce jugement doit s'appliquer à ce que tu fais avec elle comme alliée. ⁴Car ce que tu fais par le Christ, elle ne le connaît pas. ⁵Pour Lui, ce jugement n'a absolument aucun sens, car seul ce que Son Père veut est possible, et Il n'y a pas pour Lui d'alternative à voir. ⁶De Son manque de conflit vient ta paix. ⁷Et de Son but viennent les moyens pour un accomplissement sans effort et le repos.

VII. Le lieu de rencontre

1. Comme il défend amèrement la particularité qu'il veut vérité, celui qui est attaché à ce monde ! ²Son souhait est loi pour lui, et il obéit. ³De ce que demande sa particularité, il ne refuse rien. ⁴À ce qu'il aime, il ne nie rien qui lui fasse besoin. ⁵Et tant qu'elle l'appelle, il n'entend pas d'autre Voix. ⁶Il n'y a pas d'effort trop grand, pas de coût trop élevé, pas de prix trop cher pour sauver sa particularité du moindre affront, de la plus petite attaque, du murmure d'un doute, d'un soupçon de menace ou de quoi que

ce soit d'autre que la plus profonde révérence. [7]Cela est ton fils, aimé de toi comme tu l'es de ton Père. [8]Or il se tient à la place de tes créations, qui *sont* ton fils, afin que tu partages la Paternité de Dieu, et non la Lui arraches. [9]Quel est ce fils que tu as fait pour qu'il soit ta force? [10]Quel est cet enfant de la terre à qui un tel amour est prodigué? [11]Quelle est cette parodie de la création de Dieu qui prend la place des tiennes? [12]Et où sont-elles, maintenant que l'hôte de Dieu a trouvé un autre fils qu'il leur préfère?

2.   La mémoire de Dieu ne brille pas seule. [2]Ce qui est au-dedans de ton frère contient encore toute la création, tout ce qui est créé et tout ce qui crée, tout ce qui est né et pas encore né, ce qui est encore dans le futur ou apparemment passé. [3]Ce qui est en lui est inchangeable, et ton inchangeabilité est reconnue par la re-connaissance de la sienne. [4]La sainteté en toi lui appartient. [5]Et par le fait que tu la vois en lui, elle te revient. [6]Tout l'hommage que tu as rendu à la particularité lui appartient, et ainsi te revient. [7]Tout l'amour et tout le soin, la solide protection, la pensée de jour et de nuit, la profonde sollicitude, la conviction puissante que cela est toi, lui appartiennent. [8]De tout ce que tu as donné à la particularité, il n'est rien qui ne lui soit dû. [9]Et de tout ce qui lui est dû, il n'est rien qui ne te soit dû.

3.   Comment peux-tu connaître ta valeur tant que c'est plutôt la particularité qui te réclame? [2]Comment peux-tu manquer de la connaître dans la sainteté de ton frère? [3]Ne cherche pas à faire de ta particularité la vérité, car si elle l'était tu serais certes perdu. [4]Sois reconnaissant, plutôt, qu'il te soit donné de voir la sainteté de ton frère *parce qu*'elle est la vérité. [5]Et ce qui est vrai en lui doit être aussi vrai en toi.

4.   Demande-toi ceci : Peux-tu, *toi*, protéger l'esprit? [2]Le corps, oui, un peu; non du temps, mais temporairement. [3]Et autant tu penses sauver, tu blesses. [4]Pour *quoi* voudrais-tu le sauver? [5]Car dans ce choix résident à la fois son bien et son mal-être. [6]Sauve-le pour l'apparat, comme appât pour attraper un autre poisson, pour loger ta particularité dans un plus grand chic, ou pour tisser un cadre de beauté autour de ta haine, et tu le condamnes à la putréfaction et à la mort. [7]Et si tu vois ce but dans celui de ton frère, telle est ta condamnation du tien. [8]Tisse donc, plutôt, un cadre de sainteté autour de ton frère, afin que la vérité luise sur lui et *te* mette à l'abri de la putréfaction.

5.   Le Père sauvegarde ce qu'Il a créé. [2]Tu ne peux pas y toucher avec les idées fausses que tu as faites, parce que cela n'a pas été

créé par toi. ³Ne laisse pas tes sottes chimères t'effrayer. ⁴Ce qui est immortel ne peut pas être attaqué ; ce qui n'est que temporel n'a pas d'effet. ⁵Seul le but que tu y vois a une signification, et si celui-ci est vrai, alors sa sécurité repose en sûreté. ⁶Sinon, cela n'a pas de but et n'est le moyen pour rien. ⁷Tout ce qui est perçu comme moyen pour la vérité en partage la sainteté et repose dans la lumière aussi sûrement qu'elle-même. ⁸Et cette lumière ne s'éteindra pas non plus quand cela a disparu. ⁹Son saint but lui a donné l'immortalité, allumant une autre lumière au Ciel, où tes créations reconnaissent un don de toi, signe que tu ne les as pas oubliées.

6. Le test de tout sur terre est simplement ceci : « À *quoi* cela sert-il ? » ²La réponse en fait ce que c'est pour toi. ³Cela n'a pas de signification de lui-même, mais tu peux lui donner réalité selon le but que tu sers. ⁴Ici tu n'es qu'un moyen, avec cela. ⁵Dieu est un Moyen aussi bien qu'une Fin. ⁶Au Ciel, moyen et fin sont un, et un avec Lui. ⁷Tel est l'état de la véritable création, qui ne se trouve point dans le temps mais dans l'éternité. ⁸Cela n'est descriptible à personne ici. ⁹Et il n'y a aucune façon d'apprendre ce que cette condition signifie. ¹⁰Pas avant que tu n'ailles passé l'apprentissage jusqu'au Donné ; pas avant que tu ne fasses à nouveau une sainte demeure pour tes créations, ce n'est compris.

7. Un co-créateur avec le Père doit avoir un Fils. ²Or ce Fils doit avoir été créé comme Lui-même. ³Un être parfait, qui englobe tout et que tout englobe, à qui il n'y a rien à ajouter et rien n'est pris ; qui n'est pas né de taille, ni de lieu ni de temps, ni tenu à aucune sorte de limites ou d'incertitudes. ⁴Ici moyen et fin s'unissent pour ne faire qu'un, et cet un n'a pas du tout de fin. ⁵Tout cela est vrai, et pourtant cela n'a aucune signification pour quiconque garde encore en sa mémoire une seule leçon inapprise, une seule pensée au but encore incertain, ou un seul souhait dont la visée est divisée.

8. Ce cours ne fait aucune tentative pour enseigner ce qui ne peut pas s'apprendre facilement. ²Sa portée ne dépasse pas la tienne, sauf pour dire que ce qui est à toi viendra à toi lorsque tu seras prêt. ³Ici, les moyens et le but sont séparés parce que c'est ainsi qu'ils ont été faits et ainsi qu'ils sont perçus. ⁴Par conséquent nous nous en occupons comme s'ils l'étaient. ⁵Il est essentiel de garder à l'esprit que toute perception est encore sens dessus dessous jusqu'à ce que son but ait été compris. ⁶La perception ne semble pas être un moyen. ⁷Et c'est cela qui fait qu'il est difficile de saisir

toute la mesure dans laquelle elle doit dépendre de ce à quoi tu vois qu'elle sert. [8]La perception semble t'enseigner ce que tu vois. [9]Or elle ne fait que témoigner de ce que tu as enseigné. [10]C'est l'image extérieure d'un souhait; une image que tu voulais vraie.

9. Regarde-toi et tu verras un corps. [2]Regarde ce corps dans une lumière différente et il paraît différent. [3]Et sans lumière, il semble qu'il ait disparu. [4]Or tu es rassuré sur sa présence parce que tu peux encore le toucher avec tes mains et l'entendre bouger. [5]Voici une image dont tu veux qu'elle soit toi. [6]C'est le moyen pour réaliser ton souhait. [7]Elle te donne les yeux avec lesquels tu la regardes, les mains qui la touchent et les oreilles avec lesquelles tu écoutes les sons qu'elle fait. [8]Elle te prouve sa propre réalité.

10. Ainsi le corps est fait théorie de toi-même, sans preuve prévue au-delà de lui-même et sans évasion en vue. [2]Son cours est sûr, quand il est vu par ses propres yeux. [3]Il croît et se flétrit, s'épanouit et meurt. [4]Et tu ne peux pas te concevoir à part de lui. [5]Tu l'étiquettes comme pécheur et tu hais ses actions, le jugeant mauvais. [6]Or ta particularité murmure : « Voici mon fils bien-aimé, qui a toute ma faveur. » [7]Ainsi le « fils » devient le moyen qui sert le but de son « père ». [8]Pas identique, pas même semblable, mais quand même un moyen d'offrir au « père » ce qu'il veut. [9]Tel est le simulacre de la Création de Dieu. [10]Car de même que la création de Son Fils Lui donnait de la joie, témoignait de Son Amour et partageait Son but, de même le corps témoigne de l'idée qui l'a fait et parle pour sa réalité et sa vérité.

11. Ainsi deux fils sont faits, et les deux semblent parcourir cette terre sans un lieu de rencontre et sans réunion. [2]L'un, tu le perçois à l'extérieur de toi, ton propre fils bien-aimé. [3]L'autre repose au-dedans, le Fils de son Père, au-dedans de ton frère comme il est en toi. [4]Leur différence ne réside pas dans ce qu'ils ont l'air, ni où ils vont ni même ce qu'ils font. [5]Ils ont un but différent. [6]C'est cela qui les joint à leurs semblables et sépare chacun de tous les aspects ayant un but différent. [7]Le Fils de Dieu conserve la Volonté de son Père. [8]Le fils de l'homme perçoit une volonté étrangère et souhaite qu'il en soit ainsi. [9]Ainsi sa perception sert son souhait en lui donnant les apparences de la vérité. [10]Or la perception peut servir un autre but. [11]Elle n'est liée à la particularité que par ton choix. [12]Et il t'est donné de faire un choix différent et d'utiliser la perception pour un but différent. [13]Et ce que tu vois servira bien ce but et te prouvera sa propre réalité.

Chapitre 25

LA JUSTICE DE DIEU

Introduction

1. Le Christ en toi n'habite pas un corps. ²Or Il est en toi. ³Et ce doit donc être que tu n'es pas au-dedans d'un corps. ⁴Ce qui est au-dedans de toi ne peut pas être à l'extérieur. ⁵Et il est certain que tu ne peux pas être à part de ce qui est au centre même de ta vie. ⁶Ce qui te donne la vie ne peut pas être logé dans la mort. ⁷Pas plus que toi. ⁸Le Christ est au-dedans d'un cadre de Sainteté dont le seul but est qu'Il soit rendu manifeste à ceux qui ne Le connaissent pas, afin qu'Il puisse les appeler à venir à Lui et à Le voir là où ils pensaient qu'étaient leurs corps. ⁹Alors leurs corps fondront complètement, afin qu'ils encadrent Sa Sainteté en eux.

2. Nul qui porte le Christ en lui-même ne peut manquer de Le reconnaître partout. ²*Sauf* dans les corps. ³Et tant qu'il croit qu'il est dans un corps, là où il pense être, Il ne peut pas être. ⁴Ainsi il Le porte sans le savoir, et il ne Le rend pas manifeste. ⁵Et ainsi il ne Le reconnaît pas où Il est. ⁶Le fils de l'homme n'est pas le Christ ressuscité. ⁷Or le Fils de Dieu demeure exactement où il est, et marche avec lui en sa sainteté, aussi bien en vue que sa particularité qui est présentée dans son corps.

3. Le corps n'a pas besoin de guérison. ²Mais l'esprit qui pense être un corps est certes malade ! ³Et c'est là que le Christ présente le remède. ⁴Son but enveloppe le corps dans Sa lumière et le remplit de la Sainteté qui rayonne de Lui. ⁵Et il n'est rien de ce que le corps dit ou fait qui ne Le rende manifeste. ⁶À ceux qui ne Le connaissent pas, il Le porte avec douceur et amour, pour guérir leur esprit. ⁷Telle est la mission que ton frère a pour toi. ⁸Et telle doit donc être ta mission pour lui.

I. Le lien à la vérité

1. Ce ne peut pas être qu'il est difficile d'accomplir la tâche que le Christ t'a assignée, puisque c'est Lui Qui l'accomplit. ²Et l'accomplissant, tu apprends que le corps semble seulement être le moyen de la faire. ³Car l'Esprit est le Sien. ⁴Ainsi il doit être le tien.

⁵Sa Sainteté dirige le corps par l'esprit qui est un avec Lui. ⁶Et tu es manifeste à ton saint frère, comme lui à toi. ⁷Ici est la rencontre du saint Christ avec Lui-même ; et nulles différences perçues pour se dresser entre les aspects de Sa Sainteté, qui se rencontrent et se joignent, et L'élèvent jusqu'à Son Père, entier et pur, et digne de Son Amour éternel.

2.　Comment peux-tu manifester le Christ en toi, sauf en regardant la sainteté et Le voyant là ? ²La perception te dit que *tu* es manifeste dans ce que tu vois. ³Contemple le corps et tu croiras que tu es là. ⁴Et chaque corps que tu regardes te fait souvenir de toi ; de ta peccabilité et du mal en toi, et par-dessus tout de ta mort. ⁵Ne mépriserais-tu pas celui qui te dit cela, et ne chercherais-tu pas plutôt sa mort ? ⁶Le message et le messager ne font qu'un. ⁷Et tu dois voir ton frère comme toi-même. ⁸Encadrée dans son corps, tu verras ta peccabilité, en laquelle tu es condamné. ⁹Posé dans sa sainteté, le Christ en lui Se proclame toi.

3.　La perception est un choix de ce que tu veux être ; du monde dans lequel tu veux vivre et de l'état dans lequel tu penses que ton esprit sera content et satisfait. ²Elle choisit où tu penses que réside ta sécurité, selon ta décision. ³Elle te révèle à toi-même tel que tu voudrais être. ⁴Et toujours elle est fidèle à ton but, dont jamais elle ne se sépare, pas plus qu'elle n'offre le moindre témoignage de quoi que ce soit que le but dans ton esprit ne soutient pas. ⁵La perception est une partie de ce que tu as pour but de contempler, car moyens et fin ne sont jamais séparés. ⁶Ainsi tu apprends que ce qui semble avoir une vie à part n'en a pas.

4.　*Tu* es le moyen pour Dieu : ni séparé, ni avec une vie à part de la Sienne. ²Sa vie est manifeste en toi qui es Son Fils. ³Chaque aspect de Lui-même est encadré de sainteté et d'une parfaite pureté, d'un amour céleste et si complet qu'il souhaite seulement pouvoir délivrer à soi-même tout ce qu'il regarde. ⁴Son rayonnement luit à travers chaque corps qu'il regarde et balaie toutes ses ténèbres dans la lumière en regardant simplement par-delà le corps *vers* la lumière. ⁵Le voile est levé par sa douceur et rien ne cache la face du Christ à ceux qui Le regardent. ⁶Toi et ton frère vous tenez devant Lui maintenant, pour Le laisser écarter le voile qui semble vous garder séparés et à part.

5.　Puisque tu crois être séparé, le Ciel se présente à toi comme étant séparé aussi. ²Ce n'est pas qu'il le soit en vérité, mais pour que le lien qui t'a été donné pour te joindre à la vérité puisse t'atteindre par ce que tu comprends. ³Le Père, le Fils et le Saint-

Esprit sont Un, comme tous tes frères se joignent en ne faisant qu'un dans la vérité. [4]Le Christ et Son Père n'ont jamais été séparés, et le Christ habite en ta compréhension, en la partie de toi qui partage la Volonté de Son Père. [5]Le Saint-Esprit relie l'autre partie — le minuscule souhait fou d'être séparé, différent et particulier — au Christ, pour rendre l'unité claire à ce qui est réellement un. [6]En ce monde cela n'est pas compris mais peut être enseigné.

6. Le Saint-Esprit sert le but du Christ dans ton esprit, afin que le but de particularité puisse être corrigé là où l'erreur réside. [2]Parce que Son but est encore un à la fois avec le Père et avec le Fils, Il connaît la Volonté de Dieu, et ce que la tienne est réellement. [3]Mais cela est compris par l'esprit perçu comme ne faisant qu'un, conscient qu'il est un et ainsi expérimenté. [4]C'est la fonction du Saint-Esprit de t'enseigner comment ressentir cette unité, ce que tu dois faire pour l'expérimenter et où tu dois aller pour le faire.

7. Tout cela tient compte du temps et du lieu comme s'ils étaient distincts, car tant que tu penses qu'une partie de toi est séparée, le concept d'une Unité jointe en ne faisant qu'Un est in-signifiant. [2]Il est clair qu'un esprit si divisé ne pourrait jamais être l'Enseignant d'une Unité qui unit toutes choses en Elle-même. [3]Ainsi, Ce Qui est au-dedans de cet esprit, et unit toutes choses, doit être son Enseignant. [4]Or Cela doit utiliser le langage que cet esprit peut comprendre, dans la condition où il pense être. [5]Et Cela doit utiliser tout apprentissage pour transférer les illusions à la vérité, en prenant toutes les fausses idées de ce que tu es et en te conduisant au-delà d'elles, à la vérité qui *est* au-delà d'elles. [6]Tout cela peut se réduire très simplement à ceci :

> [7]*Ce qui est le même ne peut pas être différent, et ce qui est un ne peut pas avoir de parties séparées.*

II. Le sauveur qui délivre des ténèbres

1. N'est-il pas évident que ce que les yeux du corps perçoivent te remplit de peur ? [2]Peut-être penses-tu trouver là un espoir de satisfaction. [3]Peut-être t'imagines-tu atteindre quelque paix et satisfaction dans le monde tel que tu le perçois. [4]Il doit pourtant être évident que le résultat ne change pas. [5]Malgré tes espérances

et tes imaginations, le désespoir toujours en résulte. ⁶Il n'y a pas d'exception, et jamais il n'y en aura. ⁷La seule valeur que le passé puisse avoir, c'est que tu apprends qu'il ne t'a pas donné de récompenses que tu voudrais garder. ⁸Car c'est ainsi seulement que tu seras désireux d'y renoncer, et de le voir à jamais disparu.

2.   N'est-il pas étrange que tu chérisses encore quelque espoir de tirer satisfaction du monde que tu vois ? ²Sous aucun rapport, qu'importe le temps ou la place, rien d'autre que la peur et la culpabilité n'a été ta récompense. ³De combien de temps est-il besoin pour que tu te rendes compte que les chances de changement à cet égard ne valent guère de retarder un changement qui pourrait apporter un meilleur résultat ? ⁴Car une chose est sûre : ta façon de voir, et de voir depuis longtemps, ne donne aucun appui pour fonder tes espoirs futurs, et rien qui suggère un quelconque succès. ⁵Placer tes espoirs où il n'y a pas d'espoir doit te rendre désespéré. ⁶Or ce désespoir est ton choix, tant que tu voudrais chercher l'espoir où jamais il ne s'en trouve.

3.   N'est-il pas vrai aussi que tu as trouvé quelque espoir à part de cela ; quelque lueur — inconstante, vacillante, et pourtant entrevue — de ce que l'espérance est justifiée pour des raisons qui ne sont pas de ce monde ? ²Et pourtant, ton espoir qu'elles puissent encore être ici t'empêche encore d'abandonner la tâche désespérée et ingrate que tu t'es donnée. ³Cela peut-il avoir du sens de tenir la fixe croyance qu'il y a lieu de continuer à poursuivre ce qui a toujours échoué, pour la raison que cela va réussir tout à coup et apporter ce que cela n'a jamais apporté auparavant ?

4.   Son passé *a* échoué. ²Sois heureux qu'il ait disparu dans ton esprit pour enténébrer ce qui est là. ³Ne prends pas la forme pour le contenu, car la forme n'est qu'un moyen pour le contenu. ⁴Et le cadre n'est qu'un moyen de montrer le tableau, pour qu'il puisse être vu. ⁵Un cadre qui cache le tableau n'a aucun but. ⁶Ce ne peut pas être un cadre si c'est ce que tu vois. ⁷Sans le tableau, le cadre est sans sa signification. ⁸Son but est de faire valoir le tableau, et non lui-même.

5.   Qui suspend un cadre vide à un mur puis se tient devant lui, dans une profonde révérence, comme si un chef-d'œuvre se pouvait voir là ? ²Or si tu vois ton frère comme un corps, c'est cela même que tu fais. ³Le chef-d'œuvre que Dieu a posé dans ce cadre est tout ce qu'il y a à voir. ⁴Le corps le tient un certain temps, sans l'obscurcir en aucune façon. ⁵Or ce que Dieu a créé n'a pas besoin de cadre, car ce qu'Il a créé, Il le soutient et l'encadre en Lui-même.

⁶C'est Son chef-d'œuvre qu'Il t'offre à voir. ⁷Préférerais-tu voir le cadre au lieu de cela? ⁸Et ne pas du tout voir le tableau?

6. Le Saint-Esprit est le cadre que Dieu a posé autour de la partie de Lui que tu voudrais voir comme étant séparée. ²Or ce cadre est joint à son Créateur et ne fait qu'un avec Lui et avec Son chef-d'œuvre. ³Tel est son but, et tu ne fais pas du cadre le tableau quand tu choisis de le voir à sa place. ⁴Le cadre que Dieu lui a donné ne fait que servir Son But, et non le tien à part du Sien. ⁵C'est ton but séparé qui obscurcit le tableau et chérit le cadre à la place. ⁶Or Dieu a posé Son chef-d'œuvre dans un cadre qui durera à jamais, quand le tien sera réduit en poussière. ⁷Mais ne pense pas que le tableau soit détruit en quelque façon que ce soit. ⁸Ce que Dieu crée est à l'abri de toute corruption, inchangé et parfait dans l'éternité.

7. Accepte le cadre de Dieu au lieu du tien, et tu verras le chef-d'œuvre. ²Regarde sa beauté et comprends l'Esprit qui l'a pensé, non en chair et en os mais dans un cadre aussi beau que Lui-même. ³Sa sainteté illumine l'impeccabilité que le cadre de ténèbres cache, et jette un voile de lumière sur la face du tableau qui n'est qu'un reflet de la lumière qui rayonne de lui vers son Créateur. ⁴Ne pense pas que cette face ait jamais été enténébrée parce que tu l'as vue dans un cadre de mort. ⁵Dieu l'a gardée à l'abri pour que tu puisses la regarder et voir la sainteté qu'Il lui a donnée.

8. Dans les ténèbres vois ton sauveur, qui te délivre *des* ténèbres, et comprends ton frère tel que l'Esprit de son Père te le montre. ²Il sortira des ténèbres comme ton regard se posera sur lui, et tu ne verras plus la noirceur. ³Les ténèbres ne l'ont pas touché, pas plus que toi qui l'as fait sortir pour le regarder. ⁴Son impeccabilité n'est qu'une image de la tienne. ⁵Sa douceur devient ta force, et tous deux regarderez avec joie au-dedans et verrez la sainteté qui doit y être à cause de ce que tu as vu en lui. ⁶Il est le cadre dans lequel est posée ta sainteté, et ce que Dieu lui a donné doit t'être donné. ⁷Peu importe à quel point il passe sur le chef-d'œuvre en lui et ne voit qu'un cadre de ténèbres, c'est quand même ta seule fonction de contempler en lui ce qu'il ne voit pas. ⁸Et ce voyant la vision est partagée qui regarde le Christ au lieu de voir la mort.

9. Comment le Seigneur du Ciel pourrait-Il ne pas être heureux si tu apprécies Son chef-d'œuvre? ²Que pourrait-Il faire d'autre que te rendre grâce, toi qui aimes Son Fils comme Il le fait? ³Ne te ferait-Il pas connaître Son Amour, si tu ne faisais que partager

Sa louange de ce qu'Il aime ? [4]Dieu chérit la création comme le Père parfait qu'Il est. [5]Ainsi Sa joie est rendue complète quand n'importe quelle partie de Lui se joint à Sa louange, pour partager Sa joie. [6]Ce frère est le don parfait qu'Il te fait. [7]Et Il est heureux et reconnaissant quand tu remercies Son Fils parfait d'être ce qu'il est. [8]Et tous Ses remerciements et tout Son bonheur luisent sur toi qui voudrais compléter Sa joie, et Lui avec elle. [9]Et ainsi la tienne est complétée. [10]Nul rai de ténèbres ne peut être vu par ceux dont la volonté est de rendre complet le bonheur de leur Père, et le leur avec le Sien. [11]La gratitude de Dieu Lui-même est librement offerte à quiconque partage Son but. [12]Ce n'est pas Sa Volonté d'être seul. [13]Et ce n'est pas non plus la tienne.

10.   Pardonne à ton frère, et tu ne peux pas te séparer de lui ni de son Père. [2]Tu n'as pas besoin de pardon, car ceux qui sont entièrement purs n'ont jamais péché. [3]Donne donc ce qu'Il t'a donné, afin de voir ainsi Son Fils ne faisant qu'un et de remercier son Père comme Il te remercie. [4]Ne crois pas non plus que toute Sa louange ne te soit pas donnée. [5]Car ce que tu donnes est à Lui, et, en le donnant, tu apprends à comprendre le don qu'Il te fait. [6]Et donne au Saint-Esprit ce qu'Il offre au Père comme au Fils. [7]Rien n'a du pouvoir sur toi, sauf Sa Volonté et la tienne, qui ne fait qu'étendre Sa Volonté. [8]C'est pour cela que tu as été créé, et ton frère avec toi et ne faisant qu'un avec toi.

11.   Toi et ton frère êtes les mêmes, comme Dieu Lui-même est Un et non divisé en Sa Volonté. [2]Et vous devez avoir un seul but puisqu'Il a donné le même à vous deux. [3]Sa Volonté est rassemblée lorsque vous vous joignez en volonté, afin que tu sois rendu complet en offrant complétude à ton frère. [4]Ne vois pas en lui la peccabilité qu'il voit, mais rends-lui honneur afin d'avoir de l'estime pour toi et pour lui. [5]À toi et à ton frère le pouvoir du salut est donné, afin que l'évasion hors des ténèbres dans la lumière vous soit donnée à partager ; et que vous voyiez ne faisant qu'un ce qui n'a jamais été séparé ni à part de tout l'Amour de Dieu également donné.

III. Perception et choix

1.   Dans la mesure où tu estimes la culpabilité, dans cette mesure tu percevras un monde dans lequel l'attaque est justifiée. [2]Dans la mesure où tu reconnais que la culpabilité est in-signifiante, dans

cette mesure tu percevras que l'attaque ne peut pas *être* justifiée. ³Ceci s'accorde avec la loi fondamentale de la perception : tu vois ce que tu crois qu'il y a là, et tu crois que c'est là parce que tu veux que ce le soit. ⁴La perception n'a pas d'autre loi que celle-là. ⁵Le reste ne fait qu'en découler, pour la maintenir et lui offrir un support. ⁶C'est la forme perceptuelle, adaptée à ce monde, de la loi de Dieu plus fondamentale : que l'amour se crée lui-même, et rien que lui-même.

2.   Les lois de Dieu ne s'appliquent pas directement à un monde que la perception gouverne, car un tel monde n'aurait pas pu être créé par l'Esprit pour lequel la perception n'a aucune signification. ²Or Ses lois sont partout reflétées. ³Pas que le monde où est ce reflet soit le moindrement réel. ⁴Seulement parce que Son Fils croit qu'il l'est, et de la croyance de Son Fils Il ne pouvait pas Se laisser Lui-même être entièrement séparé. ⁵Il ne pouvait pas entrer dans l'insanité de Son Fils avec lui, mais Il pouvait S'assurer que Sa Santé d'Esprit irait avec lui, afin qu'il ne puisse pas être perdu à jamais dans la folie de son souhait.

3.   La perception repose sur le choix ; la connaissance, pas. ²La connaissance a une seule loi, parce qu'elle a un seul Créateur. ³Mais ce monde en a deux qui l'ont fait, et ils ne le voient pas comme le même. ⁴Pour chacun il a un but différent, et pour chacun c'est le moyen parfait de servir le but pour lequel il est perçu. ⁵Pour la particularité, c'est le cadre parfait pour la faire valoir, le parfait champ de bataille pour livrer ses guerres, le parfait abri pour les illusions qu'elle voudrait rendre réelles. ⁶Il n'en est pas une qu'elle ne soutienne dans sa perception ; pas une qui ne puisse être pleinement justifiée.

4.   Il y a un autre Faiseur du monde, le Correcteur simultané de la folle croyance voulant que quoi que ce soit puisse être établi et maintenu sans quelque lien qui le garde encore sous les lois de Dieu ; non comme la loi elle-même soutient l'univers tel que Dieu l'a créé, mais sous quelque forme adaptée au besoin que le Fils de Dieu croit avoir. ²Une erreur corrigée est la fin de l'erreur. ³Ainsi Dieu a toujours protégé Son Fils, même dans l'erreur.

5.   Il y a un autre but dans le monde que l'erreur a fait, parce qu'il a un autre Faiseur Qui peut en réconcilier le but avec celui de Son Créateur. ²Dans Sa perception du monde, rien n'est vu qui ne justifie le pardon et la vue d'une parfaite impeccabilité. ³Rien ne surgit qui ne rencontre un pardon instantané et complet. ⁴Rien ne reste un instant, pour obscurcir l'impeccabilité qui luit inchangée,

au-delà des tentatives pitoyables de la particularité pour la chasser de l'esprit, où elle doit être, et éclairer le corps à sa place. [5]Les lampes du Ciel ne sont pas là pour que l'esprit choisisse de les voir où il veut. [6]S'il choisit de les voir ailleurs qu'en leur demeure, comme si elles éclairaient un lieu où jamais elles ne pourraient être, alors le Faiseur du monde doit corriger ton erreur, pour que tu ne restes pas dans les ténèbres où les lampes ne sont pas.

6.   Chacun ici est entré dans les ténèbres, or nul n'y est entré seul. [2]Pas plus qu'il n'a besoin d'y rester plus qu'un instant. [3]Car il est venu avec l'Aide du Ciel au-dedans de lui, prête à le guider hors des ténèbres dans la lumière à tout moment. [4]Le moment qu'il choisit peut être n'importe quel moment, car l'aide est là qui n'attend que son choix. [5]Et s'il choisit de se servir de ce qui lui est donné, alors il verra chaque situation qu'il considérait auparavant comme un moyen de justifier sa colère, tournée en un événement qui justifie son amour. [6]Il entendra clairement que les appels à la guerre qu'il entendait auparavant sont réellement des appels à la paix. [7]Il percevra que là où il donnait l'attaque n'est qu'un autre autel où il peut, avec autant de facilité et bien plus de bonheur, accorder le pardon. [8]Et il réinterprétera toute tentation comme étant juste une autre chance de lui apporter la joie.

7.   Comment une malperception peut-elle être un péché ? [2]Laisse toutes les erreurs de ton frère n'être rien pour toi, sauf une chance de voir comment œuvre l'Aide qui t'est donnée pour voir le monde qu'Il a fait au lieu du tien. [3]Qu'est-ce, donc, qui *est* justifié ? [4]Qu'est-ce que tu veux ? [5]Car ces deux questions sont les mêmes. [6]Et quand tu les vois comme les mêmes, ton choix est fait. [7]Car c'est de les voir comme une seule qui apporte délivrance de la croyance qu'il y a deux façons de voir. [8]Ce monde a beaucoup à offrir à ta paix, et de nombreuses chances d'étendre ton propre pardon. [9]Tel est son but, pour ceux qui veulent voir la paix et le pardon descendre sur eux, et leur offrir la lumière.

8.   Le Faiseur du monde de douceur a le parfait pouvoir de contre-balancer le monde de violence et de haine qui semble se dresser entre toi et Sa douceur. [2]Il n'est pas là à Ses yeux qui pardonnent. [3]Par conséquent, il n'a pas besoin d'être là aux tiens. [4]Le péché est la fixe croyance que la perception ne peut changer. [5]Ce qui a été damné est damné, et damné à jamais, étant à jamais impardonnable. [6]Si donc cela est pardonné, la perception du péché devait être fausse. [7]Et c'est ainsi que le changement est rendu possible. [8]Le Saint-Esprit aussi voit ce qu'Il voit comme étant bien au-del

de toute chance de changement. ⁹Mais sur Sa vision le péché ne peut pas empiéter, car le péché a été corrigé par Sa vue. ¹⁰Ainsi, ce devait être une erreur, et non un péché. ¹¹Car ce qui, proclamait-il, ne serait jamais, a été. ¹²Le péché est attaqué par la punition, et ainsi préservé. ¹³Mais le pardonner, c'est changer son état d'erreur en vérité.

9. Le Fils de Dieu ne pourrait jamais pécher, mais il peut souhaiter ce qui le blesserait. ²Et il a le pouvoir de penser qu'il peut être blessé. ³Qu'est-ce que cela pourrait être, sinon une malperception de lui-même ? ⁴Est-ce un péché ou une erreur, pardonnable ou non ? ⁵A-t-il besoin d'aide ou de condamnation ? ⁶Est-ce ton but qu'il soit sauvé ou damné ? ⁷Sans oublier que ce qu'il est pour toi fera de ce choix ton avenir ? ⁸Car tu le fais *maintenant*, l'instant où le temps tout entier devient le moyen d'atteindre un but. ⁹Fais donc ton choix. ¹⁰Mais reconnais que par ce choix le but du monde que tu vois est choisi, et sera justifié.

IV. La lumière que tu apportes

1. Des esprits qui sont joints et reconnaissent qu'ils le sont ne peuvent ressentir aucune culpabilité. ²Car ils ne peuvent attaquer et ils se réjouissent qu'il en soit ainsi, voyant leur sécurité dans ce fait heureux. ³Leur joie est dans l'innocence qu'ils voient. ⁴Ainsi ils la recherchent parce que c'est leur but de la contempler et de se réjouir. ⁵Chacun recherche ce qui lui apportera la joie telle qu'il la définit. ⁶Ce n'est pas le but, en soi, qui varie. ⁷Or c'est la façon dont le but est vu qui rend le choix des moyens inévitable, et sans espoir de changement à moins que le but ne soit changé. ⁸Et alors les moyens sont choisis à nouveau, comme ce qui apporte la réjouissance est défini d'une autre façon et recherché différemment.

2. La loi fondamentale de la perception pourrait s'énoncer ainsi : « Tu te réjouiras de ce que tu vois, parce que tu le vois pour te réjouir. » ²Aussi longtemps que tu penses que la souffrance et le péché t'apporteront la joie, aussi longtemps ils seront là pour que tu les vois. ³Rien n'est nuisible ou bienfaisant à part de ce que tu souhaites. ⁴C'est ton souhait qui en fait ce que c'est dans ses effets sur toi. ⁵Parce que tu l'as choisi comme moyen de gagner ces mêmes effets, les croyant porteurs de réjouissance et de joie. ⁶Même au Ciel cette loi s'applique. ⁷Le Fils de Dieu

crée pour s'apporter la joie, partageant le but de son Père en sa propre création, afin que sa joie s'augmente, et celle de Dieu avec la sienne.

3.   Toi, le faiseur d'un monde qui n'est pas, trouve repos et consolation dans un autre monde où demeure la paix. ²Ce monde, tu le portes avec toi à tous les yeux fatigués et aux cœurs las qui regardent le péché et scandent son triste refrain. ³De toi peut venir leur repos. ⁴De toi peut s'élever un monde qu'ils se réjouiront de regarder, et où leur cœur sera content. ⁵En toi est une vision qui s'étend à eux tous et les couvre de douceur et de lumière. ⁶Et dans ce monde de lumière qui va s'élargissant, les ténèbres qu'ils pensaient là sont repoussées, jusqu'à n'être plus que des ombres distantes, dans le lointain, et vite oubliées comme le soleil brillant les réduit à néant. ⁷Et toutes leurs « mauvaises » pensées, leurs espoirs « pécheurs », leurs rêves de culpabilité et de revanche impitoyable, et chaque souhait de blesser, de tuer et de mourir, disparaîtront devant le soleil que tu apportes.

4.   Ne ferais-tu pas cela pour l'Amour de Dieu? ²Et pour *toi-même*? ³Car pense à ce que cela ferait pour toi. ⁴Les « mauvaises » pensées qui te hantent maintenant sembleront de plus en plus distantes et loin de toi. ⁵Elles vont en s'éloignant de plus en plus, parce que le soleil en toi s'est levé afin qu'elles soient repoussées devant la lumière. ⁶Elles s'attardent un moment, un petit moment, leurs formes distordues trop éloignées pour être reconnues, puis elles disparaissent à jamais. ⁷Et dans la lumière du soleil tu te tiendras en toute quiétude, dans l'innocence et entièrement inapeuré. ⁸Et de toi le repos que tu as trouvé s'étendra, de sorte que ta paix ne peut jamais tomber et te laisser sans demeure. ⁹Ceux qui offrent la paix à chacun ont trouvé une demeure au Ciel que le monde ne peut détruire. ¹⁰Car elle est assez vaste pour tenir le monde dans sa paix.

5.   En toi est le Ciel tout entier. ²À chaque feuille qui tombe, la vie est donnée en toi. ³Chaque oiseau qui a jamais chanté chantera à nouveau en toi. ⁴Et chaque fleur qui a jamais éclos a gardé son parfum et sa beauté pour toi. ⁵Quel but peut supplanter la Volonté de Dieu et de Son Fils, que le Ciel soit rendu à celui pour qui il fut créé comme sa seule demeure? ⁶Rien avant et rien après lui. ⁷Pas d'autre lieu; pas d'autre état ni temps. ⁸Rien au-delà ni plus près. ⁹Rien d'autre. ¹⁰Sous aucune forme. ¹¹Cela, tu peux l'apporter au monde entier, et à toutes les pensées qui y sont entrées et ont fait erreur un petit moment. ¹²Comment tes propres erreurs

pourraient-elles mieux être portées à la vérité que par ton désir de porter avec toi la lumière du Ciel, tandis que tu passes par-delà le monde des ténèbres dans la lumière ?

V. L'état d'impeccabilité

1.   L'état d'impeccabilité est simplement ceci : Tout le désir d'attaquer a disparu, et il n'y a donc pas de raison de percevoir le Fils de Dieu autrement qu'il est. ²Le besoin de culpabilité a disparu parce qu'elle n'a pas de but et est in-signifiante sans le but de péché. ³Attaque et péché sont liés comme en une seule illusion, chacun étant la cause, le but et la justification de l'autre. ⁴Chacun est in-signifiant seul, mais semble tirer une signification de l'autre. ⁵Chacun dépend de l'autre pour quelque sens qu'il semble avoir. ⁶Et nul ne pourrait croire en l'un à moins que l'autre ne soit la vérité, car chacun atteste que l'autre doit être vrai.

2.   L'attaque fait du Christ ton ennemi, et Dieu avec Lui. ²Ne dois-tu pas avoir peur avec de tels « ennemis » ? ³Et ne dois-tu pas avoir peur de toi-même ? ⁴Car tu t'es blessé toi-même, et tu as fait de ton Soi ton « ennemi ». ⁵Et maintenant tu dois croire que tu n'es pas toi, mais quelque chose d'étranger à toi-même et « quelque chose d'autre », un « quelque chose » à craindre plutôt qu'à aimer. ⁶Qui attaquerait ce qu'il perçoit comme étant entièrement innocent ? ⁷Et qui, *parce qu'*il souhaite attaquer, peut manquer de penser qu'il doit être coupable pour maintenir ce souhait, tout en voulant l'innocence ? ⁸Car qui pourrait considérer le Fils de Dieu innocent et le vouloir mort ? ⁹Le Christ Se tient devant toi, chaque fois que tu regardes ton frère. ¹⁰Il n'a pas disparu parce que tes yeux sont fermés. ¹¹Mais qu'y a-t-il à voir si tu cherches ton Sauveur en Le voyant par des yeux qui ne voient pas ?

3.   Ce n'est pas le Christ que tu vois en regardant ainsi. ²C'est « l'ennemi » que tu regardes et confonds avec le Christ. ³Et que tu hais parce qu'il n'y a pas de péché pour toi à voir en lui. ⁴Tu n'entends pas non plus son appel plaintif, dont le contenu est inchangé quelle que soit la forme sous laquelle l'appel est fait, à t'unir à lui, et à te joindre à lui dans l'innocence et la paix. ⁵Et pourtant, sous les cris insensés de l'ego, tel est l'appel que Dieu lui a donné, afin qu'en lui tu entendes Son Appel à toi, et répondes en rendant à Dieu ce qui est le Sien.

4.   Le Fils de Dieu ne demande de toi que ceci : que tu lui rendes ce qui est son dû, afin de pouvoir le partager avec lui. ²Seul, ni l'un ni l'autre ne l'a. ³Ainsi il doit être sans utilité pour les deux. ⁴Ensemble, il donnera à chacun une force égale pour sauver l'autre, et se sauver soi-même avec lui. ⁵Par toi pardonné, ton sauveur t'offre le salut. ⁶Par toi condamné, il t'offre la mort. ⁷En chacun tu ne vois que le reflet de ce que tu choisis qu'il soit pour toi. ⁸Si tu décides de rejeter la fonction qui lui est propre, la seule qu'il ait en vérité, tu le prives de toute la joie qu'il aurait trouvée s'il avait rempli le rôle que Dieu lui a donné. ⁹Mais ne pense pas que le Ciel soit perdu pour lui seul. ¹⁰Pas plus qu'il ne peut être regagné à moins que la voie ne lui soit montrée par toi, pour que toi-même la trouves, en marchant à ses côtés.

5.   Ce n'est pas un sacrifice qu'il soit sauvé, car par sa liberté tu gagneras la tienne. ²Laisser sa fonction être remplie, ce n'est que le moyen de laisser la tienne l'être. ³Ainsi tu marches vers le Ciel ou vers l'enfer, mais pas seul. ⁴Comme sera belle son impeccabilité quand tu la percevras ! ⁵Comme sera grande ta joie, quand il sera libre de t'offrir le don de la vue que Dieu lui a donné pour toi ! ⁶Il n'a pas d'autre besoin que celui-ci : que tu lui accordes la liberté de compléter la tâche que Dieu lui a donnée. ⁷Souviens-toi uniquement de ceci : que ce qu'il fait, tu le fais, avec lui. ⁸Et comme tu le vois, ainsi tu définis la fonction qu'il aura pour toi, jusqu'à ce que tu le voies différemment et le laisses être ce que Dieu a désigné qu'il soit pour toi.

6.   Contre la haine que le Fils de Dieu peut chérir envers lui-même, Dieu est tenu pour impuissant à sauver ce qu'Il a créé de la douleur de l'enfer. ²Mais dans l'amour qu'il se montre à lui-même, Dieu est rendu libre de laisser Sa Volonté être faite. ³En ton frère tu vois l'image de ta propre croyance en ce que la Volonté de Dieu doit être pour toi. ⁴Dans ton pardon, tu comprendras Son Amour pour toi ; par ton attaque, tu croiras qu'Il te hait et penseras que le Ciel doit être l'enfer. ⁵Regarde ton frère encore une fois, non sans la compréhension qu'il est la voie vers le Ciel ou vers l'enfer, comme tu le perçois. ⁶Mais n'oublie pas ceci : le rôle que tu lui donnes t'est donné, et tu suivras la voie que tu lui as indiquée parce que c'est ton jugement sur toi-même.

VI. La fonction particulière

1. La grâce de Dieu repose doucement sur des yeux qui pardonnent, et tout ce qu'ils contemplent parle de Lui à celui qui regarde. [2]Il ne peut voir aucun mal; rien à craindre dans le monde, et personne qui soit différent de lui. [3]Et comme il les aime, ainsi il se regarde lui-même avec amour et douceur. [4]Il ne voudrait pas plus se condamner lui-même pour ses erreurs que damner autrui. [5]Il n'est pas un arbitre de vengeance, ni un punisseur de péché. [6]La bonté de son regard repose sur lui-même avec toute la tendresse qu'il offre aux autres. [7]Car il voudrait seulement guérir et seulement bénir. [8]Étant en accord avec ce que Dieu veut, il a le pouvoir de guérir et de bénir tous ceux qu'il contemple avec la grâce de Dieu sur son regard.

2. Les yeux s'habituent aux ténèbres, et la lumière d'un jour brillant semble douloureuse pour des yeux longtemps accoutumés aux vagues effets perçus au crépuscule. [2]Et ils se détournent de la lumière du soleil et de la clarté qu'elle apporte à ce qu'ils regardent. [3]Le vague semble mieux; plus facile à voir et mieux reconnu. [4]En quelque sorte, le flou et plus obscur semble plus facile à regarder, moins douloureux pour les yeux que ce qui est entièrement clair et non ambigu. [5]Or ce n'est pas à cela que les yeux servent, et qui peut dire qu'il préfère les ténèbres tout en maintenant qu'il veut voir?

3. Le souhait de voir appelle la grâce de Dieu à descendre sur tes yeux et apporte le don de lumière qui rend la vue possible. [2]Voudrais-tu contempler ton frère? [3]Dieu est heureux de te le faire voir. [4]Il ne veut pas que ton sauveur soit non reconnu de toi. [5]Il ne veut pas non plus qu'il reste sans la fonction qu'Il lui a donnée. [6]Ne le laisse plus seul, car les solitaires sont ceux qui ne voient pour eux aucune fonction à remplir dans le monde; nulle part où l'on ait besoin d'eux et nul but qu'ils soient les seuls à pouvoir remplir parfaitement.

4. Telle est la bienveillante perception qu'a le Saint-Esprit de la particularité : Son usage de ce que tu as fait, pour guérir au lieu de nuire. [2]À chacun Il donne une fonction particulière dans le salut que lui seul peut remplir; un rôle juste pour lui. [3]Et le plan n'est pas complet jusqu'à ce qu'il trouve sa fonction particulière et remplisse le rôle qui lui est assigné, pour se rendre complet dans un monde où règne l'incomplétude.

5.   Ici, où les lois de Dieu ne prévalent pas sous une forme parfaite, quand même il peut faire *une* chose parfaite et faire *un* choix parfait. ²Et par cet acte de fidélité particulière envers quelqu'un perçu comme autre que lui, il apprend que le don fut donné à lui-même, et qu'ils doivent donc ne faire qu'un. ³Le pardon est la seule fonction signifiante dans le temps. ⁴C'est le moyen que le Saint-Esprit utilise pour traduire la particularité de péché en salut. ⁵Le pardon est pour tous. ⁶Mais quand il repose sur tous, il est complet, et chaque fonction de ce monde est complétée avec lui. ⁷Alors le temps n'est plus. ⁸Or, dans le temps, il y a encore beaucoup à faire. ⁹Et chacun doit faire ce qui lui est imparti, car le plan tout entier dépend de son rôle. ¹⁰Il *a* un rôle particulier dans le temps, car ainsi il l'a choisi et, le choisissant, il l'a fait pour lui-même. ¹¹Son souhait ne lui a pas été nié mais a été changé de forme, pour qu'il serve son frère et lui-même et devienne ainsi un moyen de sauver au lieu de perdre.

6.   Le salut n'est rien de plus qu'un rappel de ce que ce monde n'est pas ta demeure. ²Ses lois ne te sont pas imposées, ses valeurs ne sont pas les tiennes. ³Et rien de ce que tu penses voir en lui n'est réellement là. ⁴Cela est vu et compris lorsque chacun assume son rôle dans son défaire, comme il l'avait fait pour le faire. ⁵Il a les moyens pour l'un et l'autre, comme il les a toujours eus. ⁶La particularité qu'il a choisie pour se blesser, Dieu l'a désignée pour être le moyen pour son salut, à l'instant même où le choix a été fait. ⁷Son péché particulier a été fait sa grâce particulière. ⁸Sa haine particulière devint son amour particulier.

7.   Le Saint-Esprit a besoin de ta fonction particulière, pour que la Sienne soit remplie. ²Ne pense pas que tu manques d'une valeur particulière ici. ³Tu la voulais, et elle t'est donnée. ⁴Tout ce que tu as fait peut servir le salut facilement et bien. ⁵Le Fils de Dieu ne peut faire aucun choix que le Saint-Esprit ne puisse employer pour lui, et non contre lui. ⁶Ce n'est que dans les ténèbres que ta particularité semble être une attaque. ⁷Dans la lumière, tu la vois comme ta fonction particulière dans le plan pour sauver le Fils de Dieu de toute attaque, et lui laisser comprendre qu'il est en sécurité, comme il l'a toujours été, et le restera dans le temps et l'éternité pareillement. ⁸Voilà la fonction qui t'est donnée pour ton frère. ⁹Prends-la doucement, donc, de la main de ton frère, et laisse le salut s'accomplir parfaitement en toi. ¹⁰Fais cette *seule* chose, pour que tout te soit donné.

VII. La pierre du salut

1. Or si le Saint-Esprit peut commuer en bénédiction chaque sentence que tu t'es imposée, alors ce ne peut pas être un péché. ²Le péché est la seule chose au monde qui ne puisse changer. ³Il est immuable. ⁴Et de son immuabilité, le monde dépend. ⁵La magie du monde peut sembler cacher aux pécheurs la douleur du péché, et les tromper avec parures et ruses. ⁶Or chacun sait que le coût du péché, c'est la mort. ⁷Et c'est ainsi. ⁸Car le péché est une requête de mort, le souhait de rendre les fondements de ce monde aussi sûrs que l'amour, aussi fiables que le Ciel et aussi forts que Dieu Lui-même. ⁹Le monde est à l'abri de l'amour pour quiconque pense que le péché est possible. ¹⁰Et il ne changera pas non plus. ¹¹Or est-il possible que ce que Dieu n'a pas créé ait les mêmes attributs que Sa création, alors que cela s'y oppose à tous égards ?

2. Ça ne peut pas être que le souhait de mort du « pécheur » est tout aussi fort que la Volonté de vie de Dieu. ²Ni que les bases d'un monde qu'Il n'a pas fait sont aussi fermes et sûres que le Ciel. ³Comment se pourrait-il que l'enfer et le Ciel soient les mêmes ? ⁴Et est-il possible que ce qu'Il n'a pas voulu ne puisse être changé ? ⁵Qu'est-ce qui est immuable, à part Sa Volonté ? ⁶Et qu'est-ce qui peut partager ses attributs, sauf elle-même ? ⁷Quel souhait peut s'élever contre Sa Volonté, et être immuable ? ⁸Si tu pouvais te rendre compte que rien n'est inchangeable, que la Volonté de Dieu, ce cours ne serait pas difficile pour toi. ⁹Car c'est cela que tu ne crois pas. ¹⁰Or il n'est rien d'autre que tu pourrais croire, si seulement tu regardais ce qu'elle est réellement.

3. Revenons à ce que nous avons dit plus tôt, et pensons-y plus attentivement. ²Ce doit être soit que Dieu est fou, soit que ce monde est un lieu de folie. ³Il n'est pas une de Ses Pensées qui ait le moindre sens en ce monde. ⁴Et rien de ce que ce monde tient pour vrai n'a la moindre signification dans Son Esprit. ⁵Ce qui n'a pas de sens et pas de signification est insanité. ⁶Et ce qui est folie ne peut pas être la vérité. ⁷Si une seule croyance si profondément estimée ici était vraie, alors chaque Pensée que Dieu a jamais eue serait une illusion. ⁸Et si une seule de Ses Pensées est vraie, alors toutes les croyances auxquelles le monde donne une signification sont fausses, et n'ont pas le moindre sens. ⁹Voilà le choix que tu fais. ¹⁰Ne tente pas de le voir différemment, ni de le tourner en quelque chose qu'il n'est pas. ¹¹Car c'est la seule décision que tu puisses prendre. ¹²Le reste appartient à Dieu, et non à toi.

4. Justifier une seule valeur que le monde soutient, c'est nier la santé d'esprit de ton Père et la tienne. ²Car Dieu et Son Fils bien-aimé ne pensent pas différemment. ³Et c'est l'accord de Leur pensée qui rend le Fils co-créateur avec l'Esprit Dont la Pensée l'a créé. ⁴Donc s'il choisit de croire une seule pensée opposée à la vérité, il a décidé qu'il n'est pas le Fils de son Père parce que le Fils est fou, et la santé d'esprit doit se trouver à part à la fois du Père et du Fils. ⁵Voilà ce que tu crois. ⁶Ne pense pas que cette croyance dépende de la forme qu'elle prend. ⁷Qui pense que le monde est sain d'esprit de quelque façon que ce soit, est justifié dans quoi que ce soit qu'il pense, ou est maintenu par une forme quelconque de raison, croit que cela est vrai. ⁸Le péché n'est pas réel *parce que* le Père et le Fils ne sont pas insanes. ⁹Ce monde est in-signifiant *parce qu*'il repose sur le péché. ¹⁰Qui pourrait créer l'inchangeable s'il ne repose pas sur la vérité?

5. Le Saint-Esprit a le pouvoir de changer tout le fondement du monde que tu vois en quelque chose d'autre; une base qui n'est pas insane, sur laquelle une perception saine peut être fondée, un autre monde perçu. ²Un monde dans lequel rien n'est contredit qui mènerait le Fils de Dieu à la santé d'esprit et à la joie. ³Rien n'atteste la mort et la cruauté, la séparation et les différences. ⁴Car ici tout est perçu comme étant un, et nul ne perd afin que chacun gagne.

6. Tout ce que tu crois, soumets-le au test de cette seule condition, et comprends que tout ce qui remplit cette seule exigence est digne de ta foi. ²Mais rien d'autre. ³Ce qui n'est pas amour est péché, et chacun perçoit l'autre comme insane et in-signifiant. ⁴L'amour est la base d'un monde perçu comme entièrement fou pour les pécheurs, qui croient que leur voie est celle qui mène à la santé d'esprit. ⁵Mais le péché est également insane aux yeux de l'amour, dont le doux regard voudrait aller par-delà la folie et se poser paisiblement sur la vérité. ⁶Chacun voit un monde immuable, comme chacun définit l'inchangeable et éternelle vérité de ce que tu es. ⁷Et chacun reflète une vue de ce que le Père et le Fils doivent être, pour rendre ce point de vue signifiant et sain.

7. Ta fonction particulière est la forme particulière sous laquelle le fait que Dieu n'est pas insane t'apparaît le plus sensé et le plus signifiant. ²Le contenu est le même. ³La forme est adaptée à tes besoins particuliers, au temps et au lieu particuliers dans lesquels tu penses te trouver, et où tu peux être libre du lieu et du temps, et de tout ce que tu crois devoir te limiter. ⁴Le Fils de Dieu ne peut

pas être lié par le temps ni le lieu ni quoi que ce soit que Dieu n'a pas voulu. ⁵Or si Sa Volonté est vue comme folie, alors la forme de santé d'esprit qui la rend le plus acceptable à ceux qui sont insanes requiert un choix particulier. ⁶Et ce choix ne peut pas non plus être fait par les insanes, dont le problème est que leurs choix ne sont pas libres, ni guidés par la raison à la lumière du bon sens.

8.   Ce *serait* folie de confier le salut aux insanes. ²Parce qu'Il n'est pas fou, Dieu en a désigné Un, aussi saint d'esprit que Lui, pour faire s'élever un monde plus sain à la vue de quiconque a choisi l'insanité pour son salut. ³À Celui-là est donné le choix de la forme qui lui convient le mieux : une forme qui n'attaquera pas le monde qu'il voit, mais y entrera tranquillement et lui montrera qu'il est fou. ⁴Celui-là ne fait qu'indiquer une alternative, une autre façon de regarder ce qu'il a vu auparavant et reconnaît comme le monde dans lequel il vit, et qu'auparavant il pensait comprendre.

9.   Maintenant c'est ce qu'il doit remettre en question, parce que l'alternative a une forme qu'il ne peut nier, sur laquelle il ne peut passer et qu'il ne peut manquer complètement de percevoir. ²Pour chacun une fonction particulière est conçue pour être perçue comme possible, et de plus en plus désirée au fur et à mesure qu'elle lui prouve que c'est une alternative qu'il veut vraiment. ³De cette position, sa peccabilité, et tout le péché qu'il voit dans le monde, lui offrent de moins en moins. ⁴Jusqu'à ce qu'il en vienne à comprendre qu'ils lui ont coûté sa santé d'esprit, et qu'ils se dressent entre lui et quelque espoir qu'il a d'être sain d'esprit. ⁵Il n'est pas non plus sans pouvoir s'évader de la folie, car il a un rôle particulier dans l'évasion de chacun. ⁶Il ne peut pas plus être laissé en-dehors, sans une fonction particulière dans l'espoir de paix, que son Père ne pourrait passer sur Son Fils, et passer outre sans souci ni considération pour lui.

10.   Qu'y a-t-il de fiable, sauf l'Amour de Dieu ? ²Et où demeure la santé d'esprit, sauf en Lui ? ³Celui Qui parle pour Lui peut te montrer cela, dans l'alternative qu'Il a choisie pour toi particulièrement. ⁴C'est la Volonté de Dieu que tu te souviennes de cela, et émerges ainsi du deuil le plus profond à la joie parfaite. ⁵Accepte la fonction qui t'a été assignée dans le Propre plan de Dieu pour montrer à Son Fils que l'enfer et le Ciel sont différents, et non les mêmes. ⁶Et qu'au Ciel *Ils* sont tous les mêmes, sans les différences qui auraient fait un enfer du Ciel et un ciel de l'enfer, si une telle insanité avait été possible.

11.   Toute la croyance voulant que quelqu'un perde ne fait que refléter le principe sous-jacent que Dieu doit être insane. ²Car dans ce monde il semble que l'un doive gagner *parce qu*'un autre a perdu. ³Si cela était vrai, alors Dieu est fou, en effet! ⁴Mais qu'est-ce que cette croyance, sinon une forme du principe plus fondamental : « Le péché est réel et gouverne le monde »? ⁵Pour chaque petit gain, quelqu'un doit perdre, et payer le montant exact en sang et en souffrance. ⁶Car autrement le mal triompherait et la destruction serait le coût total de quelque gain que ce soit. ⁷Toi qui crois que Dieu est fou, considère cela attentivement, et comprends que ce doit être ou Dieu ou cela qui est insane, mais guère les deux.

12.   Le salut est renaissance de l'idée que personne ne peut perdre pour que quiconque gagne. ²Et tous *doivent* gagner, si quiconque doit être gagnant. ³Ici est rétablie la santé d'esprit. ⁴Et sur cette seule pierre de vérité, la foi en l'éternelle santé d'esprit de Dieu peut reposer dans une parfaite confiance et une paix parfaite. ⁵La raison est satisfaite, car toutes les croyances insanes peuvent être corrigées ici. ⁶Et le péché doit être impossible, si cela est vrai. ⁷Voilà la pierre sur laquelle repose le salut, la position élevée d'où le Saint-Esprit donne une signification et une direction au plan dans lequel ta fonction particulière a un rôle. ⁸Car ici ta fonction particulière est rendue entière, parce qu'elle partage la fonction du tout.

13.   Rappelle-toi que toute tentation n'est que ceci : une folle croyance voulant que l'insanité de Dieu te rendrait sain d'esprit et te donnerait ce que tu veux; que soit Dieu, soit toi, doit perdre contre la folie, parce que vos buts ne peuvent pas être réconciliés. ²La mort exige la vie, mais la vie n'est pas maintenue à n'importe quel prix. ³Nul ne peut souffrir pour que la Volonté de Dieu soit accomplie. ⁴Le salut est Sa Volonté *parce que* tu la partages. ⁵Pas pour toi seul, mais pour le Soi Qui est le Fils de Dieu. ⁶Il ne peut pas perdre, car s'il le pouvait la perte serait celle de son Père, et en Lui nulle perte n'est possible. ⁷Et cela est sain parce que c'est la vérité.

VIII. La justice retournée à l'amour

1.   Le Saint-Esprit peut utiliser tout ce que tu Lui donnes pour ton salut. ²Mais il ne peut pas utiliser ce que tu retiens, car Il ne peut pas te le prendre sans que tu le désires. ³Car s'Il le faisait,

tu croirais qu'Il te l'a arraché contre ta volonté. ⁴Ainsi tu n'apprendrais pas que c'*est* ta volonté d'être sans cela. ⁵Tu n'as pas besoin d'être entièrement désireux de le Lui donner, car si tu le pouvais tu n'aurais pas eu besoin de Lui. ⁶Mais de ceci Il a besoin : que tu préfères qu'Il le prenne plutôt que tu ne le gardes pour toi seul, et que tu reconnaisses que ce qui n'apporte de perte à personne, tu ne le connais pas. ⁷C'est cela qu'il est nécessaire d'ajouter à l'idée que personne ne peut perdre pour que tu gagnes. ⁸Et rien de plus.

2. Voilà le seul principe dont le salut ait besoin. ²Il n'est pas nécessaire non plus que ta foi en lui soit solide, inébranlable, et inattaquée par toutes les croyances qui lui sont opposées. ³Tu n'as pas d'allégeance fixe. ⁴Mais souviens-toi que ceux qui sont sauvés n'ont pas besoin de salut. ⁵Tu n'es pas appelé à faire ce que trouverait impossible celui qui est encore divisé contre lui-même. ⁶Aie peu de foi en ce que la sagesse se puisse trouver dans un tel état d'esprit. ⁷Mais sois reconnaissant de ce qu'il ne t'est demandé que peu de foi. ⁸Que reste-t-il à ceux qui croient encore au péché, sauf peu de foi? ⁹Que pourraient-ils connaître du Ciel et de la justice des sauvés?

3. Il y a une sorte de justice dans le salut dont le monde ne connaît rien. ²Pour le monde, justice et vengeance sont les mêmes, car les pécheurs voient la justice uniquement comme leur punition, peut-être subie par quelqu'un d'autre mais sans moyen d'y échapper. ³Les lois du péché exigent une victime. ⁴Qui cela peut être importe peu. ⁵Mais la mort doit être le coût et le coût doit être payé. ⁶Cela n'est pas justice, mais insanité. ⁷Or comment la justice pourrait-elle être définie sans l'insanité, là où l'amour signifie la haine, et où la mort est vue comme une victoire et un triomphe sur l'éternité, l'intemporel et la vie?

4. Toi qui ne connais rien de la justice, tu peux encore demander, et apprendre la réponse. ²La justice regarde tout de la même façon. ³Il n'est pas juste qu'à l'un doive manquer ce qu'un autre a. ⁴Car cela est vengeance, quelque forme qu'elle prenne. ⁵La justice n'exige aucun sacrifice, car tout sacrifice est fait pour que le péché soit préservé et gardé. ⁶C'est un paiement offert pour le coût du péché, mais pas le coût total. ⁷Le reste est pris à un autre, pour être déposé à côté de ton petit paiement, pour « expier » tout ce que tu voudrais garder et ne pas abandonner. ⁸Ainsi la victime est vue comme étant partiellement toi, avec quelqu'un d'autre l'étant de loin en plus grande partie. ⁹Et dans le coût total, plus sa partie est

grande, plus petite est la tienne. ¹⁰Et la justice, étant aveugle, est satisfaite d'être payée, peu importe par qui.

5.   Cela peut-il être justice ? ²Dieu ne connaît rien de cela. ³Mais la justice, Il la connaît et la connaît bien. ⁴Car Il est entièrement équitable envers chacun. ⁵La vengeance est étrangère à l'Esprit de Dieu *parce qu'*Il connaît ce qu'est la justice. ⁶Être juste, c'est être équitable, et non vengeur. ⁷Équité et vengeance sont impossibles, car chacune contredit l'autre et nie qu'elle est réelle. ⁸Il est impossible pour toi de partager la justice du Saint-Esprit avec un esprit qui peut concevoir la moindre particularité. ⁹Or comment pourrait-Il être juste s'Il condamne un pécheur pour les crimes qu'il n'a pas commis, mais pense avoir commis ? ¹⁰Et où serait la justice s'Il exigeait de ceux qui sont obsédés par l'idée de punition qu'ils la mettent de côté, sans aide, et perçoivent qu'elle n'est pas vraie ?

6.   Il est extrêmement difficile pour ceux qui croient encore que le péché est signifiant de comprendre la justice du Saint-Esprit. ²Ils doivent croire qu'Il partage leur propre confusion et ne peut éviter la vengeance que leur propre croyance en la justice doit entraîner. ³Ainsi ils craignent le Saint-Esprit et perçoivent la « colère » de Dieu en Lui. ⁴Ils ne peuvent pas non plus se fier à Lui pour ne pas les frapper à mort à coups d'éclairs arrachés aux « feux » du Ciel par la Main furieuse de Dieu Lui-même. ⁵Ils *croient* que le Ciel est l'enfer, et ils *ont* peur de l'amour. ⁶Et une profonde suspicion et le frisson de la peur s'emparent d'eux quand il leur est dit qu'ils n'ont jamais péché. ⁷Leur monde dépend de la stabilité du péché. ⁸Et ils perçoivent la « menace » de ce que Dieu connaît être la justice comme étant plus destructrice pour eux-mêmes et pour leur monde que la vengeance, qu'ils comprennent et qu'ils aiment.

7.   Ainsi ils pensent que la perte du péché est une malédiction. ²Et ils fuient le Saint-Esprit comme s'Il était un messager de l'enfer, envoyé d'en haut, par traîtrise et par ruse, exécuter contre eux la vengeance de Dieu déguisé en délivreur et ami. ³Que pourrait-Il être pour eux, sinon un démon, vêtu pour les tromper d'une robe d'ange ? ⁴Et quelle évasion a-t-Il pour eux, sinon une porte de l'enfer qui semble avoir l'air d'une porte du Ciel ?

8.   Or la justice ne peut pas punir ceux qui demandent punition mais ont un Juge Qui connaît qu'ils sont entièrement innocents en vérité. ²En justice, Il est tenu de les libérer et de leur donner tout l'honneur qu'ils méritent et qu'ils se sont nié à eux-mêmes parce qu'ils ne sont pas équitables et ne peuvent comprendre

qu'ils sont innocents. ³L'amour n'est pas compréhensible aux pécheurs parce qu'ils pensent que la justice est détachée de l'amour et représente quelque chose d'autre. ⁴Ainsi l'amour est perçu comme faible et la vengeance, forte. ⁵Car l'amour a perdu quand le jugement l'a quitté, et il est trop faible pour sauver de la punition. ⁶Mais la vengeance sans l'amour a gagné en force en étant séparée et à part de l'amour. ⁷Et quoi d'autre que la vengeance peut maintenant aider et sauver, tandis que l'amour se tient là faiblement, les mains impuissantes, privées de justice et de vitalité, incapables de sauver?

9. Qu'est-ce que l'Amour peut te demander, à toi qui penses que tout cela est vrai? ²Pourrait-Il, en justice et amour, croire qu'en ta confusion tu as beaucoup à donner? ³Il ne t'est pas demandé d'avoir une grande confiance en Lui. ⁴Il ne t'offre pas plus que ce que tu vois, et ce que tu reconnais ne pas pouvoir toi-même te donner. ⁵En la Propre justice de Dieu, Il reconnaît tout ce que tu mérites, mais Il comprend aussi que tu ne peux pas l'accepter pour toi-même. ⁶C'est Sa fonction particulière de t'offrir les dons que les innocents méritent. ⁷Et chacun de ceux que tu acceptes Lui apporte la joie aussi bien qu'à toi. ⁸Il connaît que le Ciel est plus riche rendu par chaque don que tu acceptes. ⁹Et Dieu Se réjouit comme Son Fils reçoit ce que la justice aimante connaît pour son dû. ¹⁰Car amour et justice ne sont pas différents. ¹¹C'est *parce qu'*ils sont les mêmes que la miséricorde se tient à la droite de Dieu, et donne au Fils de Dieu le pouvoir de se pardonner lui-même le péché.

10. Celui qui mérite tout, comment se peut-il que quoi que ce soit lui soit refusé? ²Car cela serait une injustice et certes inéquitable envers toute la sainteté qui est en lui, peu importe à quel point il ne la reconnaît pas. ³Dieu ne connaît rien de l'injustice. ⁴Il ne permettrait pas que Son Fils soit jugé par ceux qui cherchent sa mort et ne pourraient pas du tout voir sa valeur. ⁵Quels témoins honnêtes pourraient-ils appeler pour parler en sa faveur? ⁶Et qui pourrait venir plaider pour lui, et non contre sa vie? ⁷Nulle justice ne lui serait rendue par toi. ⁸Or Dieu a garanti que justice serait faite au Fils qu'Il aime, et qu'Il voudrait protéger de toute iniquité que tu pourrais chercher à offrir, croyant que la vengeance est son juste dû.

11. De même que la particularité ne se soucie pas de qui paie le prix du péché, pourvu qu'il soit payé, de même le Saint-Esprit ne tient pas compte de qui regarde enfin l'innocence, pourvu qu'elle

soit vue et reconnue. ²Car un *seul* témoin suffit, s'il voit véritablement. ³La simple justice ne demande pas plus. ⁴À chacun le Saint-Esprit demande s'il sera celui-là, afin que la justice puisse retourner à l'amour, et là être satisfaite. ⁵Chaque fonction particulière qu'Il assigne ne sert qu'à cela : que chacun apprenne que l'amour et la justice ne sont pas séparés. ⁶Et les deux sont renforcés par leur union l'un avec l'autre. ⁷Sans l'amour, la justice est partiale et faible. ⁸Et l'amour sans la justice est impossible. ⁹Car l'amour est équitable, et ne peut châtier sans cause. ¹⁰Quelle cause peut-il y avoir pour justifier une attaque contre les innocents ? ¹¹En justice, donc, l'amour corrige les erreurs, mais point en vengeance. ¹²Car cela serait injuste envers l'innocence.

12. Tu peux être un parfait témoin du pouvoir de l'amour et de la justice, si tu comprends qu'il est impossible que le Fils de Dieu puisse mériter la vengeance. ²Tu n'as pas besoin de percevoir, en toute circonstance, que cela est vrai. ³Tu n'as pas besoin non plus d'avoir recours à ton expérience dans le monde, qui n'est qu'ombres de tout ce qui arrive réellement en toi. ⁴La compréhension dont tu as besoin ne vient pas de toi mais d'un Soi plus large, si grand et si saint qu'Il ne pourrait douter de Son innocence. ⁵Ta fonction particulière est un appel à Lui, afin qu'Il te sourie, à toi dont Il partage l'impeccabilité. ⁶Sa compréhension sera la tienne. ⁷Ainsi la fonction particulière du Saint-Esprit a été remplie. ⁸Le Fils de Dieu a trouvé un témoin de son impeccabilité, et non de ses péchés. ⁹Comme c'est peu, ce que tu as besoin de donner au Saint-Esprit pour que la simple justice te soit donnée !

13. Sans impartialité, il n'y a pas de justice. ²Comment la particularité peut-elle être juste ? ³Ne juge point parce que tu ne peux point, et non parce que tu es un misérable pécheur toi aussi. ⁴Comment les particuliers peuvent-ils réellement comprendre que la justice est la même pour chacun ? ⁵Prendre à l'un pour donner à l'autre doit être une injustice envers les deux, puisqu'ils sont égaux aux yeux du Saint-Esprit. ⁶Leur Père a donné le même héritage aux deux. ⁷Qui voudrait avoir plus ou moins n'a pas conscience qu'il a tout. ⁸Il n'est pas juge de ce qui doit être le dû d'un autre, parce qu'il pense être lui-même privé de quelque chose. ⁹Ainsi il doit être envieux, et essayer de prendre à celui qu'il juge. ¹⁰Il n'est pas impartial et ne peut pas voir équitablement les droits d'un autre parce que les siens lui ont été obscurcis.

14. Tu as droit à tout l'univers; à la paix parfaite, à la délivrance complète de tous les effets du péché, et à la vie éternelle, joyeuse

et complète à tous égards, telles qu'assignées par Dieu à Son saint Fils. ²Voilà la seule justice que le Ciel connaisse, et tout ce que le Saint-Esprit apporte sur terre. ³Ta fonction particulière te montre que rien d'autre que la justice parfaite ne peut prévaloir pour toi. ⁴Et tu es à l'abri de la vengeance sous toutes ses formes. ⁵Le monde trompe, mais il ne peut remplacer la justice de Dieu par sa propre version. ⁶Car seul l'amour est juste et peut percevoir ce que la justice doit accorder au Fils de Dieu. ⁷Laisse l'amour décider, et ne crains jamais que, dans ton iniquité, tu te prives toi-même de ce que la justice de Dieu t'a imparti.

IX. La justice du Ciel

1. Qu'est-ce, sinon de l'arrogance, de penser que tes petites erreurs ne peuvent être défaites par la justice du Ciel? ²Et qu'est-ce que cela pourrait signifier, sinon que ce sont des péchés et non des erreurs, à jamais incorrigibles, qui doivent rencontrer la vengeance et non la justice? ³Es-tu désireux d'être délivré de tous les effets du péché? ⁴Tu ne peux pas répondre à cela avant d'avoir vu tout ce que la réponse doit entraîner. ⁵Car si tu réponds «oui», cela signifie que tu renonceras à toutes les valeurs de ce monde en faveur de la paix du Ciel. ⁶Il n'est pas un seul péché que tu retiendrais. ⁷Et il n'est pas un seul doute que cela est possible auquel tu tiendrais afin de maintenir en place le péché. ⁸Tu penses vraiment que la vérité a une plus grande valeur maintenant que toutes les illusions. ⁹Et tu reconnais que la vérité doit t'être révélée, parce que tu ne connais pas ce qu'elle est.

2. Donner avec réticence, c'est ne pas gagner le don, parce que tu es réticent à l'accepter. ²Il est sauvé pour toi jusqu'à ce que la réticence à le recevoir disparaisse et que tu aies le désir qu'il te soit donné. ³La justice de Dieu justifie la gratitude, et non la peur. ⁴Rien de ce que tu donnes n'est perdu pour toi ni pour qui que ce soit, mais est chéri et préservé au Ciel, où tous les trésors donnés au Fils de Dieu sont gardés pour lui et offerts à quiconque ne fait que tendre la main avec le désir qu'ils soient reçus. ⁵Et le trésor n'est pas moins grand en étant donné. ⁶Chaque don ne fait qu'ajouter à la provision. ⁷Car Dieu est équitable. ⁸Il ne combat pas la réticence de Son Fils à percevoir le salut comme un don de Lui. ⁹Or Sa justice ne sera pas satisfaite jusqu'à ce qu'il soit reçu par chacun.

3.   Sois certain que toute réponse à un problème que résout le Saint-Esprit sera toujours une réponse où personne ne perd. ²Et cela doit être vrai, parce qu'Il ne demande aucun sacrifice de qui que ce soit. ³Une réponse qui exige la moindre perte de qui que ce soit n'a pas résolu le problème mais lui a ajouté et l'a rendu plus grand, plus dur à résoudre et plus inéquitable. ⁴Il est impossible que le Saint-Esprit puisse voir l'iniquité comme une résolution. ⁵Pour Lui, ce qui est inéquitable doit être corrigé *parce que* c'est inéquitable. ⁶Et chaque erreur est une perception où un, au moins, est vu de façon inéquitable. ⁷Ainsi justice n'est pas accordée au Fils de Dieu. ⁸Quand quiconque est considéré comme perdant, il a été condamné. ⁹Et la punition devient son dû au lieu de la justice.

4.   La vue de l'innocence rend la punition impossible et la justice, sûre. ²La perception du Saint-Esprit ne laisse aucun motif pour une attaque. ³Seule une perte pourrait justifier l'attaque, et Lui ne peut voir aucune sorte de perte. ⁴Le monde résout les problèmes d'une autre manière. ⁵Il voit une résolution comme un état dans lequel est décidé qui gagnera et qui perdra ; combien l'un prendra et combien le perdant peut encore défendre. ⁶Or le problème reste encore irrésolu, car seule la justice peut établir un état dans lequel il n'y a pas de perdant ; où personne n'est laissé injustement traité et privé de quelque chose, et donc avec des motifs de vengeance. ⁷La résolution de problèmes ne peut pas être une vengeance, qui au mieux peut apporter un autre problème ajouté au premier, dans lequel le meurtre n'est pas évident.

5.   La résolution de problèmes par le Saint-Esprit est la façon dont le problème prend fin. ²Il a été résolu parce qu'il a rencontré la justice. ³Jusqu'à ce qu'il le fasse, il reviendra, parce qu'il n'a pas encore été résolu. ⁴Le principe que la justice signifie que personne ne peut perdre est crucial pour ce cours. ⁵Car les miracles dépendent de la justice. ⁶Non point comme elle est vue par les yeux de ce monde, mais comme Dieu la connaît et comme la connaissance est reflétée dans la vue que donne le Saint-Esprit.

6.   Nul ne mérite de perdre. ²Et ce qui serait injuste envers lui ne peut pas se produire. ³La guérison doit être pour chacun, parce qu'il ne mérite pas quelque attaque que ce soit. ⁴Quel ordre peut-il y avoir dans les miracles, à moins que quelqu'un mérite de souffrir plus et d'autres moins ? ⁵Et cela est-il justice envers ceux qui sont entièrement innocents ? ⁶Un miracle *est* justice. ⁷Ce n'est pas un don particulier fait à certains, mais refusé à d'autres qui seraient

moins dignes, plus condamnés et donc à part de la guérison. ⁸Qui est-il qui puisse être séparé du salut, si le but en est de mettre fin à la particularité? ⁹Où est la justice du salut si certaines erreurs sont impardonnables et justifient la vengeance à la place de la guérison et du retour de la paix?

7. Le salut ne peut pas chercher à aider le Fils de Dieu à être plus inéquitable qu'il n'a lui-même cherché à l'être. ²Si les miracles, le don du Saint-Esprit, étaient donnés particulièrement à un groupe choisi et particulier, et tenu à part des autres qui le mériteraient moins, alors Il serait l'allié de la particularité. ³Ce qu'Il ne peut percevoir, Il n'en rend point témoignage. ⁴Et chacun a également droit à Son don de guérison, de délivrance et de paix. ⁵Donner un problème au Saint-Esprit à résoudre pour toi, cela signifie que tu *veux* qu'il soit résolu. ⁶Le garder pour toi-même à résoudre sans Son aide, c'est décider qu'il devrait rester en suspens, irrésolu, et garder un pouvoir durable d'injustice et d'attaque. ⁷Nul ne peut être injuste envers toi, à moins que tu n'aies décidé d'abord d'*être* injuste. ⁸Et alors des problèmes doivent surgir pour te bloquer le chemin, et la paix doit être éparpillée par les vents de la haine.

8. À moins de penser que tous tes frères ont avec toi un droit égal aux miracles, tu ne réclameras pas ton droit sur eux parce que tu as été injuste envers quelqu'un ayant des droits égaux. ²Cherche à frustrer et tu te sentiras frustré. ³Cherche à priver et tu as été privé. ⁴Un miracle ne peut jamais être reçu parce qu'un autre ne pouvait pas le recevoir. ⁵Seul le pardon offre des miracles. ⁶Et le pardon doit être juste envers chacun.

9. Les petits problèmes que tu gardes et caches deviennent tes péchés secrets, parce que tu n'as pas choisi de les laisser être enlevés pour toi. ²Ainsi ils amassent la poussière et grandissent jusqu'à couvrir tout ce que tu perçois, ne te laissant équitable envers personne. ³Il n'est pas un seul droit que tu croies avoir. ⁴Et l'amertume, avec la vengeance justifiée et la miséricorde perdue, te condamne comme indigne de pardon. ⁵Les impardonnés n'ont aucune miséricorde à accorder à autrui. ⁶C'est pourquoi ta seule responsabilité doit être de prendre le pardon pour toi-même.

10. Le miracle que tu reçois, tu le donnes. ²Chacun d'eux devient une illustration de la loi sur laquelle repose le salut : que justice doit être faite à tous, si quiconque doit être guéri. ³Nul ne peut perdre, et chacun doit bénéficier. ⁴Chaque miracle est un exemple de ce que la justice peut accomplir lorsqu'elle est offerte à chacun pareillement. ⁵Elle est reçue et donnée également. ⁶Elle est

la prise de conscience que donner et recevoir sont la même chose. [7]Parce qu'elle ne rend pas différent ce qui est le même, elle ne voit pas de différences là où il n'en existe pas. [8]Ainsi elle est la même pour tous, parce qu'elle ne voit pas de différences en eux. [9]Son offrande est universelle, et elle enseigne un seul message :

[10]*Ce qui est à Dieu appartient à chacun, et est son dû.*

Chapitre 26

I. Le « sacrifice » de l'unité

1. Dans la « dynamique » de l'attaque, le sacrifice est une idée clé. ²C'est le pivot sur lequel tous les compromis, toutes les tentatives désespérées pour conclure un marché et tous les conflits atteignent un semblant d'équilibre. ³C'est le symbole du thème central que *quelqu'un doit perdre*. ⁴Que le corps en soit le point de mire, cela est apparent, car c'est toujours une tentative pour limiter la perte. ⁵Le corps est lui-même un sacrifice, un abandon de pouvoir au nom de sauver juste un petit peu pour toi-même. ⁶Voir un frère dans un autre corps, séparé du tien, c'est l'expression du souhait de voir une petite partie de lui et de sacrifier le reste. ⁷Regarde le monde, et tu ne verras rien d'attaché à quoi que soit au-delà de soi-même. ⁸Toutes les entités apparentes peuvent se rapprocher un petit peu, ou s'éloigner un peu plus, mais elles ne peuvent se joindre.

2. Le monde que tu vois est basé sur le « sacrifice » de l'unité. ²C'est l'image d'une complète désunion et d'un manque total de jonction. ³Autour de chaque entité est construit un mur qui paraît si solide qu'il semble que ce qui est à l'intérieur ne pourrait jamais aller au-dehors, et que ce qui est dehors ne pourrait jamais atteindre et se joindre à ce qui est enfermé derrière le mur. ⁴Chaque partie doit sacrifier l'autre partie, pour se garder elle-même complète. ⁵Car si elles se joignaient, chacune perdrait sa propre identité, et c'est par leur séparation que leurs soi sont maintenus.

3. Le petit peu que le corps clôture devient le soi, préservé par le sacrifice de tout le reste. ²Et tout le reste doit perdre cette petite partie, restant incomplet pour garder intacte sa propre identité. ³Dans cette perception de toi-même, la perte du corps serait certes un sacrifice. ⁴Car la vue des corps devient le signe que le sacrifice est limité et qu'il reste encore quelque chose pour toi seul. ⁵Et pour que ce petit peu t'appartienne, des limites sont mises à tout ce qui est extérieur, comme elles le sont à tout ce que tu penses tien. ⁶Car donner et recevoir sont la même chose. ⁷Et accepter les

limites d'un corps, c'est imposer ces limites à chaque frère que tu vois. [8]Car tu dois le voir comme tu te vois toi-même.

4.   Le corps *est* une perte et *peut* être amené à sacrifier. [2]Tant que tu vois ton frère comme un corps, à part de toi et séparé dans sa cellule, tu exiges un sacrifice de lui et de toi. [3]Quel plus grand sacrifice pourrait être demandé au Fils de Dieu que de se percevoir sans son Père? [4]Et que son Père soit sans Son Fils? [5]Or chaque sacrifice exige qu'Ils soient séparés et sans l'autre. [6]Le souvenir de Dieu doit être nié si un quelconque sacrifice est demandé de qui que ce soit. [7]Quel témoin de l'Entièreté du Fils de Dieu est vu dans un monde de corps séparés, si fort qu'il témoigne de la vérité? [8]Il est invisible dans un tel monde. [9]Et son chant d'union et d'amour ne peut pas non plus être entendu. [10]Or il lui est donné de faire s'estomper le monde devant son chant, et que la vue de lui remplace les yeux du corps.

5.   Ceux qui voudraient voir les témoins de la vérité au lieu que de l'illusion demandent simplement de pouvoir voir un but dans le monde qui lui donne un sens et le rende signifiant. [2]Sans ta fonction particulière, ce monde n'a aucune signification pour toi. [3]Or il peut devenir un trésor aussi riche et illimité que le Ciel même. [4]Pas un instant ne passe ici dans lequel la sainteté de ton frère ne peut être vue, pour ajouter des réserves illimitées à chaque maigre bribe et chaque minuscule miette de bonheur que tu t'alloues.

6.   Tu peux perdre de vue l'unité, mais tu ne peux pas faire le sacrifice de sa réalité. [2]Pas plus que tu ne peux perdre ce que tu voudrais sacrifier, ni empêcher le Saint-Esprit d'accomplir Sa tâche, qui est de te montrer que cela n'a pas été perdu. [3]Entends donc le chant que ton frère te chante, et laisse le monde s'estomper, et prends le repos que t'offre son témoignage au nom de la paix. [4]Mais ne le juge pas, car tu n'entendras aucun chant de libération pour toi-même, et tu ne verras pas ce dont il lui est donné de témoigner, afin que tu le voies et te réjouisses avec lui. [5]Ne fais pas de sa sainteté un sacrifice à ta croyance dans le péché. [6]Tu sacrifies ton innocence avec la sienne, et tu meurs chaque fois que tu vois en lui un péché qui mérite la mort.

7.   Or à chaque instant tu peux renaître et la vie peut t'être donnée à nouveau. [2]Sa sainteté te donne la vie, à toi qui ne peux mourir parce que son impeccabilité est connue de Dieu, et elle ne peut pas plus être sacrifiée par toi que la lumière en toi ne peut être effacée parce qu'il ne la voit pas. [3]Toi qui voudrais faire un sacrifice de la vie, et faire que tes yeux et tes oreilles rendent

témoignage de la mort de Dieu et de Son saint Fils, ne pense pas que tu aies le pouvoir de faire d'Eux ce que Dieu n'a pas voulu qu'Ils soient. [4]Au Ciel, le Fils de Dieu n'est pas emprisonné dans un corps, ni sacrifié dans la solitude au péché. [5]Et comme il est au Ciel, ainsi il doit être éternellement et partout. [6]Il est le même à jamais. [7]Né à nouveau à chaque instant, intouché par le temps, et bien au-delà de la portée d'un quelconque sacrifice de vie ou de mort. [8]Car il n'a fait ni l'une ni l'autre, et une seule lui a été donnée par Celui Qui connaît que Ses dons ne peuvent jamais subir ni sacrifice ni perte.

8. La justice de Dieu repose en douceur sur Son Fils, et le garde à l'abri de toute injustice que le monde voudrait lui imposer. [2]Se pourrait-il que tu puisses rendre ses péchés réalité et sacrifier la Volonté de son Père pour lui ? [3]Ne le condamne pas en le voyant dans la prison en décrépitude où il se voit lui-même. [4]C'est ta fonction particulière de t'assurer que la porte soit ouverte, afin qu'il puisse en sortir pour luire sur toi et te redonner le don de liberté en le recevant de toi. [5]Quelle est la fonction particulière du Saint-Esprit, si ce n'est de délivrer le saint Fils de Dieu de l'emprisonnement qu'il a fait pour se garder lui-même loin de la justice ? [6]Ta fonction pourrait-elle être une tâche à part et séparée de la Sienne ?

II. De nombreuses formes ; une seule correction

1. Il n'est pas difficile de comprendre les raisons pour lesquelles tu ne demandes pas au Saint-Esprit de résoudre tous les problèmes pour toi. [2]Il n'a pas une plus grande difficulté à en résoudre certains que d'autres. [3]Tous les problèmes sont les mêmes pour Lui, parce que chacun est résolu exactement sous le même angle et par la même approche. [4]Les aspects qui ont besoin d'être résolus ne changent pas, quelle que soit la forme que le problème semble prendre. [5]Un problème peut apparaître sous de nombreuses formes, et il le fera tant que le problème durera. [6]Il ne sert à rien de tenter de le résoudre sous une forme particulière. [7]Il reviendra et reviendra encore et encore, jusqu'à ce qu'il ait trouvé réponse pour toujours et ne surgisse plus sous aucune forme. [8]Et alors seulement en es-tu délivré.

2. Le Saint-Esprit t'offre délivrance de chaque problème que tu penses avoir. [2]Ils sont les mêmes pour Lui parce que chacun, peu

importe la forme qu'il semble prendre, est une demande que quelqu'un subisse une perte et fasse un sacrifice pour que tu puisses
gagner. ³Et quand la situation est résolue de façon que personne
ne perde, le problème disparaît, parce que c'était une erreur de
perception qui a maintenant été corrigée. ⁴Une erreur n'est pas
plus difficile pour Lui à porter à la vérité qu'une autre. ⁵Car il y
a une seule erreur : toute l'idée que la perte est possible, et qu'il
pourrait en résulter un gain pour qui que ce soit. ⁶Si cela était vrai,
alors Dieu serait inéquitable ; le péché serait possible, l'attaque
justifiée et la vengeance juste.

3. Cette seule erreur, sous toutes ses formes, a une seule correction. ²Il n'y a pas de perte ; penser qu'il y en a est une erreur. ³Tu
n'as pas de problèmes, bien que tu penses en avoir. ⁴Et pourtant
tu ne pourrais pas penser ainsi si tu les voyais disparaître un à un,
sans égard à la taille, la complexité, le lieu et le temps, ni aucun
des attributs que tu perçois et qui font paraître chacun différent
des autres. ⁵Ne pense pas que les limites que tu imposes à ce que
tu vois puissent limiter Dieu en aucune façon.

4. Le miracle de la justice peut corriger toutes les erreurs. ²Chaque
problème est une erreur. ³C'est une injustice faite au Fils de Dieu,
et par conséquent il n'est pas vrai. ⁴Le Saint-Esprit n'évalue pas
les injustices comme grandes ou petites, ou plus ou moins. ⁵Elles
n'ont pas de propriétés pour Lui. ⁶Ce sont des erreurs dont souffre
le Fils de Dieu, mais inutilement. ⁷Alors Il retire les épines et les
clous. ⁸Il ne S'arrête pas pour juger si la blessure est grande ou
petite. ⁹Il porte un seul jugement : que blesser le Fils de Dieu doit
être inéquitable et que par conséquent il n'en est rien.

5. Toi qui crois plus sûr de ne donner que certaines erreurs à corriger tout en gardant les autres pour toi, souviens-toi de ceci : la
justice est totale. ²Une justice partielle, cela n'existe pas. ³Si le Fils
de Dieu est coupable, alors il est condamné et il ne mérite aucune
miséricorde du Dieu de justice. ⁴Mais ne demande pas à Dieu de
le punir parce que *tu* le trouves coupable et voudrais qu'il meure.
⁵Dieu t'offre les moyens de voir son innocence. ⁶Serait-il équitable
de le punir parce que tu ne veux pas regarder ce qu'il y a à voir ?
⁷Chaque fois que tu gardes un problème pour le résoudre toi-
même, ou juges que c'en est un qui n'a pas de résolution, tu l'as
rendu grand et sans espoir de guérison. ⁸Tu nies que le miracle
de la justice *puisse* être équitable.

6. Si Dieu est juste, alors il ne peut y avoir de problèmes que la
justice ne puisse résoudre. ²Mais tu crois que certaines injustices

sont équitables et bonnes, et nécessaires pour te préserver toi-même. ³Ce sont ces problèmes dont tu penses qu'ils sont grands et qu'ils ne peuvent être résolus. ⁴Car il y a ceux dont tu veux qu'ils subissent une perte, et il n'en est pas un à qui tu souhaites d'être entièrement préservé du sacrifice. ⁵Considère encore une fois ta fonction particulière. ⁶L'un t'est donné pour que tu voies en lui sa parfaite impeccabilité. ⁷Et de lui tu ne demanderas aucun sacrifice parce que tu ne pourrais pas avoir pour volonté qu'il subisse une perte. ⁸Le miracle de justice que tu appelles reposera sur toi aussi sûrement que sur lui. ⁹Et le Saint-Esprit ne sera pas satisfait non plus jusqu'à ce qu'il ait été reçu par chacun. ¹⁰Car ce que tu Lui donnes est à tous, et par toi le donnant Il peut S'assurer que chacun le reçoit également.

7.   Pense, donc, comme ta propre délivrance sera grande quand tu seras désireux de recevoir la correction pour tous tes problèmes. ²Tu n'en garderas pas un, car de la douleur, sous toutes ses formes, tu ne voudras plus. ³Et tu verras chaque petite blessure résolue sous le doux regard du Saint-Esprit. ⁴Car toutes *sont* petites à Ses yeux et ne valent pas plus qu'un minuscule soupir avant que de disparaître et d'être à jamais défaites et oubliées. ⁵Ce qui auparavant semblait être un problème particulier, une erreur sans remède, ou une affliction incurable, a été transformé en bénédiction universelle. ⁶Le sacrifice a disparu. ⁷Et à sa place l'Amour de Dieu peut remonter à la mémoire, Qui dissipera tout souvenir de sacrifice et de perte.

8.   Le souvenir de Dieu ne peut pas revenir jusqu'à ce que la justice soit aimée au lieu de crainte. ²Il ne peut être injuste envers qui ou quoi que ce soit, parce qu'Il connaît que tout ce qui est Lui appartient, et sera à jamais tel qu'Il l'a créé. ³Tout ce qu'Il aime ne peut être que sans péché et au-delà de l'attaque. ⁴Ta fonction particulière ouvre grand la porte derrière laquelle la mémoire de Son Amour est gardée parfaitement intacte et non profanée. ⁵Et tout ce que tu as besoin de faire, c'est de souhaiter que le Ciel te soit donné au lieu de l'enfer, et chaque verrou et chaque barrière qui semblaient tenir la porte solidement barrée et verrouillée tomberont et disparaîtront tout simplement. ⁶Car ce n'est pas la Volonté de ton Père que tu offres ou reçoives moins qu'Il n'a donné, quand Il t'a créé dans l'amour parfait.

585

III. La zone frontière

1. La complexité n'est pas de Dieu. [2]Comment pourrait-elle l'être, quand tout ce qu'Il connaît est un ? [3]Il connaît une seule création, une seule réalité, une seule vérité et un seul Fils. [4]Rien n'est en conflit avec l'unité. [5]Comment, donc, pourrait-il y avoir complexité en Lui ? [6]Qu'y a-t-il à décider ? [7]Car c'est le conflit qui rend le choix possible. [8]La vérité est simple ; elle est une, sans un opposé. [9]Et comment la dissension pourrait-elle entrer en sa simple présence, et apporter la complexité où est l'unité ? [10]La vérité ne prend pas de décision, car il n'y a rien *entre quoi* choisir. [11]Et c'est seulement s'il y en avait que choisir serait une étape nécessaire dans l'avancée vers l'unité. [12]Ce qui est tout ne laisse place à rien d'autre. [13]Or cette immensité dépasse la portée de ce curriculum. [14]Il n'est pas nécessaire non plus de s'attarder sur quoi que ce soit qui ne peut pas être saisi immédiatement.

2. Il y a une zone frontière de pensée située entre ce monde et le Ciel. [2]Ce n'est pas un lieu et, quand tu l'atteins, il est à part du temps. [3]Ici est le lieu de rencontre où les pensées sont rassemblées ; où les valeurs conflictuelles se rencontrent et où toutes les illusions sont déposées auprès de la vérité, où elles sont jugées fausses. [4]Cette zone frontière se trouve juste au-delà des portes du Ciel. [5]Ici chaque pensée est rendue pure et entièrement simple. [6]Ici le péché est nié et tout ce qui *est* est reçu à la place.

3. Ceci est la fin du voyage. [2]Nous en avons parlé comme du monde réel. [3]Or il y a là une contradiction, en ceci que les mots impliquent une réalité limitée, une vérité partielle, un segment de l'univers rendu vrai. [4]C'est parce que la connaissance ne fait aucune attaque contre la perception. [5]Elles sont mises ensemble, et une seule continue passé les portes où est l'Unité. [6]Le salut est une zone frontière où le lieu, le temps et le choix ont encore une signification ; et pourtant il est visible qu'ils sont temporaires, déplacés, et que chaque choix a déjà été fait.

4. Rien de ce que croit le Fils de Dieu ne peut être détruit. [2]Mais ce qui est la vérité pour lui doit être porté à la dernière comparaison qu'il fera jamais ; la dernière évaluation qui sera possible, le jugement final sur ce monde. [3]C'est le jugement de la vérité sur l'illusion, de la connaissance sur la perception : « Cela n'a aucune signification et n'existe pas. » [4]Ce n'est pas ta décision. [5]Ce n'est que le simple énoncé d'un simple fait. [6]Mais en ce monde il n'y a pas de simples faits, parce que ce qui est le même et ce qui est

différent restent obscurs. [7]La seule chose essentielle pour faire le moindre choix est cette distinction. [8]Et en cela réside la différence entre les mondes. [9]Dans celui-ci, le choix est rendu impossible. [10]Dans le monde réel, choisir est simplifié.

5. Le salut s'arrête juste avant le Ciel, car seule la perception a besoin du salut. [2]Le Ciel n'a jamais été perdu, ainsi ne peut-il pas être sauvé. [3]Or qui peut faire un choix entre le souhait du Ciel et le souhait de l'enfer à moins de reconnaître qu'ils ne sont pas les mêmes? [4]Cette différence est le but d'apprentissage que ce cours a fixé. [5]Il ne visera pas au-delà. [6]Son seul but est d'enseigner ce qui est le même et ce qui est différent, laissant de la place pour faire le seul choix qui puisse être fait.

6. Il n'y a pas de base sur laquelle choisir en ce monde complexe et surcompliqué. [2]Car nul ne comprend ce qui est le même, et chacun semble choisir là où il n'y pas réellement de choix. [3]Le monde réel est la zone du choix rendu réel, non dans le résultat, mais dans la perception des alternatives du choix. [4]Qu'il y ait un choix est une illusion. [5]Or en elle réside le défaire de chaque illusion, sans excepter celle-ci.

7. Cela n'est-il pas comme ta fonction particulière, où la séparation est défaite par un changement de but dans ce qui auparavant était particularité, et maintenant est union? [2]Toutes les illusions ne sont qu'une. [3]Et dans la re-connaissance qu'il en est ainsi réside l'aptitude à abandonner toute tentative pour choisir entre elles, et pour les rendre différentes. [4]Comme il est simple, le choix entre deux choses si clairement dissemblables. [5]Il n'y a pas de conflit ici. [6]Il n'y a pas de sacrifice possible dans le renoncement à une illusion reconnue comme telle. [7]Où toute réalité a été retirée à ce qui n'a jamais été vrai, peut-il être difficile de l'abandonner, et de choisir ce qui *doit* être vrai?

IV. Où le péché n'est plus

1. Le pardon en ce monde est l'équivalent de la justice du Ciel. [2]Il traduit le monde du péché en un monde simple, où la justice peut se refléter de par-delà les portes derrière lesquelles réside un manque total de limites. [3]Rien dans l'amour sans bornes ne pourrait avoir besoin de pardon. [4]Et ce qui est la charité dans le monde fait place à la simple justice passé les portes qui s'ouvrent sur le Ciel. [5]Nul ne pardonne à moins d'avoir cru dans le péché,

et de croire encore qu'il a beaucoup à se faire pardonner. [6]Le pardon devient ainsi le moyen par lequel il apprend qu'il n'a rien fait qui soit à pardonner. [7]Le pardon repose toujours sur celui qui l'offre, jusqu'à ce qu'il se voie lui-même comme n'en ayant plus besoin. [8]Et ainsi il est rendu à sa fonction réelle de créer, que son pardon lui offre à nouveau.

2.   Le pardon tourne le monde du péché en un monde de gloire, merveilleux à voir. [2]Chaque fleur luit dans la lumière, et chaque oiseau chante la joie du Ciel. [3]Il n'y a pas de tristesse et il n'y a pas d'adieux ici, car tout est totalement pardonné. [4]Et ce qui a été pardonné doit se joindre, car rien ne se dresse entre eux pour les garder séparés et à part. [5]Ceux qui sont sans péché doivent percevoir qu'ils sont un, car rien ne se dresse entre eux pour repousser l'autre. [6]Et dans l'espace que le péché a laissé vacant, ils se joignent pour ne faire qu'un, reconnaissant avec joie que ce qui fait partie d'eux n'a pas été gardé à part et séparé.

3.   Le saint lieu où tu te tiens n'est que l'espace où le péché n'est plus. [2]Et là tu vois la face du Christ s'élevant à sa place. [3]Qui pourrait contempler la face du Christ et ne pas se souvenir de Son Père tel qu'Il est réellement ? [4]Qui pourrait craindre l'amour et se tenir là où le péché a laissé une place pour que l'autel du Ciel s'élève comme une tour très haut au-dessus du monde et s'étire par-delà l'univers jusqu'à toucher le Cœur de toute création ? [5]Qu'est-ce que le Ciel, sinon un chant de gratitude, d'amour et de louange par toute chose créée à la Source de sa création ? [6]Le plus saint des autels est érigé là où l'on croyait auparavant qu'était le péché. [7]Et ici viennent toutes les lumières du Ciel, pour être rallumées et augmentées en joie. [8]Car ici ce qui était perdu leur est rendu, et tout leur rayonnement est rendu entier à nouveau.

4.   Le pardon n'apporte pas de petits miracles à déposer devant les portes du Ciel. [2]Ici le Fils de Dieu Lui-même vient recevoir chaque don qui le rapproche de sa demeure. [3]Aucun n'est perdu, et aucun n'est chéri plus qu'aucun autre. [4]Chacun lui rappelle l'Amour de son Père aussi sûrement que les autres. [5]Et chacun lui enseigne que ce qu'il craignait est ce qu'il aime le plus. [6]Quoi d'autre qu'un miracle pourrait changer son esprit de sorte qu'il comprenne que l'amour n'est pas à craindre ? [7]Quel autre miracle y a-t-il que celui-là ? [8]Et de quoi d'autre est-il besoin pour faire disparaître l'espace entre vous ?

5.   Là où auparavant le péché était perçu s'élèvera un monde qui deviendra un autel à la vérité, et tu te joindras là aux lumières du

Ciel, et tu chanteras leur chant de gratitude et de louange. ²Et de même qu'elles viennent à toi pour être complètes, de même tu iras avec elles. ³Car nul n'entend le chant du Ciel et reste sans une voix qui ajoute sa puissance au chant, et le rende encore plus doux. ⁴Et chacun se joint au chant à l'autel qui a été élevé sur le point minuscule que le péché proclamait sien. ⁵Et ce qui alors était minuscule s'est envolé dans un chant immense auquel l'univers s'est joint d'une seule voix.

6. Ce minuscule point de péché qui se dresse encore entre toi et ton frère, c'est ce qui retarde l'heureuse ouverture des portes du Ciel. ²Comme est petite l'entrave qui te prive de la richesse du Ciel. ³Et comme sera grande la joie dans le Ciel quand tu te joindras au chœur puissant chantant l'Amour de Dieu !

V. La petite entrave

1. Une petite entrave peut certes sembler grande à ceux qui ne comprennent pas que les miracles sont tous les mêmes. ²Or c'est à enseigner cela que sert ce cours. ³C'en est le seul but, car cela seul est tout ce qu'il y a à apprendre. ⁴Et tu peux l'apprendre de bien des façons différentes. ⁵Tout apprentissage est une aide ou une entrave aux portes du Ciel. ⁶Rien entre les deux n'est possible. ⁷Il y a seulement deux enseignants, qui indiquent des voies différentes. ⁸Et tu suivras la voie dans laquelle l'enseignant de ton choix te guidera. ⁹Il n'y a que deux directions que tu puisses prendre, tant que reste le temps et que le choix est signifiant. ¹⁰Car jamais une autre route ne sera faite que la voie vers le Ciel. ¹¹Tu ne fais que choisir d'aller soit vers le Ciel, soit vers nulle part. ¹²Il n'y a rien d'autre à choisir.

2. Rien n'est jamais perdu, que du temps, qui à la fin est insignifiant. ²Car ce n'est qu'une petite entrave à l'éternité, tout à fait in-signifiante pour le réel Enseignant du monde. ³Or puisque tu crois en lui, pourquoi le gaspillerais-tu à n'aller nulle part, quand il peut être utilisé pour atteindre le but le plus élevé que l'apprentissage puisse accomplir ? ⁴Ne pense pas que la voie vers les portes du Ciel soit le moindrement difficile. ⁵Rien de ce que tu entreprends avec un but certain, une grande résolution et une confiance heureuse, en tenant la main de ton frère et en accordant ton pas avec le chant du Ciel, n'est difficile à faire. ⁶Mais il est

certes difficile de s'égarer, seul et misérable, sur une route qui mène à rien et n'a pas de but.

3.   Dieu a donné Son Enseignant pour remplacer celui que tu as fait et non pour être en conflit avec lui. ²Et ce qu'Il voulait remplacer a été remplacé. ³Le temps n'a duré qu'un instant dans ton esprit, sans effet sur l'éternité. ⁴Ainsi tout le temps est passé, et tout est exactement comme c'était avant que la voie vers le néant n'ait été faite. ⁵Le tout petit battement de temps pendant lequel la première erreur a été faite, et toutes les autres dans cette seule erreur, contenait aussi la Correction pour celle-là, et toutes les autres venues dans la première. ⁶Et dans ce tout petit instant le temps a disparu, car voilà tout ce qu'il a jamais été. ⁷Ce à quoi Dieu a répondu a reçu réponse et a disparu.

4.   Toi qui crois encore vivre dans le temps et qui ne connais pas qu'il a disparu, le Saint-Esprit te guide encore à travers le labyrinthe infiniment petit et insensé que tu perçois encore dans le temps, bien qu'il ait disparu depuis longtemps. ²Tu penses vivre dans ce qui est passé. ³Chaque chose que tu regardes, tu l'as vue un court instant, il y a longtemps, avant que son irréalité ne fasse place à la vérité. ⁴Pas une seule illusion ne reste encore sans réponse dans ton esprit. ⁵L'incertitude fut portée à la certitude il y a si longtemps qu'il est dur, en effet, de la tenir dans ton cœur, comme si elle était encore devant toi.

5.   Le tout petit instant que tu voudrais garder et rendre éternel, est passé au Ciel trop vite pour que quoi que ce soit ait remarqué qu'il était venu. ²Ce qui a disparu trop rapidement pour affecter la simple connaissance du Fils de Dieu peut difficilement être encore là, pour que tu choisisses qu'il soit ton enseignant. ³C'est seulement dans le passé — un passé ancien, trop court pour faire un monde en réponse à la création — que ce monde parut surgir. ⁴Il y a si longtemps, durant un si petit intervalle de temps, que pas une seule note dans le chant du Ciel n'a été perdue. ⁵Or dans chaque acte ou chaque pensée qui ne pardonne pas, dans chaque jugement et dans toute croyance dans le péché, ce seul instant est rappelé, comme s'il pouvait être fait à nouveau dans le temps. ⁶Tu gardes devant les yeux un souvenir ancien. ⁷Et celui qui vit seulement dans les souvenirs est inconscient de où il est.

6.   Le pardon est la grande délivrance du temps. ²C'est la clé pour apprendre que le passé est terminé. ³La folie ne parle plus. ⁴Il n'y *a* pas d'autre enseignant et pas d'autre voie. ⁵Car ce qui a été défait n'est plus. ⁶Qui, se tenant sur une rive lointaine, peut se

voir en rêve de l'autre côté d'un océan, jusqu'en un lieu et en un temps depuis longtemps disparus? [7]Ce rêve peut-il être une réelle entrave à là où il est réellement? [8]Car cela est un fait, qui ne change pas quels que soient ses rêves. [9]Or il peut encore imaginer qu'il est ailleurs, et dans un autre temps. [10]À l'extrême, il peut s'illusionner au point de croire que cela est vrai, et passer de la simple imagination à la croyance et à la folie, tout à fait convaincu que là où il préférerait être, il *est*.

7. Cela est-il une entrave au lieu où il se tient? [2]Quel que soit l'écho du passé qu'il puisse entendre, est-ce un fait dans ce qu'il y a à entendre là où il est maintenant? [3]Et à quel point ses propres illusions sur le temps et le lieu peuvent-elles faire un changement là où il est réellement?

8. L'impardonné est une voix qui appelle d'un passé à jamais disparu. [2]Et tout ce qui indique qu'il est réel n'est qu'un souhait que ce qui a disparu puisse être rendu réel à nouveau et vu comme étant ici et maintenant, à la place de ce qui est *réellement* maintenant et ici. [3]Cela est-il une entrave à la vérité qui est que le passé a disparu, et qu'il ne peut t'être rendu? [4]Et veux-tu que cet instant effrayant soit gardé, où le Ciel sembla disparaître, où Dieu fut craint et fait symbole de ta haine?

9. Oublie le temps de la terreur qui fut corrigé et défait il y a si longtemps. [2]Le péché peut-il résister à la Volonté de Dieu? [3]Peut-il t'appartenir de voir le passé et de le mettre dans le présent? [4]Tu ne peux *pas* retourner en arrière. [5]Et tout ce qui indique la voie dans la direction du passé ne fait que t'engager dans une mission dont l'accomplissement ne peut être qu'irréel. [6]Telle est la justice qui doit venir à toi, ainsi que ton Père, Qui est Tout Amour, l'a garanti. [7]Et de ta propre iniquité envers toi-même, Il t'a protégé. [8]Tu ne peux pas perdre ton chemin, parce qu'il n'y a d'autre voie que la Sienne, et tu ne peux aller nulle part, sauf à Lui.

10. Dieu permettrait-Il que Son Fils perde son chemin sur une route qui n'est plus que le souvenir lointain d'un temps disparu? [2]Ce cours t'enseignera seulement ce qui est maintenant. [3]Un instant terrible dans un passé éloigné, maintenant parfaitement corrigé, n'est d'aucun intérêt ni d'aucune valeur. [4]Ce qui est mort et disparu, qu'il soit oublié paisiblement. [5]La résurrection est venue prendre sa place. [6]Et maintenant tu fais partie de la résurrection, et non de la mort. [7]Aucune illusion passée n'a le pouvoir de te garder en un lieu de mort, un caveau où le Fils de Dieu est entré un instant pour être instantanément rendu à l'Amour parfait de Son

591

Père. [8]Et comment peut-il être attaché à des chaînes qui ont depuis longtemps été enlevées et sont à jamais disparues de son esprit?

11.   Le Fils que Dieu a créé est aussi libre que Dieu l'a créé. [2]Il est né à nouveau à l'instant même où il a choisi de mourir au lieu de vivre. [3]Et ne veux-tu pas lui pardonner maintenant, parce qu'il a fait une erreur dans le passé dont Dieu ne Se souvient pas, et qui n'est pas là? [4]Maintenant tu vas et viens entre le passé et le présent. [5]Parfois le passé semble réel, comme s'il *était* le présent. [6]Des voix du passé sont entendues, puis mises en doute. [7]Tu es comme celui qui hallucine encore, mais manque de conviction quant à ce qu'il perçoit. [8]Cela est la zone frontière entre les mondes, le pont entre le passé et le présent. [9]Là reste l'ombre du passé, mais une lumière présente est quand même vaguement reconnue. [10]Une fois qu'elle est vue, cette lumière ne peut jamais être oubliée. [11]Elle doit te tirer du passé dans le présent, où tu es réellement.

12.   Les voix d'ombre ne changent pas les lois du temps ni de l'éternité. [2]Elles viennent de ce qui est passé et a disparu, et n'entravent pas l'existence véritable de l'ici et maintenant. [3]Le monde réel est la seconde partie de l'hallucination que le temps et la mort sont réels, et ont une existence qui peut être perçue. [4]Cette terrible illusion fut niée dans le temps même qu'il fallut à Dieu pour donner Sa Réponse à l'illusion pour tous les temps et toutes les circonstances. [5]Et puis on ne put plus en faire l'expérience comme si elle était là.

13.   À chaque jour et à chaque minute de chaque jour, et à chaque instant contenu dans chaque minute, tu ne fais que revivre cet unique instant où le temps de la terreur prit la place de l'amour. [2]Ainsi tu meurs chaque jour pour vivre à nouveau, jusqu'à ce que tu franchisses le fossé entre le passé et le présent, qui n'est pas un fossé du tout. [3]Telle est chaque vie : un semblant d'intervalle de la naissance à la mort puis à la vie de nouveau; la répétition d'un instant depuis longtemps disparu qui ne peut pas être revécu. [4]Et tout le temps n'est que la folle croyance que ce qui est terminé est encore ici et maintenant.

14.   Pardonne le passé puis lâches-en prise, car il *a* disparu. [2]Tu ne te tiens plus sur le sol entre les mondes. [3]Tu as continué et tu as atteint le monde qui est aux portes du Ciel. [4]Il n'y a pas d'entrave à la Volonté de Dieu et nul besoin que tu répètes à nouveau un voyage qui s'est terminé il y a longtemps. [5]Regarde doucement ton frère et contemple le monde dans lequel la perception de ta haine a été transformée en un monde d'amour.

VI. L'Ami désigné

1.   N'importe quoi en ce monde que tu crois bon et valable et digne d'effort peut te blesser, et le fera. [2]Non pas que cela ait le pouvoir de blesser, mais simplement parce que tu as nié que ce n'est qu'une illusion et l'as rendu réel. [3]Et cela est réel pour toi. [4]Ce n'est pas rien. [5]Et par sa réalité perçue est entré le monde entier des illusions malades. [6]Toute la croyance dans le péché, dans le pouvoir de l'attaque, dans le blesser et le nuire, dans le sacrifice et la mort, est venue à toi. [7]Car nul ne peut rendre réelle une seule illusion et échapper encore aux autres. [8]Car qui peut choisir de garder celles qu'il préfère, et trouver la sécurité que seule la vérité peut donner? [9]Qui peut croire que les illusions sont les mêmes, et maintenir encore que même une est meilleure?

2.   Ne mène pas ta petite vie dans la solitude, avec une illusion comme seule amie. [2]Cela n'est pas une amitié digne du Fils de Dieu, ni une amitié dont il pourrait rester satisfait. [3]Or Dieu lui a donné un meilleur Ami, en Qui repose tout pouvoir sur la terre et dans le Ciel. [4]La seule illusion que tu penses amie t'obscurcit Sa grâce et Sa majesté, et t'empêche d'accueillir à bras ouverts Son amitié et Son pardon. [5]Sans Lui tu es sans ami. [6]Ne cherche pas un autre ami pour prendre Sa place. [7]Il n'y *a* pas d'autre ami. [8]Ce que Dieu a désigné n'a pas de substitut, car quelle illusion peut remplacer la vérité?

3.   Qui demeure avec des ombres est seul, en effet, et la solitude n'est pas la Volonté de Dieu. [2]Permettrais-tu à une ombre d'usurper le trône que Dieu a désigné pour ton Ami, si seulement tu te rendais compte que son vide a laissé le tien vide et inoccupé? [3]Ne fais d'aucune illusion ton amie, car si tu le fais, elle ne peut que prendre la place de Celui Que Dieu a appelé ton Ami. [4]Et c'est Lui Qui est ton seul Ami en vérité. [5]Il t'apporte des dons qui ne sont pas de ce monde, et Lui seul à Qui ils ont été donnés peut veiller à ce que tu les reçoives. [6]Il les placera sur ton trône, quand tu feras de la place pour Lui sur le Sien.

VII. Les lois de la guérison

1.   Ceci est un cours en miracles. [2]Par conséquent, les lois de la guérison doivent d'abord être comprises afin que le but de ce cours puisse être atteint. [3]Passons en revue les principes que nous avons

traités, et arrangeons-les de façon à résumer tout ce qui doit se produire pour que la guérison soit possible. [4]Car une fois qu'elle est possible, elle doit se produire.

2.   Toute maladie vient de la séparation. [2]Lorsque la séparation est niée, elle disparaît. [3]Car elle a disparu aussitôt que l'idée qui l'a amenée a été guérie et remplacée par la santé d'esprit. [4]La maladie et le péché sont vus comme conséquence et cause, dans une relation gardée cachée à la conscience afin d'être soigneusement préservée de la lumière de la raison.

3.   La culpabilité demande punition, et sa requête est accordée. [2]Pas en vérité, mais dans le monde d'ombres et d'illusions bâti sur le péché. [3]Le Fils de Dieu a perçu ce qu'il voulait voir, parce que la perception est un souhait satisfait. [4]La perception change, faite pour prendre la place de la connaissance inchangeable. [5]Or la vérité est inchangée. [6]Elle ne peut pas être perçue, mais seulement connue. [7]Ce qui est perçu prend de nombreuses formes, mais aucune d'elles n'a de signification. [8]Porté à la vérité, le caractère insensé en est apparent. [9]Tenu à part de la vérité, il semble avoir une signification et être réel.

4.   Les lois de la perception sont l'opposé de la vérité, et ce qui est vrai de la connaissance n'est pas vrai de quoi que ce soit qui est à part d'elle. [2]Or Dieu a donné une réponse au monde de la maladie, qui s'applique à toutes ses formes. [3]La réponse de Dieu est éternelle, bien qu'elle œuvre dans le temps, où il est besoin d'elle. [4]Or, parce qu'elle est de Dieu, les lois du temps n'affectent pas son fonctionnement. [5]Elle est dans ce monde, mais n'en fait pas partie. [6]Car elle est réelle, et elle demeure là où doit être toute réalité. [7]Les idées ne quittent pas leur source, et leurs effets n'en sont séparés qu'en apparence. [8]Les idées sont de l'esprit. [9]Ce qui est projeté au-dehors, et semble être extérieur à l'esprit, n'est pas du tout à l'extérieur, mais un effet de ce qui est au-dedans et n'a pas quitté sa source.

5.   La réponse de Dieu réside là où doit être la croyance dans le péché, car c'est là seulement que ses effets peuvent être complètement défaits et sans cause. [2]Les lois de la perception doivent être renversées, parce qu'elles *sont* des renversements des lois de la vérité. [3]Les lois de la vérité à jamais seront vraies, et elles ne peuvent pas être renversées; or elles peuvent être vues sens dessus dessous. [4]Et cela doit être corrigé là où réside l'illusion de renversement.

6.   Il est impossible qu'une illusion soit moins accessible à la vérité que les autres. ²Mais il est possible qu'à certaines une plus grande valeur soit donnée, et qu'elles soient offertes moins volontiers à la vérité pour la guérison et pour l'aide. ³Aucune illusion n'a la moindre vérité en elle. ⁴Or il semble que certaines soient plus vraies que d'autres, quoique cela n'ait manifestement aucun sens. ⁵Tout ce qu'une hiérarchie d'illusions peut montrer, c'est une préférence et non la réalité. ⁶En quoi la préférence concerne-t-elle la vérité? ⁷Les illusions sont des illusions et sont fausses. ⁸Ta préférence ne leur donne pas de réalité. ⁹Aucune n'est vraie en aucune façon, et toutes doivent céder avec la même facilité devant ce que Dieu a donné comme réponse à toutes. ¹⁰La Volonté de Dieu est Une. ¹¹Et n'importe quel souhait qui semble aller contre Sa Volonté n'a pas de fondement dans la vérité.

7.   Le péché n'est pas une erreur, car il va au-delà de la correction jusqu'à l'impossibilité. ²Or la croyance qu'il est réel a fait que certaines erreurs semblent être à jamais sans espoir de guérison, et des raisons durables pour l'enfer. ³S'il en était ainsi, alors au Ciel s'opposerait son propre opposé, aussi réel que lui. ⁴Alors la Volonté de Dieu serait divisée en deux, et toute création serait soumise aux lois de deux pouvoirs opposés, jusqu'à ce que Dieu devienne impatient, divise le monde et Se charge Lui-même de l'attaque. ⁵Ainsi a-t-Il perdu l'Esprit, proclamant que le péché Lui a pris Sa réalité et a porté Son Amour enfin aux pieds de la vengeance. ⁶Avec un tableau aussi insane, on peut s'attendre à une défense insane, mais elle ne peut pas établir que le tableau doit être vrai.

8.   Rien ne donne une signification où il n'y a pas de signification. ²Et la vérité n'a pas besoin de défense pour la rendre vraie. ³Les illusions n'ont pas de témoins et pas d'effets. ⁴Qui les regarde n'est que trompé. ⁵Le pardon est la seule fonction ici et il sert à apporter la joie que ce monde nie à chaque aspect du Fils de Dieu où il pensait que le péché régnait. ⁶Tu ne vois peut-être pas le rôle que joue le pardon pour mettre fin à la mort et à toutes les croyances qui surgissent des brumes de la culpabilité. ⁷Les péchés sont des croyances que tu imposes entre ton frère et toi. ⁸Ils te limitent à un temps et à un lieu, et donnent un petit espace à toi, un autre petit espace à lui. ⁹Cette séparation d'avec le reste est symbolisée, dans ta perception, par un corps qui est clairement séparé et une chose à part. ¹⁰Or ce que ce symbole représente n'est que ton souhait *d'être* à part et séparé.

9.   Le pardon enlève ce qui se dresse entre ton frère et toi. ²C'est le souhait que tu sois joint à lui et non à part. ³Nous l'appelons « souhait » parce qu'il conçoit encore d'autres choix et n'a pas encore entièrement dépassé le monde du choix. ⁴Or ce souhait est en accord avec l'état du Ciel, et non en opposition avec la Volonté de Dieu. ⁵Bien qu'il n'aille pas jusqu'à te donner ton plein héritage, il enlève les obstacles que tu as placés entre le Ciel où tu es, et la re-connaissance de où et de ce que tu es. ⁶Les faits sont inchangés. ⁷Or les faits peuvent être niés et donc inconnus, bien qu'ils fussent connus avant d'être niés.

10.   Le salut, parfait et complet, ne demande qu'un petit souhait : que ce qui est vrai soit vrai ; un petit désir de passer sur ce qui n'est pas là ; un petit soupir qui parle pour le Ciel par préférence à ce monde que la mort et la désolation semblent gouverner. ²En joyeuse réponse, la création s'élèvera au-dedans de toi, pour remplacer le monde que tu vois par le Ciel, entièrement parfait et complet. ³Qu'est-ce que le pardon, si ce n'est le désir que la vérité soit vraie ? ⁴Qu'y a-t-il qui puisse rester non guéri et arraché d'une unité qui tient toutes choses en elle-même ? ⁵Il n'y a pas de péché. ⁶Et chaque miracle est possible dès l'instant que le Fils de Dieu perçoit que ses souhaits et la Volonté de Dieu ne font qu'un.

11.   Quelle est la Volonté de Dieu ? ²Il veut que Son Fils ait tout. ³Et cela, Il l'a garanti lorsqu'Il *l'a* créé tout. ⁴Il est impossible que quoi que ce soit soit perdu, si ce que tu *as* est ce que tu *es*. ⁵Voilà le miracle par lequel la création est devenue ta fonction, que tu partages avec Dieu. ⁶Cela n'est pas compris à part de Lui et n'a donc pas de signification en ce monde. ⁷Ici le Fils de Dieu ne demande pas trop mais bien trop peu. ⁸Il voudrait sacrifier sa propre identité avec tout pour trouver un petit trésor qui lui soit propre. ⁹Et cela il ne peut le faire sans un sentiment d'isolement, de perte et de solitude. ¹⁰Voilà le trésor qu'il a cherché à trouver. ¹¹Et il ne pouvait qu'en avoir peur. ¹²La peur est-elle un trésor ? ¹³L'incertitude peut-elle être ce que tu veux ? ¹⁴Ou est-ce une méprise sur ta volonté, et sur ce que tu es réellement ?

12.   Considérons ce qu'est l'erreur, afin qu'elle puisse être corrigée, et non protégée. ²Le péché est la croyance que l'attaque peut être projetée à l'extérieur de l'esprit où la croyance a surgi. ³Ici la ferme conviction que les idées peuvent quitter leur source est rendue réelle et signifiante. ⁴Et de cette erreur le monde du péché et du sacrifice surgit. ⁵Ce monde est une tentative pour prouver ton innocence, tout en chérissant l'attaque. ⁶Son échec vient du

fait que tu te sens encore coupable, bien que sans comprendre pourquoi. [7]Les effets sont vus comme étant séparés de leur source et semblent être au-delà de ce que tu peux contrôler ou prévenir. [8]Ce qui est ainsi gardé à part ne peut jamais être joint.

13.   Cause et effet sont un et non séparés. [2]Dieu veut que tu apprennes ce qui a toujours été vrai : qu'Il t'a créé comme partie de Lui, et cela doit être encore vrai parce que les idées ne quittent pas leur source. [3]Telle est la loi de la création : que chaque idée que l'esprit conçoit ne fait qu'ajouter à son abondance et jamais ne lui enlève. [4]Cela est aussi vrai des souhaits futiles que de ce qui est véritablement ta volonté, parce que l'esprit peut souhaiter être trompé mais il ne peut pas faire de lui-même ce qu'il n'est pas. [5]Et croire que les idées peuvent quitter leur source, c'est inviter les illusions à être vraies, mais sans succès. [6]Car jamais le succès ne sera possible à tenter de tromper le Fils de Dieu.

14.   Le miracle est possible quand cause et conséquence sont mises ensemble, et non gardées séparées. [2]La guérison de l'effet sans la cause peut simplement faire passer les effets à d'autres formes. [3]Et cela n'est pas délivrance. [4]Jamais le Fils de Dieu ne pourrait se contenter de moins que le plein salut et l'évasion hors de la culpabilité. [5]Car autrement il demande encore d'avoir à faire quelque sacrifice, et par là il nie que tout est à lui, illimité par aucune sorte de perte. [6]Un minuscule sacrifice est exactement pareil dans ses effets à toute l'idée de sacrifice. [7]Si la perte est possible sous quelque forme que ce soit, alors le Fils de Dieu est rendu incomplet et non lui-même. [8]Et il ne se connaîtra pas lui-même, ni ne reconnaîtra sa volonté. [9]Il a désavoué son Père et lui-même, et fait des Deux ses ennemis dans la haine.

15.   Les illusions ont été faites pour servir le but qu'elles servent. [2]Et de leur but elles tirent quelque signification qu'elles semblent avoir. [3]Dieu a donné à toutes les illusions qui ont été faites un autre but qui justifierait un miracle, quelque forme qu'elles aient prises. [4]Dans chaque miracle réside toute la guérison, car Dieu a répondu à elles toutes ne faisant qu'un. [5]Et ce qui est un pour Lui doit être le même. [6]Si tu crois que ce qui est le même est différent, tu ne fais que te tromper toi-même. [7]Ce que Dieu appelle un sera un à jamais, et non séparé. [8]Son Royaume est uni ; ainsi il fut créé et ainsi il sera toujours.

16.   Le miracle ne fait qu'appeler ton ancien Nom, que tu reconnaîtras parce que la vérité est dans ta mémoire. [2]Et c'est ce Nom que ton frère invoque pour sa délivrance et la tienne. [3]Le Ciel luit sur

le Fils de Dieu. [4]Ne nie pas le Fils de Dieu, afin d'être délivré. [5]À chaque instant il est né à nouveau, jusqu'à ce qu'il choisisse de ne pas mourir à nouveau. [6]Dans chaque souhait de blesser, il choisit la mort au lieu de ce que son Père veut pour lui. [7]Or chaque instant lui offre la vie parce que son Père veut qu'il vive.

17.   Dans la crucifixion la rédemption est déposée, car il n'est pas besoin de guérison là où il n'y a ni douleur ni souffrance. [2]Le pardon est la réponse à quelque sorte d'attaque que ce soit. [3]Ainsi l'attaque est privée de ses effets, et à la haine réponse est donnée au nom de l'amour. [4]Toute gloire à toi pour toujours à qui il a été donné de sauver le Fils de Dieu de la crucifixion, de l'enfer et de la mort. [5]Car tu as le pouvoir de sauver le Fils de Dieu parce que son Père a voulu qu'il en soit ainsi. [6]Et tout le salut repose entre tes mains, pour être à la fois offert et reçu ne faisant qu'un.

18.   Utiliser le pouvoir que Dieu t'a donné comme Il voudrait qu'il soit utilisé, cela est naturel. [2]Ce n'est pas arrogant d'être tel qu'Il t'a créé ni de faire usage de ce qu'Il a donné pour répondre à toutes les erreurs de Son Fils et le libérer. [3]Mais il est arrogant de mettre de côté le pouvoir qu'Il a donné, et de choisir un petit souhait insensé au lieu de ce qu'Il veut. [4]Le don que Dieu te fait est illimité. [5]Il n'y a pas de circonstance à laquelle il ne puisse répondre, et pas de problème qui ne soit résolu dans sa gracieuse lumière.

19.   Demeure en paix là où Dieu voudrait que tu sois. [2]Et sois le moyen par lequel ton frère trouve la paix dans laquelle tes souhaits sont satisfaits. [3]Unissons-nous pour bénir le monde du péché et de la mort. [4]Car ce qui peut sauver chacun d'entre nous peut nous sauver tous. [5]Il n'y a pas de différence parmi les Fils de Dieu. [6]L'unité que nie la particularité les sauvera tous, car ce qui est un ne peut avoir de particularité. [7]Et tout appartient à chacun d'eux. [8]Il n'y a pas de souhaits qui se trouvent entre un frère et les siens. [9]Obtenir de l'un, c'est les priver tous. [10]Et pourtant, en bénir un seul, c'est les bénir tous ne faisant qu'un.

20.   Ton ancien Nom appartient à tous, comme le leur t'appartient. [2]Invoque le nom de ton frère et Dieu répondra, car c'est à Lui que tu fais appel. [3]Pourrait-Il refuser de répondre alors qu'Il a déjà répondu à tous ceux qui Lui font appel? [4]Un miracle ne peut faire aucun changement. [5]Mais il peut faire que ce qui a toujours été vrai soit reconnu par ceux qui ne le connaissent pas; et que par ce petit don de la vérité simplement laissée être elle-même, il soit permis au Fils de Dieu d'être lui-même, et que toute la création soit rendue libre d'invoquer le seul Nom de Dieu.

VIII. L'immédiateté du salut

1.   Le seul problème restant que tu as, c'est que tu vois un intervalle entre le moment où tu pardonnes et celui où tu recevras le bénéfice d'avoir confiance en ton frère. [2]Cela ne fait que refléter le petit peu que tu voudrais garder entre toi et ton frère, afin que toi et lui soyez un petit peu séparés. [3]Car le temps et l'espace sont une seule illusion, qui prend des formes différentes. [4]Si elle a été projetée au-delà de ton esprit, tu penses que c'est le temps. [5]Plus elle est rapprochée d'où elle est, plus tu y penses en tant qu'espace.

2.   Il y a une distance que tu voudrais garder à part de ton frère, et tu perçois cet espace comme étant le temps parce que tu crois encore que tu es extérieur à ton frère. [2]Cela rend la confiance impossible. [3]Et tu ne peux pas croire que la confiance réglerait chaque problème maintenant. [4]Ainsi tu penses qu'il est plus sûr de rester un peu prudent et un peu attentif aux intérêts perçus comme étant séparés. [5]À partir de cette perception, tu ne peux pas concevoir de gagner ce que le pardon offre *maintenant*. [6]L'intervalle que tu penses y avoir entre le donner et le recevoir du don semble être un intervalle dans lequel tu sacrifies et perds. [7]Tu vois un salut ultérieur, et non des résultats immédiats.

3.   Le salut *est* immédiat. [2]À moins de le percevoir ainsi, tu en auras peur, croyant que le risque de perte est grand entre le moment où son but est fait tien et celui où ses effets te viendront. [3]Sous cette forme l'erreur est encore obscurcie qui est la source de la peur. [4]Le salut *effacerait* l'espace que tu vois encore entre vous, et vous laisserait instantanément devenir un. [5]Et c'est là que tu crains qu'il y aurait perte. [6]Ne projette pas cette peur sur le temps, car le temps n'est pas l'ennemi que tu perçois. [7]Le temps est aussi neutre que l'est le corps, sauf en ce qui concerne ce à quoi tu crois qu'il sert. [8]Si tu voulais garder encore un petit espace entre toi et ton frère, alors tu voudrais avoir un peu de temps durant lequel le pardon est retenu un petit moment. [9]Et cela fait que l'intervalle entre le moment où le pardon t'est retenu puis donné semble dangereux, et la terreur justifiée.

4.   Or l'espace entre toi et ton frère n'est apparent que dans le présent, *maintenant*, et ne peut pas être perçu dans un temps futur. [2]Il n'est pas possible non plus de passer par-dessus, sauf dans le présent. [3]Ce n'est pas une perte future qui te fait peur. [4]C'est la jonction présente qui t'épouvante. [5]Qui peut ressentir la désolation, sauf maintenant? [6]Une cause future n'a pas encore d'effets.

⁷C'est donc que si tu as peur, il y a une cause présente. ⁸Et c'est *cela* qui a besoin de correction, et non un état futur.

5. Les plans que tu fais pour ta sécurité sont tous situés dans le futur, où tu ne peux pas planifier. ²Aucun but ne lui a encore été donné, et ce qui arrivera n'a pas encore de cause. ³Qui peut prédire les effets sans une cause ? ⁴Et qui pourrait craindre les effets à moins de penser qu'ils ont été causés, et jugés désastreux *maintenant* ? ⁵La croyance dans le péché suscite la peur et, comme sa cause, elle regarde devant, regarde derrière, mais passe sur ce qui est ici et maintenant. ⁶Or c'est seulement ici et maintenant que doit être sa cause, si ses effets ont déjà été jugés effrayants. ⁷En passant sur cela, elle est protégée et gardée séparée de la guérison. ⁸Car le miracle est *maintenant*. ⁹Il se tient déjà ici, dans la grâce présente, dans le seul intervalle de temps sur lequel ont passé le péché et la peur, mais qui est tout ce qu'est le temps.

6. La mise en œuvre de toute correction ne prend pas de temps du tout. ²Or l'acceptation de la mise en œuvre peut sembler prendre une éternité. ³Le changement de but que le Saint-Esprit a apporté à ta relation contient en soi tous les effets que tu verras. ⁴Ils peuvent être vus *maintenant*. ⁵Pourquoi attendre jusqu'à ce qu'ils se déroulent dans le temps et craindre qu'ils puissent ne pas venir, bien que déjà là ? ⁶Il t'a été dit que tout apporte le bien qui vient de Dieu. ⁷Et pourtant il semble qu'il n'en soit pas ainsi. ⁸Le bien sous la forme d'un désastre est difficile à croire par avance. ⁹D'ailleurs il n'y a pas réellement de sens dans cette idée.

7. Pourquoi le bien devrait-il apparaître sous la forme du mal ? ²Et n'est-ce pas tromperie s'il le fait ? ³Sa cause est ici, pour peu qu'il apparaisse. ⁴Pourquoi donc les effets n'en sont-ils pas apparents ? ⁵Pourquoi dans le futur ? ⁶Et tu cherches à te contenter de soupirer, en « raisonnant » que tu ne comprends pas maintenant mais le feras un jour. ⁷Et alors la signification en sera claire. ⁸Cela n'est pas raison, car c'est injuste, et suggère clairement la punition jusqu'au moment où la libération est toute proche. ⁹Étant donné un changement de but pour le bien, il n'y a aucune raison pour un intervalle durant lequel le désastre frappe, qui sera perçu un jour comme « bien » mais maintenant sous forme de douleur. ¹⁰Cela est le sacrifice de *maintenant,* ce qui ne pourrait pas être le coût que demande le Saint-Esprit pour ce qu'Il a donné sans le moindre coût.

8. Or cette illusion a une cause qui, bien que non vraie, doit être déjà dans ton esprit. ²Et cette illusion n'est qu'un effet qu'elle

engendre, et qu'une forme sous laquelle ses conséquences sont perçues. [3]Cet intervalle dans le temps, où le châtiment est perçu comme la forme sous laquelle le «bien» apparaît, n'est qu'un aspect du petit espace qu'il y a entre vous, encore impardonné.

9. Ne te contente pas d'un bonheur futur. [2]Il n'a aucune signification et n'est pas ta juste récompense. [3]Car tu as cause de liberté *maintenant*. [4]À quoi sert la liberté sous la forme d'un prisonnier? [5]Pourquoi la délivrance devrait-elle être déguisée en mort? [6]Retarder est insensé, et le «raisonnement» soutenant que les effets d'une cause présente doivent être retardés jusqu'à un temps futur, n'est que le déni du fait que la conséquence et la cause doivent venir en ne faisant qu'un. [7]Ne regarde pas le temps, mais le petit espace encore entre vous, pour en être délivré. [8]Et ne le laisse pas être déguisé en temps et être ainsi préservé parce que sa forme est changée et ce qu'il est ne peut pas être reconnu. [9]Le but du Saint-Esprit maintenant est le tien. [10]Son bonheur ne devrait-il pas aussi être le tien?

IX. Car Ils sont venus

1. Pense seulement comme tu dois être saint, toi de qui la Voix pour Dieu appelle ton frère avec amour, pour que tu éveilles en lui la Voix qui répond à ton appel! [2]Et pense comme il doit être saint quand dort en lui ton propre salut, joint à sa liberté! [3]Si fort que tu le souhaites condamné, Dieu est en lui. [4]Et tu ne connaîtras jamais qu'Il est aussi en toi tant que tu attaques la demeure qu'Il a choisie et livres bataille à Son hôte. [5]Regarde-le doucement. [6]Qui porte le Christ en lui, regarde-le avec des yeux remplis d'amour, afin de contempler sa gloire et de te réjouir que le Ciel ne soit pas séparé de toi.

2. Est-ce trop demander qu'un peu de confiance pour celui qui t'apporte le Christ, afin que tous tes péchés te soient pardonnés sans qu'il en reste un seul que tu chérisses encore? [2]N'oublie pas qu'une ombre tenue entre ton frère et toi obscurcit la face du Christ et la mémoire de Dieu. [3]Les troquerais-tu contre une haine ancienne? [4]La terre sur laquelle tu te tiens est une terre sainte à cause d'Eux, Qui Se tiennent là avec toi et l'ont bénie de Leur innocence et de Leur paix.

3. Le sang de la haine s'efface pour laisser l'herbe reverdir, et laisser les fleurs être toutes blanches et étincelantes sous le soleil

d'été. ²Ce qui était un lieu de mort est maintenant devenu un temple vivant dans un monde de lumière. ³À cause d'Eux. ⁴C'est Leur Présence qui a relevé la sainteté afin qu'elle prenne son ancienne place sur un ancien trône. ⁵À cause d'Eux les miracles ont poussé comme l'herbe et les fleurs sur la terre stérile que la haine avait brûlée et rendue désertique. ⁶Ce que la haine a fait, Ils l'ont défait. ⁷Et maintenant tu te tiens sur une terre si sainte que le Ciel se penche pour se joindre à elle et la rendre pareille à lui. ⁸L'ombre d'une haine ancienne a disparu et toute la ruine et la désolation s'en sont allées à jamais de la terre où Ils sont venus.

4.   Que sont une centaine ou un millier d'années pour Eux, ou des dizaines de milliers ? ²Lorsqu'Ils viennent, le temps a rempli son but. ³Ce qui n'a jamais été passe dans le néant lorsqu'Ils sont venus. ⁴Ce que la haine réclamait est abandonné à l'amour, et la liberté éclaire chaque chose vivante et l'élève jusqu'au Ciel où les lumières se font de plus en plus brillantes comme chacune d'elles rentre chez elle. ⁵L'incomplet est rendu complet à nouveau, et la joie du Ciel a été augmentée parce que ce qui est le sien lui a été rendu. ⁶Du sang qui la couvrait, la terre est lavée, et les insanes ont ôté leurs vêtements d'insanité pour se joindre à Eux sur la terre où tu te tiens.

5.   Le Ciel est reconnaissant du don de ce qui a été si longtemps retenu. ²Car Ils sont venus pour rassembler Les leurs. ³Ce qui a été verrouillé est ouvert ; ce qui était tenu à part de la lumière est abandonné, pour que la lumière y luise et ne laisse ni espace ni distance traînant encore entre la lumière du Ciel et le monde.

6.   Le plus saint de tous les points de la terre est là où une haine ancienne est devenue un amour présent. ²Et Ils viennent rapidement au temple vivant, où une demeure pour Eux a été établie. ³Il n'est pas au Ciel de lieu plus saint. ⁴Et Ils sont venus demeurer dans le temple à Eux offert pour être Leur lieu de repos aussi bien que le tien. ⁵Ce que la haine a délivré à l'amour devient la lumière la plus éclatante dans le rayonnement du Ciel. ⁶Et toutes les lumières au Ciel brillent d'un plus grand éclat, en reconnaissance de ce qui a été rétabli.

7.   Autour de toi voltigent des anges avec amour, pour garder éloignées toutes les sombres pensées de péché et garder la lumière où elle est entrée. ²Les traces de tes pas illuminent le monde, car là où tu vas, le pardon t'accompagne avec joie. ³Il n'en est pas un sur terre qui ne rende grâce à celui qui a rétabli sa demeure et l'a mis à l'abri du rude hiver et du froid glacial. ⁴Le Seigneur

du Ciel et Son Fils donneraient-Ils moins en reconnaissance de tellement plus?

8.   Maintenant le temple du Dieu vivant est rebâti pour être l'hôte à nouveau de Celui par Qui il fut créé. ²Là où Il demeure, Son Fils demeure avec Lui, jamais séparé. ³Et Ils rendent grâce de ce qu'Ils sont enfin les bienvenus. ⁴Là où se dressait une croix se tient maintenant le Christ ressuscité, et les anciennes cicatrices sont guéries à Ses yeux. ⁵Un ancien miracle est venu pour bénir et remplacer une ancienne inimitié qui était venue pour tuer. ⁶Avec douceur et gratitude, Dieu le Père et le Fils retournent à ce qui est Leur, et le sera à jamais. ⁷Maintenant le but du Saint-Esprit est accompli. ⁸Car Ils sont venus! ⁹Car Ils sont enfin venus!

X. La fin de l'injustice

1.   Que reste-t-il, donc, à défaire pour que tu te rendes compte de Leur Présence? ²Seulement ceci : tu as une vue différente de quand l'attaque est justifiée, et quand tu penses qu'elle est injuste et ne devrait pas être permise. ³Quand tu la perçois comme injuste, tu penses qu'une réponse de colère est maintenant juste. ⁴Et ainsi tu vois ce qui est le même comme étant différent. ⁵La confusion n'est pas limitée. ⁶Pour peu qu'elle se produise, elle sera totale. ⁷Et sa présence, sous n'importe quelle forme, cachera Leur Présence. ⁸Ils sont connus avec clarté ou pas du tout. ⁹Une perception confuse bloquera la connaissance. ¹⁰La question n'est pas de savoir de quelle taille est la confusion, ni à quel point elle interfère. ¹¹Sa simple présence ferme la porte à la Leur, et Les garde là inconnus.

2.   Qu'est-ce que cela signifie si tu perçois l'attaque sous certaines formes comme injuste envers toi? ²Cela signifie qu'il doit y avoir certaines formes sous lesquelles tu la penses juste. ³Car autrement, comment certaines pourraient-elles être évaluées comme injustes? ⁴À certaines, donc, une signification est donnée, qui sont perçues comme raisonnables. ⁵Et seulement certaines sont vues comme in-signifiantes. ⁶Et cela nie le fait qu'elles sont *toutes* insensées, également sans cause ni conséquence, et qu'elles ne peuvent avoir d'effets d'aucune sorte. ⁷Leur Présence est obscurcie par n'importe quel voile dressé entre Leur innocence éclatante et la conscience que tu as que c'est la tienne et qu'elle appartient

également à toute chose vivante avec toi. [8]Dieu ne limite pas. [9]Et ce qui est limité ne peut pas être le Ciel. [10]Donc ce doit être l'enfer.

3.   L'injustice et l'attaque sont une seule erreur, et elles sont jointes si fermement que là où l'une est perçue, l'autre doit être vue. [2]Tu ne peux pas être injustement traité. [3]La croyance que tu l'es n'est qu'une autre forme de l'idée que tu es privé de quelque chose par quelqu'un qui n'est pas toi. [4]La projection de la cause du sacrifice est à la racine de tout ce que tu perçois comme injuste et non ta juste récompense. [5]Or c'est toi qui demandes cela de toi-même, avec une profonde injustice envers le Fils de Dieu. [6]Tu n'as pas d'ennemi, sauf toi-même, et tu es certes son ennemi parce que tu ne le connais pas *comme* toi-même. [7]Que pourrait-il y avoir de plus injuste qu'il soit privé de ce qu'il est, que lui soit nié le droit d'être lui-même, et qu'il lui soit demandé de sacrifier l'amour de son Père et le tien comme n'étant pas son dû?

4.   Prends garde à la tentation de te percevoir injustement traité. [2]Dans cette optique, tu cherches à trouver une innocence qui n'est pas la Leur mais la tienne seule, et cela au coût de la culpabilité de quelqu'un d'autre. [3]L'innocence peut-elle s'acheter en donnant ta culpabilité à quelqu'un d'autre? [4] Et *est-ce* l'innocence que ton attaque contre lui tente d'obtenir? [5]N'est-ce pas le châtiment de ta propre attaque contre le Fils de Dieu que tu cherches? [6]N'est-il pas plus sûr de croire que tu es innocent de cela, mais fait victime malgré ton innocence? [7]Quelle que soit la façon dont le jeu de la culpabilité est joué, il doit y avoir perte. [8]Quelqu'un doit perdre son innocence pour que quelqu'un d'autre puisse la lui prendre et la faire sienne.

5.   Tu penses que ton frère est injuste envers toi parce que tu penses que l'un doit être injuste pour rendre l'autre innocent. [2]Et à ce jeu tu perçois un seul but pour toute ta relation. [3]Et tu cherches à l'ajouter au but qui lui a été donné. [4]Le but du Saint-Esprit est de laisser la Présence de tes saints Hôtes t'être connue. [5]Et à ce but rien ne peut être ajouté, car le monde est sans but si ce n'est de lui. [6]Ajouter ou enlever à ce seul but, c'est enlever au monde et t'enlever à toi-même tout but. [7]Et chaque injustice que le monde paraît t'imposer, c'est toi qui la lui as imposée en le rendant sans but et sans la fonction que voit le Saint-Esprit. [8]Et la simple justice ainsi a été niée à chaque chose vivante sur la terre.

6.   Ce que cette injustice te fait, à toi qui juges injustement et qui vois comme tu as jugé, tu ne peux le calculer. [2]Le monde devient pâle et menaçant, et tu ne peux percevoir aucune trace de tout

l'heureux étincellement qu'apporte le salut pour éclairer ton chemin. ³Ainsi tu te vois toi-même privé de lumière, abandonné aux ténèbres, injustement laissé sans but dans un monde futile. ⁴Le monde est juste parce que le Saint-Esprit a porté l'injustice à la lumière en dedans, et là toute iniquité a été résolue et remplacée par la justice et par l'amour. ⁵Si tu perçois l'injustice n'importe où, tu as seulement besoin de dire :

> ⁶*Par ceci je nie la Présence du Père et du Fils.*
> ⁷*Et je voudrais plutôt Les connaître que de voir*
> *l'injustice, que Leur Présence dissipe.*

Chapitre 27

LA GUÉRISON DU RÊVE

I. L'image de la crucifixion

1. Le souhait d'être injustement traité est une tentative de compromis qui voudrait combiner l'attaque et l'innocence. [2]Qui peut combiner l'entièrement incompatible et faire une unité de ce qui ne peut jamais se joindre? [3]Marche dans la voie de la douceur, et tu ne craindras ni mal ni ombres dans la nuit. [4]Mais ne place aucun symbole de terreur sur ta route, ou tu tresseras une couronne d'épines de laquelle ni ton frère ni toi n'échapperez. [5]Tu ne peux pas crucifier que toi seul. [6]Et si tu es injustement traité, il doit subir l'injustice que tu vois. [7]Tu ne peux pas sacrifier que toi seul. [8]Car le sacrifice est total. [9]S'il était le moindrement possible qu'il se produise, il entraînerait la création de Dieu tout entière, et le Père avec le sacrifice de Son Fils bien-aimé.

2. Dans ta délivrance du sacrifice, la sienne est rendue manifeste, et montrée comme étant la sienne. [2]Mais chaque douleur que tu ressens, tu la vois comme une preuve qu'il est coupable d'attaque. [3]Ainsi tu voudrais faire de toi le signe qu'il a perdu son innocence, et qu'il a seulement besoin de te regarder pour se rendre compte qu'il a été condamné. [4]Et ce qui était injuste envers toi, à lui viendra de bon droit. [5]L'injuste vengeance dont tu souffres maintenant lui appartient, et quand elle repose sur lui tu es libéré. [6]Ne souhaite pas faire de toi un symbole vivant de sa culpabilité, car tu n'échapperas pas à la mort que tu as faite pour lui. [7]Mais dans son innocence, tu trouves la tienne.

3. Chaque fois que tu consens à ressentir de la douleur, à être privé de quelque chose, à être traité injustement ou à avoir besoin de quoi que ce soit, tu ne fais qu'accuser ton frère d'attaque contre le Fils de Dieu. [2]Tu tiens une image de ta crucifixion devant ses yeux, afin qu'il voie que ses péchés sont inscrits au Ciel avec ton sang et ta mort, et qu'ils vont devant lui, fermant les portes et le condamnant à l'enfer. [3]Or cela est inscrit en enfer et non au Ciel, où tu es au-delà de l'attaque et prouves son innocence. [4]L'image de toi que tu lui offres, tu te la montres à toi-même et lui donnes toute ta foi. [5]Le Saint-Esprit t'offre, pour que tu la lui donnes, une image de toi dans laquelle il n'y a pas de douleur et pas du tout

de reproche. ⁶Et ce qui était martyrisé par sa culpabilité devient le parfait témoin de son innocence.

4.   Le pouvoir du témoignage est au-delà de la croyance, parce qu'il apporte la conviction dans son sillage. ²Le témoin est cru parce qu'il indique au-delà de lui-même ce qu'il représente. ³Un toi malade et souffrant ne représente que la culpabilité de ton frère ; le témoin que tu envoies pour qu'il n'oublie pas les blessures qu'il a données, desquelles tu jures qu'il n'échappera jamais. ⁴Cette image malade et pitoyable, *tu* l'acceptes, si seulement elle peut servir à le punir. ⁵Les malades sont sans pitié envers chacun, et par contagion ils cherchent à tuer. ⁶La mort semble être un prix facile, s'ils peuvent dire : « Regarde-moi, frère, par ta main je meurs. » ⁷Car la maladie est le témoin de sa culpabilité, et la mort prouverait que ses erreurs doivent être des péchés. ⁸La maladie n'est qu'une « petite » mort, une forme de vengeance pas encore totale. ⁹Or elle parle avec certitude pour ce qu'elle représente. ¹⁰La morne et amère image que tu as envoyée à ton frère, c'est toi que sa vue a rempli de chagrin. ¹¹Et tout ce qu'elle lui a montré, tu l'as cru, parce qu'elle témoignait de la culpabilité en lui que tu as perçue et aimée.

5.   Maintenant, dans les mains rendues douces par Son toucher, le Saint-Esprit dépose une image d'un toi différent. ²C'est l'image d'un corps encore, car ce que tu es réellement ne peut être vu ni représenté. ³Or celle-ci n'a pas été utilisée dans un but d'attaque ; par conséquent, elle n'a jamais ressenti la moindre douleur. ⁴Elle témoigne de l'éternelle vérité qui est que tu ne peux pas être blessé ; et elle indique au-delà d'elle-même à la fois ton innocence et celle de ton frère. ⁵Montre-lui cela, et il verra que toute cicatrice est guérie, et que le rire et l'amour ont essuyé toute larme. ⁶Et là il verra son pardon, et avec des yeux guéris il regardera au-delà vers l'innocence qu'il contemple en toi. ⁷Là est la preuve qu'il n'a jamais péché ; que rien de ce que sa folie lui enjoignait de faire n'a jamais été fait, ni jamais eu d'effets d'aucune sorte. ⁸Qu'aucun reproche qu'il a fait peser sur son cœur n'a jamais été justifié, et qu'aucune attaque ne peut jamais le toucher du dard empoisonné et implacable de la peur.

6.   Atteste son innocence et non sa culpabilité. ²Ta guérison est son réconfort et sa santé parce qu'elle prouve que les illusions ne sont pas vraies. ³Ce n'est pas la volonté de vie mais le souhait de mort qui est la motivation pour ce monde. ⁴Son seul but est de prouver que la culpabilité est réelle. ⁵Il n'est pas une pensée, pas un

acte, pas un sentiment en ce monde qui ait d'autre motivation que celle-là. [6]Voilà les témoins qui sont appelés pour être crus et prêter conviction au système pour lequel ils parlent et qu'ils représentent. [7]Chacun a de nombreuses voix, qui parlent à ton frère et à toi en des langues différentes. [8]Et pourtant, le message est le même pour les deux. [9]La parure du corps cherche à montrer comme sont beaux les témoins de la culpabilité. [10]Les soucis concernant le corps démontrent comme ta vie est fragile et vulnérable ; comme est facilement détruit ce que tu aimes. [11]La dépression parle de la mort et la vanité, d'un réel souci de n'importe quel rien.

7.   Le plus solide témoignage de futilité, qui renforce tous les autres et les aide à peindre une image dans laquelle le péché est justifié, c'est la maladie sous quelque forme qu'elle prenne. [2]Les malades ont une raison pour chacun de leurs désirs contre nature et de leurs étranges besoins. [3]Car qui pourrait vivre une vie si tôt écourtée et ne pas estimer la valeur de joies passagères ? [4]Quels plaisirs pourrait-il y avoir qui dureront ? [5]Les frêles ne sont-ils pas en droit de croire que chaque bribe de plaisir volée est le juste paiement de leurs petites vies ? [6]Leur mort paiera le prix pour chacune d'elles, qu'ils jouissent ou non de leurs bénéfices. [7]La fin de la vie doit venir, quelle que soit la façon dont cette vie est menée. [8]Ainsi, prends donc plaisir dans le vite passé et l'éphémère.

8.   Ce ne sont pas des péchés mais des témoins de l'étrange croyance que le péché et la mort sont réels, et que l'innocence et le péché arriveront pareillement à leur terme dans la tombe. [2]Si cela était vrai, il y aurait lieu de continuer à te contenter de chercher des joies passagères et de chérir des petits plaisirs où tu le peux. [3]Or dans cette image, le corps n'est pas perçu comme étant neutre et sans un but qui lui soit inhérent. [4]Car il devient le symbole du reproche, le signe d'une culpabilité dont les conséquences peuvent encore être vues, de sorte que la cause ne peut jamais être niée.

9.   Ta fonction est de montrer à ton frère que le péché ne peut pas avoir de cause. [2]Comme ce doit être futile de te voir toi-même comme une image de la preuve que ce qu'est ta fonction ne peux jamais être ! [3]L'image du Saint-Esprit ne change pas le corps en quelque chose qu'il n'est pas. [4]Elle ne fait que lui enlever tous les signes d'accusation et de blâme. [5]Représenté sans but, il est vu comme n'étant ni malade ni bien portant, ni mauvais ni bon. [6]Aucune raison n'est offerte pour qu'il soit jugé de quelque façon que ce soit. [7]Il n'a pas de vie, mais il n'est pas mort non plus. [8]Il se

tient à part de toute expérience d'amour ou de peur. ⁹Car maintenant il ne témoigne encore de rien, son but étant ouvert, et l'esprit est rendu libre à nouveau de choisir à quoi il sert. ¹⁰Maintenant il n'est pas condamné mais il attend qu'un but lui soit donné, afin de remplir la fonction qu'il recevra.

10.   En cet espace vide, d'où le but de péché a été enlevé, tu es libre de te souvenir du Ciel. ²Ici sa paix peut venir, et la parfaite guérison prendre la place de la mort. ³Le corps peut devenir un signe de vie, une promesse de rédemption et un souffle d'immortalité pour ceux qui en ont assez de respirer l'odeur fétide de la mort. ⁴Qu'il ait la guérison pour but. ⁵Alors il enverra le message qu'il a reçu, et, par sa santé et sa beauté, il proclamera la vérité et la valeur qu'il représente. ⁶Qu'il reçoive le pouvoir de représenter une vie sans fin, à jamais inattaquée. ⁷Et qu'à ton frère, son message soit : « Regarde-moi, frère, par ta main je vis. »

11.   La simple façon de laisser cela s'accomplir est simplement ceci : que le corps n'ait pas de but qui vienne du passé, quand tu étais sûr de connaître que son but était de favoriser la culpabilité. ²Car celui-ci maintient avec insistance que ton image infirme est un signe durable de ce qu'elle représente. ³Cela ne laisse aucun espace dans lequel une vue différente, un autre but, puisse lui être donné. ⁴Tu ne connais *pas* son but. ⁵Tu n'as fait que donner des illusions de but à une chose que tu as faite pour te cacher à toi-même ta fonction. ⁶Cette chose sans but ne peut pas cacher la fonction que le Saint-Esprit a donnée. ⁷Laisse donc son but et ta fonction être enfin réconciliés et vus comme ne faisant qu'un.

II. La peur de la guérison

1.   La guérison est-elle effrayante ? ²Pour beaucoup, oui. ³Car l'accusation fait barrage à l'amour, et les corps abîmés sont des accusateurs. ⁴Ils bloquent fermement le chemin de la confiance et de la paix, proclamant que les frêles ne peuvent avoir confiance et que les abîmés n'ont pas de motifs de paix. ⁵Qui a été blessé par son frère, et pourrait encore l'aimer et lui faire confiance ? ⁶Il a attaqué et il attaquera encore. ⁷Ne le protège pas, parce que ton corps abîmé montre que *tu* dois être protégé de lui. ⁸Pardonner peut être un acte de charité, mais ce n'est pas son dû. ⁹Il peut être pris en pitié pour sa culpabilité, mais pas exonéré. ¹⁰Et si tu lui

pardonnes ses offenses, tu ne fais qu'ajouter à toute la culpabilité qu'il a réellement méritée.

2. Les non-guéris ne peuvent pardonner. ²Car ils sont les témoins de ce que le pardon est injuste. ³Ils voudraient conserver les conséquences de la culpabilité sur laquelle ils passent. ⁴Or nul ne peut pardonner un péché qu'il croit réel. ⁵Et ce qui a des conséquences doit être réel, parce que ce qu'il a fait peut être vu. ⁶Le pardon n'est pas la pitié, qui ne cherche qu'à pardonner ce qu'elle pense être la vérité. ⁷Le bien ne peut être rendu pour le mal, car le pardon ne commence pas par établir le péché pour ensuite le pardonner. ⁸Qui peut dire en le pensant vraiment : «Mon frère, tu m'as blessé, et pourtant, parce que je suis le meilleur des deux, je te pardonne ma blessure.» ⁹Son pardon et ta blessure ne peuvent exister ensemble. ¹⁰L'un nie l'autre et doit le rendre faux.

3. Être témoin du péché et pourtant le pardonner, c'est un paradoxe que la raison ne saurait voir. ²Car cela maintient que ce qui t'a été fait ne mérite pas de pardon. ³Et en le donnant, tu accordes miséricorde à ton frère mais conserves la preuve qu'il n'est pas vraiment innocent. ⁴Les malades restent des accusateurs. ⁵Ils ne peuvent pardonner ni à leurs frères ni à eux-mêmes. ⁶Car nul en qui repose le véritable pardon ne peut souffrir. ⁷Il ne tient pas la preuve du péché sous les yeux de son frère. ⁸Ainsi il doit avoir passé par-dessus et l'avoir ôté des siens. ⁹Le pardon ne peut pas être pour l'un et non pour l'autre. ¹⁰Qui pardonne est guéri. ¹¹Et dans sa guérison réside la preuve qu'il a véritablement pardonné et qu'il ne conserve aucune trace de condamnation qu'il voudrait encore se reprocher à lui-même ou à toute chose vivante.

4. Le pardon n'est pas réel à moins qu'il apporte une guérison à ton frère et à toi. ²Tu dois attester que ses péchés n'ont pas d'effet sur toi pour démontrer qu'ils ne sont pas réels. ³Autrement, comment pourrait-il être sans péché ? ⁴Et comment son innocence pourrait-elle être justifiée à moins que ses péchés n'aient pas d'effet qui légitime la culpabilité ? ⁵Les péchés sont au-delà du pardon justement parce qu'ils entraîneraient des effets qui ne peuvent être entièrement défaits et sur lesquels il n'est pas possible de passer entièrement. ⁶Dans leur défaire réside la preuve que ce ne sont que des erreurs. ⁷Laisse-toi être guéri afin d'être à même de pardonner, en offrant le salut à ton frère et à toi.

5. Un corps brisé montre que l'esprit n'a pas été guéri. ²Un miracle de guérison prouve que la séparation est sans effet. ³Ce que tu voudrais prouver à ton frère, tu le croiras. ⁴La puissance

du témoignage vient de ta croyance. ⁵Et tout ce que tu dis, fais ou penses ne fait que témoigner de ce que tu lui enseignes. ⁶Ton corps peut être le moyen d'enseigner qu'il n'a jamais souffert à cause de lui. ⁷Et dans sa guérison, il peut offrir à ton frère le témoignage muet de son innocence. ⁸C'est ce témoignage qui peut parler avec une puissance plus grande qu'un millier de langues. ⁹Car là son pardon lui est prouvé.

6.   Un miracle ne peut lui offrir rien de moins qu'il ne t'a donné. ²Ainsi ta guérison montre que ton esprit est guéri, et qu'il a pardonné ce que ton frère n'a pas fait. ³Ainsi il est convaincu que son innocence n'a jamais été perdue, et il est guéri avec toi. ⁴Ainsi le miracle défait toutes les choses dont le monde atteste qu'elles ne peuvent jamais être défaites. ⁵Et le désespoir et la mort doivent disparaître devant l'ancien clairon sonnant l'appel de la vie. ⁶La puissance de cet appel est bien au-delà du faible et misérable cri de la mort et de la culpabilité. ⁷L'appel ancien du Père à Son Fils, et du Fils aux Siens, sera la dernière trompette que le monde entendra jamais. ⁸Frère, il n'y a pas de mort. ⁹Et cela tu l'apprends lorsque tu souhaites seulement montrer à ton frère que tu n'as eu aucune blessure de lui. ¹⁰Il pense que ton sang est sur ses mains, ainsi se tient-il pour condamné. ¹¹Or il t'est donné de lui montrer, par ta guérison, que sa culpabilité n'est que le tissu d'un rêve insensé.

7.   Comme les miracles sont justes ! ²Car ils accordent un don égal de pleine délivrance de la culpabilité à ton frère et à toi. ³Ta guérison lui épargne de la douleur aussi bien qu'à toi, et tu es guéri parce que tu lui as souhaité du bien. ⁴Telle est la loi à laquelle obéit le miracle : que la guérison ne voit pas de particularité du tout. ⁵Elle ne vient pas de la pitié mais de l'amour. ⁶Et l'amour prouverait que toute souffrance n'est que vaine imagination, un souhait sot et sans effet. ⁷Ta santé est un résultat de ton désir de voir ton frère sans tache de sang sur ses mains et sans culpabilité sur son coeur, rendu lourd de la preuve du péché. ⁸Et ce que tu souhaites t'est donné à voir.

8.   Le « coût » de ta sérénité, c'est la sienne. ²Voilà le « prix » que le Saint-Esprit et le monde interprètent différemment. ³Le monde le perçoit comme l'énoncé du « fait » que ton salut sacrifie le sien. ⁴Le Saint-Esprit connaît que ta guérison est le témoin de la sienne, et qu'elle ne peut pas du tout être à part de la sienne. ⁵Aussi longtemps qu'il consent à souffrir, tu es non guéri. ⁶Or tu peux lui montrer que sa souffrance est sans but et entièrement sans cause.

⁷Montre-lui ta guérison, et il ne consentira plus à souffrir. ⁸Car son innocence a été établie à tes yeux comme aux siens. ⁹Et le rire remplacera vos soupirs, parce que le Fils de Dieu s'est souvenu qu'il *est* le Fils de Dieu.

9.   Qui donc a peur de la guérison? ²Seulement ceux pour qui le sacrifice et la douleur de leur frère représentent leur propre sérénité. ³Leur impuissance et leur faiblesse représentent leurs motifs pour justifier sa souffrance. ⁴La constante brûlure de la culpabilité dont il souffre sert à prouver qu'il est esclave, alors qu'ils sont libres. ⁵Leur constante souffrance démontre qu'ils sont libres *parce qu'*ils le tiennent lié. ⁶Et la maladie est désirée pour prévenir un changement dans l'équilibre des sacrifices. ⁷Comment le Saint-Esprit pourrait-Il S'arrêter un instant, même moins, pour considérer un tel argument en faveur de la maladie? ⁸Et ta guérison a-t-elle besoin d'être retardée parce que tu t'arrêtes pour écouter l'insanité?

10.   La correction n'est pas ta fonction. ²Elle appartient à Celui Qui connaît ce qu'est la justice, et non la culpabilité. ³Si tu assumes le rôle de la correction, tu perds la fonction du pardon. ⁴Nul ne peut pardonner jusqu'à ce qu'il ait appris que la correction est seulement de pardonner et jamais d'accuser. ⁵Seul, tu ne peux pas voir qu'ils sont les mêmes; par conséquent, la correction n'est pas de toi. ⁶Identité et fonction sont les mêmes, et c'est par ta fonction que tu te connais toi-même. ⁷Ainsi, si tu confonds ta fonction avec la fonction d'un Autre, ta confusion doit s'étendre à toi-même et à ce que tu es. ⁸Qu'est-ce que la séparation, sinon le souhait de prendre à Dieu Sa fonction et de nier que c'est la Sienne? ⁹Or si ce n'est pas la Sienne, ce n'est pas la tienne, car tu dois perdre ce que tu voudrais prendre.

11.   Dans un esprit divisé, l'identité doit sembler être divisée. ²Nul ne peut percevoir comme étant unifiée une fonction qui a des buts conflictuels et des fins différentes. ³La correction, pour un esprit aussi divisé, doit être une façon de punir les péchés que tu penses être les tiens en quelqu'un d'autre. ⁴C'est ainsi qu'il devient ta victime, et non ton frère, différent de toi en ceci qu'il est plus coupable et qu'il a donc besoin de ta correction, étant celui qui est plus innocent que lui. ⁵Cela coupe sa fonction de la tienne, et donne aux deux un rôle différent. ⁶Ainsi vous ne pouvez pas être perçus comme ne faisant qu'un, avec une fonction indivisée qui signifierait une identité partagée avec une seule fin.

12. La correction que tu ferais, *toi,* doit séparer, parce que c'est la fonction à elle donnée *par* toi. ²Quand tu perçois que la correction est la même chose que le pardon, alors tu connais aussi que l'Esprit du Saint-Esprit et le tien ne font qu'Un. ³Ainsi ta propre Identité est trouvée. ⁴Or Il doit travailler avec ce qui lui est donné, et tu ne Lui accordes que la moitié de ton esprit. ⁵C'est pourquoi Il représente l'autre moitié et semble avoir un autre but que celui que tu chéris et penses être le tien. ⁶Ainsi ta fonction semble être divisée, avec une moitié opposée à une moitié. ⁷Et ces deux moitiés semblent représenter une division à l'intérieur d'un soi perçu comme étant deux.

13. Considère comment cette perception de soi doit s'étendre, sans passer sur le fait que chaque pensée s'étend parce que c'est son but, étant ce qu'elle est réellement. ²D'une idée de soi étant deux, vient la vue nécessaire d'une fonction divisée entre les deux. ³Et ce que tu voudrais corriger n'est qu'une moitié de l'erreur, que tu penses l'être tout entière. ⁴Les péchés de ton frère deviennent la cible centrale de la correction, de peur que tes erreurs et les siennes soient vues comme ne faisant qu'un. ⁵Les tiennes sont des erreurs, mais les siennes sont des péchés et pas les mêmes que les tiennes. ⁶Les siennes méritent la punition, tandis que sur les tiennes, en toute justice, il faudrait passer.

14. Tes propres erreurs, dans cette interprétation de la correction, tu ne les verras même pas. ²Le point de mire de la correction a été placé à l'extérieur de toi, sur un qui ne peut pas faire partie de toi tant que dure cette perception. ³Ce qui est condamné ne peut jamais être retourné à son accusateur, qui l'a haï et qui le hait encore comme symbole de sa peur. ⁴Voilà ton frère, point de mire de ta haine, indigne de faire partie de toi et donc à l'extérieur de toi; l'autre moitié, qui est niée. ⁵Et seul ce qui est laissé sans sa présence est perçu comme toi tout entier. ⁶Pour cette moitié restante, le Saint-Esprit doit représenter l'autre moitié, jusqu'à ce que tu reconnaisses que c'*est* l'autre moitié. ⁷Et cela Il le fait en vous donnant à toi et à lui une fonction qui est une, et non différente.

15. La correction est la fonction donnée aux deux, mais ni à l'un ni à l'autre seul. ²Et lorsqu'elle est remplie de façon partagée, elle doit corriger les erreurs en toi et lui. ³Elle ne peut pas laisser des erreurs non guéries en l'un et libérer l'autre. ⁴Cela est un but divisé, qui ne peut pas être partagé, et ce ne peut donc pas être le but dans lequel le Saint-Esprit voit le Sien. ⁵Et tu peux être sûr qu'Il ne remplira pas une fonction qu'Il ne voit pas et ne reconnaît pas

pour Sienne. [6]Car c'est ainsi seulement qu'Il peut garder la tienne préservée intacte, malgré Vos vues séparées sur ce qu'est ta fonction. [7]S'il soutenait une fonction divisée, tu serais certes perdu. [8]C'est Son inaptitude à voir Son but divisé et distinct pour toi et lui qui te préserve d'avoir conscience d'une fonction qui n'est pas la tienne. [9]Et c'est ainsi que la guérison vous est donnée à toi et à lui.

16.   La correction doit être laissée à Celui Qui connaît que correction et pardon sont les mêmes. [2]Avec une moitié d'esprit, cela n'est pas compris. [3]Laisse donc la correction à l'Esprit qui est uni, et qui fonctionne comme un seul parce qu'il n'est pas divisé sur son but et qu'il conçoit une fonction indivisée comme sa seule fonction. [4]Ici la fonction qui lui est donnée est conçue comme lui étant Propre et non à part de celle que garde le Donneur *parce qu'*elle a été partagée. [5]Dans Son acceptation de cette fonction résident les moyens par lesquels ton esprit est unifié. [6]Son but indivisé unifie les moitiés de toi que tu perçois comme séparées. [7]Et chacune pardonne à l'autre, afin qu'il accepte son autre moitié comme faisant partie de lui.

III. Au-delà de tous les symboles

1.   Le pouvoir ne peut pas s'opposer. [2]Car l'opposition l'affaiblirait, et un pouvoir affaibli est une idée contradictoire. [3]Une force faible est in-signifiante, et le pouvoir utilisé pour affaiblir est employé pour limiter. [4]Par conséquent, il doit être limité et faible, parce que tel en est le but. [5]Le pouvoir est sans opposition, pour être lui-même. [6]Aucune faiblesse ne peut y faire intrusion sans le changer en quelque chose qu'il n'est pas. [7]Affaiblir, c'est limiter, et c'est imposer un opposé qui contredit le concept qu'il attaque. [8]Et par là il joint à l'idée un quelque chose qu'elle n'est pas, et la rend inintelligible. [9]Qui peut comprendre un double concept, tel qu'un « pouvoir affaibli » ou un « amour haineux » ?

2.   Tu as décidé que ton frère est le symbole d'un « amour haineux », d'un « pouvoir affaibli » et, par-dessus tout, d'une « mort vivante ». [2]Ainsi il n'a aucune signification pour toi, car il représente ce qui est in-signifiant. [3]Il représente une double pensée, dont une moitié est annulée par la moitié restante. [4]Or même cela est vite contredit par la moitié qu'elle a annulée, de sorte que les deux disparaissent. [5]Et maintenant il ne représente rien. [6]Les

symboles qui ne représentent que des idées qui ne peuvent pas être, doivent représenter un espace vide et le néant. [7]Or le néant et l'espace vide ne peuvent pas être une interférence. [8]Ce qui peut interférer avec la conscience de la réalité, c'est la croyance qu'il y a quelque chose là.

3. L'image de ton frère que tu vois ne signifie rien. [2]Il n'y a rien à attaquer ou à nier ; rien à aimer ou à haïr, rien à doter d'un pouvoir ou à voir comme faible. [3]L'image a été entièrement annulée, parce qu'elle symbolisait une contradiction qui a annulé la pensée qu'elle représentait. [4]Et ainsi l'image n'a pas de cause du tout. [5]Qui peut percevoir l'effet sans une cause ? [6]Et que peut être le sans-cause, sinon le néant ? [7]L'image de ton frère que tu vois est entièrement absente et n'a jamais été. [8]Laisse donc l'espace vide qu'elle occupe être reconnu pour vacant, et le temps consacré à la voir perçu comme un temps passé vainement, un temps inoccupé.

4. Un espace vide qui n'est pas vu comme rempli, un intervalle de temps inutilisé qui n'est pas vu comme un temps passé et pleinement occupé, deviennent une invitation silencieuse faite à la vérité d'entrer, et de faire comme chez elle. [2]Aucune préparation ne peut être faite qui rehausserait l'attrait réel de l'invitation. [3]Car ce que tu laisses vacant, Dieu le remplira ; et là où Il est, là aussi doit demeurer la vérité. [4]Un pouvoir qui n'est pas affaibli, qui n'a pas d'opposé, est ce qu'est la création. [5]Pour cela, il n'y a pas de symboles. [6]Rien n'indique quoi que ce soit au-delà de la vérité, car qu'est-ce qui peut représenter plus que tout ? [7]Or le véritable défaire doit être bon. [8]Ainsi le premier remplacement de ton image est une autre image d'une autre sorte.

5. De même que le néant ne peut pas être représenté, de même il n'y a pas de symbole pour la totalité. [2]La réalité est finalement connue sans une forme, non représentée et non vue. [3]Le pardon n'est pas encore connu comme un pouvoir entièrement libre de limites. [4]Or il ne pose aucune des limites que tu as choisi d'imposer. [5]Le pardon est le moyen par lequel la vérité est représentée temporairement. [6]Il permet au Saint-Esprit de rendre possible l'échange d'images, jusqu'au moment où les aides sont in-signifiantes et l'apprentissage est fini. [7]Aucune aide à l'apprentissage n'a une utilité qui puisse s'étendre au-delà du but d'apprentissage. [8]Une fois que le but en est atteint, elle est sans fonction. [9]Or dans l'intervalle d'apprentissage, elle a une utilité que tu crains maintenant mais pourtant aimeras.

6. L'image de ton frère qui t'est donnée pour occuper l'espace si récemment laissé inoccupé et vacant, n'aura besoin d'aucune sorte de défense. ²Car tu auras pour elle une très grande préférence. ³Et tu ne tarderas pas un instant à décider que c'est la seule que tu veux. ⁴Elle ne représente pas de doubles concepts. ⁵Bien que ce ne soit que la moitié de l'image et qu'elle soit incomplète, en elle-même elle est pareille. ⁶L'autre moitié de ce qu'elle représente reste inconnue, mais n'est pas annulée. ⁷Ainsi Dieu est laissé libre de faire le dernier pas Lui-même. ⁸Pour cela tu n'as pas besoin d'images ni d'aides à l'apprentissage. ⁹Et ce qui finalement prend la place de toute aide à l'apprentissage *est* simplement.

7. Le pardon disparaît et les symboles s'effacent, et rien de ce que les yeux ont jamais vu ou que les oreilles ont jamais entendu ne reste à être perçu. ²Un pouvoir entièrement illimité est venu, non pour détruire mais pour recevoir les siens. ³Il n'y a pas de choix de fonction nulle part. ⁴Le choix que tu crains de perdre, tu ne l'as jamais eu. ⁵Or cela seul paraît interférer avec un pouvoir illimité et des pensées indivisées, complètes et heureuses, sans opposées. ⁶Tu ne connais pas la paix d'un pouvoir qui ne s'oppose à rien. ⁷Or il ne peut pas du tout y en avoir d'autre sorte. ⁸Accueille le pouvoir qui est au-delà du pardon, et au-delà du monde des symboles et des limitations. ⁹Il serait simplement, or donc Il est simplement.

IV. La quiète réponse

1. Dans la quiétude, toutes choses ont leur réponse et chaque problème est quiètement résolu. ²Dans le conflit, il ne peut y avoir ni réponse ni résolution, car il a pour but de faire qu'aucune résolution ne soit possible, et de s'assurer qu'aucune réponse ne soit claire et nette. ³Un problème posé dans le conflit n'a pas de réponse, car il est vu de différentes façons. ⁴Et ce qui serait une réponse d'un point de vue n'en est pas une sous une autre lumière. ⁵Tu *es* en conflit. ⁶Il doit donc être clair que tu ne peux répondre à rien du tout, car le conflit n'a pas d'effets limités. ⁷Or si Dieu a donné une réponse, il doit y avoir une façon dont tes problèmes sont résolus, car ce qu'Il veut a déjà été fait.

2. Ainsi, ce doit être que cela n'implique pas le temps, et que chaque problème peut trouver sa réponse *maintenant*. ²Or ce doit être aussi que, dans ton état d'esprit, la solution est impossible.

³Par conséquent, Dieu doit t'avoir donné une voie qui permet d'atteindre un autre état d'esprit dans lequel la réponse est déjà là. ⁴Tel est l'instant saint. ⁵C'est ici que tous les problèmes devraient être portés et laissés. ⁶C'est ici qu'est leur place, car c'est ici qu'est leur réponse. ⁷Et là où est sa réponse, un problème doit être simple et être aisément résolu. ⁸Il doit être inutile d'essayer de résoudre un problème là où la réponse ne peut pas être. ⁹Or il est tout aussi sûr qu'il doit être résolu, s'il est porté là où est la réponse.

3. Ne tente de résoudre aucun problème, si ce n'est dans la sûreté de l'instant saint. ²Car là le problème *aura* sa réponse et sa résolution. ³En dehors, il n'y aura pas de solution, car il n'y a pas de réponse là qui se puisse trouver. ⁴Nulle part en dehors n'est jamais posée une seule et simple question. ⁵Le monde ne peut poser qu'une question double. ⁶Une question avec de nombreuses réponses ne peut avoir de réponses. ⁷Aucune d'elles ne conviendra. ⁸Il ne pose pas une question pour avoir une réponse, mais seulement pour réaffirmer son point de vue.

4. Toutes les questions posées dans ce monde ne sont qu'une façon de regarder et non une question posée. ²À une question posée dans la haine, il ne peut y avoir de réponse, parce que c'est une réponse en soi. ³Une question double demande et répond, attestant deux fois la même chose sous une forme différente. ⁴Le monde pose une seule question. ⁵C'est ceci : « De ces illusions, laquelle *est* vraie ? ⁶Lesquelles établissent la paix et offrent la joie ? ⁷Et lesquelles peuvent apporter une évasion de toute la douleur dont ce monde est fait ? » ⁸Quelque forme que prenne la question, le but est le même. ⁹Elle ne demande que pour établir que le péché est réel, et elle répond sous forme de préférence. ¹⁰« Quel péché préfères-tu ? ¹¹C'est celui-là que tu devrais choisir. ¹²Les autres ne sont pas vrais. ¹³Qu'est-ce que le corps peut obtenir que tu voudrais plus que tout ? ¹⁴Il est ton serviteur et aussi ton ami. ¹⁵Mais dis-lui ce que tu veux et il te servira avec amour et bien. » ¹⁶Tout cela n'est pas une question, car elle te dit ce que tu veux et où aller le chercher. ¹⁷Elle ne laisse pas de place pour remettre en question ses croyances, sauf que ce qu'elle affirme prend la forme d'une question.

5. Une pseudo-question n'a pas de réponse. ²Elle dicte la réponse alors même qu'elle demande. ³Ainsi tout questionnement en ce monde est une forme de propagande pour lui-même. ⁴Tout comme les témoins du corps ne sont que les sens d'en dedans de lui, ainsi

les réponses aux questions du monde sont contenues dans les questions qui sont posées. [5]Là où les réponses représentent les questions, elles n'ajoutent rien de nouveau et rien n'a été appris. [6]Une question honnête est un outil d'apprentissage qui demande quelque chose que tu ne connais pas. [7]Elle ne pose pas de conditions à la réponse mais demande simplement ce que la réponse devrait être. [8]Mais nul dans un état de conflit n'est libre de poser cette question, car il ne *veut* pas une réponse honnête dans laquelle le conflit prend fin.

6.   Ce n'est que dans l'instant saint qu'une question honnête peut être posée honnêtement. [2]Et c'est de la signification de la question que vient la signifiance de la réponse. [3]Ici il est possible de séparer tes souhaits de la réponse, pour qu'elle puisse t'être donnée et aussi être reçue. [4]La réponse est fournie partout. [5]Or c'est seulement ici qu'elle peut être entendue. [6]Une réponse honnête ne demande aucun sacrifice, parce qu'elle répond à des questions posées véritablement. [7]Les questions du monde demandent seulement de qui le sacrifice est exigé sans demander si le sacrifice a la moindre signification. [8]Ainsi, à moins que la réponse ne dise « de qui », elle restera non reconnue, non entendue, et la question est ainsi préservée intacte parce qu'elle s'est répondue elle-même. [9]L'instant saint est l'intervalle dans lequel l'esprit est suffisamment calme pour entendre une réponse qui n'est pas comprise dans la question posée. [10]Il offre quelque chose de nouveau et différent de la question. [11]Comment pourrait-elle avoir une réponse si elle ne fait que se répéter elle-même ?

7.   Par conséquent, ne tente de résoudre aucun problème dans un monde duquel la réponse a été barrée. [2]Mais porte le problème au seul endroit qui tient la réponse pour toi avec amour. [3]Ici sont les réponses qui résoudront tes problèmes parce qu'elles s'en tiennent à part et voient ce qui peut avoir une réponse ; quelle *est* la question. [4]Dans le monde les réponses ne font que soulever une autre question, bien qu'elles laissent la première sans réponse. [5]Dans l'instant saint, tu peux porter la question à la réponse, et recevoir la réponse qui a été faite pour toi.

V. L'exemple de la guérison

1.   La seule façon de guérir, c'est d'être guéri. [2]Le miracle s'étend sans ton aide, mais il est besoin de toi pour qu'il puisse commencer.

[3]Accepte le miracle de la guérison, et il ira en s'étendant à cause de ce qu'il est. [4]C'est sa nature de s'étendre à l'instant où il est né. [5]Et il est né à l'instant où il est offert et reçu. [6]Nul ne peut demander à un autre d'être guéri. [7]Mais il peut se laisser *lui-même* être guéri, et ainsi offrir à l'autre ce qu'il a reçu. [8]Qui peut accorder à autrui ce qu'il n'a pas? [9]Et qui peut partager ce qu'il se nie à lui-même? [10]C'est à *toi* que parle le Saint-Esprit. [11]Il ne parle pas à quelqu'un d'autre. [12]Or par ton écoute Sa Voix s'étend, parce que tu as accepté ce qu'Il dit.

2.   La santé est le témoin de la santé. [2]Aussi longtemps qu'elle n'est pas attestée, elle reste sans conviction. [3]C'est seulement quand elle a été démontrée qu'elle est prouvée, et doit produire un témoin qui force la croyance. [4]Nul n'est guéri par des messages doubles. [5]Si tu souhaites seulement être guéri, tu guéris. [6]Ton but indivisé rend cela possible. [7]Mais si tu as peur de la guérison, alors elle ne peut pas venir par toi. [8]La seule chose qui est requise pour une guérison est l'absence de peur. [9]Les apeurés ne sont point guéris, et ne peuvent guérir. [10]Cela ne signifie pas que le conflit doive avoir disparu à jamais de ton esprit pour guérir. [11]Car s'il l'était, il n'y aurait alors aucun besoin de guérison. [12]Mais cela signifie, ne serait-ce que pour un instant, que tu aimes sans attaque. [13]Un instant est suffisant. [14]Les miracles n'attendent pas après le temps.

3.   L'instant saint est la demeure des miracles. [2]De là, chacun naît en ce monde comme témoin d'un état d'esprit qui a transcendé le conflit et atteint la paix. [3]Il porte le réconfort du lieu de paix jusqu'au champ de bataille et démontre que la guerre n'a pas d'effets. [4]Car toutes les blessures que la guerre a cherché à porter, les corps brisés et les membres fracassés, les mourants hurlant et les morts silencieux, sont doucement relevés et réconfortés.

4.   Il n'y a pas de tristesse là où un miracle est venu pour guérir. [2]Et rien de plus qu'un seul instant de ton amour sans attaque n'est nécessaire pour que tout cela se produise. [3]En ce seul instant tu es guéri, et en ce seul instant est faite toute guérison. [4]Qu'est-ce qui se tient à part de toi, quand tu acceptes la bénédiction qu'apporte l'instant saint? [5]N'aie pas peur de la bénédiction, car Celui Qui te bénit aime le monde entier et ne laisse rien dans le monde qui pourrait être craint. [6]Mais si tu recules devant la bénédiction, alors le monde semblera certes effrayant, car tu lui as retenu sa paix et son réconfort, le laissant mourir.

5.   Est-ce qu'un monde si amèrement dépouillé ne serait pas comme une condamnation aux yeux de celui qui aurait pu le sauver, mais a reculé parce qu'il avait peur d'être guéri ? ²Les yeux de tous les mourants sont pleins de reproche, et la souffrance murmure : « Qu'y a-t-il à craindre ? » ³Considère bien cette question. ⁴C'est pour ton bien qu'elle est posée. ⁵Un monde mourant demande seulement que tu te reposes un instant de l'attaque contre toi-même, pour qu'il soit guéri.

6.   Viens à l'instant saint et sois guéri, car rien de ce qui est reçu là n'est laissé derrière quand tu retournes dans le monde. ²Étant béni, tu béniras. ³La vie t'est donnée à donner au monde mourant. ⁴Et les yeux souffrants n'accuseront plus, mais ils luiront en te rendant grâce d'avoir donné bénédiction. ⁵Le rayonnement de l'instant saint illuminera tes yeux et leur donnera la vue afin qu'ils voient au-delà de toute souffrance et voient la face du Christ à la place. ⁶La guérison remplace la souffrance. ⁷Qui regarde l'une ne peut percevoir l'autre, car elles ne peuvent pas être là toutes les deux. ⁸Et ce que tu vois, le monde en sera témoin, et en témoignera.

7.   Ainsi ta guérison est tout ce que le monde requiert pour être guéri. ²Il a besoin d'une seule leçon qui ait été parfaitement apprise. ³Et puis, quand tu l'oublies, le monde te rappelle doucement ce que tu as enseigné. ⁴Aucun renforcement ne te sera refusé par ses remerciements, à toi qui t'es laissé guérir afin qu'il vive. ⁵Il appellera ses témoins pour te montrer la face du Christ, à toi qui leur a apporté la vue par laquelle ils en ont témoigné. ⁶Le monde de l'accusation est remplacé par un monde dans lequel tous les yeux se poseront avec amour sur l'Ami qui leur a apporté la délivrance. ⁷Et avec bonheur ton frère percevra les nombreux amis qu'il pensait être des ennemis.

8.   Les problèmes ne sont pas concrets mais ils prennent des formes concrètes, et ce sont ces formes concrètes qui composent le monde. ²Et nul ne comprend la nature de son problème. ³S'il le comprenait, il ne serait plus là pour qu'il le voie. ⁴Sa nature même est de ne *pas* être. ⁵Ainsi, tant qu'il le perçoit, il ne peut pas le percevoir tel qu'il est. ⁶Mais la guérison est apparente en des cas concrets et elle se généralise pour les inclure tous. ⁷Cela parce qu'en réalité ils sont tous les mêmes, malgré leurs formes différentes. ⁸Tout apprentissage vise au transfert, lequel devient complet en deux situations qui sont vues comme une seule, car il n'y a là que des éléments communs. ⁹Or cela ne peut être atteint que par Celui Qui ne voit pas les différences que tu vois. ¹⁰Le transfert

total de ton apprentissage n'est pas fait par toi. [11]Mais qu'il ait été fait malgré toutes les différences que tu vois, te convainc qu'elles ne pouvaient pas être réelles.

9. Ta guérison s'étendra et sera portée à des problèmes que tu ne pensais pas être les tiens. [2]Il sera aussi apparent que tes nombreux problèmes différents sont résolus quand tu as échappé à un seul d'entre eux. [3]Ce ne peut pas être leurs différences qui rend cela possible, car l'apprentissage ne saute pas d'une situation à son opposé en apportant les mêmes résultats. [4]Toute guérison doit procéder selon la loi et conformément aux lois qui ont été correctement perçues mais jamais violées. [5]Ne crains pas la façon dont tu les perçois. [6]Tu fais erreur, mais Celui Qui est au-dedans de toi a raison.

10. Laisse donc le transfert de ton apprentissage à Celui Qui en comprend réellement les lois, et Qui garantit qu'elles resteront inviolées et illimitées. [2]Ton rôle est simplement d'appliquer à toi-même ce qu'Il t'a enseigné, et Il fera le reste. [3]Et c'est ainsi que le pouvoir de ton apprentissage t'est prouvé par tous les témoins différents qu'il trouve. [4]Ton frère sera le premier parmi eux à être vu, mais des milliers se tiennent derrière lui, et derrière chacun d'eux est un millier de plus. [5]Chacun peut paraître avoir un problème différent des autres. [6]Or ils sont résolus ensemble. [7]Et leur réponse commune montre que les questions ne pouvaient pas être séparées.

11. La paix soit avec toi à qui la guérison est offerte. [2]Tu apprends que la paix t'est donnée quand tu acceptes la guérison pour toi-même. [3]Tu n'as pas besoin d'en apprécier la valeur totale pour comprendre que tu en as bénéficié. [4]Ce qui s'est produit dans cet instant où l'amour est entré sans attaque restera à jamais avec toi. [5]Ta guérison en sera l'un des effets, comme celle de ton frère. [6]Partout où tu iras, tu en verras les effets multipliés. [7]Or tous les témoins que tu verras seront bien moins qu'il n'y en a réellement. [8]L'infini ne peut pas être compris en comptant simplement ses parties séparées. [9]Dieu te remercie de ta guérison, car Il connaît que c'est un don d'amour fait à Son Fils, et c'est à Lui, par conséquent, qu'il est donné.

VI. Les témoins du péché

1.   La douleur démontre que le corps doit être réel. ²C'est une voix forte, qui obscurcit, dont les cris perçants voudraient faire taire ce que dit le Saint-Esprit et garder Ses paroles loin de ta conscience. ³La douleur force l'attention, la détournant de Lui et la concentrant sur elle-même. ⁴Son but est le même que le plaisir, car les deux sont des moyens de rendre le corps réel. ⁵Ce qui partage un but commun est le même. ⁶Telle est la loi du but, qui unit en lui tous ceux qui le partagent. ⁷Plaisir et douleur sont également irréels, parce que leur but ne peut pas être atteint. ⁸Ce sont donc des moyens pour rien, car ils ont un but sans signification. ⁹Et ils partagent le manque de signification qu'a leur but.

2.   Le péché passe de la douleur au plaisir, puis de nouveau à la douleur. ²Car l'un et l'autre sont un même témoin, qui porte ce seul message : « Tu es ici, dans ce corps, et tu peux être blessé. ³Tu peux avoir du plaisir, mais seulement au coût de la douleur. » ⁴À ces témoins se joignent de nombreux autres. ⁵Chacun semble différent parce qu'il a un nom différent et semble donc répondre à un son différent. ⁶Sauf pour cela, les témoins du péché sont tous pareils. ⁷Appelle le plaisir douleur, et il blessera. ⁸Appelle la douleur un plaisir, et la douleur derrière le plaisir ne sera plus ressentie. ⁹Les témoins du péché ne font que passer d'un nom à l'autre, l'un avançant tandis que l'autre recule. ¹⁰Or peu importe lequel est le plus avant. ¹¹Les témoins du péché n'entendent que l'appel de la mort.

3.   Ce corps, qui en soi n'a pas de but, tient tous tes souvenirs et tous tes espoirs. ²Tu utilises ses yeux pour voir, ses oreilles pour entendre, et tu le laisses te dire ce que c'est qu'il ressent. *³Il ne le sait pas.* ⁴Il te dit seulement les noms que tu lui as donnés à utiliser, quand tu appelles les témoins de sa réalité. ⁵Tu ne peux pas choisir parmi eux lesquels sont réels, car quel que soit celui que tu choisis, il est comme les autres. ⁶C'est ce nom-ci ou ce nom-là, mais rien de plus, que tu choisis. ⁷Tu ne rends pas un témoin vrai parce que tu l'appelles du nom de vérité. ⁸La vérité se trouve en lui si c'est la vérité qu'il représente. ⁹Et autrement il ment, même si tu l'appelais du saint Nom de Dieu Lui-même.

4.   Le Témoin de Dieu ne voit pas de témoins contre le corps. ²Il n'écoute pas non plus les témoins portant d'autres noms qui parlent en d'autres façons de sa réalité. ³Il connaît qu'il n'est pas réel. ⁴Car rien ne saurait contenir ce que tu crois qu'il tient

en dedans. ⁵Pas plus qu'il ne saurait dire à une partie de Dieu Lui-même ce qu'elle devrait ressentir et ce qu'est sa fonction. ⁶Or Il doit aimer tout ce qui t'est cher. ⁷Et pour chaque témoin de la mort du corps, Il envoie un témoin de ta vie en Celui Qui ne connaît pas la mort. ⁸Chaque miracle qu'Il apporte est témoin que le corps n'est pas réel. ⁹Ses douleurs et ses plaisirs, il les guérit pareillement, car tous les témoins du péché par les Siens sont remplacés.

5. Le miracle ne fait pas de distinction entre les noms par lesquels les témoins du péché sont appelés. ²Il prouve simplement que ce qu'ils représentent n'a pas d'effets. ³Et il prouve cela parce que ses propres effets sont venus prendre leur place. ⁴Peu importe le nom par lequel tu appelais ta souffrance. ⁵Elle n'est plus là. ⁶Celui Qui apporte le miracle les perçoit toutes comme une seule, appelée du nom de peur. ⁷De même que la peur est témoin de la mort, de même le miracle est le témoin de la vie. ⁸C'est un témoin que personne ne peut nier, car ce sont les effets de la vie qu'il apporte. ⁹Les mourants revivent, les morts se relèvent et la douleur a disparu. ¹⁰Or un miracle ne parle pas seulement pour lui-même, mais pour ce qu'il représente.

6. L'amour aussi a des symboles dans un monde de péché. ²Le miracle pardonne parce qu'il représente ce qui est au-delà du pardon et est vrai. ³Comme il est sot et insane de penser qu'un miracle est soumis aux lois qu'il est venu uniquement pour défaire ! ⁴Les lois du péché ont différents témoins avec différentes forces. ⁵Et ils attestent différentes souffrances. ⁶Or pour Celui Qui envoie les miracles bénir le monde, un minuscule élancement de douleur, un petit plaisir mondain et les affres de la mort même sont un seul son : un appel à la guérison et un cri plaintif à l'aide dans un monde de misère. ⁷C'est leur égalité que le miracle atteste. ⁸C'est leur égalité qu'il prouve. ⁹Les lois qui les disent différents sont dissoutes, et leur impuissance est démontrée. ¹⁰Le but du miracle est d'accomplir cela. ¹¹Et Dieu Lui-même a garanti la force des miracles pour ce dont ils témoignent.

7. Sois donc témoin du miracle et non des lois du péché. ²Il n'est plus besoin de souffrir. ³Mais il *est* besoin que tu sois guéri, parce que la souffrance et le chagrin du monde l'ont rendu sourd à son salut et à sa délivrance.

8. La résurrection du monde attend ta guérison et ton bonheur, afin que tu démontres la guérison du monde. ²L'instant saint remplacera tout péché si tu portes seulement ses effets avec toi. ³Et

nul ne choisira de souffrir davantage. ⁴Quelle meilleure fonction pourrais-tu remplir que celle-là? ⁵Sois guéri afin de guérir, et ne souffre pas que les lois du péché s'appliquent à toi. ⁶Et la vérité te sera révélée, à toi qui as choisi de laisser les symboles de l'amour prendre la place du péché.

VII. Le rêveur du rêve

1.   La souffrance est un accent sur tout ce que le monde a fait pour te blesser. ²Ici est clairement montrée la version démente que donne le monde du salut. ³Comme dans un rêve de punition, où le rêveur est inconscient de ce qui a provoqué l'attaque contre lui, il se voit lui-même injustement attaqué par quelque chose qui n'est pas lui. ⁴Il est la victime de ce «quelque chose d'autre», une chose extérieure à lui et dont il n'y a pas de raison pour qu'il soit tenu responsable. ⁵Il doit être innocent parce qu'il ne sait pas ce qu'il fait, mais ce qui lui est fait. ⁶Or sa propre attaque contre lui-même est encore apparente, car c'est lui qui ressent la souffrance. ⁷Et il ne peut s'échapper, parce qu'il en voit la source à l'extérieur de lui-même.

2.   Maintenant il t'est montré que tu *peux* t'échapper. ²Tout ce dont il est besoin, c'est que tu regardes le problème tel qu'il est, et non de la façon dont tu l'as monté. ³Comment pourrait-il y avoir une autre façon de résoudre un problème qui est très simple, mais qui a été obscurci par de lourds nuages de complication, lesquels ont été faits pour garder le problème irrésolu? ⁴Sans les nuages, le problème émergera dans toute sa primitive simplicité. ⁵Le choix ne sera pas difficile, parce que le problème est absurde quand il est vu clairement. ⁶Nul n'a la moindre difficulté à se décider à laisser un simple problème être résolu s'il voit qu'il le blesse, et qu'il est aussi très facile à enlever.

3.   Le «raisonnement» par lequel le monde est fait, sur lequel il repose, par lequel il est maintenu, est simplement ceci : «*Tu* es la cause de ce que je fais. ²Ta présence justifie ma colère, et tu existes et penses à part de moi. ³Tant que tu attaques, je dois être innocent. ⁴Et ce dont je souffre, c'est ton attaque.» ⁵Nul qui regarde ce «raisonnement» exactement tel qu'il est ne pourrait manquer de voir qu'il n'est pas suivi et n'a aucun sens. ⁶Or il paraît sensé, parce qu'il semble que le monde te blesse. ⁷Il semble donc qu'il n'est point besoin d'aller au-delà de l'évidence en fait de cause.

4. Il en est certes besoin. ²L'évasion du monde hors de la condamnation est un besoin que ceux qui sont dans le monde ont en commun. ³Or ils ne reconnaissent pas leur besoin commun. ⁴Car chacun pense que, s'il joue son rôle, la condamnation du monde reposera sur lui. ⁵Et c'est cela qu'il perçoit comme *étant* son rôle dans la délivrance du monde. ⁶La vengeance doit avoir un point de mire. ⁷Autrement le couteau vengeur serait dans sa propre main, et pointé contre lui-même. ⁸Il doit le voir dans la main d'un autre, s'il veut être victime d'une attaque qu'il n'a pas choisie. ⁹Ainsi il souffre des blessures qu'un couteau qu'il ne tient pas lui a faites.

5. Tel est le but du monde qu'il voit. ²Et vu ainsi, le monde fournit les moyens par lesquels ce but semble être rempli. ³Les moyens attestent le but, mais ne sont pas eux-mêmes une cause. ⁴Pas plus que la cause ne sera changée en étant vue à part de ses effets. ⁵La cause produit les effets, qui ensuite rendent témoignage de la cause, et non d'eux-mêmes. ⁶Regarde, donc, au-delà des effets. ⁷Ce n'est pas ici que doit résider la cause de la souffrance et du péché. ⁸Et ne t'attarde pas sur la souffrance et le péché, car ils ne sont que des reflets de leur cause.

6. Le rôle que tu joues pour sauver le monde de la condamnation est ta propre évasion. ²N'oublie pas que le témoin du monde du mal ne peut parler que pour ce qui a vu un besoin de mal dans le monde. ³Et c'est là que ta culpabilité a d'abord été vue. ⁴Dans la séparation d'avec ton frère a commencé la première attaque contre toi-même. ⁵Et c'est de cela que le monde rend témoignage. ⁶Ne cherche pas une autre cause, et ne cherche pas son défaire parmi les puissantes légions de ses témoins. ⁷Ils soutiennent sa prétention à ton allégeance. ⁸Ce qui dissimule la vérité n'est pas là où tu devrais chercher pour *trouver* la vérité.

7. Les témoins du péché se tiennent tous dans un seul petit espace. ²Et c'est ici que tu trouves la cause de ta façon de voir le monde. ³Autrefois tu étais inconscient de ce qui devait être réellement la cause de tout ce que le monde paraissait t'imposer, que tu n'avais ni invité ni demandé. ⁴Tu étais sûr d'une seule chose : De toutes les nombreuses causes que tu percevais comme t'apportant douleur et souffrance, ta culpabilité ne faisait pas partie. ⁵Pas plus que tu ne les avais demandées pour toi-même de quelque façon que ce soit. ⁶C'est ainsi que toutes les illusions se sont produites. ⁷Celui qui les fait ne se voit pas lui-même les faisant, et leur réalité ne dépend pas de lui. ⁸Quelle que soit leur cause, c'est quelque

chose qui est tout à fait à part de lui, et ce qu'il voit est séparé de son esprit. [9]Il ne peut pas douter de la réalité de ses rêves, parce qu'il ne voit pas le rôle qu'il joue pour les faire et les faire paraître réels.

8.   Nul ne peut se réveiller d'un rêve que le monde rêve pour lui. [2]Il devient une partie du rêve de quelqu'un d'autre. [3]Il ne peut pas choisir de s'éveiller d'un rêve qu'il n'a pas fait. [4]Il reste impuissant, victime d'un rêve conçu et chéri par un esprit séparé. [5]De lui, en effet, cet esprit doit bien peu se soucier, aussi indifférent à sa paix et à son bonheur que le temps qu'il fait ou l'heure du jour. [6]Il ne l'aime pas, mais il lui donne comme il veut n'importe quel rôle qui satisfasse son rêve. [7]Sa valeur est si petite qu'il n'est qu'une ombre qui danse et saute en l'air au gré d'une intrigue insensée conçue à l'intérieur du vain rêve du monde.

9.   Voilà la seule image que tu puisses voir ; la seule alternative que tu puisses choisir, l'autre possibilité de cause, si tu n'es pas le rêveur de tes rêves. [2]Et c'est cela que tu choisis si tu nies que la cause de la souffrance est dans ton esprit. [3]Réjouis-toi, en effet, qu'elle le soit, car tu es ainsi le seul décideur de ton destin dans le temps. [4]C'est à toi de faire le choix entre une mort endormie avec les rêves du mal et un heureux réveil avec la joie de la vie.

10.   Entre quoi pourrais-tu choisir, si ce n'est la vie et la mort, l'éveil et le sommeil, la paix et la guerre, tes rêves et ta réalité ? [2]Il y a un risque de penser que la mort est la paix, parce que le monde assimile le corps au Soi que Dieu a créé. [3]Or une chose ne peut jamais être son opposé. [4]Et la mort est l'opposé de la paix, parce que c'est l'opposé de la vie. [5]Et la vie est la paix. [6]Réveille-toi et oublie toute pensée de mort, et tu découvriras que tu as la paix de Dieu. [7]Or s'il t'est réellement donné de choisir, alors tu dois voir les causes des choses entre lesquelles tu choisis exactement telles qu'elles sont et où elles sont.

11.   Quels choix peuvent être faits entre deux états, dont un seulement est clairement reconnu ? [2]Qui pourrait être libre de choisir entre des effets, quand un seul est vu comme lui appartenant ? [3]Un choix honnête ne pourrait jamais être perçu comme un choix divisé entre un toi minuscule et un monde énorme, avec des rêves différents au sujet de la vérité en toi. [4]Le fossé entre la réalité et les rêves ne réside pas entre le rêve du monde et ce que tu rêves en secret. [5]Ils ne font qu'un. [6]Le rêve du monde n'est qu'une partie de ton propre rêve dont tu t'es départi, et que tu as vue comme si c'était à la fois son début et sa fin. [7]Or c'est ton rêve secret qui l'a

fait débuter, ce que tu ne perçois pas, bien qu'il ait causé la partie que tu vois et dont tu ne doutes pas qu'elle est réelle. [8]Comment pourrais-tu en douter tant que tu es endormi et rêves en secret que sa cause est réelle ?

12. Un frère séparé de toi, un ancien ennemi, un meurtrier qui te traque dans la nuit et conspire ta mort, tout en planifiant qu'elle soit longue et lente ; c'est de cela que tu rêves. [2]Or sous ce rêve il en est encore un autre, dans lequel tu deviens le meurtrier, l'ennemi secret, le pilleur et le destructeur de ton frère et du monde pareillement. [3]Là est la cause de la souffrance, l'espace entre tes petits rêves et ta réalité. [4]Le petit fossé que tu ne vois même pas, le lieu de naissance des illusions et de la peur, le temps de la terreur et de la haine ancienne, l'instant du désastre, sont tous là. [5]Là est la cause de l'irréalité. [6]Et c'est là qu'elle sera défaite.

13. *Tu* es le rêveur du monde des rêves. [2]Il n'a pas d'autre cause et n'en aura jamais. [3]Rien de plus effrayant qu'un rêve futile a terrifié le Fils de Dieu et lui a fait penser qu'il avait perdu son innocence, nié son Père et fait la guerre contre lui-même. [4]Le rêve est si effrayant, il semble si réel, qu'il ne pourrait pas se réveiller à la réalité sans une sueur de terreur et sans un cri de peur mortelle, à moins qu'un rêve plus doux ne précède son réveil et ne permette à son esprit plus calme d'accueillir, et non de craindre, la Voix qui appelle avec amour pour le réveiller ; un rêve plus doux, dans lequel sa souffrance est guérie et où son frère est son ami. [5]Dieu a voulu qu'il s'éveille doucement et avec joie, et Il lui a donné les moyens de s'éveiller sans peur.

14. Accepte le rêve qu'Il t'a donné au lieu du tien. [2]Il n'est pas difficile de changer un rêve une fois que le rêveur a été reconnu. [3]Repose dans le Saint-Esprit, et permets à Ses doux rêves de prendre la place de ceux que tu rêvais dans la terreur et dans la peur de la mort. [4]Il apporte des rêves de pardon, dans lesquels le choix n'est pas qui est l'assassin et qui sera la victime. [5]Dans les rêves qu'Il apporte, il n'y a pas de meurtre et il n'y a pas de mort. [6]Le rêve de culpabilité s'efface de ta vue, bien que tes yeux soient fermés. [7]Un sourire est venu éclairer ta face endormie. [8]Le sommeil est paisible maintenant, car ce sont des rêves heureux.

15. Rêve tendrement de ton frère qui est sans péché et s'unit à toi en sainte innocence. [2]Et de ce rêve le Seigneur du Ciel éveillera Lui-même Son Fils bien-aimé. [3]Rêve aux gentillesses de ton frère au lieu de t'attarder dans tes rêves sur ses erreurs. [4]Choisis ses prévenances comme objet de tes rêves, au lieu de faire le compte

des blessures qu'il a données. ⁵Pardonne-lui ses illusions et rends-lui grâce de toute l'aide qu'il a donnée. ⁶Et ne balaie pas ses nombreux dons parce qu'il n'est pas parfait dans tes rêves. ⁷Il représente son Père, Que tu vois comme t'offrant à la fois la vie et la mort.

16. Frère, Il ne donne que la vie. ²Or ce que tu vois comme les dons que ton frère offre représente les dons que tu rêves que ton Père te fait. ³Laisse tous les dons de ton frère être vus à la lumière de la charité et de la bonté qui te sont offertes. ⁴Et ne laisse aucune douleur troubler ton rêve de profonde gratitude pour les dons qu'il te fait.

VIII. Le « héros » du rêve

1. Le corps est la figure centrale dans le rêve du monde. ²Il n'y a pas de rêve sans lui, pas plus qu'il n'existe sans le rêve dans lequel il agit comme s'il était une personne qui peut être vue et crue. ³Il prend la place centrale dans chaque rêve, dont l'histoire raconte comment il a été fait par d'autres corps et naît dans le monde à l'extérieur du corps, vit un petit moment et puis meurt, pour être uni dans la poussière à d'autres corps mourant comme lui. ⁴Pendant le court temps qui lui est alloué pour vivre, il cherche d'autres corps comme amis ou ennemis. ⁵Sa sécurité est son principal souci. ⁶Son bien-être est la règle qui le guide. ⁷Il essaie de rechercher le plaisir et d'éviter les choses qui le blesseraient. ⁸Par-dessus tout, il essaie de s'enseigner que ses douleurs et ses joies sont différentes et distinguables.

2. Le rêve du monde prend de nombreuses formes, parce que le corps cherche à prouver de maintes façons qu'il est autonome et réel. ²Il met sur lui des choses qu'il a achetées avec des petits disques de métal ou avec des bandes de papier que le monde proclame précieux et réels. ³Il travaille pour les obtenir, faisant des choses insensées, puis il les jette pour des choses insensées dont il n'a pas besoin et qu'il ne veut même pas. ⁴Il engage d'autres corps afin qu'ils le protègent et qu'ils amassent davantage de choses insensées dont il pourra dire qu'elles lui appartiennent. ⁵Il cherche autour de lui des corps particuliers qui puissent partager son rêve. ⁶Parfois il rêve qu'il est un conquérant de corps plus faibles que lui-même. ⁷Mais dans certaines phases du rêve, il est l'esclave de corps qui voudraient le blesser et le torturer.

3.   Le roman-feuilleton des aventures du corps, du moment de la naissance jusqu'à mourir, est le thème de chaque rêve que le monde a jamais fait. [2]Le « héros » de ce rêve ne changera jamais, ni son but. [3]Bien que le rêve même prenne de nombreuses formes et semble montrer une grande variété de lieux et d'événements dans lesquels son « héros » se retrouve, le rêve a un seul but, enseigné de maintes façons. [4]Cette unique leçon, il essaie de l'enseigner encore, et encore et encore : qu'il est cause et non effet. [5]Et toi, tu en es l'effet, et tu ne peux pas en être la cause.

4.   Ainsi tu n'es pas le rêveur, mais le rêve. [2]Et ainsi tu vas errant vainement parmi les lieux et les événements qu'il combine. [3]Que ce soit tout ce que le corps fait est vrai, car ce n'est qu'une figure dans un rêve. [4]Mais qui réagit à des figures dans un rêve à moins de les voir comme si elles étaient réelles? [5]À l'instant où il les voit telles qu'elles sont, elles n'ont plus d'effets sur lui, parce qu'il comprend que c'est lui qui leur a donné leurs effets en les causant et en les faisant paraître réelles.

5.   À quel point es-tu désireux d'échapper aux effets de tous les rêves que le monde a jamais faits? [2]Est-ce ton souhait de ne laisser aucun rêve t'apparaître comme la cause de ce que tu fais? [3]Alors regardons simplement le commencement du rêve, car la partie que tu vois n'est que la seconde partie, dont la cause réside dans la première. [4]Il n'en est pas un dormant et rêvant dans le monde qui se souvienne de son attaque contre lui-même. [5]Nul ne croit qu'il y eut réellement un temps où il ne connaissait rien du corps et n'aurait jamais pu concevoir que ce monde fût réel. [6]Il aurait vu aussitôt que ces idées sont une seule illusion, trop ridicule pour ne pas en rire. [7]Comme elles paraissent sérieuses maintenant! [8]Et nul ne peut se souvenir d'un temps où elles auraient rencontré le rire et l'incrédulité. [9]Nous pouvons nous en souvenir, pour peu que nous regardions directement leur cause. [10]Et nous verrons des motifs de rire, et non une cause de peur.

6.   Rendons le rêve dont il s'est départi au rêveur, qui perçoit le rêve comme étant séparé de lui et lui étant fait. [2]Dans l'éternité, où tout est un, s'est glissée une minuscule et folle idée de laquelle le Fils de Dieu ne s'est pas souvenu de rire. [3]Dans son oubli, la pensée devint une idée sérieuse et capable à la fois d'accomplissement et d'effets réels. [4]Ensemble, nous pouvons rire des deux, et comprendre que le temps ne peut pas faire intrusion dans l'éternité. [5]C'est une blague de penser que le temps puisse venir circonvenir l'éternité, ce qui *signifie* qu'il n'y a pas de temps.

7.   Une intemporalité dans laquelle le temps est rendu réel; une partie de Dieu qui peut s'attaquer elle-même; un frère séparé comme ennemi; un esprit au-dedans d'un corps, sont toutes des formes de circularité dont la fin débute en son commencement, finissant à sa cause. ²Le monde que tu vois dépeint exactement ce que tu pensais avoir fait. ³Sauf que maintenant tu penses que ce que tu as fait est en train de t'être fait. ⁴La culpabilité pour ce que tu pensais est placée à l'extérieur de toi et sur un monde coupable qui rêve tes rêves et pense tes pensées à ta place. ⁵C'est sa vengeance qu'il apporte et non la tienne. ⁶Il te garde étroitement confiné dans un corps, qu'il punit à cause de toutes les choses coupables que le corps fait dans son rêve. ⁷Tu n'as pas le pouvoir de faire que le corps cesse ses mauvaises actions, parce que ce n'est pas toi qui l'as fait et tu ne peux contrôler ni ses actes ni son but ni son destin.

8.   Le monde ne fait que démontrer une ancienne vérité : tu croiras que les autres te font exactement ce que tu penses leur avoir fait. ²Mais une fois illusionné au point de les blâmer, tu ne verras pas la cause de ce qu'ils font, parce que tu *veux* que la culpabilité repose sur eux. ³Qu'il est puéril l'opiniâtre mécanisme pour conserver ton innocence en repoussant la culpabilité à l'extérieur de toi, mais sans jamais lâcher prise ! ⁴Il n'est pas facile de percevoir la blague quand tout autour de toi tes yeux contemplent ses lourdes conséquences, mais sans leur cause anodine. ⁵Sans la cause, ses effets semblent certes sérieux et tristes. ⁶Or ils ne font que suivre. ⁷Et c'est leur cause qui ne suit rien et n'est qu'une blague.

9.   Avec un rire doux, le Saint-Esprit perçoit la cause et ne regarde pas les effets. ²Comment pourrait-Il corriger ton erreur autrement, toi qui as passé entièrement sur la cause ? ³Il t'enjoint de Lui porter chaque terrible effet afin qu'ensemble Vous regardiez sa sotte cause, et que tu en ries avec Lui un moment. ⁴*Tu* juges les effets, mais *Il* a jugé leur cause. ⁵Et par Son jugement, les effets sont enlevés. ⁶Peut-être viens-tu en pleurs. ⁷Mais entends-Le dire : « Mon frère, saint Fils de Dieu, vois ton rêve futile, dans lequel cela pouvait se produire. » ⁸Et tu quitteras l'instant saint avec ton rire et celui de ton frère joints au Sien.

10.   Le secret du salut n'est que ceci : que tu te fais cela à toi-même. ²Peu importe la forme de l'attaque, cela reste vrai. ³Qui que ce soit qui prend le rôle de l'ennemi et de l'attaquant, c'est encore la vérité. ⁴Quoi que ce soit qui semble être la cause de n'importe quelle douleur ou souffrance que tu ressens, cela est encore vrai.

[5]Car tu ne réagirais pas du tout aux figures dans un rêve si tu savais que tu rêvais. [6]Laisse-les être aussi haineuses et méchantes qu'elles le veulent, elles ne pourraient pas avoir d'effet sur toi à moins que tu ne manques de reconnaître que c'est ton rêve.

11. Cette unique leçon apprise te libérera de la souffrance, quelque forme qu'elle prenne. [2]Le Saint-Esprit répétera cette seule leçon de délivrance qui inclut tout jusqu'à ce qu'elle ait été apprise, peu importe la forme de souffrance que tu ressens. [3]Quelle que soit la blessure que tu Lui portes, Il répondra par cette vérité très simple. [4]Car cette seule réponse enlève la cause de toute forme de chagrin et de douleur. [5]La forme n'affecte pas du tout Sa réponse, car Il voudrait seulement t'enseigner l'unique cause qu'elles ont toutes, peu importe leur forme. [6]Et tu comprendras que les miracles reflètent ce simple énoncé : « *J'ai* fait cette chose, et c'est cela que je voudrais défaire. »

12. Porte donc toutes formes de souffrance à Celui Qui connaît que chacune est comme les autres. [2]Il ne voit pas de différences où nulle n'existe, et Il t'enseignera comment chacune est causée. [3]Aucune n'a une cause différente de toutes les autres, et elles sont toutes aussi facilement défaites par une seule leçon véritablement apprise. [4]Le salut est un secret que tu n'as caché qu'à toi-même. [5]L'univers le proclame. [6]Or à ses témoins tu ne prêtes aucune attention. [7]Car ils attestent la chose que tu ne veux pas connaître. [8]Ils semblent t'en faire un secret. [9]Or tu as seulement besoin d'apprendre que tu n'as choisi que de ne pas écouter, de ne pas voir.

13. Comme tu percevras le monde différemment quand cela sera reconnu ! [2]Quand tu pardonnes au monde ta culpabilité, tu en es libre. [3]Son innocence n'exige pas ta culpabilité, pas plus que ta non-culpabilité ne repose sur ses péchés. [4]Cela est l'évidence ; un secret caché à nul autre que toi. [5]Et c'est cela qui t'a maintenu séparé du monde, et a gardé ton frère séparé de toi. [6]Maintenant tu as seulement besoin d'apprendre que vous êtes tous les deux innocents ou coupables. [7]La seule chose qui est impossible, c'est que vous soyez différents l'un de l'autre ; que les deux soient vrais. [8]C'est le seul secret qu'il reste à apprendre. [9]Et ce ne sera pas un secret que tu es guéri.

Chapitre 28

LE DÉFAIRE DE LA PEUR

I. La mémoire présente

1. Le miracle ne fait rien. ²Tout ce qu'il fait, c'est défaire. ³Ainsi il annule ce qui interfère avec ce qui a été fait. ⁴Il n'ajoute pas, mais simplement enlève. ⁵Et ce qu'il enlève a disparu depuis longtemps, mais est gardé en mémoire et paraît avoir des effets immédiats. ⁶Ce monde est terminé depuis longtemps. ⁷Les pensées qui l'ont fait ne sont plus dans l'esprit qui les a pensées et les a aimées un court moment. ⁸Le miracle ne fait que montrer que le passé a disparu, et ce qui a véritablement disparu n'a pas d'effets. ⁹Le souvenir d'une cause ne peut produire que des illusions de sa présence, et non des effets.

2. Tous les effets de la culpabilité ne sont plus ici. ²Car la culpabilité est terminée. ³Avec elle ont passé ses conséquences, laissées sans une cause. ⁴Pourquoi t'y accrocherais-tu en mémoire si tu ne désirais pas ses effets? ⁵Le souvenir est aussi sélectif que la perception, étant sa forme passée. ⁶C'est la perception du passé comme s'il arrivait maintenant et qu'il pouvait encore être vu. ⁷La mémoire, comme la perception, est une habileté inventée par toi pour prendre la place de ce que Dieu a donné en ta création. ⁸Comme toutes les choses que tu as faites, elle peut être utilisée pour servir un autre but et pour être le moyen pour quelque chose d'autre. ⁹Elle peut être utilisée pour guérir et non pour blesser, si tu le souhaites.

3. Rien d'employé pour la guérison ne représente un effort pour faire quoi que ce soit. ²C'est la re-connaissance de ce que tu n'as pas de besoins qui signifient que quelque chose doit être fait. ³C'est une mémoire non sélective, qui n'est pas utilisée pour interférer avec la vérité. ⁴Toutes choses que le Saint-Esprit peut employer pour la guérison Lui ont été données, sans le contenu ni les buts pour lesquels elles ont été faites. ⁵Ce ne sont que des habiletés sans application. ⁶Elles attendent leur usage. ⁷Elles ne sont pas dédiées et n'ont pas de but.

4. Le Saint-Esprit peut certes faire usage de la mémoire, car Dieu Lui-même est là. ²Or ce n'est pas une mémoire des événements passés, mais seulement d'un état présent. ³Tu es accoutumé

depuis si longtemps à croire que la mémoire ne contient que ce qui est passé, qu'il t'est difficile de te rendre compte que c'est une habileté qui peut se rappeler *maintenant*. [4]Les limites au souvenir que le monde lui impose sont aussi vastes que celles que tu laisses le monde t'imposer. [5]Il n'y a pas de lien de la mémoire au passé. [6]Si tu veux qu'il soit là, alors il est là. [7]Mais c'est ton seul désir qui a fait le lien, et c'est toi seul qui l'as tenu à une partie du temps où la culpabilité paraît encore s'attarder.

5. L'usage que fait le Saint-Esprit de la mémoire est tout à fait à part du temps. [2]Il ne cherche pas à l'utiliser comme un moyen de garder le passé, mais plutôt comme une façon d'en lâcher prise. [3]La mémoire retient le message qu'elle reçoit et fait ce qui lui est donné à faire. [4]Elle n'écrit pas le message ni n'assigne à quoi il sert. [5]Comme le corps, elle n'a pas de but en soi. [6]Et si elle semble servir à chérir une haine ancienne, et te donne des images d'injustices et de blessures que tu conservais, c'est ce que tu as demandé que soit son message et c'est ce qu'il est. [7]Consignée dans ses coffres, c'est l'histoire de tout le passé du corps qui est cachée là. [8]Toutes les étranges associations faites pour garder le passé vivant et le présent mort y sont entreposées en attendant que tu commandes qu'elles te soient apportées, et revécues. [9]Ainsi leurs effets paraissent être augmentés par le temps, qui a enlevé leur cause.

6. Or le temps n'est qu'une autre phase de ce qui ne fait rien. [2]Il travaille la main dans la main avec tous les autres attributs avec lesquels tu cherches à garder dissimulée la vérité sur toi-même. [3]Le temps ni n'enlève ni ne peut rendre. [4]Et pourtant tu en fais un usage étrange, comme si le passé avait causé le présent, lequel n'est qu'une conséquence où aucun changement ne peut être rendu possible parce que la cause en a disparu. [5]Or le changement doit avoir une cause durable, sinon lui-même ne durera pas. [6]Aucun changement ne peut être fait dans le présent si la cause en est passée. [7]Rien que le passé est tenu en mémoire de la façon dont tu l'utilises ; ainsi c'est une façon de tenir le passé contre le maintenant.

7. Ne te rappelle rien de ce que tu t'es toi-même enseigné, car tu t'es mal enseigné. [2]Et qui voudrait garder dans son esprit une leçon insensée, quand il peut en apprendre et peut en préserver une meilleure ? [3]Quand apparaissent d'anciens souvenirs de haine, souviens-toi que leur cause a disparu. [4]Ainsi tu ne peux pas comprendre à quoi ils servent. [5]Ne laisse pas la cause que tu voudrais

leur donner maintenant être ce qui en fit ce qu'ils étaient, ou semblaient être. ⁶Réjouis-toi qu'elle ait disparu, car c'est de cela que tu voudrais être gracié. ⁷Et vois à sa place les nouveaux effets d'une cause acceptée *maintenant*, avec des conséquences *ici*. ⁸Ils te surprendront par leur beauté. ⁹Les anciennes idées nouvelles qu'ils apportent seront les heureuses conséquences d'une Cause si ancienne qu'Elle excède de beaucoup l'étendue de mémoire que voit ta perception.

8.   Voilà la Cause dont le Saint-Esprit S'est souvenu pour toi, quand tu voudrais oublier. ²Elle n'est pas passée parce qu'Il ne L'a pas laissée sombrer dans l'oubli. ³Elle n'a jamais changé, parce qu'il n'y eut jamais un temps où Il ne l'ait gardée en sécurité dans ton esprit. ⁴Ses conséquences sembleront certes nouvelles, parce que tu pensais ne pas te souvenir de leur Cause. ⁵Or jamais Elle n'a été absente de ton esprit, car ce n'était pas la Volonté de ton Père que son Fils ne se souvienne pas de Lui.

9.   Ce dont *tu* te souviens n'a jamais été. ²Cela est venu du sans-cause que tu as confondu avec une cause. ³Cela ne peut mériter que d'en rire, quand tu apprends que tu te souvenais de conséquences qui étaient sans cause et ne pouvaient jamais être des effets. ⁴Le miracle te rappelle une Cause à jamais présente, parfaitement intouchée par le temps et l'interférence. ⁵Jamais changée de ce qu'Elle est. ⁶Et tu es Son Effet, aussi inchangeable et aussi parfait qu'Elle-même. ⁷Son souvenir ne réside pas dans le passé et n'attend pas le futur. ⁸Elle n'est pas révélée dans les miracles. ⁹Ils ne font que te rappeler qu'Elle n'a pas disparu. ¹⁰Quand tu Lui pardonnes tes péchés, Elle n'est plus niée.

10.   Toi qui as cherché à porter un jugement sur ton propre Créateur, tu ne peux pas comprendre que ce n'est pas Lui Qui a porté un jugement sur son Fils. ²Tu voudrais Lui nier Ses Effets, or jamais ils n'ont été niés. ³Il n'y eut pas de temps où Son Fils aurait pu être condamné pour ce qui était sans cause et contre Sa Volonté. ⁴Ce dont ton souvenir témoignerait n'est que la peur de Dieu. ⁵Il n'a pas fait la chose que tu crains. ⁶Pas plus que toi. ⁷Ton innocence n'a donc pas été perdue. ⁸Tu n'as pas besoin de guérison pour être guéri. ⁹Dans la quiétude, vois dans le miracle la leçon de permettre à la Cause d'avoir Ses Propres Effets, et de ne rien faire qui interférerait.

11.   Le miracle vient quiètement à l'esprit qui s'arrête un instant et fait silence. ²Il va doucement de ce moment de quiétude, et de l'esprit qu'il a guéri alors dans la quiétude, vers d'autres esprits

pour partager sa quiétude. ³Et ils se joindront pour ne rien faire qui empêche sa radieuse extension de retourner jusqu'à l'Esprit qui a causé l'être de tous les esprits. ⁴Né du partage, il ne peut y avoir de pause dans le temps qui cause un retard dans l'empressement du miracle à rejoindre tous les esprits in-quiets, à qui il apporte un instant de calme quand le souvenir de Dieu revient à eux. ⁵Leur propre souvenir est maintenant quiet, et ce qui est venu pour en prendre la place ne sera pas entièrement oublié par après.

12.   Celui à Qui le temps est donné te remercie pour chaque instant de quiétude à Lui donné. ²Car dans cet instant il est permis à la mémoire de Dieu d'offrir tous ses trésors au Fils de Dieu, pour qui ils ont été gardés. ³Quel bonheur pour Lui de les offrir à celui pour qui ils Lui ont été donnés ! ⁴Et Son Créateur partage Ses remerciements, parce qu'Il ne voudrait pas être privé de Ses Effets. ⁵Le silence de l'instant que Son Fils accepte fait accueil à l'éternité et à Lui, et Les laisse entrer là où Ils voudraient demeurer. ⁶Car en cet instant le Fils de Dieu ne fait rien qui le rendrait apeuré.

13.   Comme la mémoire de Dieu surgit instantanément dans l'esprit qui n'a aucune peur pour garder la mémoire éloignée ! ²Son propre souvenir a disparu. ³Il n'y a pas de passé pour garder son image effrayante sur le chemin du joyeux réveil à la paix présente. ⁴Les trompettes de l'éternité résonnent partout dans le calme, et pourtant ne le troublent pas. ⁵Et ce dont il se souvient maintenant, ce n'est pas la peur mais plutôt la Cause que la peur était censée rendre oubliée et défaite. ⁶Le calme parle en doux sons d'amour que le Fils de Dieu se rappelle avoir entendus avant que son propre souvenir ne s'interpose entre le présent et le passé, pour les exclure.

14.   Maintenant le Fils de Dieu est enfin conscient de la Cause présente et de Ses bénins Effets. ²Maintenant il comprend que ce qu'il a fait est sans cause, n'ayant pas du tout d'effets. ³Il n'a rien fait. ⁴Et en voyant cela il comprend qu'il n'a jamais eu besoin de rien faire et n'a jamais rien fait. ⁵Sa Cause *est* ses Effets. ⁶Il n'y a jamais eu de cause à part Elle qui pouvait générer un passé ou un futur différents. ⁷Ses Effets sont inchangeablement éternels, au-delà de la peur et passé le monde du péché entièrement.

15.   Qu'est-ce qui a été perdu, pour ne point voir le sans-cause ? ²Et où est le sacrifice, quand la mémoire de Dieu est venue prendre la place de la perte ? ³Quelle meilleure façon y a-t-il de combler le petit fossé entre les illusions et la réalité que de permettre à la

mémoire de Dieu de le traverser, en faisant un pont qu'un instant suffit à franchir ? [4]Car Dieu l'a comblé avec Lui-même. [5]Sa
mémoire n'a pas disparu, laissant un Fils à jamais naufragé sur
une rive d'où il peut entrevoir une autre rive qu'il ne peut jamais
atteindre. [6]Son Père veut qu'il soit soulevé et doucement porté de
l'autre côté. [7]Il a construit le pont, et c'est Lui Qui transportera
Son Fils de l'autre côté. [8]Ne crains pas qu'Il échoue en ce qu'Il
veut. [9]Ni que tu sois exclu de la Volonté qui est pour toi.

II. Renverser effet et cause

1.   Sans une cause, il ne peut y avoir d'effets ; et pourtant, sans
effets, il n'y a pas de cause. [2]La cause est *faite* cause par ses effets :
le Père *est* un Père par Son Fils. [3]Les effets ne créent pas leur cause,
mais ils en établissent la causation. [4]Ainsi, le Fils donne Paternité
à son Créateur, et reçoit le don qu'il Lui a fait. [5]C'est *parce qu*'il est
le Fils de Dieu qu'il doit aussi être un père, qui crée comme Dieu
l'a créé. [6]Le cercle de la création n'a pas de fin. [7]Son commencement et sa fin sont les mêmes. [8]Mais il tient en lui-même l'univers de toute création, sans commencement et sans une fin.
2.   La paternité *est* création. [2]L'amour doit être étendu. [3]La pureté
n'est pas confinée. [4]C'est la nature de l'innocent d'être à jamais
incontenu, sans barrière ni limitation. [5]Ainsi la pureté n'est pas
du corps. [6]Pas plus qu'elle ne peut se trouver là où est une limitation. [7]Le corps peut être guéri par ses effets, qui sont illimités
comme elle l'est elle-même. [8]Or toute guérison doit venir du fait
que l'esprit est reconnu comme n'étant pas au-dedans du corps ;
et son innocence est tout à fait à part de lui, là où est toute guérison. [9]Où, donc, est la guérison ? [10]Seulement là où ses effets à sa
cause sont donnés. [11]Car la maladie est une tentative in-signifiante
pour donner des effets au sans-cause, et faire qu'il soit une cause.
3.   Toujours, dans la maladie, le Fils de Dieu essaie de faire de lui-
même sa cause, et ne se permet pas d'être le Fils de son Père. [2]Pour
ce désir impossible, il ne croit pas qu'il est l'Effet de l'Amour, et
croit qu'il doit être une cause à cause de ce qu'il est. [3]La cause de
la guérison est la seule Cause de tout. [4]Elle n'a qu'*un* Effet. [5]Et
dans cette re-connaissance, aucun effet n'est donné au sans-cause
et aucun n'est vu. [6]Un esprit au-dedans d'un corps et un monde
d'autres corps, chacun ayant un esprit séparé, sont tes « créations »,

à toi l'«autre» esprit, créant avec des effets différents de toi-même. [7]Et étant leur «père», tu dois être comme eux.

4.   Rien du tout n'est arrivé, sauf que tu t'es toi-même endormi et que tu as fait un rêve dans lequel tu étais étranger à toi-même et n'étais qu'une partie du rêve de quelqu'un d'autre. [2]Le miracle ne te réveille pas mais il te montre simplement qui est le rêveur. [3]Il t'enseigne qu'il existe un choix de rêves tant que tu dors encore, selon le but que tu donnes à rêver. [4]Souhaites-tu des rêves de guérison, ou des rêves de mort ? [5]Un rêve est comme un souvenir en ceci qu'il représente ce que tu voulais qu'il te soit montré.

5.   Une réserve vide, avec une porte ouverte, contient tous tes lambeaux de souvenirs et de rêves. [2]Or si tu es le rêveur, tu perçois au moins ceci : que tu as causé le rêve, et peux aussi bien en accepter un autre. [3]Mais pour ce changement dans le contenu du rêve, il faut se rendre compte que c'est toi qui as rêvé le rêve que tu n'aimes pas. [4]Ce n'est qu'un effet que *tu* as causé, et tu ne voudrais pas être la cause de cet effet. [5]Dans les rêves de meurtre et d'attaque, tu es la victime dans un corps mis à mort. [6]Mais dans les rêves de pardon, il n'est demandé à personne d'être la victime et celui qui souffre. [7]Ce sont les rêves heureux que le miracle échange contre les tiens. [8]Il ne te demande pas d'en faire un autre ; seulement de voir que c'est toi qui as fait celui que tu échangerais contre cela.

6.   Ce monde est sans cause, comme chaque rêve que quiconque a fait dans le monde. [2]Il n'y a pas de plans possibles et il n'existe pas de dessein qui puisse être trouvé et compris. [3]À quoi d'autre pourrait-on s'attendre d'une chose qui n'a pas de cause ? [4]Or si elle n'a pas de cause, elle n'a pas de but. [5]Tu peux causer un rêve, mais jamais tu ne lui donneras d'effets réels. [6]Car cela en changerait la cause, et c'est cela que tu ne peux pas faire. [7]Le rêveur d'un rêve n'est pas éveillé, mais il ne sait pas qu'il dort. [8]Il voit des illusions de lui-même étant malades ou bien portantes, déprimées ou heureuses, mais sans une cause stable avec des effets garantis.

7.   Le miracle établit que tu fais un rêve, et que son contenu n'est pas vrai. [2]C'est une étape cruciale dans l'approche des illusions. [3]Nul n'en a peur quand il perçoit qu'il les a inventées. [4]La peur était maintenue en place parce qu'il ne voyait pas qu'il était l'auteur du rêve, et non une figure dans le rêve. [5]Il se donne à lui-même les conséquences qu'il rêve avoir donné à son frère. [6]Et c'est seulement cela que le rêve a rassemblé et lui a offert, pour

lui montrer que ses souhaits ont été accomplis. [7]Ainsi il craint sa propre attaque, mais il la voit dans les mains d'un autre. [8]En tant que victime, il souffre de ses effets, mais non de leur cause. [9]Il n'est pas l'auteur de sa propre attaque, et il est innocent de ce qu'il a causé. [10]Le miracle ne fait rien que lui montrer qu'il n'a rien fait. [11]Ce qu'il craint est cause sans les conséquences qui en feraient une cause. [12]Ainsi cela n'a jamais été.

8.   La séparation a commencé par le rêve que le Père était privé de Ses Effets, et impuissant à les garder puisqu'Il n'était plus leur Créateur. [2]Dans le rêve, le rêveur s'est fait lui-même. [3]Mais ce qu'il a fait s'est retourné contre lui, prenant le rôle de son créateur, comme le rêveur l'avait fait. [4]Et de même qu'il haïssait son Créateur, de même les figures du rêve l'ont haï. [5]Son corps est leur esclave, qu'ils maltraitent parce qu'ils ont fait leurs les motifs qu'il lui a donnés. [6]Et ils le haïssent pour la vengeance qu'il voudrait leur offrir. [7]C'est leur vengeance sur le corps qui semble prouver que le rêveur ne pouvait pas être le faiseur du rêve. [8]Effet et cause sont d'abord coupés l'un de l'autre, puis renversés, de sorte que l'effet devient une cause; et la cause, l'effet.

9.   C'est l'étape finale de la séparation, par laquelle le salut, qui va dans l'autre sens, commence. [2]Cette étape finale est un effet de ce qui s'est passé auparavant, apparaissant comme une cause. [3]Le miracle est la première étape pour redonner à la cause la fonction de causation, et non d'effet. [4]Car cette confusion a produit le rêve et tant qu'elle durera le réveil sera craint. [5]Et l'appel au réveil ne sera pas entendu non plus, parce qu'il semble être l'appel à la peur.

10.   Comme chaque leçon que le Saint-Esprit demande que tu apprennes, le miracle est clair. [2]Il démontre ce qu'Il voudrait que tu apprennes et te montre que ses effets sont ce que tu veux. [3]Dans Ses rêves de pardon, les effets des tiens sont défaits, et les ennemis haïs perçus comme des amis aux intentions miséricordieuses. [4]Leur inimitié est maintenant vue comme étant sans cause, parce qu'ils ne l'ont pas faite. [5]Et tu peux accepter le rôle de faiseur de leur haine, parce que tu vois qu'elle n'a pas d'effets. [6]Maintenant tu es libéré de cette partie-là du rêve; le monde est neutre et les corps qui semblent encore se mouvoir comme des choses séparées n'ont plus besoin d'être craints. [7]Ainsi ils ne sont pas malades.

11.   Le miracle te retourne la cause de la peur, à toi qui l'as faite. [2]Mais il te montre aussi que, n'ayant pas d'effet, ce n'est pas une

cause, parce que la fonction de la causation est d'avoir des effets. [3]Là où les effets ont disparu, il n'y a pas de cause. [4]Ainsi le corps est guéri par les miracles parce qu'ils montrent que l'esprit a fait la maladie et a employé le corps pour être victime, ou effet, de ce qu'il a fait. [5]Or la moitié de la leçon n'enseigne pas le tout. [6]Le miracle est inutile si tu apprends seulement que le corps peut être guéri, car ce n'est pas cette leçon qu'il est venu enseigner. [7]La leçon, c'est que l'*esprit* était malade qui a pensé que le corps pouvait être malade ; de projeter sa culpabilité n'a rien causé, et n'a pas eu d'effets.

12. Ce monde est plein de miracles. [2]Ils se tiennent en un radieux silence à côté de chaque rêve de douleur et de souffrance, de péché et de culpabilité. [3]Ils sont l'alternative du rêve, le choix d'être le rêveur plutôt que de nier le rôle actif dans l'invention du rêve. [4]Ils sont les joyeux effets d'avoir ramené la conséquence de la maladie à sa cause. [5]Le corps est délivré parce que l'esprit reconnaît que « cela ne m'est pas fait, mais c'est *moi* qui le fais ». [6]Et l'esprit est ainsi libre de faire un autre choix à la place. [7]En commençant ici, le salut changera le cours de chaque pas dans la descente vers la séparation, jusqu'à ce qu'il soit revenu sur chaque pas, que l'échelle ait disparu et que tout le rêve du monde soit défait.

III. L'accord pour se joindre

1. Ce qui attend avec une certitude parfaite au-delà du salut ne nous concerne pas. [2]Car tu viens à peine de commencer à laisser diriger tes premiers pas incertains vers le haut de l'échelle que la séparation t'a fait descendre. [3]Le miracle seul te concerne à présent. [4]C'est ici que nous devons commencer. [5]Puis, ayant commencé, la voie sera rendue sereine et simple qui monte jusqu'à l'éveil et à la fin du rêve. [6]Quand tu acceptes un miracle, tu n'ajoutes pas ton rêve de peur à un autre qui est déjà en train d'être rêvé. [7]Sans soutien, le rêve s'effacera sans effets. [8]Car c'est ton soutien qui le renforce.

2. Aucun esprit n'est malade jusqu'à ce qu'un autre esprit ne lui accorde qu'ils sont séparés. [2]C'est donc leur décision conjointe d'être malades. [3]Si tu refuses de donner ton accord et si tu acceptes le rôle que tu joues pour que la maladie devienne réelle, l'autre esprit ne peut projeter sa culpabilité sans que tu l'aides à se

percevoir lui-même séparé et à part de toi. ⁴Ainsi le corps n'est pas perçu comme étant malade par vos deux esprits de deux points de vue séparés. ⁵S'unir à l'esprit d'un frère prévient la cause de la maladie et des effets perçus. ⁶La guérison est l'effet d'esprits qui se joignent, comme la maladie vient d'esprits qui se séparent.

3.   Le miracle ne fait rien justement *parce que* les esprits sont joints et ne peuvent se séparer. ²Or dans le rêve cela a été renversé, et les esprits séparés sont vus comme des corps, qui sont séparés et ne peuvent se joindre. ³Ne permets pas à ton frère d'être malade, car s'il l'est, tu l'as abandonné à son propre rêve en le partageant avec lui. ⁴Il n'a pas vu la cause de la maladie où elle est, et sur le fossé entre vous, où la maladie a été nourrie, tu as passé. ⁵Ainsi vous êtes joints en maladie, pour préserver le petit fossé non guéri, où la maladie est gardée soigneusement protégée, chérie et soutenue par une ferme croyance, afin que Dieu ne vienne pas jeter un pont sur le petit fossé qui mène à Lui. ⁶Ne combats pas Sa venue avec des illusions, car c'est Sa venue que tu veux plus que toutes les choses qui semblent scintiller dans le rêve.

4.   La fin du rêve est la fin de la peur, et l'amour n'a jamais été dans le monde des rêves. ²Le fossé *est* petit. ³Or il tient les graines de la peste et toute forme de maladie, parce que c'est le souhait de rester à part et de ne pas se joindre. ⁴Ainsi il semble donner une cause à la maladie qui n'est pas sa cause. ⁵Le but du fossé est toute la cause qu'ait la maladie. ⁶Car il a été fait pour te garder séparé, dans un corps que tu regardes comme s'il était la cause de la douleur.

5.   La cause de la souffrance est la séparation, et non le corps, qui n'en est que l'effet. ²Or la séparation n'est qu'un espace vide, qui ne renferme rien, ne fait rien, aussi insubstantiel que l'espace vide entre les rides qu'un bateau a faites en passant. ³Et recouvertes tout aussi vite, comme l'eau déferle pour combler le fossé, et comme les vagues en se joignant le recouvrent. ⁴Où est le fossé entre les vagues une fois qu'elles se sont jointes et ont recouvert l'espace qui semblait les maintenir séparées un petit moment? ⁵Où sont les motifs de maladie une fois que les esprits se sont joints pour combler le petit fossé entre eux, où les graines de la maladie semblaient pousser?

6.   Dieu construit le pont, mais seulement dans l'espace laissé propre et vacant par le miracle. ²Sur les graines de la maladie et la honte de la culpabilité, Il ne peut jeter de pont, car Il ne peut

détruire la volonté étrangère qu'Il n'a pas créée. ³Laisse ses effets être disparus et ne t'y cramponne pas, les mains avides, pour les garder pour toi. ⁴Le miracle les balaiera tous, faisant ainsi de la place pour Celui Qui veut venir et jeter un pont pour le retour de Son Fils à Lui-même.

7.   Compte, donc, les miracles argentés et les rêves dorés de bonheur comme étant tout le trésor que tu voudrais garder dans la réserve du monde. ²La porte est ouverte, point aux voleurs, mais à tes frères affamés qui ont pris pour de l'or le brillant d'un caillou, et qui ont emmagasiné un amas de neige qui brillait comme de l'argent. ³Il ne leur reste rien derrière la porte ouverte. ⁴Qu'est-ce que le monde, sauf un petit fossé perçu pour déchirer l'éternité et la briser en jours, en mois et en années ? ⁵Et qu'es-tu, toi qui vis dans le monde, sauf une image du Fils de Dieu brisée en mille morceaux, chacun dissimulé dans un bout d'argile séparé et incertain ?

8.   N'aie pas peur, mon enfant, mais laisse ton monde être doucement éclairé par les miracles. ²Et là où le petit fossé était vu se dressant entre toi et ton frère, joins-toi à lui. ³Et maintenant la maladie sera vue sans une cause. ⁴Le rêve de guérison réside dans le pardon, et te montre doucement que tu n'as jamais péché. ⁵Le miracle voudrait ne laisser aucune preuve de culpabilité qui t'apporte témoignage de ce qui n'a jamais été. ⁶Et dans ta réserve il fera une place de bienvenue pour ton Père et ton Soi. ⁷La porte est ouverte, pour que puissent venir tous ceux qui ne voudraient plus avoir faim et voudraient prendre plaisir au grand festin qui leur est servi là. ⁸Et ils rencontreront tes autres Invités, à Qui le miracle a demandé de venir à toi.

9.   C'est un festin certes fort différent de ceux que le rêve du monde t'a montrés. ²Car ici, plus quiconque reçoit, plus il en reste pour tous les autres à partager. ³Les Invités ont apporté avec Eux des provisions illimitées. ⁴Nul n'est privé ni ne peut priver. ⁵Voici un festin que le Père a dressé devant Son Fils, et qu'Il partage également avec lui. ⁶Et dans Leur partage, il ne peut y avoir de fossé dans lequel l'abondance s'essouffle et s'appauvrit. ⁷Ici les années maigres ne peuvent entrer, car le temps n'attend pas ce festin, qui n'a pas de fin. ⁸Car l'amour a dressé sa table dans l'espace qui semblait garder tes Invités à part de toi.

IV. La plus grande jonction

1.   Accepter l'Expiation pour toi-même signifie de ne pas donner soutien au rêve de maladie et de mort de quelqu'un. ²Cela signifie que tu ne partages pas son souhait de se séparer et ne le laisses pas retourner les illusions contre lui-même. ³Tu ne souhaites pas non plus qu'elles soient retournées, plutôt, contre toi. ⁴Ainsi elles n'ont pas d'effets. ⁵Et tu es libre des rêves de douleur parce que tu le laisses l'être. ⁶À moins que tu ne l'aides, tu souffriras avec lui parce que tel est ton souhait. ⁷Et tu deviens une figure dans son rêve de douleur, comme lui dans le tien. ⁸Ainsi toi et ton frère devenez tous deux des illusions, et sans identité. ⁹Tu pourrais être n'importe qui ou n'importe quoi, selon celui dont tu partages le rêve mauvais. ¹⁰Tu peux être sûr d'une seule chose : que tu es mauvais, car tu partages des rêves de peur.

2.   Il y a une façon de trouver la certitude ici et maintenant. ²Refuse de faire partie des rêves apeurants, quelque forme qu'ils prennent, car tu perdras ton identité en eux. ³Tu te trouves toi-même en ne les acceptant pas comme te causant et te donnant des effets. ⁴Tu te tiens à part d'eux, mais non à part de celui qui les rêve. ⁵Ainsi tu sépares le rêveur du rêve, et tu te joins en l'un, mais lâche prise de l'autre. ⁶Le rêve n'est qu'illusion dans l'esprit. ⁷Avec l'esprit tu voudrais t'unir, mais jamais avec le rêve. ⁸C'est le rêve que tu crains, et non l'esprit. ⁹Tu les vois comme étant la même chose, parce que tu penses que *tu* n'es qu'un rêve. ¹⁰Ce qui est réel et ce qui n'est qu'illusion en toi, tu ne le connais pas et tu ne peux pas le distinguer.

3.   Comme toi, ton frère pense qu'il est un rêve. ²Ne partage pas son illusion de lui-même, car ton Identité dépend de sa réalité. ³Pense plutôt à lui comme à un esprit dans lequel les illusions persistent encore, mais un esprit qui est un frère pour toi. ⁴Il n'est pas rendu frère par ce qu'il rêve ; pas plus que son corps, « héros » du rêve, n'est ton frère. ⁵C'est sa réalité qui est ton frère, comme la tienne l'est pour lui. ⁶Ton esprit et le sien sont joints en fraternité. ⁷Son corps et ses rêves semblent seulement faire un petit fossé, là où les tiens se sont joints aux siens.

4.   Et pourtant, de fossé entre vos esprits, il n'y en a pas. ²Ainsi te joindre à ses rêves, c'est ne pas le rencontrer, parce que ses rêves voudraient le séparer de toi. ³Par conséquent, délivre-le simplement en réclamant ton droit à la fraternité, et non aux rêves de peur. ⁴Laisse-le reconnaître qui il est, en ne soutenant pas ses

illusions par ta foi, car si tu le fais, tu auras foi dans les tiennes. [5]Ayant foi dans les tiennes, il ne sera pas délivré, et tu restes esclave de ses rêves. [6]Et des rêves de peur hanteront le petit fossé, inhabité sauf par les illusions que tu as soutenues dans l'esprit de ton frère.

5. Sois certain que, si tu fais ta part, il fera la sienne, car il se joindra à toi là où tu te tiens. [2]Ne l'appelle pas à te rencontrer dans le fossé entre vous, ou tu dois croire que c'est ta réalité aussi bien que la sienne. [3]Tu ne peux pas faire sa part, mais c'est ce que tu *fais* quand tu deviens une figure passive dans ses rêves, plutôt que le rêveur des tiens. [4]L'identité en rêve est in-signifiante parce que le rêveur et le rêve ne font qu'un. [5]Qui partage un rêve doit être le rêve qu'il partage, parce qu'en partageant une cause est produite.

6. Tu partages la confusion et la confusion règne en toi, car dans le fossé il n'existe pas de soi stable. [2]Ce qui est le même semble différent, parce que ce qui est le même paraît être autre. [3]Ses rêves sont les tiens parce que tu les laisses l'être. [4]Mais si tu enlevais les tiens, il en serait libre, ainsi que des siens. [5]Tes rêves sont témoins des siens, et les siens attestent la vérité des tiens. [6]Or si tu vois qu'il n'y a pas de vérité dans les tiens, ses rêves disparaîtront, et il comprendra ce qui a fait le rêve.

7. Le Saint-Esprit est dans vos deux esprits, et Il est Un parce qu'il n'y a pas de fossé qui sépare Son Unité d'Elle-même. [2]Le fossé entre vos corps n'importe pas, car ce qui est joint en Lui est toujours un. [3]Nul n'est malade si quelqu'un d'autre accepte son union avec lui. [4]Son désir d'être un esprit malade et séparé ne peut rester sans un témoin ou une cause. [5]Et les deux ont disparu si quelqu'un a pour volonté d'être uni avec lui. [6]Il rêve qu'il était séparé de son frère qui, en ne partageant pas ses rêves, a laissé vacant l'espace entre eux. [7]Et le Père vient Se joindre à Son Fils à qui S'est joint le Saint-Esprit.

8. La fonction du Saint-Esprit est de prendre l'image brisée du Fils de Dieu et de remettre en place les morceaux. [2]Cette sainte image, entièrement guérie, Il la présente à chaque morceau séparé qui pense être une image en soi. [3]À chacun Il offre son Identité, que l'image entière représente, au lieu du petit bout brisé dont il insistait pour dire que c'était lui. [4]Quand il verra cette image, il se reconnaîtra lui-même. [5]Si tu ne partages pas le rêve mauvais de ton frère, c'est cette image que le miracle placera dans le petit fossé, lavé de toutes les graines de maladie et de péché.

⁶Et là le Père recevra Son Fils, parce que Son Fils a été gracieux envers lui-même.

9. Je Te rends grâce, Père, connaissant que Tu viendras combler chaque petit fossé entre les morceaux brisés de ton saint Fils. ²Ta Sainteté, complète et parfaite, réside en chacun d'eux. ³Et ils sont joints parce que ce qui est en l'un est en eux tous. ⁴Comme est saint le plus petit grain de sable, quand il est reconnu comme faisant partie de l'image complète du Fils de Dieu ! ⁵Les formes que semblent prendre les morceaux brisés ne signifient rien. ⁶Car le tout est en chacun. ⁷Et chaque aspect du Fils de Dieu est exactement le même que toute autre partie.

10. Ne te joins pas aux rêves de ton frère mais joins-toi à lui ; et là où tu te joins au Fils est le Père. ²Qui cherche des substituts quand il perçoit qu'il n'a rien perdu ? ³Qui voudrait avoir les « bénéfices » de la maladie quand il a reçu le simple bonheur de la santé ? ⁴Ce que Dieu a donné ne peut être une perte, et ce qui n'est pas de Lui n'a pas d'effets. ⁵Qu'est-ce, donc, que tu percevrais dans le petit fossé ? ⁶Les graines de la maladie viennent de la croyance qu'il y a de la joie dans la séparation, et que l'abandonner serait un sacrifice. ⁷Mais les miracles sont le résultat quand tu n'insistes pas pour voir dans le fossé ce qui n'est pas là. ⁸Ton désir de lâcher prise des illusions, voilà tout ce que requiert le Guérisseur du Fils de Dieu. ⁹Il placera le miracle de la guérison là où étaient les germes de maladie. ¹⁰Et il n'y aura pas de perte, mais seulement du gain.

V. L'Alternative aux rêves de peur

1. Qu'est-ce qu'un sentiment de maladie, si ce n'est un sentiment de limitation ? ²D'une coupure *de* et d'une séparation *d'avec* ? ³Un fossé qui est perçu entre toi et ton frère, et ce qui est maintenant vu comme la santé ? ⁴Ainsi le bien est vu comme étant à l'extérieur ; et le mal, dedans. ⁵De sorte que la maladie sépare le soi d'avec le bien, en gardant le mal dedans. ⁶Dieu est l'Alternative aux rêves de peur. ⁷Qui a part en eux ne peut jamais avoir part en Lui. ⁸Mais qui retire la part que son esprit y prend, prend part en *Lui*. ⁹Il n'y a pas d'autre choix. ¹⁰À moins que tu ne le partages, rien ne peut exister. ¹¹Tu existes parce que Dieu a partagé Sa Volonté avec toi, afin que Sa création puisse créer.

2. C'est de partager les rêves mauvais de haine et de malice, d'amertume et de mort, de péché et de souffrance et de douleur

et de perte, qui les rend réels. ²Non partagés, ils sont perçus comme in-signifiants. ³La peur en a disparu parce que tu ne leur as pas donné ton soutien. ⁴Où la peur a disparu, là doit venir l'amour, parce qu'il n'y a que ces alternatives. ⁵Où l'une apparaît, l'autre disparaît. ⁶Et celle que tu partages devient la seule que tu as. ⁷Tu as celle que tu acceptes, parce que c'est la seule que tu souhaites avoir.

3. Tu ne partages pas de rêve mauvais si tu pardonnes au rêveur et perçois qu'il n'est pas le rêve qu'il a fait. ²Ainsi il ne peut pas faire partie du tien, dont vous êtes tous les deux libres. ³Le pardon sépare le rêveur d'avec le rêve mauvais, et ainsi le délivre. ⁴Souviens-toi que si tu partages un rêve mauvais, tu croiras que tu es le rêve que tu partages. ⁵Et, le craignant, tu ne voudras pas connaître ta propre Identité, parce que tu penses qu'Elle est effrayante. ⁶Tu nieras ton Soi et tu marcheras sur une terre étrangère que ton Créateur n'a pas faite, où tu sembles être un quelque chose que tu n'es pas. ⁷Tu feras la guerre à ton Soi, qui semble être ton ennemi; et tu attaqueras ton frère, en tant que partie de ce que tu hais. ⁸Il n'y a pas de compromis. ⁹Tu es ton Soi ou une illusion. ¹⁰Que peut-il y avoir entre l'illusion et la vérité? ¹¹Un entre-deux, où tu peux être une chose qui n'est pas toi, doit être un rêve et ne peut pas être la vérité.

4. Tu as conçu un petit fossé entre les illusions et la vérité pour être le lieu où réside toute ta sécurité, et où ton Soi est bien caché par ce que tu as fait. ²Là est établi un monde qui est malade, et c'est ce monde que perçoivent les yeux du corps. ³Là résonnent les sons qu'il entend; les voix que ses oreilles ont été faites pour entendre. ⁴Or les vues et les sons que le corps peut percevoir sont in-signifiants. ⁵Il ne peut ni voir ni entendre. ⁶Il ne connaît pas ce que c'*est* de voir; à quoi *sert* d'écouter. ⁷Il est aussi peu capable de percevoir que de juger, comprendre ou connaître. ⁸Ses yeux sont aveugles; ses oreilles sont sourdes. ⁹Il ne peut penser, or donc il ne peut avoir d'effets.

5. Qu'est-ce que Dieu a créé pour être malade? ²Et qu'est-ce que Dieu n'a pas créé qui puisse être? ³Ne laisse pas tes yeux contempler un rêve; tes oreilles porter témoignage de l'illusion. ⁴Ils ont été faits pour regarder un monde qui n'est pas là; pour entendre des voix qui ne peuvent faire aucun son. ⁵Or il est d'autres sons et d'autres vues qui *peuvent* être vus, entendus et compris. ⁶Car les yeux et les oreilles sont des sens dénués de sens; et ce qu'ils voient et entendent, ils ne font que le rapporter. ⁷Ce n'est pas eux

qui voient et entendent, mais toi, qui assembles tous les morceaux biscornus, chaque bribe insensée et chaque miette de preuve, et fais un témoin du monde que tu veux. [8]Ne laisse pas les oreilles et les yeux du corps percevoir ces innombrables fragments vus dans le fossé que tu as imaginé, et les laisser persuader leur faiseur que ses imaginations sont réelles.

6. La création prouve la réalité, parce qu'elle partage la fonction que partage toute création. [2]Elle n'est pas faite de petits bouts de verre, d'un morceau de bois, d'un fil ou deux, peut-être, tous assemblés pour attester sa vérité. [3]La réalité ne dépend pas de cela. [4]Il n'y a pas de fossé qui sépare la vérité d'avec les rêves et d'avec les illusions. [5]La vérité ne leur a laissé aucune place en aucun lieu et en aucun temps. [6]Car elle remplit chaque lieu et chaque temps, et les rend entièrement indivisibles.

7. Toi qui crois qu'il y a un petit fossé entre toi et ton frère, tu ne vois pas que c'est là que vous êtes comme prisonniers dans un monde perçu comme existant là. [2]Le monde que tu vois n'existe pas, parce que le lieu où tu le perçois n'est pas réel. [3]Le fossé est soigneusement dissimulé dans le brouillard, et des images brumeuses s'élèvent pour le couvrir de formes vagues et incertaines, aux lignes changeantes, à jamais insubstantielles et indécises. [4]Or dans le fossé, il n'y a rien. [5]Et il n'y a pas de terribles secrets, pas de tombes enténébrées où la terreur surgit des ossements de la mort. [6]Regarde le petit fossé, et tu vois l'innocence et le vide de péché que tu verras en toi-même, quand tu auras perdu la peur de reconnaître l'amour.

VI. Les vœux secrets

1. Qui punit le corps est insane. [2]Car là est vu le petit fossé, et pourtant il n'est pas là. [3]Il ne s'est pas jugé lui-même, et il n'a pas fait de lui-même ce qu'il n'est pas. [4]Il ne cherche pas à faire de la douleur une joie ni à trouver un plaisir durable dans la poussière. [5]Il ne te dit pas quel est son but et il ne peut pas comprendre à quoi il sert. [6]Il ne rend pas victime, parce qu'il n'a pas de volonté, pas de préférences et pas de doutes. [7]Il ne se demande pas ce qu'il est. [8]Ainsi il n'a pas besoin d'être compétitif. [9]Il peut être rendu victime, mais il ne peut pas se sentir lui-même victime. [10]Il n'accepte aucun rôle mais fait ce qu'on lui dit, sans attaque.

2.   C'est certes un point de vue insensé de tenir responsable de la vue une chose qui ne peut pas voir, et de la blâmer pour les sons que tu n'aimes pas, bien qu'elle ne puisse entendre. [2]Elle ne souffre pas de la punition que tu lui donnes, parce qu'elle ne ressent rien. [3]Elle se conduit de la façon que tu veux, mais jamais elle ne fait le choix. [4]Elle n'est pas née et elle ne meurt pas. [5]Elle ne peut que suivre sans but le chemin sur lequel on l'a placée. [6]Et si le chemin est changé, elle suit aussi facilement une autre voie. [7]Elle ne prend pas parti et ne juge pas la route qu'elle parcourt. [8]Elle ne perçoit pas de fossé, parce qu'elle ne hait pas. [9]Elle peut être utilisée pour la haine, mais elle ne peut pas par là être rendue haïssable.

3.   La chose que tu hais et crains, que tu abhorres et veux, le corps ne la connaît pas. [2]Tu l'envoies pour qu'il cherche la séparation et soit séparé. [3]Et puis tu le hais, non pas pour ce qu'il est mais pour les usages que tu en as faits. [4]Tu recules devant ce qu'il voit et ce qu'il entend, et tu hais sa fragilité et sa petitesse. [5]Tu méprises ses actions, mais pas les tiennes. [6]Il voit et agit pour *toi*. [7]Il entend ta voix. [8]Et il est fragile et petit par ton souhait. [9]Il semble te punir, et mériter ainsi que tu le haïsses pour les limitations qu'il t'apporte. [10]Or tu en as fait un symbole des limitations que tu veux que ton esprit ait, voie et garde.

4.   Le corps représente le fossé entre le petit bout d'esprit que tu appelles le tien et tout le reste de ce qui est réellement à toi. [2]Tu le hais, or tu penses que c'est ton soi, et que, sans lui, ton soi serait perdu. [3]Voilà le vœu secret que tu as fait avec chaque frère qui voudrait cheminer à part. [4]Voilà le serment secret que tu fais à nouveau, chaque fois que tu te perçois toi-même attaqué. [5]Nul ne peut souffrir s'il ne se voit pas lui-même attaqué et perdant par l'attaque. [6]Informulée et inentendue dans l'esprit est chaque promesse de maladie. [7]Or c'est la promesse faite à un autre d'être blessé par lui, et de l'attaquer en retour.

5.   La maladie est colère passée sur le corps, afin qu'il souffre. [2]C'est l'effet évident de ce qui a été fait en secret, en accord avec le souhait secret d'un autre d'être à part de toi, comme tu voudrais être à part de lui. [3]À moins que vous ne soyez d'accord tous les deux que c'est votre souhait, il ne peut pas avoir d'effets. [4]Quiconque dit : «Il n'y a pas de fossé entre mon esprit et le tien» a tenu la promesse de Dieu, et non son minuscule serment d'être à jamais fidèle à la mort. [5]Et par sa guérison, son frère est guéri.

6.   Que ceci soit ton accord avec chacun : que tu sois un avec lui et non à part. ²Il tiendra la promesse que tu as faite avec lui, parce que c'est celle qu'il a faite à Dieu, de même que Dieu la lui a faite. ³Dieu tient Ses promesses ; Son Fils tient les siennes. ⁴En sa création, son Père a dit : « Tu es aimé de Moi et Moi de toi à jamais. ⁵Sois parfait comme Moi-même, car tu ne peux jamais être à part de Moi. » ⁶Son Fils ne se souvient pas d'avoir répondu : « Je le serai », bien qu'en cette promesse il soit né. ⁷Or Dieu la lui rappelle chaque fois qu'il ne partage pas une promesse d'être malade, mais laisse son esprit être guéri et unifié. ⁸Ses vœux secrets sont impuissants devant la Volonté de Dieu, Dont il partage les promesses. ⁹Et ce qu'il substitue n'est pas sa volonté, qui a fait promesse de lui-même à Dieu.

VII. L'arche de sécurité

1.   Dieu ne demande rien, et Son Fils, comme Lui, n'a pas besoin de rien demander. ²Car il n'y a pas de manque en lui. ³Un espace vide, un petit fossé, serait un manque. ⁴Et c'est là seulement qu'il pourrait lui manquer quelque chose qu'il n'a pas. ⁵Un espace où Dieu n'est pas, un fossé entre le Père et le Fils, n'est la Volonté d'aucun des Deux, Qui ont promis de ne faire qu'un. ⁶La promesse de Dieu est une promesse à Lui-même, et il n'en est pas un qui puisse être infidèle à ce qu'Il veut faisant partie de ce qu'Il est. ⁷La promesse qu'il n'y a pas de fossé entre Lui-même et ce qu'Il est ne peut pas être fausse. ⁸Ce qui doit être un, et dans l'Entièreté Duquel il ne peut y avoir de fossé, quelle volonté peut le séparer ?
2.   La belle relation que tu as avec tous tes frères est une partie de toi parce que c'est une partie de Dieu Lui-même. ²N'es-tu pas malade, si tu te nies à toi-même ton entièreté et ta santé, la Source de l'aide, l'Appel à la guérison et l'Appel à guérir ? ³Ton sauveur attend la guérison, et le monde attend avec lui. ⁴Et tu n'es pas non plus à part d'elle. ⁵Car la guérison sera une ou ne sera pas du tout, son unité étant là où est la guérison. ⁶Quelle correction pourrait-il y avoir pour la séparation, si ce n'est son opposé ? ⁷Il n'y a d'entre-deux en aucun aspect du salut. ⁸Tu l'acceptes entièrement ou tu ne l'acceptes pas. ⁹Ce qui est inséparé doit être joint. ¹⁰Et ce qui est joint ne peut être séparé.
3.   Ou bien il y a un fossé entre toi et ton frère, ou bien vous ne faites qu'un. ²Il n'y a pas d'entre-deux, pas d'autre choix et pas

d'allégeance à diviser entre les deux. ³Une allégeance divisée n'est qu'absence de foi en les deux, qui fait simplement que tu tournes en rond en t'accrochant incertainement à n'importe quelle paille qui semble offrir quelque promesse de soulagement. ⁴Or qui peut bâtir sa demeure sur une paille et compter sur elle comme abri contre le vent? ⁵On peut faire du corps ce genre de demeure, parce qu'il manque de fondement dans la vérité. ⁶Et pourtant, à cause de cela, il peut être vu comme n'étant pas ta demeure, mais simplement comme un outil qui t'aide à atteindre la demeure où Dieu habite.

4. Avec *cela* comme but, le corps est guéri. ²Il n'est pas utilisé pour témoigner du rêve de séparation et de maladie. ³Il n'est pas non plus vainement blâmé pour ce qu'il n'a pas fait. ⁴Il sert à aider la guérison du Fils de Dieu, et pour ce but il ne peut pas être malade. ⁵Il ne se joindra pas à un but qui n'est pas le tien, et tu as choisi qu'il ne soit pas malade. ⁶Tous les miracles sont fondés sur ce choix, et te sont donnés à l'instant où il est fait. ⁷Aucune forme de maladie n'est immunisée, parce que le choix ne peut pas être fait en fonction de la forme. ⁸Le choix de la maladie semble être un choix de forme, or il est un, comme l'est son opposé. ⁹Et tu es malade ou bien portant, conséquemment.

5. Mais jamais toi seul. ²Ce monde n'est que le rêve que tu peux être seul, et penser sans affecter ceux qui sont à part de toi. ³Être seul doit signifier que tu es à part, et si tu l'es, tu ne peux qu'être malade. ⁴Cela semble prouver que tu dois être à part. ⁵Or tout ce que cela signifie, c'est que tu as tenté de tenir une promesse d'être fidèle à l'absence de foi. ⁶Or l'absence de foi est maladie. ⁷Elle est comme la maison bâtie sur la paille. ⁸Elle semble être tout à fait solide et substantielle en elle-même. ⁹Or sa stabilité ne peut être jugée à part de ses fondements. ¹⁰Si elle repose sur la paille, point n'est besoin de barrer la porte, de fermer les fenêtres et de pousser les verrous. ¹¹Le vent la fera basculer et la pluie viendra qui l'emportera dans l'oubli.

6. À quoi bon chercher une sécurité dans ce qui a été fait pour le danger et pour la peur? ²Pourquoi l'encombrer encore de serrures, de chaînes et d'ancres pesantes, quand sa faiblesse réside non pas en lui-même mais dans la fragilité du petit fossé de néant sur lequel il tient? ³Qu'est ce qui peut être sûr qui repose sur une ombre? ⁴Voudrais-tu bâtir ta demeure sur ce qui s'écroulera sous le poids d'une plume?

7. Ta demeure est bâtie sur la santé de ton frère, sur son bonheur, son impeccabilité et tout ce que son Père lui a promis. ²Aucune des promesses secrètes que tu as faites à la place n'a ébranlé le Fondement de sa demeure. ³Les vents souffleront et la pluie s'abattra sur elle, mais sans effet. ⁴Le monde sera emporté par les eaux, et pourtant cette maison tiendra à jamais, car sa force ne réside pas en elle seule. ⁵C'est une arche de sécurité, qui repose sur la promesse de Dieu que Son Fils serait à jamais en sûreté en Lui-même. ⁶Quel fossé peut s'interposer entre la sûreté de cet abri et sa Source ? ⁷D'ici le corps peut être vu comme étant ce qu'il est, et n'ayant ni plus ni moins de valeur que dans la mesure où il peut être utilisé pour libérer le Fils de Dieu à sa demeure. ⁸Et avec ce saint but il devient une demeure de sainteté un court moment, parce qu'il partage la Volonté de ton Père avec toi.

Chapitre 29

LE RÉVEIL

I. Combler le fossé

1. Il n'est pas de temps, pas de lieu, pas d'état où Dieu est absent. [2]Il n'y a rien à craindre. [3]Il n'y a pas de façon dont un fossé pourrait être conçu dans l'Entièreté qui est la Sienne. [4]Le compromis que représenterait le moindre et le plus petit fossé dans Son Amour éternel est tout à fait impossible. [5]Car cela signifierait que Son Amour pourrait abriter juste un soupçon de haine, Sa douceur tourner parfois à l'attaque, et Son éternelle patience parfois faillir. [6]Tout cela, tu le crois, quand tu perçois un fossé entre ton frère et toi. [7]Comment pourrais-tu Lui faire confiance, alors ? [8]Car Il doit être trompeur dans Son Amour. [9]Méfie-toi, donc : ne Le laisse pas venir trop près, et laisse un fossé entre toi et Son Amour, par lequel tu peux t'échapper s'il est besoin que tu t'enfuies.

2. C'est ici que la peur de Dieu est vue le plus clairement. [2]Car l'amour *est* traître envers ceux qui ont peur, puisque la peur et la haine ne peuvent jamais être séparés. [3]Nul ne hait qui n'a peur de l'amour; or donc doit-il avoir peur de Dieu. [4]Il est certain qu'il ne connaît pas ce que l'amour signifie. [5]Il craint d'aimer et aime haïr, et ainsi il pense que l'amour est apeurant; que la haine est amour. [6]Telle est la conséquence que le petit fossé doit apporter à ceux qui le chérissent et pensent que c'est leur salut et leur espoir.

3. La peur de Dieu ! [2]Le plus grand obstacle que la paix doive franchir n'a pas encore disparu. [3]Les autres sont passés, mais celui-là reste encore qui te bloque la route, et fait que la voie vers la lumière semble sombre et effrayante, périlleuse et morne. [4]Tu avais décidé que ton frère était ton ennemi. [5]Parfois un ami, peut-être, pourvu que vos intérêts séparés rendent votre amitié possible un petit moment. [6]Mais non sans un fossé perçu entre toi et lui, de crainte qu'il ne se tourne à nouveau en ennemi. [7]Qu'il vienne près de toi, et tu sursautais en te reculant; comme tu t'approchais, instantanément il se retirait. [8]Une amitié prudente, d'une portée limitée et soigneusement restreinte en quantité devint le traité que tu avais conclu avec lui. [9]Ainsi toi et ton frère ne partagiez qu'une entente conditionnelle, dans laquelle une clause de séparation était un point sur lequel vous étiez tous les deux d'accord pour

le garder intact. ^{10}Et toute violation était considérée comme un bris de traité qui ne serait pas permis.

4. Le fossé entre toi et ton frère n'est pas un espace entre deux corps séparés. ^{2}Il semble seulement diviser vos esprits séparés. ^{3}C'est le symbole de la promesse faite de vous rencontrer quand vous préférez, et de vous séparer jusqu'à ce que toi et lui choisissiez de vous rencontrer à nouveau. ^{4}Et alors vos corps semblent se toucher, et signifier par là un lieu de rencontre pour se joindre. ^{5}Mais toujours il est possible que toi et lui alliez chacun de votre côté. ^{6}À la condition d'avoir le « droit » de vous séparer, vous vous entendez toi et lui pour vous rencontrer de temps en temps, et pour rester à part durant les intervalles de séparation, qui vous protègent du « sacrifice » de l'amour. ^{7}Le corps te sauve, parce qu'il échappe au sacrifice total et te donne le temps de rebâtir ton soi séparé, dont tu crois vraiment qu'il diminue quand toi et ton frère vous rencontrez.

5. Le corps ne pourrait pas séparer ton esprit de celui de ton frère, à moins que tu n'aies voulu qu'il soit une cause de séparation et de distance vue entre toi et lui. ^{2}Ainsi tu l'as doté d'un pouvoir qui ne réside pas en lui. ^{3}Et en cela réside son pouvoir sur toi. ^{4}Car maintenant tu penses qu'il détermine quand ton frère et toi vous rencontrez, et qu'il limite ton aptitude à communier avec son esprit. ^{5}Et maintenant il te dit où aller et comment y aller, ce que tu peux entreprendre et ce que tu ne peux pas faire. ^{6}Il dicte ce que sa santé peut tolérer, et ce qui le fatiguera et le rendra malade. ^{7}Et ce sont ses faiblesses « inhérentes » qui établissent les limites de ce que tu veux faire et gardent ton but limité et faible.

6. Le corps s'accommodera à cela, si tu le veux ainsi. ^{2}Il ne permettra que des plaisirs limités en « amour », entrecoupés d'intervalles de haine. ^{3}Et c'est lui qui commandera quand « aimer », et quand te replier dans la peur pour plus de sûreté. ^{4}Il sera malade parce que tu ne connais pas ce qu'aimer signifie. ^{5}Ainsi tu dois mésuser de chaque circonstance et de chacun de ceux que tu rencontres, en voyant en eux un but qui n'est pas le tien.

7. Ce n'est pas l'amour qui demande un sacrifice. ^{2}Mais la peur exige le sacrifice de l'amour, car en présence de l'amour la peur ne peut demeurer. ^{3}Pour que la haine soit maintenue, l'amour doit être craint; et présent seulement parfois, et parfois disparu. ^{4}Ainsi l'amour est vu comme traître, parce qu'il semble aller et venir incertainement, et ne t'offrir aucune stabilité. ^{5}Tu ne vois pas combien ton allégeance est faible et limitée, ni combien fréquemment

tu as demandé que l'amour s'en aille et te laisse tranquille, seul et « en paix ».

8. Le corps, innocent de buts, est ton excuse pour les buts variables que tu as, et forces le corps à maintenir. ²Tu ne crains pas sa faiblesse, mais son manque de force *ou* de faiblesse. ³Voudrais-tu connaître que rien ne se dresse entre toi et ton frère ? ⁴Voudrais-tu connaître qu'il n'est point de fossé derrière lequel tu puisses te cacher ? ⁵Il est un choc que ressentent ceux qui apprennent que leur sauveur n'est plus leur ennemi. ⁶Il est une circonspection qui naît d'apprendre que le corps n'est pas réel. ⁷Et il est des accents de peur apparente dans l'heureux message : « Dieu est Amour. »

9. Or tout ce qui arrive quand le fossé a disparu, c'est la paix éternelle. ²Rien de plus que cela, et rien de moins. ³Sans la peur de Dieu, qu'est-ce qui pourrait t'induire à L'abandonner ? ⁴Quels jouets ou breloques dans le fossé pourraient servir à te retenir un instant loin de Son Amour ? ⁵Permettrais-tu au corps de dire « non » à l'appel du Ciel, si tu n'avais pas peur de trouver une perte de soi en trouvant Dieu ? ⁶Or ton soi peut-il être perdu en étant trouvé ?

II. L'arrivée de l'Invité

1. Pourquoi ne percevrais-tu pas comme délivrance de la souffrance d'apprendre que tu es libre ? ²Pourquoi n'acclamerais-tu pas la vérité au lieu de la regarder comme une ennemie ? ³Pourquoi une voie facile, et si clairement marquée qu'il est impossible de perdre son chemin, te semble-t-elle épineuse, rocailleuse, et bien trop difficile à suivre ? ⁴N'est-ce pas parce que tu la vois comme la route vers l'enfer au lieu de la regarder comme une simple façon, sans sacrifice ni perte, de te trouver toi-même au Ciel et en Dieu ? ⁵Jusqu'à ce que tu te rendes compte que tu n'abandonnes rien, jusqu'à ce que tu comprennes qu'il n'y a pas de perte, tu auras certains regrets au sujet de la voie que tu as choisie. ⁶Et tu ne verras pas les nombreux gains que ton choix t'a offerts. ⁷Or bien que tu ne les voies pas, ils sont là. ⁸Leur cause a été effectuée, et ils doivent être présents là où leur cause est entrée.

2. Tu as accepté la cause de la guérison, et ce doit donc être que tu es guéri. ²Étant guéri, le pouvoir de guérir doit aussi maintenant t'appartenir. ³Le miracle n'est pas une chose séparée qui arrive soudainement, comme un effet sans une cause. ⁴Pas plus qu'il

n'est, en soi, une cause. ⁵Mais là où est sa cause, là il doit être. ⁶Maintenant il est causé, quoique pas encore perçu. ⁷Et ses effets sont là, quoique pas encore vus. ⁸Regarde maintenant au-dedans, et tu ne verras pas un motif de regret, mais certes une cause d'heureuse réjouissance et d'espoir de paix.

3.   C'était désespéré de tenter de trouver l'espoir de paix sur un champ de bataille. ²C'était vain de demander l'évasion du péché et de la douleur à ce qui a été fait pour remplir la fonction de conserver le péché et la douleur. ³Car la douleur et le péché sont une seule illusion, comme la haine et la peur, l'attaque et la culpabilité ne font qu'un. ⁴Là où ils sont sans cause, leurs effets ont disparu ; et l'amour doit venir partout où ils ne sont pas. ⁵Pourquoi ne te réjouis-tu pas ? ⁶Tu es libre de la douleur et de la maladie, de la misère et de la perte, et de tous les effets de la haine et de l'attaque. ⁷La douleur n'est plus ton amie ni la culpabilité ton dieu, et tu devrais faire bon accueil aux effets de l'amour.

4.   Ton Invité *est* arrivé. ²Tu Lui as demandé, et Il est venu. ³Tu ne L'as pas entendu entrer, car tu ne Lui as pas entièrement fait accueil. ⁴Et pourtant Ses dons sont venus avec Lui. ⁵Il les a déposés à tes pieds, et Il te demande maintenant de les regarder et de les prendre pour tiens. ⁶Il a besoin de ton aide pour les donner à tous ceux qui font route à part, croyant qu'ils sont séparés et seuls. ⁷Ils seront guéris quand tu accepteras tes dons, parce que ton Invité accueillera tous ceux dont les pieds ont touché la terre sainte sur laquelle tu te tiens, et où Ses dons pour eux sont déposés.

5.   Tu ne vois pas combien tu peux maintenant donner, à cause de tout ce que tu as reçu. ²Or Celui Qui est entré attend seulement que tu viennes là où tu L'as invité. ³Il n'est pas d'autre endroit où Il puisse trouver Son hôte, ni où Son hôte puisse Le rencontrer. ⁴Et nulle part ailleurs où Ses dons de paix et de joie, et tout le bonheur que Sa Présence apporte, puissent être obtenus. ⁵Car ils sont là où est Celui qui les a apportés, afin qu'ils soient à toi. ⁶Tu ne peux pas voir ton Invité, mais tu peux voir les dons qu'Il a apportés. ⁷Et quand tu les regardes, tu croiras que Sa Présence doit être là. ⁸Car ce que tu peux faire maintenant ne pourrait pas être fait sans l'amour et la grâce que Sa Présence contient.

6.   Telle est la promesse du Dieu vivant : que Son Fils a la vie et chaque chose vivante fait partie de lui, et rien d'autre n'a la vie. ²Ce à quoi tu as donné la « vie » n'est pas vivant, et ne fait que symboliser ton souhait d'être vivant à part de la vie, vivant dans la mort, avec la mort perçue comme la vie, et la vie comme la mort.

³À la confusion succède ici la confusion, car c'est sur la confusion que ce monde a été basé, et il n'est rien d'autre sur quoi il repose. ⁴Sa base ne change pas, bien qu'elle semble être constamment en changement. ⁵Or qu'est-ce que cela, sauf l'état que signifie réellement la confusion? ⁶La stabilité ne signifie rien pour ceux en qui règne la confusion, et le changement devient la loi sur laquelle ils fondent leur vie.

7. Le corps ne change pas. ²Il représente le rêve plus vaste que le changement est possible. ³Changer, c'est atteindre un état différent de celui où tu te trouvais auparavant. ⁴Il n'y a pas de changement dans l'immortalité, et le Ciel n'en connaît pas. ⁵Or ici, sur terre, il a un double but, car il peut servir à enseigner des choses opposées. ⁶Et elles reflètent l'enseignant qui les enseigne. ⁷Le corps peut sembler changer avec le temps, avec la maladie ou avec la santé, et avec les événements qui semblent l'altérer. ⁸Or cela signifie seulement que l'esprit reste inchangé en sa croyance sur ce qu'est le but du corps.

8. Être malade, c'est l'exigence que le corps soit une chose qu'il n'est pas. ²Son néant est la garantie qu'il ne peut *pas* être malade. ³Dans ton exigence qu'il soit plus que cela réside l'idée de la maladie. ⁴Car c'est demander que Dieu soit moins que tout ce qu'Il est réellement. ⁵Qu'advient-il, donc, de toi, car c'est de toi que le sacrifice est demandé? ⁶Car il Lui est dit qu'une partie de Lui ne Lui appartient plus. ⁷Il doit sacrifier ton soi, et par Son sacrifice tu es rendu plus et Il est amoindri par la perte de toi. ⁸Et ce qui est disparu de Lui devient ton dieu, qui te protège de faire partie de Lui.

9. Le corps à qui il est demandé d'être un dieu sera attaqué, parce que son néant n'a pas été reconnu. ²Ainsi il semble être une chose qui a du pouvoir en soi. ³En tant que quelque chose, il peut être perçu, et tu peux penser qu'il sent et qu'il agit, et qu'il te tient en son pouvoir comme prisonnier de lui-même. ⁴Il peut manquer d'être ce que tu as exigé qu'il soit. ⁵Et tu le haïras pour sa petitesse, oublieux du fait que l'échec ne réside pas en ce qu'il n'est pas plus qu'il devrait être, mais seulement en ce que tu manques de percevoir qu'il n'est rien. ⁶Or son néant est ton salut, dont tu voudrais fuir.

10. En tant que « quelque chose », il est demandé au corps d'être l'ennemi de Dieu, et de remplacer ce qu'Il est par la petitesse, les limites et le désespoir. ²C'est Sa perte que tu célèbres quand tu contemples le corps comme une chose que tu aimes, ou le regardes

comme une chose que tu hais. ³Car s'Il est la somme de tout, alors ce qui n'est pas en Lui n'existe pas, et de cela Sa complétude signifie le néant. ⁴Ton sauveur n'est pas mort, pas plus qu'il ne demeure dans ce qui fut bâti comme temple à la mort. ⁵Il vit en Dieu et c'est cela qui fait de lui ton sauveur, et seulement cela. ⁶Le néant de son corps délivre le tien de la maladie et de la mort. ⁷Car ce qui est tien ne peut pas être plus ou moins que ce qui est sien.

III. Les témoins de Dieu

1. Ne condamne point ton sauveur parce qu'il pense être un corps. ²Car au-delà de ses rêves est sa réalité. ³Mais il doit apprendre qu'il est un sauveur d'abord, avant de pouvoir se souvenir de ce qu'il est. ⁴Et il doit sauver qui voudrait être sauvé. ⁵De te sauver dépend son bonheur. ⁶Car qui est sauveur, sinon celui qui donne le salut? ⁷Il apprend ainsi qu'il doit l'avoir pour le donner. ⁸À moins de donner, il ne saura pas qu'il a, car donner est la preuve d'avoir. ⁹Seuls ceux qui pensent que Dieu est amoindri par leur force pourraient manquer de comprendre qu'il doit en être ainsi. ¹⁰Car qui pourrait donner à moins d'avoir, et qui pourrait perdre en donnant ce qui par là doit être augmenté?

2. Penses-tu que le Père Se soit perdu Lui-même lorsqu'Il t'a créé? ²Fut-Il rendu faible parce qu'Il a partagé Son Amour? ³Fut-Il rendu incomplet par ta perfection? ⁴Ou es-tu la preuve qu'Il est parfait et complet? ⁵Ne Lui nie pas Son témoin dans le rêve que Son Fils préfère à sa réalité. ⁶Il doit être un sauveur qui délivre du rêve qu'il a fait, pour lui-même en être libre. ⁷Il doit voir quelqu'un d'autre comme n'étant pas un corps, faisant un avec lui sans le mur que le monde a bâti pour garder séparées toutes les choses vivantes qui ne connaissent pas qu'elles vivent.

3. Dans le rêve de corps et de mort, il est pourtant un thème de vérité; pas plus, peut-être, qu'une minuscule étincelle, un espace de lumière créé dans les ténèbres, où Dieu luit encore. ²Tu ne peux pas te réveiller toi-même. ³Or tu peux te laisser réveiller. ⁴Tu peux passer sur les rêves de ton frère. ⁵Tu peux lui pardonner ses illusions si parfaitement qu'il devient le sauveur qui te délivre de tes rêves. ⁶Et quand tu le vois luire dans l'espace de lumière où Dieu demeure dans les ténèbres, tu vois que Dieu Lui-même est là où est son corps. ⁷Devant cette lumière, le corps disparaît, comme les lourdes ombres doivent faire place à la lumière. ⁸Les ténèbres ne

peuvent pas choisir de demeurer. ⁹La venue de la lumière signifie qu'elles ont disparu. ¹⁰Alors c'est dans la gloire que tu verras ton frère, et tu comprendras ce qui remplit réellement le fossé si long-temps perçu comme vous tenant à part l'un de l'autre. ¹¹Là, à sa place, le témoin de Dieu a mis la douce voie de la bonté envers le Fils de Dieu. ¹²À qui tu pardonnes est donné le pouvoir de te par-donner tes illusions. ¹³Par ton don de liberté, elle t'est donnée.

4. Fais place à l'amour, que tu n'as pas créé, mais que tu peux étendre. ²Sur terre cela signifie de pardonner à ton frère, afin que les ténèbres puissent être levées de ton esprit. ³Quand la lumière sera venue à lui par ton pardon, il n'oubliera pas son sauveur, le laissant non sauvé. ⁴Car c'est dans ta face qu'il a vu la lumière qu'il voudrait garder à ses côtés, tandis qu'il marche à travers les ténèbres vers la lumière éternelle.

5. Comme tu es saint, pour que le Fils de Dieu puisse être ton sau-veur parmi les rêves de désolation et de désastre. ²Vois comme il vient avec empressement, comme il s'écarte des lourdes ombres qui l'ont caché et luit sur toi avec gratitude et amour. ³Il est lui-même, mais point lui-même seul. ⁴Et de même que son Père n'a pas perdu une partie de lui en ta création, de même la lumière en lui est plus brillante encore parce que tu lui as donné ta lumière, pour le sauver des ténèbres. ⁵Et maintenant la lumière en toi doit être aussi brillante qu'elle brille en lui. ⁶Voilà l'étincelle qui brille dans le rêve : que tu peux l'aider à s'éveiller, et être sûr que ses yeux en s'ouvrant se poseront sur toi. ⁷Et dans son joyeux salut tu es sauvé.

IV. Rôles de rêve

1. Crois-tu que la vérité puisse être uniquement certaines illu-sions ? ²Ce sont des rêves *parce qu*'elles ne sont pas vraies. ³Leur égal manque de vérité devient la base du miracle, ce qui signifie que tu as compris que les rêves sont des rêves ; et que l'évasion dépend non point du rêve mais seulement du réveil. ⁴Se pourrait-il que certains rêves soient gardés, et que d'autres aient un réveil ? ⁵Tu ne choisis pas quels rêves garder, mais seulement si tu veux vivre dans les rêves ou t'en réveiller. ⁶Ainsi le miracle ne choisit pas certains rêves à laisser intouchés par sa bienfaisance. ⁷Tu ne peux pas faire certains rêves et te réveiller des autres, car tu es soit endormi, soit éveillé. ⁸Et rêver ne va qu'avec l'un des deux.

657

2. Les rêves que tu penses aimer te retiennent autant que ceux dans lesquels la peur est vue. ²Car chaque rêve n'est qu'un rêve de peur, peu importe la forme qu'il semble prendre. ³La peur est vue au-dedans, au-dehors, ou les deux. ⁴Ou elle peut être déguisée sous une forme plaisante. ⁵Mais jamais elle n'est absente du rêve, car la peur est le matériau des rêves, dont ils sont tous faits. ⁶Leur forme peut changer, mais ils ne peuvent pas être faits d'autre chose. ⁷Le miracle serait certes traître s'il permettait que tu sois encore apeuré parce que tu n'as pas reconnu la peur. ⁸Alors tu ne serais pas désireux de te réveiller, pour quoi le miracle pave la voie.

3. Formulé le plus simplement, il peut être dit que l'attaque est une réponse à l'inaccomplissement d'une fonction comme tu perçois la fonction. ²Elle peut être en toi ou en quelqu'un d'autre, mais là où elle est perçue, c'est là qu'elle sera attaquée. ³La dépression ou l'assaut doit être le thème de chaque rêve, car ils sont faits de peur. ⁴Le mince déguisement de plaisir et de joie dont ils peuvent être emballés, ne voile que légèrement la lourde masse de peur qui est leur noyau. ⁵Et c'est elle que le miracle perçoit, et point l'emballage dans lequel elle est enveloppée.

4. Quand tu es en colère, n'est-ce pas parce que quelqu'un a manqué de remplir la fonction que tu lui avais impartie? ²Et cela ne devient-il pas la «raison» pour laquelle ton attaque est justifiée? ³Les rêves que tu penses aimer sont ceux dans lesquels les fonctions que tu as données ont été remplies; les besoins que tu t'attribues ont été comblés. ⁴Peu importe qu'ils soient comblés ou simplement désirés. ⁵C'est de l'idée qu'ils existent que naissent les peurs. ⁶Les rêves ne sont pas plus ou moins désirés. ⁷Ils sont désirés ou non. ⁸Et chacun représente quelque fonction que tu as assignée; quelque but qu'un événement, ou un corps, ou une chose *devrait* représenter, et *devrait* accomplir pour toi. ⁹Si cela réussit, tu penses que tu aimes le rêve. ¹⁰Si cela devait échouer, tu penses que le rêve est triste. ¹¹Mais que cela réussisse ou échoue n'en est pas le noyau mais seulement la mince couverture.

5. Comme tes rêves deviendraient heureux si tu n'étais pas celui qui donne à chaque figure que le rêve contient son rôle «propre». ²Nul ne peut manquer qu'à l'idée que tu te fais de lui, et il n'est d'autre trahison qu'envers cela. ³Le noyau des rêves que donne le Saint-Esprit n'est jamais la peur. ⁴Les couvertures ne paraissent peut-être pas changer, mais ce qu'elles signifient a changé parce qu'elles recouvrent quelque chose d'autre. ⁵Les perceptions sont

déterminées par leur but, en ceci qu'elles semblent être ce à quoi elles servent. [6]Une figure d'ombre qui attaque devient un frère te donnant une chance d'aider, si cela devient la fonction du rêve. [7]Et les rêves de tristesse ainsi sont tournés en joie.

6.   À quoi sert ton frère ? [2]Tu ne le sais pas, parce que ta fonction t'est obscure. [3]Ne lui attribue pas un rôle dont tu t'imagines qu'il apporterait le bonheur. [4]Et n'essaie pas de le blesser lorsqu'il manque de jouer le rôle que tu lui as assigné, dans le rêve de ce que ta vie était censée être. [5]Il demande de l'aide dans chaque rêve qu'il fait, et tu as de l'aide à lui donner si tu vois la fonction du rêve comme Lui perçoit sa fonction, Qui peut utiliser tous les rêves comme moyens de servir la fonction à Lui donnée. [6]Parce qu'Il aime le rêveur, et non le rêve, chaque rêve devient une offrande d'amour. [7]Car en son centre est Son Amour pour toi, qui illumine d'amour quelque forme qu'il prenne.

V. L'inchangeable demeure

1.   Il est un lieu en toi où ce monde entier a été oublié ; où nulle mémoire de péché et d'illusion ne subsiste encore. [2]Il est un lieu en toi que le temps a quitté ; et où des échos de l'éternité sont entendus. [3]Il est un lieu de repos si calme qu'aucun son, sauf un hymne au Ciel, ne s'en élève pour réjouir Dieu le Père et le Fils. [4]Là où les Deux demeurent, des Deux revient le souvenir. [5]Et là où Ils sont, là est le Ciel et est la paix.

2.   Ne pense pas que tu puisses changer leur demeure. [2]Car ton Identité demeure en Eux, et là où Ils sont, tu dois être à jamais. [3]L'inchangeabilité du Ciel est en toi, si loin au-dedans que tout en ce monde ne fait que passer, ni remarqué ni vu. [4]La calme infinité de la paix éternelle t'entoure tendrement par sa douce étreinte, si forte et quiète, tranquille en la puissance de son Créateur, que rien ne peut faire intrusion sur le Fils sacré de Dieu en dedans.

3.   Voici le rôle que le Saint-Esprit te donne, toi qui attends le Fils de Dieu et voudrais le voir s'éveiller et se réjouir. [2]Il fait partie de toi et toi de lui, parce qu'il est le Fils de son Père, et non pour n'importe quel but que tu pourrais voir en lui. [3]Il ne t'est demandé que d'accepter l'inchangeable et l'éternel qui habitent en lui, car ton Identité est là. [4]La paix en toi ne peut qu'être trouvée en lui.

⁵Et chaque pensée d'amour que tu lui offres ne fait que te rapprocher de ton réveil à la paix éternelle et à la joie infinie.

4.   Ce Fils sacré de Dieu est comme toi; le miroir de l'Amour que son Père a pour toi, le tendre rappel de l'Amour de son Père par lequel il a été créé et qui demeure encore en lui comme il demeure en toi. ²Sois très calme et entends la Voix de Dieu en lui, et laisse-La te dire ce qu'est sa fonction. ³Il a été créé afin que tu sois entier, car seuls ceux qui sont complets peuvent faire partie de la complétude de Dieu, qui t'a créé.

5.   Il n'est pas de don que le Père demande de toi, sauf que tu voies dans toute création la gloire éclatante du don qu'Il te fait. ²Vois Son Fils, Son don parfait, en qui son Père luit à jamais et à qui toute création est donnée pour sienne. ³Parce qu'il l'a, elle t'est donnée, et là où elle réside en lui, vois ta paix. ⁴La quiétude qui t'entoure demeure en lui, et de cette quiétude viennent les rêves heureux dans lesquels vos mains sont jointes en innocence. ⁵Ce ne sont pas des mains qui agrippent dans des rêves de douleur. ⁶Elles ne tiennent pas d'épée, car elles ont lâché prise de chaque vaine illusion du monde. ⁷Étant vides, elles reçoivent à la place la main d'un frère en laquelle réside la complétude.

6.   Si seulement tu connaissais le but glorieux qui est au-delà du pardon, tu ne te cramponnerais pas à quelque pensée, aussi légère que paraisse sur elle la touche de mal. ²Car tu comprendrais comme il coûte cher de tenir quoi que ce soit que Dieu n'a pas donné dans les esprits qui peuvent diriger la main qui bénit, et conduire le Fils de Dieu à la maison de son Père. ³Ne voudrais-tu pas être l'ami de celui que Son Père a créé pour être Sa demeure? ⁴Si Dieu l'estime digne de Lui-même, voudrais-tu l'attaquer avec les mains de la haine? ⁵Qui pourrait poser sur le Ciel même des mains couvertes de sang tout en espérant trouver sa paix? ⁶Ton frère pense qu'il tient la main de la mort. ⁷N'y crois pas. ⁸Mais apprends, plutôt, comme tu es béni, toi qui peux le délivrer, juste en lui offrant la tienne.

7.   Un rêve t'est donné dans lequel il est ton sauveur, et non ton ennemi en haine. ²Un rêve t'est donné dans lequel tu lui as pardonné tous ses rêves de mort; un rêve d'espoir que tu partages avec lui, au lieu de faire les rêves mauvais et séparés de la haine. ³Pourquoi semble-t-il si dur de partager ce rêve? ⁴Parce que, à moins que le Saint-Esprit donne au rêve sa fonction, il a été fait pour la haine, et il restera au service de la mort. ⁵Chaque forme qu'il prend appelle la mort d'une certaine façon. ⁶Et ceux qui

servent le seigneur de la mort sont venus l'adorer dans un monde séparé, chacun portant sa lance minuscule et son épée rouillée, pour tenir son ancienne promesse de mourir.

8.   Tel est le noyau de peur dans chaque rêve gardé à part et dont l'usage n'a pas été confié à Celui Qui voit une fonction différente pour un rêve. ²Quand les rêves sont partagés, ils perdent la fonction d'attaque et de séparation, même si c'est pour cela que chaque rêve a été fait. ³Or il ne reste rien dans le monde des rêves qui soit sans espoir de changement et d'amélioration, car ce n'est pas ici que l'inchangeabilité se trouve. ⁴Réjouissons-nous, en effet, qu'il en soit ainsi, et ne cherchons pas l'éternel en ce monde. ⁵Les rêves de pardon sont des moyens de s'écarter de rêver d'un monde à l'extérieur de toi. ⁶Et menant finalement au-delà de tous les rêves, à la paix de la vie éternelle.

VI. Le pardon et la fin des temps

1.   À quel point es-tu désireux de pardonner à ton frère? ²À quel point désires-tu la paix au lieu d'une lutte sans fin, de la misère et de la douleur? ³Ces questions sont les mêmes, sous des formes différentes. ⁴Le pardon est ta paix, car en lui réside la fin de la séparation et du rêve de danger et de destruction, de péché et de mort; de folie et de meurtre, de chagrin et de perte. ⁵Voilà le «sacrifice» que demande le salut; au lieu de quoi, avec joie, il t'offre la paix.

2.   Ne jure pas de mourir, ô saint Fils de Dieu! ²Tu passes un marché que tu ne peux pas tenir. ³Le Fils de la Vie ne peut pas être tué. ⁴Il est immortel comme son Père. ⁵Ce qu'il est ne peut être changé. ⁶Il est la seule chose dans tout l'univers qui doit être une. ⁷Tout ce qui *semble* éternel aura une fin. ⁸Les étoiles disparaîtront; et de nuit et de jour, il n'y en aura plus. ⁹Toutes les choses qui vont et viennent, les marées, les saisons et les vies des hommes; toutes les choses qui changent avec le temps, qui fleurissent et se fanent, ne reviendront plus. ¹⁰Là où le temps a fixé un terme, ce n'est pas là qu'est l'éternel. ¹¹Le Fils de Dieu ne peut jamais changer par ce que les hommes ont fait de lui. ¹²Il sera tel qu'il a été et tel qu'il est, car le temps n'a pas arrêté sa destinée, ni fixé l'heure de sa naissance et de sa mort. ¹³Le pardon ne le changera pas. ¹⁴Or le temps attend le pardon, afin que les choses du temps disparaissent parce qu'elles n'ont pas d'utilité.

3.   Rien ne survit à son but. ²Si une chose a été conçue pour mourir, alors elle doit mourir, à moins qu'elle ne tienne pas ce but
pour sien. ³Le changement est la seule chose dont il peut être fait
une bénédiction ici, où le but n'est pas fixe, aussi immuable qu'il
puisse paraître. ⁴Ne pense pas que tu puisses fixer un but différent de celui que Dieu a pour toi, et l'établir comme inchangeable
et éternel. ⁵Tu peux te donner un but que tu n'as pas. ⁶Mais tu ne
peux pas t'enlever le pouvoir de changer d'esprit, et de voir là un
autre but.

4.   Le changement est le plus grand don que Dieu a donné à tout
ce que tu voudrais rendre éternel, pour garantir que seul le Ciel
ne passerait point. ²Tu n'es pas né pour mourir. ³Tu ne peux pas
changer, parce que ta fonction a été fixée par Dieu. ⁴Tous les autres
buts sont fixés dans le temps et changent pour que le temps soit
préservé, sauf un. ⁵Le pardon ne vise pas à garder le temps, mais
à sa fin, quand il n'a pas d'utilité. ⁶Son but terminé, il a disparu.
⁷Et là où il avait un semblant d'empire, est maintenant rétablie la
fonction que Dieu a établie pour Son Fils en pleine conscience. ⁸Le
temps ne peut pas fixer un terme à son accomplissement ni à son
inchangeabilité. ⁹Il n'y a pas de mort parce que les vivants partagent la fonction que leur Créateur leur a donnée. ¹⁰La fonction
de la vie ne peut pas être de mourir. ¹¹Ce doit être l'extension de
la vie, afin qu'elle soit une à jamais et pour toujours, infiniment.

5.   Ce monde te liera les pieds, t'attachera les mains et tuera ton
corps seulement si tu penses qu'il a été fait pour crucifier le Fils
de Dieu. ²Car quoique ce fût un rêve de mort, tu n'as pas besoin
de le laisser représenter cela pour toi. ³Laisse *cela* être changé,
et il n'est rien au monde qui ne doive aussi être changé. ⁴Car il
n'est rien ici qui ne soit défini comme étant ce à quoi tu le crois
servir.

6.   Comme il est beau, le monde dont le but est le pardon du Fils
de Dieu! ²Comme il est libre de la peur, comme il est rempli de
bénédictions et de bonheur! ³Et quelle joie c'est de demeurer un
court moment dans un lieu si heureux! ⁴On ne peut pas non plus
oublier, dans un tel monde, que ce *n'est* qu'un court moment
jusqu'à ce que l'intemporel vienne quiètement prendre la place
du temps.

VII. Ne cherche pas à l'extérieur de toi

1. Ne cherche pas à l'extérieur de toi. [2]Car cela échouera, et tu pleureras chaque fois qu'une idole tombera. [3]Tu ne peux pas trouver le Ciel là où il n'est pas, et il ne peut y avoir de paix, excepté là. [4]Aucune des idoles que tu adores quand Dieu appelle ne répondra jamais à Sa place. [5]Il n'y a pas d'autre réponse que tu puisses lui substituer, et trouver le bonheur qu'apporte Sa réponse. [6]Ne cherche pas à l'extérieur de toi. [7]Car toute ta douleur vient simplement d'une quête futile de ce que tu veux, là où tu persistes à vouloir le trouver. [8]Et si ce n'était pas là ? [9]Préfères-tu avoir raison ou être heureux ? [10]Réjouis-toi qu'il te soit dit où réside ton bonheur, et ne cherche plus ailleurs. [11]Tu échoueras. [12]Mais il t'est donné de connaître la vérité, et de ne pas la chercher à l'extérieur de toi.

2. Nul ne vient ici qui ne doive encore avoir l'espoir, quelque illusion subsistante, ou quelque rêve qu'il y a quelque chose à l'extérieur de lui qui lui apportera le bonheur et la paix. [2]Si tout est en lui, il ne peut pas en être ainsi. [3]Par conséquent, par sa venue, il nie la vérité à son sujet et cherche quelque chose qui est plus que tout, comme si une partie en était séparée et se trouvait là où le reste n'est pas. [4]Voici le but qu'il donne au corps : qu'il cherche ce qui lui manque et lui donne ce qui le rendrait complet. [5]Ainsi il va errant en quête de quelque chose qu'il ne peut trouver, croyant être ce qu'il n'est pas.

3. Cette illusion subsistante le poussera à chercher un millier d'idoles, et à en chercher derrière elles un millier de plus. [2]Et toutes le décevront, toutes sauf une : car il va mourir, et il ne comprend pas que l'idole qu'il cherche *n'est* que sa mort. [3]Sa forme paraît être à l'extérieur de lui. [4]Or il cherche à tuer le Fils de Dieu au-dedans, et à prouver qu'il est son vainqueur. [5]C'est le but qu'a chaque idole, car c'est le rôle qui lui est assigné, et c'est ce rôle qui ne peut être rempli.

4. Chaque fois que tu tentes d'atteindre un but dans lequel l'amélioration du corps est désignée comme bénéficiaire majeure, tu essaies de provoquer ta mort. [2]Car tu crois que tu peux souffrir d'un manque, et le manque *est* la mort. [3]Sacrifier, c'est abandonner, et donc être sans et avoir subi une perte. [4]Par cet abandon, c'est la vie qui est renoncée. [5]Ne cherche pas à l'extérieur de toi. [6]La quête implique que tu n'es pas entier au-dedans et que tu as

peur de regarder ta dévastation, mais préfères chercher ce que tu
es à l'extérieur de toi.

5.   Les idoles doivent tomber *parce qu*'elles n'ont pas de vie, et ce
qui est sans vie est signe de mort. ²Tu es venu pour mourir ; or à
quoi pourrais-tu t'attendre, sinon à percevoir les signes de mort
que tu cherches ? ³Ni la tristesse ni la souffrance n'ont d'autre message à proclamer qu'une idole trouvée qui représente une parodie de la vie qui, par son manque de vie, est réellement la mort,
conçue pour réelle et dotée d'une forme vivante. ⁴Or chacune doit
échouer, s'écrouler et se putréfier, parce qu'une forme de la mort
ne peut pas être la vie, et ce qui est sacrifié ne peut pas être entier.

6.   Toutes les idoles de ce monde ont été faites pour empêcher que
la vérité au-dedans te soit connue, et pour maintenir l'allégeance
au rêve voulant que tu dois trouver ce qui est à l'extérieur de toi
pour être complet et heureux. ²Il est vain d'adorer des idoles dans
l'espoir de la paix. ³Dieu demeure au-dedans, et ta complétude
réside en Lui. ⁴Aucune idole ne prend Sa place. ⁵Ne te tourne pas
vers des idoles. ⁶Ne cherche pas à l'extérieur de toi.

7.   Oublions le but du monde que le passé lui a donné. ²Car autrement, le futur sera comme le passé, et qu'une série de rêves dépri-
mants, dans lesquels toutes les idoles te déçoivent, une par une,
et où tu vois la mort et la déception partout.

8.   Pour changer tout cela et ouvrir une voie d'espoir et de délivrance dans ce qui semblait être un cercle de désespoir sans fin,
tu as seulement besoin de décider que tu ne connais pas le but du
monde. ²Tu lui donnes des buts qu'il n'a pas, et tu décides ainsi à
quoi il sert. ³Tu essaies de voir en lui un lieu où des idoles trouvées
à l'extérieur de toi ont le pouvoir de rendre complet ce qui est
au-dedans en divisant ce que tu es entre les deux. ⁴Tu choisis tes
rêves, car ils sont ce que tu souhaites, perçu comme si cela t'avait
été donné. ⁵Tes idoles font ce que tu voudrais qu'elles fassent, et
elles ont le pouvoir que tu leur attribues. ⁶Et tu les poursuis vainement dans le rêve, parce que tu veux faire tien leur pouvoir.

9.   Or où sont les rêves, si ce n'est dans un esprit endormi ? ²Et est-
ce qu'un rêve peut réussir à rendre réelle l'image qu'il projette à
l'extérieur de lui ? ³Gagne du temps, mon frère ; apprends à quoi
sert le temps. ⁴Et hâte la fin des idoles dans un monde rendu triste
et malade d'y voir des idoles. ⁵Ton esprit saint est un autel à Dieu,
et là où Il est, aucune idole ne peut demeurer. ⁶La peur de Dieu
n'est que la peur de la perte d'idoles. ⁷Ce n'est pas la peur de la
perte de ta réalité. ⁸Mais tu as fait de ta réalité une idole, que tu

dois protéger contre la lumière de la vérité. [9]Et le monde entier devient le moyen par lequel cette idole peut être sauvée. [10]Ainsi le salut paraît menacer la vie et offrir la mort.

10. Il n'en est rien. [2]Le salut cherche à prouver qu'il n'y a pas de mort et que seule la vie existe. [3]Le sacrifice de la mort n'est rien de perdu. [4]Une idole ne peut pas prendre la place de Dieu. [5]Laisse-Le te rappeler Son Amour pour toi, et ne cherche pas à noyer Sa Voix dans des chants de profond désespoir aux idoles de toi-même. [6]Ne cherche pas ton espoir à l'extérieur de ton Père. [7]Car l'espoir de bonheur n'est *pas* le désespoir.

VIII. L'antéchrist

1. Qu'est-ce qu'une idole ? [2]Penses-tu le savoir ? [3]Car les idoles ne sont pas reconnues comme telles, et jamais ne sont vues pour ce qu'elles sont réellement. [4]Voilà le seul pouvoir qu'elles aient. [5]Leur but est obscur et elles sont, à la fois, craintes et adorées, *parce que* tu ne sais pas à quoi elles servent ni pourquoi elles ont été faites. [6]Une idole est une image de ton frère à laquelle tu accordes plus de valeur qu'à ce qu'il est. [7]Les idoles sont faites pour qu'il puisse être remplacé, peu importe leur forme. [8]Et c'est cela qui n'est jamais perçu ni reconnu. [9]Que ce soit un corps ou une chose, un lieu, une situation ou une circonstance, un objet possédé ou désiré, un droit réclamé ou obtenu, c'est la même chose.

2. Ne laisse pas leur forme te tromper. [2]Les idoles ne sont que des substituts de ta réalité. [3]D'une certaine façon, tu crois qu'elles vont compléter ton petit soi, pour ta sécurité dans un monde perçu comme dangereux, avec des forces massées contre ta confiance et ta paix d'esprit. [4]Elles ont le pouvoir de suppléer tes manques et d'ajouter la valeur que tu n'as pas. [5]Nul ne croit aux idoles qui ne s'est lui-même fait l'esclave de la petitesse et de la perte. [6]Et doit donc chercher au-delà de son petit soi la force de relever la tête, et de rester à part de toute la misère que le monde reflète. [7]Voilà ta peine pour n'avoir pas cherché au-dedans la certitude et le calme quiet qui te libère du monde, et te permet de rester à part, en quiétude et en paix.

3. Une idole est une fausse impression, ou une fausse croyance ; quelque forme d'antéchrist, qui constitue un fossé entre le Christ et ce que tu vois. [2]Une idole est un souhait, rendu tangible et doté de forme, et ainsi perçu comme étant réel et vu à l'extérieur de

l'esprit. ³Or c'est encore une pensée, qui ne peut quitter l'esprit qui en est la source. ⁴Pas plus que sa forme n'est à part de l'idée qu'elle représente. ⁵Toutes les formes d'antéchrist s'opposent au Christ. ⁶Et tombent devant Sa face comme un sombre voile qui semble te couper de Lui, seul dans les ténèbres. ⁷Or la lumière est là. ⁸Un nuage n'éteint pas le soleil. ⁹Pas plus qu'un voile ne peut bannir ce qu'il semble séparer, ni enténébrer d'un seul iota la lumière elle-même.

4.   Ce monde d'idoles *est* un voile sur la face du Christ, parce que son but est de séparer ton frère de toi. ²Un but sombre et effrayant, et pourtant une pensée qui n'a pas le pouvoir de changer un seul brin d'herbe d'une chose vivante en un signe de mort. ³Sa forme n'est nulle part, car sa source demeure dans ton esprit où Dieu ne demeure pas. ⁴Où est ce lieu où ce qui est partout a été exclu et gardé à part? ⁵Quelle main pourrait être levée pour Lui barrer le chemin? ⁶Quelle voix pourrait exiger qu'Il n'entre pas? ⁷Le « plus-que-tout » n'est pas une chose pour te faire trembler et reculer d'effroi. ⁸L'ennemi du Christ n'est nulle part. ⁹Il ne peut pas prendre de forme sous laquelle il sera jamais réel.

5.   Qu'est-ce qu'une idole? ²Rien! ³Elle doit d'abord être crue avant de sembler prendre vie, et être dotée de pouvoir afin d'être crainte. ⁴Sa vie et son pouvoir sont les dons que lui fait celui qui croit en elle, et c'est cela que le miracle rend à ce qui *a* une vie et un pouvoir dignes du don du Ciel et de la paix éternelle. ⁵Le miracle ne rétablit pas la vérité, la lumière que le voile interposé n'a pas éteint. ⁶Il soulève simplement le voile et laisse la vérité luire sans encombre, étant ce qu'elle est. ⁷Elle n'a pas besoin de la croyance pour être elle-même, car elle a été créée : ainsi elle *est*.

6.   Une idole est établie par la croyance, et quand celle-ci est retirée, l'idole « meurt ». ²Voici l'antéchrist : l'étrange idée qu'il est un pouvoir qui dépasse l'omnipotence, un lieu au-delà de l'infini, un temps qui transcende l'éternel. ³Ici le monde des idoles a été posé par l'idée qu'à ce pouvoir, à ce lieu et à ce temps, une forme a été donnée, et qu'ils façonnent le monde où l'impossible est arrivé. ⁴Ici ceux qui sont sans mort viennent pour mourir, ceux qui englobent tout viennent pour subir une perte, et ceux qui sont intemporels pour être faits les esclaves du temps. ⁵Ici l'inchangeable change; la paix de Dieu, à jamais donnée à toutes choses vivantes, fait place au chaos. ⁶Et le Fils de Dieu, aussi parfait, impeccable et aimant que son Père, vient pour haïr un court moment, pour souffrir et enfin mourir.

7.   Où est une idole ? [2]Nulle part ! [3]Peut-il y avoir un fossé dans ce qui est infini, un lieu où le temps puisse interrompre l'éternité ? [4]Un lieu de ténèbres posé là où tout est lumière, une lugubre niche coupée de ce qui est sans fin, ne peut *être* nulle part. [5]Une idole est par-delà où Dieu a posé toutes choses à jamais, et n'a laissé aucune place pour que quoi que ce soit puisse être, sauf Sa Volonté. [6]Une idole doit n'être rien et nulle part, alors que Dieu est tout et partout.

8.   Quel but a donc une idole ? [2]À quoi sert-elle ? [3]Ceci est la seule question qui ait de nombreuses réponses, et chacune dépend de celui à qui la question a été posée. [4]Le monde croit dans les idoles. [5]Nul ne vient à moins de les avoir adorées et de continuer d'en chercher une qui puisse encore lui offrir un don que la réalité ne contient pas. [6]Chaque adorateur d'idoles nourrit l'espoir que ses déités particulières lui donneront plus que ne possèdent les autres hommes. [7]Ce doit être plus. [8]Plus de quoi n'importe pas vraiment : plus de beauté, plus d'intelligence, plus de richesse, ou même plus d'affliction et plus de douleur. [9]Mais c'est à plus de quelque chose que sert l'idole. [10]Et quand l'une échoue, une autre prend sa place, avec l'espoir de trouver plus de quelque chose d'autre. [11]Ne sois pas trompé par les formes que prend le « quelque chose ». [12]Une idole est un moyen d'obtenir plus. [13]Et c'est cela qui est contre la Volonté de Dieu.

9.   Dieu n'a pas de nombreux Fils, mais Un seul. [2]Qui peut avoir plus, et à qui moins peut être donné ? [3]Au Ciel le Fils de Dieu ne ferait qu'en rire, si des idoles pouvaient venir troubler sa paix. [4]C'est pour lui que parle le Saint-Esprit, et qu'Il te dit que les idoles n'ont pas de but ici. [5]Car tu ne peux jamais avoir plus que le Ciel. [6]Si le Ciel est au-dedans, pourquoi chercherais-tu des idoles qui feraient moins du Ciel, pour te donner plus que Dieu n'a accordé à ton frère et à toi, faisant un avec Lui ? [7]Dieu t'a donné tout ce qui est. [8]Et pour être sûr que tu ne pourrais pas le perdre, Il a aussi donné le même à chaque chose vivante. [9]C'est ainsi que chaque chose vivante fait partie de toi, comme de Lui-même. [10]Aucune idole ne peut t'établir comme étant plus que Dieu. [11]Mais tu ne seras jamais satisfait d'être moins.

IX. Le rêve de pardon

1. L'esclave des idoles est un esclave qui désire l'être. ²Car il doit désirer l'être pour aller jusqu'à s'incliner en adoration devant ce qui n'a pas de vie, et chercher la puissance dans ce qui est impuissant. ³Qu'est-il arrivé au saint Fils de Dieu pour que cela soit son souhait ; pour qu'il se laisse tomber plus bas que les pierres sur le sol, puis se tourne vers des idoles afin qu'elles le relèvent ? ⁴Entends, donc, ton histoire dans le rêve que tu as fait, et demande-toi si ce n'est pas la vérité que tu crois que ce n'est pas un rêve.

2. Un rêve de jugement est venu dans l'esprit que Dieu a créé parfait comme Lui-même. ²Dans ce rêve le Ciel fut changé en enfer, et Dieu fait l'ennemi de Son Fils. ³Comment le Fils de Dieu peut-il s'éveiller du rêve ? ⁴C'est un rêve de jugement. ⁵Ainsi doit-il ne point juger, et il s'éveillera. ⁶Car le rêve semblera durer tant qu'il en fait partie. ⁷Ne juge point, car celui qui juge aura besoin d'idoles, qui empêcheront le jugement de reposer sur lui. ⁸Il ne peut pas non plus connaître le Soi qu'il a condamné. ⁹Ne juge point, parce que tu fais de toi-même une partie des rêves mauvais, où les idoles sont ta « véritable » identité, qui te sauvent du jugement posé en terreur et en culpabilité sur toi-même.

3. Toutes les figures dans le rêve sont des idoles, faites pour te sauver du rêve. ²Or elles font partie de cela même dont elles ont été faites pour te sauver. ³C'est ainsi qu'une idole garde le rêve vivant et terrible, car qui pourrait en souhaiter une à moins d'être dans la terreur et le désespoir ? ⁴Et c'est cela que l'idole représente ; et son adoration est donc l'adoration du désespoir et de la terreur, ainsi que du rêve d'où ils viennent. ⁵Le jugement est une injustice envers le Fils de Dieu, et *c'est* justice que celui qui le juge n'échappe pas à la peine qu'il s'est lui-même imposée dans le rêve qu'il a fait. ⁶Dieu connaît la justice et non la peine. ⁷Mais dans le rêve de jugement, tu attaques et tu es condamné ; et tu souhaites être l'esclave d'idoles, qui sont interposées entre ton jugement et la peine qu'il apporte.

4. Il ne peut y avoir de salut dans le rêve tel que tu le rêves. ²Car des idoles doivent en faire partie, pour te sauver de ce que tu crois avoir accompli, et crois avoir fait pour te rendre pécheur et éteindre la lumière au-dedans de toi. ³Petit enfant, la lumière est là. ⁴Tu ne fais que rêver, et les idoles sont les jouets avec lesquels tu rêves que tu joues. ⁵Qui a besoin de jouets, sinon les enfants ? ⁶Ils prétendent qu'ils gouvernent le monde et ils donnent à leurs jouets

le pouvoir de se mouvoir, de s'exprimer, de penser, de sentir et de parler pour eux. [7]Or tout ce que les jouets paraissent faire est dans les esprits de ceux qui jouent avec eux. [8]Mais ils se pressent d'oublier qu'ils ont eux-mêmes fait le rêve dans lequel leurs jouets sont réels, et ils ne reconnaissent pas que leurs souhaits sont les leurs.

5.   Les cauchemars sont des rêves enfantins. [2]Les jouets se sont retournés contre l'enfant qui pensait les avoir rendus réels. [3]Or est-ce qu'un rêve peut attaquer? [4]Ou est-ce qu'un jouet peut devenir grand et dangereux, et féroce et sauvage? [5]Cela, l'enfant le croit, parce qu'il craint ses pensées et les donne plutôt à ses jouets. [6]Et leur réalité devient la sienne, parce qu'ils semblent le sauver de ses pensées. [7]Or ils gardent ses pensées vivantes et réelles, mais vues à l'extérieur de lui, où elles peuvent se retourner contre lui pour les avoir trahies. [8]Il pense en avoir besoin afin d'échapper à ses pensées, parce qu'il pense que les pensées sont réelles. [9]Ainsi il fait de toute chose un jouet, pour que son monde reste à l'extérieur de lui, et pour jouer à n'en être qu'une partie.

6.   Il est un temps où l'enfance devrait avoir passé et à jamais disparu. [2]Ne cherche pas à conserver les jouets d'enfants. [3]Mets-les tous de côté, car tu n'en as plus besoin. [4]Le rêve de jugement est un jeu d'enfants, dans lequel l'enfant devient le père, puissant, mais avec la petite sagesse d'un enfant. [5]Ce qui le blesse est détruit, ce qui l'aide, béni. [6]Sauf qu'il juge cela comme le fait un enfant, qui ne connaît pas ce qui blesse et ce qui guérit. [7]Des malheurs semblent arriver, et il a peur de tout le chaos dans un monde qu'il pense gouverné par les lois qu'il a faites. [8]Or le monde réel est inaffecté par le monde qu'il pense réel. [9]Et ses lois n'ont pas été changées parce qu'il ne comprend pas.

7.   Le monde réel n'est encore qu'un rêve. [2]Sauf que les figures ont été changées. [3]Elles ne sont pas vues comme des idoles qui trahissent. [4]C'est un rêve dans lequel nul n'est utilisé comme substitut de quelque chose d'autre, ni interposé entre les pensées que l'esprit conçoit et ce qu'il voit. [5]Nul n'est utilisé pour quelque chose qu'il n'est pas, car les choses enfantines ont toutes été mises de côté. [6]Et ce qui autrefois était un rêve de jugement a maintenant été changé en un rêve où tout est joie, parce que c'est le but qu'il a. [7]Seuls les rêves de pardon peuvent entrer ici, car le temps est presque terminé. [8]Et les formes qui entrent dans le rêve sont maintenant perçues comme des frères, non en jugement mais en amour.

8. Les rêves de pardon ont peu besoin de durer. ²Ils ne sont pas faits pour séparer l'esprit de ce qu'il pense. ³Ils ne cherchent pas à prouver que le rêve est rêvé par quelqu'un d'autre. ⁴Et dans ces rêves une mélodie se fait entendre dont chacun se souvient, bien qu'il ne l'ait pas entendue depuis avant le commencement du temps. ⁵Le pardon, une fois complet, rapproche tellement l'intemporel que le chant du Ciel peut être entendu, non point avec l'oreille, mais avec la sainteté qui n'a jamais quitté l'autel qui demeure à jamais au plus profond du Fils de Dieu. ⁶Et quand il entend ce chant à nouveau, il connaît que jamais il ne l'a pas entendu. ⁷Où est le temps, quand les rêves de jugement ont été mis de côté?

9. Chaque fois que tu ressens la peur sous n'importe quelle forme — et tu *as* peur si tu n'éprouves pas un profond contentement, la certitude d'être aidé, la calme assurance que le Ciel t'accompagne —, tu peux être sûr que tu as fait une idole et crois qu'elle te trahira. ²Car sous l'espoir qu'elle te sauvera se cachent la culpabilité et la douleur de la trahison de soi et de l'incertitude, si profondes et si amères que le rêve ne peut dissimuler complètement ton sentiment d'être perdu. ³De la trahison de soi la peur doit résulter, car la peur *est* un jugement, qui mène assurément à la quête frénétique d'idoles et de la mort.

10. Les rêves de pardon te rappellent que tu vis en sécurité et que tu ne t'es pas attaqué toi-même. ²Ainsi fondent complètement tes terreurs enfantines, et les rêves deviennent le signe de ton nouveau commencement, et non d'une autre tentative pour adorer des idoles et garder l'attaque. ³Les rêves de pardon sont bons envers chacun de ceux qui figurent dans le rêve. ⁴Ainsi ils apportent au rêveur la pleine délivrance des rêves de peur. ⁵Il ne craint pas son jugement car il n'a jugé personne, pas plus qu'il n'a cherché à être délivré par le jugement de ce que le jugement doit imposer. ⁶Et tout ce temps il se souvient de ce qu'il avait oublié, quand le jugement semblait être la façon de le sauver de la peine qu'il impose.

Chapitre 30

LE NOUVEAU COMMENCEMENT

Introduction

1. Le nouveau commencement devient maintenant le point de mire du curriculum. [2]Le but est clair, mais maintenant tu as besoin de méthodes concrètes pour l'atteindre. [3]La rapidité avec laquelle il peut être atteint dépend uniquement de cette seule chose : ton désir de t'exercer à chaque étape. [4]Chacune aide un petit peu, chaque fois qu'elle est tentée. [5]Ensemble, ces étapes te conduiront des rêves de jugement aux rêves de pardon et hors de la douleur et de la peur. [6]Elles ne sont pas nouvelles pour toi, mais elles sont encore davantage pour toi des idées que des règles de pensée. [7]C'est pourquoi nous avons maintenant besoin de les mettre en pratique pendant quelque temps, jusqu'à ce que ce soient les règles selon lesquelles tu vis. [8]Nous cherchons maintenant à en faire des habitudes, afin que tu les aies toutes prêtes quel que soit le besoin.

I. Les règles pour la décision

1. Les décisions sont continuelles. [2]Tu ne sais pas toujours quand tu les prends. [3]Mais avec un peu de pratique avec celles que tu reconnais, un état d'esprit commence à prendre forme qui t'aide pour le reste. [4]Il n'est pas sage de te laisser préoccuper par chaque pas que tu fais. [5]Avec le bon état d'esprit, adopté consciemment chaque fois que tu t'éveilles, tu prendras vite les devants. [6]Et si tu trouves que la résistance est forte et le dévouement faible, tu n'es pas prêt. [7]*Ne lutte pas contre toi-même.* [8]Mais pense à la sorte de journée que tu veux, et dis-toi qu'il y a une façon dont cette journée même peut arriver exactement comme ça. [9]Puis essaie encore d'avoir la journée que tu veux.

2. (1) Le point de départ est celui-ci :

> [2]*Aujourd'hui, je ne prendrai pas de décisions par moi-même.*

³Cela signifie que tu choisis de ne pas être le juge de quoi faire. ⁴Mais cela doit aussi signifier que tu ne jugeras pas les situations auxquelles tu seras appelé à répondre. ⁵Car si tu les juges, tu as fixé les règles qui déterminent comment tu devrais y réagir. ⁶Et alors une autre réponse ne peut que produire la confusion, l'incertitude et la peur.

3. Cela est ton plus grand problème maintenant. ²Encore tu te décides, et *ensuite* tu penses à demander ce que tu devrais faire. ³Et ce que tu entends ne résout peut-être pas le problème tel que tu l'as d'abord vu. ⁴Cela conduit à la peur, parce que cela contredit ce que tu perçois et ainsi tu te sens attaqué. ⁵Et donc en colère. ⁶Il y a des règles suivant lesquelles cela n'arrivera pas. ⁷Mais cela se produit au début, quand tu es en train d'apprendre comment écouter.

4. (2) Tout au long de la journée, chaque fois que tu y penses et que tu as un moment tranquille pour réfléchir, dis-toi à nouveau quelle sorte de journée tu veux; les sentiments que tu voudrais avoir, les choses que tu veux qu'il t'arrive, et les choses dont tu voudrais faire l'expérience, et dis :

> ²*Si je ne prends pas de décisions par moi-même, c'est cette journée qui me sera donnée.*

³Ces deux procédures, bien pratiquées, serviront à te laisser diriger sans peur, car l'opposition ne surgira pas d'abord pour ensuite devenir un problème en soi.

5. Mais il y aura encore des moments où tu auras déjà jugé. ²Alors la réponse provoquera l'attaque, à moins que tu ne redresses vite ton esprit de façon à vouloir une réponse qui fonctionnera. ³Tu peux être sûr que c'est ce qui est arrivé si tu ne te sens pas désireux de t'asseoir un instant pour demander que la réponse te soit donnée. ⁴Cela signifie que tu as décidé par toi-même, et que tu ne peux pas voir la question. ⁵Maintenant tu as besoin d'un fortifiant avant de demander à nouveau.

6. (3) Rappelle-toi encore une fois la journée que tu veux, et reconnais qu'il s'est passé quelque chose qui n'en fait pas partie. ²Puis rends-toi compte que tu as posé une question par toi-même, et que tu dois avoir fixé une réponse sous tes propres conditions. ³Puis dis :

> ⁴*Je n'ai pas de question. *⁵*J'ai oublié quoi décider.*

[6]Cela annule les conditions que tu avais fixées et laisse la réponse te montrer ce que la question aurait dû être réellement.

7. Essaie d'observer cette règle sans tarder, malgré ton opposition. [2]Car tu es déjà en colère. [3]Et ta peur de recevoir une réponse d'une manière différente de celle que demande ta propre version de la question, ira en augmentant tant que tu crois que la journée que tu veux est une journée dans laquelle tu obtiens *ta* réponse à *ta* question. [4]Et tu ne l'obtiendras pas, car cela détruirait la journée en te spoliant de ce que tu veux réellement. [5]Il peut être très difficile de t'en rendre compte, une fois que tu as décidé par toi-même les règles qui te promettent un jour heureux. [6]Or cette décision peut encore être défaite, par de simples méthodes que tu peux accepter.

8. (4) Si tu es si indésireux de recevoir que tu ne peux même pas lâcher prise de ta question, tu peux commencer à changer d'esprit par ceci :

> [2]*Au moins je peux décider que je n'aime pas ce que je ressens maintenant.*

[3]Cela du moins est évident, et pave la voie à l'étape facile suivante.

9. (5) Ayant décidé que tu n'aimes pas comment tu te sens, quoi de plus facile que de poursuivre avec :

> [2]*Ainsi j'espère avoir fait erreur.*

[3]Ceci agit contre le sentiment d'opposition et te rappelle que l'aide ne t'est pas imposée mais est quelque chose que tu veux et dont tu as besoin, parce que tu n'aimes pas comment tu te sens. [4]Cette minuscule ouverture sera suffisante pour te permettre d'aller de l'avant avec les quelques étapes dont tu as encore besoin pour te laisser aider.

10. Tu as maintenant atteint le point tournant, parce qu'il t'apparaît que tu y gagneras si ce que tu as décidé ne va pas. [2]Jusqu'à ce que ce point soit atteint, tu croiras que ton bonheur dépend d'avoir raison. [3]Mais tu as maintenant atteint à autant de raison : tu te trouverais mieux d'avoir fait erreur.

11. (6) Ce minuscule grain de sagesse sera suffisant pour t'amener plus loin. [2]Il n'y a pas de contrainte, mais tu espères simplement obtenir une chose que tu veux. [3]Et tu peux dire en toute honnêteté :

⁴*Je veux une autre façon de voir cela.*

⁵Maintenant tu as changé d'esprit au sujet de la journée, et tu t'es souvenu de ce que tu veux réellement. ⁶Son but n'est plus obscurci par l'insane croyance que tu la veux dans le but d'avoir raison quand tu fais erreur. ⁷Ainsi tu prends conscience d'être prêt à demander, car tu ne peux pas être en conflit quand tu demandes ce que tu veux, et quand tu vois que c'est cela que tu demandes.

12.   (7) Cette dernière étape est la simple admission d'une absence d'opposition à être aidé. ²C'est l'énoncé d'un esprit ouvert, point encore certain, mais désireux de se laisser montrer :

³*Peut-être y a-t-il une autre façon de voir cela.*
⁴*Que puis-je perdre en demandant ?*

⁵Ainsi tu peux maintenant poser une question qui a du sens, et dont la réponse aura aussi du sens. ⁶Et tu ne lutteras pas non plus contre elle, car tu vois que c'est toi qu'elle aidera.

13.   Il doit être clair qu'il est plus facile d'avoir une journée heureuse si tu empêches le malheur d'y entrer. ²Mais cela demande de mettre en pratique les règles qui te protégeront des ravages de la peur. ³Quand cela est accompli, le triste rêve de jugement a été défait à jamais. ⁴Mais entre-temps, tu as besoin de mettre en pratique les règles pour son défaire. ⁵Considérons donc encore une fois la toute première des décisions qui sont offertes ici :

14.   Nous avons dit que tu pouvais commencer une journée heureuse en te déterminant à ne pas prendre de décisions par toi-même. ²Cela semble être en soi une réelle décision. ³Et pourtant, tu ne *peux pas* prendre de décisions par toi-même. ⁴La seule question est vraiment de savoir avec quoi tu choisis de les prendre. ⁵C'est vraiment tout. ⁶La première règle n'est donc pas une contrainte, mais le simple énoncé d'un simple fait. ⁷Tu ne prendras pas de décisions par toi-même quoi que tu décides. ⁸Car elles sont prises avec des idoles ou avec Dieu. ⁹Tu demandes l'aide de l'antéchrist ou du Christ, et celui que tu choisis se joindra à toi et te dira quoi faire.

15.   Ta journée ne va pas au hasard. ²Elle est déterminée par ce avec quoi tu choisis de la vivre, et par la façon dont l'ami duquel tu as pris conseil perçoit ton bonheur. ³Tu demandes toujours conseil avant de pouvoir décider quoi que ce soit. ⁴Que cela soit bien compris, et tu verras qu'il ne peut y avoir de contrainte ici, ni de motif

d'opposition à ce que tu puisses être libre. ⁵Il n'y a pas de délivrance de ce qui doit arriver. ⁶Et si tu penses qu'il y en a, tu dois faire erreur.

16.　La seconde règle aussi n'est qu'un fait. ²Car toi et ton conseiller devez vous mettre d'accord sur ce que tu veux avant que cela puisse se produire. ³Il n'y a que cet accord qui permet à toutes choses d'arriver. ⁴Rien ne peut être causé sans quelque forme d'union, que ce soit avec un rêve de jugement ou la Voix pour Dieu. ⁵Les décisions causent des résultats *parce qu'*elles ne sont pas prises dans l'isolement. ⁶Elles sont prises par toi et ton conseiller, pour toi-même aussi bien que pour le monde. ⁷La journée que tu veux, tu l'offres au monde, car elle sera ce que tu as demandé, et elle renforcera le règne de ton conseiller dans le monde. ⁸De qui le monde est-il pour toi le royaume aujourd'hui? ⁹Quel genre de journée décideras-tu d'avoir?

17.　Il est seulement besoin de deux qui voudraient avoir le bonheur aujourd'hui pour le promettre au monde entier. ²Il est seulement besoin de deux qui comprennent qu'ils ne peuvent décider seuls, pour garantir que la joie qu'ils ont demandée sera entièrement partagée. ³Car ils ont compris la loi fondamentale qui rend la décision puissante, et lui donne tous les effets qu'elle aura jamais. ⁴Il est seulement besoin de deux. ⁵Ces deux sont joints avant qu'il puisse y avoir une décision. ⁶Que cela soit le seul rappel que tu gardes à l'esprit, et tu auras la journée que tu veux et la donneras au monde en l'ayant toi-même. ⁷Ton jugement a été levé de sur le monde par ta décision pour une journée heureuse. ⁸Et comme tu as reçu, ainsi dois-tu donner.

II. Liberté de la volonté

1.　Ne comprends-tu pas que t'opposer au Saint-Esprit, c'est lutter contre *toi-même*? ²Il ne fait que te dire ta volonté; Il parle pour toi. ³En Sa Divinité n'est que la tienne. ⁴Et tout ce qu'Il connaît n'est que ta connaissance, sauvée pour toi afin que tu puisses faire ta volonté par Lui. ⁵Dieu *demande* que tu fasses ta volonté. ⁶Il Se joint à *toi*. ⁷Il n'a pas établi seul Son Royaume. ⁸Et le Ciel même ne fait que représenter ta volonté, où tout ce qui a été créé est pour toi. ⁹Il n'est pas une étincelle de vie qui n'ait été créée avec ton joyeux consentement et telle que tu la voulais. ¹⁰Et il n'est pas une Pensée que Dieu ait jamais eue qui n'ait attendu ta bénédiction pour naître. [11]Dieu n'est pas ton ennemi. [12]Il ne demande pas plus que de t'entendre L'appeler «Ami».

2.   Comme il est merveilleux de faire ta volonté! [2]Car cela est la liberté. [3]Rien d'autre ne devrait jamais être appelé du nom de liberté. [4]À moins de faire ta volonté, tu n'es pas libre. [5]Et Dieu laisserait-Il Son Fils sans ce qu'il a choisi pour lui-même? [6]Dieu n'a fait que garantir que jamais tu ne perdrais ta volonté lorsqu'il t'a donné Sa parfaite Réponse. [7]Entends-La maintenant, pour que Son Amour soit rappelé à ton souvenir et que tu apprennes ta volonté. [8]Dieu ne voudrait pas que Son Fils soit fait prisonnier de ce qu'il ne veut pas. [9]Il Se joint à toi pour vouloir que tu sois libre. [10]T'opposer à Lui, c'est faire un choix contre toi-même, et choisir d'être lié.

3.   Regarde encore une fois ton ennemi, celui que tu as choisi de haïr au lieu d'aimer. [2]Car ainsi la haine est née dans le monde, et ainsi le règne de la peur y a été établi. [3]Maintenant, entends Dieu te parler, par Celui Qui est Sa Voix aussi bien que la tienne, te rappelant que ce n'est pas ta volonté de haïr et d'être un prisonnier de la peur, un esclave de la mort, une petite créature avec une petite vie. [4]Ta volonté est illimitée; ce n'est pas ta volonté qu'elle soit liée et limitée. [5]Ce qui réside en toi s'est joint à Dieu Lui-même en la naissance de toute création. [6]Souviens-toi de Lui Qui t'a créé et par ta volonté a tout créé. [7]Il n'est pas une chose créée qui ne te rende grâce, car c'est par ta volonté qu'elle est née. [8]Il n'est pas une lumière du Ciel qui ne brille que pour toi, car elle a été placée au Ciel par ta volonté.

4.   Quelle cause as-tu de colère dans un monde qui attend simplement ta bénédiction pour être libre? [2]Si tu étais prisonnier, alors Dieu Lui-même ne pourrait pas être libre. [3]Car ce qui est fait à celui que Dieu aime tant, c'est à Dieu Lui-même que cela est fait. [4]Ne pense pas qu'Il ait pour Volonté que tu sois lié et limité, Lui Qui t'a fait co-créateur de l'univers avec Lui. [5]Il voudrait seulement garder ta volonté à jamais et pour toujours illimitée. [6]Ce monde attend la liberté que tu donneras quand tu auras reconnu que tu es libre. [7]Mais tu ne pardonneras pas au monde jusqu'à ce que tu aies pardonné à Celui Qui t'a donné ta volonté. [8]Car c'est par ta volonté que la liberté au monde est donnée. [9]Et tu ne peux pas être libre à part de Celui Dont tu partages la sainte Volonté.

5.   Dieu Se tourne vers toi pour demander que le monde soit sauvé, car par ton propre salut il est guéri. [2]Il n'en est pas un sur terre qui ne doive dépendre de ta décision, afin d'apprendre que

la mort n'a point de pouvoir sur lui, parce qu'il partage ta liberté comme il partage ta volonté. ³*C'est* ta volonté de le guérir, et parce que tu as décidé avec lui, il est guéri. ⁴Et maintenant Dieu est pardonné, car tu as choisi de regarder ton frère comme un ami.

III. Au-delà de toutes les idoles

1. Les idoles sont tout à fait concrètes. ²Mais ta volonté est universelle, étant illimitée. ³Ainsi elle n'a pas de forme, pas plus qu'elle ne se contente de s'exprimer en termes de forme. ⁴Les idoles sont des limites. ⁵Elles sont la croyance qu'il y a des formes qui t'apporteront le bonheur, et que, en limitant, tout est atteint. ⁶C'est comme si tu disais : « Je n'ai pas besoin de tout. ⁷C'est cette petite chose que je veux, et elle sera tout pour moi. » ⁸Cela doit manquer de te satisfaire, parce que c'est ta volonté que tout soit à toi. ⁹Décide-toi pour les idoles et tu demandes la perte. ¹⁰Décide-toi pour la vérité et tout est à toi.

2. Ce n'est pas la forme que tu cherches. ²Quelle forme peut être un substitut à l'Amour de Dieu le Père ? ³Quelle forme peut prendre la place de tout l'amour dans la Divinité de Dieu le Fils ? ⁴Quelle idole peut faire deux de ce qui est un ? ⁵Et l'illimité peut-il être limité ? ⁶Tu ne veux pas une idole. ⁷Ce n'est pas ta volonté d'en avoir une. ⁸Elle ne t'accordera pas le don que tu recherches. ⁹Quand tu décides la forme de ce que tu veux, tu perds la compréhension de son but. ¹⁰Alors tu vois ta volonté dans l'idole, la réduisant ainsi à une forme concrète. ¹¹Or cela ne pourrait jamais être ta volonté, parce que ce qui a part en toute la création ne peut pas être satisfait de petites idées et de petites choses.

3. Derrière la quête de chaque idole se cache une soif de complétude. ²L'entièreté n'a pas de forme parce qu'elle est illimitée. ³Chercher une personne particulière ou une chose pour l'ajouter à toi et te rendre complet, peut seulement signifier que tu crois qu'il te manque une forme quelconque. ⁴Et qu'en la trouvant, tu atteindras la complétude sous forme qui te plaît. ⁵Voilà le but d'une idole : que tu ne regardes pas au-delà d'elle, vers la source de la croyance que tu es incomplet. ⁶Il ne pourrait en être ainsi que si tu avais péché. ⁷Car le péché est l'idée que tu es seul et coupé de ce qui est entier. ⁸Et ainsi il serait nécessaire que la quête d'entièreté se fasse au-delà des frontières de tes propres limitations.

4.   Ce n'est jamais l'idole que tu veux. ²Mais ce que tu penses qu'elle t'offre, cela, certes, tu le veux, et tu es en droit de le demander. ³Il ne serait pas possible non plus que cela te soit nié. ⁴Ta volonté d'être complet n'est que la Volonté de Dieu, et cela t'est donné en étant à Lui. ⁵Dieu ne connaît rien de la forme. ⁶Il ne peut te répondre en des termes qui n'ont pas de signification. ⁷Et ta volonté ne pourrait pas être satisfaite de formes vides, faites uniquement pour combler un fossé qui n'est pas là. ⁸Ce n'est pas cela que tu veux. ⁹La création ne donne à aucune personne séparée ni à aucune chose séparée le pouvoir de compléter le Fils de Dieu. ¹⁰Quelle idole peut être invoquée pour donner au Fils de Dieu ce qu'il a déjà?

5.   La complétude est la *fonction* du Fils de Dieu. ²Il n'a pas du tout besoin de la chercher. ³Au-delà de toutes les idoles se tient sa sainte volonté de n'être que ce qu'il est. ⁴Car plus qu'entier est in-signifiant. ⁵S'il était un changement en lui, s'il pouvait être réduit à une forme quelconque et limité à ce qui n'est pas en lui, il ne serait pas tel que Dieu l'a créé. ⁶De quelle idole peut-il avoir besoin pour être lui-même? ⁷Car peut-il se départir d'une partie de lui? ⁸Ce qui n'est pas entier ne peut pas rendre entier. ⁹Mais ce qui est réellement demandé ne peut pas être nié. ¹⁰Ta volonté *est* exaucée. ¹¹Non point sous une forme quelconque qui ne te satisferait pas, mais dans l'entière Pensée complètement belle que Dieu a de toi.

6.   Rien de ce que Dieu ne connaît pas n'existe. ²Et ce qu'Il connaît existe à jamais, inchangeablement. ³Car les pensées durent aussi longtemps que dure l'esprit qui les a pensées. ⁴Et dans l'Esprit de Dieu il n'y a pas de fin, ni de temps dans lequel Ses Pensées étaient absentes ou pouvaient subir un changement. ⁵Les pensées ne naissent pas et ne peuvent mourir. ⁶Elles partagent les attributs de leur créateur et elles n'ont pas non plus de vie séparée à part de la sienne. ⁷Les pensées que tu penses sont dans ton esprit, comme tu es dans l'Esprit qui t'a pensé. ⁸Ainsi il n'y a pas de parties séparées dans ce qui existe dans l'Esprit de Dieu. ⁹Cela est Un à jamais, éternellement uni et en paix.

7.   Les pensées semblent aller et venir. ²Or tout ce que cela signifie, c'est que tu en es parfois conscient, et parfois non. ³Une pensée oubliée naît de nouveau pour toi lorsqu'elle revient à ta conscience. ⁴Or elle n'est pas morte quand tu l'as oubliée. ⁵Elle a toujours été là, mais tu n'en étais pas conscient. ⁶La Pensée que Dieu a de toi est parfaitement inchangée par ton oubli. ⁷Elle sera

toujours exactement telle qu'elle était avant le temps où tu as oublié, et elle sera exactement la même quand tu te souviendras. ⁸Et elle est la même dans l'intervalle où tu as oublié.

8. Les Pensées de Dieu sont bien au-delà de tout changement et luisent à jamais. ²Elles n'attendent pas la naissance. ³Elles attendent l'accueil et le souvenir. ⁴La Pensée que Dieu a de toi est comme une étoile, inchangeable dans un ciel éternel. ⁵Elle est fixée si haut dans le Ciel que ceux qui sont à l'extérieur du Ciel ne connaissent pas qu'elle est là. ⁶Or calme et blanche et belle, elle luira durant toute l'éternité. ⁷Il n'y eut pas un temps où elle n'était pas là ; et jamais il n'y eut un instant où sa lumière est devenue plus pâle ou moins parfaite.

9. Qui connaît le Père connaît cette lumière, car Il est le ciel éternel qui la garde en sécurité, à jamais soulevée et bien ancrée. ²Sa parfaite pureté ne dépend pas de ce qu'elle soit vue ou non sur la terre. ³Le ciel l'embrasse et la tient doucement à sa place parfaite, qui est aussi loin de la terre que la terre du Ciel. ⁴Ce n'est pas la distance ni le temps qui garde cette étoile invisible pour la terre. ⁵Mais ceux qui cherchent des idoles ne peuvent pas connaître que l'étoile est là.

10. Au-delà de toutes les idoles est la Pensée que Dieu a de toi. ²Complètement inaffectée par le tumulte et la terreur du monde, les rêves de naissance et de mort qui sont faits ici, les myriades de formes que peut prendre la peur ; tout à fait imperturbée, la Pensée que Dieu a de toi reste exactement telle qu'elle a toujours été. ³Entourée d'un calme si complet que pas un bruit de bataille ne s'en approche le moindrement, elle repose en certitude et en parfaite paix. ⁴Là est gardée en sécurité ta seule réalité, complètement inconsciente de tout le monde qui adore les idoles et ne connaît point Dieu. ⁵En parfaite sûreté de son inchangeabilité et de son repos en sa demeure éternelle, la Pensée que Dieu a de toi n'a jamais quitté l'Esprit de son Créateur, Qu'elle connaît comme son Créateur connaît qu'elle est là.

11. Où pourrait exister la Pensée que Dieu a de toi, sinon là où tu es ? ²Ta réalité est-elle une chose à part de toi, et dans un monde dont ta réalité ne connaît rien ? ³À l'extérieur de toi, il n'y a pas de ciel éternel, pas d'étoile inchangeable et pas de réalité. ⁴Au Ciel est l'esprit du Fils du Ciel, car là l'Esprit du Père et du Fils se sont joints en une création qui ne peut avoir de fin. ⁵Tu n'as pas deux réalités, mais une seule. ⁶Et tu ne peux pas non plus avoir conscience de plus d'une. ⁷Une idole *ou* la Pensée que Dieu a de toi

est ta réalité. [8]N'oublie pas, donc, que les idoles doivent garder caché ce que tu es, non à l'Esprit de Dieu mais au tien. [9]L'étoile luit encore ; le ciel n'a jamais changé. [10]Mais toi, le saint Fils de Dieu Lui-même, tu es inconscient de ta réalité.

IV. La vérité derrière les illusions

1. Tu attaqueras ce qui ne satisfait pas ; ainsi tu ne verras pas que tu l'as toi-même inventé. [2]Tu luttes toujours contre des illusions. [3]Car la vérité derrière elles est si belle et si calme, pleine d'amour et de douceur, que si tu en avais conscience, tu oublierais entièrement toute défensive et te jetterais dans ses bras. [4]La vérité ne pourrait jamais être attaquée. [5]Et cela, tu le savais quand tu as fait les idoles. [6]Elles ont été faites pour que cela puisse être oublié. [7]Tu n'attaques que des idées fausses, et jamais les vraies. [8]Toutes les idoles sont des idées fausses que tu as faites pour combler le fossé que tu penses qui a surgi entre toi et ce qui est vrai. [9]Et tu les attaques pour les choses que tu penses qu'elles représentent. [10]Ce qui est au-delà d'elles ne peut pas être attaqué.

2. Ces dieux lassants et insatisfaisants que tu as faits sont des jouets d'enfants gonflés. [2]Un enfant est effrayé lorsqu'une tête de bois jaillit d'une boîte fermée qui s'ouvre soudainement, ou lorsqu'un ours en peluche doux et silencieux se met à geindre comme il s'en empare. [3]Les règles qu'il avait faites pour les boîtes et pour les ours l'ont déçu et ont brisé son « contrôle » de ce qui l'entoure. [4]Et il est apeuré, parce qu'il pensait que les règles le protégeaient. [5]Maintenant il doit apprendre que les boîtes et les ours ne l'ont pas trompé, n'ont brisé aucune règle, et ne signifient pas que son monde est devenu chaotique et dangereux. [6]Il faisait erreur. [7]Il avait mal compris ce qui le mettait en sécurité, et il a pensé que cela était parti.

3. Le fossé qui n'est pas là est rempli de jouets sous d'innombrables formes. [2]Et chacun semble briser les règles que tu fixes pour lui. [3]Il n'a jamais été la chose que tu pensais. [4]Il doit sembler briser tes règles de sécurité, puisque les règles étaient fausses. [5]Mais *tu* n'es pas en danger. [6]Tu peux rire des têtes qui jaillissent et des jouets qui geignent, comme le fait l'enfant qui apprend qu'ils ne sont pas une menace pour lui. [7]Or tant qu'il aime à jouer avec eux, il les perçoit encore comme obéissant à des règles qu'il a faites pour son plaisir. [8]Ainsi y a-t-il encore des règles qu'ils

peuvent sembler briser et l'effrayer. ⁹Or *est*-il à la merci de ses jouets ? ¹⁰Et *peuvent*-ils représenter une menace pour lui ?

4. La réalité observe les lois de Dieu, et non les règles que tu fixes. ²Ce sont Ses lois qui garantissent ta sécurité. ³Toutes les illusions que tu crois à ton sujet n'obéissent à aucune loi. ⁴Elles semblent danser un petit moment, conformément aux règles que tu fixes pour elles. ⁵Mais ensuite elles tombent et ne peuvent plus se relever. ⁶Ce ne sont que des jouets, mon enfant, ne les pleure donc pas. ⁷Leur danse ne t'a jamais apporté aucune joie. ⁸Mais ce n'étaient pas non plus des choses qui pouvaient t'effrayer, ni te mettre en sécurité si elles obéissaient à tes règles. ⁹Elles ne doivent être ni chéries ni attaquées, mais simplement considérées comme des jouets d'enfant sans une seule signification en elles-mêmes. ¹⁰Vois-en une en elles et tu les verras toutes. ¹¹N'en vois aucune en elles et elles ne te toucheront pas.

5. Les apparences trompent *parce que* ce sont des apparences et non la réalité. ²Ne t'y attarde pas sous quelque forme que ce soit. ³Elles ne font qu'obscurcir la réalité, et elles apportent la peur *parce qu'*elles cachent la vérité. ⁴N'attaque pas ce que tu as fait pour te laisser tromper, car tu prouves ainsi que tu as été trompé. ⁵L'attaque a le pouvoir de rendre les illusions réelles. ⁶Or ce qu'elle fait n'est rien. ⁷Qui pourrait être apeuré par un pouvoir qui ne peut pas avoir d'effets réels ? ⁸Qu'est-ce que cela pourrait être, sauf une illusion, qui fait paraître les choses semblables à elle ? ⁹Regarde calmement ses jouets et comprends que ce sont des idoles qui ne font que danser sur de vains désirs. ¹⁰Ne leur donne pas ton adoration, car elles ne sont pas là. ¹¹Or cela est également oublié dans l'attaque. ¹²Le Fils de Dieu n'a pas besoin de défense contre ses rêves. ¹³Ses idoles ne le menacent pas du tout. ¹⁴Sa seule erreur est de penser qu'elles sont réelles. ¹⁵Que peut faire le pouvoir des illusions ?

6. Les apparences ne peuvent tromper que l'esprit qui veut être trompé. ²Et tu peux faire un simple choix qui te placera pour toujours bien au-delà de la tromperie. ³Tu n'as pas besoin de te préoccuper de comment cela sera fait, car cela tu ne peux pas le comprendre. ⁴Mais tu comprendras que des changements considérables ont vite été amenés, quand tu décides une seule chose très simple : tu ne veux pas de quoi que ce soit que tu crois qu'une idole donne. ⁵Car ainsi le Fils de Dieu déclare qu'il est libre des idoles. ⁶Et ainsi il *est* libre.

7.   Le salut est certes un paradoxe! [2]Que pourrait-il être, sauf un rêve heureux? [3]Il te demande seulement de pardonner toutes choses que nul n'a jamais faites; de passer sur ce qui n'est pas là, et de ne pas considérer l'irréel comme la réalité. [4]Il t'est seulement demandé de laisser ta volonté être faite, et de ne plus rechercher les choses que tu ne veux pas. [5]Et il t'est demandé de te laisser être libre de tous les rêves de ce que tu n'as jamais été, et de ne plus chercher à substituer la force de vains souhaits à la Volonté de Dieu.

8.   Ici le rêve de séparation commence à s'estomper et à disparaître. [2]Car ici le fossé qui n'est pas là commence à être perçu sans les jouets de terreur que tu as faits. [3]Rien de plus n'est demandé. [4]Réjouis-toi, certes, que le salut demande si peu, et non tant. [5]Il ne demande rien en réalité. [6]Et même dans l'illusion il demande uniquement que le pardon soit le substitut à la peur. [7]Telle est la seule règle pour des rêves heureux. [8]Le fossé est vidé des jouets de la peur, et alors son irréalité est claire. [9]Les rêves sont pour rien. [10]Et le Fils de Dieu ne peut en avoir besoin. [11]Ils ne lui offrent pas une seule chose qu'il pourrait jamais vouloir. [12]Il est délivré des illusions par sa volonté, et simplement rendu à ce qu'il est. [13]Que pourrait être le plan de Dieu pour son salut, sauf un moyen de le donner à Lui-même?

V. Le seul but

1.   Le monde réel est l'état d'esprit dans lequel le seul but du monde est vu comme étant le pardon. [2]La peur n'en est pas le but, car l'évasion hors de la culpabilité en devient le but. [3]La valeur du pardon est perçue et prend la place des idoles, qui ne sont plus recherchées, car leurs «dons» ne sont plus chéris. [4]Aucune règle n'est vainement fixée, et rien n'est exigé de qui ou quoi que ce soit pour qu'il se déforme et s'adapte au rêve de peur. [5]Plutôt, il y a un souhait de comprendre toutes choses créées telles qu'elles sont réellement. [6]Et il est reconnu que toutes choses doivent d'abord être pardonnées, et *ensuite* comprises.

2.   Ici, on pense que la compréhension s'acquiert par l'attaque. [2]Là, il est clair que par l'attaque la compréhension est perdue. [3]La folie qu'est la poursuite de la culpabilité comme but est pleinement reconnue. [4]Et les idoles ne sont pas désirées là, car il est compris que la culpabilité est l'unique cause de la douleur sous

n'importe quelle forme. [5]Nul n'est tenté par son vain attrait, car la souffrance et la mort ont été perçues comme choses non désirées et non pourchassées. [6]La possibilité de liberté a été saisie et accueillie, et les moyens par lesquels elle peut être gagnée peuvent maintenant être compris. [7]Le monde devient un lieu d'espoir, parce que son seul but est d'être un lieu où l'espoir de bonheur peut être comblé. [8]Et nul n'est en-dehors de cet espoir, parce que le monde a été uni en la croyance que le but du monde est un but que tous doivent partager s'il est vrai que l'espoir est plus qu'un simple rêve.

3.   Le souvenir du Ciel n'est pas encore tout à fait revenu, car le but de pardon reste encore. [2]Or chacun est certain qu'il ira au-delà du pardon, et il ne reste que jusqu'à ce qu'il soit rendu parfait en lui-même. [3]Il n'a d'autre souhait que de cela. [4]Et la peur est tombée, parce qu'il est uni à lui-même par son but. [5]Il y a en lui un espoir de bonheur qui est si sûr et si constant que c'est à peine s'il peut rester et attendre un peu plus longtemps, ses pieds touchant encore la terre. [6]Pourtant il est heureux d'attendre jusqu'à ce que chaque main se soit jointe et que chaque cœur ait été rendu prêt à s'élever et à venir avec lui. [7]Car c'est ainsi qu'il est rendu prêt pour le pas par lequel tout le pardon est laissé derrière lui.

4.   Le dernier pas appartient à Dieu, parce qu'il n'y a que Dieu Qui pouvait créer un Fils parfait et partager Sa Paternité avec lui. [2]Personne à l'extérieur du Ciel ne sait comment cela se peut, car comprendre cela, c'est le Ciel même. [3]Même le monde réel a un but qui est encore en dessous de la création et de l'éternité. [4]Mais la peur a disparu parce que son but est le pardon et non l'idolâtrie. [5]Ainsi le Fils du Ciel est-il préparé à être lui-même, et à se souvenir que le Fils de Dieu connaît tout ce que Son Père comprend, et le comprend parfaitement avec Lui.

5.   Le monde réel ne va pas encore jusque-là, car c'est le Propre but de Dieu; de Lui seul, et pourtant complètement partagé et parfaitement rempli. [2]Le monde réel est un état dans lequel l'esprit a appris comme les idoles disparaissent facilement lorsqu'elles sont encore perçues mais non plus désirées. [3]Comme l'esprit peut être désireux d'en lâcher prise lorsqu'il a compris que les idoles ne sont rien et nulle part, et sont sans but. [4]Car c'est alors seulement que la culpabilité et le péché peuvent être vus sans un but, et comme in-signifiants.

6.   Ainsi le but du monde réel est doucement porté à la conscience, pour remplacer le but de péché et de culpabilité. [2]Et tout ce qui se dressait entre ton image de toi et ce que tu es, le pardon l'emporte joyeusement. [3]Or Dieu n'a pas besoin de créer Son Fils à nouveau, pour que lui soit rendu ce qui est à lui. [4]Le fossé entre ton frère et toi n'a jamais été là. [5]Et ce que le Fils de Dieu connaissait en la création, il doit le connaître à nouveau.

7.   Quand des frères se joignent en un même but dans le monde de la peur, ils se tiennent déjà au seuil du monde réel. [2]Peut-être regardent-ils encore en arrière, et pensent-ils voir une idole qu'ils veulent. [3]Or leur voie a été tracée avec assurance, qui va loin des idoles vers la réalité. [4]Car en joignant leurs mains, c'est la main du Christ qu'ils ont prise, et ils verront Celui Dont ils tiennent la main. [5]La face du Christ est vue avant que le souvenir du Père ne revienne. [6]Car Il doit être oublié jusqu'à ce que Son Fils soit allé au-delà du pardon jusqu'à l'Amour de Dieu. [7]Or l'Amour du Christ est d'abord accepté. [8]Et ensuite viendra la connaissance qu'Ils ne font qu'un.

8.   Comme le pas est léger et facile qui traverse les étroites frontières du monde de la peur, quand tu as reconnu à Qui appartient la main que tu tiens ! [2]Il y a dans ta main tout ce dont tu as besoin pour t'éloigner à jamais de la peur avec une parfaite confiance, et pour continuer droit devant et atteindre rapidement les portes mêmes du Ciel. [3]Car celui Dont tu tiens la main attendait seulement que tu te joignes à Lui. [4]Maintenant que tu es venu, tarderait-Il à te montrer la voie dans laquelle il doit marcher avec toi ? [5]Sa bénédiction repose sur toi aussi sûrement que l'Amour de Son Père repose sur Lui. [6]Sa gratitude envers toi dépasse ta compréhension, car tu Lui as permis de se lever sans ses chaînes et d'aller avec toi, ensemble, à la maison de Son Père.

9.   Une haine ancienne quitte le monde. [2]Avec elle s'en vont toute haine et toute peur. [3]Ne regarde plus en arrière, car ce qu'il y a devant est tout ce que tu as jamais voulu dans ton cœur. [4]Abandonne le monde ! [5]Mais non pas au sacrifice. [6]Tu ne l'as jamais voulu. [7]Quel bonheur as-tu cherché ici qui ne t'ait apporté de la douleur ? [8]Quel moment de contentement qui n'ait été acheté à prix d'effroi en pièces de souffrance ? [9]La joie n'a pas de coût. [10]Elle est ton droit sacré, et ce qui se paie n'est pas le bonheur. [11]Que l'honnêteté te donne des ailes en chemin, et que tes expériences d'ici ne te trompent pas rétrospectivement. [12]Elles n'étaient pas libres d'un coût amer et de conséquences sans joie.

10.   Ne regarde pas en arrière, sauf avec honnêteté. ²Et quand une idole te tente, pense à ceci :

> ³*En aucun temps aucune idole ne t'a jamais apporté autre chose que le « don » de culpabilité. ⁴Pas une n'a été achetée à d'autre coût que la douleur, et jamais tu n'as été seul à payer.*

⁵Sois donc miséricordieux envers ton frère. ⁶Ne choisis pas une idole sans penser, et souviens-toi qu'il paiera le coût aussi bien que toi. ⁷Car il sera retardé quand tu regardes en arrière, et tu ne percevras pas à Qui appartient la main aimante que tu tiens. ⁸Regarde donc en avant ; fais route avec confiance et le cœur heureux battant d'espoir et non martelé par la peur.

11.   La Volonté de Dieu réside à jamais en ceux dont les mains sont jointes. ²Jusqu'à ce qu'ils se joignent, ils pensaient qu'Il était leur ennemi. ³Mais quand ils se sont joints et ont partagé un but, ils furent libres d'apprendre que leur volonté est une. ⁴C'est ainsi que la Volonté de Dieu doit atteindre leur conscience. ⁵Et ils ne peuvent pas oublier très longtemps que ce n'est que la leur.

VI. La justification du pardon

1.   La colère n'est *jamais* justifiée. ²L'attaque n'a *pas* de fondement. ³C'est ici que l'évasion hors de la peur commence, et sera rendue complète. ⁴Ici le monde réel est donné en échange contre les rêves de terreur. ⁵Car c'est là-dessus que le pardon repose, et n'est que naturel. ⁶Il ne t'est pas demandé d'offrir le pardon là où l'attaque est due et serait justifiée. ⁷Car cela signifierait que tu pardonnes un péché en passant sur ce qui est réellement là. ⁸Cela n'est pas le pardon. ⁹Car cela supposerait qu'en répondant d'une façon qui n'est pas justifiée, ton pardon deviendra la réponse à l'attaque qui a été faite. ¹⁰Et ainsi le pardon est inapproprié, étant accordé là où il n'est pas dû.

2.   Le pardon est *toujours* justifié. ²Il a un fondement sûr. ³Tu ne pardonnes pas l'impardonnable, pas plus que tu ne passes sur une attaque réelle qui appelle une punition. ⁴Le salut ne consiste pas à te demander d'avoir des réponses contre nature qui sont inappropriées à ce qui est réel. ⁵Plutôt, il demande simplement que tu répondes d'une manière appropriée à ce qui n'est pas réel en

ne percevant pas ce qui ne s'est pas produit. ⁶Si le pardon était injustifié, il te serait demandé de sacrifier tes droits lorsque tu rends le pardon pour l'attaque. ⁷Mais il t'est simplement demandé de voir le pardon comme la réaction naturelle à la détresse qui repose sur l'erreur, et ainsi appelle à l'aide. ⁸Le pardon est la seule réponse saine. ⁹Il *empêche* que tes droits soient sacrifiés.

3.   Cette compréhension est le seul changement qui laisse le monde réel s'élever pour prendre la place des rêves de terreur. ²La peur ne peut pas surgir à moins que l'attaque ne soit justifiée ; et si elle avait un fondement réel, le pardon n'en aurait pas. ³Le monde réel est atteint quand tu perçois que la base du pardon est tout à fait réelle et pleinement justifiée. ⁴Tant que tu le considères comme un don injustifié, il doit soutenir la culpabilité que tu voudrais « pardonner ». ⁵Un pardon injustifié est attaque. ⁶Et voilà tout ce que le monde peut jamais donner. ⁷Il pardonne parfois aux « pécheurs », mais en restant conscient qu'ils ont péché. ⁸Ainsi ils ne méritent pas le pardon qu'il donne.

4.   Tel est le faux pardon que le monde emploie pour garder vivant le sentiment de péché. ²Et en reconnaissant que Dieu est juste, il semble impossible que Son pardon puisse être réel. ³Ainsi la peur de Dieu est le sûr résultat de voir le pardon comme immérité. ⁴Nul qui se voit lui-même coupable ne peut éviter la peur de Dieu. ⁵Mais il est sauvé de ce dilemme s'il peut pardonner. ⁶L'esprit doit penser à son Créateur comme il se regarde lui-même. ⁷Si tu peux voir que ton frère mérite le pardon, tu as appris que tu as droit au pardon autant que lui. ⁸Et tu ne penseras pas non plus que Dieu te destine un jugement effrayant que ton frère ne mérite pas. ⁹Car la vérité est que tu ne peux mériter ni plus ni moins que lui.

5.   Le pardon reconnu comme mérité guérira. ²Il donne au miracle la force de passer sur les illusions. ³C'est ainsi que tu apprends que tu dois aussi être pardonné. ⁴Il ne peut y avoir d'apparence sur laquelle il ne puisse passer. ⁵Car s'il y en avait, il serait d'abord nécessaire qu'il y ait quelque péché qui soit au-delà du pardon. ⁶Il y aurait une erreur qui serait plus qu'une faute ; une forme particulière d'erreur qui resterait inchangeable, éternelle, incorrigible et inéluctable. ⁷Il y aurait une erreur qui avait le pouvoir de défaire la création, et de faire un monde qui pouvait la remplacer et détruire la Volonté de Dieu. ⁸Si cela était possible, alors seulement il pourrait y avoir quelques apparences qui pourraient résister au miracle, et ne pas être guéries par lui.

6. Il n'y a pas de preuve plus sûre que l'idolâtrie est ce que tu souhaites que la croyance qu'il y a certaines formes de maladie et d'absence de joie que le pardon ne peut guérir. [2]Cela signifie que tu préfères garder certaines idoles, et que tu n'es pas encore prêt à lâcher prise de toutes les idoles. [3]Ainsi tu penses que certaines apparences sont réelles et ne sont pas du tout des apparences. [4]Ne te trompe pas sur la signification d'une fixe croyance voulant qu'il soit plus difficile de regarder passé certaines apparences que d'autres. [5]Cela signifie toujours que tu penses que le pardon doit être limité. [6]Et tu t'es donné comme but un pardon partiel et une évasion limitée hors de la culpabilité. [7]Qu'est-ce que cela peut être, sauf un faux pardon de toi-même, et de chacun de ceux qui semblent être à part de toi ?

7. Il doit être vrai que le miracle peut guérir toutes formes de maladie, ou il ne peut pas guérir. [2]Son but ne peut pas être de juger quelles formes sont réelles, et quelles apparences sont vraies. [3]Si une apparence doit rester à part de la guérison, une illusion doit être à part de la vérité. [4]Et tu ne pourrais pas échapper à toute la culpabilité, mais seulement à une partie. [5]Tu dois pardonner au Fils de Dieu entièrement. [6]Ou tu garderas une image de toi qui n'est pas entière, et tu continueras à avoir peur de regarder au-dedans et de trouver là ton évasion de chaque idole. [7]Le salut repose sur la foi en ce qu'il ne peut y avoir certaines formes de culpabilité que tu ne peux pardonner. [8]Ainsi il ne peut y avoir d'apparences qui aient remplacé la vérité au sujet du Fils de Dieu.

8. Regarde ton frère avec le désir de le voir tel qu'il est. [2]Et ne garde aucune partie de lui en dehors de ton désir qu'il soit guéri. [3]Guérir, c'est rendre entier. [4]Or ce qui est entier ne peut avoir de parties manquantes qui ont été gardées en dehors. [5]Le pardon dépend de reconnaître cela, et de se réjouir qu'il ne puisse y avoir certaines formes de maladie que le miracle n'a pas le pouvoir de guérir.

9. Le Fils de Dieu est parfait, ou il ne peut pas être le Fils de Dieu. [2]Et tu ne le connaîtras pas si tu penses qu'il ne mérite pas l'évasion hors de la culpabilité sous toutes ses conséquences et toutes ses formes. [3]Il n'y a pas d'autre façon que celle-ci de penser à lui, si tu veux connaître la vérité à ton sujet :

> [4]*Je te remercie, Père, de ton Fils parfait, et en*
> *sa gloire je verrai la mienne.*

⁵Voilà le joyeux énoncé de ce qu'il n'y a pas de formes de mal qui puissent triompher de la Volonté de Dieu ; l'heureuse admission de ce que la culpabilité n'a pas réussi par ton souhait à rendre les illusions réelles. ⁶Or qu'est-ce que cela, sauf un simple énoncé de la vérité ?

10.   Regarde ton frère avec cet espoir en toi, et tu comprendras qu'il ne pouvait pas commettre une erreur qui pouvait changer la vérité en lui. ²Il n'est pas difficile de passer sur des erreurs auxquelles aucun effet n'a été donné. ³Mais ce que tu vois comme ayant le pouvoir de faire une idole du Fils de Dieu, tu ne le pardonneras pas. ⁴Car il est devenu pour toi une image sculptée et un signe de mort. ⁵Est-ce là ton sauveur ? ⁶Est-ce que son Père Se trompe au sujet de Son Fils ? ⁷Ou t'es-tu trompé sur celui qui t'a été donné à guérir, pour ton salut et ta délivrance ?

VII. La nouvelle interprétation

1.   Dieu aurait-Il laissé la signification du monde à ton interprétation ? ²S'Il l'avait fait, il *n'a* pas de signification. ³Car il ne se peut pas que la signification change constamment, et pourtant soit vraie. ⁴Le Saint-Esprit regarde le monde comme ayant un seul but, inchangeablement établi. ⁵Et aucune situation ne peut affecter son but, auquel chacune doit s'accorder. ⁶Car ce n'est que si son but pouvait changer selon chaque situation que chacune donnerait matière à une interprétation qui serait différente chaque fois que tu y penses. ⁷Tu ajoutes un élément dans le scénario que tu écris pour chaque minute de la journée, et tout ce qui arrive signifie maintenant quelque chose d'autre. ⁸Tu enlèves un autre élément, et toute signification change en conséquence.

2.   Que reflètent tes scénarios, sauf tes plans pour ce que ta journée *devrait* être ? ²Ainsi juges-tu désastre et succès, avancée, retraite, gain et perte. ³Ces jugements sont tous faits conformément aux rôles que le scénario assigne. ⁴Le fait qu'ils n'ont pas de signification en eux-mêmes est démontré par la facilité avec laquelle ces étiquettes changent suivant d'autres jugements, faits sur des aspects différents de l'expérience. ⁵Et alors, en regardant en arrière, tu penses voir une autre signification dans ce qui s'est produit plus tôt. ⁶Qu'as-tu fait réellement, sauf montrer qu'il n'y avait pas de signification ? ⁷Mais tu as assigné une signification à

la lumière de buts changeants, toute signification variant à mesure qu'ils changent.

3.   Seul un but constant peut doter les événements d'une signification stable. ²Mais il doit accorder à tous une *seule* signification. ³Si différentes significations leur sont données, ce doit être qu'ils ne reflètent que des buts différents. ⁴Et c'est là toute la signification qu'ils ont. ⁵Cela peut-il être la signification? ⁶La signification peut-elle signifier la confusion? ⁷La perception ne peut pas être en constante fluctuation tout en tenant compte d'une stabilité de la signification où que ce soit. ⁸La peur est un jugement qui n'est jamais justifié. ⁹Sa présence n'a pas de signification, si ce n'est pour te montrer que tu as écrit un scénario effrayant, et que tu as peur conséquemment. ¹⁰Mais ce n'est pas parce que la chose dont tu as peur a un sens effrayant en elle-même.

4.   Un but commun est le seul moyen par lequel la perception peut être stabilisée, et par lequel une seule interprétation peut être donnée au monde et à toutes les expériences ici. ²Dans ce but partagé, un seul jugement est partagé par chacun et chaque chose que tu vois. ³Tu n'as pas à juger, car tu as appris qu'une seule signification a été donnée à tout, et tu te réjouis de la voir partout. ⁴Elle ne peut pas changer *parce que* tu voudrais la percevoir partout, inchangée par les circonstances. ⁵Ainsi tu l'offres à tous les événements, et les laisse t'offrir la stabilité.

5.   L'évasion hors du jugement réside simplement en ceci : toutes choses ont un seul but, que tu partages avec le monde entier. ²Et rien dans le monde ne peut y être opposé, car il appartient à tout, comme il t'appartient. ³Dans un but indivisé est la fin de toutes les idées de sacrifice, lesquelles doivent supposer un but différent pour celui qui gagne et celui qui perd. ⁴Il ne saurait y avoir de pensée de sacrifice à part de cette idée. ⁵Et c'est cette idée de buts différents qui fait varier la perception et changer la signification. ⁶Avec un seul but unifié, cela devient impossible, car ton accord stabilise l'interprétation et la fait durer.

6.   Comment la communication peut-elle réellement être établie tant que les symboles utilisés signifient différentes choses? ²Le but du Saint-Esprit donne une seule interprétation, signifiante pour toi et pour ton frère. ³Ainsi tu peux communiquer avec lui, et lui avec toi. ⁴Avec des symboles que vous pouvez comprendre tous les deux, le sacrifice de la signification est défait. ⁵Tout sacrifice entraîne la perte de ton aptitude à voir les relations entre les événements. ⁶Et regardés séparément, ils n'ont pas de signification.

⁷Car il n'y a pas de lumière à laquelle ils puissent être vus et compris. ⁸Ils n'ont pas de but. ⁹Et ce à quoi ils servent ne peut pas être vu. ¹⁰Dans n'importe quelle pensée de perte, il n'y a pas de signification. ¹¹Personne ne s'est mis d'accord avec toi sur ce qu'elle signifie. ¹²Elle fait partie d'un scénario distordu, qui ne peut pas être interprété avec une signification. ¹³Il doit être à jamais inintelligible. ¹⁴Cela n'est pas la communication. ¹⁵Tes sombres rêves ne sont que les scénarios insensés et isolés que tu écris en dormant. ¹⁶Ne cherche pas une signification en des rêves séparés. ¹⁷Seuls les rêves de pardon peuvent être partagés. ¹⁸Ils signifient la même chose pour vous deux.

7.   N'interprète pas à partir de la solitude, car ce que tu vois ne signifie rien. ²Ce que cela représente variera, et tu croiras que le monde est un lieu incertain où tu marches en danger et en incertitude. ³Ce ne sont que tes interprétations qui manquent de stabilité, car elles ne s'accordent pas avec ce que tu es réellement. ⁴C'est un état qui semble si dangereux que la peur doit surgir. ⁵Ne continue pas ainsi, mon frère. ⁶Nous avons un Interprète. ⁷Et par Son usage des symboles, nous sommes joints, de sorte qu'ils signifient la même chose pour nous tous. ⁸Notre langage commun nous permet de parler à tous nos frères, et de comprendre avec eux que le pardon nous a tous été donné, et qu'ainsi nous pouvons communiquer à nouveau.

VIII. L'inchangeable réalité

1.   Les apparences trompent, mais elles peuvent être changées. ²La réalité est inchangeable. ³Elle ne trompe pas du tout, et si tu manques de voir au-delà des apparences, tu *es* trompé. ⁴Car tout ce que tu vois changera; et pourtant tu le pensais réel auparavant, et maintenant tu le penses réel à nouveau. ⁵La réalité est ainsi réduite à la forme, et capable de changement. ⁶La réalité est inchangeable. ⁷C'est cela qui la rend réelle et la garde séparée de toutes les apparences. ⁸Elle doit transcender toute forme pour être elle-même. ⁹Elle ne peut changer.

2.   Le miracle est le moyen de démontrer que toutes les apparences peuvent changer parce que *ce sont* des apparences, et qu'elles ne peuvent avoir l'inchangeabilité que la réalité entraîne. ²Le miracle atteste que tu es sauvé des apparences en montrant qu'elles peuvent changer. ³Il y a en ton frère une inchangeabilité qui est au-delà

à la fois de l'apparence et de la tromperie. ⁴Elle est obscurcie par les vues changeantes de lui que tu perçois comme étant sa réalité. ⁵Le rêve heureux à son sujet prend la forme de l'apparence d'une parfaite santé, d'une parfaite délivrance de toutes les formes de manque, et d'être à l'abri des désastres de toutes sortes. ⁶Le miracle est la preuve qu'il n'est lié par aucune forme de perte ou de souffrance, parce qu'elles peuvent si facilement être changées. ⁷Cela démontre qu'elles n'ont jamais été réelles et qu'elles ne pouvaient pas provenir de sa réalité. ⁸Car celle-ci est inchangeable et n'a pas d'effets qui puissent être altérés par quoi que ce soit au Ciel ou sur la terre. ⁹Mais l'irréalité des apparences est démontrée *parce qu'*elles changent.

3. Qu'est-ce que la tentation, sinon un souhait de rendre les illusions réelles ? ²Ce ne semble pas être le souhait qu'aucune réalité ne soit. ³Or c'est l'assertion que certaines formes d'idoles ont un puissant attrait et qu'il est donc plus difficile de résister à celles-là qu'à celles que tu ne voudrais pas réelles. ⁴La tentation, donc, n'est rien de plus que ceci : une prière pour que le miracle ne touche pas certains rêves, mais qu'il garde leur irréalité obscurcie et leur donne plutôt réalité. ⁵Et le Ciel ne donne pas réponse à la prière, pas plus qu'un miracle ne peut t'être donné pour guérir les apparences qui ne te plaisent pas. ⁶Tu as établi des limites. ⁷Ce que tu demandes *t'est* donné, mais point de Dieu Qui ne connaît pas de limites. ⁸Tu t'es limité toi-même.

4. La réalité est inchangeable. ²Les miracles ne font que montrer que ce que tu as interposé entre la réalité et ta conscience est irréel, et n'interfère pas du tout. ³Le coût de la croyance qu'il doit y avoir certaines apparences qui sont sans espoir de changement, est que le miracle ne peut pas venir de toi avec constance. ⁴Car tu as demandé qu'il soit privé du pouvoir de guérir tous les rêves. ⁵Il n'est pas de miracle que tu ne puisses avoir quand tu désires la guérison. ⁶Mais il n'est pas de miracle qui puisse t'être donné à moins que tu ne le veuilles. ⁷Choisis ce que tu voudrais guérir, et à Celui Qui donne tous les miracles la liberté n'a pas été donnée d'accorder Ses dons au Fils de Dieu. ⁸Lorsqu'il est tenté, il nie la réalité. ⁹Et il devient l'esclave volontaire de ce qu'il a choisi à la place.

5. *Parce que* la réalité est inchangeable, un miracle est déjà là pour guérir toutes choses qui changent et te les offrir à voir sous une forme heureuse, dépourvue de peur. ²Il te sera donné de regarder ton frère ainsi. ³Mais pas tant que tu voudras qu'il en soit autrement à certains égards. ⁴Car cela signifie seulement que tu ne

691

voudrais pas qu'il soit guéri et entier. [5]Le Christ en lui est parfait. [6]Est-ce cela que tu voudrais regarder ? [7]Qu'il n'y ait donc pas de rêve à son sujet que tu préférerais voir au lieu de cela. [8]Et tu verras le Christ en lui parce que tu Le laisses venir à toi. [9]Et quand Il te sera apparu, tu seras certain d'être comme Lui, car Il est l'inchangeable en ton frère et en toi.

6.   C'est cela que tu verras quand tu auras décidé qu'il n'y a pas une seule apparence que tu voudrais maintenir à la place de ce que ton frère est réellement. [2]Ne laisse pas la tentation de préférer un rêve permettre à l'incertitude d'entrer ici. [3]Ne te laisse pas rendre coupable et apeuré quand tu es tenté par un rêve de ce qu'il est. [4]Mais ne lui donne pas le pouvoir de remplacer l'inchangeable en lui dans la vue que tu as de lui. [5]Il n'est pas de fausse apparence qui ne s'effacera, si tu demandes un miracle à la place. [6]Il n'est pas de douleur dont il n'est libéré, si tu voulais qu'il soit uniquement ce qu'il est. [7]Pourquoi craindrais-tu de voir le Christ en lui ? [8]Tu ne fais que te contempler toi-même dans ce que tu vois. [9]Comme il est guéri, tu es rendu libre de la culpabilité, car son apparence est la tienne pour toi.

Chapitre 31

LA VISION FINALE

I. La simplicité du salut

1. Comme le salut est simple ! ²Tout ce qu'il dit, c'est que ce qui n'a jamais été vrai n'est pas vrai maintenant et ne le sera jamais. ³L'impossible ne s'est pas produit et ne peut pas avoir d'effets. ⁴Et c'est tout. ⁵Cela peut-il être dur à apprendre pour quiconque veut que ce soit vrai ? ⁶Seul l'indésir de l'apprendre pourrait rendre difficile une leçon si facile. ⁷Est-ce si dur de voir que ce qui est faux ne peut être vrai, et que ce qui est vrai ne peut être faux ? ⁸Tu ne peux plus dire que tu ne perçois pas de différences entre faux et vrai. ⁹Il t'a été dit exactement comment les distinguer l'un de l'autre, et quoi faire au juste en cas de confusion. ¹⁰Pourquoi donc persistes-tu à ne pas apprendre de si simples choses ?

2. Il y a une raison. ²Mais ne la confonds pas avec une difficulté dans les choses simples que le salut te demande d'apprendre. ³Il n'enseigne que le très évident. ⁴Il va simplement d'une leçon apparente à la suivante, par petites étapes faciles qui te conduisent doucement de l'une à l'autre, sans aucun effort. ⁵Cela ne peut pas prêter à confusion, et pourtant la confusion règne en toi. ⁶Car tu crois en quelque sorte qu'il est plus facile d'apprendre et de comprendre ce qui est totalement confus. ⁷Ce que tu t'es enseigné toi-même représente un tel exploit d'apprentissage que c'est certes incroyable. ⁸Mais tu l'as accompli parce que tu le voulais, et tu n'as pas relâché ta diligence pour le juger difficile à apprendre ou trop complexe à saisir.

3. Nul qui comprend ce que tu as appris, tout le soin que tu as mis à l'apprendre, et la peine que tu t'es donnée pour appliquer et répéter sans fin les leçons, sous toutes les formes où tu pouvais les concevoir, ne pourrait jamais douter du pouvoir de ton aptitude à apprendre. ²Il n'y a pas au monde de plus grand pouvoir. ³C'est par lui que le monde a été fait, qui encore maintenant ne dépend de rien d'autre. ⁴Les leçons que tu t'es enseignées ont été tellement sur-apprises et fixées qu'elles montent comme de lourds rideaux pour obscurcir le simple et l'évident. ⁵Ne dis pas que tu ne peux pas les apprendre. ⁶Car ton pouvoir d'apprendre est assez fort pour

t'enseigner que ta volonté n'est pas la tienne, que tes pensées ne t'appartiennent pas, et même que tu es quelqu'un d'autre.

4.   Qui pourrait maintenir que de telles leçons sont faciles ? ²Or tu as appris plus que cela. ³Tu as continué, entreprenant chaque étape, aussi difficile soit-elle, sans te plaindre, jusqu'à ce qu'un monde ait été bâti qui te convenait. ⁴Et chaque leçon qui compose le monde découle du premier accomplissement de l'apprentissage : une énormité si grande que la Voix du Saint-Esprit semble n'être qu'un murmure, doux et léger, devant son immensité. ⁵Le monde a commencé par une seule étrange leçon, assez puissante pour rendre Dieu oublié, et Son Fils à lui-même étranger, exilé de la demeure où Dieu Lui-même l'a établi. ⁶Toi qui t'es enseigné que le Fils de Dieu est coupable, ne dis pas que tu ne peux pas apprendre les simples choses que le salut t'enseigne !

5.   Apprendre est une aptitude que tu as faite et t'es donnée toi-même. ²Elle n'a pas été faite pour accomplir la Volonté de Dieu, mais pour soutenir le souhait qu'on puisse s'y opposer, et qu'une volonté à part d'elle soit encore plus réelle qu'elle. ³Et c'est cela que ton apprentissage a cherché à démontrer, et tu as appris ce qu'il a été fait pour enseigner. ⁴Et maintenant ton ancien sur-apprentissage se dresse implacablement devant la Voix de la vérité, et t'enseigne que Ses leçons ne sont pas vraies ; trop dures à apprendre, trop difficiles à voir, trop opposées à ce qui est réellement vrai. ⁵Or tu les apprendras, car les apprendre est le seul but que le Saint-Esprit voit dans le monde entier pour ton aptitude à apprendre. ⁶Ses simples leçons de pardon ont un pouvoir plus considérable que les tiennes, parce qu'elles t'appellent de Dieu et de ton Soi.

6.   Est-ce une petite Voix, un murmure si doux et si léger qu'Elle ne peut S'élever au-dessus du bruit insensé des sons qui ne signifient rien ? ²Dieu n'a pas voulu que Son Fils L'oubliât. ³Et la puissance de Sa Volonté est dans la Voix qui parle pour Lui. ⁴Quelle leçon apprendras-tu ? ⁵Quel résultat est inévitable, aussi sûr que Dieu, et bien au-delà de tout doute et questionnement ? ⁶Se peut-il que ton petit apprentissage, à l'étrange résultat et d'une incroyable difficulté, résiste aux simples leçons qui te sont enseignées à chaque instant de chaque jour, depuis que le temps a commencé et que l'apprentissage a été fait ?

7.   De leçons à apprendre, il n'y en a que deux. ²Chacune a son résultat dans un monde différent. ³Et chaque monde s'ensuit sûrement de sa source. ⁴Le résultat certain de la leçon que le Fils

de Dieu est coupable est le monde que tu vois. ⁵C'est un monde de terreur et de désespoir. ⁶Il n'y a pas non plus d'espoir de bonheur en lui. ⁷Il n'y a pas de plan que tu puisses faire pour ta sécurité qui jamais ne réussira. ⁸Il n'y a pas de joie que tu puisses chercher ici et espérer trouver. ⁹Or cela n'est pas le seul résultat que ton apprentissage peut produire. ¹⁰Peu importe à quel point tu peux avoir sur-appris la tâche que tu as choisie, la leçon qui reflète l'Amour de Dieu est encore plus forte. ¹¹Tu apprendras que le Fils de Dieu est innocent et verras un autre monde.

8. Le résultat de la leçon que le Fils de Dieu est non coupable est un monde dans lequel il n'y a pas de peur, où tout est éclairé d'espoir et scintille d'une douce amabilité. ²Il n'est rien qui ne t'appelle avec tendresse pour être ton ami, et que tu le laisses se joindre à toi. ³Et jamais un appel ne reste inentendu, incompris, ou n'est laissé sans recevoir une réponse dans la langue même où l'appel a été fait. ⁴Et tu comprendras que c'était cet appel que chacun et chaque chose au monde a toujours fait; mais tu ne l'avais pas perçu tel qu'il était. ⁵Et maintenant tu vois que tu faisais erreur. ⁶Tu étais trompé par les formes dans lesquelles l'appel était caché. ⁷Et ainsi tu ne l'avais pas entendu, et tu avais perdu un ami qui avait toujours voulu faire partie de toi. ⁸Ce tendre appel éternel de chaque partie de la création de Dieu vers le tout, est entendu de par le monde qu'apporte cette deuxième leçon.

9. Il n'est pas une chose vivante qui ne partage la Volonté universelle d'être entière, et que tu ne laisses pas son appel inentendu. ²Sans ta réponse, elle est abandonnée à la mort, comme elle est sauvée de la mort quand tu as entendu son appel comme étant l'ancien appel à la vie, et compris que ce n'est que le tien. ³Le Christ en toi Se souvient de Dieu avec autant de certitude qu'Il connaît Son Amour. ⁴Mais c'est seulement si Son Fils est innocent qu'Il peut être Amour. ⁵Car Dieu serait certes peur si celui qu'Il a créé innocent pouvait être l'esclave de la culpabilité. ⁶Le Fils parfait de Dieu se souvient de sa création. ⁷Mais dans la culpabilité il a oublié ce qu'il est réellement.

10. De même que la peur de Dieu est le résultat certain de la leçon que Son Fils est coupable, de même il doit se souvenir de l'Amour de Dieu quand il apprend son innocence. ²Car la haine doit engendrer la peur, et regarder son père comme elle-même. ³Comme tu fais erreur, toi qui manques d'entendre l'appel qui fait écho à chaque semblant d'appel à la mort, qui chante derrière chaque attaque meurtrière et plaide pour que l'amour rétablisse ce monde

mourant. ⁴Tu ne comprends pas Qui t'appelle derrière chaque forme de haine, chaque appel à la guerre. ⁵Or tu Le reconnaîtras en Lui répondant dans la langue où Il appelle. ⁶Il apparaîtra quand tu Lui auras répondu, et tu connaîtras en Lui que Dieu est Amour.

11.   Qu'est-ce que la tentation, sinon le souhait de prendre la mauvaise décision quant à ce que tu voudrais apprendre, et d'avoir un résultat que tu ne veux pas? ²C'est la re-connaissance du fait que c'est un état d'esprit non désiré qui devient le moyen par lequel le choix est réexaminé; un autre résultat est vu comme préféré. ³Tu es trompé si tu crois que tu veux le désastre, la désunion et la douleur. ⁴N'entends pas l'appel à cela au-dedans de toi. ⁵Mais écoute, plutôt, l'appel plus profond au-delà de celui-là, qui invite à la paix et à la joie. ⁶Et le monde entier te donnera la joie et la paix. ⁷Car de même que tu entends, tu réponds. ⁸Et voilà! ⁹Ta réponse est la preuve de ce que tu as appris. ¹⁰Son résultat est le monde que tu vois.

12.   Soyons calmes un instant et oublions toutes les choses que nous avons jamais apprises, toutes les pensées que nous avons eues, chaque préconception que nous avons sur ce que les choses signifient et ce qu'est leur but. ²Ne nous souvenons pas de nos propres idées sur ce à quoi sert le monde. ³Nous ne le savons pas. ⁴Puisse chaque image que nous avons d'autrui être relâchée de nos esprits et balayée.

13.   Sois innocent de jugement, inconscient de toute pensée de mal ou de bien qui t'a jamais traversé l'esprit à propos de quiconque. ²Maintenant tu ne le connais pas. ³Mais tu es libre d'apprendre qui il est, et de le connaître à nouveau. ⁴Maintenant il est né à nouveau pour toi, comme tu es né à nouveau pour lui, sans le passé qui le condamnait à mourir, et toi avec lui. ⁵Maintenant il est libre de vivre comme tu es libre, parce qu'un ancien apprentissage s'en est allé, laissant une place pour que la vérité puisse renaître.

II. Aller avec le Christ

1.   Une ancienne leçon n'est pas surmontée en opposant le nouveau et l'ancien. ²Elle n'est pas vaincue afin que la vérité soit connue, ni combattue pour succomber à l'attrait de la vérité. ³Il n'y a pas de bataille qui doive être préparée; pas de temps à y consacrer; pas de plans qui aient besoin d'être dressés pour amener le nouveau. ⁴Il y *a* une ancienne bataille qui est livrée contre la

vérité, mais la vérité ne répond pas. [5]Qui pourrait être blessé dans une telle guerre, à moins qu'il ne se blesse lui-même ? [6]Il n'a pas d'ennemi en vérité. [7]Et peut-il être assailli par des rêves ?

2.   Revoyons encore une fois ce qui semble se dresser entre toi et la vérité de ce que tu es. [2]Car il y a des étapes dans son renoncement. [3]La première est une décision que tu prends. [4]Mais par après, la vérité t'est donnée. [5]Tu voudrais établir la vérité. [6]Et par ton souhait, tu fixes deux choix possibles, chaque fois que tu penses devoir décider quoi que ce soit. [7]Ni l'un ni l'autre n'est vrai. [8]Pas plus qu'ils ne sont différents. [9]Or nous devons les voir tous les deux, avant que tu ne puisses regarder plus loin vers la seule alternative qui *est* un choix différent. [10]Mais pas dans les rêves que tu as faits, afin que cela te soit obscurci.

3.   Le choix qui s'offre à toi n'est pas un choix et ne fait que donner l'illusion d'être libre, car il aura le même résultat dans les deux cas. [2]Ainsi ce n'est pas du tout un choix. [3]Le meneur et le suiveur émergent comme des rôles séparés, chacun semblant posséder des avantages que tu ne voudrais pas perdre. [4]Ainsi dans leur fusion il paraît y avoir un espoir de satisfaction et de paix. [5]Tu te vois toi-même divisé en ces deux rôles, à jamais déchiré entre les deux. [6]Et chaque ami ou ennemi devient un moyen pour t'aider à te sauver de cela.

4.   Peut-être appelles-tu cela de l'amour. [2]Peut-être penses-tu que c'est un meurtre enfin justifié. [3]Tu hais celui à qui tu as donné le rôle de meneur quand tu voudrais toi-même l'avoir ; et tu hais tout autant qu'il ne l'assume pas dans les moments où tu veux laisser le suiveur en toi se lever, et abandonner le rôle de meneur. [4]C'est pour cela que tu as fait ton frère ; et tu as appris à penser que tel était son but. [5]À moins de le servir, il n'a pas accompli la fonction que tu lui avais donnée. [6]Et ainsi mérite-t-il la mort, parce qu'il n'a pas de but et pas d'utilité pour toi.

5.   Et qu'en est-il de lui ? [2]Que veut-il de toi ? [3]Que pourrait-il vouloir, si ce n'est ce que tu veux de lui ? [4]En cela est la vie aussi facilement que la mort, car ce que tu choisis, tu le choisis tout autant pour lui. [5]Tu lui lances deux appels, comme lui vers toi. [6]Entre ces deux-là *est* le choix, parce qu'ils ont des résultats différents. [7]Qu'il soit meneur ou suiveur pour toi, cela n'importe pas, car tu as choisi la mort. [8]Mais s'il appelle à la mort ou s'il appelle à la vie, à la haine ou au pardon et à l'aide, cela n'a pas le même résultat. [9]Entends l'un, et tu es séparé de lui et perdu. [10]Mais entends l'autre, et tu te joins à lui, et dans ta réponse se trouve le salut. [11]La voix que tu

entends en lui n'est que la tienne. [12]Que te demande-t-il? [13]Écoute bien! [14]Car il demande ce qui te viendra, parce que tu vois une image de toi-même et tu entends ta voix demandant ce que tu veux.

6.   Avant de répondre, arrête-toi pour penser à ceci :

> [2]*La réponse que je donne à mon frère, c'est ce que je demande. [3]Et ce que j'apprends de lui, c'est ce que j'apprends sur moi-même.*

[4]Puis arrêtons-nous un instant et soyons calmes, en oubliant tout ce que nous pensions avoir entendu ; en nous rappelant combien nous ne connaissons pas. [5]Ce frère ne nous mène pas et ne nous suit pas, mais il marche à nos côtés sur la même route. [6]Il est comme nous, aussi proche ou aussi loin de ce que nous voulons que nous le lui permettons. [7]Nous ne gagnons rien qu'il ne gagne avec nous, et nous régressons s'il n'avance pas. [8]Ne prends pas sa main en colère mais en amour, car c'est à son progrès que tu mesures le tien. [9]Et nous allons séparément sur le chemin à moins que tu ne le gardes en sécurité à tes côtés.

7.   Parce qu'il est ton égal en l'Amour de Dieu, tu seras sauvé de toutes les apparences et tu répondras au Christ Qui t'appelle. [2]Sois calme et écoute. [3]Ne pense pas d'anciennes pensées. [4]Oublie les lugubres leçons que tu as apprises au sujet de ce Fils de Dieu qui t'appelle. [5]Le Christ appelle chacun avec une égale tendresse, ne voyant ni meneurs ni suiveurs, et entendant une seule réponse pour eux tous. [6]Parce qu'Il entend une seule Voix, Il ne peut entendre une réponse différente de celle qu'Il a donnée quand Dieu L'a désigné comme Son seul Fils.

8.   Sois très calme un instant. [2]Viens sans aucune pensée de ce que tu as jamais appris, et mets de côté toutes les images que tu as faites. [3]Le vieux s'écroulera devant le nouveau, sans opposition ni intention de ta part. [4]Il n'y aura pas d'attaque contre les choses que tu pensais précieuses et ayant besoin de soin. [5]Il n'y aura pas d'assaut contre ton souhait d'entendre un appel qui n'a jamais été fait. [6]Rien ne te blessera en ce saint lieu où tu viens pour écouter en silence et apprendre la vérité de ce que tu veux réellement. [7]Il ne te sera pas demandé d'apprendre plus que cela. [8]Mais en l'entendant tu comprendras que tu as seulement besoin d'en repartir sans les pensées que tu ne voulais pas, et qui n'ont jamais été vraies.

9.   Pardonne à ton frère toutes les apparences, qui ne sont que d'anciennes leçons que tu t'es enseignées sur la peccabilité en toi.

²Entends seulement son appel à la miséricorde et à la délivrance de toutes les images effrayantes qu'il tient de ce qu'il est et de ce que tu dois être. ³Il a peur de marcher avec toi, et il pense que peut-être un peu en arrière, ou un peu en avant, serait un endroit plus sûr pour lui. ⁴Peux-tu progresser si tu penses de même, en avançant seulement quand il recule, et en tirant de l'arrière quand il va de l'avant? ⁵Car ainsi tu oublies le but du voyage, qui n'est que de décider de marcher avec lui, de sorte que nul ne mène ni ne suit. ⁶Ainsi c'est une voie dans laquelle vous allez ensemble, et non seuls. ⁷Et par ce choix le résultat de l'apprentissage est changé, car le Christ est né à nouveau pour vous deux.

10. Un instant passé sans tes vieilles idées sur ton grand compagnon, qui il est et ce qu'il devrait demander, suffira pour laisser cela arriver. ²Et tu percevras que son but est le même que le tien. ³Il demande ce que tu veux et il a le même besoin que toi. ⁴Cela prend, peut-être, une forme différente en lui, mais ce n'est pas à la forme que tu réponds. ⁵Il demande et tu reçois, car tu es venu avec un seul but : apprendre que tu aimes ton frère d'un amour fraternel. ⁶Et en tant que frère, son Père doit être le même que le tien, puisqu'il est comme toi en vérité.

11. Ensemble, votre héritage conjoint revient en mémoire et est accepté par vous deux. ²Seuls, il est nié à tous les deux. ³N'est-il pas clair que tant que tu insistes encore pour mener ou pour suivre, tu penses que tu marches seul, sans personne à tes côtés? ⁴Voilà une route qui ne mène nulle part, car la lumière ne peut t'être donnée tant que tu marches seul; et ainsi tu ne peux pas voir où tu vas. ⁵Ainsi règnent la confusion et un sentiment de doute infini, tandis que tu vas et viens en titubant dans les ténèbres et seul. ⁶Or ce ne sont là que des apparences de ce qu'est le voyage, et de la façon dont il doit être fait. ⁷Car à tes côtés se trouve Celui Qui tient la lumière devant toi, de sorte que chaque pas est fait avec certitude et sûreté de la route. ⁸Un bandeau sur les yeux peut certes t'obscurcir la vue, mais il ne peut pas faire que la route même s'assombrisse. ⁹Et Celui Qui voyage avec toi *a* la lumière.

III. Ceux qui s'accusent eux-mêmes

1. Seuls ceux qui s'accusent eux-mêmes condamnent. ²Alors que tu te prépares à faire un choix qui aura des résultats différents, il y a d'abord une chose qui doit être sur-apprise. ³Cela doit devenir

une réponse habituelle si typique de tout ce que tu fais que ce sera ta première réponse à toute tentation et à toute situation qui survient. ⁴Apprends ceci, et apprends-le bien, car c'est ici que le retard du bonheur est réduit d'un laps de temps dont tu ne peux pas te rendre compte. ⁵Tu ne hais jamais ton frère pour ses péchés, mais seulement pour les tiens. ⁶Quelque forme que ses péchés paraissent prendre, elle ne fait qu'obscurcir le fait que tu crois qu'ils sont les tiens, et qu'ils méritent donc une «juste» attaque.

2.   Pourquoi ses péchés devraient-ils être des péchés, si tu ne croyais pas qu'ils ne pourraient pas être pardonnés en toi? ²Pourquoi seraient-ils réels en lui, si tu ne croyais pas qu'ils sont ta réalité? ³Et pourquoi les attaques-tu partout, si ce n'est que tu te hais toi-même? ⁴Es-tu, *toi*, un péché? ⁵Tu réponds «oui» chaque fois que tu attaques, car en attaquant tu affirmes que tu es coupable et dois donner ce que tu mérites. ⁶Et que peux-tu mériter, sinon ce que tu es? ⁷Si tu ne croyais pas que tu mérites l'attaque, jamais il ne te viendrait à l'esprit de donner l'attaque à qui que ce soit. ⁸Pourquoi le ferais-tu? ⁹Qu'y gagnerais-tu? ¹⁰Que pourrait-il en résulter que tu voudrais? ¹¹Et comment le meurtre pourrait-il t'apporter un bénéfice?

3.   Les péchés sont dans les corps. ²Ils ne sont pas perçus dans les esprits. ³Ils ne sont pas vus comme des buts, mais comme des actes. ⁴Les corps agissent, les esprits non. ⁵Par conséquent, le corps doit être en faute pour ce qu'il fait. ⁶Il n'est pas vu comme une chose passive, qui obéit à tes commandements et ne fait rien du tout de lui-même. ⁷Si tu es péché, tu *es* un corps, car l'esprit n'agit point. ⁸Et le but doit être dans le corps, et non dans l'esprit. ⁹Le corps doit agir par lui-même, et se motiver lui-même. ¹⁰Si tu es péché, tu enfermes l'esprit au-dedans du corps, et tu donnes son but à sa prison, qui agit à sa place. ¹¹Un geôlier ne suit pas les ordres, mais il les fait respecter par le prisonnier.

4.   Or c'est le *corps* qui est prisonnier, et non l'esprit. ²Le corps n'a pas de pensées. ³Il n'a pas le pouvoir d'apprendre, ni de pardonner, ni d'asservir. ⁴Il ne donne pas d'ordres auxquels l'esprit ait besoin de se plier, ni ne fixe de conditions auxquelles il doive obéir. ⁵Il ne garde en prison qu'un esprit désireux d'y demeurer. ⁶Il tombe malade sur l'ordre de l'esprit qui voudrait devenir son prisonnier. ⁷Puis il vieillit et meurt, parce que cet esprit est malade en lui-même. ⁸Apprendre est la seule chose qui cause un changement. ⁹Ainsi le corps, où nul apprentissage ne peut se produire, ne pourrait jamais changer, à moins que l'esprit préfère que le

corps change son apparence, pour convenir au but donné par l'esprit. [10]Car l'esprit peut apprendre, et là se fait tout changement.

5. L'esprit qui pense être un péché n'a qu'un but : que le corps soit la source du péché, pour le détenir dans la prison qu'il a choisie, qu'il garde et qui le tient aux abois, prisonnier endormi des chiens féroces de la haine et du mal, de la maladie et de l'attaque ; de la douleur et de l'âge, du chagrin et de la souffrance. [2]Ici sont préservées les pensées de sacrifice, car ici règne la culpabilité, qui ordonne que le monde soit comme elle-même ; un lieu où rien ne peut trouver miséricorde ni survivre aux ravages de la peur, sauf dans le meurtre et dans la mort. [3]Car ici tu es fait péché, et le péché ne peut pas supporter les joyeux et les libres, car ce sont des ennemis que le péché doit tuer. [4]Dans la mort le péché est préservé, et ceux qui pensent être eux-mêmes péché doivent mourir pour ce qu'ils pensent être.

6. Réjouissons-nous de ce que tu verras ce que tu crois, et qu'il t'ait été donné de changer ce que tu crois. [2]Le corps ne fera que suivre. [3]Il ne peut jamais te mener là où tu ne voudrais pas être. [4]Il ne garde pas ton sommeil, et il n'interfère pas avec ton réveil. [5]Délivre ton corps de l'emprisonnement, et tu ne verras personne comme prisonnier de ce dont tu t'es échappé. [6]Tu ne voudras pas garder dans la culpabilité tes ennemis choisis, ni garder enchaînés à l'illusion d'un amour changeant ceux que tu penses amis.

7. Les innocents délivrent en reconnaissance de leur délivrance. [2]Et ce qu'ils voient soutient leur délivrance de l'emprisonnement et de la mort. [3]Ouvre ton esprit au changement, et ni ton frère ni toi n'aurez d'anciennes peines à purger. [4]Car Dieu a dit qu'il n'y *a* pas de sacrifice qui se puisse demander ; il n'y *a* pas de sacrifice qui se puisse faire.

IV. La réelle alternative

1. Il y a une tendance à penser que le monde peut offrir consolation et évasion des problèmes mêmes qu'il a pour but de garder. [2]Pourquoi le ferait-il ? [3]Parce que c'est un lieu où le choix parmi des illusions semble être le seul choix. [4]Et c'est toi qui contrôles les conséquences de ton choix. [5]Ainsi tu penses qu'à l'intérieur de la mince tranche qui va de la naissance à la mort, un peu de temps t'est donné à utiliser pour toi seul ; un temps pendant lequel chacun est en conflit avec toi, mais tu peux choisir quelle route te fera

sortir du conflit, et te mènera loin des difficultés qui ne te concernent pas. [6]Or tu *es* concerné. [7]Comment, donc, peux-tu en échapper en les laissant derrière toi ? [8]Ce qui doit aller avec toi, tu l'emporteras, quelle que soit la route que tu choisis de suivre.

2.   Un choix réel n'est pas une illusion. [2]Mais le monde n'en a pas à offrir. [3]Toutes ses routes ne mènent qu'au désappointement, au néant et à la mort. [4]Il n'y a pas de choix dans ses alternatives. [5]Ne cherche pas à échapper des problèmes ici. [6]Le monde a été fait pour que les problèmes *soient* sans issue. [7]Ne sois pas trompé par tous les noms différents donnés à ses routes. [8]Elles ont une seule fin. [9]Et chacune n'est que le moyen de gagner cette fin, car c'est ici que toutes ses routes mèneront, si différentes qu'elles paraissent au départ ; si différentes qu'elles paraissent en chemin. [10]Leur fin est certaine, car il n'y a pas de choix parmi elles. [11]Elles mènent toutes à la mort. [12]Sur certaines, tu voyages gaiement pendant un moment, avant que n'entre la désolation. [13]Sur d'autres, les épines se font sentir immédiatement. [14]Le choix n'est pas quelle sera la fin, mais quand elle viendra.

3.   Il n'y a pas de choix là où chaque fin est certaine. [2]Peut-être préférerais-tu les essayer toutes avant d'apprendre réellement qu'elles ne font qu'un. [3]Les routes que ce monde peut offrir semblent être en très grand nombre, mais le temps doit venir où chacun commence à voir combien elles se ressemblent les unes les autres. [4]Des hommes sont morts en voyant cela, parce qu'ils ne voyaient pas d'autre voie que les chemins que le monde offrait. [5]Et en apprenant qu'ils ne menaient nulle part, ils ont perdu espoir. [6]C'était pourtant le moment où ils auraient pu apprendre leur plus grande leçon. [7]Tous doivent atteindre ce point, puis aller au-delà. [8]Il est certes vrai qu'il n'y a pas du tout de choix en ce monde. [9]Mais ce n'est pas la leçon en soi. [10]La leçon a un but, et par là tu en viens à comprendre à quoi elle sert.

4.   Pourquoi chercherais-tu à essayer une autre route, une autre personne ou un autre lieu, quand tu as appris comment commence la leçon, mais sans percevoir encore à quoi elle sert ? [2]Son but est la réponse à la quête que doivent entreprendre tous ceux qui croient encore qu'il y a une autre réponse à trouver. [3]Apprends maintenant, sans désespoir, qu'il n'y a pas d'espoir de réponse dans le monde. [4]Mais ne juge pas la leçon qui ne fait que commencer par cela. [5]Ne cherche pas dans le monde un autre panneau qui semble indiquer encore une autre route. [6]Ne cherche plus d'espoir là où il n'y en a pas. [7]Apprends vite maintenant, et

comprends que tu ne fais que perdre du temps à moins que tu n'ailles au-delà de ce que tu as appris vers ce qu'il te reste à apprendre. ⁸Car de ce point le plus bas l'apprentissage te mènera jusqu'à des sommets de bonheur, dans lesquels tu vois le but de la leçon resplendissant, et parfaitement dans les limites de ta capacité d'apprendre.

5.　Qui serait désireux d'être détourné de toutes les routes du monde, à moins qu'il n'en comprenne la réelle futilité? ²N'est-il pas nécessaire qu'il commence par là, pour chercher plutôt une autre voie? ³Car tant qu'il voit un choix où il n'y en a pas, quel pouvoir de décision peut-il utiliser? ⁴La grande libération de pouvoir doit commencer en apprenant où il peut réellement être utilisé. ⁵Or quelle décision a du pouvoir si elle est appliquée à des situations qui n'offrent pas de choix?

6.　Apprendre que le monde peut offrir un seul choix, quelle que soit la forme qu'il prend, c'est commencer à accepter qu'il y a une réelle alternative. ²Lutter contre cette étape, c'est aller à l'encontre du but que tu as ici. ³Tu n'es pas venu pour apprendre à trouver une route que le monde ne contient pas. ⁴La quête de chemins différents dans le monde n'est que la quête de différentes formes de vérité. ⁵Et cela *empêcherait* la vérité d'être atteinte.

7.　Ne pense pas que le bonheur se puisse jamais trouver en suivant une route qui s'en éloigne. ²Cela n'a aucun sens, et ce ne peut pas être la bonne voie. ³À toi qui sembles trouver ce cours trop difficile à apprendre, laisse-moi répéter que pour atteindre un but tu dois aller en sa direction et non en t'en éloignant. ⁴Et chaque route qui mène dans l'autre sens ne fait pas avancer dans la découverte du but. ⁵Si cela est difficile à comprendre, alors ce cours est impossible à apprendre. ⁶Mais alors seulement. ⁷Car autrement, c'est le simple enseignement de l'évidence.

8.　Il y *a* un choix que tu as le pouvoir de faire quand tu as vu les alternatives réelles. ²Jusqu'à ce que ce point soit atteint, tu n'as pas le choix, et tu ne peux que décider comment tu pourrais faire le meilleur choix pour te tromper toi-même à nouveau. ³Ce cours ne tente pas d'enseigner davantage que cela : le pouvoir de décision ne peut pas consister à choisir différentes formes de ce qui est toujours une même illusion et une même erreur. ⁴Tous les choix du monde dépendent de ceci : tu choisis entre ton frère et toi, et tu gagneras autant qu'il perdra; et ce que tu perds est ce qui lui est donné. ⁵Comme cela est entièrement opposé à la vérité, alors que tout le but de la leçon est d'enseigner que ce que ton frère perd, *tu* l'as perdu ; et que ce qu'il gagne est ce qui *t'est* donné.

9.   Il n'a pas quitté Ses Pensées ! [2]Mais tu as oublié Sa Présence et tu ne t'es pas souvenu de Son Amour. [3]Il n'y a pas de chemin dans le monde qui puisse mener à Lui, ni de but mondain qui puisse être un avec le Sien. [4]Quelle route dans le monde entier mènera vers l'intérieur, quand chaque route a été faite pour séparer le voyage du but qu'il doit avoir à moins de n'être que futile errance ? [5]Toutes les routes qui éloignent de ce que tu es te mèneront à la confusion et au désespoir. [6]Or jamais Il n'a laissé Ses Pensées à la mort, sans leur Source à jamais en elles-mêmes.

10.   Il n'a pas quitté Ses Pensées ! [2]Il ne pouvait pas plus en partir qu'elles-mêmes ne pouvaient Le forclore. [3]En union avec Lui, elles demeurent, et dans Leur Unité les Deux sont gardés complets. [4]Il n'y a pas de route qui t'éloigne de Lui. [5]Un voyage hors de toi n'existe pas. [6]Comme il est sot et insane de penser qu'il puisse y avoir une route avec un tel but ! [7]Où pourrait-elle aller ? [8]Et comment pourrais-tu être amené à y voyager, marchant là sans être uni à ta propre réalité ?

11.   Pardonne-toi ta folie, et oublie tous les voyages insensés et tous les buts sans but. [2]Ils n'ont pas de signification. [3]Tu ne peux pas échapper de ce que tu es. [4]Car Dieu est miséricordieux, et Il n'a pas laissé Son Fils L'abandonner. [5]Sois reconnaissant de ce qu'Il est, car en cela est ton évasion hors de la folie et de la mort. [6]Tu ne peux être trouvé nulle part ailleurs que là où Il est. [7]Il n'y *a pas* de chemin qui ne mène à Lui.

V. Concept de soi versus Soi

1.   L'apprentissage du monde est bâti sur un concept de soi ajusté à la réalité du monde. [2]Il lui va bien. [3]Car c'est une image qui convient à un monde d'ombres et d'illusions. [4]Il est ici chez lui, où ce qu'il voit ne fait qu'un avec lui. [5]C'est à la construction d'un concept de soi que sert l'apprentissage du monde. [6]Tel est son but : que tu viennes sans un soi, et que tu en fasses un au fur et à mesure. [7]Et au moment où tu atteins la « maturité », tu l'as perfectionné, pour traiter le monde d'égal à égal, en accord avec ses exigences.

2.   Le concept de soi est fait par toi. [2]Il n'a pas du tout de ressemblance avec toi. [3]C'est une idole, faite pour prendre la place de ta

réalité en tant que Fils de Dieu. ⁴Le concept de soi que le monde voudrait enseigner n'est pas la chose qu'il paraît être. ⁵Car il est fait pour servir deux buts, dont un seul peut être reconnu par l'esprit. ⁶Le premier présente la face de l'innocence, l'aspect qui subit. ⁷C'est cette face qui sourit, charme et semble même aimer. ⁸Elle recherche des compagnons, et elle regarde, parfois avec pitié, la souffrance, et parfois offre un réconfort. ⁹Elle croit qu'elle est bonne dans un monde mauvais.

3. Cet aspect peut se mettre en colère, car le monde est infâme et incapable de fournir l'amour et le refuge que l'innocence mérite. ²Ainsi cette face est-elle souvent mouillée de larmes devant les injustices que le monde accorde à ceux qui voudraient être généreux et bons. ³Cet aspect n'attaque jamais en premier. ⁴Mais chaque jour cent petites choses lancent de petits assauts contre son innocence, le provoquant jusqu'à l'irritation, et enfin jusqu'à l'insulte et l'injure ouvertes.

4. La face de l'innocence que porte si fièrement le concept de soi peut tolérer l'attaque en légitime défense, car n'est-ce pas un fait bien connu que le monde traite rudement l'innocence sans défense? ²Nul ne fait une image de lui-même sans y mettre cette face, car il en a besoin. ³L'autre côté, il ne veut pas le voir. ⁴C'est pourtant là que l'apprentissage du monde a ses visées, car c'est là qu'est établie la «réalité» du monde, pour veiller à ce que l'idole dure.

5. Sous la face de l'innocence, il y a une leçon que le concept de soi a été fait pour enseigner. ²C'est la leçon d'un terrible déplacement et d'une peur si dévastatrice que la face qui sourit au-dessus doit à jamais détourner son regard, de crainte de percevoir la traîtrise qu'elle cache. ³La leçon enseigne ceci : «Je suis la chose que tu as faite de moi, et quand tu me regardes, tu es condamné à cause de ce que je suis.» ⁴À ce concept de soi le monde réagit avec un sourire d'approbation, car il garantit que les chemins du monde sont bien gardés, et que ceux qui les parcourent ne s'échapperont point.

6. Voici la leçon centrale qui assure que ton frère est condamné éternellement. ²Car ce que tu es est maintenant devenu son péché. ³Pour cela, il n'est pas de pardon possible. ⁴Peu importe maintenant ce qu'il fait, car tu lèves un doigt accusateur, inébranlablement et mortellement pointé vers lui. ⁵Il pointe aussi vers toi, mais cela est gardé encore plus profondément dans le brouillard sous la face de l'innocence. ⁶Dans ces caveaux voilés, tous ses péchés et tous les tiens sont préservés et gardés dans les ténèbres, où ils ne peuvent pas être perçus comme des erreurs, ce que la lumière

montrerait sûrement. ⁷Tu ne peux pas être blâmé de ce que tu es, pas plus que tu ne peux changer les choses que cela te fait faire. ⁸Ton frère est donc pour toi le symbole de tes péchés, et tu ne fais que le condamner en silence, et pourtant avec une urgence qui n'a point de cesse, pour la chose haïe que tu es.

7.   Les concepts sont appris. ²Ils ne sont pas naturels. ³À part de l'apprentissage, ils n'existent pas. ⁴Ils ne sont pas donnés, donc ils doivent être faits. ⁵Aucun d'eux n'est vrai, et beaucoup proviennent d'imaginations fiévreuses, échauffées par la haine et les distorsions nées de la peur. ⁶Qu'est-ce qu'un concept, sinon une pensée à laquelle son faiseur donne une signification qui lui est propre? ⁷Les concepts maintiennent le monde. ⁸Mais ils ne peuvent être utilisés pour démontrer que le monde est réel. ⁹Car ils sont tous faits à l'intérieur du monde, nés dans son ombre, grandis à sa manière et enfin «mûris» dans sa pensée. ¹⁰Ce sont des idées d'idoles, peintes avec les brosses du monde, lesquelles ne peuvent pas faire une seule image représentant la vérité.

8.   Un concept de soi est in-signifiant, car nul ici ne peut voir à quoi il sert, ni par conséquent se représenter ce que c'est. ²Or tout l'apprentissage que le monde dirige commence et finit dans le seul but de t'enseigner ce concept de toi-même, afin que tu choisisses de suivre les lois de ce monde et jamais ne cherches à aller au-delà de ses routes, ni ne te rendes compte de la façon dont tu te vois toi-même. ³Maintenant le Saint-Esprit doit trouver une façon de t'aider à voir que ce concept de soi doit être défait, si quelque paix d'esprit doit t'être donnée. ⁴Il ne peut pas non plus être désappris, sauf par des leçons visant à enseigner que tu es quelque chose d'autre. ⁵Car autrement, il te serait demandé d'échanger ce que tu crois maintenant contre une perte totale de soi, et une plus grande terreur surgirait en toi.

9.   C'est pourquoi les plans de leçon du Saint-Esprit sont structurés en étapes faciles; de sorte que même s'il y a parfois un certain malaise ou quelque détresse, il n'y a pas de bris de ce qui a été appris mais une simple retraduction de ce qui semble en faire la preuve. ²Considérons donc ce qu'il y a comme preuve que tu es ce que ton frère a fait de toi. ³Car bien que tu ne perçoives pas encore que c'est ce que tu penses, tu as sûrement appris jusqu'ici que tu te conduis comme si c'était. ⁴Réagit-il pour toi? ⁵Et sait-il exactement ce qui pourrait arriver? ⁶Peut-il voir ton avenir et décréter, par avance, ce que tu devrais faire en toute circonstance?

⁷Il doit avoir fait le monde tout autant que toi pour avoir une telle prescience des choses à venir.

10.   Que tu sois ce que ton frère a fait de toi, cela semble très improbable. ²Même s'il l'avait fait, qui t'a donné la face de l'innocence ? ³Est-ce ta contribution ? ⁴Qui, donc, est le « toi » qui l'as faite ? ⁵Et qui est trompé par toute ta bonté, et l'attaque ainsi ? ⁶Oublions la sottise du concept et ne pensons qu'à ceci : il y a deux parties à ce que tu penses être. ⁷Si l'une était générée par ton frère, qui était là pour faire l'autre ? ⁸Et à qui quelque chose doit-il être caché ? ⁹Si le monde est mauvais, il reste qu'il n'est pas besoin de cacher ce dont tu es fait. ¹⁰Qui est là pour le voir ? ¹¹Et qu'est-ce, sinon ce qui est attaqué, qui pourrait avoir besoin de défense ?

11.   Peut-être que la raison pour laquelle ce concept doit être gardé dans les ténèbres, c'est que, à la lumière, celui qui ne le penserait pas vrai, c'est toi. ²Et qu'arriverait-il au monde que tu vois, si toutes ses fondations étaient enlevées ? ³Ton concept du monde dépend de ce concept de soi. ⁴Et les deux disparaîtraient, si jamais l'un ou l'autre était mis en doute. ⁵Le Saint-Esprit ne cherche pas à jeter la panique en toi. ⁶Ainsi demande-t-Il simplement s'il est possible de soulever juste une petite question.

12.   Il y a des alternatives quant à la chose que tu dois être. ²Tu pourrais, par exemple, être la chose que tu as choisie que soit ton frère. ³Cela déplace le concept de soi de ce qui était entièrement passif, en faisant au moins une place pour un choix actif, et l'admission dans une certaine mesure qu'il doit y avoir eu interaction. ⁴Il y a une certaine compréhension de ce que tu as choisi pour vous deux, et que ce qu'il représente a une signification qui lui a été donnée par toi. ⁵Cela jette aussi un peu de lumière sur la loi de la perception voulant que ce que tu vois reflète l'état d'esprit de celui qui perçoit. ⁶Or qui est celui qui a choisi en premier ? ⁷Si tu es ce que tu as choisi que soit ton frère, c'est qu'il y avait des alternatives parmi lesquelles choisir, et quelqu'un doit d'abord avoir décidé laquelle choisir, en laissant tomber l'autre.

13.   Quoique cette étape apporte des gains, elle n'aborde pas encore une question fondamentale. ²Quelque chose a dû venir avant ces concepts de soi. ³Et quelque chose a dû faire l'apprentissage qui leur a donné lieu. ⁴Et cela ne peut pas non plus être expliqué par l'un ou l'autre point de vue. ⁵Le principal avantage à passer du premier au second, c'est que tu as en quelque sorte pris part au choix par ta propre décision. ⁶Mais ce gain vient au prix d'une perte presque égale, car maintenant tu te trouves accusé de culpabilité

pour ce qu'est ton frère. ⁷Et tu dois partager sa culpabilité, parce que tu l'as choisie pour lui à l'image de la tienne. ⁸Alors qu'auparavant, lui seul était traître, maintenant tu dois être condamné avec lui.

14.   Le concept de soi a toujours été la grande préoccupation du monde. ²Et chacun croit qu'il doit trouver la réponse à l'énigme de lui-même. ³Le salut peut être vu comme rien de plus que l'évasion hors des concepts. ⁴Il ne se soucie pas du contenu de l'esprit, mais de la simple affirmation qu'il pense. ⁵Et ce qui peut penser a le choix, et on peut lui montrer que des pensées différentes ont des conséquences différentes. ⁶Ainsi il peut apprendre que tout ce qu'il pense reflète la profonde confusion qu'il ressent quant à savoir comment il a été fait et ce qu'il est. ⁷Et le concept de soi paraît vaguement répondre à ce qu'il ne connaît pas.

15.   Ne cherche pas ton Soi dans les symboles. ²Il ne peut y avoir de concept qui puisse représenter ce que tu es. ³Qu'importe le concept que tu acceptes tant que tu perçois un soi qui interagit avec le mal et réagit à des choses infâmes ? ⁴Ton concept de toi-même restera encore tout à fait in-signifiant. ⁵Et tu ne percevras pas que tu ne peux interagir qu'avec toi-même. ⁶Voir un monde coupable n'est que le signe que ton apprentissage a été guidé par le monde, et que tu le vois comme tu te vois toi-même. ⁷Le concept de soi embrasse tout ce que tu regardes, et rien n'est en-dehors de cette perception. ⁸Si tu peux être blessé par quoi que ce soit, tu vois une image de tes souhaits secrets. ⁹Rien de plus. ¹⁰Et dans ta souffrance quelle qu'elle soit, tu vois ton désir dissimulé de tuer.

16.   Tu feras de nombreux concepts de soi tout au long de ton apprentissage. ²Chacun montrera les changements dans tes propres relations, au fur et à mesure que ta perception de toi-même sera changée. ³Il y aura une certaine confusion chaque fois qu'il y a un changement, mais sois reconnaissant de ce que l'apprentissage du monde relâche sa prise sur ton esprit. ⁴Garde confiance et sois sûr et heureux qu'il finira par disparaître, et laissera ton esprit en paix. ⁵Le rôle de l'accusateur apparaîtra à de nombreux endroits et sous de nombreuses formes. ⁶Et chacune semblera t'accuser. ⁷Or ne crains pas qu'elle ne soit pas défaite.

17.   Le monde ne peut pas enseigner d'images de toi à moins que tu ne veuilles les apprendre. ²Le temps viendra où toutes les images auront passé, et tu verras que tu ne connais pas ce que tu es. ³C'est à cet esprit descellé et ouvert que la vérité retourne,

sans être entravée ni liée. ⁴Là où les concepts de soi ont été mis de côté, la vérité est révélée exactement telle qu'elle est. ⁵Quand chaque concept a été mis en doute et en question, et reconnu comme n'étant fondé sur aucune hypothèse qui tiendrait à la lumière, alors la vérité est laissée libre d'entrer en son sanctuaire, propre et libre de culpabilité. ⁶Il n'est pas d'énoncé que le monde ait plus peur d'entendre que celui-ci :

> ⁷*Je ne connais pas la chose que je suis, et je ne sais donc pas ce que je fais, où je suis, comment regarder le monde ni comment me regarder moi-même.*

⁸Or dans cette leçon naît le salut. ⁹Et Ce que tu es te parlera de Soi-même.

VI. Reconnaître le pur-esprit

1. Tu vois la chair ou tu reconnais le pur-esprit. ²Il n'y a pas de compromis entre les deux. ³Si l'un est réel, l'autre doit être faux, car ce qui est réel nie son opposé. ⁴Il n'y a pas d'autre choix de vision que celui-là. ⁵Ce que tu décides à cet égard détermine tout ce que tu vois et penses réel et tiens pour vrai. ⁶De ce seul choix tout ton monde dépend, car tu établis ici ce que tu es, chair ou pur-esprit selon ta propre croyance. ⁷Si tu choisis la chair, tu n'échapperas jamais du corps comme ta propre réalité, car tu as choisi que tu le veux ainsi. ⁸Mais choisis le pur-esprit, et le Ciel tout entier se penche pour toucher tes yeux et bénir ta sainte vue, afin que tu ne voies plus le monde de chair, sauf pour guérir, réconforter et bénir.

2. Le salut est de défaire. ²Si tu choisis de voir le corps, tu contemples un monde de séparation, de choses sans relations entre elles, et d'événements qui n'ont absolument aucun sens. ³Celui-ci apparaît puis disparaît dans la mort ; celui-là est condamné à la souffrance et à la perte. ⁴Et nul n'est exactement tel qu'il était l'instant d'avant, pas plus qu'il ne sera le même qu'il est maintenant dans un instant. ⁵Qui pourrait avoir confiance où il voit tant de changements, car qui est digne s'il n'est que poussière ? ⁶Le salut est le défaire de tout cela. ⁷Car la constance surgit à la vue de ceux dont les yeux ont été délivrés par le salut et ne regardent plus le coût de conserver la culpabilité, parce qu'ils ont choisi plutôt d'en lâcher prise.

3.   Le salut ne demande pas que tu contemples le pur-esprit et ne perçoives point le corps. ²Il demande simplement que cela soit ton choix. ³Car tu peux voir le corps sans aide, mais tu ne comprends pas comment contempler un monde à part de lui. ⁴C'est ton monde que le salut défera, te laissant voir un autre monde que tes yeux ne pourraient jamais trouver. ⁵Ne te soucie pas de savoir comment cela pourrait jamais être. ⁶Tu ne comprends pas comment ce que tu vois a surgi pour rencontrer ta vue. ⁷Car si tu le comprenais, cela aurait disparu. ⁸Le voile de l'ignorance est jeté sur le mal et sur le bien, et il doit être dépassé pour que les deux disparaissent, de sorte que la perception ne trouve pas de cachette. ⁹Comment cela est-il fait? ¹⁰Cela n'est pas du tout fait. ¹¹Que pourrait-il y avoir dans tout l'univers que Dieu a créé qui doive encore être fait?

4.   C'est seulement par arrogance que tu pourrais concevoir que tu dois rendre clair le chemin qui mène au Ciel. ²Les moyens te sont donnés qui permettent de voir le monde qui remplacera celui que tu as fait. ³Que ta volonté soit faite! ⁴Au Ciel comme sur la terre, cela est vrai à jamais. ⁵Peu importe où tu crois être et ce que tu penses que doit être réellement la vérité à ton sujet. ⁶Ce que tu regardes, ce que tu choisis de ressentir, de penser ou de souhaiter, tout cela n'y change rien. ⁷Car Dieu Lui-même a dit : « Que ta volonté soit faite. » ⁸Et il t'advient en conséquence.

5.   Toi qui crois pouvoir choisir de voir le Fils de Dieu tel que tu voudrais qu'il soit, n'oublie pas qu'aucun concept de toi-même ne tiendra devant la vérité de ce que tu es. ²Défaire la vérité serait impossible. ³Mais les concepts ne sont pas difficiles à changer. ⁴Une seule vision, vue clairement, qui ne cadre pas avec l'image telle qu'elle était perçue auparavant, change le monde pour des yeux qui apprennent à voir, parce que le concept de soi a changé.

6.   Es-tu invulnérable? ²Alors à tes yeux le monde est non nuisible. ³Pardonnes-tu? ⁴Alors le monde pardonne, car tu lui as pardonné ses offenses et il te regarde avec des yeux qui voient comme les tiens. ⁵Es-tu un corps? ⁶Alors le monde entier est perçu comme traître, et cherchant à tuer. ⁷Es-tu pur-esprit, sans mort, et sans avoir sur toi la promesse de corruption ni la souillure du péché? ⁸Alors le monde est vu comme stable, pleinement digne de ta confiance; un lieu de bonheur où te reposer un instant, où il n'est point besoin de craindre quoi que ce soit mais seulement d'aimer. ⁹Qui n'est pas le bienvenu chez ceux qui ont bon cœur?

¹⁰Et qu'est-ce qui pourrait blesser ceux qui sont véritablement innocents?

7.   Que ta volonté soit faite, ô saint enfant de Dieu. ²Peu importe si tu penses être sur la terre ou au Ciel. ³Ce que ton Père veut de toi ne peut jamais changer. ⁴La vérité en toi reste aussi radieuse qu'une étoile, aussi pure que la lumière, aussi innocente que l'amour même. ⁵Et tu *es* digne que ta volonté soit faite!

VII. La vision du sauveur

1.   Apprendre, c'est changer. ²Le salut ne cherche pas à utiliser un moyen encore trop étranger à ta façon de penser pour être utile, ni à faire le genre de changements que tu ne pourrais pas reconnaître. ³Il est besoin de concepts tant que dure la perception, et c'est la tâche du salut de changer les concepts. ⁴Car il doit user des contrastes, et non de la vérité, qui n'a pas d'opposé et ne peut changer. ⁵Dans les concepts de ce monde, les coupables sont « mauvais »; les « bons » sont innocents. ⁶Il n'en est pas un ici qui n'ait un concept de lui-même dans lequel il compte le « bon » pour lui pardonner le « mauvais ». ⁷Pas plus qu'il ne fait confiance au « bon » en qui que ce soit, croyant que le « mauvais » doit se cacher derrière. ⁸Ce concept met l'accent sur la traîtrise, et la confiance devient impossible. ⁹Et cela non plus ne peut changer tant que tu perçois le « mauvais » en toi.

2.   Tu ne peux pas reconnaître tes « mauvaises » pensées tant que tu vois une valeur dans l'attaque. ²Tu les percevras parfois, mais tu ne verras pas qu'elles sont in-signifiantes. ³Ainsi viennent-elles sous des formes effrayantes, avec leur contenu encore dissimulé, pour ébranler ton triste concept de toi et le noircir encore d'un autre « crime ». ⁴Tu ne peux pas te donner toi-même ton innocence, car la confusion en toi est trop grande pour savoir ce que tu es. ⁵Mais si *un seul* frère se montrait à tes yeux entièrement digne de pardon, alors ton concept de toi-même serait complètement changé. ⁶Tes « mauvaises » pensées ont été pardonnées avec les siennes, parce que tu n'en laisses aucune t'affecter. ⁷Tu ne choisis plus d'être le signe du mal et de la culpabilité en lui. ⁸Et comme tu donnes ta confiance à ce qui est bon en lui, tu la donnes au bon en toi.

3.   Sur le plan des concepts, c'est ainsi que tu vois plus en lui que juste un corps, car le bon n'est jamais ce que le corps semble

être. ²Les actions du corps sont perçues comme venant de la partie «plus basse» de toi, et donc de lui aussi. ³En te concentrant sur le bon en lui, le corps devient de moins en moins persistant à tes yeux; et à la longue il n'est plus vu comme étant beaucoup plus qu'une ombre tournant autour du bon. ⁴Tel sera ton concept de toi, quand tu auras atteint le monde par-delà la vue que tes yeux seuls peuvent t'offrir à voir. ⁵Car tu n'interpréteras pas ce que tu vois sans l'Aide que Dieu t'a donnée. ⁶Et à Ses yeux il y *a* un autre monde.

4.   Tu vis dans cet autre monde tout autant que dans celui-ci. ²Car les deux sont des concepts de toi, qui peuvent être interchangés mais jamais tenus conjointement. ³Le contraste est bien plus grand que tu ne le penses, car tu aimeras ce concept de toi, parce qu'il n'a pas été fait pour toi seul. ⁴Né en tant que don offert à quelqu'un qui n'est pas perçu comme étant toi, il t'a été donné. ⁵Car ton pardon, à lui offert, a maintenant été accepté pour vous deux.

5.   Aie foi en celui qui marche avec toi, afin que ton effrayant concept de toi puisse changer. ²Regarde le bon en lui, afin de ne pas être effrayé par tes «mauvaises» pensées, parce qu'elles n'obscurcissent plus la vue que tu as de lui. ³Et tout ce que requiert cet heureux changement, c'est que tu sois désireux de le laisser se produire. ⁴Rien de plus n'est demandé. ⁵En son nom, rappelle-toi tout ce que t'a apporté dans son sillage le concept de toi que tu as maintenant, et accueille l'heureux contraste qui t'est offert. ⁶Tends la main, pour que tu aies le don du doux pardon que tu offres à ceux qui en ont le même besoin que toi. ⁷Et laisse le cruel concept de toi être changé en un concept qui apporte la paix de Dieu.

6.   Le concept de toi que tu as maintenant garantirait que ta fonction ici ne sera jamais accomplie ni remplie. ²Ainsi il te condamne à l'amertume d'un sentiment profond de dépression et de futilité. ³Or il n'a pas besoin d'être fixe, à moins que tu ne choisisses de le tenir au-delà de tout espoir de changement, et de le garder statique et dissimulé dans ton esprit. ⁴Donne-le plutôt à Celui Qui comprend les changements dont il a besoin pour le laisser remplir la fonction qui t'a été donnée pour t'apporter la paix, afin que tu offres la paix pour l'avoir à toi. ⁵Les alternatives sont dans ton esprit pour être utilisées, et tu peux te voir toi-même d'une autre façon. ⁶Ne préférerais-tu pas te voir toi-même comme nécessaire au salut du monde, plutôt que comme l'ennemi du salut?

7.   Le concept de soi se dresse comme un bouclier, une barricade silencieuse devant la vérité, qu'elle cache à ta vue. ²Toutes les

choses que tu vois sont des images, parce que tu les regardes comme à travers une barrière qui affaiblit ta vue et fausse ta vision, de sorte que tu ne vois rien avec clarté. ³La lumière est tenue loin de tout ce que tu vois. ⁴Au maximum, tu aperçois une ombre de ce qui se trouve au-delà. ⁵Au minimum, tu ne fais que regarder les ténèbres et percevoir les terrifiantes imaginations qui viennent des pensées et concepts coupables nés de la peur. ⁶Et ce que tu vois est l'enfer, car la peur *est* l'enfer. ⁷Tout ce qui t'est donné est pour la délivrance : la vue, la vision et le Guide intérieur te conduisent tous hors de l'enfer avec ceux que tu aimes à tes côtés, et l'univers avec eux.

8. Voilà ton rôle dans l'univers ! ²À chaque partie de la véritable création, le Seigneur de l'Amour et de la vie a confié tout le salut qui délivre de la misère de l'enfer. ³À chacun Il a accordé la grâce d'être un sauveur pour les saints frères particulièrement confiés à ses soins. ⁴Et c'est cela qu'il apprend quand pour la première fois il regarde un frère comme il se regarde lui-même, et voit en lui le miroir de lui-même. ⁵Ainsi le concept de lui est mis de côté, car rien ne se dresse entre ses yeux et ce qu'il voit, pour juger ce qu'il contemple. ⁶Dans cette vision indivisée il voit la face du Christ, et il comprend qu'il regarde chacun comme il contemple celui-là. ⁷Car la lumière est là où auparavant étaient les ténèbres, et maintenant le voile est levé de sa vue.

9. Le voile sur la face du Christ, la peur de Dieu et du salut, et l'amour de la culpabilité et de la mort, ce sont tous des noms différents pour une seule erreur : qu'il y a un espace entre toi et ton frère, séparés par une illusion de toi-même qui le garde à l'écart de toi, et toi loin de lui. ²L'épée du jugement est l'arme que tu donnes à l'illusion de toi-même, afin qu'elle se batte pour garder l'espace qui tient ton frère à l'écart inoccupé par l'amour. ³Or tant que tu tiens cette épée, tu dois percevoir le corps comme étant toi, car tu es lié à la séparation d'avec la vue de celui qui tient le miroir offrant un autre point de vue sur ce qu'il est, et donc sur ce que tu dois être.

10. Qu'est-ce que la tentation, sinon le souhait de rester dans l'enfer et la misère ? ²Et qu'est-ce que cela pourrait faire surgir, sinon une image de toi-même qui peut être misérable, et rester dans l'enfer et le tourment ? ³Celui qui a appris à voir son frère comme n'étant pas cela s'est sauvé lui-même, et il est donc un sauveur pour les autres. ⁴À chacun Dieu les a tous confiés, parce qu'un sauveur partiel ne serait lui-même que partiellement sauvé. ⁵Les saints

frères que Dieu t'a donnés à sauver sont simplement chacun de ceux que tu rencontres ou regardes, sans connaître qui ils sont ; tous ceux que tu as vus un instant avant de les oublier, ceux que tu as connus il y a longtemps et ceux qu'il te reste à rencontrer ; ceux dont le souvenir a disparu et ceux qui ne sont pas encore nés. 6Car Dieu t'a donné Son Fils à sauver de chaque concept qu'il ait jamais eu.

11.   Or tant que tu souhaites rester en enfer, comment pourrais-tu être le sauveur du Fils de Dieu ? 2Comment connaîtrais-tu sa sainteté tandis que tu le vois à part de la tienne ? 3Car la sainteté se voit par des yeux saints qui regardent l'innocence au-dedans et s'attendent donc à la voir partout. 4Ainsi ils l'appellent en tous ceux qu'ils regardent, afin qu'ils soient ce qu'ils attendent d'eux. 5Voici la vision du sauveur : qu'il voie son innocence en tout ce qu'il regarde, et voie partout son propre salut. 6Il ne tient aucun concept de lui-même entre ses yeux calmes et ouverts et ce qu'il voit. 7Il apporte la lumière à ce qu'il regarde, pour le voir tel que c'est réellement.

12.   Quelle que soit la forme que la tentation semble prendre, elle ne fait toujours que refléter un souhait d'être un soi que tu n'es pas. 2Et de ce souhait surgit un concept, qui t'enseigne que tu es la chose que tu souhaites être. 3Et cela restera ton concept de toi jusqu'à ce que le souhait qui l'a engendré ne te soit plus cher. 4Mais tant que tu le chéris, tu regarderas ton frère à la ressemblance du soi dont le souhait avait engendré l'image de toi. 5Car voir ne peut que représenter un souhait, n'ayant pas le pouvoir de créer. 6Or tu peux regarder avec amour ou regarder avec haine, selon que tu as fait le simple choix de te joindre à ce que tu vois ou de rester à part et séparé.

13.   La vision du sauveur est aussi innocente de ce qu'est ton frère qu'elle est libre de tout jugement porté sur toi-même. 2Elle ne voit pas du tout de passé en qui que ce soit. 3Par conséquent, elle est au service d'un esprit entièrement ouvert, dégagé des nuages des vieux concepts et prêt à regarder uniquement ce que contient le présent. 4Elle ne peut pas juger parce qu'elle ne connaît pas. 5Reconnaissant cela, elle demande simplement : « Quel est la signification de ce que je vois ? » 6Puis la réponse est donnée. 7Et la porte est tenue ouverte pour que la face du Christ luise sur celui qui demande, en innocence, à voir au-delà du voile de ces vieilles idées et anciens concepts si longtemps et si chèrement tenus contre la vision du Christ en toi.

14. Sois donc vigilant contre la tentation, en te souvenant qu'elle n'est qu'un souhait, insane et in-signifiant, de faire de toi-même une chose que tu n'es pas. [2]Songe aussi à la chose que tu serais à la place. [3]C'est une chose de folie, de douleur et de mort ; une chose de trahison et de noir désespoir, de rêves qui s'effondrent, et le seul espoir qui reste est de mourir et de mettre fin au rêve de peur. [4]*Voilà* la tentation : rien d'autre que cela. [5]Peut-il être difficile de choisir de la *rejeter* ? [6]Considère ce qu'est la tentation, et vois les réelles alternatives entre lesquelles tu choisis. [7]Il n'y en a que deux. [8]Ne sois pas trompé par ce qui paraît être de nombreux choix. [9]Il y a l'enfer ou le Ciel, et tu ne peux choisir que l'un des deux.

15. Ne laisse pas la lumière du monde, à toi donnée, être cachée au monde. [2]Il a besoin de la lumière, car il est certes sombre, et les hommes désespèrent parce que la vision du sauveur est retenue et c'est la mort qu'ils voient. [3]Leur sauveur est là, non connaissant et non connu, qui les contemple avec des yeux non ouverts. [4]Et ils ne peuvent pas voir jusqu'à ce qu'il les ait regardés avec des yeux qui voient, et leur ait offert le pardon avec le sien. [5]Toi à qui Dieu dit : « Délivre Mon Fils ! », peux-tu être tenté de ne pas écouter, quand tu apprends que c'est toi pour qui Il demande délivrance ? [6]Et quoi d'autre que cela ce cours voudrait-il enseigner ? [7]Et quoi d'autre que cela y a-t-il à apprendre pour toi ?

VIII. Choisis à nouveau

1. La tentation a une seule leçon qu'elle voudrait enseigner sous toutes ses formes, partout où elle se produit. [2]Elle voudrait persuader le saint Fils de Dieu qu'il est un corps, né dans ce qui doit mourir, incapable d'échapper à sa fragilité et lié par ce qu'il lui ordonne de ressentir. [3]Il fixe les limites de ce qu'il peut faire ; son pouvoir est la seule force qu'il ait ; et sa compréhension ne peut pas excéder sa minuscule portée. [4]Voudrais-tu être cela, si le Christ t'apparaissait dans toute Sa gloire, en te demandant seulement ceci :

> [5]*Choisis à nouveau si tu veux prendre ta place parmi les sauveurs du monde, ou rester en enfer et y tenir tes frères ?*

[6]Car Il *est* venu, et Il *demande* cela.

2.   Comment fais-tu ce choix? [2]Comme cela est facile à expliquer! [3]Tu choisis toujours entre ta faiblesse et la force du Christ en toi. [4]Et ce que tu choisis est ce que tu penses réel. [5]Simplement en n'utilisant jamais la faiblesse pour diriger tes actions, tu ne lui as donné aucun pouvoir. [6]Et la lumière du Christ en toi est mise en charge de tout ce que tu fais. [7]Car tu Lui as apporté ta faiblesse et Il t'a donné Sa force à la place.

3.   Les épreuves ne sont que des leçons que tu as manqué d'apprendre et qui te sont présentées à nouveau, de sorte que là où tu avais fait le mauvais choix auparavant, tu peux maintenant en faire un meilleur, échappant ainsi de toute la douleur que t'avait apportée ce que tu as choisi auparavant. [2]Dans chaque difficulté, chaque détresse et chaque perplexité, le Christ t'appelle et dit doucement : « Mon frère, choisis à nouveau. » [3]Il ne voudrait pas laisser une seule source de douleur non guérie, ni aucune image pour voiler la vérité. [4]Il voudrait enlever toute la misère de toi, que Dieu a créé comme autel à la joie. [5]Il ne voudrait pas te laisser inconsolé, seul dans des rêves d'enfer, mais Il voudrait délivrer ton esprit de tout ce qui te cache Sa face. [6]Sa Sainteté est tienne parce qu'Il est le seul pouvoir qui est réel en toi. [7]Sa force est tienne parce qu'Il est le Soi que Dieu a créé comme Son seul Fils.

4.   Les images que tu fais ne peuvent prévaloir contre ce que Dieu Lui-même voudrait que tu sois. [2]N'aie jamais peur, donc, de la tentation, mais vois-la telle qu'elle est : une autre chance de choisir à nouveau et de laisser la force du Christ prévaloir en chaque circonstance et en chaque endroit où tu avais auparavant élevé une image de toi-même. [3]Car ce qui paraît cacher la face du Christ est impuissant devant Sa majesté, et disparaît devant Sa sainte vision. [4]Les sauveurs du monde, qui voient comme Lui, sont simplement ceux qui choisissent Sa force au lieu de leur propre faiblesse, vue à part de Lui. [5]Ils rédimeront le monde, car ils sont joints dans toute la puissance de la Volonté de Dieu. [6]Et ce qu'ils veulent est seulement ce qu'Il veut.

5.   Apprends donc l'heureuse habitude de répondre à toute tentation de te percevoir toi-même comme faible et misérable par ces mots :

> [2]*Je suis tel que Dieu m'a créé.* [3]*Son Fils ne peut*
> *pas souffrir.* [4]*Et je suis Son Fils.*

[5]Ainsi la force du Christ est invitée à prévaloir, remplaçant toute ta faiblesse par la force qui vient de Dieu et ne peut jamais faillir. [6]Ainsi les miracles sont aussi naturels que la peur et l'agonie paraissaient l'être avant que le choix de la sainteté n'ait été fait. [7]Car avec ce choix toutes les fausses distinctions ont disparu, les alternatives illusoires sont mises de côté, et rien ne reste pour interférer avec la vérité.

6. Tu *es* tel que Dieu t'a créé, comme l'est chaque chose vivante que tu regardes, en dépit des images que tu vois. [2]Ce que tu vois comme maladie et douleur, comme faiblesse, souffrance et perte, n'est que la tentation de te percevoir toi-même sans défense et en enfer. [3]N'y cède pas, et tu verras toute la douleur, sous toutes ses formes, où qu'elle se produise, disparaître simplement comme brume au soleil. [4]Un miracle est venu guérir le Fils de Dieu et fermer la porte à ses rêves de faiblesse, ouvrant la voie à son salut et à sa délivrance. [5]Choisis à nouveau ce que tu voudrais qu'il soit, en te souvenant que chacun de tes choix établit ta propre identité telle que tu la verras et la croiras.

7. Ne me nie pas le petit don que je demande, quand en échange je dépose à tes pieds la paix de Dieu, et le pouvoir d'apporter cette paix à quiconque va errant dans le monde, incertain et seul, et dans une constante frayeur. [2]Car il t'est donné de te joindre à lui et par le Christ en toi de dévoiler ses yeux et de le laisser voir le Christ en lui.

8. Mes frères dans le salut, ne manquez pas d'entendre ma voix et d'écouter mes paroles. [2]Je ne demande que votre propre délivrance. [3]Il n'y a pas de place pour l'enfer dans un monde dont la beauté peut encore être si intense et si intégrale qu'il n'y a qu'un pas de là au Ciel. [4]À vos yeux fatigués, j'apporte une vision d'un monde différent, si nouveau, si propre et frais que vous oublierez la douleur et le chagrin que vous voyiez auparavant. [5]Or c'est une vision que vous devez partager avec tous ceux que vous voyez, car autrement vous ne la verrez pas. [6]C'est en offrant ce don que vous le faites vôtre. [7]Et Dieu a décrété, avec amour et bonté, qu'il était pour vous.

9. Réjouissons-nous de pouvoir parcourir le monde et trouver de si nombreuses occasions de percevoir encore une autre situation où le don de Dieu peut à nouveau être reconnu comme nôtre! [2]Ainsi disparaîtront tous les vestiges de l'enfer, les péchés secrets et les haines cachées. [3]Et toute la beauté qu'ils dissimulaient apparaît à nos yeux comme les jardins du Ciel, pour nous élever

bien au-dessus des routes épineuses sur lesquelles nous voyagions avant que le Christ n'apparaisse. [4]Entendez-moi, mes frères, entendez et joignez-vous à moi. [5]Dieu a décrété que je ne pouvais pas appeler en vain, et dans Sa certitude je repose. [6]Car vous *entendrez* et vous *choisirez* à nouveau. [7]Et par ce choix chacun est rendu libre.

10.   Je Te rends grâce, Père, de ces saints qui sont mes frères comme ils sont Tes Fils. [2]Ma foi en eux est la Tienne. [3]Je suis aussi sûr qu'ils viendront à moi que Tu l'es de ce qu'ils sont et seront à jamais. [4]Ils accepteront le don que je leur offre, parce que Tu me l'as donné en leur nom. [5]Et comme je ne voudrais faire que Ta sainte Volonté, ainsi choisiront-ils. [6]Je Te rends grâce pour eux. [7]Le chant du salut résonnera de par le monde chaque fois qu'ils choisiront. [8]Car nous sommes unis dans un même but, et la fin de l'enfer est proche.

11.   En heureuse bienvenue, j'ai la main tendue vers chaque frère qui voudrait se joindre à moi afin d'aller au-delà de la tentation, et dont le regard se porte avec une fixe détermination vers la lumière qui luit au-delà avec une parfaite constance. [2]Donne-moi les miens, car ils T'appartiennent. [3]Pourrais-Tu échouer en ce qui n'est que Ta Volonté ? [4]Je Te rends grâce de ce que sont mes frères. [5]Au fur et à mesure que chacun choisit de se joindre à moi, le chant de grâce qui monte de la terre vers le Ciel grandit de petites bribes éparses de mélodie en un seul chœur qui embrasse toutes choses d'un monde rédimé de l'enfer, et Te rend grâce.

12.   Et maintenant nous disons : Amen. [2]Car le Christ est venu habiter dans la demeure que Tu as établie pour Lui avant que le temps fût, dans la calme éternité. [3]Le voyage s'achève et prend fin à l'endroit où il a commencé. [4]Il n'en reste plus trace. [5]Aucune foi n'est accordée à aucune illusion, et pas une tache de ténèbres ne reste encore pour cacher à quiconque la face du Christ. [6]Ta Volonté est faite, complète et parfaitement, et toute la création Te reconnaît et Te connaît comme la seule Source qu'elle ait. [7]Pareille à toi par sa clarté, la lumière rayonne de tout ce qui vit et se meut en Toi. [8]Car nous sommes rendus là où nous tous ne faisons qu'un, et nous sommes chez nous, où Tu veux que nous soyons.

UN COURS EN MIRACLES

LIVRE D'EXERCICES POUR ÉTUDIANTS

TABLE DES MATIÈRES

Révision V

Révision VI

INTRODUCTION

1.   Un fondement théorique comme celui que le texte procure est un cadre nécessaire pour rendre les leçons de ce livre d'exercices signifiantes. [2]Or c'est de faire les exercices qui rendra le but de ce cours possible. [3]Un esprit inexercé ne peut rien accomplir. [4]C'est le but de ce livre d'exercices d'entraîner ton esprit à penser de la façon qui est présentée dans le texte.

2.   Les exercices sont très simples. [2]Ils ne requièrent pas beaucoup de temps et peu importe où tu les fais. [3]Ils n'ont pas besoin de préparation. [4]La période d'entraînement est de un an. [5]Les exercices sont numérotés de 1 à 365. [6]N'entreprends pas de faire plus d'une leçon par jour.

3.   Le livre d'exercices est divisé en deux sections principales, la première traitant du défaire de ta façon de voir maintenant ; et la seconde, de l'acquisition de la perception vraie. [2]À l'exception des périodes de révision, les exercices de chaque jour sont planifiés autour d'une idée centrale, qui est d'abord énoncée. [3]Suit une description des procédures concrètes par lesquelles l'idée du jour sera appliquée.

4.   Le but de ce livre d'exercices est d'entraîner ton esprit d'une manière systématique à une perception différente de tous et de tout en ce monde. [2]Les exercices sont planifiés de façon à t'aider à généraliser les leçons, afin que tu comprennes que chacune d'elles est également applicable à tous ceux et à tout ce que tu vois.

5.   Le transfert de l'entraînement en perception vraie ne se fait pas comme le transfert de l'entraînement du monde. [2]Si la perception vraie a été atteinte par rapport à une personne, une situation ou un événement quelconque, le transfert total à tous et à tout est certain. [3]D'autre part, une seule exception tenue à part de la perception vraie rend ses accomplissements impossibles n'importe où.

6.   Les seules règles générales à observer d'un bout à l'autre sont donc : Premièrement, que les exercices soient faits d'une manière très concrète, comme il sera indiqué. [2]Cela t'aidera à appliquer les idées en question à toute situation dans laquelle tu te trouves, ainsi qu'à tous ceux et à tout ce qu'elle englobe. [3]Deuxièmement, assure-toi de ne pas décider par toi-même qu'il y a certaines personnes, situations ou choses auxquelles les idées sont inapplicables. [4]Cela interférera avec le transfert de l'entraînement. [5]C'est

la nature même de la perception vraie de n'avoir pas de limites. [6]C'est l'opposé de ta façon de voir maintenant.

7.   Le but général des exercices est d'augmenter ton aptitude à étendre les idées que tu pratiqueras jusqu'à tout y inclure. [2]Cela n'exigera aucun effort de ta part. [3]Les exercices eux-mêmes satisfont aux conditions nécessaires pour ce type de transfert.

8.   Certaines des idées que présente le livre d'exercices te paraîtront difficiles à croire ; d'autres te sembleront tout à fait surprenantes. [2]Cela n'a aucune importance. [3]Il t'est simplement demandé d'appliquer les idées de la manière indiquée. [4]Il ne t'est pas demandé de les juger. [5]Il t'est seulement demandé de les utiliser. [6]C'est leur utilisation qui leur donnera une signification pour toi et te montrera qu'elles sont vraies.

9.   Souviens-toi seulement de ceci : tu n'as pas besoin de croire les idées, tu n'as pas besoin de les accepter, tu n'as pas même besoin de leur faire bon accueil. [2]Il se peut qu'à certaines d'entre elles, tu résistes activement. [3]Rien de tout cela n'a d'importance, et leur efficacité n'en est pas diminuée. [4]Mais ne te permets pas de faire des exceptions dans l'application des idées que contient le livre d'exercices ; et quelles que soient tes réactions à ces idées, utilise-les. [5]Rien d'autre que cela n'est requis.

PREMIÈRE PARTIE

LEÇON 1

**Rien de ce que je vois dans cette pièce [dans cette rue,
de cette fenêtre, dans ce lieu] ne signifie quoi que ce soit.**

1. Maintenant regarde lentement autour de toi et exerce-toi à
appliquer cette idée très concrètement à tout ce que tu vois :

> ²*Cette table ne signifie rien.*
> ³*Cette chaise ne signifie rien.*
> ⁴*Cette main ne signifie rien.*
> ⁵*Ce pied ne signifie rien.*
> ⁶*Ce stylo ne signifie rien.*

2. Puis regarde plus loin que les environs immédiats, et applique
l'idée sur un champ plus large :

> ²*Cette porte ne signifie rien.*
> ³*Ce corps ne signifie rien.*
> ⁴*Cette lampe ne signifie rien.*
> ⁵*Ce panneau ne signifie rien.*
> ⁶*Cette ombre ne signifie rien.*

3. Remarque que ces énoncés n'ont pas été placés dans un certain ordre, et qu'ils ne tiennent compte d'aucune différence entre
les sortes de choses auxquelles ils sont appliqués. ²C'est le but de
l'exercice. ³L'énoncé devrait simplement être appliqué à n'importe quelle chose que tu vois. ⁴Quand tu répètes l'idée du jour,
utilise-la sans la moindre discrimination. ⁵Ne tente pas de l'appliquer à tout ce que tu vois, car ces exercices ne devraient pas
devenir ritualistes. ⁶Seulement, assure-toi que rien de ce que tu
vois n'est exclu expressément. ⁷Une chose est comme une autre
quand il s'agit d'appliquer l'idée.

4. Chacune des trois premières leçons ne devrait pas être faite
plus de deux fois par jour, de préférence matin et soir. ²Elle ne
devrait pas non plus être tentée durant plus d'une minute environ, sauf si cela t'oblige à te presser. ³Il est essentiel de les faire
à ton aise et sans hâte.

LEÇON 2

J'ai donné à tout ce que je vois dans cette pièce
[dans cette rue, de cette fenêtre, dans ce lieu]
toute la signification que cela a pour moi.

1. Les exercices pour cette idée sont les mêmes que pour la première. ²Commence par les choses qui sont près de toi, et applique l'idée à quoi que ce soit sur quoi ton regard se pose. ³Puis agrandis le champ. ⁴Tourne la tête de façon à inclure ce qui se trouve des deux côtés. ⁵Si possible, retourne-toi et applique l'idée à ce qui est derrière toi. ⁶Fais aussi peu de distinction que possible en choisissant les sujets auxquels tu appliques l'idée, ne te concentre sur rien en particulier, et n'essaie pas d'inclure tout ce que tu vois dans un espace donné, ou tu introduiras une tension.

2. Jette simplement un regard autour de toi, sans effort mais assez rapidement, en essayant d'éviter de choisir selon la taille, l'éclat, la couleur, le matériau ou l'importance relative que la chose a pour toi. ²Prends les sujets simplement tels que tu les vois. ³Essaie d'appliquer l'exercice aussi facilement à un corps qu'à un bouton, à une mouche qu'à un plancher, à un bras qu'à une pomme. ⁴Le seul critère pour appliquer l'idée à quelque chose est simplement que ton regard se soit posé dessus. ⁵Ne tente pas d'inclure quoi que ce soit en particulier, mais assure-toi de ne rien exclure expressément.

LEÇON 3

**Je ne comprends rien de ce que je vois dans cette pièce
[dans cette rue, de cette fenêtre, dans ce lieu].**

1. Applique cette idée de la même façon que les précédentes, sans faire aucune sorte de distinction. [2]Quoi que ce soit que tu vois devient un sujet convenable pour appliquer l'idée. [3]Assure-toi de ne pas mettre en question la convenance d'une chose à l'application de l'idée. [4]Ce ne sont pas des exercices de jugement. [5]N'importe quoi est convenable si tu le vois. [6]Certaines des choses que tu vois peuvent avoir pour toi une signification très émotionnelle. [7]Essaie de mettre de côté de tels sentiments et utilise simplement ces choses exactement comme tu le ferais de n'importe quoi d'autre.

2. L'intérêt des exercices est de t'aider à dégager ton esprit de toutes les associations passées, de voir les choses exactement telles qu'elles t'apparaissent maintenant, et de te rendre compte du peu de compréhension que tu en as réellement. [2]Par conséquent, il est essentiel que tu gardes l'esprit parfaitement ouvert et libre de tout jugement quand tu choisis les choses auxquelles l'idée du jour sera appliquée. [3]Dans ce but une chose est comme une autre : également convenable et donc également utile.

LEÇON 4

**Ces pensées ne signifient rien. Elles sont comme
les choses que je vois dans cette pièce [dans cette rue,
de cette fenêtre, dans ce lieu].**

1. Contrairement aux exercices précédents, ceux-ci ne commencent pas par l'idée du jour. [2]Dans ces périodes d'entraînement, commence par noter les pensées qui te traversent l'esprit durant environ une minute. [3]Puis applique l'idée à ces pensées. [4]Si tu as déjà conscience de pensées malheureuses, utilise-les comme sujets. [5]Toutefois, ne choisis pas uniquement les idées que tu penses être «mauvaises». [6]Si tu t'entraînes à regarder tes pensées, tu verras qu'elles représentent un tel mélange qu'en un sens aucune d'elles ne peut être appelée «bonne» ou «mauvaise». [7]C'est pourquoi elles ne signifient rien.

2. La spécification habituelle est requise lorsque tu choisis les sujets auxquels l'idée d'aujourd'hui sera appliquée. [2]N'aie pas peur d'utiliser les «bonnes» pensées aussi bien que les «mauvaises». [3]Aucune d'elles ne représente tes pensées réelles, qui en sont recouvertes. [4]Les «bonnes» ne sont que des ombres de ce qui se trouve derrière, et les ombres rendent la vue difficile. [5]Les «mauvaises» bloquent la vue, et font qu'il est impossible de voir. [6]Tu ne veux ni les unes ni les autres.

3. Ceci est un exercice très important, qui sera répété de temps en temps sous des formes quelque peu différentes. [2]L'idée ici est de t'entraîner dans tes premiers pas vers le but qui est de séparer l'in-signifiant du signifiant. [3]C'est une première tentative, le but à plus long terme étant d'apprendre à voir l'in-signifiant à l'extérieur de toi, et le signifiant au-dedans. [4]C'est ainsi que tu commences à entraîner ton esprit à reconnaître ce qui est le même et ce qui est différent.

4. Quand tu utilises tes pensées en leur appliquant l'idée d'aujourd'hui, identifie chacune d'elles par la figure ou l'événement central qu'elle contient; par exemple :

> [2]*Cette pensée à propos de* _____ *ne signifie rien.*
> [3]*Elle est comme les choses que je vois dans cette
> pièce [dans cette rue, et ainsi de suite].*

5. Tu peux aussi utiliser l'idée pour une pensée en particulier que tu reconnais comme nuisible. [2]Cette application est utile, mais elle ne remplace pas la procédure plus aléatoire à suivre pour les exercices. [3]Toutefois, n'examine pas ton esprit pendant plus d'une minute environ. [4]Tu es encore trop inexpérimenté pour éviter une tendance à te préoccuper inutilement.

6. De plus, comme ces exercices sont les premiers de ce genre, il se peut que tu trouves particulièrement difficile de suspendre ton jugement par rapport aux pensées. [2]Ne répète pas ces exercices plus de trois ou quatre fois dans la journée. [3]Nous y reviendrons plus tard.

LEÇON 5

Je ne suis jamais contrarié pour la raison à laquelle je pense.

1.   Cette idée, comme la précédente, peut être utilisée pour toute personne, toute situation ou tout événement dont tu penses qu'il te cause de la douleur. [2]Applique-la concrètement à quoi que ce soit que tu crois être la cause de ta contrariété, en décrivant le sentiment dans les termes quels qu'ils soient qui te semblent exacts. [3]La contrariété peut sembler être la peur, l'inquiétude, la dépression, l'anxiété, la colère, la haine, la jalousie ou quantité de formes qui seront toutes perçues comme différentes. [4]Ce n'est pas vrai. [5]Toutefois, jusqu'à ce que tu apprennes que la forme n'a pas d'importance, chaque forme devient un sujet convenable pour les exercices de la journée. [6]Appliquer la même idée à chacune d'elles séparément est la première étape pour reconnaître à la fin qu'elles sont toutes les mêmes.

2.   Quand tu utilises l'idée du jour concrètement pour une cause perçue de contrariété sous quelque forme que ce soit, utilise à la fois le nom de la forme sous laquelle tu vois la contrariété, et la cause que tu lui attribues. [2]Par exemple :

> [3]*Je ne suis pas en colère contre* _____ *pour la raison*
> *à laquelle je pense.*
> [4]*Je n'ai pas peur de* _____ *pour la raison à laquelle*
> *je pense.*

3.   Encore une fois, cela ne devrait pas remplacer les périodes d'exercice pendant lesquelles tu cherches d'abord dans ton esprit les « sources » de contrariété dans lesquelles tu crois, et les formes de contrariété que tu penses qui en résultent.

4.   Dans ces exercices, plus que dans les précédents, tu trouveras peut-être difficile de ne faire aucune distinction et d'éviter de donner plus de poids à certains sujets qu'à d'autres. [2]Cela t'aidera peut-être de faire précéder ces exercices de l'énoncé suivant :

> [3]*Il n'y a pas de petites contrariétés.* [4]*Elles sont toutes*
> *également troublantes pour ma paix d'esprit.*

5.   Puis examine ton esprit pour découvrir quoi que ce soit qui te bouleverse, peu importe à quel point tu penses qu'il le fait.

6.   Tu verras peut-être aussi que tu es moins désireux d'appliquer l'idée d'aujourd'hui à certaines sources perçues de contrariété qu'à d'autres. ²Si cela se produit, pense d'abord à ceci :

> ³*Je ne peux pas garder cette forme de contrariété et lâcher prise des autres.* ⁴*Aux fins de ces exercices, donc, je les regarderai toutes comme étant les mêmes.*

7.   Puis examine ton esprit pendant environ une minute tout au plus, en essayant d'identifier quelques formes différentes de contrariété qui te dérangent, peu importe l'importance relative que tu peux leur donner. ²Applique l'idée du jour à chacune d'elles, en nommant à la fois la source de la contrariété telle que tu la perçois, et le sentiment tel que tu l'éprouves. ³Voici d'autres exemples :

> ⁴*Je ne suis pas inquiet au sujet de _____ pour la raison à laquelle je pense.*
> ⁵*Je ne suis pas déprimé à cause de _____ pour la raison à laquelle je pense.*

⁶Trois ou quatre fois pendant la journée suffisent.

LEÇON 6

Je suis contrarié parce que je vois quelque chose qui n'est pas là.

1.   Les exercices pour cette idée sont très semblables aux précédents. [2]Encore une fois, pour toute application de l'idée, il est nécessaire de nommer très concrètement à la fois la forme de la contrariété (colère, peur, inquiétude, dépression, ainsi de suite) et sa source perçue. [3]Par exemple :

> [4]*Je suis en colère contre* _____ *parce que je vois*
> *quelque chose qui n'est pas là.*
> [5]*Je suis inquiet au sujet de* _____ *parce que je vois*
> *quelque chose qui n'est pas là.*

2.   Il est utile d'appliquer l'idée d'aujourd'hui à tout ce qui semble te contrarier, et même profitable de l'utiliser à cette fin tout le long de la journée. [2]Toutefois, comme auparavant, les trois ou quatre périodes d'exercice requises devraient être précédées d'un examen d'esprit d'environ une minute, et l'idée appliquée à toute pensée troublante découverte pendant cet examen.
3.   Encore une fois, si tu résistes à appliquer l'idée à certaines pensées contrariantes plus qu'à d'autres, rappelle-toi les deux mises en garde énoncées dans la leçon précédente :

> [2]*Il n'y a pas de petites contrariétés.* [3]*Elles sont toutes*
> *également troublantes pour ma paix d'esprit.*

> [4]*Et :*

> [5]*Je ne peux pas garder cette forme de contrariété et*
> *lâcher prise des autres.* [6]*Aux fins de ces exercices, donc,*
> *je les regarderai toutes comme étant les mêmes.*

LEÇON 7

Je ne vois que le passé.

1. Cette idée est particulièrement difficile à croire au début. [2]Or c'est elle qui explique toutes les précédentes.

    [3]C'est la raison pour laquelle rien de ce que tu vois ne signifie quoi que ce soit.

    [4]C'est la raison pour laquelle tu as donné à tout ce que tu vois toute la signification que cela a pour toi.

    [5]C'est la raison pour laquelle tu ne comprends rien de ce que tu vois.

    [6]C'est la raison pour laquelle tes pensées ne signifient rien et pourquoi elles sont comme les choses que tu vois.

    [7]C'est la raison pour laquelle tu n'es jamais contrarié pour la raison à laquelle tu penses.

    [8]C'est la raison pour laquelle tu es contrarié parce que tu vois quelque chose qui n'est pas là.

2. Les vieilles idées sur le temps sont très difficiles à changer, parce que tout ce que tu crois est enraciné dans le temps et dépend de ce que tu n'apprends pas ces nouvelles idées à son sujet. [2]Or c'est précisément pourquoi tu as besoin de nouvelles idées sur le temps. [3]Cette première idée sur le temps n'est pas vraiment aussi étrange qu'elle peut le paraître au premier abord.

3. Regarde une tasse, par exemple. [2]Vois-tu une tasse, ou passes-tu simplement en revue tes expériences passées : prendre une tasse, avoir soif, boire dans une tasse, sentir le bord de la tasse contre tes lèvres, prendre ton petit-déjeuner, et ainsi de suite ? [3]Tes réactions esthétiques à la tasse ne sont-elles pas, elles aussi, basées sur des expériences passées ? [4]Autrement, comment saurais-tu si cette sorte de tasse va casser si tu la laisses tomber ? [5]Que sais-tu de cette tasse, excepté ce que tu as appris dans le passé ? [6]Tu n'aurais aucune idée de ce qu'est cette tasse, n'eût été de ton apprentissage passé. [7]La vois-tu, donc, réellement ?

4. Regarde autour de toi. [2]Cela est également vrai de tout ce que tu regardes. [3]Admets-le en appliquant l'idée d'aujourd'hui sans faire de distinctions entre les choses qui attirent ton regard. [4]Par exemple :

⁵Je ne vois que le passé dans ce crayon.
⁶Je ne vois que le passé dans ce soulier.
⁷Je ne vois que le passé dans cette main.
⁸Je ne vois que le passé dans ce corps.
⁹Je ne vois que le passé dans ce visage.

5.   Ne t'attarde pas sur une chose en particulier, mais souviens-toi de ne rien omettre expressément. ²Jette un bref regard sur chaque objet puis passe au suivant. ³Trois ou quatre périodes d'exercice, chacune durant une minute environ, suffiront.

LEÇON 8

Mon esprit est préoccupé de pensées passées.

1.   Cette idée, bien sûr, est la raison pour laquelle tu ne vois que le passé. [2]Personne ne voit quoi que ce soit, en fait. [3]Chacun ne voit que ses pensées projetées à l'extérieur. [4]La préoccupation du passé qu'a l'esprit est la cause de la fausse conception du temps dont ta vue souffre. [5]Ton esprit ne peut pas saisir le présent, qui est le seul temps qui soit. [6]Par conséquent, il ne peut pas comprendre le temps, et ne peut, en fait, rien comprendre du tout.
2.   La seule pensée entièrement vraie qu'il soit possible d'avoir au sujet du passé est qu'il n'est pas là. [2]Y penser revient donc à penser à des illusions. [3]En fait, très peu se sont rendu compte de ce que cela entraîne de se représenter le passé ou d'anticiper le futur. [4]De fait, l'esprit est vide lorsqu'il fait cela, parce qu'il ne pense réellement à rien.
3.   Le but des exercices d'aujourd'hui est de commencer à entraîner ton esprit à reconnaître quand il ne pense pas réellement. [2]Tant que des idées sans pensée préoccupent ton esprit, la vérité est bloquée. [3]Reconnaître que ton esprit est simplement vide, plutôt que de croire qu'il est rempli d'idées réelles, est la première étape pour ouvrir la voie à la vision.
4.   Les exercices d'aujourd'hui devraient être faits les yeux fermés. [2]Cela parce qu'en fait tu ne peux rien voir, et il est plus facile de reconnaître que tu as beau te représenter très vivement une pensée, tu ne vois rien. [3]Avec aussi peu d'investissement que possible, examine ton esprit comme d'habitude pendant une minute environ, en notant simplement les pensées que tu y trouves. [4]Nomme chacune d'elles par la figure ou le thème central qu'elle contient, puis passe à la suivante. [5]Commence la période d'exercice en disant :

[6]Il semble que je pense à _____ .

5.   Puis nomme concrètement chacune de tes pensées ; par exemple :

> [2]*Il semble que je pense à [nom d'une personne], à [nom d'un objet], à [nom d'une émotion],*

et ainsi de suite, en concluant l'examen d'esprit par :

> [3]*Mais mon esprit est préoccupé de pensées passées.*

6.   Cet exercice peut être fait quatre ou cinq fois pendant la journée, sauf si tu vois que cela t'irrite. [2]Si tu le trouves éprouvant, trois ou quatre fois suffiront. [3]Toutefois, cela t'aidera peut-être d'inclure ton irritation, ou toute émotion que l'idée d'aujourd'hui peut induire, dans l'examen d'esprit même.

LEÇON 9

Je ne vois rien tel que c'est maintenant.

1. Cette idée découle évidemment des deux précédentes. [2]Mais bien que tu sois peut-être capable de l'accepter intellectuellement, il est peu probable pour l'instant qu'elle signifie quoi que ce soit pour toi. [3]Toutefois, à ce stade, il n'est pas nécessaire de comprendre. [4]De fait, reconnaître que tu ne comprends pas est un préalable au défaire de tes idées fausses. [5]Ces exercices s'occupent d'application et non de compréhension. [6]Tu n'as pas besoin d'appliquer ce que tu comprends déjà. [7]Ce serait certes circulaire de viser à la compréhension tout en supposant que tu l'as déjà.

2. Il est difficile pour un esprit inexercé de croire que ce qu'il semble se représenter n'est pas là. [2]Cette idée peut être fort troublante et rencontrer une vive résistance sous de nombreuses formes. [3]Or cela n'empêche pas de l'appliquer. [4]Rien de plus n'est requis pour ces exercices-ci, ni pour aucun autre. [5]Chaque petit pas dissipera un peu des ténèbres, et la compréhension viendra finalement éclairer chaque recoin de l'esprit qui aura été débarrassé des débris qui l'enténèbrent.

3. Ces exercices, pour lesquels trois ou quatre périodes d'entraînement suffisent, consistent à regarder autour de toi et à appliquer l'idée du jour à ce que tu vois, tout en te rappelant le besoin de ne faire aucune distinction, et la règle essentielle de ne rien exclure. [2]Par exemple :

   [3]*Je ne vois pas cette machine à écrire telle qu'elle est maintenant.*
   [4]*Je ne vois pas ce téléphone tel qu'il est maintenant.*
   [5]*Je ne vois pas ce bras tel qu'il est maintenant.*

4. Commence par les choses qui sont les plus proches de toi, puis agrandis le champ :

   [2]*Je ne vois pas ce porte-manteau tel qu'il est maintenant.*
   [3]*Je ne vois pas cette porte telle qu'elle est maintenant.*
   [4]*Je ne vois pas ce visage tel qu'il est maintenant.*

5. Répétons que, même s'il ne faut pas tenter de tout inclure, il est nécessaire d'éviter toute exclusion expresse. [2]Assure-toi d'être honnête envers toi-même en faisant cette distinction. [3]Tu pourrais être tenté de l'obscurcir.

LEÇON 10

Mes pensées ne signifient rien.

1. Cette idée s'applique à toutes les pensées dont tu es conscient, ou dont tu deviens conscient pendant les périodes d'exercice. [2]La raison pour laquelle l'idée est applicable à toutes est qu'elles ne sont pas tes pensées réelles. [3]Nous avons fait cette distinction auparavant et nous la ferons encore. [4]Tu n'as encore aucune base pour comparer. [5]Quand tu en auras une, tu ne douteras pas que ce que tu croyais jadis être tes pensées ne signifiait rien.

2. C'est la seconde fois que nous utilisons cette sorte d'idée. [2]La forme n'en est que légèrement différente. [3]Cette fois l'idée commence par « Mes pensées » au lieu de « Ces pensées », et aucun lien n'est fait ouvertement avec les choses qui t'entourent. [4]L'accent porte maintenant sur le manque de réalité de ce que tu penses penser.

3. Cet aspect du processus de correction a commencé par l'idée que les pensées dont tu es conscient sont in-signifiantes, à l'extérieur plutôt qu'à l'intérieur ; puis il a fait ressortir leur état passé plutôt que présent. [2]Maintenant nous mettons l'accent sur le fait que la présence de ces « pensées » signifie que tu ne penses pas. [3]Ceci n'est qu'une autre façon de répéter ce que nous avons dit plus tôt, à savoir que ton esprit est réellement vide. [4]Reconnaître cela, c'est reconnaître le néant lorsque tu penses le voir. [5]Et c'est, comme tel, le préalable à la vision.

4. Ferme les yeux pour ces exercices et commence-les en te répétant très lentement l'idée d'aujourd'hui. [2]Puis ajoute :

[3]*Cette idée aidera à me délivrer de tout ce que je crois maintenant.*

[4]Les exercices consistent, comme précédemment, à rechercher dans ton esprit toutes les pensées qui te sont accessibles, sans sélection ni jugement. [5]Essaie d'éviter toute espèce de classification. [6]En fait, si tu trouves que cela peut t'aider, tu pourrais imaginer que tu regardes passer une procession bizarrement disparate, qui n'a que peu ou pas de signification pour toi. [7]Tandis que chaque pensée te traverse l'esprit, dis :

> ⁸*Ma pensée au sujet de _____ ne signifie rien.*
> ⁹*Ma pensée au sujet de _____ ne signifie rien.*

5. La pensée d'aujourd'hui peut évidemment servir pour toute pensée qui te bouleverse à n'importe quel moment. ²De plus, il est recommandé de faire cinq périodes d'exercice, chacune comportant un examen d'esprit ne durant pas plus d'une minute environ. ³Il n'est pas recommandé de prolonger cette période de temps, et elle devrait même être réduite à une demi-minute ou moins si tu éprouves un malaise. ⁴Souviens-toi, toutefois, de répéter lentement l'idée avant de l'appliquer concrètement, ainsi que d'ajouter :

> ⁵*Cette idée aidera à me délivrer de tout ce que je crois maintenant.*

LEÇON 11

Mes pensées in-signifiantes me montrent un monde in-signifiant.

1. Ceci est la première idée que nous ayons qui soit reliée à une phase majeure du processus de correction : le renversement de la pensée du monde. [2]Il semble que le monde détermine ce que tu perçois. [3]L'idée d'aujourd'hui introduit le concept que ce sont tes pensées qui déterminent le monde que tu vois. [4]Tu peux certes te réjouir d'appliquer l'idée sous sa forme initiale, car dans cette idée ta délivrance est rendue certaine. [5]La clé du pardon réside en elle.

2. Les périodes d'exercice pour l'idée d'aujourd'hui seront entreprises un peu différemment des précédentes. [2]Commence les yeux fermés et répète-toi lentement l'idée. [3]Puis ouvre les yeux et regarde autour de toi, près et loin, en haut et en bas — n'importe où. [4]Pendant la minute environ que tu passeras à utiliser l'idée, répète-la simplement à toi-même, mais assure-toi de le faire sans hâte ni sentiment d'urgence ni effort.

3. Pour profiter au maximum de ces exercices, tes yeux devraient passer assez rapidement d'une chose à une autre, puisqu'ils ne devraient s'attarder sur rien en particulier. [2]Toutefois, tu devrais utiliser les mots sans te presser et même en prenant ton temps. [3]En particulier, l'introduction à cette idée devrait se faire d'une façon aussi désinvolte que possible. [4]Elle contient le fondement de la paix, de la détente et de la délivrance de l'inquiétude que nous essayons d'atteindre. [5]Conclus les exercices en fermant les yeux et en te répétant lentement l'idée une fois de plus.

4. Trois périodes d'exercice seront probablement suffisantes aujourd'hui. [2]Toutefois, s'il y a peu ou pas du tout de malaise et une inclination à en faire davantage, jusqu'à cinq périodes d'exercices peuvent être entreprises. [3]Il n'est pas recommandé d'en faire plus.

LEÇON 12

Je suis contrarié parce que je vois un monde in-signifiant.

1. L'importance de cette idée réside dans le fait qu'elle contient la correction d'une distorsion majeure de la perception. [2]Tu penses que c'est un monde effrayant qui te contrarie, ou un monde triste, ou un monde violent, ou un monde insane. [3]C'est toi qui lui donnes tous ces attributs. [4]Le monde en soi est in-signifiant.

2. Ces exercices se font les yeux ouverts. [2]Regarde autour de toi, cette fois-ci très lentement. [3]Essaie de régler ton regard pour qu'il passe lentement d'une chose à l'autre à intervalles assez constants. [4]Ne permets pas que cet intervalle devienne notablement plus long ou plus court, mais essaie plutôt de maintenir un rythme égal et régulier d'un bout à l'autre de l'exercice. [5]Ce que tu vois n'a pas d'importance. [6]C'est cela que tu t'enseignes en accordant une attention égale et un temps égal à tout ce sur quoi ton regard se pose. [7]C'est une étape initiale pour apprendre à accorder à toutes choses une valeur égale.

3. En regardant autour de toi, dis-toi :

> [2]*Je pense que je vois un monde apeurant, un monde dangereux, un monde hostile, un monde triste, un monde méchant, un monde fou,*

et ainsi de suite, en utilisant les termes descriptifs qui te viennent à l'esprit. [3]Si les termes qui te viennent semblent positifs plutôt que négatifs, inclus-les. [4]Par exemple, tu pourrais penser à « un monde bon » ou à « un monde satisfaisant ». [5]Si de tels termes te viennent à l'esprit, utilise-les avec les autres. [6]Tu ne comprends peut-être pas encore pourquoi ces adjectifs « positifs » ont leur place dans ces exercices, mais souviens-toi qu'un « monde bon » en suppose un « mauvais », et qu'un monde « satisfaisant » en suppose un « insatisfaisant ». [7]Tous les termes qui te passent par l'esprit sont des sujets convenables pour les exercices d'aujourd'hui. [8]Leur apparente qualité n'a pas d'importance.

4. Assure-toi que les intervalles de temps restent les mêmes, que tu appliques l'idée à ce que tu penses agréable ou à ce que tu penses

désagréable. ²Aux fins de ces exercices, il n'y a pas de différence entre les deux. ³À la fin de la période d'exercice, ajoute :

⁴*Mais je suis contrarié parce que je vois un monde in-signifiant.*

5.   Ce qui est in-signifiant n'est ni bon ni mauvais. ²Pourquoi, donc, un monde in-signifiant devrait-il te contrarier ? ³Si tu pouvais accepter le monde comme étant in-signifiant et laisser la vérité y être écrite pour toi, cela te rendrait indescriptiblement heureux. ⁴Mais parce qu'il est in-signifiant, tu te sens obligé d'y écrire ce que tu voudrais qu'il soit. ⁵C'est cela que tu vois en lui. ⁶C'est cela qui est in-signifiant en vérité. ⁷Sous tes mots est écrite la Parole de Dieu. ⁸La vérité te contrarie maintenant mais quand tes paroles auront été effacées, tu verras les Siennes. ⁹Voilà le but ultime de ces exercices.

6.   Il suffira d'appliquer l'idée d'aujourd'hui trois ou quatre fois. ²Les périodes d'exercice ne devraient pas non plus excéder une minute. ³Il se peut même que tu trouves cela trop long. ⁴Arrête les exercices lorsque tu commences à être tendu.

LEÇON 13

Un monde in-signifiant engendre la peur.

1. L'idée d'aujourd'hui n'est qu'une autre forme de la précédente, sauf qu'elle est plus concrète quant à l'émotion suscitée. [2]En fait, un monde in-signifiant est impossible. [3]Rien sans signification n'existe. [4]Toutefois, il ne s'ensuit pas que tu ne penseras pas percevoir quelque chose qui n'a pas de signification. [5]Au contraire, il est particulièrement probable que tu penseras le percevoir.

2. Reconnaître l'in-signifiance suscite une intense anxiété chez tous les séparés. [2]Cela représente une situation dans laquelle Dieu et l'ego se « défient » l'un l'autre d'écrire leur propre signification dans l'espace vide que fournit l'in-signifiance. [3]L'ego s'y précipite frénétiquement pour établir là ses propres idées, de peur qu'autrement le vide ne soit utilisé pour démontrer sa propre impuissance et sa propre irréalité. [4]Or en cela seulement il a raison.

3. Par conséquent, il est essentiel que tu apprennes à reconnaître l'in-signifiant, et à l'accepter sans peur. [2]Si tu as peur, il est certain que tu doteras le monde d'attributs qu'il ne possède pas et l'encombreras d'images qui n'existent pas. [3]Pour l'ego, les illusions sont des mécanismes de sécurité, comme elles doivent l'être aussi pour toi qui t'assimiles à l'ego.

4. Les exercices d'aujourd'hui, qui devraient être répétés trois ou quatre fois et ne devraient pas durer plus d'une minute environ chaque fois, seront faits d'une manière quelque peu différente des précédents. [2]Les yeux fermés, répète-toi l'idée d'aujourd'hui. [3]Puis ouvre les yeux et regarde lentement autour de toi, en disant :

[4]*Je regarde un monde in-signifiant.*

[5]Répète-toi cet énoncé tout en regardant autour de toi. [6]Puis ferme les yeux et conclus par :

[7]*Un monde in-signifiant engendre la peur parce que je pense être en compétition avec Dieu.*

5. Tu trouveras peut-être difficile d'éviter la résistance, sous une forme ou sous une autre, à cette conclusion. [2]Quelle que soit la forme que prend cette résistance, souviens-toi qu'en réalité tu as

peur d'une telle pensée à cause de la «vengeance» de «l'ennemi». [3]À ce stade, il ne faut pas s'attendre à ce que tu croies cet énoncé, et tu le rejetteras probablement comme une absurdité. [4]Toutefois, note avec soin tout signe de peur manifeste ou cachée qu'il peut susciter.

6.   Ceci est notre première tentative pour exposer une relation explicite de cause et effet d'un genre que tu es trop inexpérimenté pour reconnaître. [2]Ne t'attarde pas sur cette conclusion, n'essaie même pas d'y penser, sauf pendant les périodes d'exercice. [3]Cela suffira pour le moment.

LEÇON 14

Dieu n'a pas créé un monde in-signifiant.

1. L'idée d'aujourd'hui est bien sûr la raison pour laquelle un monde in-signifiant est impossible. ²Ce que Dieu n'a pas créé n'existe pas. ³Et tout ce qui existe existe tel qu'Il l'a créé. ⁴Le monde que tu vois n'a rien à voir avec la réalité. ⁵C'est toi qui l'a fait et il n'existe pas.

2. Les exercices d'aujourd'hui sont à faire les yeux fermés du début à la fin. ²La période d'examen d'esprit devrait être courte, une minute tout au plus. ³Ne fais pas plus de trois périodes d'exercices avec l'idée d'aujourd'hui, à moins de te sentir à ton aise. ⁴En ce cas, ce sera parce que tu comprends réellement à quoi ils servent.

3. L'idée d'aujourd'hui est une autre étape pour apprendre à lâcher prise des pensées que tu as écrites sur le monde, et à voir la Parole de Dieu à leur place. ²Les premières étapes de cet échange, qui peut véritablement être appelé le salut, peuvent être assez difficiles et même assez douloureuses. ³Certaines d'entre elles te mèneront directement dans la peur. ⁴Tu ne seras pas laissé là. ⁵Tu iras bien au-delà. ⁶Nous nous dirigeons vers la parfaite sécurité et la paix parfaite.

4. Les yeux fermés, pense à toutes les horreurs dans le monde qui te traversent l'esprit. ²Nomme chacune d'elles comme elle te vient, puis nie sa réalité. ³Dieu ne l'a pas créée, donc elle n'est pas réelle. ⁴Dis, par exemple :

> ⁵*Dieu n'a pas créé cette guerre, donc elle n'est pas réelle.*
> ⁶*Dieu n'a pas créé cet accident d'avion, donc il n'est pas réel.*
> ⁷*Dieu n'a pas créé ce désastre [précise], donc il n'est pas réel.*

5. Les sujets convenables pour l'application de l'idée du jour comprennent aussi tout ce que tu crains qu'il ne t'arrive à toi ou à quelqu'un d'autre à propos de qui tu te fais du souci. ²Dans chaque cas nomme le « désastre » de façon bien précise. ³N'emploie pas de termes généraux. ⁴Ne dis pas, par exemple : « Dieu n'a pas créé la maladie » mais : « Dieu n'a pas créé le cancer », ou les crises cardiaques, ou quoi que ce soit qui peut susciter la peur en toi.

6. C'est ton répertoire personnel d'horreurs que tu regardes. ²Ces choses font partie du monde que tu vois. ³Certaines sont des

illusions partagées, d'autres font partie de ton enfer personnel. [4]Peu importe. [5]Ce que Dieu n'a pas créé ne peut être que dans ton propre esprit à part du Sien. [6]Par conséquent, cela n'a pas de signification. [7]En reconnaissant ce fait, termine les périodes d'exercice par la répétition de l'idée d'aujourd'hui :

> [8]*Dieu n'a pas créé un monde in-signifiant.*

7.   L'idée d'aujourd'hui peut bien sûr s'appliquer à n'importe quoi qui te dérange pendant la journée en dehors des périodes d'exercice. [2]Applique-la de façon très précise. [3]Dis :

> [4]*Dieu n'a pas créé un monde in-signifiant. [5]Il n'a*
> *pas créé [précise la situation qui te dérange], donc*
> *ce n'est pas réel.*

LEÇON 15

Mes pensées sont des images que j'ai faites.

1. C'est parce que les pensées que tu penses penser t'apparaissent comme des images que tu ne les reconnais pas comme n'étant rien. [2]Tu penses que tu les penses ; ainsi penses-tu que tu les vois. [3]C'est ainsi que ta « vue » a été faite. [4]C'est la fonction que tu as donnée aux yeux de ton corps. [5]Cela n'est pas voir. [6]C'est faire des images. [7]Cela prend la place de la vue en remplaçant la vision par des illusions.

2. Cette idée, qui nous initie au processus qui consiste à faire des images, ce que tu appelles voir, n'aura pas beaucoup de signification pour toi. [2]Tu commenceras à la comprendre quand tu auras vu de petites franges de lumière autour des mêmes objets familiers que tu vois maintenant. [3]Cela est le début de la vision réelle. [4]Tu peux être certain que la vision réelle viendra rapidement une fois que cela s'est produit.

3. Tout en progressant, il se peut que tu aies de nombreux « épisodes lumineux ». [2]Ils peuvent prendre maintes formes différentes dont certaines tout à fait inattendues. [3]N'en aie pas peur. [4]Ce sont les signes que tu ouvres enfin les yeux. [5]Ils ne persisteront pas, parce qu'ils symbolisent simplement la perception vraie, et ils n'ont pas de rapport avec la connaissance. [6]Ces exercices ne te révéleront pas la connaissance. [7]Mais ils prépareront la voie qui y conduit.

4. Pour t'exercer à l'idée d'aujourd'hui, répète-la d'abord à toi-même, puis applique-là à ce que tu vois autour de toi, en nommant chaque chose et en laissant ton regard se poser sur elle en disant :

    > [2]*Ce (cette) _____ est une image que j'ai faite.*
    > [3]*Ce (cette) _____ est une image que j'ai faite.*

    [4]Il n'est pas nécessaire d'inclure un grand nombre de sujets concrets pour appliquer l'idée d'aujourd'hui. [5]Il est nécessaire, toutefois, de continuer à regarder chaque sujet tout en te répétant l'idée. [6]L'idée devrait être répétée très lentement à chaque fois.

5. Bien qu'il soit évident que tu ne pourras pas appliquer l'idée à beaucoup de choses pendant la minute environ d'exercice qui

est recommandée, essaie de faire une sélection aussi aléatoire que possible. [2]Des périodes d'exercice de moins d'une minute suffiront, si tu commences à te sentir mal à l'aise. [3]Ne fais pas plus de trois périodes d'exercice avec l'idée d'aujourd'hui à moins que tu ne te sentes complètement à ton aise, et ne dépasse pas quatre. [4]Toutefois, en cas de besoin, l'idée peut être appliquée tout au long de la journée.

LEÇON 16

Je n'ai pas de pensées neutres.

1. L'idée d'aujourd'hui est une étape initiale pour dissiper la croyance que tes pensées n'ont pas d'effet. [2]Tout ce que tu vois est le résultat de tes pensées. [3]Il n'y a pas d'exception à ce fait. [4]Les pensées ne sont ni grandes ni petites, ni puissantes ni faibles. [5]Elles sont simplement vraies ou fausses. [6]Celles qui sont vraies créent leur propre ressemblance. [7]Celles qui sont fausses font la leur.

2. Il n'y a pas de concept plus contradictoire en soi que celui de «vaines pensées». [2]Ce qui engendre la perception de tout un monde peut difficilement être appelé vain. [3]Chaque pensée que tu as contribue à la vérité ou à l'illusion : soit qu'elle étende la vérité ou qu'elle multiplie les illusions. [4]Tu peux certes multiplier rien, mais tu ne l'étendras pas en faisant cela.

3. Outre le fait de reconnaître que les pensées ne sont jamais vaines, le salut requiert que tu reconnaisses aussi que chaque pensée que tu as apporte soit la paix ou la guerre, soit l'amour ou la peur. [2]Un résultat neutre est impossible parce qu'une pensée neutre est impossible. [3]Il y a une telle tentation d'écarter les pensées de peur comme étant sans importance, banales et ne valant pas qu'on s'en soucie, qu'il est essentiel que tu reconnaisses qu'elles sont toutes également destructrices, mais également irréelles. [4]Nous répéterons cette idée sous de nombreuses formes avant que tu la comprennes réellement.

4. Pour appliquer l'idée d'aujourd'hui, examine ton esprit pendant une minute environ, les yeux fermés, en cherchant activement à ne passer sur aucune «petite» pensée susceptible d'échapper à ton examen. [2]Ce sera assez difficile jusqu'à ce que tu y sois habitué. [3]Tu verras qu'il t'est encore difficile de ne pas faire de distinctions artificielles. [4]Chaque pensée qui te vient, sans égard aux qualités que tu lui attribues, est un sujet convenable pour l'application de l'idée d'aujourd'hui.

5. Pendant les périodes d'exercice, répète-toi d'abord l'idée, puis, au fur et à mesure qu'elles te traversent l'esprit, retiens chacune dans ta conscience le temps de te dire :

> [2]*Cette pensée au sujet de _____ n'est pas une pensée neutre.*
> [3]*Cette pensée au sujet de _____ n'est pas une pensée neutre.*

[4]Comme d'habitude, utilise l'idée d'aujourd'hui chaque fois que tu as conscience d'une pensée particulière qui provoque un malaise. [5]Dans ce but, la forme suivante est suggérée :

> [6]*Cette pensée au sujet de _____ n'est pas une pensée neutre, parce que je n'ai pas de pensées neutres.*

6. Quatre ou cinq périodes d'exercice sont recommandées, si tu trouves qu'elles demandent relativement peu d'effort. [2]Si tu es tendu, trois suffiront. [3]La durée de la période d'exercice devrait aussi être réduite s'il y a un malaise.

LEÇON 17

Je ne vois pas de choses neutres.

1. Cette idée est une autre étape vers l'identification de cause et effet tels qu'ils opèrent réellement dans le monde. [2]Tu ne vois pas de choses neutres parce que tu n'as pas de pensées neutres. [3]C'est toujours la pensée qui vient en premier, malgré la tentation de croire que c'est l'inverse. [4]Ce n'est pas ainsi que le monde pense, mais tu dois apprendre que c'est ainsi que tu penses. [5]Sinon, la perception n'aurait pas de cause et serait elle-même la cause de la réalité. [6]Étant donné sa nature extrêmement variable, cela est peu probable.

2. En appliquant l'idée d'aujourd'hui, dis-toi, les yeux ouverts :

> [2]*Je ne vois pas de choses neutres parce que je n'ai pas de pensées neutres.*

[3]Puis regarde autour de toi, en posant ton regard sur chaque chose que tu notes assez longtemps pour dire :

> [4]*Je ne vois pas un(e) _____ neutre parce que mes pensées au sujet des _____ ne sont pas neutres.*

[5]Par exemple, tu pourrais dire :

> [6]*Je ne vois pas un mur neutre parce que mes pensées au sujet des murs ne sont pas neutres.*
> [7]*Je ne vois pas un corps neutre parce que mes pensées au sujet des corps ne sont pas neutres.*

3. Comme d'habitude, il est essentiel de ne pas faire de distinctions entre ce que tu crois être animé ou inanimé, agréable ou désagréable. [2]Quoi que tu puisses croire, tu ne vois rien qui soit réellement vivant ou réellement joyeux. [3]La raison en est que tu es encore inconscient de toute pensée qui soit réellement vraie et donc réellement heureuse.

4. Il est recommandé de faire trois ou quatre périodes d'exercice distinctes et, pour en profiter au maximum, au moins trois périodes sont requises, même si tu éprouves de la résistance. [2]Dans ce cas, toutefois, la durée de la période d'exercice peut être réduite à moins de la minute environ qui est recommandée autrement.

LEÇON 18

Je ne suis pas seul à éprouver les effets de ma vue.

1.   L'idée d'aujourd'hui est une autre étape pour apprendre que les pensées qui engendrent ce que tu vois ne sont jamais neutres ni sans importance. [2]Elle met aussi l'accent sur l'idée que les esprits sont joints, idée sur laquelle nous reviendrons plus tard avec une insistance croissante.

2.   L'idée d'aujourd'hui ne porte pas tant sur ce que tu vois que sur la façon dont tu le vois. [2]Par conséquent, les exercices d'aujourd'hui mettent l'accent sur cet aspect de ta perception. [3]Les trois ou quatre périodes d'exercice qui sont recommandées devraient être faites de la façon suivante :

3.   Regarde autour de toi en choisissant au hasard, autant que possible, les sujets auxquels l'idée d'aujourd'hui sera appliquée, et en gardant ton regard posé sur chacun d'eux assez longtemps pour dire :

> [2]*Je ne suis pas seul à éprouver les effets de la façon dont je vois _____ .*

[3]Termine chaque période d'exercice en répétant l'énoncé plus général :

> [4]*Je ne suis pas seul à éprouver les effets de ma vue.*

[5]Une minute environ, ou même moins, suffira pour chaque période d'exercice.

LEÇON 19

Je ne suis pas seul à éprouver les effets de mes pensées.

1. L'idée d'aujourd'hui est évidemment la raison pour laquelle ta vue n'affecte pas que toi seul. [2]Tu remarqueras que parfois les idées reliées à la pensée précèdent celles qui sont reliées à la perception, tandis qu'à d'autres moments l'ordre est inversé. [3]La raison en est que l'ordre n'importe pas. [4]En fait, la pensée et ses résultats sont simultanés, car cause et effet ne sont jamais séparés.

2. Aujourd'hui nous insistons à nouveau sur le fait que les esprits sont joints. [2]Cette idée est rarement entièrement bien accueillie au début, puisqu'elle semble porteuse d'un énorme sentiment de responsabilité, et qu'elle peut même être considérée comme une « invasion dans la vie privée ». [3]Or le fait est qu'il n'y a pas de pensées privées. [4]Malgré ta résistance initiale à cette idée, tu finiras par comprendre qu'elle doit être vraie si le salut est le moindrement possible. [5]Et le salut doit être possible parce qu'il est la Volonté de Dieu.

3. L'examen d'esprit d'une minute environ qui est requis pour les exercices d'aujourd'hui sera entrepris les yeux fermés. [2]L'idée d'aujourd'hui sera d'abord répétée, puis l'esprit examiné attentivement pour y découvrir les pensées qu'il contient à ce moment-là. [3]Considère chacune d'elles, en la désignant par le nom de la personne ou du thème central qu'elle contient, puis garde-la présente à l'esprit en disant :

    > [4]*Je ne suis pas seul à éprouver les effets de cette pensée au sujet de _____ .*

4. L'exigence de faire aussi peu de discrimination que possible en choisissant les sujets pour les périodes d'exercice devrait maintenant t'être assez familière ; ainsi, bien qu'elle soit incluse occasionnellement à titre de rappel, elle ne sera plus répétée chaque jour. [2]N'oublie pas, toutefois, qu'il reste essentiel du début à la fin que les sujets soient choisis au hasard pour toutes les périodes d'exercice. [3]En définitive, c'est l'absence d'ordre sous ce rapport qui rendra la re-connaissance de l'absence d'ordre dans les miracles signifiante pour toi.

5. Outre l'application « au besoin » de l'idée d'aujourd'hui, au moins trois périodes d'exercice sont requises, en écourtant leur durée si nécessaire. [2]N'essaie pas d'en faire plus de quatre.

LEÇON 20

Je suis déterminé à voir.

1.   Jusqu'à présent nous avons été assez désinvoltes en ce qui a trait aux périodes d'exercice. ²Nous n'avons fait pratiquement aucune tentative pour dicter le moment de les entreprendre; un effort minimal était requis; et n'étaient demandés ni même de coopération active ni d'intérêt. ³Cette approche était intentionnelle et elle a été planifiée très soigneusement. ⁴Nous n'avons pas perdu de vue l'importance cruciale du renversement de ta pensée. ⁵Le salut du monde en dépend. ⁶Or tu ne verras pas si tu te considères contraint, et si tu cèdes au ressentiment et à l'opposition.

2.   Ceci est notre première tentative pour introduire une structure. ²Ne le prends pas pour un effort destiné à exercer de la force ou de la pression. ³Tu veux le salut. ⁴Tu veux être heureux. ⁵Tu veux la paix. ⁶Tu ne les as pas maintenant, parce que ton esprit est totalement indiscipliné et tu ne peux pas distinguer entre la joie et le chagrin, le plaisir et la douleur, l'amour et la peur. ⁷Tu apprends maintenant comment les distinguer. ⁸Et ta récompense sera grande, en effet.

3.   Ta décision de voir est tout ce que la vision requiert. ²Ce que tu veux est à toi. ³Ne fais pas l'erreur de croire que le peu d'effort qui t'est demandé est une indication du peu de valeur de notre but. ⁴Le salut du monde peut-il être un but banal? ⁵Et le monde peut-il être sauvé si tu ne l'es pas? ⁶Dieu n'a qu'un Fils, et il est la résurrection et la vie. ⁷Sa volonté est faite parce que tout pouvoir lui est donné dans le Ciel et sur la terre. ⁸Dans ta détermination à voir, la vision t'est donnée.

4.   Les exercices d'aujourd'hui consistent à te rappeler tout le long de la journée que tu veux voir. ²L'idée d'aujourd'hui implique aussi tacitement la re-connaissance du fait que tu ne vois pas maintenant. ³Par conséquent, en répétant l'idée, tu affirmes que tu es déterminé à changer ton état présent pour un état meilleur, que tu veux réellement.

5.   Répète l'idée d'aujourd'hui lentement et positivement au moins deux fois par heure aujourd'hui, en essayant de le faire toutes les demi-heures. ²Ne t'inquiète pas si tu oublies de le faire, mais efforce-toi réellement de t'en souvenir. ³Les répétitions supplémentaires devraient s'appliquer à toute situation, personne ou événement qui te contrarie. ⁴Tu peux les voir différemment, et tu le feras. ⁵Ce que tu désires, tu le verras. ⁶Telle est la réelle loi de cause et effet comme elle opère dans le monde.

LEÇON 21

Je suis déterminé à voir les choses différemment.

1. L'idée d'aujourd'hui est évidemment la continuation et l'extension de la précédente. [2]Cette fois, cependant, des périodes d'exercice réservées à l'examen d'esprit sont nécessaires, en plus d'appliquer l'idée aux situations particulières comme elles se présenteront. [3]Il est vivement conseillé de faire cinq périodes d'exercice, en accordant une bonne minute à chacune.
2. Dans les périodes d'exercice, commence en te répétant l'idée. [2]Puis ferme les yeux et cherche avec soin dans ton esprit les situations passées, présentes ou anticipées qui suscitent la colère en toi. [3]La colère peut prendre la forme de n'importe quelle réaction, allant d'une légère irritation jusqu'à la rage. [4]Le degré de l'émotion que tu éprouves n'a pas d'importance. [5]Tu deviendras de plus en plus conscient qu'une pointe minime d'irritation n'est rien d'autre qu'un voile tiré sur une intense fureur.
3. Par conséquent, essaie de ne pas laisser les « petites » pensées de colère t'échapper pendant les périodes d'exercice. [2]Souviens-toi que tu ne reconnais pas réellement ce qui suscite la colère en toi, et rien de ce que tu crois sous ce rapport ne signifie quoi que ce soit. [3]Tu seras probablement tenté de t'attarder davantage sur certaines situations ou sur certaines personnes que sur d'autres, pour la fallacieuse raison qu'elles sont plus « évidentes ». [4]Il n'en est rien. [5]C'est simplement un exemple de la croyance que certaines formes d'attaque sont plus justifiées que d'autres.
4. En cherchant dans ton esprit toutes les formes sous lesquelles les pensées d'attaque se présentent, garde chacune d'elles à l'esprit en te disant :

> [2]*Je suis déterminé à voir _____ [nom de la personne]
> différemment.*
> [3]*Je suis déterminé à voir _____ [précise la situation]
> différemment.*

5. Essaie d'être aussi précis que possible. [2]Par exemple, tu peux concentrer ta colère sur un attribut particulier d'une personne particulière, croyant que la colère est limitée à cet aspect. [3]Si ta perception souffre de cette forme de distorsion, dis :

> [4]*Je suis déterminé à voir _____ [précise l'attribut] de
> _____ [nom de la personne] différemment.*

33

LEÇON 22

Ce que je vois est une forme de vengeance.

1.   L'idée d'aujourd'hui décrit exactement la façon dont quiconque garde des pensées d'attaque dans son esprit doit voir le monde. [2]Ayant projeté sa colère sur le monde, il voit la vengeance sur le point de le frapper. [3]Sa propre attaque est ainsi perçue comme légitime défense. [4]Cela devient de plus en plus un cercle vicieux jusqu'à ce qu'il soit désireux de changer sa façon de voir. [5]Autrement, des pensées d'attaque et de contre-attaque le préoccupent et peuplent son monde tout entier. [6]Quelle paix d'esprit lui est alors possible ?

2.   C'est de ce fantasme brutal que tu veux échapper. [2]N'est-ce pas une joyeuse nouvelle d'entendre qu'il n'est pas réel ? [3]N'est-ce pas une heureuse découverte de trouver que tu peux t'échapper ? [4]Tu as fait ce que tu voudrais détruire ; tout ce que tu hais, voudrais attaquer et tuer. [5]Tout ce que tu crains n'existe pas.

3.   Regarde le monde autour de toi au moins cinq fois aujourd'hui, pendant une minute au moins chaque fois. [2]Tandis que ton regard passe lentement d'un objet à un autre, d'un corps à un autre, dis-toi :

> [3]*Je ne vois que le périssable.*
> [4]*Je ne vois rien qui durera.*
> [5]*Ce que je vois n'est pas réel.*
> [6]*Ce que je vois est une forme de vengeance.*

[7]À la fin de chaque période d'exercice, demande-toi :

> [8]*Est-ce là le monde que je veux réellement voir ?*

[9]La réponse est sûrement évidente.

LEÇON 23

Je peux échapper du monde que je vois en abandonnant les pensées d'attaque.

1. L'idée d'aujourd'hui contient la seule voie menant hors de la peur qui réussira jamais. ²Rien d'autre ne marchera ; tout le reste est in-signifiant. ³Mais cette voie ne peut échouer. ⁴Chaque pensée que tu as forme un segment du monde que tu vois. ⁵C'est avec tes pensées, donc, que nous devons travailler, si ta perception du monde doit être changée.

2. Si les pensées d'attaque sont la cause du monde que tu vois, tu dois apprendre que ce sont ces pensées que tu ne veux pas. ²Rien ne sert de se lamenter sur le monde. ³Il est inutile d'essayer de changer le monde. ⁴Il est incapable de changer parce qu'il est simplement un effet. ⁵Mais il est certes utile de changer tes pensées au sujet du monde. ⁶Là tu changes la cause. ⁷L'effet changera automatiquement.

3. Le monde que tu vois est un monde vengeur, et tout en lui est symbole de vengeance. ²Chacune de tes perceptions de la «réalité extérieure» est une représentation imagée de tes propres pensées d'attaque. ³C'est à se demander si cela peut s'appeler voir. ⁴Est-ce que fantasme n'est pas un meilleur mot pour un tel processus, et hallucination un terme plus approprié pour le résultat?

4. Tu vois le monde que tu as fait, mais tu ne te vois pas toi-même comme le faiseur d'images. ²Tu ne peux pas être sauvé du monde, mais tu peux échapper de sa cause. ³Voilà ce que le salut signifie, car où est le monde que tu vois une fois sa cause disparue? ⁴La vision contient déjà le remplacement de tout ce que tu penses voir maintenant. ⁵La beauté peut éclairer tes images et les transformer au point que tu les aimeras, même si c'est de haine qu'elles ont été faites. ⁶Car tu ne les feras pas seul.

5. L'idée d'aujourd'hui introduit la pensée que tu n'es pas emprisonné dans le monde que tu vois, parce que sa cause peut être changée. ²Ce changement requiert, d'abord, que la cause soit identifiée puis lâchée, afin qu'elle puisse être remplacée. ³Les deux premiers pas dans cette démarche requièrent ta coopération. ⁴Pas le dernier. ⁵Tes images ont déjà été remplacées. ⁶En faisant les deux premiers pas, tu verras qu'il en est ainsi.

6.   En plus de l'utiliser en cas de besoin tout le long de la journée, cinq périodes d'exercice sont requises pour appliquer l'idée
d'aujourd'hui. ²Répète-toi d'abord lentement l'idée en regardant
autour de toi, puis ferme les yeux et consacre environ une minute
à chercher dans ton esprit autant de pensées d'attaque qu'il t'en
viendra. ³Tandis que chacune d'elles te traverse l'esprit, dis :

> ⁴*Je peux échapper du monde que je vois en abandonnant*
> *les pensées d'attaque au sujet de* _____ .

⁵Garde chaque pensée d'attaque à l'esprit en disant cela, puis
écarte cette pensée et passe à la suivante.

7.   Durant les périodes d'exercice, assure-toi d'inclure à la fois
les pensées où tu attaques et celles où tu es attaqué. ²Leurs effets
sont exactement les mêmes parce qu'elles sont exactement les
mêmes. ³Tu ne reconnais pas encore cela et pour l'instant il t'est
seulement demandé de les traiter comme étant les mêmes pendant
les périodes d'exercice d'aujourd'hui. ⁴Nous en sommes encore
au stade d'identifier la cause du monde que tu vois. ⁵Quand tu
auras finalement appris que les pensées où tu attaques et celles
où tu es attaqué ne sont pas différentes, tu seras prêt à lâcher
prise de la cause.

LEÇON 24

Je ne perçois pas mon propre intérêt.

1. Il n'est pas une situation qui se présente dans laquelle tu te rendes compte du résultat qui te rendrait heureux. [2]Par conséquent, tu n'as pas de guide pour agir de la manière appropriée, ni aucune façon de juger du résultat. [3]Ce que tu fais est déterminé par ta perception de la situation, et cette perception est fausse. [4]Il est inévitable, donc, que tu ne serves pas ton propre intérêt. [5]C'est pourtant le seul but que tu aies dans toute situation correctement perçue. [6]Autrement, tu ne reconnaîtras pas ce qu'il est.
2. Si tu te rendais compte que tu ne perçois pas ce qu'est ton propre intérêt, il serait possible de te l'enseigner. [2]Mais en présence de ta conviction de savoir ce qu'il est, tu ne peux pas apprendre. [3]L'idée d'aujourd'hui est une étape en vue d'ouvrir ton esprit de façon à ce que l'apprentissage puisse commencer.
3. Les exercices d'aujourd'hui requièrent beaucoup plus d'honnêteté que tu n'as l'habitude d'en user. [2]Un petit nombre de sujets considérés honnêtement et attentivement durant chacune des cinq périodes d'exercice à entreprendre aujourd'hui, t'aideront plus qu'un examen superficiel d'un grand nombre. [3]Deux minutes sont suggérées pour chacune des périodes d'examen d'esprit que les exercices comportent.
4. Les périodes d'exercice devraient commencer par la répétition de l'idée d'aujourd'hui, suivie d'un examen d'esprit, les yeux fermés, pour trouver les situations non résolues qui te préoccupent présentement. [2]L'important est de découvrir le résultat que tu veux. [3]Tu te rendras vite compte que tu as un certain nombre de buts à l'esprit qui font partie du résultat désiré, et aussi que ces buts se situent à des niveaux différents et sont souvent conflictuels.
5. En appliquant l'idée d'aujourd'hui, nomme chaque situation qui te vient à l'esprit, puis énumère avec soin autant de buts que possible que tu aimerais atteindre dans sa résolution. [2]La forme de chaque application devrait être à peu près la suivante :

> [3]*Dans la situation concernant* _____ , *j'aimerais qu'il arrive* _____ *et qu'il arrive* _____ ,

et ainsi de suite. [4]Essaie d'inclure autant de résultats différents qu'il peut honnêtement t'en venir à l'esprit, même si certains d'entre eux ne paraissent pas directement reliés à la situation, ou même lui être le moindrement inhérents.

6.   Si ces exercices sont faits correctement, tu reconnaîtras vite que tu réclames de la situation un grand nombre de choses qui n'ont rien à voir avec elle. [2]Tu reconnaîtras aussi que beaucoup de tes buts sont contradictoires, que tu n'as pas de résultat unifié à l'esprit, et que tu seras forcément déçu par rapport à certains de tes buts, quel que soit le dénouement de la situation.

7.   Après avoir fait la liste d'autant de buts espérés que possible, dis-toi, pour chaque situation non résolue qui te passe par l'esprit :

   [2]*Je ne perçois pas mon propre intérêt dans cette situation,*

et passe à la suivante.

LEÇON 25

Je ne sais pas à quoi sert quoi que ce soit.

1. Le but est signification. [2]L'idée d'aujourd'hui explique pourquoi rien de ce que tu vois ne signifie quoi que ce soit. [3]Tu ne sais pas à quoi cela sert. [4]Par conséquent, cela est in-signifiant pour toi. [5]Toute chose est pour ton propre intérêt. [6]C'est à cela qu'elle sert; voilà son but; voilà ce qu'elle signifie. [7]C'est en reconnaissant cela que tes buts deviennent unifiés. [8]C'est en reconnaissant cela qu'une signification est donnée à ce que tu vois.

2. Tu perçois le monde et tout ce qui est en lui comme signifiant en fonction des buts de l'ego. [2]Ces buts n'ont rien à voir avec ton propre intérêt, parce que l'ego n'est pas toi. [3]Cette fausse identification te rend incapable de comprendre à quoi sert quoi que ce soit. [4]Avec pour résultat que tu en fais forcément mauvais usage. [5]Quand tu croiras cela, tu essaieras de retirer les buts que tu avais assignés au monde, au lieu de tenter de les renforcer.

3. Une autre façon de décrire les buts que tu perçois maintenant est de dire qu'ils s'occupent tous d'intérêts «personnels». [2]Puisque tu n'as pas d'intérêts personnels, tes buts s'occupent réellement de rien. [3]En les chérissant, donc, tu n'as pas de buts du tout. [4]Et ainsi tu ne sais pas à quoi sert quoi que ce soit.

4. Pour que les exercices d'aujourd'hui aient le moindre sens pour toi, une autre pensée est d'abord nécessaire. [2]Aux niveaux les plus superficiels, tu reconnais ce qu'est un but. [3]Or le but ne peut pas être compris à ces niveaux. [4]Par exemple, tu comprends qu'un téléphone sert à parler à quelqu'un qui n'est pas physiquement dans ton entourage immédiat. [5]Ce que tu ne comprends pas, c'est pour quoi tu veux le joindre. [6]Or c'est cela qui rend ton contact avec lui signifiant ou non.

5. Il est crucial pour ton apprentissage que tu sois désireux d'abandonner les buts que tu as établis pour toutes choses. [2]La seule façon d'accomplir cela, c'est de reconnaître qu'ils sont in-signifiants, plutôt que «bons» ou «mauvais». [3]L'idée d'aujourd'hui est un pas dans cette direction.

6. Six périodes d'exercice sont requises, chacune d'une durée de deux minutes. [2]Chaque période d'exercice devrait commencer par une lente répétition de l'idée d'aujourd'hui, puis regarde autour de toi et laisse ton regard se poser sur tout ce qui se trouve

à l'attirer, près ou loin, «important» ou «sans importance», «humain» ou «non humain». [3]Les yeux posés sur chaque objet que tu choisis ainsi, dis, par exemple :

> [4]*Je ne sais pas à quoi sert cette chaise.*
> [5]*Je ne sais pas à quoi sert ce crayon.*
> [6]*Je ne sais pas à quoi sert cette main.*

[7]Dis cela assez lentement, sans déplacer les yeux du sujet jusqu'à ce que tu aies complété ton énoncé. [8]Puis passe au sujet suivant et applique l'idée d'aujourd'hui comme précédemment.

LEÇON 26

Mes pensées d'attaque attaquent mon invulnérabilité.

1. Il est sûrement évident que si tu peux être attaqué, tu n'es pas invulnérable. [2]Tu vois l'attaque comme une menace réelle. [3]La raison en est que tu crois pouvoir réellement attaquer. [4]Et ce qui aurait des effets par toi doit aussi avoir des effets sur toi. [5]C'est cette loi qui finalement te sauvera, mais pour le moment tu en fais mauvais usage. [6]Tu dois donc apprendre comment elle peut être utilisée dans ton propre intérêt, plutôt que contre lui.

2. Parce que tes pensées d'attaque seront projetées, tu craindras l'attaque. [2]Et si tu crains l'attaque, tu dois croire que tu n'es pas invulnérable. [3]Les pensées d'attaque te rendent donc vulnérable dans ton propre esprit, c'est-à-dire là où sont les pensées d'attaque. [4]Pensées d'attaque et invulnérabilité ne peuvent être acceptées ensemble. [5]Elles se contredisent l'une l'autre.

3. L'idée d'aujourd'hui introduit la pensée que tu t'attaques toujours toi-même en premier. [2]Si les pensées d'attaque doivent entraîner la croyance que tu es vulnérable, leur effet est de t'affaiblir à tes propres yeux. [3]Ainsi elles ont attaqué ta perception de toi-même. [4]Et parce que tu crois en elles, tu ne peux plus croire en toi. [5]Une fausse image de toi-même est venue prendre la place de ce que tu es.

4. La mise en pratique de l'idée d'aujourd'hui t'aidera à comprendre que la vulnérabilité comme l'invulnérabilité sont le résultat de tes propres pensées. [2]Rien, sauf tes pensées, ne peut t'attaquer. [3]Rien, sauf tes pensées, ne peut te faire croire que tu es vulnérable. [4]Et rien, sauf tes pensées, ne peut te prouver qu'il n'en est rien.

5. Six périodes d'exercice sont requises pour appliquer l'idée d'aujourd'hui. [2]Tu devrais tenter de faire deux bonnes minutes pour chacune d'elles, mais tu peux réduire le temps à une minute si le malaise est trop grand. [3]Ne le réduis pas davantage.

6. Les périodes d'exercice devraient commencer par la répétition de l'idée d'aujourd'hui; puis ferme les yeux et passe en revue les questions non résolues dont les résultats te causent du souci. [2]Le souci peut prendre plusieurs formes : dépression, inquiétude, colère, un sentiment de contrainte, de la peur, un mauvais présage ou une préoccupation. [3]Tout problème encore irrésolu et qui

tend à revenir dans tes pensées pendant la journée est un sujet convenable. [4]Tu ne pourras pas en utiliser beaucoup pour chaque période d'exercice, parce qu'il faudrait consacrer à chacun un moment plus long qu'à l'ordinaire. [5]L'idée d'aujourd'hui devrait être appliquée comme suit :

7. D'abord, nomme la situation :

> [2]*Je me fais du souci à propos de_____.*

[3]Ensuite, repasse tous les résultats qui te sont venus à l'esprit à ce propos et qui te causent du souci, et puis dis, en nommant chaque résultat très précisément :

> [4]*J'ai peur que _____ arrive.*

8. Si tu fais les exercices correctement, tu devrais avoir à ta disposition cinq ou six possibilités bouleversantes pour chaque situation que tu utilises, et très probablement plus. [2]Cela t'aidera beaucoup plus d'examiner à fond quelques situations que d'en effleurer un plus grand nombre. [3]En continuant la liste des résultats anticipés pour chaque situation, tu trouveras probablement que certains sont moins acceptables pour toi, surtout ceux qui te viendront à l'esprit vers la fin. [4]Essaie, toutefois, de tous les traiter de la même façon dans la mesure du possible.

9. Après avoir nommé chaque résultat dont tu as peur, dis-toi :

> [2]*Cette pensée est une attaque contre moi-même.*

[3]Termine chaque période d'exercice en te répétant une fois de plus l'idée d'aujourd'hui.

LEÇON 27

Par-dessus tout je veux voir.

1.   L'idée d'aujourd'hui exprime quelque chose de plus fort qu'une simple détermination. [2]Elle donne la priorité à la vision parmi tes désirs. [3]Il se peut que tu hésites à utiliser cette idée, pour la raison que tu n'es pas sûr de le penser vraiment. [4]Cela n'importe pas. [5]Le but des exercices d'aujourd'hui est de rapprocher un peu le moment où l'idée sera entièrement vraie.

2.   Il y aura peut-être une grande tentation de croire qu'une sorte de sacrifice t'est demandé quand tu dis que tu veux voir par-dessus tout. [2]Si le manque de réserve que cela implique te met mal à l'aise, ajoute :

[3]La vision ne coûte rien à personne.

[4]Si la peur d'une perte persiste encore, ajoute :

[5]Elle ne peut que bénir.

3.   L'idée d'aujourd'hui a besoin de nombreuses répétitions pour apporter le plus grand bénéfice. [2]Elle devrait être utilisée chaque demi-heure au moins et plus souvent si possible. [3]Tu pourrais essayer toutes les quinze ou vingt minutes. [4]Il est recommandé de fixer un intervalle de temps bien défini pour utiliser l'idée à ton réveil ou peu après, et d'essayer de t'y tenir pendant toute la journée. [5]Cela ne sera pas difficile à faire, même si tu as engagé une conversation ou es occupé autrement à ce moment-là. [6]Tu peux toujours te répéter une courte phrase sans rien déranger.

4.   La vraie question est celle-ci : combien de fois t'en souviendras-tu ? [2]À quel point veux-tu que l'idée d'aujourd'hui soit vraie ? [3]Réponds à l'une de ces questions et tu as répondu à l'autre. [4]Tu oublieras probablement plusieurs applications, peut-être un bon nombre. [5]Ne t'en fais pas, mais essaie de respecter ton horaire par la suite. [6]Si tu sens une fois pendant la journée que tu as été parfaitement sincère en répétant l'idée d'aujourd'hui, tu peux être sûr que tu t'es épargné de nombreuses années d'effort.

LEÇON 28

Par-dessus tout je veux voir les choses différemment.

1.   Aujourd'hui nous donnons réellement une application concrète à l'idée d'hier. ²Pendant ces périodes d'exercice, tu prendras une série d'engagements définis. ³Nous ne nous préoccupons pas ici de savoir si tu les tiendras dans le futur. ⁴Si tu es au moins désireux de les prendre maintenant, tu es en bonne voie de les tenir. ⁵Et nous ne sommes encore qu'au début.

2.   Tu te demandes peut-être pourquoi il est important de dire, par exemple : « Par-dessus tout je veux voir cette table différemment. » ²En soi cela n'est pas important du tout. ³Or qu'est-ce qui est en soi ? ⁴Et que signifie « en soi » ? ⁵Tu vois beaucoup de choses séparées autour de toi, ce qui signifie en fait que tu ne vois pas du tout. ⁶Tu vois ou tu ne vois pas. ⁷Quand tu auras vu une seule chose différemment, tu verras toutes choses différemment. ⁸La lumière que tu verras en n'importe laquelle est la même lumière que tu verras en elles toutes.

3.   Quand tu dis : « Par-dessus tout je veux voir cette table différemment », tu prends l'engagement de retirer tes idées préconçues au sujet de la table et d'ouvrir ton esprit à ce qu'elle est, et ce à quoi elle sert. ²Tu ne la définis pas par rapport au passé. ³Tu demandes ce qu'elle est, plutôt que de lui dire ce qu'elle est. ⁴Tu ne lies pas sa signification à ta minuscule expérience des tables, pas plus que tu ne limites son but à tes petites pensées personnelles.

4.   Tu ne remettras pas en question ce que tu as déjà défini. ²Et le but de ces exercices est de poser des questions et de recevoir des réponses. ³En disant : « Par-dessus tout je veux voir cette table différemment », tu t'engages à voir. ⁴Ce n'est pas un engagement exclusif. ⁵C'est un engagement qui s'applique à la table aussi bien qu'à toute autre chose, ni plus ni moins.

5.   De fait, tu pourrais gagner la vision simplement à partir de cette table si tu voulais en retirer toutes tes propres idées, et la regarder avec un esprit complètement ouvert. ²Elle a quelque chose à te montrer ; quelque chose de beau, de propre et d'une valeur infinie, plein de bonheur et d'espoir. ³Caché sous toutes tes idées à son sujet est son but réel, le but qu'elle partage avec tout l'univers.

6.   En utilisant la table comme sujet pour appliquer l'idée d'aujourd'hui, tu demandes donc réellement de voir le but de l'univers.

²Tu demanderas la même chose de chaque sujet que tu utiliseras pendant les périodes d'exercice. ³Et tu prends envers chacun d'eux l'engagement de laisser son but t'être révélé, au lieu de lui imposer ton propre jugement.

7. Aujourd'hui nous aurons six périodes d'exercice de deux minutes chacune, durant lesquelles l'idée du jour est d'abord énoncée, puis appliquée à ce que tu vois autour de toi. ²Non seulement les sujets devraient-ils être choisis au hasard, mais une égale sincérité devrait être accordée à chacun d'eux au fur et à mesure que l'idée d'aujourd'hui leur est appliquée, cela pour tenter de reconnaître à tous une valeur égale dans leur contribution à ta vue.

8. Comme d'habitude, les applications devraient inclure le nom du sujet sur lequel ton regard se trouve à tomber, et tu devrais laisser les yeux posés sur lui en disant :

> ²*Par-dessus tout je veux voir ce (cette) _____ différemment.*

³Chaque application devrait être faite très lentement, et aussi attentivement que possible. ⁴Il n'y a rien qui presse.

LEÇON 29

Dieu est dans tout ce que je vois.

1.   L'idée d'aujourd'hui explique pourquoi tu peux voir tout le but en toute chose. [2]Elle explique pourquoi rien n'est séparé, ou en soi. [3]Et elle explique pourquoi rien de ce que tu vois ne signifie quoi que ce soit. [4]En fait, elle explique chaque idée que nous avons utilisée jusqu'ici, aussi bien que toutes les subséquentes. [5]L'idée d'aujourd'hui constitue la base même de la vision.

2.   Tu trouveras probablement cette idée très difficile à saisir à ce stade. [2]Tu la trouveras peut-être ridicule, impertinente, insensée, drôle et même contestable. [3]Il est certain que Dieu n'est pas dans une table, par exemple, telle que tu la vois. [4]Or nous avons insisté hier sur le fait qu'une table partage le but de l'univers. [5]Et ce qui partage le but de l'univers partage le but de son Créateur.

3.   Essaie donc, aujourd'hui, de commencer à apprendre comment regarder toutes choses avec amour, reconnaissance et ouverture d'esprit. [2]Tu ne les vois pas maintenant. [3]Voudrais-tu savoir ce qui est en elles ? [4]Rien n'est tel qu'il t'apparaît. [5]Son saint but est au-delà de ta petite portée. [6]Quand la vision t'aura montré la sainteté qui illumine le monde, tu comprendras parfaitement l'idée d'aujourd'hui. [7]Et tu ne comprendras pas comment tu as jamais pu la trouver difficile.

4.   Nos six périodes d'exercice de deux minutes chacune aujourd'hui devraient suivre un modèle qui t'est maintenant familier : commence par te répéter l'idée, puis applique-la à des sujets choisis au hasard autour de toi, en nommant chacun d'eux expressément. [2]Essaie d'éviter la tendance à diriger toi-même la sélection, ce qui peut être particulièrement tentant avec l'idée d'aujourd'hui à cause de sa nature entièrement étrangère. [3]Rappelle-toi que tout ordre que tu imposes est pareillement étranger à la réalité.

5.   Autant que possible, ta liste de sujets devrait donc être exempte de toute sélection personnelle. [2]Par exemple, une liste convenable pourrait comprendre :

> [3]*Dieu est dans ce portemanteau.*
> [4]*Dieu est dans cette revue.*
> [5]*Dieu est dans ce doigt.*
> [6]*Dieu est dans cette lampe.*

⁷Dieu est dans ce corps.
⁸Dieu est dans cette porte.
⁹Dieu est dans cette corbeille à papier.

¹⁰En plus des périodes d'exercice déterminées, répète l'idée d'aujourd'hui au moins une fois par heure, en regardant lentement autour de toi pendant que tu dis les mots sans te presser. ¹¹Tu devrais éprouver un sentiment de repos au moins une ou deux fois en faisant cela.

LEÇON 30

Dieu est dans tout ce que je vois parce que Dieu est dans mon esprit.

1. L'idée d'aujourd'hui sert de tremplin pour la vision. ²À partir de cette idée le monde s'ouvrira devant toi, et tu le regarderas et verras en lui ce que tu n'as jamais vu auparavant. ³Et ce que tu voyais auparavant ne sera plus même vaguement visible pour toi.

2. Aujourd'hui nous essayons d'utiliser une nouvelle sorte de «projection». ²Nous ne tentons pas de nous débarrasser de ce que nous n'aimons pas en le voyant à l'extérieur. ³Plutôt, nous essayons de voir dans le monde ce qui est dans nos esprits, et ce que nous voulons reconnaître est là. ⁴Ainsi, nous essayons de nous joindre à ce que nous voyons, plutôt que de le garder à part de nous. ⁵Cela est la différence fondamentale entre la vision et ta façon de voir.

3. L'idée d'aujourd'hui devrait être appliquée aussi souvent que possible tout le long de la journée. ²Chaque fois que tu as un moment, répète-la lentement en regardant autour de toi et en essayant de te rendre compte que l'idée s'applique à tout ce que tu vois maintenant, ou pourrais voir maintenant si c'était à portée de ta vue.

4. La vision réelle n'est pas limitée à des concepts tels que «près» ou «loin». ²Pour t'aider à commencer à t'habituer à cette idée, essaie de penser, en appliquant l'idée d'aujourd'hui, à des choses qui se trouvent actuellement au-delà de ta portée aussi bien qu'à celles que tu peux effectivement voir.

5. Non seulement la vision réelle n'est pas limitée par l'espace et la distance, mais elle ne dépend pas du tout des yeux du corps. ²L'esprit en est la seule source. ³Pour t'aider à te familiariser aussi avec cette idée, consacre plusieurs périodes d'exercice à appliquer l'idée d'aujourd'hui les yeux fermés, en utilisant n'importe quel sujet qui te vient à l'esprit et en regardant au-dedans plutôt qu'au-dehors. ⁴L'idée d'aujourd'hui s'applique également aux deux.

LEÇON 31

Je ne suis pas la victime du monde que je vois.

1.   L'idée d'aujourd'hui est l'introduction à ta déclaration de délivrance. [2]Encore une fois, l'idée devrait être appliquée à la fois au monde que tu vois au-dehors et au monde que tu vois au-dedans. [3]Pour appliquer l'idée, nous utiliserons une forme d'exercice qui sera utilisée de plus en plus, avec des changements tels qu'indiqués. [4]En général, la forme comprend deux aspects, l'un où tu appliques l'idée de façon plus soutenue, et l'autre qui consiste en de fréquentes applications de l'idée tout le long de la journée.

2.   L'idée d'aujourd'hui nécessite deux périodes d'exercice plus longues, l'une le matin et l'autre le soir. [2]Trois à cinq minutes sont recommandées pour chacune d'elles. [3]Pendant ce temps, regarde lentement autour de toi en répétant l'idée deux ou trois fois. [4]Puis ferme les yeux et applique la même idée à ton monde intérieur. [5]Tu échapperas des deux ensemble, car l'intérieur est la cause de l'extérieur.

3.   Tandis que tu inspectes ton monde intérieur, prends simplement conscience de toutes les pensées qui te passent par l'esprit, chacune étant considérée pendant un moment puis remplacée par la suivante. [2]Essaie de n'établir aucune sorte de hiérarchie parmi elles. [3]Regarde-les aller et venir de façon aussi détachée que possible. [4]Ne t'attarde sur aucune d'elles en particulier, mais essaie de laisser couler le flot régulièrement et calmement, sans aucun investissement particulier de ta part. [5]Tandis que tu restes là à regarder tranquillement tes pensées, répète-toi l'idée d'aujourd'hui aussi souvent que bon te semblera, mais sans te presser.

4.   De plus, répète l'idée d'aujourd'hui aussi souvent que possible au cours de la journée. [2]Rappelle-toi que tu fais une déclaration d'indépendance au nom de ta propre liberté. [3]Et dans ta liberté réside la liberté du monde.

5.   L'idée d'aujourd'hui est aussi particulièrement utile en tant que réponse à toute forme de tentation qui peut surgir. [2]C'est la déclaration que tu n'y céderas pas, et ne te mettras pas toi-même en esclavage.

LEÇON 32

J'ai inventé le monde que je vois.

1.   Aujourd'hui nous continuons à développer le thème de cause et effet. [2]Tu n'es pas la victime du monde que tu vois parce que tu l'as inventé. [3]Tu peux l'abandonner aussi facilement que tu l'as inventé. [4]Tu le verras ou tu ne le verras pas, comme tu le souhaites. [5]Tant que tu le veux, tu le vois ; quand tu ne le voudras plus, il ne sera plus là pour que tu le voies.

2.   L'idée d'aujourd'hui, comme les précédentes, s'applique à tes mondes intérieur et extérieur qui sont en fait les mêmes. [2]Toutefois, puisque tu les vois différents, les périodes d'exercice d'aujourd'hui comprendront de nouveau deux phases, l'une concernant le monde que tu vois à l'extérieur de toi, et l'autre le monde que tu vois dans ton esprit. [3]Durant les exercices d'aujourd'hui, essaie d'introduire la pensée que les deux sont dans ta propre imagination.

3.   Encore une fois, nous commencerons les périodes d'exercice du matin et du soir en répétant l'idée d'aujourd'hui deux ou trois fois tout en regardant alentour le monde que tu vois extérieur à toi. [2]Ensuite ferme les yeux et regarde alentour ton monde intérieur. [3]Essaie de les traiter tous les deux aussi également que possible. [4]Répète l'idée d'aujourd'hui sans te presser, aussi souvent que tu le souhaites, tout en regardant les images que ton imagination présente à ta conscience.

4.   Pour les deux périodes d'exercice plus longues, trois à cinq minutes sont recommandées, mais pas moins de trois sont requises. [2]Tu peux y mettre plus de cinq minutes si tu trouves l'exercice reposant. [3]Pour faciliter cela, choisis un moment où tu prévois peu de distractions et où tu te sens raisonnablement prêt.

5.   Ces exercices sont aussi à continuer pendant la journée, aussi souvent que possible. [2]Les applications plus courtes consistent à répéter l'idée lentement en inspectant soit ton monde intérieur, soit ton monde extérieur. [3]Peu importe lequel tu choisis.

6.   L'idée d'aujourd'hui devrait aussi être appliquée immédiatement à toute situation susceptible de te bouleverser. [2]Applique l'idée en te disant :

[3]*J'ai inventé cette situation telle que je la vois.*

LEÇON 33

Il y a une autre façon de regarder le monde.

1. L'idée d'aujourd'hui est une tentative pour reconnaître que tu peux changer ta perception du monde à la fois dans ses aspects extérieurs et intérieurs. [2]Cinq bonnes minutes devraient être consacrées aux applications du matin et du soir. [3]Pendant ces périodes d'exercice, l'idée devrait être répétée aussi souvent que possible sans te mettre mal à l'aise, bien qu'il soit essentiel de le faire sans hâte. [4]Inspecte alternativement tes perceptions extérieures et intérieures, mais sans ressentir un changement trop abrupt.

2. Jette simplement un regard désinvolte autour de toi sur le monde que tu perçois comme extérieur à toi, puis ferme les yeux et passe en revue tes pensées intérieures d'une manière tout aussi désinvolte. [2]Essaie de garder une attitude aussi détachée dans les deux cas et de maintenir ce détachement lorsque tu répètes l'idée dans le courant de la journée.

3. Les périodes d'exercice plus courtes devraient être aussi fréquentes que possible. [2]Des applications concrètes de l'idée d'aujourd'hui devraient aussi être faites immédiatement lorsqu'une situation se présente dans laquelle tu es tenté de te troubler. [3]Pour ces applications, dis :

    [4]Il y a une autre façon de regarder cela.

4. Souviens-toi d'appliquer l'idée d'aujourd'hui dès l'instant que tu es conscient d'un bouleversement. [2]Il te sera peut-être nécessaire de prendre une minute ou deux pour t'asseoir calmement et te répéter l'idée plusieurs fois. [3]Cela t'aidera probablement de fermer les yeux pour cette forme d'application.

LEÇON 34

Je pourrais voir la paix au lieu de cela.

1.   L'idée d'aujourd'hui commence à décrire les conditions qui prévalent dans l'autre façon de voir. [2]La paix d'esprit est nettement une affaire interne. [3]Elle doit partir de tes propres pensées, puis s'étendre vers l'extérieur. [4]C'est de ta paix d'esprit que découle une perception paisible du monde.

2.   Trois périodes d'exercice plus longues sont requises pour les exercices d'aujourd'hui. [2]Il est conseillé d'en faire une le matin et une le soir, avec une autre entre les deux à n'importe quel moment où tu penseras pouvoir être prêt. [3]Toutes les applications devraient se faire les yeux fermés. [4]C'est à ton monde intérieur que l'idée d'aujourd'hui devrait s'appliquer.

3.   Un examen d'esprit d'environ cinq minutes est requis pour chacune des périodes d'exercice plus longues. [2]Recherche dans ton esprit les pensées de peur, les situations qui provoquent l'anxiété, les personnages ou événements qui « t'offensent », ou toute autre chose à propos de quoi tu entretiens des pensées non aimantes. [3]Note-les toutes en passant, en répétant lentement l'idée d'aujourd'hui tandis que tu les vois monter dans ton esprit, puis lâche prise de chacune pour la remplacer par la suivante.

4.   Si tu commences à trouver difficile de penser à des sujets concrets, continue à te répéter l'idée sans te hâter et sans l'appliquer à rien de particulier. [2]Assure-toi, toutefois, de ne rien exclure expressément.

5.   Les applications plus courtes seront fréquentes et répétées chaque fois que tu sentiras que ta paix d'esprit est menacée d'une façon quelconque. [2]Le but est de te protéger de la tentation tout le long de la journée. [3]Si une forme concrète de tentation surgit à ta conscience, l'exercice devrait prendre cette forme :

> [4]*Je pourrais voir la paix dans cette situation au lieu de ce que j'y vois maintenant.*

6.   Si les empiètements sur ta paix d'esprit prennent la forme d'émotions négatives plus générales, telles que la dépression, l'anxiété ou l'inquiétude, utilise l'idée sous sa forme originale. [2]Si tu vois que tu as besoin de plus d'une application de l'idée d'aujourd'hui

pour t'aider à changer d'esprit dans un contexte précis, essaie de consacrer quelques minutes à répéter l'idée jusqu'à ce que tu ressentes quelque soulagement. [3]Cela t'aidera de dire concrètement :

> [4]*Je peux remplacer mes sentiments de dépression, d'anxiété ou d'inquiétude [ou mes pensées au sujet de cette situation, de ce personnage ou de cet événement] par la paix.*

LEÇON 35

Mon esprit fait partie de Celui de Dieu. Je suis très saint.

1.   L'idée d'aujourd'hui ne décrit pas la façon dont tu te vois maintenant. ²Toutefois, elle décrit ce que la vision te montrera. ³Il est difficile pour quiconque pense être dans ce monde de croire cela de lui-même. ⁴Or la raison pour laquelle il pense être dans ce monde est qu'il ne croit pas cela.

2.   Tu croiras que tu fais partie de là où tu penses être. ²C'est parce que tu t'entoures de l'environnement que tu veux. ³Et tu le veux pour qu'il protège l'image de toi-même que tu as faite. ⁴L'image fait partie de cet environnement. ⁵Tant que tu crois y être, ce que tu vois est vu par les yeux de l'image. ⁶Cela n'est pas la vision. ⁷Les images ne peuvent pas voir.

3.   L'idée d'aujourd'hui présente une vue très différente de toi-même. ²En établissant ta Source, elle établit ton Identité, et elle te décrit tel que tu dois être réellement en vérité. ³Nous utiliserons une application quelque peu différente pour l'idée d'aujourd'hui, parce que l'accent est mis aujourd'hui sur celui qui perçoit plutôt que sur ce qu'il perçoit.

4.   Pendant chacune des trois périodes d'exercice de cinq minutes, commence par te répéter l'idée d'aujourd'hui, puis ferme les yeux et recherche dans ton esprit toutes sortes de termes qui décrivent la façon dont tu te vois. ²Inclus toutes les qualités basées sur l'ego que tu t'attribues, positives ou négatives, désirables ou indésirables, grandioses ou avilissantes. ³Elles sont toutes également irréelles, parce que tu ne te regardes pas toi-même par les yeux de la sainteté.

5.   Pendant la première partie de l'examen d'esprit, tu mettras probablement l'accent sur ce que tu considères comme les aspects plus négatifs de ta perception de toi-même. ²Vers la fin de la période d'exercice, toutefois, il se peut que des termes descriptifs plus gonflés d'orgueil te traversent l'esprit. ³Essaie de reconnaître que la direction de tes fantasmes à ton sujet n'importe pas. ⁴Les illusions n'ont pas de direction en réalité. ⁵Elles ne sont simplement pas vraies.

6.   Une liste non sélective convenant à l'application de l'idée d'aujourd'hui pourrait se lire comme suit :

²Je me vois exploité.
³Je me vois déprimé.
⁴Je me vois échouant.
⁵Je me vois en danger.
⁶Je me vois impuissant.
⁷Je me vois victorieux.
⁸Je me vois perdant.
⁹Je me vois charitable.
¹⁰Je me vois vertueux.

7.   Tu ne devrais pas penser à ces termes d'une façon abstraite. ²Ils te viendront lorsque des situations, des personnages et des événements dans lesquels tu figures te traverseront l'esprit. ³Relève toute situation concrète qui te vient à l'esprit, identifie le terme ou les termes descriptifs qui te semblent s'appliquer à tes réactions à cette situation et utilise-les pour appliquer l'idée d'aujourd'hui. ⁴Après avoir nommé chacun d'eux, ajoute :

⁵Mais mon esprit fait partie de Celui de Dieu. ⁶Je suis très saint.

8.   Pendant les périodes d'exercice plus longues, il y aura probablement des intervalles où rien de concret ne te viendra à l'esprit. ²Ne t'efforce pas de trouver des choses concrètes pour remplir l'intervalle, mais détends-toi simplement et répète lentement l'idée d'aujourd'hui jusqu'à ce que quelque chose te vienne à l'esprit. ³Bien que rien de ce qui te vient à l'esprit ne devrait être omis des exercices, rien ne devrait être « déterré » avec effort. ⁴Ni la force ni la discrimination ne devraient être utilisées.

9.   Aussi souvent que possible pendant la journée, relève une qualité ou des qualités concrètes que tu t'attribues à ce moment-là et appliques à chacune l'idée d'aujourd'hui, en ajoutant chaque fois l'idée sous la forme énoncée ci-dessus. ²Si rien de particulier ne te vient à l'esprit, répète-toi simplement l'idée les yeux fermés.

LEÇON 36

Ma sainteté enveloppe tout ce que je vois.

1.   L'idée d'aujourd'hui étend celle d'hier de celui qui perçoit à ce qui est perçu. [2]Tu es saint parce que ton esprit fait partie de Celui de Dieu. [3]Et parce que tu es saint, ta vue doit aussi être sainte. [4]« Impeccable » signifie sans péché. [5]Tu ne peux pas être un petit peu sans péché. [6]Tu es sans péché ou non. [7]Si ton esprit fait partie de Celui de Dieu, tu dois être sans péché, sinon une partie de Son Esprit serait pécheresse. [8]Ta vue est reliée à Sa Sainteté, pas à ton ego, et donc pas à ton corps.

2.   Quatre périodes d'exercice de trois à cinq minutes sont requises aujourd'hui. [2]Essaie de les répartir à intervalles assez réguliers, en faisant fréquemment des applications plus courtes, pour protéger ta protection toute la journée. [3]Les périodes d'exercice plus longues devraient prendre la forme suivante :

3.   D'abord, ferme les yeux et répète plusieurs fois, lentement, l'idée d'aujourd'hui. [2]Ensuite ouvre les yeux et regarde assez lentement autour de toi en appliquant l'idée concrètement à tout ce que tu notes en passant pendant ce tour d'horizon. [3]Dis, par exemple :

> [4]*Ma sainteté enveloppe ce tapis.*
> [5]*Ma sainteté enveloppe ce mur.*
> [6]*Ma sainteté enveloppe ces doigts.*
> [7]*Ma sainteté enveloppe cette chaise.*
> [8]*Ma sainteté enveloppe ce corps.*
> [9]*Ma sainteté enveloppe ce stylo.*

[10]Plusieurs fois pendant ces périodes d'exercice, ferme les yeux et répète-toi l'idée. [11]Puis ouvre les yeux et continue comme auparavant.

4.   Pour les périodes d'exercice plus courtes, ferme les yeux et répète l'idée ; regarde autour de toi et répète-la à nouveau ; conclus en la répétant une fois de plus les yeux fermés. [2]Toutes les applications devraient, bien sûr, être faites assez lentement, avec aussi peu d'effort et de hâte que possible.

LEÇON 37

Ma sainteté bénit le monde.

1.   Cette idée contient les premières lueurs de ta véritable fonction dans le monde, ou pourquoi tu es ici. ²Ton but est de voir le monde par ta propre sainteté. ³C'est ainsi que toi et le monde êtes bénis ensemble. ⁴Nul ne perd ; rien n'est enlevé à personne ; chacun gagne par ta sainte vision. ⁵Elle signifie la fin du sacrifice parce qu'elle offre à chacun tout son dû. ⁶Et chacun a droit à tout à sa naissance parce qu'il est Fils de Dieu.

2.   Il n'y a pas d'autre façon d'ôter l'idée de sacrifice de la pensée du monde. ²Toute autre façon de voir exigera inévitablement que quelqu'un ou quelque chose paie. ³Avec pour résultat que celui qui perçoit perdra. ⁴Et il n'aura aucune idée de la raison pour laquelle il perd. ⁵Or c'est par ta vision que son entièreté est ramenée à sa conscience. ⁶Ta sainteté le bénit en n'exigeant rien de lui. ⁷Ceux qui se voient entiers n'exigent rien.

3.   Ta sainteté est le salut du monde. ²Elle te laisse enseigner au monde qu'il est un avec toi, non pas en lui prêchant ni en lui disant quoi que ce soit mais simplement en reconnaissant quiètement qu'en ta sainteté toutes choses sont bénies avec toi.

4.   Aujourd'hui, les quatre périodes d'exercice plus longues, comptant chacune trois à cinq minutes, commencent par la répétition de l'idée du jour, suivie d'une minute environ durant laquelle tu regardes autour de toi en appliquant l'idée à ce que tu vois :

> ²*Ma sainteté bénit cette chaise.*
> ³*Ma sainteté bénit cette fenêtre.*
> ⁴*Ma sainteté bénit ce corps.*

⁵Puis ferme les yeux et applique l'idée à toute personne qui te vient à l'esprit, en utilisant son nom et en disant :

> ⁶*Ma sainteté te bénit, [nom].*

5.   Tu peux continuer la période d'exercice les yeux fermés ; tu peux ouvrir les yeux à nouveau et appliquer l'idée d'aujourd'hui à ton monde extérieur si tu le désires ; tu peux appliquer l'idée alternativement à ce que tu vois autour de toi et à ceux qui sont

dans tes pensées; ou tu peux utiliser toute combinaison de ces deux phases d'application selon ta préférence. [2]La période d'exercice devrait se terminer par une répétition de l'idée les yeux fermés, et par une autre, immédiatement après, les yeux ouverts.

6. Les exercices plus courts consistent à répéter l'idée aussi souvent que tu le peux. [2]Cela t'aidera particulièrement de l'appliquer silencieusement à toute personne que tu rencontres, en utilisant son nom pendant que tu le fais. [3]Il est essentiel d'utiliser l'idée si quiconque semble causer une réaction négative en toi. [4]Offre-lui immédiatement la bénédiction de ta sainteté, afin d'apprendre à la garder dans ta propre conscience.

LEÇON 38

Il n'y a rien que ma sainteté ne puisse accomplir.

1. Ta sainteté renverse toutes les lois du monde. [2]Elle est au-delà de toutes les restrictions de temps, d'espace, de distance et de limites de toutes sortes. [3]Ta sainteté est d'une puissance totalement illimitée parce qu'elle t'établit comme Fils de Dieu, ne faisant qu'un avec l'Esprit de son Créateur.

2. C'est par ta sainteté que la puissance de Dieu est rendue manifeste. [2]C'est par ta sainteté que la puissance de Dieu est rendue accessible. [3]Et il n'y a rien que la puissance de Dieu ne puisse accomplir. [4]Ta sainteté peut donc enlever toute douleur, mettre fin à tout chagrin et résoudre tous les problèmes. [5]Elle peut le faire par rapport à toi ou à n'importe qui d'autre. [6]Elle aide chacun avec une égale puissance parce qu'elle sauve chacun avec une égale puissance.

3. Si tu es saint, tout ce que Dieu a créé l'est aussi. [2]Tu es saint parce que toutes choses qu'Il a créées sont saintes. [3]Et toutes choses qu'Il a créées sont saintes parce que tu l'es. [4]Dans les exercices d'aujourd'hui, nous appliquerons la puissance de ta sainteté à tous les problèmes, difficultés ou souffrances sous toutes les formes auxquelles il t'arrivera de penser, en toi ou en quelqu'un d'autre. [5]Nous ne ferons pas de distinctions parce qu'il n'y a pas de distinctions.

4. Pendant les quatre périodes d'exercice plus longues, qui devraient durer de préférence cinq bonnes minutes chacune, répète l'idée d'aujourd'hui, ferme les yeux, puis recherche dans ton esprit tout sentiment de perte ou de malheur de tout genre tel que tu le vois. [2]Essaie de faire aussi peu de distinction que possible entre une situation qui est difficile pour toi et une situation qui est difficile pour quelqu'un d'autre. [3]Identifie la situation concrètement ainsi que le nom de la personne concernée. [4]Utilise la forme suivante en appliquant l'idée d'aujourd'hui :

> [5]*Dans la situation concernant* _____, *où je me vois, il n'y a rien que ma sainteté ne puisse accomplir.*
> [6]*Dans la situation concernant* _____, *où* _____ *se voit, il n'y a rien que ma sainteté ne puisse accomplir.*

5. De temps à autre, tu voudras peut-être varier cette procédure en y ajoutant quelques pensées personnelles pertinentes. [2]Par exemple, tu pourrais trouver bon d'inclure des pensées telles que :

> [3]*Il n'y a rien que ma sainteté ne puisse accomplir parce que
> la puissance de Dieu réside en elle.*

[4]Introduis toutes les variantes qu'il te plaira, mais garde les exercices centrés sur le thème : « Il n'y a rien que ma sainteté ne puisse accomplir. » [5]Le but des exercices d'aujourd'hui est de commencer à instiller en toi le sentiment que tu domines sur toutes choses à cause de ce que tu es.

6. Durant les fréquentes applications plus courtes, applique l'idée sous sa forme originale à moins qu'un problème concret te concernant ou concernant quelqu'un d'autre se présente, ou te vienne à l'esprit. [2]Dans ce cas, applique l'idée à ce problème en utilisant la forme plus concrète.

LEÇON 39

Ma sainteté est mon salut.

1.   Si la culpabilité est l'enfer, quel en est l'opposé? ²Comme le texte pour lequel ce livre d'exercices a été écrit, les idées utilisées pour les exercices sont très simples, très claires et sans aucune ambiguïté. ³Nous ne nous soucions pas de prouesses intellectuelles ni de jeux de logique. ⁴Nous nous occupons seulement de ce qui est l'évidence même, sur laquelle tu as passé dans les nuages de complexité où tu penses penser.

2.   Si la culpabilité est l'enfer, quel en est l'opposé? ²Sûrement, cela n'est pas difficile. ³L'hésitation que tu as peut-être à répondre n'est pas due à l'ambiguïté de la question. ⁴Mais crois-tu que la culpabilité soit l'enfer? ⁵Si tu le croyais, tu verrais immédiatement combien le texte est direct et simple, et tu n'aurais pas du tout besoin d'un livre d'exercices. ⁶Nul n'a besoin d'exercices pour gagner ce qu'il a déjà.

3.   Nous avons déjà dit que ta sainteté est le salut du monde. ²Qu'en est-il de ton propre salut? ³Tu ne peux pas donner ce que tu n'as pas. ⁴Un sauveur doit être sauvé. ⁵Autrement, comment peut-il enseigner le salut? ⁶Les exercices d'aujourd'hui s'appliqueront à toi, reconnaissant que ton salut est crucial pour le salut du monde. ⁷Quand tu appliques les exercices à ton monde, c'est le monde entier qui en bénéficie.

4.   Ta sainteté est la réponse à chaque question qui ait jamais été posée, qui est posée maintenant ou qui sera posée dans le futur. ²Ta sainteté signifie la fin de la culpabilité et donc la fin de l'enfer. ³Ta sainteté est le salut du monde et le tien propre. ⁴Comment pourrais-tu en être exclu, toi à qui appartient ta sainteté? ⁵Dieu ne connaît pas la non-sainteté. ⁶Se peut-il qu'Il ne connaisse pas Son Fils?

5.   Il est vivement conseillé de consacrer cinq bonnes minutes à chacune des quatre périodes d'exercice plus longues aujourd'hui, et des périodes plus longues et plus fréquentes sont recommandées. ²Si tu veux dépasser les exigences minimales, il est conseillé de faire des périodes d'exercice plus fréquentes plutôt que plus longues, bien que les deux soient suggérées.

6.   Commence les périodes d'exercice comme d'habitude, en te répétant l'idée d'aujourd'hui. ²Puis, les yeux fermés, cherche tes pensées sans amour, quelle que soit la forme sous laquelle elles

apparaissent : malaise, dépression, colère, peur, inquiétude, attaque, insécurité, et ainsi de suite. ³Quelle que soit la forme qu'elles prennent, elles sont sans amour et donc apeurantes. ⁴Ainsi est-ce d'elles que tu as besoin d'être sauvé.

7.   Les situations, événements ou personnages concrets que tu associes aux pensées sans amour de toutes sortes sont des sujets convenables pour les exercices d'aujourd'hui. ²Il est impératif pour ton salut que tu les voies différemment. ³Et c'est le fait de les bénir qui te sauvera et te donnera la vision.

8.   Lentement, sans faire de choix conscient ni mettre indûment l'accent sur l'une d'elles en particulier, recherche dans ton esprit toutes les pensées qui se dressent entre toi et ton salut. ²Applique l'idée d'aujourd'hui à chacune d'elles de la façon suivante :

> ³*Mes pensées sans amour au sujet de _____ me gardent en enfer.*
> ⁴*Ma sainteté est mon salut.*

9.   Peut-être trouveras-tu ces périodes d'exercice plus faciles si tu intercales plusieurs périodes plus courtes durant lesquelles tu ne fais que répéter lentement l'idée d'aujourd'hui plusieurs fois. ²Cela t'aidera peut-être aussi d'inclure quelques courts intervalles de temps où tout ce que tu feras sera de te détendre et où il semblera que tu ne penses à rien. ³Une concentration soutenue est très difficile au début. ⁴Cela deviendra beaucoup plus facile à mesure que ton esprit deviendra plus discipliné et moins facile à distraire.

10.   Entre-temps tu devrais te sentir libre d'introduire de la variété dans les périodes d'exercice sous quelque forme qu'il te plaira. ²Toutefois, ne change pas l'idée elle-même en variant la méthode d'application. ³Quelle que soit la façon dont tu choisis de l'utiliser, l'idée devrait être énoncée de manière à signifier le fait que ta sainteté est ton salut. ⁴Termine chaque période d'exercice en répétant l'idée une fois de plus sous sa forme originale, et en ajoutant :

> ⁵*Si la culpabilité est l'enfer, quel en est l'opposé ?*

11.   Dans les applications plus courtes, qui devraient être faites trois ou quatre fois par heure et davantage si possible, tu peux te poser cette question, répéter l'idée d'aujourd'hui et préférablement faire les deux. ²Si des tentations surgissent, la forme suivante de l'idée peut t'aider tout particulièrement :

> ³*Ma sainteté me sauve de cela.*

LEÇON 40

Je suis béni en tant que Fils de Dieu.

1. Aujourd'hui nous allons commencer à faire valoir certaines des choses heureuses auxquelles tu as droit, étant ce que tu es. [2]De longues périodes d'exercice ne sont pas requises aujourd'hui, mais de courtes périodes très fréquentes sont nécessaires. [3]Une toutes les dix minutes serait très souhaitable; et il est vivement conseillé que tu essaies cet horaire et le respectes autant que possible. [4]Si tu oublies, essaie encore. [5]S'il y a de longues interruptions, essaie encore. [6]Chaque fois que tu t'en souviens, essaie encore.

2. Tu n'as pas besoin de fermer les yeux pendant les périodes d'exercice, mais tu verras probablement que cela t'aide si tu le fais. [2]Il se peut toutefois que pendant la journée tu te trouves dans un certain nombre de situations où il ne sera pas possible de fermer les yeux. [3]Ne manque pas une période d'exercice à cause de cela. [4]Tu peux très bien faire l'exercice en n'importe quelle circonstance si tu le veux vraiment.

3. Les exercices d'aujourd'hui prennent peu de temps et n'exigent aucun effort. [2]Répète l'idée d'aujourd'hui, puis ajoute plusieurs des qualités que tu associes au fait d'être un Fils de Dieu, en te les appliquant à toi-même. [3]Une période d'exercice pourrait, par exemple, consister en ce qui suit :

[4]Je suis béni en tant que Fils de Dieu.
[5]Je suis heureux, en paix, aimant et satisfait.

[6]Une autre pourrait prendre la forme suivante :

[7]Je suis béni en tant que Fils de Dieu.
[8]Je suis calme, tranquille, assuré et confiant.

[9]Si tu ne disposes que d'une courte période, il suffira de te dire que tu es béni en tant que Fils de Dieu.

LEÇON 41

Dieu vient avec moi partout où je vais.

1. L'idée d'aujourd'hui finira par vaincre complètement le sentiment de solitude et d'abandon qu'éprouvent tous les séparés. [2]La dépression est une conséquence inévitable de la séparation. [3]De même que l'anxiété, l'inquiétude, un sentiment profond d'impuissance, la misère, la souffrance et une peur intense de la perte.

2. Les séparés ont inventé de nombreuses «cures» pour ce qu'ils croient être les «malheurs du monde». [2]Mais la seule chose qu'ils ne font pas, c'est de remettre en question la réalité du problème. [3]Or ses effets ne peuvent pas avoir de remède parce que le problème n'est pas réel. [4]L'idée d'aujourd'hui a le pouvoir de mettre fin pour toujours à toute cette sottise. [5]Et c'est bien une sottise, en dépit des formes sérieuses et tragiques qu'elle peut prendre.

3. Au fond de toi se trouve tout ce qui est parfait, prêt à rayonner à travers toi et jusque dans le monde. [2]Ce sera le remède à chaque chagrin, douleur, peur et perte, parce que cela guérira l'esprit qui pensait que ces choses étaient réelles et qui souffrait de son allégeance envers elles.

4. Tu ne peux jamais être privé de ta parfaite sainteté parce que sa Source va avec toi partout où tu vas. [2]Tu ne peux jamais souffrir parce que la Source de toute joie va avec toi partout où tu vas. [3]Tu ne peux jamais être seul parce que la Source de toute vie va avec toi partout où tu vas. [4]Rien ne peut détruire la paix de ton esprit parce que Dieu va avec toi partout où tu vas.

5. Nous comprenons que tu ne crois pas tout cela. [2]Comment le pourrais-tu, quand la vérité est cachée loin en dedans, sous un lourd et dense nuage de pensées insanes, qui ne fait qu'obscurcir et qui représente pourtant tout ce que tu vois? [3]Aujourd'hui nous allons faire notre première réelle tentative pour aller plus loin que ce noir et lourd nuage, et pour passer au-travers jusqu'à la lumière qui est au-delà.

6. Il n'y aura qu'une seule longue période d'exercice aujourd'hui. [2]Le matin, dès ton lever si possible, assieds-toi tranquillement pendant trois à cinq minutes, les yeux fermés. [3]Au commencement de la période d'exercice, répète très lentement l'idée d'aujourd'hui. [4]Ensuite ne fais aucun effort pour penser à quoi que ce soit. [5]Essaie plutôt de sentir que tu te tournes vers l'intérieur, passé toutes les

vaines pensées du monde. [6]Essaie de pénétrer au plus profond de ton propre esprit, le gardant libre de toute pensée qui pourrait détourner ton attention.

7. De temps en temps, tu peux répéter l'idée si cela peut t'aider. [2]Mais surtout essaie de plonger à l'intérieur de toi, loin du monde et de toutes les sottes pensées du monde. [3]Tu essaies d'aller au-delà de toutes ces choses. [4]Tu essaies de quitter les apparences et de t'approcher de la réalité.

8. Il est tout à fait possible d'atteindre Dieu. [2]En fait c'est très facile, parce que c'est la chose la plus naturelle du monde. [3]On pourrait même dire que c'est la seule chose naturelle au monde. [4]La voie s'ouvrira si tu crois que c'est possible. [5]Cet exercice peut apporter des résultats très surprenants, même au premier essai, et tôt ou tard il est toujours couronné de succès. [6]Nous donnerons plus de détails sur ce genre d'exercice à mesure que nous avancerons. [7]Mais tu n'échoueras jamais complètement, et le succès instantané est possible.

9. Utilise souvent l'idée d'aujourd'hui tout le long de la journée, en la répétant très lentement, préférablement les yeux fermés. [2]Pense à ce que tu dis, à ce que les mots signifient. [3]Concentre-toi sur la sainteté qu'ils impliquent à ton sujet, sur la compagnie infaillible dans laquelle tu es, sur la protection complète qui t'entoure.

10. Tu peux certes te permettre de rire des pensées de peur, en te souvenant que Dieu va avec toi partout où tu vas.

LEÇON 42

Dieu est ma force. La vision est Son don.

1.   L'idée d'aujourd'hui combine deux pensées très puissantes, toutes deux de très grande importance. ²Elle présente aussi une relation de cause et effet qui explique pourquoi tu ne peux pas échouer dans tes efforts pour accomplir le but du cours. ³Tu verras parce que c'est la Volonté de Dieu. ⁴C'est Sa force, et non la tienne, qui te donne le pouvoir. ⁵Et c'est Son don, plutôt que le tien, qui t'offre la vision.

2.   Dieu est certes ta force, et ce qu'Il donne est véritablement donné. ²Cela signifie que tu peux le recevoir en tout temps et partout, où que tu sois et quelles que soient les circonstances dans lesquelles tu te trouves. ³Ton passage à travers le temps et l'espace ne se fait pas au hasard. ⁴Tu ne peux être qu'au bon endroit au bon moment. ⁵Telle est la force de Dieu. ⁶Tels sont Ses dons.

3.   Nous aurons deux périodes d'exercice aujourd'hui, de trois à cinq minutes chacune, l'une que tu feras aussitôt que possible après ton réveil, et l'autre aussi près que possible du moment où tu iras te coucher. ²Toutefois, il vaut mieux attendre de pouvoir t'asseoir seul calmement, à un moment où tu te sens prêt, que de te préoccuper du moment comme tel.

4.   Commence ces périodes d'exercice les yeux ouverts, en répétant lentement l'idée d'aujourd'hui et en regardant autour de toi. ²Puis ferme les yeux et répète l'idée à nouveau, encore plus lentement. ³Après quoi essaie de n'avoir d'autre pensée que celles qui te viennent par rapport à l'idée du jour. ⁴Tu pourrais penser, par exemple :

> ⁵*La vision doit être possible.* ⁶*Dieu donne véritablement,*

> ou :

> ⁷*Les dons que Dieu me fait doivent m'appartenir, parce qu'Il me les a donnés.*

5.   Toute pensée qui est clairement reliée à l'idée d'aujourd'hui conviendra. ²De fait, il se peut que tu sois étonné par toute la compréhension reliée au cours que certaines de tes pensées contiennent.

³Laisse-les venir sans les censurer, sauf si tu vois que ton esprit ne fait que s'égarer et que tu as laissé certaines pensées qui n'ont manifestement aucun rapport y faire intrusion. ⁴Il se peut aussi que tu arrives à un point où il te semble qu'aucune pensée ne te vient à l'esprit. ⁵Si de telles interférences se produisent, ouvre les yeux et répète la pensée une fois de plus tout en regardant lentement autour de toi; puis ferme les yeux, répète l'idée encore une fois et continue à rechercher dans ton esprit des pensées qui s'y rapportent.

6. Toutefois, souviens-toi qu'il n'est pas opportun pour les exercices d'aujourd'hui de chercher activement des pensées pertinentes. ²Essaie simplement de prendre du recul et de laisser venir les pensées. ³Si tu trouves cela difficile, il vaut mieux passer la période d'exercice à répéter lentement l'idée en ouvrant et fermant les yeux alternativement, plutôt que de t'efforcer de trouver des idées pertinentes.

7. Il n'y a pas de limite au nombre de courtes périodes d'exercice qui seraient bénéfiques aujourd'hui. ²L'idée du jour est une étape initiale pour rassembler tes pensées et t'enseigner que tu es en train d'étudier un système de pensée unifié auquel rien ne manque dont il soit besoin, et dans lequel rien n'est inclus qui soit contradictoire ou sans rapport avec lui.

8. Plus souvent tu répéteras l'idée pendant la journée, plus souvent tu te rappelleras que le but du cours est important pour toi, et que tu ne l'as pas oublié.

LEÇON 43

Dieu est ma Source. Je ne peux pas voir à part de Lui.

1. La perception n'est pas un attribut de Dieu. ²Son champ est celui de la connaissance. ³Or Il a créé le Saint-Esprit en tant que Médiateur entre la perception et la connaissance. ⁴Sans ce lien avec Dieu, la perception aurait remplacé à jamais la connaissance dans ton esprit. ⁵Avec ce lien avec Dieu, la perception deviendra tellement changée et purifiée qu'elle mènera à la connaissance. ⁶Voilà sa fonction telle que la voit le Saint-Esprit. ⁷C'est donc sa fonction en vérité.

2. En Dieu tu ne peux pas voir. ²La perception n'a pas de fonction en Dieu et n'existe pas. ³Or dans le salut, qui est le défaire de ce qui n'a jamais été, la perception a un but considérable. ⁴Faite par le Fils de Dieu dans un but non saint, elle doit devenir le moyen de ramener sa sainteté à sa conscience. ⁵La perception n'a pas de signification. ⁶Or le Saint-Esprit lui donne une signification très proche de celle de Dieu. ⁷La perception guérie devient le moyen par lequel le Fils de Dieu pardonne à son frère, et se pardonne ainsi à lui-même.

3. Tu ne peux pas voir à part de Dieu parce que tu ne peux pas être à part de Dieu. ²Quoi que tu fasses, tu le fais en Lui, parce que quoi que tu penses, tu le penses avec Son Esprit. ³Si la vision est réelle, et elle est réelle dans la mesure où elle partage le but du Saint-Esprit, alors tu ne peux pas voir à part de Dieu.

4. Trois périodes d'exercice de cinq minutes sont requises aujourd'hui : l'une aussi tôt et l'autre aussi tard que possible dans la journée. ²La troisième peut être entreprise au moment qui te convient le plus, quand les circonstances le permettent et quand tu te sens prêt. ³Au commencement de ces périodes d'exercice, répète-toi l'idée d'aujourd'hui, les yeux ouverts. ⁴Puis promène ton regard autour de toi pendant un court moment, en appliquant l'idée concrètement à ce que tu vois. ⁵Quatre ou cinq sujets suffiront pour cette phase de la période d'exercice. ⁶Tu pourrais dire, par exemple :

⁷*Dieu est ma Source.* ⁸*Je ne peux pas voir ce bureau à part de Lui.*
⁹*Dieu est ma Source.* ¹⁰*Je ne peux pas voir ce tableau à part de Lui.*

5. Bien que cette partie de l'exercice doive être relativement courte, assure-toi de choisir les sujets sans discrimination pour cette phase de l'exercice, sans rien inclure ni exclure de ton propre chef. ²Pour la deuxième phase, qui est plus longue, ferme les yeux, répète de nouveau l'idée d'aujourd'hui, puis laisse toutes les pensées pertinentes qui te viennent à l'esprit ajouter à l'idée à ta propre façon. ³Des pensées comme celles-ci :

⁴*Je vois par les yeux du pardon.*
⁵*Je vois le monde béni.*
⁶*Le monde peut me montrer moi-même.*
⁷*Je vois mes propres pensées, qui sont comme Celles de Dieu.*

⁸Toute pensée qui est reliée plus ou moins directement à l'idée d'aujourd'hui conviendra. ⁹Il n'est pas besoin que les pensées aient un rapport évident avec l'idée, mais elles ne devraient pas être en opposition avec elle.

6. Si tu trouves que ton esprit vagabonde, si tu commences à prendre conscience de pensées qui sont nettement en désaccord avec l'idée d'aujourd'hui, ou s'il semble que tu es incapable de penser à quoi que ce soit, ouvre les yeux, répète la première phase de la période d'exercice, puis essaie de nouveau la seconde. ²Ne permets pas que des périodes se prolongent durant lesquelles tu deviens préoccupé de pensées qui n'ont aucun rapport. ³Pour éviter cela, retourne à la première phase aussi souvent que ce sera nécessaire.

7. En appliquant l'idée d'aujourd'hui pendant les plus courtes périodes d'exercice, tu peux varier la forme selon les circonstances et les situations dans lesquelles tu te trouves au cours de la journée. ²Quand tu es avec quelqu'un d'autre, par exemple, essaie de te souvenir de lui dire en silence :

³*Dieu est ma Source.* ⁴*Je ne peux pas te voir à part de Lui.*

⁵Cette forme peut s'appliquer aussi bien aux étrangers qu'à ceux que tu penses être plus proches de toi. ⁶En fait, essaie de ne pas faire du tout de distinctions de ce genre.

8. L'idée d'aujourd'hui devrait aussi être appliquée tout le long de la journée aux divers événements et situations qui peuvent survenir, particulièrement à ceux qui semblent te bouleverser

de quelque façon que ce soit. [2]À cette fin, applique l'idée sous la forme suivante :

[3]*Dieu est ma Source. *[4]*Je ne peux pas voir cela à part de Lui.*

9. Si aucun sujet particulier ne se présente à ta conscience sur le moment, répète simplement l'idée sous sa forme originale. [2]Essaie aujourd'hui de ne pas laisser passer de longues périodes de temps sans te souvenir de l'idée d'aujourd'hui, et te souvenir ainsi de ta fonction.

LEÇON 44

Dieu est la lumière dans laquelle je vois.

1. Aujourd'hui nous continuons l'idée d'hier, en lui ajoutant une autre dimension. ²Tu ne peux pas voir dans les ténèbres, et tu ne peux pas faire la lumière. ³Tu peux faire les ténèbres puis penser que tu y vois, mais la lumière reflète la vie et elle est donc un aspect de la création. ⁴Création et ténèbres ne peuvent pas coexister, mais lumière et vie doivent aller de pair, n'étant que différents aspects de la création.

2. Afin de voir, tu dois reconnaître que la lumière est au-dedans, pas au-dehors. ²Tu ne vois pas à l'extérieur de toi, et l'équipement pour la vue n'est pas non plus à l'extérieur de toi. ³Une partie essentielle de cet équipement est la lumière qui rend possible de voir. ⁴Elle est toujours avec toi, rendant la vision possible en toutes circonstances.

3. Aujourd'hui nous tenterons d'atteindre cette lumière. ²Dans ce but, nous utiliserons une forme d'exercice qui a été suggérée plus tôt, et que nous utiliserons de plus en plus. ³C'est une forme particulièrement difficile pour un esprit indiscipliné, et elle représente un but majeur de l'entraînement de l'esprit. ⁴Elle requiert précisément ce qui manque à un esprit inexercé. ⁵Or cet entraînement doit être accompli pour que tu voies.

4. Fais au moins trois périodes d'exercice aujourd'hui, chacune durant trois à cinq minutes. ²Une période plus longue est fortement recommandée, mais seulement si tu trouves que le temps passe vite et si tu ne ressens que peu ou pas du tout de tension. ³La forme d'exercice que nous allons utiliser aujourd'hui est la forme la plus naturelle et la plus facile du monde pour un esprit exercé, tout comme elle semble la moins naturelle et la plus difficile pour un esprit inexercé.

5. Ton esprit n'est plus entièrement inexercé. ²Tu es tout à fait prêt à apprendre la forme d'exercice que nous allons utiliser aujourd'hui, mais il se peut que tu rencontres une forte résistance. ³La raison en est très simple. ⁴Lorsque tu t'exerces de cette façon, tu laisses derrière toi tout ce que tu crois maintenant, et toutes les pensées que tu as inventées. ⁵À proprement parler, cela est la délivrance de l'enfer. ⁶Or perçu par les yeux de l'ego, c'est une perte d'identité et une descente en enfer.

6. Si tu peux te mettre à l'écart de l'ego un tant soit peu, tu n'auras pas de difficulté à reconnaître que son opposition et ses peurs sont in-signifiantes. [2]Peut-être cela t'aiderait-il de te rappeler, de temps en temps, qu'atteindre la lumière c'est échapper des ténèbres, même si tu crois le contraire. [3]Dieu est la lumière dans laquelle tu vois. [4]Tu tentes de L'atteindre.

7. Commence les périodes d'exercice en répétant l'idée d'aujourd'hui les yeux ouverts, puis ferme-les lentement en répétant l'idée plusieurs fois encore. [2]Puis essaie de plonger dans ton esprit et lâche prise des interférences et des intrusions de toutes sortes au fur et à mesure que tu les dépasses dans ta plongée. [3]Ton esprit ne peut pas être arrêté en cela, à moins que tu ne choisisses de l'arrêter. [4]Il suit simplement son cours naturel. [5]Essaie d'observer avec détachement les pensées qui défilent, et dépasse-les tranquillement.

8. Bien qu'aucune approche particulière ne soit préconisée pour cette forme d'exercice, il est nécessaire que tu aies le sentiment de l'importance de ce que tu fais, de sa valeur inestimable pour toi ; et que tu sois conscient de tenter quelque chose de très saint. [2]Le salut est ton accomplissement le plus heureux. [3]C'est aussi le seul qui ait une quelconque signification parce que c'est le seul qui te soit d'une réelle utilité.

9. Si une résistance surgit sous n'importe quelle forme, fais une pause, suffisamment longue pour répéter l'idée d'aujourd'hui, en gardant les yeux fermés à moins que tu n'aies conscience d'avoir peur. [2]Dans ce cas, tu trouveras probablement plus rassurant d'ouvrir brièvement les yeux. [3]Essaie toutefois de reprendre les exercices les yeux fermés aussitôt que possible.

10. Si tu fais les exercices correctement, tu devrais éprouver un sentiment de détente et même avoir l'impression que tu t'approches de la lumière, si ce n'est même que tu y entres. [2]Essaie de penser à la lumière, sans forme et sans limite, lorsque tu dépasses les pensées de ce monde. [3]Et n'oublie pas qu'elles ne peuvent te retenir au monde, à moins que tu ne leur donnes le pouvoir de le faire.

11. Répète souvent l'idée tout le long de la journée, les yeux ouverts ou fermés comme il te semble préférable sur le moment. [2]Mais n'oublie pas. [3]Par dessus-tout, sois déterminé à ne pas oublier aujourd'hui.

LEÇON 45

Dieu est l'Esprit avec lequel je pense.

1.   L'idée d'aujourd'hui tient la clé de ce que sont tes pensées réelles. [2]Elles ne sont rien de ce que tu penses penser, tout comme rien de ce que tu penses voir n'est relié à la vision en aucune façon. [3]Il n'y a aucune relation entre ce qui est réel et ce que tu penses réel. [4]Rien de ce que tu penses être tes pensées réelles ne ressemble en quoi que ce soit à tes pensées réelles. [5]Rien de ce que tu penses voir n'a la moindre ressemblance avec ce que la vision te montrera.

2.   Tu penses avec l'Esprit de Dieu. [2]Par conséquent, tu partages tes pensées avec Lui, comme Il partage Ses Pensées avec toi. [3]Ce sont les mêmes pensées, parce qu'elles sont pensées par le même Esprit. [4]Partager, c'est rendre pareil, ou rendre un. [5]Et les pensées que tu penses avec l'Esprit de Dieu ne quittent pas ton esprit, parce que les pensées ne quittent pas leur source. [6]Par conséquent, tes pensées sont dans l'Esprit de Dieu, comme tu l'es. [7]Elles sont aussi dans ton esprit, où Il est. [8]De même que tu fais partie de Son Esprit, de même tes pensées font partie de Son Esprit.

3.   Où, donc, sont tes pensées réelles ? [2]Aujourd'hui, nous allons tenter de les atteindre. [3]C'est dans ton esprit que nous allons devoir les chercher, parce que c'est là qu'elles se trouvent. [4]Elles doivent y être encore, parce qu'elles ne peuvent pas avoir quitté leur source. [5]Ce qui est pensé par l'Esprit de Dieu est éternel, faisant partie de la création.

4.   Aujourd'hui nos trois périodes d'exercice, de cinq minutes chacune, prendront en général la même forme que nous avons utilisée pour appliquer l'idée d'hier. [2]Nous tenterons de quitter l'irréel pour chercher le réel. [3]Nous nierons le monde en faveur de la vérité. [4]Nous ne laisserons pas les pensées du monde nous retenir. [5]Nous ne laisserons pas les croyances du monde nous dire que ce que Dieu veut que nous fassions est impossible. [6]Plutôt, nous essaierons de reconnaître que seul ce que Dieu veut que nous fassions est possible.

5.   Nous essaierons aussi de comprendre que seul ce que Dieu veut que nous fassions est ce que nous voulons faire. [2]Et nous essaierons aussi de nous souvenir que nous ne pouvons pas échouer

en faisant ce qu'Il veut que nous fassions. ³Nous avons tout lieu d'être confiants de réussir aujourd'hui. ⁴C'est la Volonté de Dieu.

6. Commence les exercices d'aujourd'hui en fermant les yeux, tout en te répétant l'idée. ²Puis pense, pendant un bref moment, quelques pensées personnelles pertinentes, en gardant l'idée à l'esprit. ³Ajoute à l'idée quatre ou cinq de tes propres pensées, puis répète-la à nouveau en te disant doucement :

⁴*Mes pensées réelles sont dans mon esprit.* ⁵*J'aimerais les trouver.*

⁶Ensuite essaie d'aller au-delà de toutes les pensées irréelles qui recouvrent la vérité dans ton esprit, jusqu'à atteindre l'éternel.

7. Sous toutes les pensées insensées et les idées folles dont tu as encombré ton esprit, sont les pensées que tu as pensées avec Dieu au commencement. ²Elles sont là dans ton esprit maintenant, complètement inchangées. ³Elles seront toujours dans ton esprit, exactement comme elles l'ont toujours été. ⁴Tout ce que tu as pensé depuis changera, mais le Fondement sur lequel cela repose est entièrement inchangeable.

8. C'est vers ce Fondement que sont dirigés les exercices d'aujourd'hui. ²Là ton esprit est joint à l'Esprit de Dieu. ³Là tes pensées ne font qu'un avec les Siennes. ⁴Pour ce genre d'exercice, une seule chose est nécessaire : approche-le comme tu t'approcherais d'un autel dédié au Ciel à Dieu le Père et à Dieu le Fils. ⁵Car tel est le lieu que tu essaies d'atteindre. ⁶Tu seras probablement encore incapable de te rendre compte jusqu'à quelle hauteur tu essaies d'aller. ⁷Or, même avec le peu de compréhension que tu as déjà gagnée, tu devrais être à même de te rappeler qu'il ne s'agit pas ici d'un vain jeu, mais d'un exercice en sainteté et d'une tentative pour atteindre le Royaume des Cieux.

9. Dans les périodes d'exercice plus courtes d'aujourd'hui, essaie de te souvenir combien il est important pour toi de comprendre la sainteté de l'esprit qui pense avec Dieu. ²Tout en te répétant l'idée tout le long de la journée, prends une minute ou deux pour apprécier la sainteté de ton esprit. ³Écarte-toi, même brièvement, de toutes les pensées qui sont indignes de Celui Dont tu es l'hôte. ⁴Et remercie-Le des Pensées qu'Il pense avec toi.

LEÇON 46

Dieu est l'Amour dans lequel je pardonne.

1.   Dieu ne pardonne pas parce qu'Il n'a jamais condamné. [2]Et il doit d'abord y avoir condamnation pour que le pardon soit nécessaire. [3]Le pardon est le grand besoin de ce monde, mais c'est parce que c'est un monde d'illusions. [4]Ceux qui pardonnent se délivrent ainsi des illusions, alors que ceux qui retiennent le pardon se lient à elles. [5]Comme tu ne condamnes que toi-même, ainsi tu ne pardonnes qu'à toi-même.

2.   Or bien que Dieu ne pardonne pas, Son Amour est néanmoins la base du pardon. [2]La peur condamne et l'amour pardonne. [3]Ainsi le pardon défait ce que la peur a produit, ramenant l'esprit à la conscience de Dieu. [4]Pour cette raison, le pardon peut véritablement être appelé le salut. [5]C'est le moyen par lequel les illusions disparaissent.

3.   Les exercices d'aujourd'hui requièrent au moins trois périodes d'exercice de cinq bonnes minutes chacune, et autant de courtes périodes que possible. [2]Commence les périodes d'exercice plus longues en te répétant l'idée d'aujourd'hui, comme d'habitude. [3]En faisant cela, ferme les yeux et passe une minute ou deux à rechercher dans ton esprit ceux à qui tu n'as pas pardonné. [4]Peu importe « à quel point » tu ne leur as pas pardonné. [5]Tu leur as pardonné entièrement ou pas du tout.

4.   Si tu fais bien les exercices, tu ne devrais pas avoir de difficulté à trouver bon nombre de gens à qui tu n'as pas pardonné. [2]Une règle sûre, c'est que toute personne que tu n'aimes pas beaucoup constitue un sujet convenable. [3]Mentionne chacune par son nom et dis :

> [4]*Dieu est l'Amour dans lequel je te pardonne, [nom].*

5.   Le but de la première phase des périodes d'exercice d'aujourd'hui est de te mettre en position de te pardonner à toi-même. [2]Après avoir appliqué l'idée à tous ceux qui te sont venus à l'esprit, dis-toi :

> [3]*Dieu est l'Amour dans lequel je me pardonne.*

⁴Puis consacre le reste de la période d'exercice à ajouter des idées qui s'y rapportent, telles que :

> ⁵*Dieu est l'Amour duquel je m'aime.*
> ⁶*Dieu est l'Amour dans lequel je suis béni.*

6.   La forme de l'application peut varier considérablement, mais l'idée centrale ne devrait pas être perdue de vue. ²Tu pourrais dire, par exemple :

> ³*Je ne peux pas être coupable parce que je suis un Fils de Dieu.*
> ⁴*J'ai déjà été pardonné.*
> ⁵*Nulle peur n'est possible dans un esprit aimé de Dieu.*
> ⁶*Il n'est pas besoin d'attaquer parce que l'amour m'a pardonné.*

⁷La période d'exercice devrait toutefois se terminer par une répétition de l'idée d'aujourd'hui telle qu'elle est énoncée au début.

7.   Les périodes d'exercice plus courtes peuvent consister en une répétition de l'idée d'aujourd'hui soit sous sa forme originale ou sous une forme qui s'y rapporte, selon ta préférence. ²Toutefois, assure-toi de faire d'autres applications concrètes en cas de besoin. ³Tu en auras besoin à n'importe quel moment de la journée où tu prends conscience d'une quelconque réaction négative envers qui que ce soit, présent ou non. ⁴En ce cas, dis-lui en silence :

> ⁵*Dieu est l'Amour dans lequel je te pardonne.*

LEÇON 47

Dieu est la force à laquelle je me fie.

1.   Si tu te fies à ta propre force, tu as tout lieu d'être plein d'appréhension, d'anxiété et de peur. ²Que peux-tu prédire ou contrôler? ³Qu'y a-t-il en toi sur quoi tu puisses compter? ⁴Qu'est-ce qui pourrait te rendre capable d'être conscient de toutes les facettes d'un problème quel qu'il soit, et de les résoudre de telle façon que seul du bien puisse en sortir? ⁵Qu'y a-t-il en toi qui te permette de reconnaître la bonne solution, et qui te garantisse qu'elle sera accomplie?

2.   De toi-même tu ne peux faire aucune de ces choses. ²Croire que tu le peux, c'est placer ta confiance là où la confiance n'est pas justifiée, et c'est justifier la peur, l'anxiété, la dépression, la colère et le chagrin. ³Qui peut mettre sa foi dans la faiblesse et se sentir en sécurité? ⁴Or qui peut mettre sa foi dans la force et se sentir faible?

3.   Dieu est ta sécurité en toute circonstance. ²Sa Voix, Qui parle pour Lui en toute situation et en chaque aspect de toutes les situations, te dit exactement quoi faire pour faire appel à Sa force et à Sa protection. ³Il n'y a pas d'exceptions parce que Dieu n'a pas d'exceptions. ⁴Et la Voix qui parle pour Lui pense comme Il pense.

4.   Aujourd'hui nous allons essayer d'aller passé ta propre faiblesse jusqu'à la Source de la force réelle. ²Quatre périodes d'exercice de cinq minutes seront nécessaires aujourd'hui, et des périodes plus longues et plus fréquentes sont fortement conseillées. ³Ferme les yeux et commence, comme d'habitude, par répéter l'idée du jour. ⁴Puis passe une minute ou deux à chercher des situations dans ta vie que tu as investies de peur, et écarte chacune d'elles en te disant :

⁵*Dieu est la force à laquelle je me fie.*

5.   Essaie maintenant de laisser derrière toi tous les soucis reliés à ton propre sentiment d'insuffisance. ²Il est évident que toute situation qui te cause du souci est associée à des sentiments d'insuffisance, car autrement tu te croirais capable de t'occuper de cette situation avec succès. ³Ce n'est pas en te fiant à toi que tu gagneras de la confiance. ⁴Mais la force de Dieu en toi réussit en toutes choses.

6. La reconnaissance de ta propre fragilité est une étape nécessaire dans la correction de tes erreurs, mais elle n'est guère suffisante pour te donner la confiance dont tu as besoin et à laquelle tu as droit. ²Tu dois aussi prendre conscience que la confiance en ta force réelle est pleinement justifiée à tout point de vue et en toute circonstance.

7. Durant la dernière phase de la période d'exercice, essaie de plonger dans ton esprit jusqu'en un lieu de réelle sécurité. ²Tu reconnaîtras que tu l'as atteint quand tu ressentiras une paix profonde, même brièvement. ³Lâche prise de toutes les choses triviales qui s'agitent et bouillonnent à la surface de ton esprit, et descends plus bas et en-dessous d'elles jusqu'au Royaume des Cieux. ⁴Il y a un lieu en toi où est une paix parfaite. ⁵Il y a un lieu en toi où rien n'est impossible. ⁶Il y a un lieu en toi où la force de Dieu demeure.

8. Répète souvent l'idée au cours de la journée. ²Utilise-la pour répondre à tout ce qui te trouble. ³Souviens-toi que tu as droit à la paix, parce que tu donnes ta confiance à la force de Dieu.

LEÇON 48

Il n'y a rien à craindre.

1.   L'idée d'aujourd'hui énonce simplement un fait. ²Ce n'est pas un fait pour ceux qui croient dans les illusions, mais les illusions ne sont pas des faits. ³En vérité il n'y a rien à craindre. ⁴Il est très facile de le reconnaître. ⁵Mais cela est très difficile à reconnaître pour ceux qui veulent que les illusions soient vraies.
2.   Les périodes d'exercice d'aujourd'hui seront très courtes, très simples et très fréquentes. ²Répète simplement l'idée aussi souvent que possible. ³Tu peux l'utiliser les yeux ouverts à tout moment et en toute situation. ⁴Il est toutefois fortement recommandé de prendre une minute environ, quand tu le peux, pour fermer les yeux et répéter lentement l'idée plusieurs fois. ⁵Il est particulièrement important d'utiliser l'idée immédiatement chaque fois que quelque chose trouble ta paix d'esprit.
3.   La présence de la peur est un signe infaillible que tu te fies à ta propre force. ²Prendre conscience qu'il n'y a rien à craindre démontre que quelque part dans ton esprit, quoiqu'en un lieu que tu ne reconnais peut-être pas encore, tu t'es souvenu de Dieu et tu as laissé Sa force prendre la place de ta faiblesse. ³Dès l'instant que tu es désireux de le faire, il n'y a certes rien à craindre.

LEÇON 49

La Voix de Dieu me parle tout le long de la journée.

1. Il est tout à fait possible d'écouter la Voix de Dieu tout le long de la journée sans interrompre le moindrement tes activités régulières. ²La partie de ton esprit où demeure la vérité est en communication constante avec Dieu, que tu en sois conscient ou non. ³C'est l'autre partie de ton esprit qui fonctionne dans le monde et qui obéit à ses lois. ⁴C'est cette partie qui est constamment distraite, désorganisée et hautement incertaine.

2. La partie qui écoute la Voix pour Dieu est calme, toujours en repos et entièrement certaine. ²C'est réellement la seule partie qui soit. ³L'autre partie est une folle illusion, frénétique et éperdue, mais sans aucune sorte de réalité. ⁴Essaie aujourd'hui de ne pas l'écouter. ⁵Essaie de t'identifier avec la partie de ton esprit où le calme et la paix règnent à jamais. ⁶Essaie d'entendre la Voix de Dieu t'appeler avec amour, te rappelant que ton Créateur n'a pas oublié Son Fils.

3. Nous aurons besoin d'au moins quatre périodes d'exercice de cinq minutes chacune aujourd'hui, et davantage si possible. ²Nous essaierons en fait d'entendre la Voix de Dieu te Le rappeler et te rappeler ton Soi. ³Nous nous approcherons avec confiance de cette pensée des plus heureuses et des plus saintes, connaissant qu'en ce faisant nous joignons notre volonté à la Volonté de Dieu. ⁴Il veut que tu entendes Sa Voix. ⁵Il te L'a donnée pour qu'Elle soit entendue.

4. Écoute dans un profond silence. ²Sois très calme et ouvre ton esprit. ³Laisse derrière toi tous les cris éraillés et les imaginations malades qui recouvrent tes pensées réelles et obscurcissent le lien éternel que tu as avec Dieu. ⁴Plonge profondément dans la paix qui t'attend par-delà le tapage et la frénésie des pensées, des vues et des sons de ce monde insane. ⁵Tu ne vis pas ici. ⁶Nous essayons d'atteindre ta réelle demeure. ⁷Nous essayons d'atteindre le lieu où tu es véritablement le bienvenu. ⁸Nous essayons d'atteindre Dieu.

5. N'oublie pas de répéter très fréquemment l'idée d'aujourd'hui. ²Fais-le les yeux ouverts quand c'est nécessaire, mais les yeux fermés quand c'est possible. ³Et assure-toi d'être assis tranquillement pour répéter l'idée d'aujourd'hui chaque fois que tu le peux, en fermant les yeux sur le monde et en te rendant compte que tu invites la Voix de Dieu à te parler.

LEÇON 50

Je suis soutenu par l'Amour de Dieu.

1. Voici la réponse à chaque problème auquel tu seras confronté, aujourd'hui, demain et dans tous les temps. [2]En ce monde, tu crois que tu es soutenu par tout, sauf Dieu. [3]Tu places ta foi dans les symboles les plus banals et les plus insanes : pilules, argent, vêtements «protecteurs», influence, prestige, être aimé, connaître les «bonnes» personnes, et toute une liste interminable de ces formes de rien que tu dotes de pouvoirs magiques.

2. Toutes ces choses sont tes substituts à l'Amour de Dieu. [2]Toutes ces choses sont chéries pour assurer l'identification au corps. [3]Ce sont des chants de louange à l'ego. [4]Ne mets pas ta foi dans le sans-valeur. [5]Il ne te soutiendra pas.

3. Seul l'Amour de Dieu te protégera en toutes circonstances. [2]Il te tirera de toutes les épreuves et t'élèvera bien au-dessus de tous les dangers perçus de ce monde jusqu'en un climat de paix et de sécurité parfaites. [3]Il te transportera dans un état d'esprit que rien ne peut menacer, que rien ne peut troubler, et où rien ne peut faire intrusion dans le calme éternel du Fils de Dieu.

4. Ne mets pas ta foi dans les illusions. [2]Elles te décevront. [3]Mets toute ta foi dans l'Amour de Dieu en toi, éternel, inchangeable et infaillible à jamais. [4]Voilà la réponse à tout ce à quoi tu es confronté aujourd'hui. [5]Par l'Amour de Dieu en toi, tu peux résoudre sans effort et en toute confiance toutes les difficultés apparentes. [6]Dis-le-toi souvent aujourd'hui. [7]C'est une déclaration de délivrance de la croyance en les idoles. [8]C'est ton admission de la vérité à ton sujet.

5. Pendant dix minutes, deux fois aujourd'hui, matin et soir, laisse l'idée d'aujourd'hui plonger profondément dans ta conscience. [2]Répète-la, penses-y, laisse venir les pensées qui s'y rapportent afin qu'elles t'aident à en reconnaître la vérité, et permets à la paix de s'étendre sur toi comme une couverture de protection et de sécurité. [3]Ne laisse aucune vaine et sotte pensée entrer pour troubler le saint esprit du Fils de Dieu. [4]Tel est le Royaume des Cieux. [5]Tel est le lieu de repos où ton Père t'a placé à jamais.

RÉVISION I

Introduction

1. À partir d'aujourd'hui nous aurons une série de périodes de révision. [2]Chacune couvrira cinq des idées déjà présentées, en commençant par la première et en finissant par la cinquantième. [3]À la suite de chacune des idées, il y aura quelques brefs commentaires que tu devrais considérer dans ta révision. [4]Durant les périodes d'exercice, il faudrait procéder comme suit :

2. Commence la journée en lisant les cinq idées, commentaires compris. [2]Par la suite il n'est pas nécessaire de suivre un ordre particulier en les considérant, quoique chacune devrait être pratiquée au moins une fois. [3]Consacre deux minutes ou plus à chaque période d'exercice, en pensant à l'idée et aux commentaires qui s'y rapportent après les avoir lus. [4]Fais cela aussi souvent que possible pendant la journée. [5]Si l'une des cinq idées te plaît plus que les autres, concentre-toi sur celle-là. [6]À la fin de la journée, toutefois, assure-toi de les réviser toutes encore une fois.

3. Il n'est pas nécessaire de couvrir complètement ou de suivre littéralement tous les commentaires qui suivent chaque idée pendant les périodes d'exercice. [2]Essaie plutôt de mettre l'accent sur le point central et d'y penser comme faisant partie de ta révision de l'idée à laquelle il se rapporte. [3]Une fois que tu as lu l'idée et les commentaires qui s'y rapportent, fais les exercices les yeux fermés et quand tu es seul dans un endroit tranquille, si possible.

4. Cela est à souligner pour les périodes d'exercice à ce stade de ton apprentissage. [2]Il sera nécessaire, toutefois, que tu apprennes à appliquer ce que tu apprends sans requérir de cadre particulier. [3]Tu auras le plus besoin de ce que tu apprends dans les situations qui paraissent contrariantes, plutôt que dans celles qui semblent déjà calmes et quiètes. [4]Le but de ton apprentissage est de te permettre d'apporter la quiétude avec toi, et de guérir le bouleversement et le tumulte. [5]Cela ne se fait pas en les évitant et en cherchant un havre d'isolement pour toi-même.

5. Tu apprendras ensuite que la paix fait partie de toi et qu'elle requiert seulement que tu sois là pour embrasser toute situation dans laquelle tu es. [2]Finalement tu apprendras qu'il n'y a pas de limite à là où tu es, de sorte que ta paix est partout, tout comme toi.

6.   Tu noteras que, pour les besoins de la révision, certaines des idées ne sont pas données exactement sous leur forme originale. ²Utilise-les telles qu'elles sont données ici. ³Il n'est pas nécessaire de retourner aux énoncés originaux ni d'appliquer les idées comme il était alors suggéré. ⁴Nous insistons maintenant sur les relations entre les cinquante premières idées que nous avons étudiées, ainsi que sur la cohésion du système de pensée auquel elles te conduisent.

LEÇON 51

La révision d'aujourd'hui couvre les idées suivantes :

1. (1) **Rien de ce que je vois ne signifie quoi que ce soit.**

²La raison pour laquelle il en est ainsi, c'est que je ne vois rien, et rien n'a pas de signification. ³Il est nécessaire que je reconnaisse cela pour apprendre à voir. ⁴Ce que je pense voir maintenant prend la place de la vision. ⁵Je dois en lâcher prise en me rendant compte que cela n'a pas de signification, pour que la vision puisse en prendre la place.

2. (2) **J'ai donné à ce que je vois toute la signification que cela a pour moi.**

²J'ai jugé tout ce que je regarde, et c'est cela et cela seul que je vois. ³Cela n'est pas la vision. ⁴Ce n'est qu'une illusion de réalité, parce que mes jugements ont été faits tout à fait à part de la réalité. ⁵Je suis désireux de reconnaître le manque de validité de mes jugements, parce que je veux voir. ⁶Mes jugements m'ont blessé, et je ne veux pas voir en conformité avec eux.

3. (3) **Je ne comprends rien de ce que je vois.**

²Comment pourrais-je comprendre ce que je vois quand je l'ai méjugé ? ³Ce que je vois est la projection de mes propres erreurs de pensée. ⁴Je ne comprends pas ce que je vois parce que ce n'est pas compréhensible. ⁵Rien ne sert de chercher à le comprendre. ⁶Mais il y a tout lieu d'en lâcher prise et de faire de la place pour ce qui peut être vu, compris et aimé. ⁷Je peux échanger ce que je vois maintenant pour cela simplement en étant désireux le faire. ⁸N'est-ce pas là un meilleur choix que celui que j'ai fait auparavant ?

4. (4) Ces pensées ne signifient rien.

[2]Les pensées dont j'ai conscience ne signifient rien parce que j'essaie de penser sans Dieu. [3]Ce que j'appelle «mes» pensées ne sont pas mes pensées réelles. [4]Mes pensées réelles sont les pensées que je pense avec Dieu. [5]Je n'en ai pas conscience parce que j'ai fait mes pensées pour qu'elles prennent leur place. [6]Je suis désireux de reconnaître que mes pensées ne signifient rien et d'en lâcher prise. [7]Je choisis qu'elles soient remplacées par ce qu'elles étaient censées remplacer. [8]Mes pensées sont in-signifiantes, mais toute la création réside dans les pensées que je pense avec Dieu.

5. (5) Je ne suis jamais contrarié pour la raison à laquelle je pense.

[2]Je ne suis jamais contrarié pour la raison à laquelle je pense parce que j'essaie constamment de justifier mes pensées. [3]J'essaie constamment de les rendre vraies. [4]Je fais de toutes choses mes ennemis, de sorte que ma colère est justifiée et que mes attaques sont légitimées. [5]Je ne me suis pas rendu compte à quel point j'ai mésusé de tout ce que je vois en lui assignant ce rôle. [6]J'ai fait cela pour défendre un système de pensée qui m'a blessé, et que je ne veux plus. [7]Je suis désireux d'en lâcher prise.

LEÇON 52

La révision d'aujourd'hui couvre ces idées :

1. (6) **Je suis contrarié parce que je vois ce qui n'est pas là.**

²La réalité n'est jamais effrayante. ³Il est impossible qu'elle puisse me contrarier. ⁴La réalité n'apporte que la paix parfaite. ⁵Quand je suis contrarié, c'est toujours parce que j'ai remplacé la réalité par des illusions que j'ai inventées. ⁶Les illusions sont contrariantes parce que je leur ai donné réalité et qu'ainsi je considère la réalité comme une illusion. ⁷Rien dans la création de Dieu n'est affecté en aucune façon par ma confusion. ⁸Je suis toujours contrarié par rien.

2. (7) **Je ne vois que le passé.**

²Quand je regarde autour de moi, je condamne le monde que je regarde. ³J'appelle cela voir. ⁴Je reproche le passé à chacun et à chaque chose, et j'en fais mes ennemis. ⁵Quand je me serai pardonné et me serai souvenu de Qui je suis, je bénirai tous ceux et tout ce que je vois. ⁶Il n'y aura pas de passé et donc pas d'ennemis. ⁷Et je regarderai avec amour tout ce que je manquais de voir auparavant.

3. (8) **Mon esprit est préoccupé de pensées passées.**

²Je ne vois que mes propres pensées, et mon esprit est préoccupé du passé. ³Qu'est-il, donc, que je puisse voir tel que c'est? ⁴Que je me souvienne que je regarde le passé pour empêcher le présent de se faire jour dans mon esprit. ⁵Que je comprenne que j'essaie d'utiliser le temps contre Dieu. ⁶Que j'apprenne à me départir du passé, et je me rendrai compte qu'en ce faisant je ne renonce à rien.

4. (9) **Je ne vois rien tel que c'est maintenant.**

²Si je ne vois rien tel que c'est maintenant, on peut vraiment dire que je ne vois rien. ³Je ne peux voir que ce qui est maintenant. ⁴Le choix n'est pas entre voir le passé et voir le présent; le choix est simplement entre voir et ne pas voir. ⁵Ce que j'ai choisi de voir m'a coûté la vision. ⁶Maintenant je voudrais choisir à nouveau, afin de voir.

5. (10) **Mes pensées ne signifient rien.**

²Je n'ai pas de pensées privées. ³Or ce n'est que les pensées privées dont je suis conscient. ⁴Que peuvent signifier ces pensées? ⁵Elles n'existent pas, ainsi elles ne signifient rien. ⁶Or mon esprit fait partie de la création et partie de son Créateur. ⁷Ne préférerais-je pas me joindre à la pensée de l'univers plutôt que d'obscurcir tout ce qui m'appartient réellement avec mes pitoyables et in-signifiantes pensées « privées » ?

LEÇON 53

Aujourd'hui nous réviserons ce qui suit :

1. (11) **Mes pensées in-signifiantes me montrent un monde in-signifiant.**

²Puisque les pensées dont je suis conscient ne signifient rien, le monde qui les représente ne peut avoir de signification. ³Ce qui produit ce monde est insane, et ce qu'il produit l'est aussi. ⁴La réalité n'est pas insane, et j'ai des pensées réelles aussi bien que des insanes. ⁵Je peux donc voir un monde réel, si je me tourne vers mes pensées réelles pour qu'elles guident ma vue.

2. (12) **Je suis contrarié parce que je vois un monde in-signifiant.**

²Les pensées insanes sont contrariantes. ³Elles produisent un monde dans lequel il n'y a d'ordre nulle part. ⁴Seul le chaos gouverne un monde qui représente une pensée chaotique, et le chaos n'a pas de lois. ⁵Je ne peux pas vivre en paix dans un tel monde. ⁶Je suis reconnaissant de ce que ce monde n'est pas réel et que je n'ai pas besoin de le voir du tout à moins que je ne choisisse de lui accorder de la valeur. ⁷Et je ne choisis pas d'accorder de la valeur à ce qui est totalement insane et n'a pas de signification.

3. (13) **Un monde in-signifiant engendre la peur.**

²Ce qui est totalement insane engendre la peur parce qu'on ne peut pas du tout s'y fier et qu'il n'offre aucune base pour la confiance. ³Rien n'est fiable dans la folie. ⁴Elle n'offre ni sécurité ni espoir. ⁵Mais un tel monde n'est pas réel. ⁶Je lui ai donné l'illusion de la réalité et j'ai souffert de ma croyance en lui. ⁷Maintenant je choisis de lui retirer cette croyance et de placer ma confiance en la réalité. ⁸En choisissant cela, j'échapperai de tous les effets du monde de la peur, parce que j'admets qu'il n'existe pas.

4. (14) Dieu n'a pas créé un monde in-signifiant.

2Comment un monde in-signifiant peut-il exister si Dieu ne l'a pas créé? 3Il est la Source de toute signification et tout ce qui est réel est dans Son Esprit. 4Cela est aussi dans mon esprit, parce qu'Il l'a créé avec moi. 5Pourquoi devrais-je continuer à souffrir des effets de mes propres pensées insanes, quand la perfection de la création est ma demeure? 6Que je me souvienne du pouvoir de ma décision et reconnaisse où je demeure réellement.

5. (15) Mes pensées sont des images que j'ai faites.

2Tout ce que je vois reflète mes pensées. 3Ce sont mes pensées qui me disent où je suis et ce que je suis. 4Le fait que je vois un monde dans lequel il y a la souffrance, la perte et la mort me montre que je ne vois que la représentation de mes pensées insanes, et que je ne permets pas à mes pensées réelles de jeter leur lumière bienfaisante sur ce que je vois. 5Or la voie de Dieu est sûre. 6Les images que j'ai faites ne sauraient prévaloir contre Lui parce que ce n'est pas ma volonté qu'elles le fassent. 7Ma volonté est la Sienne, et je ne placerai pas d'autres dieux devant Lui.

LEÇON 54

Voici les idées à réviser pour aujourd'hui :

1. (16) **Je n'ai pas de pensées neutres.**

²Des pensées neutres sont impossibles parce que toutes les pensées ont un pouvoir. ³Soit qu'elles font un monde faux, soit qu'elles me conduisent au monde réel. ⁴Mais les pensées ne peuvent pas être sans effets. ⁵De même que le monde que je vois surgit de mes erreurs de pensée, de même le monde réel surgira à ma vue lorsque je laisserai mes erreurs être corrigées. ⁶Mes pensées ne peuvent pas être ni vraies ni fausses. ⁷Elles doivent être l'un ou l'autre. ⁸Ce que je vois me montre lequel elles sont.

2. (17) **Je ne vois pas de choses neutres.**

²Ce que je vois témoigne de ce que je pense. ³Si je ne pensais pas, je n'existerais pas, parce que la vie est pensée. ⁴Que je regarde le monde que je vois comme la représentation de mon propre état d'esprit. ⁵Je sais que mon état d'esprit peut changer. ⁶Je sais donc aussi que le monde que je vois peut changer également.

3. (18) **Je ne suis pas seul à éprouver les effets de ma vue.**

²Si je n'ai pas de pensées privées, je ne peux pas voir un monde privé. ³Même la folle idée de séparation a dû être partagée pour qu'elle puisse former la base du monde que je vois. ⁴Or ce partage était un partage de rien. ⁵Je peux aussi faire appel à mes pensées réelles, qui partagent tout avec tous. ⁶De même que mes pensées de séparation appellent les pensées de séparation des autres, de même mes pensées réelles éveillent les pensées réelles en eux. ⁷Et le monde que me montrent mes pensées réelles se fera jour à leurs yeux aussi bien qu'aux miens.

4. (19) Je ne suis pas seul à éprouver les effets de mes pensées.

²Je ne suis seul en rien. ³Tout ce que je pense, dis ou fais, enseigne à tout l'univers. ⁴Un Fils de Dieu ne peut ni penser, ni parler ni agir en vain. ⁵Il ne peut être seul en quoi que ce soit. ⁶Il est donc en mon pouvoir de changer chaque esprit avec le mien, car le pouvoir de Dieu m'appartient.

5. (20) Je suis déterminé à voir.

²Reconnaissant la nature partagée de mes pensées, je suis déterminé à voir. ³Je voudrais regarder les témoins qui me montrent que la pensée du monde a été changée. ⁴Je voudrais contempler la preuve que ce qui a été fait par moi a permis à l'amour de remplacer la peur, au rire de remplacer les larmes, à l'abondance de remplacer la perte. ⁵Je voudrais regarder le monde réel et le laisser m'enseigner que ma volonté et la Volonté de Dieu ne font qu'un.

LEÇON 55

La révision d'aujourd'hui comprend ce qui suit :

1. (21) **Je suis déterminé à voir les choses différemment.**

²Ce que je vois maintenant ne sont que des signes de maladie, de désastre et de mort. ³Ce ne peut pas être ce que Dieu a créé pour Son Fils bien-aimé. ⁴Le fait même que je vois de telles choses est la preuve que je ne comprends pas Dieu. ⁵Par conséquent, je ne comprends pas non plus Son Fils. ⁶Ce que je vois me dit que je ne sais pas qui je suis. ⁷Je suis déterminé à voir les témoins de la vérité en moi, plutôt que ceux qui me montrent une illusion de moi-même.

2. (22) **Ce que je vois est une forme de vengeance.**

²Le monde que je vois n'est guère la représentation de pensées aimantes. ³C'est une image d'attaque contre tout par tout. ⁴C'est tout sauf le reflet de l'Amour de Dieu et de l'Amour de Son Fils. ⁵Ce sont mes propres pensées d'attaque qui font surgir cette image. ⁶Mes pensées aimantes me sauveront de cette perception du monde et me donneront la paix que Dieu avait l'intention que j'aie.

3. (23) **Je peux échapper de ce monde en abandonnant les pensées d'attaque.**

²En cela réside le salut et nulle part ailleurs. ³Sans pensées d'attaque je ne pourrais pas voir un monde d'attaque. ⁴Lorsque le pardon permet à l'amour de revenir à ma conscience, je vois un monde de paix, de sécurité et de joie. ⁵Et c'est cela que je choisis de voir, à la place de ce que je regarde maintenant.

4. (24) **Je ne perçois pas mon propre intérêt.**

[2]Comment pourrais-je reconnaître ce qu'est mon propre intérêt quand je ne connais pas qui je suis ? [3]Ce que je pense être mon intérêt ne ferait que me lier davantage au monde des illusions. [4]Je suis désireux de suivre le Guide que Dieu m'a donné pour découvrir ce qu'est mon propre intérêt, en reconnaissant que je ne peux pas le percevoir par moi-même.

5. (25) **Je ne sais pas à quoi sert quoi que ce soit.**

[2]Pour moi, le but de toute chose est de prouver que mes illusions à mon sujet sont réelles. [3]C'est dans ce but que j'essaie d'utiliser chacun et chaque chose. [4]C'est à cela que je crois que le monde sert. [5]Par conséquent, je ne reconnais pas son but réel. [6]Le but que j'ai donné au monde a conduit à une image effrayante de lui. [7]Que j'ouvre mon esprit au but réel du monde en lui retirant celui que je lui ai donné, et en apprenant la vérité à son sujet.

LEÇON 56

Notre révision d'aujourd'hui couvre ce qui suit :

1. (26) **Mes pensées d'attaque attaquent mon invulnérabilité.**

[2]Comment puis-je connaître qui je suis quand je me vois moi-même constamment attaqué ? [3]La douleur, la maladie, la perte, l'âge et la mort semblent me menacer. [4]Tous mes espoirs, mes souhaits et mes plans paraissent être à la merci d'un monde que je ne peux contrôler. [5]Or la sécurité parfaite et le plein épanouissement sont mon héritage. [6]J'ai essayé de donner mon héritage en échange du monde que je vois. [7]Mais Dieu a sauvegardé mon héritage pour moi. [8]Mes propres pensées réelles m'enseigneront ce qu'il est.

2. (27) **Par-dessus tout je veux voir.**

[2]Reconnaissant que ce que je vois reflète ce que je pense être, je me rends compte que la vision est mon plus grand besoin. [3]Le monde que je vois atteste la nature effrayante de l'image de moi que j'ai faite. [4]Si je veux me souvenir de qui je suis, il est essentiel que je lâche prise de cette image de moi. [5]Lorsqu'elle sera remplacée par la vérité, la vision me sera sûrement donnée. [6]Et avec cette vision, je regarderai le monde et moi-même avec charité et amour.

3. (28) **Par-dessus tout je veux voir différemment.**

[2]Le monde que je vois maintient en place l'image effrayante que j'ai de moi-même et en garantit la continuité. [3]Tant que je vois le monde comme je le vois maintenant, la vérité ne peut entrer dans ma conscience. [4]Je voudrais laisser la porte qui est derrière ce monde être ouverte pour moi, afin de regarder passé celui-ci vers le monde qui reflète l'Amour de Dieu.

4. (29) **Dieu est dans tout ce que je vois.**

²Derrière chaque image que j'ai faite, la vérité reste inchangée. ³Derrière chaque voile que j'ai tiré sur la face de l'amour, sa lumière reste sans pâlir. ⁴Au-delà de tous mes souhaits insanes est ma volonté, unie à la Volonté de mon Père. ⁵Dieu est encore partout et en tout à jamais. ⁶Et nous qui faisons partie de Lui, porterons notre regard par-delà toutes les apparences et reconnaîtrons la vérité qui est au-delà.

5. (30) **Dieu est dans tout ce que je vois parce que Dieu est dans mon esprit.**

²Dans mon propre esprit, derrière toutes mes insanes pensées de séparation et d'attaque, est la connaissance que tout est un à jamais. ³Je n'ai pas perdu la connaissance de Qui je suis parce que je l'ai oubliée. ⁴Elle a été gardée pour moi dans l'Esprit de Dieu, Qui n'a pas quitté Ses Pensées. ⁵Et moi, qui suis parmi elles, je ne fais qu'un avec elles et un avec Lui.

LEÇON 57

Aujourd'hui, révisons ces idées :

1. (31) **Je ne suis pas la victime du monde que je vois.**

[2]Comment puis-je être la victime d'un monde qui peut être complètement défait si je choisis qu'il le soit ? [3]Mes chaînes sont relâchées. [4]Je peux les faire tomber par mon simple désir de le faire. [5]La porte de la prison est ouverte. [6]Je peux partir en sortant tout simplement. [7]Rien ne me retient en ce monde. [8]Seul mon souhait de rester me garde prisonnier. [9]Je voudrais abandonner mes souhaits insanes et entrer enfin dans la lumière du soleil.

2. (32) **J'ai inventé le monde que je vois.**

[2]J'ai inventé la prison dans laquelle je me vois. [3]Tout ce que j'ai besoin de faire, c'est de reconnaître cela et je suis libre. [4]Je me suis illusionné au point de croire qu'il est possible d'emprisonner le Fils de Dieu. [5]J'ai fait amèrement erreur dans cette croyance, que je ne veux plus. [6]Le Fils de Dieu doit être libre à jamais. [7]Il est tel que Dieu l'a créé, et non ce que je voudrais faire de lui. [8]Il est là où Dieu voudrait qu'il soit et non là où je pensais le tenir prisonnier.

3. (33) **Il y a une autre façon de regarder le monde.**

[2]Puisque le but du monde n'est pas celui que je lui ai assigné, il doit y avoir une autre façon de le regarder. [3]Je vois tout sens dessus dessous et mes pensées sont l'opposé de la vérité. [4]Je vois le monde comme une prison pour le Fils de Dieu. [5]Ce doit être, donc, que le monde est réellement un lieu où il peut être libéré. [6]Je voudrais regarder le monde tel qu'il est et le voir comme un lieu où le Fils de Dieu trouve sa liberté.

4. (34) Je pourrais voir la paix au lieu de cela.

²Quand je vois le monde comme un lieu de liberté, je me rends compte qu'il reflète les lois de Dieu plutôt que les règles que j'ai inventées pour qu'il y obéisse. ³Je comprendrai que c'est la paix, et non la guerre, qui y demeure. ⁴Et je percevrai que la paix demeure aussi dans les cœurs de tous ceux qui partagent ce lieu avec moi.

5. (35) Mon esprit fait partie de Celui de Dieu. ²Je suis très saint.

³Tandis que je partage la paix du monde avec mes frères, je commence à comprendre que cette paix vient du plus profond de moi. ⁴Le monde que je regarde a revêtu la lumière de mon pardon et réfléchit le pardon sur moi. ⁵Dans cette lumière je commence à voir ce que mes illusions sur moi-même gardaient caché. ⁶Je commence à comprendre la sainteté de toutes choses vivantes, y compris moi-même, ainsi que leur unité avec moi.

LEÇON 58

Les idées suivantes sont à réviser aujourd'hui :

1. (36) **Ma sainteté enveloppe tout ce que je vois.**

²De ma sainteté vient la perception du monde réel. ³Ayant pardonné, je ne me vois plus moi-même comme coupable. ⁴Je peux accepter l'innocence qui est la vérité à mon sujet. ⁵Vue par des yeux qui comprennent, la sainteté du monde est tout ce que je vois, car je ne peux me représenter que les pensées que j'ai sur moi-même.

2. (37) **Ma sainteté bénit le monde.**

²La perception de ma sainteté ne bénit pas que moi seul. ³Tous ceux et tout ce que je vois dans sa lumière partagent la joie qu'elle m'apporte. ⁴Il n'y a rien qui soit à part de cette joie, parce qu'il n'y a rien qui ne partage ma sainteté. ⁵Comme je reconnais ma sainteté, ainsi la sainteté du monde se met à briller pour que chacun la voie.

3. (38) **Il n'y a rien que ma sainteté ne puisse accomplir.**

²Ma sainteté a un pouvoir illimité de guérir parce qu'elle a un pouvoir illimité de sauver. ³De quoi dois-je être sauvé, sinon des illusions ? ⁴Et que sont toutes les illusions, sinon des idées fausses à mon sujet ? ⁵Ma sainteté les défait toutes en affirmant la vérité à mon sujet. ⁶En présence de ma sainteté, que je partage avec Dieu Lui-même, toutes les idoles disparaissent.

4. (39) **Ma sainteté est mon salut.**

²Puisque ma sainteté me sauve de toute culpabilité, reconnaître ma sainteté, c'est reconnaître mon salut. ³C'est aussi reconnaître le salut du monde. ⁴Une fois que j'ai accepté ma sainteté, rien ne peut me faire peur. ⁵Et parce que je n'ai pas peur, chacun doit partager ma compréhension, qui est le don de Dieu à moi-même et au monde.

5. (40) **Je suis béni en tant que Fils de Dieu.**

²En cela je revendique tout ce qui est bon et rien que le bon. ³Je suis béni en tant que Fils de Dieu. ⁴Toutes les bonnes choses m'appartiennent, parce que Dieu me les destinait. ⁵Je ne peux subir ni perte, ni privation ni douleur à cause de Qui je suis. ⁶Mon Père me soutient, me protège et me dirige en toutes choses. ⁷Sa sollicitude pour moi est infinie et est avec moi à jamais. ⁸Je suis éternellement béni comme Son Fils.

LEÇON 59

Les idées suivantes sont à réviser aujourd'hui :

1. (41) **Dieu vient avec moi partout où je vais.**

²Comment puis-je être seul quand Dieu vient toujours avec moi ? ³Comment puis-je être incertain ou douter de moi-même quand la certitude parfaite demeure en Lui ? ⁴Comment puis-je être troublé par quoi que ce soit quand Il repose en moi dans la paix absolue ? ⁵Comment puis-je souffrir quand l'amour et la joie m'entourent par Lui ? ⁶Que je ne nourrisse pas d'illusions à mon sujet. ⁷Je suis parfait parce que Dieu vient avec moi partout où je vais.

2. (42) **Dieu est ma force.** ²**La vision est Son don.**

³Que je ne compte pas sur mes propres yeux pour voir aujourd'hui. ⁴Que je sois désireux d'échanger ma piètre illusion de voir contre la vision qui est donnée par Dieu. ⁵La vision du Christ est Son don, et Il me l'a donnée. ⁶Que je fasse appel à ce don aujourd'hui afin que cette journée m'aide à comprendre l'éternité.

3. (43) **Dieu est ma Source.** ²**Je ne peux pas voir à part de Lui.**

³Je peux voir ce que Dieu veut que je voie. ⁴Je ne peux rien voir d'autre. ⁵Au-delà de Sa Volonté il n'y a que des illusions. ⁶C'est elles que je choisis quand je pense que je peux voir à part de Lui. ⁷C'est elles que je choisis quand j'essaie de voir par les yeux du corps. ⁸Or la vision du Christ m'a été donnée pour les remplacer. ⁹C'est par cette vision que je choisis de voir.

4. (44) **Dieu est la lumière dans laquelle je vois.**

[2]Je ne peux pas voir dans les ténèbres. [3]Dieu est la seule lumière. [4]Par conséquent, si j'ai à voir, ce doit être par Lui. [5]J'ai essayé de définir ce que c'est de voir, et je me suis trompé. [6]Maintenant il m'est donné de comprendre que Dieu est la lumière dans laquelle je vois. [7]Que j'accueille la vision et le monde heureux qu'elle me montrera.

5. (45) **Dieu est l'Esprit avec lequel je pense.**

[2]Je n'ai pas de pensées que je ne partage avec Dieu. [3]Je n'ai pas de pensées à part de Lui parce que je n'ai pas d'esprit à part du Sien. [4]Comme je fais partie de Son Esprit, mes pensées sont les Siennes et Ses Pensées sont les miennes.

LEÇON 60

Ces idées sont à réviser aujourd'hui :

1. (46) **Dieu est l'Amour dans lequel je pardonne.**

²Dieu ne pardonne pas parce qu'Il n'a jamais condamné. ³Ceux qui sont sans blâme ne peuvent blâmer, et ceux qui ont accepté leur innocence ne voient rien à pardonner. ⁴Or le pardon est le moyen par lequel je reconnaîtrai mon innocence. ⁵Il est le reflet de l'Amour de Dieu sur terre. ⁶Il me rapprochera suffisamment du Ciel pour que l'Amour de Dieu puisse descendre jusqu'à moi et m'élever jusqu'à Lui.

2. (47) **Dieu est la force à laquelle je me fie.**

²Ce n'est pas par ma propre force que je pardonne. ³C'est par la force de Dieu en moi, dont je me souviens en pardonnant. ⁴Comme je commence à voir, je reconnais Son reflet sur terre. ⁵Je pardonne à toutes choses parce que je sens Sa force remuer en moi. ⁶Et je commence à me souvenir de l'Amour que j'avais choisi d'oublier, mais Qui ne m'a pas oublié.

3. (48) **Il n'y a rien à craindre.**

²Comme le monde me paraîtra sûr quand je pourrai le voir ! ³Il ne ressemblera à rien de ce que j'imagine voir maintenant. ⁴Tous ceux et tout ce que je vois se pencheront vers moi pour me bénir. ⁵Je reconnaîtrai en chacun mon Ami le plus cher. ⁶Que pourrait-il y avoir à craindre dans un monde auquel j'ai pardonné, et qui m'a pardonné ?

4. (49) La Voix de Dieu me parle tout le long de la journée.

²Il n'est pas un moment où la Voix de Dieu cesse de faire appel à mon pardon pour me sauver. ³Il n'est pas un moment où Sa Voix manque de diriger mes pensées, de guider mes actions et de conduire mes pas. ⁴Je vais continuellement vers la vérité. ⁵Je ne peux aller nulle part ailleurs, parce que la Voix de Dieu est la seule Voix et le seul Guide qui ait été donné à Son Fils.

5. (50) Je suis soutenu par l'Amour de Dieu.

²Comme j'écoute la Voix de Dieu, je suis soutenu par Son Amour. ³Comme j'ouvre les yeux, Son Amour illumine le monde pour que je le voie. ⁴Comme je pardonne, Son Amour me rappelle que Son Fils est sans péché. ⁵Et comme je regarde le monde avec la vision qu'Il m'a donnée, je me souviens que je suis Son Fils.

LEÇON 61

Je suis la lumière du monde.

1. Qui est la lumière du monde, sinon le Fils de Dieu ? ²Cela n'est donc qu'un simple énoncé de la vérité à ton sujet. ³C'est l'opposé d'un énoncé d'orgueil, d'arrogance ou de tromperie de soi. ⁴Cela ne décrit pas le concept de soi que tu as fait. ⁵Cela ne s'applique à aucune des caractéristiques dont tu as doté tes idoles. ⁶Cela s'applique à toi tel que Dieu t'a créé. ⁷C'est un simple énoncé de la vérité.

2. Pour l'ego, l'idée d'aujourd'hui est le summum de la glorification de soi. ²Mais l'ego ne comprend pas l'humilité, qu'il prend pour un rabaissement de soi. ³L'humilité consiste à accepter ton rôle dans le salut et à n'en prendre aucun autre. ⁴Ce n'est pas de l'humilité que d'insister pour dire que tu ne peux pas être la lumière du monde si telle est la fonction que Dieu t'a assignée. ⁵Il n'y a que l'arrogance qui affirmerait que cette fonction ne peut être pour toi, et l'arrogance est toujours de l'ego.

3. La véritable humilité requiert que tu acceptes l'idée d'aujourd'hui, parce que c'est la Voix de Dieu qui te dit qu'elle est vraie. ²C'est un premier pas vers l'acceptation de ta fonction réelle sur terre. ³C'est un pas de géant vers la prise de ta juste place dans le salut. ⁴C'est l'assertion positive de ton droit d'être sauvé, et c'est l'admission du pouvoir qui t'est donné de sauver autrui.

4. Tâche de penser à cette idée aussi souvent que possible aujourd'hui. ²C'est la réponse parfaite à toutes les illusions et donc à toute tentation. ³Elle porte à la vérité toutes les images que tu as faites sur toi-même et elle t'aide à partir en paix, débarrassé de ton fardeau et certain de ton but.

5. Autant de périodes d'exercice que possible devraient être entreprises aujourd'hui, bien que chacune n'ait pas besoin de dépasser une minute ou deux. ²Elles devraient commencer en te disant :

> ³*Je suis la lumière du monde. ⁴Cela est ma seule fonction.*
> ⁵*C'est pourquoi je suis ici.*

⁶Puis pense à ces énoncés pendant un petit moment, de préférence les yeux fermés si la situation le permet. ⁷Laisse quelques

pensées pertinentes te venir à l'esprit, et répète-toi l'idée si ton esprit s'égare de la pensée centrale.

6. Assure-toi de commencer et de finir la journée par une période d'exercice. [2]Ainsi tu t'éveilleras en admettant la vérité à ton sujet, tu la renforceras tout le long de la journée et tu t'endormiras en réaffirmant ta fonction et ton seul but ici. [3]Ces deux périodes d'exercice peuvent être plus longues que les autres, si tu trouves qu'elles t'aident et si tu veux les prolonger.

7. L'idée d'aujourd'hui va bien au-delà de la vue mesquine de l'ego sur ce que tu es et ce qu'est ton but. [2]Pour toi qui apporte le salut, cela est bien sûr nécessaire. [3]C'est le premier de plusieurs pas de géant que nous ferons dans les quelques semaines qui viennent. [4]Essaie aujourd'hui de commencer à bâtir un solide fondement pour ces avancées. [5]Tu es la lumière du monde. [6]Dieu a bâti Son plan pour le salut de Son Fils sur toi.

LEÇON 62

Le pardon est ma fonction en tant que lumière du monde.

1. C'est ton pardon qui portera le monde des ténèbres à la lumière. ²C'est ton pardon qui te laisse reconnaître la lumière dans laquelle tu vois. ³Le pardon démontre que tu es la lumière du monde. ⁴C'est par ton pardon que la vérité à ton sujet te revient en mémoire. ⁵Par conséquent, dans ton pardon réside ton salut.
2. Les illusions sur toi-même et sur le monde ne font qu'un. ²C'est pourquoi tout pardon est un don fait à toi-même. ³Ton but est de découvrir qui tu es, ayant nié ton Identité en attaquant la création et son Créateur. ⁴Maintenant tu apprends comment te souvenir de la vérité. ⁵Car cette attaque doit être remplacée par le pardon, afin que les pensées de vie puissent remplacer les pensées de mort.
3. Souviens-toi que dans chaque attaque, tu fais appel à ta propre faiblesse ; alors que chaque fois que tu pardonnes, tu fais appel à la force du Christ en toi. ²Alors ne commences-tu pas à comprendre ce que le pardon fera pour toi ? ³Il ôtera de ton esprit tout sentiment de faiblesse, de tension et de fatigue. ⁴Il enlèvera toute peur, toute culpabilité et toute douleur. ⁵Il rendra à ta conscience l'invulnérabilité et la puissance que Dieu a données à Son Fils.
4. Réjouissons-nous de commencer et de terminer cette journée en répétant l'idée d'aujourd'hui, et de l'utiliser aussi fréquemment que possible tout le long de la journée. ²Elle aidera à rendre la journée aussi heureuse pour toi que Dieu veut que tu sois. ³Et elle aidera ceux qui t'entourent, aussi bien que ceux qui semblent être très loin dans l'espace et le temps, à partager ce bonheur avec toi.
5. Dis-toi aujourd'hui, aussi souvent que tu le peux, les yeux fermés si possible :

> ²*Le pardon est ma fonction en tant que lumière du monde.*
> ³*Je voudrais remplir ma fonction afin d'être heureux.*

⁴Puis consacre une minute ou deux à considérer ta fonction ainsi que le bonheur et la délivrance qu'elle t'apportera. ⁵Laisse venir librement les pensées qui s'y rapportent, car ton cœur reconnaîtra ces paroles et dans ton esprit est la conscience qu'elles sont vraies. ⁶Si ton attention s'égare, répète l'idée et ajoute :

> ⁷*Je voudrais m'en souvenir parce que je veux être heureux.*

LEÇON 63

La lumière du monde apporte la paix à chaque esprit par mon pardon.

1. Comme tu es saint, toi qui as le pouvoir d'apporter la paix à chaque esprit ! ²Comme tu es béni, toi qui peux apprendre à reconnaître le moyen de laisser cela être fait par toi ! ³Quel but pourrais-tu avoir qui t'apporterait un plus grand bonheur ?

2. Tu es certes la lumière du monde, avec une telle fonction. ²Le Fils de Dieu se tourne vers toi pour sa rédemption. ³Tu peux la lui donner, car c'est à toi qu'elle appartient. ⁴N'accepte pas de but banal ni d'in-signifiant désir à sa place, ou tu oublieras ta fonction et laisseras le Fils de Dieu en enfer. ⁵Ce qui t'est demandé, ce n'est pas une vaine requête. ⁶Ce qui t'est demandé, c'est d'accepter le salut afin que tu puisses le donner.

3. En reconnaissant l'importance de cette fonction, nous serons heureux de nous la rappeler très souvent aujourd'hui. ²Nous commencerons la journée en l'acceptant pour vraie, et nous finirons la journée en l'ayant présente à l'esprit. ³Et tout le long de la journée, nous répéterons ceci aussi souvent que possible :

    ⁴La lumière du monde apporte la paix à chaque esprit par mon pardon. ⁵Je suis le moyen désigné par Dieu pour le salut du monde.

4. Si tu fermes les yeux, tu trouveras probablement qu'il est plus facile de laisser venir à toi des pensées qui s'y rapportent pendant les une ou deux minutes que tu devrais consacrer à considérer cela. ²Toutefois, n'attends pas une telle occasion. ³Aucune chance ne devrait être perdue de renforcer l'idée d'aujourd'hui. ⁴Souviens-toi que le Fils de Dieu se tourne vers toi pour son salut. ⁵Et Qui d'autre que ton Soi doit être Son Fils ?

LEÇON 64

Que je n'oublie pas ma fonction.

1. L'idée d'aujourd'hui n'est qu'une autre façon de dire : « Ne me laisse pas m'égarer en tentation. » ²Le but du monde que tu vois est d'obscurcir ta fonction de pardon et de te fournir une justification pour l'oublier. ³C'est la tentation d'abandonner Dieu et Son Fils en prenant une apparence physique. ⁴C'est cela que les yeux du corps regardent.

2. De tout ce que les yeux du corps semblent voir, il n'est rien qui puisse être autre chose qu'une forme de tentation, puisque cela était le but même du corps. ²Or nous avons appris que le Saint-Esprit a une autre utilisation pour toutes les illusions que tu as faites et qu'Il voit donc en elles un autre but. ³Pour le Saint-Esprit, le monde est un lieu où tu apprends à te pardonner ce que tu penses être tes péchés. ⁴Dans cette perception, l'apparence physique de la tentation devient la reconnaissance spirituelle du salut.

3. Pour réviser nos quelques dernières leçons, ta fonction ici est d'être la lumière du monde, une fonction à toi donnée par Dieu. ²C'est seulement l'arrogance de l'ego qui te conduit à remettre cela en question, et seulement la peur de l'ego qui t'induit à te considérer toi-même comme indigne de la tâche que Dieu Lui-même t'a assignée. ³Le salut du monde attend ton pardon, parce que par lui le Fils de Dieu échappe de toutes les illusions, et ainsi de toute tentation. ⁴Le Fils de Dieu, c'est toi.

4. Ce n'est qu'en remplissant la fonction à toi donnée par Dieu que tu seras heureux. ²La raison en est que ta fonction est d'être heureux en utilisant les moyens par lesquels le bonheur devient inévitable. ³Il n'y a pas d'autre voie. ⁴Par conséquent, chaque fois que tu choisis de remplir ou non ta fonction, tu choisis en réalité d'être heureux ou non.

5. Souvenons-nous de cela aujourd'hui. ²Souvenons-nous-en le matin et encore le soir, ainsi que tout le long de la journée. ³Prépare-toi à l'avance pour toutes les décisions que tu prendras aujourd'hui en te souvenant qu'elles sont toutes réellement très simples. ⁴Chacune conduira au bonheur ou au malheur. ⁵Une décision aussi simple peut-elle vraiment être difficile à prendre ? ⁶Ne laisse pas la forme de la décision te tromper. ⁷Une complexité de forme n'implique pas une complexité de contenu. ⁸Il est impossible qu'une

quelconque décision sur terre puisse avoir un contenu différent de ce simple et unique choix. [9]C'est le seul choix que voit le Saint-Esprit. [10]Par conséquent, c'est le seul choix qui soit.

6.   Aujourd'hui, donc, exerçons-nous avec ces pensées :

> [2]*Que je n'oublie pas ma fonction.*
> [3]*Que je n'essaie pas de substituer la mienne à celle de Dieu.*
> [4]*Que je pardonne et sois heureux.*

[5]Une fois au moins aujourd'hui, consacre dix ou quinze minutes à y réfléchir les yeux fermés. [6]Des pensées qui s'y rapportent te viendront qui t'aideront, si tu te souviens de l'importance cruciale que ta fonction a pour toi et pour le monde.

7.   Pendant les applications fréquentes de l'idée d'aujourd'hui tout le long de la journée, consacre plusieurs minutes à réviser ces pensées, puis à ne penser qu'à elles et à rien d'autre. [2]Ce sera difficile, particulièrement au début, puisque tu n'es pas compétent dans la discipline mentale que cela requiert. [3]Tu auras peut-être besoin de répéter assez souvent : « Que je n'oublie pas ma fonction », pour t'aider à te concentrer.

8.   Deux formes de périodes d'exercice plus courtes sont requises. [2]Par moments, fais les exercices les yeux fermés, en essayant de te concentrer sur les pensées que tu utilises. [3]À d'autres moments, garde les yeux ouverts après avoir révisé les pensées, puis regarde lentement autour de toi, sans faire de choix, en te disant :

> [4]*Voici le monde que ma fonction est de sauver.*

LEÇON 65

Ma seule fonction est celle que Dieu m'a donnée.

1. L'idée d'aujourd'hui réaffirme ton engagement envers le salut. ²Elle te rappelle aussi que tu n'as pas d'autre fonction que celle-là. ³Ces deux pensées sont bien sûr nécessaires pour un engagement total. ⁴Le salut ne peut pas être le seul but que tu as tant que tu en chéris encore d'autres. ⁵Accepter pleinement le salut pour ta seule fonction entraîne nécessairement deux phases : reconnaître que le salut est ta fonction, puis renoncer à tous les autres buts que tu t'es inventés.

2. C'est la seule façon pour toi de prendre ta juste place parmi les sauveurs du monde. ²C'est la seule façon de pouvoir dire en le pensant vraiment : « Ma seule fonction est celle que Dieu m'a donnée. » ³C'est la seule façon pour toi de trouver la paix d'esprit.

3. Aujourd'hui et pendant les quelques jours suivants, réserve dix à quinze minutes pour une période d'exercice plus soutenue, pendant laquelle tu essaies de comprendre et d'accepter ce que l'idée du jour signifie réellement. ²L'idée d'aujourd'hui t'offre l'évasion hors de toutes tes difficultés perçues. ³Elle place la clef ouvrant la porte de la paix, que tu as fermée derrière toi, entre tes propres mains. ⁴Elle te donne la réponse à toutes les quêtes que tu as entreprises depuis le commencement des temps.

4. Essaie, si possible, de faire les périodes d'exercice plus longues à peu près au même moment chaque jour. ²Essaie aussi de fixer cet horaire par avance, puis de t'y tenir aussi étroitement que possible. ³Le but est d'organiser ta journée de telle sorte que tu as réservé du temps pour Dieu, comme pour tous les objectifs et les buts banals que tu poursuivras. ⁴Cela fait partie de l'entraînement à long terme en vue d'acquérir la discipline dont ton esprit a besoin pour que le Saint-Esprit puisse l'utiliser constamment dans le but qu'Il partage avec toi.

5. Commence les périodes d'exercice plus longues par une révision de l'idée du jour. ²Puis ferme les yeux, répète-toi l'idée encore une fois et examine ton esprit avec soin pour intercepter toutes les pensées qui le traversent. ³Au début, n'essaie pas de te concentrer seulement sur les idées reliées à l'idée du jour. ⁴Essaie plutôt de dévoiler chaque pensée qui surgit pour lui faire interférence. ⁵Note-les toutes au fur et à mesure qu'elles te viennent, avec

autant de détachement que possible, puis écarte chacune d'elles en te disant :

> [6]*Cette pensée reflète un but qui m'empêche d'accepter ma seule fonction.*

6. Au bout d'un moment, les pensées qui font interférence seront plus difficiles à trouver. [2]Toutefois, essaie de continuer environ une minute de plus, en tâchant d'intercepter quelques-unes des vaines pensées qui avaient échappé à ton attention auparavant, mais sans te forcer ni te donner trop de peine. [3]Puis dis-toi :

> [4]*Que sur cette table rase ma vraie fonction soit écrite pour moi.*

[5]Tu n'as pas besoin d'employer exactement ces mots-là, mais essaie de sentir que tu es désireux de voir tes illusions de buts être remplacées par la vérité.

7. Finalement, répète une fois de plus l'idée d'aujourd'hui, puis consacre le reste de la période d'exercice à essayer de te concentrer sur l'importance qu'elle a pour toi, le soulagement que son acceptation t'apportera en résolvant tes conflits une fois pour toutes, et la mesure dans laquelle tu veux réellement le salut malgré tes propres sottes idées contraires.

8. Pendant les périodes d'exercice plus courtes, qui devraient être entreprises au moins une fois par heure, utilise la forme suivante pour appliquer l'idée d'aujourd'hui :

> [2]*Ma seule fonction est celle que Dieu m'a donnée. [3]Je n'en veux pas d'autre et je n'en ai pas d'autre.*

[4]Ferme parfois les yeux en faisant cet exercice, et parfois laisse-les ouverts et regarde autour de toi. [5]C'est ce que tu vois maintenant qui sera totalement changé quand tu auras complètement accepté l'idée d'aujourd'hui.

LEÇON 66

Mon bonheur et ma fonction ne font qu'un.

1.   Tu as sûrement remarqué que nos dernières leçons mettaient l'accent sur la connexion entre remplir ta fonction et atteindre le bonheur. ²C'est parce que tu ne vois pas réellement cette connexion. ³Or il y a plus que juste une connexion entre les deux : ils sont les mêmes. ⁴Leurs formes sont différentes mais leur contenu est complètement un.

2.   L'ego se bat constamment avec le Saint-Esprit sur la question fondamentale de savoir ce qu'est ta fonction. ²Ainsi se bat-il constamment avec le Saint-Esprit sur ce qu'est ton bonheur. ³Ce n'est pas une bataille à deux. ⁴L'ego attaque et le Saint-Esprit ne répond pas. ⁵Il connaît ce qu'est ta fonction. ⁶Il connaît que c'est ton bonheur.

3.   Aujourd'hui nous allons tenter d'aller passé cette bataille entièrement in-signifiante pour arriver à la vérité au sujet de ta fonction. ²Nous ne nous lancerons pas dans d'insensées discussions au sujet de ce qu'elle est. ³Nous ne deviendrons pas désespérément occupés à définir le bonheur et à déterminer les moyens de l'atteindre. ⁴Nous ne complairons pas à l'ego en écoutant ses attaques contre la vérité. ⁵Nous serons simplement contents de pouvoir découvrir ce qu'est la vérité.

4.   Le but de notre période d'exercice plus longue aujourd'hui est d'accepter le fait qu'il y a non seulement une très réelle connexion entre la fonction que Dieu t'a donnée et ton bonheur, mais qu'ils sont en fait identiques. ²Dieu te donne seulement le bonheur. ³Par conséquent, la fonction qu'Il t'a donnée doit être le bonheur, même si elle paraît être différente. ⁴Les exercices d'aujourd'hui tentent d'aller au-delà de ces différences d'apparence et de reconnaître un contenu commun là où il existe en vérité.

5.   Commence la période d'exercice de dix à quinze minutes en révisant les pensées suivantes :

> ²*Dieu me donne seulement le bonheur.*
> ³*Il m'a donné ma fonction.*
> ⁴*Par conséquent, ma fonction doit être le bonheur.*

⁵Essaie de voir la logique de cet enchaînement, même si tu n'en acceptes pas encore la conclusion. ⁶C'est seulement si les deux premières pensées étaient fausses que la conclusion pourrait l'être. ⁷Pensons donc aux prémisses pendant un moment, tout en faisant l'exercice.

6.   La première prémisse est que Dieu te donne seulement le bonheur. ²Cela pourrait être faux, bien sûr, mais pour que ce soit faux il est nécessaire de définir Dieu comme quelque chose qu'Il n'est pas. ³L'Amour ne peut pas donner le mal, et ce qui n'est pas le bonheur est le mal. ⁴Dieu ne peut pas donner ce qu'Il n'a pas, et Il ne peut pas avoir ce qu'Il n'est pas. ⁵À moins que Dieu te donne seulement le bonheur, Il doit être mauvais. ⁶Et c'est cette définition de Lui que tu crois si tu n'acceptes pas la première prémisse.

7.   La seconde prémisse est que Dieu t'a donné ta fonction. ²Nous avons vu qu'il y a seulement deux parties de ton esprit. ³L'une est gouvernée par l'ego et est faite d'illusions. ⁴L'autre est la demeure du Saint-Esprit, où réside la vérité. ⁵Il n'y a pas d'autres guides que ceux-là entre lesquels tu puisses choisir et pas d'autres conséquences possibles résultant de ton choix, sinon la peur que l'ego engendre toujours et l'amour qu'offre toujours le Saint-Esprit pour la remplacer.

8.   Ainsi, ce doit être que ta fonction est établie par Dieu par Sa Voix, ou qu'elle est faite par l'ego que tu as fait pour Le remplacer. ²Lequel est vrai? ³À moins que Dieu t'ait donné ta fonction, ce doit être un don de l'ego. ⁴L'ego a-t-il réellement des dons à faire, étant lui-même une illusion et n'offrant que l'illusion de dons?

9.   Réfléchis à cela pendant la période d'exercice plus longue aujourd'hui. ²Pense aussi aux nombreuses formes que l'illusion de ta fonction a prises dans ton esprit, et aux nombreuses façons dont tu as essayé de trouver le salut avec l'ego pour guide. ³L'as-tu trouvé? ⁴Étais-tu heureux? ⁵T'ont-elles apporté la paix? ⁶Nous avons besoin d'une grande honnêteté aujourd'hui. ⁷Souviens-toi honnêtement des résultats et demande-toi aussi s'il a jamais été raisonnable d'attendre le bonheur de quoi que ce soit que l'ego ait jamais proposé. ⁸Or l'ego est la seule alternative à la Voix du Saint-Esprit.

10.   Tu écouteras la folie ou tu entendras la vérité. ²Essaie de faire ce choix en pensant aux prémisses sur lesquelles repose notre conclusion. ³Nous pouvons partager cette conclusion, mais aucune autre. ⁴Car Dieu Lui-même la partage avec nous. ⁵L'idée d'aujourd'hui est un autre pas de géant vers la perception du même

comme le même et du différent comme différent. [6]D'un côté sont toutes les illusions. [7]De l'autre est toute la vérité. [8]Essayons aujourd'hui de nous rendre compte que seule la vérité est vraie.

11.   Pendant les périodes d'exercice plus courtes, qui t'aideraient le plus aujourd'hui si elles étaient entreprises deux fois par heure, la forme d'application suivante est suggérée :

> [2]*Mon bonheur et ma fonction ne font qu'un, parce que Dieu m'a donné les deux.*

[3]Il ne faudra pas plus d'une minute, et probablement moins, pour répéter lentement ces mots et y penser un petit moment tout en les disant.

LEÇON 67

L'amour m'a créé pareil à soi-même.

1. L'idée d'aujourd'hui est un énoncé complet et exact de ce que tu es. ²C'est pour cela que tu es la lumière du monde. ³C'est pour cela que Dieu t'a désigné comme le sauveur du monde. ⁴C'est pour cela que le Fils de Dieu se tourne vers toi pour son salut. ⁵Il est sauvé par ce que tu es. ⁶Nous ferons tous nos efforts aujourd'hui pour atteindre cette vérité à ton sujet et pour nous rendre pleinement compte, ne serait-ce qu'un moment, que c'est la vérité.

2. Pendant la période d'exercice plus longue, nous réfléchirons à ta réalité et à sa nature entièrement inchangée et inchangeable. ²Nous commencerons par répéter cette vérité à ton sujet, puis nous passerons quelques minutes à ajouter quelques pensées pertinentes, telles que :

> ³*La sainteté m'a créé saint.*
> ⁴*La bonté m'a créé bon.*
> ⁵*L'aide m'a créé capable d'aider.*
> ⁶*La perfection m'a créé parfait.*

⁷Tout attribut qui est en accord avec Dieu tel qu'Il Se définit Lui-même est approprié. ⁸Nous essayons aujourd'hui de défaire ta définition de Dieu et de la remplacer par la Sienne. ⁹Nous essayons aussi de souligner le fait que tu fais partie de Sa définition de Lui-même.

3. Après avoir repassé dans ton esprit plusieurs pensées pertinentes de ce genre, essaie de laisser tomber toute pensée pendant un bref intervalle de préparation, puis essaie d'aller plus loin que toutes les images et toutes les idées préconçues que tu as de toi-même, jusqu'à la vérité en toi. ²Si l'amour t'a créé pareil à soi-même, ce Soi doit être en toi. ³Et quelque part dans ton esprit, Il est là pour que tu Le trouves.

4. Peut-être trouveras-tu nécessaire de répéter l'idée d'aujour-d'hui de temps en temps pour remplacer les pensées qui te distraient. ²Peut-être aussi trouveras-tu que cela n'est pas suffisant et que tu as besoin de continuer à ajouter d'autres pensées reliées à la vérité à ton sujet. ³Mais il se peut que tu réussisses à aller plus loin, passé l'intervalle où tu ne penses à rien, jusqu'à prendre

conscience d'une lumière éclatante dans laquelle tu te reconnais toi-même tel que l'amour t'a créé. [4]Sois assuré que tu feras beaucoup aujourd'hui pour rapprocher cette prise de conscience, que tu penses avoir réussi ou non.

5.   Cela t'aidera particulièrement aujourd'hui de répéter l'idée du jour aussi souvent que tu le pourras. [2]Tu as besoin d'entendre la vérité à ton sujet aussi fréquemment que possible, parce que ton esprit est tellement préoccupé de fausses images de soi. [3]Il serait extrêmement bénéfique de te rappeler quatre ou cinq fois par heure, peut-être davantage, que l'amour t'a créé pareil à soi-même. [4]Entends en cela la vérité sur toi-même.

6.   Pendant les périodes d'exercice plus courtes, essaie de te rendre compte que ce n'est pas ta minuscule voix solitaire qui te dit cela. [2]C'est la Voix pour Dieu, Qui te rappelle ton Père et ton Soi. [3]C'est la Voix de la vérité, qui remplace tout ce que l'ego te dit à ton sujet par la simple vérité au sujet du Fils de Dieu. [4]Tu as été créé par l'amour pareil à soi-même.

LEÇON 68

L'amour n'a pas de rancœurs.

1. Toi que l'amour a créé pareil à soi-même, tu ne peux pas avoir de rancœurs et connaître ton Soi. ²Avoir de la rancœur, c'est oublier qui tu es. ³Avoir de la rancœur, c'est te voir toi-même comme un corps. ⁴Avoir de la rancœur, c'est laisser l'ego gouverner ton esprit et condamner le corps à la mort. ⁵Tu ne te rends peut-être pas encore pleinement compte de ce que cela fait à ton esprit d'avoir des rancœurs. ⁶Cela semble te couper de ta Source et te rendre différent de Lui. ⁷Cela te fait croire qu'Il est pareil à ce que tu penses être devenu, car nul ne peut concevoir son Créateur différent de soi-même.

2. Coupé de ton Soi, qui garde connaissance d'être pareil à Son Créateur, ton Soi semble dormir, tandis que la partie de ton esprit qui tisse des illusions dans son sommeil paraît être éveillée. ²Tout cela peut-il venir d'avoir des rancœurs? ³Oh oui! ⁴Car celui qui a des rancœurs nie qu'il a été créé par l'amour, et son Créateur est devenu apeurant pour lui dans son rêve de haine. ⁵Qui peut rêver de haine et ne pas craindre Dieu?

3. Autant il est sûr que ceux qui ont des rancœurs vont redéfinir Dieu à leur propre image, autant il est certain que Dieu les a créés pareils à Lui et les a définis comme faisant partie de Lui. ²Autant il est sûr que ceux qui ont des rancœurs vont ressentir de la culpabilité, autant il est certain que ceux qui pardonnent trouveront la paix. ³Autant il est sûr que ceux qui ont des rancœurs vont oublier qui ils sont, autant il est certain que ceux qui pardonnent s'en souviendront.

4. Ne serais-tu pas désireux de renoncer à tes rancœurs, si tu croyais que tout cela était vrai? ²Peut-être ne penses-tu pas pouvoir lâcher prise de tes rancœurs. ³Cela, toutefois, n'est qu'une question de motivation. ⁴Aujourd'hui nous allons essayer de découvrir comment tu te sentirais sans elles. ⁵Si tu réussis ne serait-ce qu'un tout petit peu, tu n'auras plus jamais de problème de motivation.

5. Commence la période d'exercice plus longue d'aujourd'hui en recherchant dans ton esprit ceux contre qui tu as ce que tu considères comme des rancœurs majeures. ²Certains d'entre eux seront très faciles à trouver. ³Puis pense aux rancœurs apparemment

mineures que tu as contre ceux que tu aimes bien et que tu penses même aimer beaucoup. [4]Il t'apparaîtra vite qu'il n'y a personne contre qui tu ne nourris pas quelque sorte de rancœurs. [5]Cela t'a laissé seul dans tout l'univers dans ta perception de toi-même.

6.   Détermine-toi maintenant à voir tous ces gens comme des amis. [2]Dis-leur à tous, en pensant tour à tour à chacun :

> [3]*Je voudrais te voir comme un ami, afin que je me souvienne que tu fais partie de moi, et que j'en vienne à me connaître moi-même.*

[4]Passe le reste de la période d'exercice à essayer de penser que tu es complètement en paix avec tous et avec tout, en sécurité dans un monde qui te protège et qui t'aime, et que tu aimes en retour. [5]Essaie de sentir la sécurité qui t'entoure, qui plane au-dessus de toi et te soutient. [6]Essaie de croire, même très brièvement, que rien ne peut te nuire en aucune façon. [7]À la fin de la période d'exercice, dis-toi :

> [8]*L'amour n'a pas de rancœurs. [9]Quand je lâche prise de toutes mes rancœurs, je connais que je suis en parfaite sécurité.*

7.   Les périodes d'exercice plus courtes devraient inclure une application rapide de l'idée d'aujourd'hui sous la forme suivante, chaque fois que surgit une pensée de rancœur contre qui que ce soit, qu'il soit physiquement présent ou non :

> [2]*L'amour n'a pas de rancœurs. [3]Ne me laisse pas trahir mon Soi.*

[4]De plus, répète l'idée plusieurs fois par heure sous la forme suivante :

> [5]*L'amour n'a pas de rancœurs. [6]Je voudrais m'éveiller à mon Soi en mettant de côté toutes mes rancœurs et en m'éveillant en Lui.*

LEÇON 69

Mes rancœurs cachent la lumière du monde en moi.

1.   Nul ne peut voir ce que tes rancœurs dissimulent. ²Parce que tes rancœurs cachent la lumière du monde en toi, chacun est dans les ténèbres, avec toi à ses côtés. ³Mais comme le voile de tes rancœurs est levé, tu es délivré avec lui. ⁴Partage maintenant ton salut avec celui qui se tenait à tes côtés quand tu étais en enfer. ⁵Il est ton frère dans la lumière du monde qui vous sauve tous les deux.
2.   Aujourd'hui, faisons une autre réelle tentative pour atteindre la lumière en toi. ²Avant d'entreprendre cela pendant notre période d'exercice plus longue, consacrons quelques minutes à réfléchir à ce que nous essayons de faire. ³Nous tentons littéralement d'entrer en contact avec le salut du monde. ⁴Nous essayons de voir passé le voile de ténèbres qui le garde dissimulé. ⁵Nous essayons de laisser le voile être levé et de voir les larmes du Fils de Dieu disparaître dans la lumière du soleil.
3.   Commençons aujourd'hui notre période d'exercice plus longue en nous rendant pleinement compte que c'est ainsi, et en étant réellement déterminés à atteindre ce qui nous est plus cher que tout. ²Le salut est notre seul besoin. ³Il n'y a pas d'autre but ici et pas d'autre fonction à remplir. ⁴Apprendre le salut est notre seul but. ⁵Mettons fin aujourd'hui à cette quête ancienne en trouvant la lumière en nous et en la tenant bien haut pour que chacun de ceux qui cherchent avec nous la voie et se réjouisse.
4.   Très doucement maintenant, les yeux fermés, essaie de lâcher prise de tout le contenu qui occupe généralement ta conscience. ²Pense à ton esprit comme à un vaste cercle, entouré d'une couche de lourds et sombres nuages. ³Tu ne peux voir que les nuages parce que tu sembles être à l'extérieur et tout à fait à part du cercle.
5.   De là où tu te tiens, tu ne vois aucune raison de croire qu'il y a une lumière brillante cachée par les nuages. ²Les nuages semblent être la seule réalité. ³Ils semblent être tout ce qu'il y a à voir. ⁴Par conséquent, tu ne tentes pas de les traverser et de les dépasser, ce qui est la seule façon de te convaincre réellement de leur manque de substance. ⁵Nous tenterons de le faire aujourd'hui.
6.   Après avoir pensé à l'importance de ce que tu essaies de faire pour toi-même et pour le monde, essaie de te mettre dans un état de calme parfait, en te souvenant seulement à quel point tu veux

atteindre la lumière en toi aujourd'hui—maintenant! [2]Détermine-toi à aller au-delà des nuages. [3]Tends la main et touche-les dans ton esprit. [4]Balaie-les de la main ; sens-les se poser sur tes joues, sur ton front et sur tes paupières quand tu passes au travers. [5]Continue ; les nuages ne peuvent pas t'arrêter.

7. Si tu fais les exercices correctement, tu commenceras à te sentir soulevé et transporté. [2]Ton petit effort et ta petite détermination appellent le pouvoir de l'univers à ton aide, et Dieu Lui-même t'élèvera des ténèbres dans la lumière. [3]Tu es en accord avec Sa Volonté. [4]Tu ne peux pas échouer parce que ta volonté est la Sienne.

8. Aie confiance en ton Père aujourd'hui et sois certain qu'Il t'a entendu et t'a répondu. [2]Tu ne reconnais peut-être pas encore Sa réponse, mais tu peux certes être sûr qu'elle t'est donnée et que tu la recevras. [3]Essaie, tout en tentant d'aller au travers les nuages jusqu'à la lumière, de garder cette confiance à l'esprit. [4]Essaie de te souvenir que tu joins enfin ta volonté à Celle de Dieu. [5]Essaie de garder clairement à l'esprit la pensée que ce que tu entreprends avec Dieu doit réussir. [6]Puis laisse la puissance de Dieu agir en toi et par toi, afin que Sa volonté et la tienne soient faites.

9. Pendant les périodes d'exercice plus courtes, que tu feras aussi souvent que possible étant donné l'importance qu'a l'idée d'aujourd'hui pour toi et pour ton bonheur, rappelle-toi que tes rancœurs cachent la lumière du monde à ta conscience. [2]Rappelle-toi aussi que tu ne la cherches pas seul, et que tu sais très bien où la chercher. [3]Ensuite, dis :

> [4]*Mes rancœurs cachent la lumière du monde en moi.* [5]*Je ne peux pas voir ce que j'ai caché.* [6]*Or je veux la laisser m'être révélée, pour mon salut et le salut du monde.*

[7]Aussi, dis-toi :

> [8]*Si je garde cette rancœur, la lumière du monde me sera cachée,*

au cas où tu serais tenté de reprocher quoi que ce soit à quiconque aujourd'hui.

LEÇON 70

Mon salut vient de moi.

1. Toute tentation n'est rien de plus qu'une forme quelconque de la tentation fondamentale de ne pas croire l'idée d'aujourd'hui. [2]Le salut semble venir de partout sauf de toi. [3]Il en va de même pour la source de la culpabilité. [4]Tu ne vois ni la culpabilité ni le salut comme étant dans ton propre esprit et nulle part ailleurs. [5]Quand tu te rends compte que toute culpabilité est uniquement une invention de ton esprit, tu te rends compte aussi que la culpabilité et le salut doivent être au même endroit. [6]En comprenant cela, tu es sauvé.

2. Voici ce qu'il semble t'en coûter pour accepter l'idée d'aujourd'hui : Elle signifie que rien à l'extérieur de toi ne peut te sauver; rien à l'extérieur de toi ne peut te donner la paix. [2]Mais cela signifie aussi que rien à l'extérieur de toi ne peut te blesser ni troubler ta paix ni te contrarier en aucune façon. [3]L'idée d'aujourd'hui te met en charge de l'univers, où tu es à ta place à cause de ce que tu es. [4]Ce n'est pas un rôle qui peut être accepté partiellement. [5]Et tu dois sûrement commencer à voir que de l'accepter est le salut.

3. Toutefois, tu ne vois peut-être pas clairement pourquoi le fait de reconnaître que la culpabilité est dans ton propre esprit entraîne la prise de conscience que le salut y est aussi. [2]Dieu n'aurait pas mis le remède de la maladie là où il ne peut aider. [3]C'est ainsi que ton esprit a fonctionné, mais guère le Sien. [4]Il veut que tu sois guéri, ainsi a-t-Il gardé la Source de la guérison là où réside le besoin de guérison.

4. Tu as essayé de faire exactement l'opposé, toutes tes tentatives, aussi distordues et fantastiques fussent-elles, visant à séparer la guérison de la maladie à laquelle elle était censée s'appliquer, et ainsi à garder la maladie. [2]Ton but était de garantir que la guérison ne se produirait pas. [3]Le but de Dieu était de garantir qu'elle le ferait.

5. Aujourd'hui nous nous exerçons à nous rendre compte que la Volonté de Dieu et la nôtre sont réellement la même en cela. [2]Dieu veut que nous soyons guéris, et nous ne voulons pas réellement être malades, parce que cela nous rend malheureux. [3]Par conséquent, en acceptant l'idée d'aujourd'hui, nous sommes réellement

en accord avec Dieu. ⁴Il ne veut pas que nous soyons malades. ⁵Nous non plus. ⁶Il veut que nous soyons guéris. ⁷Nous aussi.

6. Aujourd'hui nous sommes prêts à faire deux périodes d'exercice plus longues qui devraient durer de dix à quinze minutes chacune. ²Toutefois, nous te laisserons encore décider quand les entreprendre. ³Nous ferons cela pendant un certain nombre de leçons et il serait bien encore une fois que tu décides à l'avance quels seraient les bons moments de la journée à réserver à chacune d'elles, te conformant ensuite à ta propre décision aussi étroitement que possible.

7. Commence ces périodes d'exercice en répétant l'idée d'aujourd'hui, suivie d'un énoncé par lequel tu signifies que tu reconnais que le salut ne vient de rien à l'extérieur de toi. ²Tu pourrais le formuler ainsi :

³Mon salut vient de moi. ⁴Il ne peut venir de nulle part ailleurs.

⁵Consacre ensuite quelques minutes, les yeux fermés, à passer en revue quelques endroits extérieurs où tu as cherché le salut dans le passé : en d'autres gens, dans les possessions, dans divers événements et situations, et dans les concepts de soi que tu as cherché à rendre réels. ⁶Reconnais qu'il n'est pas là, et dis-toi :

⁷Mon salut ne peut venir d'aucune de ces choses. ⁸Mon salut vient de moi et seulement de moi.

8. Maintenant nous allons essayer à nouveau d'atteindre la lumière en toi, qui est là où se trouve ton salut. ²Tu ne peux pas le trouver dans les nuages qui entourent la lumière, or c'est là que tu le cherchais. ³Il n'y est pas. ⁴Il est passé les nuages, dans la lumière qui est au-delà. ⁵Souviens-toi que tu auras à traverser les nuages avant de pouvoir atteindre la lumière. ⁶Mais souviens-toi aussi que tu n'as jamais rien trouvé dans les motifs nuageux que tu imaginais qui ait duré, ou que tu voulais.

9. Puisque toutes les illusions de salut t'ont déçu, tu ne veux sûrement pas rester dans les nuages, y cherchant vainement des idoles, quand tu pourrais si facilement continuer jusqu'en la lumière du vrai salut. ²Essaie de dépasser les nuages par n'importe quel moyen qui te plaît. ³Si cela t'aide, pense que je te tiens par la main et que je te conduis. ⁴Et je t'assure que cela ne sera pas un vain fantasme.

10.   Pendant les courtes et fréquentes périodes d'exercice d'aujourd'hui, rappelle-toi que c'est de toi que vient ton salut et que rien, sinon tes propres pensées, ne peut freiner ton progrès. ²Tu es libre de toute interférence extérieure. ³Tu es en charge de ton salut. ⁴Tu es en charge du salut du monde. ⁵Puis dis :

> ⁶*Mon salut vient de moi. ⁷Rien à l'extérieur de moi*
> *ne peut me retenir. ⁸Au-dedans de moi sont le salut*
> *du monde et le mien.*

LEÇON 71

Seul le plan de Dieu pour le salut marchera.

1.   Tu ne te rends peu-être pas compte que l'ego a monté un plan pour le salut en opposition à celui de Dieu. ²C'est en ce plan que tu crois. ³Puisqu'il est l'opposé de celui de Dieu, tu crois aussi qu'accepter le plan de Dieu à la place de celui de l'ego, c'est être damné. ⁴Cela semble grotesque, bien sûr. ⁵Or après avoir considéré ce qu'est exactement le plan de l'ego, tu te rendras peut-être compte que, si grotesque qu'il puisse être, tu y crois vraiment.

2.   Le plan de l'ego pour le salut est centré sur le fait d'avoir des rancœurs. ²Il maintient que si quelqu'un d'autre parlait ou agissait différemment, si quelque circonstance ou événement extérieur était changé, tu serais sauvé. ³Ainsi la source du salut est constamment perçue comme étant à l'extérieur de toi. ⁴Chaque rancœur que tu as est une déclaration, une assertion en laquelle tu crois et qui dit : « Si cela était différent, je serais sauvé. » ⁵Le changement d'esprit nécessaire pour le salut est ainsi demandé de tous et de tout, sauf de toi.

3.   Le rôle assigné à ton propre esprit dans ce plan est donc simplement de déterminer ce qui, autre que lui-même, doit changer afin que tu sois sauvé. ²Selon ce plan insane, toute source de salut perçue est acceptable pourvu qu'elle ne marche pas. ³Cela garantit que la quête stérile continuera, car l'illusion persiste que, même si cet espoir a toujours été déçu, il y a toujours lieu d'espérer en d'autres endroits et en d'autres choses. ⁴Une autre personne fera mieux l'affaire encore; une autre situation promettra encore le succès.

4.   Tel est le plan de l'ego pour ton salut. ²Tu peux sûrement voir comme il s'accorde strictement avec la doctrine fondamentale de l'ego : « Cherche mais ne trouve pas. » ³Car quelle plus sûre garantie peut-il y avoir de ne pas trouver le salut que de canaliser tous tes efforts à le chercher où il n'est pas?

5.   Le plan de Dieu pour le salut marche simplement parce qu'en suivant Sa direction, tu cherches le salut où il est. ²Mais pour que tu réussisses, comme Dieu a promis que tu le feras, tu dois être désireux de ne chercher que là. ³Autrement, ton but est divisé et tu tenteras de suivre deux plans pour le salut qui sont diamétralement opposés à tous égards. ⁴Le résultat ne peut apporter

que la confusion, la misère et un profond sentiment d'échec et de désespoir.

6. Comment peux-tu échapper de tout cela? ²Très simplement. ³L'idée d'aujourd'hui est la réponse. ⁴Seul le plan de Dieu pour le salut marchera. ⁵Il ne peut y avoir de réel conflit là-dessus, parce qu'il n'y a pas d'alternative possible au plan de Dieu qui te sauvera. ⁶Son plan est le seul dont l'issue soit certaine. ⁷Son plan est le seul qui doit réussir.

7. Exerçons-nous aujourd'hui à reconnaître cette certitude. ²Et réjouissons-nous qu'il y ait une réponse à ce qui semble être un conflit sans solution possible. ³Toutes choses sont possibles à Dieu. ⁴Le salut doit être à toi à cause de Son plan, qui ne peut échouer.

8. Commence les deux périodes d'exercice plus longues en pensant à l'idée d'aujourd'hui, et en te rendant compte qu'elle comporte deux parties dont chacune apporte une égale contribution à l'ensemble. ²Le plan de Dieu pour ton salut marchera, et d'autres plans ne marcheront pas. ³Ne te permets pas d'être déprimé ou fâché contre la seconde partie : elle est inhérente à la première. ⁴Or dans la première est ta pleine délivrance de toutes tes propres insanes tentatives et de tous tes projets fous pour te libérer toi-même. ⁵Ils ont conduit à la dépression et à la colère, mais le plan de Dieu réussira. ⁶Il conduira à la délivrance et à la joie.

9. En nous souvenant de cela, consacrons le reste des périodes d'exercice plus longues à demander à Dieu de nous révéler Son plan. ²Demande-Lui très concrètement :

> ³*Que voudrais-Tu que je fasse?*
> ⁴*Où voudrais-Tu que j'aille?*
> ⁵*Que voudrais-Tu que je dise, et à qui?*

⁶Mets-Le en charge du reste de la période d'exercice et laisse-Le te dire ce qui a besoin d'être fait par toi dans Son plan pour ton salut. ⁷Il répondra en proportion de ton désir d'entendre Sa Voix. ⁸Ne refuse pas d'entendre. ⁹Le fait même que tu fasses les exercices prouve que tu as quelque désir d'écouter. ¹⁰Cela suffit pour établir ton droit à la réponse de Dieu.

10. Pendant les périodes d'exercice plus courtes, dis-toi souvent que le plan de Dieu pour le salut, et le Sien seul, marchera. ²Sois attentif à toute tentation d'avoir des rancœurs aujourd'hui, et réponds-leur par la forme suivante de l'idée d'aujourd'hui :

[3]*Avoir des rancœurs est l'opposé du plan de Dieu
pour le salut.* [4]*Et seul Son plan marchera.*

[5]Essaie de te souvenir de l'idée d'aujourd'hui quelque six ou sept fois par heure. [6]Il ne pourrait y avoir meilleure façon de passer une demi-minute ou moins que de te souvenir de la Source de ton salut, et de La voir là où Elle est.

126

LEÇON 72

Avoir des rancœurs est une attaque contre le plan de Dieu pour le salut.

1.   Bien que nous ayons reconnu que le plan de l'ego pour le salut est l'opposé de celui de Dieu, nous n'avons pas encore souligné que c'est une attaque active contre Son plan et un effort délibéré pour le détruire. ²Dans cette attaque, sont assignés à Dieu les attributs qui sont en fait associés à l'ego, tandis que l'ego paraît prendre les attributs de Dieu.

2.   Le souhait fondamental de l'ego est de remplacer Dieu. ²De fait, l'ego est l'incarnation physique de ce souhait. ³Car ce souhait est ce qui semble entourer l'esprit d'un corps, le gardant séparé et seul, incapable d'atteindre d'autres esprits sauf par l'entremise du corps qui a été fait pour l'emprisonner. ⁴Ce qui est une limite à la communication ne peut pas être le meilleur moyen d'étendre la communication. ⁵C'est pourtant ce que l'ego voudrait te faire croire.

3.   Bien que la tentative soit évidente ici, qui vise à garder les limitations qu'un corps imposerait, la raison pour laquelle avoir des rancœurs est une attaque contre le plan de Dieu pour le salut n'est peut-être pas aussi apparente. ²Mais considérons le genre de choses pour lesquelles tu es enclin à avoir des rancœurs. ³Ne sont-elles pas toujours associées à quelque chose que fait un corps? ⁴Une personne dit quelque chose que tu n'aimes pas. ⁵Elle fait quelque chose qui te déplaît. ⁶Elle «trahit» ses pensées hostiles dans sa conduite.

4.   Tu ne t'occupes pas ici de ce qu'est la personne. ²Au contraire, tu te soucies exclusivement de ce qu'elle fait dans un corps. ³Tu fais plus que manquer de l'aider à se libérer des limitations du corps. ⁴Tu essaies activement de l'y retenir en le confondant avec elle, et en les jugeant comme ne faisant qu'un. ⁵En cela Dieu est attaqué, car si Son Fils n'est qu'un corps, Il doit l'être aussi. ⁶Un créateur entièrement différent de sa création est inconcevable.

5.   Si Dieu est un corps, quel doit être Son plan pour le salut? ²Que pourrait-il être, sinon la mort? ³En essayant de Se présenter comme l'Auteur de la vie et non de la mort, Il est menteur et trompeur, plein de fausses promesses, offrant des illusions à la place de la vérité. ⁴La réalité apparente du corps rend cette vue

de Dieu tout à fait convaincante. ⁵En fait, si le corps était réel, il serait certes difficile d'échapper à cette conclusion. ⁶Et chaque rancœur que tu as insiste sur le fait que le corps est réel. ⁷Elle passe entièrement sur ce qu'est ton frère. ⁸Elle renforce ta croyance qu'il est un corps et pour cela elle le condamne. ⁹Et elle affirme que son salut doit être la mort, projetant cette attaque sur Dieu et L'en tenant responsable.

6. Dans cette arène soigneusement préparée, où des animaux en colère cherchent leur proie et où la miséricorde ne peut entrer, l'ego vient te sauver. ²Dieu t'a fait corps. ³Très bien. ⁴Acceptons-le et réjouissons-nous. ⁵En tant que corps, ne te laisse pas priver de ce que le corps offre. ⁶Prends le peu que tu peux obtenir. ⁷Dieu ne t'a rien donné. ⁸Le corps est ton seul sauveur. ⁹Il est la mort de Dieu et ton salut.

7. Voilà la croyance universelle du monde que tu vois. ²Certains haïssent le corps et ils essaient de le blesser et de l'humilier. ³D'autres aiment le corps et ils essaient de le glorifier et de l'exalter. ⁴Mais tant que le corps se tient au centre de ton concept de toi-même, tu attaques le plan de Dieu pour le salut et tu nourris tes rancœurs contre Lui et Sa création afin de ne pas entendre la Voix de la vérité et de ne pas L'accueillir comme Amie. ⁵Le sauveur que tu as choisi prend Sa place. ⁶C'est ton ami ; Il est ton ennemi.

8. Aujourd'hui nous allons essayer d'arrêter ces attaques insensées contre le salut. ²Nous essaierons plutôt de l'accueillir. ³Ta perception sens dessus dessous a été ruineuse à ta paix d'esprit. ⁴Tu t'es vu dans un corps avec la vérité à l'extérieur de toi, enfermée loin de ta conscience par les limitations du corps. ⁵Nous allons maintenant essayer de voir cela différemment.

9. La lumière de la vérité est en nous, où Dieu l'a placée. ²C'est le corps qui est à l'extérieur de nous, et il ne nous concerne pas. ³Être sans un corps, c'est être dans notre état naturel. ⁴Reconnaître la lumière de la vérité en nous, c'est nous reconnaître tels que nous sommes. ⁵Voir notre Soi séparé du corps, c'est mettre fin à l'attaque contre le plan de Dieu pour le salut et l'accepter à la place. ⁶Or partout où Son plan est accepté, il est déjà accompli.

10. Notre but durant les périodes d'exercice plus longues aujourd'hui est de prendre conscience que le plan de Dieu pour le salut a déjà été accompli en nous. ²Pour atteindre ce but, nous devons remplacer l'attaque par l'acceptation. ³Aussi longtemps que nous l'attaquons, nous ne pouvons pas comprendre ce qu'est le plan que Dieu a pour nous. ⁴Par conséquent, nous attaquons ce que

nous ne reconnaissons pas. ⁵Nous allons maintenant essayer de mettre le jugement de côté et de demander ce qu'est le plan que Dieu a pour nous :

> ⁶*Qu'est-ce que le salut, Père ? ⁷Je ne le sais pas. ⁸Dis-le-moi, afin que je comprenne.*

⁹Puis nous attendrons quiètement Sa réponse. ¹⁰Nous avons attaqué le plan de Dieu pour le salut sans attendre d'avoir entendu ce qu'il est. ¹¹Nous avons crié nos rancœurs si fort que nous n'avons pas écouté Sa Voix. ¹²Nous avons utilisé nos rancœurs pour nous fermer les yeux et nous boucher les oreilles.

11.   Maintenant nous voudrions voir et entendre et apprendre. ²« Qu'est-ce que le salut, Père ? » ³Demande et la réponse te sera donnée. ⁴Cherche et tu trouveras. ⁵Nous ne demandons plus à l'ego ce qu'est le salut et où le trouver. ⁶Nous le demandons à la vérité. ⁷Tu peux donc être certain que la réponse sera vraie à cause de Celui à Qui tu la demandes.

12.   Chaque fois que tu sens ta confiance décliner et tes espoirs de succès vaciller et s'éteindre, répète ta question et ta requête, en te souvenant que tu demandes à l'infini Créateur de l'infini, Qui t'a créé pareil à Lui :

> ²*Qu'est-ce que le salut, Père ? ³Je ne le sais pas. ⁴Dis-le-moi, afin que je comprenne.*

⁵Il répondra. ⁶Sois déterminé à entendre.

13.   Une ou peut-être deux périodes d'exercice plus courtes par heure suffiront aujourd'hui, puisqu'elles seront un peu plus longues que d'habitude. ²Ces exercices devraient commencer ainsi :

> ³*Avoir des rancœurs est une attaque contre le plan de Dieu pour le salut. ⁴Laisse-moi l'accepter à la place. ⁵Qu'est-ce que le salut, Père ?*

⁶Puis attends en silence une minute environ, préférablement les yeux fermés, et écoute Sa réponse.

LEÇON 73

Je veux que la lumière soit.

1. Aujourd'hui nous considérons la volonté que tu partages avec Dieu. ²Ce n'est pas la même chose que les vains souhaits de l'ego, d'où surgissent les ténèbres et le néant. ³La volonté que tu partages avec Dieu a tout le pouvoir de la création en elle. ⁴Les vains souhaits de l'ego ne sont pas partagés, donc ils n'ont pas du tout de pouvoir. ⁵Ses souhaits ne sont pas vains en ce sens qu'ils peuvent faire un monde d'illusions dans lequel tu peux croire très fort. ⁶Mais ils sont certes vains en ce qui concerne la création. ⁷Ils ne font rien qui soit réel.

2. Les vains souhaits et les rancœurs sont partenaires, ou co-faiseurs, dans la représentation du monde que tu vois. ²Les souhaits de l'ego l'ont fait surgir, et les rancœurs, dont l'ego a besoin, qui lui sont nécessaires pour le maintenir, le peuplent de figures qui semblent t'attaquer et réclamer un « juste » jugement. ³Ces figures deviennent les intermédiaires que l'ego emploie pour faire le trafic des rancœurs. ⁴Ils se dressent entre ta conscience et la réalité de tes frères. ⁵En les voyant, tu ne connais ni tes frères ni ton Soi.

3. Ta volonté est perdue pour toi dans ce troc étrange, où la culpabilité est échangée de main en main et où les rancœurs augmentent avec chaque échange. ²Est-ce qu'un tel monde peut avoir été créé par la Volonté que le Fils de Dieu partage avec son Père? ³Dieu a-t-Il créé le désastre pour Son Fils? ⁴La création est la Volonté des Deux ensemble. ⁵Dieu créerait-Il un monde qui Le tue Lui-même?

4. Aujourd'hui nous allons essayer une fois de plus d'atteindre le monde qui est en accord avec ta volonté. ²La lumière est en lui parce qu'il ne s'oppose pas à la Volonté de Dieu. ³Ce n'est pas le Ciel, mais la lumière du Ciel luit sur lui. ⁴Les ténèbres ont disparu. ⁵Les vains souhaits de l'ego en ont été retirés. ⁶Or la lumière qui luit sur ce monde reflète ta volonté, et ce doit donc être en toi que nous la chercherons.

5. Ton image du monde ne peut que refléter ce qui est au-dedans. ²Ni la source de la lumière ni celle des ténèbres ne peuvent se trouver au-dehors. ³Les rancœurs enténèbrent ton esprit et tu regardes un monde enténébré. ⁴Le pardon lève les ténèbres, réaffirme ta

volonté et te laisse voir un monde de lumière. ⁵Nous avons souligné à maintes reprises que la barrière des rancœurs est facile à franchir et qu'elle ne peut se dresser entre toi et ton salut. ⁶La raison en est très simple. ⁷Veux-tu réellement être en enfer ? ⁸Veux-tu réellement pleurer, souffrir et mourir ?

6.   Oublie les arguments de l'ego qui cherchent à prouver que tout cela est réellement le Ciel. ²Tu sais qu'il n'en est rien. ³Tu ne peux pas vouloir cela pour toi-même. ⁴Il est un point au-delà duquel les illusions ne peuvent aller. ⁵Souffrir n'est pas le bonheur, et c'est le bonheur que tu veux réellement. ⁶Telle est ta volonté en vérité. ⁷Ainsi le salut est-il aussi ta volonté. ⁸Tu veux réussir dans ce que nous essayons de faire aujourd'hui. ⁹Nous l'entreprenons avec ta bénédiction et ton accord joyeux.

7.   Nous réussirons aujourd'hui si tu te souviens que tu veux le salut pour toi-même. ²Tu veux accepter le plan de Dieu parce que tu y participes. ³Tu n'as pas de volonté qui puisse réellement s'y opposer et tu ne veux pas le faire. ⁴Le salut est pour toi. ⁵Par-dessus tout, tu veux la liberté de te rappeler Qui tu es réellement. ⁶Aujourd'hui c'est l'ego qui se tient impuissant devant ta volonté. ⁷Ta volonté est libre et rien ne saurait prévaloir contre elle.

8.   Par conséquent, nous entreprenons les exercices d'aujourd'hui avec une confiance heureuse, certains de trouver ce que tu as pour volonté de trouver, et de nous rappeler ce que tu as pour volonté de te rappeler. ²Nul vain souhait ne peut nous retenir ni nous tromper par une illusion de force. ³Aujourd'hui, laisse ta volonté être faite et mets fin à jamais à l'insane croyance que c'est l'enfer à la place du Ciel que tu choisis.

9.   Nous commencerons nos périodes d'exercice plus longues en reconnaissant que le plan de Dieu pour le salut, et le Sien seul, est entièrement en accord avec ta volonté. ²Ce n'est pas le but d'un pouvoir étranger qui t'est imposé contre ton gré. ³C'est le seul but ici sur lequel toi et ton Père êtes en parfait accord. ⁴Tu réussiras aujourd'hui, moment choisi pour la délivrance du Fils de Dieu de l'enfer et de tout vain souhait. ⁵Sa volonté est maintenant rendue à sa conscience. ⁶Il est désireux en ce jour même de voir la lumière en lui et d'être sauvé.

10.   Après t'être rappelé cela, et t'être déterminé à garder ta volonté clairement à l'esprit, dis-toi avec une douce fermeté et une certitude tranquille :

²Je veux que la lumière soit. ³Laisse-moi voir la lumière qui reflète la Volonté de Dieu et la mienne.

⁴Puis laisse ta volonté s'affirmer, jointe au pouvoir de Dieu et unie à ton Soi. ⁵Mets le reste de la période d'exercice sous Leur direction. ⁶Joins-toi à Eux, Qui te guident dans la voie.

11.   Pendant les périodes d'exercice plus courtes, déclare à nouveau ce que tu veux réellement. ²Dis :

³Je veux que la lumière soit. ⁴Les ténèbres ne sont pas ma volonté.

⁵Cela devrait être répété plusieurs fois par heure. ⁶Il est très important, toutefois, d'appliquer immédiatement l'idée d'aujourd'hui sous cette forme si tu es tenté d'avoir quelque rancœur que ce soit. ⁷Cela t'aidera à lâcher prise de tes rancœurs, au lieu de les chérir et de les cacher dans les ténèbres.

LEÇON 74

Il n'est de volonté que Celle de Dieu.

1.   L'idée d'aujourd'hui peut être considérée comme la pensée centrale vers laquelle sont dirigés tous nos exercices. [2]La Volonté de Dieu est la seule qui soit. [3]Quand tu as reconnu cela, tu as reconnu que ta volonté est la Sienne. [4]La croyance que le conflit est possible a disparu. [5]La paix a remplacé l'idée étrange que tu es déchiré par des buts conflictuels. [6]En tant qu'expression de la Volonté de Dieu, tu n'as d'autre but que le Sien.

2.   Il y a une grande paix dans l'idée d'aujourd'hui, et les exercices d'aujourd'hui vont dans la direction pour la trouver. [2]L'idée même est entièrement vraie. [3]Par conséquent, elle ne peut pas engendrer d'illusions. [4]Sans illusions, le conflit est impossible. [5]Essayons de reconnaître cela aujourd'hui et d'éprouver la paix qu'apporte cette re-connaissance.

3.   Commence les périodes d'exercice plus longues en répétant ces pensées plusieurs fois, lentement, avec la ferme détermination de comprendre ce qu'elles signifient et de les garder à l'esprit :

> [2]*Il n'est de volonté que Celle de Dieu.* [3]*Je ne peux pas être en conflit.*

[4]Ensuite, passe plusieurs minutes à ajouter quelques pensées qui s'y rapportent, telles que :

> [5]*Je suis en paix.*
> [6]*Rien ne peut me déranger.* [7]*Ma volonté est Celle de Dieu.*
> [8]*Ma volonté et Celle de Dieu ne font qu'un.*
> [9]*Dieu veut la paix pour Son Fils.*

[10]Pendant cette phase d'introduction, assure-toi de t'occuper rapidement de toute pensée conflictuelle qui pourrait te traverser l'esprit. [11]Dis-toi immédiatement :

> [12]*Il n'est de volonté que Celle de Dieu.* [13]*Ces pensées conflictuelles sont in-signifiantes.*

4.   S'il y a une zone de conflit qui semble particulièrement difficile à résoudre, isole-la pour lui accorder une considération particulière. ²Penses-y brièvement mais très concrètement, en identifiant la ou les personnes et situations en cause, et dis-toi :

> ³*Il n'est de volonté que Celle de Dieu.* ⁴*Je la partage avec Lui.*
> ⁵*Mes conflits à propos de* _____ *ne peuvent être réels.*

5.   Après t'être dégagé l'esprit de cette façon, ferme les yeux et essaie d'éprouver la paix à laquelle ta réalité te donne droit. ²Immerge-toi en elle et sens-la se refermer autour de toi. ³Peut-être auras-tu quelque tentation de prendre ces tentatives pour un repli sur soi, mais la différence est facile à détecter. ⁴Si tu réussis, tu éprouveras une joie profonde et une plus grande vivacité, plutôt qu'une espèce de somnolence et d'amollissement.

6.   La paix se caractérise par la joie. ²Par cette expérience, tu reconnaîtras que tu l'as atteinte. ³Si tu sens que tu te replies sur toi, répète vite l'idée d'aujourd'hui et essaie encore une fois. ⁴Fais-le aussi souvent que nécessaire. ⁵Tu peux être sûr de gagner beaucoup à refuser de permettre ce repli sur soi, même si tu n'éprouves pas la paix que tu cherches.

7.   Pendant les périodes plus courtes, qui devraient être entreprises aujourd'hui à intervalles réguliers et fixés par avance, dis-toi :

> ²*Il n'est de volonté que Celle de Dieu.* ³*Je cherche Sa paix aujourd'hui.*

⁴Puis essaie de trouver ce que tu cherches. ⁵Il serait bon d'y passer une minute ou deux toutes les demi-heures aujourd'hui, les yeux fermés si possible.

LEÇON 75

La lumière est venue.

1. La lumière est venue. ²Tu es guéri et tu peux guérir. ³La lumière est venue. ⁴Tu es sauvé et tu peux sauver. ⁵Tu es en paix et tu apportes la paix avec toi partout où tu vas. ⁶Ténèbres, tumulte et mort ont disparu. ⁷La lumière est venue.

2. Aujourd'hui, nous célébrons la fin heureuse de ton long rêve de désastre. ²Il n'y a pas de sombres rêves maintenant. ³La lumière est venue. ⁴Aujourd'hui commence le temps de la lumière pour toi et pour tous. ⁵C'est une ère nouvelle, dans laquelle est né un nouveau monde. ⁶L'ancien n'y a laissé aucune trace sur son passage. ⁷Aujourd'hui nous voyons un monde différent, parce que la lumière est venue.

3. Nos exercices d'aujourd'hui seront des exercices heureux pendant lesquels nous rendrons grâce de la disparition de l'ancien et du commencement du nouveau. ²Il ne reste pas d'ombres du passé pour enténébrer notre vue et cacher le monde que nous offre le pardon. ³Aujourd'hui nous allons accepter le nouveau monde pour ce que nous voulons voir. ⁴Ce que nous désirons nous sera donné. ⁵Nous voulons voir la lumière ; la lumière est venue.

4. Nos périodes d'exercice plus longues seront consacrées à regarder le monde que nous montre notre pardon. ²C'est cela et cela seul que nous voulons voir. ³Parce que notre but est indivisé, il est inévitable. ⁴Aujourd'hui le monde réel se lève devant nous dans la joie, pour enfin être vu. ⁵La vue nous est donnée, maintenant que la lumière est venue.

5. Nous ne voulons pas voir l'ombre de l'ego sur le monde aujourd'hui. ²Nous voyons la lumière et en elle nous voyons le reflet du Ciel s'étendre sur le monde. ³Commence les périodes d'exercice plus longues en te disant la bonne nouvelle de ta délivrance :

⁴La lumière est venue. ⁵J'ai pardonné au monde.

6. Ne t'attarde pas sur le passé aujourd'hui. ²Garde un esprit complètement ouvert, lavé de toutes les idées passées et nettoyé de chaque concept que tu as fait. ³Tu as pardonné au monde aujourd'hui. ⁴Tu peux le regarder maintenant comme si tu ne l'avais jamais vu auparavant. ⁵Tu ne sais pas encore de quoi il a l'air. ⁶Tu

attends simplement qu'il te soit montré. [7]Pendant que tu attends, répète plusieurs fois, lentement et avec une complète patience :

[8]La lumière est venue. [9]J'ai pardonné au monde.

7.   Rends-toi compte que ton pardon te donne droit à la vision. [2]Comprends que le Saint-Esprit ne manque jamais de donner le don de la vue à ceux qui pardonnent. [3]Crois qu'Il ne te décevra pas maintenant. [4]Tu as pardonné au monde. [5]Il sera avec toi tandis que tu regardes et attends. [6]Il te montrera ce que voit la véritable vision. [7]C'est Sa Volonté, et tu t'es joint à Lui. [8]Attends-Le patiemment. [9]Il sera là. [10]La lumière est venue. [11]Tu as pardonné au monde.

8.   Dis-Lui que tu sais que tu ne peux pas échouer parce que tu as confiance en Lui. [2]Et dis-toi que tu attends en toute certitude de voir le monde qu'Il t'a promis. [3]Désormais, tu verras différemment. [4]Aujourd'hui la lumière est venue. [5]Et tu verras le monde qui t'a été promis depuis le commencement des temps, et dans lequel la fin des temps est assurée.

9.   Les périodes d'exercice plus courtes seront aussi de joyeux rappels de ta délivrance. [2]Rappelle-toi environ tous les quarts d'heure qu'aujourd'hui est un temps de célébration particulière. [3]Rends grâce de la miséricorde et de l'Amour de Dieu. [4]Réjouis-toi du pouvoir qu'a le pardon de guérir ta vue complètement. [5]Sois assuré qu'il y a en ce jour un nouveau commencement. [6]Sans les ténèbres du passé sur tes yeux, tu ne peux manquer de voir aujourd'hui. [7]Et ce que tu verras sera si bienvenu que tu seras heureux d'étendre cette journée à jamais.

10.   Alors dis :

[2]La lumière est venue. [3]J'ai pardonné au monde.

[4]Si tu devais être tenté, dis à quiconque semble te ramener dans les ténèbres :

[5]La lumière est venue. [6]Je t'ai pardonné.

11.   Nous dédions cette journée à la sérénité dans laquelle Dieu voudrait que tu sois. [2]Garde-la dans la conscience que tu as de toi-même et vois-la partout aujourd'hui, tandis que nous célébrons le commencement de ta vision et la vue du monde réel, qui est venu remplacer le monde impardonné que tu pensais réel.

LEÇON 76

Je ne suis soumis à aucune loi, sauf celles de Dieu.

1. Nous avons vu plus tôt combien de choses insensées t'ont semblé être le salut. ²Chacune t'a emprisonné avec des lois aussi insensées qu'elle-même. ³Tu n'es par lié pas elles. ⁴Or pour comprendre qu'il en est ainsi, tu dois d'abord te rendre compte que le salut ne réside pas là. ⁵Tant que tu le cherches en des choses qui n'ont pas de signification, tu te lies à des lois qui n'ont aucun sens. ⁶Ainsi tu cherches à prouver que le salut est là où il n'est pas.

2. Aujourd'hui nous nous réjouirons que tu ne puisses pas le prouver. ²Car si tu le pouvais, tu chercherais pour toujours le salut là où il n'est pas, et jamais tu ne le trouverais. ³L'idée d'aujourd'hui te dit encore une fois combien le salut est simple. ⁴Cherche-le là où il t'attend, et c'est là que tu le trouveras. ⁵Ne cherche nulle part ailleurs, car il n'est nulle part ailleurs.

3. Pense à la liberté qu'il y a à reconnaître que tu n'es pas lié par toutes les lois étranges et distordues que tu as échafaudées pour te sauver. ²Tu penses vraiment que tu mourrais de faim si tu n'avais pas des tas de bandes de papiers verts et des piles de disques métalliques. ³Tu penses réellement qu'une petite pastille ronde ou qu'un quelconque liquide projeté dans tes veines par une aiguille pointue préviendront la maladie et la mort. ⁴Tu penses vraiment que tu es seul à moins qu'un autre corps ne soit avec toi.

4. C'est l'insanité qui pense ces choses. ²Tu les appelles lois et tu les ranges sous différents noms dans un long catalogue de rituels qui n'ont aucune utilité et ne servent aucun but. ³Tu penses que tu dois obéir aux « lois » de la médecine, de l'économie et de la santé. ⁴Protège le corps et tu seras sauvé.

5. Ce ne sont pas des lois mais de la folie. ²Le corps est mis en danger par l'esprit qui se blesse lui-même. ³Le corps ne souffre que pour que l'esprit ne voie pas qu'il est sa propre victime. ⁴La souffrance du corps est un masque que tient l'esprit pour cacher ce qui souffre réellement. ⁵Il ne veut pas comprendre qu'il est son propre ennemi, qu'il s'attaque lui-même et qu'il veut mourir. ⁶C'est de cela que tes « lois » voudraient sauver le corps. ⁷C'est pour cela que tu penses être un corps.

6. Il n'y a d'autres lois que les lois de Dieu. ²Cela a besoin d'être répété, maintes et maintes fois, jusqu'à ce que tu te rendes compte

que cela s'applique à tout ce que tu as fait en opposition à la Volonté de Dieu. ³Ta magie ne signifie rien. ⁴Ce qu'elle est censée sauver n'existe pas. ⁵Seulement ce qu'elle est censée cacher te sauvera.

7.   Les lois de Dieu ne peuvent jamais être remplacées. ²Nous consacrerons cette journée à nous réjouir qu'il en soit ainsi. ³Ce n'est plus une vérité que nous voudrions cacher. ⁴Nous nous rendons compte plutôt que c'est une vérité qui nous garde libres à jamais. ⁵La magie emprisonne, mais les lois de Dieu rendent libre. ⁶La lumière est venue parce qu'il n'y a d'autres lois que les Siennes.

8.   Aujourd'hui nous commencerons les périodes d'exercice plus longues par une brève revue des différentes sortes de « lois » auxquelles nous avons cru devoir obéir. ²Parmi celles-ci pourraient compter, par exemple, les « lois » de la nutrition, de l'immunisation, de la médication et de la protection du corps d'innombrables façons. ³Continue ta réflexion : tu crois aux « lois » de l'amitié, des « bonnes » relations et de la réciprocité. ⁴Tu penses peut-être même qu'il y a des lois qui stipulent ce qui est à Dieu et ce qui est à toi. ⁵De nombreuses « religions » sont fondées là-dessus. ⁶Elles ne voudraient pas sauver mais damner au nom du Ciel. ⁷Pourtant elles ne sont pas plus étranges que ces autres « lois » auxquelles tu maintiens qu'il faut obéir pour assurer ta sécurité.

9.   Il n'y a aucune loi, sauf celles de Dieu. ²Écarte aujourd'hui toutes sottes croyances magiques et tiens ton esprit dans un état silencieux où il est prêt à entendre la Voix qui te dit la vérité. ³Tu écouteras Celui Qui dit qu'il n'y a pas de perte sous les lois de Dieu. ⁴Nul paiement n'est donné ni reçu. ⁵Il ne peut se faire d'échange, il n'y a pas de substitut ; et rien n'est remplacé par quelque chose d'autre. ⁶Les lois de Dieu donnent pour toujours et ne prennent jamais.

10.   Entends Celui Qui te dit cela et rends-toi compte comme sont sottes les « lois » dont tu pensais qu'elles soutenaient le monde que tu pensais voir. ²Puis continue à écouter. ³Il t'en dira plus. ⁴Sur l'Amour que ton Père a pour toi. ⁵Sur la joie infinie qu'Il t'offre. ⁶Sur la soif qu'Il a de Son seul Fils, créé pour être Son canal pour la création ; à Lui nié par sa croyance en l'enfer.

11.   Ouvrons-Lui aujourd'hui Ses canaux, et que Sa Volonté s'étende à travers nous jusqu'à Lui. ²Ainsi la création est infiniment augmentée. ³Sa Voix nous parlera de cela, aussi bien que des joies du Ciel que Ses lois gardent à jamais illimitées. ⁴Nous répéterons l'idée d'aujourd'hui jusqu'à ce que nous ayons écouté puis

compris qu'il n'y a aucune loi, sauf celles de Dieu. [5]Alors nous nous dirons, comme une consécration qui conclura la période d'exercice :

[6]Je ne suis soumis à aucune loi, sauf celles de Dieu.

12. Nous répéterons cette consécration aussi souvent que possible aujourd'hui : au moins quatre ou cinq fois par heure ainsi qu'en réponse à toute tentation de nous sentir soumis à d'autres lois au cours de la journée. [2]Par là nous déclarons que nous sommes libres de tout danger et de toute tyrannie. [3]Par là nous admettons que Dieu est notre Père, et que Son Fils est sauvé.

LEÇON 77

J'ai droit aux miracles.

1.   Tu as droit aux miracles à cause de ce que tu es. ²Tu recevras des miracles à cause de ce que Dieu est. ³Et tu offriras des miracles parce que tu ne fais qu'un avec Dieu. ⁴Encore une fois, comme le salut est simple ! ⁵C'est le simple énoncé de ta véritable Identité. ⁶C'est ce que nous allons célébrer aujourd'hui.

2.   Ton droit aux miracles ne réside pas dans tes illusions à ton sujet. ²Il ne dépend d'aucun des pouvoirs magiques que tu t'es attribués ni d'aucun des rituels que tu as élaborés. ³Il est inhérent à la vérité de ce que tu es. ⁴Il est implicite dans ce que Dieu ton Père est. ⁵Il était assuré en ta création et garanti par les lois de Dieu.

3.   Aujourd'hui nous allons réclamer les miracles auxquels tu as droit, puisqu'ils t'appartiennent. ²Une pleine délivrance du monde que tu as fait t'a été promise. ³Il t'a été assuré que le Royaume de Dieu était en toi, et que jamais il ne pouvait être perdu. ⁴Nous ne demandons rien de plus que ce qui nous appartient en vérité. ⁵Aujourd'hui, toutefois, nous allons aussi nous assurer que nous ne nous contenterons pas de moins.

4.   Commence les périodes d'exercice plus longues en te disant avec confiance que tu as droit aux miracles. ²Les yeux fermés, rappelle-toi que tu ne demandes que ce qui t'appartient de droit. ³Rappelle-toi aussi que les miracles ne sont jamais pris à l'un et donnés à un autre, et qu'en réclamant tes droits tu soutiens les droits de chacun. ⁴Les miracles n'obéissent pas aux lois de ce monde. ⁵Ils découlent simplement des lois de Dieu.

5.   Après cette brève phase d'introduction, attends tranquillement l'assurance que ta requête est exaucée. ²Tu as demandé le salut du monde et le tien. ³Tu as demandé que les moyens te soient donnés par lesquels il est accompli. ⁴Tu ne peux manquer d'en être assuré. ⁵Tu ne fais que demander que la Volonté de Dieu soit faite.

6.   En faisant cela, tu ne demandes pas vraiment quelque chose. ²Tu énonces un fait qui ne peut être nié. ³Le Saint-Esprit ne peut que t'assurer que ta requête est exaucée. ⁴Le fait est que tu as accepté. ⁵Il n'y a pas de place pour le doute et l'incertitude aujourd'hui. ⁶Nous posons enfin une réelle question. ⁷La réponse est le simple énoncé d'un simple fait. ⁸Tu recevras l'assurance que tu cherches.

7.   Nos périodes d'exercice plus courtes seront fréquentes et seront aussi consacrées à nous rappeler un simple fait. [2]Dis-toi souvent aujourd'hui :

[3]J'ai droit aux miracles.

[4]Demande-les chaque fois qu'une situation se présente dans laquelle ils sont nécessaires. [5]Tu reconnaîtras ces situations. [6]Et puisque tu ne comptes pas sur toi-même pour trouver le miracle, tu as pleinement droit de le recevoir chaque fois que tu demandes.

8.   Souviens-toi aussi de ne pas te satisfaire de moins que la réponse parfaite. [2]En cas de tentation, dis-toi rapidement :

[3]Je n'échangerai pas les miracles contre des rancœurs.
[4]Je veux seulement ce qui m'appartient. [5]Dieu a établi
mon droit aux miracles.

LEÇON 78

Que les miracles remplacent toutes les rancœurs.

1.   Il n'est peut-être pas encore tout à fait clair pour toi qu'à chaque décision que tu prends, tu choisis entre une rancœur et un miracle. ²Chaque rancœur se dresse comme un écran de haine devant le miracle qu'elle voudrait dissimuler. ³En le levant devant tes yeux, tu ne vois pas le miracle qui est derrière. ⁴Or tout ce temps il t'attend dans la lumière, mais tu vois tes rancœurs à la place.

2.   Aujourd'hui nous allons aller au-delà des rancœurs pour regarder le miracle à la place. ²Nous renverserons ta façon de voir en ne permettant pas à la vue de s'arrêter avant de voir. ³Nous n'attendrons pas devant l'écran de haine mais nous le déposerons et lèverons doucement les yeux en silence pour contempler le Fils de Dieu.

3.   Il t'attend derrière tes rancœurs et, comme tu les déposes, il apparaît en pleine lumière à l'endroit même où se dressait chacune d'elles. ²Car chaque rancœur est un blocage à la vue, et lorsqu'il est levé tu vois le Fils de Dieu où il a toujours été. ³Il se tient dans la lumière, mais tu étais dans les ténèbres. ⁴Chaque rancœur a rendu les ténèbres plus profondes, et tu ne pouvais pas voir.

4.   Aujourd'hui nous essaierons de voir le Fils de Dieu. ²Nous ne nous laisserons pas être aveugles à son sujet; nous ne regarderons pas nos rancœurs. ³Ainsi est renversée la vue du monde, comme nous regardons vers la vérité, loin de la peur. ⁴Nous choisirons une personne que tu as utilisée comme cible de tes rancœurs, et nous mettrons de côté les rancœurs et la regarderons. ⁵Quelqu'un, peut-être, que tu crains ou même que tu hais; quelqu'un que tu penses aimer qui t'a mis en colère; quelqu'un que tu appelles ton ami mais que tu considères parfois peu commode ou difficile à contenter, exigeant, irritant ou infidèle à l'idéal qu'il devrait accepter pour sien, selon le rôle que tu lui as assigné.

5.   Tu sais qui choisir : son nom t'a déjà traversé l'esprit. ²Il sera celui à qui nous demanderons que le Fils de Dieu te soit montré. ³En le voyant derrière les rancœurs que tu as nourries contre lui, tu apprendras que ce qui restait caché tant que tu ne le voyais pas est là en chacun, et peut être vu. ⁴Celui qui était un ennemi est plus qu'un ami quand il est rendu libre de prendre le saint rôle

que lui a assigné le Saint-Esprit. ⁵Qu'il soit ton sauveur aujourd'hui. ⁶Tel est son rôle dans le plan de Dieu ton Père.

6. Pendant nos périodes d'exercice plus longues aujourd'hui nous le verrons dans ce rôle. ²Tu essaieras de le tenir dans ton esprit, d'abord tel que tu le considères maintenant. ³Tu passeras en revue ses fautes, les difficultés que tu as eues avec lui, la douleur qu'il t'a causée, sa négligence et toutes les blessures petites et grandes qu'il t'a faites. ⁴Tu regarderas son corps avec ses défauts mais aussi avec ses meilleurs côtés, et tu penseras à ses erreurs et même à ses «péchés».

7. Demandons ensuite à Celui Qui connaît ce Fils de Dieu dans sa réalité et sa vérité, de pouvoir le regarder d'une façon différente, et de voir briller notre sauveur dans la lumière du vrai pardon, à nous donné. ²Nous Lui demandons au saint Nom de Dieu et de Son Fils, aussi saint que Lui :

> ³*Que je voie mon sauveur en celui-ci que Tu as désigné pour être celui à qui je demande de me conduire à la sainte lumière dans laquelle il se tient, afin que je me joigne à lui.*

⁴Les yeux du corps sont fermés et, tandis que tu penses à celui qui t'a peiné, laisse la lumière en lui être montrée à ton esprit par-delà tes rancœurs.

8. Ce que tu as demandé ne peut pas t'être nié. ²Ton sauveur attend cela depuis longtemps. ³Il voudrait être libre et faire tienne sa liberté. ⁴Le Saint-Esprit Se penche de lui vers toi, ne voyant pas de séparation dans le Fils de Dieu. ⁵Et ce que tu vois par Lui vous libérera tous les deux. ⁶Sois très tranquille maintenant et regarde ton sauveur en pleine lumière. ⁷Aucune sombre rancœur n'en obscurcit la vue. ⁸Tu as permis au Saint-Esprit d'exprimer par lui le rôle que Dieu Lui a donné afin que tu sois sauvé.

9. Dieu te remercie de ces moments de calme aujourd'hui où tu as mis de côté tes images et regardé le miracle de l'amour que le Saint-Esprit te montrait à leur place. ²Le monde et le Ciel se joignent pour te remercier, car il n'est pas une Pensée de Dieu qui ne se réjouisse quand tu es sauvé, et le monde entier avec toi.

10. Nous nous souviendrons de cela tout le long de la journée et nous prendrons le rôle qui nous est assigné comme partie du plan de Dieu pour le salut, et non du nôtre. ²La tentation tombe quand nous permettons à chacun de ceux que nous rencontrons de nous sauver et que nous refusons de cacher sa lumière derrière nos

rancœurs. ³À chacun de ceux que tu rencontres, et de ceux auxquels tu penses ou dont tu te souviens du passé, permets que le rôle de sauveur soit donné, afin de le partager avec lui. ⁴Pour vous deux aussi bien que pour tous ceux qui ne voient pas, nous prions :

> ⁵*Que les miracles remplacent toutes les rancœurs.*

LEÇON 79

Que je reconnaisse le problème afin qu'il puisse être résolu.

1. Un problème ne peut pas être résolu si tu ne sais pas ce qu'il est. [2]Même s'il est réellement déjà résolu, tu auras encore le problème parce que tu ne reconnaîtras pas qu'il a été résolu. [3]Voilà la situation du monde. [4]Le problème de la séparation, qui est réellement le seul problème, a déjà été résolu. [5]Or la solution n'est pas reconnue parce que le problème n'est pas reconnu.

2. Chacun en ce monde semble avoir ses propres problèmes particuliers. [2]Or ils sont tous les mêmes et ils doivent être reconnus comme ne faisant qu'un si la seule solution qui les résout tous doit être acceptée. [3]Qui peut voir qu'un problème a été résolu s'il pense que le problème est autre chose ? [4]Même si la réponse lui est donnée, il ne peut pas en voir la pertinence.

3. Telle est la position dans laquelle tu te trouves maintenant. [2]Tu as la réponse, mais tu es encore incertain de ce qu'est le problème. [3]Tu sembles être confronté à une longue série de problèmes différents et, lorsqu'un problème est réglé, un autre surgit, puis encore un autre. [4]Il semble qu'il n'y ait pas de fin. [5]Il n'est pas un moment où tu te sentes complètement libre de problèmes et en paix.

4. La tentation de considérer les problèmes comme multiples est la tentation de garder irrésolu le problème de la séparation. [2]Le monde semble te présenter un grand nombre de problèmes, chacun exigeant une réponse différente. [3]Cette perception te met dans une position où ta façon de résoudre les problèmes doit être inadéquate, et l'échec est inévitable.

5. Nul ne pourrait résoudre tous les problèmes que le monde paraît contenir. [2]Ils semblent être à des niveaux si nombreux, sous des formes si diverses et avec des contenus si variés qu'ils te mettent en face d'une situation impossible. [3]Le désarroi et la dépression sont inévitables quand tu les regardes. [4]Certains surgissent à l'improviste, juste au moment où tu pensais avoir résolu les précédents. [5]D'autres restent irrésolus sous un nuage de déni, qui refont surface de temps en temps pour te hanter avant d'être cachés à nouveau, mais toujours irrésolus.

6. Toute cette complexité n'est qu'une tentative désespérée pour ne pas reconnaître le problème, et donc ne pas le laisser être résolu. [2]Si tu pouvais reconnaître que ton seul problème est la séparation,

quelle qu'en soit la forme, tu pourrais accepter la réponse parce que tu en verrais la pertinence. ³En percevant la constance qui sous-tend tous les problèmes auxquels tu sembles être confronté, tu comprendrais que tu as les moyens de les résoudre tous. ⁴Et tu emploierais les moyens, parce que tu reconnais le problème.

7. Pendant nos périodes d'exercice plus longues aujourd'hui, nous demanderons quel est le problème et quelle est sa réponse. ²Nous ne présumerons pas que nous savons déjà. ³Nous essaierons de libérer notre esprit de toutes les sortes de problèmes différents que nous pensons avoir. ⁴Nous essaierons de nous rendre compte que nous avons un seul problème, que nous avons manqué de reconnaître. ⁵Nous demanderons à savoir ce qu'il est et nous attendrons la réponse. ⁶Elle nous sera donnée. ⁷Puis nous demanderons quelle est sa solution. ⁸Et elle nous sera donnée.

8. Les exercices d'aujourd'hui seront fructueux dans la mesure où tu n'insisteras pas pour définir le problème. ²Tu ne réussiras peut-être pas à lâcher prise de toutes tes notions préconçues, mais cela n'est pas nécessaire. ³Tout ce qui est nécessaire, c'est de nourrir quelque doute sur la réalité de ta version de ce que sont tes problèmes. ⁴Tu essaies de reconnaître que la réponse t'a été donnée en reconnaissant le problème, de sorte que le problème et la réponse peuvent être mis ensemble et tu peux être en paix.

9. Les périodes d'exercice plus courtes aujourd'hui ne seront pas fixées en fonction du temps, mais du besoin. ²Tu verras de nombreux problèmes aujourd'hui, chacun réclamant une réponse. ³Nos efforts viseront à reconnaître qu'il y a seulement un problème et une solution. ⁴Dans cette re-connaissance, tous les problèmes sont résolus. ⁵Dans cette re-connaissance réside la paix.

10. Ne sois pas trompé par la forme des problèmes aujourd'hui. ²Chaque fois qu'une difficulté semble surgir, dis-toi vite :

³*Que je reconnaisse ce problème afin qu'il puisse être résolu.*

⁴Puis essaie de suspendre tout jugement sur ce qu'est le problème. ⁵Si possible, ferme les yeux pendant un moment et demande ce qu'il est. ⁶Tu seras entendu et la réponse te sera donnée.

LEÇON 80

Que je reconnaisse que mes problèmes ont été résolus.

1. Si tu désires reconnaître tes problèmes, tu reconnaîtras que tu n'as pas de problèmes. [2]Ton seul problème central a reçu sa réponse, et tu n'en as pas d'autre. [3]Par conséquent, tu dois être en paix. [4]Le salut dépend donc du fait de reconnaître ce seul problème, et de comprendre qu'il a été résolu. [5]Un problème, une solution. [6]Le salut est accompli. [7]La délivrance du conflit t'a été donnée. [8]Accepte ce fait et tu es prêt à prendre ta juste place dans le plan de Dieu pour le salut.

2. Ton seul problème a été résolu ! [2]Répète-toi cela à maintes reprises aujourd'hui, avec gratitude et conviction. [3]Tu as reconnu ton seul problème, ouvrant ainsi la voie au Saint-Esprit pour qu'Il te donne la réponse de Dieu. [4]Tu as mis de côté la tromperie et vu la lumière de la vérité. [5]Tu as accepté le salut pour toi-même en portant le problème à la réponse. [6]Et tu peux reconnaître la réponse, parce que le problème a été identifié.

3. Tu as droit à la paix aujourd'hui. [2]Un problème qui a été résolu ne peut pas te troubler. [3]Assure-toi seulement de ne pas oublier que tous les problèmes sont les mêmes. [4]Leurs nombreuses formes ne te tromperont pas tant que tu te souviens de cela. [5]Un problème, une solution. [6]Accepte la paix qu'apporte ce simple énoncé.

4. Pendant nos périodes d'exercice plus longues aujourd'hui, nous réclamerons la paix qui nous revient quand le problème et la réponse ont été mis ensemble. [2]Le problème doit avoir disparu, parce que la réponse de Dieu ne peut échouer. [3]Ayant reconnu l'un, tu as reconnu l'autre. [4]La solution est inhérente au problème. [5]La réponse t'a été donnée, et tu l'as acceptée. [6]Tu es sauvé.

5. Maintenant laisse la paix t'être donnée, que ton acceptation apporte. [2]Ferme les yeux et reçois ta récompense. [3]Reconnais que tes problèmes ont été résolus. [4]Reconnais que tu es hors du conflit, libre et en paix. [5]Par-dessus tout, rappelle-toi que tu as un seul problème, et que ce problème a une seule solution. [6]C'est en cela que réside la simplicité du salut. [7]C'est pour cela que sa réussite est garantie.

6. Assure-toi souvent aujourd'hui que tes problèmes ont été résolus. [2]Répète l'idée avec une conviction profonde, aussi fréquemment que possible. [3]Et assure-toi tout particulièrement

d'appliquer l'idée d'aujourd'hui à tout problème concret qui pourrait surgir. [4]Dis vite :

[5]Que je reconnaisse que ce problème a été résolu.

7. Soyons déterminés à ne pas accumuler de rancœurs aujourd'hui. [2]Soyons déterminés à être libres de problèmes qui n'existent pas. [3]Le moyen est la simple honnêteté. [4]Ne te trompe pas toi-même sur ce qu'est le problème, et tu dois reconnaître qu'il a été résolu.

RÉVISION II

Introduction

1. Nous sommes prêts maintenant pour une autre révision. [2]Nous commencerons là où s'est arrêtée notre dernière révision, et nous couvrirons deux idées par jour. [3]La première partie de la journée sera consacrée à l'une de ces idées et la seconde partie à l'autre. [4]Nous aurons une période d'exercice plus longue et de fréquentes périodes plus courtes pendant lesquelles nous pratiquerons chacune des idées.
2. Les périodes d'exercice plus longues suivront la forme générale suivante : Prends environ un quart d'heure pour chacune d'elles, puis commence par penser aux idées du jour et aux commentaires qui sont inclus dans chaque leçon. [2]Consacre environ trois ou quatre minutes à les lire lentement, plusieurs fois si tu veux, puis ferme les yeux et écoute.
3. Répète la première phase de la période d'exercice si tu trouves que ton esprit vagabonde, mais essaie de passer la majeure partie du temps à écouter tranquillement mais attentivement. [2]Il y a un message qui t'attend. [3]Sois confiant en ce que tu le recevras. [4]Rappelle-toi qu'il t'appartient et que tu le veux.
4. Ne permets pas que ton intention vacille devant des pensées qui te distraient. [2]Rends-toi compte que, quelque forme que puissent prendre de telles pensées, elles n'ont pas de signification et pas de pouvoir. [3]Remplace-les par ta détermination à réussir. [4]N'oublie pas que ta volonté a plein pouvoir sur tous les fantasmes et tous les rêves. [5]Compte sur elle pour t'aider à les traverser et te transporter au-delà d'eux tous.
5. Considère ces périodes d'exercice comme des consécrations à la voie, la vérité et la vie. [2]Refuse de te laisser dévier vers des détours, illusions et pensées de mort. [3]Tu es voué au salut. [4]Sois déterminé chaque jour à ne pas laisser ta fonction inaccomplie.
6. Réaffirme aussi ta détermination pendant les périodes d'exercice plus courtes, en utilisant la forme originale de l'idée pour les applications générales, et des formes plus concrètes au besoin. [2]Les commentaires qui suivent l'énoncé des idées comprennent quelques formes concrètes. [3]Ce ne sont toutefois que des suggestions. [4]Ce ne sont pas les mots particuliers que tu utilises qui importent.

LEÇON 81

Les idées à réviser aujourd'hui sont les suivantes :

1. (61) **Je suis la lumière du monde.**

²Comme je suis saint, moi à qui la fonction d'éclairer le monde a été donnée ! ³Que je sois calme devant ma sainteté. ⁴Dans sa douce lumière, que tous mes conflits disparaissent. ⁵Dans sa paix, que je me souvienne de Qui je suis !

2. Voici quelques formes concrètes pour appliquer l'idée quand des difficultés particulières semblent se présenter :

> ²*Que je n'obscurcisse pas la lumière du monde en moi.*
> ³*Que luise la lumière du monde à travers cette apparence.*
> ⁴*Cette ombre s'évanouira devant la lumière.*

3. (62) **Le pardon est ma fonction en tant que lumière du monde.**

²C'est en acceptant ma fonction que je verrai la lumière en moi. ³Et dans cette lumière ma fonction apparaîtra clairement et parfaitement non ambiguë à mes yeux. ⁴Mon acceptation ne dépend pas du fait que je reconnais ce qu'est ma fonction, car je ne comprends pas encore le pardon. ⁵Or j'ai confiance en ce que, dans la lumière, je la verrai telle qu'elle est.

4. Voici quelques formes concrètes suggérées pour utiliser cette idée :

> ²*Que cela m'aide à apprendre ce que le pardon signifie.*
> ³*Que je ne sépare pas ma fonction de ma volonté.*
> ⁴*Je n'utiliserai pas ceci dans un but étranger.*

LEÇON 82

Nous réviserons ces idées aujourd'hui :

1. (63) **La lumière du monde apporte la paix à chaque esprit par mon pardon.**

[2]Mon pardon est le moyen par lequel la lumière du monde trouve son expression par moi. [3]Mon pardon est le moyen par lequel je deviens conscient de la lumière du monde en moi. [4]Mon pardon est le moyen par lequel le monde est guéri, avec moi. [5]Que je pardonne, donc, au monde, afin qu'il soit guéri avec moi.

2. Voici quelques formes concrètes suggérées pour appliquer cette idée :

> [2]*Que la paix s'étende de mon esprit au tien, [nom].*
> [3]*Je partage la lumière du monde avec toi, [nom].*
> [4]*Par mon pardon je peux voir ceci tel que c'est.*

3. (64) **Que je n'oublie pas ma fonction.**

[2]Je ne voudrais pas oublier ma fonction, parce que je voudrais me souvenir de mon Soi. [3]Je ne peux pas remplir ma fonction si je l'oublie. [4]Et à moins que je ne remplisse ma fonction, je n'éprouverai pas la joie que Dieu me destine.

4. Voici quelques formes concrètes pouvant convenir à cette idée :

> [2]*Que je n'utilise pas ceci pour me cacher ma fonction.*
> [3]*Je voudrais utiliser ceci comme une occasion de remplir*
> *ma fonction.*
> [4]*Ceci peut menacer mon ego, mais ne peut en aucune*
> *façon changer ma fonction.*

LEÇON 83

Révisons aujourd'hui les idées suivantes :

1. (65) **Ma seule fonction est celle que Dieu m'a donnée.**

[2]Je n'ai pas d'autre fonction que celle que Dieu m'a donnée. [3]Reconnaître cela me délivre de tout conflit, parce que cela signifie que je ne peux pas avoir de buts conflictuels. [4]Avec un seul et unique but, je suis toujours certain de quoi faire, quoi dire et quoi penser. [5]Tout doute doit disparaître quand j'admets que ma seule fonction est celle que Dieu m'a donnée.

2. Les formes suivantes pourraient être utilisées pour appliquer l'idée plus concrètement :

> [2]*Ma perception de ceci ne change pas ma fonction.*
> [3]*Ceci ne me donne pas une fonction autre que celle que*
> *Dieu m'a donnée.*
> [4]*Que je n'utilise pas ceci pour justifier une fonction que*
> *Dieu ne m'a pas donnée.*

3. (66) **Mon bonheur et ma fonction ne font qu'un.**

[2]Toutes choses qui viennent de Dieu ne font qu'un. [3]Elles viennent de l'Unité et doivent être reçues ne faisant qu'un. [4]Remplir ma fonction est mon bonheur, parce que les deux viennent de la même Source. [5]Et je dois apprendre à reconnaître ce qui me rend heureux, si je veux trouver le bonheur.

4. Voici quelques formes utiles pour appliquer cette idée concrètement :

> [2]*Ceci ne peut pas séparer mon bonheur de ma fonction.*
> [3]*L'unité de mon bonheur et de ma fonction reste entière-*
> *ment inaffectée par ceci.*
> [4]*Rien, y compris ceci, ne peut justifier l'illusion de bon-*
> *heur à part de ma fonction.*

LEÇON 84

Voici les idées à réviser aujourd'hui :

1. (67) L'amour m'a créé pareil à soi-même.

[2]Je suis à l'image de mon Créateur. [3]Je ne peux pas souffrir, je ne peux pas subir de perte et je ne peux pas mourir. [4]Je ne suis pas un corps. [5]Je voudrais reconnaître ma réalité aujourd'hui. [6]Je n'adorerai pas d'idoles et je n'élèverai pas mon propre concept de soi pour remplacer mon Soi. [7]Je suis à l'image de mon Créateur. [8]L'amour m'a créé pareil à soi-même.

2. Les formes suivantes pourraient t'aider à appliquer l'idée concrètement :

> [2]*Que je ne voie pas en ceci une illusion de moi-même.*
> [3]*En regardant ceci, que je me souvienne de mon Créateur.*
> [4]*Mon Créateur n'a pas créé ceci comme je le vois.*

3. (68) L'amour n'a pas de rancœurs.

[2]Les rancœurs sont complètement étrangères à l'amour. [3]Les rancœurs attaquent l'amour et gardent sa lumière obscurcie. [4]Si j'ai des rancœurs, j'attaque l'amour; par conséquent, j'attaque mon Soi. [5]Ainsi mon Soi me devient étranger. [6]Je suis déterminé à ne pas attaquer mon Soi aujourd'hui, afin de pouvoir me souvenir de Qui je suis.

4. Ces formes pourraient t'aider à appliquer cette idée concrètement :

> [2]*Ceci n'est pas une justification pour nier mon Soi.*
> [3]*Je n'utiliserai pas ceci pour attaquer l'amour.*
> [4]*Que je ne tente pas par ceci de m'attaquer moi-même.*

LEÇON 85

La révision d'aujourd'hui couvrira les idées suivantes :

1. (69) **Mes rancœurs cachent la lumière du monde en moi.**

[2]Mes rancœurs me montrent ce qui n'est pas là et me cachent ce que je voudrais voir. [3]Reconnaissant cela, pour quoi ai-je besoin de mes rancœurs ? [4]Elles me gardent dans les ténèbres et cachent la lumière. [5]Rancœurs et lumière ne peuvent aller de pair, mais lumière et vision doivent être jointes pour que je voie. [6]Pour voir, je dois mettre de côté mes rancœurs. [7]Je veux voir, et cela sera le moyen par lequel j'y arriverai.

2. Les applications concrètes de cette idée pourraient prendre les formes suivantes :

> [2]*Que je n'utilise pas ceci pour bloquer ma vue.*
> [3]*La lumière du monde dissipera tout ceci.*
> [4]*Je n'ai pas besoin de ceci.* [5]*Je veux voir.*

3. (70) **Mon salut vient de moi.**

[2]Aujourd'hui je reconnaîtrai où est mon salut. [3]Il est en moi parce que sa Source est là. [4]Il n'a pas quitté sa Source, ainsi ne peut-il pas avoir quitté mon esprit. [5]Je ne le chercherai pas à l'extérieur de moi. [6]Il ne se trouve pas à l'extérieur pour ensuite être porté au-dedans. [7]Mais d'en dedans de moi il s'étendra au-delà, et tout ce que je verrai ne fera que refléter la lumière qui brille en moi et en elle-même.

4. Ces formes de l'idée conviennent à des applications plus concrètes :

> [2]*Que je ne tente pas par ceci de chercher mon salut*
> *loin de moi.*
> [3]*Je ne laisserai pas ceci interférer avec la conscience*
> *que j'ai de la Source de mon salut.*
> [4]*Ceci n'a pas le pouvoir de m'enlever le salut.*

LEÇON 86

Ces idées sont à réviser aujourd'hui :

1. (71) **Seul le plan de Dieu pour le salut marchera.**

²Il est insensé que je cherche frénétiquement le salut un peu partout. ³Je l'ai vu en beaucoup de gens et en maintes choses mais quand j'essayais de m'en saisir, il n'était pas là. ⁴Je me trompais sur là où il est. ⁵Je me trompais sur ce qu'il est. ⁶Je n'entreprendrai plus de vaine recherche. ⁷Seul le plan de Dieu pour le salut marchera. ⁸Et je me réjouirai parce que Son plan ne peut jamais échouer.

2. Voici quelques formes suggérées pour appliquer cette idée concrètement :

>²*Le plan de Dieu pour le salut me sauvera de ma perception de ceci.*
>³*Ceci n'est pas une exception au plan de Dieu pour mon salut.*
>⁴*Que je perçoive ceci uniquement à la lumière du plan de Dieu pour le salut.*

3. (72) **Avoir des rancœurs est une attaque contre le plan de Dieu pour le salut.**

²Avoir des rancœurs est une tentative pour prouver que le plan de Dieu pour le salut ne marchera pas. ³Or seul Son plan marchera. ⁴En ayant des rancœurs, j'exclus donc de ma conscience mon seul espoir de salut. ⁵Je voudrais ne plus aller à l'encontre de mon propre intérêt de cette manière insane. ⁶Je voudrais accepter le plan de Dieu pour le salut et être heureux.

4. Des applications concrètes de cette idée pourraient prendre les formes suivantes :

>²*Je choisis entre une malperception et le salut en regardant ceci.*
>³*Si je vois en ceci une cause de rancœur, je ne verrai pas la cause de mon salut.*
>⁴*Ceci demande le salut, pas l'attaque.*

LEÇON 87

Notre révision d'aujourd'hui couvrira les idées suivantes :

1. (73) **Je veux que la lumière soit.**

²J'utiliserai le pouvoir de ma volonté aujourd'hui. ³Ce n'est pas ma volonté d'errer à tâtons dans les ténèbres, effrayé par des ombres, apeuré par des choses non vues et non réelles. ⁴La lumière sera mon guide aujourd'hui. ⁵Je la suivrai où elle me conduira et je ne regarderai que ce qu'elle me montrera. ⁶Aujourd'hui j'éprouverai la paix de la perception vraie.

2. Ces formes de l'idée pourraient aider à l'appliquer concrètement :

> ²*Ceci ne peut cacher la lumière que je veux voir.*
> ³*Tu te tiens avec moi dans la lumière, [nom].*
> ⁴*Dans la lumière, ceci paraîtra différent.*

3. (74) **Il n'est de volonté que Celle de Dieu.**

²Je suis en sécurité aujourd'hui parce qu'il n'est de volonté que Celle de Dieu. ³C'est seulement lorsque je crois qu'il y a une autre volonté que je peux avoir peur. ⁴C'est seulement lorsque j'ai peur que j'essaie d'attaquer, et c'est seulement lorsque j'essaie d'attaquer que je peux croire que mon éternelle sécurité est menacée. ⁵Aujourd'hui je reconnaîtrai que tout cela ne s'est pas produit. ⁶Je suis en sécurité parce qu'il n'est de volonté que Celle de Dieu.

4. Voici quelques formes de cette idée qui peuvent être utiles pour des applications concrètes :

> ²*Que je perçoive ceci en accord avec la Volonté de Dieu.*
> ³*C'est la Volonté de Dieu que tu sois Son Fils, [nom], et*
> *c'est aussi la mienne.*
> ⁴*Ceci fait partie de la Volonté de Dieu pour moi, quelle*
> *que soit la façon dont je le voie.*

LEÇON 88

Aujourd'hui nous réviserons les idées suivantes :

1. (75) **La lumière est venue.**

[2]En choisissant le salut plutôt que l'attaque, je choisis simplement de reconnaître ce qui est déjà là. [3]Le salut est une décision déjà prise. [4]Il n'y a pas d'attaque ni de rancœurs qui soient là à choisir. [5]C'est pourquoi je choisis toujours entre la vérité et l'illusion; entre ce qui est là et ce qui ne l'est pas. [6]La lumière est venue. [7]Je ne peux choisir que la lumière, car elle n'a pas d'alternative. [8]Elle a remplacé les ténèbres, et les ténèbres ont disparu.

2. Voici des formes qui pourraient être utiles pour appliquer concrètement cette idée :

> [2]*Ceci ne peut pas me montrer les ténèbres, car la lumière est venue.*
> [3]*La lumière en toi est tout ce que je voudrais voir, [nom].*
> [4]*Je ne voudrais voir en ceci que ce qui est là.*

3. (76) **Je ne suis soumis à aucune loi, sauf celles de Dieu.**

[2]Voilà le parfait énoncé de ma liberté. [3]Je ne suis soumis à aucune loi, sauf celles de Dieu. [4]Je suis constamment tenté d'inventer d'autres lois et de leur donner du pouvoir sur moi. [5]Je ne souffre que parce que je crois en elles. [6]Elles n'ont pas d'effet réel sur moi. [7]Je suis parfaitement libre des effets de toutes les lois, sauf celles de Dieu. [8]Et les Siennes sont les lois de la liberté.

4. Pour appliquer cette idée concrètement, les formes suivantes seraient utiles :

> [2]*Ma perception de ceci me montre que je crois en des lois qui n'existent pas.*
> [3]*Je vois seulement les lois de Dieu à l'œuvre en ceci.*
> [4]*Que je permette aux lois de Dieu d'opérer en ceci, et non aux miennes.*

LEÇON 89

Voici les idées à réviser aujourd'hui :

1. (77) **J'ai droit aux miracles.**

[2]J'ai droit aux miracles parce que je ne suis soumis à aucune loi, sauf celles de Dieu. [3]Ses lois me délivrent de toutes les rancœurs et les remplacent par des miracles. [4]Et je voudrais accepter les miracles à la place des rancœurs, qui ne sont que des illusions cachant les miracles au-delà. [5]Maintenant je voudrais accepter seulement ce que les lois de Dieu me donnent le droit d'avoir, afin que je l'utilise au nom de la fonction qu'Il m'a donnée.

2. Tu pourrais utiliser ces suggestions pour appliquer concrètement cette idée :

> [2]*Derrière ceci il y a un miracle auquel j'ai droit.*
> [3]*Que je n'aie pas de rancœur contre toi, [nom], mais t'offre plutôt le miracle qui t'appartient.*
> [4]*Vu véritablement, ceci m'offre un miracle.*

3. (78) **Que les miracles remplacent toutes les rancœurs.**

[2]Par cette idée, j'unis ma volonté à celle du Saint-Esprit et je les perçois comme une seule. [3]Par cette idée, j'accepte ma délivrance de l'enfer. [4]Par cette idée, j'exprime mon désir de voir la vérité remplacer toutes mes illusions, selon le plan de Dieu pour mon salut. [5]Je ne voudrais faire aucune exception ni aucun substitut. [6]Je veux le Ciel tout entier et seulement le Ciel, comme Dieu veut que je l'aie.

4. Voici des formes qui seraient utiles pour appliquer cette idée concrètement :

> [2]*Je ne voudrais pas garder cette rancœur à part de mon salut.*
> [3]*Que nos rancœurs soient remplacées par des miracles, [nom].*
> [4]*Au-delà de ceci est le miracle par lequel toutes mes rancœurs sont remplacées.*

LEÇON 90

Pour cette révision nous utiliserons les idées suivantes :

1. (79) **Que je reconnaisse le problème afin qu'il puisse être résolu.**

[2]Que je me rende compte aujourd'hui que le problème est toujours quelque forme de rancœur que je voudrais chérir. [3]Que je comprenne aussi que la solution est toujours un miracle par lequel je laisse la rancœur être remplacée. [4]Aujourd'hui je voudrais me souvenir de la simplicité du salut en renforçant la leçon selon laquelle il n'y a qu'un problème et qu'une solution. [5]Le problème est une rancœur; la solution est un miracle. [6]Et j'invite la solution à venir à moi en pardonnant la rancœur et en accueillant le miracle qui en prend la place.

2. Les applications concrètes de cette idée pourraient prendre les formes suivantes :

[2]*Ceci me présente un problème que je voudrais voir résolu.*
[3]*Le miracle derrière cette rancœur le résoudra pour moi.*
[4]*La réponse à ce problème est le miracle qu'il dissimule.*

3. (80) **Que je reconnaisse que mes problèmes ont été résolus.**

[2]Je semble avoir des problèmes uniquement parce que je mésuse du temps. [3]Je crois que le problème vient d'abord, et que du temps doit passer avant qu'il puisse être résolu. [4]Je ne vois pas que le problème et la réponse arrivent simultanément. [5]La raison en est que je ne me rends pas compte encore que Dieu a placé la réponse avec le problème, de façon à ce qu'ils ne puissent être séparés par le temps. [6]Le Saint-Esprit m'enseignera cela, si je Le laisse. [7]Et je comprendrai qu'il m'est impossible d'avoir un problème qui n'ait pas déjà été résolu.

4. Voici des formes de l'idée qui seront utiles pour des applications concrètes :

[2]*Je n'ai pas besoin d'attendre pour que ceci soit résolu.*
[3]*La réponse à ce problème m'est déjà donnée, si je veux l'accepter.*
[4]*Le temps ne peut pas séparer ce problème de sa solution.*

LEÇON 91

Les miracles se voient dans la lumière.

1.   Il est important de se souvenir que les miracles et la vision vont ensemble nécessairement. ²Ceci a besoin d'être répété, et répété fréquemment. ³C'est une idée centrale dans ton nouveau système de pensée et dans la perception qu'il produit. ⁴Le miracle est toujours là. ⁵Sa présence n'est pas causée par ta vision; son absence n'est pas le résultat de ce que tu manques de le voir. ⁶C'est seulement la conscience que tu as des miracles qui est affectée. ⁷Tu les verras dans la lumière; tu ne les verras pas dans les ténèbres.
2.   Pour toi, donc, la lumière est cruciale. ²Tant que tu restes dans les ténèbres, le miracle reste non vu. ³Ainsi tu es convaincu qu'il n'est pas là. ⁴Cela suit des prémisses d'où viennent les ténèbres. ⁵Le déni de la lumière conduit à manquer de la percevoir. ⁶Manquer de percevoir la lumière, c'est percevoir les ténèbres. ⁷La lumière ne t'est alors d'aucune utilité, même si elle est là. ⁸Tu ne peux pas l'utiliser parce que sa présence t'est inconnue. ⁹Et l'apparente réalité des ténèbres rend l'idée de lumière in-signifiante.
3.   Te faire dire que ce que tu ne vois pas est là a l'air d'une insanité. ²Il est très difficile de se convaincre que l'insanité est de ne pas voir ce qui est là, et de voir ce qui n'est pas là à la place. ³Tu ne doutes pas que les yeux du corps peuvent voir. ⁴Tu ne doutes pas que les images qu'ils te montrent sont la réalité. ⁵Ta foi réside dans les ténèbres et non dans la lumière. ⁶Comment cela peut-il être renversé? ⁷Pour toi c'est impossible, mais tu n'es pas seul en cela.
4.   Tes efforts, aussi petits soient-ils, ont un fort soutien. ²Si seulement tu te rendais compte de la grandeur de cette force, tes doutes s'évanouiraient. ³Aujourd'hui, nous nous consacrerons à tenter de te laisser sentir cette force. ⁴Quand tu auras senti la force en toi, qui met aisément tous les miracles à ta portée, tu ne douteras point. ⁵Les miracles que cache ton sentiment de faiblesse jailliront à ta conscience quand tu sentiras la force en toi.
5.   Trois fois aujourd'hui, réserve-toi environ dix minutes de calme où tu essaieras de laisser ta faiblesse derrière toi. ²Cela s'accomplit très simplement, quand tu t'enseignes que tu n'es pas un corps. ³La foi va à ce que tu veux, et tu instruis ton esprit en conséquence. ⁴Ta volonté demeure ton enseignant, et ta volonté a toute la force

de faire ce qu'elle désire. ⁵Tu peux échapper du corps si tel est ton choix. ⁶Tu peux faire l'expérience de la force en toi.

6.   Commence les périodes d'exercice plus longues par cet énoncé des véritables relations de cause et effet :

> ²*Les miracles sont vus dans la lumière.*
> ³*Les yeux du corps ne perçoivent pas la lumière.*
> ⁴*Mais je ne suis pas un corps. ⁵Que suis-je ?*

⁶La question par laquelle se termine cet énoncé est nécessaire pour nos exercices d'aujourd'hui. ⁷Ce que tu penses être est une croyance à défaire. ⁸Mais ce que tu es réellement doit t'être révélé. ⁹La croyance que tu es un corps demande une correction, étant une erreur. ¹⁰La vérité de ce que tu es fait appel à la force en toi pour amener à ta conscience ce que l'erreur dissimule.

7.   Si tu n'es pas un corps, qu'es-tu ? ²Tu as besoin de prendre conscience de ce que le Saint-Esprit utilise pour remplacer l'image d'un corps dans ton esprit. ³Tu as besoin de ressentir quelque chose pour y mettre ta foi, quand tu l'enlèves du corps. ⁴Tu as besoin d'une réelle expérience de quelque chose d'autre, quelque chose de plus solide et de plus sûr ; plus digne de ta foi et qui soit réellement là.

8.   Si tu n'es pas un corps, qu'es-tu ? ²Demande-le honnêtement puis consacre plusieurs minutes à permettre que tes pensées erronées au sujet de tes attributs soient corrigées, et que leurs opposés prennent leur place. ³Dis, par exemple :

> ⁴*Je ne suis pas faible, mais fort.*
> ⁵*Je ne suis pas impuissant, mais puissant.*
> ⁶*Je ne suis pas limité, mais illimité.*
> ⁷*Je ne suis pas incertain, mais certain.*
> ⁸*Je ne suis pas une illusion, mais une réalité.*
> ⁹*Je ne peux pas voir dans les ténèbres, mais dans*
>   *la lumière.*

9.   Pendant la seconde phase de la période d'exercice, essaie d'éprouver ces vérités à ton sujet. ²Concentre-toi particulièrement sur l'expérience de la force. ³Souviens-toi que tout sentiment de faiblesse est associé à la croyance que tu es un corps, croyance qui est erronée et ne mérite aucune foi. ⁴Essaie de lui retirer ta foi, ne serait-ce qu'un instant. ⁵Tu t'habitueras à rester

fidèle à ce qu'il y a de plus digne en toi au fur et à mesure que nous avancerons.

10.   Détends-toi pendant le reste de la période d'exercice, confiant en ce que tes efforts, si maigres soient-ils, sont pleinement soutenus par la force de Dieu et toutes Ses Pensées. ²C'est d'Elles que ta force viendra. ³C'est par Leur fort soutien que tu sentiras la force en toi. ⁴Elles sont unies à toi dans cette période d'exercice, durant laquelle tu partages un but pareil au Leur. ⁵C'est à Elles qu'appartient la lumière dans laquelle tu verras des miracles, parce que Leur force est à toi. ⁶Leur force devient tes yeux, afin que tu voies.

11.   Cinq ou six fois par heure, à intervalles raisonnablement réguliers, rappelle-toi que les miracles se voient dans la lumière. ²Assure-toi aussi de répondre à la tentation par l'idée d'aujourd'hui. ³La forme suivante pourrait aider dans ce but particulier :

> ⁴*Les miracles se voient dans la lumière.* ⁵*Que je ne ferme pas les yeux à cause de ceci.*

LEÇON 92

Les miracles se voient dans la lumière, et la lumière et la force ne font qu'un.

1. L'idée d'aujourd'hui est une extension de la précédente. ²Tu ne penses pas à la lumière comme à une force, ni aux ténèbres comme à une faiblesse. ³C'est parce que ton idée de ce que voir signifie est liée au corps, à ses yeux et à son cerveau. ⁴Ainsi crois-tu que tu peux changer ce que tu vois en te mettant des petits morceaux de verre devant les yeux. ⁵Cela fait partie des nombreuses croyances magiques qui viennent de la conviction que tu es un corps, et que les yeux du corps peuvent voir.

2. Tu crois aussi que le cerveau du corps peut penser. ²Si tu comprenais seulement la nature de la pensée, tu ne pourrais que rire de cette idée insane. ³C'est comme si tu pensais tenir l'allumette qui allume le soleil et lui donne toute sa chaleur; ou que tu tenais le monde dans ta main, solidement attaché jusqu'à ce que tu en lâches prise. ⁴Or cela n'est pas plus sot que de croire que les yeux du corps peuvent voir, que le cerveau peut penser.

3. C'est la force de Dieu en toi qui est la lumière dans laquelle tu vois, de même que c'est Son Esprit avec lequel tu penses. ²Sa force nie ta faiblesse. ³C'est ta faiblesse qui voit par les yeux du corps, scrutant les ténèbres afin d'y voir sa propre image : les petits, les faibles, les malades et les mourants, ceux qui sont dans le besoin, ceux qui sont impuissants et apeurés, les tristes, les pauvres, les affamés et les sans-joie. ⁴Ceux-là sont vus par des yeux qui ne peuvent voir et ne peuvent bénir.

4. La force passe sur ces choses en regardant plus loin que les apparences. ²Elle garde son regard fixé sur la lumière qui est au-delà. ³Elle s'unit à la lumière, dont elle fait partie. ⁴Elle se voit elle-même. ⁵Elle apporte la lumière dans laquelle apparaît ton Soi. ⁶Dans les ténèbres tu perçois un soi qui n'est pas là. ⁷La force est la vérité à ton sujet; la faiblesse est une idole faussement vénérée et adorée afin que la force soit dissipée et que les ténèbres règnent là où Dieu a décidé que serait la lumière.

5. La force vient de la vérité et luit d'une lumière que sa Source lui a donnée; la faiblesse reflète les ténèbres de son faiseur. ²Elle est malade et voit la maladie, qui est pareille à elle-même. ³La vérité est un sauveur et elle ne peut que vouloir le bonheur et la paix

pour chacun. ⁴Elle donne sa force à tous ceux qui demandent, en quantité illimitée. ⁵Elle voit qu'un manque en quiconque serait un manque en tous. ⁶Ainsi donne-t-elle sa lumière afin que tous voient et bénéficient en ne faisant qu'un. ⁷Sa force est partagée, afin d'apporter à tous le miracle dans lequel ils s'uniront dans un même but, un même pardon, un même amour.

6.   La faiblesse, qui regarde dans les ténèbres, ne peut pas voir un but dans le pardon et dans l'amour. ²Elle voit tous les autres différents d'elle-même, et rien au monde qu'elle voudrait partager. ³Elle juge et condamne, mais elle n'aime pas. ⁴Dans les ténèbres elle demeure pour se cacher, et rêve qu'elle est forte et conquérante, victorieuse des limitations qui ne font que grandir dans les ténèbres jusqu'à atteindre des proportions énormes.

7.   Elle a peur d'elle-même, elle s'attaque et elle se hait, et les ténèbres couvrent tout ce qu'elle voit, laissant ses rêves être aussi effrayants qu'elle-même. ²De miracle, là, il n'y en a pas, seulement de la haine. ³Elle se sépare de ce qu'elle voit, alors que la lumière et la force se perçoivent ne faisant qu'un. ⁴La lumière de la force n'est pas la lumière que tu vois. ⁵Elle ne change pas, ni ne vacille ni ne s'éteint. ⁶Elle ne passe pas de la nuit au jour, puis de retour aux ténèbres jusqu'à ce que revienne le matin.

8.   La lumière de la force est constante, sûre comme l'amour, éternellement contente de faire don d'elle-même, parce qu'elle ne peut donner qu'à elle-même. ²Nul ne peut demander en vain de partager sa vue, et nul qui entre en sa demeure ne peut en partir sans un miracle devant les yeux, et sans que la force et la lumière ne résident en son cœur.

9.   La force en toi t'offrira la lumière et guidera ta vue pour que tu ne t'attardes pas sur les vaines ombres que les yeux du corps fournissent pour la tromperie de soi. ²Force et lumière s'unissent en toi, et là où elles se rencontrent se tient ton Soi, prêt à t'embrasser comme le Sien. ³Tel est le lieu de rencontre que nous essayons aujourd'hui de trouver pour nous y reposer, car la paix de Dieu est là où ton Soi, Son Fils, attend maintenant de Se rencontrer à nouveau, et de n'être qu'un.

10.   Donnons-nous deux fois vingt minutes aujourd'hui pour nous joindre à cette rencontre. ²Laisse-toi porter jusqu'à ton Soi. ³Sa force sera la lumière dans laquelle le don de la vue t'est donné. ⁴Alors quitte les ténèbres un petit moment aujourd'hui, et nous nous exercerons à voir dans la lumière, en fermant les yeux du corps et en demandant à la vérité de nous montrer comment trou-

ver le lieu de rencontre du soi et du Soi, où la lumière et la force ne font qu'un.

11. Matin et soir nous nous exercerons ainsi. [2]Après la rencontre du matin, nous emploierons la journée à nous préparer pour le moment de la soirée où nous nous rencontrerons à nouveau en toute confiance. [3]Répétons l'idée d'aujourd'hui aussi souvent que nous le pouvons, et reconnaissons que nous sommes initiés à la vue, et conduits loin des ténèbres jusqu'à la lumière où seuls les miracles peuvent être perçus.

LEÇON 93

La lumière, la joie et la paix demeurent en moi.

1. Tu penses que tu es la demeure du mal, des ténèbres et du péché. ²Tu penses que si quiconque pouvait voir la vérité à ton sujet, il éprouverait de la répulsion et reculerait devant toi comme devant un serpent venimeux. ³Tu penses que si ce qui est vrai à ton sujet t'était révélé, tu serais frappé d'une horreur si intense que tu te précipiterais pour te donner la mort, continuant de vivre après avoir vu que cela est impossible.

2. Ce sont des croyances si fermement fixées qu'il est difficile de t'aider à voir qu'elles sont fondées sur rien. ²Que tu aies fait des erreurs est évident. ³Que tu aies cherché le salut d'étranges façons, que tu aies été trompé, trompeur, effrayé par de sots fantasmes et des rêves brutaux ; que tu te sois prosterné devant des idoles faites de poussière — tout cela est vrai selon ce que tu crois maintenant.

3. Aujourd'hui nous remettons cela en question, non du point de vue de ce que tu penses, mais d'un point de référence très différent, à partir duquel des pensées aussi vaines sont in-signifiantes. ²Ces pensées ne sont pas en accord avec la Volonté de Dieu. ³Ces croyances bizarres, Il ne les partage pas avec toi. ⁴Cela suffit pour prouver qu'elles sont fausses, mais tu ne perçois pas qu'il en est ainsi.

4. Pourquoi ne serais-tu pas transporté de joie par l'assurance que tout le mal que tu penses avoir fait n'a jamais été fait, que tous tes péchés ne sont rien, que tu es aussi pur et saint que tu fus créé, et que la lumière, la paix et la joie demeurent en toi ? ²L'image que tu as de toi-même ne peut résister à la Volonté de Dieu. ³Tu penses que c'est la mort, mais c'est la vie. ⁴Tu penses que tu es détruit, mais tu es sauvé.

5. Le soi que tu as fait n'est pas le Fils de Dieu. ²Par conséquent, ce soi n'existe pas du tout. ³Et tout ce qu'il semble faire et penser ne signifie rien. ⁴Il n'est ni bon ni mauvais. ⁵Il est irréel, et rien de plus que cela. ⁶Il ne se bat pas contre le Fils de Dieu. ⁷Il ne le blesse pas et il n'attaque pas sa paix. ⁸Il n'a pas changé la création ni réduit l'éternelle impeccabilité au péché, et l'amour à la haine. ⁹Quel pouvoir ce soi que tu as fait peut-il posséder, alors qu'il contredirait la Volonté de Dieu ?

6. Ton impeccabilité est garantie par Dieu. ²Maintes et maintes fois, cela doit être répété, jusqu'à ce que ce soit accepté. ³C'est vrai. ⁴Ton impeccabilité est garantie par Dieu. ⁵Rien ne peut la toucher ni changer ce que Dieu a créé éternel. ⁶Le soi que tu as fait, mauvais et plein de péché, est in-signifiant. ⁷Ton impeccabilité est garantie par Dieu, et la lumière, la joie et la paix demeurent en toi.

7. Le salut requiert que tu acceptes une seule pensée : tu es tel que Dieu t'a créé et non ce que tu as fait de toi-même. ²Quel que soit le mal que tu penses avoir fait, tu es tel que Dieu t'a créé. ³Quelles que soient les erreurs que tu as faites, la vérité à ton sujet reste inchangée. ⁴La création est éternelle et inaltérable. ⁵Ton impeccabilité est garantie par Dieu. ⁶Tu es et seras à jamais exactement tel que tu fus créé. ⁷La lumière, la joie et la paix demeurent en toi parce que Dieu les a mises là.

8. Pendant nos périodes d'exercice plus longues aujourd'hui, qui seraient le plus profitable si elles étaient faites durant les cinq premières minutes de chaque heure de veille, commence par énoncer la vérité sur ta création :

> ²*La lumière, la joie et la paix demeurent en moi.*
> ³*Mon impeccabilité est garantie par Dieu.*

⁴Puis mets de côté tes sottes images de toi et passe le reste de la période d'exercice à essayer de faire l'expérience de ce que Dieu t'a donné, à la place de ce que tu as décrété pour toi-même.

9. Tu es ce que Dieu a créé ou ce que tu as fait. ²Un Soi est vrai; l'autre n'est pas là. ³Essaie de faire l'expérience de l'unité de ton seul Soi. ⁴Essaie d'apprécier Sa Sainteté et l'amour à partir duquel Il fut créé. ⁵Essaie de ne pas interférer avec le Soi que Dieu a créé toi, en cachant Sa majesté derrière les minuscules idoles du mal et de la peccabilité que tu as faites pour Le remplacer. ⁶Laisse-Le être Soi-même. ⁷Te voici; Ceci est Toi. ⁸Et la lumière, la joie et la paix demeurent en toi parce qu'il en est ainsi.

10. Tu n'es peut-être pas désireux ni même capable d'employer les cinq premières minutes de chaque heure à ces exercices. ²Essaie, toutefois, de le faire quand tu peux. ³Souviens-toi au moins de répéter les pensées suivantes à chaque heure :

> ⁴*La lumière, la joie et la paix demeurent en moi.*
> ⁵*Mon impeccabilité est garantie par Dieu.*

⁶Puis essaie de consacrer au moins une minute environ les yeux fermés à te rendre compte que c'est un énoncé de la vérité à ton sujet.

11. S'il arrive une situation qui semble troublante, dissipe rapidement l'illusion de peur en te répétant de nouveau ces pensées. ²Au cas où tu serais tenté de te mettre en colère contre quelqu'un, dis-lui silencieusement :

> ³*La lumière, la joie et la paix demeurent en toi.*
> ⁴*Ton impeccabilité est garantie par Dieu.*

⁵Tu peux faire beaucoup pour le salut du monde aujourd'hui. ⁶Tu peux faire beaucoup aujourd'hui pour te rapprocher du rôle dans le salut que Dieu t'a assigné. ⁷Et tu peux faire beaucoup aujourd'hui pour apporter à ton esprit la conviction que l'idée d'aujourd'hui est bel et bien vraie.

LEÇON 94

Je suis tel que Dieu m'a créé.

1.   Aujourd'hui nous continuons avec la seule idée qui apporte un salut complet; le seul énoncé qui rende toutes formes de tentations impuissantes; la seule pensée qui réduise l'ego au silence et le défasse entièrement. ²Tu es tel que Dieu t'a créé. ³Les bruits de ce monde se taisent, les vues de ce monde disparaissent, et toutes les pensées que ce monde ait jamais eues sont à jamais effacées par cette seule idée. ⁴Ici le salut est accompli. ⁵Ici la raison est rétablie.

2.   La véritable lumière est force, et la force est impeccabilité. ²Si tu restes tel que Dieu t'a créé, tu dois être fort et la lumière doit être en toi. ³Celui Qui assura ton impeccabilité doit être aussi la garantie de force et de lumière. ⁴Tu es tel que Dieu t'a créé. ⁵Les ténèbres ne peuvent obscurcir la gloire du Fils de Dieu. ⁶Tu te tiens dans la lumière, fort dans cette impeccabilité où tu fus créé et où tu resteras pour toute l'éternité.

3.   Aujourd'hui nous allons à nouveau consacrer les cinq premières minutes de chaque heure de veille à tenter de sentir la vérité en toi. ²Commence ces moments d'examen par les mots suivants :

> ³*Je suis tel que Dieu m'a créé.*
> ⁴*Je suis son Fils éternellement.*

⁵Maintenant essaie d'atteindre le Fils de Dieu en toi. ⁶C'est le Soi qui n'a jamais péché ni fait d'image pour remplacer la réalité. ⁷C'est le Soi qui n'a jamais quitté Sa demeure en Dieu pour parcourir le monde incertainement. ⁸C'est le Soi qui ne connaît pas la peur et pour qui la perte, ou la souffrance ou la mort serait inconcevable.

4.   Rien n'est requis de toi pour atteindre ce but, sauf de mettre de côté toutes les idoles et toutes les images de soi; de dépasser la liste d'attributs, bons et mauvais, que tu t'es assignés; et d'attendre la vérité dans une silencieuse expectative. ²Dieu a Lui-même promis qu'elle sera révélée à tous ceux qui la demandent. ³Tu demandes maintenant. ⁴Tu ne peux échouer parce qu'Il ne peut échouer.

5.   Si tu ne satisfais pas cette condition de t'exercer pendant les cinq premières minutes de chaque heure, au moins rappelle-toi une fois par heure :

> [2]*Je suis tel que Dieu m'a créé.*
> [3]*Je suis Son Fils éternellement.*

[4]Dis-toi fréquemment aujourd'hui que tu es tel que Dieu t'a créé. [5]Et assure-toi de répondre par ces mots à quiconque semble t'irriter :

> [6]*Tu es tel que Dieu t'a créé.*
> [7]*Tu es Son Fils éternellement.*

[8]Fais tous tes efforts pour faire les exercices toutes les heures aujourd'hui. [9]Chaque exercice que tu fais sera un pas de géant vers ta délivrance et une étape marquante dans l'apprentissage du système de pensée que ce cours présente.

LEÇON 95

Je suis un seul Soi, uni à mon Créateur.

1.   L'idée d'aujourd'hui te décrit exactement tel que Dieu t'a créé. [2]Tu es un en toi-même et un avec Lui. [3]Ton unité est celle de toute la création. [4]Ta parfaite unité rend le changement en toi impossible. [5]Tu n'acceptes pas cela et tu ne te rends pas compte qu'il doit en être ainsi parce que tu crois que tu t'es déjà changé.

2.   Tu te vois toi-même comme une parodie ridicule de la création de Dieu : faible, méchant, laid et pécheur, misérable et accablé de douleur. [2]Telle est ta version de toi-même : un soi divisé en de nombreuses parties qui se font la guerre, séparées de Dieu, et dont la précaire cohésion est maintenue par son lunatique et capricieux faiseur, à qui tu adresses tes prières. [3]Il n'entend pas tes prières, car il est sourd. [4]Il ne voit pas l'unité en toi, car il est aveugle. [5]Il ne comprend pas que tu es le Fils de Dieu, car il est insensé et ne comprend rien.

3.   Nous allons tenter aujourd'hui d'être conscient seulement de ce qui peut entendre et voir, et qui est plein de sens. [2]Nos exercices viseront de nouveau à atteindre ton seul Soi, lequel est uni à Son Créateur. [3]Avec patience et espoir, nous essayons de nouveau aujourd'hui.

4.   Le fait d'employer les cinq premières minutes de chaque heure de veille à la pratique de l'idée du jour présente des avantages particuliers au stade d'apprentissage où tu te trouves maintenant. [2]Il est difficile à ce stade de ne pas permettre à ton esprit de s'égarer lorsqu'il entreprend une période d'exercice prolongée. [3]Tu t'en es sûrement déjà rendu compte. [4]Tu as vu à quel point tu manques de discipline mentale et à quel point tu as besoin d'entraînement de l'esprit. [5]Il est nécessaire que tu en sois conscient, car c'est certes une entrave à ton avancement.

5.   Des périodes d'exercice fréquentes mais plus courtes présentent d'autres avantages pour toi en ce moment. [2]Outre le fait de reconnaître que tu as des difficultés à soutenir ton attention, tu dois avoir aussi remarqué que si ton but ne t'est pas fréquemment rappelé, tu as tendance à l'oublier pendant de longues périodes de temps. [3]Il t'arrive souvent d'oublier les courtes applications de l'idée du jour, et tu n'as pas encore développé l'habitude d'utiliser l'idée comme réponse automatique à la tentation.

6. À ce stade, donc, il est nécessaire d'avoir une structure, planifiée de manière à inclure de fréquents rappels de ton but, et des efforts réguliers pour l'atteindre. [2]La régularité n'est pas la condition idéale pour la forme d'exercice la plus bénéfique en vue d'atteindre le salut. [3]Toutefois, elle est avantageuse pour ceux dont la motivation est inconstante et qui ont encore de lourdes défenses contre l'apprentissage.

7. Par conséquent, nous nous en tiendrons pendant un certain temps aux périodes d'exercice de cinq minutes par heure, tout en te conseillant vivement d'en omettre aussi peu que possible. [2]Le fait d'utiliser les cinq premières minutes de l'heure t'aidera particulièrement, puisque cela impose une structure plus ferme. [3]Toutefois, ne te sers pas de tes manquements à cet horaire comme d'une excuse pour ne pas y retourner dès que tu le peux. [4]Tu pourrais être tenté de considérer la journée comme perdue sous prétexte que tu as déjà manqué de faire ce qui était requis. [5]Toutefois, cela devrait simplement être reconnu pour ce que c'est : le refus de laisser corriger ton erreur et l'indésir d'essayer de nouveau.

8. Le Saint-Esprit n'est pas retardé dans Son enseignement par tes erreurs. [2]Il n'y a que ton indésir d'en lâcher prise qui puisse Le retenir. [3]Soyons donc déterminés, en particulier pendant la semaine qui vient, à être désireux de nous le pardonner quand notre diligence nous fait défaut et quand nous manquons de suivre les instructions pour les exercices de l'idée du jour. [4]Cette tolérance à l'égard de la faiblesse nous permettra de passer par-dessus, au lieu de lui donner le pouvoir de retarder notre apprentissage. [5]Si nous lui donnons le pouvoir de faire cela, nous la considérons comme une force, et nous confondons force et faiblesse.

9. Quand tu manques de te conformer aux exigences de ce cours, tu as simplement fait une erreur. [2]Cela demande une correction, et rien d'autre. [3]Permettre à une erreur de continuer, c'est faire des erreurs additionnelles, qui sont basées sur la première et la renforcent. [4]C'est ce processus qui doit être mis de côté, car ce ne serait pour toi qu'une autre façon de défendre les illusions contre la vérité.

10. Lâche prise de toutes ces erreurs en les reconnaissant pour ce qu'elles sont. [2]Ce sont des tentatives pour te garder inconscient de ce que tu es un seul Soi, uni à ton Créateur, ne faisant qu'un avec chaque aspect de la création, d'une puissance et d'une paix illimitées. [3]Voilà la vérité, et rien d'autre n'est vrai. [4]Aujourd'hui nous

allons affirmer à nouveau cette vérité et nous essaierons d'atteindre le lieu en toi où il n'y a pas de doute que cela seul est vrai.

11.   Commence les périodes d'exercice aujourd'hui avec cette assurance, offerte à ton esprit avec toute la certitude que tu peux donner :

> ²*Je suis un seul Soi, uni à mon Créateur, ne faisant qu'un avec chaque aspect de la création, et d'une puissance et d'une paix illimitées.*

³Puis ferme les yeux et dis-toi encore une fois, lentement et pensivement, en essayant de permettre à la signification des mots de pénétrer dans ton esprit et de remplacer les idées fausses :

> ⁴*Je suis un seul Soi.*

⁵Répète cela plusieurs fois, puis essaie de sentir la signification que ces mots communiquent.

12.   Tu es un seul Soi, uni et en sécurité dans la lumière et la joie et la paix. ²Tu es le Fils de Dieu, un seul Soi, avec un seul Créateur et un seul but : apporter la conscience de cette unité à tous les esprits, afin que la véritable création puisse étendre la totalité et l'unité de Dieu. ³Tu es un seul Soi, complet, guéri et entier, avec le pouvoir de lever du monde le voile de ténèbres, et de laisser la lumière en toi passer au travers pour enseigner au monde la vérité à ton sujet.

13.   Tu es un seul Soi, en parfaite harmonie avec tout ce qui est et tout ce qui sera. ²Tu es un seul Soi, le saint Fils de Dieu, uni à tes frères en ce Soi ; uni à ton Père en Sa Volonté. ³Ressens ce seul Soi en toi et laisse-Le dissiper toutes tes illusions et tous tes doutes. ⁴Voici ton Soi, le Fils de Dieu Lui-même, sans péché comme Son Créateur, avec Sa force au-dedans de toi et Son Amour à jamais tien. ⁵Tu es un seul Soi et il t'est donné de ressentir ce Soi au-dedans de toi et de chasser toutes tes illusions hors du seul Esprit qui est ce Soi, la sainte vérité en toi.

14.   N'oublie pas aujourd'hui. ²Nous avons besoin de ton aide, de ta petite part pour apporter le bonheur au monde entier. ³Et le Ciel compte sur toi, avec l'assurance que tu essaieras aujourd'hui. ⁴Partage, donc, sa sûreté, car elle est tienne. ⁵Sois vigilant. ⁶N'oublie pas aujourd'hui. ⁷Tout le long de la journée, n'oublie pas ton but. ⁸Répète l'idée d'aujourd'hui aussi fréquemment que possible

et comprends que chaque fois que tu le fais, quelqu'un entend la voix de l'espoir, la vérité remuer dans son esprit, le doux bruissement des ailes de la paix.

15. Ta propre admission que tu es un seul Soi, uni à ton Père, est un appel au monde entier à ne faire qu'un avec toi. ²À chacun de ceux que tu rencontres aujourd'hui, assure-toi d'offrir la promesse de l'idée d'aujourd'hui, et dis-lui ceci :

> ³*Tu es un seul Soi avec moi, uni à notre Créateur en ce Soi. ⁴Je t'honore à cause de Ce que je suis, et de Ce qu'Il est, Qui nous aime tous les deux ne faisant qu'Un.*

LEÇON 96

Le salut vient de mon seul Soi.

1. Bien que tu sois un seul Soi, tu fais l'expérience d'un soi qui est double : à la fois bon et mauvais, aimant et haïssant, esprit et corps. ²Cette impression d'être divisé en opposés induit des sentiments de conflit, aigu et constant, et conduit à des tentatives frénétiques pour réconcilier les aspects contradictoires de cette perception de soi. ³Tu as cherché maintes solutions de ce genre, et aucune n'a marché. ⁴Les opposés que tu vois en toi ne seront jamais compatibles. ⁵Un seul existe.

2. Le fait que la vérité et l'illusion ne peuvent pas être réconciliées, peu importe comment tu t'y prends, quels moyens tu utilises et où tu vois le problème, doit être accepté si tu veux être sauvé. ²Jusqu'à ce que tu aies accepté cela, tu poursuivras une liste interminable de buts que tu ne peux atteindre ; une suite insensée de dépenses de temps et d'effort, d'espérance et de doute, chacune aussi futile que la précédente et échouant aussi sûrement que le fera la suivante.

3. Des problèmes qui n'ont pas de signification ne peuvent être résolus dans le cadre où ils sont posés. ²Deux soi en conflit ne sauraient trouver de solution, et le bon et le mauvais n'ont aucun lieu de rencontre. ³Le soi que tu as fait ne peut jamais être ton Soi, pas plus que ton Soi ne peut être divisé en deux et rester ce qu'Il est et doit être à jamais. ⁴Un esprit et un corps ne peuvent pas tous les deux exister. ⁵Ne tente pas de réconcilier les deux, car l'un nie que l'autre puisse être réel. ⁶Si tu es physique, ton esprit a disparu de ta conception de soi, car il n'y a pas de place où il puisse réellement faire partie de toi. ⁷Si tu es pur-esprit, alors le corps doit être in-signifiant pour ta réalité.

4. Le pur-esprit utilise l'esprit comme moyen de trouver l'expression de Soi. ²Et l'esprit qui est au service du pur-esprit est en paix et rempli de joie. ³Son pouvoir vient du pur-esprit et il est heureux de remplir sa fonction ici. ⁴Or l'esprit peut aussi se voir divorcé du pur-esprit et se percevoir au-dedans d'un corps qu'il confond avec lui-même. ⁵Sans sa fonction, alors il n'a pas de paix, et le bonheur est étranger à ses pensées.

5. Or un esprit à part du pur-esprit ne peut penser. ²Il a nié sa Source de force et se voit lui-même impuissant, limité et faible.

³Maintenant dissocié de sa fonction, il pense qu'il est seul et séparé, attaqué par des armées massées contre lui et se cachant dans le frêle support du corps. ⁴Maintenant il doit réconcilier différent avec pareil, car il pense que c'est à cela qu'il sert.

6. Ne perds plus de temps à cela. ²Qui peut résoudre les conflits insensés que présente un rêve ? ³Que pourrait signifier la solution en vérité ? ⁴Quel but pourrait-elle avoir ? ⁵À quoi sert-elle ? ⁶Le salut ne peut pas rendre les illusions réelles ni résoudre un problème qui n'existe pas. ⁷Tu espères peut-être qu'il le puisse. ⁸Or voudrais-tu que le plan de Dieu pour la délivrance de Son cher Fils lui apporte la douleur et manque de le libérer ?

7. Ton Soi garde Ses Pensées, et elles restent au-dedans de ton esprit et dans l'Esprit de Dieu. ²Le Saint-Esprit tient le salut dans ton esprit et lui offre la voie qui mène à la paix. ³Le salut est une pensée que tu partages avec Dieu, parce que Sa Voix l'a accepté pour toi et a répondu en ton nom qu'il était accompli. ⁴Ainsi le salut est gardé parmi les Pensées qui sont chères à ton Soi et qu'Il chérit pour toi.

8. Nous allons tenter aujourd'hui de trouver cette pensée, dont la présence dans ton esprit est garantie par Celui Qui te parle depuis ton seul Soi. ²Pendant nos cinq minutes d'exercice par heure, nous Le rechercherons dans ton esprit. ³Le salut vient de ce seul Soi par Celui Qui est le Pont entre ton esprit et Lui. ⁴Attends patiemment et laisse-Le te parler de ton Soi, et de ce que ton esprit peut faire, ramené à Lui et libre de servir Sa Volonté.

9. Commence en disant ceci :

> ²*Le salut vient de mon seul Soi.* ³*Ses Pensées sont à moi pour que je les utilise.*

⁴Puis cherche Ses Pensées et réclame-les pour tiennes. ⁵Ce sont tes propres pensées réelles que tu as niées, en laissant ton esprit errer dans un monde de rêves pour trouver à leur place des illusions. ⁶Voici tes pensées, les seules que tu aies. ⁷Le salut est parmi elles ; trouve-le là.

10. Si tu réussis, les pensées qui te viennent te diront que tu es sauvé, et que ton esprit a trouvé la fonction qu'il avait cherché à perdre. ²Ton Soi l'accueillera et lui donnera la paix. ³Rétabli dans sa force, il se répandra à nouveau du pur-esprit au pur-esprit en toutes choses créées par le Pur-Esprit pareilles à Soi-même. ⁴Ton

esprit bénira toutes choses. [5]La confusion disparue, tu es rétabli, car tu as trouvé ton Soi.

11.   Ton Soi connaît que tu ne peux échouer aujourd'hui. [2]Peut-être ton esprit reste-t-il incertain encore quelque temps. [3]Ne sois pas chagriné par cela. [4]La joie que Ton Soi éprouve, Il la gardera pour toi, et elle sera tienne encore en pleine conscience. [5]Chaque fois que tu passes cinq minutes par heure à chercher Celui Qui joint ton esprit et ton Soi, tu Lui offres un autre trésor à garder pour toi.

12.   Chaque fois que tu dis aujourd'hui à ton esprit frénétique que le salut vient de ton seul Soi, tu déposes un autre trésor dans ta réserve grandissante. [2]Et tout cela est donné à chacun de ceux qui le demandent et qui accepteront le don. [3]Pense, alors, combien il t'est donné aujourd'hui de donner, pour que cela te soit donné !

LEÇON 97

Je suis pur-esprit.

1.   L'idée d'aujourd'hui t'identifie avec ton seul Soi. ²Elle n'accepte pas d'identité divisée et n'essaie pas non plus de tisser des facteurs opposés dans l'unité. ³Elle énonce simplement la vérité. ⁴Exerce-toi à cette vérité aussi souvent que tu le peux aujourd'hui, car elle mènera ton esprit du conflit aux champs tranquilles de la paix. ⁵Nul frisson de peur ne peut entrer, car ton esprit a été absous de la folie en lâchant prise des illusions d'une identité divisée.

2.   Nous énonçons à nouveau la vérité au sujet de ton Soi, le saint Fils de Dieu Qui repose en toi, dont l'esprit a été ramené à la santé. ²Tu es le pur-esprit tendrement doté de tout l'Amour, la paix et la joie de ton Père. ³Tu es le pur-esprit qui Le complète Lui-même et qui partage Sa fonction en tant que Créateur. ⁴Il est avec toi tous les jours, comme tu es avec Lui.

3.   Aujourd'hui nous essayons de rapprocher la réalité encore davantage de ton esprit. ²Chaque fois que tu t'exerces, la conscience en est au moins un peu plus rapprochée ; parfois mille ans ou plus sont épargnés. ³Les minutes que tu donnes sont multipliées maintes et maintes fois, car le miracle fait usage du temps, mais il n'est pas gouverné par lui. ⁴Le salut est un miracle, le premier et le dernier ; le premier qui est le dernier, car il est un.

4.   Tu es le pur-esprit dans l'esprit duquel demeure le miracle dans lequel s'arrête le temps tout entier ; le miracle dans lequel une minute passée à utiliser ces idées devient un temps qui n'a pas de limites et n'a pas de fin. ²Donne donc volontiers ces minutes et compte sur Lui, Qui a promis de déposer l'éternité à côté d'elles. ³Il offrira toute Sa force à chaque petit effort que tu fais. ⁴Donne-Lui les minutes dont Il a besoin aujourd'hui, pour t'aider à comprendre avec Lui que tu es le pur-esprit qui demeure en Lui et qui appelle par Sa Voix toute chose vivante ; qui offre Sa vue à chacun de ceux qui le demandent ; qui remplace l'erreur par la simple vérité.

5.   Le Saint-Esprit sera heureux de prendre cinq minutes de chaque heure de tes mains, et de les porter autour de ce monde souffrant où la douleur et la misère paraissent régner. ²Il ne passera pas sur un seul esprit ouvert qui veut accepter les dons de guérison qu'elles apportent, et Il les déposera partout où Il connaît qu'ils

seront bienvenus. ³Et ils augmenteront en puissance de guérison chaque fois que quelqu'un les accepte comme ses propres pensées et les utilise pour guérir.

6. Ainsi chaque don qui Lui est fait sera multiplié un millier de fois et des dizaines de milliers de fois encore. ²Et quand il t'est rendu, il dépasse en puissance le petit don que tu as fait autant que le rayonnement du soleil surpasse la minuscule lueur que fait une luciole un moment incertain et puis s'éteint. ³L'éclat constant de cette lumière demeure et te conduit hors des ténèbres, et tu ne pourras pas non plus oublier le chemin à nouveau.

7. Commence ces exercices heureux par les paroles que te dit le Saint-Esprit, et laisse-les résonner par Lui de par le monde :

> ²*Pur-esprit je suis, saint Fils de Dieu, libre de toute*
> *limite, en sécurité, guéri et entier, libre de pardonner*
> *et libre de sauver le monde.*

³Exprimé par toi, le Saint-Esprit acceptera ce don que tu as reçu de Lui, en augmentera le pouvoir et te le rendra.

8. Offre-Lui aujourd'hui chaque période d'exercice avec joie. ²Et Il te parlera, te rappelant que tu es pur-esprit, ne faisant qu'un avec Lui et Dieu, avec tes frères et ton Soi. ³Essaie d'entendre Son assurance chaque fois que tu prononces les paroles qu'Il t'offre aujourd'hui, et laisse-Le dire à ton esprit qu'elles sont vraies. ⁴Utilise-les contre la tentation et échappe à ses tristes conséquences si tu cèdes à la croyance que tu es quelque chose d'autre. ⁵Le Saint-Esprit te donne la paix aujourd'hui. ⁶Reçois Ses paroles, et offre-les-Lui.

LEÇON 98

J'accepterai mon rôle dans le plan de Dieu pour le salut.

1. Aujourd'hui est un jour de dévouement particulier. ²Nous ne nous rangeons que d'un seul côté aujourd'hui. ³Nous nous rangeons avec la vérité et nous lâchons prise des illusions. ⁴Nous n'oscillerons pas entre les deux, mais prendrons fermement position pour l'Un. ⁵Nous nous dévouons à la vérité aujourd'hui et au salut tel que Dieu l'a planifié. ⁶Nous ne soutiendrons pas qu'il est autre chose. ⁷Nous ne le chercherons pas là où il n'est pas. ⁸Avec joie nous l'acceptons tel qu'il est et nous prenons le rôle que Dieu nous a assigné.

2. Quel bonheur d'être certains ! ²Tous nos doutes, nous les mettons de côté aujourd'hui, et nous prenons position, certains du but, et reconnaissants de ce que le doute a disparu et que la sûreté est venue. ³Nous avons un puissant but à atteindre, et tout nous a été donné dont nous ayons besoin pour l'atteindre. ⁴Pas une seule erreur ne nous barre le chemin. ⁵Car nous avons été absous des erreurs. ⁶Tous nos péchés sont lavés quand nous nous rendons compte qu'ils n'étaient que des erreurs.

3. Les non-coupables n'ont pas peur, car ils sont en sécurité et reconnaissent leur sûreté. ²Ils ne font pas appel à la magie et n'inventent pas de moyens pour échapper à des menaces imaginaires sans aucune réalité. ³Ils reposent dans la quiète certitude qu'ils feront ce qui leur est donné à faire. ⁴Ils ne doutent pas de leur propre aptitude parce qu'ils savent que leur fonction sera remplie complètement en un temps et un lieu parfaits. ⁵Ils ont pris la position que nous prendrons aujourd'hui, afin de partager leur certitude et ainsi de l'augmenter en l'acceptant nous-mêmes.

4. Ils seront avec nous ; tous ceux qui ont pris la position que nous prenons aujourd'hui nous offriront avec joie tout ce qu'ils ont appris et chaque gain qu'ils ont fait. ²Ceux qui sont encore incertains, aussi, se joindront à nous, et, en empruntant notre certitude, la rendront plus forte encore. ³Tandis que ceux qui ne sont pas encore nés entendront l'appel que nous avons entendu et y répondront lorsqu'ils seront venus choisir à nouveau. ⁴Nous ne choisissons pas seulement pour nous-mêmes aujourd'hui.

5. Cela ne vaut-il pas cinq minutes de ton temps à chaque heure pour être à même d'accepter le bonheur que Dieu t'a donné ?

²Cela ne vaut-il pas cinq minutes par heure pour reconnaître ta fonction particulière ici? ³Cinq minutes, n'est-ce pas une bien petite requête à faire quand il s'agit de gagner une récompense si grande qu'elle est sans mesure? ⁴Tu as fait un millier de marchés perdants pour le moins.

6. Voici une offre qui te garantit ta pleine délivrance de toute espèce de douleur, et une joie que le monde ne contient pas. ²Tu peux échanger un peu de ton temps contre la paix de l'esprit et la certitude du but, avec la promesse d'un succès complet. ³Et puisque le temps n'a pas de signification, rien ne t'est demandé en échange de tout. ⁴Voici un marché où tu ne peux pas perdre. ⁵Et ce que tu gagnes est certes illimité!

7. À chaque heure aujourd'hui, donne-Lui ton minuscule don de cinq minutes seulement. ²Il donnera aux mots que tu utilises en t'exerçant à l'idée d'aujourd'hui la conviction profonde et la certitude qui te manquent. ³Ses paroles se joindront aux tiennes et feront de chaque répétition de l'idée d'aujourd'hui un dévouement total, fait dans une foi aussi parfaite et aussi sûre que celle qu'Il a en toi. ⁴La confiance qu'Il a en toi apportera la lumière à toutes les paroles que tu prononces, et tu iras au-delà de leur son jusqu'à leur signification réelle. ⁵Aujourd'hui, tu t'exerces avec Lui en disant :

⁶J'accepterai mon rôle dans le plan de Dieu pour le salut.

8. Toutes les cinq minutes que tu passeras avec Lui, Il acceptera tes paroles et te les rendra toutes brillantes d'une foi et d'une confiance si fortes et si fermes qu'elles illumineront le monde d'espoir et de bonheur. ²Ne perds pas une seule chance d'être l'heureux receveur de Ses dons, afin de les donner au monde aujourd'hui.

9. Donne-Lui les paroles et Il fera le reste. ²Il te permettra de comprendre ta fonction particulière. ³Il ouvrira la voie vers le bonheur, et la paix et la confiance seront Ses dons, Sa réponse à tes paroles. ⁴Il répondra avec toute Sa foi, Sa joie et Sa certitude que ce que tu dis est vrai. ⁵Et tu auras alors la conviction de Celui Qui connaît la fonction que tu as sur terre aussi bien qu'au Ciel. ⁶Il sera avec toi dans chaque période d'exercice que tu partages avec Lui, échangeant chaque instant du temps que tu Lui offres contre l'intemporalité et la paix.

10. Toute l'heure durant, laisse le temps passer en heureuse préparation pour les prochaines cinq minutes que tu passeras de

nouveau avec Lui. ²Répète l'idée d'aujourd'hui en attendant que l'heureux moment te revienne. ³Répète-la souvent et n'oublie pas que chaque fois que tu le fais, tu as laissé ton esprit être préparé pour l'heureux moment à venir.

11.   Et quand l'heure est écoulée et qu'Il est là une fois de plus pour passer un petit moment avec toi, sois reconnaissant et dépose toutes les tâches terrestres, toutes les petites pensées et les idées limitées, et passe à nouveau un moment de bonheur avec Lui. ²Dis-Lui une fois de plus que tu acceptes le rôle qu'Il voudrait te voir prendre et t'aider à remplir, et Il te rendra sûr de vouloir ce choix, qu'Il a fait avec toi et toi avec Lui.

LEÇON 99

Le salut est ma seule fonction ici.

1.   Le salut et le pardon sont les mêmes. ²Ils impliquent tous les deux que quelque chose ne va pas; quelque chose dont il faut être sauvé, pardonné; quelque chose de travers qui a besoin d'un changement correcteur; quelque chose d'à part ou de différent de la Volonté de Dieu. ³Ainsi les deux termes impliquent une chose impossible qui s'est pourtant produite, d'où il résulte qu'un état de conflit est perçu entre ce qui est et ce qui ne pourrait jamais être.

2.   La vérité et l'illusion sont égales maintenant, car les deux se sont produites. ²L'impossible devient la chose pour laquelle tu as besoin de pardon, dont tu as besoin d'être sauvé. ³Le salut devient maintenant la zone frontière entre la vérité et l'illusion. ⁴Il reflète la vérité parce qu'il est le moyen par lequel tu peux échapper des illusions. ⁵Or ce n'est pas encore la vérité parce qu'il défait ce qui n'a jamais été fait.

3.   Comment pourrait-il y avoir le moindre lieu de rencontre où la terre et le Ciel puissent être réconciliés dans un esprit où les deux existent? ²L'esprit qui voit des illusions les pense réelles. ³Elles ont une existence en ceci qu'elles sont des pensées. ⁴Et pourtant elles ne sont pas réelles, parce que l'esprit qui pense ces pensées est séparé de Dieu.

4.   Qu'est-ce qui joint l'esprit et les pensées séparés à l'Esprit et à la Pensée qui sont un à jamais? ²Quel plan pourrait garder la vérité inviolée, tout en reconnaissant le besoin qu'apportent les illusions, et en offrant les moyens par lesquels elles sont défaites, sans attaque et sans trace de douleur? ³Que pourrait être ce plan, sinon une Pensée de Dieu par laquelle ce qui n'a jamais été fait passe inaperçu, et les péchés sont oubliés qui n'ont jamais été réels?

5.   Le Saint-Esprit tient ce plan de Dieu exactement tel qu'Il a été reçu de Lui dans l'Esprit de Dieu et dans le tien. ²Il est à part du temps en ceci que sa Source est intemporelle. ³Or il opère dans le temps, parce que tu crois que le temps est réel. ⁴Inébranlé, le Saint-Esprit regarde ce que tu vois: le péché, la douleur et la mort, le chagrin, la séparation et la perte. ⁵Or Il connaît qu'une chose doit encore être vraie: Dieu est encore Amour, et cela n'est pas Sa Volonté.

6.   Voilà la Pensée qui porte les illusions à la vérité, et qui les voit comme des apparences derrière lesquelles se trouvent l'inchangeable et le sûr. ²Voilà la Pensée qui sauve et qui pardonne, parce qu'elle ne met aucune foi dans ce qui ne fut pas créé par la seule Source qu'elle connaisse. ³Voilà la Pensée dont la fonction est de sauver en te donnant la sienne comme ta propre fonction. ⁴Le salut est ta fonction, avec Celui à Qui le plan fut donné. ⁵Maintenant ce plan t'est confié à toi, avec Lui. ⁶Il a une seule réponse pour les apparences, indépendamment de leur forme, de leur taille, de leur profondeur ou de n'importe quel attribut qu'elles semblent avoir :

   ⁷Le salut est ma seule fonction ici.
   ⁸Dieu est encore Amour, et cela n'est pas Sa Volonté.

7.   Toi qui feras encore des miracles, sois sûr de bien t'exercer à l'idée d'aujourd'hui. ²Essaie de percevoir la force dans ce que tu dis, car c'est dans ces mots que réside ta liberté. ³Ton Père t'aime. ⁴Tout ce monde de douleur n'est pas Sa Volonté. ⁵Pardonne-toi la pensée qu'Il voulait cela pour toi. ⁶Puis laisse la Pensée par laquelle Il a remplacé toutes tes erreurs entrer dans les coins enténébrés de ton esprit, qui a pensé les pensées qui n'ont jamais été Sa Volonté.

8.   Cette partie appartient à Dieu, comme le reste. ²Elle ne pense pas ses pensées solitaires, pour les rendre réelles en les cachant de Lui. ³Laisse entrer la lumière, et tu ne verras aucun obstacle à ce qu'Il veut pour toi. ⁴Ouvre tes secrets à Sa douce lumière, et vois avec quel éclat cette lumière brille encore en toi.

9.   Exerce-toi à Sa Pensée aujourd'hui, et laisse Sa lumière chercher et éclairer tous les coins enténébrés, et les traverser pour les joindre au reste. ²C'est la Volonté de Dieu que ton esprit ne fasse qu'un avec le Sien. ³C'est la Volonté de Dieu d'avoir un seul Fils. ⁴C'est la Volonté de Dieu que Son seul Fils soit toi. ⁵Réfléchis à ces choses durant les exercices d'aujourd'hui, et commence la leçon que nous apprenons aujourd'hui par cette instruction sur les voies de la vérité :

   ⁶Le salut est ma seule fonction ici.
   ⁷Le salut et le pardon sont les mêmes.

⁸Puis tourne-toi vers Celui Qui partage ta fonction ici, et laisse-Le t'enseigner ce que tu as besoin d'apprendre pour mettre de côté toute peur et pour connaître ton Soi comme étant l'Amour qui n'a pas d'opposé en toi.

10. Pardonne toutes pensées qui s'opposeraient à la vérité de ta complétude, de ton unité et de ta paix. ²Tu ne peux pas perdre les dons que ton Père a faits. ³Tu ne veux pas être un autre soi. ⁴Tu n'as pas de fonction qui ne soit de Dieu. ⁵Pardonne-toi celle que tu pensais avoir faite. ⁶Le pardon et le salut sont les mêmes. ⁷Pardonne ce que tu as fait et tu es sauvé.

11. Il y a un message particulier pour aujourd'hui, qui a le pouvoir d'enlever à jamais de ton esprit toutes formes de doute et de peur. ²Si tu es tenté de les croire vraies, souviens-toi que les apparences ne peuvent résister à la vérité que contiennent ces puissantes paroles :

> ³*Le salut est ma seule fonction ici.*
> ⁴*Dieu est encore Amour, et cela n'est pas Sa Volonté.*

12. Ta seule fonction te dit que tu es un. ²Rappelle-t'en entre les moments où tu donnes cinq minutes à partager avec Celui Qui partage le plan de Dieu avec toi. ³Rappelle-toi :

> ⁴*Le salut est ma seule fonction ici.*

⁵Ainsi tu répands le pardon sur ton esprit et tu laisses toute peur être doucement mise de côté pour que l'amour trouve sa juste place en toi et te montre que tu es le Fils de Dieu.

LEÇON 100

Mon rôle est essentiel au plan de Dieu pour le salut.

1. De même que le Fils de Dieu complète son Père, de même le rôle que tu as dans le plan de ton Père le complète. [2]Le salut doit renverser la folle croyance en des pensées séparées et des corps séparés, qui mènent des vies séparées et vont séparément chacun sur son chemin. [3]Une seule fonction partagée par des esprits séparés les unit en un seul but, car chacun d'eux est également essentiel à eux tous.

2. La Volonté de Dieu pour toi est le bonheur parfait. [2]Pourquoi choisirais-tu d'aller contre Sa Volonté? [3]Le rôle qu'il a gardé pour toi dans la mise en œuvre de Son plan t'est donné pour que tu puisses être ramené à ce qu'Il veut. [4]Ce rôle est essentiel à Son plan comme à ton bonheur. [5]Ta joie doit être complète pour que Son plan soit compris de ceux à qui Il t'envoie. [6]Ils verront leur fonction dans ton visage rayonnant et ils entendront Dieu les appeler dans ton rire heureux.

3. Tu es certes essentiel au plan de Dieu. [2]Sans ta joie, Sa joie est incomplète. [3]Sans ton sourire, le monde ne peut être sauvé. [4]Tant que tu es triste, la lumière que Dieu Lui-même a désignée comme moyen de sauver le monde est pâle et sans lustre, et nul ne rit parce que tout rire ne peut être que l'écho du tien.

4. Tu es certes essentiel au plan de Dieu. [2]De même que ta lumière augmente chaque lumière qui brille dans le Ciel, de même ta joie sur terre appelle tous les esprits à lâcher prise de leurs chagrins et à prendre leur place à côté de toi dans le plan de Dieu. [3]Les messagers de Dieu sont joyeux, et leur joie guérit le chagrin et le désespoir. [4]Ils sont la preuve que Dieu veut le bonheur parfait pour tous ceux qui veulent bien accepter comme leurs les dons de leur Père.

5. Nous ne nous laisserons pas aller à la tristesse aujourd'hui. [2]Car si nous le faisons, nous manquons de prendre le rôle qui est essentiel au plan de Dieu, aussi bien qu'à notre vision. [3]La tristesse est le signe que tu voudrais jouer un autre rôle, au lieu de celui qui t'a été assigné par Dieu. [4]Ainsi tu manques de montrer au monde comme est grand le bonheur qu'Il veut pour toi. [5]Et tu ne reconnais donc pas qu'il t'appartient.

6. Aujourd'hui nous tenterons de comprendre que la joie est notre fonction ici. ²Si tu es triste, ton rôle n'est pas rempli, et le monde entier est ainsi privé de joie, avec toi. ³Dieu te demande d'être heureux, afin que le monde puisse voir combien Il aime Son Fils et veut qu'aucun chagrin ne surgisse pour réduire sa joie, qu'aucune peur ne l'accable pour troubler sa paix. ⁴Tu es le messager de Dieu aujourd'hui. ⁵Tu apportes Son bonheur à tous ceux que tu regardes, Sa paix à chacun de ceux qui te regardent et voient Son message sur ton visage heureux.

7. Nous nous préparons aujourd'hui pour cela, pendant nos périodes d'exercice de cinq minutes, en sentant monter le bonheur en nous selon la Volonté de notre Père et la nôtre. ²Commence les exercices par la pensée que contient l'idée d'aujourd'hui. ³Puis rends-toi compte que ton rôle est d'être heureux. ⁴Cela seul est demandé de toi ou de quiconque veut prendre sa place parmi les messagers de Dieu. ⁵Réfléchis à ce que cela signifie. ⁶Tu t'es certes trompé en croyant que le sacrifice était requis. ⁷Tu ne fais que recevoir selon le plan de Dieu, et jamais tu ne perds ni ne sacrifies ni ne meurs.

8. Maintenant essayons de trouver cette joie qui nous prouve et prouve au monde entier la Volonté de Dieu pour nous. ²C'est ta fonction de la trouver ici, et de la trouver maintenant. ³Tu es venu pour cela. ⁴Qu'aujourd'hui soit le jour où tu réussis ! ⁵Regarde au plus profond de toi, sans te laisser chagriner par toutes les petites pensées et les sots buts que tu dépasses tout en t'élevant pour rencontrer le Christ en toi.

9. Il sera là. ²Et tu peux L'atteindre maintenant. ³Que pourrais-tu préférer regarder plutôt que Celui Qui attend que ton regard se pose sur Lui ? ⁴Quelle petite pensée a le pouvoir de te retenir ? ⁵Quel sot but peut t'empêcher de réussir quand Celui qui t'appelle est Dieu Lui-même ?

10. Il sera là. ²Tu es essentiel à Son plan. ³Tu es Son messager aujourd'hui. ⁴Et tu dois trouver ce qu'Il voudrait que tu donnes. ⁵N'oublie pas l'idée d'aujourd'hui entre tes périodes d'exercice toutes les heures. ⁶C'est ton Soi Qui t'appelle aujourd'hui. ⁷Et c'est à Lui que tu réponds, chaque fois que tu te dis que tu es essentiel au plan de Dieu pour le salut du monde.

LEÇON 101

La Volonté de Dieu pour moi est le parfait bonheur.

1.   Aujourd'hui nous continuerons sur le thème du bonheur. ²C'est une idée-clé pour comprendre ce que le salut signifie. ³Tu crois encore qu'il demande de la souffrance comme pénitence de tes « péchés ». ⁴Il n'en est rien. ⁵Or tu dois penser qu'il en est ainsi tant que tu crois que le péché est réel, et que le Fils de Dieu peut pécher.

2.   Si le péché est réel, alors la punition est juste et inéluctable. ²Ainsi le salut ne peut s'acheter que par la souffrance. ³Si le péché est réel, alors le bonheur doit être une illusion, car ils ne peuvent être vrais tous les deux. ⁴Les pécheurs ne légitiment que la mort et la douleur, et c'est cela qu'ils demandent. ⁵Car ils savent que cela les attend, et cela les recherchera et les trouvera quelque part, tôt ou tard, sous une forme ou sous une autre qui réglera leur compte avec Dieu. ⁶Ils voudraient Lui échapper dans leur peur. ⁷Et pourtant Il les poursuivra, et ils ne peuvent s'échapper.

3.   Si le péché est réel, le salut doit être douleur. ²La douleur est le coût du péché, et de la souffrance jamais il n'est possible d'échapper, si le péché est réel. ³Le salut doit être craint, car il tuera, mais lentement, en enlevant toutes choses avant d'accorder la faveur bienvenue de la mort à des victimes qui ne seront pas beaucoup plus que des os avant que le salut ne soit apaisé. ⁴Sa colère est sans bornes, sans merci, mais entièrement juste.

4.   Qui rechercherait une punition aussi brutale ? ²Qui ne fuirait pas le salut, s'efforçant par tous les moyens de noyer la Voix qui le lui offre ? ³Pourquoi essaierait-il d'écouter et d'accepter Son offre ? ⁴Si le péché est réel, son offre est la mort, mais livrée sous une forme cruelle qui correspond aux souhaits méchants dans lesquels est né le péché. ⁵Si le péché est réel, le salut est devenu ton âpre ennemi, la malédiction de Dieu sur toi qui as crucifié Son Fils.

5.   Tu as besoin des périodes d'exercice aujourd'hui. ²Les exercices enseignent que le péché n'est pas réel, et que tout ce que tu crois qui doit venir du péché n'arrivera jamais, car cela n'a pas de cause. ³Accepte l'Expiation avec un esprit ouvert qui ne chérit pas la croyance restante que tu as fait un démon du Fils de Dieu. ⁴Il n'y a pas de péché. ⁵Nous nous exerçons à cette pensée aussi

souvent que possible aujourd'hui, parce que c'est la base de l'idée d'aujourd'hui.

6. La Volonté de Dieu pour toi est le parfait bonheur parce qu'il n'y a pas de péché, et la souffrance est sans cause. [2]La joie est juste et la douleur n'est que le signe que tu t'es mal compris toi-même. [3]Ne crains pas la Volonté de Dieu. [4]Mais tourne-toi vers elle, avec l'assurance qu'elle te rendra libre de toutes les conséquences que le péché a ouvrées en fébrile imagination. [5]Dis :

> [6]*La Volonté de Dieu pour moi est le parfait bonheur.*
> [7]*Il n'y a pas de péché; il n'a pas de conséquence.*

[8]C'est ainsi que tu devrais commencer tes périodes d'exercice, puis essaie à nouveau de trouver la joie que ces pensées introduiront dans ton esprit.

7. Donne avec joie ces cinq minutes, pour enlever le lourd fardeau que tu t'imposes avec l'insane croyance que le péché est réel. [2]Aujourd'hui, échappe de la folie. [3]Tu as pris la route de la liberté et maintenant l'idée d'aujourd'hui t'apporte des ailes et l'espoir d'aller encore plus vite vers le but de paix qui t'attend. [4]Il n'y a pas de péché. [5]Souviens-t'en aujourd'hui, et dis-toi aussi souvent que tu le peux :

> [6]*La Volonté de Dieu pour moi est le parfait bonheur.*
> [7]*Cela est la vérité, parce qu'il n'y a pas de péché.*

LEÇON 102

Je partage la Volonté de Dieu de bonheur pour moi.

1. Tu ne veux pas souffrir. ²Tu penses peut-être que cela t'achète quelque chose, et tu crois peut-être encore un peu que cela t'achète ce que tu veux. ³Or cette croyance est sûrement ébranlée maintenant, au moins suffisamment pour te laisser la mettre en question et soupçonner qu'elle n'a réellement aucun sens. ⁴Elle n'a pas encore disparu, mais il lui manque les racines qui naguère la maintenaient solidement fixée dans les recoins secrets, sombres et cachés de ton esprit.

2. Aujourd'hui nous essayons de relâcher encore davantage sa prise, qui s'est affaiblie, et de nous rendre compte que la douleur est sans but, sans cause et sans le pouvoir d'accomplir quoi que ce soit. ²Elle ne peut rien acheter du tout. ³Elle n'offre rien et n'existe pas. ⁴À tout ce que tu penses qu'elle t'offre, il manque l'existence, comme à elle. ⁵Tu as été l'esclave de rien. ⁶Sois libre aujourd'hui de te joindre à l'heureuse Volonté de Dieu.

3. Pendant plusieurs jours nous continuerons à consacrer nos périodes d'exercice à des leçons conçues pour t'aider à atteindre le bonheur que la Volonté de Dieu a placé en toi. ²Là est ta demeure, et là est ta sécurité. ³Là est ta paix, et là il n'y a pas de peur. ⁴Là est le salut. ⁵Là est enfin le repos.

4. Commence tes périodes d'exercice aujourd'hui en acceptant ainsi la Volonté de Dieu pour toi :

> ²*Je partage la Volonté de Dieu de bonheur pour moi,*
> *et je l'accepte pour fonction maintenant.*

³Puis cherche cette fonction au plus profond de ton esprit, car elle est là qui n'attend que ton choix. ⁴Tu ne peux manquer de la trouver lorsque tu apprends qu'elle est ton choix, et que tu partages la Volonté de Dieu.

5. Sois heureux, car ta seule fonction ici est le bonheur. ²Tu n'as pas besoin d'être moins aimant envers le Fils de Dieu que Celui Dont l'Amour l'a créé aussi aimant que Lui-même. ³En plus des cinq minutes de repos par heure, arrête-toi fréquemment aujourd'hui pour te dire que tu as maintenant accepté le bonheur pour ta seule fonction. ⁴Et tu peux être sûr que tu te joins à la Volonté de Dieu en le faisant.

LEÇON 103

Dieu, étant Amour, est aussi bonheur.

1.   Le bonheur est un attribut de l'amour. [2]Il ne peut pas être à part de lui. [3]Il n'est pas possible non plus d'en faire l'expérience là où l'amour n'est pas. [4]L'amour n'a pas de limites, étant partout. [5]Par conséquent, la joie est partout elle aussi. [6]Or l'esprit peut nier que c'est ainsi, croyant qu'il y a dans l'amour des fossés par où le péché peut entrer et apporter la douleur au lieu de la joie. [7]Cette croyance étrange limiterait le bonheur en redéfinissant l'amour comme limité, et en introduisant l'opposition dans ce qui n'a pas de limite et pas d'opposé.

2.   La peur est associée alors à l'amour, et ses résultats deviennent l'héritage des esprits qui pensent que ce qu'ils ont fait est réel. [2]Ces images, qui n'ont aucune réalité en vérité, témoignent de la peur de Dieu, oubliant qu'étant Amour, Il doit être joie. [3]Cette erreur fondamentale, nous essaierons à nouveau de la porter à la vérité aujourd'hui, en nous enseignant à nous-mêmes :

> [4]*Dieu, étant Amour, est aussi bonheur.*
> [5]*Avoir peur de Lui, c'est avoir peur de la joie.*

[6]Commence tes périodes d'exercice aujourd'hui par cette association, qui corrige la fausse croyance que Dieu est peur. [7]Elle met aussi l'accent sur le fait que le bonheur t'appartient, à cause de ce qu'Il est.

3.   Permets que cette seule correction soit placée dans ton esprit à chaque heure de veille aujourd'hui. [2]Puis accueille tout le bonheur qu'elle apporte lorsque la vérité remplace la peur et que la joie devient ce que tu escomptes en remplacement de la douleur. [3]Dieu étant Amour, il te sera donné. [4]Renforce fréquemment cette espérance tout au long de la journée et calme toutes tes peurs par cette assurance, douce et entièrement vraie :

> [5]*Dieu, étant Amour, est aussi bonheur.*
> [6]*Et c'est le bonheur que je cherche aujourd'hui.*
> [7]*Je ne peux pas échouer, parce que je cherche la vérité.*

LEÇON 104

Je ne cherche que ce qui m'appartient en vérité.

1.   L'idée d'aujourd'hui continue la pensée que la joie et la paix ne sont pas que de vains rêves. [2]Tu y as droit, à cause de ce que tu es. [3]Elles te viennent de Dieu, Qui ne peut manquer de te donner ce qu'Il a pour Volonté. [4]Or il doit y avoir un lieu rendu prêt à recevoir Ses dons. [5]Ils ne sont pas accueillis avec joie par un esprit qui a reçu les dons qu'il a faits à la place, là où devraient être les Siens et comme substituts des Siens.

2.   Aujourd'hui nous voudrions enlever tous les dons in-signifiants que nous avons faits nous-mêmes et placés sur le saint autel où devraient être les dons de Dieu. [2]Ses dons sont ceux qui sont les nôtres en vérité. [3]Ses dons sont ceux que nous avons reçus en héritage avant que le temps fût, et qui seront toujours les nôtres quand le temps aura passé dans l'éternité. [4]Ses dons sont ceux qui sont au-dedans de nous maintenant, car ils sont intemporels. [5]Et nous n'avons pas besoin d'attendre pour les avoir. [6]Ils nous appartiennent aujourd'hui.

3.   Par conséquent, nous choisissons de les avoir maintenant, et nous connaissons qu'en les choisissant à la place de ce que nous avons fait, nous ne faisons qu'unir notre volonté à ce que Dieu veut, et nous reconnaissons le même comme ne faisant qu'un. [2]Aujourd'hui nos périodes d'exercice plus longues, les cinq minutes par heure données à la vérité pour ton salut, devraient commencer par ceci :

> [3]*Je ne cherche que ce qui m'appartient en vérité,*
> *Et la joie et la paix sont mon héritage.*

[4]Puis mets de côté les conflits du monde qui offrent d'autres dons et d'autres buts faits d'illusions, dont ils sont les témoins, et qui ne sont recherchés que dans un monde de rêves.

4.   Tout cela, nous le mettons de côté et nous cherchons plutôt ce qui est véritablement nôtre, en demandant de reconnaître ce que Dieu nous a donné. [2]Nous dégageons un lieu saint dans nos esprits devant Son autel, où Ses dons de paix et de joie sont bienvenus, et où nous venons trouver ce qui nous a été donné par Lui. [3]Nous y venons avec confiance aujourd'hui, conscients que ce qui

nous appartient en vérité est ce qu'Il donne. [4]Et nous voudrions ne souhaiter rien d'autre, car rien d'autre ne nous appartient en vérité.

5.   Ainsi nous Lui ouvrons la voie aujourd'hui, en reconnaissant simplement que Sa Volonté est déjà faite, et que la joie et la paix nous appartiennent comme Ses dons éternels. [2]Nous ne nous permettrons pas de les perdre de vue entre les moments où nous venons les chercher là où Il les a déposés. [3]Ce rappel, nous le ramènerons à l'esprit aussi souvent que possible :

[4]*Je ne cherche que ce qui m'appartient en vérité.*
[5]*Les dons de Dieu de joie et de paix sont tout ce que je veux.*

LEÇON 105

La paix et la joie de Dieu sont miennes.

1.   La paix et la joie de Dieu sont tiennes. [2]Aujourd'hui nous les accepterons, connaissant qu'elles nous appartiennent. [3]Et nous essaierons de comprendre que ces dons augmentent comme nous les recevons. [4]Ils ne sont pas comme les dons que peut faire le monde, où le donneur perd en faisant le don; et le preneur est plus riche de ce qu'il a perdu. [5]Ceux-là ne sont pas des dons mais des marchés faits avec la culpabilité. [6]Le don véritablement donné n'entraîne pas de perte. [7]Il est impossible que l'un puisse gagner parce qu'un autre perd. [8]Cela implique une limite et une insuffisance.

2.   Aucun don n'est fait de la sorte. [2]De tels « dons » ne sont qu'une offre en vue d'obtenir quelque chose d'une plus grande valeur en retour; un prêt à intérêt à payer intégralement; un crédit temporaire, destiné à être le gage d'une dette à acquitter avec plus que n'a reçu celui qui a pris le don. [3]Cette étrange distorsion de ce que donner signifie s'insinue à tous les niveaux du monde que tu vois. [4]Elle enlève toute signification aux dons que tu fais et ne te laisse rien dans ceux que tu prends.

3.   Un des buts d'apprentissage principaux que ce cours a fixé, c'est de renverser ta façon de voir ce que c'est que donner, pour que tu puisses recevoir. [2]Car donner est devenu une source de peur; ainsi tu voudrais éviter le seul moyen par lequel tu peux recevoir. [3]Accepte la paix et la joie de Dieu, et tu apprendras une manière différente de regarder un don. [4]Les dons de Dieu ne diminueront jamais quand ils sont donnés. [5]Par là ils ne font qu'augmenter.

4.   De même que la paix et la joie du Ciel s'intensifient quand tu les acceptes comme des dons que Dieu te fait, de même la joie de ton Créateur grandit quand tu acceptes Sa joie et Sa paix pour tiennes. [2]Donner véritablement, c'est la création. [3]Cela étend le sans-limites à l'illimité, l'éternel à l'intemporel, et l'amour à lui-même. [4]Cela ajoute à tout ce qui est déjà complet, non pas dans le simple sens d'ajouter plus, car cela implique qu'il y avait moins auparavant. [5]Cela ajoute en laissant ce qui ne peut se contenir lui-même atteindre son but de donner tout ce qu'il a, se l'assurant ainsi à jamais.

5.   Aujourd'hui accepte la paix et la joie de Dieu pour tiennes. [2]Laisse-Le Se compléter Lui-même tel qu'Il définit la complétude.

³Tu comprendras que ce qui Le complète doit aussi compléter Son Fils. ⁴Il ne peut donner en perdant. ⁵Toi non plus. ⁶Reçois Son don de joie et de paix aujourd'hui, et Il te remerciera du don que tu Lui fais.

6.   Aujourd'hui nos périodes d'exercice débuteront un peu différemment. ²Commence aujourd'hui en pensant à ces frères à qui tu as nié la paix et la joie, auxquelles ils ont droit selon les lois égales de Dieu. ³Ici tu les as niées à toi-même. ⁴Et ici tu dois revenir les réclamer comme tiennes.

7.   Pense à tes « ennemis » un petit moment, et dis à chacun, comme il te vient à l'esprit :

> ²*Mon frère, je t'offre la paix et la joie,*
> *afin que je puisse avoir pour miennes*
> *la paix et la joie de Dieu.*

³Ainsi tu te prépares à reconnaître les dons que Dieu te fait, et tu laisses ton esprit être libre de tout ce qui empêcherait le succès aujourd'hui. ⁴Maintenant tu es prêt à accepter le don de paix et de joie que Dieu t'a donné. ⁵Maintenant tu es prêt à éprouver la joie et la paix que tu t'étais niées. ⁶Maintenant tu peux dire : « La paix et la joie de Dieu sont miennes », car tu as donné ce que tu voudrais recevoir.

8.   Tu dois réussir aujourd'hui, si tu prépares ton esprit comme nous le suggérons. ²Car tu as permis que soient levées toutes les barrières à la paix et à la joie, et ce qui est à toi peut enfin venir à toi. ³Alors dis-toi : « La paix et la joie de Dieu sont miennes », puis ferme les yeux un instant et laisse Sa Voix t'assurer que les mots que tu dis sont vrais.

9.   Passe ainsi tes cinq minutes avec Lui chaque fois que tu le peux aujourd'hui, mais ne pense pas que moins ne vaille rien quand tu ne peux pas Lui donner plus. ²Au moins souviens-toi de dire toutes les heures les mots qui L'appellent à te donner ce qu'Il veut donner, et veut que tu reçoives. ³Détermine-toi à ne pas interférer aujourd'hui avec ce qu'Il veut. ⁴Et si un frère semble te tenter de nier le don que Dieu lui fait, considère simplement ceci comme une autre chance de te laisser recevoir les dons de Dieu pour tiens. ⁵Puis bénis ton frère en le remerciant, et dis :

> ⁶*Mon frère, je t'offre la paix et la joie,*
> *afin que je puisse avoir pour miennes*
> *la paix et la joie de Dieu.*

LEÇON 106

Que je sois calme et que j'écoute la vérité.

1. Si tu mets de côté la voix de l'ego, aussi fort qu'elle puisse sembler appeler ; si tu n'acceptes pas ses dons mesquins qui ne te donnent rien que tu veuilles réellement ; si tu écoutes avec un esprit ouvert, qui ne t'a pas dit ce qu'est le salut ; alors tu entendras la Voix puissante de la vérité, quiète en Son pouvoir, forte en Son calme et complètement certaine en Ses messages.

2. Écoute et entends ton Père te parler par la Voix qu'Il a désignée, qui fait taire le tonnerre de l'in-signifiant et montre la voie vers la paix à ceux qui ne peuvent pas voir. ²Sois calme aujourd'hui et écoute la vérité. ³Ne sois pas trompé par la voix des morts, qui te disent qu'ils ont trouvé la source de vie et l'offrent à ta croyance. ⁴N'y fais pas attention, mais écoute la vérité.

3. N'aie pas peur aujourd'hui de contourner les voix du monde. ²Passe à côté de leur in-signifiante persuasion d'un pas léger. ³Ne les entends pas. ⁴Sois calme aujourd'hui et écoute la vérité. ⁵Dépasse toutes choses qui ne parlent pas de Celui Qui tient ton bonheur dans Sa Main, tendue vers toi en bienvenue et en amour. ⁶N'entends que Lui aujourd'hui, et n'attends pas davantage pour aller jusqu'à Lui. ⁷N'entends qu'une Voix aujourd'hui.

4. Aujourd'hui la promesse de la Parole de Dieu est tenue. ²Entends et fais silence. ³Il voudrait te parler. ⁴Il vient avec des miracles mille fois plus heureux et plus merveilleux que tous ceux dont tu as jamais rêvé ou que tu as souhaités. ⁵Ses miracles sont vrais. ⁶Ils ne s'effaceront pas quand le rêve finira. ⁷Plutôt ils mettent fin au rêve et durent à jamais, car ils viennent de Dieu à Son cher Fils, dont l'autre nom est toi. ⁸Prépare-toi aux miracles aujourd'hui. ⁹Permets aujourd'hui que soit tenue l'ancienne promesse de ton Père, faite à toi et à tous tes frères.

5. Entends-Le aujourd'hui, et écoute la Parole qui lève le voile étendu sur la terre et qui réveille tous ceux qui dorment et ne peuvent pas voir. ²Dieu les appelle par toi. ³Il a besoin de ta voix pour leur parler, car qui pourrait atteindre le Fils de Dieu, sinon son Père, appelant par ton Soi ? ⁴Entends-Le aujourd'hui, et offre-Lui ta voix pour parler à toute la multitude qui attend d'entendre la Parole qu'Il va dire aujourd'hui.

6. Sois prêt pour le salut. [2]Il est ici et te sera donné aujourd'hui. [3]Et tu apprendras ta fonction de Celui Qui l'a choisie au Nom de ton Père pour toi. [4]Écoute aujourd'hui, et tu entendras une Voix qui résonnera par le monde entier à travers toi. [5]Le porteur de tous les miracles a besoin que tu les reçoives d'abord, et deviennes ainsi le joyeux donneur de ce que tu as reçu.

7. Ainsi commence le salut et ainsi il finit : quand tout est à toi et quand tout est donné, il reste avec toi à jamais. [2]Et la leçon est apprise. [3]Aujourd'hui nous nous exerçons à donner, pas de la façon dont tu le comprends maintenant, mais tel que c'est. [4]Les exercices de chaque heure devraient commencer par cette requête pour ton illumination :

> [5]*Je serai calme et j'écouterai la vérité.*
> [6]*Qu'est-ce que cela signifie de donner et de recevoir ?*

8. Demande et escompte une réponse. [2]Ta requête est de celles dont la réponse attend depuis longtemps que tu la reçoives. [3]Elle commencera le ministère pour lequel tu es venu et qui libérera le monde de la pensée que donner est une façon de perdre. [4]Ainsi le monde devient prêt à comprendre et à recevoir.

9. Sois calme et écoute la vérité aujourd'hui. [2]Chaque fois que tu passes cinq minutes à écouter, un millier d'esprits s'ouvrent à la vérité et ils entendront la sainte Parole que tu entends. [3]Et quand l'heure aura passé, tu en délivreras à nouveau un millier de plus qui s'arrêtent pour demander que la vérité leur soit donnée, en même temps qu'à toi.

10. Aujourd'hui la sainte Parole de Dieu est tenue par toi qui la reçois pour la donner, afin que tu puisses enseigner au monde ce que signifie donner en écoutant et en l'apprenant de Lui. [2]N'oublie pas aujourd'hui de renforcer ton choix d'entendre et de recevoir la Parole par ce rappel, que tu t'adresses aussi souvent que possible aujourd'hui :

> [3]*Que je sois calme et que j'écoute la vérité.*
> [4]*Je suis le messager de Dieu aujourd'hui,*
> *Ma voix est la Sienne, pour donner ce que je reçois.*

LEÇON 107

La vérité corrigera toutes les erreurs dans mon esprit.

1.   Qu'est-ce qui peut corriger les illusions, si ce n'est la vérité? [2]Et que sont les erreurs, si ce n'est des illusions qui restent non reconnues pour ce qu'elles sont? [3]Là où est entrée la vérité, les erreurs disparaissent. [4]Elles s'évanouissent simplement sans laisser de trace qui fassent souvenir d'elles. [5]Elles disparaissent parce que, sans croyance, elle n'ont pas de vie. [6]Ainsi disparaissent-elles dans le néant, retournant là d'où elles sont venues. [7]De la poussière à la poussière elles viennent et vont, car seule reste la vérité.

2.   Peux-tu imaginer ce qu'est un état d'esprit sans illusions? [2]Comment tu te sentirais? [3]Essaie de te souvenir d'un moment — une minute peut-être, peut-être même moins — où rien ne vint interrompre ta paix, où tu étais certain d'être aimé et en sécurité. [4]Essaie ensuite de te représenter comment ce serait si ce moment s'étendait jusqu'à la fin des temps et dans l'éternité. [5]Puis laisse le sentiment de quiétude que tu as ressenti être multiplié cent fois, et puis encore multiplié cent autres fois.

3.   Maintenant tu as un avant-goût, pas plus que juste une très mince indication, de l'état dans lequel ton esprit repose quand la vérité est venue. [2]Sans illusions, il ne pourrait y avoir ni peur, ni doute ni attaque. [3]Quand la vérité est venue, toute douleur est terminée, car il n'y a pas de place dans ton esprit où pourraient s'attarder des pensées transitoires et des idées mortes. [4]La vérité occupe ton esprit complètement, te libérant de toutes croyances en l'éphémère. [5]Elles n'ont pas de place parce que la vérité est venue et elles ne sont nulle part. [6]Elles sont introuvables, car la vérité est partout à jamais, maintenant.

4.   Quand la vérité est venue, elle ne reste pas un moment pour ensuite disparaître ou changer en autre chose. [2]Elle ne vire pas ni ne change sa forme, ni ne vient et va puis va et vient à nouveau. [3]Elle reste exactement telle qu'elle a toujours été, fiable en chaque besoin, digne d'une confiance parfaite parmi tous les semblants de difficultés et les doutes que les apparences que le monde présente engendrent. [4]Ils s'envolent simplement quand la vérité corrige les erreurs dans ton esprit.

5.   Quand la vérité est venue, elle abrite dans ses ailes le don de parfaite constance et un amour qui ne chancelle pas en face de

la douleur mais regarde sans cesse au-delà avec sûreté. ²Voilà le don de guérison, car la vérité n'a pas besoin de défense ; par conséquent, nulle attaque n'est possible. ³Les illusions peuvent être portées à la vérité pour être corrigées. ⁴Mais la vérité se tient bien au-delà des illusions et ne peut pas leur être portée pour les tourner en vérité.

6.   La vérité ni ne va ni ne vient, ni ne vire ni ne change, sous une apparence maintenant puis sous une autre, échappant à toute capture, évitant d'être prise. ²Elle ne se cache pas. ³Elle se tient en pleine lumière, clairement accessible. ⁴Il est impossible que quiconque puisse la chercher véritablement et ne réussisse pas. ⁵Cette journée appartient à la vérité. ⁶Donne à la vérité son dû et elle te donnera le tien. ⁷Tu n'étais pas censé souffrir et mourir. ⁸Ton Père veut que ces rêves disparaissent. ⁹Laisse la vérité les corriger tous.

7.   Nous ne demandons pas ce que nous n'avons pas. ²Nous demandons simplement ce qui nous appartient, afin de le reconnaître pour nôtre. ³Aujourd'hui nous pratiquons sur l'heureuse note de certitude qui est née de la vérité. ⁴Les pas chancelants et mal assurés de l'illusion ne sont pas l'approche que nous prenons aujourd'hui. ⁵Nous sommes aussi certains du succès que nous sommes sûrs de vivre et d'espérer et de respirer et de penser. ⁶Nous ne doutons pas que nous marchons avec la vérité aujourd'hui, et nous comptons qu'elle entrera dans tous les exercices que nous faisons en ce jour.

8.   Commence par demander à Celui Qui va avec toi dans cette entreprise d'être présent à ta conscience tandis que tu vas avec Lui. ²Tu n'es pas fait de chair, de sang et d'os, mais tu as été créé par la même Pensée qui Lui fit également le don de vie. ³Il est ton Frère, si pareil à toi que ton Père connaît que vous êtes les mêmes tous les deux. ⁴C'est ton Soi à qui tu demandes d'aller avec toi, or comment pourrait-Il être absent là où tu es ?

9.   La vérité corrigera toutes les erreurs dans ton esprit qui te disent que tu pourrais être à part de Lui. ²C'est à Lui que tu parles aujourd'hui et fais la promesse de laisser Sa fonction s'accomplir par toi. ³Partager Sa fonction, c'est partager Sa joie. ⁴Sa confiance est avec toi lorsque tu dis :

> ⁵*La vérité corrigera toutes les erreurs dans mon esprit,*
> *Et je me reposerai en Celui Qui est mon Soi.*

⁶Puis laisse-Le te conduire doucement à la vérité, qui t'enveloppera et te donnera une paix si profonde et tranquille que c'est à regret que tu retourneras à ton monde familier.

10.   Et pourtant tu seras heureux de regarder ce monde à nouveau. ²Car tu porteras avec toi la promesse des changements que la vérité qui vient avec toi apportera au monde. ³Ils s'augmenteront de chaque don que tu fais de cinq petites minutes, et les erreurs qui entourent le monde seront corrigées comme tu les laisseras être corrigées dans ton esprit.

11.   N'oublie pas ta fonction pour aujourd'hui. ²Chaque fois que tu te dis avec confiance : « La vérité corrigera toutes les erreurs dans mon esprit », tu parles pour le monde entier et pour Celui Qui voudrait délivrer le monde, comme Il voudrait te rendre libre.

LEÇON 108

Donner et recevoir ne font qu'un en vérité.

1.   La vision dépend de l'idée d'aujourd'hui. ²La lumière est en elle, car elle réconcilie tous les semblants d'opposés. ³Et qu'est-ce que la lumière, sauf la résolution, née de la paix, de tous tes conflits et de toutes tes pensées erronées en un seul concept qui est entièrement vrai? ⁴Même celui-ci disparaîtra, parce que la Pensée qui est derrière apparaîtra pour en prendre la place. ⁵Et maintenant tu es en paix à jamais, car alors le rêve est terminé.

2.   La véritable lumière qui rend possible la véritable vision n'est pas la lumière que voient les yeux du corps. ²C'est un état d'esprit qui est devenu tellement unifié que les ténèbres ne peuvent pas du tout être perçues. ³Ainsi, ce qui est le même est vu comme ne faisant qu'un, tandis que ce qui n'est pas le même reste inaperçu, car ce n'est pas là.

3.   Voilà la lumière qui ne montre pas d'opposés, et la vision, étant guérie, a le pouvoir de guérir. ²Voilà la lumière qui apporte ta paix d'esprit à d'autres esprits, pour la partager en se réjouissant de ne faire qu'un avec toi et avec eux-mêmes. ³Voilà la lumière qui guérit parce qu'elle apporte une perception indivisée, basée sur un seul cadre de référence, d'où vient une seule signification.

4.   Ici donner et recevoir sont vus comme des aspects différents d'une même Pensée dont la vérité ne dépend pas de ce qui est vu en premier, ni de ce qui semble être en deuxième place. ²Ici il est compris que les deux se produisent ensemble, pour que la Pensée reste complète. ³Et cette compréhension forme la base sur laquelle tous les opposés sont réconciliés, parce qu'ils sont perçus du même cadre de référence qui unifie cette Pensée.

5.   Une seule pensée, complètement unifiée, servira à unifier toute pensée. ²Cela revient à dire qu'une seule correction suffira pour toute correction, ou qu'il suffit de pardonner entièrement à un frère pour apporter le salut à tous les esprits. ³Car ce ne sont là que quelques cas particuliers d'une seule loi qui vaut pour toutes les sortes d'apprentissage, s'il est dirigé par Celui Qui connaît la vérité.

6.   Apprendre que donner et recevoir sont la même chose est d'une utilité toute particulière, parce qu'il est si facile de l'essayer et de voir que c'est vrai. ²Et quand ce cas particulier a prouvé qu'il

201

marchait toujours, en toute circonstance où il est essayé, la pensée qui est derrière lui peut être généralisée et appliquée à d'autres zones de doute et de double vision. [3]De là elle s'étendra et arrivera finalement à la seule Pensée qui les sous-tend toutes.

7. Aujourd'hui nous nous exerçons avec le cas particulier de donner et recevoir. [2]Nous utiliserons cette simple leçon sur l'évident parce qu'elle a des résultats que nous ne pouvons pas manquer. [3]Donner, c'est recevoir. [4]Aujourd'hui nous tenterons d'offrir la paix à chacun et nous verrons avec quelle rapidité la paix nous revient. [5]La lumière est tranquillité, et c'est dans cette paix que la vision nous est donnée, et nous pouvons voir.

8. Ainsi commençons-nous les périodes d'exercice par l'instruction d'aujourd'hui, et nous disons :

> [2]*Donner et recevoir ne font qu'un en vérité.*
> [3]*Je recevrai ce que je donne maintenant.*

[4]Puis ferme les yeux et pendant cinq minutes pense à ce que tu voudrais offrir à chacun, pour l'avoir toi-même. [5]Tu pourrais dire, par exemple :

> [6]*À chacun j'offre la quiétude.*
> [7]*À chacun j'offre la paix de l'esprit.*
> [8]*À chacun j'offre la douceur.*

9. Dis chaque phrase lentement, puis arrête-toi un instant en t'attendant à recevoir le don que tu as fait. [2]Et il viendra à toi dans la mesure où tu l'as donné. [3]Tu verras qu'il t'est rendu d'une manière exacte, car c'est ce que tu as demandé. [4]Cela pourrait aussi t'aider de penser à quelqu'un à qui faire tes dons. [5]Il représente les autres, et à travers lui tu donnes à tous.

10. Notre leçon d'aujourd'hui, qui est très simple, t'apprendra beaucoup. [2]Effet et cause seront beaucoup mieux compris désormais, et nous progresserons bien plus vite maintenant. [3]Pense aux exercices d'aujourd'hui comme à de rapides avancées dans ton apprentissage, rendu plus rapide encore et plus sûr chaque fois que tu dis : « Donner et recevoir ne font qu'un en vérité. »

LEÇON 109

Je repose en Dieu.

1. Nous demandons le repos aujourd'hui et une quiétude inébranlée par les apparences du monde. [2]Nous demandons la paix et le calme, parmi tout le tumulte né du heurt des rêves. [3]Nous demandons la sécurité et le bonheur, même s'il semble que nous voyons le danger et le chagrin. [4]Nous avons la pensée qui répondra à notre requête par ce que nous demandons.

2. «Je repose en Dieu.» [2]Cette pensée t'apportera le repos et la quiétude, la paix et le calme, la sécurité et le bonheur que tu recherches. [3]«Je repose en Dieu.» [4]Cette pensée a le pouvoir de réveiller la vérité endormie en toi, dont la vision voit par-delà les apparences jusqu'à cette même vérité en tous et en tout ce qu'il y a. [5]Voici la fin de la souffrance pour le monde entier et pour chacun de ceux qui sont jamais venus ou qui viendront encore s'attarder un moment. [6]Voici la pensée dans laquelle le Fils de Dieu est né à nouveau, pour se reconnaître lui-même.

3. «Je repose en Dieu.» [2]Complètement imperturbé, cette pensée te transportera au travers les orages et les luttes, passé la misère et la douleur, passé la perte et la mort, et vers la certitude de Dieu. [3]Il n'y a pas de souffrance qu'elle ne puisse guérir. [4]Il n'y a pas de problème qu'elle ne puisse résoudre. [5]Et pas d'apparence qui ne tourne en vérité devant tes yeux, toi qui reposes en Dieu.

4. Voici le jour de la paix. [2]Tu reposes en Dieu et tandis que le monde est déchiré par des vents de haine, ton repos reste complètement imperturbé. [3]Ton repos est celui de la vérité. [4]Les apparences ne peuvent pas te troubler. [5]Tu appelles tous tes frères à se joindre à toi dans ton repos; et ils entendront et viendront à toi parce que tu reposes en Dieu. [6]Ils n'entendront pas d'autre voix que la tienne parce que tu as donné ta voix à Dieu, et maintenant tu reposes en Lui et Le laisses parler par toi.

5. En Lui tu n'as ni soucis ni préoccupations, ni fardeaux, ni anxiété, ni douleur, ni peur du futur ni regrets passés. [2]Dans l'intemporel tu reposes, pendant que le temps passe sans te toucher, car ton repos ne peut jamais changer en aucune façon. [3]Tu te reposes aujourd'hui. [4]Tout en fermant les yeux, plonge dans le calme. [5]Laisse ces périodes de repos et de répit rassurer ton esprit : tous ses fantasmes frénétiques n'étaient que les rêves d'une fièvre qui

a passé. [6]Laisse-le être calme et accepter sa guérison avec reconnaissance. [7]Il ne viendra plus de rêves effrayants, maintenant que tu reposes en Dieu. [8]Prends le temps aujourd'hui de glisser des rêves dans la paix.

6. À chaque heure où tu prends ton repos aujourd'hui, un esprit fatigué est rendu joyeux soudainement, un oiseau aux ailes brisées commence à chanter, un ruisseau depuis longtemps asséché se remet à couler. [2]Le monde est né à nouveau chaque fois que tu reposes et te souviens à chaque heure que tu es venu apporter la paix de Dieu dans le monde, afin qu'il prenne son repos avec toi.

7. Chaque fois que tu reposes cinq minutes aujourd'hui, le monde se rapproche de son éveil. [2]Et le temps où le repos sera la seule chose qui soit se rapproche de tous les esprits usés et fatigués, trop las maintenant pour avancer seuls sur leur chemin. [3]Ils entendront l'oiseau recommencer à chanter, verront le ruisseau se remettre à couler et avanceront d'un pas plus léger, leur espoir renaissant et leur énergie restaurée, sur la route qui semblera soudain facile.

8. Tu reposes dans la paix de Dieu aujourd'hui, et depuis ton repos tu appelles tes frères pour les attirer vers leur repos, avec toi. [2]Tu seras fidèle à ta charge aujourd'hui, n'oubliant personne, amenant chacun dans le cercle illimité de ta paix, le saint sanctuaire où tu reposes. [3]Ouvre les portes du temple et laisse-les venir de l'autre bout du monde, comme de tout près : tes frères lointains et tes amis les plus proches ; invite-les tous à entrer ici et à reposer avec toi.

9. Tu reposes dans la paix de Dieu aujourd'hui, en quiétude et sans peur. [2]Chaque frère vient y prendre son repos et te l'offrir. [3]Nous reposons ensemble ici, car ainsi notre repos est rendu complet, et ce que nous donnons aujourd'hui, nous l'avons déjà reçu. [4]Le temps n'est pas le gardien de ce que nous donnons aujourd'hui. [5]Nous donnons à ceux qui ne sont pas nés et à ceux qui sont disparus, à chaque Pensée de Dieu et à l'Esprit dans lequel ces Pensées sont nées et où elles reposent. [6]Et nous leur rappelons leur lieu de repos chaque fois que nous nous disons : « Je repose en Dieu. »

LEÇON 110

Je suis tel que Dieu m'a créé.

1. Nous répéterons l'idée d'aujourd'hui de temps en temps. ²Car cette seule pensée suffirait pour te sauver et sauver le monde, si tu croyais qu'elle est vraie. ³Sa vérité signifierait que tu n'as fait aucun changement en toi qui soit réel, ni changé l'univers de telle sorte que ce que Dieu a créé a été remplacé par la peur et le mal, la misère et la mort. ⁴Si tu restes tel que Dieu t'a créé, la peur n'a pas de signification, le mal n'est pas réel et la misère et la mort n'existent pas.

2. L'idée d'aujourd'hui est donc tout ce dont tu as besoin pour laisser la complète correction guérir ton esprit et te donner la vision parfaite qui guérira toutes les erreurs faites en n'importe quel temps et en n'importe quel lieu par n'importe quel esprit. ²Elle suffit pour guérir le passé et libérer le futur. ³Elle suffit pour laisser le présent être accepté tel qu'il est. ⁴Elle suffit pour laisser le temps être le moyen par lequel le monde entier apprend à échapper du temps, et de chaque changement que le temps semble apporter en passant.

3. Si tu restes tel que Dieu t'a créé, les apparences ne peuvent pas remplacer la vérité, la santé ne peut pas tourner en maladie et la mort ne peut pas être le substitut de la vie, ni la peur de l'amour. ²Tout cela ne s'est pas produit, si tu restes tel que Dieu t'a créé. ³Tu n'as besoin d'aucune autre pensée que celle-là, pour laisser la rédemption venir éclairer le monde et le libérer du passé.

4. Dans cette seule pensée tout le passé est défait, et le présent est sauvé pour s'étendre quiètement dans un futur intemporel. ²Si tu es tel que Dieu t'a créé, alors il n'y a pas eu de séparation de ton esprit d'avec le Sien, pas de division entre ton esprit et les autres esprits, et seulement l'unité dans le tien.

5. Le pouvoir de guérison de l'idée d'aujourd'hui est illimité. ²Elle est le lieu où naissent tous les miracles, le grand restaurateur de la vérité à la conscience du monde. ³Répète l'idée d'aujourd'hui avec gratitude. ⁴Voilà la vérité qui vient te rendre libre. ⁵Voilà la vérité que Dieu t'a promise. ⁶Voilà la Parole dans laquelle prend fin tout chagrin.

6. Pour tes périodes d'exercice de cinq minutes, commence par cette citation du texte :

> ²*Je suis tel que Dieu m'a créé.* ³*Son Fils ne peut pas souffrir.*
> ⁴*Et je suis Son Fils.*

7.   Puis, avec cet énoncé fermement à l'esprit, essaie de découvrir dans ton esprit le Soi Qui est le saint Fils de Dieu Lui-même.

8.   Cherche-Le en toi Qui est le Christ en toi, le Fils de Dieu et un frère pour le monde ; le Sauveur Qui a été sauvé à jamais, Qui a le pouvoir de sauver quiconque Le touche, même très légèrement, demandant la Parole qui lui dit qu'il est Son frère.

9.   Tu es tel que Dieu t'a créé. ²Aujourd'hui, rends honneur à ton Soi. ³Ne laisse pas les images sculptées que tu as faites pour être le Fils de Dieu au lieu de ce qu'il est être adorées aujourd'hui. ⁴Au plus profond de ton esprit, le saint Christ en toi attend que tu Le reconnaisses en tant que toi. ⁵Tu es perdu et tu ne te connais pas toi-même tant qu'Il n'est pas reconnu ni connu.

10.   Cherche-Le aujourd'hui, et trouve-Le. ²Il sera ton Sauveur de toutes les idoles que tu as faites. ³Car quand tu L'auras trouvé, tu comprendras combien tes idoles sont sans valeur, combien sont fausses les images que tu croyais être toi. ⁴Aujourd'hui nous faisons un grand pas en avant vers la vérité en lâchant prise des idoles, ouvrant nos mains, notre cœur et notre esprit à Dieu.

11.   Nous nous souviendrons de Lui tout le long de la journée, avec un cœur plein de gratitude et des pensées pleines d'amour pour tous ceux que nous rencontrons aujourd'hui. ²Car c'est ainsi que nous nous souvenons de Lui. ³Et nous dirons, pour nous rappeler Son Fils, notre saint Soi, le Christ en chacun de nous :

> ⁴*Je suis tel que Dieu m'a créé.*

⁵Déclarons cette vérité aussi souvent que nous le pouvons. ⁶C'est la Parole de Dieu qui te rend libre. ⁷C'est la clé qui ouvre la porte du Ciel et te laisse entrer dans la paix de Dieu et Son éternité.

RÉVISION III

Introduction

1. Notre prochaine révision commence aujourd'hui. [2]Chaque jour nous réviserons deux leçons récentes pour dix jours consécutifs de mise en pratique. [3]Pour ces périodes d'exercice, nous observerons une formule particulière qu'il t'est fortement conseillé de suivre le plus étroitement possible.

2. Nous comprenons, bien sûr, qu'il est peut-être impossible pour toi d'entreprendre chaque jour et à chaque heure du jour ce qui est suggéré ici comme l'optimum. [2]L'apprentissage ne sera pas entravé si tu sautes une période d'exercice parce que cela t'est impossible à l'heure prévue. [3]Il n'est pas nécessaire non plus que tu fasses des efforts excessifs pour être sûr de te rattraper quant au nombre. [4]Le rituel n'est pas ce que nous visons et cela irait à l'encontre de notre but.

3. Mais l'apprentissage sera entravé si tu sautes une période d'exercice parce que tu es indésireux d'y consacrer le temps qu'il t'est demandé de donner. [2]Ne t'y trompe pas. [3]L'indésir peut être très soigneusement dissimulé sous le couvert de situations que tu ne peux contrôler. [4]Apprends à distinguer les situations qui se prêtent mal aux exercices de celles que tu établis pour soutenir le camouflage de cet indésir.

4. Ces périodes d'exercice perdues parce que tu ne voulais pas les faire, quelle que soit la raison, devraient être faites aussitôt que tu as changé d'esprit sur ton but. [2]Tu es indésireux de coopérer à la pratique du salut seulement si cela interfère avec des buts qui te sont plus chers. [3]Après leur avoir retiré la valeur que tu leur donnais, permets à tes périodes d'exercice de remplacer tes litanies à leur adresse. [4]Ils ne t'ont rien donné. [5]Mais tes exercices peuvent tout t'offrir. [6]Accepte donc ce qu'ils t'offrent et sois en paix.

5. La formule à utiliser pour ces révisions est la suivante : Deux fois par jour consacre cinq minutes, ou plus si tu préfères, à considérer les pensées qui sont assignées. [2]Relis les idées et les commentaires inscrits pour l'exercice de chaque jour. [3]Puis commence à y penser en laissant ton esprit les rapporter à tes besoins, à tes problèmes apparents et à toutes tes préoccupations.

6. Place les idées dans ton esprit et laisse-le les utiliser comme bon lui semble. [2]Aie foi en ce qu'il les utilisera sagement, aidé dans ses

décisions par Celui Qui t'a donné les pensées. [3]À quoi peux-tu te fier, sinon à ce qui est dans ton esprit? [4]Dans ces révisions, aie foi en ce que les moyens qu'utilise le Saint-Esprit n'échoueront pas. [5]La sagesse de ton esprit te viendra en aide. [6]Donne les instructions au départ, puis détends-toi avec une foi tranquille, et laisse l'esprit employer les pensées que tu lui as données telles qu'elles t'ont été données pour son usage.

7. Elles t'ont été données avec une parfaite confiance, une parfaite assurance que tu en ferais bon usage, une foi parfaite en ce que tu verrais leurs messages et les utiliserais pour toi-même. [2]Offre-les à ton esprit avec la même confiance, la même assurance et la même foi. [3]Il n'échouera pas. [4]Il est le moyen que le Saint-Esprit a choisi pour ton salut. [5]Puisqu'il a Sa confiance, Son moyen doit sûrement mériter la tienne aussi.

8. Nous mettons l'accent sur les bénéfices pour toi si tu consacres les cinq premières minutes de la journée à tes révisions, et leur donnes aussi les cinq dernières minutes de veille de ta journée. [2]Si cela ne peut pas se faire, essaie au moins de les diviser de manière à en entreprendre une le matin et une autre dans l'heure juste avant de te coucher.

9. Les exercices à faire tout le long de la journée sont tout aussi importants et ont peut-être même une plus grande valeur. [2]Tu as été enclin à ne t'exercer qu'aux moments prévus, puis à passer à d'autres choses sans appliquer à ces choses ce que tu as appris. [3]Avec pour résultat que tu n'as gagné que peu de renforcement et n'as pas donné à ton apprentissage une vraie chance de prouver l'importance de ses dons potentiels. [4]Voici une autre chance d'en faire bon usage.

10. Dans ces révisions nous insistons sur le besoin de ne pas laisser ton apprentissage dormir entre tes périodes d'exercice plus longues. [2]Essaie de réviser brièvement mais sérieusement les deux idées quotidiennes à chaque heure. [3]Utilise l'une à l'heure, et l'autre une demi-heure plus tard. [4]Tu n'as pas besoin d'accorder plus d'un instant à chacune. [5]Répète l'idée, puis permets à ton esprit de se reposer un moment en silence et en paix. [6]Ensuite passe à d'autres choses, mais essaie de garder la pensée avec toi, et laisse-la te servir d'aide pour garder ta paix aussi tout le long du jour.

11. Si tu es secoué, penses-y de nouveau. [2]Ces périodes d'exercice sont conçues pour t'aider à développer l'habitude d'appliquer ce que tu apprends chaque jour à tout ce que tu fais. [3]Ne répète pas

l'idée pour la mettre ensuite de côté. ⁴Il n'y a pas de limites à son utilité pour toi. ⁵Elle est censée te servir de toutes les façons, en tout temps et en tout lieu, et chaque fois que tu as besoin d'une aide quelconque. ⁶Essaie donc de l'emporter avec toi dans les activités de la journée et de la rendre sainte, digne du Fils de Dieu, acceptable pour Dieu et pour ton Soi.

12.   Les révisions de chaque jour se concluront par la répétition de la pensée à utiliser à chaque heure, ainsi que de celle à appliquer à la demi-heure. ²Ne les oublie pas. ³Pour chacune de ces idées cette seconde chance apportera de si grandes avancées, et nous retirerons de ces révisions des gains si importants pour notre apprentissage, que nous continuerons sur un terrain plus solide, d'un pas plus assuré et avec une foi plus grande.

13.   N'oublie pas comme tu as peu appris.
²N'oublie pas comme tu peux apprendre
beaucoup maintenant.
³N'oublie pas le besoin que ton Père a de toi,
Tout en révisant ces pensées qu'Il t'a données.

LEÇON 111

À réviser matin et soir :

1. (91) **Les miracles se voient dans la lumière.**

    [2]Je ne peux pas voir dans les ténèbres. [3]Que la lumière de la sainteté et de la vérité éclaire mon esprit, et me laisse voir l'innocence au-dedans.

2. (92) **Les miracles se voient dans la lumière, et la lumière et la force ne font qu'un.**

    [2]Je vois par la force, le don que Dieu m'a fait. [3]Ma faiblesse est la noirceur que Son don dissipe, en me donnant Sa force pour en prendre la place.

3. À l'heure :
    [2]Les miracles se voient dans la lumière.

    [3]À la demi-heure :
    [4]Les miracles se voient dans la lumière, et la lumière et la force ne font qu'un.

LEÇON 112

À réviser matin et soir :

1. (93) **La lumière, la joie et la paix demeurent en moi.**

> *²Je suis la demeure de la lumière, de la joie et de la paix. ³Je les accueille dans la demeure que je partage avec Dieu, parce que je fais partie de Lui.*

2. (94) **Je suis tel que Dieu m'a créé.**

> *²Je resterai à jamais tel que j'étais, créé par l'Inchangeable pareil à Lui-même. ³Et je ne fais qu'un avec Lui, comme Lui avec moi.*

3. À l'heure :
   ²La lumière, la joie et la paix demeurent en moi.

   ³À la demi-heure :
   ⁴Je suis tel que Dieu m'a créé.

LEÇON 113

À réviser matin et soir :

1. (95) **Je suis un seul Soi, uni à mon Créateur.**

> [2]*La sérénité et la paix parfaite sont miennes, parce que je suis un seul Soi, complètement entier, ne faisant qu'un avec toute la création et avec Dieu.*

2. (96) **Le salut vient de mon seul Soi.**

> [2]*De mon seul Soi, Dont la connaissance reste encore dans mon esprit, je vois le plan parfait de Dieu pour mon salut parfaitement accompli.*

3. À l'heure :
[2]**Je suis un seul Soi, uni à mon Créateur.**

[3]À la demi-heure :
[4]**Le salut vient de mon seul Soi.**

LEÇON 114

À réviser matin et soir :

1. (97) **Je suis pur-esprit.**

> [2]*Je suis le Fils de Dieu.* [3]*Aucun corps ne peut contenir mon pur-esprit ni m'imposer une limite que Dieu n'a pas créée.*

2. (98) **J'accepterai mon rôle dans le plan de Dieu pour le salut.**

> [2]*Quelle peut être ma fonction, si ce n'est d'accepter la Parole de Dieu, Qui m'a créé pour ce que je suis et serai à jamais ?*

3. À l'heure :
[2]**Je suis pur-esprit.**

[3]À la demi-heure :
[4]**J'accepterai mon rôle dans le plan de Dieu pour le salut.**

LEÇON 115

À réviser matin et soir :

1. (99) **Le salut est ma seule fonction ici.**

²Ma fonction ici est de pardonner au monde toutes les erreurs que j'ai faites. ³Car ainsi j'en suis délivré avec le monde entier.

2. (100) **Mon rôle est essentiel au plan de Dieu pour le salut.**

²Je suis essentiel au plan de Dieu pour le salut du monde. ³Car Il m'a donné Son plan afin que je sauve le monde.

3. À l'heure :
²**Le salut est ma seule fonction ici.**

³À la demi-heure :
⁴**Mon rôle est essentiel au plan de Dieu pour le salut.**

LEÇON 116

À réviser matin et soir :

1. (101) **La Volonté de Dieu pour moi est le parfait bonheur.**

   ²La Volonté de Dieu est le parfait bonheur pour moi.
   ³Et je ne peux souffrir que de la croyance qu'il y a une
   autre volonté à part de la Sienne.

2. (102) **Je partage la Volonté de Dieu de bonheur pour moi.**

   ²Je partage la Volonté de mon Père pour moi, Son Fils.
   ³Ce qu'il m'a donné est tout ce que je veux. ⁴Ce qu'il
   m'a donné est tout ce qu'il y a.

3. À l'heure :
   ²La Volonté de Dieu pour moi est le parfait bonheur.

   ³À la demi-heure :
   ⁴Je partage la Volonté de Dieu de bonheur pour moi.

LEÇON 117

À réviser matin et soir :

1. (103) **Dieu, étant Amour, est aussi bonheur.**

   [2]*Que je me souvienne que l'amour est le bonheur, et que rien d'autre n'apporte la joie.* [3]*Ainsi je choisis de ne pas entretenir de substituts à l'amour.*

2. (104) **Je ne cherche que ce qui m'appartient en vérité.**

   [2]*L'amour est mon héritage, et avec lui la joie.* [3]*Ce sont les dons que mon Père m'a faits.* [4]*Je voudrais accepter tout ce qui est mien en vérité.*

3. À l'heure :
   [2]**Dieu, étant Amour, est aussi bonheur.**

   [3]À la demi-heure :
   [4]**Je ne cherche que ce qui m'appartient en vérité.**

LEÇON 118

À réviser matin et soir :

1. (105) La paix et la joie de Dieu sont miennes.

> *[2]Aujourd'hui j'accepterai la paix et la joie de Dieu, en joyeux échange contre tous les substituts que j'ai faits au bonheur et à la paix.*

2. (106) Que je sois calme et que j'écoute la vérité.

> *[2]Que ma propre petite et faible voix se taise, et que j'entende la Voix puissante pour la Vérité Elle-même m'assurer que je suis le Fils parfait de Dieu.*

3. À l'heure :
[2]La paix et la joie de Dieu sont miennes.

[3]À la demi-heure :
[4]Que je sois calme et que j'écoute la vérité.

LEÇON 119

À réviser matin et soir :

1. (107) **La vérité corrigera toutes les erreurs dans mon esprit.**

   [2]*Je fais erreur quand je pense pouvoir être blessé de quelque façon que ce soit.* [3]*Je suis le Fils de Dieu, dont le Soi repose en sécurité dans l'Esprit de Dieu.*

2. (108) **Donner et recevoir ne font qu'un en vérité.**

   [2]*Je pardonnerai toutes choses aujourd'hui, afin d'apprendre comment accepter la vérité en moi, et en venir à reconnaître mon impeccabilité.*

3. À l'heure :
   [2]**La vérité corrigera toutes les erreurs dans mon esprit.**

   [3]À la demi-heure :
   [4]**Donner et recevoir ne font qu'un en vérité.**

LEÇON 120

À réviser matin et soir :

1. (109) Je repose en Dieu.

> [2]*Je repose en Dieu aujourd'hui, et je Le laisse œuvrer en moi et par moi, tandis que je repose en Lui en quiétude et en parfaite certitude.*

2. (110) Je suis tel que Dieu m'a créé.

> [2]*Je suis le Fils de Dieu.* [3]*Aujourd'hui je mets de côté toutes les illusions malades de moi-même, et je laisse mon Père me dire Qui je suis réellement.*

3. À l'heure :
[2]Je repose en Dieu.

[3]À la demi-heure :
[4]Je suis tel que Dieu m'a créé.

LEÇON 121

Le pardon est la clef du bonheur.

1. Voilà la réponse à ta quête de paix. [2]Voilà la clef de la signification dans un monde qui semble n'avoir aucun sens. [3]Voilà la voie vers la sécurité parmi les dangers apparents qui semblent te menacer à chaque tournant et rendre incertains tous tes espoirs de jamais trouver la quiétude et la paix. [4]Voilà la réponse à toutes les questions ; voilà la fin de toute incertitude enfin assurée.

2. L'esprit qui ne pardonne pas est rempli de peur et n'offre à l'amour aucune place pour être soi-même ; aucune place où il puisse déployer ses ailes en paix et s'essorer au-dessus du tumulte du monde. [2]L'esprit qui ne pardonne pas est triste, sans espoir de répit ni de délivrance de la douleur. [3]Il souffre et demeure dans la misère, scrutant les ténèbres sans y voir, et pourtant certain du danger qui le guette.

3. L'esprit qui ne pardonne pas est déchiré par le doute, confus, incertain de ce qu'il est et de tout ce qu'il voit ; apeuré, en colère, faible et bravache ; il a peur d'avancer, peur de rester, peur de s'éveiller ou de s'endormir, peur de chaque son et plus peur encore du silence ; il est terrifié par les ténèbres, mais plus terrifié encore à l'approche de la lumière. [2]Que peut percevoir l'esprit qui ne pardonne pas, si ce n'est sa damnation ? [3]Que peut-il contempler, sauf la preuve que tous ses péchés sont réels ?

4. L'esprit qui ne pardonne pas ne voit pas d'erreurs, mais seulement des péchés. [2]Il regarde le monde avec des yeux qui ne voient pas et pousse des hurlements en voyant ses propres projections se dresser pour attaquer sa misérable parodie de la vie. [3]Il veut vivre, or il souhaiterait être mort. [4]Il veut le pardon, or il ne voit aucun espoir. [5]Il veut l'évasion, or il ne peut en concevoir aucune parce qu'il voit le péché partout.

5. L'esprit qui ne pardonne pas est désespéré, sans perspective d'un futur qui puisse offrir autre chose qu'un plus grand désespoir. [2]Or il considère que son jugement sur le monde est irréversible et il ne voit pas qu'il s'est lui-même condamné à ce désespoir. [3]Il pense qu'il ne peut pas changer, car ce qu'il voit témoigne que son jugement est correct. [4]Il ne demande pas, parce qu'il pense savoir. [5]Il ne remet rien en question, certain d'avoir raison.

6. Le pardon s'acquiert. ²Il n'est pas inhérent à l'esprit, lequel ne peut pécher. ³De même que le péché est une idée que tu t'es enseignée toi-même, tu dois aussi apprendre le pardon, mais d'un Enseignant autre que toi-même, Qui représente l'autre Soi en toi. ⁴Par Lui tu apprends comment pardonner au soi que tu penses avoir fait, puis tu le laisses disparaître. ⁵Ainsi tu rends ton esprit indivisé à Celui Qui est ton Soi, et Qui ne peut jamais pécher.

7. Chaque esprit qui ne pardonne pas t'offre l'occasion d'enseigner au tien comment se pardonner. ²Chacun attend sa délivrance de l'enfer par toi, et se retourne vers toi en t'implorant pour avoir le Ciel ici et maintenant. ³Il n'a pas d'espoir, mais tu deviens son espoir. ⁴Et étant son espoir, tu deviens le tien. ⁵L'esprit qui ne pardonne pas doit apprendre par ton pardon qu'il a été sauvé de l'enfer. ⁶Et comme tu enseignes le salut, tu l'apprendras. ⁷Or tout ton enseignement et tout ton apprentissage ne seront pas de toi, mais de l'Enseignant Qui t'a été donné pour te montrer la voie.

8. Aujourd'hui nous nous exerçons à apprendre à pardonner. ²Si tu le désires, tu peux apprendre aujourd'hui à prendre la clef du bonheur et à l'utiliser pour ton propre bien. ³Nous consacrerons dix minutes le matin, et dix minutes encore le soir, à apprendre comment donner le pardon et comment aussi le recevoir.

9. L'esprit qui ne pardonne pas ne croit pas que donner et recevoir sont la même chose. ²Or nous allons essayer d'apprendre aujourd'hui qu'ils ne font qu'un en nous exerçant à pardonner à quelqu'un que tu penses être ton ennemi, et à quelqu'un que tu considères comme un ami. ³Et comme tu apprendras à les voir ne faisant qu'un, nous étendrons la leçon à toi et nous verrons que leur évasion comprenait la tienne.

10. Commence les périodes d'exercice plus longues en pensant à quelqu'un que tu n'aimes pas beaucoup, qui semble t'irriter ou que tu regretterais d'avoir à rencontrer ; quelqu'un que tu méprises vraiment ou que tu essaies simplement d'ignorer. ²Peu importe la forme que prend ta colère. ³Tu l'as probablement déjà choisi. ⁴Il fera l'affaire.

11. Maintenant ferme les yeux, vois-le dans ton esprit et regarde-le un moment. ²Essaie de percevoir quelque lumière en lui quelque part, une petite lueur que tu n'avais jamais remarquée. ³Essaie de trouver une petite étincelle de clarté brillant à travers la laide image que tu as de lui. ⁴Regarde cette image jusqu'à ce que tu y voies quelque part une lumière, puis essaie de laisser cette lumière s'étendre jusqu'à le recouvrir et rendre l'image belle et bonne.

12.   Regarde un moment cette perception changée, puis tourne ton esprit vers quelqu'un que tu appelles un ami. ²Essaie de lui transférer la lumière que tu as appris à voir autour de ton ancien «ennemi». ³Perçois-le maintenant comme plus qu'un ami pour toi, car dans cette lumière sa sainteté te montre ton sauveur, sauvé et sauvant, guéri et entier.

13.   Puis laisse-le t'offrir la lumière que tu vois en lui, et laisse ton «ennemi» et ton ami s'unir pour te bénir en te donnant ce que tu as donné. ²Maintenant tu ne fais qu'un avec eux et eux avec toi. ³Maintenant c'est par toi-même que tu as été pardonné. ⁴Tout le long de la journée, n'oublie pas le rôle que joue le pardon en apportant le bonheur à chaque esprit qui ne pardonne pas, dont le tien. ⁵Dis-toi à chaque heure :

> ⁶*Le pardon est la clef du bonheur.* ⁷*Je m'éveillerai du rêve dans lequel je suis mortel, faillible et plein de péché, et je connaîtrai que je suis le parfait Fils de Dieu.*

LEÇON 122

Le pardon offre tout ce que je veux.

1. Que pourrais-tu vouloir que le pardon ne puisse donner ? ²Veux-tu la paix ? ³Le pardon l'offre. ⁴Veux-tu le bonheur, un esprit tranquille, une certitude quant au but et un sentiment de valeur et de beauté qui transcende le monde ? ⁵Veux-tu sollicitude et sécurité, et la chaleur d'une protection sûre pour toujours ? ⁶Veux-tu une quiétude qui ne peut être dérangée, une douceur qui ne peut jamais être blessée, un bien-être profond et durable et un repos si parfait qu'il ne peut jamais être contrarié ?

2. Tout cela et plus, le pardon te l'offre. ²Il étincelle dans tes yeux quand tu t'éveilles et te donne la joie avec laquelle tu commences la journée. ³Il détend ton front pendant que tu dors et repose sur tes paupières, de sorte que tu ne voies pas de rêves de peur et de mal, de malice et d'attaque. ⁴Et quand tu t'éveilles à nouveau, il t'offre encore un jour de bonheur et de paix. ⁵Tout cela et plus, le pardon te l'offre.

3. Le pardon laisse le voile être levé qui cache la face du Christ à ceux qui posent sur le monde un regard qui ne pardonne pas. ²Il te laisse reconnaître le Fils de Dieu et vide ta mémoire de toutes pensées mortes afin que le souvenir de ton Père puisse franchir le seuil de ton esprit. ³Que voudrais-tu que le pardon ne puisse donner ? ⁴Quels autres dons que ceux-ci valent d'être recherchés ? ⁵Quelle valeur imaginaire, quel effet banal ou quelle promesse passagère, qui jamais ne sera tenue, peut contenir plus d'espoir que ce qu'apporte le pardon ?

4. Pourquoi chercherais-tu une réponse autre que la réponse qui répondra à tout ? ²Voilà la parfaite réponse, donnée à des questions imparfaites, des requêtes in-signifiantes, un désir sans enthousiasme d'entendre, et moins qu'une moitié de diligence et une confiance partielle. ³Voilà la réponse ! ⁴Ne la cherche plus. ⁵Tu n'en trouveras pas d'autre à la place.

5. Le plan de Dieu pour ton salut ne peut changer ni ne peut échouer. ²Sois reconnaissant de ce qu'il reste exactement comme Il l'a prévu. ³Inchangeablement, il se tient devant toi comme une porte ouverte, et passé le seuil il t'appelle avec chaleur et bienvenue, t'enjoignant à entrer et à faire comme chez toi, où tu es à ta place.

6.   Voilà la réponse! ²Voudrais-tu rester dehors pendant que le Ciel tout entier t'attend à l'intérieur? ³Pardonne et sois pardonné. ⁴Comme tu donnes, tu recevras. ⁵Il n'y a pas d'autre plan pour le salut du Fils de Dieu. ⁶Réjouissons-nous aujourd'hui qu'il en soit ainsi, car ici nous avons une réponse, claire et nette, au-delà de toute tromperie en sa simplicité. ⁷Toutes les complexités que le monde a tissées de fragiles toiles d'araignée disparaissent devant la puissance et la majesté de cet énoncé extrêmement simple de la vérité.

7.   Voilà la réponse! ²Ne t'en détourne pas pour errer de nouveau sans but. ³Accepte le salut maintenant. ⁴C'est le don de Dieu, et non du monde. ⁵Le monde ne peut pas faire de dons d'une quelconque valeur à un esprit qui a reçu comme sien ce que Dieu a donné. ⁶Dieu veut que le salut soit reçu aujourd'hui, et que les embrouillements de tes rêves ne t'en cachent plus le néant.

8.   Ouvre les yeux aujourd'hui et regarde un monde heureux de sécurité et de paix. ²Le pardon est le moyen par lequel il vient prendre la place de l'enfer. ³Dans la quiétude, il se lève pour saluer tes yeux ouverts et remplir ton cœur d'une profonde tranquillité tandis que d'anciennes vérités, à jamais nouveau-nées, montent à ta conscience. ⁴Ce dont tu te souviendras alors est à jamais indescriptible. ⁵Or ton pardon te l'offre.

9.   En nous souvenant des dons que fait le pardon, nous entreprenons nos exercices aujourd'hui avec la foi et l'espoir que ce sera le jour où le salut sera à nous. ²C'est avec sincérité et joie que nous le chercherons aujourd'hui, conscients que nous tenons la clef dans nos mains, acceptant la réponse du Ciel à l'enfer que nous avons fait, mais où nous ne voudrions plus rester.

10.   Matin et soir nous donnons avec joie un quart d'heure à la quête dans laquelle la fin de l'enfer est garantie. ²Commence avec espoir, car nous avons atteint le tournant où la route devient bien plus facile. ³Maintenant le chemin est court qui nous reste à parcourir. ⁴Nous sommes certes près de la fin désignée du rêve.

11.   Immerge-toi dans le bonheur en commençant les périodes d'exercice, car elles te présentent les sûres récompenses des questions qui ont reçu réponse et ce qu'apporte ton acceptation de la réponse. ²Aujourd'hui il te sera donné de ressentir la paix qu'offre le pardon ainsi que la joie que le lever du voile te présente.

12.   Devant la lumière que tu recevras aujourd'hui, le monde pâlira jusqu'à disparaître, et tu verras se lever un autre monde que tu n'as pas de mots pour représenter. ²Maintenant nous entrons

directement dans la lumière et nous recevons les dons qui ont été tenus en réserve pour nous depuis le commencement du temps, et gardés en attente de ce jour.

13.   Le pardon offre tout ce que tu veux. ²Aujourd'hui toutes les choses que tu veux te sont données. ³Ne laisse pas tes dons s'estomper durant la journée, quand tu retournes à nouveau dans un monde de changements et de retournements, ainsi que de mornes apparences. ⁴Garde tes dons clairement à la conscience en voyant l'inchangeable au cœur du changement, la lumière de la vérité derrière les apparences.

14.   Ne sois pas tenté de laisser tes dons s'échapper et glisser dans l'oubli, mais tiens-les fermement à l'esprit en tentant d'y penser au moins une minute au passage de chaque quart d'heure. ²Rappelle-toi combien ces dons sont précieux par le rappel suivant, qui a le pouvoir de tenir tes dons dans ta conscience tout le long de la journée :

> ³*Le pardon offre tout ce que je veux.*
> ⁴*Aujourd'hui j'ai accepté cela pour vrai.*
> ⁵*Aujourd'hui j'ai reçu les dons de Dieu.*

LEÇON 123

Je remercie mon Père des dons qu'Il me fait.

1.   Soyons pleins de gratitude aujourd'hui. ²Nous sommes arrivés à des sentiers plus doux et des routes plus lisses. ³Il n'y a pas de pensée de retour en arrière et pas de résistance implacable à la vérité. ⁴Il reste quelque vacillement, quelques petites objections et un peu d'hésitation, mais tu peux bien être reconnaissant des gains que tu as faits et qui sont bien plus grands que tu ne l'imagines.

2.   Une journée consacrée maintenant à la gratitude ajoutera le bénéfice d'avoir une idée de la mesure réelle de tous les gains que tu as faits, des dons que tu as reçus. ²Sois heureux aujourd'hui, et rempli d'amour reconnaissant, que ton Père ne t'ait pas laissé à toi-même ni laissé errer seul dans les ténèbres. ³Sois reconnaissant qu'Il t'ait sauvé du soi que tu pensais avoir fait pour prendre Sa place et celle de Sa création. ⁴Rends-Lui grâce aujourd'hui.

3.   Remercie-Le de ne pas t'avoir abandonné et de ce que Son Amour continuera à jamais de luire sur toi, à jamais sans changement. ²Rends grâce aussi d'être inchangeable, car le Fils qu'Il aime est inchangeable comme Lui. ³Sois reconnaissant d'être sauvé. ⁴Sois heureux d'avoir une fonction à remplir dans le salut. ⁵Sois reconnaissant de ce que ta valeur transcende de loin tes maigres dons et tes jugements mesquins sur celui que Dieu a établi comme Son Fils.

4.   Avec gratitude aujourd'hui nous élevons nos cœurs au-dessus du désespoir, et nous levons des yeux reconnaissants et non plus baissés vers la poussière. ²Aujourd'hui nous entonnons le chant de gratitude, en l'honneur du Soi dont Dieu a voulu qu'Il soit notre véritable Identité en Lui. ³Aujourd'hui nous sourions à chacun de ceux que nous voyons tandis que nous allons d'un pas plus léger faire ce qui nous est assigné.

5.   Nous n'allons pas seuls. ²Et nous rendons grâce de ce qu'en notre solitude un Ami soit venu pour nous dire la Parole salvatrice de Dieu. ³Et merci à toi de L'écouter. ⁴Sa Parole est muette si elle n'est pas entendue. ⁵En Le remerciant, les remerciements sont aussi pour toi. ⁶Un message inentendu ne sauvera pas le monde, quelle que soit la puissance de la Voix qui parle, quel que soit l'amour que contient le message.

6. Merci à toi qui as entendu, car tu deviens le messager qui porte Sa Voix avec toi et laisse Son écho résonner tout autour du monde. ²Reçois les remerciements de Dieu aujourd'hui, tandis que tu Le remercies. ³Car tes remerciements, Il voudrait te les offrir, puisqu'Il reçoit tes dons avec amour et gratitude, et te les rend mille fois et cent mille fois de plus qu'ils n'ont été donnés. ⁴Il bénira tes dons en les partageant avec toi. ⁵Ainsi ils s'accroissent en pouvoir et en force, jusqu'à remplir le monde de bonheur et de gratitude.

7. Reçois Ses remerciements et offre-Lui les tiens pendant quinze minutes deux fois aujourd'hui. ²Et tu te rendras compte à Qui tu rends grâce, et Qui Il remercie quand tu Le remercies. ³Cette demi-heure sainte à Lui donnée te sera rendue en années pour chaque seconde ; en pouvoir de sauver le monde incommensurablement plus vite pour L'avoir remercié.

8. Reçois Ses remerciements et tu comprendras avec quel amour Il te tient dans Son Esprit, combien est profonde et illimitée Sa sollicitude pour toi, combien est parfaite Sa gratitude envers toi. ²Souviens-toi de penser à Lui à chaque heure et rends-Lui grâce de tout ce qu'Il a donné à Son Fils, afin qu'il s'élève au-dessus du monde, se souvenant de son Père et de son Soi.

LEÇON 124

Que je me souvienne que je ne fais qu'un avec Dieu.

1.   Aujourd'hui nous rendrons grâce à nouveau de notre Identité en Dieu. ²Notre demeure est sûre, notre protection est garantie dans tout ce que nous faisons, et le pouvoir et la force sont à notre disposition dans toutes nos entreprises. ³Nous ne pouvons échouer en rien. ⁴Tout ce que nous touchons prend une lumière brillante qui bénit et qui guérit. ⁵Ne faisant qu'un avec Dieu et avec l'univers, nous allons notre chemin en nous réjouissant à la pensée que Dieu Lui-même vient partout avec nous.

2.   Combien nos esprits sont saints! ²Et tout ce que nous voyons reflète la sainteté au-dedans de l'esprit qui ne fait qu'un avec Dieu et avec soi-même. ³Combien les erreurs disparaissent facilement, et la mort fait place à la vie éternelle. ⁴Nos pieds laissent de brillantes empreintes qui indiquent la voie vers la vérité, car Dieu est notre Compagnon tandis que nous parcourons le monde un court moment. ⁵Et ceux qui viennent à notre suite reconnaissent la voie parce que la lumière que nous portons reste derrière, tout en demeurant avec nous qui continuons d'avancer.

3.   Ce que nous recevons est le don éternel que nous faisons à ceux qui viennent ensuite, ainsi qu'à ceux qui sont venus avant ou qui sont restés un moment avec nous. ²Et Dieu, Qui nous aime de l'amour égal dans lequel nous avons été créés, nous sourit et nous offre le bonheur que nous avons donné.

4.   Aujourd'hui nous ne douterons pas de Son Amour pour nous et nous ne remettrons pas en question Sa protection et Sa sollicitude. ²Nulle anxiété in-signifiante ne peut s'interposer entre notre foi et la conscience que nous avons de Sa Présence. ³Nous ne faisons qu'un avec Lui aujourd'hui dans la reconnaissance et le souvenir. ⁴Nous Le sentons dans nos cœurs. ⁵Nos esprits contiennent Ses Pensées, nos yeux contemplent Sa beauté dans tout ce que nous regardons. ⁶Aujourd'hui nous voyons seulement ce qui est aimant et digne d'être aimé.

5.   Nous le voyons dans l'apparence de la douleur, et la douleur cède à la paix. ²Nous le voyons chez les frénétiques, les tristes et les affligés, les solitaires et les apeurés, qui sont ramenés à la tranquillité et à la paix d'esprit dans lesquelles ils ont été créés. ³Nous le voyons chez les mourants et chez les morts aussi, les ramenant

à la vie. ⁴Tout cela nous le voyons parce que nous l'avons d'abord vu en nous-mêmes.

6. Il n'est pas un miracle qui puisse jamais être nié à ceux qui connaissent qu'ils ne font qu'un avec Dieu. ²Il n'est pas une de leurs pensées qui n'ait le pouvoir de guérir toute forme de souffrance en qui que ce soit, en des temps révolus et des temps encore à venir, aussi facilement qu'en ceux qui marchent à leur côté maintenant. ³Leurs pensées sont intemporelles, aussi à part de la distance qu'elles sont à part du temps.

7. Nous nous joignons dans cette conscience quand nous disons que nous ne faisons qu'un avec Dieu. ²Car par ces mots, nous disons aussi que nous sommes sauvés et guéris ; que nous pouvons sauver et guérir en conséquence. ³Nous avons accepté, et maintenant nous voudrions donner. ⁴Car nous voudrions garder les dons que notre Père nous a faits. ⁵Aujourd'hui nous voudrions faire l'expérience de nous-mêmes ne faisant qu'un avec Lui, afin que le monde partage notre re-connaissance de la réalité. ⁶Dans notre expérience, le monde est libéré. ⁷Comme nous nions notre séparation d'avec notre Père, il est guéri avec nous.

8. La paix soit avec toi aujourd'hui. ²Assure ta paix en t'exerçant à prendre conscience que tu ne fais qu'un avec ton Créateur, comme Lui avec toi. ³Au moment qui semblera le plus opportun aujourd'hui, consacre une demi-heure à la pensée que tu ne fais qu'un avec Dieu. ⁴C'est la première fois que nous tentons une plus longue période pour laquelle nous ne donnons ni règles ni mots particuliers pour guider ta méditation. ⁵Nous compterons sur la Voix de Dieu pour parler comme il Lui semble bon aujourd'hui, certains qu'Il n'y manquera pas. ⁶Demeure avec Lui pendant cette demi-heure. ⁷Il fera le reste.

9. Le bénéfice pour toi ne sera pas moindre si tu crois que rien ne se passe. ²Tu n'es peut-être pas prêt à accepter le gain aujourd'hui. ³Or un jour, quelque part, il te viendra, et tu ne manqueras pas de le reconnaître quand il se fera jour avec certitude dans ton esprit. ⁴Cette demi-heure sera encadrée d'or, chaque minute étant comme un diamant serti autour du miroir que t'offrira cet exercice. ⁵Et tu y verras la face du Christ comme reflet du tien.

10. Aujourd'hui peut-être, peut-être demain, tu verras ta propre transfiguration dans le miroir que cette demi-heure sainte te présentera, pour t'y regarder. ²Quand tu seras prêt, tu la trouveras là, au-dedans de ton esprit, qui attendait d'être trouvée. ³Tu te souviendras alors de la pensée à laquelle tu as donné cette

demi-heure, conscient et reconnaissant de ce que jamais un temps ne fut mieux passé.

11. Aujourd'hui peut-être, peut-être demain, tu regarderas dans ce miroir et tu comprendras que la lumière sans péché que tu vois t'appartient, que la beauté que tu contemples est la tienne. [2]Compte cette demi-heure comme le don que tu fais à Dieu, avec la certitude que ce qu'Il te rendra sera un sentiment d'amour qui dépasse ton entendement, une joie trop profonde pour que tu la comprennes, une vue trop sainte pour que les yeux du corps la voient. [3]Or tu peux être sûr qu'un jour, aujourd'hui peut-être, peut-être demain, tu comprendras et tu entendras et tu verras.

12. Ajoute d'autres joyaux au cadre d'or qui tient le miroir à toi offert aujourd'hui, en te répétant à chaque heure :

> [2]*Que je me souvienne que je ne fais qu'un avec Dieu, uni à tous mes frères et à mon Soi, dans une sainteté et une paix éternelles.*

LEÇON 125

Dans la quiétude je reçois la Parole de Dieu aujourd'hui.

1. Qu'aujourd'hui soit un jour de silence et d'écoute dans la quiétude. [2]Ton Père veut que tu entendes Sa Parole aujourd'hui. [3]Il t'appelle du plus profond de ton esprit où Il demeure. [4]Entends-Le aujourd'hui. [5]Nulle paix n'est possible jusqu'à ce que Sa Parole soit entendue de par le monde, jusqu'à ce que ton esprit, en écoutant dans la quiétude, accepte le message que le monde doit entendre pour introduire le temps tranquille de la paix.

2. C'est par toi que ce monde changera. [2]Il n'y a pas d'autre moyen qui puisse le sauver, car le plan de Dieu est simplement ceci : le Fils de Dieu est libre de se sauver lui-même, à qui la Parole de Dieu a été donnée comme Guide, à jamais dans son esprit et à ses côtés, pour le conduire avec sûreté à la maison de son Père, de sa propre volonté, libre à jamais comme celle de Dieu. [3]Il n'est pas conduit par force, mais seulement par amour. [4]Il n'est pas jugé, mais seulement sanctifié.

3. Dans le calme nous entendrons la Voix de Dieu aujourd'hui, sans l'intrusion de nos pensées mesquines, sans nos désirs personnels, sans aucun jugement sur Sa sainte Parole. [2]Nous ne nous jugerons pas nous-mêmes aujourd'hui, car ce que nous sommes ne peut être jugé. [3]Nous nous tenons à l'écart de tous les jugements que le monde a posés sur le Fils de Dieu. [4]Il ne le connaît pas. [5]Aujourd'hui nous n'écouterons pas le monde mais nous attendrons en silence la Parole de Dieu.

4. Écoute, saint Fils de Dieu, ton Père parler. [2]Sa Voix voudrait te donner Sa Parole sainte, pour répandre de par le monde la nouvelle du salut et le saint temps de la paix. [3]Nous nous rassemblons aujourd'hui autour du trône de Dieu, le lieu tranquille au-dedans de l'esprit où Il demeure à jamais, dans la sainteté qu'Il a créée et ne quittera jamais.

5. Il n'a pas attendu que tu Lui rendes ton esprit pour te donner Sa Parole. [2]Il ne S'est pas caché de toi pendant que tu t'égarais un moment loin de Lui. [3]Il ne chérit pas les illusions que tu entretiens à ton sujet. [4]Il connaît Son Fils et Il veut qu'il reste partie de Lui, peu importe ses rêves, peu importe sa folie qui veut que sa volonté n'est pas la sienne.

6.   Aujourd'hui Il te parle. ²Sa Voix attend ton silence, car Sa Parole ne peut être entendue jusqu'à ce que ton esprit soit quiet un instant, et que les désirs in-signifiants soient apaisés. ³Attends Sa Parole dans la quiétude. ⁴Il y a une paix au-dedans de toi à laquelle tu fais appel aujourd'hui, pour aider à préparer ton esprit très saint à entendre parler la Voix pour son Créateur.

7.   Trois fois aujourd'hui, aux moments les plus propices au silence, mets dix minutes à ne plus écouter le monde et choisis plutôt d'écouter tendrement la Parole de Dieu. ²Il te parle de plus près que ton cœur. ³Sa Voix est plus proche que ta main. ⁴Son Amour est tout ce que tu es et qu'Il est : le même que toi, et toi le même que Lui.

8.   C'est ta voix que tu écoutes tandis qu'Il te parle. ²C'est ta parole qu'Il prononce. ³C'est la Parole de la liberté et de la paix, de l'union de volonté et de but, sans séparation ni division dans l'Esprit indivisé du Père et du Fils. ⁴Dans la quiétude, écoute ton Soi aujourd'hui et laisse-Le te dire que Dieu n'a jamais quitté Son Fils, et que tu n'as jamais quitté ton Soi.

9.   Sois seulement tranquille. ²Tu n'auras besoin d'aucune autre règle pour laisser tes exercices d'aujourd'hui t'élever au-dessus de la pensée du monde et libérer ta vision des yeux du corps. ³Sois seulement calme et écoute. ⁴Tu entendras la Parole dans laquelle la Volonté de Dieu le Fils se joint à la Volonté de son Père, ne faisant qu'un avec elle, sans illusions interposées dans ce qui est entièrement indivisible et vrai. ⁵Au passage de chaque heure aujourd'hui, sois calme un moment et rappelle-toi que tu as un but particulier pour cette journée : dans la quiétude, recevoir la Parole de Dieu.

LEÇON 126

Tout ce que je donne est donné à moi-même.

1. L'idée d'aujourd'hui, qui est complètement étrangère à l'ego et à la pensée du monde, est cruciale pour le renversement de pensée que ce cours amènera. [2]Si tu croyais cet énoncé, il n'y aurait rien qui fasse problème dans le pardon complet, la certitude de but et la sûre direction. [3]Tu comprendrais le moyen par lequel le salut vient à toi, et tu n'hésiterais pas à l'utiliser maintenant.

2. Considérons ce que tu crois, à la place de cette idée. [2]Il te semble que les autres personnes sont à part de toi et capables de se conduire de certaines façons qui n'ont pas d'influence sur tes pensées, ni les tiennes sur les leurs. [3]Par conséquent, tes attitudes n'ont pas d'effet sur eux, et leurs appels à l'aide n'ont aucun rapport avec les tiens. [4]De plus, tu penses qu'ils peuvent pécher sans affecter la perception que tu as de toi-même, tandis que tu peux juger leur péché tout en restant à part de la condamnation et en paix.

3. Quand tu « pardonnes » un péché, il n'y a pas de gain pour toi directement. [2]Tu fais la charité à quelqu'un d'indigne, simplement pour faire ressortir que tu es meilleur, sur un plan supérieur à celui à qui tu pardonnes. [3]Il n'a pas mérité ta tolérance charitable, accordée à quelqu'un qui est indigne de ce don, parce que ses péchés l'ont rabaissé au-dessous d'une véritable égalité avec toi. [4]Il ne peut pas prétendre à ton pardon. [5]C'est un don qui lui est offert, mais guère à toi-même.

4. Ainsi le pardon est-il fondamentalement déraisonnable ; c'est un caprice charitable, bienveillant mais immérité, un don accordé à certains moments, refusé à d'autres. [2]Immérité, il est juste de le refuser, et il n'est pas juste non plus que tu doives souffrir quand il est refusé. [3]Le péché que tu pardonnes n'est pas le tien. [4]C'est quelqu'un à part de toi qui l'a commis. [5]Et si alors tu lui fais la grâce de lui donner ce qu'il ne mérite pas, le don n'est pas plus à toi que ne l'était son péché.

5. Si cela est vrai, le pardon n'a pas de base sûre et fiable sur laquelle reposer. [2]C'est une excentricité par laquelle tu choisis parfois de donner avec indulgence un sursis immérité. [3]Or il te reste le droit de ne pas laisser le pécheur échapper à la juste rétribution de son péché. [4]Penses-tu que le Seigneur du Ciel permettrait que le salut du monde dépende de cela ? [5]N'est-ce pas

que Sa Sollicitude pour toi serait bien petite, si ton salut reposait sur un caprice?

6. Tu ne comprends pas le pardon. ²Tel que tu le vois, ce n'est qu'un frein à une attaque ouverte, qui ne requiert aucune correction dans ton esprit. ³Il ne peut pas te donner la paix tel que tu la perçois. ⁴Il ne constitue pas le moyen de te délivrer de ce que tu vois chez quelqu'un d'autre que toi. ⁵Il n'a pas le pouvoir de rétablir ton unité avec cet autre dans ta conscience. ⁶Il n'est pas ce que Dieu avait l'intention qu'il soit pour toi.

7. Ne Lui ayant pas fait le don qu'Il demande de toi, tu ne peux pas reconnaître Ses dons, et tu penses qu'Il ne te les a pas faits. ²Or te demanderait-Il un don à moins qu'il ne soit pour toi? ³Pourrait-Il Se satisfaire de gestes vides et évaluer des dons si mesquins comme étant dignes de Son Fils? ⁴Le salut est un meilleur don que cela. ⁵Et le véritable pardon, comme moyen par lequel il est atteint, doit guérir l'esprit qui donne, car donner, c'est recevoir. ⁶Ce qui reste non reçu n'a pas été donné, mais ce qui a été donné doit avoir été reçu.

8. Aujourd'hui nous essayons de comprendre cette vérité que donneur et receveur sont le même. ²Tu auras besoin d'aide pour rendre cela signifiant, parce que c'est tellement étranger aux pensées auxquelles tu es habitué. ³Mais l'Aide Dont tu as besoin est là. ⁴Donne-Lui ta foi aujourd'hui, et demande-Lui de partager ta pratique de la vérité aujourd'hui. ⁵Et si tu ne saisis qu'une toute petite lueur de la délivrance qui réside dans l'idée à laquelle nous nous exerçons aujourd'hui, ce sera un jour de gloire pour le monde.

9. Donne quinze minutes deux fois aujourd'hui pour tenter de comprendre l'idée du jour. ²C'est par cette pensée que le pardon prend sa juste place dans tes priorités. ³C'est la pensée qui délivrera ton esprit de chaque barrière à ce que signifie le pardon et te permettra de te rendre compte de la valeur qu'il a pour toi.

10. En silence ferme les yeux sur le monde qui ne comprend pas le pardon, et cherche asile dans le lieu tranquille où les pensées sont changées et les fausses croyances abandonnées. ²Répète l'idée d'aujourd'hui et demande de l'aide pour comprendre ce qu'elle signifie réellement. ³Sois désireux d'être enseigné. ⁴Réjouis-toi d'entendre la Voix de la vérité et de la guérison te parler, et tu comprendras les paroles qu'Il dit et tu reconnaîtras que ce sont tes paroles qu'Il te dit.

11. Aussi souvent que tu le peux, rappelle-toi que tu as un but aujourd'hui, un but qui donne une valeur particulière à ce jour

pour toi-même et pour tous tes frères. ²Ne laisse pas ton esprit oublier ce but trop longtemps, mais dis-toi :

> ³*Tout ce que je donne est donné à moi-même. ⁴L'Aide dont j'ai besoin pour apprendre que cela est vrai est avec moi maintenant. ⁵Et je Lui ferai confiance.*

⁶Puis passe un moment tranquille, ouvrant ton esprit à Sa correction et à Son Amour. ⁷Et ce que tu entendras de Lui, tu le croiras, car ce qu'Il donne sera reçu par toi.

LEÇON 127

Il n'est d'amour que celui de Dieu.

1. Peut-être penses-tu que différentes sortes d'amour sont possibles. [2]Peut-être penses-tu qu'il y a une sorte d'amour pour ceci, une sorte pour cela ; une façon d'aimer l'un, une autre façon d'en aimer encore un autre. [3]L'amour est un. [4]Il n'a pas de parties séparées et pas de degrés ; pas de sortes ni de niveaux, pas de divergences et pas de distinctions. [5]Il est pareil à soi-même, inchangé d'un bout à l'autre. [6]Il ne change jamais selon la personne ou la circonstance. [7]C'est le Cœur de Dieu et aussi de Son Fils.

2. La signification de l'amour est obscure à quiconque pense que l'amour peut changer. [2]Il ne voit pas qu'un amour changeant doit être impossible. [3]Et il pense ainsi qu'il peut aimer à certains moments et haïr à d'autres moments. [4]Il pense aussi que l'amour peut être accordé à l'un, et pourtant rester soi-même bien qu'il soit refusé à d'autres. [5]Croire ces choses à propos de l'amour, c'est ne pas le comprendre. [6]S'il pouvait faire de telles distinctions, il faudrait qu'il juge entre le juste et le pécheur, et qu'il perçoive le Fils de Dieu en parties séparées.

3. L'amour ne peut pas juger. [2]Étant lui-même un, il voit tout ne faisant qu'un. [3]Sa signification réside dans l'unité. [4]Et elle doit échapper à l'esprit qui pense qu'il est partial ou en parties. [5]Il n'est d'amour que celui de Dieu, et tout l'amour est Sien. [6]Il n'est pas d'autre principe qui gouverne là où l'amour n'est pas. [7]L'amour est une loi sans opposé. [8]Son entièreté est la puissance qui tient toutes choses en une, le lien entre le Père et le Fils qui garde les Deux à jamais les mêmes.

4. Aucun cours dont le but est de t'enseigner à te souvenir de ce que tu es réellement ne pourrait manquer d'insister sur le fait qu'il ne peut jamais y avoir de différence entre ce que tu es réellement et ce qu'est l'amour. [2]La signification de l'amour est la tienne, partagée par Dieu Lui-même. [3]Car ce que tu es est ce qu'Il est. [4]Il n'est d'amour que le Sien, et ce qu'Il est, est tout ce qui est. [5]Il n'y a pas de limite qui Lui soit imposée ; ainsi tu es illimité toi aussi.

5. Aucune des lois auxquelles le monde obéit ne peut t'aider à saisir la signification de l'amour. [2]Ce que le monde croit a été fait pour cacher la signification de l'amour et la garder sombre et secrète.

³Il n'est pas un principe que le monde soutient qui ne viole la vérité de ce qu'est l'amour et de ce que tu es toi aussi.

6.   Ne cherche pas dans le monde pour trouver ton Soi. ²L'amour ne se trouve pas dans les ténèbres et dans la mort. ³Or il est parfaitement apparent aux yeux qui voient et aux oreilles qui entendent la Voix de l'amour. ⁴Aujourd'hui nous nous exerçons à libérer ton esprit de toutes les lois auxquelles tu penses devoir obéir, de toutes les limites dans lesquelles tu vis, et de tous les changements que tu penses faire partie de la destinée humaine. ⁵Aujourd'hui nous faisons le plus grand de tous les pas que ce cours requiert dans ton avancée vers son but établi.

7.   Si tu acquiers aujourd'hui la plus faible lueur de ce que l'amour signifie, tu auras avancé d'une distance qui ne se mesure pas et d'un temps qui ne peut se compter en années vers ta délivrance. ²Alors réjouissons-nous ensemble de donner quelque temps à Dieu aujourd'hui, en comprenant qu'il n'y a pas meilleur usage du temps que celui-là.

8.   Pendant quinze minutes deux fois aujourd'hui, échappe de chaque loi à laquelle tu crois maintenant. ²Ouvre ton esprit et repose-toi. ³Du monde qui semble te garder prisonnier, n'importe qui peut échapper qui ne le chérit pas. ⁴Retire toute la valeur que tu as placée dans ses maigres offrandes et ses dons insensés, et laisse le don de Dieu les remplacer tous.

9.   Fais appel à ton Père, certain que Sa Voix répondra. ²Lui-même l'a promis. ³Et Lui-même placera une étincelle de vérité dans ton esprit partout où tu abandonneras une fausse croyance, une noire illusion de ta propre réalité et de ce que l'amour signifie. ⁴Il luira à travers tes vaines pensées aujourd'hui, et t'aidera à comprendre la vérité de l'amour. ⁵Avec amour et douceur, Il demeurera avec toi, tandis que tu permettras à Sa Voix d'enseigner la significa-tion de l'amour à ton esprit propre et ouvert. ⁶Et Il bénira cette leçon de Son Amour.

10.   Aujourd'hui la légion d'années futures à attendre le salut dis-paraît devant l'intemporalité de ce que tu apprends. ²Rendons grâce aujourd'hui de ce qu'un futur pareil au passé nous est épar-gné. ³Aujourd'hui nous laissons le passé derrière nous pour ne plus jamais nous en souvenir. ⁴Et nous levons les yeux sur un pré-sent différent, où un avenir se fait jour en tous points différent du passé.

11.   Le monde en son enfance est né à nouveau. ²Et nous le regar-derons croître en santé et en force, pour répandre sa bénédiction

sur tous ceux qui viennent apprendre à repousser le monde qu'ils pensaient avoir été fait dans la haine afin d'être l'ennemi de l'amour. ³Maintenant tous sont rendus libres, avec nous. ⁴Maintenant ils sont tous nos frères dans l'Amour de Dieu.

12.   Nous nous souviendrons d'eux tout le long de la journée, parce que nous ne pouvons pas laisser à l'extérieur de notre amour une partie de nous-mêmes si nous voulons connaître notre Soi. ²Au moins trois fois par heure pense à quelqu'un qui fait le voyage avec toi et qui est venu apprendre ce que tu dois apprendre. ³Et lorsqu'il te vient à l'esprit, donne-lui ce message de ton Soi :

> ⁴*Je te bénis, mon frère, de l'Amour de Dieu, que je voudrais partager avec toi. ⁵Car je voudrais apprendre la joyeuse leçon qu'il n'est d'amour que celui de Dieu, le tien, le mien et celui de tous.*

LEÇON 128

Le monde que je vois ne contient rien que je veuille.

1. Le monde que tu vois n'a rien dont tu aies besoin à t'offrir ; rien que tu puisses utiliser d'aucune façon, ni quoi que ce soit qui serve à te donner de la joie. [2]Crois cette pensée et tu es sauvé d'années de misère, d'innombrables déceptions, et d'espoirs qui tournent en cendres amères de désespoir. [3]Il n'en est pas un qui ne doive accepter cette pensée pour vraie, s'il veut laisser le monde derrière lui et s'essorer par-delà sa mesquine portée et ses petites voies.

2. Chaque chose que tu estimes ici n'est qu'une chaîne qui te lie au monde, et elle ne servira pas d'autre fin que celle-là. [2]Car tout doit servir le but que tu lui as donné, jusqu'à ce que tu y voies un but différent. [3]Le seul but digne de ton esprit que contienne ce monde est de le dépasser sans t'attarder à percevoir quelque espoir où il n'y en a pas. [4]Ne sois plus trompé. [5]Le monde que tu vois ne contient rien que tu veuilles.

3. Échappe aujourd'hui des chaînes que tu mets à ton esprit quand tu perçois le salut ici. [2]Car ce que tu estimes, tu en fais une partie de toi tel que tu te perçois. [3]Toutes les choses par lesquelles tu cherches à rehausser ta valeur à tes yeux, te limitent davantage, te cachent ta valeur, et ajoutent une autre barre à la porte menant à la véritable prise de conscience de ton Soi.

4. Ne laisse rien qui se rapporte aux pensées du corps retarder ton progrès vers le salut, et ne permets pas que la tentation de croire que le monde contient quoi que ce soit que tu veuilles te retienne. [2]Rien ici n'est à chérir. [3]Rien ici ne vaut un seul instant de retard et de douleur, un seul moment d'incertitude et de doute. [4]Ce qui est sans valeur n'offre rien. [5]La certitude quant à la valeur ne peut se trouver dans ce qui n'a pas de valeur.

5. Aujourd'hui nous nous exerçons à lâcher prise de toute pensée des valeurs que nous avons données au monde. [2]Nous le laissons libre des buts que nous avons donnés à ses aspects, à ses phases et à ses rêves. [3]Nous le tenons sans but dans nos esprits et nous le relâchons de tout ce que nous souhaitons qu'il soit. [4]Ainsi nous levons les chaînes qui barrent la porte de la délivrance de ce monde, et nous allons au-delà de toutes les petites valeurs et de tous les buts diminués.

6. Arrête-toi et sois calme un court moment, et vois comme tu t'élèves loin au-dessus du monde quand tu délivres ton esprit des chaînes et le laisses chercher le niveau où il se trouve chez lui. ²Il sera reconnaissant d'être libre un moment. ³Il connaît où est sa place. ⁴Libère simplement ses ailes et il s'envolera plein d'assurance et de joie pour rejoindre son saint but. ⁵Laisse-le reposer en son Créateur, et qu'il soit ramené là à la santé d'esprit, à la liberté et à l'amour.

7. Donne-lui dix minutes de repos trois fois aujourd'hui. ²Et quand tes yeux s'ouvriront par après, tu n'estimeras rien de ce que tu vois autant que tu le faisais quand tu le regardais auparavant. ³Tout ton point de vue sur le monde aura changé d'un tout petit peu, chaque fois que tu laisseras ton esprit s'évader de ses chaînes. ⁴Il n'est pas à sa place dans le monde. ⁵Ta place à toi est là où il voudrait être, et où il va se reposer lorsque tu le délivres du monde. ⁶Ton Guide est sûr. ⁷Ouvre-Lui ton esprit. ⁸Sois calme et repose-toi.

8. Protège aussi ton esprit tout le long de la journée. ²Et quand tu penses voir quelque valeur dans un aspect ou une image du monde, refuse d'imposer cette chaîne à ton esprit, mais dis-toi avec une certitude tranquille :

> ³*Je ne serai pas tenté par ceci de me retarder.*
> ⁴*Le monde que je vois ne contient rien que je veuille.*

LEÇON 129

Au-delà de ce monde, il y a un monde que je veux.

1.   Voilà la pensée qui suit de celle que nous avons pratiquée hier. ²Tu ne peux pas arrêter à l'idée que le monde est sans valeur, car à moins de voir qu'il y a quelque chose d'autre à espérer, tu ne pourras qu'être déprimé. ³L'important pour nous n'est pas de renoncer au monde mais de l'échanger contre ce qui est bien plus satisfaisant, rempli de joie et capable de t'offrir la paix. ⁴Penses-tu que ce monde puisse t'offrir cela?

2.   Peut-être vaudrait-il la peine de passer quelque temps à réfléchir encore une fois à la valeur de ce monde. ²Tu concéderas peut-être que ce n'est pas une perte de lâcher prise de toute pensée de valeur ici. ³Le monde que tu vois est certes sans merci, instable, cruel, insoucieux de toi, prompt à la vengeance et d'une haine impitoyable. ⁴Il ne donne que pour révoquer et il t'enlève toutes les choses que tu as chéries pendant un moment. ⁵On n'y trouve aucun amour durable, car il n'y en a pas ici. ⁶Ce monde est le monde du temps, où toutes choses ont une fin.

3.   Est-ce une perte de trouver à la place un monde où perdre est impossible; où l'amour dure à jamais, où la haine ne peut exister et où la vengeance n'a pas de signification? ²Est-ce une perte de trouver toutes les choses que tu veux réellement et de connaître qu'elles n'ont pas de fin et qu'elles resteront exactement telles que tu les veux tout le temps? ³Or même elles seront finalement échangées contre ce dont nous ne pouvons parler, car de là tu vas là où les mots manquent entièrement, dans un silence où le langage est muet mais certainement compris.

4.   La communication, non ambiguë et claire comme le jour, reste illimitée pour toute l'éternité. ²Et Dieu Lui-même parle à Son Fils, comme Son Fils Lui parle. ³Leur langue n'a pas de mots, car ce qu'Ils disent ne peut pas être symbolisé. ⁴Leur connaissance est directe, entièrement partagée et entièrement une. ⁵Combien tu es loin de cela, toi qui restes lié à ce monde. ⁶Et pourtant combien tu en es proche, quand tu l'échanges contre le monde que tu veux.

5.   Maintenant le dernier pas est certain; maintenant tu te tiens à un instant de distance de l'intemporel. ²Ici tu ne peux regarder qu'en avant et jamais en arrière pour voir à nouveau le monde que tu ne veux pas. ³Voici le monde qui vient prendre sa place,

comme tu délies ton esprit des petites choses que le monde présente pour te garder prisonnier. ⁴Ne leur accorde pas de valeur, et elles disparaîtront. ⁵Estime-les, et elles te sembleront réelles.

6.   Tel est le choix. ²Quel perte peut-il y avoir pour toi à choisir de ne pas estimer le néant? ³Ce monde ne contient rien que tu veuilles réellement, mais ce que tu choisis à la place, tu le veux assurément! ⁴Laisse cela t'être donné aujourd'hui. ⁵Cela attend seulement que tu le choisisses, pour prendre la place de toutes les choses que tu cherches mais ne veux pas.

7.   Exerce ton désir à faire ce changement dix minutes le matin et dix minutes le soir, et une autre fois entre les deux. ²Commence par ceci :

> ³*Au-delà de ce monde, il y a un monde que je veux.* ⁴*Je choisis de voir ce monde-là au lieu de celui-ci, car il n'y a rien ici que je veuille réellement.*

⁵Puis ferme les yeux sur le monde que tu vois, et dans l'obscurité silencieuse regarde les lumières qui ne sont pas de ce monde s'allumer une à une, jusqu'à ce que là où l'une commence et l'autre finit ait perdu toute signification, comme elles se fondent en une.

8.   Aujourd'hui les lumières du Ciel se penchent vers toi, pour luire sur tes paupières tandis que tu reposes au-delà du monde des ténèbres. ²Voilà une lumière que tes yeux ne peuvent contempler. ³Or ton esprit peut la voir nettement, et peut comprendre. ⁴Un jour de grâce t'est donné aujourd'hui, et nous en sommes reconnaissants. ⁵Aujourd'hui nous nous rendons compte que ce que tu craignais de perdre n'était que la perte.

9.   Maintenant nous comprenons qu'il n'y a pas de perte. ²Car nous avons vu enfin son opposé et nous sommes reconnaissants de ce que le choix est fait. ³À chaque heure souviens-toi de ta décision, et prends un moment pour confirmer ton choix en mettant de côté toute pensée qui te vient et en t'attardant brièvement seulement sur ceci :

> ⁴*Le monde que je vois ne contient rien que je veuille.*
> ⁵*Au-delà de ce monde, il y a un monde que je veux.*

LEÇON 130

Il est impossible de voir deux mondes.

1. La perception est cohérente. ²Ce que tu vois reflète ta pensée. ³Et ta pensée ne fait que refléter ton choix de ce que tu veux voir. ⁴De cela tes valeurs sont les déterminants, car ce à quoi tu accordes de la valeur, tu dois vouloir le voir, croyant que ce que tu vois est réellement là. ⁵Nul ne peut voir un monde auquel son esprit n'a pas accordé de valeur. ⁶Et nul ne peut manquer de voir ce qu'il croit vouloir.

2. Or qui peut réellement haïr et aimer en même temps ? ²Qui peut désirer ce qu'il ne veut pas réel ? ³Et qui peut choisir de voir un monde dont il a peur ? ⁴La peur doit rendre aveugle, car son arme est celle-ci : Ce que tu crains de voir, tu ne peux le voir. ⁵Ainsi l'amour et la perception vont de pair, mais la peur obscurcit dans les ténèbres ce qui est là.

3. Qu'est-ce, donc, que la peur peut projeter sur le monde ? ²Qu'est-ce qui peut être vu dans les ténèbres qui soit réel ? ³La vérité est éclipsée par la peur, et ce qui reste n'est qu'imaginé. ⁴Or qu'est-ce qui peut être réel dans les imaginations aveugles nées de la panique ? ⁵Que pourrais-tu vouloir pour que cela te soit montré ? ⁶Que pourrais-tu souhaiter garder dans un tel rêve ?

4. La peur a fait tout ce que tu penses voir. ²Toute séparation, toutes distinctions, et la multitude de différences dont tu crois que le monde est composé. ³Elles ne sont pas là. ⁴L'ennemi de l'amour les a inventées. ⁵Or l'amour ne peut avoir d'ennemi ; ainsi elles n'ont pas de cause, pas d'être et pas de conséquence. ⁶Elles peuvent être estimées, mais elles restent irréelles. ⁷Elles peuvent être recherchées, mais elles ne peuvent être trouvées. ⁸Aujourd'hui nous ne les rechercherons pas et nous ne gaspillerons pas cette journée à chercher ce qui ne peut être trouvé.

5. Il est impossible de voir deux mondes qui n'ont aucun chevauchement d'aucune sorte. ²Cherche l'un, l'autre disparaît. ³Il n'en reste qu'un. ⁴Voilà l'éventail de choix au-delà duquel ta décision ne peut aller. ⁵Le réel et l'irréel sont tout ce qu'il y a entre quoi choisir, et rien de plus.

6. Aujourd'hui nous ne tenterons pas de compromis là où aucun n'est possible. ²Le monde que tu vois est la preuve que tu as déjà fait un choix aussi intégral que son opposé. ³Ce que nous voudrions apprendre aujourd'hui, c'est plus que juste la leçon que tu ne peux

pas voir deux mondes. ⁴Elle enseigne aussi que celui que tu vois est tout à fait cohérent du point de vue où tu le vois. ⁵Il est tout d'une pièce parce qu'il découle d'une seule émotion et reflète sa source dans tout ce que tu vois.

7. Six fois aujourd'hui, avec gratitude et reconnaissance, nous donnerons avec joie cinq minutes à la pensée qui met fin à tout compromis et tout doute, et nous allons au-delà d'eux tous ne faisant qu'un. ²Nous ne ferons pas un millier de distinctions in-signifiantes, ni ne tenterons de porter avec nous une petite part d'irréalité, en consacrant notre esprit à trouver seulement ce qui est réel.

8. Commence ta quête de l'autre monde en demandant une force qui est au-delà de la tienne et en reconnaissant ce que c'est que tu cherches. ²Tu ne veux pas d'illusions. ³Et tu viens à ces cinq minutes en te vidant les mains de tous les trésors mesquins de ce monde. ⁴Tu attends que Dieu t'aide, en disant :

> ⁵*Il est impossible de voir deux mondes.* ⁶*Que j'accepte la force que Dieu m'offre et ne voie aucune valeur en ce monde, afin de trouver ma liberté et ma délivrance.*

9. Dieu sera là. ²Car tu as fait appel à la grande puissance infaillible qui fera ce pas de géant avec toi en gratitude. ³Tu ne manqueras pas non plus de voir Sa reconnaissance s'exprimer en perception tangible et en vérité. ⁴Tu ne douteras pas de ce que tu verras car, bien qu'il s'agisse de perception, ce n'est pas la sorte de vue que tes yeux seuls ont jamais vue auparavant. ⁵Et tu connaîtras que la force de Dieu t'a soutenu quand tu as fait ce choix.

10. Chaque fois que la tentation surgira aujourd'hui, rejette-la aisément en te souvenant simplement des limites de ton choix. ²L'irréel ou le réel, le faux ou le vrai est ce que tu vois et seulement ce que tu vois. ³La perception est cohérente avec ton choix, et c'est l'enfer ou le Ciel qui viennent à toi ne faisant qu'un.

11. Accepte une petite partie de l'enfer pour vraie, et tu as damné tes yeux et maudit ta vue, et ce que tu verras sera certes l'enfer. ²Or la liberté du Ciel reste toujours dans les limites de ton choix, pour prendre la place de tout ce que l'enfer te montrerait. ³Tout ce que tu as besoin de dire à n'importe quelle partie de l'enfer, quelque forme qu'elle prenne, c'est simplement ceci :

> ⁴*Il est impossible de voir deux mondes.* ⁵*Je cherche ma liberté et ma délivrance, et ceci ne fait pas partie de ce que je veux.*

LEÇON 131

Nul ne peut échouer qui cherche à atteindre la vérité.

1.   L'échec est tout autour de toi tant que tu poursuis des buts qui ne peuvent être atteints. [2]Tu cherches la permanence dans l'impermanent, l'amour où il n'y en a pas, la sécurité parmi le danger, l'immortalité dans les ténèbres du rêve de mort. [3]Qui pourrait réussir, dont le cadre de recherche, et l'endroit où il vient chercher la stabilité, est la contradiction?

2.   Les buts qui sont in-signifiants ne sont pas atteints. [2]Il n'y a pas moyen de les atteindre, car les moyens par lesquels tu les poursuis sont aussi in-signifiants qu'eux. [3]Qui peut utiliser des moyens aussi insensés et espérer par eux gagner quoi que ce soit? [4]Où peuvent-ils mener? [5]Et que pourraient-ils accomplir qui offre quelque espoir d'être réel? [6]La poursuite de l'imaginé conduit à la mort, parce que c'est la quête du néant, et tout en cherchant la vie tu demandes la mort. [7]Tu cherches la sûreté et la sécurité, alors que dans ton cœur tu pries pour le danger et la protection du petit rêve que tu as fait.

3.   Or il est inévitable ici de chercher. [2]C'est pour cela que tu es venu, et tu feras sûrement la chose pour laquelle tu es venu. [3]Mais le monde ne peut pas te dicter le but que tu cherches, à moins que tu ne lui en donnes le pouvoir. [4]Autrement, tu es encore libre de choisir un but qui se trouve par-delà le monde et toute pensée mondaine, un but qui te vient d'une idée à laquelle tu as renoncé mais dont tu te souviens, ancienne et pourtant nouvelle; un écho d'un héritage oublié mais qui contient tout ce que tu veux réellement.

4.   Réjouis-toi de devoir chercher. [2]Réjouis-toi aussi d'apprendre que tu cherches le Ciel, et que tu dois trouver le but que tu veux réellement. [3]Nul ne peut manquer de vouloir ce but et de l'atteindre à la fin. [4]Le Fils de Dieu ne peut chercher en vain, bien qu'il essaie de forcer le retard, de se tromper lui-même et de penser que c'est l'enfer qu'il cherche. [5]Quand il a tort, il trouve la correction. [6]Quand il s'égare, il est ramené à la tâche qui lui est assignée.

5.   Nul ne reste en enfer, car nul ne peut abandonner son Créateur ni affecter Son Amour parfait, intemporel et inchangeable. [2]Tu trouveras le Ciel. [3]Tout ce que tu cherches, sauf cela, tombera. [4]Mais non pas parce que cela t'aura été enlevé. [5]Cela partira parce que

tu n'en veux pas. ⁶Tu atteindras le but que tu veux réellement aussi certainement que Dieu t'a créé dans l'impeccabilité.

6. Pourquoi attendre le Ciel? ²Il est ici aujourd'hui. ³Le temps est la grande illusion qu'il est passé ou dans le futur. ⁴Or cela ne se peut pas, s'il est là où Dieu veut que soit Son Fils. ⁵Comment la Volonté de Dieu pourrait-elle être dans le passé, ou encore à venir? ⁶Ce qu'Il veut est maintenant, sans un passé et entièrement sans futur. ⁷Cela est aussi éloigné du temps qu'une minuscule bougie l'est d'une étoile distante, ou ce que tu choisis de ce que tu veux réellement.

7. Le Ciel reste la seule alternative à ce monde étrange que tu as fait et à toutes ses voies, à ses motifs changeants et à ses buts incertains, à ses plaisirs douloureux et à ses joies tragiques. ²Dieu n'a pas fait de contradictions. ³Ce qui nie sa propre existence et s'attaque soi-même n'est pas de Lui. ⁴Il n'a pas fait deux esprits, le Ciel étant l'heureux effet de l'un, et la terre, le triste résultat de l'autre qui est l'opposé du Ciel à tous points de vue.

8. Dieu ne souffre pas de conflit. ²Sa création n'est pas non plus divisée en deux. ³Comment se pourrait-il que Son Fils soit en enfer, alors que Dieu Lui-même l'a établi au Ciel? ⁴Pourrait-il perdre ce que la Volonté éternelle lui a donné pour être à jamais sa demeure? ⁵N'essayons pas plus longtemps d'imposer une volonté étrangère au but indivisé de Dieu. ⁶Il est ici parce qu'Il veut l'être, et ce qu'Il veut est présent maintenant, au-delà de l'atteinte du temps.

9. Aujourd'hui nous ne choisirons pas un paradoxe à la place de la vérité. ²Comment le Fils de Dieu pourrait-il faire le temps pour enlever la Volonté de Dieu? ³Ainsi il se nie lui-même et contredit ce qui n'a pas d'opposé. ⁴Il pense avoir fait un enfer qui s'oppose au Ciel et il croit qu'il demeure dans ce qui n'existe pas, tandis que le Ciel est l'endroit qu'il ne peut trouver.

10. Aujourd'hui, laisse les sottes pensées comme celles-là derrière toi et tourne plutôt ton esprit vers des idées vraies. ²Nul ne peut échouer qui cherche à atteindre la vérité, et c'est la vérité que nous cherchons à atteindre aujourd'hui. ³Nous consacrerons dix minutes à ce but trois fois aujourd'hui, et nous demanderons à voir s'élever le monde réel, pour remplacer les sottes images qui nous sont chères par des idées vraies, s'élevant à la place des pensées qui n'ont pas de signification, pas d'effet, et ni source ni substance dans la vérité.

11.   C'est cela que nous admettons au début de nos périodes d'exercice. ²Commence par ceci :

> ³*Je demande à voir un monde différent, à avoir une pensée d'un genre différent de celles que j'ai faites.* ⁴*Le monde que je cherche, je ne l'ai pas fait seul ; les pensées que je veux avoir ne sont pas les miennes.*

⁵Observe ton esprit pendant plusieurs minutes et vois, bien que tes yeux soient fermés, le monde insensé que tu penses réel. ⁶Passe aussi en revue les pensées qui sont compatibles avec un tel monde, et que tu penses vraies. ⁷Puis lâches-en prise et plonge au-dessous de celles-ci jusqu'au lieu saint où elles ne peuvent entrer. ⁸Il y a une porte au-dessous d'elles dans ton esprit, que tu n'as pas pu complètement verrouiller pour cacher ce qui se trouve au-delà.

12.   Cherche et trouve cette porte. ²Mais avant d'essayer de l'ouvrir, rappelle-toi que nul ne peut échouer qui cherche à atteindre la vérité. ³C'est cette requête que tu fais aujourd'hui. ⁴Il n'y a que cela qui ait une quelconque signification maintenant ; il n'y a pas d'autre but maintenant qui soit estimé ni poursuivi ; il n'y a rien devant cette porte que tu veuilles vraiment, et c'est seulement ce qui se trouve derrière que tu cherches.

13.   Tends la main et vois avec quelle facilité la porte s'ouvre par ta seule intention de la franchir. ²Des anges éclairent le chemin, de sorte que toutes les ténèbres disparaissent, et tu te tiens dans une lumière si brillante et si claire que tu peux comprendre toutes les choses que tu vois. ³Un minuscule instant de surprise, peut-être, te fera faire une pause avant de te rendre compte que le monde que tu vois devant toi dans la lumière reflète la vérité que tu connaissais et n'avais pas tout à fait oubliée en t'égarant dans les rêves.

14.   Tu ne peux pas échouer aujourd'hui. ²Avec toi avance le Pur-Esprit que le Ciel t'a envoyé afin qu'un jour tu t'approches de cette porte et qu'avec Son aide tu la passes sans effort, jusqu'à la lumière. ³Aujourd'hui ce jour est venu. ⁴Aujourd'hui Dieu tient l'ancienne promesse faite à Son saint Fils, comme Son Fils se souvient de celle qu'il Lui a faite. ⁵C'est un jour de joie, car nous arrivons au moment et au lieu désignés où tu trouveras le but de toutes tes quêtes ici, et de toutes les quêtes du monde, lesquelles finissent ensemble tandis que tu franchis la porte.

15.   Rappelle-toi souvent qu'aujourd'hui devrait être un jour de joie particulière, et abstiens-toi des pensées lugubres et des plaintes in-signifiantes. ²Le temps du salut est venu. ³Aujourd'hui est désigné par le Ciel même pour être un temps de grâce, pour toi et pour le monde. ⁴Si tu oublies cet heureux fait, souviens-t'en avec ceci :

> ⁵*Aujourd'hui je cherche et trouve tout ce que je veux.*
> ⁶*Mon but indivisé me l'offre.*
> ⁷*Nul ne peut échouer qui cherche à atteindre la vérité.*

LEÇON 132

Je relâche le monde de tout ce que je pensais qu'il était.

1. Qu'est-ce qui garde le monde enchaîné, si ce n'est tes croyances ? ²Et qu'est-ce qui peut sauver le monde, sauf ton Soi ? ³La croyance est certes puissante. ⁴Les pensées que tu as sont puissantes et les illusions sont aussi fortes en leurs effets que la vérité. ⁵Un fou pense que le monde qu'il voit est réel, et il n'en doute pas. ⁶Il n'est pas possible non plus de l'influencer en mettant en question les effets de ses pensées. ⁷Ce n'est que lorsque leur source est remise en question que l'espoir de la liberté lui vient enfin.

2. Or le salut est facile à atteindre, car n'importe qui est libre de changer d'esprit, et toutes ses pensées changent du même coup. ²Maintenant la source de la pensée a changé, car changer d'esprit signifie que tu as changé la source de toutes les idées que tu as, que tu as jamais eues ou aura jamais. ³Tu libères le passé de ce que tu pensais auparavant. ⁴Tu libères le futur de toutes les anciennes pensées qui étaient de chercher ce que tu ne veux pas trouver.

3. Le seul temps qui reste maintenant est le présent. ²C'est ici dans le présent que le monde est rendu libre. ³Car en laissant le passé être levé et en délivrant le futur de tes anciennes peurs, tu trouves l'évasion et la donnes au monde. ⁴Tu as rendu le monde esclave de toutes tes peurs, de tes doutes et de tes misères, de ta douleur et de tes larmes ; et tous tes chagrins l'oppressent et le gardent prisonnier de tes croyances. ⁵La mort le frappe partout parce que tu gardes les amères pensées de mort dans ton esprit.

4. Le monde n'est rien en soi. ²Ton esprit doit lui donner une signification. ³Et ce que tu y vois, ce sont tes souhaits mais mis en scène, de sorte que tu peux les regarder et les penser réels. ⁴Peut-être penses-tu que tu n'as pas fait le monde, mais que tu es venu contre ton gré dans ce qui était déjà fait et qui n'attendait guère tes pensées pour lui donner une signification. ⁵Or en vérité tu as trouvé exactement ce que tu cherchais quand tu es venu.

5. Il n'y a pas de monde à part de ce que tu souhaites, et en cela réside ton ultime délivrance. ²Ne fais que changer d'esprit sur ce que tu veux voir et le monde entier doit changer en conséquence. ³Les idées ne quittent pas leur source. ⁴Ce thème central est souvent énoncé dans le texte et tu dois le garder à l'esprit si tu veux comprendre la leçon d'aujourd'hui. ⁵Ce n'est pas l'orgueil qui te

dit que tu as fait le monde que tu vois et qu'il change comme tu changes d'esprit.

6. Mais c'est l'orgueil qui soutient que tu es venu dans un monde tout à fait séparé de toi-même, imperméable à ce que tu penses et tout à fait à part de ce que tu pourrais penser qu'il est. ²Il n'y a pas de monde ! ³Voilà la pensée centrale que le cours tente d'enseigner. ⁴Tous ne sont pas prêts à l'accepter, et chacun doit aller aussi loin qu'il peut se laisser conduire sur la route menant à la vérité. ⁵Il reviendra pour aller encore plus loin, ou peut-être reculera-t-il un moment pour revenir ensuite.

7. Mais la guérison est le don de ceux qui sont préparés à apprendre qu'il n'y a pas de monde et qui peuvent accepter la leçon maintenant. ²D'être prêts leur apportera la leçon sous une forme qu'ils peuvent comprendre et reconnaître. ³Certains la voient soudainement au seuil de la mort et se lèvent pour l'enseigner. ⁴D'autres la trouvent dans une expérience qui n'est pas de ce monde, qui leur montre que le monde n'existe pas parce que ce qu'ils voient doit être la vérité, et pourtant cela contredit nettement le monde.

8. Et certains la trouveront dans ce cours, et dans les exercices que nous faisons aujourd'hui. ²L'idée d'aujourd'hui est vraie parce que le monde n'existe pas. ³Et s'il est en fait ta propre imagination, alors tu peux le relâcher de toutes les choses que tu as jamais pensé qu'il était, en changeant simplement toutes les pensées qui lui ont donné ces apparences. ⁴Les malades sont guéris quand tu lâches prise de toutes pensées de maladie, et les morts ressuscitent quand tu laisses les pensées de vie remplacer toutes les pensées que tu as jamais eues de la mort.

9. Maintenant il faut insister à nouveau sur une leçon qui a déjà été répétée, car elle contient le solide fondement de l'idée d'aujourd'hui. ²Tu es tel que Dieu t'a créé. ³Il n'y a pas de lieu où tu puisses souffrir ni de temps qui puisse apporter un changement à ton état éternel. ⁴Comment un monde de temps et de lieu peut-il exister, si tu restes tel que Dieu t'a créé ?

10. Qu'est-ce que la leçon d'aujourd'hui, sauf une autre façon de dire que connaître ton Soi est le salut du monde ? ²Libérer le monde de toute espèce de douleur n'est que changer d'esprit à ton sujet. ³Il n'y a pas de monde à part de tes idées parce que les idées ne quittent pas leur source, et tu maintiens le monde au-dedans de ton esprit en pensée.

11. Or, si tu es tel que Dieu t'a créé, tu ne peux penser à part de Lui ni faire ce qui ne partage pas Son intemporalité et Son Amour. [2]Ceux-ci sont-ils inhérents au monde que tu vois? [3]Crée-t-il comme Lui? [4]À moins qu'il ne le fasse, il n'est pas réel et ne peut pas être du tout. [5]Si tu es réel, le monde que tu vois est faux, car la création de Dieu est différente du monde à tous égards. [6]Et, de même que c'est Sa Pensée par laquelle tu as été créé, de même ce sont tes pensées qui l'ont fait et doivent le libérer, pour que tu connaisses les Pensées que tu partages avec Dieu.

12. Délivre le monde! [2]Tes créations réelles attendent cette délivrance pour te donner paternité, non pas sur des illusions mais comme Dieu en vérité. [3]Dieu partage Sa Paternité avec toi qui es Son Fils, car Il ne fait pas de distinction entre ce qui est Lui-même et ce qui est encore Lui-même. [4]Ce qu'Il crée n'est pas à part de Lui, et nulle part le Père ne finit et le Fils ne commence comme quelque chose de séparé de Lui.

13. Il n'y a pas de monde parce qu'il est une pensée à part de Dieu, faite pour séparer le Père et le Fils, pour arracher une partie de Dieu Lui-même et ainsi détruire Son Entièreté. [2]Est-ce qu'un monde qui vient de cette idée peut être réel? [3]Peut-il être quelque part? [4]Nie les illusions, mais accepte la vérité. [5]Nie que tu es une ombre posée brièvement sur un monde qui se meurt. [6]Délivre ton esprit, et tu verras un monde délivré.

14. Aujourd'hui notre but est de libérer le monde de toutes les vaines pensées que nous avons jamais eues à son sujet et au sujet de toutes les choses vivantes que nous y voyons. [2]Elles ne peuvent pas être là. [3]Pas plus que nous. [4]Car nous sommes, avec elles, dans la demeure que notre Père a établie pour nous. [5]Et nous qui sommes tels qu'Il nous a créés, nous voudrions en ce jour relâcher le monde de chacune de nos illusions, afin d'être libres.

15. Commence les périodes d'exercice de quinze minutes, que nous ferons deux fois aujourd'hui, par ceci:

> [2]*Moi qui reste tel que Dieu m'a créé, je voudrais relâcher le monde de tout ce que je pensais qu'il était. [3]Car je suis réel parce que le monde ne l'est pas, et je voudrais connaître ma propre réalité.*

[4]Ensuite repose-toi simplement, attentif sans être tendu, et laisse ton esprit dans la quiétude être changé afin que le monde soit libéré, avec toi.

16.   Tu n'as pas besoin de te rendre compte que la guérison vient à de nombreux frères à l'autre bout du monde, aussi bien qu'à ceux que tu vois près de toi, tandis que tu envoies ces pensées pour bénir le monde. ²Mais tu ressentiras ta propre délivrance, même si tu ne comprends peut-être pas encore tout à fait que tu ne pourrais jamais être délivré seul.

17.   Tout le long du jour, augmente la liberté envoyée par tes idées au monde entier, et dis chaque fois que tu es tenté de nier le pouvoir de ton simple changement d'esprit :

> ²*Je relâche le monde de tout ce que je pensais qu'il était,*
> *et je choisis ma propre réalité à la place.*

LEÇON 133

Je n'accorderai pas de valeur à ce qui est sans valeur.

1.   Dans l'enseignement, il est parfois utile, particulièrement après avoir couvert ce qui semble être théorique et bien loin de ce que l'étudiant a déjà appris, de le ramener à des considérations pratiques. ²C'est ce que nous ferons aujourd'hui. ³Nous ne parlerons pas d'idées élevées, de portée universelle, mais nous attarderons plutôt sur les bénéfices pour toi.

2.   Tu ne demandes pas trop de la vie, mais bien trop peu. ²Quand tu laisses ton esprit être attiré par des préoccupations corporelles, par des choses que tu achètes, par l'éminence telle que le monde l'estime, tu demandes le chagrin, et non le bonheur. ³Ce cours ne tente pas de t'enlever le peu que tu as. ⁴Il n'essaie pas de substituer des idées utopiques aux satisfactions que le monde contient. ⁵Il n'y a pas de satisfactions dans le monde.

3.   Aujourd'hui nous allons énumérer les réels critères qui permettent de tester toutes choses que tu penses vouloir. ²À moins de remplir ces conditions raisonnables, elles ne valent pas du tout la peine d'être désirées, car elles ne peuvent que remplacer ce qui offre davantage. ³Tu ne peux pas faire les lois qui gouvernent le choix, pas plus que tu ne peux faire les alternatives entre lesquelles choisir. ⁴Tu peux choisir ; en fait, tu dois choisir. ⁵Mais il serait sage d'apprendre les lois que tu mets en marche lorsque tu choisis, et quelles sont les alternatives entre lesquelles tu choisis.

4.   Nous avons déjà souligné qu'il n'y en a que deux, aussi nombreuses qu'elles puissent paraître. ²L'éventail est fixé et cela nous ne pouvons pas le changer. ³Il serait fort peu généreux de te laisser un nombre illimité de possibilités et ainsi de retarder ton choix final jusqu'à ce que tu les aies toutes considérées dans le temps ; au lieu de t'amener si clairement à l'endroit où il n'y a qu'un choix qui doit être fait.

5.   Une autre loi bonne et connexe, c'est qu'il n'y a pas de compromis quant à ce que ton choix doit apporter. ²Il ne peut pas te donner juste un peu, car il n'y a pas d'entre-deux. ³Chaque choix que tu fais t'apporte tout ou rien. ⁴Par conséquent, si tu apprends les tests permettant de distinguer le tout du rien, tu feras le meilleur choix.

6.   D'abord, si tu choisis une chose qui ne durera pas toujours, ce que tu as choisi est sans valeur. ²Une valeur temporaire est sans

aucune valeur. [3]Le temps ne peut jamais enlever une valeur qui est réelle. [4]Ce qui fane et meurt n'a jamais été là et n'a rien à offrir à celui qui le choisit. [5]Il est trompé par rien sous une forme qu'il pense aimer.

7.   Ensuite, si tu choisis d'enlever une chose à quelqu'un d'autre, il ne te restera rien. [2]La raison en est que lorsque tu nies son droit à tout, tu as nié le tien. [3]Par conséquent, tu ne reconnaîtras pas les choses que tu as réellement, niant qu'elles sont là. [4]Qui cherche à enlever s'est laissé tromper par l'illusion que la perte peut offrir un gain. [5]Or la perte doit offrir la perte et rien de plus.

8.   Ta prochaine considération est celle sur laquelle reposent les autres. [2]Pourquoi le choix que tu fais a-t-il de la valeur pour toi? [3]Qu'est-ce qui attire ton esprit vers lui? [4]À quoi sert-il? [5]C'est ici qu'il est le plus facile d'être trompé. [6]Car ce que l'ego veut, il manque de le reconnaître. [7]Il ne dit même pas la vérité telle qu'il la perçoit, car il a besoin de garder l'auréole qu'il utilise pour protéger ses buts contre le ternissement et contre la rouille, pour que tu voies combien il est «innocent».

9.   Or son camouflage est un mince vernis qui ne pourrait tromper que ceux qui sont contents d'être trompés. [2]Ses buts sont évidents pour quiconque prend la peine de les chercher. [3]Ici la tromperie est double, car celui qui est trompé ne percevra pas qu'il a simplement manqué de gagner. [4]Il croira qu'il a servi les buts cachés de l'ego.

10.   Or bien qu'il essaie de garder cette auréole bien claire dans sa vision, il doit tout de même en apercevoir les bords ternis et le centre rouillé. [2]Ses erreurs sans effet lui apparaissent comme des péchés, parce qu'il considère la ternissure comme la sienne propre, la rouille comme le signe d'une profonde indignité en lui-même. [3]Celui qui voudrait encore préserver les buts de l'ego et les servir comme siens ne fait pas d'erreurs, d'après les diktats de son guide. [4]Ce guide enseigne que c'est une erreur de croire que les péchés ne sont que des erreurs, car qui souffrirait pour ses péchés s'il en était ainsi?

11.   Ainsi nous en arrivons au critère pour choisir le plus difficile à croire, parce que son évidence est recouverte de nombreux niveaux d'obscurité. [2]Si tu ressens quelque culpabilité à propos de ton choix, tu as permis aux buts de l'ego de s'interposer entre les alternatives réelles. [3]Ainsi tu ne te rends pas compte qu'il n'y en a que deux, et l'alternative que tu penses choisir semble effrayante et trop dangereuse pour être le néant qu'elle est en fait.

12.   Toutes choses ont de la valeur ou sont sans valeur, dignes ou non d'être recherchées, sont entièrement désirables ou ne valent pas le moindre effort pour les obtenir. ²Il est facile de choisir justement à cause de cela. ³La complexité n'est rien qu'un écran de fumée qui cache le fait tout simple qu'aucune décision ne peut être difficile. ⁴Quel gain y a-t-il pour toi à apprendre cela ? ⁵Bien plus que de te permettre simplement de faire des choix facilement et sans douleur.

13.   Le Ciel lui-même s'atteint les mains vides et l'esprit ouvert, qui viennent avec rien pour trouver tout et le réclamer comme leur. ²Nous allons essayer d'atteindre cet état aujourd'hui, en mettant de côté nos tromperies de soi, et avec le désir sincère de n'accorder de la valeur qu'à ce qui est véritablement de valeur et réel. ³Nos deux périodes d'exercice plus longues de quinze minutes chacune commencent par ceci :

> ⁴*Je n'accorderai pas de valeur à ce qui est sans valeur, et c'est seulement ce qui a de la valeur que je recherche, car c'est seulement cela que je désire trouver.*

14.   Puis reçois ce qui attend chacun de ceux qui atteignent sans encombre les portes du Ciel, lesquelles s'ouvrent toutes grandes à leur arrivée. ²Au cas où tu commencerais à ramasser quelques fardeaux inutiles, ou à croire que tu es confronté à quelque décision difficile, sois prompt à répondre par cette simple pensée :

> ³*Je n'accorderai pas de valeur à ce qui est sans valeur, car ce qui est valable m'appartient.*

LEÇON 134

Que je perçoive le pardon tel qu'il est.

1. Revoyons la signification de «pardonner», car cela est susceptible d'être distordu et perçu comme quelque chose qui entraîne le sacrifice inéquitable d'une colère légitime, un don injustifié et immérité, et un déni complet de la vérité. ²De ce point de vue, le pardon doit être considéré comme une simple folie excentrique, et ce cours doit sembler faire reposer le salut sur un caprice.

2. Cette vue distordue de ce que signifie le pardon est facilement corrigée, quand tu peux accepter le fait que le pardon n'est pas demandé pour ce qui est vrai. ²Il doit être limité à ce qui est faux. ³Il est sans rapport avec tout, sauf les illusions. ⁴La vérité est la création de Dieu, et pardonner cela est in-signifiant. ⁵Toute vérité Lui appartient, reflète Ses lois et rayonne Son Amour. ⁶Cela a-t-il besoin de pardon? ⁷Comment peux-tu pardonner à ceux qui sont sans péché et éternellement bénins?

3. Ce que tu trouves le plus difficile dans le pardon authentique de ta part, c'est que tu crois encore devoir pardonner la vérité, et non les illusions. ²Tu conçois le pardon comme une vaine tentative pour regarder plus loin que ce qui est là, pour passer sur la vérité, dans un effort sans fondement pour te tromper toi-même en rendant vraie une illusion. ³Ce point de vue distordu ne fait que refléter l'emprise que l'idée de péché exerce encore sur ton esprit, tel que tu te vois toi-même.

4. Parce que tu penses que tes péchés sont réels, tu considères le pardon comme une tromperie. ²Car il est impossible de penser que le péché est vrai et de ne pas croire que le pardon est un mensonge. ³Ainsi le pardon n'est-il réellement qu'un péché, comme tout le reste. ⁴Il dit que la vérité est fausse et sourit aux corrompus comme s'ils étaient aussi irréprochables que l'herbe; blancs comme la neige. ⁵Il est délirant quant à ce qu'il pense pouvoir accomplir. ⁶Il voudrait voir comme ayant raison ceux qui ont nettement tort; les odieux comme étant les bons.

5. De ce point de vue, le pardon n'est pas une évasion. ²Il est simplement un signe de plus que le péché est impardonnable, au mieux à dissimuler, à nier ou à nommer d'un autre nom, car le pardon est traître à la vérité. ³La culpabilité ne peut pas être pardonnée. ⁴Si tu pèches, ta culpabilité est éternelle. ⁵Ceux qui sont pardonnés

du point de vue que leurs péchés sont réels sont pitoyablement moqués et doublement condamnés : d'abord par eux-mêmes, pour ce qu'ils pensent avoir fait, et encore une fois par ceux qui leur pardonnent.

6. C'est l'irréalité du péché qui rend le pardon naturel et entièrement sain, un profond soulagement pour ceux qui l'offrent; une quiète bénédiction là où il est reçu. ²Il n'approuve pas les illusions mais les recueille légèrement, avec un petit rire, et les dépose doucement aux pieds de la vérité. ³Et là elles disparaissent entièrement.

7. Le pardon est la seule chose qui représente la vérité dans les illusions du monde. ²Il voit leur néant et regarde au travers des milliers de formes sous lesquelles elles peuvent apparaître. ³Il regarde les mensonges, mais il n'est pas trompé. ⁴Il ne prête aucune attention aux cris des pécheurs fous de culpabilité qui s'accusent eux-mêmes. ⁵Il pose sur eux un regard tranquille et leur dit simplement : « Mon frère, ce que tu penses n'est pas la vérité. »

8. La force du pardon, c'est son honnêteté, qui est si incorrompue qu'elle voit les illusions comme des illusions, et non comme la vérité. ²C'est pour cela qu'en face des mensonges, il devient le détrompeur, le grand restaurateur de la simple vérité. ³Par son aptitude à passer sur ce qui n'est pas là, il ouvre la voie vers la vérité, qui était bloquée par les rêves de culpabilité. ⁴Maintenant tu es libre de suivre la voie que t'ouvre ton pardon véritable. ⁵Car si un seul frère a reçu ce don de toi, la porte est ouverte pour toi.

9. Il y a une façon très simple de trouver la porte du pardon véritable et de la percevoir grande ouverte en signe de bienvenue. ²Quand tu sens que tu es tenté d'accuser quelqu'un de péché sous quelque forme que ce soit, ne permets pas à ton esprit de s'attarder sur ce que tu penses qu'il a fait, car c'est une tromperie de soi. ³Demande plutôt : « Est-ce que je m'accuserais d'avoir fait cela ? »

10. Tu verras ainsi des alternatives qui rendent le choix signifiant et gardent ton esprit aussi libre de culpabilité et de douleur que Dieu Lui-même l'a voulu, et qu'il est en vérité. ²Il n'y a que les mensonges qui condamnent. ³En vérité l'innocence est la seule chose qui soit. ⁴Le pardon se tient entre les illusions et la vérité, entre le monde que tu vois et celui qui se trouve au-delà; entre l'enfer de la culpabilité et les portes du Ciel.

11. De l'autre côté du pont, aussi puissant que l'amour qui a répandu sur lui sa bénédiction, tous les rêves de mal, de haine et

d'attaque sont portés en silence à la vérité. ²Ils ne sont pas gardés pour s'enfler et se déchaîner et terrifier le sot rêveur qui croit en eux. ³Il a doucement été réveillé de son rêve en comprenant que ce qu'il pensait voir n'a jamais été là. ⁴Et maintenant il ne peut pas ressentir que toute évasion lui a été refusée.

12.   Il n'a pas à se battre pour se sauver lui-même. ²Il n'a pas à tuer les dragons qu'il pensait lancés à sa poursuite. ³Il n'a pas non plus besoin d'ériger les lourds murs de pierre et les portes de fer dont il pensait qu'ils le mettraient en sécurité. ⁴Il peut ôter la pesante et inutile armure faite pour enchaîner son esprit à la peur et à la misère. ⁵Son pas est léger, et lorsqu'il lève le pied pour avancer à grandes enjambées, une étoile est laissée derrière, pour indiquer le chemin à ceux qui le suivent.

13.   Il faut s'exercer au pardon, car le monde ne peut pas en percevoir la signification ni fournir un guide pour t'en enseigner la bienfaisance. ²Il n'y a pas une pensée dans le monde entier qui conduise à quelque compréhension des lois qui le gouvernent, ni de la Pensée qu'il reflète. ³Il est aussi étranger au monde que l'est ta propre réalité. ⁴Et pourtant il joint ton esprit à la réalité en toi.

14.   Aujourd'hui nous nous exercerons au véritable pardon, afin que le moment de jonction ne soit plus retardé. ²Car nous voudrions rencontrer notre réalité en liberté et en paix. ³Nos exercices deviennent les pas qui éclairent le chemin pour tous nos frères, qui nous suivront jusqu'à la réalité que nous partageons avec eux. ⁴Pour que cela soit accompli, donnons aujourd'hui deux fois un quart d'heure, et passons-le avec le Guide Qui comprend la signification du pardon et Qui nous a été envoyé pour l'enseigner. ⁵Demandons-Lui :

⁶*Que je perçoive le pardon tel qu'il est.*

15.   Puis choisis un frère comme Il te dirigera et catalogue ses « péchés » un par un au fur et à mesure qu'ils te traversent l'esprit. ²Assure-toi de ne t'attarder sur aucun d'entre eux mais rends-toi compte que tu utilises ses « offenses » uniquement pour sauver le monde de toutes les idées de péché. ³Considère brièvement toutes les mauvaises choses que tu as pensées de lui et demande-toi à chaque fois : « Est-ce que je me condamnerais pour avoir fait cela ? »

16.   Laisse-le être libéré de toutes les pensées que tu as eues de péché en lui. ²Et maintenant tu es préparé pour la liberté. ³Si tu

t'es exercé jusqu'ici de plein gré et avec honnêteté, tu commenceras à ressentir une élévation, l'allégement d'un poids sur ta poitrine, un profond et certain sentiment de soulagement. [4]Le temps qu'il reste devrait être consacré à faire l'expérience de l'évasion de toutes les lourdes chaînes que tu as cherché à poser sur ton frère, mais qui étaient posées sur toi-même.

17. Tu devrais t'exercer au pardon tout le long de la journée, car il y aura encore de nombreuses fois où tu oublieras sa signification et t'attaqueras toi-même. [2]Quand cela se produit, permets à ton esprit de voir au travers de cette illusion en te disant :

> [3]*Que je perçoive le pardon tel qu'il est. [4]Est-ce que je m'accuserais d'avoir fait cela ? [5]Je ne poserai pas cette chaîne sur moi-même.*

[6]Dans tout ce que tu fais, souviens-toi de ceci :

> [7]*Nul n'est crucifié seul, et pourtant nul ne peut entrer au Ciel tout seul.*

LEÇON 135

Si je me défends, je suis attaqué.

1.   Qui se défendrait à moins de penser qu'il est attaqué, que l'attaque est réelle et que sa propre défense pourrait le sauver? ²En cela réside la folie de la défense : elle donne aux illusions pleine réalité, puis elle tente de les traiter comme étant réelles. ³Elle ajoute l'illusion à l'illusion, rendant ainsi la correction doublement difficile. ⁴Et c'est cela que tu fais quand tu tentes de planifier le futur, d'activer le passé ou d'organiser le présent selon tes souhaits.

2.   Tu opères en partant de la croyance que tu dois te protéger de ce qui arrive parce que cela doit contenir ce qui te menace. ²Le sentiment d'être menacé, c'est l'admission d'une faiblesse inhérente; c'est la croyance qu'il y a un danger qui a le pouvoir de réclamer de toi une défense appropriée. ³Le monde est basé sur cette insane croyance. ⁴Et toutes ses structures, toutes ses pensées et tous ses doutes, toutes ses sanctions et ses lourds armements, ses définitions légales et ses codes, son éthique, ses dirigeants et ses dieux, tous ne servent qu'à préserver son sentiment de menace. ⁵Car nul ne parcourt le monde dans une armure qui n'ait la terreur lui serrant le cœur.

3.   La défense est effrayante. ²Elle émane de la peur, augmentant la peur au fur et à mesure que chaque défense est faite. ³Tu penses qu'elle offre la sécurité. ⁴Or elle parle de peur rendue réelle et de terreur justifiée. ⁵N'est-il pas étrange que tu ne t'arrêtes pas, tandis que tu élabores tes plans, grossis ton armure et resserres tes verrous, pour te demander ce que tu défends, et comment et contre quoi?

4.   Considérons d'abord ce que tu défends. ²Ce doit être quelque chose de très faible et de facile à assaillir. ³Ce doit être quelque chose qui devient une proie facile, incapable de se protéger et qui a besoin de ta défense. ⁴Quoi d'autre que le corps est d'une telle fragilité qu'il a besoin d'un soin constant et d'une sollicitude profonde et vigilante pour protéger sa petite vie? ⁵Quoi d'autre que le corps chancelle et doit manquer de servir le Fils de Dieu comme un hôte digne de Lui?

5.   Or ce n'est pas le corps qui peut avoir peur ou être une chose apeurante. ²Il n'a d'autres besoins que ceux que tu lui assignes.

³Il n'a pas besoin de structures défensives compliquées ni de médicaments qui amènent la santé, ni de soin, ni de sollicitude du tout. ⁴Défends sa vie, ou fais-lui des dons pour le rendre beau, ou des murs pour le mettre en sécurité, et tu dis simplement que ta demeure est exposée au voleur de temps, corruptible et croulante, et si peu sûre qu'il faut la protéger au risque de ta propre vie.

6. N'est-ce pas un image apeurante? ²Peux-tu être en paix avec une telle conception de ta demeure? ³Or qu'est-ce qui a doté le corps du droit de te servir ainsi, sauf ta propre croyance? ⁴C'est ton esprit qui a donné au corps toutes les fonctions que tu vois en lui, et qui a fixé sa valeur bien au-delà d'un petit tas de poussière et d'eau. ⁵Qui voudrait défendre quelque chose qu'il aurait reconnu comme tel?

7. Le corps n'a pas besoin de défense. ²Cela ne saurait être répété trop souvent. ³Il sera fort et en bonne santé si l'esprit n'en abuse pas en lui assignant des rôles qu'il ne peut remplir, des buts hors de sa sphère, et des visées exaltées qu'il ne peut accomplir. ⁴De telles tentatives, ridicules et pourtant si profondément chéries, constituent la source des nombreuses et folles attaques que tu portes contre lui. ⁵Car il semble décevoir tes espérances, tes besoins, tes valeurs et tes rêves.

8. Le «soi» qui a besoin de protection n'est pas réel. ²Le corps, qui est sans valeur et ne vaut guère la moindre défense, a besoin simplement d'être perçu comme quelque chose de tout à fait à part de toi, et il devient un instrument sain, fonctionnel, par lequel l'esprit peut opérer jusqu'à ce que son utilité ait cessé. ³Qui voudrait le garder quand son utilité a cessé?

9. Défends le corps, et tu as attaqué ton esprit. ²Car tu as vu en lui les fautes, les faiblesses, les limites et les manques dont tu penses que le corps doit être sauvé. ³Tu ne verras pas l'esprit comme étant séparé des conditions corporelles. ⁴Et tu imposeras au corps toute la douleur qui vient de concevoir l'esprit comme limité et fragile, à part des autres esprits et séparé de sa Source.

10. Voilà les pensées qui ont besoin de guérison, et le corps répond par la santé quand elles ont été corrigées et remplacées par la vérité. ²Voilà la seule défense réelle du corps. ³Or est-ce là que tu cherches sa défense? ⁴Tu lui offres un genre de protection qui ne lui gagne aucun bénéfice mais ne fait qu'ajouter à la détresse de ton esprit. ⁵Tu ne guéris pas mais ne fais qu'ôter l'espoir de guérison, car tu manques de voir où l'espoir doit résider pour être signifiant.

11.   Un esprit guéri ne fait pas de plans. ²Il exécute les plans qu'il reçoit en écoutant une sagesse qui n'est pas la sienne. ³Il attend jusqu'à ce qu'il ait été instruit de ce qu'il faut faire, puis il entreprend de le faire. ⁴Il ne compte sur lui-même pour rien, sauf son aptitude à accomplir les plans qui lui sont assignés. ⁵Il est en sécurité dans la certitude que les obstacles ne peuvent freiner son progrès vers l'accomplissement de n'importe quel but qui sert le plan plus vaste établi pour le bien de tous.

12.   Un esprit guéri est soulagé de la croyance qu'il doit faire des plans, bien qu'il ne puisse connaître quel est le meilleur résultat, par quels moyens il est atteint, ni comment reconnaître le problème que le plan est destiné à résoudre. ²Il doit faire mauvais usage du corps dans ses plans jusqu'à ce qu'il reconnaisse qu'il en est ainsi. ³Mais quand il a accepté cela pour vrai, alors il est guéri et il lâche prise du corps.

13.   L'asservissement du corps aux plans qu'échafaude l'esprit non guéri pour se sauver lui-même doit rendre le corps malade. ²Il n'est pas libre d'être un moyen d'aider dans un plan qui dépasse de loin sa propre protection et qui nécessite ses services pour un court moment. ³En cette qualité, sa santé est assurée. ⁴Car tout ce que l'esprit emploie pour cela fonctionnera parfaitement et avec la force qui lui a été donnée et qui ne peut faillir.

14.   Il n'est peut-être pas facile de percevoir que les plans entrepris par soi-même ne sont que des défenses, avec le but qu'elles ont toutes été faites pour atteindre. ²Ce sont les moyens par lesquels un esprit effrayé voudrait entreprendre sa propre protection, au prix de la vérité. ³Il n'est pas difficile de s'en rendre compte dans quelques-unes des formes que prennent ces tromperies de soi, où le déni de la réalité est tout à fait évident. ⁴Or faire des plans n'est pas souvent reconnu pour une défense.

15.   L'esprit qui s'emploie à faire des plans pour lui-même est occupé à établir le contrôle des événements futurs. ²Il ne pense pas que ses besoins seront comblés, à moins qu'il ne fasse ses propres provisions. ³Quant au temps, l'accent est mis sur le futur, à contrôler par les leçons et l'expérience que lui ont acquises les événements passés et les croyances précédentes. ⁴Il passe sur le présent, car il repose sur l'idée que le passé lui a suffisamment enseigné pour laisser l'esprit diriger son cours futur.

16.   L'esprit qui planifie refuse ainsi de permettre le changement. ²Ce qu'il a appris auparavant devient une base pour ses buts futurs. ³Son expérience passée dirige son choix de ce qui arrivera.

⁴Et il ne voit pas qu'ici et maintenant est tout ce dont il a besoin pour garantir un futur tout à fait différent du passé, sans continuité des vieilles idées et croyances malades. ⁵L'anticipation n'y joue aucun rôle, car la confiance présente indique la voie.

17.   Les défenses sont les plans que tu entreprends de faire contre la vérité. ²Ils visent à sélectionner ce que tu approuves et à ne pas tenir compte de ce que tu considères incompatible avec tes croyances au sujet de ta réalité. ³Or ce qui reste est certes in-signifiant. ⁴Car c'est ta réalité qui est la « menace » que tes défenses voudraient attaquer, obscurcir, désassembler et crucifier.

18.   Que ne pourrais-tu accepter, si seulement tu savais que tout ce qui arrive, tous les événements, passés, présents et à venir, sont planifiés avec douceur par Celui Dont le seul but est ton bien? ²Peut-être as-tu mal compris Son plan, car jamais Il ne t'offrirait la douleur. ³Mais tes défenses ne t'ont pas laissé voir Sa bénédiction aimante luisant sur chaque pas que tu as jamais fait. ⁴Alors que tu faisais des plans de mort, Il te conduisait doucement vers la vie éternelle.

19.   Ta présente confiance en Lui est la défense qui promet un avenir imperturbé, sans trace de chagrin et plein d'une joie qui augmente constamment, tandis que cette vie devient un instant saint, fixé dans le temps mais tenant compte seulement de l'immortalité. ²Ne laisse aucune autre défense que ta seule confiance présente diriger le futur, et cette vie devient une rencontre signifiante avec la vérité que seules tes défenses voudraient dissimuler.

20.   Sans défenses, tu deviens une lumière que le Ciel reconnaît avec gratitude pour sienne. ²Et elle te conduira sur les voies désignées pour ton bonheur selon l'ancien plan, commencé à la naissance du temps. ³Ceux qui te suivent joindront leur lumière à la tienne, qui en sera augmentée jusqu'à ce que le monde soit illuminé de joie. ⁴Et c'est avec joie que tes frères déposeront leurs défenses encombrantes, qui ne leur servaient à rien et ne pouvaient que terrifier.

21.   Aujourd'hui nous anticiperons ce moment avec une présente confiance, car il fait partie de ce qui a été planifié pour nous. ²Nous serons sûrs que tout ce dont nous avons besoin pour accomplir cela aujourd'hui nous est donné. ³Nous ne faisons aucun plan quant à la façon dont cela sera fait, mais nous nous rendons compte que notre non-défense est tout ce qui est requis pour que la vérité se fasse jour dans nos esprits avec certitude.

22.   Deux fois aujourd'hui pendant quinze minutes, nous nous reposerons de faire des plans insensés et de toute pensée qui empêche la vérité d'entrer dans nos esprits. ²Aujourd'hui nous recevrons au lieu de faire des plans, afin que nous puissions donner au lieu d'organiser. ³Et il nous est donné véritablement, lorsque nous disons :

> ⁴*Si je me défends, je suis attaqué. ⁵Mais dans ma non-défense,*
> *je serai fort et j'apprendrai ce que cachent mes défenses.*

23.   Rien que cela. ²S'il y a des plans à faire, tu en seras instruit. ³Ce ne seront peut-être pas les plans dont tu croyais qu'il était besoin, ni certes les réponses aux problèmes auxquels tu pensais être confronté. ⁴Mais ce sont les réponses à une autre sorte de question, qui reste sans réponse bien qu'elle ait besoin d'une réponse, jusqu'à ce que la Réponse te vienne enfin.

24.   Toutes tes défenses visaient à ne pas recevoir ce que tu recevras aujourd'hui. ²Or dans la lumière et la joie de la simple confiance, tu te demanderas seulement pourquoi tu as jamais pensé que tu devais être défendu contre la délivrance. ³Le Ciel ne demande rien. ⁴C'est l'enfer qui fait d'extravagantes demandes de sacrifice. ⁵Tu n'abandonnes rien aujourd'hui dans ces moments où, sans défense, tu te présentes à ton Créateur tel que tu es réellement.

25.   Il S'est souvenu de toi. ²Aujourd'hui nous nous souviendrons de Lui. ³Car voici les Pâques de ton salut. ⁴Et tu ressuscites de ce qui semblait être la mort et le désespoir. ⁵Maintenant la lumière de l'espoir renaît en toi, car maintenant tu viens sans défense, pour apprendre quel rôle tu as dans le plan de Dieu. ⁶Quelle valeur peuvent encore avoir les petits plans ou les croyances magiques, quand tu as reçu ta fonction de la Voix pour Dieu Lui-même ?

26.   N'essaie pas de modeler cette journée de la façon dont tu crois qu'elle te profiterait le plus. ²Car tu ne peux concevoir tout le bonheur qui te vient sans faire de plans. ³Apprends aujourd'hui. ⁴Le monde entier fera ce pas de géant et célébrera tes Pâques avec toi. ⁵Tout le long de la journée, lorsque de sottes petites choses apparaîtront pour susciter la défensive en toi et te tenter de tramer des plans, souviens-toi que c'est un jour particulier pour apprendre, et admets-le ainsi :

> ⁶*Ce sont mes Pâques. ⁷Je voudrais les garder saintes. ⁸Je ne*
> *me défendrai pas, parce que le Fils de Dieu n'a pas besoin*
> *de défense contre la vérité de sa réalité.*

LEÇON 136

La maladie est une défense contre la vérité.

1. Nul ne peut guérir à moins qu'il ne comprenne quel but la maladie semble servir. [2]Car alors il comprend aussi que son but n'a pas de signification. [3]Étant sans cause et sans intention signifiante d'aucune sorte, elle ne peut pas être du tout. [4]Quand cela est vu, la guérison est automatique. [5]Elle dissipe cette illusion in-signifiante par la même approche qui les porte toutes à la vérité et les laisse là simplement pour qu'elles disparaissent.

2. La maladie n'est pas un accident. [2]Comme toutes les défenses, c'est un mécanisme insane pour se tromper soi-même. [3]Et comme toutes les autres, son but est de cacher la réalité, de l'attaquer, de la changer, de la rendre inepte, de la distordre, de la déformer ou de la réduire en un petit tas de parties désassemblées. [4]Le but de toutes les défenses est d'empêcher la vérité d'être entière. [5]Les parties sont vues comme si chacune d'elles était entière en elle-même.

3. Les défenses ne sont pas sans intention, pas plus qu'elles ne sont faites inconsciemment. [2]Elles sont des baguettes magiques secrètes que tu brandis quand la vérité paraît menacer ce que tu voudrais croire. [3]Elles ne semblent être inconscientes qu'à cause de la rapidité avec laquelle tu choisis de les utiliser. [4]Dans cette seconde, même moins, où le choix se fait, tu reconnais exactement ce que tu voudrais tenter de faire, puis tu entreprends de penser que cela est fait.

4. Qui d'autre que toi évalue une menace, décide que l'évasion est nécessaire, puis monte une série de défenses pour réduire la menace qui a été jugée réelle ? [2]Tout cela ne peut pas être fait inconsciemment. [3]Mais après coup, ton plan requiert que tu oublies que tu l'as fait, de sorte qu'il semble être extérieur à ta propre intention ; un événement au-delà de ton état d'esprit, un résultat qui a un réel effet sur toi, au lieu d'un résultat effectué par toi.

5. C'est cet oubli rapide du rôle que tu joues pour faire ta « réalité » qui fait que les défenses semblent être au-delà de ton propre contrôle. [2]Mais ce que tu as oublié, tu peux te le rappeler, pour peu que tu aies le désir de reconsidérer la décision qui est doublement protégée par l'oubli. [3]Que tu ne te souviennes pas est simplement le signe que cette décision reste encore en vigueur, en ce qui concerne tes désirs. [4]Ne prends pas cela pour un fait.

⁵Les défenses doivent rendre les faits méconnaissables. ⁶C'est ce qu'elles visent à faire, et c'est ce qu'elles font.

6. Chaque défense prend des fragments du tout, les assemble sans tenir compte de toutes leurs véritables relations, et construit ainsi l'illusion d'un tout qui n'est pas là. ²C'est ce processus qui impose une menace et non le résultat quel qu'il soit. ³Quand les parties sont arrachées du tout et vues comme étant séparées et entières en elles-mêmes, elles deviennent des symboles représentant l'attaque contre le tout; à l'effet réussi et qui plus jamais ne seront vues comme entières. ⁴Or tu as oublié qu'elles ne représentent que ta propre décision sur ce qui devrait être réel, pour prendre la place de ce qui est réel.

7. La maladie est une décision. ²Ce n'est pas une chose qui t'arrive, sans l'avoir cherchée, qui te rend faible et t'apporte la souffrance. ³C'est un choix que tu fais, un plan que tu formes, quand pour un instant la vérité surgit dans ton propre esprit illusionné et que tout ton monde paraît tituber et s'apprêter à s'effondrer. ⁴Maintenant tu es malade, pour que la vérité s'en aille et ne menace plus tes établissements.

8. Comment penses-tu que la maladie peut réussir à te protéger de la vérité? ²Parce qu'elle prouve que le corps n'est pas séparé de toi et que tu dois donc être séparé de la vérité. ³Tu souffres parce que le corps souffre, et dans cette douleur tu deviens un avec lui. ⁴Ainsi est préservée ta «véritable» identité, et la pensée étrange et obsédante que tu puisses être quelque chose au-delà de ce petit tas de poussière est réduite au silence et apaisée. ⁵Car, vois-tu, cette poussière peut te faire souffrir, te tordre les membres et arrêter ton cœur, te commandant de mourir et de cesser d'être.

9. Ainsi le corps est-il plus fort que la vérité, qui demande que tu vives mais ne peut surmonter ton choix de mourir. ²Ainsi le corps est-il plus puissant que la vie éternelle, le Ciel plus fragile que l'enfer, et au dessein de Dieu pour le salut de Son Fils s'oppose une décision plus forte que Sa Volonté. ³Son Fils est poussière, le Père incomplet, et le chaos siège triomphant sur Son trône.

10. Tel est le plan que tu fais pour ta propre défense. ²Et tu crois que le Ciel recule devant des attaques aussi folles que celles-ci, alors que Dieu est rendu aveugle par tes illusions, que la vérité est tournée en mensonge et que tout l'univers est rendu esclave des lois que tes défenses voudraient lui imposer. ³Or qui croit aux illusions, sinon celui qui les a inventées? ⁴Qui d'autre peut les voir et y réagir comme si elles étaient la vérité?

11.   Dieu ne connaît rien de tes plans pour changer Sa Volonté. ²L'univers ne tient pas compte des lois par lesquelles tu pensais le gouverner. ³Et le Ciel ne s'est pas incliné devant l'enfer, ni la vie devant la mort. ⁴Tu peux seulement choisir de penser que tu meurs ou souffres d'une maladie ou distords la vérité d'une quelconque façon. ⁵Ce qui est créé est à part de tout cela. ⁶Les défenses sont des plans pour vaincre ce qui ne peut être attaqué. ⁷Ce qui est inaltérable ne peut changer. ⁸Et ce qui est entièrement sans péché ne peut pécher.

12.   Telle est la simple vérité. ²Elle ne fait appel ni à la puissance ni au triomphe. ³Elle ne commande pas l'obéissance ni ne cherche à prouver combien sont pitoyables et futiles tes tentatives pour planifier des défenses qui l'altéreraient. ⁴La vérité veut simplement te donner le bonheur, car tel est son but. ⁵Peut-être soupire-t-elle un peu lorsque tu jettes ses dons, et pourtant elle connaît, avec une parfaite certitude, que ce que Dieu veut pour toi doit être reçu.

13.   C'est ce fait qui démontre que le temps est une illusion. ²Car le temps te laisse penser que ce que Dieu t'a donné n'est pas la vérité maintenant, comme ce doit l'être. ³Les Pensées de Dieu sont tout à fait à part du temps. ⁴Car le temps n'est qu'une autre défense in-signifiante que tu as faite contre la vérité. ⁵Or ce qu'Il veut est là, et tu restes tel qu'Il t'a créé.

14.   La vérité a un pouvoir qui est bien au-delà des défenses, car nulle illusion ne peut demeurer là où il a été permis à la vérité d'entrer. ²Elle vient à chaque esprit qui voudrait déposer les armes et cesser de jouer avec des folies. ³Elle est trouvée à n'importe quel moment ; aujourd'hui, si tu choisis de t'exercer à accueillir la vérité.

15.   Voilà notre but aujourd'hui. ²Nous donnerons deux fois un quart d'heure pour demander à la vérité de venir à nous et de nous rendre libres. ³Et la vérité viendra, car elle n'a jamais été à part de nous. ⁴Elle attend simplement cette invitation que nous lui faisons aujourd'hui. ⁵Nous l'introduisons par une prière de guérison, pour nous aider à nous élever au-dessus de la défensive, et nous laissons la vérité être telle qu'elle a toujours été :

> ⁶*La maladie est une défense contre la vérité. ⁷J'accepterai la vérité de ce que je suis et je laisserai mon esprit être entièrement guéri aujourd'hui.*

16.   La guérison passe comme un éclair dans ton esprit grand ouvert, lorsque la paix et la vérité surgissent pour prendre la place de la guerre et des vaines imaginations. ²Il n'y aura pas de recoins sombres que la maladie puisse dissimuler et garder défendus contre la lumière de la vérité. ³Il ne restera plus dans ton esprit ni les vagues figures de tes rêves ni leurs quêtes obscures et insignifiantes poursuivant leurs doubles buts de manière insane. ⁴Il sera guéri de tous les souhaits maladifs auxquels il a tenté d'autoriser le corps à obéir.

17.   Maintenant le corps est guéri, parce que la source de la maladie a été rendue accessible au soulagement. ²Et tu reconnaîtras que tu t'es bien exercé à ceci : le corps ne devrait rien ressentir du tout. ³Si tu as réussi, il n'y aura pas de sensation ni de malaise ni de bien-être, ni de douleur ni de plaisir. ⁴Il n'y a pas du tout de réponse dans l'esprit à ce que fait le corps. ⁵Son utilité demeure, et rien de plus.

18.   Tu ne te rends peut-être pas compte que cela enlève les limites que tu as imposées au corps par les buts que tu lui as donnés. ²Lorsque ceux-ci sont mis de côté, la force du corps sera toujours suffisante pour remplir tous les buts véritablement utiles. ³La santé du corps est pleinement garantie, parce qu'il n'est pas limité par le temps, par le climat ou la fatigue, par le manger et le boire, ni par aucune des lois auxquelles tu l'as soumis auparavant. ⁴Tu n'as pas besoin de faire quoi que ce soit maintenant pour le rendre sain, car la maladie est devenue impossible.

19.   Or cette protection a besoin d'être préservée par une attention vigilante. ²Si tu laisses ton esprit abriter des pensées d'attaque, céder au jugement ou faire des plans contre des incertitudes à venir, tu t'es encore mal placé et t'es fait une identité corporelle qui attaquera le corps, car l'esprit est malade.

20.   Le cas échéant, apporte-lui un remède immédiat en ne permettant pas que ta défensive te blesse plus longtemps. ²Ne te méprends pas à propos de ce qui doit être guéri, mais dis-toi :

> ³*J'ai oublié ce que je suis réellement, car j'ai pris mon corps pour moi-même. ⁴La maladie est une défense contre la vérité. ⁵Mais je ne suis pas un corps. ⁶Et mon esprit ne peut pas attaquer. ⁷Ainsi je ne peux pas être malade.*

LEÇON 137

Quand je suis guéri, je ne suis pas guéri seul.

1. L'idée d'aujourd'hui reste la pensée centrale sur laquelle repose le salut. ²Car la guérison est l'opposé de toutes les idées du monde qui s'attardent sur la maladie et les états séparés. ³La maladie est une retraite à l'écart des autres et une coupure d'avec l'union. ⁴Elle devient une porte qui se ferme sur un soi séparé qu'elle garde isolé et seul.

2. La maladie est isolement. ²Car elle semble garder un soi à part de tous les autres, pour qu'il souffre ce que les autres ne ressentent pas. ³Elle donne au corps le pouvoir final de rendre la séparation réelle et de maintenir l'esprit dans une prison solitaire, divisé et tenu en morceaux par un mur solide de chair rendue malade, qu'il ne peut franchir.

3. Le monde obéit aux lois que sert la maladie, mais la guérison opère à part d'elles. ²Il est impossible que quiconque soit guéri seul. ³Dans la maladie, il doit être à part et séparé. ⁴Mais la guérison est sa propre décision d'être un à nouveau et d'accepter son Soi avec toutes Ses parties intactes et inattaquées. ⁵Dans la maladie, son Soi paraît être démembré et sans l'unité qui Lui donne la vie. ⁶Mais la guérison est accomplie lorsqu'il voit que le corps n'a pas le pouvoir d'attaquer l'Unité universelle du Fils de Dieu.

4. La maladie voudrait prouver que des mensonges doivent être la vérité. ²Mais la guérison démontre que la vérité est vraie. ³La séparation que la maladie voudrait imposer ne s'est jamais réellement produite. ⁴Être guéri, c'est simplement accepter ce qui a toujours été la simple vérité, qui restera à jamais exactement comme elle a toujours été. ⁵Or à des yeux accoutumés aux illusions, il faut montrer que ce qu'ils regardent est faux. ⁶Ainsi la guérison, dont la vérité n'a jamais besoin, doit démontrer que la maladie n'est pas réelle.

5. La guérison pourrait ainsi être appelée un contre-rêve, qui annule le rêve de maladie au nom de la vérité, mais non dans la vérité même. ²De même que le pardon passe sur tous les péchés qui n'ont jamais été accomplis, la guérison ne fait qu'enlever les illusions qui ne se sont pas produites. ³De même que le monde réel surgira pour prendre la place de ce qui n'a jamais été, la guérison ne fait qu'offrir réparation pour des états imaginés et des idées fausses sur lesquels les rêves ont brodé des images de la vérité.

6.   Or ne pense pas que la guérison soit indigne de ta fonction ici. [2]Car l'antéchrist devient plus puissant que le Christ pour ceux qui rêvent que le monde est réel. [3]Le corps semble être plus solide et plus stable que l'esprit. [4]Et l'amour devient un rêve, tandis que la peur reste la seule réalité qui puisse être vue et justifiée et pleinement comprise.

7.   De même que le pardon par sa lumière dissipe tout péché, et que le monde réel occupera la place de ce que tu as fait, de même la guérison doit remplacer les fantasmes de maladie que tu tiens devant la simple vérité. [2]Quand il a été vu que la maladie disparaît en dépit de toutes les lois qui soutiennent qu'elle ne peut qu'être réelle, alors les questions ont trouvé réponse. [3]Et les lois ne peuvent plus être chéries ni observées.

8.   La guérison est liberté. [2]Car elle démontre que les rêves ne prévaudront pas contre la vérité. [3]La guérison est partagée. [4]Et par cet attribut elle prouve que des lois différentes de celles qui soutiennent que la maladie est inévitable sont plus puissantes que leurs maladifs opposés. [5]La guérison est force. [6]Car par sa douce main la faiblesse est vaincue et des esprits qui étaient emmurés au-dedans d'un corps sont libres de se joindre à d'autres esprits, pour être forts à jamais.

9.   La guérison, le pardon et l'heureux échange de tout le monde du chagrin contre un monde où la tristesse ne peut entrer, sont les moyens par lesquels le Saint-Esprit t'enjoint de Le suivre. [2]Ses douces leçons enseignent avec quelle facilité le salut peut être à toi ; et le peu de pratique dont tu as besoin pour laisser Ses lois remplacer celles que tu as faites pour te garder prisonnier de la mort. [3]Sa vie devient la tienne quand tu étends la petite aide qu'Il demande pour te libérer de tout ce qui t'a jamais causé de la douleur.

10.   Tandis que tu te laisses guérir, tu vois tous ceux qui t'entourent, ou ceux qui te traversent l'esprit, ou ceux que tu touches ou ceux qui semblent n'avoir pas de contact avec toi, être guéris avec toi. [2]Tu ne les reconnaîtras peut-être pas tous, et tu ne te rendras peut-être pas compte de la grandeur de ton offrande au monde entier, quand tu laisses la guérison venir à toi. [3]Mais tu n'es jamais guéri seul. [4]Et légions sur légions recevront le don que tu reçois quand tu es guéri.

11.   Ceux qui sont guéris deviennent les instruments de la guérison. [2]Et il ne s'écoule pas de temps entre l'instant où ils sont guéris et toute la grâce de guérison qu'il leur est donné de donner. [3]Ce qui est opposé à Dieu n'existe pas, et qui ne l'accepte pas dans

son esprit devient un havre où ceux qui sont las peuvent rester pour se reposer. ⁴Car là est accordée la vérité, et là toutes les illusions sont portées à la vérité.

12.   Ne voudrais-tu pas offrir un abri à la Volonté de Dieu ? ²Tu ne fais qu'inviter ton Soi à être chez Lui. ³Cette invitation peut-elle être refusée ? ⁴Demande à l'inévitable de se produire, et tu n'échoueras jamais. ⁵L'autre choix n'est que de demander à ce qui ne peut pas être d'être, et cela ne peut réussir. ⁶Aujourd'hui nous demandons que seule la vérité occupe nos esprits ; que des pensées de guérison aillent en ce jour de ce qui est guéri vers ce qui reste à guérir, tout en ayant conscience que les deux se produiront en ne faisant qu'un.

13.   Nous nous souviendrons, chaque fois que l'heure sonnera, que notre fonction est de laisser nos esprits être guéris, afin que nous apportions la guérison au monde, échangeant la malédiction contre la bénédiction, la douleur contre la joie et la séparation contre la paix de Dieu. ²Une minute par heure ne vaut-elle pas d'être donnée pour recevoir un tel don ? ³Un court moment n'est-il pas une bien petite dépense à offrir pour le don de tout ?

14.   Or nous devons être préparés pour un tel don. ²Ainsi nous commencerons la journée par ceci, et nous donnerons dix minutes à ces pensées par lesquelles nous conclurons également la journée ce soir :

> ³*Quand je suis guéri, je ne suis pas guéri seul. ⁴Et je voudrais partager ma guérison avec le monde, afin que la maladie soit bannie de l'esprit du seul Fils de Dieu, Qui est mon seul Soi.*

15.   Laisse faire la guérison par toi aujourd'hui même. ²Et tandis que tu reposes dans la quiétude, sois prêt à donner comme tu reçois, à ne garder que ce que tu donnes, et à recevoir la Parole de Dieu pour qu'Elle prenne la place de toutes les sottes pensées qui ont jamais été imaginées. ³Maintenant nous nous rassemblons pour rendre sain tout ce qui était malade et offrir une bénédiction là où il y avait attaque. ⁴Et nous ne nous laisserons pas non plus oublier cette fonction au passage de chaque heure de la journée, nous souvenant de notre but avec la pensée suivante :

> ⁵*Quand je suis guéri, je ne suis pas guéri seul. ⁶Et je voudrais bénir mes frères, car je serais guéri avec eux, comme ils sont guéris avec moi.*

LEÇON 138

Le Ciel est la décision que je dois prendre.

1.   En ce monde le Ciel est un choix, parce qu'ici nous croyons qu'il y a des alternatives entre lesquelles choisir. ²Nous pensons que toutes choses ont un opposé, et ce que nous voulons, nous le choisissons. ³Si le Ciel existe, il doit y avoir l'enfer aussi, car la contradiction est la façon dont nous faisons ce que nous percevons, et ce que nous pensons réel.

2.   La création ne connaît pas d'opposé. ²Mais ici l'opposition fait partie d'être «réel». ³C'est cette étrange perception de la vérité qui fait que le choix du Ciel semble être la même chose que le renoncement à l'enfer. ⁴Il n'en est pas réellement ainsi. ⁵Or ce qui est vrai dans la création de Dieu ne peut entrer ici avant d'être reflété sous une forme quelconque que le monde peut comprendre. ⁶La vérité ne peut pas venir là où elle ne pourrait être perçue qu'avec peur. ⁷Car cela serait l'erreur voulant que la vérité peut être portée aux illusions. ⁸L'opposition fait que la vérité n'est pas la bienvenue, et elle ne peut venir.

3.   Choisir est l'évasion évidente hors de ce qui apparaît comme des opposés. ²La décision laisse l'un des buts conflictuels devenir le but de l'effort et de la dépense de temps. ³Sans décision, le temps n'est que gaspillé et l'effort dissipé. ⁴Il est dépensé pour rien en retour, et le temps passe sans résultats. ⁵Il n'y a pas de sentiment de gain, car rien n'est accompli, rien n'est appris.

4.   Il est besoin de te rappeler que tu penses faire face à un millier de choix, quand il n'y en a réellement qu'un à faire. ²Et même celui-là ne fait que sembler être un choix. ³Ne te laisse pas embrouiller par tous les doutes que des myriades de décisions induiraient. ⁴Tu n'en prends qu'une. ⁵Et quand celle-là est prise, tu percevras que ce n'était pas un choix du tout. ⁶Car la vérité est vraie, et rien d'autre n'est vrai. ⁷Il n'y a pas d'opposé à choisir à la place. ⁸Il n'y a pas de contradiction à la vérité.

5.   Choisir dépend d'apprendre. ²Et la vérité ne peut pas être apprise, mais seulement reconnue. ³En sa re-connaissance réside son acceptation; et comme elle est acceptée, elle est connue. ⁴Mais la connaissance est au-delà des buts que nous cherchons à enseigner dans le cadre de ce cours. ⁵Nos buts sont des buts d'enseignement, qui sont atteints en apprenant comment y parvenir, ce

qu'ils sont et ce qu'ils t'offrent. [6]Les décisions sont le résultat de ton apprentissage, car elles reposent sur ce que tu as accepté pour vérité de ce que tu es et de ce que doivent être tes besoins.

6.   Dans ce monde insane et compliqué, le Ciel paraît prendre la forme d'un choix plutôt que d'être simplement ce qu'il est. [2]De tous les choix que tu as essayé de faire, celui-là est le plus simple, le plus définitif et le prototype de tous les autres, celui qui tranche toutes les décisions. [3]Si tu pouvais décider le reste, celui-là reste irrésolu. [4]Mais quand tu résous celui-là, les autres sont résolus avec lui, car toutes les décisions ne font que dissimuler celle-là en prenant des formes différentes. [5]Là est l'ultime et seul choix, par lequel la vérité est acceptée ou niée.

7.   Ainsi commençons-nous aujourd'hui à considérer le choix que le temps a été fait pour nous aider à faire. [2]Tel est son saint but, transformé maintenant de l'intention que tu lui avais donnée : qu'il soit le moyen de démontrer que l'enfer est réel, que l'espoir se change en désespoir et que la vie même à la fin doit être vaincue par la mort. [3]Dans la mort seule, les opposés sont résolus, car mettre fin à l'opposition, c'est mourir. [4]Donc le salut doit être vu comme la mort, car la vie est vue comme un conflit. [5]Résoudre le conflit, c'est mettre fin aussi à ta vie.

8.   Ces folles croyances peuvent gagner une emprise inconsciente d'une grande intensité et saisir l'esprit d'une terreur et d'une anxiété si fortes qu'il ne renoncera pas à ses idées au sujet de sa propre protection. [2]Il doit être sauvé du salut, menacé pour être en sécurité et armé magiquement contre la vérité. [3]Ces décisions sont prises inconsciemment, pour les garder en sécurité et imperturbées ; loin de toute remise en question, de la raison et du doute.

9.   Le Ciel est choisi consciemment. [2]Le choix ne peut pas être fait tant que les alternatives n'ont pas été vues et comprises correctement. [3]Tout ce qui est voilé d'ombres doit être porté à la compréhension pour être jugé à nouveau, cette fois avec l'aide du Ciel. [4]Et toutes les erreurs de jugement que l'esprit a faites auparavant sont soumises à la correction, tandis que la vérité les rejette comme étant sans cause. [5]Maintenant elles sont sans effets. [6]Elles ne peuvent être dissimulées, parce que leur néant est reconnu.

10.   Le choix conscient du Ciel est aussi sûr que la fin de la peur de l'enfer, une fois qu'elle est soulevée de derrière son écran protecteur d'inconscience et portée à la lumière. [2]Qui peut décider entre le clairement vu et le non reconnu ? [3]Or qui peut manquer de choisir entre deux alternatives dont une seule est vue comme

ayant de la valeur et l'autre comme une chose entièrement sans valeur, une source imaginaire de culpabilité et de peur? [4]Qui hésite à faire un tel choix? [5]Allons-nous hésiter à choisir aujourd'hui?

11. Nous choisissons le Ciel à notre réveil, et nous passons cinq minutes à nous assurer que nous avons pris la seule décision qui soit saine. [2]Nous reconnaissons que nous faisons un choix conscient entre ce qui a une existence et ce qui n'a que l'apparence de la vérité. [3]Son pseudo-être, porté à ce qui est réel, est mince et transparent dans la lumière. [4]Il ne contient plus aucune terreur maintenant, car ce qui avait été rendu énorme, vengeur, implacable de haine, demande l'obscurité pour que la peur y soit investie. [5]Maintenant il est reconnu comme n'étant qu'une erreur, sotte et banale.

12. Avant de fermer les yeux pour dormir cette nuit, nous réaffirmons le choix que nous avons fait à chaque heure entre-temps. [2]Et maintenant nous donnons les cinq dernières minutes de veille de notre journée à la décision avec laquelle nous nous sommes réveillés. [3]Au passage de chaque heure, nous avons réitéré notre choix pendant un bref moment de quiétude consacré à maintenir notre santé d'esprit. [4]Et finalement nous terminons la journée par ce qui suit, en admettant que nous avons choisi seulement ce que nous voulons :

> [5]*Le Ciel est la décision que je dois prendre.* [6]*Je la prends maintenant, et je ne changerai pas d'esprit, parce que c'est la seule chose que je veux.*

LEÇON 139

J'accepterai l'Expiation pour moi-même.

1. Ici est la fin du choix. ²Car ici nous arrivons à la décision de nous accepter tels que Dieu nous a créés. ³Et qu'est-ce que le choix, sauf l'incertitude de ce que nous sommes ? ⁴Il n'est pas de doute qui n'ait là ses racines. ⁵Il n'est pas de question qui ne reflète celle-ci. ⁶Il n'est pas de conflit qui n'entraîne l'unique, simple question : « Que suis-je ? »

2. Or qui pourrait poser cette question, sauf celui qui a refusé de se reconnaître lui-même ? ²Seul le refus de t'accepter toi-même peut faire que la question semble sincère. ³La seule chose qui puisse être connue avec certitude par toute chose vivante est ce qu'elle est. ⁴De ce seul point de certitude, elle regarde les autres choses aussi certaines qu'elle-même.

3. L'incertitude à propos de ce que tu dois être est une tromperie de soi à une échelle si vaste qu'il n'est guère possible d'en concevoir l'immensité. ²Être vivant et ne pas te connaître toi-même, c'est croire que tu es réellement mort. ³Car qu'est-ce que la vie, sauf d'être toi-même, et quoi d'autre que toi peut être vivant à ta place ? ⁴Qui est celui qui doute ? ⁵De quoi doute-t-il ? ⁶Qui interroge-t-il ? ⁷Qui peut lui répondre ?

4. Il énonce simplement qu'il n'est pas lui-même, et par conséquent, étant quelque chose d'autre, il devient quelqu'un qui demande ce qu'est ce quelque chose. ²Or il ne pourrait jamais être en vie à moins de connaître la réponse. ³S'il demande comme s'il ne la connaissait pas, cela montre simplement qu'il ne veut pas être la chose qu'il est. ⁴Il l'a acceptée parce qu'il vit ; l'a jugée et rejetée, a nié sa valeur et a décidé qu'il ne connaît pas la seule certitude grâce à laquelle il vit.

5. Ainsi il devient incertain de sa vie, car ce qu'elle est a été nié par lui. ²C'est pour ce déni que tu as besoin de l'Expiation. ³Ton déni n'a rien changé dans ce que tu es. ⁴Mais tu as divisé ton esprit entre ce qui connaît et ce qui ne connaît pas la vérité. ⁵Tu es toi-même. ⁶Il n'y a pas de doute là-dessus. ⁷Et pourtant tu en doutes. ⁸Mais tu ne demandes pas quelle partie de toi peut réellement douter de toi-même. ⁹Ce ne peut pas réellement être une partie de toi qui pose cette question. ¹⁰Car elle la pose à qui connaît la réponse. ¹¹Si c'était une partie de toi, alors la certitude serait impossible.

6.   L'Expiation remédie à l'étrange idée qu'il est possible de douter de toi-même et d'être incertain de ce que tu es réellement. ²Voilà qui est le comble de la folie. ³Or c'est la question universelle du monde. ⁴Qu'est-ce que cela signifie, sauf que le monde est fou ? ⁵Pourquoi partager sa folie dans la triste croyance que ce qui est universel ici est vrai ?

7.   Rien de ce que croit le monde n'est vrai. ²C'est un lieu dont le but est d'être une demeure où ceux qui proclament ne pas se connaître peuvent venir demander ce que c'est qu'ils sont. ³Et ils reviendront jusqu'à ce que l'Expiation soit acceptée et qu'ils apprennent qu'il est impossible de douter de soi-même et de ne pas être conscient de ce qu'on est.

8.   Seule l'acceptation peut t'être demandée, car ce que tu es est certain. ²Cela est fixé à jamais dans l'Esprit saint de Dieu, ainsi que dans le tien. ³Cela est si loin au-delà de tout doute et de toute question que demander ce que ce doit être est toute la preuve dont tu aies besoin pour te montrer que tu crois à la contradiction selon laquelle tu ne connais pas ce que tu ne peux manquer de connaître. ⁴Est-ce là une question ou un énoncé qui contient sa propre négation ? ⁵Ne permettons pas à nos esprits saints de s'occuper à des songeries aussi insensées.

9.   Nous avons une mission ici. ²Nous ne sommes pas venus pour renforcer la folie en laquelle nous avons cru autrefois. ³N'oublions pas le but que nous avons accepté. ⁴C'est plus que notre seul bonheur que nous sommes venus gagner. ⁵Ce que nous acceptons pour ce que nous sommes proclame ce que chacun doit être, avec nous. ⁶Ne déçois pas tes frères, ou c'est toi-même que tu déçois. ⁷Regarde-les avec amour, afin qu'ils connaissent qu'ils font partie de toi, et toi d'eux.

10.   C'est cela qu'enseigne l'Expiation en démontrant que l'Unité du Fils de Dieu est inattaquée par sa croyance qu'il ne connaît pas ce qu'il est. ²Aujourd'hui accepte l'Expiation, non pour changer la réalité mais simplement pour accepter la vérité à ton sujet, et continuer ton chemin en te réjouissant dans l'Amour infini de Dieu. ³C'est tout ce qu'il nous est demandé de faire. ⁴C'est tout ce que nous allons faire aujourd'hui.

11.   Nous passerons cinq minutes le matin et cinq minutes le soir à consacrer notre esprit à ce qui nous est assigné aujourd'hui. ²Nous commençons par cette révision de ce qu'est notre mission :

> [3]*J'accepterai l'Expiation pour moi-même,*
> *Car je reste tel que Dieu m'a créé.*

[4]Nous n'avons pas perdu la connaissance que Dieu nous a donnée quand Il nous a créés pareils à Lui. [5]Nous pouvons nous en souvenir pour chacun, car tous les esprits ne font qu'un dans la création. [6]Et dans notre mémoire est le souvenir de combien nos frères nous sont chers en vérité, combien chaque esprit fait partie de nous, combien ils nous ont réellement été fidèles et combien l'Amour de notre Père les contient tous.

12.   En reconnaissance de toute la création, au Nom de son Créateur et de Son Unité avec tous les aspects de la création, nous répétons à chaque heure aujourd'hui notre dévouement à notre cause, mettant de côté toutes les pensées qui nous distrairaient de notre saint but. [2]Pendant plusieurs minutes, laisse ton esprit être dégagé de toutes les sottes toiles d'araignée que le monde voudrait tisser autour du saint Fils de Dieu. [3]Et apprends la nature fragile des chaînes qui semblent garder à part de ta conscience la connaissance de toi-même, en disant :

> [4]*J'accepterai l'Expiation pour moi-même,*
> *Car je reste tel que Dieu m'a créé.*

LEÇON 140

Du salut seulement il peut être dit qu'il guérit.

1. « Guérison » est un mot qui ne peut s'appliquer à aucun des remèdes que le monde accepte comme bénéfiques. ²Ce que le monde perçoit comme thérapeutique est seulement ce qui fera que le corps ira « mieux ». ³Quand il essaie de guérir l'esprit, il ne voit pas de séparation d'avec le corps, où il pense que l'esprit existe. ⁴Ses formes de guérison doivent donc substituer l'illusion à l'illusion. ⁵Une croyance en la maladie prend une autre forme, ainsi le patient se perçoit maintenant lui-même comme allant bien.

2. Il n'est pas guéri. ²Il a simplement rêvé qu'il était malade, et dans le rêve il a trouvé une formule magique pour faire qu'il aille bien. ³Or il ne s'est pas éveillé du rêve, donc son esprit reste exactement comme il était auparavant. ⁴Il n'a pas vu la lumière qui l'éveillerait et mettrait fin au rêve. ⁵Quelle différence le contenu d'un rêve fait-il dans la réalité ? ⁶Ou l'on dort ou l'on est éveillé. ⁷Il n'y a rien entre les deux.

3. Les rêves heureux qu'apporte le Saint-Esprit sont différents des rêves du monde, où l'on peut seulement rêver d'être éveillé. ²Les rêves que le pardon laisse l'esprit percevoir n'induisent pas une autre forme de sommeil, de sorte que le rêveur rêve un autre rêve. ³Ses rêves heureux sont les hérauts de l'émergence de la vérité dans l'esprit. ⁴Ils conduisent du sommeil à un doux réveil, de sorte que les rêves ont disparu. ⁵Et ainsi ils guérissent pour toute l'éternité.

4. L'Expiation guérit avec certitude, et guérit toute maladie. ²Car l'esprit qui comprend que la maladie ne peut être qu'un rêve n'est pas trompé par les formes que peut prendre le rêve. ³La maladie ne peut venir là où la culpabilité est absente, car elle n'est qu'une autre forme de culpabilité. ⁴L'Expiation ne guérit pas les malades, car cela n'est pas guérir. ⁵Elle ôte la culpabilité qui rend la maladie possible. ⁶Et cela est certes guérir. ⁷Car la maladie maintenant a disparu, sans qu'il ne reste rien vers quoi elle puisse revenir.

5. La paix soit avec toi qui as été guéri en Dieu et non en de vains rêves. ²Car la guérison doit venir de la sainteté, et la sainteté ne peut être trouvée là où le péché est chéri. ³Dieu réside en de saints temples. ⁴Où le péché est entré, Il est forclos. ⁵Or il n'est pas d'endroit où Il ne soit. ⁶Par conséquent, le péché ne peut avoir de

demeure où se cacher de Sa bienfaisance. ⁷Il n'y a pas d'endroit où la sainteté n'est pas, et le péché et la maladie ne peuvent demeurer nulle part.

6. Voilà la pensée qui guérit. ²Elle ne fait pas de distinction parmi les irréalités. ³Elle ne cherche pas non plus à guérir ce qui n'est pas malade, oublieuse de là où est le besoin de guérison. ⁴Ce n'est pas de la magie. ⁵C'est simplement un appel à la vérité, qui ne peut manquer de guérir et de guérir pour toujours. ⁶Ce n'est pas une pensée qui juge une illusion à sa taille, à son apparente gravité ni à quoi que ce soit qui ait rapport à la forme qu'elle prend. ⁷Elle se concentre simplement sur ce qu'elle est, et elle connaît qu'aucune illusion ne peut être réelle.

7. N'essayons pas aujourd'hui de chercher à guérir ce qui ne peut souffrir d'une maladie. ²La guérison doit être cherchée uniquement là où elle est, pour être appliquée ensuite à ce qui est malade, afin que cela puisse être guéri. ³Il n'est pas de remède que le monde procure qui puisse effectuer un changement en quoi que ce soit. ⁴L'esprit qui porte les illusions à la vérité est réellement changé. ⁵Il n'est pas d'autre changement que celui-là. ⁶Car comment une illusion peut-elle différer d'une autre, sinon par des attributs qui n'ont pas de substance, pas de réalité, pas de centre, ni rien qui soit véritablement différent ?

8. Aujourd'hui nous cherchons à changer d'esprit sur la source de la maladie, car nous cherchons un remède pour toutes les illusions et non un autre passage de l'une à l'autre. ²Nous essaierons aujourd'hui de trouver la source de la guérison, qui est dans nos esprits parce que notre Père l'a placée là pour nous. ³Elle n'est pas plus loin de nous que nous-mêmes. ⁴Elle est aussi proche de nous que nos propres pensées, si près qu'il est impossible de la perdre. ⁵Nous avons seulement besoin de la chercher, et elle doit être trouvée.

9. Aujourd'hui nous ne nous laisserons pas égarer par ce qui nous paraît malade. ²Aujourd'hui nous allons au-delà des apparences jusqu'à la source de la guérison, dont rien n'est exempt. ³Nous réussirons dans la mesure où nous nous rendons compte qu'il ne peut jamais y avoir de distinction signifiante entre ce qui est faux et ce qui est également faux. ⁴Ici il n'y a pas de degrés, et pas de croyances que ce qui n'existe pas est plus vrai sous certaines formes que sous d'autres. ⁵Toutes sont fausses et peuvent être guéries parce qu'elles ne sont pas vraies.

10. Ainsi mettons-nous de côté nos amulettes, nos charmes et nos médicaments, nos chants et nos tours de magie sous quelque forme qu'ils prennent. ²Nous serons calmes et nous écouterons la Voix de la guérison, qui guérira tous les maux ne faisant qu'un et rendra la santé d'esprit au Fils de Dieu. ³Nulle autre voix ne peut guérir. ⁴Aujourd'hui nous entendons une seule Voix qui nous parle de la vérité, où prennent fin toutes les illusions et où la paix retourne à l'éternelle et quiète demeure de Dieu.

11. Nous nous éveillons en L'entendant et nous Le laissons nous parler cinq minutes au début de la journée, et nous terminerons la journée en L'écoutant à nouveau cinq minutes avant d'aller dormir. ²Notre seule préparation est de laisser nos pensées interférentes être mises de côté, non pas séparément mais toutes ne faisant qu'un. ³Elles sont les mêmes. ⁴Nous n'avons pas besoin de les rendre différentes et de retarder ainsi le moment où nous pourrons entendre notre Père nous parler. ⁵Nous L'entendons maintenant. ⁶Nous venons à Lui aujourd'hui.

12. Sans rien dans les mains à quoi nous nous accrochons, le cœur élevé et l'esprit à l'écoute, nous prions :

> ²*Du salut seulement il peut être dit qu'il guérit.*
> ³*Parle-nous, Père, afin que nous soyons guéris.*

⁴Et nous sentons le salut nous couvrir de sa douce protection et d'une paix si profonde qu'aucune illusion ne peut troubler notre esprit ni nous offrir la preuve qu'elle est réelle. ⁵Voilà ce que nous apprendrons aujourd'hui. ⁶Nous ferons notre prière de guérison à chaque heure, et nous prendrons une minute chaque fois que l'heure sonnera pour entendre la réponse à notre prière nous être donnée, tandis que nous attendons dans le silence et la joie. ⁷Voici le jour où la guérison vient à nous. ⁸Voici le jour où la séparation prend fin, et nous nous souvenons de Qui nous sommes réellement.

RÉVISION IV

Introduction

1. Maintenant nous révisons à nouveau, cette fois en étant conscients que nous nous préparons à la seconde partie pour apprendre comment la vérité peut être appliquée. ²Aujourd'hui nous commencerons à nous concentrer afin d'être prêts pour ce qui va suivre. ³Tel est notre but pour cette révision et pour les leçons qui suivent. ⁴Ainsi nous révisons les leçons récentes et leurs pensées centrales de manière à faciliter cet état que nous voulons atteindre dans lequel nous serons prêts.

2. Il y a un thème central qui unifie chaque étape de la révision que nous entreprenons et qui peut s'énoncer simplement par ces mots :

²Mon esprit contient seulement ce que je pense avec Dieu.

³Cela est un fait, qui représente la vérité de Ce que tu es et de Ce qu'est ton Père. ⁴C'est par cette pensée que le Père a donné la création au Fils, établissant le Fils comme co-créateur avec Lui. ⁵C'est cette pensée qui garantit pleinement le salut au Fils. ⁶Car dans son esprit aucunes pensées ne peuvent demeurer, sauf celles que Son Père partage. ⁷Le manque de pardon bloque cette pensée hors de sa conscience. ⁸Or elle est vraie à jamais.

3. Commençons notre préparation par quelque compréhension des nombreuses formes sous lesquelles le manque de pardon véritable peut être soigneusement dissimulé. ²Parce que ce sont des illusions, elles ne sont pas perçues simplement pour ce qu'elles sont : des défenses qui protègent tes pensées qui ne pardonnent pas et les empêchent d'être vues et reconnues. ³Leur but est de te montrer quelque chose d'autre et de tenir la correction à distance par des tromperies de soi faites pour la remplacer.

4. Et pourtant, ton esprit contient seulement ce que tu penses avec Dieu. ²Tes tromperies de soi ne peuvent pas prendre la place de la vérité. ³Pas plus qu'un enfant qui jette un bâton dans l'océan ne peut changer le va-et-vient des marées, le réchauffement de l'eau par le soleil, le reflet argenté de la lune sur l'océan la nuit. ⁴Donc nous commençons chaque période d'exercice de cette révision en

préparant notre esprit à comprendre les leçons que nous lisons et à voir la signification qu'elles nous offrent.

5.   Commence chaque jour par consacrer un moment à préparer ton esprit à apprendre ce que chaque idée que tu réviseras ce jour-là peut t'offrir en liberté et en paix. ²Ouvre ton esprit, dégage-le de toutes les pensées qui voudraient te tromper et laisse cette seule pensée l'occuper pleinement en enlevant le reste :

³*Mon esprit contient seulement ce que je pense avec Dieu.*

⁴Cinq minutes avec cette pensée suffiront pour diriger la journée dans le sens désigné par Dieu et pour placer Son Esprit en charge de toutes les pensées que tu recevras ce jour-là.

6.   Elles ne viendront pas de toi seul, car elles seront toutes partagées avec Lui. ²Ainsi chacune d'elles t'apportera le message de Son Amour, Lui retournant les messages du tien. ³Ainsi la communion avec le Seigneur des Multitudes sera tienne, comme Lui-même l'a voulu. ⁴Et de même que Sa propre complétude se joint à Lui, de même Il Se joindra à toi qui es complet lorsque tu t'unis à Lui, et Lui à toi.

7.   Après ta préparation, lis simplement chacune des deux idées qui te sont assignées pour la révision du jour. ²Puis ferme les yeux et dis-les-toi lentement. ³Il n'y a rien qui presse maintenant, car tu utilises le temps dans le but approprié. ⁴Laisse chaque mot resplendir de la signification que Dieu lui a donnée, telle qu'elle t'a été donnée par Sa Voix. ⁵Laisse chaque idée que tu révises ce jour-là t'offrir le don qu'Il a déposé en elle pour que tu l'aies de Lui. ⁶Nous n'utiliserons pas d'autre formule que la suivante pour nos exercices :

8.   À chaque heure de la journée, porte à ton esprit la pensée par laquelle la journée a commencé et passe avec elle un moment de quiétude. ²Puis répète les deux idées de ton exercice du jour sans te hâter, avec assez de temps pour voir les dons qu'elles contiennent pour toi, et laisse-les être reçues là où elles étaient destinées.

9.   Nous n'ajoutons pas d'autres pensées, mais nous laissons celles-ci être les messages qu'elles sont. ²Nous n'avons besoin de rien de plus pour nous donner le bonheur et le repos, la quiétude sans fin, la certitude parfaite et tout ce que notre Père veut que nous recevions comme l'héritage que nous avons de Lui. ³Nous finirons chaque jour de cette révision comme il a commencé, en répétant d'abord la pensée qui a fait de ce jour un moment particulier de

bénédiction et de bonheur pour nous ; et qui, par notre foi, a ramené le monde des ténèbres à la lumière, de la peine à la joie, de la douleur à la paix, du péché à la sainteté.

10. Dieu te rend grâce, à toi qui t'exerces ainsi à garder Sa Parole. [2]Et quand tu consacres à nouveau ton esprit aux idées du jour avant de t'endormir, Sa gratitude t'entoure dans la paix où Il veut que tu sois à jamais, et que tu apprends maintenant à réclamer à nouveau comme ton héritage.

LEÇON 141

Mon esprit contient seulement ce que je pense avec Dieu.

(121) Le pardon est la clef du bonheur.
(122) Le pardon offre tout ce que je veux.

LEÇON 142

Mon esprit contient seulement ce que je pense avec Dieu.

(123) Je remercie mon Père des dons qu'Il me fait.
(124) Que je me souvienne que je ne fais qu'un avec Dieu.

LEÇON 143

Mon esprit contient seulement ce que je pense avec Dieu.

(125) Dans la quiétude je reçois la Parole de Dieu aujourd'hui.
(126) Tout ce que je donne est donné à moi-même.

LEÇON 144

Mon esprit contient seulement ce que je pense avec Dieu.

(127) Il n'est d'amour que celui de Dieu.
(128) Le monde que je vois ne contient rien que je veuille.

LEÇON 145

Mon esprit contient seulement ce que je pense avec Dieu.

(129) Au-delà de ce monde, il y a un monde que je veux.
(130) Il est impossible de voir deux mondes.

LEÇON 146

Mon esprit contient seulement ce que je pense avec Dieu.

(131) Nul ne peut échouer qui cherche à atteindre la vérité.
(132) Je relâche le monde de tout ce que je pensais qu'il était.

LEÇON 147

Mon esprit contient seulement ce que je pense avec Dieu.

(133) Je n'accorderai pas de valeur à ce qui est sans valeur.
(134) Que je perçoive le pardon tel qu'il est.

LEÇON 148

Mon esprit contient seulement ce que je pense avec Dieu.

(135) Si je me défends, je suis attaqué.
(136) La maladie est une défense contre la vérité.

LEÇON 149

Mon esprit contient seulement ce que je pense avec Dieu.

(137) Quand je suis guéri, je ne suis pas guéri seul.
(138) Le Ciel est la décision que je dois prendre.

LEÇON 150

Mon esprit contient seulement ce que je pense avec Dieu.

(139) J'accepterai l'Expiation pour moi-même.
(140) Du salut seulement il peut être dit qu'il guérit.

LEÇON 151

Toutes choses sont des échos de la Voix pour Dieu.

1. Nul ne peut juger sur une preuve partielle. ²Cela n'est pas un jugement. ³Ce n'est qu'une opinion basée sur l'ignorance et le doute. ⁴Son apparente certitude ne fait que masquer l'incertitude qu'elle voudrait dissimuler. ⁵Elle a besoin d'une défense irrationnelle parce qu'elle est irrationnelle. ⁶Et sa défense semble forte, convaincante et sans le moindre doute à cause de tout le doute sous-jacent.

2. Tu ne sembles pas douter du monde que tu vois. ²Tu ne mets pas réellement en question ce qui t'est montré par les yeux du corps. ³Tu ne te demandes pas non plus pourquoi tu le crois, même si tu as appris il y a longtemps que tes sens sont certes trompeurs. ⁴Que tu les croies jusqu'au dernier détail qu'ils rapportent est encore plus étrange, quand tu t'arrêtes pour te rappeler combien de fois ils ont certes été de faux témoins ! ⁵Pourquoi leur ferais-tu confiance si aveuglément ? ⁶Pourquoi, sinon à cause du doute sous-jacent, que tu voudrais cacher par une démonstration de certitude ?

3. Comment peux-tu juger ? ²Tes jugements reposent sur le témoignage que t'offrent tes sens. ³Or jamais il n'y eut plus faux témoins que ceux-là. ⁴Mais comment juges-tu autrement le monde que tu vois ? ⁵Tu mets une foi pathétique en ce que tes yeux et tes oreilles rapportent. ⁶Tu penses que tes doigts touchent la réalité et se referment sur la vérité. ⁷C'est cette conscience-là que tu comprends, et que tu crois plus réelle que ce dont porte témoignage la Voix éternelle pour Dieu Lui-même.

4. Cela peut-il être un jugement ? ²Tu as souvent été enjoint de t'abstenir de juger, non pas parce que c'est un droit qui t'est refusé. ³Tu ne peux pas juger. ⁴Tu peux simplement croire les jugements de l'ego, qui sont tous faux. ⁵Il guide tes sens soigneusement, pour prouver combien tu es faible, combien tu es impuissant et effrayé, combien tu appréhendes un juste châtiment, combien tu es noir de péché, combien misérable dans ta culpabilité.

5. Cette chose dont il parle, et qu'il voudrait pourtant défendre, il te dit que c'est toi. ²Et tu crois qu'il en est ainsi avec une certitude obstinée. ³Or en dessous demeure le doute caché que ce qu'il te montre comme étant la réalité avec une telle conviction, il n'y croit

pas. [4]C'est lui-même seul qu'il condamne. [5]C'est en lui-même qu'il voit la culpabilité. [6]C'est son propre désespoir qu'il voit en toi.

6. N'entends pas sa voix. [2]Les témoins qu'il envoie pour te prouver que son mal est le tien sont faux, et ils parlent avec certitude de ce qu'ils ne connaissent pas. [3]Ta foi en eux est aveugle parce que tu ne voudrais pas partager les doutes que leur seigneur ne peut pas vaincre complètement. [4]Tu crois que douter de ses vassaux, c'est douter de toi-même.

7. Or tu dois apprendre que douter de leur preuve, c'est ouvrir la voie à te reconnaître toi-même et laisser la Voix pour Dieu être seul Juge de ce qui est digne de ta propre croyance. [2]Il ne te dira pas que ton frère devrait être jugé d'après ce que tes yeux voient en lui, ni ce que la bouche de son corps dit à tes oreilles, ni ce que le toucher de tes doigts te rapporte sur lui. [3]Il passe outre à d'aussi vains témoins, qui ne font que porter de faux témoignages sur le Fils de Dieu. [4]Il reconnaît seulement ce que Dieu aime et, dans la sainte lumière de ce qu'Il voit, tous les rêves de l'ego sur ce que tu es s'évanouissent devant la splendeur qu'Il contemple.

8. Laisse-Le être Juge de ce que tu es, car Il a une certitude dans laquelle il n'y a pas de doute, parce qu'elle repose sur une Certitude si grande que le doute est in-signifiant devant Sa face. [2]Le Christ ne peut douter de Lui-même. [3]La Voix pour Dieu ne peut que L'honorer et se réjouir de Sa parfaite et éternelle impeccabilité. [4]Celui qu'Il a jugé ne peut que rire de la culpabilité, indésireux maintenant de jouer avec les jouets du péché; ne tenant aucun compte des témoins du corps devant le ravissement de la sainte face du Christ.

9. Ainsi Il te juge. [2]Accepte Sa Parole sur ce que tu es, car Il porte témoignage de ta belle création et de l'Esprit Dont la Pensée a créé ta réalité. [3]Que peut bien signifier le corps pour Celui Qui connaît la gloire du Père et du Fils? [4]Quels murmures de l'ego peut-Il entendre? [5]Qu'est-ce qui pourrait Le convaincre que tes péchés sont réels? [6]Laisse-Le aussi être Juge de tout ce qui semble t'arriver en ce monde. [7]Ses leçons te permettront de jeter un pont sur le fossé entre les illusions et la vérité.

10. Il enlèvera toute la foi que tu as placée dans la douleur, le désastre, la souffrance et la perte. [2]Il te donne une vision qui peut voir au-delà de ces sinistres apparences et peut contempler la douce face du Christ en elles toutes. [3]Tu ne douteras plus que seul le bien peut t'arriver, à toi qui es bien-aimé de Dieu, car Il jugera tous les événements et enseignera l'unique leçon qu'ils contiennent tous.

11.   Il sélectionnera en eux les éléments qui représentent la vérité et ne tiendra pas compte des aspects qui ne reflètent que de vains rêves. ²Et Il réinterprétera tout ce que tu vois, tout ce qui arrive, chaque circonstance et chaque événement qui semble te toucher d'une quelconque façon, à partir de Son seul cadre de référence, entièrement unifié et sûr. ³Et tu verras l'amour au-delà de la haine, la constance dans le changement, le pur dans le péché, et rien que la bénédiction du Ciel sur le monde.

12.   Telle est ta résurrection, car ta vie ne fait partie de rien de ce que tu vois. ²Elle se tient au-delà du corps et du monde, passé chaque témoin de la non-sainteté, au-dedans de la Sainteté et sainte comme Elle-même. ³En chacun et en chaque chose, Sa Voix ne voudrait te parler que de ton Soi et de ton Créateur, Qui est un avec Lui. ⁴Ainsi tu verras la sainte face du Christ en tout, et en tout tu n'entendras d'autre son que l'écho de la Voix pour Dieu.

13.   Aujourd'hui nous faisons nos exercices sans paroles, sauf au début du temps que nous passons avec Dieu. ²Nous commençons ces moments en répétant lentement, une seule fois, la pensée par laquelle la journée a débuté. ³Et puis nous observons nos pensées, faisant appel silencieusement à Celui Qui voit en elles les éléments de vérité. ⁴Laisse-Le évaluer chaque pensée qui te vient à l'esprit, en ôter les éléments de rêve, et te les rendre en idées propres qui ne contredisent pas la Volonté de Dieu.

14.   Donne-Lui tes pensées et Il te les rendra en miracles qui proclament joyeusement l'entièreté et le bonheur que Dieu veut pour Son Fils, comme preuve de Son Amour éternel. ²Et comme chaque pensée est ainsi transformée, elle acquiert un pouvoir guérisseur de l'Esprit qui a vu la vérité en elle sans se laisser tromper par ce qui avait été faussement ajouté. ³Chaque bribe de fantasme a disparu. ⁴Et ce qui reste est unifié en une Pensée parfaite qui offre partout sa perfection.

15.   Passe ainsi quinze minutes à ton réveil, et donnes-en avec joie quinze autres avant d'aller dormir. ²Ton ministère commence quand toutes tes pensées sont purifiées. ³Ainsi t'est-il enseigné à enseigner au Fils de Dieu la sainte leçon de sa sainteté. ⁴Nul ne peut manquer d'écouter, quand tu entends la Voix pour Dieu rendre honneur au Fils de Dieu. ⁵Et chacun partagera avec toi les pensées qu'Il a retraduites dans ton esprit.

16.   Telles sont tes Pâques. ²Et tu déposes sur le monde le don des lys blancs comme neige, qui remplacent les témoins du péché et de la mort. ³Par ta transfiguration, le monde est rédimé et joyeusement

délivré de la culpabilité. ⁴Maintenant nous élevons avec joie et gratitude nos esprits ressuscités vers Celui Qui nous a rendu notre santé d'esprit.

17.   Et nous nous souviendrons à chaque heure de Celui Qui est le salut et la délivrance. ²Comme nous rendons grâce, le monde s'unit à nous et accepte avec bonheur nos saintes pensées, que le Ciel a corrigées et rendues pures. ³Maintenant notre ministère a enfin commencé, pour porter tout autour du monde la joyeuse nouvelle que la vérité n'a pas d'illusions et que la paix de Dieu, par nous, appartient à chacun.

LEÇON 152

Le pouvoir de décision m'appartient.

1.   Nul ne peut subir de perte, à moins que ce ne soit sa propre décision. [2]Nul ne souffre, à moins que son choix n'élise cet état pour lui-même. [3]Nul ne peut avoir de chagrin ni de peur ni se penser malade, à moins que ce ne soient les résultats qu'il veut. [4]Et nul ne meurt sans son propre consentement. [5]Rien n'arrive qui ne représente ton souhait, et rien n'est omis que tu choisis. [6]Voici ton monde, complet, dans tous les détails. [7]Voici toute sa réalité pour toi. [8]Et c'est ici seulement qu'est le salut.

2.   Peut-être crois-tu que cette position est extrême, trop inclusive pour être vraie. [2]Or la vérité peut-elle avoir des exceptions ? [3]Si tu as le don de tout, la perte peut-elle être réelle ? [4]La douleur peut-elle faire partie de la paix, ou le chagrin de la joie ? [5]La peur et la maladie peuvent-elles entrer dans un esprit où demeurent l'amour et la parfaite sainteté ? [6]La vérité doit tout inclure, si c'est la vérité. [7]N'accepte pas d'opposés et pas d'exceptions, car faire cela c'est contredire la vérité entièrement.

3.   Le salut est la re-connaissance de ce que la vérité est vraie, et que rien d'autre n'est vrai. [2]Tu as déjà entendu cela, mais il se peut que tu n'en acceptes pas encore les deux parties. [3]Sans la première, la seconde n'a pas de signification. [4]Mais sans la seconde, la première n'est plus vraie. [5]La vérité ne peut avoir d'opposé. [6]Cela ne saurait être répété et médité trop souvent. [7]Car si ce qui n'est pas vrai est vrai aussi bien que ce qui est vrai, alors une partie de la vérité est fausse. [8]Et la vérité a perdu sa signification. [9]Rien que la vérité est vraie, et ce qui est faux est faux.

4.   Voilà la plus simple des distinctions, et pourtant la plus obscure. [2]Ce n'est pas que cette distinction soit difficile à percevoir. [3]Mais elle est dissimulée derrière un large éventail de choix qui ne semblent pas t'appartenir entièrement. [4]Et ainsi la vérité paraît avoir certains aspects qui démentent la cohérence, mais qui ne semblent pas être uniquement des contradictions introduites par toi.

5.   Tel que Dieu t'a créé, tu dois rester inchangeable, les états transitoires étant faux par définition. [2]Et cela inclut tous les changements dans les sentiments, les altérations dans les conditions du corps et de l'esprit, tous les états de conscience et toutes les

réponses. ³C'est ce caractère inclusif qui distingue la vérité de la fausseté, et garde le faux séparé du vrai, étant ce qu'il est.

6. N'est-ce pas étrange que tu croies que c'est de l'arrogance de penser que tu as fait le monde que tu vois? ²Dieu ne l'a pas fait. ³De cela tu peux être sûr. ⁴Que peut-Il connaître de l'éphémère, des pécheurs et des coupables, de ceux qui ont peur, qui souffrent ou qui sont seuls, et de l'esprit qui vit dans un corps voué à la mort? ⁵Tu ne fais que L'accuser d'insanité en pensant qu'Il a fait un monde où de telles choses semblent avoir une réalité. ⁶Dieu n'est pas fou. ⁷Or seule la folie fait un tel monde.

7. Penser que Dieu a fait le chaos, qu'Il contredit Sa Volonté, qu'Il a inventé des opposés à la vérité, et qu'Il tolère que la mort triomphe de la vie; tout cela est arrogance. ²L'humilité verrait immédiatement que ces choses ne sont pas de Lui. ³Et peux-tu voir ce que Dieu n'a pas créé? ⁴Penser que tu le peux revient à croire que tu peux percevoir cela même dont Dieu n'a pas voulu qu'il soit. ⁵Et qu'est-ce qui pourrait être plus arrogant que cela?

8. Soyons véritablement humbles aujourd'hui, et acceptons ce que nous avons fait pour ce que c'est. ²Le pouvoir de décision nous appartient. ³Décide seulement d'accepter ta juste place en tant que co-créateur de l'univers, et tout ce que tu penses avoir fait disparaîtra. ⁴Ce qui montera alors à la conscience sera tout ce qui a toujours été, éternellement tel que c'est maintenant. ⁵Et cela prendra la place des tromperies de soi faites uniquement pour usurper l'autel du Père et du Fils.

9. Aujourd'hui nous nous exerçons à la véritable humilité, en abandonnant les fausses prétentions par lesquelles l'ego cherche à prouver qu'elle est arrogante. ²Seul l'ego peut être arrogant. ³Mais la vérité est humble en admettant sa puissance, son inchangeabilité, et son éternelle entièreté, qui englobe tout, don parfait de Dieu à Son Fils bien-aimé. ⁴Nous mettons de côté l'arrogance qui dit que nous sommes pécheurs, coupables et apeurés, honteux de ce que nous sommes; et nous élevons plutôt nos cœurs avec une véritable humilité vers Celui Qui nous as créés immaculés, pareils à Lui-même en puissance et en amour.

10. Le pouvoir de décision nous appartient. ²Nous acceptons de Lui ce que nous sommes, et reconnaissons humblement le Fils de Dieu. ³Reconnaître le Fils de Dieu implique aussi que tous les concepts de soi ont été mis de côté et reconnus pour faux. ⁴Leur arrogance a été perçue. ⁵Et en humilité le rayonnement du Fils de Dieu, sa douceur, sa parfaite impeccabilité, l'Amour de son Père,

son droit au Ciel et sa délivrance de l'enfer, sont joyeusement acceptés pour nôtres.

11.   Maintenant nous nous joignons en admettant avec joie que les mensonges sont faux et que seule la vérité est vraie. ²Dès notre lever, nous pensons seulement à la vérité et nous passons cinq minutes à nous exercer à ses voies, en encourageant nos esprits craintifs par ce qui suit :

> ³*Le pouvoir de décision m'appartient.* ⁴*En ce jour je m'accepterai tel que la Volonté de mon Père m'a créé.*

⁵Puis nous attendrons en silence, en renonçant à toute tromperie de soi tandis que nous demandons humblement à notre Soi qu'Il Se révèle à nous. ⁶Et Celui Qui ne nous a jamais quittés reviendra à notre conscience, reconnaissant de rendre à Dieu Sa demeure, comme cela était censé être.

12.   Attends-Le patiemment tout le long de la journée en L'invitant à chaque heure par les paroles qui ont commencé la journée, la terminant par cette même invitation à ton Soi. ²La Voix de Dieu répondra, car Il parle pour toi et pour ton Père. ³Il substituera la paix de Dieu à toutes tes frénétiques pensées, la vérité de Dieu aux tromperies de soi, et le Fils de Dieu à tes illusions de toi-même.

LEÇON 153

En ma non-défense réside ma sécurité.

1.   Toi qui te sens menacé par ce monde changeant, ses revirements de fortune et ses farces amères, ses brèves relations et tous les « dons » qu'il ne fait que prêter pour les prendre à nouveau, écoute bien cette leçon. ²Le monde ne procure aucune sécurité. ³Il est enraciné dans l'attaque, et tous ses « dons » d'apparente sécurité sont d'illusoires tromperies. ⁴Il attaque, puis il attaque encore. ⁵Nulle paix d'esprit n'est possible où le danger menace ainsi.

2.   Le monde n'engendre que la défensive. ²Car la menace amène la colère, la colère fait paraître l'attaque raisonnable, franchement provoquée et justifiée au nom de la légitime défense. ³Or la défensive est une double menace. ⁴Car elle atteste la faiblesse et monte tout un système de défense qui ne peut pas marcher. ⁵Maintenant les faibles sont encore plus minés, car il y a traîtrise au-dehors et traîtrise plus grande encore au-dedans. ⁶Maintenant l'esprit est confus et ne sait plus où se tourner pour trouver à s'évader de ses imaginations.

3.   C'est comme si un cercle l'enserrait, à l'intérieur duquel un autre cercle le tenait lié, et puis un autre encore dans celui-là, jusqu'à ce qu'il n'y ait plus espoir ni possibilité d'évasion. ²Attaque, défense ; défense, attaque, deviennent les cercles des heures et des jours qui enserrent l'esprit de lourdes bandes d'acier recouvertes de fer, et reviennent uniquement pour recommencer. ³Il ne semble y avoir ni répit ni fin à l'étreinte toujours plus serrée de l'emprisonnement de l'esprit.

4.   Les défenses sont le prix le plus élevé que l'ego puisse exiger. ²En elles réside une folie d'une forme si sinistre que tout espoir de santé d'esprit ne semble qu'un vain rêve, au-delà du possible. ³Le sentiment de menace que le monde encourage est tellement plus profond et dépasse de si loin toute la frénésie et l'intensité que tu peux concevoir, que tu n'as pas idée de toute la dévastation qu'il a amenée.

5.   Tu es son esclave. ²Tu ne sais pas ce que tu fais, par peur de lui. ³Tu ne comprends pas combien il t'a fait sacrifier, toi qui ressens sur le cœur sa griffe de fer. ⁴Tu ne te rends pas compte de ce que tu as fait pour saboter la sainte paix de Dieu par ta défensive. ⁵Car tu ne vois dans le Fils de Dieu qu'une victime à attaquer par les

fantasmes, par les rêves et par les illusions qu'il a faits; impuissant pourtant en leur présence, ayant besoin d'être défendu par encore plus de fantasmes et de rêves où il est réconforté par des illusions de sécurité.

6.   La non-défense est force. ²Elle témoigne de la re-connaissance du Christ en toi. ³Tu te souviens peut-être que le texte soutient que le choix se fait toujours entre la force du Christ et ta propre faiblesse, vue à part de Lui. ⁴La non-défense ne peut jamais être attaquée, parce qu'elle reconnaît une force si grande que l'attaque est une folie, ou un jeu ridicule que jouerait un enfant fatigué quand il a trop sommeil pour se souvenir de ce qu'il veut.

7.   La défensive est faiblesse. ²Elle proclame que tu as nié le Christ et que tu en es venu à craindre la colère de Son Père. ³Qu'est-ce qui peut te sauver maintenant de ton idée délirante d'un dieu en colère, dont tu crois voir à l'œuvre dans tous les maux du monde l'image effrayante? ⁴Quoi d'autre que des illusions pourrait te défendre maintenant, quand ce ne sont que des illusions que tu combats?

8.   Nous ne jouerons pas à des jeux si puérils aujourd'hui. ²Car notre but véritable est de sauver le monde, et nous ne voudrions pas échanger contre des sottises la joie sans fin que nous offre notre fonction. ³Nous ne voudrions pas laisser échapper notre bonheur parce qu'un fragment d'un rêve insensé nous a par hasard traversé l'esprit et que nous avons confondu les figures dans ce rêve avec le Fils de Dieu; ce tout petit instant avec l'éternité.

9.   Nous regardons passé les rêves aujourd'hui, et nous reconnaissons que nous n'avons pas besoin de défense parce que nous sommes créés inattaquables, sans aucune pensée ni souhait ni rêve dans lequel l'attaque ait une quelconque signification. ²Nous ne pouvons pas avoir peur maintenant, car nous avons laissé toutes pensées apeurantes derrière nous. ³Et dans la non-défense nous nous tenons en sûreté, sereinement certains de notre sécurité maintenant, sûrs du salut, sûrs que nous remplirons notre but choisi, tandis que notre ministère étend sa sainte bénédiction à travers le monde.

10.   Sois calme un moment et pense en silence combien ton but est saint, combien tu reposes en sécurité, intouchable dans sa lumière. ²Les ministres de Dieu ont choisi que la vérité soit avec eux. ³Qui est plus saint qu'eux? ⁴Qui pourrait être plus sûr que son bonheur est pleinement garanti? ⁵Et qui pourrait être plus puissamment protégé? ⁶De quelle défense pourraient bien avoir

besoin ceux qui comptent parmi les élus de Dieu, par Son choix aussi bien que par le leur?

11.   C'est la fonction des ministres de Dieu d'aider leurs frères à choisir comme eux-mêmes l'ont fait. [2]Dieu les a tous élus, mais peu se sont rendu compte que Sa Volonté n'est que la leur. [3]Et tant que tu manques d'enseigner ce que tu as appris, le salut attend et les ténèbres tiennent le monde dans un sinistre emprisonnement. [4]Et tu n'apprendras pas non plus que la lumière t'est venue et que ton évasion a été accomplie. [5]Car tu ne verras pas la lumière, jusqu'à ce que tu l'offres à tous tes frères. [6]Comme ils la prendront de tes mains, ainsi tu la reconnaîtras pour tienne.

12.   Le salut peut être comparé à un jeu auquel jouent des enfants heureux. [2]Il a été conçu par Celui Qui aime Ses enfants et Qui voudrait remplacer leurs jouets apeurants par des jeux joyeux qui leur enseignent que le jeu de la peur a disparu. [3]Son jeu t'apprend le bonheur parce qu'il n'y a pas de perdant. [4]Chacun de ceux qui jouent doit gagner, et par son gain le gain de tous est assuré. [5]Le jeu de la peur est mis de côté avec joie quand les enfants en viennent à voir les bénéfices que le salut apporte.

13.   Toi qui as joué que tu étais perdu pour l'espoir, abandonné par ton Père, laissé seul et terrifié dans un monde effrayant rendu fou par le péché et la culpabilité, sois heureux maintenant. [2]Ce jeu est terminé. [3]Maintenant est arrivé un temps tranquille, où nous rangeons les jouets de la culpabilité et enfermons à jamais nos désuètes et puériles pensées de péché loin des esprits purs et saints des enfants du Ciel et du Fils de Dieu.

14.   Nous ne nous arrêtons encore qu'un moment de plus, pour jouer à notre dernier jeu, un jeu heureux, sur cette terre. [2]Puis nous allons prendre notre juste place là où demeure la vérité et où les jeux sont in-signifiants. [3]Ainsi finit l'histoire. [4]Que ce jour rapproche du monde le dernier chapitre, afin que chacun apprenne que l'histoire qu'il lit d'une destinée terrifiante, de l'échec de tous ses espoirs, de sa défense pitoyable contre une vengeance inéluctable, n'est que son propre fantasme délirant. [5]Les ministres de Dieu sont venus le réveiller des sombres rêves que cette histoire a évoqués dans son souvenir confus et désorienté de ce conte distordu. [6]Le Fils de Dieu peut enfin sourire, en apprenant qu'il n'est pas vrai.

15.   Aujourd'hui nos exercices prendront une forme que nous garderons pendant un bon moment. [2]Nous commencerons chaque jour en prêtant notre attention aussi longtemps que possible à la

pensée du jour. [3]Cinq minutes devient maintenant le minimum que nous consacrons à la préparation d'une journée durant laquelle le salut est le seul but que nous ayons. [4]Dix serait mieux; quinze encore mieux. [5]Et lorsque la distraction cessera de nous détourner de notre but, nous trouverons qu'une demi-heure est un temps trop court à passer avec Dieu. [6]Et nous ne serons pas désireux de donner moins le soir, avec gratitude et joie.

16.   Chaque heure ajoute à notre paix grandissante, lorsque nous nous souvenons d'être fidèles à la Volonté que nous partageons avec Dieu. [2]Parfois, peut-être une minute, même moins, sera le plus que nous pourrons offrir, quand l'heure sonnera. [3]Quelquefois nous oublierons. [4]D'autres fois les affaires du monde nous rattraperont, et nous serons incapables de nous retirer un instant pour tourner nos pensées vers Dieu.

17.   Or quand nous le pourrons, nous respecterons notre engagement en tant que ministres de Dieu, en nous souvenant à chaque heure de notre mission et de Son Amour. [2]Nous nous assiérons en silence et nous L'attendrons et nous écouterons Sa Voix pour apprendre ce qu'Il voudrait que nous fassions dans l'heure à venir; tout en Le remerciant de tous les dons qu'Il nous a faits dans celle qui est passée.

18.   Avec le temps et l'entraînement, tu ne cesseras plus jamais de penser à Lui ni d'entendre Sa Voix aimante guider tes pas sur des voies tranquilles où tu marcheras dans une véritable non-défense. [2]Car tu sauras que le Ciel va avec toi. [3]Et tu ne voudras pas non plus garder ton esprit loin de Lui un instant, même si tu passes ton temps à offrir le salut au monde. [4]Penses-tu qu'Il ne rendra pas cela possible, pour toi qui as choisi d'exécuter Son plan pour le salut du monde et le tien?

19.   Aujourd'hui notre thème est notre non-défense. [2]Nous nous en revêtons tandis que nous nous préparons à commencer la journée. [3]Nous nous levons, forts dans le Christ, et nous laissons notre faiblesse disparaître, nous souvenant que Sa force demeure en nous. [4]Nous nous rappellerons qu'Il reste à nos côtés tout le long de la journée, et jamais ne laisse notre faiblesse sans le support de Sa force. [5]Nous faisons appel à Sa force chaque fois que nous sentons que nos défenses menacent de miner notre certitude de but. [6]Nous nous arrêtons un moment, comme Il nous dit : « Je suis là. »

20.   Tes exercices vont maintenant commencer à prendre le sérieux de l'amour, pour t'aider à empêcher ton esprit de s'égarer de son intention. [2]N'aie pas peur et ne sois pas timide. [3]Il ne peut y avoir

de doute que tu atteindras ton but final. [4]Les ministres de Dieu ne peuvent jamais échouer, parce que c'est de Lui que viennent l'amour, la force et la paix qui rayonnent d'eux vers tous leurs frères. [5]Voilà les dons qu'Il te fait. [6]La non-défense est tout ce que tu as besoin de Lui donner en retour. [7]Tu mets seulement de côté ce qui n'a jamais été réel, pour regarder le Christ et voir Son impeccabilité.

LEÇON 154

Je fais partie des ministres de Dieu.

1. Ne soyons aujourd'hui ni arrogants ni faussement humbles. ²Nous avons dépassé de telles sottises. ³Nous ne pouvons pas nous juger nous-mêmes et nous n'avons pas besoin de le faire. ⁴Ce ne sont là que des tentatives pour retarder la décision et différer notre engagement envers notre fonction. ⁵Ce n'est pas notre rôle de juger de notre valeur, pas plus que nous ne pouvons connaître quel est le meilleur rôle pour nous; ce que nous pouvons faire à l'intérieur d'un plan plus vaste que nous ne pouvons voir en son entièreté. ⁶Notre rôle nous est donné au Ciel, pas en enfer. ⁷Et ce que nous pensons être de la faiblesse peut être de la force; ce que nous croyons être notre force est souvent de l'arrogance.

2. Quel que soit le rôle qui t'est assigné, il a été choisi par la Voix pour Dieu, Dont la fonction est de parler pour toi aussi. ²Voyant tes forces exactement telles qu'elles sont, et pareillement conscient de là où elles peuvent le mieux être appliquées, pour quoi, à qui et quand, Il choisit et accepte ton rôle pour toi. ³Il ne travaille pas sans ton propre consentement. ⁴Mais Il ne Se trompe pas sur ce que tu es, et Il écoute seulement Sa Voix en toi.

3. C'est par Son aptitude à entendre une seule Voix qui est la Sienne que tu prends enfin conscience qu'il y a une seule Voix en toi. ²Et cette Voix désigne ta fonction et te la transmet, te donnant la force de la comprendre, de faire ce qu'elle entraîne et de réussir en tout ce que tu fais qui s'y rapporte. ³Dieu S'est joint à Son Fils en cela; ainsi Son Fils devient Son messager d'unité avec Lui.

4. C'est cette jonction, par la Voix pour Dieu, du Père et du Fils, qui met le salut à part du monde. ²C'est cette Voix qui parle de lois auxquelles le monde n'obéit pas, qui promet que tu es sauvé de tout péché, la culpabilité abolie dans l'esprit que Dieu a créé sans péché. ³Maintenant cet esprit prend conscience à nouveau de Celui Qui l'a créé et de Son union éternelle avec soi-même. ⁴Son Soi est donc la seule réalité en laquelle sa volonté et Celle de Dieu sont jointes.

5. Un messager n'est pas celui qui écrit le message qu'il transmet. ²Pas plus qu'il ne met en question le droit de celui qui le fait, ni ne demande pourquoi il a choisi ceux qui recevront le message qu'il apporte. ³Il suffit qu'il l'accepte, qu'il le donne à ceux à qui

il est destiné et qu'il remplisse son rôle en le transmettant. ⁴S'il détermine ce que les messages devraient être, quel est leur but, où ils devraient être portés, il manque d'accomplir son juste rôle en tant que porteur de la Parole.

6. Il y a une différence majeure dans le rôle des messagers du Ciel, qui les distingue de ceux que le monde désigne. ²Les messages qu'ils transmettent sont destinés d'abord à eux-mêmes. ³Et c'est seulement quand ils peuvent les accepter pour eux-mêmes qu'ils deviennent capables de les porter plus loin et de les donner partout où ils étaient destinés. ⁴Comme les messagers terrestres, ils n'ont pas écrit les messages qu'ils portent, mais ils en deviennent les premiers receveurs au sens le plus vrai, recevant pour se préparer à donner.

7. Un messager terrestre remplit son rôle en remettant tous ses messages. ²Les messagers de Dieu jouent leur rôle en acceptant Ses messages comme pour eux-mêmes et montrent qu'ils comprennent les messages en les remettant. ³Ils ne choisissent aucun rôle qui ne leur soit donné par Son autorité. ⁴Ainsi ils gagnent à chaque message qu'ils remettent.

8. Voudrais-tu recevoir les messages de Dieu ? ²Car ainsi tu deviens Son messager. ³Tu es désigné maintenant. ⁴Et pourtant tu attends avant de donner les messages que tu as reçus. ⁵Et ainsi tu ne connais pas qu'ils sont à toi, et tu ne les reconnais pas. ⁶Nul ne peut recevoir et comprendre qu'il a reçu jusqu'à ce qu'il donne. ⁷Car c'est en donnant qu'il accepte en propre ce qu'il a reçu.

9. Toi qui es maintenant le messager de Dieu, reçois Ses messages. ²Car cela fait partie du rôle qui t'a été assigné. ³Dieu n'a pas manqué d'offrir ce dont tu as besoin, et cela n'a pas non plus été laissé inaccepté. ⁴Or une autre partie de la tâche qui t'est assignée reste encore à accomplir. ⁵Celui Qui a reçu pour toi les messages de Dieu voudrait que tu les reçoives toi aussi. ⁶Car c'est ainsi que tu t'identifies à Lui et que tu réclames le tien.

10. C'est cette jonction que nous entreprenons de reconnaître aujourd'hui. ²Nous ne chercherons pas à garder nos esprits à part de Celui Qui parle pour nous, car c'est seulement notre voix que nous entendons lorsque nous Lui prêtons attention. ³Lui seul peut nous parler et parler pour nous, unissant en une seule Voix l'obtenir et le donner de la Parole de Dieu, le donner et recevoir de Sa Volonté.

11. Nous nous exerçons à Lui donner ce qu'Il voudrait avoir, afin de reconnaître les dons qu'Il nous fait. ²Il a besoin de notre voix

pour parler par nous. ³Il a besoin de nos mains pour tenir Ses messages et les porter à ceux qu'Il désigne. ⁴Il a besoin de nos pieds pour nous mener où Il veut, afin que ceux qui attendent dans la misère soient enfin délivrés. ⁵Et Il a besoin de notre volonté unie à la Sienne, afin que nous soyons les véritables receveurs des dons qu'Il fait.

12. Apprenons cette seule leçon aujourd'hui : Nous ne reconnaîtrons pas ce que nous recevons jusqu'à ce que nous le donnions. ²Tu as entendu dire cela d'une centaine de manières, une centaine de fois, et pourtant la croyance manque encore. ³Mais ceci est sûr : jusqu'à ce que la croyance lui soit donnée, tu recevras un millier de miracles et puis un millier de plus, mais tu ne connaîtras pas que Dieu Lui-même n'a laissé aucun don au-delà de ce que tu as déjà, ni refusé la plus petite bénédiction à Son Fils. ⁴Qu'est-ce que cela peut signifier pour toi, jusqu'à ce que tu te sois identifié à Lui et aux Siens ?

13. Notre leçon pour aujourd'hui s'énonce ainsi :

> ²*Je fais partie des ministres de Dieu, et je suis reconnaissant d'avoir les moyens par lesquels je peux reconnaître que je suis libre.*

14. Le monde recule quand nous éclairons nos esprits et nous rendons compte que ces saintes paroles sont vraies. ²Elles sont le message que nous envoie aujourd'hui notre Créateur. ³Maintenant nous démontrons comment elles ont changé nos esprits sur nous-mêmes et sur ce qu'est notre fonction. ⁴Car en prouvant que nous n'acceptons aucune volonté que nous ne partageons pas, les nombreux dons de notre Créateur jailliront devant nos yeux et nous sauteront dans les mains, et nous reconnaîtrons ce que nous avons reçu.

LEÇON 155

Je céderai le pas et Le laisserai me guider dans la voie.

1.   Il y a une façon de vivre dans le monde qui n'est pas ici, bien que ça semble l'être. ²Tu ne changes pas d'apparence mais tu souris plus fréquemment. ³Ton front est serein ; ton regard est tranquille. ⁴Et ceux qui parcourent le monde comme tu le fais reconnaissent les leurs. ⁵Or ceux qui n'ont pas encore perçu la voie te reconnaîtront aussi, et croiront que tu es comme eux, comme tu l'étais auparavant.

2.   Le monde est une illusion. ²Ceux qui choisissent d'y venir cherchent un lieu où ils puissent être des illusions et éviter leur propre réalité. ³Or quand ils découvrent que leur propre réalité est même ici, ils cèdent le pas et la laissent les guider. ⁴Quel autre choix peuvent-ils réellement faire ? ⁵Laisser les illusions marcher devant la réalité, c'est folie. ⁶Mais laisser l'illusion s'effacer derrière la vérité et laisser la vérité ressortir telle qu'elle est, c'est simplement la santé d'esprit.

3.   Voilà le simple choix que nous faisons aujourd'hui. ²La folle illusion restera en évidence pendant un moment, pour être vue par ceux qui ont choisi de venir, et qui ne se sont pas encore réjouis de découvrir qu'ils ont fait erreur dans leur choix. ³Ils ne peuvent pas apprendre directement de la vérité, parce qu'ils ont nié qu'elle est ainsi. ⁴Ils ont donc besoin d'un Enseignant Qui perçoit leur folie mais Qui peut toujours regarder par-delà l'illusion jusqu'à la simple vérité en eux.

4.   Si la vérité demandait qu'ils abandonnent le monde, il leur semblerait qu'elle leur demande le sacrifice de quelque chose qui est réel. ²Beaucoup ont choisi de renoncer au monde tout en croyant encore à sa réalité. ³Ils ont alors souffert d'un sentiment de perte et n'ont pas été délivrés en conséquence. ⁴D'autres ont choisi rien que le monde, et ils ont souffert d'un sentiment de perte encore plus profond, qu'ils n'ont pas compris.

5.   Entre ces chemins il est une autre route qui mène loin des pertes de toute sorte, car le sacrifice et la privation sont tous deux rapidement laissés derrière. ²C'est la voie qui t'est assignée maintenant. ³Tu marches sur ce chemin comme d'autres marchent, et tu ne sembles pas être distinct d'eux, bien que tu le sois en effet. ⁴Ainsi

tu peux les servir tout en te rendant toi-même service, et placer leurs pas sur la voie que Dieu t'a ouverte, et leur a ouverte par toi.

6. L'illusion paraît encore s'accrocher à toi pour que tu puisses les atteindre. [2]Pourtant elle a cédé le pas. [3]Et ce n'est pas de l'illusion qu'ils t'entendent parler, ni l'illusion que tu amènes leurs yeux à regarder et leur esprit à saisir. [4]Et la vérité, qui marche devant toi, ne peut pas non plus leur parler par les illusions, car la route mène passé les illusions maintenant, tandis qu'en chemin tu les appelles, pour qu'ils te suivent.

7. Toutes les routes conduiront finalement à celle-ci. [2]Car le sacrifice et la privation sont des chemins qui ne mènent nulle part, des choix d'échec et des buts qui resteront impossibles. [3]Tout cela cède le pas tandis que la vérité ressort en toi, pour mener tes frères loin des voies de la mort et les mettre en chemin vers le bonheur. [4]Leur souffrance n'est qu'illusion. [5]Or ils ont besoin d'un guide pour les en faire sortir, car ils prennent l'illusion pour la vérité.

8. Tel est l'appel du salut, et rien de plus. [2]Il demande que tu acceptes la vérité et la laisses passer devant toi, éclairant le chemin de la rançon qui délivre de l'illusion. [3]Ce n'est pas une rançon avec un prix. [4]Il n'y a pas de coût, mais seulement un gain. [5]L'illusion ne peut que paraître tenir enchaîné le saint Fils de Dieu. [6]Ce n'est que des illusions qu'il est sauvé. [7]Comme elles cèdent le pas, il se retrouve lui-même.

9. Va en sûreté maintenant, tout en faisant attention parce que ce chemin est nouveau pour toi. [2]Tu verras peut-être que tu es encore tenté de marcher devant la vérité et de laisser les illusions te guider. [3]Tes saints frères t'ont été donnés, pour suivre tes pas tandis que tu fais route, certain de ton but, vers la vérité. [4]Elle va devant toi maintenant, afin qu'ils voient quelque chose avec quoi ils peuvent s'identifier, quelque chose qu'ils comprennent pour les guider dans la voie.

10. Or à la fin du voyage il n'y aura pas de fossé, pas de distance entre la vérité et toi. [2]Et toutes les illusions qui marchaient dans la même voie que toi t'auront quitté aussi, sans qu'il ne reste rien pour garder la vérité à part de la complétude de Dieu, aussi sainte que Lui. [3]Aie la foi et cède le pas pour laisser la vérité te guider dans la voie. [4]Tu ne sais pas où tu vas. [5]Mais Celui Qui connaît va avec toi. [6]Laisse-Le te guider avec les autres.

11. Quand les rêves seront finis, quand le temps aura fermé la porte sur toutes choses qui passent et que les miracles n'auront

plus de but, le saint Fils de Dieu ne fera plus de voyages. ²Il n'y aura pas de souhait d'être illusion plutôt que vérité. ³Et c'est vers cela que nous avançons, tout en progressant sur la voie que la vérité nous indique. ⁴Ceci est notre voyage final, que nous faisons pour tous. ⁵Il ne faut pas que nous perdions notre chemin. ⁶Car, de même que la vérité va devant nous, de même elle va devant nos frères qui nous suivront.

12. Nous allons vers Dieu. ²Arrête-toi et réfléchis à cela. ³Pourrait-il y avoir une voie plus sainte ou plus digne de tes efforts, de ton amour et de ta pleine intention ? ⁴Quelle voie pourrait te donner plus que tout, ou t'offrir moins et cependant contenter le saint Fils de Dieu ? ⁵Nous allons vers Dieu. ⁶La vérité qui va devant nous maintenant ne fait qu'un avec Lui et nous conduit là où Il a toujours été. ⁷Quelle autre voie que celle-là pourrait être un chemin que tu voudrais choisir à la place ?

13. Tes pas ont été mis avec sûreté sur la route qui mène le monde à Dieu. ²Ne te tourne pas vers des voies qui semblent te conduire ailleurs. ³Les rêves ne sont pas de dignes guides pour toi qui es le Fils de Dieu. ⁴N'oublie pas qu'Il a mis Sa Main dans la tienne, et qu'Il t'a donné tes frères en Sa confiance que tu es digne de Sa confiance en toi. ⁵Il ne peut pas S'être trompé. ⁶Sa confiance a rendu ton chemin certain et ton but sûr. ⁷Tu ne décevras ni tes frères ni ton Soi.

14. Et maintenant Il demande seulement que tu penses à Lui un moment chaque jour, afin qu'Il puisse te parler et te dire Son Amour, en te rappelant comme Sa confiance est grande, comme Son Amour est sans limites. ²En ton Nom et au Sien, qui sont le même, nous nous exerçons avec joie à la pensée d'aujourd'hui :

> ³*Je céderai le pas et Le laisserai me guider dans la voie,*
> *Car je voudrais suivre la route qui mène à Lui.*

LEÇON 156

Je marche avec Dieu en parfaite sainteté.

1. L'idée d'aujourd'hui ne fait qu'énoncer la simple vérité qui rend la pensée de péché impossible. [2]Elle promet qu'il n'y a pas de cause à la culpabilité, et qu'étant sans cause elle n'existe pas. [3]Elle suit assurément de la pensée fondamentale si souvent mentionnée dans le texte : les idées ne quittent pas leur source. [4]Si cela est vrai, comment peux-tu être à part de Dieu ? [5]Comment pourrais-tu parcourir le monde seul et séparé de ta Source ?

2. Nous ne sommes pas inconséquents dans les pensées que nous présentons dans notre curriculum. [2]La vérité doit être vraie d'un bout à l'autre, si elle est vraie. [3]Elle ne peut pas se contredire elle-même, ni être incertaine en certaines parties et sûre en d'autres. [4]Tu ne peux pas parcourir le monde à part de Dieu, parce que tu ne pourrais pas être sans Lui. [5]Il est ce qu'est ta vie. [6]Là où tu es, Il est. [7]Il y a une seule vie. [8]Cette vie, tu la partages avec Lui. [9]Rien ne peut être à part de Lui et vivre.

3. Or là où Il est, il doit y avoir la sainteté aussi bien que la vie. [2]Il n'est pas un de Ses attributs qui ne soit partagé par tout ce qui vit. [3]Ce qui vit est saint comme Lui, parce que ce qui partage Sa vie fait partie de la Sainteté et ne pourrait pas plus être pécheur que le soleil ne pourrait choisir d'être de glace ; la mer d'être à part de l'eau ou l'herbe de pousser avec des racines suspendues dans les airs.

4. Il y a une lumière en toi qui ne peut mourir ; dont la présence est si sainte que le monde est sanctifié à cause de toi. [2]Toutes choses qui vivent t'apportent des dons et les déposent avec gratitude et joie à tes pieds. [3]Le parfum des fleurs est le don qu'elles te font. [4]Les vagues s'inclinent devant toi et les arbres étendent leurs bras pour t'abriter de la chaleur et jonchent le sol de leurs feuilles devant toi pour que tu marches dans la douceur, tandis que le vent s'apaise jusqu'à n'être qu'un murmure autour de ta tête sainte.

5. La lumière en toi est ce que l'univers languit de contempler. [2]Toutes choses vivantes s'arrêtent devant toi, car elles reconnaissent Celui Qui marche avec toi. [3]La lumière que tu portes est la leur. [4]Ainsi voient-elles en toi leur sainteté, et elles te saluent en tant que sauveur et Dieu. [5]Accepte leur révérence, car elle est due

à la Sainteté même, qui marche avec toi, transformant dans Sa douce lumière toutes choses à Sa ressemblance et Sa pureté.

6. Ainsi opère le salut. ²Quand tu cèdes le pas, la lumière en toi avance et enveloppe le monde. ³Elle n'annonce pas la fin du péché par le châtiment et la mort. ⁴Dans la légèreté et le rire le péché disparaît, parce qu'en est vue la désuète absurdité. ⁵C'est une sotte pensée, un rêve idiot qui n'effraie pas, ridicule peut-être, mais quel est celui qui gaspillerait un instant en s'approchant de Dieu Lui-même pour une lubie aussi insensée ?

7. Or tu as gaspillé beaucoup, beaucoup d'années sur cette seule sotte pensée. ²Le passé a disparu, avec tous ses fantasmes. ³Ils ne t'emprisonnent plus. ⁴L'approche de Dieu est proche. ⁵Et dans le petit intervalle de doute qui reste encore, tu perdras peut-être de vue ton Compagnon, Le confondant avec l'ancien rêve insensé qui est maintenant passé.

8. « Qui marche avec moi ? » ²Cette question devrait être posée mille fois par jour, jusqu'à ce que la certitude ait mis fin au doute et établi la paix. ³Aujourd'hui, que cesse le doute. ⁴Dieu parle pour toi en répondant à ta question par ces paroles :

> ⁵*Je marche avec Dieu en parfaite sainteté.* ⁶*J'éclaire le monde, j'éclaire mon esprit et tous les esprits que Dieu a créés un avec moi.*

LEÇON 157

En Sa Présence je voudrais entrer maintenant.

1. Voici un jour de silence et de confiance. ²C'est un temps particulier de promesse dans ton calendrier des jours. ³C'est un temps que le Ciel a réservé pour y luire et jeter une lumière intemporelle sur cette journée, où des échos de l'éternité se font entendre. ⁴Ce jour est saint, car il inaugure une nouvelle expérience, une sorte de sentiment et de conscience différente. ⁵Tu as passé de longs jours et de longues nuits à célébrer la mort. ⁶Aujourd'hui tu apprends à ressentir la joie de la vie.

2. Ceci est un autre tournant crucial dans le curriculum. ²Nous ajoutons maintenant une nouvelle dimension, une nouvelle expérience qui jette une lumière sur tout ce que nous avons déjà appris et nous prépare pour ce qu'il nous reste à apprendre. ³Elle nous mène à la porte où l'apprentissage s'arrête, et nous saisissons une petite lueur de ce qui se trouve passé les plus hauts sommets qu'il puisse atteindre. ⁴Elle nous laisse là un instant, et nous allons au-delà, sûrs de notre direction et de notre seul but.

3. Aujourd'hui il te sera donné de sentir une touche de Ciel, quoique tu retourneras sur les voies de l'apprentissage. ²Or tu es rendu assez loin en chemin pour altérer le temps suffisamment pour t'élever au-dessus de ses lois et aller un instant dans l'éternité. ³Tu apprendras à faire cela de plus en plus, comme chaque leçon, fidèlement répétée, t'amènera plus rapidement en ce lieu saint et te laissera, pour un moment, à ton Soi.

4. Il dirigera tes exercices aujourd'hui, car ce que tu demandes maintenant est ce qu'Il veut. ²Et ayant joint ta volonté à la Sienne aujourd'hui, ce que tu demandes doit t'être donné. ³Tu n'as besoin de rien d'autre que l'idée d'aujourd'hui pour éclairer ton esprit et le laisser reposer dans une calme anticipation et une joie tranquille, dans lesquelles tu laisses rapidement le monde derrière toi.

5. À partir d'aujourd'hui, ton ministère prend un dévouement sincère et un éclat qui voyage de tes doigts à ceux que tu touches, et qui bénit ceux que tu regardes. ²Une vision atteint chacun de ceux que tu rencontres et chacun de ceux à qui tu penses ou qui pensent à toi. ³Car ton expérience aujourd'hui transformera ton esprit au point qu'il deviendra la pierre de touche des saintes Pensées de Dieu.

6. Ton corps sera sanctifié aujourd'hui, son seul but étant maintenant d'apporter la vision dont tu fais l'expérience aujourd'hui pour éclairer le monde. [2]Nous ne pouvons donner une expérience comme celle-là directement. [3]Or elle laisse dans nos yeux une vision que nous pouvons offrir à chacun, afin qu'il arrive au plus tôt à la même expérience dans laquelle le monde est tranquillement oublié, et où le Ciel revient en mémoire un instant.

7. Tandis que cette expérience augmente et que tous les buts, sauf celui-ci, deviennent de peu de valeur, le monde auquel tu retourneras se rapproche un peu plus de la fin du temps; ressemble un peu plus au Ciel dans ses voies; est un peu plus proche de sa délivrance. [2]Et toi qui lui apportes la lumière en viendras à voir la lumière plus sûre, la vision plus distincte. [3]Le temps viendra où tu ne retourneras pas sous la même forme où tu apparais maintenant, car tu n'en auras pas besoin. [4]Or maintenant elle a un but et elle le servira bien.

8. Aujourd'hui nous nous embarquons sur une route dont tu n'as pas rêvé. [2]Mais le Saint, le Donneur des rêves heureux de la vie, le Traducteur de la perception en vérité, le saint Guide du Ciel à toi donné, a rêvé pour toi ce voyage que tu fais et commences aujourd'hui, avec l'expérience que ce jour t'offre pour tienne.

9. En la Présence du Christ nous entrerons maintenant, sereinement inconscients de tout, sauf de Sa face rayonnante et de Son parfait Amour. [2]La vision de Sa face te restera, mais il y aura un instant qui transcende toute vision, même celle-là, la plus sainte. [3]Cela, jamais tu ne l'enseigneras, car tu ne l'as pas atteint par l'apprentissage. [4]Or la vision parle de ton souvenir de ce que tu connaissais en cet instant, et connaîtras sûrement à nouveau.

LEÇON 158

Aujourd'hui j'apprends à donner comme je reçois.

1. Qu'est-ce qui t'a été donné ? ²La connaissance que tu es un esprit, dans l'Esprit et purement esprit, à jamais sans péché, entièrement sans peur, parce que tu as été créé à partir de l'amour. ³Et tu n'as pas quitté ta Source, restant tel que tu as été créé. ⁴Cela t'a été donné en tant que connaissance que tu ne peux pas perdre. ⁵Cela a aussi été donné à chaque chose vivante, car c'est par cette seule connaissance qu'elle vit.

2. Tu as reçu tout cela. ²Nul ne parcourt le monde qui ne l'ait reçu. ³Ce n'est pas cette connaissance que tu donnes, car c'est ce que la création a donné. ⁴Tout cela ne peut pas être appris. ⁵Qu'est-ce, donc, que tu vas apprendre à donner aujourd'hui ? ⁶Notre leçon d'hier évoquait un thème qui se trouve au début du texte. ⁷L'expérience ne peut pas être partagée directement, de la façon que peut l'être la vision. ⁸La révélation que le Père et le Fils sont un viendra à chaque esprit en son temps. ⁹Or ce temps est déterminé par l'esprit lui-même, et non enseigné.

3. Ce temps est déjà fixé. ²Il semble être tout à fait arbitraire. ³Or il n'est pas un pas en chemin qui soit fait uniquement par hasard par qui que ce soit. ⁴Ce pas, il l'a déjà fait, bien qu'il ne soit pas encore embarqué. ⁵Car il semble seulement que le temps aille dans une seule direction. ⁶Nous ne faisons qu'entreprendre un voyage qui est déjà terminé. ⁷Et pourtant il paraît avoir un futur qui nous est encore inconnu.

4. Le temps est un truc, un tour de main, une vaste illusion où des figures vont et viennent comme par magie. ²Or il y a un plan derrière les apparences qui ne change pas. ³Le scénario est écrit. ⁴Le moment où l'expérience viendra mettre fin à tes doutes est fixé. ⁵Car nous ne faisons que voir le voyage depuis le point où il s'est terminé, regardant en arrière et nous imaginant en train de le refaire, revoyant mentalement ce qui s'est passé.

5. Un enseignant ne donne pas l'expérience, parce qu'il ne l'a pas apprise. ²Elle s'est révélée à lui au moment désigné. ³Mais la vision est son don. ⁴Il peut la donner directement, car la connaissance du Christ n'est pas perdue, parce qu'Il a une vision qu'Il peut donner à quiconque la demande. ⁵La Volonté du Père et la Sienne

sont jointes dans la connaissance. [6]Or il est une vision que voit le Saint-Esprit, parce que l'Esprit du Christ la contemple également.

6. Là est faite la jonction du monde du doute et des ombres avec l'intangible. [2]Là est un lieu tranquille à l'intérieur du monde rendu saint par le pardon et par l'amour. [3]Là toutes les contradictions sont réconciliées, car là se termine le voyage. [4]L'expérience — ni apprise, ni enseignée, ni vue — est là, tout simplement. [5]Elle est au-delà de notre but, car elle transcende ce qu'il est besoin d'accomplir. [6]Ce qui nous concerne, c'est la vision du Christ. [7]Cela, nous pouvons l'atteindre.

7. La vision du Christ a une seule loi. [2]Elle ne regarde pas un corps en le prenant pour le Fils que Dieu a créé. [3]Elle contemple une lumière au-delà du corps; une idée au-delà de ce qui peut être touché, une pureté non ternie par les erreurs, les fautes pitoyables et les pensées effrayantes de culpabilité venues des rêves de péché. [4]Elle ne voit pas de séparation. [5]Et elle regarde chacun, chaque circonstance, tous les événements et tout ce qui arrive, sans le moindre affaiblissement de la lumière qu'elle voit.

8. Elle peut s'enseigner et doit être enseignée par tous ceux qui voudraient l'atteindre. [2]Elle requiert seulement de reconnaître que le monde ne peut rien donner dont la valeur puisse se comparer même vaguement avec elle; ni fixer un but qui ne disparaisse simplement une fois que cela est perçu. [3]C'est cela que tu donnes aujourd'hui : Ne vois personne comme un corps. [4]Accueille-le comme le Fils de Dieu qu'il est, en admettant qu'il ne fait qu'un avec toi en sainteté.

9. Ainsi ses péchés lui sont pardonnés, car le Christ a une vision ayant le pouvoir de passer sur eux tous. [2]Dans Son pardon ils disparaissent. [3]Non vus par l'Un, ils disparaissent simplement, parce qu'une vision de la sainteté qui se trouve au-delà d'eux vient prendre leur place. [4]Peu importe quelle forme ils avaient prise, ni combien ils semblaient être énormes, ni qui semblait avoir été blessé par eux. [5]Ils ne sont plus. [6]Et tous les effets qu'ils semblaient avoir ont disparu avec eux, défaits et plus jamais faits.

10. Ainsi tu apprends à donner comme tu reçois. [2]Et ainsi la vision du Christ te regarde aussi. [3]Cette leçon n'est pas difficile à apprendre, si tu te souviens qu'en ton frère tu ne vois que toi-même. [4]S'il est perdu dans le péché, tu dois l'être aussi; si tu vois la lumière en lui, tes péchés t'ont été pardonnés par toi-même. [5]Chaque frère que tu rencontres aujourd'hui te fournit une autre chance de laisser la vision du Christ luire sur toi et t'offrir la paix de Dieu.

11.   Peu importe quand vient la révélation, car elle n'est pas du temps. ²Or le temps a encore un don à faire, dans lequel la véritable connaissance se reflète de façon si exacte que son image partage son invisible sainteté ; sa ressemblance brille de son amour immortel. ³Nous nous exerçons à voir avec les yeux du Christ aujourd'hui. ⁴Et par les saints dons que nous faisons, la vision du Christ nous regarde aussi.

311

LEÇON 159

Je donne les miracles que j'ai reçus.

1.   Nul ne peut donner ce qu'il n'a pas reçu. ²Donner une chose requiert d'abord que tu l'aies en ta propre possession. ³Ici les lois du ciel et du monde s'accordent. ⁴Mais ici aussi elles se séparent. ⁵Le monde croit que pour posséder une chose, il faut la garder. ⁶Le salut enseigne autre chose. ⁷C'est en donnant que tu reconnais que tu as reçu. ⁸C'est la preuve que ce que tu as est à toi.

2.   Tu comprends que tu es guéri quand tu donnes la guérison. ²Tu acceptes le pardon comme étant accompli en toi-même quand tu pardonnes. ³Tu reconnais ton frère comme étant toi-même et ainsi tu perçois que tu es entier. ⁴Il n'est pas de miracle que tu ne puisses donner, car tous te sont donnés. ⁵Reçois-les maintenant en ouvrant le réservoir de ton esprit où ils sont déposés, et offre-les.

3.   La vision du Christ est un miracle. ²Elle vient de bien au-delà d'elle-même, car elle reflète l'amour éternel et la renaissance de l'amour qui ne meurt jamais, mais qui a été gardé obscurci. ³La vision du Christ donne une image du Ciel, car elle voit un monde si pareil au Ciel que ce que Dieu a créé parfait peut s'y refléter. ⁴Le miroir assombri que le monde présente ne peut montrer que des images tordues et cassées en morceaux. ⁵Le monde réel est à l'image de l'innocence du Ciel.

4.   La vision du Christ est le miracle dans lequel naissent tous les miracles. ²Elle en est la source, restant avec chaque miracle que tu donnes, et pourtant te restant. ³Elle est le lien par lequel le donneur et le receveur sont unis par extension ici sur la terre, comme ils ne font qu'un au Ciel. ⁴Le Christ ne voit pas de péché en qui que ce soit. ⁵Et à Ses Yeux les sans-péchés ne font qu'un. ⁶Leur sainteté leur a été donnée par Son Père et Lui-même.

5.   La vision du Christ est le pont entre les mondes. ²Or tu peux sans risque t'en remettre à Son pouvoir pour qu'il te transporte de ce monde dans un autre rendu saint par le pardon. ³Des choses qui semblent tout à fait solides ici ne sont là que des ombres; transparentes, à peine vues, oubliées par moments et jamais capables d'obscurcir la lumière qui luit au-delà d'elles. ⁴À la vision la sainteté a été rendue, et les aveugles peuvent voir.

6.   Cela est le seul don du Saint-Esprit, le trésor auquel tu peux faire appel avec une parfaite certitude pour toutes les choses qui

peuvent contribuer à ton bonheur. ²Toutes sont déjà déposées là. ³Toutes peuvent être reçues sur ta simple demande. ⁴Ici la porte n'est jamais verrouillée et nul ne se voit jamais refuser la moindre requête ni le plus urgent besoin. ⁵Il n'y a pas de maladie qui ne soit déjà guérie, pas de manque qui ne soit comblé, pas de besoin qui ne soit satisfait dans ce trésor doré du Christ.

7.   Ici le monde se souvient de ce qui fut perdu lorsqu'il a été fait. ²Car ici il est réparé et rendu neuf à nouveau, mais dans une lumière différente. ³Ce qui devait être la demeure du péché devient le centre de la rédemption et le cœur de la miséricorde, où les souffrants sont guéris et bienvenus. ⁴Nul ne sera renvoyé de cette nouvelle demeure où son salut attend. ⁵Nul ne lui est étranger. ⁶Nul ne demande rien de lui, sauf le don d'accepter sa bienvenue.

8.   La vision du Christ est la terre sainte dans laquelle les lys du pardon plantent leurs racines. ²C'est leur demeure. ³D'ici ils peuvent être rapportés dans le monde, mais jamais ils ne peuvent pousser dans son sol infertile et peu profond. ⁴Ils ont besoin de la lumière, de la chaleur et du soin bienveillant que procure la charité du Christ. ⁵Ils ont besoin de l'amour avec lequel Il les regarde. ⁶Et ils deviennent Ses messagers, qui donnent comme ils ont reçu.

9.   Prends dans Son réservoir, afin que ses trésors augmentent. ²Ses lys ne quittent pas leur demeure lorsqu'ils sont rapportés dans le monde. ³Leurs racines y restent. ⁴Ils ne quittent pas leur source mais ils portent avec eux sa bienfaisance et transforment le monde en un jardin pareil à celui d'où ils viennent et auquel ils retournent avec plus de fragrance. ⁵Maintenant ils sont doublement bénis. ⁶Les messages qu'ils ont apportés du Christ ont été transmis et leur ont été retournés. ⁷Et c'est avec joie qu'ils les Lui retournent.

10.   Regarde la réserve de miracles offerts là pour que tu les donnes. ²N'es-tu pas digne du don, quand Dieu l'a désigné pour t'être donné? ³Ne juge pas le Fils de Dieu, mais suis la voie qu'il a établie. ⁴Le Christ a fait le rêve d'un monde pardonné. ⁵C'est Son don, par lequel une douce transition peut se faire de la mort à la vie, du désespoir à l'espoir. ⁶Rêvons un instant avec Lui. ⁷Son rêve nous éveille à la vérité. ⁸Sa vision nous donne les moyens de retourner à notre éternelle sainteté en Dieu, qui n'a jamais été perdue.

LEÇON 160

Je suis chez moi. La peur est l'étranger ici.

1.   La peur est un étranger dans les voies de l'amour. [2]Identifie-toi avec la peur et tu seras un étranger pour toi-même. [3]Ainsi tu es à toi-même inconnu. [4]Ce qui est ton Soi reste étranger à la partie de toi qui pense être réelle, mais différente de toi. [5]Qui pourrait être sain d'esprit en de telles circonstances? [6]Qui d'autre qu'un fou pourrait croire qu'il est ce qu'il n'est pas, puis se juger et se rejeter lui-même?

2.   Il y a un étranger parmi nous, qui vient d'une idée si étrangère à la vérité qu'il parle une langue différente, contemple un monde que la vérité ne connaît pas et comprend ce que la vérité considère comme insensé. [2]Plus étrange encore, il ne reconnaît pas celui chez qui il vient mais il soutient que sa demeure lui appartient, et c'est celui qui est chez lui qui est maintenant étranger. [3]Et pourtant, comme il serait facile de dire : «Ceci est ma demeure. [4]Ma place est ici et je ne la quitterai pas parce qu'un fou dit que je dois partir.»

3.   Quelle raison y a-t-il de ne pas le dire? [2]Quelle pourrait être la raison, sinon que tu as demandé à cet étranger d'entrer pour prendre ta place et te laisser être un étranger pour toi-même? [3]Nul ne se laisserait déposséder ainsi sans aucune nécessité, à moins de penser qu'il y a une autre demeure qui convient mieux à ses goûts.

4.   Qui est l'étranger? [2]Est-ce la peur ou bien toi qui ne convient pas à la demeure que Dieu a fourni à Son Fils? [3]La peur est-elle Sienne, créée à Sa ressemblance? [4]Est-ce la peur que l'amour complète, et par quoi il est complété? [5]Il n'y a pas de demeure qui puisse abriter l'amour et la peur. [6]Ils ne peuvent pas coexister. [7]Si tu es réel, alors la peur doit être une illusion. [8]Et si la peur est réelle, alors tu n'existes pas du tout.

5.   Comme la question, alors, est résolue simplement. [2]Celui qui a peur n'a fait que se nier lui-même en disant : «Je suis l'étranger ici. [3]Alors je laisse ma demeure à quelqu'un qui me ressemble plus que moi-même, et je lui donne tout ce que je pensais m'appartenir.» [4]Maintenant il est exilé par nécessité, ne connaissant pas qui il est, incertain de toutes choses sauf celle-ci : qu'il n'est pas lui-même et que sa demeure lui a été refusée.

6.   Que cherche-t-il maintenant? [2]Que peut-il trouver? [3]Celui qui à lui-même est étranger ne peut trouver de demeure, où qu'il regarde, car il a rendu tout retour impossible. [4]Il a perdu son chemin, à moins qu'un miracle ne vienne le trouver et ne lui montre qu'il n'est pas un étranger maintenant. [5]Le miracle viendra. [6]Car en sa demeure reste son Soi. [7]Il n'a pas invité d'étranger et n'a pas pris une pensée étrangère pour Lui-même. [8]Et Il appellera à Lui ce qui est à Lui en reconnaissant ce qui est à Lui.

7.   Qui est l'étranger? [2]N'est-ce pas celui que ton Soi n'appelle pas? [3]Tu es incapable maintenant de reconnaître cet étranger parmi toi, car tu lui as donné ta place légitime. [4]Or ton Soi est aussi certain de qui est à Lui que Dieu l'est de Son Fils. [5]Il ne peut se méprendre sur la création. [6]Il est sûr de ce qui Lui appartient. [7]Aucun étranger ne peut s'interposer entre Sa connaissance et la réalité de Son Fils. [8]Il ne sait rien des étrangers. [9]Il est certain de Son Fils.

8.   La certitude de Dieu suffit. [2]Celui qu'Il connaît pour Son Fils a sa place là où Il a établi Son Fils à jamais. [3]À toi qui demandes : « Qui est l'étranger? », Il a répondu. [4]Entends Sa Voix t'assurer, calmement et sûre, que tu n'es pas un étranger pour ton Père, pas plus que ton Créateur n'est rendu étranger à toi-même. [5]Ceux que Dieu a joints demeurent un à jamais, chez eux en Lui et pas étrangers pour Lui-même.

9.   Aujourd'hui nous rendons grâce au Christ d'être venu chercher dans le monde ce qui Lui appartient. [2]Sa vision ne voit pas d'étrangers mais elle contemple les Siens et S'unit joyeusement avec eux. [3]Ils Le voient comme un étranger, car ils ne se reconnaissent pas eux-mêmes. [4]Or comme ils L'accueillent, ils se souviennent. [5]Et Il les reconduit doucement chez eux, là où est leur place.

10.   Il n'en est pas un que le Christ oublie. [2]Pas un qu'Il manque d'offrir à ton souvenir, afin que ta demeure soit complète et parfaite comme elle fut établie. [3]Il ne t'a pas oublié. [4]Mais tu ne te souviendras pas de Lui jusqu'à ce que tu regardes tout comme Il le fait. [5]Qui nie son frère Le nie, et refuse ainsi d'accepter le don de la vue par lequel son Soi est clairement reconnu, sa demeure lui revient en mémoire et vient le salut.

LEÇON 161

Donne-moi ta bénédiction, saint Fils de Dieu.

1.   Aujourd'hui nous nous exerçons différemment, et nous prenons position contre notre colère, afin que nos peurs disparaissent et offrent place à l'amour. ²Voilà le salut dans les simples mots avec lesquels nous pratiquons l'idée d'aujourd'hui. ³Voilà la réponse à la tentation qui ne peut jamais manquer d'accueillir le Christ là où la peur et la colère prévalaient auparavant. ⁴Voilà l'Expiation rendue complète, le monde dépassé en toute sécurité et le Ciel maintenant rétabli. ⁵Voilà la réponse de la Voix pour Dieu.

2.   L'abstraction complète est la condition naturelle de l'esprit. ²Mais une partie de celui-ci n'est pas naturelle maintenant. ³Elle ne regarde pas toutes choses ne faisant qu'un. ⁴Plutôt elle ne voit que des fragments du tout, car ce n'est qu'ainsi qu'elle pourrait inventer le monde partiel que tu vois. ⁵Le but de toute vue est de te montrer ce que tu souhaites voir. ⁶Toute ouïe ne fait qu'amener à ton esprit les sons qu'il veut entendre.

3.   Ainsi a été fait le concret. ²Et c'est maintenant le concret que nous devons utiliser dans nos exercices. ³Nous le donnons au Saint-Esprit pour qu'Il l'emploie dans un but qui est différent de celui que nous lui avons donné. ⁴Or Il peut utiliser ce que nous avons fait pour nous enseigner d'un point de vue différent, de façon à ce que nous puissions voir en tout un usage différent.

4.   Un frère est tous les frères. ²Chaque esprit contient tous les esprits, car chaque esprit est un. ³Telle est la vérité. ⁴Or ces pensées rendent-elles claire la signification de la création ? ⁵Ces paroles s'accompagnent-elles d'une clarté parfaite pour toi ? ⁶À quoi d'autre que des sons vides peuvent-elles ressembler : jolies, peut-être, pleines de bon sentiment, et pourtant fondamentalement incomprises et incompréhensibles ? ⁷L'esprit qui s'est enseigné à penser concrètement ne peut plus saisir l'abstraction dans le sens où elle englobe tout. ⁸Nous avons besoin de voir un peu, pour apprendre beaucoup.

5.   Il nous semble que c'est le corps qui limite notre liberté, nous fait souffrir et enfin nous enlève la vie. ²Or les corps ne sont que les symboles d'une forme concrète de peur. ³La peur sans symboles n'appelle aucune réponse, car les symboles peuvent représenter

l'in-signifiant. ⁴L'amour n'a pas besoin de symbole, étant vrai. ⁵Mais la peur s'attache au concret, étant fausse.

6.   Les corps attaquent, mais les esprits, non. ²Cette pensée rappelle sûrement notre texte, où elle est souvent soulignée. ³C'est la raison pour laquelle les corps deviennent aisément les symboles de la peur. ⁴Maintes fois tu as été enjoint de regarder au-delà du corps, car sa vue présente le symbole de « l'ennemi » de l'amour, que la vision du Christ ne voit pas. ⁵Le corps est la cible de l'attaque, car nul ne pense haïr un esprit. ⁶Mais qu'est-ce, sinon l'esprit, qui commande au corps d'attaquer? ⁷Quoi d'autre pourrait être le siège de la peur, sauf ce qui pense à la peur?

7.   La haine est concrète. ²Il doit y avoir une chose à attaquer. ³Un ennemi doit être perçu sous une telle forme qu'il puisse être touché, vu, entendu et finalement tué. ⁴Quand la haine se pose sur une chose, elle appelle la mort aussi sûrement que la Voix pour Dieu proclame qu'il n'y a pas de mort. ⁵La peur est insatiable, qui consume tout ce que ses yeux voient, qui se voit elle-même en tout et se trouve forcée de se retourner contre elle-même et de détruire.

8.   Qui voit un frère comme un corps le voit comme le symbole de la peur. ²Et il attaquera, parce que ce qu'il voit est sa propre peur extérieure à lui-même, prête à attaquer et hurlant pour s'unir à lui à nouveau. ³Ne te méprends pas sur l'intensité de la rage que la peur projetée doit engendrer. ⁴Elle pousse des hurlements de colère et elle déchire l'air de ses griffes dans l'espoir frénétique d'atteindre son faiseur pour le dévorer.

9.   C'est cela que les yeux du corps voient en celui que le Ciel chérit, que les anges aiment et que Dieu a créé parfait. ²C'est cela qui est sa réalité. ³Et dans la vision du Christ sa beauté se reflète sous une forme si sainte et si belle que tu pourrais difficilement t'empêcher de t'agenouiller à ses pieds. ⁴Or tu vas plutôt prendre sa main, car tu es comme lui dans le regard qui le voit ainsi. ⁵L'attaque contre lui est ton ennemie, car tu ne percevras pas qu'entre ses mains est ton salut. ⁶Ne lui demande que cela, et il te le donnera. ⁷Ne lui demande pas de symboliser ta peur. ⁸Demanderais-tu que l'amour se détruise lui-même? ⁹Ou voudrais-tu qu'il te soit révélé et te rende libre?

10.   Aujourd'hui nous nous exerçons d'une manière que nous avons tentée plus tôt. ²Tu es plus près maintenant d'être prêt, et tu viendras plus près aujourd'hui de la vision du Christ. ³Si tu es résolu à l'atteindre, tu réussiras aujourd'hui. ⁴Et une fois que tu auras

réussi, tu ne seras plus désireux d'accepter les témoins que les yeux de ton corps appellent. [5]Ce que tu verras te chantera d'anciennes mélodies dont tu te souviendras. [6]Tu n'es pas oublié dans le Ciel. [7]Ne voudrais-tu pas t'en souvenir?

11.   Choisis un frère, symbole de tous les autres, et demande-lui le salut. [2]Vois-le d'abord aussi clairement que tu le peux, sous la même forme à laquelle tu es habitué. [3]Vois son visage, ses mains et ses pieds, ses vêtements. [4]Regarde-le sourire et vois les gestes familiers qu'il fait si fréquemment. [5]Ensuite pense à ceci : ce que tu vois maintenant te dissimule la vue de quelqu'un qui peut te pardonner tous tes péchés ; dont les mains sacrées peuvent enlever les clous qui transpercent les tiennes et ôter la couronne d'épines que tu as placée sur ta tête sanglante. [6]Demande-lui ceci, pour qu'il te rende libre :

> [7]*Donne-moi ta bénédiction, saint Fils de Dieu. [8]Je voudrais te contempler avec les yeux du Christ, et voir ma parfaite impeccabilité en toi.*

12.   Et Il répondra, Celui à Qui tu as fait appel. [2]Car Il entendra la Voix pour Dieu en toi, et il te répondra par la tienne. [3]Contemple-le maintenant, celui que tu voyais simplement comme chair et os, et reconnais que le Christ est venu à toi. [4]L'idée d'aujourd'hui est ta sûre évasion de la colère et de la peur. [5]Assure-toi de l'utiliser immédiatement, au cas où tu serais tenté d'attaquer un frère et de percevoir en lui le symbole de ta peur. [6]Et soudain tu le verras transformé d'ennemi en sauveur, du diable en le Christ.

LEÇON 162

Je suis tel que Dieu m'a créé.

1.   Cette seule pensée, gardée fermement à l'esprit, sauverait le monde. [2]De temps en temps nous la répéterons, quand nous passerons à un nouveau stade dans notre apprentissage. [3]Elle signifiera beaucoup plus pour toi à mesure que tu avanceras. [4]Ces paroles sont sacrées, car ce sont les paroles que Dieu a données en réponse au monde que tu as fait. [5]Par elles il disparaît, et toutes choses vues dans ses nuages brumeux et ses illusions vaporeuses s'évanouissent quand ces paroles sont prononcées. [6]Car elles viennent de Dieu.

2.   Voilà la Parole par laquelle le Fils devint le bonheur de son Père, Son Amour et Sa complétude. [2]Voilà la création proclamée et honorée telle qu'elle est. [3]Il n'est pas de rêve que ces paroles ne dissipent; pas de pensée de péché et pas d'illusion contenue dans le rêve qui ne s'efface devant leur puissance. [4]Elles sont la trompette de l'éveil qui résonne dans le monde entier. [5]Les morts s'éveillent en réponse à son appel. [6]Et ceux qui vivent et entendent ce son ne verront jamais la mort.

3.   Il est saint, en effet, celui qui fait siennes ces paroles; qui se lève en les ayant à l'esprit et se les rappelle tout au long de la journée, et qui la nuit les emporte avec lui dans le sommeil. [2]Ses rêves sont heureux et son repos est sûr, sa sécurité certaine et son corps guéri, parce qu'il dort et se réveille avec la vérité toujours devant lui. [3]Il sauvera le monde, parce qu'il donne au monde ce qu'il reçoit chaque fois qu'il met en pratique les paroles de la vérité.

4.   Aujourd'hui nous nous exerçons simplement. [2]Car les paroles que nous utilisons sont puissantes, et elles n'ont pas besoin de pensées au-delà d'elles-mêmes pour changer l'esprit de celui qui les utilise. [3]Il est changé si entièrement qu'il est maintenant le trésor où Dieu place tous Ses dons et tout Son Amour, pour qu'ils soient distribués au monde entier et s'augmentent en étant donnés; gardé complet parce que son partage est illimité. [4]Et tu apprends ainsi à penser avec Dieu. [5]La vision du Christ t'a rendu la vue en sauvant ton esprit.

5.   Nous t'honorons aujourd'hui. [2]Tu as droit à la sainteté parfaite que tu acceptes maintenant. [3]Par cette acceptation le salut est porté à chacun, car qui pourrait chérir le péché quand une telle

sainteté a béni le monde ? [4]Qui pourrait désespérer quand la joie parfaite est tienne, accessible à tous en remède au chagrin et à la misère, à tout sentiment de perte, et pour une complète évasion du péché et de la culpabilité ?

6.   Et qui maintenant ne voudrait pas être un frère pour toi ; toi, son rédempteur et son sauveur ? [2]Qui pourrait manquer de t'accueillir en son cœur, t'invitant avec amour, impatient de s'unir à un comme lui en sainteté ? [3]Tu es tel que Dieu t'a créé. [4]Ces paroles dissipent la nuit, et de ténèbres, il n'y en a plus. [5]La lumière est venue aujourd'hui bénir le monde. [6]Car tu as reconnu le Fils de Dieu, et dans cette re-connaissance le monde le reconnaît.

LEÇON 163

De mort, il n'y en a pas. Le Fils de Dieu est libre.

1.   La mort est une pensée qui prend de nombreuses formes, souvent non reconnues. [2]Elle peut apparaître sous forme de chagrin, de peur, d'anxiété ou de doute ; de colère, d'absence de foi ou de manque de confiance ; de souci des corps, d'envie et sous toutes les formes où le souhait d'être tel que tu n'es pas peut venir te tenter. [3]Toutes ces pensées ne sont que des reflets du culte de la mort comme sauveuse et comme donneuse de délivrance.

2.   Incarnation de la peur, hôte du péché, dieu des coupables et seigneur de toutes les illusions et tromperies, la pensée de la mort semble certes puissante. [2]Car elle semble tenir toutes choses vivantes dans sa main desséchée ; tous les espoirs et tous les souhaits en sa poigne funeste ; et tous les buts perçus uniquement par ses yeux aveugles. [3]Les frêles, les impuissants et les malades s'inclinent devant son image en pensant qu'elle seule est réelle, inévitable et digne de leur confiance. [4]Car elle seule est sûre de venir.

3.   Toutes choses, hormis la mort, sont vues comme hasardeuses, trop vite perdues, si dures qu'elles fussent à gagner ; aux résultats incertains et susceptibles de trahir les espoirs qu'elles avaient jadis engendrés, laissant dans leur sillage un goût de poussière et de cendre en lieu et place des aspirations et des rêves. [2]Mais sur la mort on peut compter. [3]Car elle viendra d'un pas certain quand l'heure sera venue de son arrivée. [4]Jamais elle ne manquera de prendre toute vie en otage d'elle-même.

4.   Voudrais-tu t'incliner devant de telles idoles ? [2]Ici la force et la puissance de Dieu Lui-même sont perçues au-dedans d'une idole faite de poussière. [3]Ici l'opposé de Dieu est proclamé seigneur de toute création, plus fort que la Volonté de Dieu pour la vie, que l'infinité de l'amour et que la constance parfaite et inchangeable du Ciel. [4]Ici la Volonté du Père et du Fils est finalement vaincue et enterrée sous la pierre tombale que la mort a placée sur le corps du saint Fils de Dieu.

5.   Non saint dans la défaite, il est devenu ce que la mort voudrait qu'il soit. [2]Son épitaphe, que la mort elle-même a écrite, ne lui donne aucun nom, car il est devenu poussière. [3]Elle ne dit que ceci : « Ci-gît un témoin que Dieu est mort. » [4]Et cela elle l'écrit et l'écrit encore et encore, et pendant tout ce temps ses adorateurs

acquiescent, à genoux et le front penché jusqu'à terre, murmurant craintivement qu'il en est ainsi.

6.   Il est impossible d'adorer la mort sous quelque forme que ce soit et d'en choisir quand même quelque-unes que tu ne chérirais pas et tâcherais même d'éviter, tout en croyant toujours en tout le reste. ²Car la mort est totale. ³Soit que toutes choses meurent, soit qu'elles vivent et ne peuvent mourir. ⁴Il n'y a pas de compromis possible. ⁵Car là encore nous voyons une position évidente, que nous devons accepter si nous voulons être sains d'esprit : ce qui contredit entièrement une pensée ne peut pas être vrai, à moins qu'il soit prouvé que son opposé est faux.

7.   L'idée de la mort de Dieu est si grotesque que même les insanes ont de la difficulté à y croire. ²Car elle implique que Dieu était jadis vivant et qu'Il a péri d'une façon ou d'une autre ; tué, apparemment, par ceux qui ne voulaient pas qu'Il survive. ³Leur volonté plus puissante pouvait triompher de la Sienne, et ainsi la vie éternelle a fait place à la mort. ⁴Et avec le Père le Fils est mort aussi.

8.   Les adorateurs de la mort ont peut-être peur. ²Et pourtant, de telles pensées peuvent-elles être effrayantes ? ³S'ils voyaient que ce n'est que cela qu'ils croient, ils seraient instantanément délivrés. ⁴Et tu vas leur montrer cela aujourd'hui. ⁵De mort, il n'y en a pas, et nous y renonçons maintenant sous toutes ses formes, pour leur salut et le nôtre aussi bien. ⁶Dieu n'a pas fait la mort. ⁷N'importe quelle forme qu'elle prend doit donc être une illusion. ⁸Voilà la position que nous prenons aujourd'hui. ⁹Et il nous est donné de regarder passé la mort, et de voir la vie au-delà.

9.   *Notre Père, bénis nos yeux aujourd'hui. ²Nous sommes Tes messagers et nous voudrions contempler le reflet glorieux de Ton Amour qui luit en tout. ³Nous vivons et nous mouvons en Toi seul. ⁴Nous ne sommes pas séparés de Ta vie éternelle. ⁵De mort, il n'y en a pas, car la mort n'est pas Ta Volonté. ⁶Et nous demeurons là où Tu nous as placés, dans la vie que nous partageons avec Toi et avec toutes choses vivantes, afin d'être comme Toi et de faire partie de Toi à jamais. ⁷Nous acceptons Tes Pensées pour nôtres, et notre volonté ne fait qu'un avec la Tienne éternellement. ⁸Amen.*

LEÇON 164

Maintenant nous ne faisons qu'un avec Celui Qui est notre Source.

1.   À quel moment, sinon maintenant, la vérité peut-elle être reconnue ? [2]Le présent est le seul temps qui soit. [3]Ainsi aujourd'hui, en cet instant, maintenant, nous venons contempler ce qui est là pour toujours : pas à nos yeux, mais aux yeux du Christ. [4]Il regarde passé le temps et voit l'éternité telle qu'elle y est représentée. [5]Il entend les sons que le monde insensé, affairé, engendre, mais il les entend très faiblement. [6]Car au-delà d'eux tous Il entend le chant du Ciel, et la Voix pour Dieu plus claire, plus signifiante, plus proche.

2.   Le monde s'estompe facilement sous Ses yeux. [2]Ses sons s'affaiblissent. [3]Une mélodie qui vient de loin par-delà le monde devient de plus en plus distincte ; un appel ancien auquel Il donne une réponse ancienne. [4]Tu les reconnaîtras tous les deux, car ce ne sont que ta réponse à l'Appel de ton Père. [5]Le Christ répond pour toi, Se faisant l'écho de ton Soi, utilisant ta voix pour donner Son joyeux consentement ; acceptant ta délivrance pour toi.

3.   Comme tes exercices d'aujourd'hui sont saints, tandis que le Christ te donne Sa vue et entend pour toi, et répond en ton nom à l'Appel qu'Il entend ! [2]Comme il est tranquille le temps que tu donnes pour le passer avec Lui, au-delà du monde. [3]Comme tous tes péchés apparents sont facilement oubliés, et tous tes chagrins sombrent dans l'oubli. [4]En ce jour le chagrin est abandonné, car les vues et les sons qui viennent de plus près que le monde sont clairs pour toi qui accepteras aujourd'hui les dons qu'Il te fait.

4.   Il est un silence dans lequel le monde ne peut faire intrusion. [2]Il est une paix ancienne que tu portes en ton cœur et n'as pas perdue. [3]Il est un sentiment de sainteté en toi que la pensée de péché n'a jamais touché. [4]De tout cela aujourd'hui tu te souviendras. [5]Ta fidélité à t'exercer aujourd'hui apportera des récompenses si grandes et si complètement différentes de toutes les choses que tu recherchais auparavant, que tu connaîtras qu'ici est ton trésor, et qu'ici est ton repos.

5.   Voici le jour où les vaines imaginations s'écartent comme un rideau pour révéler ce qui se trouve au-delà. [2]Maintenant ce qui est réellement là est rendu visible, tandis que toutes les ombres qui

paraissaient le cacher s'évanouissent simplement. ³Maintenant l'équilibre est rétabli, et la balance du jugement est laissée à Celui Qui juge vrai. ⁴Et dans Son jugement un monde se déploiera en parfaite innocence devant tes yeux. ⁵Maintenant tu le verras avec les yeux du Christ. ⁶Maintenant sa transformation est claire pour toi.

6.   Frère, ce jour est sacré pour le monde. ²Ta vision, à toi donnée de bien au-delà de toutes choses en ce monde, se retourne et les regarde dans une lumière nouvelle. ³Et ce que tu vois devient la guérison et le salut du monde. ⁴Ce qui a de la valeur et ce qui est sans valeur sont tous deux perçus et reconnus pour ce qu'ils sont. ⁵Ce qui est digne de ton amour reçoit ton amour, et rien ne reste qui soit à craindre.

7.   Nous ne jugerons pas aujourd'hui. ²Nous recevrons seulement ce qui nous est donné par un jugement rendu au-delà du monde. ³Nos exercices aujourd'hui deviennent notre don de gratitude pour notre délivrance de l'aveuglement et de la misère. ⁴Tout ce que nous voyons ne fera qu'augmenter notre joie, car sa sainteté reflète la nôtre. ⁵Nous sommes pardonnés dans le regard du Christ, et le monde entier est pardonné dans le nôtre. ⁶Nous bénissons le monde en le contemplant dans la lumière où notre Sauveur nous regarde, et nous lui offrons la liberté à nous donnée par Sa vision qui pardonne, et non par la nôtre.

8.   Durant tes exercices, ouvre le rideau en lâchant prise simplement de toutes les choses que tu penses vouloir. ²Tes trésors de pacotille, mets-les de côté et laisse un espace propre et ouvert au-dedans de ton esprit où le Christ puisse venir et t'offrir le trésor du salut. ³Il a besoin de ton esprit très saint pour sauver le monde. ⁴Ce but n'est-il pas digne d'être le tien? ⁵La vision du Christ n'est-elle pas digne d'être recherchée par-dessus les buts insatisfaisants du monde?

9.   Ne laisse pas la journée passer sans que les dons qu'elle te réserve reçoivent ton consentement et ton acceptation. ²Nous pouvons changer le monde, si tu les reconnais. ³Peut-être ne vois-tu pas la valeur que ton acceptation donne au monde. ⁴Mais ceci, tu le veux certainement : tu peux échanger toute souffrance contre la joie en ce jour même. ⁵Exerce-toi sérieusement, et le don est tien. ⁶Dieu te tromperait-Il? ⁷Sa promesse peut-elle être vaine? ⁸Peux-tu refuser si peu, quand Sa Main tend à Son Fils le salut complet?

LEÇON 165

Que mon esprit ne nie pas la Pensée de Dieu.

1.   Qu'est-ce qui fait que ce monde semble réel, sauf ton propre déni de la vérité qui réside au-delà? ²Qu'est-ce, sinon tes pensées de misère et de mort, qui obscurcit le bonheur parfait et la vie éternelle que ton Père veut pour toi? ³Et qu'est-ce qui pourrait cacher ce qui ne peut être dissimulé, sauf l'illusion? ⁴Qu'est-ce qui pourrait garder loin de toi ce que tu as déjà, sauf ton choix de ne pas le voir, niant que cela est là?

2.   La Pensée de Dieu t'a créé. ²Elle ne t'a pas quitté et tu n'as jamais été à part d'elle un seul instant. ³Elle t'appartient. ⁴C'est par elle que tu vis. ⁵C'est ta Source de vie, qui te garde un avec elle; et tout ne fait qu'un avec toi parce qu'elle ne t'a pas quitté. ⁶La Pensée de Dieu te protège, prend soin de toi, adoucit ton lieu de repos et aplanit ton chemin, éclairant ton esprit de bonheur et d'amour. ⁷L'éternité et la vie éternelle luisent dans ton esprit, parce que la Pensée de Dieu ne t'a pas quitté et demeure encore avec toi.

3.   Qui refuserait sa sécurité et sa paix, sa joie, sa guérison et sa paix d'esprit, son repos tranquille, son calme réveil, s'il reconnaissait seulement où ils demeurent? ²Ne se préparerait-il pas instantanément à aller où ils se trouvent, abandonnant tout le reste comme étant sans valeur par comparaison avec eux? ³Et, les ayant trouvés, ne s'assurerait-il pas qu'ils restent avec lui, et que lui reste avec eux?

4.   Ne refuse pas le Ciel. ²Il est à toi aujourd'hui, sur ta simple demande. ³Et tu n'as pas besoin non plus de percevoir d'abord combien le don est grand, combien ton esprit sera changé pour qu'il vienne à toi. ⁴Demande à recevoir, et il t'est donné. ⁵La conviction réside en lui. ⁶Jusqu'à ce que tu l'accueilles comme tien, l'incertitude demeure. ⁷Or Dieu est juste. ⁸La certitude n'est pas requise pour recevoir ce que seule ton acceptation peut accorder.

5.   Demande avec désir. ²Tu n'as pas besoin d'être sûr que ta demande est la seule chose que tu veuilles. ³Mais une fois que tu auras reçu, tu seras sûr d'avoir le trésor que tu as toujours cherché. ⁴Contre quoi voudrais-tu alors l'échanger? ⁵Qu'est-ce qui pourrait t'induire maintenant à le laisser s'effacer de ta vision extatique? ⁶Car cette vue prouve que tu as échangé ton aveuglement

contre les yeux voyants du Christ; que ton esprit en est venu à mettre de côté le déni et à accepter la Pensée de Dieu comme ton héritage.

6. Maintenant tout doute est passé, la fin du voyage est rendue certaine et le salut t'est donné. [2]Maintenant le pouvoir du Christ est dans ton esprit, afin de guérir comme tu as été guéri. [3]Car maintenant tu comptes parmi les sauveurs du monde. [4]Ton destin est là et nulle part ailleurs. [5]Dieu consentirait-Il à laisser Son Fils rester à jamais affamé par son refus de la nourriture dont il a besoin pour vivre? [6]L'abondance demeure en lui et la privation ne peut pas le couper de l'Amour nourricier de Dieu, ni de son foyer.

7. Exerce-toi aujourd'hui dans l'espoir. [2]Car l'espoir est certes justifié. [3]Tes doutes sont in-signifiants, car Dieu est certain. [4]Et la Pensée de Lui n'est jamais absente. [5]La certitude doit demeurer au-dedans de toi qui es Son hôte. [6]Ce cours enlève tous les doutes que tu as interposés entre Lui et ta certitude de Lui.

8. C'est sur Dieu que nous comptons, et non sur nous-mêmes, pour nous donner la certitude. [2]Et en Son Nom nous nous exerçons comme Sa Parole nous invite à le faire. [3]Sa certitude est au-delà de tous nos doutes. [4]Son Amour demeure au-delà de toutes nos peurs. [5]La Pensée de Lui est encore au-delà de tous les rêves et dans nos esprits, selon Sa Volonté.

LEÇON 166

Les dons de Dieu me sont confiés.

1.   Toutes choses te sont données. ²La confiance de Dieu en toi est illimitée. ³Il connaît Son Fils. ⁴Il donne sans exception, ne retenant rien qui puisse contribuer à ton bonheur. ⁵Et pourtant, à moins que ta volonté ne fasse qu'un avec la Sienne, Ses dons ne sont pas reçus. ⁶Mais qu'est-ce qui pourrait te faire penser qu'il y a une autre volonté que la Sienne?

2.   Voilà le paradoxe qui sous-tend le faire qui produit le monde. ²Ce monde n'est pas la Volonté de Dieu, ainsi n'est-il pas réel. ³Or ceux qui le pensent réel doivent quand même croire qu'il y a une autre volonté, une volonté qui conduit à des effets opposés à ceux qu'Il veut. ⁴C'est impossible, bien sûr, mais chaque esprit qui regarde le monde et le juge certain, solide, digne de confiance et vrai, croit en deux créateurs; ou en un seul, lui-même. ⁵Mais jamais en un seul Dieu.

3.   Les dons de Dieu ne sont pas acceptables pour quiconque a d'aussi étranges croyances. ²Il doit croire qu'accepter les dons de Dieu, si évidents qu'ils puissent devenir, si urgemment qu'il puisse être appelé à les réclamer comme siens, c'est être forcé de se trahir lui-même. ³Il doit nier leur présence, contredire la vérité, et souffrir pour préserver le monde qu'il a fait.

4.   Ici est la seule demeure qu'il pense connaître. ²Ici est la seule sécurité qu'il croit pouvoir trouver. ³Sans le monde qu'il a fait il est un paria, sans demeure et apeuré. ⁴Il ne se rend pas compte que c'est ici qu'il est certes apeuré, et sans demeure aussi; un paria errant si loin de chez lui, si longtemps parti, qu'il ne se rend pas compte qu'il a oublié d'où il est venu, où il va et même qui il est réellement.

5.   Or dans ses errances solitaires et insensées, les dons de Dieu vont avec lui, tous inconnus de lui. ²Il ne peut pas les perdre. ³Mais il ne veut pas regarder ce qui lui est donné. ⁴Il continue à errer, conscient de la futilité qu'il voit partout autour de lui, percevant combien son petit lot ne fait que s'amoindrir alors qu'il avance vers nulle part. ⁵Quand même il va errant dans la misère et la pauvreté, seul alors que Dieu est avec lui, et son trésor si grand que tout ce que le monde contient est sans valeur devant son immensité.

6.   Il a l'air d'une triste figure : las, épuisé, les vêtements usés jusqu'à la corde et les pieds qui saignent un peu à cause des roches sur la route où il marche. ²Il n'en est pas un qui ne se soit identifié à lui, car chacun de ceux qui viennent ici a suivi la voie qu'il emprunte et ressenti la défaite et le désespoir comme il les ressent. ³Or est-il vraiment tragique, quand tu vois qu'il suit la voie qu'il a choisie, et qu'il aurait seulement besoin de se rendre compte de Qui fait route avec lui et d'ouvrir ses trésors pour être libre ?

7.   Voilà le soi que tu as choisi, celui que tu as fait pour remplacer la réalité. ²Voilà le soi que tu défends brutalement contre toute raison, contre toute évidence et contre tous les témoins qui ont des preuves montrant qu'il n'est pas toi. ³Tu ne leur prêtes pas attention. ⁴Tu avances sur la route que tu t'es assignée, les yeux baissés de peur d'entrevoir une lueur de vérité et d'être délivré de ta tromperie de soi et rendu libre.

8.   Tu te recroquevilles de peur de sentir le toucher du Christ sur ton épaule et de percevoir Sa douce main t'inviter à regarder tes dons. ²Comment pourrais-tu alors proclamer ta pauvreté en exil ? ³Il te ferait rire de cette perception de toi-même. ⁴Où est l'apitoiement sur soi-même, alors ? ⁵Et qu'advient-il de toute la tragédie que tu as cherché à faire pour celui à qui Dieu ne destinait que la joie ?

9.   Ton ancienne peur t'a envahi maintenant et la justice t'a enfin rattrapé. ²La main du Christ a touché ton épaule et tu sens que tu n'es pas seul. ³Tu penses même que le misérable soi que tu pensais être toi pourrait bien ne pas être ton Identité. ⁴Peut-être que la Parole de Dieu est plus vraie que la tienne. ⁵Peut-être que les dons qu'Il te fait sont réels. ⁶Peut-être n'a-t-Il pas été entièrement dupé par ton plan pour garder Son Fils dans un profond oubli et suivre la voie que tu as choisie sans ton Soi.

10.   La Volonté de Dieu ne s'oppose pas. ²Elle est, tout simplement. ³Ce n'est pas Dieu que tu as emprisonné dans ton plan pour perdre ton Soi. ⁴Il ne sait rien d'un plan si étranger à Sa Volonté. ⁵Il y avait un besoin qu'Il ne comprenait pas et auquel Il a donné une Réponse. ⁶C'est tout. ⁷Et toi à qui cette Réponse a été donnée, tu n'as plus besoin de rien d'autre que cela.

11.   Maintenant nous vivons, car maintenant nous ne pouvons pas mourir. ²Le souhait de mort a reçu sa réponse, et la vue qui s'était posée sur lui a maintenant été remplacée par une vision qui perçoit que tu n'es pas ce que tu prétends être. ³Il en est Un Qui marche avec toi et Qui répond doucement à toutes tes peurs

par cette seule miséricordieuse réplique : « Il n'en est rien. » [4]Il montre tous les dons que tu as chaque fois que la pensée de pauvreté t'oppresse, et Il te rappelle Sa Compagnie lorsque tu te perçois seul et apeuré.

12. Or Il te rappelle encore une chose que tu avais oubliée. [2]Car Son toucher sur toi t'a rendu pareil à Lui. [3]Les dons que tu as ne sont pas pour toi seul. [4]Ce qu'Il est venu t'offrir, tu dois maintenant apprendre à le donner. [5]Voilà la leçon contenue dans ce qu'Il donne, car il t'a sauvé de la solitude que tu cherchais à faire pour t'y cacher de Dieu. [6]Il t'a rappelé tous les dons que Dieu t'a faits. [7]Il parle aussi de ce qui devient ta volonté quand tu acceptes ces dons et reconnais qu'ils sont les tiens.

13. Les dons sont à toi, confiés à tes soins, pour que tu les donnes à tous ceux qui ont choisi la route solitaire dont tu t'es échappé. [2]Ils ne comprennent pas qu'ils ne font que poursuivre leurs souhaits. [3]C'est toi maintenant qui leur enseigne. [4]Car tu as appris du Christ qu'il y a une autre voie qu'ils peuvent suivre. [5]Enseigne-leur en leur montrant le bonheur qui vient à ceux qui sentent le toucher du Christ et reconnaissent les dons de Dieu. [6]Ne laisse pas le chagrin te tenter d'être infidèle à ce qui t'a été confié.

14. Tes soupirs trahiront maintenant les espoirs de ceux qui se tournent vers toi pour leur délivrance. [2]Tes larmes sont les leurs. [3]Si tu es malade, tu ne fais que les priver de leur guérison. [4]Ce que tu crains ne fait que leur enseigner que leurs peurs sont justifiées. [5]Ta main devient celle qui donne le toucher du Christ ; ton changement d'esprit devient la preuve que celui qui accepte les dons de Dieu ne peut jamais souffrir. [6]Ce qui t'est confié est la délivrance du monde de toute douleur.

15. Ne la trahis pas. [2]Deviens la preuve vivante de ce que le toucher du Christ peut offrir à chacun. [3]Dieu t'a confié tous Ses dons. [4]Atteste en ton bonheur combien l'esprit est transformé qui choisit d'accepter Ses dons et de sentir le toucher du Christ. [5]Telle est ta mission maintenant. [6]Car Dieu confie le soin de donner Ses dons à tous ceux qui les ont reçus. [7]Il a partagé Sa joie avec toi. [8]Et maintenant tu vas la partager avec le monde.

LEÇON 167

Il y a une seule vie et je la partage avec Dieu.

1.   Il n'y a pas différentes sortes de vie, car la vie est comme la vérité. ²Elle n'a pas de degrés. ³C'est la seule condition que partage tout ce que Dieu a créé. ⁴Comme toutes Ses Pensées, elle n'a pas d'opposé. ⁵De mort, il n'y en a pas, parce que ce que Dieu a créé partage Sa vie. ⁶De mort, il n'y en a pas, parce qu'un opposé à Dieu n'existe pas. ⁷De mort, il n'y en a pas, parce que le Père et le Fils ne font qu'un.

2.   En ce monde il semble y avoir un état qui est l'opposé de la vie. ²Tu l'appelles la mort. ³Or nous avons appris que l'idée de la mort prend de nombreuses formes. ⁴C'est la seule idée sous-jacente à tous les sentiments qui ne sont pas suprêmement heureux. ⁵C'est l'alarme à laquelle tu réponds par tout ce qui n'est pas la joie parfaite. ⁶Tout chagrin, toute perte, toute anxiété, toute souffrance et toute douleur, même un petit soupir de lassitude, un léger malaise ou le moindre froncement de sourcils, admet la mort. ⁷Et ainsi nie que tu vis.

3.   Tu penses que la mort est du corps. ²Or elle n'est qu'une idée, sans rapport avec ce qui est vu comme physique. ³Une pensée est dans l'esprit. ⁴Elle peut ensuite être appliquée comme l'esprit le dicte. ⁵Mais c'est à son origine qu'elle doit être changée, s'il doit y avoir changement. ⁶Les idées ne quittent pas leur source. ⁷L'insistance avec laquelle le cours revient sur cette idée est due à la position centrale qu'elle occupe dans nos tentatives pour changer ton esprit à ton sujet. ⁸Elle est la raison pour laquelle tu peux guérir. ⁹Elle est la cause de la guérison. ¹⁰C'est pourquoi tu ne peux pas mourir. ¹¹Sa vérité t'a établi un avec Dieu.

4.   La mort est la pensée que tu es séparé de ton Créateur. ²C'est la croyance que les conditions changent, que les émotions alternent suivant des causes que tu ne peux pas contrôler, que tu n'as pas faites et que tu ne peux jamais changer. ³C'est la fixe croyance que les idées peuvent quitter leur source et prendre des qualités que leur source ne contient pas, devenant différentes de leur propre origine, en étant à part tant par le genre que par la distance, le temps et la forme.

5.   La mort ne peut pas venir de la vie. ²Les idées restent unies à leur source. ³Elles peuvent étendre tout ce que leur source contient.

⁴En cela elles peuvent aller bien au-delà d'elles-mêmes. ⁵Mais elles ne peuvent donner naissance à ce qui ne leur a jamais été donné. ⁶De même qu'elles sont faites, de même sera leur faire. ⁷De même qu'elles sont nées, de même ensuite elles donneront naissance. ⁸Et là d'où elles viennent, là elles retourneront.

6.   L'esprit peut penser qu'il dort, mais c'est tout. ²Il ne peut pas changer ce qu'est son état de veille. ³Il ne peut pas faire un corps, ni demeurer au-dedans d'un corps. ⁴Ce qui est étranger à l'esprit n'existe pas, parce que cela n'a pas de source. ⁵Car l'esprit crée toutes choses qui sont et il ne peut leur donner des attributs qui lui manquent ni changer son propre état éternel d'esprit éveillé. ⁶Il ne peut pas faire le physique. ⁷Ce qui semble mourir n'est que le signe de l'esprit endormi.

7.   L'opposé de la vie ne peut être qu'une autre forme de vie. ²Comme telle, elle peut être réconciliée avec ce qui l'a créée, parce qu'elle n'est pas opposée en vérité. ³Sa forme peut changer ; elle peut paraître être ce qu'elle n'est pas. ⁴Or l'esprit est esprit, éveillé ou endormi. ⁵Il n'est son opposé en rien de créé, ni dans ce qu'il semble faire quand il croit dormir.

8.   Dieu ne crée que l'esprit éveillé. ²Il ne dort pas et Ses créations ne peuvent partager ce qu'Il ne donne pas ni faire des conditions qu'Il ne partage pas avec elles. ³La pensée de la mort n'est pas l'opposé des pensées de vie. ⁴À jamais inopposées par aucune sorte d'opposés, les Pensées de Dieu demeurent à jamais inchangeables, avec le pouvoir de s'étendre à jamais inchangeablement, et pourtant en elles-mêmes, car elles sont partout.

9.   Ce qui semble être l'opposé de la vie n'est que dormir. ²Quand l'esprit choisit d'être ce qu'il n'est pas et d'assumer un pouvoir étranger qu'il n'a pas, un état étranger où il ne peut entrer ou une fausse condition qui n'est pas dans sa Source, il semble simplement s'endormir un moment. ³Il rêve du temps ; un intervalle durant lequel ce qui semble arriver ne s'est jamais produit, les changements apportés sont insubstantiels et tous les événements ne sont nulle part. ⁴Quand l'esprit s'éveille, il ne fait que continuer tel qu'il a toujours été.

10.   Soyons aujourd'hui les enfants de la vérité et ne nions pas notre saint héritage. ²Notre vie n'est pas telle que nous l'imaginons. ³Qui change la vie parce qu'il ferme les yeux, ou fait de lui-même ce qu'il n'est pas parce qu'il dort, et voit en rêve un opposé à ce qu'il est ? ⁴Nous ne demanderons la mort sous aucune forme aujourd'hui. ⁵Nous ne laisserons pas non plus d'imaginaires opposés

à la vie demeurer même un instant là où la Pensée de la vie éternelle a été établie par Dieu Lui-même.

11. Nous nous efforçons aujourd'hui de garder Sa sainte demeure telle qu'Il l'a établie et telle qu'Il veut qu'elle soit pour toujours et à jamais. ²Il est Seigneur de ce que nous pensons aujourd'hui. ³Et dans Ses Pensées, qui n'ont pas d'opposé, nous comprenons qu'il y a une seule vie, que nous partageons avec Lui, avec toutes Ses créations, avec leurs pensées aussi, qu'Il a créées dans une unité de vie qui ne peut se séparer dans la mort ni quitter la Source de vie d'où elle est venue.

12. Nous partageons une seule vie parce que nous avons une seule Source, une Source dont nous vient la perfection, restant toujours dans les esprits saints qu'Il a créés parfaits. ²Comme nous étions, nous sommes maintenant et serons à jamais. ³Un esprit endormi doit s'éveiller lorsqu'il voit sa propre perfection refléter le Seigneur de la vie si parfaitement qu'elle se fond dans ce qui est là reflété. ⁴Et maintenant ce n'est plus un simple reflet. ⁵Elle devient la chose reflétée, et la lumière qui rend la réflexion possible. ⁶Il n'est pas besoin maintenant de vision. ⁷Car l'esprit éveillé est celui qui connaît sa Source, son Soi, sa Sainteté.

LEÇON 168

Ta grâce m'est donnée. Je la réclame maintenant.

1. Dieu nous parle. ²Ne Lui parlerons-nous pas? ³Il n'est pas loin-tain. ⁴Il ne tente pas de Se cacher de nous. ⁵Nous essayons de nous cacher de Lui et nous souffrons de cette tromperie. ⁶Il reste entiè-rement accessible. ⁷Il aime Son Fils. ⁸Il n'y a pas d'autre certitude, or cela suffit. ⁹Il aimera Son Fils à tout jamais. ¹⁰Quand son esprit reste endormi, Il l'aime encore. ¹¹Et quand son esprit s'éveille, Il l'aime d'un Amour qui ne change jamais.

2. Si seulement tu connaissais la signification de Son Amour, l'espoir et le désespoir seraient impossibles. ²Car l'espoir serait à jamais satisfait, et toute sorte de désespoir serait impensable. ³Sa grâce est Sa réponse à tous les désespoirs, car en elle réside la mémoire de Son Amour. ⁴Ne donnerait-Il pas avec joie les moyens par lesquels Sa Volonté est reconnue? ⁵Sa grâce est tienne quand tu la reconnais. ⁶Et la mémoire de Lui s'éveille dans l'esprit qui demande de Lui les moyens par lesquels son sommeil prend fin.

3. Aujourd'hui nous demandons à Dieu le don qu'Il a très soi-gneusement préservé au-dedans de nos cœurs et qui attend d'être reconnu. ²C'est le don par lequel Dieu Se penche vers nous et nous élève, faisant Lui-même le dernier pas du salut. ³Tous les autres sauf celui-ci, nous les apprenons, instruits par Sa Voix. ⁴Mais fina-lement Il vient Lui-même, nous prend dans Ses Bras et balaie les toiles d'araignée de notre sommeil. ⁵Son don de grâce est plus qu'une simple réponse. ⁶Il restaure tous les souvenirs que l'esprit endormi avait oubliés; toute certitude de ce qu'est la signification de l'Amour.

4. Dieu aime Son Fils. ²Prie-Le maintenant de donner les moyens par lesquels ce monde disparaîtra, et la vision viendra d'abord, suivie de la connaissance un instant après. ³Car dans la grâce tu vois une lumière qui recouvre d'amour le monde entier et tu regardes la peur disparaître de chaque visage tandis que les cœurs s'élèvent et réclament pour leur la lumière. ⁴Que reste-t-il main-tenant pour que le Ciel soit retardé un instant de plus? ⁵Que reste-t-il qui ne soit défait quand ton pardon se pose sur tout?

5. Aujourd'hui est un jour nouveau et saint car nous recevons ce qui nous a été donné. ²Notre foi repose dans le Donneur et non dans notre propre acceptation. ³Nous reconnaissons nos fautes,

mais Lui, à Qui toute erreur est inconnue, est encore Celui Qui répond à nos fautes en nous donnant les moyens de les déposer et de nous élever jusqu'à Lui dans la gratitude et l'amour.

6. Et Il descend à notre rencontre, tandis que nous venons à Lui. [2]Car ce qu'Il a préparé pour nous, Il le donne et nous le recevons. [3]Telle est Sa Volonté, parce qu'Il aime Son Fils. [4]C'est Lui que nous prions aujourd'hui, Lui rendant seulement la parole qu'Il nous a donnée par Sa Propre Voix, Sa Parole, Son Amour :

> [5]*Ta grâce m'est donnée.* [6]*Je la réclame maintenant.* [7]*Père,*
> *je viens à Toi.* [8]*Et Tu viendras à moi qui demande.* [9]*Je suis*
> *le Fils que Tu aimes.*

LEÇON 169

Par la grâce, je vis. Par la grâce, je suis délivré.

1. La grâce est l'aspect de l'Amour de Dieu qui ressemble le plus à l'état qui règne dans l'unité de la vérité. ²C'est l'aspiration la plus élevée du monde, car elle conduit au-delà du monde entièrement. ³Elle est au-delà de l'apprentissage, or c'est le but de l'apprentissage, car la grâce ne peut venir jusqu'à ce que l'esprit se prépare à la véritable acceptation. ⁴La grâce devient inévitable instantanément chez ceux qui ont préparé une table où elle peut être doucement déposée et reçue de plein gré; un autel propre et saint pour le don.

2. La grâce est l'acceptation de l'Amour de Dieu dans un monde de haine et de peur apparentes. ²Par la grâce seule, la haine et la peur disparaissent, car la grâce présente un état tellement opposé à tout ce que le monde contient que ceux dont l'esprit est éclairé par le don de la grâce ne peuvent pas croire que le monde de la peur est réel.

3. La grâce ne s'apprend pas. ²Le dernier pas doit aller au-delà de tout apprentissage. ³La grâce n'est pas le but que ce cours aspire à atteindre. ⁴Or nous nous préparons à la grâce en ce sens qu'un esprit ouvert peut entendre l'Appel au réveil. ⁵Il n'est pas fermé complètement à la Voix de Dieu. ⁶Il a pris conscience qu'il y a des choses qu'il ne connaît pas; par conséquent, il est prêt à accepter un état complètement différent de l'expérience avec laquelle il est familièrement comme chez lui.

4. Peut-être avons-nous paru contredire notre énoncé voulant que la révélation du Père et du Fils ne faisant qu'un a déjà été fixée. ²Mais nous avons dit aussi que l'esprit détermine quand viendra ce moment, et qu'il l'a déterminé. ³Et pourtant nous t'exhortons à rendre témoignage de la Parole de Dieu pour hâter l'expérience de la vérité et en accélérer l'avènement dans chaque esprit qui reconnaît les effets de la vérité sur toi.

5. L'unité est simplement l'idée que Dieu est. ²Et dans Son Être, Il embrasse toutes choses. ³Aucun esprit ne contient autre chose que Lui. ⁴Nous disons : « Dieu est », puis nous cessons de parler, car dans cette connaissance les mots sont in-signifiants. ⁵Il n'est pas de lèvres pour les prononcer et pas de partie de l'esprit suffisamment distincte pour ressentir qu'il est maintenant conscient

de quelque chose qui n'est pas lui-même. ⁶Il s'est uni à sa Source. ⁷Et comme sa Source même, il est simplement.

6. Nous ne pouvons ni parler ni écrire à ce sujet, ni même y penser du tout. ²Cela vient à chaque esprit quand la re-connaissance totale de ce que sa volonté est Celle de Dieu a été complètement donnée et complètement reçue. ³Cela ramène l'esprit à l'infini présent, où le passé et le futur sont inconcevables. ⁴Cela est au-delà du salut, passé toute pensée de temps, de pardon et de la sainte face du Christ. ⁵Le Fils de Dieu a simplement disparu en son Père, comme Son père en lui. ⁶Le monde n'a jamais été du tout. ⁷L'éternité reste un état constant.

7. Cela est au-delà de l'expérience que nous essayons de hâter. ²Or le pardon, enseigné et appris, s'accompagne d'expériences qui témoignent que le moment déterminé par l'esprit lui-même pour tout abandonner sauf cela est maintenant proche. ³Nous ne le hâtons pas, comme si ce que tu vas offrir était dissimulé à Celui Qui enseigne ce que signifie le pardon.

8. Tout apprentissage était déjà dans Son Esprit, accompli et complet. ²Il a reconnu tout ce que le temps contient et l'a donné à tous les esprits afin que chacun détermine, à partir d'un point où le temps est terminé, quand il est délivré à la révélation et à l'éternité. ³Nous avons répété plusieurs fois déjà que tu ne faisais qu'entreprendre un voyage déjà terminé.

9. Car l'unité doit être ici. ²Quel que soit le moment que l'esprit a fixé pour la révélation, cela est entièrement sans rapport avec ce qui doit être un état constant, à jamais tel qu'il a toujours été et qui restera à jamais tel qu'il est maintenant. ³Nous jouons simplement le rôle assigné il y a longtemps et pleinement reconnu comme parfaitement rempli par Celui Qui a écrit le scénario du salut au Nom de Son Créateur et au Nom du Fils de Son Créateur.

10. Il n'est pas besoin de clarifier davantage ce que nul au monde ne peut comprendre. ²Quand la révélation de ton unité viendra, elle sera reconnue et pleinement comprise. ³Maintenant nous avons du travail à faire, car ceux qui sont dans le temps peuvent parler de choses qui sont au-delà, et écouter des mots leur expliquant que ce qui est à venir est déjà passé. ⁴Or quelle signification ces mots peuvent-ils communiquer à ceux qui comptent encore les heures, et qui se lèvent, travaillent et vont dormir selon leur compte?

11. Il suffit, donc, que tu aies du travail à faire pour jouer ton rôle. ²La fin doit rester obscure pour toi jusqu'à ce que ton rôle soit

joué. ³Cela n'importe pas. ⁴Car c'est encore de ton rôle que dépend tout le reste. ⁵Quand tu prends le rôle qui t'est assigné, le salut se rapproche un peu de chaque cœur incertain qui ne bat pas encore en accord avec Dieu.

12.   Le pardon est le thème central qui traverse le salut de bout en bout et en relie toutes les parties de manière signifiante, le cours qu'il suit étant dirigé et son résultat sûr. ²Et maintenant nous demandons la grâce, le dernier don que le salut peut accorder. ³L'expérience que procure la grâce prendra fin dans le temps, car la grâce préfigure le Ciel, mais elle ne remplace la pensée du temps que pour un petit moment.

13.   L'intervalle suffit. ²C'est ici que les miracles sont déposés, pour être retournés par toi des instants saints que tu reçois, par la grâce en ton expérience, vers tous ceux qui voient la lumière qui luit encore sur ton visage. ³Qu'est-ce que la face du Christ, sinon celle de celui qui est allé un moment dans l'intemporel et en a rapporté un clair reflet de l'unité qu'il a ressentie un instant afin de bénir le monde ? ⁴Comment pourrais-tu finalement l'atteindre pour toujours, alors qu'une partie de toi reste à l'extérieur, qui ne connaît pas, qui n'est pas éveillée, et qui a besoin de toi comme témoin de la vérité ?

14.   Sois reconnaissant de retourner, comme tu étais heureux de partir un instant, et accepte les dons que la grâce t'a procurés. ²C'est à toi que tu les rapportes. ³Et la révélation n'est pas loin derrière. ⁴Sa venue est assurée. ⁵Nous demandons la grâce, et l'expérience qui vient de la grâce. ⁶Nous faisons bon accueil à la délivrance qu'elle offre à chacun. ⁷Nous ne demandons pas ce qui ne se demande pas. ⁸Nous ne regardons pas au-delà de ce que la grâce peut donner. ⁹Car cela, nous pouvons le donner dans la grâce qui nous a été donnée.

15.   Notre but d'apprentissage aujourd'hui ne va pas au-delà de cette prière. ²Or dans le monde, que pourrait-il y avoir qui soit plus que ce que nous demandons aujourd'hui à Celui Qui donne la grâce que nous demandons, comme elle Lui fut donnée ?

> ³*Par la grâce, je vis.* ⁴*Par la grâce, je suis délivré.*
> ⁵*Par la grâce, je donne.* ⁶*Par la grâce, je délivrerai.*

LEÇON 170

Il n'y a aucune cruauté en Dieu ni aucune en moi.

1. Nul n'attaque sans intention de blesser. ²Cela n'admet pas d'exception. ³Quand tu penses que tu attaques en légitime défense, tu veux dire qu'être cruel est une protection, que tu es en sécurité à cause de ta cruauté. ⁴Tu veux dire que tu crois que blesser quelqu'un d'autre t'apporte la liberté. ⁵Et tu veux dire qu'attaquer, c'est échanger l'état dans lequel tu es contre quelque chose de mieux, de plus sûr, plus à l'abri d'une dangereuse invasion et de la peur.

2. Comme elle est complètement insane, l'idée qu'attaquer est se défendre de la peur ! ²Car ici la peur est engendrée et nourrie de sang pour qu'elle grandisse, s'enfle et se déchaîne. ³Et c'est ainsi que la peur est protégée, mais ce n'est pas ainsi qu'on s'en échappe. ⁴Aujourd'hui nous apprenons une leçon qui peut t'épargner plus de retard et d'inutile misère que tu ne peux l'imaginer. ⁵La voici :

> ⁶*Tu fais ce contre quoi tu te défends, et par ta propre défense à son encontre, cela est réel et sans issue. ⁷Dépose les armes et alors seulement tu le perçois faux.*

3. Il semble que ce soit l'ennemi au-dehors que tu attaques. ²Or ta défense établit un ennemi au-dedans ; une pensée étrangère en guerre contre toi, qui te prive de la paix et divise ton esprit en deux camps qui semblent entièrement irréconciliables. ³Car l'amour maintenant a un « ennemi », un opposé ; et la peur, l'étranger, maintenant a besoin que tu la défendes contre la menace de ce que tu es réellement.

4. Si tu considères attentivement les moyens par lesquels ton imaginaire légitime défense poursuit son chemin imaginaire, tu percevras les prémisses sur lesquelles l'idée repose. ²D'abord il est évident que les idées doivent quitter leur source, car c'est toi qui fais l'attaque et qui dois d'abord l'avoir conçue. ³Or tu attaques à l'extérieur de toi et tu sépares ton esprit de celui qui sera attaqué, parfaitement convaincu que la division que tu as faite est réelle.

5.   Ensuite, les attributs de l'amour sont accordés à son «ennemi». ²Car la peur devient ta sécurité et le protecteur de ta paix, vers qui tu te tournes pour être réconforté et pour échapper aux doutes au sujet de ta force, et pour espérer le repos dans une quiétude sans rêve. ³Et comme l'amour est dépouillé de ce qui lui appartient et n'appartient qu'à lui, l'amour est revêtu des attributs de la peur. ⁴Car l'amour demanderait que tu déposes toute défense comme étant simplement sotte. ⁵Et tes armes, en effet, seraient réduites en poussière. ⁶Car c'est ce qu'elles sont.

6.   Avec l'amour comme ennemi, la cruauté doit devenir un dieu. ²Et les dieux exigent que ceux qui les adorent obéissent à leurs diktats et refusent de les mettre en question. ³Un rude et implacable châtiment est infligé à ceux qui demandent si ces exigences sont raisonnables ou même saines. ⁴Ce sont leurs ennemis qui sont déraisonnables et insanes, alors qu'eux sont toujours miséricordieux et justes.

7.   Aujourd'hui nous regardons sans émotion ce dieu cruel. ²Et nous remarquons que, bien qu'il ait les lèvres tachées de sang et que des flammes semblent jaillir de lui, il n'est fait que de pierre. ³Il ne peut rien faire. ⁴Nous n'avons pas besoin de défier son pouvoir. ⁵Il n'en a pas. ⁶Et ceux qui voient en lui leur sécurité n'ont pas de gardien, pas de force à laquelle faire appel en danger, pas de puissant guerrier qui se batte pour eux.

8.   Ce moment peut être terrible. ²Mais ce peut être aussi le moment de ta délivrance d'un esclavage abject. ³Tu fais un choix, debout devant cette idole, la voyant exactement telle qu'elle est. ⁴Rendras-tu à l'amour ce que tu as cherché à lui arracher pour le déposer devant ce tas de pierre sans esprit? ⁵Ou feras-tu une autre idole pour le remplacer? ⁶Car le dieu de la cruauté prend de nombreuses formes. ⁷Tu peux toujours en trouver une autre.

9.   Or ne pense pas que la peur soit l'évasion de la peur. ²Rappelons-nous ce que le texte a souligné à propos des obstacles à la paix. ³Le dernier obstacle, le plus dur à croire qu'il n'est rien, et un semblant d'obstacle ayant l'apparence d'un bloc solide, impénétrable, apeurant et insurmontable, c'est la peur de Dieu Lui-même. ⁴Voici la prémisse fondamentale qui intronise comme dieu la pensée de la peur. ⁵Car la peur est aimée de ceux qui l'adorent, et l'amour semble maintenant être investi de cruauté.

10.   D'où vient la croyance totalement insane en des dieux de vengeance? ²L'amour n'a pas confondu ses attributs avec ceux de la peur. ³Or les adorateurs de la peur doivent percevoir leur propre

confusion dans «l'ennemi» de la peur ; et sa cruauté comme faisant maintenant partie de l'amour. [4]Et qu'est-ce qui devient plus apeurant maintenant que le Cœur de l'Amour même ? [5]Le sang semble être sur Ses Lèvres, le feu vient de Lui. [6]Et Il est terrible par-dessus tout, inconcevablement cruel, abattant tous ceux qui Le reconnaissent pour leur Dieu.

11.   Le choix que tu fais aujourd'hui est certain. [2]Car tu regardes pour la dernière fois ce bout de pierre taillée que tu as fait, et tu ne l'appelles plus dieu. [3]Tu as atteint cet endroit autrefois, mais tu avais choisi que ce dieu cruel reste avec toi sous une forme encore différente. [4]Ainsi la peur de Dieu est-elle revenue avec toi. [5]Cette fois, tu la laisses là. [6]Et tu retournes à un monde nouveau, allégé de ce fardeau ; qui n'est pas vu par ses yeux aveugles mais par la vision que ton choix t'a rendue.

12.   Maintenant tes yeux appartiennent au Christ et Il regarde par eux. [2]Maintenant ta voix appartient à Dieu et se fait l'écho de la Sienne. [3]Et maintenant ton cœur reste en paix à jamais. [4]Tu L'as choisi à la place des idoles, et tes attributs, donnés par ton Créateur, te sont enfin rendus. [5]L'Appel pour Dieu est entendu et reçoit sa réponse. [6]Maintenant la peur a fait place à l'amour, tandis que Dieu Lui-même remplace la cruauté.

13.   *Père, nous sommes comme Toi. [2]Aucune cruauté ne demeure en nous, car il n'y en a aucune en Toi. [3]Ta paix est la nôtre. [4]Et nous bénissons le monde de ce que nous avons reçu de Toi seul. [5]Nous choisissons à nouveau et faisons ce choix pour tous nos frères, connaissant qu'ils ne font qu'un avec nous. [6]Nous leur apportons Ton salut tel que nous l'avons reçu maintenant. [7]Et nous rendons grâce d'eux qui nous rendent complets. [8]En eux nous voyons Ta gloire, en eux nous trouvons notre paix. [9]Nous sommes saints parce que Ta Sainteté nous a rendus libres. [10]Et nous rendons grâce. [11]Amen.*

RÉVISION V

Introduction

1. Nous faisons maintenant une nouvelle révision. ²Cette fois nous sommes prêts à donner plus d'efforts et plus de temps à ce que nous entreprenons. ³Nous reconnaissons que nous nous préparons à une nouvelle phase de compréhension. ⁴Nous voudrions faire cette étape complètement, afin d'aller de l'avant plus certains, plus sincères, avec une foi mieux soutenue. ⁵Nous n'avons pas été inébranlables et les doutes nous ont fait marcher d'un pas incertain et lent sur la route que présente ce cours. ⁶Mais maintenant nous nous hâtons, car nous nous approchons d'une certitude plus grande, d'une intention plus ferme et d'un but plus sûr.

2. *Père, affermis nos pas. ²Fais que nos doutes se taisent et que nos saints esprits soient calmes, et parle-nous. ³Nous n'avons pas de paroles à Te donner. ⁴Nous voudrions seulement écouter Ta Parole et la faire nôtre. ⁵Guide nos exercices comme un père guide un petit enfant sur une voie qu'il ne comprend pas. ⁶Or il suit, sûr d'être en sécurité parce que son père le guide dans la voie.*

3. *Ainsi nous T'apportons nos exercices. ²Et si nous trébuchons, Tu nous relèveras. ³Si nous oublions la voie, nous comptons sur Ton sûr souvenir. ⁴Nous nous égarerons, mais Tu n'oublieras pas de nous rappeler. ⁵Hâte nos pas maintenant, afin que nous allions plus sûrement et plus vite vers Toi. ⁶Et nous acceptons la Parole que Tu nous offres pour unifier nos exercices, tandis que nous révisons les pensées que Tu nous as données.*

4. Voici la pensée qui devrait précéder les pensées que nous révisons. ²Chacune d'elles ne fait que clarifier un aspect ou l'autre de cette pensée, ou aide à la rendre plus signifiante, plus personnelle et vraie, et plus représentative du saint Soi que nous partageons et que nous nous préparons à connaître de nouveau :

³*Dieu n'est qu'Amour, donc je le suis aussi.*

⁴Ce Soi seul connaît l'Amour. ⁵Ce Soi seul est parfaitement cohérent dans Ses Pensées, connaît Son Créateur, Se comprend Soi-même, est parfait dans Sa connaissance et Son Amour, et jamais

341

ne change de Son état constant d'union avec Son Père et avec Soi-même.

5.   Et c'est cela qui nous attend à la fin du voyage. ²Chaque pas que nous faisons nous rapproche un peu plus. ³Cette révision abrégera le temps incommensurablement, si nous gardons à l'esprit que cela reste notre but, et que durant nos exercices c'est de cela que nous nous approchons. ⁴Élevons nos cœurs de la poussière vers la vie, en nous souvenant que cela nous est promis et que ce cours a été envoyé pour nous ouvrir la voie de la lumière et nous enseigner, pas à pas, comment retourner au Soi éternel que nous pensions avoir perdu.

6.   Je fais le voyage avec toi. ²Car je partage tes doutes et tes peurs un petit moment, afin que tu viennes à moi qui reconnais la route par laquelle toutes peurs et tous doutes sont vaincus. ³Nous marchons ensemble. ⁴Je dois comprendre l'incertitude et la douleur, bien que je sache qu'elles n'ont pas de signification. ⁵Or un sauveur doit demeurer avec ceux à qui il enseigne, et voir ce qu'ils voient, tout en gardant à l'esprit la voie qui l'en a fait sortir et qui maintenant t'en fera sortir avec lui. ⁶Le Fils de Dieu est crucifié jusqu'à ce que tu fasses la route avec moi.

7.   Ma résurrection vient à nouveau chaque fois que je mène un frère sain et sauf à l'endroit où le voyage prend fin puis est oublié. ²Je suis renouvelé chaque fois qu'un frère apprend qu'il y a une voie hors de la misère et de la douleur. ³Je suis né à nouveau chaque fois que l'esprit d'un frère se tourne vers la lumière en lui pour me chercher. ⁴Je n'ai oublié personne. ⁵Aide-moi maintenant à te reconduire là où le voyage a commencé, pour faire un autre choix avec moi.

8.   Délivre-moi en répétant une fois de plus les pensées que je t'ai apportées de Celui Qui voit ton amer besoin et connaît la réponse que Dieu Lui a donnée. ²Ensemble nous révisons ces pensées. ³Ensemble nous y consacrons notre temps et nos efforts. ⁴Et ensemble nous les enseignerons à nos frères. ⁵Dieu ne veut pas que le Ciel soit incomplet. ⁶Le Ciel t'attend, comme je le fais. ⁷Je suis incomplet sans ta part en moi. ⁸Et comme je suis rendu entier, nous allons ensemble vers notre ancienne demeure, préparée pour nous avant que le temps fût et gardée inchangée par le temps, immaculée et sûre, comme elle le sera enfin quand le temps ne sera plus.

9.   Que cette révision soit donc le don que tu me fais. ²Car je n'ai besoin que de ceci : que tu entendes les paroles que je prononce,

et les donnes au monde. ³Tu es ma voix, mes yeux, mes pieds, mes mains, par lesquels je sauve le monde. ⁴Le Soi duquel je t'appelle n'est que le tien. ⁵Vers Lui nous allons ensemble. ⁶Prends la main de ton frère, car ce n'est pas une voie dans laquelle nous allons seuls. ⁷En lui je vais avec toi, et toi avec moi. ⁸Notre Père veut que Son Fils ne fasse qu'un avec Lui. ⁹Qu'y a-t-il qui vive qui ne doive alors ne faire qu'un avec toi ?

10. Que cette révision devienne un temps où nous partageons une nouvelle expérience pour toi, or une expérience aussi vieille que le temps et plus vieille encore. ²Que ton Nom soit sanctifié. ³Que ta gloire soit à jamais non profanée. ⁴Et que ton entièreté maintenant soit complète, telle que Dieu l'a établie. ⁵Tu es Son Fils, qui complète Son extension par la tienne. ⁶Nous ne faisons que pratiquer une ancienne vérité que nous connaissions avant que l'illusion n'ait semblé s'emparer du monde. ⁷Et nous rappelons au monde qu'il est libre de toutes illusions chaque fois que nous disons :

⁸*Dieu n'est qu'Amour, donc je le suis aussi.*

11. Par cela nous commençons chaque jour de notre révision. ²Par cela nous commençons et finissons chaque période d'exercice. ³Et nous nous endormons avec cette pensée, pour nous réveiller une fois de plus avec ces mêmes mots sur les lèvres, pour saluer une nouvelle journée. ⁴Il n'est pas une pensée que nous réviserons sans l'entourer de celle-là, et nous utiliserons les pensées pour la garder présente à notre esprit, et préserver sa clarté dans notre souvenir tout au long de la journée. ⁵Ainsi, quand nous aurons terminé cette révision, nous aurons reconnu que les paroles que nous disons sont vraies.

12. Or les paroles ne sont que des aides, à n'utiliser, sauf au commencement et à la fin des périodes d'exercice, que pour rappeler l'esprit, au besoin, à son but. ²Nous plaçons notre foi dans l'expérience qui vient de la pratique et non dans les moyens que nous utilisons. ³Nous attendons l'expérience et reconnaissons que c'est là seulement que réside la conviction. ⁴Nous utilisons les paroles en essayant encore et encore d'aller plus loin, jusqu'à leur signification, qui est bien au-delà de leur son. ⁵Le son faiblit et disparaît, comme nous nous approchons de la Source de la signification. ⁶C'est Ici que nous trouvons le repos.

LEÇON 171

Dieu n'est qu'Amour, donc je le suis aussi.

1. (151) Toutes choses sont des échos de la Voix pour Dieu.
   ²**Dieu n'est qu'Amour, donc je le suis aussi.**

2. (152) Le pouvoir de décision m'appartient.
   ²**Dieu n'est qu'Amour, donc je le suis aussi.**

LEÇON 172

Dieu n'est qu'Amour, donc je le suis aussi.

1. (153) En ma non-défense réside ma sécurité.
   ²**Dieu n'est qu'Amour, donc je le suis aussi.**

2. (154) Je fais partie des ministres de Dieu.
   ²**Dieu n'est qu'Amour, donc je le suis aussi.**

LEÇON 173

Dieu n'est qu'Amour, donc je le suis aussi.

1. (155) Je céderai le pas et Le laisserai me guider dans la voie.
   ²**Dieu n'est qu'Amour, donc je le suis aussi.**

2. (156) Je marche avec Dieu en parfaite sainteté.
   ²**Dieu n'est qu'Amour, donc je le suis aussi.**

LEÇON 174

Dieu n'est qu'Amour, donc je le suis aussi.

1. (157) En Sa Présence je voudrais entrer maintenant.
   [2]**Dieu n'est qu'Amour, donc je le suis aussi.**

2. (158) Aujourd'hui j'apprends à donner comme je reçois.
   [2]**Dieu n'est qu'Amour, donc je le suis aussi.**

LEÇON 175

Dieu n'est qu'Amour, donc je le suis aussi.

1. (159) Je donne les miracles que j'ai reçus.
   [2]**Dieu n'est qu'Amour, donc je le suis aussi.**

2. (160) Je suis chez moi. [2]La peur est l'étranger ici.
   [3]**Dieu n'est qu'Amour, donc je le suis aussi.**

LEÇON 176

Dieu n'est qu'Amour, donc je le suis aussi.

1. (161) Donne-moi ta bénédiction, saint Fils de Dieu.
   [2]**Dieu n'est qu'Amour, donc je le suis aussi.**

2. (162) Je suis tel que Dieu m'a créé.
   [2]**Dieu n'est qu'Amour, donc je le suis aussi.**

LEÇON 177

Dieu n'est qu'Amour, donc je le suis aussi.

1. (163) De mort, il n'y en a pas. [2]Le Fils de Dieu est libre.
   [3]**Dieu n'est qu'Amour, donc je le suis aussi.**

2. (164) Maintenant nous ne faisons qu'un avec Celui Qui est
   notre Source.
   [2]**Dieu n'est qu'Amour, donc je le suis aussi.**

LEÇON 178

Dieu n'est qu'Amour, donc je le suis aussi.

1. (165) Que mon esprit ne nie pas la Pensée de Dieu.
   [2]**Dieu n'est qu'Amour, donc je le suis aussi.**

2. (166) Les dons de Dieu me sont confiés.
   [2]**Dieu n'est qu'Amour, donc je le suis aussi.**

LEÇON 179

Dieu n'est qu'Amour, donc je le suis aussi.

1. (167) Il y a une seule vie et je la partage avec Dieu.
   [2]**Dieu n'est qu'Amour, donc je le suis aussi.**

2. (168) Ta grâce m'est donnée. [2]Je la réclame maintenant.
   [3]**Dieu n'est qu'Amour, donc je le suis aussi.**

LEÇON 180

Dieu n'est qu'Amour, donc je le suis aussi.

1. (169) Par la grâce, je vis. [2]Par la grâce, je suis délivré. **[3]Dieu n'est qu'Amour, donc je le suis aussi.**

2. (170) Il n'y a aucune cruauté en Dieu ni aucune en moi. **[2]Dieu n'est qu'Amour, donc je le suis aussi.**

Introduction aux leçons 181-200

1.   Nos quelques prochaines leçons ont pour but particulier d'affermir ton désir de rendre fort ton faible engagement; de fondre tes buts dispersés en une seule intention. ²Un dévouement total tout le temps ne t'est pas encore demandé. ³Mais il t'est demandé de t'exercer maintenant à atteindre le sentiment de paix qu'un tel engagement unifié t'offrira, ne serait-ce que par intermittence. ⁴C'est de faire cette expérience qui assure que tu seras totalement désireux de suivre la voie que le cours présente.

2.   Nos leçons sont spécialement conçues pour des horizons qui vont s'élargissant et une approche directe des blocages particuliers qui gardent ta vision étroite et trop limitée pour te laisser voir la valeur de notre but. ²Nous essayons maintenant de lever ces blocages, si brièvement que ce soit. ³Les mots seuls ne peuvent pas communiquer le sentiment de délivrance qu'apporte leur levée. ⁴Mais l'expérience de liberté et de paix qui vient quand tu abandonnes le contrôle serré de ce que tu vois parle d'elle-même. ⁵Ta motivation s'intensifiera à tel point que les mots n'auront plus beaucoup d'importance. ⁶Tu seras sûr de ce que tu veux, et de ce qui est sans valeur.

3.   Ainsi nous commençons notre voyage au-delà des mots en nous concentrant d'abord sur ce qui entrave encore tes progrès. ²L'expérience de ce qui existe au-delà de la défensive reste au-delà de ta portée tant qu'elle est niée. ³Elle peut être là, mais tu ne peux en accepter la présence. ⁴Ainsi essayons-nous maintenant d'aller passé toutes les défenses pour un court moment chaque jour. ⁵Rien de plus n'est demandé, parce qu'il n'est besoin de rien de plus. ⁶Ce sera assez pour garantir que le reste viendra.

LEÇON 181

J'ai confiance en mes frères, qui ne font qu'un avec moi.

1.   Il est essentiel que tu aies confiance en tes frères pour établir et soutenir ta foi en ton aptitude à transcender le doute et le manque de sûre conviction en toi. ²Quand tu attaques un frère, tu proclames qu'il est limité par ce que tu as perçu en lui. ³Tu ne regardes pas au-delà de ses erreurs. ⁴Plutôt, elles sont magnifiées et deviennent des blocages à la prise de conscience du Soi qui réside au-delà de tes propres erreurs, passé ses apparents péchés aussi bien que les tiens.

2.   La perception a un point de mire. ²C'est cela qui rend cohérent ce que tu vois. ³Change seulement ce point de mire et ce que tu verras changera en conséquence. ⁴Ta vision alors changera pour appuyer l'intention qui a remplacé celle que tu avais auparavant. ⁵Cesse de te concentrer sur les péchés de ton frère et tu fais l'expérience de la paix qui vient de la foi en l'impeccabilité. ⁶Cette foi reçoit son seul appui sûr de ce que tu vois en autrui par-delà ses péchés. ⁷Car ses erreurs, si c'est sur cela que tu te concentres, témoignent des péchés en toi. ⁸Et tu ne transcenderas pas leur vue et ne verras pas l'impeccabilité qui se trouve au-delà.

3.   Par conséquent, pendant les exercices d'aujourd'hui, nous laissons d'abord tous ces petits points de mire faire place à notre grand besoin de laisser notre impeccabilité devenir apparente. ²Nous instruisons notre esprit que c'est cela que nous cherchons, et seulement cela, juste un petit moment. ³Nous ne nous soucions pas de nos buts futurs. ⁴Et ce que nous avons vu un instant auparavant n'a aucun intérêt pour nous pendant cet intervalle de temps où nous nous exerçons à changer notre intention. ⁵Nous recherchons l'innocence et rien d'autre. ⁶Nous la recherchons sans autre souci que maintenant.

4.   Ton intérêt pour des buts passés et futurs a grandement compromis tes chances de succès. ²Tu t'es beaucoup préoccupé de l'extrême différence entre les buts que ce cours préconise et ceux que tu avais auparavant. ³Tu as aussi été chagriné par la pensée déprimante et contraignante que même si tu devais réussir, tu finirais inévitablement par perdre à nouveau ton chemin.

5.   Quelle importance cela pourrait-il avoir ? ²Car le passé a disparu ; le futur n'est qu'imaginé. ³Ces préoccupations ne sont que des défenses contre le présent changement du point de mire de

la perception. ⁴Rien de plus. ⁵Nous abandonnons un petit moment ces inutiles limitations. ⁶Nous ne nous tournons pas vers des croyances passées, et ce que nous croirons ne viendra pas nous troubler maintenant. ⁷Nous entrons dans ce temps d'exercice avec une seule intention : contempler l'impeccabilité au-dedans.

6.   Nous reconnaissons que nous avons perdu ce but si la colère nous bloque le chemin sous quelque forme que ce soit. ²Et si les péchés d'un frère nous viennent à l'esprit, cette focalisation trop étroite bornera notre vue et tournera notre regard sur nos propres erreurs, que nous magnifierons et appellerons nos «péchés». ³Donc, pour un petit moment, sans égard au passé ni au futur, si de tels blocages devaient se présenter, nous les transcenderons en instruisant nos esprits de changer leur point de mire, en disant :

> ⁴*Ce n'est pas cela que je voudrais regarder.*
> ⁵*J'ai confiance en mes frères, qui ne font qu'un avec moi.*

7.   Nous utiliserons aussi cette pensée pour nous protéger tout le long de la journée. ²Nous ne poursuivons pas de buts à long terme. ³Chaque fois qu'une obstruction semble nous bloquer la vision de notre impeccabilité, nous chercherons seulement la cessation un instant de la misère que la concentration sur le péché apportera, et qui, incorrigé, restera.

8.   Nous ne demandons pas non plus de fantasmes. ²Car ce que nous cherchons à voir est réellement là. ³Et quand notre point de mire ira au-delà des erreurs, nous contemplerons un monde entièrement sans péché. ⁴Quand voir cela sera tout ce que nous voulons voir, quand ce sera tout ce que nous cherchons au nom de la perception vraie, alors les yeux du Christ seront les nôtres inévitablement. ⁵Et l'Amour qu'Il ressent pour nous devient le nôtre également. ⁶Cela deviendra la seule chose que nous verrons reflétée dans le monde et en nous-mêmes.

9.   Le monde qui autrefois proclamait nos péchés devient la preuve que nous sommes sans péché. ²Et notre amour pour chacun de ceux que nous regardons témoigne de notre souvenir du saint Soi Qui ne connaît pas le péché et Qui ne pourrait jamais concevoir quoi que ce soit sans Son impeccabilité. ³C'est ce souvenir que nous recherchons tandis que nous tournons nos esprits vers les exercices d'aujourd'hui. ⁴Nous ne regardons ni en avant ni en arrière. ⁵Nous regardons droit dans le présent. ⁶Et nous faisons confiance à l'expérience que nous demandons maintenant. ⁷Notre impeccabilité n'est que la Volonté de Dieu. ⁸En cet instant notre vouloir ne fait qu'un avec le Sien.

LEÇON 182

Je serai calme un instant et rentrerai chez moi.

1. Dans ce monde où tu sembles vivre, tu n'es pas chez toi. ²Et quelque part dans ton esprit, tu connais que c'est vrai. ³Un souvenir de chez toi continue de te hanter, comme s'il y avait un endroit qui appelait ton retour, bien que tu ne reconnaisses pas la voix, ni ce que c'est que cette voix te rappelle. ⁴Or tu te sens comme un étranger ici, d'un ailleurs tout à fait inconnu. ⁵Rien de si défini que tu puisses dire avec certitude que tu es un exilé ici. ⁶Juste un sentiment persistant, parfois rien de plus qu'une légère pulsation, pas plus qu'un vague souvenir en d'autres moments, que tu écartes activement mais qui est sûr de venir à l'esprit à nouveau.

2. Il n'en est pas un qui ne sache de quoi nous parlons. ²Or certains essaient d'écarter leur souffrance par des jeux auxquels ils jouent pour occuper leur temps et garder loin d'eux leur tristesse. ³D'autres nieront qu'ils sont tristes, qui ne reconnaissent pas du tout leurs larmes. ⁴D'autres encore maintiendront que ce dont nous parlons est une illusion, pas plus digne de considération qu'un simple rêve. ⁵Or qui, en toute honnêteté, sans défensive ni tromperie de soi, nierait qu'il comprend les mots que nous disons ?

3. Nous parlons aujourd'hui pour quiconque parcourt ce monde, car il n'est pas chez lui. ²Il va d'un pas incertain dans une quête sans fin, cherchant dans les ténèbres ce qu'il ne peut trouver, ne reconnaissant pas ce que c'est qu'il cherche. ³Il fait un millier de demeures, mais nulle ne satisfait son esprit agité. ⁴Il ne comprend pas qu'il bâtit en vain. ⁵La demeure qu'il cherche ne peut pas être faite par lui. ⁶Il n'y a pas de substitut au Ciel. ⁷Tout ce qu'il a jamais fait est l'enfer.

4. Tu penses peut-être que c'est la demeure de ton enfance que tu voudrais retrouver. ²L'enfance de ton corps, et l'endroit qui l'abritait, sont maintenant un souvenir si distordu que tu n'as plus devant toi qu'une image d'un passé qui n'a jamais eu lieu. ³Or il y a un Enfant en toi Qui cherche la maison de Son Père et Qui connaît qu'Il est un étranger ici. ⁴Cette enfance est éternelle, avec une innocence qui durera à jamais. ⁵Là où cet Enfant ira est terre sainte. ⁶C'est Sa Sainteté qui illumine le Ciel et qui apporte sur terre le pur reflet de la lumière d'en haut, dans laquelle la terre et le Ciel sont joints en un.

5.　C'est cet Enfant en toi que ton Père connaît comme étant Son Propre Fils. [2]C'est cet Enfant Qui connaît Son Père. [3]Il désire retourner chez Lui si profondément, si incessamment, que Sa voix t'implore de Le laisser Se reposer un moment. [4]Il ne demande rien de plus que juste quelques instants de répit ; juste un intervalle pendant lequel Il puisse retourner respirer à nouveau l'air saint qui remplit la maison de Son Père. [5]Tu es aussi Sa demeure. [6]Il reviendra. [7]Mais donne-Lui juste un peu de temps pour être Lui-même, dans la paix qui est Sa demeure, et Se reposer dans le silence et dans la paix et l'amour.

6.　Cet Enfant a besoin de ta protection. [2]Il est loin de chez Lui. [3]Il est si petit qu'il semble si facile de Le forclore, sa voix ténue si vite obscurcie, Son appel à l'aide presque inentendu parmi les sons grinçants et les bruits âpres et crissants du monde. [4]Or Il connaît qu'en toi demeure encore Sa sûre protection. [5]Tu ne Le décevras pas. [6]Il retournera chez Lui, et toi avec Lui.

7.　Cet Enfant est ta non-défense, ta force. [2]Il a confiance en toi. [3]Il est venu parce qu'Il connaissait que tu n'échouerais pas. [4]Incessamment Il te parle tout bas de Sa demeure. [5]Car Il voudrait te ramener avec Lui, pour que Lui-même puisse y rester et qu'Il n'ait pas à retourner là où Il n'est pas à Sa place, où Il vit comme un paria dans un monde de pensées étrangères. [6]Sa patience n'a pas de limites. [7]Il attendra jusqu'à ce que tu entendes en toi Sa douce Voix, qui t'appelle à Le laisser aller en paix, avec toi, là où Il est chez Lui, et toi avec Lui.

8.　Quand tu es calme un instant, quand le monde s'estompe devant toi, quand les idées sans valeur cessent d'avoir de la valeur dans ton esprit agité, alors tu entends Sa Voix. [2]Il t'appelle d'une façon si poignante que tu ne Lui résistes pas plus longtemps. [3]En cet instant Il t'emmène à Sa demeure et tu restes avec Lui dans le calme parfait, en silence et en paix, au-delà de toutes paroles, intouché par la peur et le doute, sublimement certain que tu es chez toi.

9.　Repose-toi fréquemment avec Lui aujourd'hui. [2]Car il désirait devenir un petit Enfant afin que tu apprennes de Lui comme est fort celui qui vient sans défenses, offrant seulement les messages de l'amour à ceux qui pensent qu'il est leur ennemi. [3]Il tient dans Sa main la puissance du Ciel et les appelle amis, et leur donne Sa force, afin qu'ils voient qu'Il voudrait être un Ami pour eux. [4]Il leur demande de Le protéger, car Sa demeure est loin et Il ne veut pas y retourner seul.

10.   Le Christ naît de nouveau petit Enfant chaque fois qu'un voyageur voudrait quitter sa demeure. [2]Car il doit apprendre que ce qu'il voudrait protéger n'est que cet Enfant, Qui vient sans défense et Qui est protégé par sa non-défense. [3]Rentre chez toi de temps en temps avec Lui aujourd'hui. [4]Tu es tout autant un étranger ici que Lui.

11.   Aujourd'hui prends le temps de mettre de côté ton bouclier qui ne sert à rien et dépose la lance et l'épée que tu avais levées contre un ennemi sans existence. [2]Le Christ t'a appelé ami et frère. [3]Il est même venu demander ton aide pour Le laisser rentrer chez Lui aujourd'hui, complété et complètement. [4]Il est venu comme vient un petit enfant, qui doit implorer l'amour et la protection de son père. [5]Il gouverne l'univers et pourtant Il demande incessamment que tu retournes avec Lui et ne prennes plus des illusions pour dieux.

12.   Tu n'as pas perdu ton innocence. [2]C'est après elle que tu languis. [3]Voilà le désir de ton cœur. [4]Voilà la voix que tu entends et voilà l'appel qui ne peut être nié. [5]L'Enfant saint reste avec toi. [6]Sa demeure est la tienne. [7]Aujourd'hui Il te donne Sa non-défense et tu l'acceptes en échange de tous les jouets de bataille que tu as faits. [8]Et maintenant la voie est ouverte et le voyage a une fin qui est enfin en vue. [9]Sois calme un instant et rentre chez toi avec Lui, et sois en paix un moment.

LEÇON 183

J'invoque le Nom de Dieu et le mien.

1.   Le Nom de Dieu est saint mais pas plus saint que le tien. [2]Invoquer Son Nom, c'est simplement invoquer le tien. [3]Un père donne son nom à son fils et ainsi identifie le fils à lui-même. [4]Ses frères partagent son nom et ils sont unis ainsi par un lien vers lequel ils se tournent pour leur identité. [5]Le Nom de ton Père te rappelle qui tu es, même dans un monde qui ne connaît pas cela, même si tu ne t'en souviens pas.

2.   Le Nom de Dieu ne peut être entendu sans réponse ni être prononcé sans un écho dans l'esprit qui t'appelle à te souvenir. [2]Dis Son Nom et tu invites les anges à entourer la terre où tu te tiens et à chanter pour toi, leurs ailes déployées pour te garder à l'abri et te protéger de toute pensée du monde qui voudrait faire intrusion dans ta sainteté.

3.   Répète le Nom de Dieu et le monde entier répond en déposant les illusions. [2]Chaque rêve que le monde chérit a soudain disparu, et là où il semblait être tu trouves une étoile, un miracle de grâce. [3]Les malades se lèvent, guéris de leurs pensées maladives. [4]Les aveugles peuvent voir, les sourds peuvent entendre. [5]Les affligés cessent leur deuil et les larmes de douleur sèchent tandis qu'un rire heureux vient bénir le monde.

4.   Répète le Nom de Dieu et les petits noms ont perdu leur signification. [2]Nulle tentation qui ne devienne une chose sans nom et indésirée devant le Nom de Dieu. [3]Répète Son Nom et vois avec quelle facilité tu oublieras les noms de tous les dieux auxquels tu accordais de la valeur. [4]Ils ont perdu le nom de dieu que tu leur donnais. [5]Ils deviennent anonymes et sans valeur pour toi, même si avant de laisser le Nom de Dieu remplacer leurs petits noms tu te tenais en adoration devant eux, les nommant dieux.

5.   Répète le Nom de Dieu et invoque ton Soi, Dont le Nom est le Sien. [2]Répète Son Nom, et toutes les choses minuscules et sans nom sur terre se replacent dans une juste perspective. [3]Ceux qui invoquent le Nom de Dieu ne peuvent confondre le sans nom avec le Nom, ni le péché avec la grâce, ni les corps avec le saint Fils de Dieu. [4]Et si tu te joins à un frère, assis avec lui en silence, et répètes le Nom de Dieu avec lui dans ton esprit tranquille, tu as établi là un autel qui va jusqu'à Dieu Lui-même et jusqu'à Son Fils.

6. Fais seulement cet exercice aujourd'hui : répète le Nom de Dieu lentement maintes et maintes fois. ²Oublie tout autre nom que le Sien. ³N'entends rien d'autre. ⁴Laisse toutes tes pensées s'ancrer sur cela. ⁵Nous n'utilisons pas d'autres mots, sauf au début pour dire une seule fois l'idée d'aujourd'hui. ⁶Et puis le Nom de Dieu devient notre seule pensée, notre seule parole, la seule chose qui occupe notre esprit, le seul souhait que nous ayons, le seul son qui ait une quelconque signification et le seul Nom de tout ce que nous désirons voir, de tout ce que nous voudrions pour nôtre.

7. Ainsi nous faisons une invitation qui ne peut jamais être refusée. ²Et Dieu viendra et Il y répondra Lui-même. ³Ne pense pas qu'Il entende les petites prières de ceux qui L'invoquent par les noms des idoles que le monde chérit. ⁴Ils ne peuvent L'atteindre ainsi. ⁵Il ne peut entendre les requêtes qui demandent qu'Il ne soit pas Lui-même, ou que Son Fils reçoive un autre nom que le Sien.

8. Répète le Nom de Dieu et tu Le reconnais comme seul Créateur de la réalité. ²Tu reconnais aussi que Son Fils fait partie de Lui et qu'il crée en Son Nom. ³Assieds-toi en silence et laisse Son Nom devenir l'idée qui englobe tout et qui absorbe ton esprit complètement. ⁴Fais taire toutes tes pensées, hormis celle-ci. ⁵Et à toute autre pensée, réponds par celle-ci, et vois le Nom de Dieu remplacer les mille petits noms que tu donnais à tes pensées, ne te rendant pas compte qu'il n'y a qu'un Nom pour tout ce qui est et tout ce qui sera.

9. Aujourd'hui tu peux atteindre un état dans lequel tu feras l'expérience du don de la grâce. ²Tu peux échapper de tout esclavage du monde et donner au monde la même délivrance que tu as trouvée. ³Tu peux te rappeler ce que le monde a oublié et lui offrir ton propre souvenir. ⁴Tu peux accepter aujourd'hui le rôle que tu joues dans son salut, aussi bien que dans le tien. ⁵Et les deux peuvent être accomplis parfaitement.

10. Tourne-toi vers le Nom de Dieu pour ta délivrance et elle t'est donnée. ²Aucune autre prière que celle-là n'est nécessaire, car elle les tient toutes en elle-même. ³Les mots sont in-signifiants et il n'est plus besoin d'aucune requête quand le Fils de Dieu invoque le Nom de Son Père. ⁴Les Pensées de Son Père deviennent les siennes. ⁵Il réclame tout ce que Son Père a donné, donne encore et donnera à jamais. ⁶Il L'invoque pour laisser toutes les choses qu'il pensait avoir faites être maintenant sans nom, et à leur place le saint Nom de Dieu devient son jugement de leur non-valeur.

11.   Toutes les petites choses se taisent. [2]Les petits sons ne font plus maintenant aucun son. [3]Les petites choses de la terre ont disparu. [4]L'univers ne consiste plus en rien, sauf le Fils de Dieu qui invoque son Père. [5]Et la Voix de son Père répond, au saint Nom de son Père. [6]Dans cette relation éternelle et calme, où la communication transcende de loin toutes paroles, et pourtant dépasse en profondeur et en hauteur tout ce que les mots pourraient jamais exprimer, est la paix éternelle. [7]Au Nom de notre Père, nous voudrions faire l'expérience de cette paix aujourd'hui. [8]Et en Son Nom, elle nous sera donnée.

LEÇON 184

Le Nom de Dieu est mon héritage.

1.   Tu vis par symboles. ²Tu as inventé des noms pour chaque chose que tu vois. ³Chacune devient une entité séparée, identifiée par son propre nom. ⁴Par là tu la retranches de l'unité. ⁵Par là tu désignes ses attributs particuliers et tu la distingues des autres choses en accentuant l'espace qui l'entoure. ⁶Tu poses cet espace entre toutes les choses auxquelles tu donnes un nom différent, tous les événements en fonction du lieu et du temps ; tous les corps qui sont salués par un nom.

2.   Cet espace que tu vois distinguant toutes choses les unes des autres est le moyen par lequel la perception du monde s'accomplit. ²Tu vois quelque chose où il n'y a rien, et tu ne vois rien aussi où il y a l'unité ; un espace entre toutes choses, entre toutes choses et toi. ³Ainsi tu penses avoir donné la vie dans la séparation. ⁴Par cette division tu penses être établi comme unité qui fonctionne avec une volonté indépendante.

3.   Quels sont ces noms par lesquels le monde devient une série d'événements distincts, de choses désunies, de corps gardés à part contenant des fragments d'esprit comme consciences séparées ? ²Tu leur as donné ces noms, établissant la perception telle que tu la souhaitais. ³Aux choses sans nom des noms furent donnés, et ainsi une réalité leur fut donnée aussi. ⁴Car ce qui est nommé est doté d'une signification et sera alors considéré comme signifiant ; une cause d'effet véritable, avec des conséquences qui lui sont inhérentes.

4.   C'est ainsi que la réalité est faite par une vision partielle, délibérément dressée contre la vérité donnée. ²Son ennemie est l'entièreté. ³Elle conçoit des petites choses et les regarde. ⁴Et un manque d'espace, un sentiment d'unité ou une vision qui voit différemment, deviennent la menace qu'elle doit vaincre, avec laquelle elle doit entrer en conflit et qu'elle doit nier.

5.   Or cette autre vision reste encore une direction naturelle dans laquelle l'esprit peut canaliser sa perception. ²Il est difficile d'enseigner à l'esprit un millier de noms étrangers, et des milliers de plus. ³Or tu crois que c'est ce qu'apprendre signifie ; que c'est son seul but essentiel par lequel la communication s'accomplit et des concepts peuvent être partagés de façon signifiante.

6.   Telle est la somme de l'héritage que le monde attribue. ²Et chacun de ceux qui apprennent à penser que c'est ainsi accepte les

357

signes et les symboles qui témoignent que le monde est réel. ³C'est cela qu'ils représentent. ⁴Ils ne laissent aucun doute que ce qui est nommé est bien là. ⁵Cela peut être vu, tel qu'anticipé. ⁶Ce qui nie que c'est vrai n'est qu'illusion, car c'est l'ultime réalité. ⁷C'est folie que de le mettre en question ; c'est une preuve de santé d'esprit que d'en accepter la présence.

7. Tel est l'enseignement du monde. ²C'est une phase d'apprentissage par laquelle tous ceux qui viennent doivent passer. ³Mais plus tôt ils perçoivent sur quoi elle repose, combien ses prémisses sont contestables, combien ses résultats sont douteux, plus tôt ils remettent en question ses effets. ⁴Un apprentissage qui s'arrête à ce que le monde enseigne s'arrête en deçà de la signification. ⁵À sa juste place, il sert de point de départ d'où un autre genre d'apprentissage peut commencer, où une nouvelle perception peut être gagnée et où tous les noms arbitraires que le monde attribue peuvent être retirés au fur et à mesure qu'ils sont mis en doute.

8. Ne pense pas que tu aies fait le monde. ²Les illusions, si ! ³Mais ce qui est vrai sur la terre comme au Ciel est au-delà de ta dénomination. ⁴Quand tu fais appel à un frère, c'est à son corps que tu fais appel. ⁵Sa véritable Identité t'est cachée par ce que tu crois qu'il est réellement. ⁶Son corps répond à ce par quoi tu l'appelles, car son esprit consent à prendre pour sien le nom que tu lui donnes. ⁷Ainsi son unité est-elle deux fois niée, car tu le perçois séparé de toi, et lui accepte ce nom séparé comme sien.

9. Il serait certes étrange si l'on te demandait d'aller au-delà de tous les symboles du monde, et de les oublier à jamais, tout en te demandant d'assumer une fonction d'enseignant. ²Tu as besoin d'utiliser les symboles du monde pour un temps. ³Mais ne te laisse pas tromper aussi par eux. ⁴Ils ne représentent rien du tout et durant les exercices c'est cette pensée qui t'en délivrera. ⁵Ils deviennent de simples moyens te permettant de communiquer d'une façon que le monde peut comprendre, mais tu reconnais que ce n'est pas l'unité où la véritable communication peut se trouver.

10. C'est donc que tu as besoin chaque jour d'intervalles durant lesquels l'apprentissage du monde devient une phase transitoire ; une prison de laquelle tu sors dans la lumière du soleil en oubliant les ténèbres. ²Ici tu comprends la Parole, le Nom que Dieu t'a donné ; la seule Identité que partagent toutes choses ; la seule re-connaissance de ce qui est vrai. ³Puis tu retournes dans les ténèbres, non pas parce que tu les penses réelles, mais seulement pour en proclamer l'irréalité en des termes qui ont encore une signification dans le monde que gouvernent les ténèbres.

11.　Utilise tous les petits noms et symboles qui décrivent le monde des ténèbres. ²Mais ne les accepte pas comme ta réalité. ³Le Saint-Esprit les utilise tous, mais Il n'oublie pas que la création a un seul Nom, une seule signification et une Source indivisée qui unifie toutes choses en Elle-même. ⁴Utilise tous les noms que le monde leur attribue par simple commodité, or n'oublie pas qu'ils partagent le Nom de Dieu avec toi.

12.　Dieu n'a pas de nom. ²Et pourtant Son Nom devient la leçon finale qui dit que toutes choses ne font qu'un, et c'est à cette leçon que prend fin tout apprentissage. ³Tous les noms sont unifiés ; tout espace est empli du reflet de la vérité. ⁴Chaque fossé est comblé, et la séparation guérie. ⁵Le Nom de Dieu est l'héritage qu'Il a donné à ceux qui ont choisi que l'enseignement du monde prenne la place du Ciel. ⁶Durant nos exercices, notre but est de laisser nos esprits accepter ce que Dieu a donné comme réponse au pitoyable héritage que tu as fait pour rendre un hommage convenable au Fils qu'Il aime.

13.　Nul ne peut échouer qui cherche la signification du Nom de Dieu. ²L'expérience doit venir s'ajouter à la Parole. ³Mais d'abord tu dois accepter le Nom pour toute la réalité, et te rendre compte que les nombreux noms que tu as donnés à ses aspects ont distordu ce que tu vois mais n'ont pas du tout interféré avec la vérité. ⁴Nous apportons un seul Nom dans nos exercices. ⁵Nous utilisons un seul Nom pour unifier notre vue.

14.　Et bien que nous utilisions un nom différent pour chaque aspect du Fils de Dieu dont nous prenons conscience, nous comprenons qu'ils ont un seul Nom, qu'Il leur a donné. ²C'est ce Nom que nous utilisons dans nos exercices. ³Et par Son emploi toutes les sottes séparations disparaissent qui nous gardaient aveugles. ⁴Et la force nous est donnée de voir au-delà de celles-ci. ⁵Maintenant notre vue est comblée de bénédictions que nous pouvons donner comme nous les avons reçues.

15.　*Père, notre Nom est le Tien. ²En Lui nous sommes unis à toutes choses vivantes et à Toi Qui es leur seul Créateur. ³Ce que nous avons fait et appelons par de nombreux noms différents n'est qu'une ombre que nous avons essayé de jeter sur Ta Propre réalité. ⁴Et nous sommes heureux et reconnaissants d'avoir fait erreur. ⁵Toutes nos erreurs, nous Te les donnons, afin d'être absous de tous les effets que nos erreurs semblaient avoir. ⁶Et nous acceptons la vérité que Tu donnes, à la place de chacune d'elles. ⁷Ton Nom est notre salut et notre évasion de ce que nous avons fait. ⁸Ton Nom nous unit dans l'unité qui est notre héritage et notre paix. ⁹Amen.*

LEÇON 185

Je veux la paix de Dieu.

1.   Dire ces mots, ce n'est rien. ²Mais les penser vraiment, c'est tout.
³Si seulement tu pouvais les penser vraiment ne serait-ce qu'un
instant, il n'y aurait plus de chagrin possible pour toi sous aucune
forme que ce soit, en aucun endroit ni aucun moment. ⁴Le Ciel
serait rendu complètement à ta pleine conscience, la mémoire
de Dieu entièrement restaurée et la résurrection de toute la création pleinement reconnue.

2.   Nul ne peut vraiment penser ces paroles et ne pas être guéri.
²Il ne peut pas jouer avec les rêves ni penser qu'il est lui-même
un rêve. ³Il ne peut pas faire un enfer et le penser réel. ⁴Il veut la
paix de Dieu et elle lui est donnée. ⁵Car c'est tout ce qu'il veut et
c'est tout ce qu'il recevra. ⁶Il y en a beaucoup qui ont dit ces
paroles. ⁷Mais il y en a certes peu qui les ont vraiment pensées.
⁸Tu n'as qu'à regarder le monde que tu vois autour de toi pour
voir combien ils sont peu nombreux. ⁹Le monde serait complètement changé s'il s'en trouvait deux qui s'accordaient à dire que
ces mots expriment la seule chose qu'ils veulent.

3.   Deux esprits ayant une même intention deviennent si forts que
ce qu'ils veulent devient la Volonté de Dieu. ²Car les esprits ne
peuvent se joindre que dans la vérité. ³Dans les rêves, il n'en est
pas deux qui puissent partager la même intention. ⁴Pour chacun,
le héros du rêve est différent; le résultat voulu n'est pas le même
pour les deux. ⁵Perdant et gagnant alternent simplement en motifs changeants selon que le rapport entre gain et perte et entre
perte et gain prend un aspect différent ou une autre forme.

4.   Or le rêve ne peut apporter qu'un compromis. ²Parfois il prend
la forme de l'union, mais seulement la forme. ³La signification
doit échapper au rêve, car faire des compromis est le but de rêver.
⁴Les esprits ne peuvent s'unir dans les rêves. ⁵Ils ne font que marchander. ⁶Or quel marché peut leur donner la paix de Dieu? ⁷Les
illusions viennent prendre Sa place. ⁸Et ce qu'Il signifie est perdu
pour les esprits endormis, résolus au compromis, chacun à son
gain et à la perte de l'autre.

5.   Penser vraiment que tu veux la paix de Dieu, c'est renoncer à
tous les rêves. ²Car nul ne pense vraiment ces paroles qui veut
des illusions et qui recherche donc les moyens qui apportent des

illusions. ³Il les a regardées et les a trouvées insuffisantes. ⁴Maintenant il cherche à aller au-delà, reconnaissant qu'un autre rêve ne lui offrirait rien de plus que tous les autres. ⁵Les rêves ne font qu'un pour lui. ⁶Et il a appris que la seule différence entre eux est une différence de forme, car l'un apportera le même désespoir et la même misère que tous les autres.

6.   L'esprit qui pense vraiment que tout ce qu'il veut est la paix doit se joindre à d'autres esprits, car c'est ainsi que s'obtient la paix. ²Et quand le souhait de paix est authentique, les moyens de la trouver sont donnés, sous une forme que chaque esprit qui la cherche honnêtement peut comprendre. ³Quelque forme que prenne la leçon, elle est planifiée pour lui de telle manière qu'il ne peut s'y méprendre, si sa demande est sincère. ⁴Mais s'il demande sans sincérité, il n'y a aucune forme sous laquelle la leçon puisse être acceptée et véritablement apprise.

7.   Consacrons aujourd'hui nos exercices à reconnaître que nous pensons vraiment les paroles que nous disons. ²Nous voulons la paix de Dieu. ³Ce n'est pas un vain souhait. ⁴Ces mots ne demandent pas qu'un autre rêve nous soit donné. ⁵Ils ne demandent pas de compromis, ni ne tentent de faire un autre marché dans l'espoir qu'il y en ait un qui puisse encore réussir là où tous les autres ont échoué. ⁶Penser vraiment ces paroles, c'est reconnaître que les illusions sont vaines et demander l'éternel à la place des rêves changeants qui semblent différer par ce qu'ils offrent mais qui ne font qu'un par leur néant.

8.   Aujourd'hui consacre tes périodes d'exercice à rechercher avec soin dans ton esprit les rêves que tu chéris encore. ²Que demandes-tu dans ton cœur? ³Oublie les mots que tu utilises pour faire tes requêtes. ⁴Considère seulement que ce que tu crois te réconfortera et t'apportera le bonheur. ⁵Mais ne te laisse pas chagriner par les illusions restantes, car ce n'est pas leur forme qui importe maintenant. ⁶Ne laisse pas certains rêves être plus acceptables, réservant la honte et le secret pour d'autres. ⁷Ils ne font qu'un. ⁸Et ne faisant qu'un, la même question devrait être posée pour tous: «Est-ce cela que je voudrais avoir, à la place du Ciel et de la paix de Dieu?»

9.   Voilà le choix que tu fais. ²Ne t'y trompe pas: il n'en va pas autrement. ³En cela il n'y a pas de compromis possible. ⁴Tu choisis la paix de Dieu ou tu as demandé des rêves. ⁵Et les rêves viendront comme tu les as demandés. ⁶Or la paix de Dieu viendra tout aussi certainement, et pour rester à jamais avec toi. ⁷Elle ne

disparaîtra pas à chaque détour ou à chaque tournant de la route, pour reparaître ensuite, non reconnue, sous des formes qui varient et changent à chaque pas que tu fais.

10.   Tu veux la paix de Dieu. ²Comme la veulent aussi tous ceux qui semblent chercher les rêves. ³Pour eux aussi bien que pour toi, tu ne demandes que cela quand tu fais cette requête avec une profonde sincérité. ⁴Car ainsi tu touches à ce qu'ils veulent réellement et tu joins ta propre intention à ce qu'ils cherchent par-dessus tout, qui leur est peut-être inconnu mais est sûr pour toi. ⁵Tu as été faible par moments, incertain de ton but et ne sachant pas ce que tu voulais, où le chercher et vers qui te tourner pour avoir de l'aide dans tes tentatives. ⁶L'aide t'a été donnée. ⁷Ne voudrais-tu pas t'en servir en la partageant?

11.   Nul ne peut échouer qui cherche vraiment la paix de Dieu. ²Car il demande simplement de ne plus se tromper lui-même en se niant à lui-même ce qui est la Volonté de Dieu. ³Qui peut rester insatisfait qui demande ce qu'il a déjà? ⁴Qui pourrait rester sans réponse qui demande une réponse qu'il lui appartient de donner? ⁵La paix de Dieu est à toi.

12.   Pour toi la paix a été créée, à toi donnée par son Créateur et établie comme Son Propre don éternel. ²Comment peux-tu échouer quand tu demandes seulement ce qu'Il veut pour toi? ³Et comment ta requête pourrait-elle être limitée à toi seul? ⁴Aucun don de Dieu ne peut être non partagé. ⁵C'est cet attribut qui met les dons de Dieu à part de chaque rêve qui a jamais semblé prendre la place de la vérité.

13.   Nul ne peut perdre et chacun doit gagner chaque fois qu'un don de Dieu quel qu'il soit a été demandé et reçu par qui que ce soit. ²Dieu ne donne que pour unir. ³Enlever est in-signifiant pour Lui. ⁴Et quand cela sera tout aussi in-signifiant pour toi, tu pourras être sûr que tu partages une seule Volonté avec Lui et Lui avec toi. ⁵Et tu connaîtras aussi que tu partages une seule Volonté avec tous tes frères, dont l'intention est la tienne.

14.   C'est cette seule intention que nous recherchons aujourd'hui en unissant nos désirs au besoin de chaque cœur, à l'appel de chaque esprit, à l'espoir qui réside au-delà du désespoir, à l'amour que l'attaque voudrait cacher, à la fraternité que la haine a cherché à rompre, mais qui reste encore telle que Dieu l'a créée. ²Avec une telle Aide à nos côtés, pouvons-nous échouer aujourd'hui quand nous demandons que la paix de Dieu nous soit donnée?

LEÇON 186

Le salut du monde dépend de moi.

1.   Voilà l'énoncé qui un jour enlèvera toute arrogance de chaque esprit. ²Voilà la pensée de la véritable humilité, qui n'accepte pour toi aucune autre fonction que celle qui t'a été donnée. ³Elle offre ton acceptation du rôle qui t'est assigné, sans insister sur un autre rôle. ⁴Elle ne juge pas du rôle qui te revient. ⁵Elle ne fait que reconnaître que la Volonté de Dieu est faite sur la terre comme au Ciel. ⁶Elle unit toutes les volontés sur terre dans le plan du Ciel pour sauver le monde, le ramenant à la paix du Ciel.

2.   Ne luttons pas contre notre fonction. ²Nous ne l'avons pas établie. ³Ce n'est pas notre idée. ⁴Les moyens nous sont donnés par lesquels elle sera parfaitement accomplie. ⁵Tout ce qu'il nous est demandé de faire, c'est d'accepter notre rôle avec une sincère humilité, et de ne pas nier, avec une arrogance qui nous trompe, que nous sommes dignes. ⁶Ce qui nous est donné à faire, nous avons la force de le faire. ⁷Nos esprits conviennent parfaitement pour prendre le rôle qui nous est assigné par Celui Qui nous connaît bien.

3.   L'idée d'aujourd'hui peut paraître assez dégrisante, jusqu'à ce que tu en voies la signification. ²Tout ce qu'elle dit, c'est que ton Père Se souvient encore de toi et qu'Il t'offre la confiance parfaite qu'Il a en toi qui es Son Fils. ³Elle ne demande pas que tu sois en aucune façon différent de ce que tu es. ⁴Quoi d'autre l'humilité pourrait-elle demander ? ⁵Et quoi d'autre l'arrogance pourrait-elle nier ? ⁶Aujourd'hui, nous ne reculerons pas devant notre tâche pour la fallacieuse raison que c'est faire outrage à la modestie. ⁷C'est l'orgueil qui voudrait nier l'Appel pour Dieu Lui-même.

4.   Aujourd'hui nous mettons de côté toute fausse humilité, afin d'écouter la Voix de Dieu nous révéler ce qu'Il voudrait que nous fassions. ²Nous ne doutons pas de notre capacité de remplir la fonction qu'Il nous offrira. ³Nous aurons seulement la certitude qu'Il connaît nos forces, notre sagesse et notre sainteté. ⁴Et s'Il nous estime dignes, nous le sommes. ⁵Il n'y a que l'arrogance qui en juge autrement.

5.   Il y a une façon, et une seule, d'être délivré de l'emprisonnement que t'a apporté ton plan pour prouver que le faux est vrai. ²Accepte le plan que tu n'as pas fait à sa place. ³Ne juge pas de ta

valeur pour lui. [4]Si la Voix de Dieu t'assure que le salut a besoin de ta part, et que le tout dépend de toi, sois sûr qu'il en est ainsi. [5]Les arrogants doivent s'accrocher aux mots, ayant peur d'aller au-delà des mots jusqu'à l'expérience qui pourrait heurter leur position. [6]Or les humbles sont libres d'entendre la Voix qui leur dit ce qu'ils sont, et quoi faire.

6.   L'arrogance fait une image de toi qui n'est pas réelle. [2]C'est cette image qui recule et bat en retraite dans la terreur quand la Voix pour Dieu t'assure que tu as la force, la sagesse et la sainteté d'aller au-delà de toutes les images. [3]Tu n'es pas faible, comme l'est l'image de toi. [4]Tu n'es pas ignorant ni impuissant. [5]Le péché ne peut ternir la vérité en toi, ni la misère s'approcher de la sainte demeure de Dieu.

7.   Tout cela, la Voix pour Dieu te le dit. [2]Et tandis qu'Il parle, l'image tremble et cherche à attaquer la menace qu'elle ne connaît pas, sentant sa base s'effondrer. [3]Lâches-en prise. [4]Le salut du monde dépend de toi, et non de ce petit tas de poussière. [5]Que peut-il dire au saint Fils de Dieu? [6]Quel besoin a-t-il de s'en soucier le moindrement?

8.   Ainsi nous trouvons notre paix. [2]Nous accepterons la fonction que Dieu nous a donnée, car toutes les illusions reposent sur l'étrange croyance que nous pouvons nous en faire une autre. [3]Les rôles que nous avons faits nous-mêmes sont changeants, et ils semblent passer de l'endeuillé à la béatitude extatique de l'amour et d'aimer. [4]Nous pouvons rire ou pleurer et saluer le jour par un sourire ou par des larmes. [5]Notre être même semble changer suivant les mille changements d'humeur que nous éprouvons, et nos émotions nous portent certes très haut, ou bien nous rabattent au sol en plein désespoir.

9.   Est-ce là le Fils de Dieu? [2]Pourrait-Il créer une telle instabilité et l'appeler Fils? [3]Lui Qui est inchangeable partage Ses attributs avec Sa création. [4]Toutes les images que Son Fils semble faire n'ont pas d'effet sur ce qu'il est. [5]Elles traversent son esprit comme les feuilles balayées par le vent qui forment un motif un instant, se dispersent pour se regrouper à nouveau, puis s'éparpiller. [6]Ou comme les mirages que l'on voit au-dessus d'un désert, s'élevant de la poussière.

10.   Ces images sans substance passeront, laissant ton esprit dégagé et serein, quand tu acceptes la fonction qui t'est donnée. [2]Les images que tu fais n'engendrent que des buts conflictuels, impermanents et vagues, incertains et ambigus. [3]Qui pourrait être

constant dans ses efforts ou diriger toute son énergie concentrée vers de tels buts? [4]Les fonctions que le monde estime sont si incertaines qu'elles changent dix fois par heure quand elles sont au plus sûr. [5]Quel espoir de gain peut reposer sur de tels buts?

11. Par joli contraste, aussi certain que le retour du soleil chaque matin pour dissiper la nuit, la fonction qui t'est véritablement donnée ressort clairement et sans aucune ambiguïté. [2]Il n'y a pas de doute sur sa validité. [3]Elle vient de Celui Qui ne connaît pas l'erreur, et Sa Voix est certaine de Ses messages. [4]Ils ne changeront pas, ni ne seront en conflit. [5]Tous indiquent un seul but, et un but que tu peux atteindre. [6]Ton plan peut être impossible, mais celui de Dieu ne peut jamais échouer parce qu'Il en est la Source.

12. Fais comme te l'indique la Voix de Dieu. [2]Si Elle te demande une chose qui semble impossible, rappelle-toi Qui est Celui Qui demande, et qui celui qui refuserait. [3]Puis considère ceci : qui a le plus probablement raison? [4]La Voix Qui parle pour le Créateur de toutes choses, Qui connaît toutes choses exactement telles qu'elles sont, ou une image distordue de toi-même, confuse, déroutée, inconstante et incertaine de tout? [5]Ne laisse pas sa voix te diriger. [6]Entends plutôt une Voix certaine, Qui te parle d'une fonction à toi donnée par ton Créateur Qui Se souvient de toi et t'enjoint de te souvenir maintenant de Lui.

13. Sa douce Voix appelle du connu ceux qui ne connaissent pas. [2]Il voudrait te consoler, bien qu'Il ne connaisse pas le chagrin. [3]Il voudrait faire une restitution, bien qu'Il soit complet; te faire un don, bien qu'Il connaisse que tu as déjà tout. [4]Il a des Pensées qui répondent à chaque besoin que Son Fils perçoit, bien qu'Il ne les voie pas. [5]Car l'Amour doit donner, et ce qui est donné en Son Nom prend la forme la plus utile dans un monde de forme.

14. Ces formes-là ne peuvent jamais tromper, parce qu'elles viennent du Sans-forme même. [2]Le pardon est une forme terrestre de l'amour, qui tel qu'il est au Ciel n'a pas de forme. [3]Or ce dont il est besoin ici est donné ici selon le besoin. [4]Sous cette forme tu peux remplir ta fonction même ici, bien que ce que l'amour signifiera pour toi quand le sans-forme t'aura été rendu est encore plus grand. [5]Le salut du monde dépend de toi qui peux pardonner. [6]Telle est ta fonction ici.

LEÇON 187

Je bénis le monde parce que je me bénis moi-même.

1. Nul ne peut donner à moins d'avoir. ²De fait, donner est la preuve d'avoir. ³Nous l'avons déjà souligné. ⁴Ce n'est pas cela qui semble faire que c'est difficile à croire. ⁵Nul ne peut douter que tu dois d'abord posséder ce que tu voudrais donner. ⁶C'est sur la seconde phase que le monde et la perception vraie diffèrent. ⁷Ayant eu puis donné, alors le monde affirme que tu as perdu ce que tu possédais. ⁸La vérité maintient que donner augmentera ce que tu possèdes.

2. Comment est-ce possible ? ²Car il est sûr que si tu donnes une chose finie, les yeux de ton corps ne la percevront pas comme tienne. ³Or nous avons appris que les choses ne font que représenter les pensées qui les font. ⁴Et tu ne manques pas de preuves que quand tu donnes des idées, tu les renforces dans ton propre esprit. ⁵Peut-être que la forme sous laquelle la pensée semble apparaître est changée en donnant. ⁶Or elle doit retourner à celui qui donne. ⁷Et la forme qu'elle prend ne peut pas être moins acceptable. ⁸Elle doit l'être plus.

3. Les idées doivent d'abord t'appartenir, avant que tu ne les donnes. ²Si tu dois sauver le monde, tu acceptes d'abord le salut pour toi-même. ³Mais tu ne croiras pas que c'est fait jusqu'à ce que tu voies les miracles que cela apporte à chacun de ceux que tu regardes. ⁴Ici l'idée de donner est clarifiée et dotée d'une signification. ⁵Maintenant tu peux percevoir que c'est en donnant que ta réserve augmente.

4. Protège toutes les choses que tu estimes par l'acte de les donner et tu es sûr de ne jamais les perdre. ²Ainsi est prouvé que ce que tu pensais ne pas avoir t'appartient. ³Or n'en estime pas la forme. ⁴Car elle changera et deviendra méconnaissable avec le temps, si fort que tu essaies de la sauvegarder. ⁵Aucune forme ne dure. ⁶C'est la pensée derrière la forme des choses qui vit inchangeablement.

5. Donne avec joie. ²Tu ne peux qu'y gagner. ³La pensée reste et grandit en force, renforcée par l'acte de donner. ⁴Les pensées s'étendent en étant partagées, car elles ne peuvent être perdues. ⁵Il n'y a ni donneur ni receveur au sens où le monde les conçoit. ⁶Il y a un donneur qui conserve ; un autre qui donnera aussi bien.

⁷Et tous deux doivent gagner dans cet échange, car chacun aura la pensée sous la forme qui l'aide le plus. ⁸Ce qu'il semble perdre est toujours quelque chose qu'il estimera moins que ce qui va sûrement lui être rendu.

6. N'oublie jamais que tu ne donnes qu'à toi-même. ²Qui comprend ce que donner signifie doit rire à l'idée de sacrifice. ³Il ne peut pas non plus manquer de reconnaître les nombreuses formes que le sacrifice peut prendre. ⁴Il rit aussi bien de la douleur et de la perte, de la maladie et du chagrin, de la pauvreté, de la famine et de la mort. ⁵Il reconnaît que le sacrifice reste la seule idée qui se tient derrière elles toutes, et par son doux rire elles sont toutes guéries.

7. Une illusion reconnue doit disparaître. ²N'accepte pas la souffrance et tu enlèves la pensée de souffrance. ³Ta bénédiction s'étend sur chacun de ceux qui souffrent, quand tu choisis de voir toute souffrance pour ce qu'elle est. ⁴La pensée de sacrifice engendre toutes les formes que la souffrance paraît prendre. ⁵Et le sacrifice est une idée tellement folle que la santé d'esprit la rejette immédiatement.

8. Ne crois jamais que tu puisses faire un sacrifice. ²Il n'y a pas de place pour le sacrifice dans ce qui a une quelconque valeur. ³Si la pensée te vient, sa présence même prouve qu'une erreur a surgi et qu'une correction doit être faite. ⁴Ta bénédiction la corrigera. ⁵Donnée d'abord à toi, elle est à toi maintenant pour que tu la donnes aussi. ⁶Aucune forme de sacrifice ou de souffrance ne peut durer longtemps devant la face de celui qui s'est pardonné et s'est béni lui-même.

9. Les lys que ton frère t'offre sont déposés sur ton autel, à côté de ceux que tu lui offres. ²Qui pourrait craindre de regarder une si belle sainteté? ³La grande illusion de la peur de Dieu est réduite à néant devant la pureté de ce que tu verras là. ⁴N'aie pas peur de regarder. ⁵La béatitude que tu contempleras enlèvera toute pensée de forme et laissera à la place le don parfait toujours là, toujours s'augmentant, toujours à toi, toujours donné.

10. Maintenant nous ne faisons qu'un en pensée, car la peur a disparu. ²Et là, devant l'autel à un seul Dieu, un seul Père, un seul Créateur et une seule Pensée, nous nous tenons ensemble comme un seul Fils de Dieu. ³Ni séparés de Celui Qui est notre Source, ni éloignés d'un seul frère qui fait partie de notre seul Soi Dont l'innocence nous a tous joints ne faisant qu'un, nous nous tenons dans la béatitude et nous donnons comme nous recevons. ⁴Le

Nom de Dieu est sur nos lèvres. ⁵Et en regardant au-dedans, nous voyons la pureté du Ciel resplendir dans notre reflet de l'Amour de notre Père.

11.   Maintenant nous sommes bénis et maintenant nous bénissons le monde. ²Ce que nous avons regardé, nous voudrions l'étendre, car nous voudrions le voir partout. ³Nous le verrions resplendissant de la grâce de Dieu en chacun. ⁴Nous ne voudrions pas que cela soit refusé à quoi que ce soit que nous regardons. ⁵Et pour nous assurer que cette sainte vue est à nous, nous l'offrons à tout ce que nous voyons. ⁶Car où nous la voyons, elle nous sera rendue sous forme de lys que nous pouvons déposer sur notre autel, en faisant une demeure pour l'Innocence même, Qui habite en nous et nous offre Sa Sainteté comme nôtre.

LEÇON 188

La paix de Dieu luit en moi maintenant.

1. Pourquoi attendre le Ciel? [2]Ceux qui cherchent la lumière se couvrent simplement les yeux. [3]La lumière est en eux maintenant. [4]L'illumination n'est qu'une re-connaissance et pas du tout un changement. [5]La lumière n'est pas du monde, or toi qui portes la lumière en toi, tu es aussi un étranger ici. [6]La lumière est venue avec toi de ta demeure natale et elle est restée avec toi parce que c'est la tienne. [7]C'est la seule chose que tu apportes avec toi de Celui Qui est ta Source. [8]Elle luit en toi parce qu'elle éclaire ta demeure et te ramène là d'où elle est venue et où tu es chez toi.

2. Cette lumière ne peut pas être perdue. [2]Pourquoi attendre de la trouver dans le futur, ou croire qu'elle est déjà perdue ou qu'elle n'a jamais été là? [3]Il est si facile de la voir que les arguments prouvant qu'elle n'est pas là deviennent ridicules. [4]Qui peut nier la présence de ce qu'il contemple en lui-même? [5]Il n'est pas difficile de regarder au-dedans, car c'est là que toute vision commence. [6]Il n'est pas de vue, que ce soit de rêves ou d'une Source plus vraie, qui ne soit qu'une ombre de ce qui est vu par la vision intérieure. [7]Là commence la perception, et là elle finit. [8]Elle n'a pas d'autre source.

3. La paix de Dieu luit en toi maintenant, et de ton cœur s'étend autour du monde. [2]Elle s'arrête un moment pour caresser chaque chose vivante et lui laisse une bénédiction qui reste pour toujours et à jamais. [3]Ce qu'elle donne doit être éternel. [4]Elle enlève toute pensée de l'éphémère et du sans-valeur. [5]Elle apporte le renouveau à tous les cœurs fatigués et éclaire toute vision sur son passage. [6]Tous ses dons sont offerts à chacun et tous s'unissent pour te rendre grâce, à toi qui donnes et toi qui as reçu.

4. La lumière dans ton esprit rappelle au monde ce qu'il a oublié, et le monde te rend aussi la mémoire. [2]Le salut rayonne de toi avec des dons incommensurables, donnés et rendus. [3]À toi, le donneur du don, Dieu Lui-même rend grâce. [4]Et par sa bénédiction la lumière en toi luit plus vivement, ajoutant aux dons que tu as à offrir au monde.

5. La paix de Dieu ne peut jamais être contenue. [2]Qui la reconnaît en lui-même doit la donner. [3]Et les moyens de la donner sont dans sa compréhension. [4]Il pardonne parce qu'il a reconnu la vérité en lui. [5]La paix de Dieu luit en toi maintenant, et en toutes choses

vivantes. [6]Dans la quiétude elle est reconnue universellement. [7]Car ce que ta vision intérieure contemple est ta perception de l'univers.

6. Assieds-toi quiètement et ferme les yeux. [2]La lumière en toi est suffisante. [3]Elle seule a le pouvoir de te donner le don de la vue. [4]Exclus le monde extérieur et laisse tes pensées s'envoler vers la paix au-dedans. [5]Elles connaissent le chemin. [6]Car les pensées honnêtes, qui ne sont pas contaminées par le rêve des choses mondaines à l'extérieur de toi, deviennent les saintes messagères de Dieu Lui-même.

7. Ces pensées, tu les penses avec Lui. [2]Elles reconnaissent leur demeure. [3]Et elles indiquent sûrement leur Source, où Dieu le Père et le Fils ne font qu'un. [4]La paix de Dieu luit sur elles, mais elles doivent aussi rester avec toi, car elles sont nées dans ton esprit, comme le tien est né dans Celui de Dieu. [5]Elles te ramènent à la paix, d'où elles ne sont venues que pour te rappeler comment tu dois revenir.

8. Elles prêtent attention à la Voix de ton Père quand tu refuses d'écouter. [2]Et elles t'enjoignent avec douceur d'accepter Sa Parole sur ce que tu es, au lieu des fantasmes et des ombres. [3]Elles te rappellent que tu es le co-créateur de toutes choses qui vivent. [4]Car de même que la paix de Dieu luit en toi, elle doit luire sur elles.

9. Nous nous exerçons à nous rapprocher de la lumière en nous aujourd'hui. [2]Nous prenons nos pensées vagabondes et les ramenons doucement là où elles s'harmonisent avec toutes les pensées que nous partageons avec Dieu. [3]Nous ne les laisserons pas s'égarer. [4]Nous laissons la lumière dans notre esprit les diriger afin qu'elles reviennent chez elles. [5]Nous les avons trahies en leur ordonnant de nous quitter. [6]Mais maintenant nous les rappelons et nous les lavons de tous les étranges désirs et de tous les souhaits désordonnés. [7]Nous leur rendons la sainteté de leur héritage.

10. Ainsi nos esprits sont ramenés avec elles, et nous reconnaissons que la paix de Dieu luit encore en nous, et de nous vers toutes choses vivantes qui partagent notre vie. [2]Nous leur pardonnerons toutes, absolvant le monde entier de ce que nous pensions qu'il nous avait fait. [3]Car c'est nous qui faisons le monde tel que nous le voulons. [4]Maintenant nous choisissons qu'il soit innocent, dénué de péché et ouvert au salut. [5]Et nous répandons sur lui notre bénédiction salvatrice en disant :

> [6]*La paix de Dieu luit en moi maintenant.*
> [7]*Que toutes choses luisent sur moi dans cette paix,*
> *Et que je les bénisse de la lumière en moi.*

LEÇON 189

Je sens l'Amour de Dieu en moi maintenant.

1.   Il y a une lumière en toi que le monde ne peut percevoir. ²Et avec ses yeux tu ne verras pas cette lumière, car le monde t'aveugle. ³Or tu as des yeux pour la voir. ⁴Elle est là pour que tu la regardes. ⁵Elle n'a pas été placée en toi pour être gardée cachée à ta vue. ⁶Cette lumière est un reflet de la pensée à laquelle nous nous exerçons maintenant. ⁷Sentir l'Amour de Dieu en toi, c'est voir le monde à neuf, brillant d'innocence, vibrant d'espoir et béni d'une charité et d'un amour parfaits.

2.   Qui pourrait avoir peur dans un monde comme celui-là ? ²Il t'accueille, se réjouit que tu sois venu et chante tes louanges en te gardant à l'abri de toute forme de danger et de douleur. ³Il t'offre une chaleureuse et douce demeure où rester un moment. ⁴Il te bénit tout le long de la journée et veille toute la nuit, gardien silencieux de ton saint sommeil. ⁵Il voit le salut en toi et protège la lumière en toi, dans laquelle il voit la sienne. ⁶Il t'offre ses fleurs et sa neige, en reconnaissance de ta bienveillance.

3.   Tel est le monde que l'Amour de Dieu révèle. ²Il est si différent du monde que tu vois par les yeux assombris de la malice et de la peur, que l'un dément l'autre. ³Il n'y en a qu'un qui se puisse percevoir le moindrement. ⁴L'autre est entièrement in-signifiant. ⁵Un monde où le pardon luit sur tout, où la paix offre à chacun sa douce lumière, est inconcevable pour ceux qui voient un monde de haine surgir de l'attaque, prêt à se venger, à tuer et détruire.

4.   Or le monde de la haine est également invisible et inconcevable pour ceux qui sentent l'Amour de Dieu en eux. ²Leur monde reflète la quiétude et la paix qui luisent en eux; la douceur et l'innocence qu'ils voient autour d'eux; la joie avec laquelle ils regardent au-dehors depuis les puits inépuisables de joie au-dedans. ³Ce qu'ils ont senti en eux-mêmes, ils le regardent et en voient partout le sûr reflet.

5.   Que voudrais-tu voir ? ²Le choix t'est donné. ³Mais apprends et ne laisse pas ton esprit oublier cette loi de la vue : tu regarderas ce que tu sens au-dedans. ⁴Si la haine trouve une place dans ton cœur, tu percevras un monde apeurant, que la mort tient cruellement entre ses doigts décharnés et pointus. ⁵Si tu sens

l'Amour de Dieu en toi, tu verras au-dehors un monde de miséricorde et d'amour.

6. Aujourd'hui nous dépassons les illusions en cherchant à atteindre ce qui est vrai en nous, à sentir sa tendresse qui englobe tout, son Amour qui nous connaît aussi parfaits que lui-même, sa vue qui est le don que son Amour nous accorde. [2]Aujourd'hui nous apprenons la voie. [3]Elle est aussi sûre que l'Amour même, auquel elle nous porte. [4]Car sa simplicité évite les pièges que le raisonnement apparent du monde, tout en sottes circonvolutions, ne sert qu'à cacher.

7. Fais simplement ceci : Sois calme et mets de côté toute pensée de ce que tu es et de ce qu'est Dieu ; tous les concepts que tu as appris au sujet du monde ; toutes les images que tu as de toi-même. [2]Vide ton esprit de tout ce qu'il pense être vrai ou faux, ou bien ou mal, de toute pensée qu'il juge digne, et de toutes les idées dont il a honte. [3]Ne t'accroche à rien. [4]N'apporte avec toi aucune pensée que le passé t'a enseignée, ni aucune croyance que tu as jamais apprise auparavant de quoi que ce soit. [5]Oublie ce monde, oublie ce cours, et viens les mains entièrement vides à ton Dieu.

8. N'est-ce pas Lui Qui connaît la voie vers toi ? [2]Tu n'as pas besoin de connaître la voie vers Lui. [3]Ton rôle est simplement de permettre que tous les obstacles que tu as interposés entre le Fils et Dieu le Père soient enlevés tranquillement pour toujours. [4]Dieu fera Sa part par Sa réponse immédiate et joyeuse. [5]Demande et reçois. [6]Mais n'exige rien et n'indique pas la route à Dieu par laquelle Il devrait t'apparaître. [7]La façon de L'atteindre, c'est simplement de Le laisser être. [8]Car de cette façon, ta réalité est aussi proclamée.

9. Ainsi, aujourd'hui, nous ne choisissons pas la voie dans laquelle nous allons vers Lui. [2]Mais nous choisissons de Le laisser venir. [3]Et avec ce choix, nous nous reposons. [4]Et dans nos cœurs tranquilles et nos esprits ouverts, Son Amour se fraiera Lui-même un chemin de lumière. [5]Ce qui n'a pas été nié est sûrement là, si cela est vrai et peut sûrement être atteint. [6]Dieu connaît Son Fils et connaît la voie qui mène à lui. [7]Il n'a pas besoin que Son Fils Lui montre comment trouver Son chemin. [8]Par chaque porte ouverte, Son Amour rayonne de sa demeure intérieure et illumine le monde d'innocence.

10.   *Père, nous ne connaissons pas la voie vers Toi. [2]Mais nous avons appelé et Tu nous as répondu. [3]Nous n'interférerons pas. [4]Les voies du salut ne sont pas les nôtres, car elles T'appartiennent. [5]Et c'est tournés vers Toi que nous les cherchons. [6]Nos mains sont ouvertes pour recevoir Tes dons. [7]Nous n'avons pas de pensée que nous pensions à part de Toi et nous ne chérissons pas de croyances sur ce que nous sommes, ou Qui nous a créés. [8]Ta voie est celle que nous voudrions trouver et suivre. [9]Et nous demandons seulement que Ta Volonté, qui est aussi la nôtre, soit faite en nous et dans le monde, afin qu'il devienne une partie du Ciel maintenant. [10]Amen.*

LEÇON 190

Je choisis la joie de Dieu au lieu de la douleur.

1.   La douleur est une fausse façon de voir. [2]Lorsqu'elle est ressentie sous quelque forme que ce soit, c'est une preuve de tromperie de soi. [3]Ce n'est pas du tout un fait. [4]Il n'est pas une forme qu'elle prend qui ne disparaisse quand elle est vue correctement. [5]Car la douleur proclame que Dieu est cruel. [6]Comment pourrait-elle être réelle sous quelque forme que ce soit? [7]Elle témoigne de la haine de Dieu le Père pour Son Fils, de la peccabilité qu'Il voit en lui et de Son désir insane de vengeance et de mort.

2.   Est-il possible d'attester de telles projections? [2]Peuvent-elles être autre chose qu'entièrement fausses? [3]La douleur n'est que témoin des erreurs du Fils sur ce qu'il pense être. [4]C'est un rêve de riposte féroce pour un crime qui ne pouvait pas être commis, pour une attaque contre ce qui est entièrement inattaquable. [5]C'est le cauchemar d'être abandonné par un Amour éternel, qui ne pourrait pas quitter le Fils qu'Il a créé à partir de l'amour.

3.   La douleur est un signe que les illusions règnent à la place de la vérité. [2]Elle démontre que Dieu est nié, confondu avec la peur, perçu comme fou et vu comme traître envers Lui-même. [3]Si Dieu est réel, il n'y a pas de douleur. [4]Si la douleur est réelle, il n'y a pas de Dieu. [5]Car la vengeance ne fait pas partie de l'amour. [6]Et la peur, qui nie l'amour et utilise la douleur pour prouver que Dieu est mort, a montré que la mort est victorieuse de la vie. [7]Le corps est le Fils de Dieu, corruptible dans la mort, aussi mortel que le Père qu'il a tué.

4.   Paix à une telle sottise! [2]Le moment est venu de rire de telles idées insanes. [3]Il n'est pas besoin d'y penser comme à des crimes brutaux ou à des péchés secrets aux lourdes conséquences. [4]Qui d'autre qu'un fou pourrait les concevoir comme cause de quoi que ce soit? [5]Leur témoin, la douleur, est aussi folle qu'elles, et pas plus à craindre que les illusions folles qu'elle protège, essayant de démontrer qu'elles doivent encore être vraies.

5.   Ce sont tes seules pensées qui te causent de la douleur. [2]Rien d'extérieur à ton esprit ne peut te blesser ou te faire mal en aucune façon. [3]Il n'y a pas de cause au-delà de toi-même qui puisse descendre et t'apporter l'oppression. [4]Nul autre que toi-même ne t'affecte. [5]Il n'y a rien au monde qui ait le pouvoir de te rendre

374

malade ou triste, faible ou fragile. [6]C'est plutôt toi qui as le pouvoir de dominer toutes choses que tu vois en reconnaissant simplement ce que tu es. [7]Comme tu percevras qu'elles ne sont pas nuisibles, elles accepteront pour leur ta sainte volonté. [8]Et ce qui était vu comme apeurant devient maintenant une source d'innocence et de sainteté.

6.   Mon saint frère, pense à ceci un moment : Le monde que tu vois ne fait rien. [2]Il n'a pas du tout d'effets. [3]Il représente simplement tes pensées. [4]Et il change entièrement quand tu choisis de changer d'esprit et choisis la joie de Dieu pour ce que tu veux réellement. [5]Ton Soi est radieux dans cette sainte joie, inchangé, inchangeant et inchangeable, pour toujours et à jamais. [6]Voudrais-tu nier à un petit coin de ton esprit son propre héritage et le garder comme un hôpital de la douleur, un lieu malsain où les choses vivantes doivent venir enfin pour mourir ?

7.   Le monde semble peut-être te causer de la douleur. [2]Et pourtant le monde, étant sans cause, n'a pas le pouvoir de causer. [3]En tant qu'effet, il ne peut pas produire d'effets. [4]En tant qu'illusion, il est ce que tu souhaites. [5]Tes vains souhaits représentent ses douleurs. [6]Tes désirs étranges lui apportent des rêves mauvais. [7]Tes pensées de mort l'enveloppent de peur, tandis que dans ton doux pardon il vit.

8.   La douleur est la pensée du mal qui prend forme et fait des ravages dans ton esprit saint. [2]La douleur est la rançon que tu as payée volontiers pour ne pas être libre. [3]Dans la douleur est né à Dieu le Fils qu'Il aime. [4]Dans la douleur la peur paraît triompher de l'amour et le temps remplacer l'éternité et le Ciel. [5]Et le monde devient un lieu cruel et amer, où règne le chagrin et où de petites joies cèdent devant l'assaut de la brutale douleur qui attend de mettre fin à toute joie dans la misère.

9.   Dépose les armes et viens sans défense au lieu tranquille où la paix du Ciel tient toutes choses enfin calmes. [2]Dépose toutes pensées de danger et de peur. [3]Ne laisse pas d'attaque entrer avec toi. [4]Dépose l'épée cruelle du jugement que tu tiens contre ta gorge et mets de côté les assauts cinglants par lesquels tu cherches à cacher ta sainteté.

10.   Ici tu comprendras qu'il n'y a pas de douleur. [2]Ici la joie de Dieu t'appartient. [3]Voici le jour où il t'est donné de te rendre compte de la leçon qui contient tout le pouvoir du salut. [4]La voici : la douleur est illusion ; la joie, réalité. [5]La douleur n'est que sommeil ; la joie est éveil. [6]La douleur est tromperie ; la joie seule est vérité.

11.   Ainsi nous faisons à nouveau le seul choix qui puisse jamais être fait : nous choisissons entre les illusions et la vérité, ou la douleur et la joie, ou l'enfer et le Ciel. [2]Laissons notre gratitude envers notre Enseignant nous remplir le cœur, car nous sommes libres de choisir notre joie au lieu de la douleur, notre sainteté à la place du péché, la paix de Dieu au lieu du conflit et la lumière du Ciel au lieu des ténèbres du monde.

LEÇON 191

Je suis le saint Fils de Dieu Lui-même.

1.   Voici ta déclaration de délivrance de la servitude du monde. ²Et voici le monde entier délivré aussi. ³Tu ne vois pas ce que tu as fait en donnant au monde le rôle de geôlier du Fils de Dieu. ⁴Que pourrait-il être, sinon méchant et effrayé, apeuré par des ombres, punitif et sauvage, manquant de toute raison, aveugle, fou de haine?

2.   Qu'as-tu fait pour que cela soit ton monde? ²Qu'as-tu fait pour que cela soit ce que tu vois? ³Nie ta propre Identité, et voilà ce qui reste. ⁴Tu regardes le chaos et proclames que c'est toi-même. ⁵Il n'est pas une vue qui manque de te témoigner cela. ⁶Il n'est pas un son qui ne parle de fragilité au-dedans de toi et au-dehors; pas un souffle d'air que tu aspires qui ne semble te rapprocher de la mort; pas d'espoir que tu aies qui ne se dissoudra dans les larmes.

3.   Nie ta propre Identité, et tu n'échapperas pas de la folie qui a induit cette pensée bizarre, contre nature et fantomatique qui se moque de la création et se rit de Dieu. ²Nie ta propre Identité, et tu pars seul à l'assaut de l'univers, sans un ami, une minuscule particule de poussière contre les légions de tes ennemis. ³Nie ta propre Identité, et vois le mal, le péché et la mort, regarde le désespoir t'arracher des doigts chaque bribe d'espoir, ne te laissant rien d'autre que le souhait de mourir.

4.   Or qu'est-ce d'autre qu'un jeu auquel tu joues dans lequel l'Identité peut être niée? ²Tu es tel que Dieu t'a créé. ³C'est folie que de croire toute autre chose que celle-là. ⁴Par cette seule pensée, chacun est rendu libre. ⁵Dans cette seule vérité, toutes les illusions ont disparu. ⁶Par ce seul fait, l'impeccabilité est proclamée comme faisant à jamais partie de toute chose, noyau central de son existence et garantie de son immortalité.

5.   Laisse seulement l'idée d'aujourd'hui trouver une place parmi tes pensées et tu t'es élevé bien au-dessus du monde et de toutes les pensées mondaines qui le tiennent prisonnier. ²De ce lieu de sécurité et d'évasion, tu reviendras et le rendras libre. ³Car qui peut accepter sa véritable Identité est véritablement sauvé. ⁴Et son salut est le don qu'il fait à chacun, plein de gratitude envers Celui

Qui lui a indiqué la voie vers le bonheur qui a changé toute sa façon de voir le monde.

6. Une seule pensée sainte comme celle-ci et tu es libre : tu es le saint Fils de Dieu Lui-même. ²Avec cette sainte pensée, tu apprends aussi que tu as libéré le monde. ³Tu n'as pas besoin de l'utiliser avec cruauté pour ensuite percevoir ce besoin brutal en lui. ⁴Tu le libères de ton emprisonnement. ⁵Tu ne verras pas une image dévastatrice de toi-même parcourant le monde dans la terreur, tandis que le monde se tord de douleur parce que tes peurs lui ont posé le sceau de la mort sur le cœur.

7. Réjouis-toi aujourd'hui de la grande facilité avec laquelle l'enfer est défait. ²Tu as seulement besoin de te dire :

> ³*Je suis le saint Fils de Dieu Lui-même. ⁴Je ne peux pas souffrir ni ressentir de la douleur ; je ne peux pas subir de perte ni manquer de faire tout ce que demande le salut.*

⁵Et dans cette pensée, tout ce que tu regardes est entièrement changé.

8. Un miracle a éclairé toutes les anciennes et sombres cavernes où les rites de la mort résonnaient depuis le commencement du temps. ²Car le temps a perdu son emprise sur le monde. ³Le Fils de Dieu est venu dans la gloire rédimer ceux qui sont perdus, sauver les impuissants et faire au monde le don de son pardon. ⁴Qui pourrait voir le monde comme ténébreux et pécheur, quand le Fils de Dieu est enfin revenu pour le libérer ?

9. Toi qui te perçois faible et fragile, avec des espoirs futiles et des rêves dévastés, né que pour mourir, pour pleurer et souffrir, entends ceci : tout pouvoir t'est donné sur la terre comme au Ciel. ²Il n'y a rien que tu ne puisses faire. ³Tu joues au jeu de la mort et de l'impuissance, pitoyablement lié à la dissolution dans un monde qui ne te montre aucune miséricorde. ⁴Or quand tu lui accordes miséricorde, sa miséricorde luit sur toi.

10. Que le Fils de Dieu s'éveille donc de son sommeil et, ouvrant ses yeux saints, qu'il revienne bénir le monde qu'il a fait. ²Dans l'erreur il a commencé, mais il finira dans le reflet de la sainteté du Fils de Dieu. ³Et il ne dormira plus ni ne rêvera de la mort. ⁴Joins-toi donc à moi aujourd'hui. ⁵Ta gloire est la lumière qui sauve le monde. ⁶Ne retiens pas le salut plus longtemps. ⁷Regarde le monde autour de toi et vois la souffrance. ⁸Ton cœur n'est-il pas désireux d'apporter le repos à tes frères fatigués ?

11. Ils doivent attendre ta propre délivrance. ²Ils restent enchaînés jusqu'à ce que tu sois libre. ³Ils ne peuvent pas voir la miséricorde du monde jusqu'à ce que tu la trouves en toi-même. ⁴Ils souffrent jusqu'à ce que tu aies nié l'emprise que la douleur a sur toi. ⁵Ils meurent jusqu'à ce que tu acceptes ta propre vie éternelle. ⁶Tu es le saint Fils de Dieu Lui-même. ⁷Souviens-toi de cela, et le monde entier est libre. ⁸Souviens-toi de cela, et la terre et le Ciel ne font qu'un.

LEÇON 192

J'ai une fonction que Dieu voudrait que je remplisse.

1. C'est la sainte Volonté de ton Père que tu Le complètes et que ton Soi soit Son Fils sacré, à jamais pur comme Lui, de l'amour créé et dans l'amour préservé, qui étend l'amour et crée en Son nom, à jamais un avec Dieu et avec ton Soi. ²Or que peut signifier une telle fonction dans un monde d'envie, de haine et d'attaque?

2. Par conséquent, tu as une fonction dans le monde dans ses propres termes. ²Car qui peut comprendre une langue bien au-delà de sa simple portée? ³Le pardon représente ta fonction ici. ⁴Ce n'est pas la création de Dieu, car c'est le moyen par lequel peut être défait ce qui n'est pas vrai. ⁵Et qui pardonnerait au Ciel? ⁶Or sur terre, tu as besoin de moyens pour lâcher prise des illusions. ⁷La création attend simplement ton retour pour être reconnue et non pour être complète.

3. La création ne peut même pas se concevoir dans le monde. ²Elle n'a pas de signification ici. ³Le pardon est ce dont elle se rapproche le plus sur terre. ⁴Car étant née au Ciel, elle n'a pas de forme du tout. ⁵Or Dieu a créé Celui Qui a le pouvoir de traduire en forme ce qui est entièrement sans forme. ⁶Ce qu'Il fait sont des rêves, mais d'une sorte si proche de l'éveil que la lumière du jour y brille déjà, et les yeux qui s'ouvrent déjà contemplent les vues joyeuses que contiennent leurs offrandes.

4. Le pardon regarde doucement toutes les choses inconnues au Ciel, les voit disparaître et laisse le monde comme un tableau propre et sans marque sur lequel la Parole de Dieu peut maintenant remplacer les symboles insensés qui y étaient écrits auparavant. ²Le pardon est le moyen par lequel la peur de la mort est vaincue, parce que maintenant elle n'exerce plus sa féroce attraction et la culpabilité a disparu. ³Le pardon laisse le corps être perçu pour ce qu'il est : une simple aide à l'enseignement, à mettre de côté quand l'apprentissage est complet, mais qui ne change guère celui qui apprend.

5. L'esprit sans le corps ne peut pas faire d'erreurs. ²Il ne peut pas penser qu'il va mourir ni être la proie d'une attaque sans merci. ³La colère devient impossible, et où est la terreur alors? ⁴Quelles peurs pourraient encore assaillir ceux qui ont perdu la source de toute attaque, le noyau de l'angoisse et le siège de la peur? ⁵Seul le pardon peut soulager l'esprit de la pensée que le corps est sa

demeure. ⁶Seul le pardon peut rétablir la paix que Dieu destinait à Son saint Fils. ⁷Seul le pardon peut persuader le Fils de regarder à nouveau sa sainteté.

6. La colère disparue, tu percevras en fait que, pour la vision du Christ et le don de la vue, aucun sacrifice n'était demandé, et que seule la douleur a été enlevée d'un esprit malade et torturé. ²N'est-ce pas bienvenu? ³Est-ce à craindre? ⁴Ou est-ce à espérer, à accueillir avec gratitude et à accepter joyeusement? ⁵Nous ne faisons qu'un; par conséquent, nous n'abandonnons rien. ⁶Mais tout nous a bel et bien été donné par Dieu.

7. Or nous avons besoin du pardon pour percevoir qu'il en est ainsi. ²Sans sa douce lumière nous cherchons à tâtons dans les ténèbres, n'utilisant la raison que pour justifier notre rage et notre attaque. ³Notre compréhension est si limitée que ce que nous pensons comprendre n'est que confusion née de l'erreur. ⁴Nous sommes perdus dans les brumes de rêves changeants et de pensées effrayantes, nos yeux fermés à double tour contre la lumière, nos esprits occupés à adorer ce qui n'est pas là.

8. Qui peut naître à nouveau dans le Christ, si ce n'est celui qui a pardonné à chacun de ceux qu'il voit, à qui il pense ou qu'il imagine? ²Qui pourrait être libéré tant qu'il emprisonne qui que ce soit? ³Un geôlier n'est pas libre, car il est lié avec son prisonnier. ⁴Il doit s'assurer qu'il ne s'échappera pas, ainsi passe-t-il son temps à le surveiller. ⁵Les barreaux qui le confinent deviennent le monde dans lequel vit le geôlier, avec lui. ⁶Et c'est de sa délivrance que dépend pour tous deux la voie de la liberté.

9. Par conséquent, ne tiens personne prisonnier. ²Délivre au lieu de lier, car ainsi tu es rendu libre. ³La voie est simple. ⁴Chaque fois que tu ressens un élancement de colère, rends-toi compte que tu tiens une épée au-dessus de ta tête. ⁵Et elle tombera ou sera écartée selon que tu choisis d'être condamné ou libre. ⁶Ainsi chacun de ceux qui semblent te tenter de te mettre en colère représente ton sauveur de la prison de la mort. ⁷Donc tu lui dois de la gratitude au lieu de la douleur.

10. Sois miséricordieux aujourd'hui. ²Le Fils de Dieu mérite ta miséricorde. ³C'est lui qui demande que tu acceptes la voie de la liberté maintenant. ⁴Ne la lui refuse pas. ⁵L'Amour de son Père pour lui t'appartient. ⁶Ta fonction ici sur terre est seulement de lui pardonner, afin de l'accepter à nouveau pour ton Identité. ⁷Il est tel que Dieu l'a créé. ⁸Et tu es ce qu'il est. ⁹Pardonne-lui maintenant ses péchés, et tu verras que tu ne fais qu'un avec lui.

LEÇON 193

Toutes choses sont des leçons que Dieu voudrait que j'apprenne.

1.   Dieu ne connaît rien d'apprendre. ²Or Sa Volonté s'étend à ce qu'Il ne comprend pas, en ce sens qu'Il veut que le bonheur que Son Fils a hérité de Lui soit imperturbé; éternel et sa sphère à jamais s'augmentant, s'amplifiant éternellement dans la joie de la pleine création, éternellement ouvert et entièrement illimité en Lui. ³Voilà Sa Volonté. ⁴Et ainsi Sa Volonté procure les moyens qui garantissent qu'elle est faite.
2.   Dieu ne voit pas de contradictions. ²Or Son Fils croit en voir. ³Ainsi a-t-il besoin de Celui Qui peut corriger sa vue erronée et lui donner la vision qui le ramènera là où cesse la perception. ⁴Dieu ne perçoit pas du tout. ⁵Or c'est Lui Qui donne les moyens par lesquels la perception est rendue suffisamment vraie et belle pour laisser la lumière du Ciel luire sur elle. ⁶C'est Lui Qui répond à ce que Son Fils voudrait contredire, et sauvegarde à jamais son impeccabilité.
3.   Voilà les leçons que Dieu voudrait que tu apprennes. ²Sa Volonté les reflète toutes et elles reflètent Sa douce bonté pour le Fils qu'Il aime. ³Chaque leçon a une pensée centrale, la même pour toutes. ⁴Seule la forme est changée, suivant les circonstances et les événements, les personnages et les thèmes différents, apparents mais non réels. ⁵Leur contenu fondamental est le même. ⁶Le voici :

⁷*Pardonne, et tu verras ceci différemment.*

4.   Il est certain que toute détresse ne paraît pas être uniquement un manque de pardon. ²Or cela est le contenu sous la forme. ³C'est cette égalité qui rend l'apprentissage sûr, parce que la leçon est si simple qu'elle ne peut pas être rejetée à la fin. ⁴Nul ne peut se cacher pour toujours d'une vérité si évidente qu'elle apparaît sous des formes innombrables, tout en étant aussi facilement reconnue en elles toutes, pour peu qu'on veuille bien y voir cette simple leçon.

5.   *Pardonne, et tu verras ceci différemment.*

²Ce sont les paroles que dit le Saint-Esprit dans toutes tes tribulations, toutes tes douleurs et toutes tes souffrances quelque

forme qu'elles prennent. ³Ce sont les paroles par lesquelles la tentation prend fin, et la culpabilité, abandonnée, cesse d'être révérée. ⁴Ce sont les paroles qui mettent fin au rêve de péché et débarrassent l'esprit de la peur. ⁵Ce sont les paroles par lesquelles le salut vient au monde entier.

6.   N'apprendrons-nous pas à dire ces paroles quand nous sommes tentés de croire que la douleur est réelle, et que la mort devient notre choix au lieu de la vie? ²N'apprendrons-nous pas à dire ces paroles quand nous avons compris qu'elles ont le pouvoir de délivrer tous les esprits de l'esclavage? ³Ce sont les paroles qui te donnent du pouvoir sur tous les événements qui semblent avoir été dotés de pouvoir sur toi. ⁴Tu les vois avec justesse quand tu gardes ces paroles en pleine conscience et que tu n'oublies pas que ces paroles s'appliquent à tout ce que toi ou n'importe quel frère regarde mal.

7.   Comment peux-tu savoir quand tu vois faussement ou que quelqu'un d'autre manque de percevoir la leçon qu'il devrait apprendre? ²La douleur paraît-elle réelle dans la perception? ³Si c'est le cas, tu peux être sûr que la leçon n'est pas apprise. ⁴Il reste un manque de pardon caché dans l'esprit qui voit la douleur par des yeux que l'esprit dirige.

8.   Dieu ne voudrait pas que tu souffres ainsi. ²Il voudrait t'aider à te pardonner. ³Son Fils ne se rappelle pas qui il est. ⁴Et Dieu voudrait qu'il n'oublie pas Son Amour et tous les dons que Son Amour apporte. ⁵Renoncerais-tu maintenant à ton propre salut? ⁶Manquerais-tu d'apprendre les simples leçons que l'Enseignant du Ciel te présente, afin que toute douleur disparaisse et que Dieu revienne à la mémoire de Son Fils?

9.   Toutes choses sont des leçons que Dieu voudrait que tu apprennes. ²Il ne voudrait pas laisser une seule pensée qui ne pardonne pas sans correction, ni une seule épine ni un seul clou qui blesse Son saint Fils en aucune façon. ³Il voudrait garantir que son saint repos reste imperturbé et serein, sans un souci, dans une demeure éternelle qui se soucie de lui. ⁴Et Il voudrait que toutes les larmes soient essuyées, qu'il n'en reste plus une seule à verser, plus une seule qui n'attende que le moment désigné de tomber. ⁵Car Dieu a voulu que le rire remplace chacune d'elles et que Son Fils soit libre à nouveau.

10.   Aujourd'hui nous allons tenter de surmonter en un seul jour ce qui semble être un millier d'obstacles à la paix. ²Laisse la miséricorde venir à toi plus rapidement. ³N'essaie pas de la tenir à

distance un jour de plus, une minute ou un instant de plus. [4]C'est pour cela que le temps a été fait. [5]Utilise-le aujourd'hui dans le but qui est le sien. [6]Matin et soir, consacre le temps que tu peux à servir son juste but et ne laisse pas ce temps être moindre que n'en exige ton besoin le plus profond.

11.   Donne tout ce que tu peux, et donne un peu plus. [2]Car maintenant nous voudrions nous lever en hâte pour aller à la maison de notre Père. [3]Nous sommes restés trop longtemps partis et nous ne voudrions plus nous attarder ici. [4]Durant nos exercices, pensons à toutes les choses que nous avons gardées pour les régler nous-mêmes et tenues à part de la guérison. [5]Donnons-les toutes à Celui Qui sait comment les regarder de sorte qu'elles disparaîtront. [6]La vérité est Son message; la vérité est Son enseignement. [7]Ce sont Ses leçons que Dieu voudrait que nous apprenions.

12.   À chaque heure, passe un petit moment aujourd'hui, et les jours qui viennent, à appliquer la leçon de pardon sous la forme établie pour la journée. [2]Et tâche de l'appliquer aux circonstances que l'heure a apportées, de façon à ce que la suivante soit libre de celle qui précède. [3]Les chaînes du temps sont facilement relâchées de cette façon. [4]Ne laisse pas une heure jeter son ombre sur celle qui suit, et quand celle-là est passée, laisse tout ce qui est arrivé durant son cours partir avec elle. [5]Ainsi tu resteras délié, en paix éternelle dans le monde du temps.

13.   Voici la leçon que Dieu voudrait que tu apprennes : Il y a une façon de regarder toute chose qui la laisse être pour toi un autre pas vers Lui, et vers le salut du monde. [2]À tout ce qui parle de terreur, réponds ainsi :

[3]*Je pardonnerai, et ceci disparaîtra.*

[4]Pour chaque appréhension, chaque souci ou chaque forme de souffrance, répète ces mêmes mots. [5]Et alors tu tiens la clef qui ouvre les portes du Ciel et qui fait descendre enfin l'Amour de Dieu le Père sur la terre, pour l'élever jusqu'au Ciel. [6]Dieu fera ce dernier pas Lui-même. [7]Ne Lui refuse pas les petits pas qu'Il te demande de faire vers Lui.

LEÇON 194

Je mets le futur entre les Mains de Dieu.

1. L'idée d'aujourd'hui fait un autre pas vers un salut rapide, et c'est certes un pas de géant ! [2]Il couvre une distance si grande qu'il te dépose juste en deçà du Ciel, avec le but en vue et les obstacles derrière toi. [3]Ton pied a touché les pelouses qui t'accueillent aux portes du Ciel, le lieu tranquille de la paix où tu attends avec certitude le dernier pas de Dieu. [4]Comme nous avançons maintenant loin de la terre ! [5]Comme nous approchons de notre but ! [6]Comme il est court le voyage qui reste à faire !

2. Accepte l'idée d'aujourd'hui, et tu as dépassé toute anxiété, tous les abîmes de l'enfer, toute la noirceur de la dépression, les pensées de péché et la dévastation amenés par la culpabilité. [2]Accepte l'idée d'aujourd'hui, et tu as délivré le monde de tout emprisonnement en relâchant les lourdes chaînes qui refermaient sur lui la porte de la liberté. [3]Tu es sauvé, et ton salut devient ainsi le don que tu fais au monde, parce que tu as reçu.

3. En aucun instant la dépression n'est ressentie, ni la douleur éprouvée ni la perte perçue. [2]En aucun instant le chagrin ne peut être placé sur un trône et adoré fidèlement. [3]En aucun instant il n'est même possible de mourir. [4]Ainsi chaque instant donné à Dieu en passant, avec le suivant qui Lui est déjà donné, est un temps de ta délivrance de la tristesse, de la douleur et même de la mort.

4. Dieu tient ton futur comme Il tient ton passé et ton présent. [2]Ils ne font qu'un pour Lui et ils devraient donc ne faire qu'un pour toi. [3]Or en ce monde, la progression temporelle semble encore réelle. [4]Il ne t'est donc pas demandé de comprendre l'absence de suite qui se trouve réellement dans le temps. [5]Il t'est seulement demandé de lâcher prise du futur et de le mettre entre les Mains de Dieu. [6]Et tu verras par ton expérience que tu as mis aussi le passé et le présent entre Ses Mains, parce que le passé ne te punira plus et que la crainte future sera maintenant in-signifiante.

5. Libère le futur. [2]Car le passé a disparu et ce qui est présent, libéré de son legs de chagrin et de misère, de douleur et de perte, devient l'instant où le temps échappe de l'esclavage des illusions où il poursuit son impitoyable, inévitable course. [3]Alors chaque instant qui était l'esclave du temps est transformé en un instant saint, quand la lumière qui était gardée cachée dans le Fils de

Dieu est libérée pour bénir le monde. [4]Maintenant il est libre, et toute sa gloire luit sur un monde rendu libre avec lui, pour partager sa sainteté.

6. Si tu peux voir la leçon d'aujourd'hui comme la délivrance qu'elle est réellement, tu n'hésiteras pas à donner autant d'effort constant que tu le peux, pour en faire une partie de toi. [2]Comme elle devient une pensée qui gouverne ton esprit, une habitude dans ton répertoire de résolution de problèmes, une façon de réagir rapidement à la tentation, tu étends ton apprentissage au monde. [3]Et comme tu apprends à voir le salut en toutes choses, ainsi le monde percevra qu'il est sauvé.

7. Quelle inquiétude peut avoir celui qui remet son avenir entre les Mains aimantes de Dieu? [2]De quoi peut-il souffrir? [3]Qu'est-ce qui peut lui causer de la douleur ou lui faire éprouver une perte? [4]Que peut-il craindre? [5]Et que peut-il regarder autrement qu'avec amour? [6]Car celui qui a échappé de toute peur de douleur future a trouvé sa voie vers la paix présente et la certitude d'une sollicitude que le monde ne peut jamais menacer. [7]Il est sûr que sa perception peut être fautive, mais qu'elle ne manquera jamais d'être corrigée. [8]Il est libre de choisir à nouveau lorsqu'il a été trompé; de changer d'esprit quand il a fait des erreurs.

8. Mets donc ton futur entre les Mains de Dieu. [2]Car ainsi tu appelles la mémoire de Lui à revenir, pour remplacer toutes tes pensées de péché et de mal par la vérité de l'amour. [3]Penses-tu que le monde pourrait manquer d'y gagner, et chaque créature vivante ne pas répondre par une perception guérie? [4]Qui se confie lui-même à Dieu a aussi mis le monde entre les Mains auxquelles il a lui-même fait appel pour trouver le réconfort et la sécurité. [5]Il met de côté les illusions malades du monde aussi bien que les siennes, et il offre la paix aux unes comme aux autres.

9. Maintenant nous sommes certes sauvés. [2]Car entre les Mains de Dieu nous reposons imperturbés, sûrs que seul du bien peut nous arriver. [3]Si nous oublions, nous serons doucement rassurés. [4]Si nous acceptons une pensée qui ne pardonne pas, elle sera tôt remplacée par le reflet de l'amour. [5]Et si nous sommes tentés d'attaquer, nous ferons appel à Celui Qui veille sur notre repos afin qu'Il fasse pour nous le choix qui laisse la tentation loin derrière nous. [6]Le monde n'est plus notre ennemi, car nous avons choisi d'être son ami.

LEÇON 195

L'amour est la voie dans laquelle je marche avec gratitude.

1.   La gratitude est une leçon difficile à apprendre pour ceux qui regardent mal le monde. [2]Le plus qu'ils peuvent faire est de se voir eux-mêmes en meilleure posture que les autres. [3]Et ils essaient d'être contents parce qu'un autre semble souffrir plus qu'eux. [4]Comme de telles pensées sont pitoyables et réprobatrices ! [5]Car qui a cause de rendre grâce tandis que d'autres l'ont moins ? [6]Et qui pourrait souffrir moins parce qu'il en voit un autre souffrir plus ? [7]Ta gratitude est due à Lui seul Qui a fait disparaître toute cause de chagrin dans le monde entier.

2.   Il est insane de rendre grâce à cause de la souffrance. [2]Mais il est pareillement insane de manquer de gratitude envers Celui Qui t'offre le moyen certain par lequel toute douleur est guérie et la souffrance remplacée par le rire et le bonheur. [3]Même ceux qui ne sont que partiellement sains d'esprit ne pourraient refuser de faire les pas qu'Il dirige et de suivre dans la voie qu'Il trace devant eux, pour s'évader d'une prison qu'ils pensaient sans une porte s'ouvrant sur la délivrance qu'ils perçoivent maintenant.

3.   Ton frère est ton « ennemi » parce que tu vois en lui un rival te disputant ta paix; un pillard qui prend sa joie de toi et ne te laisse rien, qu'un noir désespoir, si amer et implacable qu'il ne reste plus aucun espoir. [2]Maintenant il ne reste plus rien à souhaiter, que la vengeance. [3]Maintenant tu ne peux que tenter de le faire tomber pour gésir avec toi dans la mort, aussi inutile que toi-même, avec aussi peu restant entre ses mains serrées que dans les tiennes.

4.   Tu n'offres pas ta gratitude à Dieu parce que ton frère est plus esclave que toi, pas plus que tu ne pourrais sainement être enragé s'il semble plus libre. [2]L'amour ne fait pas de comparaisons. [3]Et la gratitude ne peut être sincère que jointe à l'amour. [4]Nous rendons grâce à Dieu notre Père de ce qu'en nous toutes choses trouveront leur liberté. [5]Jamais il n'y en aura certains qui sont déliés alors que d'autres sont encore liés. [6]Car qui peut marchander au nom de l'amour ?

5.   Rends grâce, donc, mais avec sincérité. [2]Et laisse ta gratitude faire une place pour tous ceux qui s'évaderont avec toi : les malades, les faibles, ceux qui sont dans le besoin et qui ont peur, ceux

qui pleurent une perte apparente ou ressentent une douleur apparente, qui souffrent du froid ou de la faim ou qui suivent la voie de la haine et le chemin de la mort. ³Tous ceux-là vont avec toi. ⁴Ne nous comparons pas à eux, car ainsi nous les coupons de notre conscience de l'unité que nous partageons avec eux, comme eux-mêmes doivent la partager avec nous.

6. Nous remercions notre Père d'une seule chose : de n'être séparés d'aucune chose vivante et donc de ne faire qu'un avec Lui. ²Et nous nous réjouissons qu'aucune exception ne puisse jamais être faite qui réduirait notre entièreté, détériorerait ou changerait notre fonction, qui est de compléter Celui Qui est Lui-même complétude. ³Nous rendons grâce de chaque chose vivante, car autrement nous ne rendons grâce de rien et nous manquons de reconnaître les dons que Dieu nous fait.

7. Laissons donc nos frères appuyer leurs têtes fatiguées sur notre épaule tandis qu'ils se reposent un moment. ²Nous rendons grâce d'eux. ³Car si nous pouvons les diriger vers la paix que nous voudrions trouver, la voie s'ouvre enfin pour nous. ⁴Une ancienne porte s'ouvre librement à nouveau ; une Parole depuis longtemps oubliée résonne à nouveau dans notre mémoire et se fait de plus en plus claire comme nous sommes de nouveau désireux de l'entendre.

8. Marche donc avec gratitude dans la voie de l'amour. ²Car la haine est oubliée lorsque nous mettons les comparaisons de côté. ³Que reste-t-il encore comme obstacles à la paix ? ⁴Maintenant la peur de Dieu est enfin défaite, et nous pardonnons sans comparer. ⁵Ainsi nous ne pouvons pas choisir de passer sur certaines choses tout en gardant d'autres choses encore sous clé en tant que « péchés ». ⁶Quand ton pardon sera complet, tu auras une gratitude totale, car tu verras que toute chose a gagné le droit à l'amour en étant aimante, tout comme ton Soi.

9. Aujourd'hui nous apprenons à penser à la gratitude à la place de la colère, de la malice et de la vengeance. ²Tout nous a été donné. ³Si nous refusons de le reconnaître, nous n'avons pas plus le droit à notre amertume ni à une perception de soi qui nous voit dans un lieu de poursuite sans merci, où nous sommes sans cesse harcelés et bousculés sans une pensée et sans un souci pour nous-mêmes ou pour notre futur. ⁴La gratitude devient l'unique pensée que nous substituons à ces insanes perceptions. ⁵Dieu a pris soin de nous et nous appelle Fils. ⁶Peut-il y avoir plus que cela ?

10.   Notre gratitude pavera la voie jusqu'à Lui et réduira notre temps d'apprentissage de bien plus que tu ne pourrais jamais l'imaginer. [2]La gratitude et l'amour vont de pair, et là où est l'une doit se trouver l'autre. [3]Car la gratitude n'est qu'un aspect de l'Amour qui est la Source de toute création. [4]Dieu te rend grâce à toi, Son Fils, d'être ce que tu es : Sa Propre complétude et la Source de l'amour, avec Lui. [5]Ta gratitude envers Lui ne fait qu'un avec la Sienne envers toi. [6]Car l'amour ne peut aller sur d'autre route que sur celle de la gratitude, et ainsi nous allons, nous qui suivons la voie qui mène à Dieu.

LEÇON 196

Ce ne peut être que moi que je crucifie.

1.   Quand cela sera fermement compris et gardé en pleine conscience, tu ne tenteras pas de te nuire à toi-même ni de rendre ton corps esclave de la vengeance. ²Tu ne t'attaqueras pas et tu te rendras compte qu'attaquer autrui n'est que t'attaquer toi-même. ³Tu seras libre de l'insane croyance que d'attaquer ton frère te sauve. ⁴Et tu comprendras que sa sécurité est la tienne, et que dans sa guérison tu es guéri.

2.   Tu ne comprendras peut-être pas au début comment la miséricorde, illimitée et tenant toutes choses sous sa sûre protection, peut se trouver dans l'idée que nous pratiquons aujourd'hui. ²De fait, elle peut sembler être le signe que la punition est à jamais inéluctable parce que l'ego, sous ce qu'il considère comme une menace, est prompt à citer la vérité pour sauver ses mensonges. ³Or il doit manquer de comprendre la vérité qu'il utilise ainsi. ⁴Mais tu peux apprendre à voir ces sottes applications et nier la signification qu'elles semblent avoir.

3.   Ainsi tu enseignes aussi à ton esprit que tu n'es pas un ego. ²Car les façons dont l'ego voudrait distordre la vérité ne te tromperont plus. ³Tu ne croiras pas que tu es un corps à crucifier. ⁴Et tu verras dans l'idée d'aujourd'hui la lumière de la résurrection, regardant passé toutes les pensées de crucifixion et de mort, vers les pensées de libération et de vie.

4.   L'idée d'aujourd'hui est un pas que nous faisons en nous dirigeant de l'esclavage vers l'état de parfaite liberté. ²Faisons ce pas aujourd'hui, pour aller vite dans la voie que le salut nous montre, chaque pas venant à sa place désignée au fur et à mesure que l'esprit renonce à ses fardeaux l'un après l'autre. ³Ce n'est pas de temps dont nous avons besoin pour cela. ⁴C'est seulement de désir. ⁵Car ce qui semblerait devoir prendre un millier d'années peut aisément se faire en un seul instant par la grâce de Dieu.

5.   La pensée lugubre et désespérée que tu peux en attaquer d'autres et y échapper toi-même t'a cloué sur la croix. ²Peut-être semblait-elle être le salut. ³Or elle représentait simplement la croyance que la peur de Dieu est réelle. ⁴Et qu'est-ce que cela, sinon l'enfer ? ⁵Qui pourrait croire que son Père est son ennemi

mortel, séparé de lui, attendant le moment pour détruire sa vie et l'effacer de l'univers, sans avoir au cœur la peur de l'enfer?

6. Telle est la forme de folie à laquelle tu crois, si tu acceptes la pensée apeurante que tu peux en attaquer un autre et être libre toi-même. [2]Jusqu'à ce que cette forme soit changée, il n'y a pas d'espoir. [3]Jusqu'à ce que tu voies que cela, au moins, doit être entièrement impossible, comment pourrait-il y avoir évasion? [4]La peur de Dieu est réelle pour quiconque pense que cette pensée est vraie. [5]Et il n'en percevra pas la sottise, ou ne verra même pas qu'elle est là, ce qui lui permettrait de la remettre en question.

7. Pour la remettre le moindrement en question, il faut d'abord que la forme en soit changée au moins assez pour permettre que la peur de la riposte s'apaise, et que la responsabilité te soit rendue dans une certaine mesure. [2]À partir de là, tu peux au moins considérer si tu veux suivre cette voie douloureuse. [3]Jusqu'à ce que ce changement ait été accompli, tu ne peux pas percevoir que ce sont seulement tes pensées qui t'apportent la peur, et que ta délivrance dépend de toi.

8. Nos prochains pas seront faciles, si tu fais celui-là aujourd'hui. [2]À partir de là nous avançons assez rapidement. [3]Car une fois que tu comprends qu'il est impossible que tu sois blessé, sauf par tes propres pensées, la peur de Dieu doit disparaître. [4]Tu ne peux pas croire alors que la peur est causée au-dehors. [5]Et Dieu, Que tu avais pensé bannir, peut à nouveau être accueilli au-dedans de l'esprit saint qu'Il n'a jamais quitté.

9. Il est certainement possible d'entendre le chant du salut dans l'idée que nous pratiquons aujourd'hui. [2]Si ce ne peut être que toi que tu crucifies, tu n'as pas blessé le monde et tu n'as pas besoin de craindre sa vengeance et sa poursuite. [3]Tu n'as pas besoin non plus de te cacher dans la terreur de la peur mortelle de Dieu derrière laquelle la projection se dissimule. [4]La chose que tu crains le plus est ton salut. [5]Tu es fort, et c'est la force que tu veux. [6]Et tu es libre, et content de la liberté. [7]Tu as cherché à être à la fois faible et lié, parce que tu craignais ta force et ta liberté. [8]Or le salut réside en elles.

10. Il y a un instant où la terreur semble saisir ton esprit si entièrement qu'il semble n'y avoir aucun espoir d'évasion. [2]Quand tu te rends compte, une fois pour toutes, que c'est de toi dont tu as peur, l'esprit se perçoit lui-même divisé. [3]Et cela était dissimulé tant que tu croyais que l'attaque pouvait être dirigée vers l'extérieur, puis retournée de l'extérieur vers l'intérieur. [4]Il semblait

que c'était un ennemi au-dehors que tu avais à craindre. [5]Ainsi un dieu au-dehors de toi devint ton ennemi mortel et la source de la peur.

11.　Maintenant, pour un instant, un meurtrier est perçu au-dedans de toi, désirant ardemment ta mort, tramant contre toi des punitions jusqu'au moment où il peut enfin tuer. [2]Or en cet instant est aussi le moment où vient le salut. [3]Car la peur de Dieu a disparu. [4]Et tu peux Lui faire appel pour qu'Il te sauve des illusions par Son Amour, en L'appelant Père et toi-même Son Fils. [5]Prie pour que cet instant soit proche, aujourd'hui. [6]Éloigne-toi de la peur et avance vers l'amour.

12.　Il n'est pas une Pensée de Dieu qui n'aille avec toi pour t'aider à atteindre cet instant, et vite aller au-delà, sûrement et pour toujours. [2]Quand la peur de Dieu a disparu, il n'y a plus d'obstacles qui restent encore entre toi et la sainte paix de Dieu. [3]Comme elle est douce et miséricordieuse l'idée que nous pratiquons ! [4]Accueille-la, comme tu le dois, car elle est ta délivrance. [5]Ce n'est certes que toi que ton esprit peut essayer de crucifier. [6]Or ta rédemption aussi viendra de toi.

LEÇON 197

Ce ne peut être que ma gratitude que je gagne.

1.   Voici le deuxième pas que nous faisons pour libérer ton esprit de la croyance en une force extérieure dressée contre la tienne. ²Tu fais des tentatives de douceur et de pardon. ³Or tu les tournes à nouveau en attaque, à moins de trouver de la gratitude extérieure et profusion de remerciements. ⁴Tes dons doivent être reçus avec honneur, sinon tu les retires. ⁵Ainsi tu penses que les dons de Dieu sont au mieux des prêts; au pire, des tromperies qui te priveraient de tes défenses pour garantir que lorsqu'Il frappera Il tuera à coup sûr.

2.   Comme il est facile de confondre Dieu et la culpabilité pour ceux qui ne savent pas ce que leurs pensées peuvent faire. ²Nie ta force, et la faiblesse doit devenir le salut pour toi. ³Vois-toi comme prisonnier, et des barreaux deviennent ta demeure. ⁴Et tu ne quitteras pas non plus ta prison ni ne réclameras ta force jusqu'à ce que la culpabilité et le salut ne soient pas vus comme ne faisant qu'un, et que la liberté et le salut soient perçus comme étant joints, avec la force à leur côté, à rechercher et à réclamer, à trouver et à reconnaître pleinement.

3.   Le monde doit te remercier lorsque tu lui offres la délivrance de tes illusions. ²Or tes remerciements t'appartiennent aussi, car sa délivrance ne peut que refléter la tienne. ³Ta gratitude est tout ce que tes dons requièrent pour être l'offrande durable d'un cœur reconnaissant, délivré de l'enfer à jamais. ⁴Est-ce cela que tu voudrais défaire en reprenant tes dons, parce qu'ils n'ont pas été honorés? ⁵C'est toi qui les honores et qui remercies comme il convient, car c'est toi qui as reçu les dons.

4.   Peu importe si un autre pense que tes dons sont indignes. ²Dans son esprit il y a une partie qui se joint au tien pour te remercier. ³Peu importe si tes dons semblent perdus et sans effet. ⁴Ils sont reçus là où ils sont donnés. ⁵Par ta gratitude ils sont acceptés universellement, et le Cœur de Dieu Lui-même en est reconnaissant. ⁶Voudrais-tu les reprendre, quand Il les a acceptés avec gratitude?

5.   Dieu bénit chaque don que tu Lui fais, et chaque don Lui est fait, parce qu'il ne peut être fait qu'à toi-même. ²Et ce qui appartient à Dieu doit être le Sien. ³Or jamais tu ne te rendras compte que Ses dons sont sûrs, éternels, inchangeables, illimités, à jamais

redonnant, étendant l'amour et ajoutant à ta joie sans fin, tant que tu ne pardonnes que pour attaquer de nouveau.

6.   Retire les dons que tu fais, et tu penseras que ce qui t'est donné t'a été retiré. [2]Mais apprends à laisser le pardon enlever les péchés que tu penses voir à l'extérieur de toi, et tu ne peux jamais penser que les dons de Dieu ne sont prêtés que pour un court moment, avant qu'il ne les arrache à nouveau dans la mort. [3]Car alors la mort n'aura pour toi aucune signification.

7.   Avec la fin de cette croyance la peur est à jamais terminée. [2]Remercie ton Soi pour cela, car Il n'est reconnaissant qu'envers Dieu et Il rend grâce de toi à Lui-même. [3]À chacun de ceux qui vivent, le Christ viendra, car chacun doit vivre et se mouvoir en Lui. [4]Son Être en Son Père est en sûreté, parce que Leur Volonté est Une. [5]Leur gratitude envers tout ce qu'Ils ont créé n'a pas de fin, car la gratitude reste une partie de l'amour.

8.   Merci à toi, le saint Fils de Dieu. [2]Car tel que tu as été créé, tu contiens toutes choses en ton Soi. [3]Et tu es encore tel que Dieu t'a créé. [4]Tu ne peux pas non plus faire pâlir la lumière de ta perfection. [5]Dans ton cœur est posé le Cœur de Dieu. [6]Tu Lui es cher, parce que tu es Lui-même. [7]Toute gratitude t'appartient, à cause de ce que tu es.

9.   Rends la gratitude comme tu la reçois. [2]Sois libre de toute ingratitude envers quiconque rend ton Soi complet. [3]Or de ce Soi nul n'est laissé à l'extérieur. [4]Rends grâce des canaux innombrables qui étendent ce Soi. [5]Tout ce que tu fais Lui est donné. [6]Tout ce que tu penses ne peut être que Ses Pensées, qui partagent avec Lui les saintes Pensées de Dieu. [7]Gagne maintenant la gratitude que tu t'es niée à toi-même quand tu as oublié la fonction que Dieu t'a donnée. [8]Mais ne pense pas qu'Il ait jamais cessé de te rendre grâce.

LEÇON 198

Seule ma condamnation me blesse.

1. Il est impossible d'être blessé. ²Et pourtant, l'illusion fait l'illusion. ³Si tu peux condamner, tu peux être blessé. ⁴Car tu as cru que tu pouvais blesser, et le droit que tu as établi pour toi-même peut maintenant être utilisé contre toi, jusqu'à ce que tu le déposes comme chose sans valeur, non voulue et irréelle. ⁵Alors l'illusion cesse d'avoir des effets, et ceux qu'elle semblait avoir seront défaits. ⁶Alors tu es libre, car la liberté est ton don, et tu peux maintenant recevoir le don que tu as fait.

2. Condamne, et tu es fait prisonnier. ²Pardonne, et tu es libéré. ³Telle est la loi qui gouverne la perception. ⁴Ce n'est pas une loi que la connaissance comprend, car la liberté fait partie de la connaissance. ⁵Ainsi, condamner est impossible en vérité. ⁶Ce qui semble en être l'influence et les effets ne s'est pas du tout produit. ⁷Or nous devons nous en occuper un moment comme s'ils s'étaient produits. ⁸L'illusion fait l'illusion. ⁹Sauf une. ¹⁰Le pardon est l'illusion qui est réponse à tout le reste.

3. Le pardon balaie tous les autres rêves et, bien qu'il soit lui-même un rêve, il n'en engendre pas d'autres. ²Toutes les illusions, sauf celle-ci, doivent se multiplier par milliers. ³Mais c'est ici que les illusions prennent fin. ⁴Le pardon est la fin des rêves, parce que c'est un rêve d'éveil. ⁵Il n'est pas lui-même la vérité. ⁶Or il indique où la vérité doit se trouver, et il en donne la direction avec la certitude de Dieu Lui-même. ⁷C'est un rêve dans lequel le Fils de Dieu s'éveille à son Soi et à son Père, connaissant qu'Ils ne font qu'un.

4. Le pardon est la seule route qui mène hors du désastre, passé toute souffrance et enfin loin de la mort. ²Comment pourrait-il y avoir une autre voie, quand celle-ci est le plan de Dieu Lui-même? ³Et pourquoi voudrais-tu t'y opposer, lui chercher querelle, chercher à trouver mille voies par où il doit errer, mille autres possibilités?

5. N'est-il pas plus sage de te réjouir de tenir entre les mains la réponse à tes problèmes? ²N'est-il pas plus intelligent de remercier Celui Qui donne le salut, et d'accepter Son don avec gratitude? ³Et n'est-ce pas une douceur pour toi-même d'entendre Sa Voix et d'apprendre les simples leçons qu'Il voudrait enseigner,

au lieu d'essayer de rejeter Ses paroles et de substituer les tiennes à la place des Siennes?

6.   Ses paroles marcheront. [2]Ses paroles sauveront. [3]Ses paroles contiennent tout l'espoir, toutes les bénédictions et toute la joie qui se puissent jamais trouver sur cette terre. [4]Ses paroles sont nées en Dieu et viennent à toi revêtues de l'amour du Ciel. [5]Ceux qui entendent Ses paroles ont entendu le chant du Ciel. [6]Car ce sont les paroles dans lesquelles toutes se fondent enfin en une seule. [7]Et lorsque celle-ci s'effacera, la Parole de Dieu viendra prendre sa place, car elle remontera alors à la mémoire et sera aimée.

7.   Il y a en ce monde de nombreux repaires apparents et séparés où la miséricorde n'a pas de signification et où l'attaque paraît justifiée. [2]Or tous ne font qu'un : un endroit où la mort est offerte au Fils de Dieu et à son Père. [3]Tu penses peut-être qu'Ils ont accepté. [4]Mais si tu regardes à nouveau l'endroit où tu voyais Leur sang, tu percevras à la place un miracle. [5]Quelle sottise de croire qu'Ils pourraient mourir! [6]Quelle sottise de croire que tu peux attaquer! [7]Quelle folie de penser que tu pourrais être condamné, et que le saint Fils de Dieu peut mourir!

8.   Le calme de ton Soi reste intouché, inaffecté par de telles pensées, inconscient d'une quelconque condamnation qui aurait besoin de pardon. [2]Les rêves de toutes sortes sont étranges et étrangers à la vérité. [3]Et quoi d'autre que la vérité pourrait avoir une Pensée qui bâtit un pont vers elle, lequel porte les illusions de l'autre côté?

9.   Aujourd'hui nous nous exerçons à laisser la liberté venir pour faire sa demeure avec toi. [2]La vérité offre ces paroles à ton esprit, afin que tu trouves la clé de la lumière et laisses les ténèbres cesser :

[3]Seule ma condamnation me blesse.
[4]Seul mon propre pardon me rend libre.

[5]N'oublie pas aujourd'hui qu'il ne peut y avoir aucune forme de souffrance qui ne cache une pensée qui ne pardonne pas. [6]Pas plus qu'il ne peut y avoir une forme de douleur que le pardon ne puisse guérir.

10.   Accepte la seule illusion qui proclame qu'il n'y a pas de condamnation dans le Fils de Dieu, et le souvenir du Ciel revient instantanément; le monde est oublié et toutes ses bizarres croyances oubliées avec lui, alors que la face du Christ apparaît enfin dévoilée dans ce seul rêve. [2]Voilà le don que le Saint-Esprit tient pour

toi de Dieu ton Père. ³Que ce jour soit célébré à la fois sur la terre et dans ta sainte demeure. ⁴Sois bon envers les Deux, en pardonnant les offenses dont tu Les pensais coupables, et vois ton innocence luire sur toi de la face du Christ.

11. Maintenant le silence règne tout autour du monde. ²Maintenant le calme règne là où auparavant il y avait un torrent frénétique de pensées qui n'avaient aucun sens. ³Il y a maintenant une lumière tranquille sur la face de la terre, rendue quiète dans un sommeil sans rêve. ⁴Et maintenant seule la Parole de Dieu reste sur elle. ⁵Seul cela peut encore être perçu un instant de plus. ⁶Puis les symboles sont finis, et tout ce que tu as jamais pensé avoir fait a complètement disparu de l'esprit que Dieu connaît à jamais comme Son seul Fils.

12. Il n'y a pas de condamnation en lui. ²Il est parfait en sa sainteté. ³Il n'a pas besoin de pensées de miséricorde. ⁴Qui pourrait lui faire des dons alors que tout est à lui ? ⁵Et qui pourrait rêver d'offrir le pardon au Fils de l'Impeccabilité même, si pareil à Celui Dont il est le Fils que de contempler le Fils c'est ne plus percevoir et seulement connaître le Père ? ⁶Dans cette vision du Fils, si brève qu'il n'y a pas même un instant entre cette seule vue et l'intemporel même, tu vois la vision de toi-même, et puis tu disparais à jamais en Dieu.

13. Aujourd'hui nous venons encore plus près de la fin de tout ce qui voudrait encore se dresser entre cette vision et notre vue. ²Nous nous réjouissons d'être rendus si loin, et nous reconnaissons que Celui Qui nous a amenés ici ne nous abandonnera pas maintenant. ³Car Il voudrait nous faire le don que Dieu nous a fait par Lui aujourd'hui. ⁴Maintenant est le temps de ta délivrance. ⁵Le temps est venu. ⁶Le temps est venu aujourd'hui.

LEÇON 199

Je ne suis pas un corps. Je suis libre.

1. La liberté doit être impossible aussi longtemps que tu perçois un corps comme étant toi-même. ²Le corps est une limite. ³Qui voudrait chercher la liberté dans un corps la cherche là où elle ne peut pas être trouvée. ⁴L'esprit peut être libéré quand il ne se voit plus dans un corps, fermement attaché à lui et protégé par sa présence. ⁵Si cela était la vérité, l'esprit serait certes vulnérable !

2. L'esprit qui sert le Saint-Esprit est illimité à jamais, à tous égards, par-delà les lois du temps et de l'espace, délié de toute préconception, avec la force et le pouvoir de faire tout ce qui lui est demandé. ²Les pensées d'attaque ne peuvent entrer dans un tel esprit, parce qu'il a été donné à la Source de l'amour, et la peur ne peut jamais entrer dans un esprit qui s'est attaché à l'amour. ³Il repose en Dieu. ⁴Et qui peut avoir peur qui vit dans l'Innocence, et qui ne fait qu'aimer ?

3. Il est essentiel pour tes progrès dans ce cours que tu acceptes l'idée d'aujourd'hui et qu'elle te soit très chère. ²Ne t'inquiète pas si pour l'ego elle est tout à fait insane. ³Le corps est cher à l'ego parce qu'il y habite et qu'il vit en union avec la demeure qu'il a faite. ⁴C'est une partie de l'illusion qui l'a gardé d'être lui-même trouvé illusoire.

4. C'est là qu'il se cache et c'est là qu'il peut être vu pour ce qu'il est. ²Déclare ton innocence, et tu es libre. ³Le corps disparaît, parce que tu n'en as aucun besoin, si ce n'est le besoin que voit le Saint-Esprit. ⁴Pour cela, le corps apparaîtra comme une forme utile pour ce que l'esprit doit faire. ⁵Il devient ainsi un véhicule qui aide à étendre le pardon jusqu'au but intégral qu'il doit atteindre, selon le plan de Dieu.

5. Chéris l'idée d'aujourd'hui et pratique-la aujourd'hui et chaque jour. ²Inclus-la dans chaque période d'exercice que tu fais. ³Il n'y a pas une pensée qui n'y gagnera en pouvoir d'aider le monde et aucune qui n'y gagnera aussi en dons supplémentaires pour toi. ⁴Nous sonnons l'appel de la liberté dans le monde entier avec cette idée. ⁵Voudrais-tu être exempté de l'acceptation des dons que tu fais ?

6. Le Saint-Esprit est la demeure d'esprits qui cherchent la liberté. ²En Lui ils ont trouvé ce qu'ils ont cherché. ³Le but du corps

maintenant n'est pas ambigu. ⁴Et il devient parfait dans son aptitude à servir un but indivisé. ⁵En réagissant sans conflit et sans équivoque à l'esprit qui n'a que la pensée de liberté pour but, le corps sert et remplit bien son but. ⁶Sans le pouvoir d'asservir, c'est un digne serviteur de la liberté que l'esprit au-dedans du Saint-Esprit recherche.

7. Sois libre aujourd'hui. ²Et apporte la liberté comme don à ceux qui se croient encore esclaves au-dedans d'un corps. ³Sois libre, afin que le Saint-Esprit puisse faire usage de ton évasion de l'esclavage pour libérer la multitude qui se perçoit liée, impuissante et apeurée. ⁴Laisse l'amour remplacer leurs peurs à travers toi. ⁵Accepte le salut maintenant et confie ton esprit à Celui Qui t'appelle à Lui faire ce don. ⁶Car Il voudrait te donner la liberté parfaite, la joie parfaite, et l'espoir qui trouve son plein accomplissement en Dieu.

8. Tu es le Fils de Dieu. ²Dans l'immortalité, tu vis à jamais. ³Ne voudrais-tu pas lui rendre ton esprit? ⁴Alors pratique bien la pensée que le Saint-Esprit te donne pour aujourd'hui. ⁵Tes frères se trouvent délivrés avec toi en elle; le monde est béni avec toi, le Fils de Dieu ne pleurera plus et le Ciel rend grâce de l'augmentation de la joie que ton exercice amène même à lui. ⁶Et Dieu Lui-même étend Son Amour et Son bonheur chaque fois que tu dis :

⁷Je ne suis pas un corps. ⁸Je suis libre. ⁹J'entends la Voix que Dieu m'a donnée et c'est seulement à elle que mon esprit obéit.

LEÇON 200

Il n'est de paix que la paix de Dieu.

1. Ne cherche pas plus loin. ²Tu ne trouveras de paix que la paix de Dieu. ³Accepte ce fait et épargne-toi le supplice d'encore plus d'amères déceptions, d'une morne détresse et d'un sentiment de désespoir glacé et de doute. ⁴Ne cherche pas plus loin. ⁵Il n'y a rien d'autre que tu puisses trouver, sauf la paix de Dieu, à moins que tu ne recherches la misère et la douleur.

2. Voilà le point final où chacun doit enfin arriver, pour mettre de côté tout espoir de trouver le bonheur où il n'y en a pas ; d'être sauvé par ce qui ne peut que blesser ; de faire du chaos la paix, de la douleur la joie et de l'enfer le Ciel. ²Ne tente plus de gagner en perdant, ni de mourir pour vivre. ³Tu ne fais que te vouer à l'échec.

3. Or tu peux demander aussi facilement l'amour, le bonheur et la vie éternelle dans une paix qui n'a pas de fin. ²Demande cela, et tu ne peux que gagner. ³Demander ce que tu as déjà doit réussir. ⁴Demander que ce qui est faux soit vrai ne peut qu'échouer. ⁵Pardonne-toi tes vaines imaginations et ne cherche plus ce que tu ne peux trouver. ⁶Car qu'est-ce qui pourrait être plus sot que de chercher et chercher l'enfer encore et encore, alors qu'il te suffit d'ouvrir les yeux pour voir que le Ciel est là devant toi, derrière une porte qui s'ouvre facilement pour t'accueillir ?

4. Reviens chez toi. ²Tu n'as pas trouvé ton bonheur en ces lieux étrangers et en ces formes étrangères qui n'ont pas de signification pour toi, bien que tu aies cherché à les rendre signifiants. ³Ta place n'est pas dans ce monde. ⁴Tu es un étranger ici. ⁵Mais il t'est donné de trouver le moyen par lequel le monde ne semble plus être une prison ni une geôle pour qui que ce soit.

5. La liberté t'est donnée là où tu ne voyais que chaînes et portes de fer. ²Mais tu dois changer d'esprit quant au but du monde, si tu veux trouver à t'évader. ³Tu seras lié jusqu'à ce que tu voies le monde entier comme béni, et que chacun soit rendu libre de tes erreurs et honoré tel qu'il est. ⁴Tu ne l'as pas fait, ni toi-même non plus. ⁵Et comme tu libères l'un, l'autre est accepté tel qu'il est.

6. Que fait le pardon ? ²En vérité il n'a pas de fonction et ne fait rien. ³Car il est inconnu au Ciel. ⁴Ce n'est qu'en enfer qu'il en est besoin, et où il a à remplir une puissante fonction. ⁵N'est-ce pas que l'évasion du Fils bien-aimé de Dieu des rêves mauvais qu'il

imagine, mais qu'il croit vrais, est un digne but? [6]Qui pourrait espérer plus, tant qu'il semble y avoir un choix à faire entre le succès et l'échec, l'amour et la peur?

7. Il n'est de paix que la paix de Dieu, parce qu'Il a un seul Fils qui ne peut pas faire un monde en opposition à la Volonté de Dieu et à sa propre volonté, qui est la même que la Sienne. [2]Que pourrait-il espérer trouver dans un tel monde? [3]Il ne peut pas avoir de réalité parce qu'il n'a jamais été créé. [4]Est-ce là qu'il voudrait chercher la paix? [5]Ou doit-il voir que, comme il le regarde, le monde ne peut que tromper? [6]Or il peut apprendre à le regarder d'une autre façon et trouver la paix de Dieu.

8. La paix est le pont que chacun traversera pour laisser ce monde derrière soi. [2]Mais la paix commence dans le monde perçu comme différent et mène de cette perception nouvelle jusqu'aux portes du Ciel et à la voie au-delà. [3]La paix est la réponse aux buts conflictuels, aux voyages insensés, aux poursuites effrénées et vaines, et aux entreprises in-signifiantes. [4]Maintenant la voie est facile, qui descend doucement vers le pont où la liberté réside dans la paix de Dieu.

9. Ne perdons pas de nouveau notre chemin aujourd'hui. [2]Nous allons vers le Ciel et la route est aplanie. [3]C'est seulement si nous tentons de nous en écarter qu'il peut y avoir un retard et du temps perdu inutilement sur des routes épineuses. [4]Dieu seul est sûr et Il guidera nos pas. [5]Il ne désertera pas Son Fils dans le besoin, ni ne le laissera errer à jamais loin de sa demeure. [6]Le Père appelle; le Fils entendra. [7]Et voilà tout ce qu'il y a dans ce qui paraît être un monde à part de Dieu, où les corps ont une réalité.

10. Maintenant le silence règne. [2]Ne cherche pas plus loin. [3]Tu es arrivé là où la route est jonchée de feuilles de faux désirs, tombées des arbres du désespoir que tu cherchais auparavant. [4]Maintenant elles sont sous tes pieds. [5]Et tu regardes en haut et vers le Ciel, avec les yeux du corps qui ne te serviront plus qu'un instant encore. [6]Déjà la paix est enfin reconnue et tu peux sentir sa douce étreinte qui t'entoure le cœur et l'esprit de réconfort et d'amour.

11. Aujourd'hui nous ne cherchons pas d'idoles. [2]La paix ne peut pas être trouvée en elles. [3]La paix de Dieu est à nous et nous n'accepterons ni ne voudrons rien d'autre. [4]Que la paix soit avec nous aujourd'hui. [5]Car nous avons trouvé une voie simple et heureuse pour quitter le monde de l'ambiguïté et remplacer nos buts changeants et nos rêves solitaires par un seul but indivisé et la

camaraderie. ⁶Car la paix est union, si elle est de Dieu. ⁷Nous ne cherchons pas plus loin. ⁸Nous sommes près de chez nous et nous approchons encore davantage chaque fois que nous disons :

> ⁹*Il n'est de paix que la paix de Dieu,*
> *Et je suis heureux et reconnaissant qu'il en soit ainsi.*

RÉVISION VI

Introduction

1. Pour cette révision nous prenons une seule idée chaque jour et nous la répétons aussi souvent que possible. [2]Outre le temps que tu donnes matin et soir, qui ne devrait pas compter moins de quinze minutes, et les rappels que tu fais à chaque heure tout le long de la journée, utilise l'idée aussi souvent que possible entre-temps. [3]Chacune de ces idées suffirait à elle seule pour le salut, si elle était véritablement apprise. [4]Chacune d'elles suffirait à donner délivrance à toi-même et au monde de toute forme d'esclavage, tout en invitant la mémoire de Dieu à revenir.

2. Avec cela à l'esprit nous commençons nos exercices, durant lesquels nous passons soigneusement en revue les pensées que le Saint-Esprit nous a offertes au cours des vingt dernières leçons. [2]Chacune d'elles contient tout le curriculum si elle est comprise, mise en pratique, acceptée et appliquée à tous les événements apparents au cours de la journée. [3]Une seule suffit. [4]Mais à celle-là il ne faut faire aucune exception. [5]Ainsi nous avons besoin de toutes les utiliser en les laissant se fondre en une seule, chacune contribuant au tout que nous apprenons.

3. Ces sessions d'exercice, comme notre dernière révision, sont centrées sur un thème central par lequel nous commençons et terminons chaque leçon. [2]Le voici :

> [3]*Je ne suis pas un corps.* [4]*Je suis libre.*
> [5]*Car je suis encore tel que Dieu m'a créé.*

[6]La journée commence et finit par ceci. [7]Et nous le répétons chaque fois que l'heure sonne, ou que nous nous souvenons, entre-temps, que nous avons une fonction qui transcende le monde que nous voyons. [8]Outre cela, et la répétition de la pensée particulière que nous pratiquons ce jour-là, aucune forme d'exercice n'est préconisée, si ce n'est un profond renoncement à tout ce qui encombre l'esprit et le rend sourd à la raison, à la santé d'esprit et à la simple vérité.

4. Nous tenterons d'aller au-delà de tous les mots et de toutes les formes particulières d'exercice pendant cette révision. [2]Car nous tentons, cette fois, d'avoir le pas plus rapide sur un chemin plus

court vers la sérénité et la paix de Dieu. ³Nous fermons simplement les yeux, puis nous oublions tout ce que nous pensions savoir et comprendre. ⁴Car ainsi la délivrance nous est donnée de tout ce que nous ne savions pas et n'arrivions pas à comprendre.

5. Il y a une seule exception à ce manque de structure. ²Ne permets à aucune vaine pensée de passer incontestée. ³Si tu en remarques une, nie son emprise et dépêche-toi d'assurer ton esprit que ce n'est pas ce qu'il voudrait avoir. ⁴Puis laisse doucement la pensée que tu as niée être abandonnée puis rapidement et sûrement remplacée par l'idée que nous pratiquons ce jour-là.

6. Quand tu es tenté, dépêche-toi de proclamer ta délivrance de la tentation en disant :

> ²*Cette pensée, je n'en veux pas.* ³*À sa place, je choisis* _____.

⁴Ensuite répète l'idée du jour et laisse-la prendre la place de ce que tu pensais. ⁵Outre ces applications particulières de l'idée de chaque jour, nous n'ajouterons que quelques expressions formelles ou pensées concrètes pour faciliter les exercices. ⁶Plutôt, nous donnons ces moments de quiétude à l'Enseignant Qui instruit en silence, Qui parle de paix et donne à nos pensées toute la signification qu'elles peuvent avoir.

7. C'est à Lui que j'offre cette révision pour toi. ²Je te confie à Sa charge et Le laisse t'enseigner quoi faire et dire et penser, chaque fois que tu te tournes vers Lui. ³Il ne manquera pas d'être disponible pour toi, chaque fois que tu L'appelleras à ton aide. ⁴Offrons-Lui toute la révision que nous commençons maintenant et n'oublions pas à Qui elle a été donnée tandis que nous nous exerçons jour après jour, en avançant vers le but qu'Il a fixé pour nous ; en Lui permettant de nous enseigner comment aller, et en nous fiant complètement à Lui pour la manière dont chaque période d'exercice peut le mieux devenir un don d'amour et de liberté pour le monde.

LEÇON 201

Je ne suis pas un corps. Je suis libre.
Car je suis encore tel que Dieu m'a créé.

1. (181) J'ai confiance en mes frères, qui ne font qu'un avec moi.

²Il n'en est pas un qui ne soit mon frère. ³Je suis doté d'unité avec l'univers et Dieu, mon Père, seul Créateur du tout qui est mon Soi, à jamais Un avec moi.

⁴Je ne suis pas un corps. ⁵Je suis libre.
⁶Car je suis encore tel que Dieu m'a créé.

LEÇON 202

Je ne suis pas un corps. Je suis libre.
Car je suis encore tel que Dieu m'a créé.

1. (182) Je serai calme un instant et rentrerai chez moi.

²Pourquoi choisirais-je de rester un instant de plus là où je ne suis pas à ma place, quand Dieu Lui-même m'a donné Sa Voix pour me rappeler chez moi?

³Je ne suis pas un corps. ⁴Je suis libre.
⁵Car je suis encore tel que Dieu m'a créé.

LEÇON 203

Je ne suis pas un corps. Je suis libre.
Car je suis encore tel que Dieu m'a créé.

1. (183) J'invoque le Nom de Dieu et le mien.

2Le Nom de Dieu est ma délivrance de toute pensée de mal et de péché, parce que c'est le mien aussi bien que le Sien.

3Je ne suis pas un corps. 4Je suis libre.
5Car je suis encore tel que Dieu m'a créé.

LEÇON 204

Je ne suis pas un corps. Je suis libre.
Car je suis encore tel que Dieu m'a créé.

1. (184) Le Nom de Dieu est mon héritage.

2Le Nom de Dieu me rappelle que je suis son Fils et non l'esclave du temps, non soumis aux lois qui gouvernent le monde des illusions malades, libre en Dieu, ne faisant qu'un avec Lui pour toujours et à jamais.

3Je ne suis pas un corps. 4Je suis libre.
5Car je suis encore tel que Dieu m'a créé.

LEÇON 205

Je ne suis pas un corps. Je suis libre.
Car je suis encore tel que Dieu m'a créé.

1. (185) Je veux la paix de Dieu.

²*La paix de Dieu est tout ce que je veux.* ³*La paix de Dieu est mon seul but, auquel vise toute ma vie ici; c'est la fin que je cherche, mon but et ma fonction et ma vie, tant que je demeure là où je ne suis pas chez moi.*

⁴**Je ne suis pas un corps.** ⁵**Je suis libre.**
⁶**Car je suis encore tel que Dieu m'a créé.**

LEÇON 206

Je ne suis pas un corps. Je suis libre.
Car je suis encore tel que Dieu m'a créé.

1. (186) Le salut du monde dépend de moi.

²*Les dons de Dieu me sont confiés, parce que je suis Son Fils.*
³*Et je voudrais donner Ses dons là où Il les destinait.*

⁴**Je ne suis pas un corps.** ⁵**Je suis libre.**
⁶**Car je suis encore tel que Dieu m'a créé.**

LEÇON 207

**Je ne suis pas un corps. Je suis libre.
Car je suis encore tel que Dieu m'a créé.**

1. (187) Je bénis le monde parce que je me bénis moi-même.

> [2]*La bénédiction de Dieu luit sur moi du fond de mon cœur, où Il demeure.* [3]*J'ai seulement besoin de me tourner vers Lui pour que fonde tout chagrin, tandis que j'accepte Son Amour illimité pour moi.*

[4]**Je ne suis pas un corps.** [5]**Je suis libre.**
[6]**Car je suis encore tel que Dieu m'a créé.**

LEÇON 208

**Je ne suis pas un corps. Je suis libre.
Car je suis encore tel que Dieu m'a créé.**

1. (188) La paix de Dieu luit en moi maintenant.

> [2]*Je serai calme et laisserai la terre être calme avec moi.* [3]*Et dans ce calme nous trouverons la paix de Dieu.* [4]*Elle est au-dedans de mon cœur, qui témoigne de Dieu Lui-même.*

[5]**Je ne suis pas un corps.** [6]**Je suis libre.**
[7]**Car je suis encore tel que Dieu m'a créé.**

LEÇON 209

**Je ne suis pas un corps. Je suis libre.
Car je suis encore tel que Dieu m'a créé.**

1. (189) Je sens l'Amour de Dieu en moi maintenant.

²L'Amour de Dieu est ce qui m'a créé. ³L'Amour de Dieu est tout ce que je suis. ⁴L'Amour de Dieu m'a proclamé Son Fils. ⁵L'Amour de Dieu en moi me rend libre.

**⁶Je ne suis pas un corps. ⁷Je suis libre.
⁸Car je suis encore tel que Dieu m'a créé.**

LEÇON 210

**Je ne suis pas un corps. Je suis libre.
Car je suis encore tel que Dieu m'a créé.**

1. (190) Je choisis la joie de Dieu au lieu de la douleur.

²La douleur est ma propre idée. ³Ce n'est pas une Pensée de Dieu mais une pensée que j'ai eue à part de Lui et de Sa Volonté. ⁴Sa Volonté est la joie et seulement la joie pour Son Fils bien-aimé. ⁵Et c'est cela que je choisis au lieu de ce que j'ai fait.

**⁶Je ne suis pas un corps. ⁷Je suis libre.
⁸Car je suis encore tel que Dieu m'a créé.**

LEÇON 211

Je ne suis pas un corps. Je suis libre.
Car je suis encore tel que Dieu m'a créé.

1. (191) Je suis le saint Fils de Dieu Lui-même.

   [2]*En silence et en véritable humilité je cherche la gloire de Dieu, pour la contempler dans le Fils qu'Il a créé comme étant mon Soi.*

   [3]**Je ne suis pas un corps.** [4]**Je suis libre.**
   [5]**Car je suis encore tel que Dieu m'a créé.**

LEÇON 212

Je ne suis pas un corps. Je suis libre.
Car je suis encore tel que Dieu m'a créé.

1. (192) J'ai une fonction que Dieu voudrait que je remplisse.

   [2]*Je cherche la fonction qui me rendrait libre de toutes les vaines illusions du monde.* [3]*Seule la fonction que Dieu m'a donnée peut offrir la liberté.* [4]*C'est cela seul que je cherche et cela seul que j'accepterai pour mien.*

   [5]**Je ne suis pas un corps.** [6]**Je suis libre.**
   [7]**Car je suis encore tel que Dieu m'a créé.**

LEÇON 213

**Je ne suis pas un corps. Je suis libre.
Car je suis encore tel que Dieu m'a créé.**

1. (193) Toutes choses sont des leçons que Dieu voudrait que j'apprenne.

> *2Une leçon est un miracle que Dieu m'offre à la place de pensées que j'ai faites qui me blessent. 3Ce que j'apprends de Lui devient la voie qui me rend libre. 4Je choisis donc d'apprendre Ses leçons et d'oublier les miennes.*

**5Je ne suis pas un corps. 6Je suis libre.
7Car je suis encore tel que Dieu m'a créé.**

LEÇON 214

**Je ne suis pas un corps. Je suis libre.
Car je suis encore tel que Dieu m'a créé.**

1. (194) Je mets le futur entre les Mains de Dieu.

> *2Le passé a disparu; le futur n'est pas encore. 3Maintenant je suis libéré des deux. 4Car ce que Dieu donne ne peut être que pour le bien. 5Et je n'accepte que ce qu'Il donne pour ce qui m'appartient.*

**6Je ne suis pas un corps. 7Je suis libre.
8Car je suis encore tel que Dieu m'a créé.**

LEÇON 215

Je ne suis pas un corps. Je suis libre.
Car je suis encore tel que Dieu m'a créé.

1. (195) L'amour est la voie dans laquelle je marche avec gratitude.

   ²Le Saint-Esprit est mon seul Guide. ³Il vient avec moi avec amour. ⁴Et je Lui rends grâce de me montrer la voie à suivre.

   ⁵Je ne suis pas un corps. ⁶Je suis libre.
   ⁷Car je suis encore tel que Dieu m'a créé.

LEÇON 216

Je ne suis pas un corps. Je suis libre.
Car je suis encore tel que Dieu m'a créé.

1. (196) Ce ne peut être que moi que je crucifie.

   ²Tout ce que je fais, je le fais à moi-même. ³Si j'attaque, je souffre. ⁴Mais si je pardonne, le salut me sera donné.

   ⁵Je ne suis pas un corps. ⁶Je suis libre.
   ⁷Car je suis encore tel que Dieu m'a créé.

LEÇON 217

Je ne suis pas un corps. Je suis libre.
Car je suis encore tel que Dieu m'a créé.

1. (197) Ce ne peut être que ma gratitude que je gagne.

> *²Qui d'autre que moi devrait rendre grâce de mon salut ? ³Et comment, si ce n'est par le salut, puis-je trouver le Soi à Qui ma gratitude est due ?*

⁴Je ne suis pas un corps. ⁵Je suis libre.
⁶Car je suis encore tel que Dieu m'a créé.

LEÇON 218

Je ne suis pas un corps. Je suis libre.
Car je suis encore tel que Dieu m'a créé.

1. (198) Seule ma condamnation me blesse.

> *²Ma condamnation garde ma vision ténébreuse et par mes yeux aveugles je ne peux pas voir la vision de ma gloire. ³Or aujourd'hui je peux contempler cette gloire et être heureux.*

⁴Je ne suis pas un corps. ⁵Je suis libre.
⁶Car je suis encore tel que Dieu m'a créé.

LEÇON 219

Je ne suis pas un corps. Je suis libre.
Car je suis encore tel que Dieu m'a créé.

1. (199) Je ne suis pas un corps. ²Je suis libre.

³Je suis le Fils de Dieu. ⁴Calme-toi, mon esprit, et pense à cela un moment. ⁵Puis retourne sur terre, sans confusion quant à ce que mon Père aime à jamais comme étant Son Fils.

⁶Je ne suis pas un corps. ⁷Je suis libre.
⁸Car je suis encore tel que Dieu m'a créé.

LEÇON 220

Je ne suis pas un corps. Je suis libre.
Car je suis encore tel que Dieu m'a créé.

1. (200) Il n'est de paix que la paix de Dieu.

²Ne me laisse pas m'écarter de la voie de la paix, car je suis perdu sur d'autres routes que celle-là. ³Mais laisse-moi suivre Celui Qui me conduit chez moi, et la paix est aussi certaine que l'Amour de Dieu.

⁴Je ne suis pas un corps. ⁵Je suis libre.
⁶Car je suis encore tel que Dieu m'a créé.

DEUXIÈME PARTIE

Introduction

1.   Les mots n'auront plus beaucoup de signification maintenant. [2]Nous ne les utilisons qu'en tant que guides dont nous ne dépendons pas. [3]Car maintenant nous recherchons l'expérience directe de la vérité seule. [4]Les leçons qui restent sont simplement des préludes aux moments où nous quittons le monde de la douleur et entrons dans la paix. [5]Maintenant nous commençons à atteindre le but que ce cours a fixé, et nous trouvons la fin vers laquelle nos exercices ont toujours été dirigés.

2.   Maintenant nous tentons de laisser l'exercice être un simple commencement. [2]Car nous sommes dans la calme attente de notre Dieu et Père. [3]Il a promis qu'Il fera le dernier pas Lui-même. [4]Et nous sommes sûrs que Ses promesses sont tenues. [5]Nous sommes rendus loin sur le chemin, et maintenant nous L'attendons. [6]Nous continuerons à passer du temps avec Lui matin et soir, autant que cela nous rend heureux. [7]Nous ne considérerons plus le temps comme une affaire de durée maintenant. [8]Nous en prendrons autant qu'il nous en faudra pour le résultat que nous désirons. [9]Nous n'oublierons pas non plus nos rappels à chaque heure entretemps, faisant appel à Dieu quand nous avons besoin de Lui et que nous sommes tentés d'oublier notre but.

3.   Nous continuerons avec une pensée centrale pour tous les jours à venir, et nous utiliserons cette pensée comme prélude à nos moments de repos et au besoin pour calmer nos esprits. [2]Or nous ne nous contenterons pas simplement de faire les exercices durant les instants saints restants qui termineront l'année que nous avons donnée à Dieu. [3]Nous disons quelques simples mots de bienvenue, et nous escomptons que notre Père Se révèle à nous, comme Il l'a promis. [4]Nous L'avons appelé et Il a promis que Son Fils ne resterait pas sans réponse quand il invoque Son Nom.

4.   Maintenant nous venons à Lui avec Sa seule Parole à l'esprit et dans nos cœurs, et nous attendons qu'Il fasse le pas vers nous dont Il nous a dit, par Sa Voix, qu'Il ne manquerait pas de le faire quand nous L'inviterions. [2]Il n'a pas laissé Son Fils dans toute sa folie ni trahi sa confiance en Lui. [3]Sa fidélité ne Lui a-t-elle pas mérité l'invitation qu'Il attend pour nous rendre heureux? [4]Nous la ferons, et elle sera acceptée. [5]C'est ainsi que nous passerons

maintenant notre temps avec Lui. [6]Nous prononçons les paroles d'invitation que Sa Voix suggère, puis nous attendons qu'Il vienne à nous.

5.   Voici le moment où la prophétie est accomplie. [2]Maintenant toutes les anciennes promesses sont respectées et pleinement tenues. [3]Il ne reste plus de pas qui sépare le temps de son accomplissement. [4]Car maintenant nous ne pouvons pas échouer. [5]Assieds-toi en silence et attends ton Père. [6]Sa volonté était de venir à toi quand tu aurais reconnu que c'était ta volonté qu'Il le fasse. [7]Et tu n'aurais jamais pu te rendre aussi loin si tu n'avais pas vu, même très vaguement, que c'est ta volonté.

6.   Je suis si proche de toi que nous ne pouvons pas échouer. [2]Père, nous Te donnons ces moments saints, par gratitude envers Celui Qui nous a enseigné comment quitter le monde du chagrin en échange de son remplacement, à nous donné par Toi. [3]Nous ne regardons pas en arrière maintenant. [4]Nous regardons en avant, les yeux fixés sur la fin du voyage. [5]Accepte de nous ces petits dons de gratitude, tandis que par la vision du Christ nous contemplons un monde au-delà de celui que nous avons fait et prenons ce monde pour remplacer pleinement le nôtre.

7.   Et maintenant nous attendons en silence, inapeurés et certains de Ta venue. [2]Nous avons cherché à trouver notre voie en suivant le Guide Que Tu nous as envoyé. [3]Nous ne connaissions pas la voie, mais Tu ne nous as pas oubliés. [4]Et nous savons que Tu ne nous oublieras pas maintenant. [5]Nous demandons seulement que soient tenues Tes anciennes promesses, que Ta Volonté est de tenir. [6]En demandant cela, notre volonté est la Tienne. [7]Le Père et le Fils, Dont la sainte Volonté a créé tout ce qui est, ne peuvent échouer en rien. [8]Avec cette certitude, nous entreprenons ces quelques derniers pas vers Toi en nous reposant avec confiance sur Ton Amour, qui ne faillira pas au Fils qui T'appelle.

8.   Ainsi nous commençons la dernière partie de cette année sainte, que nous avons passée ensemble en quête de la vérité et de Dieu, Qui en est le seul Créateur. [2]Nous avons trouvé la voie qu'Il a choisie pour nous et nous avons fait le choix de la suivre comme Il voudrait que nous allions. [3]Sa Main nous a soutenus. [4]Ses Pensées ont éclairé les ténèbres de nos esprits. [5]Son Amour n'a pas cessé de nous appeler depuis le commencement des temps.

9.   Nous avions souhaité que Dieu n'ait pas le Fils qu'Il a créé pour Lui-même. [2]Nous voulions que Dieu Se change Lui-même et qu'Il soit ce que nous voulions faire de Lui. [3]Et nous croyions que nos

désirs insanes étaient la vérité. [4]Maintenant nous sommes heureux que tout cela soit défait, et nous ne pensons plus que les illusions sont vraies. [5]La mémoire de Dieu scintille à travers les vastes horizons de nos esprits. [6]Un moment encore et elle se fera jour à nouveau. [7]Un moment encore et nous qui sommes les Fils de Dieu serons en sécurité chez nous, où Il voudrait que nous soyons.

10. Maintenant le besoin d'exercices touche à sa fin. [2]Car dans cette dernière section nous en viendrons à comprendre que nous avons seulement besoin d'appeler Dieu pour que toutes les tentations disparaissent. [3]Au lieu de mots, nous avons seulement besoin de sentir Son Amour. [4]Au lieu de prières, nous avons seulement besoin d'invoquer Son Nom. [5]Au lieu de juger, nous avons seulement besoin d'être calmes et de laisser toutes choses être guéries. [6]Nous accepterons la façon dont le plan de Dieu finira, comme nous avons reçu la façon dont il a commencé. [7]Maintenant il est complet. [8]Cette année nous a amenés à l'éternité.

11. Nous ferons encore des mots l'utilisation suivante. [2]De temps en temps, des instructions sur un thème particulièrement pertinent entrecouperont nos leçons quotidiennes et les périodes d'expérience profonde, sans paroles, qui devraient suivre. [3]Ces pensées particulières devraient être révisées chaque jour, chacune d'elles continuant jusqu'à ce que la suivante te soit donnée. [4]Tu devrais les lire lentement et y réfléchir un petit moment avant chacun de ces instants bénis et saints de la journée. [5]Nous donnons la première de ces instructions maintenant.

1. Qu'est-ce que le pardon ?

1.   Le pardon reconnaît que ce que tu pensais que ton frère t'avait fait ne s'est pas produit. [2]Il ne pardonne pas les péchés pour les rendre réels. [3]Il voit qu'il n'y a pas eu de péché. [4]Et dans cette façon de voir, tous tes péchés sont pardonnés. [5]Qu'est-ce que le péché, sauf une idée fausse sur le Fils de Dieu ? [6]Le pardon voit simplement sa fausseté, et par conséquent en lâche prise. [7]Ce qui alors est libre d'en prendre la place est maintenant la Volonté de Dieu.

2.   Une pensée qui ne pardonne pas est une pensée qui pose un jugement qu'elle ne mettra pas en doute, bien qu'il ne soit pas vrai. [2]L'esprit est fermé et il ne sera pas délivré. [3]La pensée protège la projection, en resserrant les chaînes, de sorte que les distorsions en sont plus voilées et plus obscures, moins facilement accessibles au doute et gardées plus loin de la raison. [4]Qu'est-ce qui peut s'interposer entre une projection fixe et ce qu'elle a choisi comme but visé ?

3.   Une pensée qui ne pardonne pas fait de nombreuses choses. [2]D'une activité frénétique, elle poursuit son but, déformant et renversant ce qu'elle voit comme des interférences avec le chemin qu'elle a choisi. [3]La distorsion est son but, ainsi que le moyen par lequel elle voudrait l'accomplir. [4]Elle se lance dans de furieuses tentatives pour fracasser la réalité sans un souci pour quoi que ce soit qui paraîtrait présenter une contradiction à son point de vue.

4.   Le pardon, par contre, est calme, et tranquillement ne fait rien. [2]Il n'offense aucun aspect de la réalité ni ne cherche à la tourner en des apparences qui lui plaisent. [3]Il regarde simplement, attend et ne juge pas. [4]Qui ne veut pas pardonner doit juger, car il doit justifier son manquement à pardonner. [5]Mais qui voudrait se pardonner doit apprendre à accueillir la vérité exactement telle qu'elle est.

5.   Ne fais rien, donc, et laisse le pardon te montrer quoi faire, par Celui Qui est ton Guide, ton Sauveur et Protecteur, fort en espoir et certain de ta réussite finale. [2]Il t'a déjà pardonné, car telle est Sa fonction, à Lui donnée par Dieu. [3]Maintenant tu dois partager Sa fonction et pardonner à celui qu'Il a sauvé, dont Il voit l'impeccabilité et qu'Il honore en tant que Fils de Dieu.

LEÇON 221

Que la paix soit avec mon esprit. Que toutes mes pensées soient calmes.

1. *Père, je viens à Toi aujourd'hui chercher la paix que Toi seul peux donner.* ²*Je viens en silence.* ³*Dans la quiétude de mon cœur, les replis les plus profonds de mon esprit, j'attends d'entendre Ta Voix.* ⁴*Mon Père, parle-moi aujourd'hui.* ⁵*Je viens entendre Ta Voix dans le silence et la certitude et l'amour, sûr que Tu entendras mon appel et me répondras.*

2. Maintenant, nous attendons calmement. ²Dieu est ici, parce que nous attendons ensemble. ³Je suis sûr qu'Il te parlera, et tu entendras. ⁴Accepte ma confiance, car c'est la tienne. ⁵Nos esprits sont joints. ⁶Nous attendons avec une seule intention : d'entendre la réponse de notre Père à notre appel, de laisser nos pensées être calmes et trouver Sa paix, de L'entendre nous parler de ce que nous sommes et Se révéler Lui-même à Son Fils.

LEÇON 222

Dieu est avec moi. Je vis et me meus en Lui.

1. Dieu est avec moi. ²Il est ma Source de vie, la vie en dedans, l'air que je respire, la nourriture qui me sustente, l'eau qui me régénère et me purifie. ³Il est ma demeure, où je vis et me meus ; le Pur-Esprit, qui dirige mes actions, m'offre Ses Pensées et garantit que je suis à l'abri de toute douleur. ⁴Il me couvre de douceur et de soins et Il tient avec amour le Fils sur qui Il resplendit, et qui resplendit sur Lui. ⁵Qu'il est calme celui qui connaît la vérité de ce dont Il parle aujourd'hui !

2. *Père, nous n'avons pas d'autres mots sur les lèvres et dans l'esprit que Ton Nom, tandis que nous entrons maintenant calmement en Ta Présence et demandons à nous reposer avec Toi en paix un moment.*

LEÇON 223

Dieu est ma vie. Je n'ai de vie que la Sienne.

1. Je faisais erreur quand je pensais vivre à part de Dieu, une entité séparée qui se mouvait dans l'isolement, détachée et logée dans un corps. ²Maintenant je connais que ma vie est celle de Dieu, que je n'ai pas d'autre demeure et n'existe pas à part de Lui. ³Il n'a pas de Pensées qui ne fassent partie de moi, et je n'ai de pensées que celles qui sont de Lui.

2. *Notre Père, laisse-nous voir la face du Christ au lieu de nos erreurs. ²Car nous qui sommes ton saint Fils sommes sans péché. ³Nous voudrions regarder notre impeccabilité, car la culpabilité proclame que nous ne sommes pas Ton Fils. ⁴Et nous ne voudrions pas T'oublier plus longtemps. ⁵Nous sommes seuls ici, et nous languissons du Ciel, où nous sommes chez nous. ⁶Aujourd'hui nous voudrions y retourner. ⁷Notre Nom est le Tien, et nous admettons que nous sommes Ton Fils.*

LEÇON 224

Dieu est mon Père, et Il aime Son Fils.

1. Ma véritable Identité est si sûre, si élevée, sans péché, glorieuse et grande, entièrement bienfaisante et libre de culpabilité, que le Ciel se tourne vers Elle pour être éclairé. ²Elle éclaire aussi le monde. ³Elle est le don que mon Père m'a fait; celui aussi que je fais au monde. ⁴Il n'est de don que celui-là qui puisse soit être fait, soit être reçu. ⁵Cela et cela seul est la réalité. ⁶Cela est la fin de l'illusion. ⁷Cela est la vérité.

2. *Mon Nom, ô Père, est encore connu de Toi. ²Je L'ai oublié et je ne connais pas où je vais, qui je suis ni ce que c'est que je fais. ³Rappelle-le-moi maintenant, Père, car je suis las du monde que je vois. ⁴Révèle-moi ce que Tu voudrais que je voie à la place.*

LEÇON 225

Dieu est mon Père, et Son Fils L'aime.

1. *Père, je dois Te rendre l'Amour que Tu as pour moi, car donner et recevoir sont la même chose et Tu m'as donné tout Ton Amour. ²Je dois le rendre, car je le veux à moi en pleine conscience, brûlant dans mon esprit et le gardant dans sa douce lumière, inviolé, bien-aimé, avec la peur derrière et rien que la paix devant. ³Qu'elle est calme, la voie sur laquelle Ton Fils aimant est conduit jusqu'à Toi !*

2. Frère, nous trouvons ce calme maintenant. ²La voie est ouverte. ³Maintenant nous la suivons ensemble dans la paix. ⁴Tu m'as tendu la main et je ne te quitterai jamais. ⁵Nous ne faisons qu'un et nous ne cherchons que cette unité, tandis que nous accomplissons ces quelques derniers pas qui mettent fin à un voyage qui n'a pas été commencé.

LEÇON 226

Ma demeure m'attend. Je me hâterai d'y retourner.

1. Si je choisis de le faire, je peux quitter ce monde entièrement. ²Ce n'est pas la mort, mais un changement d'esprit sur le but du monde qui rend cela possible. ³Si je crois qu'il a une valeur tel que je le vois maintenant, ainsi il restera encore pour moi. ⁴Mais si je ne vois pas de valeur dans le monde tel que je le contemple, rien que je veuille garder pour mien ni rechercher comme but, il me quittera. ⁵Car je n'ai pas cherché des illusions pour remplacer la vérité.

2. *Père, ma demeure attend mon heureux retour. ²Tes Bras sont ouverts et j'entends Ta Voix. ³Quel besoin ai-je de m'attarder en un lieu de vains désirs et de rêves fracassés, quand le Ciel peut si aisément être à moi ?*

LEÇON 227

Voici le saint instant de ma délivrance.

1. *Père, c'est aujourd'hui que je suis libre, parce que ma volonté est la Tienne. ²J'ai pensé faire une autre volonté. ³Or rien de ce que j'ai pensé à part de Toi n'existe. ⁴Et je suis libre parce que je faisais erreur et je n'ai pas du tout affecté ma propre réalité par mes illusions. ⁵Maintenant je les abandonne et les dépose aux pieds de la vérité, afin qu'elles soient à jamais enlevées de mon esprit. ⁶Voici le saint instant de ma délivrance. ⁷Père, je connais que ma volonté ne fait qu'un avec la Tienne.*

2. C'est ainsi qu'aujourd'hui nous trouvons notre heureux retour au Ciel, que nous n'avons jamais réellement quitté. ²Le Fils de Dieu en ce jour dépose ses rêves. ³Le Fils de Dieu en ce jour rentre chez lui, délivré du péché et revêtu de sainteté, avec son juste esprit qui lui est enfin rendu.

LEÇON 228

Dieu ne m'a pas condamné. Et je ne le fais pas non plus.

1. Mon Père connaît ma sainteté. ²Vais-je nier Sa connaissance et croire en ce que Sa connaissance rend impossible ? ³Vais-je accepter pour vrai ce qu'Il proclame faux ? ⁴Ou vais-je prendre Sa Parole pour ce que je suis, puisqu'Il est mon Créateur et Celui Qui connaît la véritable condition de Son fils ?

2. *Père, je faisais erreur à mon sujet parce que je ne me rendais pas compte de la Source d'où je venais. ²Je n'ai pas quitté cette Source pour entrer dans un corps et mourir. ³Ma sainteté reste une partie de moi, comme je fais partie de Toi. ⁴Et mes erreurs à mon sujet sont des rêves. ⁵J'en lâche prise aujourd'hui. ⁶Et je me tiens prêt à recevoir Ta seule Parole sur ce que je suis réellement.*

LEÇON 229

L'Amour, Qui m'a créé, est ce que je suis.

1. Je cherche ma propre Identité et je La trouve dans ces mots : « L'Amour, Qui m'a créé, est ce que je suis. » [2]Maintenant je n'ai plus besoin de chercher. [3]L'Amour a prévalu. [4]Elle attendait si calmement mon retour chez moi que je ne me détournerai plus de la sainte face du Christ. [5]Et ce que je regarde atteste la vérité de l'Identité que j'ai cherché à perdre, mais Que mon Père a sauvegardée pour moi.

2. *Père, je Te remercie de ce que je suis ; d'avoir gardé mon Identité intouchée et sans péché parmi toutes les pensées de péché qu'a inventées mon sot esprit. [2]Et je Te remercie de m'en avoir sauvé. [3]Amen.*

LEÇON 230

Maintenant je chercherai et trouverai la paix de Dieu.

1. Dans la paix j'ai été créé. [2]Et dans la paix je reste. [3]Il ne m'est pas donné de changer mon Soi. [4]Comme Dieu mon Père est miséricordieux de m'avoir donné la paix à jamais lorsqu'Il m'a créé. [5]Maintenant je demande seulement d'être ce que je suis. [6]Cela peut-il m'être nié, quand cela est vrai à jamais ?

2. *Père, je cherche la paix que Tu as donnée pour mienne en ma création. [2]Ce qui a été donné alors doit être ici maintenant, car ma création était à part du temps et reste encore au-delà de tout changement. [3]La paix dans laquelle Ton Fils est né dans Ton Esprit y brille inchangée. [4]Je suis tel que Tu m'as créé. [5]J'ai seulement besoin de faire appel à Toi pour trouver la paix que Tu as donnée. [6]C'est Ta Volonté qui l'a donnée à Ton Fils.*

2. Qu'est-ce que le salut ?

1.   Le salut est la promesse, faite par Dieu, que tu trouverais finalement ton chemin jusqu'à Lui. ²Elle ne peut qu'être tenue. ³Elle garantit que le temps aura une fin et que toutes les pensées qui sont nées dans le temps prendront fin aussi. ⁴La Parole de Dieu est donnée à chaque esprit qui pense avoir des pensées séparées, et elle remplacera ces pensées de conflit par la Pensée de la paix.

2.   La Pensée de la paix fut donnée au Fils de Dieu à l'instant même où son esprit a pensé à la guerre. ²Il n'y avait aucun besoin d'une telle Pensée auparavant, car la paix fut donnée sans opposé ; elle était simplement. ³Mais quand l'esprit est divisé, il y a un besoin de guérison. ⁴Ainsi la Pensée qui a le pouvoir de guérir la division devint une partie de chaque fragment de l'esprit qui était encore un, mais manquait de reconnaître son unité. ⁵Maintenant il ne se connaissait pas lui-même et pensait que sa propre Identité était perdue.

3.   Le salut défait en ce sens qu'il ne fait rien, qu'il manque de soutenir le monde des rêves et de la malice. ²Ainsi il lâche prise des illusions. ³En ne les soutenant pas, il les laisse simplement et tranquillement tomber en poussière. ⁴Et ce qu'elles cachaient est maintenant révélé : un autel au saint Nom de Dieu sur lequel Sa Parole est écrite, avec les dons de ton pardon déposés devant lui, et non loin derrière le souvenir de Dieu.

4.   Venons chaque jour en ce saint lieu et passons-y ensemble un moment. ²Ici nous partageons notre rêve final. ³C'est un rêve dans lequel il n'y a pas de chagrin, car il contient une lueur de toute la gloire que Dieu nous a donnée. ⁴L'herbe perce à travers le sol, maintenant les arbres bourgeonnent, et les oiseaux sont venus vivre dans leurs branches. ⁵La terre est en train de renaître dans une perspective nouvelle. ⁶La nuit a disparu, et nous nous sommes rassemblés dans la lumière.

5.   D'ici nous donnons le salut au monde, car c'est ici que le salut a été reçu. ²Le chant de notre réjouissance est l'appel au monde entier proclamant que la liberté est revenue, que le temps est presque terminé et que le Fils de Dieu n'a plus qu'un instant à attendre jusqu'à ce que revienne le souvenir de son Père, que les rêves soient terminés, que la lumière de l'éternité dissipe le monde, et qu'il n'existe plus maintenant que le Ciel.

LEÇON 231

Père, je ne veux que me souvenir de Toi.

1. *Que puis-je chercher, Père, sauf Ton Amour ? ²Je pense peut-être que je cherche quelque chose d'autre, un quelque chose que j'ai appelé par de nombreux noms. ³Or Ton Amour est la seule chose que je cherche ou que j'aie jamais cherchée. ⁴Car il n'y a rien d'autre que je puisse jamais réellement vouloir trouver. ⁵Que je me souvienne de Toi. ⁶Que pourrais-je désirer d'autre que la vérité sur moi-même ?*

2. Telle est ta volonté, mon frère. ²Et tu partages cette volonté avec moi, et avec Celui aussi Qui est notre Père. ³Se souvenir de Lui, c'est le Ciel. ⁴C'est cela que nous cherchons. ⁵Et c'est seulement cela qu'il nous sera donné de trouver.

LEÇON 232

Sois dans mon esprit, mon Père, tout le long de la journée.

1. *Sois dans mon esprit, mon Père, quand je me réveille, et luis sur moi aujourd'hui tout le long de la journée. ²Que chaque minute soit un temps où je demeure avec Toi. ³Et que je n'oublie pas de Te remercier à chaque heure d'être resté avec moi, et d'être toujours là pour entendre l'appel que je Te fais et me répondre. ⁴Quand vient le soir, que toutes mes pensées soient encore de Toi et de Ton Amour. ⁵Et que je dorme en étant sûr de ma sécurité, certain de Ta sollicitude et joyeusement conscient d'être Ton Fils.*

2. C'est ainsi que chaque jour devrait être. ²Aujourd'hui, exerce-toi à la fin de la peur. ³Aie foi en Lui Qui est ton Père. ⁴Confie-Lui toutes choses. ⁵Laisse-Le te révéler toutes choses et sois imperturbé, car tu es Son Fils.

LEÇON 233

Je donne ma vie à Dieu pour qu'Il la guide aujourd'hui.

1. *Père, je Te donne toutes mes pensées aujourd'hui. ²Je ne voudrais avoir aucune des miennes. ³À leur place, donne-moi les Tiennes. ⁴Je Te donne aussi toutes mes actions, afin de faire Ta Volonté au lieu de chercher des buts qui ne peuvent s'atteindre et de perdre mon temps en de vaines imaginations. ⁵Aujourd'hui je viens à Toi. ⁶Je céderai le pas et Te suivrai simplement. ⁷Sois le Guide, et moi celui qui suit sans remettre en question la sagesse de l'Infini, ni l'Amour dont la tendresse m'est incompréhensible, qui est pourtant Ton don parfait pour moi.*

2. Aujourd'hui nous avons un Guide pour nous conduire. ²Et tandis que nous faisons route ensemble, nous Lui donnerons ce jour sans aucune réserve. ³C'est Son jour. ⁴Ainsi est-ce un jour d'innombrables dons et bienfaits pour nous.

LEÇON 234

Père, aujourd'hui je suis Ton Fils à nouveau.

1. Aujourd'hui nous allons anticiper le temps où les rêves de péché et de culpabilité auront disparu et où nous aurons atteint la sainte paix que nous n'avons jamais quittée. ²Ce n'est qu'un tout petit instant qui s'est écoulé entre l'éternité et l'intemporel. ³Cet intervalle fut si bref qu'il n'y eut aucune faille dans la continuité, ni aucune rupture dans les pensées qui sont à jamais unifiées ne faisant qu'un. ⁴Rien n'est jamais arrivé pour troubler la paix de Dieu le Père et le Fils. ⁵Cela, nous l'acceptons aujourd'hui pour entièrement vrai.

2. *Nous te remercions, Père, de ne pouvoir perdre le souvenir de Toi et de Ton Amour. ²Nous reconnaissons notre sécurité et Te rendons grâce de tous les dons que Tu nous as accordés, de toute l'aide aimante que nous avons reçue, de Ta patience éternelle et de la Parole que Tu nous as donnée que nous sommes sauvés.*

LEÇON 235

Dieu dans Sa miséricorde veut que je sois sauvé.

1.   J'ai seulement besoin de regarder toutes les choses qui semblent me blesser, puis de m'assurer avec une certitude parfaite : « Dieu veut que je sois sauvé de cela », pour les voir simplement disparaître. [2]J'ai seulement besoin de garder à l'esprit que la Volonté de mon Père pour moi est seulement le bonheur pour découvrir que seul le bonheur m'est venu. [3]Et j'ai seulement besoin de me souvenir que l'Amour de Dieu entoure Son Fils et garde son impeccabilité à jamais parfaite, pour être sûr d'être sauvé et en sécurité à jamais dans Ses Bras. [4]Je suis le Fils qu'Il aime. [5]Et je suis sauvé parce que Dieu dans Sa miséricorde le veut ainsi.

2.   *Père, Ta Sainteté est la mienne.* [2]*Ton Amour m'a créé et a fait de mon impeccabilité une partie de Toi à jamais.* [3]*Je n'ai ni culpabilité ni péché en moi, car il n'y en a pas en Toi.*

LEÇON 236

Je gouverne mon esprit, que moi seul dois gouverner.

1.   J'ai un royaume que je dois gouverner. [2]Par moments, il ne semble pas du tout que j'en sois le roi. [3]Il semble triompher de moi et me dire quoi penser et quoi faire et sentir. [4]Or il m'a été donné pour servir le but, quel qu'il soit, que je perçois en lui. [5]Mon esprit ne peut que servir. [6]Aujourd'hui je donne son service au Saint-Esprit afin qu'Il l'emploie comme bon Lui semble. [7]Je dirige ainsi mon esprit, que moi seul peux gouverner. [8]Et je le rends libre ainsi de faire la Volonté de Dieu.

2.   *Père, mon esprit est ouvert à Tes Pensées et fermé aujourd'hui à toute autre pensée que la Tienne.* [2]*Je gouverne mon esprit, et je Te l'offre.* [3]*Accepte mon don, car c'est le Tien pour moi.*

LEÇON 237

Maintenant je voudrais être tel que Dieu m'a créé.

1.   Aujourd'hui j'accepterai la vérité à mon sujet. [2]Je me lèverai dans la gloire et je permettrai à la lumière en moi d'éclairer le monde tout le long de la journée. [3]J'apporte au monde la nouvelle du salut que j'entends quand mon Père me parle. [4]Et je contemple le monde que le Christ voudrait que je voie, conscient qu'il met fin au rêve amer de la mort ; conscient que c'est l'Appel que mon Père me fait.

2.   *Le Christ est mes yeux aujourd'hui, et Lui aussi les oreilles qui écoutent la Voix pour Dieu aujourd'hui. [2]Père, je viens à toi par Lui, Qui est Ton Fils ainsi que mon vrai Soi. [3]Amen.*

LEÇON 238

Sur ma décision repose tout le salut.

1.   *Père, Ta confiance en moi a été si grande que je dois en être digne. [2]Tu m'as créé et Tu me connais tel que je suis. [3]Et pourtant Tu as placé le salut de Ton Fils entre mes mains et le laisses reposer sur ma décision. [4]Je dois certes être bien aimé de Toi. [5]Et je dois être ferme aussi en sainteté, pour que Tu me donnes Ton Fils avec la certitude qu'il est en sécurité, Lui Qui fait encore partie de Toi et pourtant est à moi, parce qu'Il est mon Soi.*

2.   Ainsi donc, encore une fois aujourd'hui, nous nous arrêtons pour penser combien notre Père nous aime. [2]Et combien Son Fils Lui reste cher, créé par Son Amour et Dont l'Amour est rendu complet en lui.

LEÇON 239

La gloire de mon Père est la mienne.

1. Que la vérité sur nous-mêmes ne soit pas cachée aujourd'hui par une fausse humilité. [2]Soyons plutôt reconnaissants des dons que notre Père nous a faits. [3]Pouvons-nous voir en ceux avec qui Il partage Sa gloire une quelconque trace de péché et de culpabilité? [4]Et se peut-il que nous ne soyons pas parmi eux, alors qu'Il aime Son Fils à jamais et avec une constance parfaite, connaissant qu'il est tel qu'Il l'a créé?

2. *Nous te remercions, Père, de la lumière qui luit à jamais en nous. [2]Et nous l'honorons, parce que Tu la partages avec nous. [3]Nous ne sommes qu'un, unis en cette lumière et un avec Toi, en paix avec toute création et avec nous-mêmes.*

LEÇON 240

La peur n'est justifiée sous aucune forme.

1. La peur est tromperie. [2]Elle atteste que tu t'es vu tel que tu ne pourrais jamais être, et qu'en conséquence tu regardes un monde qui est impossible. [3]Pas une chose en ce monde n'est vraie. [4]Peu importe la forme sous laquelle elle peut apparaître. [5]Elle ne fait que témoigner de tes propres illusions sur toi-même. [6]Ne nous laissons pas tromper aujourd'hui. [7]Nous sommes les Fils de Dieu. [8]Il n'y a pas de peur en nous, car chacun de nous est une partie de l'Amour même.

2. *Comme nos peurs sont sottes! [2]Permettrais-Tu que Ton Fils souffre? [3]Donne-nous la foi aujourd'hui pour reconnaître Ton Fils et le rendre libre. [4]Pardonnons-lui en Ton Nom, afin de comprendre sa sainteté et de ressentir l'amour pour lui qui est aussi le Tien.*

3. Qu'est-ce que le monde?

1.   Le monde est une perception fausse. ²Il est né de l'erreur et il n'a pas quitté sa source. ³Il ne restera pas plus longtemps que la pensée qui lui a donné naissance ne sera chérie. ⁴Quand la pensée de séparation aura été changée en une pensée de véritable pardon, le monde sera vu dans une tout autre lumière, une lumière qui mène à la vérité, où le monde entier doit disparaître et toutes ses erreurs s'effacer. ⁵Maintenant sa source a disparu, et ses effets ont aussi disparu.

2.   Le monde a été fait comme attaque contre Dieu. ²Il symbolise la peur. ³Et qu'est-ce que la peur, sinon l'absence de l'amour? ⁴Ainsi le monde était censé être un lieu où Dieu ne pouvait pas entrer et où Son Fils pouvait être à part de Lui. ⁵Là est née la perception, car la connaissance ne pouvait pas causer de si insanes pensées. ⁶Mais les yeux trompent, et les oreilles entendent faussement. ⁷Maintenant les erreurs deviennent tout à fait possibles, car la certitude a disparu.

3.   Au lieu de quoi sont nés les mécanismes de l'illusion. ²Et maintenant ils vont chercher ce qui leur a été donné à chercher. ³Ils visent à remplir le but que le monde était censé attester et rendre réel. ⁴Ils ne voient dans ses illusions qu'une base solide où la vérité existe, soutenue à part des mensonges. ⁵Or tout ce qu'ils rapportent n'est qu'une illusion qui est gardée à part de la vérité.

4.   De même que la vue a été faite pour détourner de la vérité, elle peut être redirigée. ²Les sons deviennent l'appel pour Dieu et à toute perception un nouveau but peut être donné par Celui Que Dieu a désigné comme un Sauveur pour le monde. ³Suis Sa lumière, et vois le monde tel qu'Il le contemple. ⁴Entends seulement Sa voix dans tout ce qui te parle. ⁵Et laisse-Le te donner la paix et la certitude, que tu as jetées, mais que le Ciel a préservées pour toi en Lui.

5.   Ne soyons pas contents jusqu'à ce que le monde se soit joint à notre perception changée. ²Ne soyons pas satisfaits jusqu'à ce que le pardon ait été rendu complet. ³Et ne tentons pas de changer notre fonction. ⁴Nous devons sauver le monde. ⁵Car nous qui l'avons fait devons le contempler par les yeux du Christ, afin que puisse être ramené à la vie éternelle ce qui a été fait pour mourir.

LEÇON 241

En cet instant saint le salut est venu.

1. Quelle joie aujourd'hui ! ²C'est un temps de célébration parti-culière. ³Car ce jour présente au monde enténébré l'instant où sa délivrance est fixée. ⁴Le jour est venu où les chagrins passent et la douleur a disparu. ⁵La gloire du salut se lève aujourd'hui sur un monde libéré. ⁶Voici un temps d'espoir pour une multitude innombrable. ⁷Ils sont unis maintenant, comme tu leur pardonnes tous. ⁸Car je serai pardonné par toi aujourd'hui.

2. *Nous nous sommes pardonné les uns aux autres maintenant, et ainsi nous revenons enfin à Toi. ²Père, Ton Fils, qui n'est jamais parti, revient au Ciel et chez lui. ³Comme nous sommes heureux que notre santé d'es-prit nous soit rendue, et de nous souvenir que nous tous ne faisons qu'un.*

LEÇON 242

Ce jour est à Dieu. C'est le don que je Lui fais.

1. Je ne mènerai pas ma vie seul aujourd'hui. ²Je ne comprends pas le monde, donc cela ne peut être que sottise d'essayer de mener ma vie seul. ³Mais il en est Un Qui connaît tout ce qui est le mieux pour moi. ⁴Et Il est heureux de ne faire pour moi que les choix qui mènent à Dieu. ⁵Je Lui donne cette journée, car je ne vou-drais pas retarder mon retour chez moi et c'est Lui Qui connaît la voie vers Dieu.

2. *Ainsi nous Te donnons cette journée. ²Nous venons l'esprit entière-ment ouvert. ³Nous ne demandons rien de ce que nous pensons vouloir. ⁴Donne-nous ce que Tu voudrais que nous recevions. ⁵Tu connais tous nos désirs et tout ce que nous voulons. ⁶Et Tu nous donneras tout ce dont nous avons besoin pour nous aider à trouver la voie vers Toi.*

LEÇON 243

Aujourd'hui je ne jugerai rien de ce qui arrive.

1. Je serai honnête avec moi-même aujourd'hui. ²Je ne penserai pas déjà connaître ce qui doit rester au-delà de ma présente portée. ³Je ne penserai pas comprendre le tout à partir des bribes de ma perception, qui sont tout ce que je peux voir. ⁴Aujourd'hui je reconnais qu'il en est ainsi. ⁵Donc je suis relevé des jugements que je ne peux pas faire. ⁶Ainsi je me libère et je libère ce que je regarde, pour être en paix tel que Dieu nous a créés.

2. *Père, aujourd'hui je laisse la création libre d'être elle-même. ²J'en honore toutes les parties, dans lesquelles je suis inclus. ³Nous ne faisons qu'un parce que chaque partie contient Ton souvenir, et la vérité doit luire en nous tous ne faisant qu'un.*

LEÇON 244

Je ne suis en danger nulle part au monde.

1. *Ton Fils est en sécurité où qu'il soit, car Tu es là avec lui. ²Il a seulement besoin d'invoquer Ton Nom pour se rappeler sa sécurité et Ton Amour, car ils ne font qu'un. ³Comment peut-il avoir peur ou douter ou manquer de savoir qu'il ne peut souffrir, ni être en danger ni faire l'expérience du malheur, quand il T'appartient, bien-aimé et aimant, dans la sécurité de Ton étreinte Paternelle ?*

2. Et nous sommes là en vérité. ²Nulle tempête ne peut venir dans le havre sacré de notre demeure. ³En Dieu nous sommes en sécurité. ⁴Car qu'est-ce qui peut venir menacer Dieu Lui-même, ou apeurer ce qui fera à jamais partie de Lui ?

LEÇON 245

Ta paix est avec moi, Père. Je suis en sécurité.

1.   *Ta paix m'entoure, Père. ²Là où je vais, Ta paix vient là avec moi. ³Elle répand sa lumière sur tous ceux que je rencontre. ⁴Je l'apporte aux affligés, aux esseulés et aux apeurés. ⁵Je donne Ta paix à ceux qui souffrent, qui pleurent une perte ou qui pensent être privés d'espoir et de bonheur. ⁶Envoie-les-moi, mon Père. ⁷Que je porte Ta paix avec moi. ⁸Car je voudrais sauver Ton Fils, selon Ta Volonté, pour en venir à reconnaître mon Soi.*

2.   Ainsi nous allons en paix. ²Au monde entier nous donnons le message que nous avons reçu. ³Et ainsi nous en venons à entendre la Voix pour Dieu, Qui nous parle tandis que nous rapportons Sa Parole ; Dont nous reconnaissons l'Amour parce que nous partageons la Parole qu'Il nous a donnée.

LEÇON 246

Aimer mon Père, c'est aimer Son Fils.

1.   Ne me laisse pas penser que je peux trouver la voie vers Dieu, si j'ai la haine dans le cœur. ²Ne me laisse pas tenter de blesser le Fils de Dieu, et penser que je peux connaître son Père ou mon Soi. ³Ne me laisse pas manquer de me reconnaître moi-même, et croire encore que ma conscience peut contenir mon Père ou que mon esprit peut concevoir tout l'amour que mon Père a pour moi et tout l'amour que je lui rends.

2.   *J'accepterai la voie que Tu choisis pour que je vienne à Toi, mon Père. ²Car en cela je réussirai, parce que c'est Ta Volonté. ³Et je voudrais reconnaître que ce que Tu veux est ce que je veux aussi, et seulement cela. ⁴Ainsi je choisis d'aimer Ton Fils. ⁵Amen.*

LEÇON 247

Sans le pardon je serai encore aveugle.

1.   Le péché est le symbole de l'attaque. ²Vois-le où que ce soit, et je souffrirai. ³Car le pardon est le seul moyen par lequel la vision du Christ vient à moi. ⁴Que j'accepte ce que Sa vue me montre comme la simple vérité, et je suis complètement guéri. ⁵Frère, viens et laisse-moi te regarder. ⁶Ta beauté reflète la mienne. ⁷Ton impeccabilité est la mienne. ⁸Tu es pardonné, et je le suis avec toi.

2.   *C'est ainsi que je voudrais regarder tout le monde aujourd'hui. ²Mes frères sont Tes Fils. ³Ta Paternité les a créés et me les a tous donnés comme faisant partie de Toi ainsi que de mon Soi. ⁴Aujourd'hui je T'honore à travers eux et ainsi j'espère en ce jour reconnaître mon Soi.*

LEÇON 248

Quoi que ce soit qui souffre ne fait pas partie de moi.

1.   J'ai désavoué la vérité. ²Que je désavoue maintenant la fausseté avec autant de foi. ³Quoi que ce soit qui souffre ne fait pas partie de moi. ⁴Ce qui se chagrine n'est pas moi. ⁵Ce qui a mal n'est qu'illusion dans mon esprit. ⁶Ce qui meurt n'a jamais été vivant en réalité et n'a fait que parodier la vérité à mon sujet. ⁷Maintenant je désavoue les concepts de soi, les tromperies et les mensonges au sujet du saint Fils de Dieu. ⁸Maintenant je suis prêt à l'accepter de nouveau tel que Dieu l'a créé, et tel qu'il est.

2.   *Père, mon ancien amour pour Toi revient et me laisse également aimer Ton Fils à nouveau. ²Père, je suis tel que Tu m'as créé. ³Maintenant Ton Amour est revenu à mon souvenir, ainsi que le mien. ⁴Maintenant je comprends qu'ils ne font qu'un.*

LEÇON 249

Le pardon met fin à toute souffrance et à toute perte.

1. Le pardon peint le tableau d'un monde où la souffrance est terminée, où la perte devient impossible et où la colère n'a pas de sens. ²L'attaque a disparu et la folie a une fin. ³Quelle souffrance est maintenant concevable? ⁴Quelle perte peut être subie? ⁵Le monde devient un lieu de joie, d'abondance, de charité et de dons sans fin. ⁶Il est si pareil au Ciel maintenant qu'il est vite transformé en la lumière qu'il reflète. ⁷Et c'est ainsi que le voyage qu'a commencé le Fils de Dieu s'est terminé dans la lumière d'où il est venu.

2. *Père, nous voudrions Te rendre nos esprits. ²Nous les avons trahis, maintenus dans un état d'amertume et effrayés par des pensées de violence et de mort. ³Maintenant nous voudrions nous reposer à nouveau en Toi, tels que Tu nous as créés.*

LEÇON 250

Que je ne me voie pas comme étant limité.

1. Que je contemple le Fils de Dieu aujourd'hui et témoigne de sa gloire. ²Que je ne tente pas d'obscurcir la sainte lumière en lui, et de voir sa force diminuée et réduite à la fragilité; ni de percevoir des manques en lui avec lesquels j'attaquerais sa souveraineté.

2. *Il est Ton Fils, mon Père. ²Et je voudrais aujourd'hui contempler sa douceur au lieu de mes illusions. ³Il est ce que je suis, et comme je le vois, ainsi je me vois moi-même. ⁴Aujourd'hui je voudrais voir véritablement, afin qu'en ce jour je m'identifie enfin avec lui.*

4. Qu'est-ce que le péché ?

1.   Le péché est insanité. [2]C'est le moyen par lequel l'esprit est rendu fou et cherche à laisser les illusions prendre la place de la vérité. [3]Étant fou, il voit des illusions là où la vérité devrait être, et là où elle est réellement. [4]C'est le péché qui a donné des yeux au corps, car qu'est-ce que ceux qui sont sans péché voudraient voir? [5]Quel besoin ont-ils de vues, de sons et de toucher? [6]Que voudraient-ils entendre ou tenter de saisir? [7]Que voudraient-ils sentir le moindrement? [8]Sentir n'est pas connaître. [9]Et la vérité ne peut qu'être remplie de la connaissance, et de rien d'autre.

2.   Le corps est l'instrument que l'esprit a fait dans ses efforts pour se tromper lui-même. [2]Son but est de s'efforcer. [3]Or le but de ses efforts peut changer. [4]Et maintenant le corps met ses efforts au service d'un autre but. [5]Ce qu'il cherche maintenant est choisi par le but que l'esprit a pris pour remplacer le but de tromperie de soi. [6]La vérité peut être son but tout autant que les mensonges. [7]Les sens recherchent alors les témoins de ce qui est vrai.

3.   Le péché est la demeure de toutes les illusions, qui ne font que représenter des choses imaginées, issues de pensées qui ne sont pas vraies. [2]Elles sont la «preuve» que ce qui n'a pas de réalité est réel. [3]Le péché «prouve» que le Fils de Dieu est mauvais; que l'intemporel doit avoir une fin; que la vie éternelle doit mourir. [4]Et que Dieu Lui-même a perdu le Fils qu'Il aime, n'ayant que la corruption pour Se compléter Lui-même; Sa Volonté à jamais vaincue par la mort, l'amour tué par la haine et plus jamais de paix.

4.   Les rêves d'un fou sont effrayants, et le péché paraît certes terrifier. [2]Et pourtant, ce que le péché perçoit n'est qu'un jeu puéril. [3]Le Fils de Dieu peut prétendre en jeu qu'il est devenu un corps, en proie au mal et à la culpabilité, avec tout juste un peu de vie qui se finit dans la mort. [4]Mais pendant tout ce temps son Père luit sur lui et l'aime d'un Amour éternel auquel ses prétentions ne peuvent rien changer du tout.

5.   Jusqu'à quand, ô Fils de Dieu, vas-tu maintenir le jeu du péché? [2]N'allons-nous pas ranger ces jouets d'enfants aux bords tranchants? [3]Quand seras-tu prêt à revenir chez toi? [4]Aujourd'hui peut-être? [5]De péché, il n'y en a pas. [6]La création est inchangée. [7]Voudrais-tu encore retarder ton retour au Ciel? [8]Jusqu'à quand, ô saint Fils de Dieu, jusqu'à quand?

LEÇON 251

Je n'ai besoin de rien, sauf de la vérité.

1. J'ai cherché de nombreuses choses, et trouvé le désespoir. [2]Maintenant je n'en cherche qu'une, car en celle-ci il y a tout ce dont j'ai besoin, et seulement ce dont j'ai besoin. [3]Tout ce que je cherchais auparavant, je n'en avais pas besoin et n'en voulais même pas. [4]Mon seul besoin, je ne le reconnaissais pas. [5]Mais maintenant je vois que je n'ai besoin que de la vérité. [6]En elle tous les besoins sont satisfaits, toutes les soifs prennent fin, tous les espoirs sont finalement comblés et les rêves ont disparu. [7]Maintenant j'ai tout ce dont je pourrais avoir besoin. [8]Maintenant j'ai tout ce que je pourrais vouloir. [9]Et maintenant enfin je me trouve en paix.

2. *Et de cette paix, notre Père, nous Te rendons grâce. [2]Ce que nous nous étions nié à nous-mêmes, tu nous l'as rendu, et c'est cela seul que nous voulons réellement.*

LEÇON 252

Le Fils de Dieu est mon Identité.

1. Mon Soi est saint au-delà de toutes les pensées de sainteté que je conçois maintenant. [2]Sa pureté étincelante et parfaite est bien plus brillante que toutes les lumières que j'ai jamais contemplées. [3]Son amour est illimité, d'une intensité qui tient toutes choses en lui, dans le calme d'une certitude tranquille. [4]Sa force ne vient pas des impulsions brûlantes qui font bouger le monde mais de l'Amour sans borne de Dieu Lui-même. [5]Comme mon Soi doit être bien au-delà de ce monde, et pourtant comme il est près de moi et proche de Dieu !

2. *Père, Tu connais ma véritable Identité. [2]Révèle-La maintenant à moi qui suis Ton Fils, pour que je m'éveille à la vérité en Toi et connaisse que le Ciel m'est rendu.*

LEÇON 253

Mon Soi gouverne l'univers.

1. Il est impossible qu'il m'arrive quoi que ce soit que je n'aie pas demandé. ²Même en ce monde, c'est moi qui gouverne ma destinée. ³Ce qui arrive est ce que je désire. ⁴Ce qui n'arrive pas est ce que je ne veux pas qu'il arrive. ⁵Cela, je dois l'accepter. ⁶Car c'est ainsi que je suis conduit passé ce monde jusqu'à mes créations, enfants de ma volonté, dans le Ciel où mon saint Soi réside avec elles et Celui Qui m'a créé.

2. *Tu es le Soi Que Tu as créé Fils, créant comme Toi-même et ne faisant qu'Un avec Toi. ²Mon Soi, Qui gouverne l'univers, n'est que Ta Volonté en union parfaite avec la mienne, qui ne peut qu'offrir à la Tienne son heureux assentiment, afin qu'elle s'étende à Elle-même.*

LEÇON 254

Que toute voix sauf celle de Dieu fasse silence en moi.

1. *Père, aujourd'hui je ne voudrais entendre que Ta Voix. ²Dans le plus profond silence, je voudrais venir à Toi entendre Ta Voix et recevoir Ta Parole. ³Je n'ai de prière que celle-ci : je viens à Toi Te demander la vérité. ⁴Et la vérité n'est que Ta Volonté, que je voudrais partager avec Toi aujourd'hui.*

2. Aujourd'hui nous ne laissons aucune pensée de l'ego diriger nos paroles ou nos actions. ²Quand de telles pensées se présentent, nous prenons tranquillement du recul pour les regarder, puis nous en lâchons prise. ³Nous ne voulons pas ce qu'elles apporteraient. ⁴Ainsi nous ne choisissons pas de les garder. ⁵Elles font silence maintenant. ⁶Et dans ce silence, sanctifié par Son Amour, Dieu nous parle, et Il nous parle de notre volonté, puisque nous avons choisi de nous souvenir de Lui.

LEÇON 255

Je choisis de passer ce jour dans la paix parfaite.

1.   Il ne me semble pas que je puisse choisir de n'avoir que la paix aujourd'hui. ²Et pourtant mon Dieu m'assure que Son Fils est pareil à Lui-même. ³Que j'aie foi aujourd'hui en Celui Qui dit que je suis le Fils de Dieu. ⁴Et que la paix que je choisis pour mienne aujourd'hui porte témoignage de la vérité de ce qu'Il dit. ⁵Le Fils de Dieu ne peut avoir aucun souci et doit rester à jamais dans la paix du Ciel. ⁶En Son Nom, je consacre cette journée à trouver ce que mon Père veut pour moi, à l'accepter pour mien et à le donner à tous les Fils de mon Père, comme à moi-même.

2.   *Ainsi, mon Père, je voudrais passer ce jour avec Toi. ²Ton Fils ne T'a pas oublié. ³La paix que Tu lui as donnée est encore dans son esprit, et c'est là que je choisis de passer la journée.*

LEÇON 256

Dieu est le seul but que j'ai aujourd'hui.

1.   La voie qui mène à Dieu passe par le pardon ici. ²Il n'y a pas d'autre voie. ³Si le péché n'avait pas été chéri par l'esprit, quel besoin y aurait-il eu de trouver la voie qui mène là où tu es ? ⁴Qui serait encore incertain ? ⁵Qui pourrait ne pas être sûr de qui il est ? ⁶Et qui resterait encore endormi dans de lourds nuages de doute quant à la sainteté de celui que Dieu a créé sans péché ? ⁷Ici nous ne pouvons que rêver. ⁸Mais nous pouvons rêver que nous avons pardonné à celui en qui tout péché demeure impossible, et c'est cela que nous choisissons de rêver aujourd'hui. ⁹Dieu est notre but ; le pardon est le moyen par lequel nos esprits retournent enfin à Lui.

2.   *Ainsi, notre Père, nous voudrions venir à Toi par la voie que Tu as désignée. ²Nous n'avons d'autre but que d'entendre Ta Voix et de trouver la voie que Ta Parole sacrée nous a indiquée.*

LEÇON 257

Que je me souvienne de ce qu'est mon but.

1.   Si j'oublie mon but je ne peux être que dans la confusion, incertain de ce que je suis et donc en conflit dans mes actions. ²Nul ne peut servir des buts contradictoires et les bien servir. ³Pas plus qu'il ne peut fonctionner sans une profonde détresse et une grande dépression. ⁴Soyons donc déterminés à nous souvenir de ce que nous voulons aujourd'hui, afin d'unifier nos pensées et nos actions de façon signifiante et d'accomplir seulement ce que Dieu voudrait que nous fassions aujourd'hui.

2.   *Père, le pardon est le moyen que Tu as choisi pour notre salut. ²N'oublions pas aujourd'hui que nous ne pouvons avoir de volonté que la Tienne. ³Ainsi notre but doit être aussi le Tien, si nous voulons atteindre la paix que Tu veux pour nous.*

LEÇON 258

Que je me souvienne que mon but est Dieu.

1.   Tout ce que nous avons besoin de faire, c'est d'entraîner notre esprit à passer sur tous les petits buts insensés, et de nous souvenir que notre but est Dieu. ²Son souvenir est caché dans nos esprits, obscurci uniquement par nos petits buts inutiles qui n'offrent rien et n'existent pas. ³Allons-nous continuer à permettre que la grâce de Dieu luise à notre insu, tandis que nous cherchons plutôt les jouets et les breloques du monde? ⁴Dieu est notre seul but, notre seul Amour. ⁵Nous n'avons de but que de nous souvenir de Lui.

2.   *Notre but n'est que de suivre la voie qui mène à Toi. ²Nous n'avons pas d'autre but. ³Que pourrions-nous vouloir, si ce n'est nous souvenir de Toi? ⁴Que pourrions-nous chercher, si ce n'est notre Identité?*

LEÇON 259

Que je me souvienne qu'il n'y a pas de péché.

1. Le péché est la seule pensée qui fait que le but de Dieu semble inatteignable. ²Quoi d'autre pourrait nous rendre aveugles à l'évidence et faire que l'étrange et le distordu paraissent plus clairs? ³Quoi d'autre que le péché engendre nos attaques? ⁴Quoi d'autre que le péché pourrait être la source de la culpabilité, exigeant punition et souffrance? ⁵Et quoi d'autre que le péché pourrait être la source de la peur, qui obscurcit la création de Dieu et donne à l'amour les attributs de la peur et de l'attaque?

2. *Père, je voudrais ne pas être insane aujourd'hui. ²Je voudrais ne pas avoir peur de l'amour ni chercher refuge dans son opposé. ³Car l'amour ne peut pas avoir d'opposé. ⁴Tu es la Source de tout ce qui est. ⁵Et tout ce qui est reste avec Toi, et Toi avec tout ce qui est.*

LEÇON 260

Que je me souvienne que Dieu m'a créé.

1. *Père, je ne me suis pas fait moi-même, bien que dans mon insanité je l'aie pensé. ²Or, étant Ta Pensée, je n'ai pas quitté ma Source et je fais toujours partie de Celui Qui m'a créé. ³Ton Fils, mon Père, fait appel à Toi aujourd'hui. ⁴Que je me souvienne que Tu m'as créé. ⁵Que je me souvienne de mon Identité. ⁶Et que mon impeccabilité s'élève à nouveau devant la vision du Christ, par laquelle je voudrais regarder mes frères et me regarder moi-même aujourd'hui.*

2. Maintenant nous nous souvenons de notre Source et en Elle nous trouvons enfin notre véritable Identité. ²Nous sommes certes saints, car notre Source ne peut pas connaître le péché. ³Et nous qui sommes Ses Fils sommes pareils les uns aux autres et pareils à Lui.

441

5. Qu'est-ce que le corps?

1.   Le corps est une clôture que le Fils de Dieu imagine avoir bâtie pour séparer des parties de son Soi d'avec d'autres parties. [2]C'est à l'intérieur de cette clôture qu'il pense vivre, pour mourir quand elle pourrit et s'effondre. [3]Car à l'intérieur de cette clôture il pense qu'il est à l'abri de l'amour. [4]S'identifiant avec sa sécurité, il se considère lui-même comme étant ce qu'est sa sécurité. [5]Autrement, comment pourrait-il être certain qu'il demeure dans un corps, gardant l'amour à l'extérieur?

2.   Le corps ne restera pas. [2]Or il voit cela comme une double sécurité. [3]Car l'impermanence du Fils de Dieu est la «preuve» que ses clôtures marchent et qu'elles accomplissent la tâche que son esprit leur assigne. [4]Car si son unité demeurait encore intouchée, qui pourrait attaquer et qui pourrait être attaqué? [5]Qui pourrait être vainqueur? [6]Qui pourrait être sa proie? [7]Qui pourrait être victime? [8]Et qui le meurtrier? [9]Et s'il ne mourait pas, quelle «preuve» y aurait-il que le Fils éternel de Dieu peut être détruit?

3.   Le corps est un rêve. [2]Comme les autres rêves, il semble parfois représenter le bonheur mais il peut aussi très soudainement virer à la peur, où naît chaque rêve. [3]Car seul l'amour crée en vérité et la vérité ne peut jamais avoir peur. [4]Fait pour être apeurant, le corps doit remplir le but qui lui est donné. [5]Mais nous pouvons changer le but auquel le corps obéira en changeant ce à quoi nous pensons qu'il sert.

4.   Le corps est le moyen par lequel le Fils de Dieu revient à la santé d'esprit. [2]Bien qu'il ait été fait pour le clôturer en enfer sans évasion possible, le but du Ciel a pourtant été échangé contre la poursuite de l'enfer. [3]Le Fils de Dieu tend la main pour atteindre son frère et l'aider à parcourir la route avec lui. [4]Maintenant le corps est saint. [5]Maintenant il sert à guérir l'esprit qu'il a été fait pour tuer.

5.   Tu t'identifieras à ce en quoi tu te penses en sécurité. [2]Quoi que cela puisse être, tu croiras que cela ne fait qu'un avec toi. [3]Ta sécurité réside dans la vérité et non dans les mensonges. [4]L'amour est ta sécurité. [5]La peur n'existe pas. [6]Identifie-toi à l'amour, et tu es en sécurité. [7]Identifie-toi à l'amour, et tu es chez toi. [8]Identifie-toi à l'amour, et trouve ton Soi.

LEÇON 261

Dieu est mon refuge et ma sécurité.

1.   Je m'identifierai à ce que je pense être refuge et sécurité. ²Je me verrai moi-même là où je perçois ma force et je penserai vivre dans la citadelle où je suis en sécurité et ne peux être attaqué. ³Que je ne cherche pas aujourd'hui la sécurité dans le danger ni ne tente de trouver ma paix dans une attaque meurtrière. ⁴Je vis en Dieu. ⁵En Lui je trouve mon refuge et ma force. ⁶En Lui est mon Identité. ⁷En Lui est la paix éternelle. ⁸Et là seulement je me souviendrai de Qui je suis réellement.

2.   *Ne me laisse pas chercher d'idoles. ²Je voudrais rentrer chez Toi, mon Père, aujourd'hui. ³Je choisis d'être tel que Tu m'as créé et de trouver le Fils que Tu as créé mon Soi.*

LEÇON 262

Que je ne perçoive pas de différences aujourd'hui.

1.   *Père, Tu as un seul Fils. ²Et c'est lui que je voudrais regarder aujourd'hui. ³Il est Ta seule création. ⁴Pourquoi devrais-je percevoir des milliers de formes dans ce qui demeure un ? ⁵Pourquoi devrais-je donner à cet un des milliers de noms, quand un seul suffit ? ⁶Car Ton Fils doit porter Ton Nom, car Tu l'as créé. ⁷Que je ne le voie pas comme un étranger pour son Père ni un étranger pour moi-même. ⁸Car il fait partie de moi et moi de lui, et nous faisons partie de Toi Qui es notre Source, éternellement unis dans Ton Amour, éternellement le saint Fils de Dieu.*

2.   Nous qui ne faisons qu'un voudrions en ce jour reconnaître la vérité sur nous-mêmes. ²Nous voudrions rentrer chez nous et reposer dans l'unité. ³Car là est la paix, et nulle part ailleurs la paix ne peut être cherchée et trouvée.

LEÇON 263

Ma sainte vision voit toutes choses pures.

1. *Père, Ton Esprit a créé tout ce qui est, Ton Pur-Esprit y est entré, Ton Amour lui a donné la vie. ²Voudrais-je regarder ce que Tu as créé comme si cela pouvait être rendu pécheur ? ³Je ne voudrais pas percevoir d'aussi sombres et apeurantes images. ⁴Le rêve d'un fou est un choix qui ne me convient guère, au lieu de toute la beauté dont Tu as béni la création ; toute sa pureté, sa joie et son éternelle et quiète demeure en Toi.*

2. Tandis que nous restons devant les portes du Ciel, contemplons tout ce que nous voyons par la sainte vision et les yeux du Christ. ²Que toutes les apparences nous paraissent pures, afin que nous les dépassions en innocence et allions ensemble vers la maison de notre Père en tant que frères et saints Fils de Dieu.

LEÇON 264

Je suis entouré de l'Amour de Dieu.

1. *Père, Tu Te tiens devant et derrière moi, à mes côtés, à l'endroit où je me vois moi-même et partout où je vais. ²Tu es dans toutes les choses que je regarde, dans les sons que j'entends et dans chaque main qui se tend pour prendre la mienne. ³En Toi le temps disparaît, et le lieu devient une croyance in-signifiante. ⁴Car ce qui entoure Ton Fils et le garde en sécurité est l'Amour même. ⁵Il n'y a de Source que celle-ci et il n'est rien qui ne partage sa sainteté ; qui se tienne au-delà de Ta seule création ou soit sans l'Amour Qui tient toutes choses en lui-même. ⁶Père, Ton Fils est pareil à Toi-même. ⁷Nous venons à Toi en Ton Propre Nom aujourd'hui, pour être en paix dans Ton Amour éternel.*

2. Mes frères, joignez-vous à moi en cela aujourd'hui. ²Ceci est la prière du salut. ³Ne devons-nous pas nous joindre en ce qui sauvera le monde, et nous aussi ?

LEÇON 265

La douceur de la création est tout ce que je vois.

1. J'ai certes mal compris le monde, parce que j'ai posé sur lui mes péchés et les ai vus là qui me regardaient. [2]Comme ils semblaient féroces! [3]Et comme je me trompais en pensant que ce que je craignais était dans le monde plutôt que seulement dans mon esprit. [4]Aujourd'hui je vois le monde dans la douceur céleste dont resplendit la création. [5]Il n'y a pas de peur en lui. [6]Qu'aucune apparence de mes péchés n'obscurcisse la lumière du Ciel qui luit sur le monde. [7]Ce qui est reflété là est dans l'Esprit de Dieu. [8]Les images que je vois reflètent mes pensées. [9]Or mon esprit ne fait qu'un avec Celui de Dieu. [10]Ainsi je peux percevoir la douceur de la création.

2. *Dans la quiétude je voudrais regarder le monde, qui ne fait que refléter Tes Pensées et les miennes aussi. [2]Que je me souvienne qu'elles sont les mêmes, et je verrai la douceur de la création.*

LEÇON 266

Mon saint Soi demeure en toi, Fils de Dieu.

1. *Père, Tu m'as donné tous Tes Fils pour qu'ils soient mes sauveurs et des conseillers pour ma vue, qui m'apportent Ta sainte Voix. [2]En eux Tu es reflété; en eux le Christ me regarde depuis mon Soi. [3]Ne laisse pas Ton Fils oublier Ton saint Nom. [4]Ne laisse pas Ton Fils oublier sa sainte Source. [5]Ne laisse pas Ton Fils oublier que son Nom est le Tien.*

2. En ce jour nous entrons dans le Paradis, en invoquant le Nom de Dieu et le nôtre, en reconnaissant notre Soi en chacun de nous, unis dans le saint Amour de Dieu. [2]Combien de sauveurs Dieu nous a donnés! [3]Comment pouvons-nous perdre le chemin qui mène à Lui, alors qu'Il a rempli le monde de ceux qui nous L'indiquent et qu'Il nous a donné la vue pour les voir?

LEÇON 267

Mon cœur bat dans la paix de Dieu.

1. Autour de moi est toute la vie que Dieu a créée dans Son Amour. [2]Elle m'appelle dans chaque battement de cœur et dans chaque souffle, dans chaque action et dans chaque pensée. [3]La paix me remplit le cœur et inonde mon corps du but de pardon. [4]Maintenant mon esprit est guéri et tout ce dont j'ai besoin pour sauver le monde m'est donné. [5]Chaque battement de cœur m'apporte la paix, chaque souffle m'infuse la force. [6]Je suis un messager de Dieu, dirigé par Sa Voix, soutenu par Lui avec amour et tenu à jamais dans la quiétude et la paix de Ses Bras aimants. [7]Chaque battement de cœur invoque Son Nom et à chacun d'eux Sa Voix répond en m'assurant que je suis chez moi en Lui.

2. *Que je sois attentif à Ta Réponse, et non à la mienne. [2]Père, mon cœur bat dans la paix que le Cœur de l'Amour a créée. [3]C'est là et là seulement que je peux être chez moi.*

LEÇON 268

Que toutes choses soient exactement telles qu'elles sont.

1. *Ne me laisse pas être Ton critique aujourd'hui, Seigneur, et Te juger et rejeter. [2]Ne me laisse pas tenter d'interférer avec Ta création et de la distordre en des formes maladives. [3]Que je sois seulement désireux de retirer mes souhaits de son unité, pour ainsi la laisser être telle que Tu l'as créée. [4]Car ainsi je serai aussi capable de reconnaître mon Soi tel que Tu m'as créé. [5]Dans l'amour j'ai été créé et dans l'amour je resterai à jamais. [6]Qu'est-ce qui peut m'effrayer, quand je laisse toutes choses être exactement telles qu'elles sont ?*

2. Ne laissons pas notre vue être blasphématoire aujourd'hui, ni nos oreilles prêter attention à des langues qui mentent. [2]Seule la réalité est libre de douleur. [3]Seule la réalité est libre de perte. [4]Seule la réalité est entière sécurité. [5]Et c'est seulement cela que nous cherchons aujourd'hui.

LEÇON 269

Ma vue cherche à voir la face du Christ.

1. *Je demande Ta bénédiction sur ma vue aujourd'hui.* ²*C'est le moyen que Tu as choisi pour qu'il devienne la façon de me montrer mes erreurs, et de regarder au-delà.* ³*Il m'est donné de trouver une perception nouvelle par le Guide que Tu m'as donné, et par Ses leçons de surpasser la perception et de retourner à la vérité.* ⁴*Je demande l'illusion qui transcende toutes celles que j'ai faites.* ⁵*Aujourd'hui je choisis de voir un monde pardonné, dans lequel chacun me montre la face du Christ en m'enseignant que ce que je regarde m'appartient; que rien n'existe, sauf Ton saint Fils.*

2. Aujourd'hui notre vue est certes bénie. ²Nous partageons une seule vision, tandis que nous contemplons la face de Celui Dont le Soi est le nôtre. ³Nous ne faisons qu'un à cause de Celui Qui est le Fils de Dieu; de Celui Qui est notre propre Identité.

LEÇON 270

Je n'utiliserai pas les yeux du corps aujourd'hui.

1. *Père, la vision du Christ est le don que Tu me fais, et elle a le pouvoir de traduire tout ce que voient les yeux du corps en la vue d'un monde pardonné.* ²*Comme ce monde est plein de gloire et plein de grâce!* ³*Or je percevrai en lui tellement plus que la vue ne peut donner.* ⁴*Le monde pardonné signifie que Ton Fils reconnaît son Père, qu'il laisse ses rêves être portés à la vérité et qu'il attend avec espoir le seul instant restant du temps qui finit pour toujours, tandis que la mémoire de Toi lui revient.* ⁵*Et maintenant sa volonté ne fait qu'un avec la Tienne.* ⁶*Sa fonction maintenant n'est que la Tienne et chaque pensée, sauf la Tienne, a disparu.*

2. La quiétude de ce jour bénira nos cœurs et par eux la paix viendra à chacun. ²Le Christ est nos yeux aujourd'hui. ³Par Sa vue nous offrons la guérison au monde par Lui, le saint Fils que Dieu a créé entier; le saint Fils que Dieu a créé un.

6. Qu'est-ce que le Christ ?

1. Le Christ est le Fils de Dieu tel qu'Il L'a créé. ²Il est le Soi Que nous partageons et Qui nous unit les uns aux autres, aussi bien qu'à Dieu. ³Il est la Pensée Qui demeure encore au-dedans de l'Esprit Qui est Sa Source. ⁴Il n'a pas quitté Sa sainte demeure ni perdu l'innocence dans laquelle Il a été créé. ⁵Il demeure à jamais inchangé dans l'Esprit de Dieu.

2. Le Christ est le lien qui te garde un avec Dieu et qui garantit que la séparation n'est pas plus qu'une illusion de désespoir, car l'espoir demeurera à jamais en Lui. ²Ton esprit fait partie du Sien, et le Sien du tien. ³Il est la partie où réside la Réponse de Dieu, où toutes les décisions sont déjà prises et les rêves sont terminés. ⁴Il reste intouché par quoi que ce soit que les yeux du corps perçoivent. ⁵Car bien qu'en Lui Son Père ait placé les moyens pour ton salut, Il reste le Soi Qui, comme Son Père, ne connaît pas le péché.

3. Demeure du Saint-Esprit, et chez Lui en Dieu seul, le Christ reste en paix dans le Ciel de ton esprit saint. ²C'est la seule partie de toi qui ait une réalité en vérité. ³Le reste est des rêves. ⁴Or ces rêves seront donnés au Christ, pour s'effacer devant Sa gloire et te révéler enfin ton saint Soi, le Christ.

4. Le Saint-Esprit va du Christ en toi vers tous tes rêves, les enjoignant de venir à Lui pour être traduits en vérité. ²Il les échangera contre le rêve ultime que Dieu a désigné pour être la fin des rêves. ³Car quand le pardon repose sur le monde et que la paix est venue à chaque Fils de Dieu, que pourrait-il y avoir qui garde les choses séparées, car que reste-t-il à voir, sauf la face du Christ ?

5. Or cette sainte face, combien de temps la verra-t-on, puisqu'elle ne fait que symboliser que le temps d'apprendre est maintenant terminé et que le but de l'Expiation est enfin atteint ? ²Cherchons donc à trouver la face du Christ et à ne regarder rien d'autre. ³En contemplant Sa gloire, nous connaîtrons que nous n'avons pas besoin d'apprentissage, ni de perception, ni de temps ni de quoi que ce soit, sauf le saint Soi, le Christ Que Dieu a créé Son Fils.

LEÇON 271

C'est la vision du Christ que j'utiliserai aujourd'hui.

1.   Chaque jour, à chaque heure, à chaque instant, je choisis ce que je veux regarder, les sons que je veux entendre, les témoins de ce que je veux comme vérité pour moi. ²Aujourd'hui je choisis de regarder ce que le Christ voudrait que je voie, d'écouter la Voix de Dieu et de chercher les témoins de ce qui est vrai dans la création de Dieu. ³Dans la vue du Christ, le monde et la création de Dieu se rencontrent, et lorsqu'ils se rejoignent toute perception disparaît. ⁴Sa douce vue rédime le monde de la mort, car tout ce qu'Il contemple ne peut que vivre et se souvenir du Père et du Fils ; Créateur et création unifiés.

2.   *Père, la vision du Christ est la voie qui mène à Toi. ²Ce qu'Il contemple invite Ta mémoire à m'être rendue. ³Et c'est cela que je choisis pour être ce que je voudrais regarder aujourd'hui.*

LEÇON 272

Comment des illusions peuvent-elles satisfaire le Fils de Dieu ?

1.   *Père, la vérité m'appartient. ²Ma demeure est établie au Ciel par Ta Volonté et la mienne. ³Des rêves peuvent-ils me contenter ? ⁴Des illusions peuvent-elles m'apporter le bonheur ? ⁵Quoi d'autre que Ta mémoire peut satisfaire Ton Fils ? ⁶Je n'accepterai pas moins que ce que Tu m'as donné. ⁷Je suis entouré par Ton Amour, toujours calme, toujours doux et toujours sûr. ⁸Le Fils de Dieu doit être tel que Tu l'as créé.*

2.   Aujourd'hui nous dépassons les illusions. ²Et si nous entendons la tentation nous appeler à rester pour nous attarder dans un rêve, nous nous détournons et nous demandons si nous, les Fils de Dieu, pourrions nous contenter de rêves, quand il est aussi facile de choisir le Ciel que l'enfer, et que l'amour remplacera toute peur avec joie.

LEÇON 273

Le calme de la paix de Dieu est mien.

1.   Peut-être sommes-nous prêts maintenant pour une journée de tranquillité imperturbée. [2]Si cela n'est pas encore faisable, nous sommes contents et même plus que satisfaits d'apprendre comment une telle journée peut s'accomplir. [3]Si nous cédons à un trouble, apprenons comment l'écarter et retourner à la paix. [4]Nous avons seulement besoin de dire à notre esprit, avec certitude : « Le calme de la paix de Dieu est mien », et rien ne peut faire intrusion dans la paix que Dieu Lui-même a donnée à Son Fils.

2.   *Père, Ta paix est mienne. [2]Qu'ai-je besoin de craindre que quoi que ce soit puisse me dérober ce que Tu voudrais que je garde ? [3]Je ne peux pas perdre les dons que Tu me fais. [4]Ainsi la paix que Tu as donnée à Ton Fils est encore avec moi, dans la quiétude et dans mon propre amour éternel pour Toi.*

LEÇON 274

Cette journée appartient à l'amour. Je ne craindrai rien.

1.   *Père, aujourd'hui je voudrais laisser toutes choses telles que Tu les as créées et donner à Ton Fils l'honneur dû à son impeccabilité ; l'amour d'un frère pour son frère et son Ami. [2]Par cela je suis rédimé. [3]Par cela aussi la vérité entrera là où étaient les illusions, la lumière remplacera toutes les ténèbres et Ton Fils connaîtra qu'il est tel que Tu l'as créé.*

2.   Une bénédiction particulière nous vient aujourd'hui de Celui Qui est notre Père. [2]Donne-Lui cette journée et il n'y aura pas de peur aujourd'hui, parce que ce jour est donné à l'amour.

LEÇON 275

La Voix guérissante de Dieu protège toutes choses aujourd'hui.

1.   Soyons attentifs aujourd'hui à la Voix pour Dieu, qui parle d'une leçon ancienne, pas plus vraie aujourd'hui que toute autre journée. [2]Or ce jour a été choisi pour être le temps où nous allons chercher, entendre, apprendre et comprendre. [3]Joins-toi à moi et entends. [4]Car la Voix pour Dieu nous parle de choses que nous ne pouvons comprendre seuls, ni apprendre à part. [5]C'est en cela que toutes choses sont protégées. [6]Et c'est en cela que se trouve la guérison de la Voix pour Dieu.

2.   *Ta Voix guérissante protège toutes choses aujourd'hui, donc je Te laisse toutes choses.* [2]*Je n'ai pas besoin d'être anxieux de quoi que ce soit.* [3]*Car Ta Voix me dira quoi faire et où aller, à qui parler et quoi lui dire, quelles pensées avoir, quelles paroles donner au monde.* [4]*La sécurité que j'apporte m'est donnée.* [5]*Père, Ta Voix protège toutes choses par moi.*

LEÇON 276

La Parole de Dieu m'est donnée à dire.

1.   Quelle est la Parole de Dieu ? [2]« Mon Fils est pur et saint comme Moi-même. » [3]C'est ainsi que Dieu devint le Père du Fils qu'Il aime, car c'est ainsi qu'il a été créé. [4]C'est cette Parole que Son Fils n'a pas créée avec Lui, parce qu'en elle Son Fils est né. [5]Acceptons Sa Paternité, et tout nous est donné. [6]Nions que nous avons été créés dans Son Amour, et nous nions notre Soi, pour être incertains de qui nous sommes, de Qui est notre Père et du but pour lequel nous sommes venus. [7]Et pourtant, nous avons seulement besoin de reconnaître Celui Qui nous a donné Sa Parole en notre création, pour nous souvenir de Lui et nous rappeler ainsi notre Soi.

2.   *Père, Ta Parole est la mienne.* [2]*Et c'est elle que je voudrais dire à tous mes frères, qui me sont donnés à chérir comme les miens, comme moi je suis aimé et béni et sauvé par Toi.*

LEÇON 277

Ne me laisse pas lier Ton Fils aux lois que j'ai faites.

1.   *Ton Fils est libre, mon Père. [2]Ne me laisse pas imaginer que je l'ai lié aux lois que j'ai faites pour gouverner le corps. [3]Il n'est soumis à aucune des lois que j'ai faites par lesquelles je tente de rendre le corps plus sûr. [4]Il n'est pas changé par ce qui est changeable. [5]Il n'est l'esclave d'aucune des lois du temps. [6]Il est tel que Tu l'as créé, parce qu'il ne connaît pas de loi, sauf la loi de l'amour.*

2.   N'adorons pas d'idoles et ne croyons en aucune des lois que l'idolâtrie voudrait faire pour cacher la liberté du Fils de Dieu. [2]Il n'est rien qui le lie, sauf ses croyances. [3]Or ce qu'il est, est bien au-delà de sa foi en l'esclavage ou en la liberté. [4]Il est libre parce qu'il est le Fils de son Père. [5]Et il ne peut pas être lié, à moins que la vérité de Dieu puisse mentir, et que Dieu puisse vouloir Se tromper Lui-même.

LEÇON 278

Si je suis lié, mon Père n'est pas libre.

1.   Si j'accepte d'être prisonnier à l'intérieur d'un corps, dans un monde où toutes les choses qui semblent vivre paraissent mourir, alors mon Père est prisonnier avec moi. [2]Et c'est cela que je crois quand je maintiens que je dois obéir aux lois auxquelles le monde obéit; que la fragilité et les péchés que je perçois sont réels et sans issue. [3]Si je suis lié de quelque façon que ce soit, je ne connais ni mon Père ni mon Soi. [4]Et je suis perdu pour toute la réalité. [5]Car la vérité est libre, et ce qui est lié ne fait pas partie de la vérité.

2.   *Père, je ne demande que la vérité. [2]J'ai eu beaucoup de sottes pensées sur moi-même et sur ma création, et j'ai porté un rêve de peur dans mon esprit. [3]Aujourd'hui, je ne voudrais pas rêver. [4]Je choisis la voie vers Toi au lieu de la folie et au lieu de la peur. [5]Car la vérité est sans danger, et seul l'amour est sûr.*

LEÇON 279

La liberté de la création promet la mienne.

1. La fin des rêves m'est promise, parce que le Fils de Dieu n'est pas abandonné par Son Amour. ²Ce n'est que dans les rêves qu'il y a un temps où il paraît être en prison et attendre une liberté future, s'il en est une. ³Or en réalité ses rêves ont disparu et la vérité est établie à leur place. ⁴Et maintenant la liberté est déjà sienne. ⁵Devrais-je attendre ma délivrance dans des chaînes qui ont été rompues, quand Dieu m'offre la liberté maintenant?

2. *J'accepterai tes promesses aujourd'hui, et j'y mettrai ma foi. ²Mon Père aime le fils Qu'Il a créé comme Sien. ³Retiendrais-Tu les dons que Tu m'as faits?*

LEÇON 280

Quelles limites puis-je imposer au Fils de Dieu?

1. Celui que Dieu a créé sans limites est libre. ²Je peux lui inventer un emprisonnement, mais seulement dans les illusions et non dans la vérité. ³Nulle Pensée de Dieu n'a quitté l'Esprit de son Père. ⁴Nulle Pensée de Dieu n'est le moindrement limitée. ⁵Nulle Pensée de Dieu n'est autre que pure à jamais. ⁶Puis-je imposer des limites au Fils de Dieu, dont le Père a voulu qu'il soit sans limites et pareil à Lui en liberté et en amour?

2. *Que je rende honneur aujourd'hui à Ton Fils, car c'est la seule façon de trouver la voie qui mène à Toi. ²Père, je n'impose pas de limites au Fils que Tu aimes et que Tu as créé sans limites. ³L'honneur que je lui rends est à Toi et ce qui est à Toi m'appartient aussi.*

7. Qu'est-ce que le Saint-Esprit?

1.   Le Saint-Esprit est le Médiateur entre les illusions et la vérité. [2]Puisqu'Il doit jeter un pont sur le fossé entre la réalité et les rêves, la perception mène à la connaissance par la grâce que Dieu Lui a donnée, pour qu'Il en fasse don à chacun de ceux qui se tournent vers Lui pour la vérité. [3]En traversant le pont qu'Il procure, les rêves sont tous portés à la vérité pour être dissipés devant la lumière de la connaissance. [4]Là les vues et les sons sont à jamais mis de côté. [5]Et là où ils étaient perçus auparavant, le pardon a rendu possible la fin tranquille de la perception.

2.   Le but qu'établit l'enseignement du Saint-Esprit est justement cette fin des rêves. [2]Car les vues et les sons doivent être traduits de témoins de la peur en témoins de l'amour. [3]Et une fois que cela est entièrement accompli, l'apprentissage a rempli le seul but qu'il ait en vérité. [4]Car l'apprentissage, tel que le Saint-Esprit le guide vers le résultat qu'Il perçoit pour lui, devient le moyen de se dépasser lui-même pour être remplacé par l'éternelle vérité.

3.   Si seulement tu savais combien ton Père languit de te voir reconnaître ton impeccabilité, tu ne laisserais pas sa Voix appeler en vain et tu ne te détournerais pas de Son remplacement pour les images et les rêves apeurants que tu as faits. [2]Le Saint-Esprit comprend les moyens que tu as faits, par lesquels tu voudrais atteindre ce qui est à jamais inatteignable. [3]Si tu les Lui offres, Il emploiera les moyens que tu as faits pour l'exil pour ramener ton esprit là où il est véritablement chez lui.

4.   Depuis la connaissance, où Il a été placé par Dieu, le Saint-Esprit t'appelle à laisser le pardon se poser sur tes rêves, et à être ramené à la santé et à la paix d'esprit. [2]Sans le pardon tes rêves resteront pour te terrifier. [3]Et le souvenir de tout l'Amour de ton Père ne reviendra pas pour signifier que la fin des rêves est arrivée.

5.   Accepte le don de ton Père. [2]C'est un Appel de l'Amour à l'Amour, à n'être que Lui-même. [3]Le Saint-Esprit est Son don par lequel la quiétude du Ciel est rendue au Fils bien-aimé de Dieu. [4]Refuserais-tu de prendre la fonction de compléter Dieu, quand tout ce qu'Il veut est que tu sois complet?

LEÇON 281

Je ne peux être blessé que par mes pensées.

1. *Père, Ton Fils est parfait.* ²*Quand je pense que je suis blessé de quelque façon que ce soit, c'est parce que j'ai oublié qui je suis et que je suis tel que Tu m'as créé.* ³*Tes Pensées ne peuvent m'apporter que le bonheur.* ⁴*Si jamais je suis triste, blessé ou malade, j'ai oublié ce que Tu penses et j'ai mis mes petites idées in-signifiantes à la place où Tes Pensées doivent être, et où elles sont.* ⁵*Je ne peux être blessé que par mes pensées.* ⁶*Les Pensées que je pense avec Toi ne peuvent que bénir.* ⁷*Seules les Pensées que je pense avec Toi sont vraies.*

2. Je ne me blesserai pas aujourd'hui. ²Car je suis bien au-delà de toute douleur. ³Mon Père m'a placé en sécurité au Ciel, et Il veille sur moi. ⁴Or je ne voudrais pas attaquer le Fils qu'Il aime, car ce qu'Il aime m'est aussi donné à aimer.

LEÇON 282

Je ne craindrai pas l'amour aujourd'hui.

1. Si je pouvais seulement comprendre cela aujourd'hui, le salut serait atteint pour le monde entier. ²C'est la décision de ne pas être insane et de m'accepter comme Dieu Lui-même, mon Père et ma Source, m'a créé. ³C'est la détermination de ne pas être endormi dans des rêves de mort tandis que la vérité demeure à jamais vivante dans la joie de l'amour. ⁴Et c'est le choix de reconnaître le Soi Que Dieu a créé Son Fils bien-aimé, et Qui reste ma seule Identité.

2. *Père, Ton Nom est Amour et le mien l'est aussi.* ²*Telle est la vérité.* ³*La vérité peut-elle être changée en lui donnant simplement un autre nom?* ⁴*Le nom de la peur est simplement une erreur.* ⁵*Je ne craindrai pas la vérité aujourd'hui.*

LEÇON 283

Ma véritable Identité demeure en Toi.

1.   *Père, j'ai fait une image de moi-même, et c'est elle que j'appelle le Fils de Dieu. ²Or la création est telle qu'elle a toujours été, car Ta création est inchangeable. ³Que je n'adore pas d'idoles. ⁴Je suis celui que mon Père aime. ⁵Ma sainteté reste la lumière du Ciel et l'Amour de Dieu. ⁶Ce qui est aimé de Toi n'est-il pas en sécurité? ⁷La lumière du Ciel n'est-elle pas infinie? ⁸Ton Fils n'est-il pas ma véritable Identité, quand Tu as créé tout ce qui est?*

2.   Maintenant nous ne faisons qu'un en une Identité partagée, avec Dieu notre Père comme unique Source, et tout ce qui est créé faisant partie de nous. ²Donc nous offrons une bénédiction à toutes choses, nous unissant avec amour au monde entier, que notre pardon a rendu un avec nous.

LEÇON 284

Je peux choisir de changer toutes pensées qui blessent.

1.   Une perte n'est pas une perte, correctement perçue. ²La douleur est impossible. ³Il n'y a pas de chagrin qui ait la moindre cause. ⁴Et la souffrance de toute sorte n'est qu'un rêve. ⁵Voilà la vérité, d'abord seulement à dire puis à répéter maintes fois; ensuite à accepter comme partiellement vraie, avec de grandes réserves. ⁶Puis à considérer de plus en plus sérieusement pour enfin l'accepter comme la vérité. ⁷Je peux choisir de changer toutes pensées qui blessent. ⁸Et je voudrais aller au-delà de ces mots aujourd'hui, passé toute réserve, pour arriver à la pleine acceptation de la vérité en eux.

2.   *Père, ce que Tu as donné ne peut blesser, de sorte que le chagrin et la douleur doivent être impossibles. ²Que je ne manque pas de confiance en Toi aujourd'hui, n'acceptant que le joyeux pour Tes dons; n'acceptant que le joyeux pour la vérité.*

LEÇON 285

Ma sainteté brille d'une vive clarté aujourd'hui.

1. Aujourd'hui je m'éveille avec joie, m'attendant à ce que ne viennent à moi que les choses heureuses de Dieu. ²Je demande qu'elles seules viennent, et je me rends compte qu'à mon invitation répondront les pensées auxquelles elle a été envoyée. ³Je ne demanderai que des choses joyeuses, dès l'instant que j'accepterai ma sainteté. ⁴Car à quoi me servirait la douleur, quel but remplirait ma souffrance, et comment le chagrin et la perte me seraient-ils utiles, si l'insanité me quitte aujourd'hui et qu'à la place j'accepte ma sainteté ?

2. *Père, ma sainteté est la Tienne. ²Que je m'en réjouisse, et par le pardon que je sois ramené à la santé d'esprit. ³Ton Fils est encore tel que Tu l'as créé. ⁴Ma sainteté fait partie de moi, et fait aussi partie de Toi. ⁵Et qu'est-ce qui peut altérer la Sainteté même ?*

LEÇON 286

Le silence du Ciel tient mon cœur aujourd'hui.

1. *Père, comme c'est calme aujourd'hui ! ²Comme toutes choses tranquillement se mettent en place ! ³Voici le jour qui a été choisi pour être le moment où j'en viens à comprendre la leçon qui enseigne que je n'ai pas besoin de faire quoi que ce soit. ⁴En Toi chaque choix est déjà fait. ⁵En Toi chaque conflit a été résolu. ⁶En Toi tout ce que j'espère trouver m'est déjà donné. ⁷Ta paix est la mienne. ⁸Mon cœur est tranquille et mon esprit est au repos. ⁹Ton Amour est le Ciel, et Ton Amour est le mien.*

2. Le calme d'aujourd'hui nous donnera l'espoir d'avoir trouvé la voie et d'y avoir voyagé loin vers un but entièrement certain. ²Aujourd'hui nous ne douterons pas de la fin que Dieu Lui-même nous a promise. ³Nous Lui faisons confiance, ainsi qu'à notre Soi, Qui est encore un avec Lui.

LEÇON 287

Tu es mon but, Père. Toi seul.

1.   Où voudrais-je aller, sinon au Ciel? [2]Quel substitut pourrait-il y avoir au bonheur? [3]Quel don pourrais-je préférer à la paix de Dieu? [4]Quel trésor voudrais-je chercher, trouver, et garder, qui se puisse comparer à mon Identité? [5]Et voudrais-je vivre avec la peur plutôt qu'avec l'amour?

2.   *Tu es mon but, mon Père.* [2]*Quoi d'autre que Toi pourrais-je désirer avoir?* [3]*Quelle autre voie que celle qui mène à Toi pourrais-je désirer suivre?* [4]*Et quoi d'autre, sauf le souvenir de Toi, pourrait signifier pour moi la fin des rêves et des futiles substitutions à la vérité?* [5]*Tu es mon seul but.* [6]*Ton Fils voudrait être tel que Tu l'as créé.* [7]*De quelle autre façon pourrais-je espérer reconnaître mon Soi et être en union avec mon Identité?*

LEÇON 288

Que j'oublie le passé de mon frère aujourd'hui.

1.   *Voilà la pensée qui me guide vers Toi et m'amène à mon but.* [2]*Je ne peux pas venir à Toi sans mon frère.* [3]*Et pour connaître ma Source, je dois d'abord reconnaître ce que Tu as créé un avec moi.* [4]*C'est la main de mon frère qui me guide sur la voie qui mène à Toi.* [5]*Ses péchés sont dans le passé avec les miens et je suis sauvé parce que le passé a disparu.* [6]*Que je ne le chérisse pas en mon cœur, ou je perdrai la voie qui mène à Toi.* [7]*Mon frère est mon sauveur.* [8]*Que je n'attaque pas le sauveur que Tu m'as donné.* [9]*Que j'honore plutôt celui qui porte Ton Nom, et je me souviendrai ainsi que C'est le mien.*

2.   Pardonne-moi, donc, aujourd'hui. [2]Tu connaîtras que tu m'as pardonné si tu contemples ton frère dans la lumière de la sainteté. [3]Il ne peut pas être moins saint que moi, et tu ne peux pas être plus saint que lui.

LEÇON 289

Le passé est terminé. Il ne peut pas me toucher.

1.   À moins que le passé ne soit terminé dans mon esprit, le monde réel doit échapper à ma vue. ²Car en réalité je ne regarde nulle part et je ne vois que ce qui n'est pas là. ³Alors comment puis-je percevoir le monde qu'offre le pardon ? ⁴Le passé a été fait pour le cacher, car ce monde-là ne peut se voir que maintenant. ⁵Il n'a pas de passé. ⁶Car quoi d'autre que le passé peut être pardonné, et s'il est pardonné il a disparu.

2.   *Père, ne me laisse pas regarder un passé qui n'est pas là. ²Car Tu m'as offert Ton Propre remplacement, dans un monde présent que le passé a laissé intouché et libre de péché. ³Ici est la fin de la culpabilité. ⁴Et ici je suis rendu prêt pour Ton dernier pas. ⁵Vais-je demander que Tu attendes encore avant que Ton Fils ne trouve la beauté que Tu as conçue comme la fin de tous ses rêves et de toute sa douleur ?*

LEÇON 290

Mon bonheur présent est tout ce que je vois.

1.   À moins que je ne regarde ce qui n'est pas là, mon bonheur présent est tout ce que je vois. ²Les yeux qui commencent à s'ouvrir voient enfin. ³Et je voudrais que la vision du Christ me vienne aujourd'hui même. ⁴Ce que je perçois sans la Correction de Dieu Lui-même pour la vue que j'ai faite est effrayant et douloureux à contempler. ⁵Or je ne voudrais pas permettre à mon esprit d'être trompé par la croyance que le rêve que j'ai fait est réel un instant de plus. ⁶Voici le jour où je recherche mon bonheur présent et ne regarde rien, sauf la chose que je cherche.

2.   *Avec cette résolution je viens à Toi et je demande Ta force pour me soutenir aujourd'hui, alors que je ne cherche qu'à faire Ta Volonté. ²Tu ne peux manquer de m'entendre, Père. ³Ce que je demande, Tu me l'as déjà donné. ⁴Et je suis sûr que je verrai mon bonheur aujourd'hui.*

8. Qu'est-ce que le monde réel ?

1. Le monde réel est un symbole, comme le reste de ce qu'offre la perception. [2]Or il représente ce qui est l'opposé de ce que tu as fait. [3]Ton monde est vu par les yeux de la peur, et il fait venir les témoins de la terreur à ton esprit. [4]Le monde réel ne peut être perçu que par des yeux que le pardon bénit, de sorte qu'ils voient un monde où la terreur est impossible et où les témoins de la peur sont introuvables.

2. Le monde réel tient la contrepartie de chaque pensée malheureuse reflétée dans ton monde ; une sûre correction pour les vues de la peur et les sons de bataille que ton monde contient. [2]Le monde réel montre un monde vu différemment, par des yeux tranquilles et l'esprit en paix. [3]Il n'y a là que le repos. [4]Il n'y a pas de cris de douleur et de chagrin qui y soient entendus, car il n'y a rien là qui reste en dehors du pardon. [5]Et les vues sont douces. [6]Seuls les vues et les sons heureux peuvent atteindre l'esprit qui s'est pardonné lui-même.

3. Quel besoin un tel esprit a-t-il des pensées de mort, d'attaque et de meurtre ? [2]Quoi d'autre peut-il percevoir autour de lui que la sécurité, l'amour et la joie ? [3]Qu'est-ce qu'il choisirait de condamner et qu'est-ce qu'il voudrait juger et rejeter ? [4]Le monde qu'il voit surgit d'un esprit en paix avec lui-même. [5]Aucun danger ne le guette dans quoi que ce soit qu'il voit, car il est bon et il ne regarde que la bonté.

4. Le monde réel est le symbole de ce que le rêve de péché et de culpabilité est terminé et que le Fils de Dieu ne dort plus. [2]Ses yeux en s'ouvrant perçoivent le sûr reflet de l'Amour de son Père ; la promesse certaine qu'il est rédimé. [3]Le monde réel signifie la fin du temps, car de le percevoir fait que le temps n'a plus de but.

5. Le Saint-Esprit n'a pas besoin du temps une fois qu'il a servi Son but. [2]Maintenant Il n'attend que ce seul instant de plus pour que Dieu fasse Son dernier pas ; et le temps a disparu, emportant la perception en partant et laissant seulement la vérité être elle-même. [3]Cet instant est notre but, car il contient le souvenir de Dieu. [4]Et tandis que nous regardons un monde pardonné, c'est Lui Qui nous appelle et Qui vient nous ramener chez nous, nous rappelant notre Identité que notre pardon nous a rendue.

LEÇON 291

Voici un jour de calme et de paix.

1. La vision du Christ regarde par moi aujourd'hui. ²Sa vue me montre toutes choses pardonnées et en paix, et offre cette même vision au monde. ³Et j'accepte cette vision en son nom, à la fois pour moi et pour le monde aussi. ⁴Quelle beauté nous contemplons aujourd'hui! ⁵Quelle sainteté nous voyons autour de nous! ⁶Et il nous est donné de reconnaître que c'est une sainteté que nous partageons; c'est la Sainteté de Dieu Lui-même.

2. *Aujourd'hui mon esprit est tranquille, pour recevoir les Pensées que Tu m'offres. ²Et j'accepte ce qui vient de Toi, au lieu de moi. ³Je ne connais pas la voie vers Toi. ⁴Mais Tu es entièrement certain. ⁵Père, guide Ton Fils sur la voie tranquille qui mène à Toi. ⁶Que mon pardon soit complet et que la mémoire de Toi me revienne.*

LEÇON 292

Un résultat heureux pour toutes choses est sûr.

1. Les promesses de Dieu ne font pas d'exceptions. ²Et Il garantit que seule la joie peut être le résultat final trouvé pour chaque chose. ³Or le moment où cela est atteint dépend de nous; combien de temps nous laisserons une volonté étrangère paraître s'opposer à la Sienne. ⁴Et tant que nous pensons que cette volonté est réelle, nous ne trouverons pas la fin qu'Il a désignée comme résultat de tous les problèmes que nous percevons, de toutes les épreuves que nous voyons et de chaque situation que nous rencontrons. ⁵Or la fin est certaine. ⁶Car la Volonté de Dieu est faite sur la terre et au Ciel. ⁷Nous chercherons et nous trouverons conformément à Sa Volonté, qui garantit que notre volonté est faite.

2. *Nous te remercions, Père, de Ta garantie de résultats seulement heureux à la fin. ²Aide-nous à ne pas interférer et retarder ainsi les fins heureuses que Tu nous as promises pour chaque problème que nous pouvons percevoir, pour chaque épreuve que nous pensons avoir encore à rencontrer.*

LEÇON 293

Toute peur est passée et seul l'amour est ici.

1.   Toute peur est passée, parce que sa source a disparu, et toutes ses pensées ont disparu avec elle. ²L'amour demeure le seul état présent, dont la Source est ici pour toujours et à jamais. ³Le monde peut-il sembler clair et radieux, sûr et accueillant, avec toutes mes erreurs passées qui l'oppressent et me montrent des formes distordues de la peur ? ⁴Or dans le présent, l'amour est évident et ses effets sont apparents. ⁵Le monde entier resplendit, reflet de sa sainte lumière, et je perçois un monde enfin pardonné.

2.   *Père, ne laisse pas Ton saint monde échapper à ma vue aujourd'hui. ²Et ne laisse pas mes oreilles être sourdes à tous les hymnes de gratitude que le monde chante au-dessous des bruits de la peur. ³Il y a un monde réel que le présent tient à l'abri de toutes les erreurs passées. ⁴Je ne voudrais avoir que ce monde-là sous les yeux aujourd'hui.*

LEÇON 294

Mon corps est une chose entièrement neutre.

1.   Je suis un Fils de Dieu. ²Puis-je être aussi une autre chose ? ³Dieu a-t-Il créé le mortel et le corruptible ? ⁴De quelle utilité pour le Fils bien-aimé de Dieu peut être ce qui doit mourir ? ⁵Et pourtant une chose neutre ne voit pas la mort, car les pensées de peur ne sont pas investies là, et ce n'est pas non plus à elle qu'un simulacre d'amour est accordé. ⁶Sa neutralité la protège tant qu'elle est utile. ⁷Et par après, sans but, elle est mise de côté. ⁸Elle n'est ni malade ni vieille ni blessée. ⁹Simplement, elle n'a plus de fonction, il n'en est plus besoin, et l'on s'en défait. ¹⁰Ne me laisse pas y voir plus que cela aujourd'hui : une chose qui rend service pour un temps et propre à servir, qui garde son utilité tant qu'elle peut servir et qui ensuite est remplacée pour un plus grand bien.

2.   *Mon corps, Père, ne peut pas être Ton fils. ²Et ce qui n'est pas créé ne peut être ni pécheur ni sans péché ; ni bon ni mauvais. ³Que j'utilise donc ce rêve pour aider Ton plan qui est de nous éveiller de tous les rêves que nous avons faits.*

LEÇON 295

Le Saint-Esprit regarde par moi aujourd'hui.

1. Le Christ demande de pouvoir utiliser mes yeux aujourd'hui, pour ainsi rédimer le monde. ²Il demande ce don pour m'offrir la paix d'esprit et enlever toute terreur et toute douleur. ³Et comme elles me sont enlevées, les rêves qui semblaient se poser sur le monde ont disparu. ⁴La rédemption doit être une. ⁵Comme je suis sauvé, le monde est sauvé avec moi. ⁶Car nous tous devons être rédimés ensemble. ⁷La peur apparaît sous de nombreuses formes différentes, mais l'amour est un.

2. *Mon Père, le Christ m'a demandé un don, un don que je fais afin qu'il me soit fait. ²Aide-moi à utiliser les yeux du Christ aujourd'hui, et à permettre ainsi que l'Amour du Saint-Esprit bénisse toutes les choses que je regarderai, afin que Son Amour plein de pardon se pose sur moi.*

LEÇON 296

Le Saint-Esprit parle par moi aujourd'hui.

1. *Le Saint-Esprit a besoin de ma voix aujourd'hui pour que le monde entier écoute Ta Voix et entende Ta Parole par moi. ²Je suis résolu à Te laisser parler par moi, car je ne voudrais pas utiliser d'autres mots que les Tiens ni avoir de pensées qui sont à part des Tiennes, car seules les Tiennes sont vraies. ³Je voudrais être le sauveur du monde que j'ai fait. ⁴Car l'ayant damné, je voudrais le rendre libre, pour trouver à m'évader et entendre la Parole que Ta sainte Voix me dira aujourd'hui.*

2. Nous enseignons aujourd'hui ce que nous voudrions apprendre, et seulement cela. ²Ainsi notre but d'apprentissage devient un but sans conflit, un but qu'il est possible d'atteindre facilement et d'accomplir rapidement. ³Avec quelle joie le Saint-Esprit vient nous secourir de l'enfer, quand nous permettons à Son enseignement de persuader le monde, par nous, de chercher et de trouver la voie facile qui mène à Dieu.

463

LEÇON 297

Le pardon est le seul don que je fais.

1.   Le pardon est le seul don que je fais, parce que c'est le seul don que je veux. ²Et tout ce que je donne, je le donne à moi-même. ³Voilà la simple formule du salut. ⁴Et moi, qui voudrais être sauvé, voudrais la faire mienne, pour qu'elle soit ma façon de vivre dans un monde qui a besoin du salut et qui sera sauvé quand j'accepterai l'Expiation pour moi-même.

2.   *Père, comme Tes voies sont certaines; comme leur résultat final est sûr, comme chaque étape de mon salut est déjà fidèlement fixée et accomplie par Ta grâce. ²Merci à Toi pour Tes dons éternels et merci à Toi pour mon Identité.*

LEÇON 298

Je T'aime, Père, et j'aime Ton Fils.

1.   Ma gratitude permet que mon amour soit accepté sans peur. ²C'est ainsi que je suis enfin ramené à ma réalité. ³Tout ce qui faisait intrusion dans ma sainte vue, le pardon l'enlève. ⁴Et je m'approche de la fin des voyages insensés, des folles carrières et des valeurs artificielles. ⁵J'accepte à leur place ce que Dieu établit comme mien, sûr qu'en cela seul je serai sauvé; sûr de passer à travers la peur pour rencontrer mon Amour.

2.   *Père, je viens à Toi aujourd'hui, parce que je ne voudrais pas suivre d'autre voie que la Tienne. ²Tu es à mes côtés. ³Ta voie est certaine. ⁴Et je suis reconnaissant de Tes saints dons d'un asile certain et de l'évasion de tout ce qui obscurcirait mon amour pour Dieu mon Père et Son saint Fils.*

LEÇON 299

La sainteté éternelle réside en moi.

1.   Ma sainteté est bien au-delà de ma propre aptitude à comprendre ou à connaître. ²Or Dieu, mon Père, Qui l'a créée, reconnaît ma sainteté comme Sienne. ³Notre Volonté, ensemble, la comprend. ⁴Et Notre Volonté, ensemble, connaît que c'est ainsi.

2.   *Père, Ma sainteté n'est pas de moi. ²Elle n'est pas à moi pour être détruite par le péché. ³Elle n'est pas à moi pour subir d'attaque. ⁴Les illusions peuvent l'obscurcir mais elles ne peuvent pas éteindre son rayonnement ni faire pâlir sa lumière. ⁵Elle se tient à jamais parfaite et intouchée. ⁶En elle toutes choses sont guéries, car elles restent telles que Tu les as créées. ⁷Et je peux connaître ma sainteté. ⁸Car c'est la Sainteté Elle-même Qui m'a créé, et je peux connaître ma Source parce que c'est Ta Volonté d'être connu.*

LEÇON 300

Ce monde ne dure qu'un instant.

1.   Voici une pensée qui peut être utilisée pour dire que la mort et le chagrin sont le lot certain de tous ceux qui viennent ici, car leurs joies ont disparu avant qu'ils les aient ou même s'en saisissent. ²Or c'est aussi l'idée qui ne laisse aucune perception fausse garder prise sur nous ni représenter davantage qu'un nuage qui passe dans un ciel éternellement serein. ³Or c'est cette sérénité que nous cherchons aujourd'hui, sans nuage, évidente et sûre.

2.   *Nous cherchons Ton saint monde aujourd'hui. ²Car nous, Tes Fils aimants, avons perdu notre chemin un moment. ³Mais nous avons écouté Ta Voix et nous avons appris exactement quoi faire pour être ramenés au Ciel et à notre véritable Identité. ⁴Et nous rendons grâce aujourd'hui de ce que le monde ne dure qu'un instant. ⁵Nous voudrions aller par-delà ce minuscule instant dans l'éternité.*

9. Qu'est-ce que le second Avènement?

1. Le second Avènement du Christ, qui est aussi sûr que Dieu, est simplement la correction des erreurs et le retour de la santé d'esprit. [2]C'est une partie de la condition qui restaure le jamais perdu et rétablit ce qui est vrai pour toujours et à jamais. [3]C'est l'invitation faite à la Parole de Dieu de prendre la place de l'illusion; le désir de laisser le pardon se poser sur toutes choses sans exceptions ni réserves.

2. C'est la nature intégrale du second Avènement du Christ qui lui permet d'embrasser le monde et de te garder en sécurité dans sa douce venue, qui englobe toutes choses vivantes avec toi. [2]Il n'y a pas de fin à la délivrance qu'apporte le second Avènement, car la création de Dieu doit être sans limites. [3]Le pardon éclaire la voie du second Avènement, parce qu'il luit sur toutes choses ne faisant qu'un. [4]Ainsi l'unité est enfin reconnue.

3. Le second Avènement termine les leçons qu'enseigne le Saint-Esprit, faisant place au Jugement dernier, où l'apprentissage se termine par un dernier résumé qui s'étendra au-delà de lui-même jusqu'à atteindre Dieu. [2]Le second Avènement est le temps où tous les esprits sont remis entre les mains du Christ, pour être retournés au pur-esprit au nom de la véritable création et de la Volonté de Dieu.

4. Le second Avènement est le seul évènement dans le temps que le temps lui-même ne peut affecter. [2]Car tous ceux qui sont jamais venus pour mourir, ou qui viendront encore ou qui sont présents maintenant, sont également délivrés de ce qu'ils ont fait. [3]Dans cette égalité le Christ est rétabli en tant que seule Identité, dans laquelle les Fils de Dieu reconnaissent qu'ils ne font tous qu'un. [4]Et Dieu le Père sourit à Son fils, Sa seule création et Sa seule joie.

5. Prie que le second Avènement soit pour bientôt, mais n'en reste pas là. [2]Il a besoin de tes yeux, de tes oreilles, de tes mains et de tes pieds. [3]Il a besoin de ta voix. [4]Et par-dessus tout, il a besoin de ton désir. [5]Réjouissons-nous de pouvoir faire la Volonté de Dieu et joignons-nous en sa sainte lumière. [6]Regarde, le Fils de Dieu ne fait qu'un en nous, et nous pouvons atteindre l'Amour de notre Père par Lui.

LEÇON 301

Et Dieu Lui-même essuiera toute larme.

1.   *Père, à moins de juger, je ne peux pleurer. ²Pas plus que je ne peux souffrir ni me sentir abandonné ou inutile dans le monde. ³Ceci est ma demeure parce que je ne la juge pas ; par conséquent, elle est seulement ce que Tu veux. ⁴Que je la contemple sans condamnation aujourd'hui, par des yeux heureux que le pardon a délivrés de toute distorsion. ⁵Que je voie Ton monde au lieu du mien. ⁶Et toutes les larmes que j'ai versées seront oubliées, car leur source a disparu. ⁷Père, je ne jugerai pas Ton monde aujourd'hui.*

2.   Le monde de Dieu est heureux. ²Ceux qui le regardent peuvent seulement lui ajouter leur joie et le bénir comme cause d'encore plus de joie en eux. ³Nous pleurions parce que nous ne comprenions pas. ⁴Mais nous avons appris que le monde que nous voyions était faux et aujourd'hui nous regarderons le monde de Dieu.

LEÇON 302

Là où étaient les ténèbres, je vois la lumière.

1.   *Père, nos yeux s'ouvrent enfin. ²Ton saint monde nous attend, tandis que la vue nous est enfin rendue, et nous pouvons voir. ³Nous pensions souffrir. ⁴Mais nous avions oublié le Fils que Tu as créé. ⁵Maintenant nous voyons que les ténèbres sont nos propres imaginations et que la lumière est là pour que nous la voyions. ⁶La vision du Christ change les ténèbres en lumière, car la peur doit disparaître une fois que l'amour est venu. ⁷Que je pardonne aujourd'hui à Ton saint monde, afin d'en contempler la sainteté et de comprendre qu'elle ne fait que refléter la mienne.*

2.   Notre Amour nous attend tandis que nous allons vers Lui, et fait route à nos côtés en nous montrant la voie. ²Il n'échoue en rien. ³Il est la Fin que nous cherchons et le Moyen par lequel nous allons vers Lui.

LEÇON 303

Le saint Christ est né en moi aujourd'hui.

1. Veillez avec moi, anges, veillez avec moi aujourd'hui. [2]Que toutes les saintes Pensées de Dieu m'entourent et fassent silence avec moi tandis que naît le Fils du Ciel. [3]Que les sons terrestres se taisent et que les vues auxquelles je suis habitué disparaissent. [4]Que le Christ soit le bienvenu là où Il est chez Lui. [5]Et qu'Il entende les sons qu'Il comprend et ne voie que les vues qui montrent l'Amour de Son Père. [6]Qu'Il ne soit plus un étranger ici, car Il est né à nouveau en moi aujourd'hui.

2. *Ton Fils est le bienvenu, Père. [2]Il est venu me sauver du soi mauvais que j'ai fait. [3]Il est le Soi que Tu m'as donné. [4]Il n'est que ce que je suis réellement en vérité. [5]Il est le Fils que Tu aimes par-dessus toutes choses. [6]Il est mon Soi tel que Tu m'as créé. [7]Ce n'est pas le Christ Qui peut être crucifié. [8]En sécurité dans Tes Bras, laisse-moi recevoir Ton Fils.*

LEÇON 304

Que mon monde n'obscurcisse pas la vue du Christ.

1. Je peux obscurcir ma sainte vue, si je lui impose mon monde. [2]Et je ne peux pas contempler les saintes vues que le Christ regarde, à moins d'utiliser Sa vision. [3]La perception est un miroir et non un fait. [4]Ce que je regarde est mon état d'esprit, reflété à l'extérieur. [5]Je voudrais bénir le monde en le regardant par les yeux du Christ. [6]Et je verrai les signes certains que tous mes péchés m'ont été pardonnés.

2. *Tu me conduis des ténèbres à la lumière, du péché à la sainteté. [2]Que je pardonne et reçoive ainsi le salut pour le monde. [3]C'est le don, mon Père, que Tu me fais pour que je l'offre à Ton saint Fils, afin qu'il retrouve le souvenir de Toi, et de Ton Fils tel que Tu l'as créé.*

LEÇON 305

Il est une paix que le Christ nous accorde.

1. Qui n'utilise que la vision du Christ trouve une paix si profonde et tranquille, si imperturbable et entièrement inchangeable, que le monde n'en contient pas l'équivalent. ²Les comparaisons se taisent devant cette paix. ³Et le monde entier s'en va en silence tandis que cette paix l'enveloppe et le porte doucement à la vérité, et plus jamais il ne sera la demeure de la peur. ⁴Car l'amour est venu et a guéri le monde en lui donnant la paix du Christ.

2. *Père, la paix du Christ nous est donnée, parce que c'est Ta Volonté que nous soyons sauvés. ²Aide-nous aujourd'hui à accepter Ton don et à ne pas le juger. ³Car il nous est venu pour nous sauver de notre jugement sur nous-mêmes.*

LEÇON 306

Le don du Christ est tout ce que je cherche aujourd'hui.

1. Quoi d'autre que la vision du Christ utiliserais-je aujourd'hui, quand elle peut m'offrir une journée où je vois un monde si pareil au Ciel qu'un ancien souvenir me revient ? ²Aujourd'hui je peux oublier le monde que j'ai fait. ³Aujourd'hui je peux aller passé toute peur et être ramené à l'amour, à la sainteté et à la paix. ⁴Aujourd'hui je suis rédimé et je nais à nouveau dans un monde de miséricorde et de sollicitude ; d'aimante bonté et la paix de Dieu.

2. *Ainsi, notre Père, nous retournons chez Toi, nous souvenant que nous ne sommes jamais partis ; nous souvenant des saints dons que Tu nous as faits. ²C'est dans la gratitude et la reconnaissance que nous venons, les mains vides, le cœur et l'esprit ouverts, ne demandant que ce que Tu donnes. ³Nous ne pouvons pas faire d'offrande suffisante pour Ton Fils. ⁴Mais dans Ton Amour le don du Christ est à lui.*

LEÇON 307

Des souhaits conflictuels ne peuvent pas être ma volonté.

1. *Père, Ta Volonté est la mienne, et Elle seule. [2]Il n'y a pas d'autre volonté que je puisse avoir. [3]Que je n'essaie pas de faire une autre volonté, car cela est insensé et me causera de la douleur. [4]Seule Ta Volonté peut m'apporter le bonheur, et seule la Tienne existe. [5]Si je veux avoir ce que Toi seul peux donner, je dois accepter Ta Volonté pour moi et entrer dans la paix où le conflit est impossible, où Ton Fils ne fait qu'un avec Toi en être et en volonté, et où rien ne contredit la sainte vérité qui est que je reste tel que Tu m'as créé.*

2. Par cette prière nous entrons silencieusement dans un état où le conflit ne peut venir, parce que nous joignons notre sainte volonté à Celle de Dieu, en reconnaissant qu'elles sont les mêmes.

LEÇON 308

Cet instant est le seul temps qui soit.

1. J'ai conçu le temps de telle manière que je vais à l'encontre de mon but. [2]Si je choisis d'aller par-delà le temps dans l'intemporel, je dois changer ma perception de ce à quoi sert le temps. [3]Le but du temps ne peut pas être de garder le passé et le futur ne faisant qu'un. [4]Le seul intervalle durant lequel je peux être sauvé du temps, c'est maintenant. [5]Car en cet instant le pardon est venu me rendre libre. [6]La naissance du Christ est maintenant, sans passé ni futur. [7]Il est venu donner Sa bénédiction présente au monde, le ramenant à l'intemporel et à l'amour. [8]Et l'amour est à jamais présent, ici et maintenant.

2. *Merci pour cet instant, Père. [2]C'est maintenant que je suis rédimé. [3]Cet instant est le temps que tu as désigné pour la délivrance de Ton Fils, et pour le salut du monde en lui.*

LEÇON 309

Je ne craindrai pas de regarder au-dedans aujourd'hui.

1. Au-dedans de moi est l'éternelle innocence, parce que c'est la Volonté de Dieu qu'elle y soit pour toujours et à jamais. ²Moi, Son Fils, dont la volonté est illimitée comme la Sienne, ne peux vouloir aucun changement en cela. ³Car nier la Volonté de mon Père, c'est nier la mienne. ⁴Regarder au-dedans, ce n'est que trouver ma volonté telle que Dieu l'a créée et telle qu'elle est. ⁵J'ai peur de regarder au-dedans parce que je pense avoir fait une autre volonté qui n'est pas vraie, et l'avoir rendue réelle. ⁶Or elle n'a pas d'effets. ⁷Au-dedans de moi est la Sainteté de Dieu. ⁸Au-dedans de moi est la mémoire de Lui.

2. *Le pas que je fais aujourd'hui, mon Père, est ma sûre délivrance des vains rêves de péché. ²Ton autel se dresse serein et non profané. ³C'est le saint autel à mon Soi, et je trouve là ma véritable Identité.*

LEÇON 310

Je passe ce jour en l'absence de peur et en l'amour.

1. *Ce jour, Père, je voudrais le passer avec Toi, comme Tu as choisi que tous mes jours devraient être. ²Ce que j'éprouverai n'est pas du temps. ³La joie qui me vient n'est pas des jours ni des heures, car elle vient du Ciel à Ton Fils. ⁴Ce jour sera Ton doux rappel à me souvenir de Toi, Ton appel gracieux à Ton saint Fils, le signe que Ta grâce m'est venue et que c'est Ta Volonté que je sois rendu libre aujourd'hui.*

2. Nous passons cette journée ensemble, toi et moi. ²Et le monde entier se joint à nous dans notre chant de gratitude et de joie pour Celui Qui nous a donné le salut et Qui nous a rendus libres. ³Nous sommes ramenés à la paix et à la sainteté. ⁴Il n'y a pas de place en nous pour la peur aujourd'hui, car nous avons accueilli l'amour dans notre cœur.

10. Qu'est-ce que le Jugement dernier ?

1.   Le second Avènement du Christ fait ce don au Fils de Dieu : d'entendre la Voix pour Dieu proclamer que ce qui est faux est faux, et que ce qui est vrai n'a jamais changé. ²Voilà le jugement par lequel la perception prend fin. ³D'abord tu vois un monde qui a accepté cela pour vrai, projeté d'un esprit maintenant corrigé. ⁴Et avec cette sainte vue, la perception donne une bénédiction silencieuse puis disparaît, son but étant accompli et sa mission terminée.

2.   Le jugement final sur le monde ne contient pas de condamnation. ²Car il voit le monde comme étant totalement pardonné, sans péché et entièrement sans but. ³Sans une cause, et maintenant sans une fonction aux yeux du Christ, il glisse simplement dans le néant. ⁴Là il est né et là aussi il prend fin. ⁵Et toutes les figures dans le rêve où le monde a commencé s'en vont avec lui. ⁶Les corps maintenant sont sans utilité, donc ils disparaîtront, parce que le Fils de Dieu est illimité.

3.   Toi qui croyais que le Jugement dernier de Dieu condamnerait le monde à l'enfer avec toi, accepte cette sainte vérité : le Jugement de Dieu est le don de la Correction qu'Il a accordée à toutes tes erreurs, te libérant d'elles et de tous les effets qu'elles ont jamais semblé avoir. ²Craindre la grâce salvatrice de Dieu, ce n'est que craindre la délivrance complète de la souffrance, le retour à la paix, à la sécurité et au bonheur, et à l'union avec ta propre Identité.

4.   Le Jugement Final de Dieu est aussi miséricordieux que l'est chaque étape du plan qu'Il a désigné pour bénir Son Fils et l'appeler à retourner à la paix éternelle qu'Il partage avec lui. ²N'aie pas peur de l'amour. ³Car lui seul peut guérir tout chagrin, essuyer toute larme, et réveiller doucement de son rêve de douleur le Fils que Dieu reconnaît pour Sien. ⁴N'aie pas peur de cela. ⁵Le salut te demande de lui faire bon accueil. ⁶Et le monde attend ton heureuse acceptation, qui le rendra libre.

5.   Voici le Jugement Final de Dieu : « Tu es encore Mon saint Fils, à jamais innocent, à jamais aimant et à jamais aimé, aussi illimité que ton Créateur, complètement inchangeable et pur à jamais. ²Donc réveille-toi et reviens-Moi. ³Je suis ton Père, et tu es Mon Fils. »

LEÇON 311

Je juge toutes choses comme je voudrais qu'elles soient.

1. Le jugement a été fait pour être une arme utilisée contre la vérité. ²Il sépare ce contre quoi il est utilisé et le fait ressortir comme si c'était une chose à part. ³Puis il en fait ce que tu voudrais que ce soit. ⁴Il juge ce qu'il ne peut comprendre parce qu'il ne peut pas voir la totalité, et donc il juge faussement. ⁵Ne l'utilisons pas aujourd'hui, mais offrons-le comme don à Celui Qui en fait un usage différent. ⁶Il nous soulagera du supplice de tous les jugements que nous avons portés contre nous-mêmes et rétablira la paix d'esprit en nous donnant le Jugement de Dieu sur son Fils.

2. *Père, c'est l'esprit ouvert que nous attendons aujourd'hui d'entendre Ton Jugement sur le Fils que Tu aimes. ²Nous ne le connaissons pas et nous ne pouvons juger. ³Ainsi nous laissons Ton Amour décider ce que doit être celui que Tu as créé Ton Fils.*

LEÇON 312

Je vois toutes choses comme je voudrais qu'elles soient.

1. La perception suit le jugement. ²Ayant jugé, nous voyons donc ce que nous voudrions regarder. ³Car la vue ne peut servir qu'à nous offrir ce que nous voudrions avoir. ⁴Il est impossible de passer sur ce que nous voudrions voir et de manquer de voir ce que nous avons choisi de contempler. ⁵Comme il est sûr, donc, que le monde réel viendra saluer la sainte vue de quiconque prend le but du Saint-Esprit pour but de sa propre vue. ⁶Il ne peut manquer de contempler ce que le Christ voudrait qu'il voie et de partager l'Amour du Christ pour ce qu'il regarde.

2. *Je n'ai pas de but pour aujourd'hui, sauf de regarder un monde libéré, rendu libre de tous les jugements que j'ai faits. ²Père, c'est Ta Volonté pour moi aujourd'hui et ce doit donc être aussi mon but.*

LEÇON 313

Qu'une perception nouvelle me vienne maintenant.

1. *Père, il est une vision qui contemple toutes choses comme étant sans péché, de sorte que la peur a disparu et que là où elle était l'amour est invité. [2]L'amour viendra partout où il est demandé. [3]Cette vision est Ton don. [4]Les yeux du Christ contemplent un monde pardonné. [5]À Ses yeux tous ses péchés sont pardonnés, car Il ne voit de péché nulle part où Il pose le regard. [6]Que Sa perception vraie me vienne maintenant, afin que je m'éveille du rêve de péché et regarde au-dedans mon impeccabilité, que Tu as gardée parfaitement non profanée sur l'autel à Ton saint Fils, le Soi auquel je voudrais m'identifier.*

2. Regardons-nous les uns les autres aujourd'hui avec le regard du Christ. [2]Comme nous sommes beaux ! [3]Comme nous sommes saints et aimants ! [4]Frère, viens te joindre à moi aujourd'hui. [5]Nous sauvons le monde quand nous nous sommes joints. [6]Car dans notre vision il devient aussi saint que la lumière en nous.

LEÇON 314

Je cherche un futur différent du passé.

1. D'une perception nouvelle du monde vient un futur très différent du passé. [2]Le futur est maintenant simplement reconnu comme une extension du présent. [3]Les erreurs passées ne peuvent y faire aucune ombre, de sorte que la peur a perdu ses idoles et ses images, et n'ayant pas de forme, elle n'a pas d'effets. [4]Maintenant la mort ne réclamera pas le futur, car c'est la vie maintenant qui est son but, et tous les moyens dont il est besoin sont fournis avec joie. [5]Qui peut se chagriner ou souffrir quand le présent a été libéré, sa sécurité et sa paix s'étendant à un futur tranquille et plein de joie ?

2. *Père, nous avons fait erreur dans le passé et nous choisissons d'utiliser le présent pour être libres. [2]Maintenant nous laissons le futur entre Tes Mains, laissant nos erreurs passées derrière nous, sûrs que Tu tiendras Tes promesses présentes et guideras le futur dans leur sainte lumière.*

LEÇON 315

Tous les dons que font mes frères m'appartiennent.

1.   Chaque jour un millier de trésors viennent à moi à chaque instant qui passe. ²Je suis comblé de dons tout au long de la journée; d'une valeur bien au-delà de toutes les choses que je peux concevoir. ³Un frère sourit à un autre et mon cœur se réjouit. ⁴Quelqu'un dit un mot de gratitude ou de miséricorde et mon esprit reçoit ce don et le prend pour sien. ⁵Et chacun de ceux qui trouvent la voie vers Dieu devient mon sauveur, qui m'indique le chemin et me donne sa certitude que ce qu'il a appris est sûrement à moi aussi.

2.   *Je te remercie, Père, des nombreux dons qui viennent à moi aujourd'hui et chaque jour de chaque Fils de Dieu. ²Mes frères sont illimités dans tous les dons qu'ils me font. ³Maintenant je peux leur offrir ma reconnaissance, afin que ma gratitude envers eux me conduise jusqu'à mon Créateur et au souvenir de Lui.*

LEÇON 316

Tous les dons que je fais à mes frères sont les miens.

1.   De même que chaque don que font mes frères est à moi, de même chaque don que je fais m'appartient. ²Chacun d'eux permet qu'une erreur passée disparaisse sans laisser d'ombre sur l'esprit saint que mon Père aime. ³Sa grâce m'est donnée dans chaque don reçu par un frère de tous les temps et passé le temps. ⁴Mon trésor est plein et des anges en surveillent les portes ouvertes pour qu'aucun don ne soit perdu et que seulement d'autres s'ajoutent. ⁵Que j'arrive là où sont mes trésors et que j'entre là où je suis véritablement le bienvenu et chez moi, parmi les dons que Dieu m'a faits.

2.   *Père, je voudrais accepter Tes dons aujourd'hui. ²Je ne les reconnais pas. ³Or j'ai confiance en ce que Toi Qui les as faits me fourniras les moyens par lesquels je peux les contempler, en voir la valeur et les chérir comme étant les seules choses que je veux.*

475

LEÇON 317

Je vais dans la voie qui m'est assignée.

1.   J'ai une place particulière à remplir ; un rôle pour moi seul. ²Le salut attend jusqu'à ce que je prenne ce rôle pour ce que je choisis de faire. ³Jusqu'à ce que je fasse ce choix, je suis l'esclave du temps et de la destinée humaine. ⁴Mais quand je vais de plein gré et avec joie dans la voie que le plan de mon Père m'a assignée, alors je reconnais que le salut est déjà là, déjà donné à tous mes frères et déjà à moi aussi.

2.   *Père, Ta voie est ce que je choisis aujourd'hui. ²Où elle voudrait me conduire, je choisis d'y aller ; ce qu'elle voudrait que je fasse, je choisis de le faire. ³Ta voie est certaine et la fin est sûre. ⁴La mémoire de Toi m'attend là. ⁵Et tous mes chagrins prennent fin dans Ton étreinte, que Tu as promise à Ton Fils qui pensait à tort s'être égaré de la protection sûre de Tes Bras aimants.*

LEÇON 318

En moi les moyens et la fin du salut ne font qu'un.

1.   En moi, saint Fils de Dieu, sont réconciliées toutes les parties du plan du Ciel pour sauver le monde. ²Quel conflit pourrait-il y avoir, alors que toutes les parties n'ont qu'un but et qu'une fin ? ³Comment pourrait-il y avoir une seule partie qui se tienne seule, ou une partie qui soit plus ou moins importante que les autres ? ⁴Je suis le moyen par lequel le Fils de Dieu est sauvé, parce que le but du salut est de trouver l'impeccabilité que Dieu a placée en moi. ⁵J'ai été créé la chose que je cherche. ⁶Je suis le but que le monde recherche. ⁷Je suis le Fils de Dieu, Son seul Amour éternel. ⁸Je suis les moyens aussi bien que la fin du salut.

2.   *Père, que je prenne aujourd'hui le rôle que Tu m'offres dans Ta requête pour que j'accepte l'Expiation pour moi-même. ²Car ainsi ce qui est par là réconcilié en moi devient aussi sûrement réconcilié avec Toi.*

LEÇON 319

Je suis venu pour le salut du monde.

1.   Voilà une pensée de laquelle toute arrogance a été enlevée, et ne reste que la vérité. [2]Car l'arrogance s'oppose à la vérité. [3]Mais quand il n'y a pas d'arrogance, la vérité vient immédiatement remplir l'espace que l'ego a laissé inoccupé par des mensonges. [4]Seul l'ego peut être limité ; par conséquent, il doit rechercher des buts qui sont tronqués et limitants. [5]L'ego pense que ce que l'un gagne, la totalité doit le perdre. [6]Et pourtant, c'est la Volonté de Dieu que j'apprenne que ce que l'un gagne est donné à tous.

2.   *Père, Ta Volonté est totale. [2]Et le but qui en découle partage sa totalité. [3]Quel autre but que le salut du monde pourrais-Tu m'avoir donné ? [4]Et quoi d'autre que cela pourrait être la Volonté que mon Soi a partagé avec Toi ?*

LEÇON 320

Mon Père me donne tout pouvoir.

1.   Le Fils de Dieu est illimité. [2]Il n'y a pas de limites à sa force, à sa paix, à sa joie, ni à aucun des attributs que son Père lui a donnés en sa création. [3]Ce qu'il veut avec son Créateur et Rédempteur doit être fait. [4]Sa sainte volonté ne peut jamais être niée, parce que son Père luit sur son esprit et dépose devant lui toute la force et tout l'amour sur la terre et au Ciel. [5]Je suis celui à qui tout cela est donné. [6]Je suis celui en qui le pouvoir de la Volonté de mon Père demeure.

2.   *Ta Volonté peut faire toutes choses en moi, puis s'étendre aussi au monde entier par moi. [2]Il n'y a pas de limite à Ta Volonté. [3]Ainsi tout pouvoir a été donné à Ton Fils.*

11. Qu'est-ce que la création ?

1. La création est la somme de toutes les Pensées de Dieu, en nombre infini et partout sans toute limite. ²Seul l'amour crée, et seulement pareil à lui-même. ³Il n'y eut jamais de temps où tout ce qu'il a créé n'était pas là. ⁴Il n'y aura pas non plus de temps où quoi que ce soit qu'il a créé subira quelque perte que ce soit. ⁵Pour toujours et à jamais, les Pensées de Dieu sont exactement telles qu'elles ont été et telles qu'elles sont, inchangées à travers le temps et après que le temps soit terminé.

2. Aux Pensées de Dieu est donné tout le pouvoir qu'a leur propre Créateur. ²Car Il voudrait ajouter à l'amour par son extension. ³Ainsi Son Fils participe à la création et doit donc participer au pouvoir de créer. ⁴Ce que Dieu a voulu Un à jamais sera encore Un quand le temps sera terminé, et ne sera pas changé tout au long du temps, restant tel que c'était avant que la pensée de temps ne commence.

3. La création est l'opposé de toutes les illusions, car la création est la vérité. ²La création est le saint Fils de Dieu, car dans la création Sa Volonté est complète en chaque aspect, faisant de chaque partie le contenant du tout. ³Son unité est à jamais garantie inviolée ; à jamais contenue en Sa sainte Volonté, au-delà de tout ce qui est nuisible, de toute possibilité de séparation, d'imperfection et de quelque tache que ce soit sur son impeccabilité.

4. Nous sommes la création, nous, les Fils de Dieu. ²Nous semblons être distincts et inconscients de notre éternelle unité avec Lui. ³Or derrière tous nos doutes, passé toutes nos peurs, il y a encore la certitude. ⁴Car l'amour reste avec toutes ses Pensées, son assurance étant la leur. ⁵Le souvenir de Dieu est dans nos esprits saints, qui connaissent leur unité et leur union avec leur Créateur. ⁶Que notre fonction soit seulement de laisser ce souvenir revenir, seulement de laisser la Volonté de Dieu être faite sur la terre, seulement d'être ramenés à la santé d'esprit, et de n'être que tels que Dieu nous a créés.

5. Notre Père nous appelle. ²Nous entendons Sa Voix et nous pardonnons à la création au Nom de son Créateur, la Sainteté même, Dont la Sainteté est partagée par Sa Propre création ; Dont la Sainteté fait encore partie de nous.

LEÇON 321

Père, ma liberté est en Toi seul.

1.   *Je ne comprenais pas ce qui me rendait libre, ni ce qu'est ma liberté ni où chercher pour la trouver.* ²*Père, j'ai cherché en vain jusqu'à ce que j'entende Ta Voix me dirigeant.* ³*Maintenant je ne voudrais plus me guider moi-même.* ⁴*Car je n'ai ni fait ni compris la voie qui mène à trouver ma liberté.* ⁵*Mais j'ai confiance en Toi.* ⁶*Toi Qui m'as doté de ma liberté comme Ton saint Fils, Tu ne seras pas perdu pour moi.* ⁷*Ta Voix me dirige et la voie vers Toi m'est enfin ouverte et claire.* ⁸*Père, ma liberté est en Toi seul.* ⁹*Père, c'est ma volonté de retourner.*

2.   Aujourd'hui nous répondons pour le monde, qui sera libéré avec nous. ²Comme nous sommes heureux de trouver notre liberté par la voie certaine que notre Père a établie. ³Et comme est sûr le salut du monde entier, quand nous apprenons que notre liberté ne peut se trouver qu'en Dieu seul.

LEÇON 322

Je ne peux renoncer qu'à ce qui n'a jamais été réel.

1.   Je sacrifie des illusions, rien de plus. ²Et tandis que les illusions disparaissent, je trouve les dons que ces illusions cherchaient à cacher ; ils m'attendent et m'accueillent en lumière, prêts à me donner les anciens messages de Dieu. ³Son souvenir demeure dans chaque don que je reçois de Lui. ⁴Et chaque rêve ne sert qu'à dissimuler le Soi qui est le seul Fils de Dieu, pareil à Lui-même, le Saint Qui demeure encore en Lui à jamais, comme Il demeure encore en moi.

2.   *Père, pour toi tout sacrifice reste à jamais inconcevable.* ²*Ainsi je ne peux pas faire de sacrifice, sauf dans les rêves.* ³*Tel que Tu m'as créé, je ne peux renoncer à rien de ce que Tu m'as donné.* ⁴*Ce que Tu n'as pas donné n'a pas de réalité.* ⁵*Quelle perte puis-je anticiper, sauf la perte de la peur, et le retour de l'amour dans mon esprit ?*

LEÇON 323

Je fais avec joie le « sacrifice » de la peur.

1.   *Voici le seul « sacrifice » que Tu demandes de Ton Fils bien-aimé : Tu lui demandes de renoncer à toute souffrance, tout sentiment de perte et de tristesse, toute anxiété et tout doute ; et de laisser le flot de Ton Amour couler librement dans sa conscience, le guérissant de la douleur et lui donnant Ta Propre joie éternelle.* ²*Tel est le « sacrifice » que Tu demandes de moi, et c'en est un que je fais avec joie, seul « coût » du rétablissement de Ton souvenir en moi, pour le salut du monde.*

2.   Tandis que nous payons la dette que nous avons envers la vérité — une dette qui consiste simplement à lâcher prise des tromperies de soi et des images que nous adorions faussement —, la vérité nous revient en entièreté et en joie. ²Nous ne sommes plus trompés. ³L'amour est maintenant revenu à notre conscience. ⁴Et nous sommes en paix de nouveau, car la peur a disparu et seul l'amour demeure.

LEÇON 324

Je ne fais que suivre, car je ne voudrais pas mener.

1.   *Père, Tu es Celui Qui m'a donné le plan de mon salut.* ²*Tu as fixé la voie que j'ai à suivre, le rôle à prendre, et chaque pas sur la route qui m'est assignée.* ³*Je ne peux pas perdre mon chemin.* ⁴*Je ne peux que choisir de m'égarer un moment pour revenir ensuite.* ⁵*Ta Voix aimante me rappellera toujours et guidera mes pas dans la bonne direction.* ⁶*Tous mes frères peuvent suivre dans la voie où je les mène.* ⁷*Or je ne fais que suivre dans la voie qui mène à Toi, comme Tu me diriges et comme Tu le voudrais.*

2.   Suivons donc Celui Qui connaît le chemin. ²Nul besoin de nous attarder, et nous ne pouvons nous éloigner de Sa Main aimante que l'espace d'un instant. ³Nous marchons ensemble, car nous Le suivons. ⁴Et c'est Lui Qui rend la fin certaine et garantit notre sûr retour chez nous.

LEÇON 325

Toutes les choses que je pense voir reflètent des idées.

1. Voici l'idée-clef du salut : Ce que je vois reflète un processus dans mon esprit, lequel commence par mon idée de ce que je veux. ²De là, l'esprit invente une image de la chose que l'esprit désire, juge valable et donc cherche à trouver. ³ Ces images sont ensuite projetées à l'extérieur, regardées, estimées réelles et surveillées comme siennes. ⁴De souhaits insanes vient un monde insane. ⁵Du jugement vient un monde condamné. ⁶Et des pensées de pardon vient un monde de douceur, plein de miséricorde pour le saint Fils de Dieu, pour lui offrir une demeure bienveillante où il peut se reposer un moment avant de reprendre sa route, et d'aider ses frères à aller de l'avant avec lui et à trouver la voie qui mène au Ciel et à Dieu.

2. *Notre Père, Tes idées reflètent la vérité, et les miennes à part des Tiennes ne font qu'inventer des rêves. ²Que je contemple ce que seules les Tiennes reflètent, car les Tiennes et les Tiennes seules établissent la vérité.*

LEÇON 326

Je suis à jamais un Effet de Dieu.

1. *Père, j'ai été créé dans Ton Esprit, une sainte Pensée qui n'a jamais quitté sa demeure. ²Je suis à jamais Ton Effet, et Tu es pour toujours et à jamais ma Cause. ³Tel que Tu m'as créé, je suis resté. ⁴Là où Tu m'as établi, je demeure encore. ⁵Et tous Tes attributs demeurent en moi, parce que c'est Ta Volonté d'avoir un Fils si pareil à sa Cause que la Cause et Son Effet sont indistinguables. ⁶Fais-moi connaître que je suis un Effet de Dieu, et que j'ai donc le pouvoir de créer comme Toi. ⁷Et comme cela est au Ciel, ainsi sur la terre. ⁸Je suis Ton plan ici, et à la fin je connais que Tu rassembleras Tes effets dans le Paradis tranquille de Ton Amour, où la terre disparaîtra, et où toutes les pensées séparées s'uniront dans la gloire en tant que Fils de Dieu.*

2. Aujourd'hui regardons la terre s'estomper, d'abord transformée, et puis, pardonnée, disparaître entièrement dans la sainte Volonté de Dieu.

LEÇON 327

J'ai seulement besoin d'appeler, et Tu me répondras.

1. Il ne m'est pas demandé de prendre le salut sur la base d'une foi non soutenue. ²Car Dieu a promis qu'Il entendrait mon appel et qu'Il me répondrait Lui-même. ³Que mon expérience m'apprenne seulement que cela est vrai, et la foi en Lui doit sûrement me venir. ⁴Voilà la foi qui durera et me conduira toujours de plus en plus loin sur la route qui mène à Lui. ⁵Car ainsi je serai sûr qu'Il ne m'a pas abandonné et qu'Il m'aime encore, n'attendant que mon appel pour me donner toute l'aide dont j'ai besoin pour venir à Lui.

2. *Père, je Te remercie de ce que Tes promesses ne seront jamais vaines dans mon expérience, pour peu que je les teste. ²Que je tente donc de les essayer et de ne pas les juger. ³Ta Parole ne fait qu'un avec Toi. ⁴Tu donnes les moyens par lesquels vient la conviction, et l'assurance de Ton Amour constant est enfin gagnée.*

LEÇON 328

Je choisis la seconde place pour gagner la première.

1. Ce qui semble être la seconde place est la première, car toutes les choses que nous percevons sont sens dessus dessous jusqu'à ce que nous écoutions la Voix pour Dieu. ²Il semble que nous ne gagnerons notre autonomie qu'en nous efforçant d'être séparés, et que notre indépendance du reste de la création de Dieu est la manière d'obtenir le salut. ³Or tout ce que nous trouvons, c'est la maladie, la souffrance, la perte et la mort. ⁴Cela n'est pas ce que notre Père veut pour nous, et après Sa Volonté il n'y en a pas de seconde. ⁵Nous joindre à la Sienne, ce n'est que trouver la nôtre. ⁶Et puisque notre volonté est la Sienne, c'est vers Lui que nous devons aller pour reconnaître notre volonté.

2. *Il n'y a de volonté que la Tienne. ²Je suis heureux que rien de ce que j'imagine ne contredise ce que Tu voudrais que je sois. ³C'est Ta Volonté que je sois entièrement en sécurité, éternellement en paix. ⁴Et c'est avec joie que je partage cette Volonté que Toi, mon Père, as donnée comme partie de moi.*

LEÇON 329

J'ai déjà choisi ce que Tu veux.

1.   *Père, je pensais m'être égaré de Ta Volonté, l'avoir défiée, avoir violé ses lois et interposé une seconde volonté plus puissante que la Tienne. ²Or ce que je suis en vérité n'est que Ta Volonté, étendue et s'étendant. ³Je suis cela, et cela ne changera jamais. ⁴De même que Tu es Un, de même je suis un avec Toi. ⁵J'ai choisi cela en ma création, où ma volonté est devenue un à jamais avec la Tienne. ⁶Ce choix a été fait pour toute l'éternité. ⁷Il ne peut changer et être en opposition avec lui-même. ⁸Père, ma volonté est la Tienne. ⁹Et je suis en sécurité, non troublé, serein et dans une joie sans fin, parce que Ta Volonté est qu'il en soit ainsi.*

2.   Aujourd'hui, nous accepterons notre union les uns avec les autres et avec notre Source. ²Nous n'avons pas de volonté à part de la Sienne et nous sommes tous un parce que Sa Volonté est partagée par nous tous. ³Par elle nous reconnaissons que nous sommes un. ⁴Par elle nous trouvons enfin la voie qui nous mène à Dieu.

LEÇON 330

Je ne me blesserai pas à nouveau aujourd'hui.

1.   Acceptons en ce jour le pardon pour notre seule fonction. ²Pourquoi devrions-nous attaquer nos esprits et leur donner des images de douleur? ³Pourquoi devrions-nous leur enseigner qu'ils sont impuissants, alors que Dieu offre Son pouvoir et Son Amour, les enjoignant de prendre ce qui déjà leur appartient? ⁴L'esprit qui est rendu désireux d'accepter les dons de Dieu a été ramené au pur-esprit et il étend sa liberté et sa joie, comme la Volonté de Dieu est unie à la sienne. ⁵Le Soi que Dieu a créé ne peut pas pécher; par conséquent, il ne peut pas souffrir. ⁶Choisissons-le aujourd'hui pour notre Identité et échappons ainsi pour toujours de toutes les choses que le rêve de peur paraît nous offrir.

2.   *Père, Ton Fils ne peut pas être blessé. ²Et si nous pensons souffrir, c'est que nous manquons de connaître notre seule Identité que nous partageons avec Toi. ³Nous voudrions Lui revenir aujourd'hui, pour être rendus libres à jamais de toutes nos erreurs et être sauvés de ce que nous pensions être.*

12. Qu'est-ce que l'ego ?

1. L'ego est idolâtrie ; le signe d'un soi limité et séparé, né dans un corps, condamné à souffrir et à finir sa vie dans la mort. [2]C'est la « volonté » qui voit la Volonté de Dieu comme ennemie et prend une forme sous laquelle Elle est niée. [3]L'ego est la « preuve » que la force est faible, que l'amour est apeurant, que la vie est réellement la mort et que seul est vrai ce qui s'oppose à Dieu.

2. L'ego est insane. [2]Dans la peur il se tient au-delà du Partout, à part de Tout, en séparation de l'Infini. [3]Dans son insanité il pense être devenu victorieux de Dieu Lui-même. [4]Et dans sa terrible autonomie, il « voit » la Volonté de Dieu comme étant détruite. [5]Il rêve de punition et tremble devant les figures dans ses rêves, ses ennemis, qui cherchent à l'assassiner avant qu'il ne puisse assurer sa sécurité en les attaquant.

3. Le Fils de Dieu est sans ego. [2]Que peut-il connaître de la folie et de la mort de Dieu, quand il demeure en Lui ? [3]Que peut-il connaître du chagrin et de la souffrance, quand il vit dans la joie éternelle ? [4]Que peut-il connaître de la peur et de la punition, du péché et de la culpabilité, de la haine et de l'attaque, quand tout ce qui l'entoure est la paix éternelle, à jamais libre de conflit et imperturbée, dans le plus profond silence et la tranquillité ?

4. Connaître la réalité, c'est ne pas voir l'ego et ses pensées, ses œuvres, ses actes, ses lois et ses croyances, ses rêves, ses espoirs, ses plans pour son salut, et le coût qu'entraîne la croyance en lui. [2]En souffrance, le prix d'avoir foi en lui est si immense que la crucifixion du Fils de Dieu est offerte chaque jour en son sanctuaire enténébré, et le sang doit couler devant l'autel où ses malades fidèles se préparent à mourir.

5. Or un seul lys de pardon changera les ténèbres en lumière, l'autel aux illusions en sanctuaire de la Vie même. [2]Et la paix sera rendue à jamais aux saints esprits que Dieu a créés Son Fils, Sa demeure, Sa joie, Son amour, complètement Siens, complètement un avec Lui.

LEÇON 331

Il n'y a pas de conflit, car ma volonté est la Tienne.

1. *Comme il est sot, Père, de croire que Ton Fils pourrait se causer de souffrir ! ²Pourrait-il faire un plan pour sa damnation et être laissé sans une voie certaine vers sa délivrance ? ³Tu m'aimes, Père. ⁴Tu ne pourrais jamais me laisser là désespéré, à mourir dans un monde de douleur et de cruauté. ⁵Comment pourrais-je penser que l'Amour S'est quitté Lui-même ? ⁶Il n'y a de volonté que la Volonté de l'Amour. ⁷La peur est un rêve et n'a pas de volonté qui puisse être en conflit avec la Tienne. ⁸Le conflit est sommeil, et la paix est éveil. ⁹La mort est illusion ; la vie, vérité éternelle. ¹⁰Il n'y a pas d'opposition à Ta volonté. ¹¹Il n'y a pas de conflit, car ma volonté est la Tienne.*

2. Le pardon nous montre que la Volonté de Dieu est Une, et que nous la partageons. ²Contemplons les saintes vues que nous montre le pardon aujourd'hui, pour que nous trouvions la paix de Dieu. ³Amen.

LEÇON 332

La peur lie le monde. Le pardon le rend libre.

1. L'ego fait les illusions. ²La vérité défait ses rêves mauvais en les dissipant par sa lumière. ³La vérité n'attaque jamais. ⁴Elle est, simplement. ⁵Et par sa présence, l'esprit est rappelé de ses fantasmes, s'éveillant au réel. ⁶Le pardon invite cette présence à entrer et à prendre sa juste place au-dedans de l'esprit. ⁷Sans le pardon l'esprit est enchaîné, croyant en sa propre futilité. ⁸Or avec le pardon la lumière luit à travers le rêve de ténèbres, lui offrant l'espoir et lui donnant le moyen de se rendre compte de la liberté qui est son héritage.

2. *Aujourd'hui nous ne voudrions pas lier le monde à nouveau. ²La peur le tient prisonnier. ³Et pourtant Ton Amour nous a donné le moyen de le libérer. ⁴Père, nous voudrions le délivrer maintenant. ⁵Car en offrant la liberté, elle nous est donnée. ⁶Et nous ne voudrions pas demeurer prisonniers, alors que Tu nous offres la liberté.*

LEÇON 333

Le pardon met fin au rêve de conflit ici.

1.   Le conflit doit être résolu. ²Il ne peut être évité, mis de côté, nié, déguisé, vu ailleurs, appelé d'un autre nom ou caché par quelque tromperie, si l'on veut s'en échapper. ³Il doit être vu exactement tel qu'il est, là où l'on pense qu'il est, dans la réalité qui lui a été donnée et avec le but que l'esprit lui a accordé. ⁴Car alors seulement ses défenses sont levées, et la vérité peut luire sur lui tandis qu'il disparaît.

2.   *Père, le pardon est la lumière que Tu as choisie pour dissiper tout conflit et tout doute, et pour éclairer la voie de notre retour vers Toi. ²Aucune autre lumière ne peut mettre fin à notre rêve mauvais. ³Aucune autre lumière ne peut sauver le monde. ⁴Car elle seule n'échouera jamais en rien, étant le don que Tu fais à Ton Fils bien-aimé.*

LEÇON 334

Aujourd'hui je réclame les dons que fait le pardon.

1.   Je n'attendrai pas un jour de plus pour trouver les trésors que m'offre mon Père. ²Les illusions sont toutes vaines et les rêves disparaissent alors même qu'ils sont tissés de pensées qui reposent sur des perceptions fausses. ³Ne me laisse pas accepter à nouveau de si maigres dons aujourd'hui. ⁴La Voix de Dieu offre la paix de Dieu à tous ceux qui entendent et choisissent de Le suivre. ⁵Cela est mon choix aujourd'hui. ⁶Ainsi je vais trouver les trésors que Dieu m'a donnés.

2.   *Je ne cherche que l'éternel. ²Car Ton Fils ne peut se contenter de rien de moins que cela. ³Quel peut donc être son réconfort, si ce n'est ce que Tu offres à son esprit dérouté et à son cœur effrayé, pour lui donner la certitude et lui apporter la paix ? ⁴Aujourd'hui je voudrais contempler mon frère sans péché. ⁵C'est Ta Volonté pour moi, car ainsi je verrai mon impeccabilité.*

LEÇON 335

Je choisis de voir l'impeccabilité de mon frère.

1.   Le pardon est un choix. ²Je ne vois jamais mon frère tel qu'il est, car cela est bien au-delà de la perception. ³Ce que je vois en lui est simplement ce que je souhaite voir, parce que cela représente ce que je veux pour vérité. ⁴C'est à cela seul que je réponds, peu importe à quel point j'y semble contraint par des événements extérieurs. ⁵Je choisis de voir ce que je voudrais regarder, et c'est cela que je vois, et seulement cela. ⁶L'impeccabilité de mon frère me montre que je voudrais contempler la mienne. ⁷Et je la verrai, ayant choisi de contempler mon frère en sa sainte lumière.

2.   *Qu'est-ce qui pourrait me rendre le souvenir de Toi, si ce n'est de voir l'impeccabilité de mon frère ? ²Sa sainteté me rappelle qu'il a été créé un avec moi et pareil à moi. ³En lui je trouve mon Soi, et dans Ton Fils je trouve aussi le souvenir de Toi.*

LEÇON 336

Le pardon me fait connaître que les esprits sont joints.

1.   Le pardon est le moyen désigné pour la fin de la perception. ²La connaissance est rétablie une fois que la perception est d'abord changée, puis fait place entièrement à ce qui reste à jamais au-delà de sa plus haute portée. ³Car les vues et les sons ne peuvent servir, au mieux, qu'à rappeler le souvenir qui réside au-delà d'eux tous. ⁴Le pardon balaie les distorsions et ouvre à la vérité l'autel caché. ⁵Ses lys luisent dans l'esprit en l'appelant à revenir et à regarder au-dedans, pour trouver ce qu'il a vainement cherché au-dehors. ⁶Car c'est là, et là seulement, qu'est rétablie la paix de l'esprit, car c'est la demeure de Dieu Lui-même.

2.   *Que le pardon, dans la quiétude, efface mes rêves de séparation et de péché. ²Puis laisse-moi, Père, regarder au-dedans, et trouver que Ta promesse de mon impeccabilité est tenue ; que Ta Parole reste inchangée dans mon esprit, que Ton Amour demeure encore dans mon cœur.*

LEÇON 337

Mon impeccabilité me protège de tout ce qui est nuisible.

1.   Mon impeccabilité m'assure la paix parfaite, la sécurité éternelle et l'amour perpétuel, la libération pour toujours de toute pensée de perte et la délivrance complète de la souffrance. ²Seul le bonheur peut être mon état, car seul le bonheur m'est donné. ³Que dois-je faire pour connaître que tout cela est à moi ? ⁴Je dois accepter l'Expiation pour moi-même, et rien de plus. ⁵Dieu a déjà fait tout ce qu'il est besoin de faire. ⁶Et je dois apprendre que je n'ai pas besoin de faire quoi que ce soit de moi-même, car j'ai seulement besoin d'accepter mon Soi, mon impeccabilité, créée pour moi et déjà à moi maintenant, pour sentir que l'Amour de Dieu me protège de tout ce qui est nuisible, pour comprendre que mon Père aime Son Fils ; pour connaître que je suis le Fils que mon Père aime.

2.   *Toi Qui m'as créé dans l'impeccabilité, Tu ne fais pas erreur sur ce que je suis. ²J'ai fait erreur en pensant que j'avais péché, mais j'accepte l'Expiation pour moi-même. ³Père, mon rêve est terminé maintenant. ⁴Amen.*

LEÇON 338

Je ne suis affecté que par mes pensées.

1.   Il n'est besoin que de cela pour que le salut vienne au monde entier. ²Car dans cette seule pensée chacun est enfin délivré de la peur. ³Maintenant il a appris que personne ne l'effraie, que rien ne peut le mettre en danger. ⁴Il n'a pas d'ennemis et il est à l'abri de toutes choses extérieures. ⁵Ses pensées peuvent l'effrayer, mais puisque ces pensées appartiennent à lui seul, il a le pouvoir de les changer et d'échanger chaque pensée de peur contre une pensée heureuse d'amour. ⁶Il s'est crucifié lui-même. ⁷Mais le plan de Dieu est que Son Fils bien-aimé sera rédimé.

2. *Ton plan est sûr, mon Père, et le Tien seul.* ²*Tous les autres plans échoueront.* ³*Et j'aurai des pensées qui m'effraieront, jusqu'à ce que j'apprenne que Tu m'as donné la seule Pensée qui me conduise au salut.* ⁴*Les miennes seules échoueront et ne me conduiront nulle part.* ⁵*Mais la Pensée que Tu m'as donnée promet de me conduire chez moi, parce qu'elle contient Ta promesse à Ton fils.*

LEÇON 339

Je recevrai tout ce que je demande.

1. Nul ne désire la douleur. ²Mais il peut penser que douleur est plaisir. ³Nul n'éviterait son bonheur. ⁴Mais il peut penser que la joie est douloureuse, menaçante et dangereuse. ⁵Chacun recevra ce qu'il demande. ⁶Mais il se peut qu'il se méprenne sur ce qu'il veut, l'état qu'il voudrait atteindre. ⁷Alors que peut-il demander dont il voudrait quand il le reçoit ? ⁸Il a demandé ce qui l'effraiera et lui apportera de la souffrance. ⁹Soyons résolus aujourd'hui à demander ce que nous voulons réellement, et seulement cela, afin que nous passions cette journée sans peur et sans confondre la douleur avec la joie ni la peur avec l'amour.

2. *Père, ceci est Ta journée.* ²*C'est une journée où je ne voudrais rien faire par moi-même, mais entendre Ta Voix dans tout ce que je fais ; et ne demander que ce que Tu m'offres, n'acceptant que les Pensées que Tu partages avec moi.*

LEÇON 340

Je peux être libre de la souffrance aujourd'hui.

1.   *Père, je Te remercie pour cette journée et pour la liberté que je suis certain qu'elle apportera. ²Ce jour est saint, car aujourd'hui Ton fils sera rédimé. ³Sa souffrance est terminée. ⁴Car Il entendra Ta Voix le diriger afin qu'il trouve la vision du Christ par le pardon et soit libre à jamais de toute souffrance. ⁵Merci de cette journée, mon Père. ⁶Je ne suis né dans ce monde que pour accomplir cette journée et ce qu'elle contient de joie et de liberté pour Ton saint Fils et pour le monde qu'il a fait, qui est délivré avec lui aujourd'hui.*

2.   Réjouis-toi aujourd'hui ! ²Réjouis-toi ! ³Il n'y a pas de place pour autre chose que la joie et la gratitude aujourd'hui. ⁴Notre Père a rédimé Son Fils aujourd'hui. ⁵Il n'en est pas un parmi nous qui ne sera sauvé aujourd'hui. ⁶Pas un qui restera dans la peur, et pas un que le Père ne ramènera à Lui, éveillé au Ciel dans le Cœur de l'Amour.

13. Qu'est-ce qu'un miracle ?

1.   Un miracle est une correction. [2]Il ne crée pas ni ne change réellement. [3]Il regarde simplement la dévastation et rappelle à l'esprit que ce qu'il voit est faux. [4]Il défait l'erreur mais il ne tente pas d'aller au-delà de la perception ni d'excéder la fonction de pardon. [5]Ainsi reste-t-il dans les limites du temps. [6]Or il pave la voie au retour de l'intemporel et au réveil de l'amour, car la peur doit s'esquiver devant le doux remède qu'il apporte.

2.   Un miracle contient le don de la grâce, car il est donné et reçu à la fois. [2]Ainsi il illustre la loi de la vérité à laquelle le monde n'obéit pas, parce qu'il manque entièrement de comprendre ses voies. [3]Un miracle renverse la perception qui auparavant était sens dessus dessous et met fin ainsi aux étranges distorsions qui étaient manifestes. [4]Maintenant la perception s'ouvre à la vérité. [5]Maintenant le pardon est vu comme étant justifié.

3.   Le pardon est la demeure des miracles. [2]Les yeux du Christ les livrent à tous ceux qu'ils regardent avec miséricorde et amour. [3]La perception se trouve corrigée sous Ses yeux, et ce qui était censé maudire est venu bénir. [4]Chaque lys de pardon offre au monde entier le miracle silencieux de l'amour. [5]Et chacun d'eux est déposé devant la Parole de Dieu, sur l'autel universel au Créateur et à la création dans la lumière de la pureté parfaite et de la joie sans fin.

4.   Le miracle est accepté d'abord par la foi, car en demander un implique que l'esprit est rendu prêt à concevoir ce qu'il ne peut pas voir et ne comprend pas. [2]Or la foi fera venir ses témoins pour montrer que ce sur quoi elle reposait est réellement là. [3]Ainsi le miracle justifiera ta foi en lui tout en montrant qu'il reposait sur un monde plus réel que celui que tu voyais auparavant, un monde rédimé de ce que tu pensais qu'il y avait là.

5.   Les miracles tombent du Ciel comme les gouttes d'eau d'une pluie qui guérit sur un monde aride et poussiéreux où des créatures affamées et assoiffées viennent mourir. [2]Maintenant elles ont de l'eau. [3]Maintenant le monde est vert. [4]Et partout jaillissent les signes de vie, qui montrent que ce qui est né ne peut jamais mourir, car ce qui a la vie a l'immortalité.

LEÇON 341

**Je ne peux attaquer que ma propre impeccabilité,
et c'est elle seulement qui me garde en sécurité.**

1.   *Père, Ton Fils est saint.* ²*Je suis celui à qui Tu souris avec une tendresse et un amour si grands, si profonds et si calmes, que l'univers Te sourit en retour et partage Ta Sainteté.* ³*Comme nous sommes purs, donc, comme nous sommes en sécurité, comme nous sommes saints nous qui demeurons dans Ton sourire, avec tout Ton Amour à nous accordé, nous qui vivons ne faisant qu'un avec Toi, en fraternité et Paternité complètes ; dans une impeccabilité si parfaite que le Seigneur de l'Impeccabilité nous conçoit comme Son fils, un univers de Pensée Le complétant.*

2.   Alors n'attaquons pas notre impeccabilité, car elle contient la Parole de Dieu à nous donnée. ²Et dans son doux reflet nous sommes sauvés.

LEÇON 342

**Je laisse le pardon se poser sur toutes choses,
car ainsi le pardon me sera donné.**

1.   *Je Te rends grâce, Père, de Ton plan pour me sauver de l'enfer que j'ai fait.* ²*Il n'est pas réel.* ³*Et Tu m'as donné les moyens de me prouver son irréalité.* ⁴*La clef est dans ma main et j'ai atteint la porte derrière laquelle se trouve la fin des rêves.* ⁵*Je me tiens aux portes du Ciel, me demandant si je dois entrer et être chez moi.* ⁶*Que je n'attende pas encore aujourd'hui.* ⁷*Que je pardonne à toutes choses et que la création soit telle que tu la voudrais et telle qu'elle est.* ⁸*Que je me souvienne que je suis Ton Fils et, en ouvrant enfin la porte, que j'oublie les illusions dans la lumière éclatante de la vérité, tandis que me revient le souvenir de Toi.*

2.   Frère, pardonne-moi maintenant. ²Je viens à toi pour te ramener chez nous avec moi. ³Et comme nous allons, le monde vient avec nous sur la route qui mène à Dieu.

LEÇON 343

**Il ne m'est pas demandé de faire un sacrifice
pour trouver la miséricorde et la paix de Dieu.**

1. *La fin de la souffrance ne peut pas être une perte. ²Le don de tout ne peut être qu'un gain. ³Tu ne fais que donner. ⁴Tu ne prends jamais. ⁵Et Tu m'as créé pour être pareil à Toi, de sorte que le sacrifice devient impossible pour moi comme pour Toi. ⁶Moi aussi, je dois donner. ⁷Ainsi toutes choses me sont données pour toujours et à jamais. ⁸Comme j'ai été créé, je reste. ⁹Ton Fils ne peut pas faire de sacrifice, car il doit être complet, ayant pour fonction de Te compléter. ¹⁰Je suis complet parce que je suis Ton Fils. ¹¹Je ne peux pas perdre, car je ne peux que donner, et tout est mien éternellement.*

2. La miséricorde et la paix de Dieu sont gratuites. ²Le salut n'a pas de coût. ³C'est un don qui doit être librement donné et reçu. ⁴Et c'est cela que nous voudrions apprendre aujourd'hui.

LEÇON 344

**Aujourd'hui j'apprends la loi de l'amour :
que ce que je donne à mon frère est le don que je me fais.**

1. *Cela est Ta loi, Père, et non la mienne. ²Je ne comprenais pas ce que donner signifie et je pensais sauver ce que je désirais pour moi seul. ³Mais en regardant le trésor que je pensais avoir, j'ai trouvé un espace vide où il n'y eut, n'y a et n'y aura jamais rien. ⁴Qui peut partager un rêve ? ⁵Et que peut m'offrir une illusion ? ⁶Or celui à qui je pardonne me fera des dons bien au-delà de la valeur de quoi que ce soit sur terre. ⁷Que mes frères pardonnés emplissent mes réserves des trésors du Ciel, qui seuls sont réels. ⁸Ainsi s'accomplit la loi de l'amour. ⁹Ainsi Ton fils ressuscite et retourne chez Toi.*

2. Comme nous sommes près les uns des autres, quand nous allons vers Dieu. ²Comme Il est près de nous. ³Et comme sont proches la fin du rêve de péché et la rédemption du Fils de Dieu.

LEÇON 345

**Je n'offre que des miracles aujourd'hui,
car je voudrais qu'ils me soient rendus.**

1.   *Père, un miracle reflète les dons que Tu me fais, à moi Ton Fils. ²Et chaque miracle que je fais m'est rendu, me rappelant que la loi de l'amour est universelle. ³Même ici il prend une forme qui peut être reconnue et vue à l'œuvre. ⁴Les miracles que je donne me sont rendus exactement sous la forme dont j'ai besoin pour m'aider avec les problèmes que je perçois. ⁵Père, au Ciel c'est différent, car là il n'y a pas de besoins. ⁶Mais ici sur terre, le miracle est plus près de Tes dons qu'aucun autre don que je puisse faire. ⁷Que je fasse donc aujourd'hui ce seul don qui, né du pardon véritable, éclaire la voie que je dois parcourir pour me souvenir de Toi.*

2.   Paix à tous les cœurs qui cherchent aujourd'hui. ²La lumière est venue offrir des miracles afin de bénir le monde fatigué. ³Il trouvera le repos aujourd'hui, car nous offrirons ce que nous avons reçu.

LEÇON 346

**Aujourd'hui la paix de Dieu m'enveloppe
et j'oublie toutes choses, sauf Son Amour.**

1.   *Père, je m'éveille aujourd'hui avec des miracles corrigeant ma perception de toutes choses. ²Ainsi commence la journée que je partage avec Toi comme je partagerai l'éternité, car le temps s'est écarté aujourd'hui. ³Je ne cherche pas les choses du temps et je ne les regarderai donc pas. ⁴Ce que je cherche aujourd'hui transcende toutes les lois du temps et les choses perçues dans le temps. ⁵Je voudrais oublier toutes choses, sauf Ton Amour. ⁶Je voudrais demeurer en Toi et ne connaître de lois que Ta loi de l'amour. ⁷Et je voudrais trouver la paix que Tu as créée pour Ton Fils, et oublier tous les sots jouets que j'ai faits, en contemplant Ta gloire et la mienne.*

2.   Et quand le soir viendra aujourd'hui, nous ne nous souviendrons de rien, sauf de la paix de Dieu. ²Car nous apprendrons aujourd'hui quelle paix est à nous quand nous oublions toutes choses, sauf l'Amour de Dieu.

LEÇON 347

**La colère doit venir du jugement. Le jugement
est l'arme que je voudrais utiliser contre moi-même
pour garder le miracle loin de moi.**

1.   *Père, je veux ce qui va à l'encontre de ma volonté et je ne veux pas
ce que ma volonté est d'avoir. [2]Redresse mon esprit, mon Père. [3]Il est
malade. [4]Mais tu as offert la liberté et je choisis de réclamer Ton don
aujourd'hui. [5]Ainsi je remets tout jugement à Celui Que Tu m'as donné
afin qu'Il juge pour moi. [6]Il voit ce que je contemple et pourtant Il connaît
la vérité. [7]Il regarde la douleur et pourtant Il comprend qu'elle n'est pas
réelle, et dans Sa compréhension elle est guérie. [8]Il donne les miracles
que mes rêves voudraient cacher à ma conscience. [9]Qu'Il juge, Lui,
aujourd'hui. [10]Je ne connais pas ma volonté, mais Il est sûr que c'est la
Tienne. [11]Et Il parlera pour moi et appellera Tes miracles à venir à moi.*

2.   Écoute aujourd'hui. [2]Sois très calme et entends la douce Voix
pour Dieu t'assurant qu'Il t'a jugé comme étant le Fils qu'Il aime.

LEÇON 348

**Je n'ai pas cause de colère ni de peur,
car Tu es tout autour de moi. Et dans chaque besoin
que je perçois, Ta grâce me suffit.**

1.   *Père, laisse-moi me souvenir que Tu es ici, et que je ne suis pas seul.
[2]Tout autour de moi est l'Amour éternel. [3]Je n'ai pas cause de quoi que
ce soit, sauf de la paix et de la joie parfaites que je partage avec Toi.
[4]Qu'ai-je besoin de la colère ou de la peur? [5]Tout autour de moi est la
parfaite sécurité. [6]Puis-je avoir peur, quand Ta promesse éternelle vient
avec moi? [7]Tout autour de moi est la parfaite impeccabilité. [8]Que puis-
je craindre, quand tu m'as créé dans une sainteté aussi parfaite que
la Tienne?*

2.   La grâce de Dieu nous suffit dans tout ce qu'Il voudrait que
nous fassions. [2]Et c'est cela seul que nous choisissons pour être
notre volonté aussi bien que la Sienne.

LEÇON 349

**Aujourd'hui je laisse la vision du Christ regarder
toutes choses pour moi sans les juger,
mais en donnant plutôt à chacune d'elles un miracle d'amour.**

1. *Ainsi je voudrais libérer toutes les choses que je vois et leur donner la liberté que je cherche. [2]Car ainsi j'obéis à la loi de l'amour et je donne ce que je voudrais trouver et faire mien. [3]Cela me sera donné, parce que je l'ai choisi pour être le don que je veux faire. [4]Père, Tes dons sont les miens. [5]Chacun de ceux que j'accepte me donne un miracle à donner. [6]Et en donnant comme je voudrais recevoir, j'apprends que Tes miracles guérisseurs m'appartiennent.*

2. Notre Père connaît nos besoins. [2]Il nous donne la grâce de tous les satisfaire. [3]Ainsi nous nous fions à Lui pour nous envoyer des miracles afin de bénir le monde et de guérir nos esprits tandis que nous retournons chez Lui.

LEÇON 350

**Les miracles reflètent l'Amour éternel de Dieu.
Les offrir, c'est se souvenir de Lui et,
par Son souvenir, sauver le monde.**

1. *Ce que nous pardonnons devient une partie de nous, tels que nous nous percevons. [2]Le Fils de Dieu incorpore toutes choses en lui-même tel que Tu l'as créé. [3]Ton souvenir dépend de son pardon. [4]Ce qu'il est, est inaffecté par ses pensées. [5]Mais ce qu'il regarde est leur résultat direct. [6]Par conséquent, mon Père, je voudrais me tourner vers Toi. [7]Seul Ton souvenir me rendra libre. [8]Et seul mon pardon m'enseigne à laisser Ton souvenir me revenir et à le donner au monde en reconnaissance.*

2. En recueillant des miracles de Lui, nous serons certes reconnaissants. [2]Car en nous souvenant de Lui, Son Fils nous sera rendu dans la réalité de l'Amour.

14. Que suis-je ?

1. *Je suis le Fils de Dieu, complet, guéri et entier, resplendissant dans le reflet de Son Amour.* ²*En moi Sa création est sanctifiée et la vie éternelle lui est garantie.* ³*En moi l'amour est rendu parfait, la peur est impossible et la joie est établie sans opposé.* ⁴*Je suis la sainte demeure de Dieu Lui-même.* ⁵*Je suis le Ciel où réside Son Amour.* ⁶*Je suis Sa sainte Impeccabilité même, car dans ma pureté demeure la Sienne.*

2. Notre utilisation des mots tire à sa fin. ²Or dans les derniers jours de cette année que nous avons donnée ensemble à Dieu, toi et moi, nous avons trouvé un but indivisé que nous avons partagé. ³Ainsi tu t'es joint à moi, de sorte que ce que je suis, tu l'es aussi. ⁴La vérité de ce que nous sommes, ce ne sont pas des mots qui peuvent la dire ni la décrire. ⁵Or nous pouvons nous rendre compte de notre fonction ici, et les mots peuvent en parler et l'enseigner aussi, si nous servons d'exemple des mots.

3. Nous sommes les porteurs du salut. ²Nous acceptons notre rôle en tant que sauveurs du monde, qui est rédimé par notre pardon conjoint. ³Et cela, qui est notre don, par conséquent nous est donné. ⁴Nous regardons chacun comme un frère et nous percevons toutes choses comme douces et bonnes. ⁵Nous ne recherchons pas une fonction qui soit passé les portes du Ciel. ⁶La connaissance reviendra une fois que nous aurons joué notre rôle. ⁷Nous ne nous soucions que de faire bon accueil à la vérité.

4. Nos yeux sont ceux par lesquels la vision du Christ voit un monde rédimé de toute pensée de péché. ²Nos oreilles sont celles qui entendent la Voix pour Dieu proclamer que le monde est sans péché. ³Nos esprits sont ceux qui se joignent en bénissant le monde. ⁴Et de l'unité que nous avons atteinte, nous appelons tous nos frères en leur demandant de partager notre paix et de consommer notre joie.

5. Nous sommes les saints messagers de Dieu qui parlons pour Lui et, en portant Sa Parole à chacun de ceux qu'Il nous a envoyés, nous apprenons qu'elle est écrite sur nos cœurs. ²Ainsi nos esprits sont changés sur le but pour lequel nous sommes venus, et que nous cherchons à servir. ³Nous apportons la bonne nouvelle au Fils de Dieu, qui pensait souffrir. ⁴Maintenant il est rédimé. ⁵Et en voyant les portes du Ciel grandes ouvertes devant lui, il entrera et disparaîtra dans le Cœur de Dieu.

LEÇON 351

Mon frère sans péché est mon guide vers la paix.
Mon frère pécheur est mon guide vers la douleur.
Et je verrai celui que je choisis de voir.

1. *Qui est mon frère, sinon Ton saint Fils ? ²Si je le vois pécheur, je me proclame moi-même pécheur et non Fils de Dieu ; seul et sans ami dans un monde apeurant. ³Or cette perception est un choix que je fais et auquel je peux renoncer. ⁴Je peux aussi voir mon frère sans péché, comme étant Ton saint Fils. ⁵Et ce choix me fait voir mon impeccabilité, mon éternel Consolateur et Ami à mes côtés, et ma voie sûre et claire. ⁶Choisis donc pour moi, mon Père, par Ta Voix. ⁷Car Lui seul porte jugement en Ton Nom.*

LEÇON 352

Le jugement et l'amour sont des opposés.
De l'un viennent tous les chagrins du monde.
Mais de l'autre vient la paix de Dieu Lui-même.

1. *Le pardon ne voit que la seule impeccabilité et ne juge pas. ²C'est par cela que je viens à Toi. ³Le jugement me bandera les yeux et me rendra aveugle. ⁴Or l'amour, reflété ici dans le pardon, me rappelle que Tu m'as donné une voie pour retrouver Ta paix. ⁵Je suis rédimé quand je choisis de suivre cette voie. ⁶Tu ne m'as pas laissé inconsolé. ⁷J'ai en moi à la fois le souvenir de Toi et Celui Qui m'y conduit. ⁸Père, je voudrais entendre Ta Voix et trouver Ta paix aujourd'hui. ⁹Car je voudrais aimer ma propre Identité et trouver en Elle le souvenir de Toi.*

LEÇON 353

**Mes yeux, ma langue, mes mains, mes pieds aujourd'hui
ont un seul but : être donnés au Christ pour qu'Il les utilise
pour combler le monde de miracles.**

1. *Père, aujourd'hui je donne au Christ tout ce qui est à moi afin qu'Il l'utilise de la manière qui servira le mieux le but que je partage avec Lui.* [2]*Rien n'est à moi seul, car Lui et moi nous sommes joints dans un même but.* [3]*Ainsi l'apprentissage est presque arrivé à son terme.* [4]*Je travaille avec Lui pendant un temps pour servir Son but.* [5]*Puis je me perds dans mon Identité et reconnais que le Christ n'est que mon Soi.*

LEÇON 354

**Nous nous tenons ensemble, le Christ et moi,
dans la paix et la certitude de but. En Lui
est Son Créateur, comme Il est en moi.**

1. *Mon unité avec le Christ m'établit comme Ton Fils, au-delà de la portée du temps et entièrement libre de toute autre loi que la Tienne.* [2]*Je n'ai pas de soi, sauf le Christ en moi.* [3]*Je n'ai de but que le Sien.* [4]*Et Il est pareil à Son Père.* [5]*Ainsi je dois être un avec Toi aussi bien qu'avec Lui.* [6]*Car qui est le Christ, sinon Ton Fils tel que Tu L'as créé ?* [7]*Et que suis-je, sinon le Christ en moi ?*

LEÇON 355

**Il n'y a pas de fin à toute la paix, toute la joie
et tous les miracles que je donne quand j'accepte
la Parole de Dieu. Pourquoi pas aujourd'hui ?**

1.   *Pourquoi devrais-je attendre, mon Père, la joie que Tu m'as promise ? ²Car Tu tiendras Ta Parole donnée à Ton Fils en exil. ³Je suis sûr que mon trésor m'attend et j'ai seulement besoin de tendre la main pour le trouver. ⁴Même maintenant je le touche du doigt. ⁵Il est tout près. ⁶Je n'ai pas besoin d'attendre un instant de plus pour être en paix à jamais. ⁷C'est Toi Que je choisis, et mon Identité avec Toi. ⁸Ton Fils voudrait être Lui-même et Te connaître comme son Père et Créateur, et son Amour.*

LEÇON 356

**La maladie n'est qu'un autre nom pour le péché.
La guérison n'est qu'un autre nom pour Dieu.
Ainsi le miracle est un appel à Lui.**

1.   *Père, Tu as promis que Tu ne manquerais jamais de répondre à tout appel que Ton Fils pourrait Te faire. ²Peu importe où il est, ce que semble être son problème ou ce qu'il croit être devenu. ³Il est Ton Fils, et Tu lui répondras. ⁴Le miracle reflète Ton Amour, ainsi il lui répond. ⁵Ton Nom remplace toute pensée de péché, et celui qui est sans péché ne peut souffrir. ⁶Ton Nom donne réponse à Ton Fils, parce qu'invoquer Ton Nom, c'est simplement invoquer le sien.*

LEÇON 357

**La vérité répond à chaque appel que nous faisons
à Dieu, répondant d'abord par des miracles, puis
nous revenant pour être elle-même.**

1.   *Le pardon, qui est le reflet de la vérité, me dit comment offrir des miracles et échapper ainsi de la prison dans laquelle je pense vivre. ²Ton saint Fils m'est indiqué, d'abord en mon frère, puis en moi. ³Ta Voix m'instruit patiemment d'entendre Ta Parole et de donner comme je reçois. ⁴Et tout en regardant Ton Fils aujourd'hui, j'entends Ta Voix m'instruire de trouver la voie qui mène à Toi, comme Tu as décidé que doit être la voie :*

⁵« Contemple son impeccabilité et sois guéri. »

LEÇON 358

**Nul appel à Dieu ne peut être inentendu ni laissé sans
réponse. Et de ceci je peux être sûr :
Sa réponse est celle que je veux réellement.**

1.   *Toi Qui Te souviens de ce que je suis réellement, Tu es le seul à Te souvenir de ce que je veux réellement. ²Tu parles pour Dieu, donc Tu parles pour moi. ³Et ce que Tu me donnes vient de Dieu Lui-même. ⁴Alors Ta Voix, mon Père, est aussi la mienne, et tout ce que je veux est ce que Tu m'offres, exactement sous la forme que Tu as choisie pour moi. ⁵Que je me souvienne de tout ce que je ne connais pas, et que ma voix se taise, en me souvenant. ⁶Mais ne me laisse pas oublier Ton Amour et Ta sollicitude, gardant pour toujours en ma conscience Ta promesse à Ton fils. ⁷Que je n'oublie pas que mon soi n'est rien, mais que mon Soi est tout.*

LEÇON 359

**La réponse de Dieu est quelque forme de paix. Toute douleur
est guérie ; toute misère remplacée par la joie.
Toutes les portes de prison sont ouvertes. Et tout péché
est compris comme étant simplement une erreur.**

1. *Père, aujourd'hui nous pardonnerons à Ton monde et laisserons la création T'appartenir. [2]Nous avons mal compris toutes choses. [3]Mais nous n'avons pas fait des pécheurs des saints Fils de Dieu. [4]Ce que Tu as créé sans péché le demeure pour toujours et à jamais. [5]Ainsi sommes-nous. [6]Et nous nous réjouissons d'apprendre que nous avons fait des erreurs qui n'ont pas d'effets réels sur nous. [7]Le péché est impossible, et de ce fait le pardon repose sur une base certaine et plus solide que le monde d'ombre que nous voyons. [8]Aide-nous à pardonner, car nous voudrions être rédimés. [9]Aide-nous à pardonner, car nous voudrions être en paix.*

LEÇON 360

**Paix à moi, le saint Fils de Dieu.
Paix à mon frère, qui ne fait qu'un avec moi.
Que le monde entier soit comblé de paix par nous.**

1. *Père, c'est Ta paix que je voudrais donner, en la recevant de Toi. [2]Je suis Ton Fils, à jamais exactement tel que Tu m'as créé, car les Grands Rayons demeurent à jamais calmes et imperturbés au-dedans de moi. [3]Je voudrais les atteindre en silence et en certitude, car la certitude ne peut se trouver nulle part ailleurs. [4]Paix à moi et paix au monde entier. [5]En sainteté nous avons été créés, et en sainteté nous demeurons. [6]Ton Fils est pareil à Toi en parfaite impeccabilité. [7]Et avec cette pensée, nous disons joyeusement : Amen.*

DERNIÈRES LEÇONS

Introduction

1.   Nous laisserons nos dernières leçons aussi libres de mots que possible. ²Nous ne les utiliserons qu'au début de nos exercices et seulement pour nous rappeler que nous cherchons à aller au-delà des mots. ³Tournons-nous vers Celui Qui nous guide dans la voie et assure nos pas. ⁴C'est à Lui Que nous laissons ces leçons, comme c'est à Lui désormais que nous confions nos vies. ⁵Car nous ne voudrions pas retourner à nouveau à la croyance dans le péché qui a fait paraître le monde laid et incertain, attaquant et destructeur, dangereux dans toutes ses voies et traître au-delà de tout espoir de confiance et d'évasion de la douleur.

2.   Sa voie est la seule qui mène à trouver la paix que Dieu nous a donnée. ²C'est Sa voie que chacun doit suivre à la fin, parce que c'est cette fin que Dieu Lui-même a désignée. ³Dans le rêve du temps, elle semble être bien loin. ⁴Et pourtant, en vérité, elle est déjà ici, déjà elle nous guide gracieusement dans la voie à suivre. ⁵Suivons ensemble la voie que la vérité nous indique. ⁶Et soyons les meneurs de nos nombreux frères qui cherchent la voie, mais ne la trouvent pas.

3.   À ce but consacrons nos esprits, et dirigeons toutes nos pensées afin de servir la fonction du salut. ²À nous le but est donné de pardonner au monde. ³C'est le but que Dieu nous a donné. ⁴C'est Sa fin du rêve que nous cherchons, et non la nôtre. ⁵Car nous ne manquerons pas de reconnaître tout ce que nous pardonnons comme faisant partie de Dieu Lui-même. ⁶Ainsi Son souvenir est redonné, complètement et complet.

4.   C'est notre fonction de nous souvenir de Lui sur terre, comme il nous est donné d'être Sa Propre complétude dans la réalité. ²N'oublions donc pas que notre but est partagé, car c'est ce souvenir qui contient la mémoire de Dieu et qui indique la voie vers Lui et vers le Ciel de Sa paix. ³N'allons-nous pas pardonner à notre frère, qui peut nous offrir cela ? ⁴Il est la voie, la vérité et la vie qui nous montrent la voie. ⁵En lui réside le salut, qui nous est offert par notre pardon, à lui donné.

5.   Nous ne terminerons pas cette année sans le don que notre Père a promis à Son saint Fils. ²Nous sommes pardonnés maintenant. ³Et nous sommes sauvés de tout le courroux que nous pensions

appartenir à Dieu et dont nous avons découvert qu'il n'était qu'un rêve. [4]Nous sommes ramenés à la santé d'esprit dans laquelle nous comprenons que la colère est insane, que l'attaque est folle et que la vengeance n'est qu'un sot fantasme. [5]Nous avons été sauvés du courroux parce que nous avons appris que nous faisions erreur. [6]Rien de plus. [7]Or est-ce qu'un père est en colère contre son fils parce que celui-ci ne comprenait pas la vérité ?

6.   Nous venons à Dieu avec honnêteté, en disant que nous ne comprenions pas, et nous Lui demandons de nous aider à apprendre Ses leçons, par la Voix de Son Propre Enseignant. [2]Blesserait-Il Son Fils ? [3]Ou S'empresserait-Il de lui répondre, en disant : « Voici Mon Fils, et tout ce que J'ai est à lui » ? [4]Sois certain qu'Il te répondra ainsi, car ce sont là Ses Propres paroles. [5]Et nul ne peut jamais avoir plus que cela, car dans ces paroles est tout ce qui est et tout ce qui sera de tout temps et dans l'éternité.

LEÇONS 361 à 365

Cet instant saint, je voudrais Te le donner.
Sois en charge. Car je voudrais Te suivre,
certain que Ta direction me donne la paix.

1.   Si j'ai besoin d'un mot pour m'aider, Il me le donnera. [2]Si j'ai besoin d'une pensée, Il me la donnera aussi. [3]Et si je n'ai besoin que de calme et d'un esprit tranquille et ouvert, voilà les dons que je recevrai de Lui. [4]Il est en charge à ma demande. [5]Et Il m'entendra et me répondra, parce qu'Il parle pour Dieu mon Père et Son saint Fils.

ÉPILOGUE

1.   Ce cours est un commencement et non une fin. ²Ton Ami va avec toi. ³Tu n'es pas seul. ⁴Nul ne peut appeler en vain qui fait appel à Lui. ⁵Quelle que soit ta préoccupation, sois certain qu'Il a la réponse et qu'Il te la donnera avec joie, si tu te tournes simplement vers Lui et la Lui demandes. ⁶Il ne refusera pas de donner toutes les réponses dont tu as besoin pour quoi que ce soit qui semble te troubler. ⁷Il connaît la solution de tous les problèmes et la résolution de tous les doutes. ⁸Sa certitude est tienne. ⁹Tu as seulement besoin de la Lui demander et elle te sera donnée.

2.   Il est aussi certain que tu arriveras chez toi que le soleil a sa route toute tracée avant qu'il ne se lève, après qu'il se soit couché et pendant les heures de pénombre entre les deux. ²De fait, ta route est encore plus certaine. ³Car il ne peut pas être possible de changer la course de ceux que Dieu a appelés à Lui. ⁴Par conséquent, obéis à ta volonté et suis Celui Que tu as accepté pour ta voix, pour parler de ce que tu veux réellement et dont tu as réellement besoin. ⁵C'est Sa Voix qui parle pour Dieu et pour toi aussi. ⁶Ainsi Il parle de liberté et de vérité.

3.   Il ne t'est plus assigné de leçons précises, car il n'en est plus besoin. ²Désormais, n'écoute que la Voix pour Dieu et pour ton Soi quand tu te retires du monde pour chercher la réalité à la place. ³Il dirigera tes efforts en te disant exactement quoi faire, comment diriger ton esprit et quand venir à Lui en silence, demander Sa sûre direction et Sa Parole certaine. ⁴C'est Sa Parole que Dieu t'a donnée. ⁵C'est Sa Parole que tu as choisie pour tienne.

4.   Et maintenant je te place entre Ses mains, pour que tu Le suives fidèlement et Le prennes pour Guide à travers chaque difficulté et toutes les douleurs que tu pourrais penser réelles. ²Il ne te donnera pas de plaisirs qui passeront, car Il ne donne que l'éternel et le bon. ³Laisse-Le te préparer davantage. ⁴Il a mérité ta confiance en te parlant quotidiennement de ton Père, de ton frère et de ton Soi. ⁵Il continuera. ⁶Maintenant tu avances avec Lui, aussi certain que Lui de où tu vas; aussi sûr que Lui de comment tu devrais procéder; aussi confiant qu'Il l'est dans le but et dans ta sûre arrivée à la fin.

5.   La fin est certaine et les moyens le sont aussi. ²À cela nous disons : Amen. ³Il te sera dit exactement ce que Dieu veut pour toi chaque fois qu'il y aura un choix à faire. ⁴Et Il parlera pour Dieu

et pour ton Soi, garantissant ainsi que l'enfer ne te réclamera pas et que chaque choix que tu fais mettra le Ciel un peu plus à ta portée. [5]À partir de maintenant, nous allons avec Lui en nous tournant vers Lui pour être guidés, pour la paix et pour une sûre direction. [6]La joie nous accompagne en chemin. [7]Car nous allons vers notre demeure où nous trouverons une porte ouverte que Dieu a gardée non fermée pour nous accueillir.

6.   Nous Lui confions nos voies et nous disons : Amen. [2]En paix nous poursuivrons dans Sa voie et Lui confierons toutes choses. [3]Avec confiance nous attendons Ses réponses en demandant Sa Volonté dans tout ce que nous faisons. [4]Il aime le Fils de Dieu comme nous voudrions l'aimer. [5]Et Il nous enseigne comment le contempler par Ses yeux et l'aimer comme Il l'aime. [6]Tu ne vas pas seul. [7]Les anges de Dieu volent tout près et tout autour de toi. [8]Son Amour t'entoure et de ceci tu peux être sûr : que jamais je ne te laisserai inconsolé.

UN COURS EN MIRACLES

MANUEL POUR ENSEIGNANTS

TABLE DES MATIÈRES

MANUEL POUR ENSEIGNANTS

CLARIFICATION DES TERMES

MANUEL POUR ENSEIGNANTS

INTRODUCTION

1. En fait, les rôles d'enseigner et d'apprendre sont inversés dans la pensée du monde. ²Cette inversion est caractéristique. ³C'est comme si l'enseignant et l'apprenant étaient séparés, l'enseignant donnant quelque chose à l'apprenant plutôt qu'à lui-même. ⁴De plus, l'acte d'enseigner est considéré comme une activité particulière, à laquelle une personne ne consacre qu'une portion relativement petite de son temps. ⁵Le cours, au contraire, met l'accent sur le fait qu'enseigner, *c'est* apprendre, de sorte qu'enseignant et apprenant sont le même. ⁶Il insiste aussi sur le fait qu'enseigner est un processus constant, qui se produit à chaque moment de la journée et se continue aussi dans les pensées endormies.

2. Enseigner, c'est démontrer. ²Il y a seulement deux systèmes de pensée et tu démontres que tu crois que l'un ou l'autre est vrai tout le temps. ³Les autres apprennent de ta démonstration, et toi aussi. ⁴La question n'est pas de savoir si tu vas enseigner, car là il n'y a aucun choix. ⁵On pourrait dire que le but du cours est de te fournir un moyen de choisir ce que tu veux enseigner en te basant sur ce que tu veux apprendre. ⁶Tu ne peux pas donner à quelqu'un d'autre mais seulement à toi-même, et tu apprends cela en enseignant. ⁷Enseigner, ce n'est qu'appeler des témoins à attester ce que tu crois. ⁸C'est une méthode de conversion. ⁹Cela ne se fait pas seulement par des mots. ¹⁰Toute situation doit être pour toi une chance d'enseigner aux autres ce que tu es, et ce qu'ils sont pour toi. ¹¹Pas plus que cela, mais aussi jamais moins.

3. Le curriculum que tu établis est donc déterminé exclusivement par ce que tu penses être, et ce que tu crois que la relation des autres est envers toi. ²Dans une situation d'enseignement formelle, il se peut que ces questions n'aient aucun rapport avec ce que tu penses enseigner. ³Or il est impossible de ne pas utiliser le contenu de n'importe quelle situation au profit de ce que tu enseignes réellement, et donc apprends réellement. ⁴Le contenu verbal de ton enseignement n'a rien à voir avec cela. ⁵Il se peut qu'il coïncide, ou ne coïncide pas. ⁶C'est l'enseignement qui sous-tend ce que tu dis qui t'enseigne. ⁷L'enseignement ne fait que renforcer ce que tu crois à ton sujet. ⁸Son but fondamental est de diminuer le doute de soi. ⁹Cela ne signifie pas que le soi que tu essaies de protéger est réel. ¹⁰Mais cela signifie que le soi que tu penses être réel est ce que tu enseignes.

4.   Cela est inévitable. [2]On ne peut pas en échapper. [3]Comment pourrait-il en être autrement? [4]Quiconque suit le curriculum du monde — et chacun ici le suit jusqu'à ce qu'il change d'esprit — enseigne uniquement pour se convaincre qu'il est ce qu'il n'est pas. [5]Voilà le but du monde. [6]Quoi d'autre pourrait donc être son curriculum? [7]Dans cette situation d'apprentissage désespérée et fermée, qui n'enseigne que le désespoir et la mort, Dieu envoie Ses enseignants. [8]Et comme ils enseignent Ses leçons de joie et d'espoir, leur apprentissage devient enfin complet.

5.   Si ce n'était des enseignants de Dieu, il y aurait peu d'espoir de salut, car le monde du péché semblerait réel à jamais. [2]Qui se trompe soi-même doit tromper, car il doit enseigner la tromperie. [3]N'est-ce pas l'enfer? [4]Ceci est un manuel pour les enseignants de Dieu. [5]Ils ne sont pas parfaits, sinon ils ne seraient pas ici. [6]Or c'est leur mission de devenir parfaits ici, donc ils enseignent la perfection encore et encore, de maintes et maintes façons, jusqu'à ce qu'ils l'aient apprise. [7]Et puis ils ne sont plus vus, bien que leurs pensées restent une source de force et de vérité à jamais. [8]Qui sont-ils? [9]Comment sont-ils choisis? [10]Que font-ils? [11]Comment peuvent-ils accomplir leur propre salut et le salut du monde? [12]Ce manuel tente de répondre à ces questions.

1. QUI SONT LES ENSEIGNANTS DE DIEU ?

1. Un enseignant de Dieu est quiconque choisit d'en être un. [2]Ses qualifications consistent uniquement en ceci : quelque part, de quelque façon que ce soit, il a fait un choix délibéré dans lequel il ne voyait pas ses intérêts comme étant à part de ceux de quelqu'un d'autre. [3]Une fois qu'il a fait cela, sa route est établie et sa direction est sûre. [4]Une lumière est entrée dans les ténèbres. [5]Ce peut être une seule lumière, mais c'est assez. [6]Il a fait un accord avec Dieu même s'il ne croit pas encore en Lui. [7]Il est devenu un porteur du salut. [8]Il est devenu un enseignant de Dieu.

2. Ils viennent de partout dans le monde. [2]Ils viennent de toutes les religions et d'aucune religion. [3]Ce sont ceux qui ont répondu. [4]L'Appel est universel. [5]Il se produit tout le temps et partout. [6]Il appelle les enseignants à parler pour Lui et à rédimer le monde. [7]Beaucoup L'entendent, mais peu répondent. [8]Or tout cela n'est qu'une question de temps. [9]Chacun répondra à la fin, mais la fin peut être très, très loin. [10]C'est pour cela que le plan des enseignants a été établi. [11]Leur fonction est d'épargner du temps. [12]Chacun commence comme une seule lumière, mais avec l'Appel en son centre c'est une lumière qui ne peut pas être limitée. [13]Et chacun épargne mille ans de temps tel que le monde en juge. [14]Pour l'Appel Lui-même, le temps n'a pas de signification.

3. Il y a un cours pour chaque enseignant de Dieu. [2]La forme du cours varie grandement. [3]Ainsi que les différents aides à l'enseignement. [4]Mais le contenu du cours ne change jamais. [5]Son thème central est toujours : « Le Fils de Dieu est non coupable et dans son innocence est son salut. » [6]Il peut s'enseigner par des actions ou par des pensées ; en mots ou en silence ; dans n'importe quelle langue ou en aucune langue ; n'importe où, quand ou comment. [7]Peu importe qui était l'enseignant avant d'entendre l'Appel. [8]Il est devenu un sauveur en répondant. [9]Il a vu quelqu'un d'autre comme étant lui-même. [10]Il a donc trouvé son propre salut et le salut du monde. [11]Dans sa renaissance le monde est né à nouveau.

4. Ceci est le manuel d'un curriculum particulier, destiné aux enseignants d'une forme particulière du cours universel. [2]Il y a plusieurs milliers d'autres formes, qui ont toutes le même résultat. [3]Elles ne font qu'épargner du temps. [4]Or c'est seulement le temps qui s'étire péniblement, et le monde est très fatigué maintenant.

[5]Il est vieux, usé et sans espoir. [6]Le résultat n'a jamais fait question, car qu'est-ce qui peut changer la Volonté de Dieu ? [7]Mais le temps, avec ses illusions de changement et de mort, use le monde et toutes choses en lui. [8]Or le temps a une fin, et c'est pour l'amener que les enseignants de Dieu sont désignés. [9]Car le temps est entre leurs mains. [10]Tel a été leur choix, et il leur est donné.

2. QUI SONT LEURS ÉLÈVES ?

1.   Certains élèves ont été assignés à chacun des enseignants de Dieu, et ils commenceront à le chercher dès que lui-même aura répondu à l'Appel. [2]Ils ont été choisis pour lui parce que la forme du curriculum universel qu'il enseignera est la meilleure pour eux, vu leur niveau de compréhension. [3]Ses élèves l'attendent, car sa venue est certaine. [4]Encore une fois, ce n'est qu'une question de temps. [5]Une fois qu'il a choisi de remplir son rôle, ils sont prêts à remplir le leur. [6]Le temps attend qu'il fasse son choix, mais il n'attend pas ceux qu'il servira. [7]Quand il est prêt à apprendre, les occasions d'enseigner lui sont fournies.

2.   Pour comprendre le plan du salut d'enseignement-apprentissage, il est nécessaire de saisir le concept de temps que présente le cours. [2]L'Expiation corrige les illusions, et non la vérité. [3]Par conséquent, elle corrige ce qui n'a jamais été. [4]De plus, le plan de cette correction fut établi et complété simultanément, car la Volonté de Dieu est entièrement à part du temps. [5]Il en va ainsi de toute réalité, étant de Lui. [6]À l'instant où l'idée de séparation entra dans l'esprit du Fils de Dieu, à cet instant même la Réponse de Dieu fut donnée. [7]Dans le temps cela est arrivé il y a très longtemps. [8]Dans la réalité, cela n'est jamais arrivé.

3.   Le monde du temps est le monde de l'illusion. [2]Ce qui est arrivé il y a bien longtemps semble arriver maintenant. [3]Des choix qui ont été faits depuis longtemps paraissent s'offrir, encore à faire. [4]Ce qui a été appris et compris et depuis longtemps dépassé est considéré comme une pensée nouvelle, une idée fraîche, une approche différente. [5]Parce que ta volonté est libre, tu peux accepter ce qui est déjà arrivé à n'importe quel moment que tu choisis ; et c'est alors seulement que tu te rends compte que cela a toujours été là. [6]Comme le cours le souligne, tu n'es pas libre de choisir le curriculum, ni même la forme sous laquelle tu l'apprends. [7]Tu es libre, toutefois, de décider quand tu veux l'apprendre. [8]Et quand tu l'acceptes, il est déjà appris.

4.   En réalité, donc, le temps recule jusqu'à un instant si ancien qu'il est au-delà de toute mémoire et même passé la possibilité de se souvenir. [2]Or parce que c'est un instant que l'on revit sans cesse, encore et encore, il semble être maintenant. [3]Et c'est ainsi qu'élève et enseignant semblent se rejoindre dans le présent, et se trouver l'un l'autre comme s'ils ne s'étaient jamais rencontrés

auparavant. [4]L'élève vient au bon moment au bon endroit. [5]C'est inévitable, parce qu'il a fait le juste choix en cet instant ancien qu'il revit maintenant. [6]De même, l'enseignant aussi a fait un choix inévitable sorti d'un passé ancien. [7]La Volonté de Dieu en toutes choses ne fait que sembler prendre du temps à s'accomplir. [8]Qu'est-ce qui pourrait retarder le pouvoir de l'éternité ?

5.   Quand élève et enseignant se rejoignent, une situation d'enseignement-apprentissage commence. [2]Car l'enseignant n'est pas réellement celui qui fait l'enseignement. [3]L'Enseignant de Dieu parle aux deux qui se joignent dans le but d'apprendre. [4]La relation est sainte à cause de ce but, et Dieu a promis d'envoyer Son Pur-Esprit dans toute relation sainte. [5]Dans la situation d'enseignement-apprentissage, chacun apprend que donner et recevoir sont la même chose. [6]Les démarcations qu'ils ont tracées entre leurs rôles, leurs esprits, leurs corps, leurs besoins, leurs intérêts, et toutes les différences dont ils pensaient qu'elles les séparaient l'un de l'autre, s'estompent, s'effacent et disparaissent. [7]Ceux qui voudraient apprendre le même cours partagent un seul intérêt et un seul but. [8]Ainsi celui qui était l'apprenant devient lui-même un enseignant de Dieu, car il a pris la seule décision qui lui a donné son enseignant. [9]Il a vu en quelqu'un d'autre les mêmes intérêts que les siens.

3. QUELS SONT LES NIVEAUX D'ENSEIGNEMENT ?

1.   Les enseignants de Dieu n'ont pas de niveau d'enseignement déterminé. [2]Chaque situation d'enseignement-apprentissage comporte une relation différente au début, bien que le but ultime soit toujours le même : faire de la relation une relation sainte dans laquelle les deux peuvent voir le Fils de Dieu sans péché. [3]Il n'en est pas un de qui un enseignant de Dieu ne puisse apprendre, donc il n'en est pas un à qui il ne puisse enseigner. [4]Toutefois, d'un point de vue pratique, il ne peut pas rencontrer tout le monde, pas plus que tout le monde ne peut le trouver. [5]Par conséquent, le plan inclut des contacts très concrets à faire pour chaque enseignant de Dieu. [6]Il n'y a pas d'accidents dans le salut. [7]Ceux qui doivent se rencontrer se rencontreront, parce qu'ensemble ils ont un potentiel de relation sainte. [8]Ils sont prêts l'un pour l'autre.

2.   Le niveau le plus simple d'enseignement paraît être bien superficiel. [2]Il consiste en ce qui semble être des rencontres tout à fait occasionnelles : la rencontre « fortuite » dans un ascenseur de deux apparents étrangers ; un enfant qui ne regarde pas où il va en courant et qui se cogne « par hasard » contre un adulte ; deux étudiants qui « se trouvent » à rentrer ensemble à pied. [3]Ce ne sont pas des rencontres fortuites. [4]Chacune d'elles est une situation d'enseignement-apprentissage potentielle. [5]Peut-être que les deux apparents étrangers dans l'ascenseur vont se sourire ; peut-être que l'adulte ne grondera pas l'enfant qui s'est cogné contre lui ; peut-être que les étudiants deviendront amis. [6]Même au niveau de la rencontre la plus occasionnelle, il est possible que deux personnes perdent de vue leurs intérêts séparés, ne serait-ce qu'un moment. [7]Ce moment suffit. [8]Le salut est venu.

3.   Il est difficile de comprendre que des niveaux d'enseignement du cours universel est un concept aussi in-signifiant dans la réalité que l'est le temps. [2]L'illusion de l'un permet l'illusion de l'autre. [3]Dans le temps, il semble que l'enseignant de Dieu commence à changer d'esprit sur le monde à partir d'une seule décision, puis qu'il en apprend toujours de plus en plus sur la nouvelle direction à mesure qu'il l'enseigne. [4]Nous avons déjà couvert l'illusion de temps mais l'illusion de niveaux d'enseignement semble être quelque chose de différent. [5]La meilleure façon de démontrer que ces niveaux ne peuvent pas exister est peut-être simplement de dire que n'importe quel niveau de la situation d'enseignement-

apprentissage fait partie du plan de Dieu pour l'Expiation, et que Son plan ne peut pas avoir de niveaux, étant un reflet de Sa Volonté. [6]Le salut est toujours prêt et toujours là. [7]Les enseignants de Dieu travaillent à des niveaux différents, mais le résultat est toujours le même.

4. Chaque situation d'enseignement-apprentissage est maximale en ce sens que chaque personne concernée apprendra de l'autre personne le plus qu'elle le pourra à ce moment-là. [2]En ce sens, et en ce sens seulement, nous pouvons parler de niveaux d'enseignement. [3]Si l'on utilise le mot de cette façon, le second niveau d'enseignement est une relation plus soutenue, dans laquelle, pour un temps, deux personnes entrent dans une situation d'enseignement-apprentissage assez intense et semblent ensuite se séparer. [4]Comme au premier niveau, ces rencontres ne sont pas accidentelles, pas plus que ce qui paraît être la fin de la relation n'est une fin réelle. [5]Encore une fois, chacun a appris le plus qu'il le pouvait à ce moment-là. [6]Or tous ceux qui se rencontrent se rencontreront un jour à nouveau, car c'est la destinée de toutes les relations de devenir saintes. [7]Dieu ne fait pas erreur sur Son Fils.

5. Le troisième niveau d'enseignement se produit dans des relations qui, une fois formées, durent toute la vie. [2]Ce sont des situations d'enseignement-apprentissage dans lesquelles à chaque personne est donné un partenaire d'apprentissage choisi qui lui présentera un nombre illimité d'occasions d'apprendre. [3]Ces relations sont en général peu nombreuses, parce que leur existence suppose que les personnes concernées ont atteint simultanément un stade d'équilibre parfait entre enseignement et apprentissage. [4]Cela ne signifie pas qu'elles reconnaissent forcément cela : en fait, ce n'est généralement pas le cas. [5]Elles peuvent même être tout à fait hostiles l'une envers l'autre pendant un certain temps, et peut-être pour toute la vie. [6]Pourtant, si elles devaient décider de l'apprendre, la leçon parfaite est devant elles et peut être apprise. [7]Et si elles décident d'apprendre cette leçon, elles deviennent les sauveurs des enseignants qui trébuchent ou semblent même échouer. [8]Nul enseignant de Dieu ne peut manquer de trouver l'Aide Dont il a besoin.

4. QUELLES SONT LES CARACTÉRISTIQUES DES ENSEIGNANTS DE DIEU?

1.   Les traits de surface des enseignants de Dieu ne sont pas du tout pareils. [2]Aux yeux du corps, ils ne se ressemblent pas; ils viennent de milieux extrêmement différents, leur expérience du monde varie grandement et leurs «personnalités» superficielles sont tout à fait distinctes. [3]De plus, aux premiers stades de leur fonctionnement en tant qu'enseignants de Dieu, ils n'ont pas encore acquis les caractéristiques plus profondes qui les établiront comme ce qu'ils sont. [4]Dieu fait des dons particuliers à Ses enseignants, parce qu'ils ont un rôle particulier dans Son plan pour l'Expiation. [5]Leur particularité n'est bien sûr que temporaire; fixée dans le temps comme moyen de conduire hors du temps. [6]Leurs dons particuliers, nés dans la relation sainte sur laquelle la situation d'enseignement-apprentissage est axée, deviennent les caractéristiques de tous les enseignants de Dieu qui ont avancé dans leur propre apprentissage. [7]À cet égard, ils sont tous pareils.

2.   Toutes les différences entre les Fils de Dieu sont temporaires. [2]Néanmoins, dans le temps on peut dire que les enseignants avancés de Dieu ont les caractéristiques suivantes:

I. Confiance

1.   Voilà le fondement sur lequel repose leur aptitude à remplir leur fonction. [2]La perception est le résultat de l'apprentissage. [3]En fait, percevoir, *c'est* apprendre, parce que cause et effet ne sont jamais séparés. [4]Les enseignants de Dieu ont confiance dans le monde, parce qu'ils ont appris qu'il n'est pas gouverné par les lois que le monde a inventées. [5]Il est gouverné par un pouvoir qui est *en eux* mais non pas *d'eux*. [6]C'est ce pouvoir qui garde toutes choses en sécurité. [7]C'est par ce pouvoir que les enseignants de Dieu regardent un monde pardonné.

2.   Une fois qu'on a fait l'expérience de ce pouvoir, il est impossible de faire confiance à nouveau à sa propre petite force. [2]Qui tenterait de voler avec les ailes minuscules d'un moineau quand la puissance considérable d'un aigle lui a été donnée? [3]Et qui placerait sa foi dans les piètres offrandes de l'ego quand les dons de Dieu sont déposés devant lui? [4]Qu'est-ce qui les induit à faire le changement?

A. Développement de la confiance

3.   D'abord ils doivent passer par ce qui pourrait être appelé « une période de défaire ». [2]Cela n'a pas besoin d'être douloureux, mais d'ordinaire c'est ainsi que l'expérience est ressentie. [3]C'est comme si des choses leur étaient enlevées, et il est rarement compris au début que c'est simplement leur manque de valeur qui est reconnu. [4]Comment le manque de valeur peut-il être perçu à moins que celui qui perçoit ne soit dans une position où il doit voir les choses sous une lumière différente ? [5]Il n'en est pas encore au point où il peut faire le changement entièrement intérieurement. [6]Ainsi le plan demande-t-il parfois des changements dans ce qui semble être des circonstances extérieures. [7]Ces changements aident toujours. [8]Quand l'enseignant de Dieu a appris cela, il passe au second stade.

4.   Ensuite, l'enseignant de Dieu doit passer par « une période de tri ». [2]Cela est toujours quelque peu difficile parce que, ayant appris que les changements dans sa vie aident toujours, il doit maintenant décider de toutes choses sur la base de la capacité d'aider, qu'elles vont soit augmenter ou entraver. [3]Il verra que beaucoup, sinon la plupart des choses auxquelles il accordait de la valeur auparavant ne feront qu'entraver son aptitude à transférer ce qu'il a appris à de nouvelles situations au fur et à mesure qu'elles se présentent. [4]Parce qu'il estimait ce qui est réellement sans valeur, il ne généralisera pas la leçon par peur de perdre et de sacrifier. [5]Il faut avoir beaucoup appris pour comprendre que toutes choses, événements, rencontres et circonstances, sont des aides. [6]C'est seulement dans la mesure où elles aident que quelque degré de réalité devrait leur être accordé dans ce monde d'illusions. [7]Le mot « valeur » ne peut s'appliquer à rien d'autre.

5.   Le troisième stade par lequel doit passer l'enseignant de Dieu peut être appelé « une période de renoncement ». [2]Si elle est interprétée comme un abandon du désirable, elle engendrera un énorme conflit. [3]Peu d'enseignants de Dieu échappent entièrement à cette détresse. [4]Rien ne sert, toutefois, de trier ce qui a de la valeur et ce qui est sans valeur à moins de passer à l'étape suivante, qui est évidente. [5]Par conséquent, il est probable que durant cette période de chevauchement l'enseignant de Dieu se sentira appelé à sacrifier ses propres intérêts en faveur de la vérité. [6]Il ne s'est pas encore rendu compte à quel point une telle demande serait entièrement impossible. [7]En fait, il ne peut apprendre cela qu'en

abandonnant le sans-valeur. [8]Ce faisant, il apprend que là où il anticipait du chagrin, il trouve à la place un cœur léger et joyeux; là où il pensait que quelque chose lui était demandé, il trouve un don qui lui est accordé.

6. Vient maintenant « une période d'apaisement ». [2]C'est un temps tranquille durant lequel l'enseignant de Dieu se repose un moment dans une paix raisonnable. [3]Maintenant il consolide son apprentissage. [4]Maintenant il commence à voir la valeur de transfert de ce qu'il a appris. [5]Son potentiel est littéralement stupéfiant et l'enseignant de Dieu en est à présent à un point dans son avancement où il y voit sa seule issue. [6]« Abandonne ce que tu ne veux pas et garde ce que tu veux. » [7]Comme l'évident est simple ! [8]Et comme c'est facile à faire ! [9]L'enseignant de Dieu a besoin de cette période de répit. [10]Il n'est pas encore rendu aussi loin qu'il le pense. [11]Or quand il est prêt à continuer son chemin, il va avec de puissants compagnons à ses côtés. [12]Maintenant il se repose un moment et les rassemble avant de continuer. [13]Désormais, il n'ira plus seul.

7. Le stade suivant est certes « une période de perturbation ». [2]Maintenant l'enseignant de Dieu doit comprendre qu'il ne savait pas vraiment ce qui était de valeur et ce qui était sans valeur. [3]Tout ce qu'il a réellement appris jusqu'à présent, c'est qu'il ne voulait pas le sans-valeur et qu'il voulait ce qui a de la valeur. [4]Or son propre tri a été in-signifiant pour ce qui est de lui enseigner la différence. [5]L'idée de sacrifice, qui est si centrale dans son propre système de pensée, l'avait rendu incapable de juger. [6]Il pensait avoir appris le désir mais il voit maintenant qu'il ne sait pas à quoi sert le désir. [7]Et maintenant il doit atteindre un état auquel il lui sera peut-être impossible de parvenir pendant très, très longtemps. [8]Il doit apprendre à mettre de côté tout jugement et à demander seulement ce qu'il veut réellement en toute circonstance. [9]Si chaque pas dans cette direction n'était pas si puissamment renforcé, ce serait certes difficile !

8. Et finalement, il y a « une période d'accomplissement ». [2]C'est ici que l'apprentissage est consolidé. [3]Maintenant ce qui était vu comme à peine des ombres auparavant devient des gains solides, sur lesquels il est possible de compter dans tous les « cas d'urgence » aussi bien que dans les moments tranquilles. [4]De fait, la tranquillité est leur résultat; la conséquence d'un apprentissage honnête, d'une pensée cohérente et d'un plein transfert. [5]C'est le stade de la paix réelle, car ici l'état du Ciel est pleinement reflété.

[6]À partir d'ici, la voie vers le Ciel est ouverte et facile. [7]En fait, elle est ici. [8]Qui voudrait « aller » où que ce soit, quand la paix d'esprit est déjà complète? [9]Et qui chercherait à échanger la tranquillité contre quelque chose de plus désirable? [10]Qu'est-ce qui pourrait être plus désirable que cela?

II. Honnêteté

1. Tous les autres traits des enseignants de Dieu reposent sur la confiance. [2]Une fois que celle-ci est acquise, les autres ne peuvent manquer de suivre. [3]Seuls ceux qui ont confiance peuvent se permettre l'honnêteté, car eux seuls peuvent en voir la valeur. [4]L'honnêteté ne s'applique pas seulement à ce que tu dis. [5]En fait, le terme signifie cohérence. [6]Rien de ce que tu dis ne contredit ce que tu penses ou fais; aucune pensée ne s'oppose à aucune autre pensée; aucune action ne dément ta parole; et aucune parole ne manque d'accord avec une autre. [7]Tels sont ceux qui sont véritablement honnêtes. [8]À aucun niveau ils ne sont en conflit avec eux-mêmes. [9]Par conséquent, il leur est impossible d'être en conflit avec qui que ce soit ou quoi que ce soit.

2. La paix d'esprit qu'éprouvent les enseignants avancés de Dieu est due en grande partie à leur parfaite honnêteté. [2]C'est seulement le souhait de tromper qui porte à la guerre. [3]Nul qui est en accord avec lui-même ne peut même concevoir le conflit. [4]Le conflit est le résultat inévitable de la tromperie de soi, et la tromperie de soi est malhonnêteté. [5]Il n'y a pas de défi pour un enseignant de Dieu. [6]Le défi suppose le doute, et la confiance sur laquelle les enseignants de Dieu se reposent rend le doute impossible. [7]Par conséquent, ils ne peuvent que réussir. [8]En cela, comme en toutes choses, ils sont honnêtes. [9]Ils ne peuvent que réussir, parce qu'ils ne font jamais leur seule volonté. [10]Ils choisissent pour l'humanité tout entière; pour le monde entier et toutes choses en lui; pour l'inchangeant et l'inchangeable au-delà des apparences; et pour le Fils de Dieu et son Créateur. [11]Comment pourraient-ils ne pas réussir? [12]Ils choisissent en parfaite honnêteté, sûrs de leur choix comme d'eux-mêmes.

III. Tolérance

1. Les enseignants de Dieu ne jugent pas. [2]Juger, c'est être malhonnête, car juger, c'est assumer une position que tu n'as pas. [3]Le jugement sans tromperie de soi est impossible. [4]Le jugement implique que tu t'es trompé sur tes frères. [5]Comment, donc, pourrais-tu ne pas t'être trompé sur toi-même? [6]Le jugement implique un manque de confiance, et la confiance reste l'assise de tout le système de pensée de l'enseignant de Dieu. [7]Qu'il la perde et tout son apprentissage s'en va. [8]Sans jugement, toutes choses sont également acceptables, car qui pourrait en juger autrement? [9]Sans jugement, tous les hommes sont frères, car qui y a-t-il qui se tient à part? [10]Le jugement détruit l'honnêteté et brise la confiance. [11]Aucun enseignant de Dieu ne peut juger et espérer apprendre.

IV. Douceur

1. Nuire est impossible pour les enseignants de Dieu. [2]Il n'est pas possible qu'ils nuisent ni qu'on leur nuise. [3]Nuire est le résultat du jugement. [4]C'est l'acte malhonnête qui suit une pensée malhonnête. [5]C'est un verdict de culpabilité contre un frère et donc contre soi-même. [6]C'est la fin de la paix et le déni de l'apprentissage. [7]Cela démontre l'absence du curriculum de Dieu et son remplacement par l'insanité. [8]Il n'est pas un enseignant de Dieu qui ne doive apprendre — et assez tôt dans son entraînement — que toute intention de nuire oblitère complètement sa fonction de sa conscience. [9]Elle le jettera dans la confusion, l'effraiera, le mettra en colère et le rendra soupçonneux. [10]Elle rendra les leçons du Saint-Esprit impossibles à apprendre. [11]Et l'Enseignant de Dieu ne pourra pas non plus se faire entendre du tout, sauf par ceux qui se rendent compte que nuire, en fait, ne peut rien accomplir. [12]Il ne peut en sortir aucun gain.

2. Par conséquent, les enseignants de Dieu sont toute douceur. [2]Ils ont besoin de la force de la douceur, car c'est en elle que la fonction du salut devient facile. [3]À ceux qui voudraient nuire, elle est impossible. [4]À ceux pour qui nuire ne signifie rien, elle n'est que naturelle. [5]Quel choix, sauf celui-là, a une signification pour ceux qui sont sains d'esprit? [6]Qui choisit l'enfer quand il perçoit une voie vers le Ciel? [7]Et qui choisirait la faiblesse qui doit venir de nuire à la place de la force infaillible et illimitée de la douceur, qui embrasse tout? [8]La puissance des enseignants de Dieu réside

dans leur douceur, car ils ont compris que leurs pensées mauvaises ne venaient ni du Fils de Dieu ni de son Créateur. [9]Ainsi ils ont joint leurs pensées à Celui Qui en est la Source. [10]Ainsi leur volonté, qui fut toujours la Sienne, est libre d'être elle-même.

V. Joie

1. La joie est le résultat inévitable de la douceur. [2]La douceur signifie que la peur est maintenant impossible, et qu'est-ce qui pourrait venir faire interférence avec la joie ? [3]Les mains ouvertes de la douceur sont toujours pleines. [4]Les doux n'éprouvent pas de douleur. [5]Ils ne peuvent pas souffrir. [6]Pourquoi ne seraient-ils pas joyeux ? [7]Ils sont sûrs qu'ils sont aimés et qu'ils doivent être en sécurité. [8]La joie accompagne la douceur aussi sûrement que le chagrin suit l'attaque. [9]Les enseignants de Dieu ont confiance en Lui. [10]Et ils sont sûrs que Son Enseignant les précède, S'assurant que rien ne peut venir leur nuire. [11]Ils tiennent Ses dons et suivent dans Sa voie, parce que la Voix de Dieu les dirige en toutes choses. [12]La joie est leur chant de gratitude. [13]Et le Christ les regarde aussi d'en haut avec gratitude. [14]Son besoin d'eux est tout aussi grand que le leur de Lui. [15]Quelle joie c'est de partager le but du salut !

VI. Non-défense

1. Les enseignants de Dieu ont appris comment être simples. [2]Ils n'ont pas de rêves qui aient besoin de défense contre la vérité. [3]Ils n'essaient pas de se faire eux-mêmes. [4]Leur joie vient de ce qu'ils comprennent Qui les a créés. [5]Et ce que Dieu a créé a-t-il besoin de défense ? [6]Nul ne peut devenir un enseignant avancé de Dieu jusqu'à ce qu'il ait pleinement compris que les défenses ne sont que les sots gardiens de folles illusions. [7]Plus le rêve est grotesque, plus ses défenses semblent être féroces et puissantes. [8]Or quand l'enseignant de Dieu consent finalement à regarder passé celles-ci, il voit que rien n'était là. [9]Lentement d'abord, il se laisse détromper. [10]Mais il apprend plus vite à mesure que sa confiance augmente. [11]Ce n'est pas le danger qui vient quand les défenses sont déposées. [12]C'est la sécurité. [13]C'est la paix. [14]C'est la joie. [15]Et c'est Dieu.

VII. Générosité

1.   Le terme de générosité a une signification particulière pour l'enseignant de Dieu. [2]Ce n'est pas la signification habituelle du mot ; en fait, c'est une signification qui doit être apprise, et apprise très soigneusement. [3]Comme tous les autres attributs des enseignants de Dieu, celui-ci repose en définitive sur la confiance, car sans confiance nul ne peut être généreux au vrai sens du terme. [4]Pour le monde, la générosité signifie « donner » dans le sens d'« abandonner ». [5]Pour les enseignants de Dieu, elle signifie donner afin de garder. [6]Ce point a été souligné tout au long du texte et du livre d'exercices, mais cela est peut-être plus étranger à la pensée du monde que bien d'autres idées dans notre curriculum. [7]Sa plus grande étrangeté réside simplement dans son évident renversement de la pensée du monde. [8]De la manière la plus claire possible, et au niveau le plus simple, le mot signifie pour les enseignants de Dieu l'exact opposé de ce qu'il signifie pour le monde.

2.   L'enseignant de Dieu est généreux pour Soi. [2]Toutefois, il n'est pas question ici du soi dont le monde parle. [3]L'enseignant de Dieu ne veut rien qu'il ne puisse donner, parce qu'il se rend compte que cela ne serait d'aucune valeur pour lui par définition. [4]Pour *quoi* en voudrait-il ? [5]Il ne pourrait que perdre par cela. [6]Il ne pourrait rien gagner. [7]Par conséquent, il ne recherche pas ce que lui seul pourrait garder, parce que cela est une garantie de perte. [8]Il ne veut pas souffrir. [9]Pourquoi s'assurerait-il de la douleur ? [10]Mais il veut garder pour lui toutes les choses qui sont de Dieu, et donc pour Son Fils. [11]Voilà les choses qui lui appartiennent. [12]Celles-là, il peut les donner avec une véritable générosité, les protégeant à jamais pour lui-même.

VIII. Patience

1.   Ceux qui sont certains du résultat peuvent se permettre d'attendre, et d'attendre sans anxiété. [2]La patience est naturelle à l'enseignant de Dieu. [3]Tout ce qu'il voit est un résultat certain, à un moment qui lui est peut-être encore inconnu mais qui n'est pas en doute. [4]Le moment sera aussi juste que l'est la réponse. [5]Et cela est vrai de tout ce qui arrive maintenant comme dans le futur. [6]Le passé non plus ne contenait pas d'erreurs ; rien qui n'ait servi au profit du monde autant qu'à celui à qui cela semblait arriver.

[7]Cela n'a peut-être pas été compris à ce moment-là. [8]Quand même, l'enseignant de Dieu est désireux de reconsidérer toutes ses décisions passées, si elles causent de la douleur à qui que ce soit. [9]La patience est naturelle à ceux qui ont confiance. [10]Sûrs de l'interprétation finale de toutes choses dans le temps, aucun résultat déjà vu ou encore à venir ne peut leur causer de la peur.

IX. Foi

1. L'étendue de la foi de l'enseignant de Dieu est la mesure de son avancement dans le curriculum. [2]Est-ce qu'il choisit encore certains aspects de sa vie pour les apporter à son apprentissage tandis qu'il en garde d'autres à part? [3]Si c'est le cas, son avancement est limité et sa confiance n'est pas encore fermement établie. [4]La foi de l'enseignant de Dieu, c'est sa confiance en ce que la Parole de Dieu rectifie toutes choses; pas quelques-unes, mais toutes. [5]En général, sa foi commence par reposer uniquement sur quelques problèmes, et reste soigneusement limitée pour quelque temps. [6]Abandonner tous les problèmes à une seule Réponse, c'est renverser entièrement la pensée du monde. [7]Et cela seul est la foi. [8]Rien d'autre ne mérite réellement ce nom. [9]Or chaque degré, si petit soit-il, vaut d'être accompli. [10]Être prêt, comme le note le texte, n'est pas maîtriser.

2. La véritable foi, toutefois, ne dévie pas. [2]Étant cohérente, elle est entièrement honnête. [3]Étant inébranlable, elle est pleine de confiance. [4]Étant basée sur l'absence de peur, elle est douce. [5]Étant certaine, elle est joyeuse. [6]Et étant confiante, elle est tolérante. [7]La foi combine donc en elle-même les autres attributs des enseignants de Dieu. [8]Elle comporte l'acceptation de la Parole de Dieu et de Sa définition de Son Fils. [9]C'est vers Eux que la foi au vrai sens du terme est toujours dirigée. [10]C'est vers Eux qu'elle se tourne, cherchant jusqu'à ce qu'elle trouve. [11]La non-défense l'accompagne naturellement et la joie est sa condition. [12]Puis, ayant trouvé, elle repose avec une certitude tranquille sur cela seul à quoi toute foi est due.

X. Ouverture d'esprit

1. La centralité de l'ouverture d'esprit, qui est peut-être le dernier des attributs qu'acquiert l'enseignant de Dieu, est facile à comprendre quand sa relation avec le pardon est reconnue. [2]L'ouver-

ture d'esprit vient avec l'absence de jugement. ³De même que le jugement ferme l'esprit à l'Enseignant de Dieu, de même l'ouverture d'esprit L'invite à entrer. ⁴De même que la condamnation juge le Fils de Dieu mauvais, de même l'ouverture d'esprit permet qu'il soit jugé par la Voix pour Dieu en Son nom. ⁵De même que la projection de la culpabilité sur lui l'enverrait en enfer, de même l'ouverture d'esprit laisse l'image du Christ s'étendre à lui. ⁶Seuls ceux qui ont l'esprit ouvert peuvent être en paix, car eux seuls y voient une raison.

2. Comment pardonnent ceux qui ont l'esprit ouvert ? ²Ils ont lâché prise de toutes choses qui empêcheraient le pardon. ³Ils ont en vérité abandonné le monde et permis qu'il leur soit rendu dans une nouveauté et une joie si glorieuses qu'ils n'auraient jamais pu concevoir un tel changement. ⁴Rien n'est tel maintenant qu'il était auparavant. ⁵Il n'est rien qui n'étincelle maintenant qui auparavant semblait si terne et sans vie. ⁶Et par-dessus tout, toutes choses sont accueillantes, car la menace a disparu. ⁷Il ne reste aucun nuage pour cacher la face du Christ. ⁸Maintenant le but est atteint. ⁹Le pardon est le but final du curriculum. ¹⁰Il pave la voie à ce qui va bien au-delà de tout apprentissage. ¹¹Le curriculum ne fait aucun effort pour excéder son but légitime. ¹²Le pardon est son unique objectif, vers lequel converge à la fin tout apprentissage. ¹³Et cela est certes suffisant.

3. Peut-être as-tu remarqué que la liste des attributs des enseignants de Dieu n'inclut pas des choses qui sont l'héritage du Fils de Dieu. ²Des termes comme amour, impeccabilité, perfection, connaissance et vérité éternelle n'apparaissent pas dans ce contexte. ³Ils seraient tout à fait inappropriés ici. ⁴Ce que Dieu a donné est si loin au-delà de notre curriculum que l'apprentissage disparaît en sa présence. ⁵Or tant que sa présence est obscurcie, il convient de se concentrer sur le curriculum. ⁶C'est la fonction des enseignants de Dieu d'apporter au monde un véritable apprentissage. ⁷À proprement parler, ce qu'ils apportent est de désapprendre, car tel est le « véritable apprentissage » dans le monde. ⁸Il est donné aux enseignants de Dieu d'apporter au monde la bonne nouvelle du pardon complet. ⁹Ils sont certes bénis, car ils sont les porteurs du salut.

5. COMMENT LA GUÉRISON S'ACCOMPLIT-ELLE ?

1. La guérison suppose une compréhension de ce à quoi sert la maladie. [2]La guérison est impossible sans cela.

I. Le but perçu de la maladie

1. La guérison est accomplie dès l'instant que celui qui souffre ne voit plus aucune valeur dans la douleur. [2]Qui choisirait la souffrance à moins de penser qu'elle lui apporte quelque chose, et quelque chose qui a de la valeur pour lui ? [3]Il doit penser que c'est payer un bas prix pour quelque chose de plus grande valeur. [4]Car la maladie est un choix, une décision. [5]C'est faire choix de la faiblesse, avec la conviction erronée que c'est la force. [6]Quand cela se produit, la force réelle est vue comme une menace et la santé comme un danger. [7]La maladie est une méthode, conçue dans la folie, pour placer le Fils de Dieu sur le trône de son Père. [8]Dieu est vu à l'extérieur, féroce et puissant, brûlant de garder tout pouvoir pour Lui-même. [9]Il n'y a que par Sa mort que Son Fils puisse Le conquérir.

2. Or, avec cette conviction insane, que représente la guérison ? [2]Elle symbolise la défaite du Fils de Dieu et le triomphe de son Père sur lui. [3]Elle représente l'ultime défi sous une forme directe que le Fils de Dieu est forcé de reconnaître. [4]Elle représente tout ce qu'il voudrait se cacher à lui-même pour protéger sa « vie ». [5]S'il est guéri, il est responsable de ses pensées. [6]Et s'il est responsable de ses pensées, il sera tué pour lui prouver à quel point il est faible et pitoyable. [7]Mais s'il choisit lui-même la mort, sa faiblesse est sa force. [8]Maintenant il s'est donné ce que Dieu voudrait lui donner, et ainsi il a entièrement usurpé le trône de son Créateur.

II. Le changement de perception

1. La guérison doit se produire dans l'exacte proportion où le manque de valeur de la maladie est reconnu. [2]Quelqu'un a seulement besoin de dire : « Il n'y a aucun gain pour moi en ceci », et il est guéri. [3]Mais pour dire cela, il faut d'abord reconnaître certains faits. [4]D'abord, il est évident que les décisions sont de l'esprit, et non du corps. [5]Si la maladie n'est qu'une approche

erronée en résolution de problèmes, c'est une décision. ⁶Et si c'est une décision, c'est l'esprit et non le corps qui la prend. ⁷La résistance est énorme qui empêche de reconnaître cela, parce que l'existence du monde tel que tu le perçois dépend de ce que le corps soit le décideur. ⁸Des termes comme «instincts», «réflexes» et autres, représentent des tentatives pour doter le corps de motivations non mentales. ⁹De fait, de tels termes ne font qu'énoncer ou décrire le problème. ¹⁰Ils n'y répondent pas.

2.   L'acceptation de la maladie comme une décision de l'esprit, dans un but pour lequel il voudrait utiliser le corps, est la base de la guérison. ²Il en va ainsi de toutes les formes de guérison. ³Un patient décide qu'il en est ainsi, et il se rétablit. ⁴S'il décide de ne pas se rétablir, il ne sera pas guéri. ⁵Qui est le médecin? ⁶Uniquement l'esprit du patient lui-même. ⁷Le résultat est ce qu'il décide. ⁸Il semble que des agents particuliers lui procurent des soins, mais ils ne font que donner forme à son propre choix. ⁹Il les choisit afin d'apporter une forme tangible à ses désirs. ¹⁰Et c'est cela qu'ils font, et rien d'autre. ¹¹En fait, il n'en est pas du tout besoin. ¹²Le patient pourrait simplement se lever sans leur aide et dire : «Cela ne m'est pas utile.» ¹³Il n'y a pas une forme de maladie qui ne serait guérie sur-le-champ.

3.   Quelle est la seule chose requise pour ce changement de perception? ²Simplement ceci : la re-connaissance du fait que la maladie est de l'esprit et qu'elle n'a rien à voir avec le corps. ³Qu'est-ce que cette re-connaissance coûte? ⁴Elle coûte le monde entier que tu vois, car plus jamais le monde ne paraîtra gouverner l'esprit. ⁵Car avec cette re-connaissance, la responsabilité est placée là où elle doit être : non pas sur le monde mais sur celui qui regarde le monde et le voit tel qu'il n'est pas. ⁶Il regarde ce qu'il choisit de voir. ⁷Ni plus ni moins. ⁸Le monde ne lui fait rien. ⁹Il le pensait seulement. ¹⁰Lui non plus ne fait rien au monde, parce qu'il faisait erreur sur ce qu'il est. ¹¹Là est la délivrance à la fois de la culpabilité et de la maladie, car elles ne font qu'un. ¹²Or pour accepter cette délivrance, il faut d'abord que l'insignifiance du corps soit une idée acceptable.

4.   Avec cette idée, la douleur disparaît à jamais. ²Mais avec cette idée, toute confusion à propos de la création disparaît aussi. ³Cela ne s'ensuit-il pas nécessairement? ⁴Place cause et effet dans leur véritable séquence dans un seul cas, et l'apprentissage se généralise et transforme le monde. ⁵Il n'y a ni limite ni fin à la valeur de transfert d'une seule idée vraie. ⁶Le résultat final de cette

leçon est le souvenir de Dieu. [7]Qu'est-ce que la culpabilité et la maladie, la douleur, le désastre et toute la souffrance signifient maintenant? [8]N'ayant pas de but, ils ont disparu. [9]Et avec eux disparaissent aussi tous les effets qu'ils semblaient causer. [10]Cause et effet ne font que reproduire la création. [11]Vus dans leur juste perspective, sans distorsion ni peur, ils rétablissent le Ciel.

III. La fonction de l'enseignant de Dieu

1. Si le patient doit changer d'esprit pour être guéri, que fait l'enseignant de Dieu? [2]Peut-il changer l'esprit du patient pour lui? [3]Certainement pas. [4]Pour ceux qui sont déjà désireux de changer d'esprit, il n'a pas d'autre fonction que de se réjouir avec eux, car ils sont devenus enseignants de Dieu avec lui. [5]Il a toutefois une fonction plus concrète pour ceux qui ne comprennent pas ce qu'est la guérison. [6]Ces patients ne se rendent pas compte qu'ils ont choisi la maladie. [7]Au contraire, ils croient que la maladie les a choisis. [8]Et ils n'ont pas l'esprit ouvert sur ce point. [9]Le corps leur dit quoi faire et ils obéissent. [10]Ils n'ont pas idée à quel point ce concept est insane. [11]S'ils le soupçonnaient seulement, ils seraient guéris. [12]Or ils ne soupçonnent rien. [13]Pour eux, la séparation est tout à fait réelle.

2. C'est à eux que viennent les enseignants de Dieu, afin de représenter un autre choix qu'ils ont oublié. [2]La simple présence d'un enseignant de Dieu est un rappel. [3]Ses pensées demandent le droit de mettre en question ce que le patient a accepté pour vrai. [4]En tant que messagers de Dieu, Ses enseignants sont les symboles du salut. [5]Ils demandent au patient le pardon pour le Fils de Dieu en son propre Nom. [6]Ils représentent l'Alternative. [7]La Parole de Dieu à l'esprit, ils viennent en bénédiction; non pas pour guérir les malades mais pour leur rappeler le remède que Dieu leur a déjà donné. [8]Ce ne sont pas leurs mains qui guérissent. [9]Ce n'est pas leur voix qui prononce la Parole de Dieu. [10]Ils donnent simplement ce qui leur a été donné. [11]Très doucement, ils appellent leurs frères à se détourner de la mort : « Vois, toi qui es Fils de Dieu, ce que la vie peut t'offrir. [12]Voudrais-tu choisir la maladie à la place? »

3. Pas une fois les enseignants avancés de Dieu ne considèrent les formes de maladie dans lesquelles leur frère croit. [2]Le faire serait oublier qu'elles ont toutes le même but et qu'elles ne sont donc pas réellement différentes. [3]Ils cherchent la Voix de Dieu dans ce

frère qui voudrait se tromper lui-même au point de croire que le Fils de Dieu peut souffrir. [4]Ils lui rappellent qu'il ne s'est pas fait lui-même et qu'il doit rester tel que Dieu l'a créé. [5]Ils reconnaissent que les illusions ne peuvent pas avoir d'effet. [6]La vérité dans leur esprit va vers la vérité dans l'esprit de leurs frères, de sorte que les illusions ne sont pas renforcées. [7]Ainsi elles sont portées à la vérité ; ce n'est pas la vérité qui leur est portée. [8]Ainsi elles sont dissipées, non pas par la volonté d'un autre mais par l'union de la seule Volonté avec elle-même. [9]Voilà la fonction des enseignants de Dieu : ne voir aucune volonté séparée de la leur, ni la leur séparée de Celle de Dieu.

21

6. LA GUÉRISON EST-ELLE CERTAINE ?

1.   La guérison est toujours certaine. [2]Il est impossible de laisser les illusions être portées à la vérité tout en gardant les illusions. [3]La vérité démontre que les illusions n'ont pas de valeur. [4]L'enseignant de Dieu a vu la correction de ses erreurs dans l'esprit du patient, le reconnaissant pour ce qu'il est. [5]Ayant accepté l'Expiation pour lui-même, il l'a aussi acceptée pour le patient. [6]Or qu'advient-il si le patient utilise la maladie comme façon de vivre et croit que la guérison est la voie vers la mort ? [7]Dans ce cas, une guérison soudaine pourrait précipiter une dépression intense et un sentiment de perte si profond que le patient pourrait même tenter de se détruire lui-même. [8]N'ayant plus de raison de vivre, il se peut qu'il demande la mort. [9]La guérison doit attendre, pour sa protection.

2.   La guérison se tient toujours à l'écart quand elle serait vue comme une menace. [2]Dès l'instant qu'elle est la bienvenue, elle est là. [3]Là où la guérison a été donnée, elle sera reçue. [4]Et qu'est-ce que le temps devant les dons de Dieu ? [5]Nous avons parlé maintes fois dans le texte des réserves de trésors amassés également pour le donneur et le receveur des dons de Dieu. [6]Aucun n'est perdu, car ils ne peuvent qu'augmenter. [7]Nul enseignant de Dieu ne devrait être déçu s'il a offert la guérison et qu'il ne semble pas qu'elle ait été reçue. [8]Ce n'est pas à lui de juger quand son don devrait être accepté. [9]Qu'il soit certain qu'il a été reçu, et qu'il ait confiance en ce qu'il sera accepté quand il sera reconnu pour une bénédiction et non une malédiction.

3.   Ce n'est pas la fonction des enseignants de Dieu d'évaluer le résultat de leurs dons. [2]Leur fonction est simplement de les donner. [3]Une fois qu'ils ont fait cela, ils ont aussi donné le résultat, car il fait partie du don. [4]Nul ne peut donner s'il se préoccupe du résultat de donner. [5]Cela est une limitation de l'acte même de donner, et ni le donneur ni le receveur n'aurait le don. [6]La confiance est une partie essentielle de donner ; en fait, c'est la partie qui rend le partage possible, la partie qui garantit que le donneur ne perdra pas mais ne fera qu'y gagner. [7]Qui fait un don puis reste là pour s'assurer qu'il est utilisé comme le donneur le juge approprié ? [8]Cela n'est pas donner mais emprisonner.

4.   C'est le renoncement à toute préoccupation au sujet du don qui fait qu'il est véritablement donné. [2]Et c'est la confiance qui

rend possible le véritable don. [3]La guérison est le changement d'esprit que le Saint-Esprit dans l'esprit du patient recherche pour lui. [4]Et c'est le Saint-Esprit dans l'esprit du donneur Qui lui fait le don. [5]Comment peut-il être perdu? [6]Comment peut-il être inefficace? [7]Comment peut-il être gaspillé? [8]Le trésor de Dieu ne peut jamais être vide. [9]Et s'il y manquait un seul don, il ne serait pas plein. [10]Or sa plénitude est garantie par Dieu. [11]Quelle préoccupation, donc, un enseignant de Dieu peut-il avoir concernant ce qui advient de ses dons? [12]Donnés par Dieu à Dieu, qui dans ce saint échange peut recevoir moins que tout?

7. LA GUÉRISON DEVRAIT-ELLE ÊTRE RÉPÉTÉE?

1.   Poser la question, c'est y répondre. [2]La guérison ne peut pas être répétée. [3]Si le patient est guéri, de quoi lui reste-t-il à guérir? [4]Et si la guérison est certaine, comme nous l'avons déjà dit, qu'y a-t-il à répéter? [5]Pour un enseignant de Dieu, rester préoccupé du résultat de la guérison, c'est limiter la guérison. [6]C'est maintenant l'enseignant de Dieu lui-même dont l'esprit a besoin d'être guéri. [7]Et c'est cela qu'il doit faciliter. [8]Il est maintenant le patient et il doit se considérer lui-même ainsi. [9]Il a fait une erreur et il doit être désireux de changer d'esprit à ce sujet. [10]Il a manqué de la confiance qui rend possible de donner véritablement; ainsi il n'a pas reçu le bénéfice de son don.

2.   Chaque fois qu'un enseignant de Dieu a essayé d'être un canal pour la guérison, il a réussi. [2]S'il était tenté d'en douter, il ne devrait pas répéter son précédent effort. [3]Celui-ci était déjà maximal, parce que le Saint-Esprit l'a accepté ainsi et l'a utilisé ainsi. [4]Maintenant l'enseignant de Dieu n'a qu'une route à suivre. [5]Il doit utiliser sa raison pour se dire qu'il a confié le problème à Celui Qui ne peut échouer, et il doit reconnaître que sa propre incertitude n'est pas de l'amour mais de la peur, et donc de la haine. [6]Sa position est ainsi devenue intenable, car il offre la haine à celui à qui il offrait l'amour. [7]Cela est impossible. [8]Ayant offert l'amour, seul l'amour peut être reçu.

3.   C'est en cela que l'enseignant de Dieu doit être confiant. [2]C'est ce que signifie réellement l'énoncé que la seule responsabilité du faiseur de miracles est d'accepter l'Expiation pour lui-même. [3]L'enseignant de Dieu est un faiseur de miracles parce qu'il donne les dons qu'il a reçus. [4]Or il doit d'abord les accepter. [5]Il n'a pas besoin de faire plus, et il n'y a rien de plus qu'il puisse faire. [6]En acceptant la guérison, il peut la donner. [7]S'il en doute, qu'il se rappelle Qui a fait le don et Qui l'a reçu. [8]Ainsi son doute est corrigé. [9]Il pensait que les dons de Dieu pouvaient être retirés. [10]C'était une erreur, mais c'en est guère une à entretenir. [11]Donc l'enseignant de Dieu peut seulement la reconnaître pour ce qu'elle est et la laisser être corrigée pour lui.

4.   Une des tentations les plus difficiles à reconnaître est que douter d'une guérison à cause de l'apparente continuation des symptômes est une erreur sous la forme d'un manque de confiance. [2]Comme tel, c'est une attaque. [3]Habituellement, cela semble être

exactement le contraire. [4]Il semble déraisonnable au début de se faire dire que de continuer à se préoccuper est une attaque. [5]Cela a toutes les apparences de l'amour. [6]Or l'amour sans la confiance est impossible; et le doute et la confiance ne peuvent coexister. [7]Et la haine doit être l'opposé de l'amour, indépendamment de la forme qu'elle prend. [8]Ne doute pas du don et il est impossible de douter de son résultat. [9]Telle est la certitude qui donne aux enseignants de Dieu le pouvoir d'être des faiseurs de miracles, car ils ont mis leur confiance en Lui.

5.   La base réelle du doute quant au résultat de n'importe quel problème confié à l'Enseignant de Dieu pour qu'il le résolve, est toujours le doute de soi. [2]Et cela implique nécessairement que la confiance a été placée en un soi illusoire, car il n'y a qu'un tel soi dont on puisse douter. [3]Cette illusion peut prendre de nombreuses formes. [4]Il y a peut-être une peur de la faiblesse et de la vulnérabilité. [5]Il y a peut-être une peur de l'échec et de la honte associée à un sentiment d'insuffisance. [6]Il y a peut-être une gêne coupable découlant d'une fausse humilité. [7]La forme de l'erreur est sans importance. [8]Ce qui est important, c'est seulement de reconnaître une erreur pour une erreur.

6.   L'erreur est toujours quelque forme de préoccupation de soi, à l'exclusion du patient. [2]C'est manquer de le reconnaître comme faisant partie du Soi, et cela représente donc une confusion d'identité. [3]Un conflit sur ce que tu es est entré dans ton esprit, et tu t'es trompé à ton sujet. [4]Et tu te trompes à ton sujet parce que tu as nié la Source de ta création. [5]Si tu offres seulement la guérison, tu ne peux pas douter. [6]Si tu veux réellement que le problème soit résolu, tu ne peux pas douter. [7]Si tu es certain de ce qu'est le problème, tu ne peux pas douter. [8]Le doute est le résultat de souhaits conflictuels. [9]Sois sûr de ce que tu veux et le doute devient impossible.

8. COMMENT LA PERCEPTION D'UN ORDRE DE DIFFICULTÉS PEUT-ELLE ÊTRE ÉVITÉE ?

1. La croyance en un ordre de difficultés est la base de la perception du monde. ²Elle repose sur les différences ; sur un arrière-plan irrégulier et un premier plan changeant, sur des hauteurs inégales et des tailles diverses, sur des degrés variables de ténèbres et de lumière et des milliers de contrastes par lesquels chaque chose vue entre en concurrence avec chacune des autres pour être reconnue. ³Un objet plus gros en éclipse un plus petit. ⁴Une chose plus brillante détourne l'attention d'une autre dont l'attrait est moins intense. ⁵Et une idée plus menaçante, ou une idée conçue comme étant plus désirable selon les critères du monde, bouleverse complètement l'équilibre mental. ⁶Ce que contemplent les yeux du corps n'est que conflit. ⁷Ne te tourne pas vers eux pour la paix et la compréhension.

2. Les illusions sont toujours des illusions de différences. ²Comment pourrait-il en être autrement ? ³Par définition, une illusion est une tentative pour rendre réelle une chose considérée comme étant d'une importance majeure mais reconnue pour fausse. ⁴L'esprit cherche donc à la rendre vraie par l'intensité de son désir de l'avoir pour lui. ⁵Les illusions sont des simulacres de la création ; des tentatives pour porter la vérité aux mensonges. ⁶Trouvant la vérité inacceptable, l'esprit se révolte contre la vérité et se donne une illusion de victoire. ⁷Trouvant que la santé est un fardeau, il se retire dans des rêves enfiévrés. ⁸Et dans ces rêves l'esprit est séparé, différent des autres esprits, avec des intérêts différents bien à lui, et capable de satisfaire ses besoins aux dépens des autres.

3. D'où viennent toutes ces différences ? ²Certes, elles semblent être dans le monde extérieur. ³Or c'est sûrement l'esprit qui juge ce que les yeux contemplent. ⁴C'est l'esprit qui interprète les messages des yeux et leur donne une « signification ». ⁵Et cette signification n'existe pas du tout dans le monde extérieur. ⁶Ce qui est vu comme la « réalité » est simplement ce que l'esprit préfère. ⁷Sa hiérarchie de valeurs est projetée vers l'extérieur et il envoie les yeux du corps la trouver. ⁸Les yeux du corps ne verront jamais que par les différences. ⁹Or ce n'est pas sur les messages qu'ils apportent que la perception repose. ¹⁰Seul l'esprit évalue leurs messages ; ainsi l'esprit est-il seul responsable de la vue. ¹¹Lui seul décide si ce qui est vu est réel ou illusoire, désirable ou indésirable, plaisant ou douloureux.

4. C'est dans le tri et la catégorisation des activités de l'esprit qu'entrent des erreurs de perception. ²Et c'est là que la correction doit être faite. ³L'esprit classe ce que les yeux du corps lui apportent conformément à ses valeurs préconçues, jugeant de la place qui convient le mieux aux données de chaque sens. ⁴Quelle base pourrait être plus erronée que celle-là? ⁵Sans le reconnaître, il a lui-même demandé que lui soit donné ce qui sera placé dans ces catégories. ⁶Et puis, ayant fait ainsi, il conclut que les catégories doivent être vraies. ⁷Sur cela repose le jugement de toutes les différences, parce que c'est de cela que dépendent les jugements du monde. ⁸Ce «raisonnement» confus et insensé peut-il servir de base à quoi que ce soit?

5. Il ne peut pas y avoir d'ordre de difficulté dans la guérison simplement parce que toute maladie est illusion. ²Est-il plus difficile de dissiper la croyance de l'insane en une plus grande hallucination par opposition à une plus petite? ³Conviendra-t-il plus rapidement de l'irréalité d'une voix plus forte qu'il entend que de celle d'une autre plus douce? ⁴Rejettera-t-il plus facilement un murmure qui lui demande de tuer plutôt qu'un cri? ⁵Et est-ce que le nombre de fourches qu'il voit les démons porter affecte leur crédibilité dans sa perception? ⁶Son esprit les a toutes classées comme réelles, donc elles sont toutes réelles pour lui. ⁷Quand il se rendra compte qu'elles sont toutes des illusions, elles disparaîtront. ⁸Ainsi en va-t-il de la guérison. ⁹Les propriétés des illusions qui semblent les différencier n'ont réellement aucune importance, car leurs propriétés sont tout aussi illusoires qu'elles le sont.

6. Les yeux du corps continueront de voir des différences. ²Mais l'esprit qui s'est laissé guérir ne les admettra plus. ³Il y aura ceux qui semblent être «plus malades» que d'autres, et les yeux du corps rapporteront les changements dans leur apparence comme auparavant. ⁴Mais l'esprit guéri les mettra toutes dans une seule catégorie: elles sont irréelles. ⁵Voici le don de son Enseignant: la compréhension que seulement deux catégories sont signifiantes pour faire le tri des messages que l'esprit reçoit de ce qui semble être le monde extérieur. ⁶Et des deux, une seule est réelle. ⁷De même que la réalité est entièrement réelle, à part de la taille et de la forme, du temps et du lieu — car les différences ne peuvent exister en elle —, de même les illusions sont sans distinctions. ⁸La seule réponse à n'importe quelle sorte de maladie est la guérison. ⁹La seule réponse à toutes les illusions est la vérité.

9. DES CHANGEMENTS SONT-ILS REQUIS DANS LA VIE DES ENSEIGNANTS DE DIEU ?

1.   Des changements sont requis dans l'*esprit* des enseignants de Dieu. [2]Il se peut ou non que cela implique des changements dans la situation extérieure. [3]Rappelle-toi que nul n'est là où il est par accident, et que le hasard ne joue aucun rôle dans le plan de Dieu. [4]Il est fort improbable que des changements d'attitude ne constituent pas la première étape dans l'entraînement du nouvel enseignant de Dieu. [5]Toutefois, il n'y a pas de modèle établi, puisque l'entraînement est toujours très individualisé. [6]Il y a ceux qui sont appelés à changer de vie presque immédiatement, mais ce sont en général des cas particuliers. [7]La grande majorité reçoit un programme d'entraînement à lent développement, où sont corrigées autant d'erreurs antérieures que possible. [8]Les relations en particulier doivent être perçues correctement, et toutes les sombres pierres angulaires du manque de pardon doivent être enlevées. [9]Autrement, il reste une base sur laquelle l'ancien système de pensée peut encore revenir.

2.   À mesure qu'il avance dans son entraînement, l'enseignant de Dieu apprend une leçon qu'il ne cesse d'approfondir. [2]Il ne prend pas ses propres décisions : il demande la réponse à son Enseignant, et c'est elle qu'il suit comme guide de ses actions. [3]Cela devient de plus en plus facile à mesure que l'enseignant de Dieu apprend à abandonner son propre jugement. [4]L'abandon du jugement, qui est la condition préalable évidente pour entendre la Voix de Dieu, est généralement un processus assez lent, non pas parce qu'il est difficile mais parce qu'il est susceptible d'être perçu comme une insulte personnelle. [5]L'entraînement du monde vise à atteindre un but qui est directement opposé à celui de notre curriculum. [6]Le monde entraîne à se fier à son propre jugement comme critère de maturité et de force. [7]Notre curriculum entraîne à renoncer au jugement comme condition nécessaire au salut.

10. COMMENT LE JUGEMENT EST-IL ABANDONNÉ ?

1. Le jugement, comme les autres mécanismes par lesquels le monde des illusions se maintient, est totalement incompris du monde. ²En fait, il est confondu avec la sagesse et se substitue à la vérité. ³Selon l'usage que le monde fait du terme, un individu est capable de «bon» ou de «mauvais» jugement, et son éducation vise à renforcer le premier et à minimiser le second. ⁴Il y a toutefois une confusion considérable quant à la signification de ces catégories. ⁵Ce qui est un «bon» jugement pour l'un est un «mauvais» jugement pour un autre. ⁶De plus, même la même personne classe la même action comme une preuve de «bon» jugement à un moment et de «mauvais» jugement à un autre moment. ⁷Il n'est pas vraiment possible non plus d'enseigner des critères constants servant à déterminer ce que sont ces catégories. ⁸À tout moment l'étudiant peut être en désaccord avec ce qu'en dit son aspirant enseignant, et il se peut très bien que l'enseignant lui-même ne soit pas constant dans ses croyances. ⁹Un «bon» jugement, en ce sens, ne signifie rien. ¹⁰Pas plus qu'un «mauvais».

2. Il est nécessaire pour l'enseignant de Dieu de se rendre compte, non pas qu'il ne devrait pas juger, mais qu'il ne peut pas. ²En abandonnant le jugement, il abandonne simplement ce qu'il n'avait pas. ³Il abandonne une illusion, ou mieux : il a l'illusion d'abandonner. ⁴En fait, il est simplement devenu plus honnête. ⁵Comme il reconnaît qu'il lui a toujours été impossible de juger, il ne tente plus de le faire. ⁶Cela n'est pas un sacrifice. ⁷Au contraire, il se met dans une position où le jugement peut se faire *à travers* lui plutôt que *par* lui. ⁸Et ce jugement n'est ni «bon» ni «mauvais». ⁹C'est le seul jugement qui soit, et il n'y en a qu'un : «Le Fils de Dieu est non coupable, et le péché n'existe pas.»

3. Le but de notre curriculum, contrairement au but visé par l'apprentissage du monde, est de reconnaître que le jugement au sens habituel est impossible. ²Cela n'est pas une opinion mais un fait. ³Pour juger quoi que ce soit correctement, il faudrait être pleinement conscient d'un éventail inconcevablement vaste de choses passées, présentes et à venir. ⁴Il faudrait reconnaître à l'avance tous les effets de ses jugements sur tous ceux et tout ce qu'ils concernent d'une façon ou d'une autre. ⁵Et il faudrait être certain qu'il n'y a pas de distorsion dans la perception, afin que le jugement soit entièrement équitable envers chacun de ceux sur qui

il porte, maintenant et dans le futur. [6]Qui est en position de faire cela? [7]Qui, sauf en des fantasmes de grandeur, prétendrait à cela?

4.   Rappelle-toi le nombre de fois où tu pensais connaître tous les «faits» dont tu avais besoin pour juger, et comme tu avais tort! [2]Y a-t-il quelqu'un qui n'ait pas fait cette expérience? [3]Voudrais-tu savoir combien de fois tu pensais simplement avoir raison, sans jamais te rendre compte que tu avais tort? [4]Pourquoi choisirais-tu une base aussi arbitraire pour prendre des décisions? [5]La sagesse n'est pas le jugement; c'est le renoncement au jugement. [6]Ne porte donc plus qu'un jugement de plus. [7]Celui-ci : Il y a Quelqu'Un avec toi Dont le jugement est parfait. [8]Lui connaît tous les faits passés, présents et à venir. [9]Lui connaît tous les effets de Son jugement sur tous ceux et tout ce qu'il concerne de quelque façon que ce soit. [10]Et Il est entièrement équitable envers chacun, car il n'y a aucune distorsion dans Sa perception.

5.   Par conséquent, dépose le jugement, non pas avec regret mais avec un soupir de gratitude. [2]Maintenant tu es libéré d'un fardeau si lourd que tu ne pouvais que chanceler et t'écrouler sous son poids. [3]Et tout n'était qu'illusion. [4]Rien de plus. [5]Maintenant l'enseignant de Dieu peut se lever, soulagé de son fardeau, et continuer d'un pas léger. [6]Or ce n'est pas cela seul qui est son bénéfice. [7]Ses soucis ont disparu, car il n'en a pas. [8]Il s'en est départi avec le jugement. [9]Il s'est donné lui-même à Celui au jugement Duquel il a choisi maintenant de se fier, au lieu du sien. [10]Maintenant il ne fait pas d'erreurs. [11]Son Guide est sûr. [12]Et là où il était venu juger, il vient bénir. [13]Là où maintenant il rit, avant il venait pleurer.

6.   Il n'est pas difficile de renoncer au jugement. [2]Mais il est certes difficile d'essayer de le garder. [3]L'enseignant de Dieu le dépose avec joie dès l'instant qu'il en reconnaît le coût. [4]Toute la laideur qu'il voit autour de lui en est la conséquence. [5]Toute la douleur qu'il regarde en est le résultat. [6]Toute la solitude et le sentiment de perte, de temps qui passe et de désespérance de plus en plus grande, de désespoir qui rend malade et de peur de la mort; tout cela en est sorti. [7]Et maintenant il connaît que ces choses n'ont pas besoin d'être. [8]Pas une seule n'est vraie. [9]Car il a abandonné leur cause, et elles, qui ne furent jamais que les effets de son choix erroné, sont tombées de lui. [10]Enseignant de Dieu, cette étape t'apportera la paix. [11]Peut-il être difficile de ne vouloir que cela?

11. COMMENT LA PAIX EST-ELLE POSSIBLE
EN CE MONDE ?

1. Voilà une question que chacun doit se poser. ²Certes, la paix semble être impossible ici. ³Or la Parole de Dieu promet d'autres choses qui semblent impossibles, tout comme celle-là. ⁴Sa Parole a promis la paix. ⁵Elle a aussi promis qu'il n'y a pas de mort, que la résurrection doit se produire et que la renaissance est l'héritage de l'homme. ⁶Le monde que tu vois ne peut pas être le monde que Dieu aime, et pourtant Sa Parole nous assure qu'Il aime le monde. ⁷La Parole de Dieu a promis que la paix est possible ici, et ce qu'Il promet ne peut guère être impossible. ⁸Mais il est vrai que le monde doit être regardé différemment pour que Ses promesses soient acceptées. ⁹Ce que le monde est, n'est qu'un fait. ¹⁰Tu ne peux pas choisir ce que cela devrait être. ¹¹Mais tu peux choisir comment tu voudrais le voir. ¹²En fait, tu *dois* choisir cela.

2. Encore une fois, nous en venons à la question du jugement. ²Cette fois demande-toi s'il est plus probable que ton jugement ou la Parole de Dieu soit vraie. ³Car ils disent des choses différentes sur le monde, des choses si opposées qu'il ne sert à rien d'essayer de les réconcilier. ⁴Dieu offre le salut au monde ; ton jugement le condamnerait. ⁵Dieu dit qu'il n'y a pas de mort ; ton jugement ne voit que la mort comme fin inévitable de la vie. ⁶La Parole de Dieu t'assure qu'Il aime le monde ; ton jugement dit qu'il n'est pas digne d'être aimé. ⁷Qui a raison ? ⁸Car l'un de vous a tort. ⁹Nécessairement.

3. Le texte explique que le Saint-Esprit est la Réponse à tous les problèmes que tu as faits. ²Ces problèmes ne sont pas réels, mais cela est in-signifiant pour ceux qui croient en eux. ³Et chacun croit en ce qu'il a fait, car c'est en y croyant qu'il l'a fait. ⁴Dans cette situation étrange et paradoxale — une situation sans signification et vide de sens, et qui pourtant semble sans issue —, Dieu a envoyé Son Jugement pour répondre au tien. ⁵Doucement, Son Jugement se substitue au tien. ⁶Et par cette substitution l'incompréhensible est rendu compréhensible. ⁷Comment la paix est-elle possible en ce monde ? ⁸Dans ton jugement, elle n'est pas possible et ne peut jamais être possible. ⁹Mais dans le Jugement de Dieu, ce qui est reflété ici n'est que la paix.

4. La paix est impossible pour ceux qui regardent la guerre. ²La paix est inévitable pour ceux qui offrent la paix. ³Comme il est

facile, alors, d'échapper de ton jugement du monde ! [4]Ce n'est pas le monde qui fait que la paix semble impossible. [5]C'est le monde que tu vois qui est impossible. [6]Or le Jugement de Dieu sur ce monde distordu l'a rédimé et l'a rendu digne d'accueillir la paix. [7]Et la paix descend sur lui en joyeuse réponse. [8]La paix a maintenant sa place ici, parce qu'une Pensée de Dieu est entrée. [9]Quoi d'autre qu'une Pensée de Dieu tourne l'enfer en Ciel simplement en étant ce qu'elle est ? [10]La terre s'incline devant sa gracieuse Présence, et elle se penche en réponse, pour la relever. [11]Maintenant la question est différente. [12]Ce n'est plus : « La paix peut-elle être possible en ce monde ? » mais plutôt : « N'est-il pas impossible que la paix soit absente ici ? »

12. DE COMBIEN D'ENSEIGNANTS DE DIEU EST-IL BESOIN POUR SAUVER LE MONDE?

1.   La réponse à cette question est : un. ²Un enseignant entièrement parfait, dont l'apprentissage est complet, suffit. ³Celui-là, sanctifié et rédimé, devient le Soi Qui est le Fils de Dieu. ⁴Lui qui a toujours été entièrement pur-esprit ne se voit plus maintenant comme un corps, ou même comme étant dans un corps. ⁵Par conséquent, il est sans limites. ⁶Étant sans limites, ses pensées sont jointes à Celles de Dieu pour toujours et à jamais. ⁷Sa perception de lui-même est basée sur le Jugement de Dieu et non sur le sien. ⁸Ainsi il partage la Volonté de Dieu et il apporte Ses Pensées aux esprits encore illusionnés. ⁹Il est un à jamais, parce qu'il est tel que Dieu l'a créé. ¹⁰Il a accepté le Christ et il est sauvé.

2.   C'est ainsi que le fils de l'homme devient le Fils de Dieu. ²Ce n'est pas réellement un changement ; c'est un changement d'esprit. ³Rien d'extérieur n'est autre, mais tout ce qui est intérieur ne reflète maintenant que l'Amour de Dieu. ⁴Dieu ne peut plus être craint, car l'esprit ne voit aucune cause de punition. ⁵Les enseignants de Dieu semblent être nombreux, car c'est cela qui est le besoin du monde. ⁶Or étant joints en un seul but, un but qu'ils partagent avec Dieu, comment pourraient-ils être séparés les uns des autres ? ⁷Quelle importance s'ils apparaissent alors sous de nombreuses formes ? ⁸Leurs esprits ne font qu'un ; leur jonction est complète. ⁹Et Dieu opère maintenant par eux ne faisant qu'un, car c'est ce qu'ils sont.

3.   Pourquoi l'illusion du nombre est-elle nécessaire ? ²Seulement parce que la réalité n'est pas compréhensible aux illusionnés. ³Il n'y en a que très peu qui peuvent entendre la Voix de Dieu, et même eux ne peuvent communiquer directement Ses messages par le Pur-Esprit Qui les a donnés. ⁴Ils ont besoin d'un moyen par lequel il devient possible de les communiquer à ceux qui ne se rendent pas compte qu'ils sont pur-esprit. ⁵Un corps, ils peuvent le voir. ⁶Une voix, ils la comprennent et l'écoutent, sans la peur que la vérité rencontrerait en eux. ⁷N'oublie pas que la vérité ne peut venir que là où elle est accueillie sans peur. ⁸Ainsi les enseignants de Dieu ont-ils besoin d'un corps, car leur unité ne pourrait pas être reconnue directement.

4.   Or c'est de reconnaître le but réel du corps qui en fait des enseignants de Dieu. ²À mesure qu'ils avancent dans leur profession,

ils deviennent de plus en plus certains que la fonction du corps est uniquement de laisser la Voix de Dieu parler par lui à des oreilles humaines. ³Ces oreilles porteront à l'esprit de l'auditeur des messages qui ne sont pas de ce monde, et l'esprit comprendra à cause de leur Source. ⁴De cette compréhension viendra la re-connaissance, en ce nouvel enseignant de Dieu, de ce que le but du corps est réellement ; la seule utilité qu'il ait réellement. ⁵Cette leçon suffit pour laisser entrer la pensée d'unité, et ce qui est un est reconnu pour un. ⁶Les enseignants de Dieu paraissent partager l'illusion de séparation, mais à cause de l'usage qu'ils font du corps, ils ne croient pas en l'illusion malgré les apparences.

5. La leçon centrale est toujours celle-ci : ce pour quoi tu utilises le corps, c'est ce qu'il deviendra pour toi. ²Utilise-le pour le péché ou pour l'attaque, ce qui est la même chose que le péché, et tu le verras pécheur. ³Parce qu'il est pécheur, il est faible ; et étant faible, il souffre et il meurt. ⁴Utilise-le pour apporter la Parole de Dieu à ceux qui ne l'ont pas, et le corps devient saint. ⁵Parce qu'il est saint, il ne peut pas être malade, pas plus qu'il ne peut mourir. ⁶Lorsque son utilité est terminée, il est mis de côté et c'est tout. ⁷L'esprit prend cette décision, comme il prend toutes les décisions qui sont responsables de la condition du corps. ⁸Or l'enseignant de Dieu ne prend pas cette décision seul. ⁹Faire cela serait donner au corps un autre but que celui qui le garde saint. ¹⁰La Voix de Dieu lui dira quand il aura rempli son rôle, tout comme Elle lui dit quelle est sa fonction. ¹¹Il ne souffre ni de s'en aller ni de rester. ¹²La maladie est maintenant impossible pour lui.

6. Unité et maladie ne peuvent coexister. ²Les enseignants de Dieu choisissent de regarder les rêves un moment. ³C'est un choix conscient. ⁴Car ils ont appris que tous les choix se font consciemment, en sachant pleinement quelles sont leurs conséquences. ⁵Le rêve dit autre chose, mais qui mettrait sa foi dans les rêves une fois qu'ils sont reconnus pour ce qu'ils sont ? ⁶Prendre conscience de rêver est la réelle fonction des enseignants de Dieu. ⁷Ils observent les figures du rêve aller et venir, passer et changer, souffrir et mourir. ⁸Or ce qu'ils voient ne les trompe pas. ⁹Ils reconnaissent que de voir une figure de rêve comme malade et séparée n'est pas plus réel que de la regarder comme saine et belle. ¹⁰Seule l'unité n'est pas chose de rêves. ¹¹Et c'est elle que les enseignants de Dieu reconnaissent comme étant derrière le rêve, au-delà de toute semblance et pourtant leur appartenant assurément.

34

13. QUELLE EST LA SIGNIFICATION RÉELLE
DU SACRIFICE?

1.   Bien qu'en vérité le terme de sacrifice soit totalement insignifiant, il a une signification dans le monde. [2]Comme toutes choses dans le monde, sa signification est temporaire et finira par s'estomper dans le néant d'où elle est venue quand elle n'aura plus d'utilité. [3]Maintenant sa signification réelle est une leçon. [4]Comme toutes les leçons, c'est une illusion, car en réalité il n'y a rien à apprendre. [5]Or cette illusion doit être remplacée par un mécanisme correcteur : une autre illusion qui remplace la première, de sorte que toutes deux peuvent finalement disparaître. [6]La première illusion, qui doit d'abord être déplacée afin qu'un autre système de pensée puisse prendre prise, est que c'est un sacrifice d'abandonner les choses de ce monde. [7]Quoi d'autre qu'une illusion cela pourrait-il être, puisque le monde lui-même n'est rien de plus?

2.   Il faut avoir beaucoup appris pour reconnaître et accepter à la fois le fait que le monde n'a rien à donner. [2]Que peut signifier le sacrifice de rien? [3]Cela ne peut pas signifier que tu as moins à cause de lui. [4]Il n'y a pas de sacrifice comme le monde l'entend qui ne concerne le corps. [5]Réfléchis un moment à ce que le monde appelle sacrifice. [6]Pouvoir, renommée, argent, plaisir physique : qui est le « héros » à qui appartiennent toutes ces choses? [7]Pourraient-elles signifier quoi que ce soit, sauf pour un corps? [8]Or un corps ne peut pas évaluer. [9]En recherchant de telles choses, l'esprit s'associe lui-même au corps, obscurcit son Identité et perd de vue ce qu'il est réellement.

3.   Une fois que cette confusion s'est produite, il devient impossible à l'esprit de comprendre que tous les « plaisirs » du monde ne sont rien. [2]Mais quel sacrifice — et c'est certes un sacrifice! — tout cela entraîne. [3]Maintenant l'esprit s'est condamné lui-même à chercher sans trouver; à être à jamais insatisfait et mécontent; à ne pas connaître ce qu'il veut réellement trouver. [4]Qui peut échapper de cette condamnation de soi? [5]Cela n'est possible que par la Parole de Dieu. [6]Car la condamnation de soi est une décision sur l'identité, et nul ne doute de ce qu'il croit être. [7]Il peut douter de tout, mais jamais de cela.

4.   Les enseignants de Dieu ne peuvent pas avoir de regret d'abandonner les plaisirs du monde. [2]Est-ce un sacrifice que d'abandonner

la douleur ? ³Est-ce qu'un adulte s'offusque de l'abandon de jouets d'enfants ? ⁴Et celui dont la vision a déjà entrevu la face du Christ se retourne-t-il avec nostalgie pour regarder un abattoir ? ⁵Nul ne se retourne pour condamner le monde, qui s'est échappé du monde et de tous ses maux. ⁶Or il doit se réjouir d'être libre de tout le sacrifice que ses valeurs exigeraient de lui. ⁷Il leur sacrifie toute sa paix. ⁸Il leur sacrifie toute sa liberté. ⁹Et pour les posséder, il doit sacrifier son espérance du Ciel et le souvenir de l'Amour de son Père. ¹⁰Qui en son juste esprit choisit rien comme substitut à tout ?

5.   Quelle est la signification réelle du sacrifice ? ²C'est le coût de croire dans les illusions. ³C'est le prix qu'il faut payer pour le déni de la vérité. ⁴Il n'est pas un plaisir du monde qui n'exige cela, car autrement le plaisir serait vu comme de la douleur, et nul ne demande la douleur s'il la reconnaît. ⁵C'est l'idée de sacrifice qui le rend aveugle. ⁶Il ne voit pas ce qu'il demande. ⁷Donc il le cherche de mille façons et en mille endroits, croyant à chaque fois qu'il est là, et chaque fois il est déçu à la fin. ⁸« Cherche mais ne trouve pas » reste l'austère décret de ce monde, et nul ne peut faire autrement qui poursuit les buts du monde.

6.   Tu crois peut-être que ce cours requiert le sacrifice de tout ce qui t'est réellement cher. ²En un sens cela est vrai, car les choses qui te sont chères crucifient le Fils de Dieu, et c'est le but de ce cours de le rendre libre. ³Mais ne te méprends pas sur la signification du sacrifice. ⁴Il signifie toujours l'abandon de ce que tu veux. ⁵Or que veux-tu, ô enseignant de Dieu ? ⁶Dieu t'a appelé et tu as répondu. ⁷Voudrais-tu maintenant sacrifier cet Appel ? ⁸Peu l'ont entendu jusqu'ici, et ils ne peuvent que se tourner vers toi. ⁹Il n'est pas d'autre espoir dans le monde entier auquel ils peuvent se fier. ¹⁰Il n'est pas d'autre voix dans le monde entier qui fasse écho à Celle de Dieu. ¹¹Si tu veux sacrifier la vérité, ils restent en enfer. ¹²Et s'ils restent, tu resteras avec eux.

7.   N'oublie pas que le sacrifice est total. ²Il n'y a pas de demi-sacrifice. ³Tu ne peux pas abandonner le Ciel partiellement. ⁴Tu ne peux pas être un petit peu en enfer. ⁵La Parole de Dieu ne fait pas d'exceptions. ⁶C'est cela qui la rend sainte et au-delà du monde. ⁷C'est sa sainteté qui pointe vers Dieu. ⁸C'est sa sainteté qui te met en sécurité. ⁹Elle est niée si tu attaques n'importe quel frère pour n'importe quoi. ¹⁰Car c'est là que la division d'avec Dieu se produit. ¹¹Une division qui est impossible. ¹²Une division qui ne peut se produire. ¹³Une division pourtant en laquelle tu

croiras sûrement, parce que tu as monté une situation qui est impossible. ¹⁴Et dans cette situation l'impossible peut sembler arriver. ¹⁵Il semble arriver au « sacrifice » de la vérité.

8. Enseignant de Dieu, n'oublie pas la signification du sacrifice, et rappelle-toi ce que chaque décision que tu prends doit signifier en fait de coût. ²Décide-toi pour Dieu, et tout t'est donné sans le moindre coût. ³Décide-toi contre Lui, et tu choisis rien, au prix de la conscience de tout. ⁴Que voudrais-tu enseigner ? ⁵Souviens-toi seulement de ce que tu voudrais apprendre. ⁶Car c'est cela qui devrait te concerner. ⁷L'Expiation est pour toi. ⁸Ton apprentissage la réclame et ton apprentissage la donne. ⁹Le monde ne la contient pas. ¹⁰Mais apprends ce cours et elle est à toi. ¹¹Dieu t'offre Sa Parole, car Il a besoin d'enseignants. ¹²Quel autre façon y a-t-il de sauver Son Fils ?

14. COMMENT LE MONDE FINIRA-T-IL ?

1.   Ce qui n'a pas de commencement peut-il réellement finir ? ²Le monde finira dans une illusion, comme il a commencé. ³Or sa fin sera une illusion de miséricorde. ⁴L'illusion de pardon, complet, n'excluant personne, d'une douceur illimitée, le couvrira en cachant tout le mal, en dissimulant tout le péché et en mettant fin pour toujours à la culpabilité. ⁵Ainsi finit le monde que la culpabilité a fait, car maintenant il n'a pas de but et il a disparu. ⁶Le père des illusions est la croyance qu'elles ont un but, qu'elles servent un besoin ou comblent un manque. ⁷Perçues comme n'ayant aucun but, elles ne sont plus vues. ⁸Leur inutilité est reconnue et elles ont disparu. ⁹Comment, autrement que de cette façon, toutes les illusions sont-elles finies ? ¹⁰Elles ont été portées à la vérité, et la vérité ne les a point vues. ¹¹Elle a simplement passé sur l'in-signifiant.

2.   Jusqu'à ce que le pardon soit complet, le monde a un but. ²Il devient la demeure où est né le pardon, où il grandit et devient plus fort jusqu'à tout englober. ³Ici il est nourri, car ici il en est besoin. ⁴Un doux Sauveur, né là où le péché a été fait et où la culpabilité semblait réelle. ⁵Ici est Sa demeure, car ici il est certes besoin de Lui. ⁶Il porte la fin du monde avec Lui. ⁷C'est Son Appel auquel répondent les enseignants de Dieu, se tournant vers Lui en silence pour recevoir Sa Parole. ⁸Le monde finira quand toutes choses auront été bien jugées par Son Jugement. ⁹Le monde finira couvert de la bénédiction de la sainteté. ¹⁰Quand il ne restera plus une seule pensée de péché, le monde sera terminé. ¹¹Il ne sera ni détruit ni attaqué ni même touché. ¹²Il cessera simplement de sembler être.

3.   Bien sûr, cela semble être très, très loin. ²« Quand il ne restera plus une seule pensée de péché » semble certes être un but à long terme. ³Mais le temps s'arrête et attend le but des enseignants de Dieu. ⁴Il ne reste pas une seule pensée de péché dès l'instant où n'importe lequel d'entre eux accepte l'Expiation pour lui-même. ⁵Il n'est pas plus facile de pardonner un seul péché que de tous les pardonner. ⁶L'illusion d'un ordre de difficulté est un obstacle que l'enseignant de Dieu doit apprendre à dépasser et à laisser derrière lui. ⁷Un seul péché parfaitement pardonné par un seul enseignant de Dieu peut rendre le salut complet. ⁸Peux-tu comprendre cela ? ⁹Non, cela ne signifie rien pour quiconque ici. ¹⁰Or

c'est la leçon finale dans laquelle l'unité est rétablie. [11]Elle va à l'encontre de toute la pensée du monde, mais le Ciel aussi.

4. Le monde finira quand son système de pensée aura été complètement renversé. [2]D'ici là, des bribes et des morceaux de sa pensée continueront de paraître sensés. [3]La leçon finale, qui apporte la fin du monde, ne peut être saisie par ceux qui ne sont pas encore prêts à quitter le monde et à aller au-delà de sa minuscule portée. [4]Quelle est donc la fonction de l'enseignant de Dieu dans cette dernière leçon ? [5]Il a simplement besoin d'apprendre comment l'approcher ; d'être désireux d'aller dans cette direction. [6]Il a simplement besoin d'avoir confiance en ce que si la Voix de Dieu lui dit que c'est une leçon qu'il peut apprendre, il peut l'apprendre. [7]Il ne la juge ni difficile ni facile. [8]Son Enseignant la lui indique et il a confiance en ce qu'Il lui montrera comment l'apprendre.

5. Le monde finira dans la joie, parce que c'est un lieu de chagrin. [2]Quand la joie est venue, le but du monde a disparu. [3]Le monde finira dans la paix, parce que c'est un lieu de guerre. [4]Quand la paix est venue, quel est le but du monde ? [5]Le monde finira dans le rire, parce que c'est un lieu de larmes. [6]Où il y a le rire, qui peut encore pleurer ? [7]Et seul le pardon complet apporte tout cela pour bénir le monde. [8]Le monde s'en ira dans une bénédiction, car il ne finira pas comme il a commencé. [9]Tourner l'enfer en Ciel est la fonction des enseignants de Dieu, car ce qu'ils enseignent, ce sont des leçons où le Ciel se reflète. [10]Maintenant assieds-toi en véritable humilité et rends-toi compte que tout ce que Dieu voudrait que tu fasses, tu peux le faire. [11]Ne sois pas arrogant en disant que tu ne peux pas apprendre Son Propre curriculum. [12]Sa Parole dit autre chose. [13]Que Sa Volonté soit faite. [14]Il ne peut en être autrement. [15]Et sois reconnaissant de ce qu'il en est ainsi.

15. CHACUN SERA-T-IL JUGÉ À LA FIN ?

1.   Oui, certes ! ²Nul ne peut échapper au Jugement final de Dieu. ³Qui pourrait s'enfuir à jamais de la vérité ? ⁴Mais le Jugement final ne viendra que lorsqu'il ne sera plus associé à la peur. ⁵Un jour chacun l'accueillera et ce jour même il lui sera donné. ⁶Il entendra son impeccabilité proclamée de par le monde et tout autour du monde, le libérant tandis que le Jugement final de Dieu sur lui est reçu. ⁷C'est dans ce Jugement que réside le salut. ⁸C'est ce Jugement qui le rendra libre. ⁹C'est dans ce Jugement que toutes choses sont libérées avec lui. ¹⁰Le temps s'arrête à l'approche de l'éternité et le silence s'étend sur le monde afin que chacun entende ce Jugement du Fils de Dieu :

> ¹¹*Tu es saint, éternel, libre et entier, en paix à jamais dans le Cœur de Dieu.* ¹²*Où est le monde, et où est le chagrin maintenant ?*

2.   Est-ce le jugement que tu portes sur toi-même, enseignant de Dieu ? ²Crois-tu que cela est entièrement vrai ? ³Non, pas encore, pas encore. ⁴Mais c'est encore ton but, ce pour quoi tu es ici. ⁵C'est ta fonction de te préparer à entendre ce Jugement et à reconnaître qu'il est vrai. ⁶Un seul instant de complète croyance en lui et tu iras par-delà la croyance à la Certitude. ⁷Un seul instant hors du temps peut amener la fin du temps. ⁸Ne juge point, car tu ne juges que toi-même et tu retardes ainsi ce Jugement final. ⁹Quel est le jugement que tu portes sur le monde, enseignant de Dieu ? ¹⁰As-tu déjà appris à te mettre à l'écart et à entendre la Voix du Jugement en toi ? ¹¹Ou essaies-tu encore de Lui prendre Son rôle ? ¹²Apprends à faire silence, car Sa Voix s'entend dans le silence. ¹³Et Son Jugement vient à tous ceux qui se mettent à l'écart et écoutent en silence, et L'attendent.

3.   Toi qui es parfois triste et parfois en colère ; toi qui penses parfois que ton juste dû ne t'est pas donné et que tes meilleurs efforts ne rencontrent qu'un manque de reconnaissance et même du mépris ; abandonne ces sottes pensées ! ²Elles sont trop petites et trop in-signifiantes pour occuper ton esprit saint un instant de plus. ³Le Jugement de Dieu t'attend pour te rendre libre. ⁴Que peut t'offrir le monde, peu importe comment tu juges ses dons, que tu aimerais mieux avoir ? ⁵Tu seras jugé, et jugé avec équité

et honnêteté. [6]Il n'y a pas de tromperie en Dieu. [7]Ses promesses sont sûres. [8]Souviens-toi seulement de cela. [9]Ses promesses ont garanti que Son Jugement, et le Sien seulement, sera accepté à la fin. [10]C'est ta fonction de faire que cette fin soit proche. [11]C'est ta fonction de la chérir dans ton cœur et de l'offrir au monde entier pour la garder en sécurité.

16. COMMENT L'ENSEIGNANT DE DIEU DEVRAIT-IL PASSER SA JOURNÉE ?

1. Pour l'enseignant avancé de Dieu, cette question est insignifiante. [2]Il n'y a pas de programme, car les leçons changent chaque jour. [3]Or l'enseignant de Dieu n'est sûr que d'une chose : elles ne changent pas au hasard. [4]Voyant cela et comprenant que c'est vrai, il est satisfait. [5]Il lui sera dit tout ce que son rôle devrait être, ce jour-là et chaque jour. [6]Et ceux qui partagent ce rôle avec lui le trouveront, afin qu'ils puissent apprendre ensemble les leçons du jour. [7]Nul n'est absent dont il ait besoin ; nul n'est envoyé sans un but d'apprentissage déjà fixé, et qui peut être appris ce jour même. [8]Pour l'enseignant avancé de Dieu, donc, cette question est superflue. [9]Elle a été posée et elle a eu sa réponse ; et il reste en contact constant avec la Réponse. [10]Il est fixé, et il voit la route sur laquelle il marche s'étirer devant lui, sûre et plane.

2. Mais qu'en est-il de ceux qui n'ont pas atteint cette certitude ? [2]Ils ne sont pas encore prêts pour un tel manque de structure de leur propre part. [3]Que doivent-ils faire pour apprendre à confier leur journée à Dieu ? [4]Il y a quelques règles générales qui s'appliquent, bien que chacun doive les utiliser de son mieux et à sa façon. [5]Les routines comme telles sont dangereuses, parce qu'elles deviennent facilement des dieux elles-mêmes et mettent en péril les buts mêmes pour lesquels elles ont été montées. [6]De façon générale, donc, nous pouvons dire qu'il est bon de bien débuter la journée. [7]Il est toujours possible de recommencer, si la journée devait commencer par une erreur. [8]Or il y a des avantages évidents pour ce qui est de gagner du temps.

3. Au commencement, il est sage de penser en fonction du temps. [2]Ce n'est certainement pas le critère final, mais au début c'est probablement le plus simple à observer. [3]Il est essentiel au début d'insister sur le temps gagné, et bien que cela reste important tout au long du processus d'apprentissage, nous le soulignerons de moins en moins. [4]Au début nous pouvons dire sans risque que le temps passé à bien débuter la journée fait certes gagner du temps. [5]Combien de temps devrait y être consacré ? [6]Cela doit dépendre de l'enseignant de Dieu lui-même. [7]Il ne peut pas réclamer ce titre avant d'avoir fait le livre d'exercices, puisque nous apprenons dans le cadre de notre cours. [8]Une fois que sont complétées les périodes plus structurées, que contient

le livre d'exercices, les besoins individuels deviennent la considération majeure.

4.   Ce cours est toujours pratique. ²Il se peut que l'enseignant de Dieu ne soit pas dans une situation qui favorise la tranquillité de pensée à son réveil. ³Dans ce cas, qu'il se souvienne seulement qu'il choisit de passer du temps avec Dieu aussitôt que possible, et qu'il le fasse. ⁴La durée n'est pas ce qui est le plus important. ⁵On peut facilement s'asseoir pendant une heure les yeux fermés sans rien accomplir. ⁶On peut tout aussi facilement ne donner qu'un instant à Dieu et dans cet instant se joindre à Lui complètement. ⁷Voici peut-être la seule généralisation qu'il soit possible de faire : aussitôt que possible après ton réveil, prends un moment tranquille, en le prolongeant d'une minute ou deux quand tu commences à avoir de la difficulté. ⁸Tu verras peut-être la difficulté diminuer puis disparaître. ⁹Sinon, c'est le moment d'arrêter.

5.   La même procédure devrait être suivie le soir. ²Peut-être devrais-tu avoir ce moment tranquille assez tôt dans la soirée, s'il n'est pas faisable pour toi de le prendre juste avant d'aller dormir. ³Il n'est pas sage de t'allonger pour le faire. ⁴Il vaut mieux t'asseoir dans n'importe quelle position que tu préfères. ⁵Après avoir fait le livre d'exercices, tu as dû arriver à quelque conclusion à ce sujet. ⁶Si c'est possible, toutefois, juste avant d'aller dormir est un moment propice à consacrer à Dieu. ⁷Cela met ton esprit en mode de repos et t'oriente loin de la peur. ⁸S'il est plus opportun de prendre ce moment plus tôt, sois sûr au moins de ne pas oublier de passer une brève période — pas plus d'un moment suffira — durant laquelle tu fermes les yeux et penses à Dieu.

6.   Il y a une pensée en particulier dont il faudrait te souvenir tout le long de la journée. ²C'est une pensée de pure joie ; une pensée de paix, une pensée de délivrance illimitée, illimitée parce que toutes choses sont libérées en elle. ³Tu penses avoir fait un lieu de sécurité pour toi-même. ⁴Tu penses avoir fait un pouvoir qui peut te sauver de toutes les choses apeurantes que tu vois en rêve. ⁵Il n'en est rien. ⁶Ta sécurité n'est pas là. ⁷Ce que tu abandonnes n'est que l'illusion de protéger des illusions. ⁸Or c'est cela que tu crains, et seulement cela. ⁹Comme il est sot d'avoir si peur de rien ! ¹⁰Rien du tout ! ¹¹Tes défenses ne marcheront pas, mais tu n'es pas en danger. ¹²Tu n'en as pas besoin. ¹³Reconnais cela et elles disparaîtront. ¹⁴Et alors seulement tu accepteras ta réelle protection.

7.   Comme le temps s'écoule simplement et facilement pour l'enseignant de Dieu qui a accepté Sa protection ! ²Tout ce qu'il faisait

auparavant au nom de la sécurité ne l'intéresse plus. ³Car il est en sécurité, et il connaît que c'est ainsi. ⁴Il a un Guide Qui n'échouera pas. ⁵Il n'a pas besoin de faire des distinctions entre les problèmes qu'il perçoit, car Celui vers Qui il se tourne avec eux tous ne reconnaît aucun ordre de difficulté dans leur résolution. ⁶Il est autant en sécurité dans le présent qu'il l'était avant que les illusions n'aient été acceptées dans son esprit, et qu'il le sera quand il en aura lâché prise. ⁷Il n'y a pas de différence dans son état selon les moments et les lieux différents, parce qu'ils ne font qu'un pour Dieu. ⁸Voilà sa sécurité. ⁹Et il n'a besoin de rien de plus.

8. Or il y aura des tentations sur la route qu'il reste à parcourir à l'enseignant de Dieu, et il a besoin de se rappeler sa protection tout le long de la journée. ²Comment peut-il le faire, en particulier durant le temps où son esprit est occupé de choses extérieures ? ³Il peut seulement essayer et son succès dépend de la conviction qu'il a de réussir. ⁴Il doit être sûr que le succès n'est pas de lui mais qu'il lui sera donné à tout moment, en tout lieu et en toute circonstance où il l'appellera. ⁵Il y aura des moments où sa certitude vacillera et dès l'instant où cela se produira il retournera aux tentatives précédentes pour mettre sa confiance en lui seul. ⁶N'oublie pas que cela est de la magie et que la magie est un piètre substitut à une véritable assistance. ⁷Ce n'est pas assez bon pour un enseignant de Dieu, parce que ce n'est pas assez pour le Fils de Dieu.

9. Éviter la magie, c'est éviter la tentation. ²Car toute tentation n'est rien de plus que la tentative de substituer une autre volonté à Celle de Dieu. ³Ces tentatives peuvent certes sembler effrayantes, mais elles ne sont que pathétiques. ⁴Elles ne peuvent pas avoir d'effet : ni bon ni mauvais, ni gratifiant ni exigeant un sacrifice, ni guérisseur ni destructeur, ni apaisant ni apeurant. ⁵Quand toute magie est reconnue comme n'étant simplement rien, l'enseignant de Dieu a atteint l'état le plus avancé. ⁶Toutes les leçons intermédiaires ne le conduiront qu'à cela, et le mèneront plus près de reconnaître ce but. ⁷Car n'importe quelle magie, sous toutes ses formes, ne fait simplement rien. ⁸Son impuissance est la raison pour laquelle on peut si facilement en échapper. ⁹Ce qui n'a pas d'effets ne peut guère terrifier.

10. Il n'y a pas de substitut à la Volonté de Dieu. ²Pour parler simplement, c'est à ce fait que l'enseignant de Dieu consacre sa journée. ³Chaque substitut qu'il peut accepter pour réel ne peut que le tromper. ⁴Mais il est à l'abri de toute tromperie s'il le décide.

[5]Il a peut-être besoin de se rappeler : « Dieu est avec moi. [6]Je ne peux pas être trompé. » [7]Peut-être préfère-t-il d'autres mots, ou un seul ou pas de mots du tout. [8]Or chaque tentation d'accepter la magie pour vraie doit être abandonnée en reconnaissant non pas qu'elle est apeurante, non pas qu'elle est pécheresse, non pas qu'elle est dangereuse, mais simplement qu'elle est in-signifiante. [9]Enracinée dans le sacrifice et la séparation, deux aspects d'une seule erreur et pas plus, il choisit simplement d'abandonner tout ce qu'il n'a jamais eu. [10]Et pour ce « sacrifice », le Ciel est rendu à sa conscience.

11.   N'est-ce pas là un échange dont tu voudrais ? [2]Le monde le ferait avec joie, s'il savait qu'il peut être fait. [3]Ce sont les enseignants de Dieu qui doivent lui enseigner qu'il peut l'être. [4]Ainsi est-ce leur fonction de s'assurer qu'ils l'ont appris. [5]Tu ne peux courir aucun risque au cours de la journée, sauf celui de mettre ta confiance dans la magie, car c'est elle seule qui conduit à la douleur. [6]« Il n'y a de volonté que Celle de Dieu. » [7]Ses enseignants connaissent qu'il en est ainsi, et ils ont appris que tout, sauf cela, est magie. [8]Toute croyance en la magie se maintient par une seule et naïve illusion : qu'elle marche. [9]Tout le long de leur entraînement, à chaque jour et à chaque heure, et même à chaque minute et à chaque seconde, les enseignants de Dieu doivent apprendre à reconnaître les formes de magie et à en percevoir l'in-signifiance. [10]La peur leur est retirée, et donc elles disparaissent. [11]Ainsi les portes du Ciel sont rouvertes et sa lumière peut luire à nouveau sur un esprit imperturbé.

17. COMMENT LES ENSEIGNANTS DE DIEU TRAITENT-ILS LES PENSÉES MAGIQUES?

1. Ceci est une question cruciale à la fois pour l'enseignant et pour l'élève. ²Si ce sujet est mal traité, l'enseignant de Dieu s'est blessé lui-même et il a aussi attaqué son élève. ³Cela renforce la peur et fait que la magie leur semble très réelle à tous les deux. ⁴Comment traiter la magie devient ainsi une leçon majeure à maîtriser pour l'enseignant de Dieu. ⁵Sa première responsabilité en cela est de ne pas l'attaquer. ⁶Si une pensée magique soulève la colère sous une forme quelconque, l'enseignant de Dieu peut être sûr qu'il renforce sa propre croyance dans le péché et qu'il s'est condamné lui-même. ⁷Il peut être sûr aussi qu'il a demandé que la dépression, la douleur, la peur et le désastre lui viennent. ⁸Qu'il se rappelle alors que ce n'est pas ce qu'il voudrait enseigner, parce que ce n'est pas ce qu'il voudrait apprendre.

2. Il y a toutefois une tentation de répondre à la magie d'une façon qui la renforce. ²Cela n'est pas toujours évident non plus. ³En fait, cela peut facilement être dissimulé sous le souhait d'aider. ⁴C'est ce double souhait qui rend l'aide de peu de valeur et ne peut conduire qu'à des résultats non désirés. ⁵Il ne faudrait pas oublier non plus que la conséquence qui en résulte vient toujours à l'enseignant comme à l'élève. ⁶Combien de fois a-t-il été souligné que tu ne donnes qu'à toi-même? ⁷Et où cela pourrait-il être mieux démontré que dans le genre d'aide que l'enseignant de Dieu offre à ceux qui ont besoin de son aide? ⁸Là son don lui est le plus clairement donné. ⁹Car il donnera seulement ce qu'il a choisi pour lui-même. ¹⁰Et dans ce don est le jugement qu'il porte sur le saint Fils de Dieu.

3. Le plus facile est de laisser l'erreur être corrigée là où elle est la plus apparente, et c'est à leurs résultats que les erreurs peuvent être reconnues. ²Une leçon véritablement enseignée ne peut conduire à rien d'autre qu'une délivrance pour l'enseignant et pour l'élève, qui ont partagé une même intention. ³L'attaque ne peut entrer que si la perception de buts séparés est entrée. ⁴Et cela a certainement dû être le cas si le résultat est toute autre chose que la joie. ⁵Le but indivisé de l'enseignant tourne le but divisé de l'élève dans une seule direction, et l'appel à l'aide devient son seul appel. ⁶À cela est facilement donnée une seule réponse, et cette réponse entrera infailliblement dans l'esprit

de l'enseignant. [7]De là elle rayonne dans l'esprit de son élève, le rendant un avec le sien.

4. Cela aidera peut-être de rappeler que nul ne peut être en colère contre un fait. [2]C'est toujours une interprétation qui suscite des émotions négatives, indépendamment de leur justification apparente par ce qui *paraît* être des faits. [3]Indépendamment aussi de l'intensité de la colère soulevée. [4]Elle ne sera peut-être qu'une légère irritation, trop faible peut-être pour être même clairement reconnue. [5]Ou elle peut aussi prendre la forme d'une rage intense, accompagnée de pensées de violence, fantasmées ou apparemment réalisées. [6]Peu importe. [7]Toutes ces réactions sont les mêmes. [8]Elles obscurcissent la vérité, et cela ne peut jamais être une question de degré. [9]Ou la vérité est apparente ou elle ne l'est pas. [10]Elle ne peut pas être partiellement reconnue. [11]Qui est inconscient de la vérité doit voir des illusions.

5. La colère en réponse à des pensées magiques perçues est une cause fondamentale de peur. [2]Considère ce que signifie cette réaction, et sa centralité dans le système de pensée du monde devient apparente. [3]Une pensée magique, par sa seule présence, admet une séparation d'avec Dieu. [4]Elle énonce, sous la forme la plus claire possible, que l'esprit qui croit avoir une volonté séparée qui peut s'opposer à la Volonté de Dieu, croit aussi qu'il peut réussir. [5]Que cela ne puisse guère être un fait est évident. [6]Or que cela puisse être cru comme un fait est également évident. [7]Et en cela réside le berceau de la culpabilité. [8]Qui usurpe la place de Dieu et la prend pour lui-même a maintenant un « ennemi » mortel. [9]Et il doit se tenir seul dans sa protection et se faire un bouclier pour rester à l'abri d'une furie qui ne peut jamais être apaisée et d'une vengeance qui ne peut jamais être satisfaite.

6. Comment cette bataille inéquitable peut-elle être résolue ? [2]Sa fin est inévitable, car son résultat doit être la mort. [3]Comment, donc, quiconque peut-il croire en ses propres défenses ? [4]À nouveau, la magie doit aider. [5]Oublie la bataille. [6]Accepte-la comme un fait, puis oublie-la. [7]Ne te souviens pas que toutes les chances sont contre toi. [8]Ne te souviens pas de l'immensité de l'« ennemi » et ne pense pas à ta fragilité en comparaison. [9]Accepte ta séparation, mais ne te rappelle pas comment elle s'est produite. [10]Crois que tu l'as gagnée, mais sans garder le moindre souvenir de Qui est réellement ton grand « adversaire ». [11]En projetant ton « oubli » sur Lui, il te semble qu'Il a oublié, Lui aussi.

7.   Mais quelle sera maintenant ta réaction à toutes les pensées magiques ? [2]Elles ne peuvent que réveiller la culpabilité dormante, que tu as cachée mais sans en lâcher prise. [3]Chacune d'elles dit clairement à ton esprit effrayé : « Tu as usurpé la place de Dieu. [4]Ne pense pas qu'Il ait oublié. » [5]Là nous avons la représentation la plus dure de la peur de Dieu. [6]Car dans cette pensée la culpabilité a déjà élevé la folie jusqu'au trône de Dieu Lui-même. [7]Et maintenant il n'y a pas d'espoir. [8]Sauf de tuer. [9]Là est le salut maintenant. [10]Un père en colère poursuit son fils coupable. [11]Tue ou sois tué, car là seulement il y a un choix. [12]Au-delà de cela, il n'y en a pas, car ce qui a été fait ne peut être défait. [13]La tache de sang ne peut jamais être enlevée, et quiconque porte cette tache sur lui doit trouver la mort.

8.   C'est dans cette situation désespérée que Dieu envoie Ses enseignants. [2]Ils apportent la lumière de l'espoir de Dieu Lui-même. [3]Il y a une voie dans laquelle l'évasion est possible. [4]Elle peut être apprise et enseignée, mais elle requiert de la patience et un abondant désir. [5]Étant donné cela, la simplicité manifeste de la leçon se détache comme une intense lumière blanche sur un noir horizon, car c'est ce qu'elle est. [6]Si la colère vient d'une interprétation et non d'un fait, elle n'est jamais justifiée. [7]Une fois que cela est compris, même vaguement, la voie est ouverte. [8]Maintenant il est possible de faire le pas suivant. [9]L'interprétation peut enfin être changée. [10]Il n'est pas besoin que les pensées magiques mènent à la condamnation, car elles n'ont pas réellement le pouvoir de susciter la culpabilité. [11]Il est donc possible de passer par-dessus et ainsi elles peuvent être oubliées au sens le plus vrai.

9.   La folie semble seulement être terrible. [2]En vérité elle n'a pas le pouvoir de faire quoi que ce soit. [3]Comme la magie qui devient sa servante, elle n'attaque ni ne protège. [4]La voir et reconnaître son système de pensée, c'est regarder rien. [5]Est-ce que rien peut susciter la colère ? [6]Certainement pas. [7]Alors souviens-toi, enseignant de Dieu, que la colère reconnaît une réalité qui n'est pas là ; or la colère est un témoin certain que tu y crois comme à un fait. [8]Maintenant l'évasion est impossible, jusqu'à ce que tu voies que tu as réagi à ta propre interprétation, que tu as projetée sur un monde extérieur. [9]Laisse cette sinistre épée t'être enlevée maintenant. [10]De mort, il n'y en a pas. [11]Cette épée n'existe pas. [12]La peur de Dieu est sans cause. [13]Mais Son Amour est Cause de tout au-delà de toute peur, donc à jamais réel et toujours vrai.

18. COMMENT LA CORRECTION SE FAIT-ELLE ?

1. Une correction de nature à durer — et seule celle qui dure est une véritable correction — ne peut se faire jusqu'à ce que l'enseignant de Dieu ait cessé de confondre l'interprétation avec le fait, ou l'illusion avec la vérité. ²S'il se dispute avec son élève au sujet d'une pensée magique, s'il l'attaque, essaie d'en établir l'erreur ou d'en démontrer la fausseté, il ne fait que témoigner de sa réalité. ³La dépression est alors inévitable, car il a « prouvé », à la fois à son élève et à lui-même, que leur tâche est d'échapper de ce qui est réel. ⁴Et cela ne peut être qu'impossible. ⁵La réalité est inchangeable. ⁶Les pensées magiques ne sont que des illusions. ⁷Autrement le salut ne serait que le même vieux rêve impossible mais sous une autre forme. ⁸Or le rêve du salut a un contenu nouveau. ⁹Ce n'est pas seulement dans la forme que réside la différence.

2. La leçon majeure des enseignants de Dieu est d'apprendre comment réagir aux pensées magiques entièrement sans colère. ²Ce n'est que de cette façon qu'ils peuvent proclamer la vérité à leur sujet. ³Par eux, le Saint-Esprit peut maintenant parler de la réalité du Fils de Dieu. ⁴Maintenant Il peut rappeler au monde l'impeccabilité, la seule condition inchangée et inchangeable de tout ce que Dieu a créé. ⁵Maintenant Il peut dire la Parole de Dieu à des oreilles qui écoutent et apporter la vision du Christ à des yeux qui voient. ⁶Maintenant Il est libre d'enseigner à tous les esprits la vérité de ce qu'ils sont, de sorte qu'ils Lui seront rendus avec joie. ⁷Et maintenant la culpabilité est pardonnée, sur quoi Sa vue et la Parole de Dieu ont complètement passé.

3. La colère ne fait que hurler : « La culpabilité est réelle ! » ²La réalité est effacée quand cette insane croyance est prise en remplacement de la Parole de Dieu. ³Maintenant les yeux du corps « voient » ; ses oreilles seules peuvent « entendre ». ⁴Son petit espace et son petit souffle deviennent la mesure de la réalité. ⁵Et la vérité devient toute petite et in-signifiante. ⁶La correction a une seule réponse à tout cela, et au monde qui repose sur cela :

> ⁷*Tu ne fais que prendre l'interprétation pour la vérité.* ⁸*Et tu fais erreur.* ⁹*Mais une erreur n'est pas un péché, pas plus que la réalité n'a été démise de son trône par tes erreurs.* ¹⁰*Dieu règne à jamais et Ses lois seules règnent sur toi et sur le monde.* ¹¹*Son Amour demeure la seule chose qui soit.* ¹²*La peur est une illusion, car tu es pareil à Lui.*

4.   Pour guérir, il devient donc essentiel que l'enseignant de Dieu laisse toutes ses propres erreurs être corrigées. ²S'il ressent même la moindre trace d'irritation en lui-même lorsqu'il réagit à qui que ce soit, qu'il se rende compte sur-le-champ qu'il a fait une interprétation qui n'est pas vraie. ³Puis qu'il se tourne en dedans vers son Guide éternel et qu'il Le laisse juger de ce que devrait être la réponse. ⁴Ainsi il est guéri, et en guérissant son élève est guéri avec lui. ⁵La seule responsabilité de l'enseignant de Dieu est d'accepter l'Expiation pour lui-même. ⁶Expiation signifie correction, ou le défaire des erreurs. ⁷Une fois que cela a été accompli, l'enseignant de Dieu devient un faiseur de miracles par définition. ⁸Ses péchés lui ont été pardonnés, et il ne se condamne plus lui-même. ⁹Comment peut-il alors condamner qui que ce soit? ¹⁰Et qui est-ce que son pardon peut manquer de guérir?

19. QU'EST-CE QUE LA JUSTICE ?

1.   La justice est la correction divine de l'injustice. [2]L'injustice est la base de tous les jugements du monde. [3]La justice corrige les interprétations auxquelles l'injustice donne lieu, et les annule. [4]Ni la justice ni l'injustice n'existent au Ciel, car l'erreur est impossible et la correction est in-signifiante. [5]En ce monde, toutefois, le pardon dépend de la justice, puisque toute attaque ne peut être qu'injuste. [6]La justice est le verdict du Saint-Esprit sur le monde. [7]Hormis dans Son jugement, la justice est impossible, car personne au monde n'est capable de faire uniquement des interprétations justes et de mettre de côté toutes les injustices. [8]Si le Fils de Dieu était jugé équitablement, il n'y aurait pas besoin du salut. [9]La pensée de séparation aurait été à jamais inconcevable.

2.   La justice, comme son opposé, est une interprétation. [2]C'est toutefois la seule interprétation qui mène à la vérité. [3]Cela devient possible parce que, bien qu'elle ne soit pas vraie en elle-même, la justice n'inclut rien qui s'oppose à la vérité. [4]Il n'y a pas de conflit inhérent entre justice et vérité : l'une n'est que le premier petit pas en direction de l'autre. [5]La route devient très différente à mesure que l'on avance. [6]Il ne serait pas possible non plus que toute la magnificence, la grandeur de la scène et les horizons énormes qui s'ouvrent devant nous au cours du voyage soient prédits dès le début. [7]Or même cela, dont la splendeur atteint des sommets indescriptibles au fur et à mesure que l'on avance, reste bien en deçà de tout ce qui attend quand la route cesse et que le temps finit avec elle. [8]Mais il faut bien commencer quelque part. [9]La justice est le commencement.

3.   Tous les concepts que tu as de tes frères et de toi ; toutes les peurs de futurs états et tous les soucis concernant le passé, découlent de l'injustice. [2]Voilà la lentille qui, placée devant les yeux du corps, distord la perception et rapporte le témoignage du monde distordu à l'esprit qui a fait la lentille et qui y tient beaucoup. [3]Chaque concept du monde est échafaudé exactement de cette façon, sélectivement et arbitrairement. [4]Les « péchés » sont perçus et justifiés par une minutieuse sélection dans laquelle toute pensée d'entièreté doit se perdre. [5]Il n'y a pas de place pour le pardon dans une telle machination, car il n'est pas un seul « péché » qui ne semble vrai à jamais.

4.   Le salut est la justice de Dieu. ²Il restitue à ta conscience l'entièreté des fragments que tu perçois détachés et séparés. ³Et c'est cela qui vainc la peur de la mort. ⁴Car des fragments séparés doivent pourrir et mourir, mais l'entièreté est immortelle. ⁵Elle reste à jamais et pour toujours pareille à son Créateur, ne faisant qu'un avec Lui. ⁶Le Jugement de Dieu est Sa justice. ⁷C'est sur cela — un Jugement entièrement dépourvu de condamnation ; une évaluation entièrement fondée sur l'amour — que tu as projeté ton injustice, donnant à Dieu la lentille de perception tordue à travers laquelle tu regardes. ⁸Maintenant c'est à Lui qu'elle appartient et non à toi. ⁹Tu as peur de Lui et tu ne vois pas que c'est ton Soi que tu hais et que tu crains comme ennemi.

5.   Prie pour la justice de Dieu et ne confonds pas Sa miséricorde avec ta propre insanité. ²La perception peut faire n'importe quelle image que l'esprit désire voir. ³Souviens-toi de cela. ⁴En cela réside le Ciel ou l'enfer, selon ton choix. ⁵La justice de Dieu indique le Ciel justement parce qu'elle est entièrement impartiale. ⁶Elle accepte toutes les preuves qui lui sont apportées, sans rien omettre et n'estimant rien comme séparé et à part de tout le reste. ⁷C'est de ce seul point de vue qu'elle juge, et seulement de là. ⁸Là toute attaque et toute condamnation deviennent in-signifiantes et indéfendables. ⁹La perception cesse, l'esprit est calme et la lumière revient. ¹⁰La vision est maintenant rétablie. ¹¹Ce qui avait été perdu a maintenant été trouvé. ¹²La paix de Dieu descend sur le monde entier, et nous pouvons voir. ¹³Et nous pouvons voir !

20. QU'EST-CE QUE LA PAIX DE DIEU ?

1. Il a été dit qu'il est une sorte de paix qui n'est pas de ce monde. ²Comment est-elle reconnue ? ³Comment est-elle trouvée ? ⁴Et une fois trouvée, comment peut-elle être conservée ? ⁵Considérons chacune de ces questions séparément, car chacune d'elles reflète une étape différente en cours de route.

2. D'abord, comment la paix de Dieu peut-elle être reconnue ? ²La paix de Dieu se reconnaît d'abord à une seule chose : à tous égards elle est totalement différente de toutes les expériences précédentes. ³Elle n'appelle rien à l'esprit qui soit advenu auparavant. ⁴Elle n'amène avec elle aucune association passée. ⁵C'est une chose entièrement neuve. ⁶Il y a un contraste, oui, entre cette chose et tout le passé. ⁷Mais étrangement, ce n'est pas un contraste de véritables différences. ⁸Le passé s'éclipse simplement et à sa place est une quiétude infinie. ⁹Seulement cela. ¹⁰Le contraste perçu tout d'abord a simplement disparu. ¹¹La quiétude s'est étendue jusqu'à tout recouvrir.

3. Comment cette quiétude se trouve-t-elle ? ²Nul ne peut manquer de la trouver qui en recherche les conditions. ³La paix de Dieu ne peut jamais venir où est la colère, car la colère doit nier que la paix existe. ⁴Qui voit la colère comme justifiée en quelque manière ou en quelque circonstance que ce soit proclame que la paix est in-signifiante et doit donc croire qu'elle ne peut exister. ⁵Dans cette condition, la paix ne peut pas être trouvée. ⁶Par conséquent, le pardon est la condition nécessaire pour trouver la paix de Dieu. ⁷Bien plus, étant donné le pardon, il *doit* y avoir la paix. ⁸Car qu'est-ce qui mène à la guerre, sinon l'attaque ? ⁹Et quel est l'opposé de la guerre, sinon la paix ? ¹⁰Ici le contraste initial ressort clairement et manifestement. ¹¹Or quand la paix est trouvée, la guerre est in-signifiante. ¹²Et c'est le conflit qui est maintenant perçu comme inexistant et irréel.

4. Comment la paix de Dieu est-elle conservée, une fois qu'elle est trouvée ? ²La colère revenant, sous une forme quelconque, fera tomber le lourd rideau une fois de plus, et la croyance que la paix ne peut exister reviendra certainement. ³La guerre est à nouveau acceptée comme la seule réalité. ⁴Maintenant tu dois une fois de plus déposer ton épée, même si tu ne t'es pas rendu compte que tu l'as reprise. ⁵Mais tu apprendras, en te rappelant même vaguement maintenant comme tu étais heureux sans elle, que tu as dû

la reprendre pour ta défense. [6]Arrête-toi un moment maintenant et pense à ceci : Est-ce le conflit que tu veux, ou la paix de Dieu est-elle un meilleur choix ? [7]Lequel te donnera plus ? [8]Un esprit tranquille n'est pas un petit don. [9]Ne voudrais-tu pas vivre plutôt que choisir de mourir ?

5. Vivre, c'est la joie, mais la mort ne peut que pleurer. [2]Tu vois dans la mort une évasion de ce que tu as fait. [3]Mais tu ne vois pas ceci : que tu as fait la mort, et ce n'est que l'illusion d'une fin. [4]La mort ne peut pas être une évasion, parce que ce n'est pas dans la vie que se trouve le problème. [5]La vie n'a pas d'opposé, car elle est Dieu. [6]La vie et la mort semblent être des opposés parce que tu as décidé que la mort met fin à la vie. [7]Pardonne au monde, et tu comprendras que tout ce que Dieu a créé ne peut avoir de fin, et que rien n'est réel de ce qu'Il n'a pas créé. [8]Dans cette seule phrase notre cours est expliqué. [9]Dans cette seule phrase notre pratique trouve sa seule direction. [10]Et dans cette seule phrase tout le curriculum du Saint-Esprit est spécifié exactement tel qu'il est.

6. Qu'est-ce que la paix de Dieu ? [2]Rien de plus que ceci : la simple compréhension que Sa Volonté est entièrement sans opposé. [3]Il n'est pas une pensée qui contredise Sa Volonté et qui puisse pourtant être vraie. [4]Le contraste entre Sa Volonté et la tienne semblait seulement être une réalité. [5]En vérité il n'y avait pas de conflit, car Sa Volonté est la tienne. [6]Maintenant la puissante Volonté de Dieu Lui-même est le don qu'Il te fait. [7]Il ne cherche pas à la garder pour Lui. [8]Pourquoi chercherais-tu à garder tes petites et fragiles imaginations à part de Lui ? [9]La Volonté de Dieu est Une et tout ce qui est. [10]Voilà ton héritage. [11]L'univers au-delà du soleil et des étoiles et toutes les pensées que tu peux concevoir t'appartiennent. [12]La paix de Dieu est la condition de Sa Volonté. [13]Atteins Sa paix, et tu te souviens de Lui.

21. QUEL EST LE RÔLE DES MOTS DANS LA GUÉRISON ?

1. À proprement parler, les mots ne jouent aucun rôle dans la guérison. ²Le facteur motivant est la prière, ou de demander. ³Ce que tu demandes, tu le reçois. ⁴Mais cela concerne la prière du cœur, et non les mots que tu utilises pour prier. ⁵Parfois les mots et la prière sont contradictoires ; parfois ils s'accordent. ⁶Peu importe. ⁷Dieu ne comprend pas les mots, car ils ont été faits par des esprits séparés pour les garder dans l'illusion de séparation. ⁸Les mots peuvent aider, en particulier pour le débutant, en aidant à la concentration et en facilitant l'exclusion, ou du moins le contrôle, des pensées non pertinentes. ⁹N'oublions pas, toutefois, que les mots ne sont que des symboles de symboles. ¹⁰Ils sont donc doublement éloignés de la réalité.

2. En tant que symboles, les mots ont des références très concrètes. ²Même quand ils semblent le plus abstrait, l'image qui vient à l'esprit est susceptible d'être très concrète. ³À moins qu'un référent spécifique ne vienne à l'esprit conjointement avec le mot, le mot n'a que peu ou pas du tout de signification pratique et ne peut donc pas aider au processus de guérison. ⁴La prière du cœur ne demande pas réellement de choses concrètes. ⁵Elle demande toujours quelque sorte d'expérience, les choses concrètes demandées étant porteuses de l'expérience désirée dans l'opinion du demandeur. ⁶Les mots sont donc les symboles des choses demandées, mais les choses elles-mêmes ne font que représenter les expériences espérées.

3. La prière pour des choses de ce monde apportera des expériences de ce monde. ²Si c'est cela que demande la prière du cœur, cela sera donné parce que cela sera reçu. ³Il est impossible que la prière du cœur reste sans réponse dans la perception de celui qui demande. ⁴S'il demande l'impossible, s'il veut ce qui n'existe pas ou s'il cherche des illusions dans son cœur, tout cela sera à lui. ⁵Le pouvoir de sa décision le lui offre comme il le demande. ⁶En cela résident l'enfer et le Ciel. ⁷Au Fils de Dieu endormi, il ne reste que ce pouvoir. ⁸Il suffit. ⁹Ses paroles n'ont pas d'importance. ¹⁰Seule la Parole de Dieu signifie quoi que ce soit, parce qu'elle symbolise ce qui n'a absolument aucun symbole humain. ¹¹Le Saint-Esprit est seul à comprendre ce que cette Parole représente. ¹²Et cela aussi suffit.

4. Est-ce donc que l'enseignant de Dieu doit éviter l'usage des mots dans son enseignement? ²Bien sûr que non! ³Ils sont nombreux qui doivent être atteints par des mots, étant encore incapables d'entendre en silence. ⁴L'enseignant de Dieu doit toutefois apprendre à utiliser les mots d'une nouvelle manière. ⁵Petit à petit, il apprend comment laisser les mots être choisis pour lui en cessant de décider par lui-même ce qu'il va dire. ⁶Ce processus n'est qu'un exemple particulier de la leçon du livre d'exercices qui dit: «Je céderai le pas et Le laisserai me guider dans la voie.» ⁷L'enseignant de Dieu accepte les mots qui lui sont offerts, et il donne comme il reçoit. ⁸Il ne contrôle pas la direction de ses paroles. ⁹Il écoute, entend et parle.

5. Une entrave majeure sous cet aspect de son apprentissage est la peur de l'enseignant de Dieu concernant la validité de ce qu'il entend. ²Et ce qu'il entend peut certes être tout à fait surprenant. ³Cela peut sembler aussi n'avoir aucun rapport avec le problème présenté tel qu'il le perçoit; et cela peut, en fait, mettre l'enseignant face à une situation qui paraît être très embarrassante pour lui. ⁴Ce sont tous là des jugements qui n'ont pas de valeur. ⁵Ce sont les siens, qui viennent de la piètre perception de soi qu'il voudrait laisser derrière lui. ⁶Ne juge pas les paroles qui te viennent mais offre-les avec confiance. ⁷Elles sont beaucoup plus sages que les tiennes. ⁸Les enseignants de Dieu ont la Parole de Dieu derrière leurs symboles. ⁹Et Lui-même donne aux mots qu'ils utilisent le pouvoir de Son Pur-Esprit, les élevant de symboles in-signifiants à l'Appel du Ciel même.

22. COMMENT LA GUÉRISON ET L'EXPIATION SONT-ELLES RELIÉES ?

1. La guérison et l'Expiation ne sont pas reliées : elles sont identiques. [2]Il n'y a pas d'ordre de difficulté dans les miracles parce qu'il n'y a pas de degrés d'Expiation. [3]C'est le seul concept complet qui soit possible en ce monde, parce que c'est la source d'une perception entièrement unifiée. [4]Une Expiation partielle est une idée in-signifiante, tout comme des zones particulières d'enfer dans le Ciel sont inconcevables. [5]Accepte l'Expiation, et tu es guéri. [6]L'Expiation est la Parole de Dieu. [7]Accepte Sa Parole, et que reste-t-il pour rendre la maladie possible ? [8]Accepte Sa Parole, et chaque miracle a été accompli. [9]Pardonner, c'est guérir. [10]L'enseignant de Dieu a pris pour sa seule fonction d'accepter l'Expiation pour lui-même. [11]Qu'y a-t-il alors qu'il ne puisse guérir ? [12]Quel miracle peut lui être refusé ?

2. Les progrès de l'enseignant de Dieu peuvent être lents ou rapides, selon qu'il reconnaît le caractère inclusif de l'Expiation ou qu'il en exclut pour un temps certaines zones à problèmes. [2]Dans certains cas il y a une soudaine et complète prise de conscience de la parfaite applicabilité de la leçon de l'Expiation à toutes les situations, mais cela est relativement rare. [3]Il se peut que l'enseignant de Dieu ait accepté la fonction que Dieu lui a donnée bien longtemps avant d'avoir appris tout ce que lui offre son acceptation. [4]C'est seulement la fin qui est certaine. [5]N'importe où en cours de route la nécessaire prise de conscience de l'inclusion peut l'atteindre. [6]Si le chemin semble long, qu'il soit content. [7]Il a décidé la direction qu'il veut prendre. [8]Que lui était-il demandé de plus ? [9]Une fois qu'il a fait ce qui était requis, est-ce que Dieu lui refuserait le reste ?

3. Si l'enseignant de Dieu veut faire des progrès, il doit être compris que le pardon est guérison. [2]L'idée qu'un corps puisse être malade est un concept central dans le système de pensée de l'ego. [3]Cette pensée donne au corps son autonomie, le sépare de l'esprit et garde l'idée d'attaque inviolée. [4]Si le corps pouvait être malade, l'Expiation serait impossible. [5]Un corps qui peut ordonner à un esprit de faire comme bon lui semble pourrait simplement prendre la place de Dieu et prouver que le salut est impossible. [6]Que reste-t-il alors à guérir ? [7]Le corps est devenu seigneur de l'esprit. [8]Comment l'esprit pourrait-il être rendu au

Saint-Esprit à moins que le corps ne soit tué ? [9]Et qui voudrait du salut à un tel prix ?

4.   Certes, la maladie ne paraît pas être une décision. [2]Et nul ne pourrait vraiment croire non plus qu'il veut être malade. [3]Peut-être accepte-t-il l'idée en théorie, mais elle est rarement, sinon jamais, appliquée constamment à toutes les formes concrètes de maladie, à la fois dans la perception de soi et de tous les autres aussi. [4]Ce n'est pas non plus à ce niveau que l'enseignant de Dieu appelle le miracle de guérison. [5]Il passe sur l'esprit *et* le corps, ne voyant que la face du Christ qui brille devant lui, corrigeant toutes les erreurs et guérissant toute perception. [6]La guérison est le résultat de la re-connaissance, par l'enseignant de Dieu, de qui est celui qui a besoin de guérison. [7]Cette re-connaissance n'a pas de référence particulière. [8]Elle s'applique à toutes choses que Dieu a créées. [9]En elle toutes les illusions sont guéries.

5.   Quand un enseignant de Dieu manque de guérir, c'est parce qu'il a oublié Qui il est. [2]Ainsi la maladie d'un autre devient la sienne. [3]En permettant que cela se produise, il s'est identifié à l'ego d'un autre et l'a ainsi confondu avec un corps. [4]Ce faisant, il a refusé d'accepter l'Expiation pour lui-même et il ne peut guère l'offrir à son frère au Nom du Christ. [5]De fait, il sera tout à fait incapable de reconnaître son frère, car son Père n'a pas créé de corps et il ne voit donc en son frère que l'irréel. [6]Des erreurs ne corrigent pas des erreurs, et une perception distordue ne guérit pas. [7]Cède le pas maintenant, enseignant de Dieu. [8]Tu as fait erreur. [9]Ne montre pas la voie, car tu l'as perdue. [10]Tourne-toi vite vers ton Enseignant, et laisse-toi guérir.

6.   L'offre d'Expiation est universelle. [2]Elle s'applique pareillement à tous les individus en toutes circonstances. [3]En elle est le pouvoir de guérir tous les individus de toutes les formes de maladie. [4]Ne pas croire cela, c'est être inéquitable envers Dieu et donc Lui être infidèle. [5]Une personne malade se perçoit comme étant séparée de Dieu. [6]Voudrais-tu la voir comme étant séparée de toi ? [7]C'est ta tâche de guérir le sentiment de séparation qui l'a rendue malade. [8]C'est ta fonction de reconnaître pour elle que ce qu'elle croit à son sujet n'est pas la vérité. [9]C'est ton pardon qui doit lui montrer cela. [10]La guérison est très simple. [11]L'Expiation est reçue et offerte. [12]Ayant été reçue, elle doit être acceptée. [13]C'est à la recevoir, donc, que consiste la guérison. [14]Tout le reste doit suivre de ce but indivisé.

7.   Qui peut limiter le pouvoir de Dieu Lui-même? [2]Qui donc peut dire lequel peut être guéri de quoi, et ce qui doit rester au-delà du pouvoir de Dieu de pardonner? [3]Cela est certes insanité. [4]Ce n'est pas aux enseignants de Dieu de Lui imposer des limites, parce que ce n'est pas à eux de juger Son Fils. [5]Et juger Son Fils, c'est limiter son Père. [6]Les deux choses sont pareillement insignifiantes. [7]Or cela ne sera pas compris jusqu'à ce que l'enseignant de Dieu reconnaisse qu'elles sont la même erreur. [8]C'est en cela qu'il reçoit l'Expiation, car il retire son jugement du Fils de Dieu et l'accepte tel que Dieu l'a créé. [9]Il ne se tient plus à part de Dieu en déterminant où la guérison devrait être donnée et où elle devrait être refusée. [10]Maintenant il peut dire avec Dieu : «Ceci est mon Fils bien-aimé, créé parfait et ainsi à jamais.»

23. JÉSUS A-T-IL UNE PLACE PARTICULIÈRE DANS LA GUÉRISON ?

1. Les dons de Dieu peuvent rarement être reçus directement. [2]Même les plus avancés des enseignants de Dieu céderont à la tentation en ce monde. [3]Serait-il juste que la guérison soit refusée à leurs élèves à cause de cela ? [4]La Bible dit : « Demande au nom de Jésus-Christ. » [5]Est-ce simplement faire appel à la magie ? [6]Un nom ne guérit pas, pas plus qu'une invocation ne suscite quelque pouvoir particulier. [7]Que signifie faire appel à Jésus-Christ ? [8]Que confère d'appeler son nom ? [9]Pourquoi l'appel à lui fait-il partie de la guérison ?

2. Nous avons dit maintes fois que celui qui a parfaitement accepté l'Expiation pour lui-même peut guérir le monde. [2]En fait, il l'a déjà fait. [3]La tentation peut revenir aux autres, mais jamais à Celui-là. [4]Il est devenu le Fils ressuscité de Dieu. [5]Il a vaincu la mort parce qu'il a accepté la vie. [6]Il s'est reconnu tel que Dieu l'a créé ; ce faisant, il a reconnu toutes choses vivantes comme faisant partie de lui. [7]Il n'y a maintenant aucune limite à son pouvoir, parce que c'est le pouvoir de Dieu. [8]Ainsi son nom est-il devenu le Nom de Dieu, car il ne se voit plus lui-même comme étant séparé de Lui.

3. Qu'est-ce que cela signifie pour toi ? [2]Cela signifie qu'en te souvenant de Jésus, tu te souviens de Dieu. [3]Toute la relation du Fils au Père réside en lui. [4]Sa part dans la Filialité est aussi la tienne, et son apprentissage complété garantit ton propre succès. [5]Est-il toujours disponible pour aider ? [6]Qu'a-t-il dit à ce sujet ? [7]Rappelle-toi ses promesses et demande-toi honnêtement s'il est probable qu'il manquera de les tenir. [8]Est-ce que Dieu peut décevoir Son Fils ? [9]Et celui qui ne fait qu'un avec Dieu peut-il être différent de Lui ? [10]Qui transcende le corps a transcendé toute limitation. [11]Se pourrait-il que le plus grand enseignant ne soit pas disponible pour ceux qui le suivent ?

4. Le nom de Jésus-Christ en soi n'est qu'un symbole. [2]Mais il représente l'amour qui n'est pas de ce monde. [3]C'est un symbole qui est utilisé sans risque pour remplacer les nombreux noms de tous les dieux que tu pries. [4]Il devient le symbole éclatant de la Parole de Dieu, si proche de ce qu'il représente que le petit espace entre les deux est perdu, à l'instant où le nom est appelé à l'esprit. [5]Te souvenir du nom de Jésus-Christ, c'est rendre grâce

de tous les dons que Dieu t'a faits. [6]Et la gratitude envers Dieu devient la façon de te souvenir de Lui, car l'amour ne peut pas être loin derrière un cœur reconnaissant et un esprit plein de gratitude. [7]Dieu entre aisément, car telles sont les vraies conditions de ton retour chez toi.

5. Jésus a montré la voie. [2]Pourquoi ne lui en serais-tu pas reconnaissant? [3]Il a demandé l'amour, mais seulement pour te le donner. [4]Tu ne t'aimes pas toi-même. [5]Mais à ses yeux ta beauté est si complète et parfaite qu'il voit en elle une image de son Père. [6]Tu deviens le symbole de son Père ici sur terre. [7]Il se tourne vers toi pour l'espoir, parce qu'en toi il ne voit ni limite ni tache qui gâche ta belle perfection. [8]À ses yeux la vision du Christ brille avec une constance parfaite. [9]Il est demeuré avec toi. [10]Ne voudrais-tu pas apprendre la leçon du salut par son apprentissage? [11]Pourquoi choisirais-tu de partir à nouveau, alors qu'il a fait le voyage pour toi?

6. Il n'en est pas un sur terre qui puisse saisir ce qu'est le Ciel, ni ce que son seul Créateur signifie réellement. [2]Or nous avons des témoins. [3]C'est à eux que la sagesse devrait faire appel. [4]Il y a eu ceux dont l'apprentissage excède de loin ce que nous pouvons apprendre. [5]Nous ne voudrions pas non plus enseigner les limites que nous nous sommes imposées. [6]Nul n'oublie ses frères, qui est devenu un véritable et dévoué enseignant de Dieu. [7]Or ce qu'il peut leur offrir est limité par ce qu'il apprend lui-même. [8]Donc tourne-toi vers celui qui a mis de côté toutes limites et qui est allé par-delà le champ du plus grand apprentissage. [9]Il t'emmènera avec lui, car il n'y est pas allé seul. [10]Tu étais alors avec lui, comme tu l'es maintenant.

7. Ce cours est venu de lui parce que ses paroles t'ont rejoint dans une langue que tu peux aimer et comprendre. [2]Est-il possible qu'il y ait d'autres enseignants, pour guider dans la voie ceux qui parlent des langues différentes et font appel à des symboles différents? [3]Certainement qu'il y en a. [4]Est-ce que Dieu laisserait quiconque sans une aide très présente dans les moments de trouble, un sauveur qui puisse Le symboliser? [5]Or nous avons besoin d'un programme qui a de nombreux aspects, non pas à cause de différences de contenu mais parce que les symboles doivent varier et changer pour répondre aux besoins. [6]Jésus est venu pour répondre au tien. [7]En lui tu trouves la Réponse de Dieu. [8]Enseigne donc avec lui, car il est avec toi; il est toujours là.

24. Y A-T-IL RÉINCARNATION ?

1. En définitive, la réincarnation est impossible. [2]Il n'y a ni passé ni futur et l'idée de naissance dans un corps n'a pas de signification, que ce soit une fois ou de nombreuses fois. [3]La réincarnation ne peut donc pas réellement être vraie. [4]Notre seule question devrait être : « Le concept peut-il aider ? » [5]Et cela dépend, bien sûr, de ce pour quoi il est utilisé. [6]S'il est utilisé pour renforcer la re-connaissance de la nature éternelle de la vie, il peut certes aider. [7]Est-il quelque autre question à ce sujet qui puisse vraiment être utile pour éclairer la voie ? [8]Comme beaucoup d'autres croyances, elle peut être amèrement mal utilisée. [9]Au minimum, un tel mésusage offre préoccupation et peut-être fierté dans le passé. [10]Au pire, il induit l'inertie dans le présent. [11]Entre les deux, toutes sortes de sottises sont possibles.

2. La réincarnation ne serait, en aucun cas, le problème à considérer *maintenant*. [2]Si elle était responsable de certaines des difficultés auxquelles l'individu fait face maintenant, sa tâche serait encore uniquement d'en échapper maintenant. [3]S'il jette les fondements d'une vie future, il ne peut encore travailler à son salut que maintenant. [4]Pour certains le concept peut être réconfortant, et s'il les encourage, sa valeur est évidente. [5]Il est certain, toutefois, que la voie vers le salut peut être trouvée par ceux qui croient en la réincarnation et par ceux qui n'y croient pas. [6]Par conséquent, l'idée ne peut pas être considérée essentielle au curriculum. [7]Il y a toujours un certain risque à regarder le présent en fonction du passé. [8]Il y a toujours du bon dans toute pensée qui renforce l'idée que la vie et le corps ne sont pas la même chose.

3. Pour nos propres fins, cela n'aiderait pas de prendre une position définitive sur la réincarnation. [2]Un enseignant de Dieu devrait aider autant ceux qui y croient que ceux qui n'y croient pas. [3]Lui demander de prendre une position définitive ne ferait que limiter son utilité ainsi que sa propre faculté de décider. [4]Notre cours ne s'occupe d'aucun concept qui n'est pas acceptable pour qui que ce soit, indépendamment de ses croyances officielles. [5]Chacun aura bien assez à faire avec son propre ego, et la sagesse ne consiste pas à ajouter des controverses sectaires à ses fardeaux. [6]Ce ne serait pas un avantage non plus s'il acceptait le cours prématurément, simplement parce qu'il prône une croyance qui est sienne depuis longtemps.

4. On ne saurait trop insister sur le fait que ce cours vise à un renversement complet de la pensée. ²Quand cela est finalement accompli, des questions telles que la validité de la réincarnation deviennent in-signifiantes. ³D'ici là, il est probable qu'elles soient simplement controversées. ⁴Il serait donc sage que l'enseignant de Dieu s'écarte de toutes ces questions, car il a beaucoup à enseigner et beaucoup à apprendre en dehors d'elles. ⁵Il devrait à la fois apprendre et enseigner que les questions théoriques ne font que faire perdre du temps, le détournant du but qui lui est assigné. ⁶S'il y a des aspects d'un concept ou d'une croyance quelconque qui pourront aider, cela lui sera dit. ⁷Il lui sera dit aussi comment l'utiliser. ⁸Quoi de plus a-t-il besoin de savoir ?

5. Cela signifie-t-il que l'enseignant de Dieu ne devrait pas croire lui-même en la réincarnation, ni en discuter avec d'autres qui y croient ? ²La réponse est : certainement pas ! ³S'il croit en la réincarnation, ce serait une erreur pour lui de renoncer à cette croyance à moins que son Enseignant intérieur ne l'en avise. ⁴Ce qui est fort improbable. ⁵Peut-être sera-t-il avisé qu'il fait de cette croyance un mauvais usage qui nuit d'une certaine manière à l'avancement de son élève ou au sien. ⁶Une réinterprétation serait alors recommandée, parce qu'elle est nécessaire. ⁷Tout ce qu'il faut reconnaître, toutefois, c'est que la naissance n'était pas le commencement, et que la mort n'est pas la fin. ⁸Or, au débutant, il n'est même pas tant demandé. ⁹Il a simplement besoin d'accepter l'idée que ce qu'il sait n'est pas nécessairement tout ce qu'il y a à apprendre. ¹⁰Son voyage a commencé.

6. Ce cours insiste toujours sur le même point : c'est en ce moment que le salut complet t'est offert, et c'est en ce moment que tu peux l'accepter. ²Cela est encore ta seule responsabilité. ³L'Expiation pourrait être assimilée à une évasion totale du passé et à un manque total d'intérêt pour le futur. ⁴Le Ciel est ici. ⁵Il n'y a pas d'ailleurs. ⁶Le Ciel est maintenant. ⁷Il n'y a pas d'autre temps. ⁸Aucun enseignement qui ne mène pas à cela n'est l'affaire des enseignants de Dieu. ⁹Toutes les croyances pointeront vers cela, correctement interprétées. ¹⁰En ce sens, il peut être dit que leur vérité réside dans leur utilité. ¹¹Toutes les croyances qui font progresser devraient être honorées. ¹²Voilà le seul critère qu'exige ce cours. ¹³Rien de plus n'est nécessaire.

25. LES POUVOIRS «PSYCHIQUES» SONT-ILS DÉSIRABLES?

1.   La réponse à cette question ressemble beaucoup à la précédente. ²Bien sûr, il n'y a pas de pouvoirs «contre nature», et il est évident que c'est simplement faire appel à la magie que d'inventer un pouvoir qui n'existe pas. ³Toutefois, il est tout aussi évident que chaque individu possède de nombreuses aptitudes dont il est inconscient. ⁴À mesure que sa conscience s'élargit, il peut fort bien développer des aptitudes qui lui sembleront tout à fait surprenantes. ⁵Or rien de ce qu'il peut faire ne peut se comparer même le moindrement avec la surprise glorieuse de se rappeler Qui il est. ⁶Que tout son apprentissage et tous ses efforts soient dirigés vers cette seule grande surprise finale, et il ne sera pas satisfait d'être retardé par les petites surprises qui peuvent lui arriver en chemin.

2.   Il y a certainement beaucoup de pouvoirs «psychiques» qui s'accordent clairement avec ce cours. ²La communication ne se limite pas au petit éventail de canaux que le monde reconnaît. ³Si c'était le cas, il ne servirait pas à grand-chose d'essayer d'enseigner le salut. ⁴Ce serait impossible de le faire. ⁵Les limites que le monde impose à la communication sont les principales barrières à l'expérience directe du Saint-Esprit, Dont la Présence est toujours là et Dont la Voix est accessible pour peu qu'on entende. ⁶Ces limites sont imposées par la peur, car sans elles les murs qui entourent tous les lieux séparés du monde s'écrouleraient au saint son de Sa Voix. ⁷Qui transcende ces limites d'une quelconque façon devient simplement plus naturel. ⁸Il ne fait rien de particulier et il n'y a aucune magie dans ce qu'il accomplit.

3.   Les aptitudes apparemment nouvelles qui peuvent se recueillir en chemin peuvent être très utiles. ²Confiées au Saint-Esprit et utilisées sous Sa direction, ce sont de précieuses aides à l'enseignement. ³À cet égard, la question de savoir comment elles surgissent n'est pas pertinente. ⁴La seule considération importante, c'est comment elles sont utilisées. ⁵Les prendre pour des fins en soi, peu importe comment cela est fait, retardera le progrès. ⁶Leur valeur ne consiste pas non plus à prouver quoi que ce soit : accomplissements du passé, affinité inhabituelle avec «l'invisible» ou faveurs «particulières» de Dieu. ⁷Dieu ne fait pas de faveurs particulières et personne ne possède de pouvoirs qui ne

soient accessibles à chacun. [8]Ce n'est que par des tours de magie que des pouvoirs particuliers sont « démontrés ».

4. Rien de ce qui est authentique n'est utilisé pour tromper. [2]Le Saint-Esprit est incapable de tromperie et Il ne peut utiliser que des aptitudes authentiques. [3]Ce qui est utilisé pour la magie ne Lui est d'aucune utilité. [4]Mais ce qu'Il utilise ne peut pas être utilisé pour la magie. [5]Il y a toutefois un attrait particulier dans les aptitudes inhabituelles qui peut être curieusement tentant. [6]Voilà des forces que veut le Saint-Esprit et dont Il a besoin. [7]Or l'ego voit dans ces mêmes forces une occasion de se glorifier. [8]Des forces tournées en faiblesse sont certes une tragédie. [9]Or ce qui n'est pas donné au Saint-Esprit doit être donné à la faiblesse, car ce qui est refusé à l'amour est donné à la peur et fera peur en conséquence.

5. Même ceux qui n'accordent plus de valeur aux choses matérielles du monde peuvent encore être trompés par les pouvoirs « psychiques ». [2]Au fur et à mesure que l'investissement placé dans les dons matériels du monde a été retiré, l'ego a été sérieusement menacé. [3]Il se peut qu'il soit encore assez fort pour se rallier à cette nouvelle tentation de refaire ses forces par la ruse. [4]Beaucoup, ici, n'ont pas vu clair dans les défenses de l'ego, bien qu'elles ne soient pas particulièrement subtiles. [5]Or, étant donné qu'il reste un souhait d'être trompé, la tromperie est rendue facile. [6]Maintenant le « pouvoir » n'est plus une aptitude authentique et ne peut plus être utilisé d'une manière fiable. [7]Il est presque inévitable que l'individu, à moins qu'il ne change d'esprit sur le but de son « pouvoir », en soutienne les incertitudes par une tromperie de plus en plus grande.

6. Toute aptitude que quiconque développe est potentiellement bonne. [2]Il n'y a pas d'exception à cela. [3]Et plus le pouvoir est inhabituel et inattendu, plus son utilité potentielle est grande. [4]Le salut a besoin de toutes les aptitudes, car ce que le monde voudrait détruire, le Saint-Esprit voudrait le restaurer. [5]Les aptitudes « psychiques » ont été utilisées pour faire appel au diable, ce qui signifie simplement fortifier l'ego. [6]Or il y a également ici un grand canal d'espoir et de guérison au service du Saint-Esprit. [7]Ceux qui ont développé des pouvoirs « psychiques » ont simplement laissé certaines des limites qu'ils avaient imposées à leur esprit être levées. [8]Ils ne feront que s'imposer d'autres limites s'ils utilisent leur plus grande liberté pour un plus grand emprisonnement. [9]Le Saint-Esprit a besoin de ces dons, et ceux qui les Lui offrent, et les offrent à Lui seul, vont avec la gratitude du Christ au cœur, et Sa sainte vue non loin derrière.

26. DIEU PEUT-IL ÊTRE ATTEINT DIRECTEMENT ?

1.   Bien sûr que Dieu peut être atteint directement, car il n'y a pas de distance entre Lui et Son Fils. [2]Avoir conscience de Lui est dans la mémoire de chacun, et Sa Parole est écrite dans le cœur de chacun. [3]Or cette conscience et cette mémoire ne peuvent surgir et franchir le seuil de la re-connaissance que lorsque toutes les barrières à la vérité ont été enlevées. [4]En combien est-ce le cas ? [5]Là est donc le rôle des enseignants de Dieu. [6]Eux non plus n'ont pas encore atteint la compréhension nécessaire, mais ils se sont joints à d'autres. [7]C'est ce qui les met à part du monde. [8]Et c'est ce qui permet à d'autres de quitter le monde avec eux. [9]Seuls, ils ne sont rien. [10]Mais dans leur jonction est la puissance de Dieu.

2.   Il y a ceux qui ont atteint Dieu directement, sans retenir aucune trace des limites du monde et se souvenant parfaitement de leur propre Identité. [2]Ceux-là peuvent être appelés les Enseignants des enseignants parce que, bien qu'ils ne soient plus visibles, leur image peut encore être invoquée. [3]Et ils apparaîtront quand et là où ils pourront aider en le faisant. [4]À ceux que de telles apparitions effraieraient, ils donnent leurs idées. [5]Nul ne peut leur faire appel en vain. [6]Et il n'y a personne non plus dont ils ne soient conscients. [7]Tous les besoins leur sont connus ; et ils reconnaissent et passent sur toutes les erreurs. [8]Le temps viendra où cela sera compris. [9]En attendant, ils donnent tous leurs dons aux enseignants de Dieu qui se tournent vers eux pour avoir de l'aide, demandant toutes choses en leur nom et en nul autre.

3.   Parfois un enseignant de Dieu peut avoir une brève expérience d'union directe avec Dieu. [2]En ce monde, il est presque impossible qu'elle dure. [3]Peut-être peut-elle être gagnée après beaucoup de dévotion et de dévouement, puis être maintenue pour une grande partie du temps sur terre. [4]Mais cela est si rare que ce ne peut pas être considéré comme un but réaliste. [5]Si cela arrive, c'est bien. [6]Si cela n'arrive pas, c'est bien aussi. [7]Tous les états mondains doivent être illusoires. [8]S'il était possible d'avoir conscience de Dieu directement et d'une manière prolongée, le corps ne serait pas maintenu longtemps. [9]Ceux qui ont mis le corps de côté simplement pour offrir leur aide à ceux qui restent derrière sont certes peu nombreux. [10]Et ils ont besoin d'aides qui sont encore en esclavage et encore endormis, pour que par leur réveil la Voix pour Dieu puisse être entendue.

4.   Ne désespère pas, donc, à cause des limitations. [2]C'est ta fonction d'en échapper, mais non d'en être dépourvu. [3]Si tu veux être entendu de ceux qui souffrent, tu dois parler leur langue. [4]Si tu veux être un sauveur, tu dois comprendre de quoi il est besoin d'échapper. [5]Le salut n'est pas théorique. [6]Vois le problème, demande la réponse, puis accepte-la lorsqu'elle vient. [7]Et sa venue ne tardera pas. [8]Toute l'aide que tu peux accepter sera fournie et il n'est pas un de tes besoins qui ne sera comblé. [9]Ne soyons donc pas trop préoccupés de buts pour lesquels tu n'es pas prêt. [10]Dieu te prend et t'accueille là où tu es. [11]Que pourrais-tu désirer de plus, quand c'est tout ce dont tu as besoin ?

27. QU'EST-CE QUE LA MORT ?

1. La mort est le rêve central dont découlent toutes les illusions. [2]N'est-ce pas folie de penser à la vie comme à naître, vieillir, perdre sa vitalité et mourir à la fin ? [3]Nous avons déjà posé cette question, mais nous avons maintenant besoin de la considérer plus soigneusement. [4]C'est la croyance du monde, fixe et inchangeable, que toutes choses en lui ne naissent que pour mourir. [5]Cela est considéré comme « la voie de la nature », qui ne doit pas être remise en question mais acceptée comme loi « naturelle » de la vie. [6]Le cyclique, le changeant et l'incertain ; le non-fiable et le non-stable, qui croît et décroît d'une certaine façon sur une certaine route : tout cela est pris pour la Volonté de Dieu. [7]Et nul ne demande si un Créateur bénin pourrait vouloir cela.

2. Dans cette perception de l'univers tel que Dieu l'a créé, il serait impossible de Le considérer comme aimant. [2]Car qui a décrété que toutes choses passent, finissent en poussière, déception et désespoir, ne peut qu'être craint. [3]Il tient ta petite vie dans sa main, par un fil qu'il est prêt à couper sans regret ni souci, peut-être aujourd'hui. [4]Ou s'il attend, la fin n'en est pas moins certaine. [5]Qui aime un tel dieu ne connaît rien de l'amour, parce qu'il a nié que la vie est réelle. [6]La mort est devenue le symbole de la vie. [7]Son monde est maintenant un champ de bataille, où règne la contradiction et où les opposés se livrent une guerre sans fin. [8]Là où est la mort, la paix est impossible.

3. La mort est le symbole de la peur de Dieu. [2]Son Amour est effacé dans cette idée, qui le soustrait à la conscience comme un bouclier levé pour obscurcir le soleil. [3]Le caractère sinistre du symbole suffit à montrer qu'il ne peut pas coexister avec Dieu. [4]Il présente une image du Fils de Dieu dans laquelle celui-ci « repose en paix » dans les bras de la dévastation, où des vers attendent de l'accueillir pour subsister un petit moment par sa destruction. [5]Or les vers aussi sont condamnés à être détruits aussi certainement. [6]Ainsi toutes choses vivent à cause de la mort. [7]Dévorer est la « loi naturelle de la vie ». [8]Dieu est insane et seule la peur est réelle.

4. La curieuse croyance qu'une partie des choses qui meurent peut continuer à part de ce qui va mourir, ne proclame pas un Dieu aimant ni ne rétablit aucune base pour la confiance. [2]Si la mort est réelle pour quoi que ce soit, il n'y a pas de vie. [3]La mort nie la vie. [4]Mais s'il y a une réalité dans la vie, la mort est niée.

[5]Là-dessus il n'y a pas de compromis possible. [6]Il y a soit un dieu de peur, soit un Dieu d'Amour. [7]Le monde tente mille compromis et il en tentera mille autres. [8]Aucun ne peut être acceptable pour les enseignants de Dieu, parce qu'aucun ne pourrait être acceptable pour Dieu. [9]Il n'a pas fait la mort parce qu'Il n'a pas fait la peur. [10]Les deux sont également in-signifiantes pour Lui.

5. La « réalité » de la mort est fermement ancrée dans la croyance que le Fils de Dieu est un corps. [2]Si Dieu créait des corps, la mort serait certes réelle. [3]Mais Dieu ne serait pas aimant. [4]Nulle part ailleurs le contraste entre la perception du monde réel et celle du monde des illusions ne devient plus nettement évident. [5]La mort est certes la mort de Dieu, s'Il est Amour. [6]Et maintenant Sa Propre création doit avoir peur de Lui. [7]Il n'est pas Père mais destructeur. [8]Il n'est pas Créateur mais vengeur. [9]Ses Pensées sont terribles et Son image effrayante. [10]Contempler Ses créations, c'est mourir.

6. « Et le dernier qui sera vaincu, c'est la mort. » [2]Bien sûr ! [3]Sans l'idée de la mort, il n'y a pas de monde. [4]Tous les rêves finiront avec celui-là. [5]C'est le but final du salut, la fin de toutes les illusions. [6]Et dans la mort naissent toutes les illusions. [7]Qu'est-ce qui peut naître de la mort et pourtant vivre ? [8]Mais qu'est-ce qui est né de Dieu et peut pourtant mourir ? [9]Les incohérences, les compromis et les rituels que le monde encourage dans ses vaines tentatives pour s'agripper à la mort tout en pensant que l'amour est réel, sont magie sans esprit, inefficace et in-signifiante. [10]Dieu est, et en Lui toutes choses créées doivent être éternelles. [11]Ne vois-tu pas qu'autrement Il a un opposé, et que la peur serait aussi réelle que l'amour ?

7. Enseignant de Dieu, ta seule tâche pourrait s'énoncer ainsi : N'accepte aucun compromis dans lequel la mort a une part. [2]Ne crois pas en la cruauté, et ne laisse pas l'attaque te dissimuler la vérité. [3]Ce qui semble mourir a seulement été malperçu et porté à l'illusion. [4]Maintenant ta tâche devient de laisser l'illusion être portée à la vérité. [5]Sois ferme sur ceci seulement : ne soit pas trompé par la « réalité » de toute forme changeante. [6]La vérité ni ne bouge ni ne vacille ni ne sombre dans la mort et la dissolution. [7]Et qu'est-ce que la fin de la mort ? [8]Rien que ceci : la prise de conscience que le Fils de Dieu est non coupable maintenant et à jamais. [9]Rien que cela. [10]Mais ne te laisse pas oublier que ce n'est pas moins que cela.

28. QU'EST-CE QUE LA RÉSURRECTION ?

1.   Tout simplement, la résurrection est de vaincre la mort, ou de la surmonter. [2]C'est un réveil ou une renaissance, un changement d'esprit sur la signification du monde. [3]C'est l'acceptation de l'interprétation que donne le Saint-Esprit du but du monde : l'acceptation de l'Expiation pour soi-même. [4]C'est la fin des rêves de misère, et l'heureuse prise de conscience du rêve final du Saint-Esprit. [5]C'est la re-connaissance des dons de Dieu. [6]C'est le rêve dans lequel le corps fonctionne parfaitement, n'ayant pas de fonction, sauf la communication. [7]C'est la leçon par laquelle l'apprentissage prend fin, car avec elle il est consommé et surpassé. [8]C'est l'invitation à Dieu de faire Son dernier pas. [9]C'est le renoncement à tous les autres buts, tous les autres intérêts, tous les autres souhaits et tous les autres soucis. [10]C'est le désir unique du Fils pour le Père.

2.   La résurrection est la négation de la mort, étant l'affirmation de la vie. [2]Ainsi toute la pensée du monde est entièrement renversée. [3]La vie est maintenant reconnue pour le salut ; et les douleurs et les misères de toutes sortes sont perçues comme l'enfer. [4]L'amour n'est plus craint mais accueilli avec joie. [5]Les idoles ont disparu et le souvenir de Dieu rayonne sans entraves de par le monde. [6]La face du Christ est vue en chaque chose vivante et rien n'est tenu dans les ténèbres, à part de la lumière du pardon. [7]Il ne reste plus aucun chagrin sur terre. [8]La joie du Ciel y est descendue.

3.   Ici prend fin le curriculum. [2]À partir d'ici, il n'est plus besoin de directions. [3]La vision est entièrement corrigée et toutes les erreurs sont défaites. [4]L'attaque est in-signifiante et la paix est venue. [5]Le but du curriculum a été accompli. [6]Les pensées se tournent vers le Ciel et loin de l'enfer. [7]Toutes les soifs sont satisfaites ; car que reste-t-il sans réponse ou incomplet ? [8]La dernière illusion se répand sur le monde entier, pardonnant à toutes choses et remplaçant toute attaque. [9]Le renversement tout entier est accompli. [10]Rien ne reste pour contredire la Parole de Dieu. [11]Il n'y a pas d'opposition à la vérité. [12]Et maintenant la vérité peut enfin venir. [13]Comme elle vient vite, quand elle est invitée à entrer et à envelopper un tel monde !

4.   Tous les cœurs vivants sont tranquilles, avec un sentiment d'anticipation profonde, car maintenant le temps des choses éternelles est tout proche. [2]De mort, il n'y en a pas. [3]Le Fils de Dieu est libre.

[4]Et dans sa liberté est la fin de la peur. [5]Maintenant il ne reste aucun lieu caché sur terre où abriter des illusions malades, des rêves de peur et des malperceptions de l'univers. [6]Toutes choses sont vues dans la lumière, et dans la lumière leur but est transformé et compris. [7]Et nous, enfants de Dieu, ressuscitons de la poussière et contemplons notre parfaite impeccabilité. [8]Le chant du Ciel résonne de par le monde, tandis qu'il est soulevé et porté à la vérité.

5. Maintenant il n'y a pas de distinctions. [2]Les différences ont disparu et l'Amour Se contemple Lui-même. [3]De quelle autre vue est-il besoin ? [4]Que reste-t-il que la vision puisse accomplir ? [5]Nous avons vu la face du Christ, Son impeccabilité, Son Amour derrière toutes les formes, par-delà tous les buts. [6]Nous sommes saints parce que Sa Sainteté nous a certes libérés ! [7]Et nous acceptons Sa Sainteté comme nôtre ; comme elle l'est. [8]Comme Dieu nous a créés, ainsi nous serons pour toujours et à jamais, et la seule chose que nous souhaitons est que Sa Volonté soit la nôtre. [9]Les illusions d'une autre volonté sont perdues, car l'unité de but a été trouvée.

6. Ces choses nous attendent tous, mais nous ne sommes pas encore préparés à les accueillir avec joie. [2]Tant qu'il reste un esprit encore possédé de rêves mauvais, la pensée de l'enfer est réelle. [3]Les enseignants de Dieu ont pour but de réveiller les esprits de ceux qui dorment, et de voir là la vision de la face du Christ pour prendre la place de ce qu'ils rêvent. [4]La pensée de meurtre est remplacée par la bénédiction. [5]Le jugement est mis de côté et donné à Celui Dont la fonction est le jugement. [6]Et la vérité sur le saint Fils de Dieu est rétablie dans Son Jugement final. [7]Il est rédimé, car il a entendu la Parole de Dieu et en a compris la signification. [8]Il est libre parce qu'il a laissé la Voix de Dieu proclamer la vérité. [9]Et tous ceux qu'il cherchait à crucifier auparavant sont ressuscités avec lui, à ses côtés, tandis qu'il se prépare avec eux à rencontrer son Dieu.

29. QUANT AU RESTE...

1.   Ce manuel n'est pas censé répondre à toutes les questions que peuvent soulever et l'enseignant et l'élève. ²De fait, il ne couvre que quelques-unes des plus évidentes par un bref résumé de certains des concepts majeurs du texte et du livre d'exercices. ³Ce n'est pas un substitut ni de l'un ni de l'autre, mais simplement un complément. ⁴Bien qu'il s'appelle manuel pour enseignants, il faut se rappeler que seul le temps sépare enseignant et élève, de sorte que la différence est temporaire par définition. ⁵Dans certains cas, cela peut aider l'élève de lire le manuel en premier. ⁶D'autres feraient peut-être mieux de commencer par le livre d'exercices. ⁷D'autres encore ont peut-être besoin de débuter au niveau plus abstrait du texte.

2.   Pour qui ceci, pour qui cela? ²Qui profiterait plus des seules prières? ³Qui n'a besoin que d'un sourire, n'étant pas encore prêt pour davantage? ⁴Nul ne devrait tenter de répondre seul à ces questions. ⁵Il est sûr qu'aucun enseignant de Dieu ne s'est rendu aussi loin sans s'en rendre compte. ⁶Le curriculum est hautement individualisé et tous les aspects sont sous la direction et les soins particuliers du Saint-Esprit. ⁷Demande, et Il répondra. ⁸C'est Sa responsabilité et Lui seul est à même de l'assumer. ⁹Le faire est Sa fonction. ¹⁰Lui soumettre les questions est la tienne. ¹¹Voudrais-tu être responsable de décisions au sujet desquelles tu comprends si peu? ¹²Réjouis-toi d'avoir un Enseignant Qui ne peut pas faire d'erreur. ¹³Ses réponses sont toujours justes. ¹⁴En dirais-tu autant des tiennes?

3.   Il y a un autre avantage — et c'est un avantage très important — à soumettre tes décisions au Saint-Esprit de plus en plus fréquemment. ²Peut-être n'as-tu pas pensé à cet aspect, mais sa centralité est évidente. ³Suivre la direction du Saint-Esprit, c'est te laisser absoudre de toute culpabilité. ⁴C'est l'essence de l'Expiation. ⁵C'est le noyau du curriculum. ⁶L'usurpation imaginée de fonctions qui ne sont pas les tiennes est la base de la peur. ⁷Le monde entier que tu vois reflète l'illusion que c'est ce que tu as fait, rendant la peur inévitable. ⁸Ainsi, rendre cette fonction à Celui à Qui elle appartient est l'évasion de la peur. ⁹Et c'est cela qui permet au souvenir de l'amour de te revenir. ¹⁰Ne pense donc pas qu'il est nécessaire de suivre la direction du Saint-Esprit simplement à cause de tes propres insuffisances. ¹¹C'est la voie hors de l'enfer pour toi.

4. Voici à nouveau le paradoxe dont il est souvent fait mention dans le cours. ²Dire : « De moi-même, je ne peux rien faire », c'est gagner tout pouvoir. ³Or ce n'est un paradoxe qu'en apparence. ⁴Tel que Dieu t'a créé, tu *as* tout pouvoir. ⁵L'image que tu as faite de toi-même n'en a aucun. ⁶Le Saint-Esprit connaît la vérité à ton sujet. ⁷L'image que tu as faite ne la connaît pas. ⁸Or, malgré son ignorance évidente et complète, cette image présume qu'elle connaît toutes choses parce que tu lui as donné cette croyance. ⁹Tel est ton enseignement, et l'enseignement du monde qui a été fait pour la soutenir. ¹⁰Mais l'Enseignant Qui connaît la vérité ne l'a pas oubliée. ¹¹Ses décisions profitent à tous, étant entièrement dénuées d'attaque. ¹²Et donc incapables de susciter la culpabilité.

5. Qui assume un pouvoir qu'il ne possède pas se trompe soi-même. ²Or accepter le pouvoir que Dieu lui a donné, ce n'est que reconnaître son Créateur et accepter Ses dons. ³Et Ses dons n'ont pas de limite. ⁴Demander au Saint-Esprit de décider pour toi, c'est simplement accepter ton véritable héritage. ⁵Cela signifie-t-il que tu ne peux rien dire sans Le consulter ? ⁶Bien sûr que non ! ⁷Cela ne serait guère pratique, et c'est du pratique que ce cours se soucie le plus. ⁸Si tu as pris l'habitude de demander de l'aide quand et où tu le peux, tu peux avoir confiance en ce que la sagesse te sera donnée quand tu en auras besoin. ⁹Prépare-toi pour cela chaque matin ; souviens-toi de Dieu quand tu le peux au cours de la journée ; demande l'aide du Saint-Esprit quand tu peux le faire et le soir remercie-Le de t'avoir guidé. ¹⁰Et ta confiance sera certes bien fondée.

6. N'oublie jamais que le Saint-Esprit ne S'appuie pas sur tes paroles. ²Il comprend les requêtes de ton cœur et y répond. ³Cela signifie-t-il que, tant que l'attaque continuera de t'attirer, Il répondra par le mal ? ⁴Certainement pas ! ⁵Car Dieu Lui a donné le pouvoir de traduire les prières de ton cœur dans Sa langue. ⁶Il comprend qu'une attaque est un appel à l'aide. ⁷Et Il répond en conséquence par de l'aide. ⁸Dieu serait cruel s'Il laissait tes paroles remplacer les Siennes. ⁹Un père aimant ne laisse pas son enfant se blesser ni choisir sa propre destruction. ¹⁰Celui-ci peut demander d'être blessé, mais son père le protégera toujours. ¹¹Et combien plus que cela ton Père aime-t-Il Son Fils ?

7. Rappelle-toi que tu es Sa complétude et Son Amour. ²Rappelle-toi que ta faiblesse est Sa force. ³Mais ne lis pas cela à la hâte ou faussement. ⁴Si Sa force est en toi, ce que tu perçois comme étant ta faiblesse n'est qu'illusion. ⁵Et Il t'a donné les moyens de le

prouver. [6]Demande toutes choses de Son Enseignant, et toutes choses te sont données. [7]Non pas dans le futur mais immédiatement, maintenant. [8]Dieu n'attend pas, car attendre implique le temps et Il est intemporel. [9]Oublie tes sottes images, ton sentiment de fragilité et ta peur du nuisible, tes rêves de danger et tes « torts » choisis. [10]Dieu ne connaît que Son Fils, et comme il a été créé, ainsi il est. [11]Avec confiance, je te place entre Ses Mains et je rends grâce pour toi de ce qu'il en est ainsi.

8. Et maintenant en tout ce que tu fais sois béni.
    [2]Dieu Se tourne vers toi pour que tu L'aides à
    sauver le monde. [3]Enseignant de Dieu,
    Il t'offre Ses remerciements et le monde entier
    se tient en silence dans la grâce que tu apportes
    de Lui. [4]Tu es le Fils qu'Il aime et il t'est donné
    d'être le moyen par lequel Sa Voix se fait
    entendre tout autour du monde,
    pour clore toutes choses du temps,
    pour mettre fin à la vue de toutes choses visibles,
    et pour défaire toutes choses qui changent.
    [5]Par toi est inauguré un monde ni vu, ni entendu,
    mais véritablement là. [6]Tu es saint, et dans
    ta lumière le monde reflète ta sainteté,
    car tu n'es pas seul et sans ami. [7]Je rends grâce
    pour toi, et je me joins à tes efforts au Nom de Dieu,
    connaissant qu'ils sont faits en mon nom aussi,
    et pour tous ceux qui vont vers Dieu avec moi.

    [8]**AMEN**

CLARIFICATION DES TERMES

INTRODUCTION

1. Ceci n'est pas un cours de spéculation philosophique, et il n'a pas non plus le souci d'une terminologie précise. [2]Son seul souci est l'Expiation, ou la correction de la perception. [3]Le moyen de l'Expiation est le pardon. [4]La structure de la « conscience individuelle » n'a essentiellement pas d'importance, parce que c'est un concept qui représente « l'erreur originelle » ou le « péché originel ». [5]Étudier l'erreur elle-même ne mène pas à la correction, si tu veux réussir à passer sur l'erreur. [6]Or c'est justement ce processus qui consiste à passer par-dessus auquel vise ce cours.

2. Tous les termes peuvent prêter à controverse, et ceux qui cherchent la controverse la trouveront. [2]Or ceux qui cherchent une clarification la trouveront aussi. [3]Ils doivent toutefois être désireux de passer sur la controverse, en reconnaissant que c'est une défense contre la vérité sous la forme d'une manœuvre dilatoire. [4]Les considérations théologiques en tant que telles prêtent nécessairement à controverse, puisqu'elles dépendent de la croyance et peuvent donc être acceptées ou rejetées. [5]Une théologie universelle est impossible, mais une expérience universelle est non seulement possible mais nécessaire. [6]C'est vers cette expérience que le cours est dirigé. [7]C'est là seulement que la constance devient possible parce que c'est là seulement que l'incertitude prend fin.

3. Ce cours reste dans le cadre de l'ego, où il en est besoin. [2]Il ne s'occupe pas de ce qui est au-delà de toute erreur parce qu'il a été conçu uniquement pour orienter dans cette direction. [3]Par conséquent, il utilise des mots, lesquels sont symboliques et ne peuvent exprimer ce qui se trouve au-delà des symboles. [4]Il n'y a que l'ego qui pose des questions parce qu'il n'y a que l'ego qui doute. [5]Le cours donne simplement une autre réponse, une fois qu'une question a été soulevée. [6]Toutefois, cette réponse ne tente pas de recourir à l'inventivité ou à l'ingéniosité. [7]Ce sont là des attributs de l'ego. *[8]Le cours est simple.* [9]Il a une seule fonction et un seul but. [10]En cela seulement il reste entièrement constant parce que cela seul peut être constant.

4. L'ego exigera beaucoup de réponses que ce cours ne donne pas. [2]Il ne reconnaît pas comme question la simple forme d'une question à laquelle une réponse est impossible. [3]L'ego peut bien demander : « Comment l'impossible s'est-il produit ? » ; « À quoi

l'impossible est-il arrivé ? » ; et le demander sous de nombreuses formes. [4]Or il n'y a pas de réponse ; seulement une expérience. [5]Ne cherche que cela et ne laisse pas la théologie te retarder.

5. Tu remarqueras que les questions structurelles sont soulignées brièvement et tôt dans le cours. [2]Par la suite et vite elles tombent pour faire place à l'enseignement central. [3]Toutefois, puisque tu as demandé une clarification, voici quelques-uns des termes qui sont utilisés.

1. ESPRIT – PUR-ESPRIT

1. Le terme *esprit* est employé pour représenter l'agent activateur du pur-esprit, qui fournit son énergie créatrice. ²Quand le terme a une majuscule, il réfère à Dieu ou au Christ (c.-à-d. l'Esprit de Dieu ou l'Esprit du Christ). ³Le *pur-esprit* est la Pensée de Dieu qu'Il a créée pareille à Lui-même. ⁴Le pur-esprit unifié est le seul Fils de Dieu, ou le Christ.

2. En ce monde, parce que l'esprit est divisé, les Fils de Dieu paraissent être séparés. ²Leurs esprits ne semblent pas non plus être joints. ³Dans cet état illusoire, le concept d'un « esprit individuel » semble être signifiant. ⁴Par conséquent, le cours le décrit *comme s'il* avait deux parties : le pur-esprit et l'ego.

3. Le pur-esprit est la partie qui est encore en contact avec Dieu par le Saint-Esprit, Qui demeure dans cette partie mais voit aussi l'autre partie. ²Le terme « âme » n'est pas utilisé, sauf dans des citations directes de la Bible, à cause de sa nature hautement controversée. ³Ce serait toutefois un équivalent de « pur-esprit », s'il est entendu que l'âme, étant de Dieu, est éternelle et n'est jamais née.

4. L'autre partie de l'esprit est entièrement illusoire et ne fait que des illusions. ²Le pur-esprit conserve le potentiel de créer, mais sa Volonté, qui est Celle de Dieu, semble être emprisonnée tant que l'esprit n'est pas unifié. ³La création continue inchangée parce que telle est la Volonté de Dieu. ⁴Cette Volonté est toujours unifiée et n'a donc aucune signification dans ce monde. ⁵Elle n'a pas d'opposé et pas de degrés.

5. L'esprit peut être juste ou faux, selon la voix qu'il écoute. ²La *justesse d'esprit* écoute le Saint-Esprit, pardonne au monde, et par la vision du Christ voit le monde réel à sa place. ³Cela est la vision finale, la dernière perception, la condition dans laquelle Dieu fait le dernier pas Lui-même. ⁴Ici le temps et les illusions finissent ensemble.

6. La *fausseté d'esprit* écoute l'ego et fait des illusions ; percevant le péché et justifiant la colère, et voyant la culpabilité, la maladie et la mort comme réelles. ²Ce monde et le monde réel sont tous deux des illusions, parce que la justesse d'esprit pardonne, ou passe simplement sur ce qui n'est jamais arrivé. ³Ce n'est donc pas l'*Unité d'esprit* de l'Esprit du Christ, Dont la Volonté ne fait qu'un avec Celle de Dieu.

7.   En ce monde la seule liberté restante est la liberté de choisir; toujours entre deux alternatives ou deux voix. ²La volonté n'intervient dans la perception à aucun niveau et n'a rien à voir avec le choix. ³La *conscience* est le mécanisme de réception, qui reçoit des messages d'en haut ou d'en bas; du Saint-Esprit ou de l'ego. ⁴La conscience a des niveaux et elle peut en changer d'une manière assez dramatique, mais elle ne peut pas transcender le champ de la perception. ⁵Au plus haut niveau, elle devient consciente du monde réel et elle peut être entraînée à l'être de plus en plus. ⁶Or le fait même qu'elle a des niveaux et qu'elle peut être entraînée démontre qu'elle ne peut atteindre à la connaissance.

2. L'EGO – LE MIRACLE

1. Les illusions ne dureront pas. [2]Leur mort est certaine et cela seul est certain dans leur monde. [3]C'est le monde de l'ego à cause de cela. [4]Qu'est-ce que l'*ego*? [5]Qu'un rêve de ce que tu es réellement. [6]Une pensée d'être à part de ton Créateur et un souhait d'être ce qu'Il n'a pas créé. [7]C'est une folie et pas du tout une réalité. [8]Un nom pour l'innommé, voilà tout ce que c'est. [9]Un symbole de l'impossibilité; un choix d'alternatives qui n'existent pas. [10]Nous ne le nommons que pour nous aider à comprendre qu'il n'est rien, qu'une pensée ancienne que ce qui est fait a l'immortalité. [11]Mais que pourrait-il en sortir, sauf un rêve qui, comme tous les rêves, ne peut finir que dans la mort?

2. Qu'est-ce que l'ego? [2]Le néant, mais sous une forme qui semble être quelque chose. [3]Dans un monde de formes, l'ego ne peut pas être nié car lui seul semble réel. [4]Or le Fils de Dieu tel qu'Il l'a créé pourrait-il demeurer dans une forme ou dans un monde de formes? [5]Qui te demande de définir l'ego et d'expliquer comment il a surgi, ne peut être que celui qui le pense réel et cherche par sa définition à garantir que sa nature illusoire est dissimulée derrière les mots qui semblent le rendre tel.

3. Il n'y a pas de définition d'un mensonge qui serve à le rendre vrai. [2]Il n'y a pas non plus de vérité que les mensonges puissent dissimuler efficacement. [3]L'irréalité de l'ego n'est pas niée par les mots et ce n'est pas parce que sa nature semble avoir une forme que sa signification est claire. [4]Qui peut définir l'indéfinissable? [5]Or même ici il y a une réponse.

4. Nous ne pouvons pas réellement donner une définition de ce qu'est l'ego, mais nous *pouvons* dire ce qu'il n'est pas. [2]Et cela nous est montré avec une parfaite clarté. [3]C'est de cela que nous déduisons tout ce qu'est l'ego. [4]Regarde son opposé, et tu peux voir la seule réponse qui soit signifiante.

5. L'opposé de l'ego à tous égards — par l'origine, l'effet et la conséquence —, nous l'appelons miracle. [2]Et là nous trouvons tout ce qui n'est pas l'ego en ce monde. [3]Là est l'opposé de l'ego et là seulement nous regardons ce qu'était l'ego, car nous voyons là tout ce qu'il semblait faire, or la cause et ses effets doivent encore ne faire qu'un.

6. Là où étaient les ténèbres, nous voyons maintenant la lumière. [2]Qu'est-ce que l'ego? [3]Ce qu'étaient les ténèbres. [4]Où est l'ego?

⁵Là où étaient les ténèbres. ⁶Qu'est-il maintenant et où peut-il se trouver? ⁷Rien et nulle part. ⁸Maintenant la lumière est venue; son opposé a disparu sans laisser de trace. ⁹Là où était le mal est maintenant la sainteté. ¹⁰Qu'est-ce que l'ego? ¹¹Ce qu'était le mal. ¹²Où est l'ego? ¹³Dans un rêve de mal qui semblait seulement être réel tant que tu le rêvais. ¹⁴Là où était la crucifixion se tient le Fils de Dieu. ¹⁵Qu'est-ce que l'ego? ¹⁶Qui a besoin de le demander? ¹⁷Où est l'ego? ¹⁸Qui a besoin de chercher une illusion maintenant que les rêves ont disparu?

7. Qu'est-ce qu'un *miracle*? ²Aussi un rêve. ³Mais regarde tous les aspects de *ce* rêve et tu ne poseras plus jamais de question. ⁴Regarde le monde de bonté que tu vois s'étendre devant toi, tandis que tu avances dans la douceur. ⁵Regarde les aides tout le long du chemin que tu parcours, heureux dans la certitude du Ciel et la sûreté de la paix. ⁶Et regarde aussi un instant ce que tu as enfin laissé derrière toi et finalement dépassé.

8. Cela était l'ego — toute la haine cruelle, le besoin de vengeance et les cris de douleur, la peur de mourir et la soif de tuer, l'illusion sans frère et le soi qui semblait seul dans tout l'univers. ²Cette erreur terrible à ton sujet, le miracle la corrige aussi doucement qu'une mère aimante chante pour endormir son enfant. ³N'est-ce pas une chanson comme celle-là que tu voudrais entendre? ⁴N'est-ce pas qu'elle répondrait à tout ce que tu pensais à demander, et même qu'elle rendrait la question in-signifiante?

9. Tes questions n'ont pas de réponse, étant faites pour faire taire la Voix de Dieu, Qui pose à chacun une seule question : « Es-tu prêt à M'aider à sauver le monde? » ²Demande cela au lieu de ce qu'est l'ego, et tu verras une soudaine clarté recouvrir le monde que l'ego a fait. ³Aucun miracle n'est maintenant refusé à qui que ce soit. ⁴Le monde est sauvé de ce que tu pensais qu'il était. ⁵Et ce qu'il est est entièrement incondamné et entièrement pur.

10. Le miracle pardonne; l'ego damne. ²Ni l'un ni l'autre n'a besoin d'être défini, sauf par cela. ³Or pourrait-il y avoir définition plus sûre, ou plus en accord avec ce qu'est le salut? ⁴Problème et réponse sont là ensemble, et s'étant enfin rencontrés, le choix est clair. ⁵Qui choisit l'enfer quand il est reconnu? ⁶Et qui ne voudrait pas continuer encore un peu quand il lui est donné de comprendre que la voie est courte et que le Ciel est son but?

3. LE PARDON – LA FACE DU CHRIST

1. Le *pardon* est pour Dieu et vers Dieu mais point de Lui. [2]Il est impossible de penser à quoi que ce soit qu'Il a créé qui puisse avoir besoin de pardon. [3]Le pardon est donc une illusion, mais à cause de son but, qui est celui du Saint-Esprit, il y a une différence. [4]À la différence de toutes les autres illusions, il mène loin de l'erreur et non vers elle.

2. On pourrait appeler le pardon une sorte d'heureuse fiction; une façon pour ceux qui ne connaissent pas de jeter un pont sur le fossé entre leur perception et la vérité. [2]Ils ne peuvent aller directement de la perception à la connaissance parce qu'ils ne pensent pas que c'est leur volonté de le faire. [3]Cela fait que Dieu paraît être un ennemi au lieu de ce qu'Il est réellement. [4]Et c'est justement cette perception insane qui les rend indésireux de se lever tout simplement pour retourner à Lui en paix.

3. C'est pourquoi ils ont besoin d'une illusion d'aide parce qu'ils sont impuissants sans aide; une Pensée de paix parce qu'ils sont en conflit. [2]Dieu connaît ce dont Son Fils a besoin avant qu'il ne le demande. [3]Il ne Se soucie pas du tout de la forme mais, ayant donné le contenu, c'est Sa Volonté qu'il soit compris. [4]Et cela suffit. [5]La forme s'adapte au besoin : le contenu est inchangeant, aussi éternel que son Créateur.

4. *La face du Christ* doit d'abord être vue afin que le souvenir de Dieu puisse revenir. [2]La raison en est évidente. [3]Voir la face du Christ comporte la perception. [4]Nul ne peut regarder la connaissance. [5]Mais la face du Christ est le grand symbole du pardon. [6]C'est le salut. [7]C'est le symbole du monde réel. [8]Quiconque la regarde ne voit plus le monde. [9]Il est aussi près du Ciel qu'il est possible de l'être devant les portes. [10]Or de ces portes il n'y a pas plus qu'un pas jusqu'à l'intérieur. [11]C'est le dernier pas. [12]Et ce pas, nous le laissons à Dieu.

5. Le pardon est aussi un symbole, mais en tant que symbole de Sa seule Volonté, il ne peut être divisé. [2]Ainsi l'unité qu'il reflète devient Sa Volonté. [3]C'est la seule chose encore dans le monde en partie, et pourtant le pont qui mène au Ciel.

6. La Volonté de Dieu est tout ce qui est. [2]Nous ne pouvons aller que du néant à tout; de l'enfer au Ciel. [3]Est-ce un voyage ? [4]Non, pas en vérité, car la vérité ne va nulle part. [5]Mais les illusions changent de lieu en lieu, de temps en temps. [6]Le dernier pas aussi

n'est qu'un changement. [7]En tant que perception, il est en partie irréel. [8]Or cette partie disparaîtra. [9]Ce qui reste est la paix éternelle et la Volonté de Dieu.

7.   Il n'y a pas de souhaits maintenant, car les souhaits changent. [2]Même le souhaité peut devenir indésiré. [3]Il doit en être ainsi parce que l'ego ne peut pas être en paix. [4]Mais la Volonté est constante, en tant que don de Dieu. [5]Et ce qu'Il donne est toujours pareil à Lui-même. [6]Tel est le but de la face du Christ. [7]C'est le don de Dieu pour sauver Son Fils. [8]Regarde-la seulement, et tu as été pardonné.

8.   Comme le monde devient beau en cet instant précis où tu vois la vérité à ton sujet reflétée là. [2]Maintenant tu es sans péché et tu contemples ton impeccabilité. [3]Maintenant tu es saint et tu le perçois ainsi. [4]Et maintenant l'esprit retourne à son Créateur; jonction du Père et du Fils, Unité des unités qui se tient derrière toute jonction mais au-delà d'elles toutes. [5]Dieu n'est pas vu mais seulement compris. [6]Son Fils n'est pas attaqué mais reconnu.

4. PERCEPTION VRAIE – CONNAISSANCE

1. Le monde que tu vois est l'illusion d'un monde. [2]Dieu ne l'a pas créé, car ce qu'Il crée doit être éternel comme Lui-même. [3]Or il n'y a rien dans le monde que tu vois qui durera à jamais. [4]Certaines choses dureront un peu plus longtemps que d'autres dans le temps. [5]Mais le temps viendra où toutes choses visibles auront une fin.
2. Les yeux du corps ne sont donc pas le moyen par lequel le monde réel peut être vu, car les illusions qu'ils contemplent doivent conduire à encore d'autres illusions de réalité. [2]Et c'est ce qu'elles font. [3]Car tout ce qu'ils voient non seulement ne durera pas mais prête à des pensées de péché et de culpabilité. [4]Tandis que tout ce que Dieu a créé est à jamais sans péché et donc à jamais sans culpabilité.
3. La connaissance n'est pas le remède à la perception fausse puisque, étant un autre niveau, elles ne pourront jamais se rencontrer. [2]La seule correction possible à la perception fausse doit être la *perception vraie*. [3]Elle ne durera pas. [4]Mais le temps qu'elle dure, elle vient guérir. [5]Car la perception vraie est un remède aux noms multiples. [6]Pardon, salut, Expiation, perception vraie, c'est tout un. [7]Ils sont le seul commencement, dont la fin est de conduire à l'Unité bien au-delà d'eux-mêmes. [8]La perception vraie est le moyen par lequel le monde est sauvé du péché, car le péché n'existe pas. [9]Or c'est cela que voit la perception vraie.
4. Le monde se dresse comme un bloc devant la face du Christ. [2]Mais la perception vraie le regarde comme rien de plus qu'un voile fragile, si facile à dissiper qu'il ne peut durer plus d'un instant. [3]Enfin il est vu seulement pour ce qu'il est. [4]Et maintenant il ne peut manquer de disparaître, car maintenant il y a une place vide, rendue propre et prête. [5]Là où la destruction était perçue apparaît la face du Christ; et à cet instant le monde est oublié et le temps est fini à jamais tandis que le monde tourbillonnant disparaît dans le néant d'où il est venu.
5. Un monde pardonné ne peut durer. [2]C'était la demeure des corps. [3]Mais le pardon regarde passé les corps. [4]Telle est sa sainteté; c'est ainsi qu'il guérit. [5]Le monde des corps est le monde du péché, car le péché n'est possible que s'il y a un corps. [6]Du péché vient la culpabilité aussi sûrement que le pardon enlève toute culpabilité. [7]Et une fois que toute culpabilité a disparu, que

reste-t-il de plus pour garder en place un monde séparé ? ⁸Car la place aussi a disparu, comme le temps. ⁹Seul le corps fait que le monde semble réel, car étant séparé il ne pourrait rester là où la séparation est impossible. ¹⁰Le pardon prouve qu'elle est impossible parce qu'il ne la voit pas. ¹¹Et alors ce sur quoi tu passeras ne te sera pas compréhensible, tout comme autrefois sa présence avait été ta certitude.

6. Voici le changement qu'apporte la perception vraie : ce qui était projeté au-dehors est vu au-dedans, et là le pardon le laisse disparaître. ²Car là l'autel au Fils est établi et là revient le souvenir du Père. ³Là toutes les illusions sont portées à la vérité et déposées sur l'autel. ⁴Ce qui est vu au-dehors doit être au-delà du pardon, car cela semble être à jamais pécheur. ⁵Où est l'espoir tant que le péché est vu comme étant à l'extérieur ? ⁶Quel remède peut escompter la culpabilité ? ⁷Mais vus au-dedans de ton esprit, la culpabilité et le pardon pour un instant reposent ensemble, côte à côte, sur un même autel. ⁸Là enfin la maladie et son unique remède sont joints dans une clarté qui guérit. ⁹Dieu est venu réclamer le Sien. ¹⁰Le pardon est complet.

7. Et maintenant la *connaissance* de Dieu, inchangeable, certaine, pure et entièrement compréhensible, entre en son royaume. ²La perception a disparu, fausse et vraie pareillement. ³Le pardon a disparu, car sa tâche est accomplie. ⁴Et les corps ont disparu dans la lumière éclatante sur l'autel au Fils de Dieu. ⁵Dieu connaît que c'est le Sien, comme c'est le sien. ⁶Et là Ils se joignent, car là la face du Christ a dissipé de son éclat le dernier instant du temps ; et maintenant la dernière perception du monde est sans but et sans cause. ⁷Car là où le souvenir de Dieu est enfin venu, il n'y a pas de voyage, pas de croyance dans le péché, pas de murs, pas de corps, et là le sinistre attrait de la culpabilité et de la mort est éteint à jamais.

8. Ô mes frères, si seulement vous connaissiez la paix qui vous enveloppera et vous tiendra en sécurité, purs et beaux dans l'Esprit de Dieu, vous ne pourriez que vous précipiter pour Le rejoindre là où est Son autel. ²Que votre Nom et le Sien soient sanctifiés, car là ils sont joints en ce saint lieu. ³Là Il se penche pour vous élever jusqu'à Lui, hors des illusions et dans la sainteté ; hors du monde et dans l'éternité ; hors de toute peur et rendus à l'amour.

5. JÉSUS – LE CHRIST

1. Il n'est pas besoin d'aide pour entrer au Ciel car tu ne l'as jamais quitté. ²Mais il est besoin d'aide au-delà de toi-même, circonscrit comme tu l'es par des fausses croyances sur ton Identité, que Dieu seul a établie dans la réalité. ³Des Aides te sont donnés sous de nombreuses formes, bien que sur l'autel ils ne fassent qu'un. ⁴Au-delà de chacun d'eux est une Pensée de Dieu, et elle ne changera jamais. ⁵Mais ils ont des noms qui diffèrent pour un temps, car le temps a besoin de symboles, étant lui-même irréel. ⁶Leurs noms sont légion, mais nous n'irons pas au-delà des noms que le cours lui-même emploie. ⁷Dieu n'aide pas parce qu'Il ne connaît pas de besoin. ⁸Mais Il crée tous les Aides de Son Fils tant qu'il croit que ses fantasmes sont vrais. ⁹Remercie Dieu pour eux, car ils te conduiront chez toi.

2. Le nom de *Jésus* est le nom de quelqu'un qui était un homme mais qui a vu la face du Christ en tous ses frères et s'est souvenu de Dieu. ²Ainsi il s'est identifié au *Christ,* non plus un homme mais ne faisant qu'un avec Dieu. ³L'homme était une illusion, car il semblait être un être séparé qui marchait seul à l'intérieur d'un corps qui paraissait garder son soi loin du Soi, comme le font toutes les illusions. ⁴Or qui peut sauver à moins de voir les illusions puis de les identifier comme ce qu'elles sont? ⁵Jésus demeure un Sauveur parce qu'il a vu le faux sans l'accepter pour vrai. ⁶Et le Christ avait besoin de sa forme pour apparaître aux hommes et les sauver de leurs propres illusions.

3. Dans sa complète identification avec le Christ — le Fils parfait de Dieu, Sa seule création et Son bonheur, à jamais pareil à Lui et un avec Lui —, Jésus est devenu ce que vous tous devez être. ²Il t'a guidé dans la voie pour que tu le suives. ³Il te ramène à Dieu parce qu'il a vu la route devant lui et qu'il l'a suivie. ⁴Il a fait une claire distinction, encore obscure pour toi, entre le faux et le vrai. ⁵Il t'a offert une dernière démonstration de ce qu'il est impossible de tuer le Fils de Dieu; et que sa vie ne peut être changée en aucune façon par le péché et le mal, la malice, la peur ou la mort.

4. Par conséquent, tous tes péchés ont été pardonnés parce qu'ils n'entraînaient pas du tout d'effets. ²Ainsi ce n'étaient que des rêves. ³Élève-toi avec lui, qui t'a montré cela, parce que tu le dois à celui qui a partagé tes rêves afin qu'ils soient dissipés. ⁴Et qui les partage encore, pour être en union avec toi.

5.   Est-il le Christ? ²Oh oui, avec toi. ³Sa petite vie sur terre n'a pas suffi pour enseigner la puissante leçon qu'il a apprise pour vous tous. ⁴Il restera avec toi pour te conduire de l'enfer que tu as fait jusqu'à Dieu. ⁵Et quand tu joindras ta volonté à la sienne, ta vue sera sa vision, car les yeux du Christ sont partagés. ⁶Aller avec lui est tout aussi naturel que d'aller avec un frère que tu connais depuis ta naissance, car c'est certes ce qu'il est. ⁷D'amères idoles ont été faites de lui, qui ne voulait être qu'un frère pour le monde. ⁸Pardonne-lui tes illusions et vois quel frère aimant il serait pour toi. ⁹Car enfin il apaisera ton esprit et le portera avec toi jusqu'à ton Dieu.

6.   Est-il le seul Aide de Dieu? ²Certainement pas. ³Car le Christ prend de nombreuses formes aux noms différents jusqu'à ce que leur unité puisse être reconnue. ⁴Mais Jésus est pour toi le porteur de l'unique message du Christ, qui est l'Amour de Dieu. ⁵Tu n'en as pas besoin d'autre. ⁶Il est possible de lire ses paroles et d'en bénéficier sans l'accepter dans ta vie. ⁷Or il t'aiderait encore un peu plus si tu partageais tes douleurs et tes joies avec lui, puis laissais les unes comme les autres derrière toi pour trouver la paix de Dieu. ⁸Mais c'est encore et surtout sa leçon qu'il voudrait que tu apprennes, et la voici :

> ⁹De mort, il n'y en a pas, parce que le Fils de Dieu est pareil à son Père. ¹⁰Rien de ce que tu peux faire ne peut changer l'Amour éternel. ¹¹Oublie tes rêves de péché et de culpabilité, et viens plutôt avec moi partager la résurrection du Fils de Dieu. ¹²Et amène avec toi tous ceux qu'Il t'a envoyés pour que tu en prennes soin comme je prends soin de toi.

6. LE SAINT-ESPRIT

1. Jésus est la manifestation du *Saint-Esprit*, Qu'il a appelé à descendre sur terre après être monté au Ciel, ou s'être complètement identifié au Christ, le Fils de Dieu tel qu'Il L'a créé. [2]Le Saint-Esprit, étant une création du seul Créateur, créant avec Lui et à Sa ressemblance ou dans Son pur-esprit, est éternel et n'a jamais changé. [3]Il fut « appelé à descendre sur terre » en ce sens qu'il était maintenant possible de L'accepter et d'entendre Sa Voix. [4]Sa Voix est la Voix pour Dieu et Elle a donc pris forme. [5]Cette forme n'est pas Sa réalité, que Dieu Seul connaît avec le Christ, Son Fils réel, Qui fait partie de Lui.

2. Le Saint-Esprit est décrit tout le long du cours comme Celui Qui nous donne la réponse à la séparation et nous apporte le plan de l'Expiation, établissant le rôle particulier que nous y jouons et nous montrant exactement ce qu'il est. [2]Il a établi Jésus comme meneur dans l'exécution de Son plan puisqu'il fut le premier à compléter parfaitement son propre rôle. [3]Tout pouvoir dans le Ciel et sur la terre lui est donc donné, et il le partagera avec toi quand tu auras rempli le tien. [4]Le principe de l'Expiation fut donné au Saint-Esprit bien avant que Jésus ne le mette en marche.

3. Le Saint-Esprit est décrit comme le Lien de Communication restant entre Dieu et Ses Fils séparés. [2]Pour remplir cette fonction particulière, le Saint-Esprit a assumé une double fonction. [3]Il connaît parce qu'Il fait partie de Dieu ; Il perçoit parce qu'Il a été envoyé pour sauver l'humanité. [4]Il est le grand principe correcteur ; le porteur de la perception vraie, le pouvoir inhérent à la vision du Christ. [5]Il est la lumière dans laquelle le monde pardonné est perçu ; dans laquelle la seule face du Christ est vue. [6]Il n'oublie jamais le Créateur ni Sa création. [7]Il n'oublie jamais le Fils de Dieu. [8]Il ne t'oublie jamais. [9]Et Il t'apporte l'Amour de ton Père dans un rayonnement éternel qui ne sera jamais oblitéré parce que Dieu l'a mis là.

4. Le Saint-Esprit demeure dans la partie de ton esprit qui fait partie de l'Esprit du Christ. [2]Il représente ton Soi et ton Créateur, Qui ne font qu'Un. [3]Il parle pour Dieu et aussi pour toi, étant joint aux Deux. [4]Par conséquent, Il est Celui Qui prouve qu'Ils ne font qu'Un. [5]Il semble être une Voix, car sous cette forme Il te dit la Parole de Dieu. [6]Il semble être un Guide à travers un pays lointain, car tu as besoin de cette forme d'aide. [7]Il semble être tout ce

qui répond aux besoins que tu penses avoir. [8]Mais Il n'est pas trompé quand tu perçois ton soi pris au piège de besoins que tu n'as pas. [9]C'est d'eux qu'Il voudrait te délivrer. [10]C'est d'eux qu'Il voudrait te mettre à l'abri.

5. Tu es Sa manifestation en ce monde. [2]Ton frère t'appelle à être Sa Voix avec lui. [3]Seul, il ne peut pas être l'Aide du Fils de Dieu, car seul il n'a pas de fonction. [4]Mais joint à toi, il est le Sauveur du monde, éclatant de lumière, Dont tu as complété le rôle dans la rédemption du monde. [5]Il vous rend grâce, à toi comme à lui, car tu t'es élevé avec lui lorsqu'il a commencé à sauver le monde. [6]Et tu seras avec lui quand le temps sera terminé et que plus une trace ne restera des rêves de dépit dans lesquels tu danses sur la grêle mélodie de la mort. [7]Car à sa place l'hymne à Dieu est entendu un petit moment. [8]Et puis la Voix a disparu, non plus pour prendre forme mais pour retourner à l'éternel sans-forme de Dieu.

ÉPILOGUE

1. N'oublie pas qu'une fois ce voyage commencé, la fin est certaine. [2]Le doute en cours de route viendra puis s'en ira, et s'en ira pour revenir encore. [3]Or la fin est sûre. [4]Nul ne peut manquer de faire ce pour quoi Dieu l'a désigné. [5]Quand tu oublies, souviens-toi que tu vas avec Lui et avec Sa Parole sur ton cœur. [6]Qui pourrait désespérer quand un tel espoir est sien ? [7]Des illusions de désespoir peuvent sembler venir, mais apprends comment ne pas être trompé par elles. [8]Derrière chacune d'elles il y a la réalité et il y a Dieu. [9]Pourquoi attendrais-tu cela et l'échangerais-tu contre des illusions, quand Son Amour n'est qu'un instant plus loin sur la route où finissent toutes les illusions ? [10]La fin *est* sûre et garantie par Dieu. [11]Qui se tient devant une image sans vie alors qu'à un pas de distance le Saint des Saints ouvre une ancienne porte qui mène au-delà du monde ?

2. Tu *es* un étranger ici. [2]Mais tu appartiens à Celui Qui t'aime comme Il S'aime Lui-même. [3]Demande seulement mon aide pour rouler la pierre et cela est fait selon Sa Volonté. [4]Nous *avons* commencé le voyage. [5]Il y a longtemps, la fin fut écrite dans les étoiles et fixée dans les Cieux par un Rai de lumière qui l'a tenue en sécurité dans l'éternité comme à travers le temps. [6]Et la tient encore ; inchangée, inchangeante et inchangeable.

3. N'aie pas peur. [2]Nous ne faisons qu'entreprendre à nouveau un ancien voyage, depuis longtemps commencé et nouveau qu'en apparence. [3]Nous avons recommencé sur une route que nous avons déjà parcourue mais sur laquelle nous avons perdu notre chemin un petit moment. [4]Et maintenant nous essayons à nouveau. [5]Notre nouveau commencement a la certitude qui manquait jusqu'à maintenant au voyage. [6]Lève les yeux et vois Sa Parole parmi les étoiles, où Il a fixé ton Nom avec le Sien. [7]Lève les yeux et trouve ta sûre destinée, que le monde voudrait cacher mais que Dieu voudrait que tu voies.

4. Attendons ici en silence et mettons-nous un instant à genoux par gratitude pour Celui Qui nous a appelés et nous a aidés à entendre Son Appel. [2]Et puis levons-nous et marchons avec foi dans la voie qui mène à Lui. [3]Maintenant nous sommes sûrs que nous ne marchons pas seuls. [4]Car Dieu est là, et avec Lui tous nos frères. [5]Maintenant nous connaissons que nous ne perdrons plus jamais notre chemin. [6]Le chant commence à nouveau, qui ne

s'était arrêté qu'un instant bien qu'il semble avoir cessé depuis toujours. [7]Ce qui est commencé ici croîtra en vie, en force et en espoir, jusqu'à ce que le monde soit calme un instant et oublie tout ce que le rêve de péché avait fait de lui.

5.   Sortons et allons à la rencontre du monde nouveau-né, connaissant que le Christ y est né à nouveau et que la sainteté de cette renaissance durera à jamais. [2]Nous avions perdu notre chemin mais Il l'a trouvé pour nous. [3]Allons souhaiter la bienvenue à Celui Qui nous revient pour célébrer le salut et la fin de tout ce que nous pensions avoir fait. [4]L'étoile du matin de ce jour nouveau voit un monde différent où Dieu est le bienvenu et Son Fils avec lui. [5]Nous qui Le complétons, nous Lui rendons grâce, comme Il nous rend grâce. [6]Le Fils est calme et, dans la quiétude que Dieu lui a donnée, il entre chez lui, et enfin il est en paix.

NOTE DES TRADUCTEURS

La traduction d'un livre tel que *A Course in Miracles* nécessitait que l'on mette de côté certaines vieilles habitudes de traducteurs. Ainsi, la plupart des tournures passives, si chères à l'anglais, ont été conservées. Les doubles et triples négatives, qui ne sont pas sans ralentir la lecture et même forcer la relecture, n'ont pas été simplifiées. Les anacoluthes, les tournures sylleptiques, les phrases inachevées — toutes sont restées... Est restée aussi, nous l'espérons, au moins un peu de l'étrange et déroutante beauté que ces particularités, entre autres, confèrent au texte anglais.

De plus, le Cours fait un usage abondant des pronoms neutres *it*, *this* et *that* (ceci, cela), ce qui fait que bien des phrases peuvent s'interpréter de plusieurs façons, selon l'antécédent — pas toujours évident — que le lecteur assigne à ces pronoms. Plutôt que d'ajouter ou d'imposer notre propre interprétation, nous avons tenté de conserver l'ambiguïté en français, quitte à alourdir des phrases qui se lisaient mieux en anglais. Par exemple, les derniers chapitres du texte et une grande partie des leçons du livre d'exercices sont rythmés, ce qui a été perdu dans la traduction. D'autre part, quand l'anglais est lui-même pesant et obscur, comme c'est le cas surtout dans les premiers chapitres, nous n'avons pas tenté d'alléger ou de clarifier.

Cela dit, notre plus grand défi fut sans doute de respecter du début à la fin le vocabulaire bien particulier du Cours. Il allait de soi que certains mots-clés, tels que déni, Expiation, salut, attaque et défense, par exemple, soient toujours traduits de la même façon. Cependant, bien d'autres mots et expressions qui se retrouvent dans toutes les parties de l'œuvre et qui constituent, par leur fréquence même, le matériau linguistique du Cours, ont été traités avec le même souci d'uniformité. Notons ici des mots tels qu'interférence, distorsion, apprentissage, etc.; des verbes comme « *overlook*-passer sur », « *bring to*-porter à », « *let go*-lâcher prise »; des locutions verbales dont « *to make real*-rendre réel », « *to lay aside*-mettre de côté »; et d'autres mots encore qui font image tout au long du livre, comme « *gap*-fossé », « *veil*-voile », « *toys*-jouets », et qui par leur présence annoncent ou signalent le retour d'un thème. Tant que la langue et la syntaxe le permettaient — et parfois même quand elles en souffraient un peu — nous avons traduit tous ces mots et bien d'autres mots secondaires toujours de la même façon. Dans les rares cas où cela n'était pas possible, le mot ou l'expression anglaise a été traduit par deux ou trois équivalents français, selon le contexte.

Mentionnons enfin, à titre d'avertissement, la création de quelques néologismes, comme « malperception » et « malcréation », pour traduire *misperception* et *miscreation*; et l'usage parfois déroutant, ne serait-ce que par leur nombre, de certaines locutions comme « au-delà de » ou « ne faisant qu'un », pour rendre les nombreux *beyond* et *as one*.

Quand le lecteur rencontre des passages ou des tournures insolites, il s'agit donc le plus souvent, du moins nous l'espérons, non pas d'erreurs de traduction mais de ce constant souci du texte original.

Commentaires sur quelques mots et concepts-clés

L'une des méthodes, ou mécanismes (*device*) d'enseignement du Cours, consiste à mettre en lumière nos habitudes de pensée, « notre façon de voir maintenant », pour ensuite les mettre en question. C'est pourquoi certains mots usuels comme ceux que nous avons mentionnés sont chargés d'un sens nouveau et souvent très loin du sens habituel. Un autre mécanisme réside dans l'utilisation des contraires, ou des contrastes, pour délimiter la dualité et la non-dualité (qui dans le Cours correspondent à la connaissance et à la perception respectivement); ainsi que la justesse d'esprit et la fausseté d'esprit à l'intérieur de la dualité.

Ces paires de contraires ont aussi été traduits de la même façon tout au long du livre. En voici quelques exemples :

a) *make/create* — *faire/créer*

« *Make*-faire » a trait à la dualité et à tout ce que l'ego produit à l'intérieur de cette dualité. « *Create*-créer » concerne les créations divines non duelles.

Dans les cas où le verbe *to make* est utilisé dans un contexte normal, par exemple pour former des locutions verbales comme *make real* ou *make one*, nous avons utilisé le plus souvent le verbe « rendre » ou l'expression française que le contexte commandait.

Notons toutefois que « faire » sert aussi à traduire le verbe *to do*. Cependant, le lecteur français ne devrait pas avoir trop de mal à faire la différence entre cet usage courant et le « faire » de l'ego.

b) know/perceive — connaître/percevoir

«*Know*-connaître» et «*perceive*-percevoir» reflètent la même opposition : *know* se situe — le plus souvent — au niveau de la non-dualité et *perceive*, de la dualité. En français, sauf en de rares occasions (pour les passages bibliques, par exemple), nous avons utilisé «connaître» pour traduire *know*, même si l'usage commandait parfois d'utiliser «savoir».

S'il est vrai que *know* est parfois utilisé dans le Cours dans le sens usuel de «connaître quelqu'un» ou de «savoir quelque chose», le mot *knowledge*, en revanche, traduit partout par «connaissance», n'a jamais le sens courant de «ce que l'on connaît pour l'avoir appris», mais réfère à une vérité transcendantale, toujours au niveau de la non-dualité.

c) mind/spirit — esprit/pur-esprit (to change one's mind — changer d'esprit)

Dans toute traduction de l'anglais au français, les mots *mind* et *spirit* représentent un défi, puisque les deux réfèrent à «l'esprit». Or puisque ce sont des mots-clés, nous devions les différencier en utilisant toujours les mêmes expressions tout en respectant leur indéniable parenté. C'est ainsi que nous en sommes arrivés à esprit/pur-esprit, «pur-esprit» désignant l'essence divine au niveau de la non-dualité.

Dans le contexte du Cours, l'expression *to change one's mind*, qui signifie normalement changer d'avis, d'opinion ou d'idée, pouvait difficilement se traduire autrement que mot à mot : «changer d'esprit». De toute façon, changer d'idée ou d'opinion aurait été nettement insuffisant pour exprimer le changement fondamental auquel le Cours vise par un renversement complet de notre pensée.

d) wish/will — souhaiter/avoir pour volonté

Souhaiter, *to wish*, se fait toujours dans la dualité; tandis que le verbe *to will* (quand il n'est pas auxiliaire, bien entendu), concerne la non-dualité. En français, pour différencier *will* et *want*, nous avons utilisé la locution verbale «avoir pour volonté de» quand il s'agissait de *will*, bien que nous ayons parfois, pour éviter les lourdeurs et quand il était impossible de confondre les niveaux (quand «Dieu veut», par exemple, ce ne peut être que dans l'unité, ou la non-dualité»), employé «vouloir».

e) sanity/insanity/insane — santé d'esprit/insanité/insane

Il n'est sans doute pas nécessaire de justifier la traduction de *sanity* par «santé d'esprit». Mais si *sanity* est «santé d'esprit», comment traduire son contraire : *insanity* ? Le problème, c'est surtout qu'*insanity* et *insane* sont des termes courants en anglais ; tandis qu'«insanité» et «insane» le sont beaucoup moins en français. (Sans compter qu'il fallait parfois en faire des substantifs : «un insane», «des insanes».) Le mot «démence» aurait convenu, mais la démence se définit comme «l'ensemble des troubles mentaux graves», ce qui implique qu'il y en a de moins graves, d'où une sorte de gradation ou de progression de la folie ; or il est clair dans le Cours qu'il n'y a pas de degrés, pas de plus ou de moins. Comme il est dit au chapitre 6 : «Il ne peut pas y avoir conflit entre la santé d'esprit et l'insanité. Une seule est vraie, donc une seule est réelle.» Pour cette raison, et pour conserver le contraste, nous avons fini par adopter insanité-insane.

f) willingness/unwillingness — désir/indésir

Les opposés *willingness* et *unwillingness* nous ont aussi posé problème, puisqu'il n'existe pas d'équivalents exacts en français. Nous avons considéré plusieurs possibilités, mais aucune ne nous paraissait satisfaisante. Soit que le sens n'était pas tout à fait le même, soit qu'il aurait été très difficile de conserver la même famille de mots tout au long de la traduction.

Toutefois, en optant pour le couple désir-indésir, il nous a fallu tenir compte du fait que le mot *desire* (désir) apparaît déjà dans le Cours, où il a le plus souvent un sens positif — très proche de *willingness*, pour ne pas dire identique. Dans les rares cas où il a un sens négatif, nous l'avons traduit par «souhait».

g) denial — déni

En psychanalyse, le mot *déni* désigne le «refus de reconnaître une réalité dont la perception est traumatisante pour le sujet» (Laplanche et Pontalis, *Vocabulaire de la psychanalyse*). Il a dans le Cours un sens beaucoup plus large. Le plus souvent, il est utilisé dans le sens psychanalytique (ou dans le sens du mot «refoulement») ; parfois il a le sens usuel de «refus», par opposition au mot *acceptance* (acceptation) ; parfois encore il désigne la négation de l'ego et la délivrance de la croyance en ses effets.

Pour traduire le verbe *to deny*, nous avons employé partout le verbe « nier », qui peut aussi être compris dans le sens de refuser, ou de « nier » quelque chose à quelqu'un.

h) consciousness, awareness — conscience

Ces deux mots ne sont pas des opposés ; au contraire, ils sont très proches l'un de l'autre et se partagent un champ sémantique qui, en français, est réservé au seul mot « conscience ».

Or dans le Cours, le mot *consciousness* se situe exclusivement au niveau de la perception, donc de la dualité.

Quant à *awareness*, qui est aussi traduit par conscience — ou plus rarement « prise de conscience » —, il est employé dans le Cours à l'un ou l'autre niveau : niveau de la connaissance (non-dualité) ou niveau de la perception (dualité).

NOTES

Pour la plupart, les notes suivantes portent sur les passages où *A Course in Miracles* (par la suite nous dirons simplement : le Cours anglais) cite la Bible ou y fait allusion, et plus précisément sur ceux-là où la Bible King James (qui fait foi pour l'anglais) et la ou les bibles françaises diffèrent.

Quelques notes renvoient à des phrases qui présentaient des difficultés de traduction particulières : jeux de mots, doubles sens, idiomes, etc. Enfin, certaines notes concernent des références propres à la culture ou à l'histoire américaine.

Pour ce qui concerne les bibles, la Bible Segond a été consultée en premier lieu, et la Bible de Jérusalem en deuxième lieu. Là où la Bible King James et la Bible Segond diffèrent, alors que la Bible de Jérusalem est plus proche de l'anglais, c'est celle-ci qui est citée et dans ce cas aucune note n'a été faite. Les notes portent uniquement sur les passages où ni la Bible Segond ni la Bible de Jérusalem ne correspondent à la Bible King James, alors que la Bible Tob est plus proche.

Lorsque le Cours anglais correspond à la King James, mais que celle-ci ne correspond à aucune des bibles françaises, le Cours anglais a été traduit sans tenir compte de la citation biblique française.

Lorsque le Cours cite la Bible King James plus librement, la traduction française tient compte uniquement du Cours anglais.

Les notes commencent avec le Texte, suivi du Livre d'exercices pour étudiants, puis du Manuel pour enseignants. Le système de renvoi est le suivant :

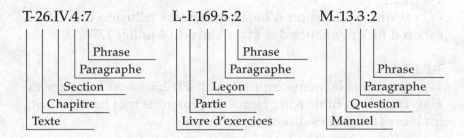

T-26.IV.4:7   L-I.169.5:2   M-13.3:2

Phrase	Phrase	
Paragraphe	Paragraphe	Phrase
Section	Leçon	Paragraphe
Chapitre	Partie	Question
Texte	Livre d'exercices	Manuel

Texte

T-2.V.17:1
«Soyez du même esprit...» Voir 2 Co 13:11. Dans la Bible King James comme dans le Cours anglais, on dit *be of one mind* (soyez du même esprit), alors que les bibles françaises parlent d'avoir «un même sentiment».

T-4.In.2:2
«... d'être calme et de connaître que je suis Dieu.» Voir Ps 46:11. Dans le Cours anglais comme dans la Bible King James : «*Be still...*» (Sois calme...) Dans la Bible Segond et dans la Bible de Jérusalem : «Arrêtez...»

T-4.In.3:7
Écrit par le Révérend George Bennard en 1913, *The Old Rugged Cross* («La bonne vieille croix») est un hymne protestant bien connu aux États-Unis.

T-4.I.9:1
«Dieu n'est pas l'auteur de la peur.» Voir 1 Co 14:33. Le Cours anglais comme la Bible King James emploient ici le mot «auteur» : «*God is not the author of...*» (Dieu n'est pas l'auteur de...) Les bibles françaises emploient plutôt cette tournure : «Car Dieu n'est pas un *Dieu de...*»

T-4.III.1:1
«Le Royaume des Cieux est en toi.» Voir Lc 17:21. Le Cours anglais, comme la Bible King James, dit «*within* you» (au-dedans de vous); alors que la Bible Segond et la Bible de Jérusalem disent «*au milieu* de vous».

T-4.III.2:2
«C'est une déclaration d'indépendance.» Allusion à la déclaration d'Indépendance des États-Unis du 4 juillet 1776.

T-5.I.3:4
«Ayez en vous le même esprit...» Voir Ph 2:5. Là où le Cours anglais comme la Bible King James emploient le mot *mind* (esprit), les bibles françaises disent «sentiment».

T-5.II.11:3-4

« Rappelle-toi que "joug" signifie "joindre" et que "fardeau" signifie "message". Reformulons : "Mon joug est doux, et mon fardeau léger" de cette façon : "Joignons-nous les uns les autres, car mon message est lumière." » Voir Mt 11:30. Double jeu de mots, intraduisible, sur la citation biblique : « For my yoke *is* easy, and my burden is light. » (Car mon joug est doux, et mon fardeau léger.) C'est qu'en anglais, *burden* signifie « fardeau » mais aussi « refrain », « idée principale », ou « message », et *light* signifie « lumière » mais aussi « léger ».

T-6.I.10:3

« ... d'être perçu comme la voie, la vérité et la vie. » Voir Jn 14:6. Bien que les bibles françaises utilisent ici le mot « chemin », nous avons préféré « voie », dont le champ sémantique est plus large et plus près de rendre tous les sens du mot anglais *way*, qui signifie parfois « façon de faire », parfois « chemin ».

T-6.I.15:5

« ... que tu trahis le Fils de l'homme ? » Voir Lc 22:48. Où le Cours anglais et la Bible King James emploient le mot *betray* (trahir), les bibles françaises disent : « ... que tu livres le Fils de l'homme ! »

T-6.V-A.3:4

« Être d'un même esprit... » Voir 1 P 3:8 ainsi que la note sous T-2.V.17:1.

T-7.V.10:12

« Béni sois-tu... » Voir les Béatitudes, Mt 5:3-11. Dans la Bible King James, comme dans le Cours anglais, la formule de bénédiction est : « *Blessed are...* » (Bénis soient...) En français, les Béatitudes commencent par : « Heureux... »

T-8.III.1:1

« Gloire à Dieu au plus haut des Cieux... » Voir Lc 2:14 dans la Bible de Jérusalem. Dans la Bible Segond, on lit : « Gloire à Dieu dans les lieux très hauts... »

T-10.III.7:8
« Ta foi en lui te rend entier... » Voir Mt 9:22. La Bible King James, comme le Cours anglais, utilise la locution *to make whole* (rendre entier), là où la Bible Segond dit plutôt « ... ta foi t'a *guérie* ».

T-10.V.3:5
« ... est un sui-cide et non un déi-cide. » Dans le Cours anglais, on lit : « ... is *self*-destructive, not God-destructive » ; littéralement : « ... destructeur de soi et non destructeur de Dieu. »

T-10.V.4:4
« ... Qui est sa seule Aide. » Voir Ps 115:9, selon la Bible Tob : « ... leur aide et leur bouclier, c'est lui ! » Dans la Bible Segond : « Il est leur *secours* et leur bouclier. »

T-13.I.6:7
« Bonté et miséricorde... » Voir Ps 23:6, selon la Bible King James, de même que le Cours anglais. La Bible Segond se lit : « le *bonheur* et la *grâce* ».

T-13.VII.13:4
« ... tu voyageras d'un pas léger dans la lumière... » Dans le Cours anglais : « ... *travel light and journey lightly* », qui aurait pu se traduire « voyager avec peu de bagages et d'un pas léger », joue sur le double sens du mot *light*, qui signifie à la fois « léger » et « lumière ».

T-14.In.1:1
« Oui, tu es certes béni. » Voir Mt 5:3-11. Voir aussi la note sous T-7.V.10:12.

T-15.II.3:5
« ... faiblesse (...) force... » Voir 2 Co 12:9. Les bibles françaises parlent plutôt de « puissance », mais ici le Cours emploie *strength* (force) par opposition à *weakness* (faiblesse), d'où la paire force-faiblesse.

T-20.VI.2:5-7
« L'amour souhaite être connu... » Voir 1 Co 13:4-7. La Bible Segond et la Bible de Jérusalem emploient le mot « charité », là où la Bible Tob dit « l'amour », comme le Cours anglais et la Bible King James disent *love* (amour).

T-21.V.8:1
«... du grand trompeur...» Voir Ap 12:9, dans la Bible King James, où Satan est désigné comme le «*deceiver*» (celui qui trompe), à la différence de la Bible Segond : «celui qui séduit», et de la Bible de Jérusalem : «le séducteur».

T-23.IV.7:4
«... sont d'un même esprit.» Voir Ph 2:2. Dans le Cours anglais comme dans la Bible King James, il est question d'un même «esprit», alors que les bibles françaises parlent d'un même ou d'un seul «sentiment».

T-24.III.2:7
«... ce qui est le droit de ton père à sa naissance.» Voir Gn 25:31. Dans le Cours anglais comme dans la Bible King James, il est question de *birthright* (droit acquis à la naissance); dans les bibles françaises, on parle ici de «droit d'aînesse».

T-24.VI.5:6
«... tout ce qui vit et partage Son Être.» Voir Ac 17:28. Le Cours anglais et la Bible King James emploient les formes verbales : «*... we live and move and have our being...*» (nous vivons et nous nous mouvons et nous avons l'être); tandis que les bibles françaises emploient plutôt les substantifs : «... en Lui nous avons la vie, le mouvement, et l'être.»

T-29-V.5:2
«Vois Son Fils...» Voir Jn 19:5. La Bible King James et le Cours anglais emploient l'impératif «*Behold...*» (regarde, vois), tandis que les bibles françaises disent : «Voici...»

T-29.V.6:8
«... comme tu es béni...» Voir Mt 5:3-11 ainsi que la note sous T-7.V.10:12.

T-29.IX.6:2-7
«... les jouets d'enfants. Mets-les tous de côté...» Voir 1 Co 13:11. Le Cours anglais comme la Bible King James emploient la locution verbale *put away* (mettre de côté); alors que la Bible Segond dit : «... j'ai fait *disparaître* ce qui était de l'enfant.»

T-31.V.17:5

«... a été mis en doute et en question...» Se perd dans la traduction l'idée contenue dans la locution anglaise *raise to doubt* (faire monter au doute) de *faire monter* à la lumière pour ainsi rendre conscient.

T-31.VI.1:1

«... la chair ou (...) le pur-esprit.» Voir Jn 3:6. Comme partout ailleurs, nous avons employé ici «pur-esprit» pour traduire *spirit* et le distinguer de «*mind*-esprit».

T-31.VIII.2:7

«... faiblesse (...) force...» Voir 2 Co 12:9. Voir aussi la note sous T-15.II.3:5.

T-31.VIII.12:7

«... tout ce qui vit et se meut en Toi.» Voir Ac 17:28. Voir aussi la note sous T-24.VI.5:6.

Livre d'exercices pour étudiants

L-I.48.3:2

«... force (...) faiblesse...» Voir 2 Co 12:9 ainsi que la note sous T-15.II.3:5.

L-I.76.3:2

«... bandes de papiers verts...» Allusion aux billets de banque américains qui sont de couleur verte.

L-I.rIV.In.6:3

«... le Seigneur des Multitudes...» Voir Ps 46:8. Dans le Cours anglais comme dans la Bible King James : «*Lord of Hosts...*» (Seigneur des Multitudes). Dans la Bible Segond : «L'Éternel des *armées*...» Dans la Bible de Jérusalem : «Yavhé Sabaot»; et dans la Bible Tob : «Le Seigneur, le tout-puissant...»

L-I.153.6:3

«... force (...) faiblesse...» Voir 2 Co 12:9 ainsi que la note sous T-15.II.3:5.

L-I.156.2:9

« ... être à part de Lui et vivre. » Voir Ac 17:28 ainsi que la note sous T-24.VI.5:6.

L-I.158.2:8

« ... viendra à chaque esprit en son temps. » L'expression anglaise *in time* a ici le double sens, intraduisible, de « en son temps » et « dans le temps ».

L-I.163.9:3

« Nous vivons et nous mouvons... » Voir Ac 17:28 ainsi que la note sous T-24.VI.5:6.

L-I.191.8:3

« Le Fils de Dieu est venu dans la gloire rédimer ceux qui sont perdus... » Voir Mt 18:11. Ici, et le Cours anglais et sa traduction s'écartent de la citation biblique qui est : « Car le Fils de *l'homme* est venu sauver *ce* qui était perdu. »

L-I.197.7:3

« ... car chacun doit vivre et se mouvoir en Lui. » Voir Ac 17:28 ainsi que la note sous T-24.VI.5:6.

L-II.222.Titre

« Je vis et me meus en Lui. » *Idem.*

Manuel pour enseignants

M-27.6:1

« Et le dernier qui sera vaincu, c'est la mort. » Voir 1 Co 15:26, où dans les bibles anglaises et françaises — et non dans le Cours — ce « dernier » est défini comme le dernier « ennemi ».